Planck/Ziche
Land- und Agrarsoziologie

Land- und Agrarsoziologie

Eine Einführung in die Soziologie
des ländlichen Siedlungsraumes
und des Agrarbereichs

Von
Prof. Dr. Ulrich Planck, Universität Hohenheim
und Prof. Dr. Joachim Ziche, TU München

36 Abbildungen
und 61 Übersichten

Verlag Eugen Ulmer Stuttgart

CIP-Kurztitelaufnahme der Deutschen Bibliothek

Planck, Ulrich:
Land- und Agrarsoziologie: e. Einf. in d. Soziologie
d. ländl. Siedlungsraumes u. d. Agrarbereichs / von
Ulrich Planck u. Joachim Ziche. – Stuttgart: Ulmer,
1979.
   ISBN 3-8001-2123-9
NE: Ziche, Joachim:

© 1979 Eugen Ulmer GmbH & Co.
Gerokstraße 19, Stuttgart
Printed in Germany
Einbandgestaltung: Alfred Krugmann, Stuttgart
Satz: IBV Lichtsatz KG, Berlin
Druck: Wilhelm Röck, Weinsberg

Vorwort

Die treffliche „Einführung in die Agrarsoziologie" von PETER VON BLANCKENBURG ist seit Jahren vergriffen. Damit verschwand das einzige deutschsprachige Lehrbuch der Agrarsoziologie vom Buchmarkt. Der Verlag Eugen Ulmer entschied, anstelle einer dritten Auflage ein neues Lehrbuch herauszugeben, denn in den vergangenen Jahren ist das Land rasch weiter industrialisiert, die Landbevölkerung urbanisiert und die Landwirtschaft modernisiert worden. VON BLANCKENBURG hat zwar 1962 schon viele Entwicklungen richtig gesehen, aber manches, was er nur andeuten konnte, wurde inzwischen bestätigt, anderes von der Zeit überholt.

Bei der Gliederung des vorliegenden Lehrbuches wurde berücksichtigt, daß in den Industrieländern Land und Landwirtschaft nicht mehr gleichgesetzt werden können. Der erste Teil ist daher dem Land als Siedlungsraum, und der zweite Teil dem Wirtschaftsbereich Land- und Forstwirtschaft gewidmet. Land- und Agrarsoziologie können jedoch derzeit nicht dargestellt werden, ohne auf die stürmische Entwicklung einzugehen. Im dritten Teil wird daher die Landentwicklung behandelt. Dabei wird der Blick mehr auf die Probleme gelenkt, denen die Agrargesellschaften der Dritten Welt gegenüberstehen. Aber auch in den ersten beiden Teilen wird versucht, über die nationalen Grenzen hinauszublicken und die heimischen soziologischen Erscheinungen im Zusammenhang mit weltweiten Sachverhalten zu sehen.

Aus der Fülle des vorhandenen Stoffes mußte eine Auswahl getroffen werden, um noch einigermaßen im Rahmen eines Lehrbuches zu bleiben. Dem Zwang zu kürzen, fielen leider auch manche erklärenden Beispiele und Belege zum Opfer. Ein ausführlicher Anhang gleicht diese Mängel ein wenig aus. Er enthält Hinweise auf Quellen, einführende und weiterführende Schriften. Die Diskussions- und Prüfungsfragen nach jedem Abschnitt sollen dem Studierenden helfen, sein Wissen und Verständnis zu überprüfen.

Das Buch ist für drei Kategorien von Lesern geschrieben worden. Einmal soll es den Studierenden der Agrarwissenschaften die soziologische Art und Weise, Landbevölkerung, Landwirtschaft und Landentwicklung zu betrachten, nahebringen und sie zugleich mit soziologischen Grundbegriffen vertraut machen. Zum anderen wendet sich dieses Buch an jene, die sich über diesen an deutschen Universitäten kaum gepflegten Zweig der Soziologie informieren wollen. Nicht zuletzt möchte es aber allen nützen, die beruflich mit den Menschen auf dem Lande und in der Landwirtschaft zu tun haben.

Stuttgart-Hohenheim	Ulrich Planck
Freising-Weihenstephan	Joachim Ziche

Inhaltsverzeichnis

Vorwort 5
Abkürzungen 10

Einleitung
1 Begriff und Gegenstand 11
2 Betrachtungsweise 13
3 Einordnung 14
4 Gesellschaftliche Bedeutung 16
5 Erkenntnisquellen 18
6 Entwicklung des Faches 19

Teil 1: Soziologie des Landes 23

1 Ländlicher Raum 23
1.1 Abgrenzung 23
1.2 Siedlungsweise 29
1.3 Stadt-Land-Problem 37
1.4 Funktionen des ländlichen Raumes in Industriegesellschaften 46
1.5 Ländliche Umwelt 52

2 Ländliche Bevölkerung 57
2.1 Umfang 57
2.2 Natürliche Bevölkerungsbewegungen 62
2.3 Wanderungsbewegungen 65
2.4 Konstitution 72
2.5 Demographische Strukturen 76
2.6 Sozialökonomische Strukturen 81

3 Ländliche Gesellschaften 87
3.1 Gesellschaftliche Formationen 89
3.2 Grundformen der Gesellschaft 96
3.3 Informelle Gruppierungen 102
3.4 Soziale Assoziationen 105
3.5 Soziale Netzwerke 112

4 Ländliche Sozialsysteme 118
4.1 Grundzüge und Bausteine 118
4.2 Gefüge ländlicher Sozialsysteme 123
4.3 Voraussetzungen der Funktionalität 130
4.4 Deviation 135
4.5 Soziale Prozesse 138

5 Ländliche Institutionen 149
5.1 Begriff, Funktion und Einteilung 149

5.2 Familiale Institutionen	152
5.3 Religiöse Institutionen	162
5.4 Politische Institutionen	171

Teil 2: Soziologie der Landwirtschaft . . . 181

1 Bodenordnung . . . 183
1.1 Soziale Bedeutung . . . 183
1.2 Flurordnung . . . 184
1.3 Eigentumsordnung . . . 189
1.4 Statuspositionen . . . 198

2 Arbeitsordnung . . . 206
2.1 Kennzeichen der Landarbeit . . . 206
2.2 Formen der Arbeitsverfassung . . . 212
2.3 Rechtliche Arbeitsverpflichtungen . . . 218
2.4 Agrartechnische Systeme . . . 223

3 Herrschaftsordnung . . . 228
3.1 Grundzüge . . . 228
3.2 Tribalistische Agrarsysteme . . . 233
3.3 Familistische Agrarsysteme . . . 240
3.4 Feudalistische und kolonialistische Agrarsysteme . . . 247
3.5 Kapitalistische Agrarsysteme . . . 252
3.6 Kollektivistische Agrarsysteme . . . 259

4 Wertordnung . . . 268
4.1 Wertorientierung . . . 268
4.2 Bauerntumsideologie . . . 269
4.3 Bäuerliche Berufsethik . . . 272
4.4 Bauernglaube . . . 273
4.5 Bäuerliches Selbstbild . . . 274
4.6 Wertewandel . . . 277

5 Der landwirtschaftliche Betrieb . . . 278
5.1 Äußeres und inneres System . . . 278
5.2 Betriebsgröße . . . 285

6 Landwirtschaftlicher Familienbetrieb . . . 294
6.1 Allgemeine Betrachtung . . . 294
6.2 Familienkomponente . . . 298
6.3 Haushaltskomponente . . . 303
6.4 Betriebskomponente . . . 304
6.5 Unternehmenskomponente . . . 306
6.6 Beurteilung . . . 309

7 Landwirtschaftlicher Kollektivbetrieb . . . 313
7.1 Allgemeine Betrachtung . . . 313
7.2 Landwirtschaftliche Produktionsgenossenschaft . . . 316
7.3 Kibbuz . . . 328

Teil 3: Soziologie der Landentwicklung ... 331

1 Sozialer Wandel ... 331
1.1 Theorien des sozialen Wandels ... 331
1.2 Prozesse des sozialen Wandels ... 340

2 Triebkräfte der Landentwicklung ... 348
2.1 Hemmende und fördernde Kräfte ... 348
2.2 Agrarbewegungen ... 358

3 Ländliche Sozialprobleme ... 369
3.1 Versorgungsprobleme ... 369
3.2 Einkommensprobleme ... 378
3.3 Beschäftigungsprobleme ... 389

4 Landentwicklungspolitik ... 399
4.1 Agrarreformen ... 400
4.2 Entwicklungsstrategien ... 412

5 Landwirtschaftliches Bildungs- und Beratungswesen ... 423
5.1 Fachbildung ... 423
5.2 Beratung ... 431
5.3 Fachpresse und Landfunk ... 434

6 Organisationen der Landentwicklung ... 435
6.1 Umfang und Gliederung ... 435
6.2 Agrarverwaltung ... 437
6.3 Wirtschaftspolitische Verbände ... 440
6.4 Erwerbswirtschaftliche Organisationen ... 445
6.5 Internationale Organisationen ... 457

7 Ländliche Sozialforschung ... 459
7.1 Methodologie ... 460
7.2 Ablauf von Forschungsvorhaben ... 466
7.3 Thematik ... 474

Anhang ... 479
  I. Biographien ... 479
  II. Institute und Organisationen ... 482
  III. Schrifttum ... 483
    1. Schrifttum zur Landsoziologie ausgewählter Länder ... 483
    2. Land- und agrarsoziologische Zeitschriften ... 485
    3. Land- und agrarsoziologische Schriftenreihen ... 487
    4. Land- und agrarsoziologisch bedeutsame Bibliographien ... 487
    5. Deutschsprachige Autoren von Bauernromanen und Dorfgeschichten ... 489
    6. Bauernepik der Weltliteratur ... 491
  IV. Verzeichnis der zitierten und weiterführenden Literatur ... 492
  V. Namenregister ... 510
  VI. Sachregister ... 515

Abkürzungen

Abb.	= Abbildung		m	= Meter
Ak	= Arbeitskraft		m.	= männlich, Männer
ASG	= Agrarsoziale Gesellschaft		Mill.	= Millionen
Aufl.	= Auflage		Md.	= Milliarden
Bd(e).	= Band (Bände)		Nr.	= Nummer
BGB	= Bürgerliches Gesetzbuch			
BLV	= Bayerischer Landwirtschaftsverlag		Orig.	= Originaltitel
Bundes-gebiet	= Gebiet der Bundesrepublik Deutschland		PS	= Pferdestärke
BvR	= Bundesverfassungsrecht			
bzw.	= beziehungsweise		qkm	= Quadratkilometer
			qm	= Quadratmeter
ČSSR	= Československá socialistická republika			
DDR	= Deutsche Demokratische Republik		S.	= Seite (vorangestellt Seitenhinweis, nachgestellt Seitenzahl)
d. h.	= das heißt			
DLG	= Deutsche Landwirtschaftsgesellschaft		Sh.	= Sonderheft
			Sp.	= Spalte
			SSIP	= Sozialwissenschaftlicher Studienkreis für Internationale Probleme
DM	= Deutsche Mark			
dt.	= deutsch		Stat.	= Statistische(s)
f.	= folgende Seite		TH	= Technische Hochschule
ff.	= folgende Seiten		u. a.	= und andere, unter anderem
FAO	= Food and Agriculture Organization		UdSSR	= Union der Sozialistischen Sowjetrepubliken (Sowjetunion)
Gdn.	= Gemeinden		UN	= United Nations
geb.	= geboren		UNESCO	= UN Educational, Scientific and Cultural Organization
gest.	= gestorben			
			USA/US	= United States of America
H.	= Heft		usw.	= und so weiter
ha	= Hektar			
Hrsg.	= Herausgeber		vgl.	= vergleiche
			Vol.	= Volume (Band)
km	= Kilometer			
Kr.	= Kreis		w.	= weiblich, Frauen
landw.	= landwirtschaftlich(e)			
			z. B.	= zum Beispiel
LF	= landwirtschaftliche Fläche		Ztschr. f.	= Zeitschrift für
LN	= landwirtschaftliche Nutzfläche		zit.	= zitiert
LPG	= Landwirtschaftliche Produktionsgenossenschaft		%	= Prozent
			–	= bis

Weitere Abkürzungen kollektive Einrichtungen in der DDR betreffend siehe Abb. 29, S. 325; Abkürzungen für mehrfach zitierte Zeitschriften auf S. 492.

Einleitung

1 Begriff und Gegenstand

Wissenschaft soll klären und erklären. Dies setzt die richtige Namengebung voraus. Den vorliegenden Wissensbereich nennt man im deutschen Sprachgebiet ländliche Soziologie, Landsoziologie, Landvolkslehre, Dorfsoziologie und Agrarsoziologie, ohne diese Begriffe scharf auseinanderzuhalten. Da Wissenschaften (Disziplinen) gewöhnlich nach ihrem Gegenstand (Erkenntnisobjekt) bezeichnet werden, ist der Ausdruck „ländliche Soziologie" abzulehnen, obwohl er am häufigsten gebraucht wird und sich im angelsächsischen Sprachgebrauch dementsprechend „Rural Sociology" durchgesetzt hat.

Befassen wir uns mit der Art und Weise, wie Menschen auf dem Lande miteinander leben, so sprechen wir am besten von *Landsoziologie*. Ihre Daseinsberechtigung leitet die Landsoziologie „wie ihre Schwesterdisziplin, die Stadtsoziologie, aus der Tatsache ab, daß bestimmte Siedlungsformen, in denen der Mensch sich mit dem Raum auseinandersetzt, konstitutive Bedeutung für die Prozesse der Vergesellschaftung und der Sozialorganisation haben" (KÖTTER 1962, S. 237). In manchen Ländern, z. B. in der Türkei, hat sich statt „Landsoziologie" die Bezeichnung „Dorfsoziologie" eingebürgert. Auch LEOPOLD VON WIESE hat die ländliche Soziologie als die Soziologie des Dorfes bezeichnet. Diese Auslegung ist aber zu eng, weil das Dorf nicht die einzige ländliche Siedlungsform darstellt.

Als eine Siedlungssoziologie beschreibt und untersucht die Landsoziologie, unter welchen Bedingungen und Umweltverhältnissen die Menschen – gleichgültig ob Landwirte oder Nichtlandwirte, ob Erwerbstätige oder Erholungsuchende – auf dem Lande leben, wie ihre Beziehungen untereinander und zu anderen Bevölkerungsteilen geregelt sind, nach welchen Werten, Normen und Autoritäten sich ihr Handeln richtet, in welchen Gruppen und Organisationen ihr Leben sich abspielt, welche sozialen Probleme auftreten und mit Hilfe welcher sozialer Prozesse diese gelöst werden.

In dem Maße, in dem sich die Grenzen zwischen Stadt und Land in einem breiten Saum gemischter Lebensweise verwischen, gewinnt auch eine Soziologie der Stadt-Land-Verflechtung Berechtigung. CHARLES J. GALPIN (1864–1947) hat die Herausbildung von Verflechtungsbereichen ländlicher und städtischer Elemente durch die Zusammenziehung der beiden Worte „rural" und „urban" auf die phonetische Formel „rurban" gebracht. Von hier aus war es nur noch ein kleiner Schritt zur Entwicklung einer *„Rurban Sociology"*.

Agrarsoziologie soll dagegen jene Spezialsoziologie heißen, die sich mit den sozialen Erscheinungen im Bereich der Landwirtschaft[1] beschäftigt. Die überwiegend familienwirtschaftliche oder genossenschaftliche Grundlage der Landbewirtschaftung erfordert spezifische soziologische Ansätze. Die Agrarsoziologie ist in westlichen Ländern und in einigen Entwicklungsländern hauptsächlich eine Soziologie der Bauern- und Farmerfamilien und ihrer sozialen Bezugssysteme wie Verwandtschaft, Nachbarschaft, Berufsverband, Stammes- und Dorfgemeinschaft. In kommunistischen Ländern steht im Mittelpunkt der Agrarsoziologie die landwirtschaftliche Produktionsgenossenschaft und das agro-industrielle Kombinat.

Als Soziologie eines bestimmten Berufsstandes und Wirtschaftsbereiches gehört die Agrarsoziologie in die Reihe der Wirtschaftssoziologien. Ihre Hauptthemen sind die Agrarverfassung, die Sozialorganisation der Landwirtschaft, die Soziologie des landwirtschaftlichen Betriebes

---

[1] Vieles, was im folgenden ausgeführt wird, gilt unmittelbar oder wenigstens sinngemäß auch für die nicht ausdrücklich genannten Wirtschaftszweige Forstwirtschaft, Jagd und Fischerei, die ebenfalls zum Agrarbereich gehören. Manches müßte spezifiziert werden, wozu aber teils der Platz, teils gesichertes Material fehlt.

12   Einleitung

und die sozialen Beziehungen zu den übrigen Teilen von Wirtschaft und Gesellschaft. Selbstverständlich befassen sich Agrarsoziologen auch eingehend mit den agrarsozialen Problemen und den gesellschaftlichen Reaktionen, die diese auslösen. Neomarxisten sehen die Aufgaben des Agrarsoziologen hauptsächlich darin, „agrarische Elemente des Seins und des Bewußtseins... zu identifizieren" (GRÜNER 1977, S. 6) und die „mitgeschleppten agrarischen Elemente in der industriellen Wirtschaftsweise" (ebenda, S. 187) zu erforschen.

In vorindustriellen Agrargesellschaften fielen die Lebensbereiche der ländlichen Bevölkerung mit denen der landwirtschaftlichen Berufszugehörigen weitgehend zusammen. Es bestand daher kein Grund, zwischen einer Landsoziologie und einer Agrarsoziologie zu unterscheiden. In Industriegesellschaften ist jedoch eine derartige Vereinfachung nicht mehr zulässig. Die Agrarbevölkerung ist hier nur noch eine Minderheit der Landbevölkerung, der Agrarsektor nur noch ein kleiner Ausschnitt der ländlichen Ökonomie. Daß Land- und Agrarsoziologie tatsächlich verschiedene Mengen und Kategorien von Personen betreffen, belegt Abb. 1. Im Diagramm ist die Bevölkerung der Bundesrepublik Deutschland nach der Gemeindegröße geschichtet. Die Schraffur drückt den jeweiligen Anteil der landwirtschaftlichen Berufszugehörigen aus. Der Personenkreis, mit dem sich die Landsoziologie befaßt, ist ersichtlich größer als derjenige Personenkreis, den die Agrarsoziologie zu behandeln hat. Im Jahre 1970 hatten in der Bundesrepu-

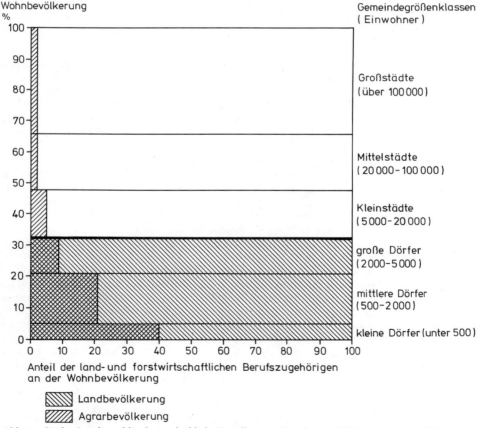

Abb. 1.   Stadt-, Land- und landwirtschaftliche Bevölkerung, Bundesrepublik Deutschland, 1961

blik Deutschland nämlich rund 18 Millionen Menschen ihren Wohnsitz in ländlichen Gemeinden, wogegen nur 2,3 Millionen Menschen dem Wirtschaftsbereich Land- und Forstwirtschaft zugehörten. Ins Blickfeld der Landsoziologie treten außerdem jene ungezählten Erholungsuchenden, die sich nur vorübergehend auf dem Lande aufhalten.

2 Betrachtungsweise

Wie überall in der Soziologie, so lassen sich auch in der Land- und Agrarsoziologie zwei Grundrichtungen ausmachen, nämlich die sozialphilosophische und die erfahrungswissenschaftliche (positivistische). Der wesentliche Unterschied besteht darin, daß die Anhänger der sozialphilosophischen Richtung über Sinn und Zweck ländlicher Gesellung nachdenken, Werturteile über die verschiedenen Erscheinungsformen fällen und normative Aussagen darüber machen, wie Menschen leben und sich organisieren sollten. Die positivistische Richtung steckt sich bescheidenere Ziele. Soziologen dieser Richtung wollen anhand der Wirklichkeit feststellen, wie bestehende Gesellschaften funktionieren und wie Menschen wirklich handeln, und sie wollen empirisch überprüfen, ob vermutete Kausalzusammenhänge zwischen verschiedenen Faktoren tatsächlich bestehen. Während die Vertreter der sozialphilosophischen Richtung dazu neigen, den Boden der Wirklichkeit zu verlassen und Ideologien aufzubauen, droht den Positivisten die Gefahr, sich in aktuellen Einzelbefunden zu verlieren.

Land- und Agrarsoziologen betrachten ihren Gegenstand mikro- und makrosoziologisch. Der Landsoziologe fragt mikrosoziologisch nach dem Wie der Ausformung zwischenmenschlicher Beziehungen, ihren Bedingungen und Regeln. Aus makrosoziologischer Sicht stellt sich die Frage nach der Stellung und den Funktionen des „Landvolks" innerhalb der größeren Gesellschaft. Im Mittelpunkt mikrosoziologischer Agrarsoziologie stehen der landwirtschaftliche Familienbetrieb, der Kolchos und andere betriebliche Sozialsysteme. Wird dagegen die Sozialorganisation der Landwirtschaft untersucht, so heißt dies, die Landwirtschaft makrosoziologisch in ihren großen gesellschaftlichen und wirtschaftlichen Zusammenhängen zu analysieren. Auch die politische Rolle der Landwirte, die sich z. B. in Bauernbewegungen und -unruhen äußert, fällt unter die makrosoziologisch bedeutsamen Erscheinungen.

Bei der Erforschung sozialer Erscheinungen kann man von der Ganzheit sozialer Systeme ausgehen (holistischer Ansatz) und die Erscheinungen als strukturelle und funktionale Merkmale von Sozialeinheiten erklären: *Struktur-Funktionalismus*. Man kann aber auch von den Personen ausgehen, die Sozialeinheiten bilden (atomistischer Ansatz), und aus deren Eigenschaften und Verhaltensweisen die sozialen Erscheinungen deuten: *Interaktionismus*. Da der Mensch nicht nur ein soziales Wesen ist, führen die beiden Wege nicht unbedingt zum gleichen Ergebnis. Bedeutende Soziologen, darunter auch namhafte Agrar- und Landsoziologen, bevorzugen den holistischen Ansatz als den eigentlich soziologischen. Soziologen, die sich mit Beratungs-, Innovations- und Entscheidungsproblemen beschäftigen, neigen hingegen mehr dem atomistischen Ansatz zu. Er berücksichtigt viele psychologische Erkenntnisse und verspricht daher bezüglich des Individualverhaltens bessere Ergebnisse.

Agrar- und Landsoziologen wollen ihren Gegenstand nicht nur betrachten, sondern auch „soziales Handeln deutend verstehen und dadurch in seinem Ablauf und seinen Wirkungen ursächlich erklären" (WEBER 1925, S. 1). „Deutend verstehen" heißt nichts anderes, als den Sinn mitmenschlichen Geschehens zu erfassen. Dazu zeigte MAX WEBER zwei Vorgehensweisen auf: die rationale unter Zuhilfenahme von Logik und Mathematik und die emotionale des einfühlenden Nacherlebens. Da der Soziologe als Wissenschaftler strengen Anforderungen an Objektivität, Überprüfbarkeit, Vergleichbarkeit und Logik verpflichtet ist, ist für ihn das rationale Verstehen angemessener. Das emotionale Verstehen bleibt mehr oder weniger dem Dichter überlassen. Die künstlerische Gestaltung ergänzt die nüchterne und oft blutleere wissenschaftliche Abhandlung. Wer zum vollen Verständnis der Eigenart des menschlichen Miteinanders gelangen möchte, wird sich zweckmäßigerweise beider Erkenntnismittel des Verstehens bedienen. Aus diesem Grunde wird im Anhang sowohl auf wissenschaftliches als auch auf schöngeistiges Schrifttum hingewiesen.

Manche mögen damit ihr Vorurteil bestätigt sehen, Land- und Agrarsoziologie sei eine romantische Angelegenheit. Sofern mit Romantik eine gefühlvolle Betrachtung und eine fabulöse Darstellung gemeint ist, entbehrt dieses Vorurteil jeder Grundlage. Zu der geschichtlichen Bewegung der Romantik besteht allerdings eine engere Verbindung, denn eine starke Wurzel der Land- und Agrarsoziologie reicht in die Volks- und Völkerkunde. Die eingehende Beschäftigung mit überlieferten ländlichen Kulturen birgt freilich die Gefahr, sich mit den darin enthaltenen Werten und Normen zu identifizieren, also einer Agrarromantik[1] zu verfallen. Dies äußert sich unter anderem darin, den Niedergang eigenständiger ländlicher Formen nicht wahrhaben zu wollen, Mißstände zu beschönigen, die Härte des Landlebens zu verklären, vor der rauhen Dorfwirklichkeit in die Idylle zu flüchten.

Es gehört zu den Aufgaben des Agrarsoziologen, sich mit der Agrarromantik auseinanderzusetzen, ihre Thesen empirisch zu überprüfen und sie gegebenenfalls als Wunschdenken oder Ideologien zu entlarven. Darüber hinaus hat der Agrarsoziologe aber auch die gesellschaftliche Bedingtheit und die sozialen Auswirkungen von Agrarromantik und Bauerntumsideologien aufzuzeigen. Sich dadurch selbst ideologieverdächtig zu machen, muß in Kauf genommen werden. Dieser Verdacht wird durch den Umstand genährt, daß Agrar- und Landsoziologen ihrem Forschungsgegenstand über bloßes wissenschaftliches Interesse hinaus innerlich verbunden zu sein pflegen. Aber vermutlich sind Musiksoziologen auch große Liebhaber der Musik, ohne daß ihnen daraus der Vorwurf der Subjektivität gemacht würde.

3 Einordnung

3.1 Stellung im Wissenschaftssystem

Land- und Agrarsoziologie sind in der räumlichen Dimension der Agrargeographie, in der zeitlichen Dimension der Agrargeschichte, in der normativen Dimension des Agrarrechts, in der kulturellen Dimension der Volkskunde, in der politischen Dimension der Agrarpolitik und in der kategorialen Dimension der Agrarstatistik eingebettet. An ihrer Wiege standen Agrarpolitiker und Agrarökonomen, Volkskundler und Kulturhistoriker (Übersicht 1), was zum Teil erklärt, daß sie in der zünftigen Soziologie wie Wechselbälge behandelt werden.[2]

Landsoziologie rangiert in der von JAKOBUS WÖSSNER (1971, S. 21f.) erstellten Häufigkeitsliste an 41. Stelle des Soziologieangebots an deutschen Hochschulen noch nach der Tiersoziologie. Agrarsoziologie fehlt in dieser Liste ganz. Auch wenn man berücksichtigt, daß der kulturelle, soziale und wirtschaftliche Schwerpunkt in der Bundesrepublik Deutschland eindeutig in den Städten liegt, so ist doch nicht einzusehen, warum Stadtsoziologie rund achtmal so häufig angeboten wird wie Landsoziologie. Mehr als ein Drittel der westdeutschen Bevölkerung lebt nämlich außerhalb der Stadtregionen, und mehr als vier Fünftel (86 Prozent) des Bundesgebietes stehen unter ländlichen Formen der Sozialorganisation. Ungezählte Städter sind auf dem Land aufgewachsen oder durch längere Landaufenthalte geformt worden. Eine Soziologie, die nicht an den nationalen Grenzen halt macht, müßte überdies berücksichtigen, daß die Landbevölkerung in vielen Ländern der Dritten Welt zahlenmäßig weit überwiegt.

---

[1] Unter Agrarromantik versteht man „Idealisierung der bäuerlichen und landwirtschaftlichen Realität, Festhalten an anachronistischen Standpunkten und Repristinierungsversuche, Vorspiegelung einer heilen Welt auf dem Lande, insbesondere die Meinung, der Beruf des Landwirts sei der ‚natürlichste', der gesündeste und gewissermaßen Gott wohlgefälligste, und das Gedeihen von Staat und Gesellschaft hänge primär von der sozialen und wirtschaftlichen Gesundheit des Bauernstandes ab" (GOLLWITZER 1977, S. 40).
[2] Z. B. fehlen im Register der Soziologen an den deutschsprachigen Hochschulen von WIGAND SIEBEL (1974) alle Fachvertreter der Land- und Agrarsoziologie.

Übersicht 1. Ahnentafel der deutschen Land- und Agrarsoziologie

Agrarpolitiker Agrarökonomen	Soziologen und Anthropologen	Kulturhistoriker Volkskundler
Theodor v. d. Goltz 1836–1905	Lorenz von Stein 1815–1890	Justus Möser 1720–1794
Georg F. Knapp 1842–1926	Ferdinand Tönnies 1855–1936	Ernst Moritz Arndt 1769–1860
Max Sering 1857–1939	Max Weber 1864–1920	August Meitzen 1822–1910
Constantin v. Dietze 1891–1973	Franz Oppenheimer 1864–1943	Wil. Heinrich Riehl 1823–1897
Ludwig Wilhelm Ries 1891–1974	Leopold von Wiese 1876–1969	Eduard Hahn 1856–1928
Oskar Howald 1897–1972	Max Rumpf 1878–1953	Heinrich Sohnrey 1859–1948
Heinrich Niehaus 1898–1977	Hans F. K. Günther 1891–1968	Adolf Bartels 1862–1945
Konrad Meyer 1901–1973	Georg Weippert 1899–1965	Robert Mielke 1863–1935
Hellmut Wollenweber 1903–1976	Ludwig Neundörfer 1901–1975	Joseph Weigert 1870–1946

Siehe auch biographischen Anhang!

Der ländliche Lebensraum ist nicht immer in der deutschen Soziologie vernachlässigt worden. Führende Soziologen der ersten und zweiten Generation lieferten wesentliche theoretische und empirische landsoziologische Beiträge. Von den Soziologen der dritten und vierten Generation machten sich allerdings nur noch GERHARD WURZBACHER und HANS LINDE sowie RENATE MAYNTZ geborene PFLAUM und EUGEN LUPRI um die ländliche Sozialforschung verdient. Das Gros der Fachsoziologen überließ es Vertretern der Sozialökonomik des Landbaues und der Volkskunde, dieses Feld weiter zu beackern.

Drei Umstände machen das auffallende Desinteresse deutscher Fachsoziologen an der Agrarsoziologie verständlich: (1) sie war im Dritten Reich gründlich in Mißkredit geraten, (2) sie gilt – zu Unrecht – als „museal" und (3) sie ist traditionell an den landwirtschaftlichen Hochschulen und Fakultäten beheimatet. Agrarsoziologische Forschung und Fragestellungen gehören zur ungebrochenen Tradition deutscher agrarpolitischer Lehrstühle. So hat WILHELM ABEL die Agrarsoziologie systematisch in sein Lehrbuch der Agrarpolitik einbezogen.

Im Selbstverständnis ihrer heutigen Vertreter möchte die Land- und Agrarsoziologie aber mehr sein als ein Anhängsel der wissenschaftlichen Agrarpolitik. Sie sehen darin Spezialsoziologien, die gleichrangig neben anderen „Bindestrich-Soziologien" stehen. Wenn Land- und Agrarsoziologie Spezialsoziologien sind, bedeutet dies, daß sie zwar ihre eigenen Gegenstände haben, sich im übrigen aber der Methoden, Begriffe, Theorien und Betrachtungsweisen der allgemeinen Soziologie bedienen.

Agrar- und Landsoziologie zählen zu den ältesten angewandten Soziologien, wenngleich heute Betriebssoziologie und politische Soziologie von größerer praktischer Bedeutung sein mögen. Als sehr fruchtbar hat sich wechselseitig die Zusammenarbeit mit der Familien-, Gemeinde- und Betriebssoziologie erwiesen. Die theoretischen Erkenntnisse landwirtschaftlicher Adoptions- und Diffusionsforschung haben zum Fortschritt der allgemeinen Soziologie und benachbarter Disziplinen (Sozialpsychologie, Kommunikationswissenschaft, Wirtschaftswissenschaften) Wesentliches beigetragen. Dennoch war die Tätigkeit der Land- und Agrarsoziologen in bezug auf ihre Grund- und Nachbardisziplinen mehr empfangend als gebend; zu Recht wird bemängelt, daß sie sich zu wenig an der soziologischen Theoriendiskussion beteiligen.

3.2 Stellung im agrarwissenschaftlichen Studium

Das Studium der Agrarwissenschaften ist interdisziplinär. Es umfaßt die Forschungsmethoden, Fragestellungen und Betrachtungsweisen verschiedener Wissenschaften im Hinblick auf einen Forschungsgegenstand, nämlich die Landwirtschaft. Das Ziel ist es, die Erkenntnisse der beteiligten Disziplinen nicht nur zu addieren, sondern in ein Gesamtmodell einzuordnen, das die landwirtschaftliche Wirklichkeit abbildet, erklärt und vorhersehbar macht. In diesem Modell aus Boden, Pflanze, Tier und Technik ist der Mensch der entscheidende Faktor. Je mehr er ins Minimum gerät, desto wichtiger werden Fächer der Privat- und der Sozialökonomik des Landbaues. Im Rahmen dieser auf menschliches Handeln bezogenen Fächer sind Land- und Agrarsoziologie zwar Nebenfächer[1], aber von wachsendem Nutzwert.

Heute ruft in erster Linie die Praxis nach dem soziologisch vorgebildeten Nachwuchs. In einem Berufsbild des Diplomagraringenieurs hat HANS RHEINWALD (1903–68), der deutsche Begründer der landwirtschaftlichen Beratungslehre, darauf verwiesen, daß es dieser meistens nicht direkt mit Pflanzen oder Tieren, mit der landwirtschaftlichen Produktion oder mit den Wirtschaftsvorgängen selbst zu tun habe, sondern mit den Institutionen und mit den Menschen, die damit befaßt sind. Er muß ihnen als Lehrer Einsichten, Kenntnisse und Fertigkeiten vermitteln, als Berater mit Einfühlungsvermögen und Takt beim Finden und Lösen ihrer Probleme helfen, als Publizist und Werbeleiter sie informieren und überzeugen. Als Planer, Entwicklungshelfer und Verwaltungsbeamter ändert er Lebensverhältnisse und Sozialstrukturen. In leitender Stellung muß er einem Mitarbeiterstab vorstehen und ihn für die anstehenden Aufgaben begeistern. Es bedarf bei allen diesen Aufgaben nicht nur der Neigung und Fähigkeit, mit Menschen umzugehen, sondern man muß auch wissen, wie sich Menschen in bestimmten Situationen und in einer bestimmten Umwelt verhalten, welche Werte für sie gültig sind, welchen Zwängen sie unterliegen und welche Ziele sie verfolgen. Dazu gehört auch das Verständnis für die Wirksamkeit der gesellschaftlichen Kräfte und für die Bedeutung der Institutionen sowie die Kenntnis der kulturellen Vorbedingungen, unter denen die Menschen handeln.

4 Gesellschaftliche Bedeutung

Gelegentlich wird eingewandt, es bedürfe überhaupt keiner Soziologie von der ländlichen Gesellschaft, und zwar aus zwei Gründen: (1) Was sich hier als eine Wissenschaft ausgebe, sei im Grunde nichts anderes als gesunder Menschenverstand. Der sogenannte gesunde Menschenverstand hat sich jedoch bei genauerer Nachprüfung in zahlreichen Fällen als eine Anhäufung von Vorurteilen und unzulässigen Verallgemeinerungen entpuppt. So wenig wie in der Landbautechnik heute die Erfahrung allein weiterhilft, um die Menschheit satt zu machen, so wenig lassen sich die sozialen Probleme einer weltweit wachsenden ländlichen Bevölkerung ohne die Erkenntnisse einer Wissenschaft von der ländlichen Gesellschaft im Wandel lösen. (2) Eine Landsoziologie sei gegenstandslos, weil es im Grunde keine ländliche, sondern nur noch eine urbanisierte Gesellschaft gebe. Dieser These von der Entbehrlichkeit der Land- und Agrarsoziologie widerspricht die Tatsache, daß gerade in den hochindustrialisierten Ländern (z. B. USA und Niederlande) Land- und Agrarsoziologie am stärksten professionalisiert sind. Außerdem wird diese These durch die rege Nachfrage nach soziologischen Erkenntnissen aus dem ländlichen Raum widerlegt.

Die Landbevölkerung sucht nach Erklärungen für die sozialen Vorgänge auf dem Lande und verlangt Prognosen für die Zukunft. Die Landwirte erwarten die Unterstützung der Agrarso-

---

[1] In den USA gehört die Agrarsoziologie dagegen seit Jahrzehnten zu den vier Hauptfächern der Agrarwissenschaften: 1. animal and plant production, 2. farm management, 3. agricultural economy, 4. rural sociology.

Gesellschaftliche Bedeutung 17

ziologen bei ihrem Bemühen um ein neues Selbstverständnis. Die praktische Agrarpolitik fordert von den Agrarsoziologen unter anderem[1], die besten Einsatzstellen für geplante Maßnahmen und die voraussichtlichen sozialen Folgen beabsichtigter Eingriffe aufzuzeigen. Der Landsoziologe muß der Raumplanung Daten über das ländliche Sozialgefüge, über soziale Entwicklungstendenzen, über gesellschaftliche Krankheitsherde und Notstände und über soziale Ansprüche und Erwartungen beschaffen. In der Entwicklungspolitik sind Situationsanalysen zu erstellen, aus denen die institutionellen Hindernisse geplanter Maßnahmen hervorgehen. Indem die Landsoziologie die Wechselwirkungen zwischen ländlicher Umwelt und sozialem Handeln erhellt, weitet sie sich zur „Sozialökologie". Jüngst ist auch die Ansicht geäußert worden, die „ländliche Soziologie sei insbesondere ‚Umweltsicherungssoziologie' " (SPITZER 1975, S. 151).

JAMES H. COPP (1964) hat in acht Punkten zusammengefaßt, welche bedeutenden Aufgaben Land- und Agrarsoziologen in einer Industriegesellschaft haben: (1) Sie sollen im Interesse des sozialen Friedens das Verständnis der städtischen Bevölkerung für die Landverwandlung wecken und das Lesebuchklischee von der ländlichen Idylle korrigieren. Kennen und Verstehen ländlicher Daseinsformen wird um so wichtiger, je mehr Städter sich zu Erholungs- und Wohnzwecken dem Lande zuwenden. (2) Landwirtschaft, Landhandwerk und ländliches Gewerbe stehen in einem kritischen Wandel. Die Hauptlinien dieser Entwicklung zu erforschen und aus den Ergebnissen Folgerungen für zukunftsrichtige, menschenfreundliche Maßnahmen der Agrar- und Wirtschaftspolitik zu ziehen, ist eine weitere dringende Aufgabe. (3) Eng damit zusammen hängt die Hilfe bei der Abstimmung landwirtschaftlicher mit gesamtwirtschaftlichen Entwicklungen. Dazu gehört unter anderem, daß gewisse Annahmen über die freie Verfügbarkeit landwirtschaftlicher Arbeitskräfte zurechtgerückt werden. (4) In den Jahren des Wirtschaftswachstums haben sich die Städte und die industriellen Ballungsgebiete stürmisch ausgedehnt. Was dabei an suburbaner sozialer Organisation mehr zufällig als geplant entstanden ist, bedarf der Entwirrung und Gestaltung. Neue Formen kommunaler Organisation müssen entwickelt werden, um die ehemaligen Landorte und die Neubaugebiete zu „wohnlichen" Siedlungen zu verschmelzen. Ähnliche Aufgaben ergeben sich aus der Vereinigung und Eingemeindung von Dörfern im Zuge der Verwaltungsreformen. (5) Den städtischen Wachstumsgebieten entsprechen ländliche Gebiete, in denen die Bevölkerungsentwicklung stockt oder die sich allmählich entleeren. Hier treten zahlreiche Probleme auf, zu deren Lösung der Landsoziologe beitragen kann, wie Überalterung, niedrige Einkommen, Berufsnot der Jugend, Abzug von Versorgungseinrichtungen und Abbau der Infrastruktur. (6) In die Städte ziehen sehr viele Menschen vom Lande, die große Schwierigkeiten bei der sozialen Eingliederung haben, weil es ihnen an Anpassungsfähigkeit mangelt oder weil ihr gewohnter Lebensstil in großstädtischer Umwelt zusammenbricht. In besonders schwerer Form treten solche Probleme bei den Gastarbeitern aus den mittelmeerischen Agrarregionen auf. Landsoziologische Erkenntnisse können daher sogar inmitten der Großstadt von großem Nutzen sein. (7) Ein anderes Betätigungsfeld für Landsoziologen im Stadtbereich liegt in der Erforschung der Wünsche und Bedürfnisse städtischer Nachfrager nach Waren, die auf dem Lande produziert, und nach Dienstleistungen, die auf dem Lande angeboten werden. (8) Eine letzte große Aufgabe für Land- und Agrarsoziologen in Industrieländern liegt darin, die Erfahrungen und Erkenntnisse, die sie bei der Entwicklung ländlicher Rückstandsgebiete und bei der Modernisierung der heimischen Landwirtschaft in Jahrzehnten gesammelt haben, für die Entwicklung in den Ländern der Dritten Welt nutzbar zu machen.

Dem gesellschaftspolitischen Beitrag der Land- und Agrarsoziologen sind jedoch Grenzen gesetzt. Sie können den Politikern nicht die Entscheidung abnehmen. Sie können aber Entscheidungshilfen geben, indem sie

---

[1] Einen ausführlichen Aufgabenkatalog hat W. HESSE (1973) zusammengestellt.

- Begriffe klären, Sachverhalte abgrenzen und soziale Indikatoren bilden,
- ein Lehrgebäude zwischenmenschlicher Beziehungen und Verhaltensweisen aufbauen,
- die Gesetz- und Regelmäßigkeiten, nach denen soziale Gruppen und Organisationen gefügt sind und funktionieren, untersuchen,
- die Triebkräfte, Mechanismen und Abläufe sozialer Veränderungen aufdecken,
- alternative politische Ziele und Mittel miteinander vergleichen,
- gängige Ansichten und Meinungen als Ideologien und Stereotype entlarven und durch wissenschaftlich überprüfte Hypothesen ersetzen, und
- Vorurteile des vorwissenschaftlichen Seinsverständnisses auflösen.

Diese Auffassung von der objektivierenden und unpolitischen Rolle des Soziologen ist umstritten. Unter Berufung auf das berühmte MARX-Zitat „... es kommt darauf an, die Welt zu verändern", fordern gewisse Kreise eine „emanzipatorische" Agrarsoziologie. Dies stimmt im geschichtlichen Rückblick bedenklich. Denn die totale Politisierung und Ideologisierung im Dritten Reich hat die ländliche Soziologie als wissenschaftliche Disziplin binnen kurzem ruiniert und auf Jahre hinaus in Verruf gebracht. Manche Formulierungen emanzipatorischer Agrarsoziologen erinnern in fataler Weise an Passagen in den „Grundsätzen der deutschen Gesellschaftslehre" (1939) von KARL HEINZ PFEFFER (1906–71), einem führenden nationalsozialistischen Soziologen. Auch damals wurde der „Protest gegen die bürgerliche Demokratie" zur Grundlage ländlicher Soziologie gemacht.

5 Erkenntnisquellen

Land- und Agrarsoziologen schöpfen ihre Erkenntnisse aus den verschiedensten Quellen. Theorien und Begriffe entlehnen sie überwiegend der allgemeinen Soziologie und der Sozialpsychologie. Das Tatsachenmaterial liefert die ländliche Sozialforschung, insbesondere Beobachtung und Befragung (siehe Teil 3: 7). Weitere wichtige Erkenntnisquellen sind literarische Dokumente. Besonders ergiebig sind amtliche Statistiken, dichterische Zeugnisse vom Landleben, Autobiographien von Bauern und Landarbeitern und die veröffentlichten Beobachtungen und Lebenserfahrungen von Landpfarrern, Landlehrern und Landärzten.

Die Sozial- und Agrarstatistik ist in den deutschsprachigen Ländern gut ausgebaut und wird regional bis zu den Gemeinden herab gegliedert. Allerdings büßt die Gemeindestatistik in dem Maße an Erkenntniswert für den Landsoziologen ein, indem infolge von Gebiets- und Verwaltungsreformen die kleinen ländlichen Siedlungen als selbständige Verwaltungs- und damit auch als Zähleinheiten verschwinden. Anstelle der nicht mehr aussagekräftigen Gemeindestatistik wäre eine Wohnplatzstatistik wünschenswert, um auch künftig ländliche Tatbestände in regionaler Häufigkeitsverteilung erfassen zu können.

Die Dichtung der meisten Kulturen ist reich an agrar- und landsoziologisch verwertbaren Werken, wenngleich eine kritische Würdigung der Quellen vonnöten ist, um idealisierende und tendenziöse Darstellungen von realistischen zu sondern. Eine wahre Fundgrube soziologischer Einsichten bilden Romane, Erzählungen und Volksstücke, die das ländliche Milieu und Verhalten aus eigenem Erleben schildern, die sozialen Spannungen innerhalb der Landbevölkerung sowie zwischen Stadt und Land, Industrie und Landwirtschaft widerspiegeln, oder den sozialen Wandel auf dem Lande zum Gegenstand haben (siehe Anhang III, 5 und 6).

Schließlich dürfen auch die volkskundlichen Arbeiten nicht unerwähnt bleiben, aus deren Fundus viel soziologisch bedeutsames Wissen über ländliche Sitten und Bräuche, Geräte und Arbeitsverfahren, Sippen und Geschlechter geschöpft werden kann. Am häufigsten wird WILHELM HEINRICH RIEHL zitiert, der als Begründer der deutschen Volkskunde gilt. Namentlich zu erwähnen sind ferner der langjährige Geschäftsführer des Vereins für ländliche Wohlfahrts- und Heimatpflege HEINRICH SOHNREY, der um Bauern- und Volksleben bemühte „Volkstumssoziologe" MAX RUMPF, der Herausgeber des Deutschen Volkskundeatlas MATTHIAS ZENDER und der Verfasser der „Volkskunde der Schweiz" RICHARD WEISS.

6 Entwicklung des Faches

6.1 Deutsches Sprachgebiet

Obwohl in Mitteleuropa agrarsoziologische Lehrstühle und Lehrbücher relativ jungen Datums sind, reicht die Land- und Agrarsoziologie in Forschung und Lehre weit in das 19. und mit ihren Wurzeln sogar in das 18. Jahrhundert zurück. Wie in Frankreich, so haben sich auch in Deutschland im ausgehenden 18. und vermehrt im 19. Jahrhundert bedeutende „Staatsmänner und Politiker, sodann Dichter und Philosophen und schließlich Sozialwissenschaftler über das Landvolk geäußert" (DRESCHER 1937, S. 63). Als früher Vorahner der Landsoziologie gilt der über seine Heimat Osnabrück hinaus bekannte Regierungsbeamte JUSTUS MÖSER, der in seinen „Patriotischen Fantasien" (1778) die Erneuerung des Volkes auf bodenständiger Grundlage mit Blickrichtung auf das Historisch-Gewachsene beschwor. Die von FRANÇOIS QUESNAY (1694–1774) wissenschaftlich begründete und von MÖSER mehr intuitiv erfaßte „Fundamentaltheorie" wurde von dem Verfasser der „Geschichte der Leibeigenschaft in Pommern und Rügen" (1803), ERNST MORITZ ARNDT, zur Bauerntumsideologie umgeformt. In der Absicht, die Öffentlichkeit für Agrarreformen zu gewinnen und den Widerstand der adligen Grundbesitzer moralisch zu überwinden, überhöhte ARNDT die Bedeutung des freien Bauerntums. Seit damals begleiten Bauerntumsideologie und Romantik wie ein Schatten die deutsche Agrarsoziologie.

In der Land- und Agrarsoziologie in Deutschland ging es jedoch nicht um eine romantische Verklärung des Landlebens und des Bauern, sondern um die Erforschung von agrarsozialen Nöten und um die Lösung von gesellschaftspolitischen Problemen. Das „erste Werk von bleibendem soziologischem Wert" (VON FRAUENDORFER 1963), die dreibändige „Naturgeschichte des Volkes" (1851–55) von RIEHL, sollte, wie der Untertitel verrät, „als Grundlage einer deutschen Sozialpolitik" dienen.

Als man in den USA begann, das Landleben systematisch zu erforschen, ging in Deutschland bereits die erste Blütezeit ländlicher Sozialforschung zu Ende. Im Unterschied zu den USA trug sie aber kaum Früchte im Sinne einer Institutionalisierung und Professionalisierung der Disziplin. An Anläufen dazu hat es freilich nicht gefehlt. So ersuchte die Deutsche Gesellschaft für Soziologie mit Schreiben vom 14. Juni 1914 die Königlich Württembergische Landwirtschaftliche Hochschule zu Hohenheim, „auf die Einführung der Soziologie als Lehrfach hinwirken und dafür eintreten zu wollen, daß dies Lehrfach in würdiger Weise zur Geltung gelange". Der Ausbruch des Ersten Weltkrieges ließ dieses Ansinnen für rund vier Jahrzehnte in Vergessenheit geraten. Zu einem zweiten Anlauf kam es in Deutschland Ende der zwanziger Jahre, als sich die Soziologen VON WIESE und GUNTHER IPSEN landsoziologischen Fragestellungen zuwandten und der Göttinger Betriebslehrer WILHELM SEEDORF und andere Agrarwissenschaftler auf die Bildung einer Landvolkswissenschaft zu drängen begannen.

Diese Bestrebungen und Absichten scheiterten an der verhängnisvollen Neigung des Nationalsozialismus, das Fachgebiet für seine Rassenlehre mit Beschlag zu belegen. Das als Gesprächspartner der Soziologen prädestinierte „Sering-Institut" wurde samt seinen acht Außenstellen von den neuen Machthabern 1934 aufgelöst. Von acht neugegründeten oder umgewidmeten Hochschulinstituten, die sich mit Fragen der bäuerlichen Lebensgemeinschaft befaßten, waren sieben rassenkundlich orientiert, an ihrer Spitze die ganz auf die Person von GÜNTHER zugeschnittene, 1935 in Berlin-Dahlem gegründete „Anstalt für Rassenkunde, Völkerbiologie und ländliche Soziologie". H. F. K. GÜNTHER legte mit seinem Buch „Das Bauerntum als Lebens- und Gemeinschaftsform" (1939) die erste lehrbuchartige Darstellung des Fachgebietes in deutscher Sprache vor.

Während dieser Periode blieb die amerikanische Entwicklung faktisch ohne Einfluß auf die Agrar- und Landsoziologie in Deutschland. Um so nachhaltiger wirkten nach dem Zusammenbruch des Dritten Reiches die überseeischen Impulse. Unter Anleitung amerikanischer Soziologen wurden 1948–52 die „Darmstadt-Studie" und 1952–54 die Gemeindestudie des deutschen UNESCO-Institutes durchgeführt, mit denen die deutsche Landsoziologie wieder Anschluß an den hohen methodischen und technischen Stand der empirischen Sozialforschung im Ausland gewann.

Um die wissenschaftliche Klärung, fachliche Diskussion und politische Lösung ländlicher Sozialfragen macht sich seit 1947 die Agrarsoziale Gesellschaft verdient. Die Deutsche Landwirtschaftsgesellschaft nimmt sich seit 1950 in Fachausschüssen und Landpädagogischen Kongressen besonders des ländlichen Bildungs- und des landwirtschaftlichen Ausbildungswesens an. 1950 wurde eine „Agrarsoziologische Arbeitsgemeinschaft" gegründet, die 1952 in die „Forschungsgesellschaft für Agrarpolitik und Agrarsoziologie" umgewandelt wurde. In dieser Gesellschaft sind die einschlägigen Institute und Forschungsstellen ad personam vertreten. Starke Impulse erhielt die westdeutsche Land- und Agrarsoziologie durch die Aufgaben und Möglichkeiten im Rahmen der Entwicklungshilfe.

An der Eidgenössischen Technischen Hochschule Zürich wurde 1965 eine Professur für Geschichte und Soziologie der Land- und Forstwirtschaft eingerichtet. An der Johannes-Kepler-Universität in Linz ist die Agrarsoziologie institutionell mit Agrarrecht vereint, während die Universität für Bodenkultur in Wien Agrarsoziologie nur als Lehrauftrag vergibt. In der DDR hat die Agrarsoziologie als eigene Abteilung am Institut für Gesellschaftswissenschaften in Berlin eine Pflegestätte gefunden. Im Gegensatz zur Agrargeographie, deren sich die geographischen Institute tatkräftig annehmen, und zur Agrargeschichte, die wenigstens einige historische Seminare lebhafter beschäftigt, ist die Agrarsoziologie außerhalb der landwirtschaftlichen Fakultäten und Hochschulen im deutschen Sprachraum nicht vertreten (siehe Anhang II).

6.2 Andere Länder und Regionen

Auch in den anderen *europäischen Ländern* erwachte nach dem Zweiten Weltkrieg die Agrarsoziologie zu neuem Leben, allen voran in den Niederlanden, wo 1946 EVERT WILLEM HOFSTEE an die Landbauhochschule Wageningen berufen wurde. In Frankreich wurden 1948 ein Lehrstuhl für ländliche Soziologie und ländliche Ökonomie am Institut National Agronomique und 1956 ein Lehrstuhl für ländliche Soziologie am Institut d'Etudes Politiques der Universität Paris eingerichtet. Eine ähnliche Situation entstand in Norwegen durch die Schaffung einer selbständigen Abteilung für Agrarsoziologie an der landwirtschaftlichen Hochschule Vollebekk im Jahre 1958. In England wurde die Landsoziologie unter der Bezeichnung „Rural Social Organization" in den landwirtschaftlichen Fakultäten der Universitäten Oxford und Leeds ebenfalls relativ früh institutionalisiert. Gegenwärtig wird das Fachgebiet auch an den Universitäten von Cambridge, Essex, East Anglia, Kent und Reading gepflegt. In Italien besteht das Istituto Nazionale Di Sociologia Rurale in Rom. In allen osteuropäischen Staaten ist spätestens seit den sechziger Jahren die Agrarsoziologie in einem bemerkenswerten Aufschwung begriffen. Länder wie Polen, Rumänien und Ungarn konnten dabei an ihre großen Vorkriegstraditionen anknüpfen.

Die innereuropäische Zusammenarbeit ist durch die Gründung der Europäischen Gesellschaft für ländliche Soziologie (1957) stark gefördert worden, die im zweijährigen Wechsel Kongresse abhält und die dreisprachige Zeitschrift „Sociologia Ruralis" herausgibt.

In *Nordamerika* hat die Rural Sociology einen festen Platz innerhalb der Agrarwissenschaften und stellt einen gut ausgebauten, anerkannten Zweig der Soziologie dar. Seit 1892 wird Rural Sociology an der Universität Chicago gelehrt. 1911 wurde GALPIN als Agrarsoziologe an die Universität Wisconsin in Madison berufen. 1913 erschien das erste agrarsoziologische

Lehrbuch, verfaßt von JOHN M. GILLETTE (1866–1949). Noch ehe die USA in den Ersten Weltkrieg eintraten, war Rural Sociology fast an allen landwirtschaftlichen Hochschulen (State Colleges) als Lehrfach eingeführt. 1921 wurde in der American Sociological Society eine Sektion für Rural Sociology gebildet.[1] Durch den Purnell Act von 1925 wurde Rural Sociology als wissenschaftliche Disziplin gesetzlich anerkannt und die Finanzierung der ländlichen Sozialforschung gesichert. Eine amerikanische Bibliographie aus dem Jahre 1928 nennt bereits 2775 agrarsoziologische Titel. Die Institutionalisierung der Land- und Agrarsoziologie erreichte in Nordamerika ihren vorläufigen Abschluß in der Gründung der Rural Sociological Society (1937), die inzwischen auf mehr als 1000 Mitglieder anwuchs.

In *Lateinamerika* hat die Agrar- und Landsoziologie nach dem Zweiten Weltkrieg Eingang gefunden, hauptsächlich als Ergebnis der Arbeit von Wissenschaftlern, die in den USA studiert haben, und unter dem Einfluß einiger hervorragender amerikanischer Agrarsoziologen. Viele Absolventen soziologischer Seminare wandten sich in jüngster Zeit ländlichen Problemen zu. Agrarsoziologische Fortbildungsprogramme entstanden hauptsächlich in Mexiko, Brasilien und Chile. Im Jahre 1969 wurde in Buenos Aires die lateinamerikanische Vereinigung für ländliche Soziologie gegründet.

Gegenwärtig gibt es in *Afrika* noch keine kontinentale Gesellschaft für ländliche Soziologie und nur wenige nationale Vereinigungen. In den selbständig gewordenen Staaten sind land- und agrarsoziologische Lehr- und Forschungseinrichtungen erst im Aufbau begriffen, da die ländliche Sozialforschung in den ehemaligen Kolonien ausschließlich in Händen ausländischer Ethnologen und Geographen lag.

Aus den Ländern des *Vorderen Orients* liegt eine Reihe von vorzüglichen Dorfmonographien und anderen Untersuchungsergebnissen vor. Der ländlichen Sozialforschung sind jedoch hier wie in vielen anderen Ländern aus politischen Gründen Fesseln angelegt. Der Schwerpunkt der akademischen agrarwissenschaftlichen Ausbildung liegt einseitig auf den produktionstechnischen Fächern; auf soziologisch geschulte Agraringenieure wird noch zu wenig Wert gelegt.

Auch in *Südostasien* haben sprachliche und andere kulturelle Schwierigkeiten sowie der Mangel an Mitteln eine internationale Institutionalisierung der Agrar- und Landsoziologie verzögert. Mit der Asiatischen Regionalkonferenz für Lehre und Forschung in den ländlichen Sozialwissenschaften in Los Baños/Philippinen (1971) wurde indessen der erste Schritt zu einer internationalen wissenschaftlichen Vereinigung getan.

In *Ozeanien*, namentlich in Australien, scheint wenig Neigung zu bestehen, Land- und Agrarsoziologie als besondere Soziologien zu begründen. Die beiden Fachgebiete werden gewöhnlich in soziologischen Instituten zusammen mit Anthropologie, häufig auch zusammen mit Sozialpsychologie und Psychologie vertreten.

Dem Bedürfnis nach weltweiten fachlichen Kontakten tragen die seit 1964 alle vier Jahre stattfindenden Weltkongresse für ländliche Soziologie Rechnung. Einen weiteren Schritt zur Institutionalisierung bildete der Zusammenschluß der drei bestehenden kontinentalen (Europa, Nordamerika, Lateinamerika) Vereinigungen zu der globalen International Rural Sociological Association (ISRA) im Jahre 1972, die auch afrikanischen, asiatischen und ozeanischen Agrarsoziologen offensteht. Zweck dieser Vereinigung ist es, die Weltkongresse zu organisieren, die Möglichkeiten internationaler Zusammenarbeit zu verbessern und die Entwicklung der Land- und Agrarsoziologie in der ganzen Welt zu unterstützen.

Literatur: CONSTANDSE und HOFSTEE 1964, DRESCHER 1937, S. 47–80, GRÜNER 1977, KERBLAY 1973, KÖTTER 1967b, 1969a, 1969b.

---

[1] In der Deutschen Gesellschaft für Soziologie gibt es eine solche bis heute noch nicht.

Diskussions- und Prüfungsfragen
1. Was trennt und was verbindet Land- und Agrarsoziologie?
2. Welche sozialen Bezugssysteme stehen im Mittelpunkt der Agrarsoziologie in kapitalistischen, in kommunistischen und in Entwicklungsländern?
3. Warum bedarf es für den Wirtschaftsbereich Land- und Forstwirtschaft einer besonderen Soziologie?
4. Auf welche Fragen sollen Land- und Agrarsoziologie im Rahmen eines agrarwissenschaftlichen Studiums Antworten geben?
5. Geben Sie Beispiele aus der Land- und Agrarsoziologie für die mikro- und die makrosoziologische Betrachtungsweise!
6. Nennen und beurteilen Sie die wichtigsten Erkenntnisquellen der Land- und Agrarsoziologie!
7. Aus welchen Gründen kam es in Deutschland relativ spät zu einer Institutionalisierung der Land- und Agrarsoziologie?
8. Worauf ist der weltweite Aufschwung der Land- und Agrarsoziologie nach dem Zweiten Weltkrieg zurückzuführen?

Teil 1: Soziologie des Landes

Lebensraum, Bevölkerung und Kultur sind die drei wichtigsten Gestaltungselemente einer Gesellschaft. Der Raum bildet den Schauplatz, auf dem sich soziales Leben abspielt. Die Bevölkerung stellt die Akteure des Rollenspiels und legt die Bedürfnisse fest, die auf der Bühne des Lebens befriedigt werden wollen. Die Kultur liefert Maßstäbe, Regeln und Hilfsmittel für das Zusammenspiel. Das Studium der Merkmale ländlicher Räume, Bevölkerungen und Kulturen bildet daher die Voraussetzung für das Verständnis ländlicher Gesellschaften.

1 Ländlicher Raum

1.1 Abgrenzung

1.1.1 Grundlegende Merkmale und Indikatoren

Raumeigenschaften beeinflussen das soziale Leben, indem sie bestimmte Bedingungen und äußere Umstände menschlichen Handelns, Denkens und Fühlens vorgeben. Der Landsoziologe muß den ländlichen Raum zuerst einmal abgrenzen, um untersuchen zu können, was daran soziologisch erheblich ist. Dazu braucht er einen Katalog grundlegender Merkmale sowie meßbare Indikatoren und reale Bezugseinheiten. Letztere müssen sowohl eine räumliche als auch eine gesellschaftliche Komponente aufweisen. Ein derartiger Schnittpunkt von Raum und Gesellschaft ist die Landgemeinde. In Nominaldefinitionen wird daher in der Regel unter ländlichem Raum die Gesamtheit des Territoriums der Landgemeinden, unter ländlicher Bevölkerung die Gesamtheit der Einwohnerschaft der Landgemeinden verstanden.

Als grundlegende Merkmale des ländlichen Raumes gelten (1) das Fehlen städtischer Privilegien und Funktionen, (2) Land- und Forstwirtschaft als prägender Wirtschaftsbereich und (3) geringe Verdichtung von Wohnstätten, Arbeitsstätten und Infrastruktureinrichtungen. Ein viertes Kriterium des ländlichen Raumes, nämlich das Vorherrschen natürlicher Landschaftselemente, hat bisher kaum Eingang in die Abgrenzungsmethoden gefunden. Es ließe sich mit Hilfe der Indikatoren „Vegetationsfläche" (bewachsene Fläche) und „Siedlungsfläche" (überbaute Fläche) meßbar machen. Ein fünftes oft genanntes Merkmal ist die Einheitlichkeit (Homogenität) der Bevölkerung. Dieses trifft zwar bedingt für Einzelsiedlungen, nicht aber für den ländlichen Raum als Ganzes zu.

Von den vielen Indikatoren (Übersicht 2) haben für die Abgrenzung des ländlichen Raumes

---

Übersicht 2. Indikatoren für die Abgrenzung ländlicher Räume

1. *Juristisch-administrative:* Rechtsstatus, Verwaltungsbeziehungen, Versorgungs- und Verkehrsverbunde, Gebühren- und Steuerhebesätze, Ortsklassen, Lohntarife, kommunale Privilegien, Infrastrukturausstattung.
2. *Geographisch-städtebauliche:* Flächennutzung, Dichte und Geschlossenheit der Bauweise, Art, Geschoßzahl und Abstand der Gebäude.
3. *Demographisch-soziologische:* Bevölkerungszahl, -dichte und -entwicklung, Geburten-, Sterbe- und Heiratsziffern, Haushaltsart und -größe, Wohndichte, Lebensstil.
4. *Sozialökonomische:* Berufs-, Erwerbs- und Beschäftigtenstruktur, Pendler- und Konsumbeziehungen, zwischenörtliche Ferngespräche, sozialökonomische Funktionen, Industriebesatz, Realsteuerkraft, Bruttoinlandsprodukt, Arbeitsplatzdichte.

vor allem Rechtsstatus, Wohnortgröße, Bevölkerungs- und Arbeitsplatzdichte, Agrarquote und Kennziffern der Lebensbedingungen Bedeutung erlangt. In den Regionalwissenschaften und in der Landesplanung bevorzugt man in jüngerer Zeit funktionale Abgrenzungen, die sich an den zwischen Raumpunkten (z. B. Gemeinden) zu beobachtenden Strömen der Versorgung und der Arbeitsplatznachfrage orientieren.

1.1.2 Rechtsstatus

Die älteste und zum Teil heute noch in England, Wales, Südafrika, Australien, Neuseeland, Kanada, Dänemark, Norwegen, Schweden, der Sowjetunion, Bulgarien, Brasilien und Japan übliche Methode, ländliche Räume und Gemeinden von städtischen abzugrenzen, ist die formalrechtliche, wonach Siedlungen ohne Stadtrechte als Dörfer oder Landgemeinden und die dazu gehörenden Territorien als ländlicher Raum gelten, bzw. ganze Distrikte durch einen Verwaltungsakt als ländlich oder städtisch erklärt werden. Die verwaltungsrechtliche Stellung ist dann soziologisch belangvoll, wenn mit der Erhebung einer Siedlung zu einer Stadt besondere Vorrechte wie Marktrecht, Gerichtsbarkeit, Befestigung verbunden sind, die das soziale Leben prägen.

1.1.3 Siedlungsgröße

Die Verteilung der Bevölkerung im Raum kommt in der Zahl und Größe der Siedlungen zum Ausdruck. Das Wohnen in vielen kleinen, zerstreuten Orten gilt als typisch ländlich, zusammengeballtes Wohnen als städtisch. In Ermangelung einer ausgebauten Wohnplatzstatistik[1], die die Siedlungsweise genau widerspiegeln würde, wird gewöhnlich die Gemeindegröße, gemessen an der Einwohnerzahl, als Indikator herangezogen. In der deutschen Statistik gelten Gemeinden unter 2000 Einwohner als Landgemeinden, Gemeinden von 2000 bis 5000 Einwohnern als Landstädte. Mit der Gebiets- und Verwaltungsreform verlor diese Abgrenzung ihren Sinn. Die internationale Vergleichbarkeit leidet darunter, daß die konventionelle Obergrenze ländlicher Gemeinden sehr verschieden bei 250 (Dänemark), 300 (Island), 1000 (Schweden, Kanada, Neuseeland), 1500 (Irland, Panama, Kolumbien), 2000 (Österreich, Schweiz, CSSR, Frankreich, Türkei, Argentinien), 2500 (USA, Mexiko, Puerto Rico, Venezuela), 5000 (Belgien, Portugal, Griechenland, Indien), 10000 (Italien, Japan, Spanien) oder 20000 Einwohnern (Niederlande) gezogen wird. Eine Schwäche der Stadt-Land-Gliederung nach der Einwohnerzahl besteht ferner darin, daß die kleineren Gemeinden innerhalb und außerhalb der Ballungsgebiete gleich behandelt werden, obwohl sie eine unterschiedliche Sozialstruktur aufweisen.

1.1.4 Bevölkerungsdichte

Eine relativ geringe Bevölkerungsdichte, gemessen als Einwohner je qkm, ist ebenfalls ein wesentliches Indiz des ländlichen Raumes, wie umgekehrt eine hohe Bevölkerungsverdichtung in der Regel für den städtischen Charakter eines Raumes spricht. Neuerdings pflegt man daher nicht mehr die Stadt sondern den „Verdichtungsraum" oder das „Ballungsgebiet" dem ländlichen Raum als dem „Verdünnungsraum" oder „Entleerungsgebiet" gegenüberzustellen. Das Bundesraumordnungsgesetz (ROG 1965) definiert als „ländlich" jene Räume, in denen die Land- und Forstwirtschaft überwiegend die Bodennutzung bestimmt, die Bevölkerungsdichte im Regelfall derzeit unter 200 Einwohner je qkm liegt und die nicht Verdichtungsräume sind.

    Der Indikator der Bevölkerungsdichte ist insofern unbefriedigend, als er nur über die physische Verdichtung einer Bevölkerung etwas aussagt, aber kaum Schlüsse auf die Unter- oder

---

[1] Wohnplätze heißen alle geschlossen bebauten Siedlungen, die von benachbarten Siedlungen räumlich getrennt sind.

Übersicht 3. In der Raumforschung gebräuchliche Dichtewerte

Begriff	Quotient	Bezugseinheit	
		Zähler	Nenner
arithmetische Bevölkerungsdichte	Einwohner je qkm	Wohnbevölkerung	Gesamtfläche (qkm)
physiologische Bevölkerungsdichte	Einwohner je qkm (ohne Umland)	Wohnbevölkerung	besiedelte und produktiv genutzte Fläche (qkm)
Ernährungsdichte	Einwohner je 100 000 DM Bodenwert	Wohnbevölkerung	Landw. Nutzfläche (ha) mal Ertragswert (DM)
Wohndichte	Personen je 100 qm Wohnfläche	Wohnbevölkerung	Wohnfläche (qm)
Agrardichte	landw. Berufszugehörige je 100 ha LN	landw. Berufszugehörige	landw. Nutzfläche (ha)
Bodennutzungsdichte (gewogene Agrardichte)	landw. Berufszugehörige je 100000 DM Bodenwert	landw. Berufszugehörige	landw. Nutzfläche (ha) mal Ertragswert (DM)
man-land-ratio	landw. Erwerbstätige (AK) je 100 ha landw. Nutzfläche	landw. Erwerbstätige oder Voll-AK	landw. Nutzfläche (ha)
Arbeitsplatzdichte	Arbeitsplätze je qkm	Arbeitsplätze oder Beschäftigte	Gesamtfläche (qkm)
Bebauungsdichte	Normalwohngebäude je 1 ha Baugebiet	Normalwohngebäude	In Bauleitplänen für Bebauung vorgesehene Fläche (ha)

Überbevölkerung eines Raumes zuläßt. Diese kann nämlich nur in bezug auf die natürliche und wirtschaftliche Tragfähigkeit eines Gebietes ermittelt werden (siehe Teil 1: 1.4.4.2). Von den zahlreichen Dichtewerten (Übersicht 3) bringt die „Ernährungsdichte" besonders gut die Beziehung einer Bevölkerung zu ihrem eigenen Nahrungsraum zum Ausdruck. Wo die Grenze von 65 Einwohnern je 100000 Mark Bodenwert überschritten wird, beginnt in industriell noch nicht erschlossenen Gebieten bereits die Übervölkerung.

1.1.5 Arbeitsplatzdichte

Eine neuere Abgrenzungsmethode berücksichtigt, daß die Verdichtung nicht nur das Wohnen, sondern auch das Arbeiten betrifft. Die Arbeitsplatzdichte wird gemessen als Zahl der Arbeitsplätze bzw. der Beschäftigten je qkm. Da in der Land- und Forstwirtschaft – abgesehen von den flächenunabhängigen Zweigen der Tierproduktion – naturgemäß jeder Arbeitsplatz mit relativ großen Flächen ausgestattet sein muß, unterscheiden sich Agrargebiete von gewerblich-industriellen durch eine geringere Arbeitsplatzdichte.[1] Die kombinierte Bevölkerungs- und Arbeitsplatzdichte gibt den Verdichtungsgrad besser wieder als jeder Indikator für sich allein.[2]

---

[1] Dieser Wert hängt sehr stark von der Technisierungsstufe ab. Auf 1000 ha entfielen im deutschen Bundesdurchschnitt auf der Gespannstufe (1939) 280 Vollarbeitskräfte, auf der Motorstufe (1972/73) 96 Vollarbeitskräfte.
[2] Nach einer Entschließung der Ministerkonferenz für Raumordnung vom 21. 11. 1968 gelten als Verdichtungsräume solche Räume, die mehr als 150000 Einwohner aufweisen und in denen die Summe der Einwohner und der Beschäftigten in nichtlandwirtschaftlichen Arbeitsstätten 1250 je qkm übersteigt, zuzüglich der angrenzenden Gemeinden mit einer geringeren Einwohner-Arbeitsplatzdichte, aber überdurchschnittlichem Bevölkerungswachstum in den Jahren 1961–67. Was außerhalb dieser Verdichtungsräume liegt, heißt amtlich „ländlicher Raum".

1.1.6 Agrarquote

Im Hinblick auf die wichtige Aufgabe des Landes, vornehmlich Standort land- und forstwirtschaftlicher Erzeugung zu sein, ist dem agrarischen Anteil an der Wohnbevölkerung (Agrarquote) oder an den Erwerbspersonen (Agrarerwerbsquote) oder an den im Raum Beschäftigten (agrarische Beschäftigtenquote) von jeher ein besonderer Erkenntniswert für die Abgrenzung ländlicher Räume und Siedlungen von städtischen beigemessen worden. Eine Kommission des Internationalen Statistischen Instituts schlug 1938 vor, die Gemeinden nach der Agrarquote in ländliche, gemischte und städtische einzuteilen. Die meisten späteren Gemeindetypisierungen folgten diesem Grundschema (Übersicht 4). Von der Typisierung der Einzelgemeinden kommt man mittels einer flächendeckenden kartographischen Darstellung zur Abgrenzung ländlicher Räume. Neuerdings mißt man den Grad der Vergewerblichung auch mit Hilfe der Zahl der vertretenen Berufsklassen (vgl. LINDAUER 1970).

Übersicht 4. Schwellenwerte ausgewählter Gemeindetypologien

Anteil land- und forstwirtschaftlicher Berufszugehöriger an der Wohnbevölkerung					Anteil land- und forstwirtschaftlicher Erwerbspersonen an der Erwerbsbevölkerung			
Internationales Statistisches Institut 1937	Horstmann 1939	Schwind, Finke 1950/1953	Fehre 1949	%	Hesse 1949	Boustedt 1953/60	Linde 1953	Fehre 1961
				−100−				
				−90−	kleinbäuerliche Gemeinden	ohne städtischen Einfluß		
ländlich	voll-agrarisch	agrarisch	rein ländlich	−80−	mittel- und groß-bäuerliche Gemeinden		landwirtschaftliche Gemeinden	landwirtschaftliche Gemeinden
				−70−				
				−60−		weitere Randzone der Städte		
gemischt	gemischt überwiegend agrarisch			−50−	gewerbliche Gemeinden und Verwaltungszentren			
		gemischt	ländlich	−40−		engere Randzone der Städte	Arbeiter-Bauern-Gemeinden	ländlich-gewerbliche Gemeinden	Mischgemeinden
städtisch	gemischt überwiegend gewerblich		ländlich mit städtischem Einschlag	−30−	Arbeiterwohngemeinden und Wohnsiedlungen			
			städtisch mit ländlichem Einschlag	−20−		verstädterte Zone		verstädterte Gemeinden
	gewerblich	industriell	städtisch	−10−		ausgesprochene Gewerbegemeinden		
			rein städtisch	−0−		städtisches Kerngebiet		städtische Gemeinden

1.1.7 Strukturschwäche

Ländliche Räume werden häufig gleichgesetzt mit strukturschwachen Gebieten. Die Strukturschwäche läßt sich nicht mit einem einzigen Indikator messen. Entweder bildet man nach der Anzahl, Güte und Entfernung ausgewählter Infrastruktureinrichtungen einen Index oder man kombiniert demographische (Wanderungssaldo, Bevölkerungsdichte) mit wirtschaftlichen (Industriebesatz, Realsteuerkraft, Bruttoinlandsprodukt) Indikatoren.

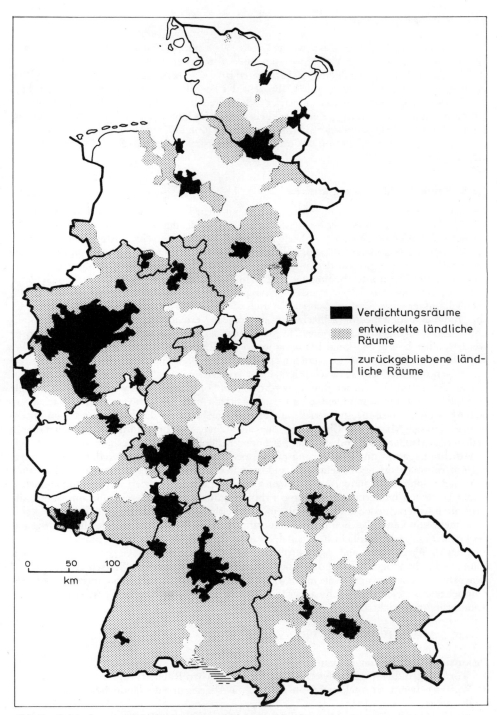

Abb. 2. Gebietskategorien in der Bundesrepublik Deutschland

Das ROG bezeichnet strukturschwache Gebiete als Räume, „in denen die Lebensbedingungen in ihrer Gesamtheit im Verhältnis zum Bundesdurchschnitt wesentlich zurückgeblieben sind oder ein solches Zurückbleiben zu befürchten ist". Als „zurückgeblieben" werden im Bundesgebiet 34 Prozent der Fläche mit 12 Prozent der Bevölkerung ausgewiesen (Abb. 2). Hier arbeiten jedoch nur 5 Prozent der Industriebeschäftigten und werden nur 8 Prozent des Bruttoinlandsproduktes erstellt. Die „Zurückgebliebenheit" des Landes ist freilich „kein bloßer Naturzustand, den die Dynamik der städtischen Entwicklung hinter sich gelassen hätte, sondern selber in weitem Maße Funktion des totalen Lebensprozesses der Gesellschaft" (ADORNO in GRÜNEISEN 1952, S. V).

1.1.8 Kritik der Abgrenzungskriterien

Die behandelten Indikatoren bilden für sich genommen keine untrüglichen Indizien für die Ländlichkeit eines Raumes. Der Rechtsstatus ist ziemlich belanglos, wenn damit keine soziologischen Qualitäten verbunden sind. Viele Provinzstädtchen haben eine dorfähnliche Wohnortgröße, während es andererseits z. B. in Ungarn, Bulgarien, Tunesien, Ägypten und Südindien ländliche Siedlungen gibt, in denen mehrere Tausend Familien wohnen. Hohe Dichtewerte kommen unter bestimmten Bedingungen (z. B. in Flußoasen) auch in rein ländlichen Gebieten vor. Auch ein hoher Grad der Vergewerblichung ist unter Umständen vereinbar mit dem ländlichen Charakter eines Raumes. Schließlich muß die infrastrukturelle Ausstattung eines ländlichen Raumes nicht unbedingt schlechter als diejenige in Verdichtungsräumen sein, die ebenfalls unter Strukturmängeln leiden können. In Anbetracht der Mehrdeutigkeit einzelner Indikatoren werden daher häufig Merkmalskombinationen der Raumgliederung zugrunde gelegt. Aber auch dies führt nicht immer zu eindeutigen Ergebnissen, weil die „ländlichen" Merkmalsausprägungen mitunter sehr schwach miteinander korrelieren.

Die Abgrenzung ländlicher Räume wird dadurch kompliziert, daß wirtschaftliche, soziale und kulturelle Raumkomponenten zu berücksichtigen sind. Die Schwierigkeiten wachsen in dem Maße, wie städtische, industrielle und touristische Elemente den ländlichen Raum durchdringen und sich Misch- und Übergangszonen ausbreiten. Die Raumkonturen werden dadurch in dem Begriffspaar Land und Stadt immer undeutlicher. Man weicht deshalb auf Begriffe wie „Verdichtungsraum" und „Entleerungsraum" aus. Dabei gewinnt der Grad der Bevölkerungsagglomeration vorrangige Bedeutung. Land kann in einer modernen Industriegesellschaft auch nicht mehr einfach mit landwirtschaftlichem Siedlungsraum identifiziert werden. Im ländlichen Raum entstehen moderne Agrarräume, Erholungsräume und andere Funktionsräume, die strukturell so verschieden sind, daß von einer einheitlichen Gebietskategorie „ländlich" keine Rede mehr sein kann. Der Beirat für Raumordnung beim Bundesminister des Innern zog aus der Feststellung, „der ländliche Raum in der Bundesrepublik Deutschland ist hinsichtlich seiner Siedlungs-, Wirtschafts- und Agrarstruktur und seiner natürlichen Gegebenheiten (Boden, Klima u. a.) heterogen", die Folgerung, ihn nach dem regionalen Wirtschaftsniveau und -wachstum zu gliedern in Gebiete mit starker (4 Prozent des Staatsgebietes), mittlerer (42 Prozent des Staatsgebietes) und schwacher (54 Prozent des Staatsgebietes) Wirtschaftskraft (vgl. Raumordnungsbericht 1970, S. 152f.).

Literatur: MEYER 1970, PEVETZ 1975, STRUFF 1975.

Diskussions- und Prüfungsfragen
1. Worin liegen die Hauptschwierigkeiten, den ländlichen Raum abzugrenzen?
2. Warum gewinnt der Agglomerationsgrad für die Abgrenzung des ländlichen Raumes an Bedeutung?
3. Welche Merkmale gelten als grundlegend für den ländlichen Raum?

1.2 Siedlungsweise

Der Begriff „ländlicher Raum" setzt Besiedlung voraus. Da der größte und vielleicht wichtigste Teil sozialen Lebens sich innerhalb von Siedlungen abspielt, beeinflussen Dauer (Siedlungsart), Lage, Größe, Grund- und Aufriß (Siedlungsform), Gefüge und Erwerbsstruktur (Siedlungstyp) der Wohnsiedlungen die Sozialorganisation einer Bevölkerung.

1.2.1 Siedlungsart

Nach der Benutzungsdauer eines Siedlungsplatzes unterscheidet man fünf Arten ländlicher Siedlung:
(1) Die ephemere oder *Rastsiedlung* besteht nur einen Tag oder wenige Tage. Beispiele dafür sind die Zigeunerlager am Rande der Dörfer, die Zwischenlager von Nomaden auf ihren Wanderungen zwischen Sommer- und Winterweiden, die Schutzhütten von Feldhütern und die Feldlager von Arbeitskolonnen auf großen Gütern.
(2) Die temporäre oder *Zeitsiedlung* wird von Wanderhirten periodisch, von Waldarbeitern und Erholungsuchenden meist episodisch aufgesucht und für acht bis dreißig Tage, unter Umständen auch länger bewohnt. Die Siedlungsplätze sind an einfachen Bauwerken (Umfassungsmauern, Erdlöcher, Baracken) erkennbar. Emotionale Bindungen zu einem bestimmten Lebensraum und feste, wiederkehrende Ordnungen für das Zusammenleben bilden sich aus.
(3) Die jahreszeitliche oder *Saisonsiedlung* wird im Rhythmus der Jahreszeiten für einige Monate benutzt. Typische Saisonsiedlungen sind die Winterlager und die sommerlichen Hauptlager der Wanderhirten, die Almen im Hochgebirge sowie die Ferienhäuser und -apartments der „Großstadtnomaden", die in wachsender Zahl im ländlichen Raum entstehen. Es überwiegen feste Behausungen und Einrichtungen mit festgelegten Eigentums-, Besitz- und Nutzungsrechten.
(4) Die *semipermanente* Siedlung wird im Abstand von mehreren Jahren oder Jahrzehnten verlegt. Es ist die typische Siedlungsart der Wanderfeldbauern und der wilden Siedler im tropischen Urwald und in den Buschsavannen.
(5) Ländliche *Dauersiedlung* setzt voraus, daß (a) der Standort ganzjährig bewohnbar ist, (b) die Anbau- und Weideflächen ertragfähig bleiben, und (c) ausreichende Erwerbsquellen am Ort oder in angemessener Entfernung vorhanden sind.

Je länger Menschen am gleichen Ort verweilen, desto mehr Sozialkapital in Form von öffentlichen Einrichtungen (Wege, Brücken, Kulturgebäude usw.) bilden sie, desto mehr verfestigen sich soziale Gewohnheiten zu lokalen Bräuchen und Rechtsansprüchen, desto mehr tendieren die örtlichen sozialen Systeme dazu, sich räumlich abzugrenzen, und desto bedeutungsvoller wird die symbolische Ortsbezogenheit für das Zusammenleben.

1.2.2 Siedlungslage

Die Lage einer ländlichen Siedlung im Raum drückt die Herrschaftsverhältnisse zur Zeit ihrer Entstehung oder die Bedürfnisse ihrer Gründer aus. Die ältesten Siedlungen sind in den fruchtbaren, wasserreichen Offenlandschaften entstanden. Erst im Zuge eines späteren Landesausbaus sind auch in den Waldgebieten, Berg- und Gebirgslandschaften, in versumpften Niederungen und auf leichten Sandböden landwirtschaftliche Siedlungen angelegt worden. Weite Flächen konnten erst in jüngster Zeit durch die erfolgreiche Bekämpfung der Malaria der Dauerbesiedlung erschlossen werden. In den vergangenen hundert Jahren sind vor allem Steppen und tropische Urwälder in landwirtschaftliche Kultur genommen und damit auch der Dauerbesiedlung zugänglich gemacht worden.

Für die ländlichen Siedlungen spielt selbstverständlich die Lage und Entfernung zu den landwirtschaftlichen Nutzflächen eine wichtige Rolle. Eine günstige innere Verkehrslage konnte freilich oft nicht verwirklicht werden, weil andere Gesichtspunkte vorrangig berücksichtigt werden mußten, insbesondere die Versorgung mit Wasser. Deshalb findet man viele ländliche Siedlungen an den Quellhorizonten der Bergränder und entlang wasserführender Täler. Ein weiterer Gesichtspunkt war der Schutz vor Feinden, Marodeuren, wilden Tieren, Mückenplage, Wind, Kälte, Überschwemmungen, Lawinen und Steinschlag. Während Städte oft an hervorragenden Punkten (Furten, Bergnasen) und entlang der großen Verkehrswege angelegt wurden, bestand bei den Landbewohnern eher die Neigung, die Fernstraßen zu meiden, ihre Dörfer in Geländemulden, Seitentälern oder hinter Gehölzen zu verbergen oder im Schutze einer Burg zu bauen. Waldnähe wurde ebenfalls bevorzugt, um die Haushalte leichter mit Brenn- und Nutzholz versorgen zu können und Zugang zur Waldweide zu haben.

Im Laufe der Jahrhunderte sind zahlreiche ländliche Siedlungen aufgegeben worden (Wüstungen), weil die menschlichen Bedürfnisse an anderen Standorten besser befriedigt werden konnten. Wenn heute ländliche Siedlungen neu angelegt werden, spielen Schutz- und Versorgungsmotive eine untergeordnete Rolle. Als wichtig wird dagegen die innere Verkehrslage der Betriebe zu den Wirtschaftsflächen sowie die äußere Verkehrslage zum Markt angesehen. Neue landwirtschaftliche Siedlungen werden so lokalisiert, daß der landwirtschaftliche Verkehr den sonstigen Verkehr möglichst wenig behindert und daß andere Raumnutzer durch die landwirtschaftlichen Betriebe möglichst wenig belästigt werden. Bei nichtlandwirtschaftlichen ländlichen Siedlungen wird vor allem auf Wohn- und Freizeitwerte (sonnige Lage, keine Lärm- und Emissionsbelästigung, schöne Aussicht, niedrige Erschließungskosten) geachtet.

1.2.3 Siedlungsgröße

Die Zahl der zu einer Siedlung räumlich vereinten Wohnstätten legt den Rahmen des örtlichen Bezugssystems und damit unter anderem Zahl und Intensität der Interaktionen, die Möglichkeiten von Kooperationen und Konflikten, Rollendifferenzierungen und anderes fest. Die Variationsbreite reicht vom Einödhof bis zum großen Industriedorf (vgl. BODZENTA 1962).

Den *Einzelsiedlungen* (Einödhöfe, Vorwerke, Almhütten, Forsthäuser usw.) fehlt die dörfliche Dichte nachbarlicher Beziehungen, Interaktionen und Spannungen. Daher kommt den Verwandtschaftskreisen erhöhte Bedeutung zu.

Weilersiedlungen sind lockere oder enge Gruppensiedlungen von zwei bis fünfzehn Wohnstätten, die neben den Behausungen auch Bauwerke anderer Zweckbestimmung, z. B. Wirtschaftsgebäude und Kultbauten, umfassen. Das soziale Leben spielt sich innerhalb einer Weilersiedlung ausschließlich in primären Gruppen ab. Siedlungsgemeinschaft und Nachbarschaft fallen zusammen. Öffentliche Dienste und sonstige Versorgungseinrichtungen müssen überwiegend auswärts aufgesucht werden. Bestenfalls ist eine kleine Handelsniederlassung verbunden mit einer Gaststube oder einem Fuhrgeschäft vorhanden.

Gruppensiedlungen mit mehr als fünfzehn Wohnstätten werden als *Dörfer* bezeichnet. Bei einem Nomadenlager mit mehr als fünfzehn Zelten kann man von einem Zeltdorf, bei einer Gutswirtschaft mit mehr als fünfzehn Wohnungen für das Personal von einem Gutsdorf sprechen. Sinngemäß bilden auch landwirtschaftliche Aktiengesellschaften und Produktionsgenossenschaften mit einer entsprechenden Anzahl von Haushalten Dörfer, obwohl hier die Bezeichnung Dorf gewöhnlich durch Kolchos, Kibbuz usw. ersetzt wird.

Die obere Grenze eines Dorfes läßt sich an Hand der Wohnstättenzahl nicht festlegen. GEORG NIEMEIER (1977) nennt eine ländliche Siedlung, die die Zahl von dreihundert Wohnstätten überschreitet, ein *Stadtdorf*. Er begründet dies damit, daß sich bei dieser Größe, auch wenn die Bevölkerung überwiegend in der Urproduktion tätig sei, ein stadtähnlicher Siedlungskern mit höheren und besser ausgestatteten Bauwerken (Kirchen, Verwaltungsgebäuden, Post,

Ladengeschäften, Gaststätten, Handwerksbetrieben) bilde. Ländliche Villenorte oder Arbeitersiedlungen nehmen schon bei einer geringeren Anzahl von Wohnstätten städtische Züge an. Versuche, die Obergrenze eines Dorfes soziologisch zu fassen, z. B. mit der Formel, wenn die Einwohner „ihr Gemeinschaftsleben noch für alle überschaubar vollziehen" (TENHUMBERG 1952, S. 23), sind an den Klippen der Operationalisierung und an der Vielgestaltigkeit der Dorfformen gescheitert.

1.2.4 Siedlungsform

Nach dem *Ortsgrundriß* unterscheidet man offene und geschlossene, willkürlich gewachsene und planmäßig angelegte Siedlungen. Siedlungen ohne planmäßige Gestaltung werden nach der Zahl und dem Abstand der Wohnstätten in Einzelhaus-, Streu- und Weilersiedlungen und in Haufendörfer untergliedert. Bei „offenen" Siedlungen bildet allenfalls ein Dienstleistungszentrum den örtlichen Kern, während die Wohn- und Arbeitsstätten streuen. „Geschlossen" heißt eine Siedlung dagegen, wenn die Bevölkerung in einem Wohnkern inmitten der Gemarkung siedelt. Haufendörfer neigen insbesondere dann zu baulicher und sozialer Verdichtung, wenn ein Zaun (Etterdörfer) oder eine Mauer (Qalehdörfer) sie einengen. Je enger und geschlossener die Bebauung ist, desto strenger läßt sich die soziale Kontrolle handhaben und desto unausweichlicher sind Konfliktsituationen. Es bestehen jedoch offensichtlich, z. B. zwischen Skandinavien und den Mittelmeerländern, große Unterschiede hinsichtlich dessen, was an Enge des Zusammenlebens noch als erträglich empfunden oder sogar gewünscht wird. Bei Aussiedlungen von Höfen aus geschlossenen Siedlungen hat man häufig beobachtet, daß insbesondere Frauen und ältere Leute die gewohnten dichten Sozialbeziehungen vermissen (vgl. SCHÖCK 1972). Innerhalb geschlossener Siedlungen befanden sich traditionell die bevorzugten Wohnlagen in der Dorfmitte; die Angehörigen der Unterschicht mußten sich am Ortsrand niederlassen und die Randgruppen außerhalb des Dorfes hausen. Oft nahm aber auch der „Herrenhof" eine randliche Lage ein. Neuerdings genießen Wohnlagen am Ortsrand den Vorzug.

Nach Plan gestaltete Siedlungen treten in der Form der für überseeische Farmgebiete typischen schematischen Einödsiedlungen sowie in den Formen des Zeilen-, Gassen-, Straßen-, Anger-, Platz-, Reihen- und Schachbrettdorfes auf. Sie sind häufig das Ergebnis rein wirtschaftlicher oder vermessungstechnischer Überlegungen auf dem Reißbrett, ohne auf soziale Bedürfnisse Rücksicht zu nehmen. Dies hängt damit zusammen, daß die sozialen und sozialpsychologischen Auswirkungen von ländlichen Ortsgrundrissen bisher kaum untersucht worden sind. Ein verheißungsvoller Schritt in diese Richtung ist die vergleichende sozialökonomische Beurteilung verschiedener Siedlungsformen von E. YALAN und Mitarbeitern (1963).

Meistens drückt schon das äußere Erscheinungsbild des *Aufrisses* die enge Verbundenheit ländlicher Siedlungen mit der Natur aus. Eine ländliche Siedlung erhebt sich im allgemeinen nicht mit Türmen und Hochhäusern aus der Landschaft wie eine Stadt, sondern duckt sich in das Gelände. Ein- und zweigeschossige Bauweise ist typisch. Selbst die öffentlichen Gebäude, mit Ausnahme der Kirchtürme, Minarette und Wassertürme, überragen die übrigen Bauwerke im allgemeinen nicht. Man wohnt gewöhnlich neben- und nicht übereinander. Ausnahmen, wie die Terrassenwohnungen der Pueblo-Indianer Nordamerikas, bestätigen die Regel. Die Haushaltseinheit wird nicht durch die abgeschlossene Glastüre dokumentiert, sondern durch das Einzelhaus. Dies verleiht auch den Bewohnern elender Hütten ein gewisses Gefühl der Autonomie und des Selbstwertes.

Grund- und Aufrisse ländlicher Siedlungen unterliegen ständigen Wandlungen, denn die bodenständige ländliche Architektur wird weitgehend durch „vegetatives" Bauen bestimmt. Unter „vegetativem Bauen" versteht man die laufende Anpassung der Gebäude an die Bedürfnisse von Haushalt und Betrieb durch Hinzufügen von weiteren Räumen an den vorhandenen Baukörper (additive Bauweise), durch Einbau von Raumzellen in vorhandene Baukörper (agglutinierende Bauweise) und durch Begradigung schiefwinkliger und runder Grundrisse (regulierende Bauweise). Die Veränderungen der einzelnen Häuser durch Erweiterung und Schwund der Bausubstanz, die Verzahnung mit benachbarten Gebäuden und die Anpassung an bestehende Eigentumsverhältnisse, Nutzungsrechte und Wegeführungen ergeben eine Vielfalt der Gestaltung, die nicht vorausplanbar ist, sondern Ausdruck der wechselnden Bedürfnisse und Fähigkeiten der Bewohner, der Besitzverhältnisse und der Sozialstruktur.

1.2.5 Wohnweise

Landbewohner leben weit überwiegend in Ein- oder Zweifamilienhäusern. Sie wohnen selten zur Miete, sondern in der Regel in Eigenheimen. Dies trifft auch für ländliche Siedlungen zu, die ihren landwirtschaftlichen Charakter verloren haben (Übersicht 5).

Übersicht 5. Wohnweise nach Gemeindegrößenklassen, Bundesrepublik Deutschland 1956 und 1968

Gemeindegrößenklasse (Einwohner)	Ein- und Zweifamilienhäuser in % der gesamten Wohngebäude		Eigentümerwohnungen in % der Normalwohnungen	
	1956	1968	1956	1968
unter 2 000	95	96	68	65
2 000– 5 000	90	91	53	53
5 000– 20 000	82	84	41	43
20 000– 50 000	71	72	27	
50 000–100 000	59	62	21	28
100 000 und mehr	53	54	17	16
insgesamt	—	—	38	36

Quelle: Wirtschaft und Statistik 1958, S. 643 und Stat. Bundesamt, Fachserie E, H. 3, Gebäude- und Wohnungszählung vom 25. 10. 1968.

Eigenheim bedeutet hier mehr als „im Grundbuch eingetragenes Eigentum". Ländliche Wohnungen werden in erheblichem Maße in Eigenleistung der späteren Bewohner mit Hilfe von Verwandten, Nachbarn und guten Bekannten erstellt, so daß schon in der Bauphase viele direkte soziale Beziehungen aktiviert werden. Auch die Beziehungen zu den Baumeistern und Handwerkern sind überwiegend persönlicher Art. Was hier in Gemeinschaftsarbeit entsteht, ist selbst bei einfachster Ausführung „eine gemeinsame Aufbau- und Gestaltungsleistung im wahrsten Sinne des Wortes, Persönlichkeitsausdruck und Selbstbestätigung in einer Weise, wie es die städtische Wohnung niemals sein kann" (PEVETZ 1975, S. 5). Das eigene, selbstgebaute Haus ist die Eintrittskarte in die Dorfgemeinschaft der Erfolgreichen. „Ohne Haus kommt man nicht in den Ortschaftsrat, gilt man generell als Versager" (JEGGLE 1975, S. 71).

Die ländliche Wohnung kapselt nicht ab, sondern ist offen gegenüber der außerfamiliären Gesellschaft. Vielerorts wird das Haus beim Weggehen nicht verschlossen, und wenn, dann wissen die Nachbarn, wo der Hausschlüssel verwahrt wird, und sie treten, wenn nötig, in die Rechte und Pflichten der Hausbewohner ein. Dies gilt freilich nur noch bedingt für ländliche Neubauviertel. Unauflöslich mit der Eigenheimstruktur ist auch die „Offenheit zur Natur" verknüpft, denn zum ländlichen Eigenheim gehört der Hausgarten, der der Versorgung mit Gemüse und Küchenkräutern, aber auch dem Blumenschmuck und der schöpferischen Betätigung dient. Die Öffnung zur Natur setzt sich fort in den Obsthainen am Dorfrand und den Feldern, Wiesen und Wäldern, die sich anschließen.

Gewiß begünstigt „offene" Wohnweise die soziale Kontrolle. Anderseits fordert sie die Kräfte der Selbstentfaltung und der Gestaltung heraus, denn es gibt immer etwas zu erneuern und zu verschönern. Das eigene Haus samt seiner grünen Umgebung provoziert „ein fortgesetztes schöpferisches Tätigwerden in eigener Sache, das normalerweise die ganze Familie (und die Nachbarn) mit einbezieht und diese dadurch funktionell aufwertet, was rückwirkend wiederum zu ihrer inneren Festigung beiträgt" (PEVETZ 1975, S. 6).

Ländliches Wohnen ist oft, aber durchaus nicht überall, geräumiges Wohnen. So entfallen auf einen Einwohner in der Gebietseinheit „Lüneburger Heide" 1392 qm Siedlungsfläche im Vergleich zu nur 246 qm in der Gebietseinheit „Lüneburg".

1.2.6 Siedlungsgefüge

Ländliche Siedlungen sind sozialökonomisch aus Haushalten und Betrieben, baulich hauptsächlich aus Wohnstätten und Werkstätten zusammengesetzt. Beide Bauelemente können unter einem Dach vereint oder räumlich getrennt sein. Bei getrennter Bauweise überwiegt die Zahl der Wirtschaftsgebäude die Zahl der Wohngebäude. Ein besonderer Reiz geht von der baulichen Mischung von Wohn- und Wirtschaftsgebäuden aus, die ihre soziale Entsprechung in der Verflechtung von Wohnen und Werken findet. Der gegenwärtige Funktionswandel wird darin sichtbar, daß in zunehmendem Maße die reinen Wohngebäude über die gemischt genutzten überwiegen und reine Wohnviertel entstehen.

Die sozialökonomische Bedeutung der *Haushalte* wird in vielen kleineren Gemeinwesen dadurch betont, daß (1) die soziale Existenz eines Individuums von seiner Zugehörigkeit zu einem Haushalt abhängt, (2) Personen mit ihrem Haus- oder Hofnamen anstelle ihres Familiennamens benannt werden, (3) die Haushaltsvorstände den Ausschuß bilden, der über Angelegenheiten der Siedlung berät, (4) die Haushalte je eine Arbeitskraft für öffentliche Arbeiten und Dienste (kommunale Frondienste, freiwillige Feuerwehr usw.) stellen müssen, (5) der Haushalt im Gottesdienst oder bei anderen öffentlichen Veranstaltungen von einem Mitglied vertreten werden muß.

Übersicht 6. Privathaushalte nach Zahl der Personen und Gemeindegrößenklassen, Bundesrepublik Deutschland 1971

Gemeindegrößenklassen (Einwohner)	Privathaushalte insgesamt in 1000	davon mit ——Personen					Personen je Haushalt
		1	2	3	4	5	
unter 2 000	3314	16	23	18	19	24	3,31
2 000– 20 000	6538	22	26	20	18	14	2,85
20 000–100 000	4533	26	28	20	16	10	2,64
100 000 und mehr	8467	35	30	18	11	6	2,28

Quelle: Stat. Jahrbuch für die Bundesrepublik Deutschland 1972, S. 38.

Zunehmende Verengung auf die Kernfamilie, rückläufige Kinderzahlen und frühzeitiges Ausscheiden der weichenden Erben und Altenteiler lassen auch auf dem Lande den Personenbestand der Haushalte schrumpfen. Dennoch sind die ländlichen Haushalte im Vergleich mit den städtischen durchschnittlich personenreicher (Übersicht 6). Dies rührt daher, daß auf dem Lande Einpersonenhaushalte relativ selten sind[1] und Familienhaushalte des mehrgenerativen und erweiterten Typs einen höheren Anteil haben. Obwohl sich verheiratete Kinder im allgemeinen nicht aus Platzgründen von der Elterngeneration trennen müssen, tendieren auch die

---

[1] Nach der Volkszählung von 1970 betrug in der Bundesrepublik Deutschland der Anteil der Einpersonenhaushalte an den Privathaushalten in Gemeinden unter 500 Einwohner 12 Prozent, in Gemeinden über 100000 Einwohner 32 Prozent.

Bauernfamilien zu getrennter Haushaltsführung von jung und alt. Erweiterte Haushalte verschwinden in dem Maße, wie es nicht mehr üblich ist, fremde Dienstboten und entfernte Verwandte in die Hausgemeinschaft aufzunehmen.

Für Mitteleuropa gilt im allgemeinen, daß Landhaushalte über mehr Wohnfläche und Nebenräume verfügen, aber einige städtische Annehmlichkeiten entbehren. Im Bundesgebiet ist etwa die Hälfte der ländlichen Wohngebäude vor dem Ersten Weltkrieg gebaut worden. Infolgedessen besteht auf dem Lande ein Mangel an Wohnungen mit modernen hygienischen und sanitären Einrichtungen. Im übrigen stehen aber die ländlichen Wohnungen den städtischen hinsichtlich technischer Ausstattung kaum mehr nach. Eine modernisierte, rationalisierte Hauswirtschaft ist weithin eine Prestigefrage, Wohnkomfort ein Statussymbol.

Für den typischen Landhaushalt ist kennzeichnend, daß er einen Teil der Nahrungsmittel selbst erzeugt und konserviert und in größerem Umfang Güter bevorratet, daß er über ein gemischtes Einkommen aus eigener Landbewirtschaftung oder Gartennutzung, nichtlandwirtschaftlicher Erwerbstätigkeit und Renten verfügt, und daß oft mehrere Personen zum Gesamteinkommen beitragen. Die Übertragung hauswirtschaftlicher Tätigkeiten an außerhäusliche Betriebe ist noch nicht so weit fortgeschritten wie im städtischen Bereich.

Die frühere Einheit von Haus- und Erwerbswirtschaft hat sich allerdings nur noch in den landwirtschaftlichen und gewerblichen *Familienbetrieben* in größerem Umfange gehalten. Die Zahl der auf dem Lande weitverbreiteten mittelständischen Betriebe auf Familienbasis nimmt jedoch in allen Wirtschaftszweigen ab. Im Bundesgebiet ging die Zahl landwirtschaftlicher Betriebe über 2 ha von 1,34 Millionen (1949) auf 0,75 Millionen (1977) und die Zahl der Einzelhandelsunternehmen von 468 000 (1950) auf 332 000 (1976) zurück. An die Stelle der Familienbetriebe traten zum Teil Filialbetriebe größerer Firmen. Zwei Merkmale ländlicher Betriebe blieben: Sie beschäftigen relativ wenig Arbeitskräfte und setzen relativ wenig um.

Mehrere beieinander angesiedelte Haushalte und Betriebe bilden zusammen einen *Ortsteil*[1], oft auch als Viertel, Nachbarschaft oder Vizinität bezeichnet. Ortsteile treten als Höfegruppen, Weiler, Zinken und andere abgesetzte Wohnplätze sichtbar in Erscheinung. Aber auch innerhalb geschlossener Siedlungen lassen sich Ortsteile als sozialtypische Raumeinheiten ausmachen. Sie sind nicht immer an physischen Grenzen eindeutig zu erkennen, besitzen aber oft einen freien Platz, ein Wegkreuz, einen Brunnen oder eine Gaststube als Kommunikationsmittelpunkt. Ihr Hauptkennzeichen sind verdichtete Sozialbeziehungen. Manchmal sind Ortsteile in „Nachbarschaften", „Zünfte" oder „Gilden" vereinsmäßig oder genossenschaftlich organisiert, haben einen gewählten Vorstand (Nachbarvater) und Satzungen, in denen die Rechte und Pflichten der Nachbarn festgelegt sind. Ortsteile werden nicht nur bewußt als Interaktionssysteme erlebt, sondern tragen auch oft geographische, berufliche oder andere Namen (z. B. Oberdorf, am Bach, bei der Kirche, Weberviertel).

Im Orient werden Ortsteile häufig durch zusammenwohnende Verwandtschaftsgruppen oder Kasten gebildet. Auch in vielen mitteleuropäischen Dörfern sind in den Ortsteilen sozialökonomische Strukturen zu erkennen. Die Höfe der großen Bauern häufen sich in der Nähe der Kirche oder an der Hauptsiedlungsachse. Entlang der Zufahrt zum Bahnhof oder zur Bundesstraße wohnen die Arbeiter und Angestellten. Neubauviertel entwickeln einen eigenen, stark urbanisierten Lebensstil. Manche Ortsteile gelten als vornehm, andere sind verrufen. Die Eigenart der Ortsteile ist Gegenstand gegenseitigen Spottes. Überheblichkeit und Interessengegensätze können in Streit und Gewalttätigkeit zwischen einzelnen Ortsteilen ausarten, insbesondere dann, wenn sie von verschiedenen sozialen Kategorien bewohnt werden. Bei derartigen Auseinandersetzungen wird von den Bewohnern eines Ortsteils erwartet, daß sie Partei ergreifen und loyal die Sache ihres Viertels verteidigen.

---

[1] In den neuen Gemeindeverfassungen werden fälschlicherweise Gemeindeteile als Ortsteile bezeichnet.

Mehrere Ortsteile bilden zusammen eine *Ortschaft*, die einen offiziellen Namen trägt, der ein bestimmtes Territorium (Gemarkung) zugewiesen ist und die nach außen hin vertreten wird. Es fehlt an gesichertem Material darüber, in welcher Weise aus dem Gegeneinander, Nebeneinander und Miteinander der Ortsteile eine Ortschaft im Sinne einer sozialen Gemeinde entsteht. Vermutlich tragen Verteidigung und Durchsetzung gemeinsamer Interessen gegenüber Übergriffen, Eingriffen, Einschränkungen und Zumutungen von außen sowie die sozialisierende Kraft unausweichlicher, häufiger Interaktionen im Inneren sehr zum Zusammenwachsen bei. Jedenfalls kann man feststellen, daß sich die Bewohner einer ländlichen Ortschaft im Notfall zu einer Einheitsfront nach außen zusammenschließen, ganz gleich, wie stark sich Ortsteile untereinander befehden mögen. Es gibt aber hin und wieder auch Fälle, wo die sozialen, ethnischen oder religiös-weltanschaulichen Unterschiede zwischen Ortsteilen das Verschmelzen zu einer sozialen Einheit verhindern.

Der Normalfall ist jedoch, daß jede Ortschaft gemeinsame Wertvorstellungen und Einstellungen ausbildet und ihre eigenen Sitten und Bräuche besitzt. Zum Teil werden die örtlichen Eigenarten in der Bekleidung, Ausdrucksweise und im Benehmen sichtbar, zum Teil sind sie nur dem Eingeweihten an feinen Nuancierungen erkennbar. Obwohl die Kräfte urbaner Nivellierung und Uniformierung mächtig am Werke sind, die herkömmlichen Unterscheidungsmerkmale zu verwischen, ist die Individualität der Ortschaften immer noch ein Stück soziale Wirklichkeit. In Necknamen, Legenden und Vorurteilen wird die Individualität der Ortschaften bewahrt und in sportlichen Wettkämpfen, Sängerwettstreiten und Raufhändeln mit anderen Ortschaften bekräftigt. Wer kein Außenseiter sein will, identifiziert sich mit seinem Heimatort.

Mehrere benachbarte Ortschaften bilden eine *Raumschaft*. Auch innerhalb einer Raumschaft kann sich ein starkes Zusammengehörigkeitsgefühl entwickeln, insbesondere wenn naturräumliche Gegebenheiten und die soziale Abgeschlossenheit die Entstehung von Schicksalsgemeinschaften begünstigen wie bei Inseln oder Gebirgstälern (Talschaften), wenn sozialkulturelle Besonderheiten bestehen (Landsmannschaften), oder wenn gemeinsame Aufgaben zu bewältigen sind (Deichschaften). Es genügen aber auch gleiche Lebensbedingungen, um Landbewohner zu veranlassen, sich mit ihrem Raum zu identifizieren, z. B. sich als „Schwarzwälder" zu verstehen. Raumschaften werden in Österreich oft als Viertel (z. B. Mühlviertel), in Südwestdeutschland als Gau oder Gäu (z. B. Rheingau, Zabergäu) bezeichnet. Andere überörtliche sozialräumliche Gebilde stellen die norddeutschen Kirchspiele, die skandinavischen Bauern(genossen)schaften und die nordamerikanischen Communities dar.

1.2.7 Siedlungstyp

Das Leben in einer ländlichen Siedlung wird weitgehend bestimmt von der Erwerbs- und Berufstätigkeit der Bevölkerung. Die Art der Berufsausübung beeinflußt vor allem die Interessenlage und den Zeitablauf sowie die Abhängigkeit von Naturkräften, wirtschaftlichen Zwängen und politischen Mächten. Mit der Erwerbsstruktur wandelt sich unter Umständen das Gesicht einer Siedlung, ändert sich der Lebensstil und verformt sich die Sozialorganisation. Wir haben Grund zur Annahme, daß das soziale Leben in einem Winzerdorf, in einem Ackerbauerndorf, in einem Viehzüchterdorf, in einem Wäldlerdorf, in einem Fischerdorf, in einem Arbeiterdorf usw. jeweils eine eigentümliche Prägung erfährt. Die Behauptung, „das Dorf besteht aus Bauern" (IPSEN 1929, S. 29), verstellt den Blick auf die ländliche Wirklichkeit. Schon auf der Stufe schriftloser Pflanzer- und Hirtenvölker kommt es zu einer ländlichen Arbeitsteilung. In Melanesien gibt es z. B. Töpferdörfer, Weberdörfer, Netzknüpferdörfer usw.

Viele Forscher haben versucht, die berufliche Differenzierung ländlicher Siedlungen wissenschaftlich in den Griff zu bekommen. Als Ergebnis dieser Bemühungen sind seit 1949 mehr als ein Dutzend Gemeindetypisierungen vorgelegt worden. Als soziologisch gehaltvollste gilt diejenige von LINDE (1953), der die wirtschaftliche Struktur der Arbeitsbevölkerung, die wirtschaftliche Struktur der Wohnbevölkerung und die übergemeindlichen Funktionen berücksichtigte.

36 Soziologie des Landes

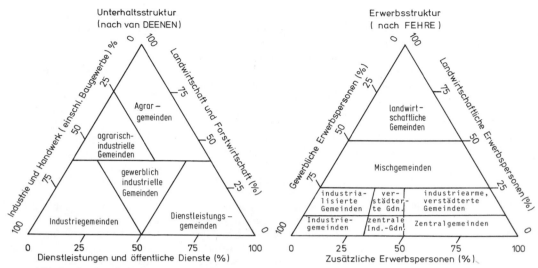

Abb. 3. Strukturdreiecke zur Gemeindetypisierung

HORST FEHRE (1961) hat als erster die drei Hauptkomponenten, die im Erwerbsbild einer Gemeinde wirksam sind, in einem Strukturdreieck kombiniert. In seiner Darstellungsweise läßt sich jede Gemeinde aufgrund des jeweiligen Anteils des primären (Land- und Forstwirtschaft), des sekundären (produzierendes Gewerbe) und des tertiären (Dienstleistungen) Sektors in einem Dreieck genau lokalisieren (Abb. 3). BERND VAN DEENEN und Mitarbeiter (1965) haben dieses Schwerpunktverfahren weiterentwickelt, indem sie noch die Wohn- und Arbeitsstättenfunktion der Gemeinden als Kriterium einbezogen haben. Mit Hilfe des Strukturdreiecks kann man die Erwerbs- oder Unterhaltsstruktur jeder Gemeinde rasch bestimmen und den Gemeindetyp ermitteln. Trägt man die Strukturpunkte aller Gemeinden eines Gebietes in das Strukturdreieck ein, so ergeben sich charakteristische Häufungen, die auf die Wirtschaftsstruktur eines Raumes rückschließen lassen. Wird dieses Verfahren nach einer gewissen Frist wiederholt, so werden regionale Entwicklungen erkennbar. Noch aufschlußreicher ist es, wenn man die zeitlichen Strukturpunkte einer Einzelgemeinde miteinander verbindet, weil man dann die Entwicklung graphisch verfolgen und typische Entwicklungslinien feststellen kann.

Literatur: LIENAU 1972, II/1, S. 9–51, II/2, S. 1–93, LINDE 1953, MEYER 1964, NIEMEIER 1977, SCHNEPPE 1970, SCHRÖDER und SCHWARZ 1969.

Diskussions- und Prüfungsfragen
1. Beschreiben Sie die wichtigsten Merkmale ländlicher Haushalte und ihre Bedeutung für das Individuum!
2. Wann kann man eine ländliche Siedlung als Dorf bezeichnen?
3. In welcher Weise bestimmt der Ortsgrundriß das soziale Leben?
4. Welches waren ursprünglich und sind gegenwärtig die wichtigsten Gesichtspunkte bei der Standortwahl für eine ländliche Siedlung?
5. Wie sind Weilersiedlungen sozialökonomisch zu beurteilen?
6. Eine Landgemeinde weist nach der Statistik einen Anteil von 25 Prozent land- und forstwirtschaftlichen, 60 Prozent industriell-gewerblichen und 15 Prozent Berufszugehörigen im Dienstleistungssektor auf. Bestimmen Sie die Unterhaltsstruktur und den Typ dieser Gemeinde (nach VAN DEENEN)!

1.3 Stadt-Land-Problem

In der Regel wird das Land in bezug auf die Stadt gesehen und die Raumeigenschaft „ländlich" mit städtischen Merkmalen verglichen. Diese ständige Bezugnahme auf einen anderen Gegenstand ist für eine wissenschaftliche Disziplin ungewöhnlich und eigentlich nur historisch zu erklären. „Stadt und Land" wurden im Zuge beginnender Verstädterung und Industrialisierung und des heraufkommenden Sozialismus im 19. Jahrhundert zur gängigen Formel, ja zum Inbegriff der politischen, sozialen und wirtschaftlichen Konfrontation der beiden großen Bereiche des sozialen Raumes. In dieser geistigen Tradition sind auch heute noch viele befangen, die sich mit dem Land beschäftigen. Hinzu kommt, daß die meisten, die über das Land reden oder schreiben, das Land durch die Brille ihrer städtischen Herkunft sehen oder glauben, sich nur verständlich machen zu können, wenn sie das Land von der Stadt abheben.

Land und Stadt sind so geläufige Worte, daß auch unter Wissenschaftlern oft nicht genauer bestimmt wird, was darunter zu verstehen sei. Dies wäre jedoch die Voraussetzung einer sachlichen Diskussion. Denn es gibt weder *das* Land noch *die* Stadt als einheitliche Siedlungs- und Raumkategorien. Die Typisierungen von PAUL HESSE (1949) und anderen haben die sozialökonomische Vielgestaltigkeit der Landgemeinden offenbart. Aber auch Kleinstadt, Mittelstadt und Großstadt sind nicht nur Größenabstufungen, sondern verschiedenartige Sozialsysteme. Davon abgesehen haben die gegenwärtigen Bevölkerungsballungen (Agglomerationen) wesensmäßig kaum mehr etwas gemeinsam mit den vor- und frühindustriellen Städten.

Das Stadt-Land-Problem läßt sich unter drei Gesichtspunkten betrachten: (1) Bevölkerungs- und Kulturaustausch, (2) sozialökonomische Beziehungen und (3) Funktionen des Landes in einer städtisch-industriellen Gesellschaft.

1.3.1 Bevölkerungs- und Kulturaustausch

In allen Gesellschaften wandern Menschen und diffundieren Kulturgüter vom Land zur Stadt und umgekehrt. Da sich die beiden Vorgänge in der sozialen Wirklichkeit nicht immer decken, müssen sie auch begrifflich auseinandergehalten werden. Aus Richtung und Art der Vorgänge ergeben sich folgende drei Begriffspaare:

dominierende Richtung	Vorgänge betreffend	
	Siedlungsweise	Lebensstil
ländlich	Verländlichung	Ruralisierung
randstädtisch	Vervorstädterung	Rurbanisierung
städtisch	Verstädterung	Urbanisierung

Insbesondere die städtisch dominierten Vorgänge haben in der Sozialforschung große Beachtung gefunden, gehören doch Verstädterung und Urbanisierung weltweit zu den auffallendsten sozialen Erscheinungen. Das mittlere Begriffspaar bezieht sich auf Austauschvorgänge, bei denen weder die Stadt noch das Land eindeutig vorherrschen. „Vervorstädterung" (suburbanization) heißt die Bevölkerungsbewegung von den Stadtkernen in die Vororte und Stadtrandsiedlungen bzw. das Wachstum in den äußeren Zonen der Verdichtungsgebiete durch Zuzug vom Lande. Unter „Rurbanisierung" versteht man die Entstehung eines neuen Lebensstils aus der Verschmelzung und Umformung ländlicher und städtischer Elemente infolge enger Berührung von Land und Stadt in den Randzonen der Stadtregionen.

1.3.1.1 Verstädterung

Unter Verstädterung wird die Ausdehnung der städtischen Siedlungsweise und als deren Ergebnis die Veränderung der Siedlungsstruktur eines Raumes zugunsten der Städte, insbesondere der Großstädte, verstanden. Im Unterschied zur Urbanisierung handelt es sich hierbei um Siedlungs- und Verwaltungsvorgänge an den Stadträndern. Aber auch inmitten rein ländlicher Gebiete kommt es durch Fremdenverkehr, Industrieansiedlung, Bergbau und Militärlager inselhaft zur Verstädterung.

Der Grad der Verstädterung wird als Anteil der städtischen Wohnbevölkerung an der Gesamtbevölkerung gemessen, z. B. als Bevölkerungsanteil in Siedlungen mit mehr als 20000 Einwohnern. Legt man diesen Maßstab[1] an, so waren im Jahre 1965 Japan (77), England und Wales (70), Australien (66), Neuseeland (63), Israel (63), Niederlande (56), Argentinien (55), Uruguay (55) und Schottland (54) hochgradig verstädterte Länder. Schwach verstädtert waren Albanien (19), Guatemala (19), Costa Rica (18), Senegal (17), Zentralafrikanische Republik (17), Indien (15), Philippinen (15), Südvietnam (15), Rhodesien (15), Sambia (15), Dominikanische Republik (15), Jamaika (15), Indonesien (14), Ghana (14), Honduras (14), Burma (13), Pakistan (12), Kongo (12), Sri Lanka (11), Kambodscha (11), Thailand (10), Nordvietnam (10), Elfenbeinküste (10), Madagaskar (9), Laos (8), Haiti (7), Kenia (6), Uganda (5) und Tschad (4).

Der weltweit zunehmende Verstädterungsgrad läßt sich auf fünf Faktoren zurückführen: (1) die Land-Stadt-Wanderung, (2) die unterschiedliche Auswirkung der Aus- und Einwanderung auf ländliche und städtische Siedlungen, (3) das unterschiedliche natürliche Bevölkerungswachstum in Stadt und Land, (4) das Wachstum der Siedlungen, von denen immer mehr größenmäßig als „städtisch" klassifiziert werden, und (5) die Neugliederung der Verwaltungseinheiten (Eingemeindungen, Bildung von Großgemeinden).

Die Industrialisierung eines Landes ist regelmäßig von Verstädterung der Bevölkerung begleitet, aber auch in wenig industrialisierten Ländern ist Verstädterung als Folge rascher Bevölkerungsvermehrung zu beobachten. In hochindustrialisierten Ländern ist die Verstädterung mit steigendem Lebensstandard verknüpft, in unterentwickelten jedoch häufig durch Slumbildung gekennzeichnet, weil ein aufnahmefähiger Arbeits- und Wohnungsmarkt fehlt. Die ländlichen Zuwanderer, fast durchweg ungelernte Arbeitskräfte und mittellose Analphabeten, ziehen auf gut Glück oder einfach aus Verzweiflung in die großen Städte.

Die Verstädterung ist von manchen Landsoziologen (z. B. GÜNTHER 1934) sehr negativ beurteilt worden. Wenn nur die Dürftigkeit ländlicher Selbstversorgung mit der Armut städtischen Randdaseins vertauscht wird, fehlt in der Tat jeder sozialökonomische Sinn. Es kommt offensichtlich darauf an, Veränderungen im Siedlungsgefüge mit den Vorteilen wirtschaftlicher Arbeitsteilung und mit der Standortgunst abzustimmen. Das Problem der Verstädterung besteht demnach nicht in dem Vorgang als solchem, zu dem es bei raschem Wachstum von Bevölkerung und Wirtschaft kaum Alternativen gibt, sondern in der Planlosigkeit, dem Tempo und der punktuellen Bevölkerungsballung in wenigen Haupt- und Hafenstädten. Trotz hoher Verstädterungsraten leiden viele ländliche Regionen in Südamerika, Afrika, Indien, Südostasien, Australien und Kanada an einem Mangel an funktionsfähigen Klein- und Mittelstädten.

Regionalplaner und Parteipolitiker unterstützen im allgemeinen die zunehmende Verstädterung auf dem Verwaltungswege (vgl. GLEICHMANN 1976). Mit der Verstädterung verschieben sich nämlich die politischen Gewichte. In Demokratien geht der politische Einfluß der ländlichen Bevölkerung infolge der veränderten Mehrheitsverhältnisse zurück. Aber auch autoritäre Machthaber nehmen eher Rücksicht auf die Menschenmassen der Städte als auf die zerstreut wohnende ländliche Bevölkerung.

---

[1] In Klammern jeweils der Bevölkerungsanteil in Städten mit mehr als 20000 Einwohnern in Prozent der Gesamtbevölkerung.

1.3.1.2 Urbanisierung

Urbanisierung ist ein Sozialisationsvorgang, der aufgrund technischer Fortschritte im Kommunikations- und Verkehrswesen weltweit möglich geworden ist. Er besteht darin, daß sich „städtischer Geist" und bestimmte, in Stadtregionen entwickelte Kulturgüter und Lebensformen im ländlichen Raum ausbreiten. Verbesserung der Verkehrsmittel, räumliche Mobilität, Tourismus und Massenkommunikationsmittel begünstigen diesen Vorgang. Außerdem nötigen Veränderungen in den Produktions- und Distributionsbedingungen sowie neue Verbrauchergewohnheiten die Landbevölkerung zu stadtähnlichen Lebensweisen und Einrichtungen.

Das Auftreten neuer Kulturelemente im ländlichen Raum darf jedoch nicht ohne weiteres als Zeichen der Urbanisierung gedeutet werden. Vielmehr kann es sich dabei um Begleiterscheinungen des technischen Fortschritts oder der allgemeinen zivilisatorischen Entwicklung oder um einen strukturellen Wandel des Landes selbst handeln. Die Eigenkräfte des Landes sollten nicht unterschätzt werden. Urbaner Lebensstil wird bei der Ausbreitung auf ländliche Gebiete umgeformt. Daher ist eine durchgängige Urbanisierung der Gesellschaft nicht sehr wahrscheinlich. Dennoch deuten empirische Befunde darauf hin, daß mit steigendem Grad der Industrialisierung die Stadt-Land-Unterschiede in den Bereichen Wertsysteme, Rangordnung, soziale Mobilität, Lebensstandard und Bildung eingeebnet werden.

1.3.1.3 Verländlichung, Ruralisierung und Verdörflichung

Verländlichung im Sinne einer vollständigen Umkehr des Verstädterungsvorganges ist kaum möglich, weil die wirtschaftliche Tragfähigkeit des Landes beschränkt ist. Der Wunsch vieler Städter nach ländlicher Lebensweise betrifft in der Regel nur das Wohnen und nicht den Arbeitsplatz. Verländlichung, d. h. Zunahme des Anteils der Landbevölkerung, findet daher nur in Notzeiten im Zuge der Evakuierung der Großstädte in großem Ausmaß statt. In Friedenszeiten endet der Zug aufs Land gewöhnlich in den Vororten des Umlandes, das damit in die Stadtregion einbezogen wird.

Das Eindringen ländlicher Kulturelemente in den städtischen Bereich (Ruralisierung) ist weniger auffällig wie der umgekehrte Vorgang. Immerhin ist an den Gebrauch rustikaler Möbel und Gerätschaften, an die Pflege von Volkslied und Volkstanz, an die Beliebtheit des Volkstheaters, an die Schrebergartenbewegung, an städtische Heimat- und Wandervereine und ähnliche Erscheinungen zu erinnern. Ruralisierung findet durch Zuzügler und Einheiratende vom Land statt, die einen Teil ihrer ländlichen Subkultur in die Stadt verpflanzen, sowie durch die bewußte Pflege ländlicher Kulturelemente in der Stadt, durch den heimatkundlichen Schulunterricht und durch das Leitbild vom „einfachen Leben".

Gesellschaftspolitisch bedeutsamer als die weithin kommerzialisierte Ruralisierung ist eine Erscheinung, die man als „Verdörflichung" bezeichnet und die besonders in Entwicklungsländern zu beobachten ist. Dort errichten die massenhaft vom Lande zuziehenden Familien an den Rändern und in den Nischen der großen Städte Behelfssiedlungen dorfähnlicher Bau-, Wohn- und Lebensweise. Die Vielzahl der Bezeichnungen – shanty town, compound, bidonville, gourbiville, gecekondu, favela, callampa usw. – weist auf die weltweite Verbreitung der Verdörflichung hin.

Untersuchungen ergaben, daß sich sogar im Kerngebiet westlicher Weltstädte „urban villages" (PAHL) befinden. Es handelt sich dabei um abgekapselte Siedlungsgemeinschaften mit eindeutig ländlichen Sozialformen, allerdings ohne landwirtschaftliche Erwerbstätigkeit. Einige Städtebauer ziehen das Konzept des „village in the metropolis" sogar bewußt in ihre Planungen ein.

1.3.2 Land-Stadt-Modelle

Ländliche und städtische Siedlungsweise verbinden sich mit einem jeweils besonderen Selbstgefühl, aus dem heraus sich ein den menschlichen Lebensraum in Land und Stadt trennendes Fremdverständnis ergibt. Die Beziehungen zwischen diesen beiden Lebensräumen wurden schon sehr früh problematisiert. Im Grunde verdankt die Landsoziologie dieser Problematik ihre Entstehung, denn „erst seit die Stadt in einen intensiven Wettbewerb mit den ländlichen Gebieten um Menschen, Raum und moralische Grundsätze eingetreten ist, gibt es ein starkes Interesse an ländlicher Soziologie" (COPP 1964, S. 344). Obwohl sich die Umrisse von Stadt und Land allmählich verwischen, wird das „Stadt-Land-Problem" noch diskutiert. In dieser Diskussion zeichnen sich mehrere modellhafte Vorstellungen von den Stadt-Land-Beziehungen ab: das Residual-, das Dichotomie-, das Gemenge-, das Parabel-, das Kontinuummodell und funktionale Modelle. Modelle sind Abbildungen, die sich Menschen von der Wirklichkeit oder von dem, was sie für wirklich halten, machen. Als solche wirken sie erheblich auf die Gestaltung menschlichen Zusammenlebens ein.

1.3.2.1 Residualmodell

Nach dem Residual- oder Komplementärmodell ist Land, was nicht oder noch nicht Stadt ist. Diese Auffassung ist nicht nur ziemlich gedankenlos, sondern auch folgenschwer. Sie verleitet nämlich dazu, den ländlichen Raum unbedenklich politisch zu vernachlässigen, d. h., „passiv zu sanieren", oder zum Wohle der Allgemeinheit – sprich der Großstadtbevölkerung und der Industrie – zu verplanen. Im Residualmodell wird nicht berücksichtigt, daß (1) Stadt und Land ihre eigenartigen Lebensqualitäten, Strukturen und Funktionen besitzen, (2) die Entwicklung nicht zwangsläufig auf eine gleichförmige urbane Gesellschaft zuläuft, (3) neben Vorgängen städtischer Überlagerung auch solche der funktionalen Entmischung im ländlichen Raum stattfinden, und (4) das Land aus ungleichartigen Segmenten zusammengesetzt ist.

1.3.2.2 Dichotomiemodell

Wird beim Residualmodell die unaufhaltsame Gleichschaltung, Anpassung und Einschmelzung des Landes in die Industriegesellschaft unterstellt, so wird beim Dichotomiemodell die Unversöhnlichkeit des Gegensatzes von Stadt und Land überbetont. Für ANDREAS BODENSTEDT (1975, S. 138) ist der Stadt-Land-Gegensatz ein „grundlegendes Erfahrungskonstrukt" wie der Unterschied der Geschlechter.

Im Schrifttum wird der Stadt-Land-Gegensatz fünffach begründet:
(1) *Ökonomische Wurzelverschiedenheit* (CHRISTALLER 1933): Danach existieren ländliche Gesellschaften überwiegend auf der Grundlage landwirtschaftlicher oder sonstiger Bodennutzung, wogegen die Städte ihr Dasein großenteils kommerziellen, kulturellen, administrativen und militärischen Aufgaben verdanken.
(2) *Technologische Unterschiede:* MICHAEL GRÜNER (1977, S. 162) führt die Stadt-Land-Unterschiede (a) „auf das Zusammentreffen von Elementen der industriellen Wirtschaftsweise mit Elementen der agrarischen Wirtschaftsweise" und (b) „auf die, der industriellen Wirtschaftsweise immanenten ungleichmäßigen Entwicklung einzelner Strukturen, Sektoren oder Regionen" zurück.
(3) *Ungleiche Machtverteilung:* BODENSTEDT (1975, S. 139) sieht in der Konzentration der Herrschaft in der Stadt den „folgenschweren Grund für das Entstehen eines Gegensatzes von ‚Wir-Städter/Bürger' zu ‚Ihr-Dörfler/Bauern'". Der Herrschaftsvorsprung ermögliche die einseitige Übertragung ländlicher Mehrwerte, wodurch die Stadt immer reicher und mächtiger werde, das Land aber in seiner Entwicklung zurückbleibe und verarme. In der

politischen Praxis von MAO ZEDONG (1893–1976) wurde das Machtverhältnis jedoch umgedreht. In China „regiert das Dorf, dessen Bewohner von der kommunistischen Partei mobilisiert, revolutioniert und organisiert wurden" (RIEGEL 1976, S. 104).
(4) *Unterschiedliche Rechtsstellung* von städtischen Bürgern und Landleuten sowie unterschiedliche Gemeindeordnungen für Städte und Dörfer (vgl. ENNEN 1963).
(5) *Ethnisch bedingte sozialkulturelle Unterschiede:* HANS BOBEK (1948, S. 49) stellt im Blick auf orientalische Gesellschaften fest, daß der Stadt-Land-Gegensatz durch bevölkerungsmäßige Unterschiede verschärft werde. Auf dem Land wohne die autochthone, unterworfene Bevölkerung, während die Stadtbevölkerung von dem Eroberervolk, den Beamten aus der staatstragenden Ethnie, fremdländischen Händlern und Künstlern geprägt werde.

Das Dichotomiemodell ist ökonomisch (QUESNAY), kulturphilosophisch (ROUSSEAU, MIRABEAU, RIEHL, SPENGLER) und klassenkämpferisch (MARX) interpretiert worden, wobei oft moralische Untertöne mitschwangen. Zur Schwarzweißmalerei mit antistädtischer Richtung hat besonders RIEHL beigetragen. Wie RIEHLS gegensätzliche „Mächte des Beharrens und der Bewegung" so wurden allzu eilfertig auch andere im Schrifttum auftauchende soziologische Begriffspaare dem dichotomischen Land-Stadt-Bild eingefügt: „Gemeinschaft und Gesellschaft" (TÖNNIES), „Société mécanique et organique" (DURKHEIM), „Sacred and Secular Society" (BECKER), „Folk and Urban Society" (REDFIELD), „traditional und rational" (M. WEBER), „agrarische und industrielle Wirtschaftsweise" (GRÜNER).

Der Stadt-Land-Gegensatz wird in sozialkultureller wie in sozialökonomischer Hinsicht gesehen. Die Vertreter eines sozialkulturellen Gegensatzes nehmen zwei extreme Standpunkte ein. Die Konservativen heben auf das „gesunde" Landleben und die „echte" ländliche Kultur ab und sehen in der Bewahrung ländlicher Werte und Lebensformen eine notwendige Voraussetzung menschenwürdigen Daseins. Demgegenüber beklagen die Progressiven die kulturelle Enge des Landes und die provinzielle Rückständigkeit der Dörfler.

Der dichotomische Ansatz ist namentlich in Industriegesellschaften zu eng. Der Engländer R. E. PAHL (1966) schlug deshalb vor, Landsoziologen sollten sich weniger mit einem scheinbaren Stadt-Land-Gegensatz als mit der Gegenüberstellung der grundlegend unterschiedlichen Sozialsysteme kleiner Gesellschaften (z. B. Dorf) mit der „größeren Welt" (z. B. Staat) beschäftigen. Im Wettbewerb um die knappen öffentlichen Mittel und Privilegien findet allerdings das dichotomische Denken auch in der Gegenwart ständig neue Nahrung.

1.3.2.3 Gemengemodell

Das Modell des Stadt-Land-Gemenges ist von IPSEN (1956) aus empirischen Strukturanalysen des „Landvolks" abgeleitet worden. Es trägt der Tatsache Rechnung, daß sich in Deutschland wie in anderen industrialisierten Ländern städtische und ländliche Strukturelemente räumlich durchdringen. Ein Stadt-Land-Gemenge als „amorpher Grundbrei" (BACH 1967, S. 108) besteht allerdings nur dort, wo Großstädte ausufern, ohne neue sozialräumliche Einheiten zu bilden.

1.3.2.4 Parabelmodell

Das Parabelmodell stellt eine Verbindung von Dichotomie- und Gemengemodell dar. Danach bestehen keine gegensätzlichen Stadt-Land-Unterschiede, sondern nur historisch wechselnde Distanzen. Diese sind, wie PITIRIM A. SOROKIN (1889–1968) und CARLE C. ZIMMERMAN (1929, S. 610) ausführten, zunächst sehr klein, vergrößern sich aber im Laufe der Entfaltung einer Agrargesellschaft, erreichen beim Übergang zu einer Industriegesellschaft ein Höchstmaß, um dann unter dem wachsenden Einfluß der Urbanisierung wieder abzunehmen.

1.3.2.5 Kontinuummodell

Im Kontinuummodell werden Land-Stadt-Unterschiede nicht als Gegensätze, sondern als graduelle Abstufungen aufgefaßt. „Eine Art ‚Kontinuum' der Erscheinungsformen und Sinngehalte des Lebens knüpft das letzte Dorf im Walde noch an die Metropole" (ABEL 1955, S. 10). Zwischen diesen beiden Extremen werden Siedlungen und Räume entsprechend der Ausprägung für bedeutsam gehaltener Merkmale eingeordnet (Übersicht 7).

Übersicht 7. Merkmalsdimensionen des Land-Stadt-Kontinuums

Dem Land-Stadt-Kontinuum werden häufig auch kulturelle Wertungen unterlegt. Das städtische Zentrum wird als fortschrittlich, die ländliche Peripherie als rückständig gedacht. Der Rückstand wird als „cultural lag" (OGBURN 1922) gedeutet. Damit wird in das räumliche Land-Stadt-Kontinuum der Zeitfaktor eingefügt.

Es hat um das Land-Stadt-Kontinuum sowohl im Sinne einer Raumgliederung als auch im Sinne eines sozialkulturellen Prozesses eine weltweit geführte Auseinandersetzung in den sechziger Jahren gegeben, als deren Fazit festgehalten werden kann:
(1) Das Kontinuummodell ist als Grundlage einer soziologisch bedeutsamen Raumgliederung von geringem Wert; als Erklärungsmodell für Urbanisierungsprozesse ist es umstritten.
(2) Das Modell eines eindimensionalen Kontinuums ist wirklichkeitsfremd, da es im besiedelten Raum eine Vielzahl von sich überschneidenden und überlagernden Kontinua gibt.
(3) Die ökologischen Merkmale der Siedlungsgebilde sind in modernen Industriegesellschaften für die Ausformung von Lebensstilen und Verhaltensweisen weniger bestimmend als die Schicht- und Berufszugehörigkeit sowie Alter und Geschlecht. Damit verliert ein ökologisch definiertes Land-Stadt-Kontinuum viel an heuristischem Wert für die Soziologie.
(4) Das Land-Stadt-Kontinuum sollte eher als ein Prozeß, der vor allem auf Individuen und Gruppen einwirkt, denn als Klassifikation gesehen werden.
(5) Es ist zu prüfen, ob soziologische Dimensionen der Rollenstruktur, der sozialen Distanz, des sozialen Netzwerkes kontinuierliche oder diskontinuierliche Land-Stadt-Unterschiede begründen.
(6) Das Modell eines sozialkulturellen Land-Stadt-*Dis*kontinuums hat in vielen Entwicklungsländern größere Erklärungskraft als das Kontinuummodell.

1.3.2.6 Funktionale Modelle

Bei den funktionalen Modellen wird davon ausgegangen, daß Land und Stadt voneinander abhängen. Die Stadt als landabhängige Variable verweist auf die Theorie der zentralen Orte. Das Land als stadtabhängige Variable verbirgt sich hinter den Begriffen „Hinterland" und „Umland". Im Zentrale-Orte-Modell wird ein ursprünglich ländliches Siedlungsgefüge unterstellt, im Hinterlandmodell ein primär städtisches, im Umlandmodell ein dominierend industriegesellschaftliches. Ist das erste Modell typisch für die germanischen Bauernländer, so das zweite für die urbanen Mittelmeervölker und das dritte für moderne Industriegesellschaften.

Zentrale Orte-Modell: Stadt als Versorgungszentrum des Landes

Ausgehend von einem dispers besiedelten Raum, in dem jeder Haushalt sich selbst versorgt, wird angenommen, daß sich im Laufe der wirtschaftlichen Entwicklung eine räumliche Arbeitsteilung herausbildet, denn es erweist sich auf Dauer als zweckmäßig, bestimmte Verrichtungen, z. B. den Güteraustausch[1], aus den Haushalten auszugliedern und an zentral gelegenen Orten vorzunehmen. Auf diese Weise entsteht zunächst ein periodischer Markt auf offenem Feld[2], um den sich jedoch bald Gasthöfe, Werkstätten usw. gruppieren. Es bildet sich eine Siedlung, in der im Unterschied zu den übrigen Siedlungen der Dienstleistungssektor vorherrscht und Güter für den überörtlichen Bedarf hergestellt werden. Dadurch erhält dieser zentrale Ort einen „Bedeutungsüberschuß". Die ursprüngliche Agrarlandschaft wird allmählich von einem wabenförmigen Netz zentraler Orte überzogen, dessen Maschenweite vom Transportwiderstand der Güter und Dienstleistungen abhängt, dessen Ausbau von der Tragfähigkeit des Wirtschaftsraumes bestimmt wird und dessen Gestaltung von geographischen Gegebenheiten und von politisch-historischen Grenzen modifiziert wird.[3] Unter den vielen zentralen Orten, die die Bedürfnisse eines Versorgungsbereiches befriedigen, entwickeln sich einige günstig gelegene zu zentralen Orten höheren Grades, die Güter und Dienste des gehobenen Bedarfs anbieten. Auf diese Weise bildet sich ein hierarchisches System zentraler Orte.

Das Prinzip der Zentralität im Siedlungsgefüge ist schon von WERNER SOMBART (1902), CH. J. GALPIN (1915), ROBERT GRADMANN (1916) und HANS BOBEK (1928) erkannt worden; aber erst WALTER CHRISTALLER (1933) hat es in ein theoretisches System gebracht. Er fand bei der empirischen Überprüfung seiner Hypothesen in Süddeutschland sieben Abstufungen der Zentralität: Marktorte, Amtsorte, Oberamtsstädtchen, Kreisstädte, Gaubezirksstädte, Provinzhauptorte und Landeshauptstädte.

Das Modell der zentralen Orte blieb keine Theorie zur Erklärung historisch gewordener Siedlungsstrukturen, sondern ist ein wichtiges Prinzip praktischer Raumordnungspolitik geworden. Unter guten Verkehrsverhältnissen hat sich eine vierstufige Gliederung in Kleinzentren (Mittelpunktgemeinden, Kernsiedlungen), Unterzentren, Mittelzentren und Oberzentren als ausreichend erwiesen. Nach raumordnerischen Vorstellungen sollen im *Nahbereich* mindestens 5000 Personen wohnen und soll ein Zentrum mit Mittelpunktschule (Hauptschule), Spiel- und Sportplätzen, Arztpraxis, Apotheke, Einzelhandels-, Handwerks- und Dienstleistungsbetrieben vorhanden sein. In einem *Mittelbereich* sollen mindestens 20 000 Personen wohnen; ein Mittelzentrum soll mit weiterführenden und Berufsschulen, größeren Sportanlagen, einem Krankenhaus, vielseitigen Einkaufsmöglichkeiten und Reparaturbetrieben ausgestattet sein. Im *Oberbereich* sollen mindestens 80 000 Personen wohnen; Oberzentren sollen Fachhochschulen und Universitäten, Großkrankenhäuser und Spezialkliniken, Theater, Kaufhäuser, Fachgeschäfte, größere Banken und Kreditinstitute haben.

Hinterlandmodell: Land als Versorgungsraum der Stadt

Im Hinterlandmodell wird die Versorgungsfunktion eines ländlichen Raumes für eine Stadt ausgedrückt. JOHANN HEINRICH VON THÜNEN (1783–1850) untersuchte in seinem Hauptwerk „Der isolierte Staat" (1826), wie sich im Hinterland einer großen Stadt unter gleichen natürlichen Bedingungen die Bodennutzung einer rational betriebenen Land- und Forstwirtschaft gestalten würde. Theoretisch würden sich aufgrund der Transportkosten ringförmige Zonen („Thünensche Ringe") verschiedener Nutzungsintensität ergeben.

---

[1] Auch heilige Stätten bildeten häufig Kristallisationspunkte in ländlichen Gebieten. Besonders in Streusiedelgebieten wurden die Pfarrdörfer zu zentralen Orten der untersten Stufe.
[2] Derartige Feldmärkte werden in den dünnbesiedelten, landwirtschaftlich armen Regionen des Jemen heute noch, meist auf der Grenze zweier Stammesterritorien, abgehalten.
[3] Unter dem Einfluß industrieller Massenproduktion und des Fernhandels wird es schließlich überformt und abgewandelt.

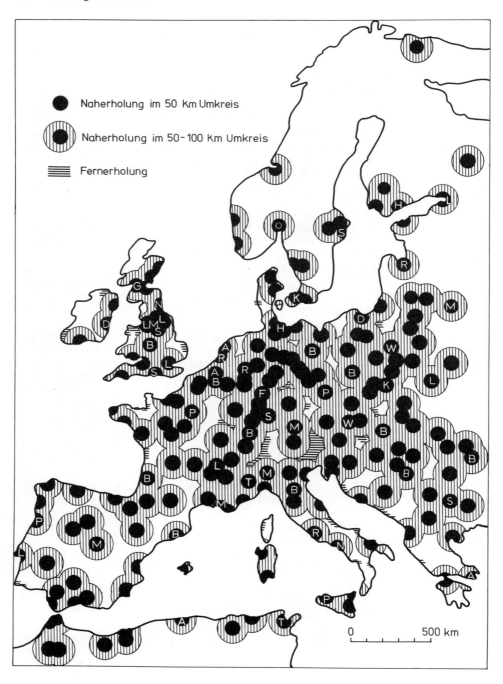

Abb. 4. Erholungsbereiche europäischer Großstädte

Wie das Hinterlandmodell tatsächlich funktionierte, läßt sich am besten am Beispiel der spätantiken Provinzstadt studieren. Das Römische Reich war nämlich in Territorialeinheiten (civitates) mit städtischen Siedlungskernen und ländlichem Wirtschaftsraum gegliedert. Das städtische Zentrum hob sich zwar mit seiner Befestigung, den öffentlichen Bauten und den dichten Wohnquartieren von seinem locker besiedelten agrarischen Hinterland äußerlich ab, aber die Bevölkerung genoß inner- und außerhalb der Stadtmauern dieselben Bürgerrechte. Die städtische Elite war zugleich die ländliche Grundeigentümerklasse. Es gab nur in einem funktionalen, dagegen in keinem politisch-organisatorischen Sinne das „Land". Gewerbliche Produktion, Handel, Kult, politische Herrschaft und militärische Macht waren in der Stadt konzentriert. Das Hinterland diente der Deckung des städtischen Bedarfs an Nahrungsmitteln, Wasser, Rohstoffen, Baumaterial und Brennstoffen.

Südlich der Alpen überdauerten die antiken Stadt-Land-Beziehungen den Niedergang des Römischen Reiches im wesentlichen dank der bischöflichen Herrschaft. Selbstverständlich fehlte es auch nördlich der Alpen von seiten der Reichs- und Hansestädte nicht an Versuchen, sich durch Ausdehnung ihrer Herrschaftsbereiche ein Hinterland zu verschaffen, das die Versorgung der Bürger gewährleistete. Dieses Bestreben scheiterte aber mehr oder weniger an den Herrschaftsrechten des landsässigen Adels und Klerus.

Umlandmodell: Land als Funktionsraum der Stadt

Umland soll der Einzugs- und Einflußbereich einer Stadt dann heißen, wenn die Siedlungen in diesem Territorium ihre rechtliche Selbständigkeit gegenüber der Stadt bewahren. Das Umland einer modernen Industrie- und Verwaltungsstadt hat nur noch bedingt die Aufgabe der Nahrungsmittelversorgung. Vielmehr ist das Umland aus der Sicht der modernen Stadt primär der für die weitere Ausdehnung benötigte Raum, also potentielles Industrie-, Bau-, Verkehrs- und Erholungsgelände. Es hat ferner die Aufgaben der Versorgung mit Trink- und Brauchwasser und der Entsorgung von Abwässern und Abfällen zu übernehmen.

Die Raumansprüche städtischer Verdichtungsräume und -gebiete und ihrer Bewohner greifen heute sehr weit aus. Dank moderner Verkehrsmittel ist die Entfernung vom Zentrum ziemlich belanglos. Nach nordamerikanischen Studien beherrscht der städtische Einzelhandel einen Umkreis von 45 Meilen; der Industrieeinfluß reicht bis zu 65 Meilen. Naherholung wird noch in einem Umkreis von 50 bis 100 Kilometern gesucht. Bezieht man die Fernversorgung mit Wasser und Energie sowie die Fernerholung mit ein, dann gibt es in Mitteleuropa nur noch wenige Gebiete, die keine Umlandfunktionen haben (Abb. 4).

Literatur: FRANZ 1974, ISBARY 1965, KÖTTER und KREKELER 1977, MACKENSEN 1970, PAHL 1966.

Diskussions- und Prüfungsfragen
1. Welches sind die sozialkulturellen Ursachen und Wirkungen der Verstädterung in Industrieländern und in Entwicklungsländern?
2. Definieren Sie den Begriff „Urbanisierung"!
3. Erläutern Sie die Begründungen der Stadt-Land-Dichotomie und nehmen Sie dazu kritisch Stellung!
4. Was versteht man unter dem Begriff „Land-Stadt-Kontinuum"?
5. Welche Bedeutung hat die Theorie der zentralen Orte für die ländliche Raumordnungspolitik?

1.4 Funktionen[1] des ländlichen Raumes in Industriegesellschaften

Die funktionalen Beziehungen zwischen Land und Stadt sind eng mit den jeweiligen Rechts- und Herrschaftsverhältnissen verknüpft. Land und Stadt können einander rechtlich völlig gleichgestellt sein, Land oder Stadt können privilegiert sein, Land und Stadt können gesonderten politischen Ordnungen angehören. Für jeden dieser Fälle lassen sich historische Belege beibringen. Die geschichtlichen Tatsachen widerlegen die Auffassung, die Stadt sei der alleinige „Ort von Herrschaft" (BODENSTEDT 1975, S. 139). In den meisten modernen Industriestaaten sind Land und Stadt mindestens formalrechtlich gleichgestellt. Dennoch bleiben aus drei Gründen faktisch Unterschiede bestehen: 1. können die kleinen finanz- und verwaltungsschwachen Landgemeinden die ihnen zustehenden Hoheitsrechte nicht in gleicher Weise wahrnehmen wie die Städte; 2. führt die Gleichbehandlung von Land und Stadt zu Ungleichheit. Beispielsweise sind strenge Ausführungsbestimmungen der Müll- und Abwasserbeseitigungsgesetze für städtische Verdichtungsräume aus hygienischen Gründen unerläßlich, in Weiler- und Einzelhofgebieten dagegen eine sinnlose Belastung, die ländliche Existenzen gefährdet; 3. bestehen funktionale Unterschiede fort.

Das Land hat in einer modernen Industriegesellschaft nicht nur die herkömmlichen Funktionen[2] zu erfüllen, sondern, wie HERBERT KÖTTER (1958) und MARTIN BOESLER (1964) herausgearbeitet haben, eine Reihe zusätzlicher Aufgaben zu übernehmen.

1.4.1 Standortfunktionen

1.4.1.1 Standort landwirtschaftlicher Produktion

Die ursprüngliche Funktion des ländlichen Raumes, Standort der land- und forstwirtschaftlichen Produktion zu sein, ist nur noch eine unter anderen und wird zudem durch technische Entwicklungen teilweise in Frage gestellt. Ein beträchtlicher Teil der Rohstofferzeugung ist bereits in die Industrie abgewandert: Faser-, Farb-, Gerb- und Duftstoffe, Kautschuk. Die industrielle Produktion bodenunabhängiger Nahrungsmittel ist angelaufen: Eier, Geflügel, Mastschweine, Tomaten, Gurken, Kopfsalat. Trag-, Reit- und Zugtiere wurden durch Motorfahrzeuge ersetzt. Neben dem Ersatz landwirtschaftlicher durch industrielle Produkte geht die Verdrängung einheimischer Agrarprodukte durch ausländische einher.

1.4.1.2 Standort ländlichen Kleingewerbes

In vor- und frühindustrieller Zeit war das Land in kaum mehr vorstellbarem Umfang Standort gewerblicher Produktion, die ihm freilich, beispielsweise im Falle der gewinnbringenden flandrischen Tuchherstellung, von den großen Handels- und Gewerbestädten mit mehr oder weniger Erfolg streitig gemacht wurde. Infolge der fabrikmäßigen Massenproduktion und der städtischen Konzentration der Gewerbebetriebe hat das Land viele gewerbliche Betriebe für immer verloren. In der Bundesrepublik Deutschland hat das ländliche Kleingewerbe nur noch in wenigen Gebieten größere flächenmäßige Bedeutung, z. B. die Korb- und Spielwarenindustrie in Oberfranken. Dennoch wurden noch im Jahre 1968 von insgesamt 627 000 Handwerksbetrieben 68 Prozent in den Landkreisen gezählt, und 58 Prozent der 2,3 Millionen Handwerker arbeiteten auf dem Lande.

---

[1] Der Funktionsbegriff wird in diesem Kapitel regionalpolitisch im Sinne von Aufgabenstellung gebraucht.
[2] Im Raumordnungsprogramm der Bundesrepublik Deutschland werden fünf Funktionen des ländlichen Raumes genannt: (1) land- und forstwirtschaftliche Produktion, (2) Gewinnung von Rohstoffen und Mineralvorkommen, (3) Freizeit und Erholung, (4) langfristige Sicherung der Wasserversorgung und (5) ökologischer Ausgleich.

1.4.1.3 Standort dezentralisierter Industrie

Ländliche Industriezonen sind nur in kleinbäuerlichen Gebieten entstanden, in denen bodenständige Unternehmer an gewerbliche Traditionen anknüpfen konnten. Die meisten Industriebetriebe finden jedoch günstigere Bedingungen (Fühlungsvorteile, Großbetriebs-, Lokalisierungs- und Urbanisationsersparnisse) in städtischen Verdichtungsräumen bzw. haben an geeigneten Standorten selbst zur Städtebildung erheblich beigetragen. Obwohl regional-, wirtschafts- und verteidigungspolitische Gründe für eine Dezentralisierung der Industrie sprechen, ist die Ansiedlung von Industriebetrieben in ländlichen Räumen in der Regel nur mit großzügiger Förderung der öffentlichen Hand möglich. Die Vorteile ländlicher Industriestandorte – niedrigere soziale Kosten, niedrigere Grundstückspreise, geringere Effektivlöhne, Arbeitskraftreserven und noch belastbare Landschaften – wiegen häufig die Nachteile nicht auf. Daher muß die Förderung der Industrialisierung des Landes bei den Nachteilen ansetzen, die den privaten Unternehmer abschrecken: mangelhafte Grundausrüstung der Landorte, ungenügende Erschließung potentiellen Industriegeländes, unzureichende Verkehrsanschlüsse, unzureichende Energieversorgung, entwicklungsbedürftiges Schulwesen, Fehlen von qualifizierten Facharbeitern sowie von kaufmännischem und leitendem Personal.

1.4.2 Wohn- und Erholungsfunktionen

1.4.2.1 Wohnort landwirtschaftlicher und landgebundener Bevölkerung

Solange auf dem Lande Landwirtschaft betrieben wird, scheint die Funktion des ländlichen Raumes, Wohnort der landwirtschaftlichen Bevölkerung zu sein, unumstritten. Der Typ des Reisekofferfarmers in den USA, die Gründung von Agrostädten in der UdSSR und die allmähliche Konzentration der in den neugeschaffenen niederländischen Poldern angesiedelten Bauern und Landarbeiter in Zentralorten zeigen jedoch, daß es in modernen Gesellschaften für Landwirte nicht selbstverständlich ist, auf dem Lande ständig zu wohnen. Auf der anderen Seite hat die Aussiedlung landwirtschaftlicher Betriebe aus industriellen Ballungen, Städten und Industriedörfern zu einer Zunahme der Streusiedlung der landwirtschaftlichen Bevölkerung geführt.

Die Wohnortfunktion des ländlichen Raumes für die durch Grundeigentum „landgebundene" Bevölkerung wird eher an Bedeutung gewinnen, denn der verbundene Erwerb inner- und außerhalb der Landwirtschaft nimmt zu. Dank der Eigenmotorisierung und der öffentlichen Verkehrsbedienung kann der ländliche Pendler verschiedenartige Wünsche verwirklichen: Ausübung eines landwirtschaftlichen Erwerbs neben dem gewerblichen Hauptberuf, natur- und bodenverbundene Lebensweise und städtischen Arbeitsplatz, Wohnen im Eigenheim und industriellen Verdienst, Nutzung ererbten Haus- und Grundbesitzes und freie Berufswahl.

1.4.2.2 Wohnort städtischer Bevölkerung

Viele Städter ziehen den ländlichen Wohnort deshalb vor, weil dort die Mieten und die Baukosten niedriger und die Bauplätze billiger sind, so daß sie sich bei gleichem Aufwand einen beträchtlich höheren Wohnkomfort leisten können. Jüngere Familien werden von der größeren Kinderfreundlichkeit ländlicher Wohnorte angezogen, ältere Menschen hauptsächlich von der geringeren Lärm- und Abgasbelästigung. Eine wichtige Zwischenstufe zum Alterswohnsitz ist die ländliche Zweitwohnung. Die Zweitwohnung auf dem Lande ist häufig nicht nur eine Zuflucht vor der „Unwirtlichkeit der Städte", sondern auch ein Statussymbol. Sie ist deshalb eine für kapitalistische wie für sozialistische Industrieländer typische Erscheinung. Ein Zweitwohnsitz entfiel in Frankreich (1969) auf zehn Haushalte, in Schweden (1970) auf fünf Haushalte und in Ungarn (1975) sogar auf nur drei Haushalte.

1.4.2.3 Erholungsraum städtischer Bevölkerung

Erholungsbedürftigkeit, Wohlstand und zunehmende Freizeit haben in der Bundesrepublik Deutschland wie in anderen Industrieländern den Tourismus stark ansteigen lassen. Die erholungsuchende Bevölkerung verbringt den Jahresurlaub und die freien Wochenenden bevorzugt im ländlichen Raum. Viele erwerbstätige und pensionierte Städter suchen Entspannung in sportlichen oder gärtnerisch-landwirtschaftlichen Betätigungen, die wegen ihres hohen Flächenbedarfes oft nur auf dem Lande ausgeübt werden können. Die Frage ist allerdings, wie lange der ländliche Raum seinen Freizeitwert behält, solange er mehr Objekt kommerzieller Ausbeutung als Gegenstand der Landschaftspflege ist. Über „Zersiedlung" und „Verbrauch" der Landschaft wird zwar viel diskutiert, aber es werden viel zu wenig landschaftsschützende Maßnahmen ergriffen. Die Ausstattung und Gestaltung der Naherholungsgebiete wird mehr und mehr als soziale Pflicht der Gemeinden angesehen, während die Fernerholung überwiegend privatwirtschaftlich organisiert ist.

Die Entwicklung in den vom Tourismus „heimgesuchten" Landorten läuft in vier charakteristischen Phasen ab (vgl. BAUSINGER 1978, S. 29):
1. Naive Reaktion: Der betroffene Ort schirmt sich gegen alle modernisierenden Einflüsse ab („unreflektierte Ablehnung").
2. Primitive Okkupation: Der Erfolg von Auswärtigen bricht den inneren Widerstand der Einheimischen. Nun wird modernisiert, was das Zeug hält („kritiklose Hochschätzung").
3. Ernüchterung: Man erkennt, daß die Touristen zwar Komfort wünschen, aber die ursprüngliche ländliche Welt suchen.
4. Traditionspflege: Die Modernitätswünsche der Dörfler und die Konservierungswünsche der Touristen gehen einen Kompromiß ein („Koalition einer Dauermaskerade").

1.4.3 Sonstige Funktionen

1.4.3.1 Raumreserve

Die wachsenden Städte und Ballungsgebiete haben vor allem in ihrem Umland einen großen Bedarf an Baugelände für die Anlage von Wohnsiedlungen, Industriebetrieben und Supermärkten. Weitere Bodenansprüche ergeben sich aus dem Zwang, Verdichtungsräume durch die Schaffung von Grünflächen aufzulockern und durch den Bau von Trabantenstädten zu entlasten. Außerdem werden große Flächen benötigt für die Befriedigung technischer Bedürfnisse: Flugplätze, Verkehrswege, Kraftwerke, Versorgungsleitungen, Wassergewinnung, Müllbeseitigung, Sonderdeponien für giftige Industrieabfälle. Insbesondere in Ballungsrandzonen werden ländlichen Gemeinden derartige entwicklungshemmende und imageschädigende Anlagen zugemutet.

1.4.3.2 Standort des Zivilschutzes und der Landesverteidigung

Waren in früheren Zeiten Truppen und militärische Anlagen fast ausschließlich in den Städten stationiert, so bevorzugt heute die zivile wie die militärische Landesverteidigung ländliche Standorte. Im Falle äußeren Notstandes bieten die ländlichen Räume geeignetere Standorte für Notunterkünfte als städtische. Welche Auswirkungen ein Truppenlager auf die ländliche Umgebung hat, untersuchte E. LAUTENSACH-LÖFFLER (1965) am Beispiel von Baumholder (Pfalz).

1.4.3.3 Wohlfahrts- und Schutzfunktionen

Die ländlichen Räume haben schließlich auch die immer wichtiger werdenden ökologischen Aufgaben der Lufterneuerung, der Gewässerreinigung und andere wohltätige Funktionen einer natürlichen Landschaft sowie den Küstenschutz und den Hochwasserschutz zu übernehmen.

Der ökologische Mindestbedarf an Freiflächen hängt von der Bodennutzung, der Bevölkerungsdichte, der Umweltbelastung und den Ansprüchen an die „Lebensqualität" ab. Unter westdeutschen Verhältnissen sollte rund ein Drittel der Fläche Wäldern und natürlichen Landschaftsbestandteilen (Flurgehölze, Gewässer, Brüche, Röhrichte usw.) vorbehalten bleiben. Genaue Richtgrößen kann man erst dann aufstellen, wenn es gelungen ist, die Wohlfahrtsfunktionen auch quantitativ zu bewerten (vgl. PEVETZ 1974b).

1.4.4 Funktionsfähigkeit

1.4.4.1 Funktionszuweisung

Ein Teil der genannten Funktionen wird dem Land aufgenötigt (Mülldeponien, Kernkraftwerke, Aluminiumschmelzen, Militärflugplätze usw.), ein Teil wird ihm streitig gemacht. So hat im Zeichen wirtschaftlicher Stagnation und des Geburtenrückgangs und im Bemühen um Wirtschaftswachstum und Erhöhung der Steuerkraft zwischen den kommunalen Spitzenverbänden in der Bundesrepublik Deutschland ein Verteilungskampf um die verfügbaren Kapazitäten an Arbeitskraft und an Wirtschaftskraft sowie um die knapper werdenden Fördermittel eingesetzt.

Die funktionale Entmischung ist zwar im ländlichen Raum nicht so weit fortgeschritten wie in den städtischen Verdichtungsgebieten, aber die „Monofunktionalität" nimmt auch auf dem Lande zu. Dadurch entstehen „Zonen verdünnten Lebens" (BAUSINGER), das heißt reduzierter Sozialbeziehungen. Obwohl Misch- und Übergangsformen noch überwiegen, zeichnen sich funktional vier ländliche Raumtypen ab:

(1) Wohnlandschaften im Einzugsbereich großer Städte und Industriegebiete.
(2) Erholungslandschaften, deren Bau- und Naturdenkmäler, Heilwirkungen oder Freizeitwerte Fremde anziehen.
(3) Agrarlandschaften, in denen Land- und Forstwirtschaft erwerbswirtschaftlich betrieben wird.
(4) Naturlandschaften, deren Stadtferne, fehlende touristische Attraktivität und deren marginaler agrarischer Produktionswert eine entsprechende Verwendung ausschließen. Teilräume diesen Typs, auch als „Leerräume" bezeichnet, haben in erster Linie ökologische Funktionen. Sie sind aber auch potentielle Ausweichräume für flächenaufwendige Anlagen der Landesverteidigung, des Verkehrs und der Versorgung.

In jedem funktionalen Raumtyp fallen der Landwirtschaft spezifische Aufgaben zu. Mit WERNER PEVETZ (1972) lassen sich drei Hauptfunktionen der Landwirtschaft unterscheiden: die Produktions-, Raum- und Landespflegefunktion.

Die Agrarproduktion ist in den landwirtschaftlichen Vorranggebieten in produktionstechnischer und marktwirtschaftlicher Gunstlage die Hauptfunktion des ländlichen Raumes. Die Erhaltung des ländlichen Raumes als Siedlungs- und Lebensraum wird in jenen abgelegeneren Agrarzonen zur wichtigsten Funktion der Landwirtschaft, die für eine spätere Industrieansiedlung vorgesehen sind oder potentielle Erholungsgebiete darstellen. Man spricht im Hinblick darauf auch von der „Platzhalterfunktion" der Landwirtschaft. Die industrielle oder touristische Inwertsetzung solcher Räume kostet weniger, wenn sie über ein Reservoir an Arbeitskräften und über eine Mindestausstattung an Wohnstätten, Handwerks- und Gewerbebetrieben und Infrastruktureinrichtungen verfügen. Die Landes- oder Landschaftspflegefunktion der Landwirtschaft ist nicht nur Voraussetzung des Fremdenverkehrs, sondern, wie zunehmend erkannt wird, lebenswichtig für das menschliche Wohlbefinden. Man wird daher künftig die Landwirtschaft nicht nur produktivitätsorientiert planen und fördern, sondern auch – wie in der Forstwirtschaft – berücksichtigen müssen, welche Betriebsformen, Bodennutzungs- und Viehhaltungssysteme und Intensitätsstufen die wohltätigen Wirkungen der Kulturlandschaft am besten erhalten und mehren.

Im Zusammenhang mit der Zuweisung und Übernahme von Funktionen stellt sich die Frage nach der Tragfähigkeit und Belastbarkeit des ländlichen Raumes als Lebens-, Wirtschafts- und Wohlfahrtsraum. Der Begriff „Belastbarkeit" bezieht sich auf die ökologische Funktionalität, der Begriff „Tragfähigkeit" auf die ökonomische Funktionalität. Tragfähigkeit und Belastbarkeit sind zwar keine soziologischen Begriffe, sie drücken aber Sachverhalte von großer sozialer Tragweite aus, die das Ergebnis erfüllter Bedürfnisse und Raumansprüche sind und die sozialem Handeln im Raum Ziel und Grenzen setzen.

1.4.4.2 Tragfähigkeit

Die Tragfähigkeit gibt diejenige Menschenmenge an, die in einem bestimmten Raum unter Berücksichtigung des erreichten (effektive Tragfähigkeit) oder in absehbarer Zeit erreichbaren (potentielle Tragfähigkeit) technologischen Standes auf agrarischer, natürlicher oder gesamtwirtschaftlicher Grundlage ohne (innenbedingte Tragfähigkeit) oder im Austausch mit anderen Räumen (außenbedingte Tragfähigkeit) unter Wahrung eines bestimmten Lebensstandards (optimale Tragfähigkeit) oder des physischen Existenzminimums (maximale Tragfähigkeit) auf längere Sicht leben kann.

Die Tragfähigkeit hat einen doppelten Aspekt: einen natürlichen und einen wirtschaftlichen. Die *natürliche Tragfähigkeit* eines Raumes hängt von seiner Ausstattung mit Bodenfruchtbarkeit, Wasser und Bodenschätzen ab. Sie läßt sich durch verbesserte Technologien der Nutzung, vorübergehend auch durch wirksamere Methoden der Ausbeutung, enorm steigern. Begrenzender Faktor ist die nachhaltige Ertragskraft des Bodens. Verharrt eine Agrargesellschaft auf primitiver Bodennutzung, dann führt Bevölkerungsvermehrung zur Übervölkerung. Unter Bevölkerungsdruck werden Grenzertragsböden in Kultur genommen. D. h., der Ackerbau wird in die Steppen, auf hängige Lagen und in Gebirgsregionen ausgedehnt, die Wälder werden abgeholzt und das natürliche Grünland wird umgebrochen. Die Brachejahre werden verkürzt und die Naturweiden überweidet. Die Folgen sind Bodenzerstörung sowie sinkende Flächenerträge. Dies bedeutet letzten Endes eine Verkleinerung der natürlichen Tragfähigkeit. Oft bleibt nur noch die Wahl zwischen Hungern oder Abwandern, wenn durch die extensive Ausbeutung des Bodens die Grundlage für eine intensivere Bodennutzung zerstört wurde.

Überall, wo labile natürliche Verhältnisse herrschen, insbesondere in den trockenen Subtropen und in den Tropen, ist dies in erschreckendem Ausmaß in der Vergangenheit geschehen, wovon die Wüsten und Karstgebirge zeugen, und geschieht es gegenwärtig in beängstigendem Tempo noch. Moderne Technologien und Hilfsmittel erhöhen zwar bei behutsamem Einsatz die natürliche Tragfähigkeit, sind aber bei unvernünftiger Anwendung ungleich gefährlicher als die primitiven Techniken. Das Umbrechen der Steppe mit Hilfe von Motorpflügen verursachte in den USA[1] wie in der Sowjetunion katastrophale Erosionsschäden. Neue Holzgewinnungstechniken haben die Entwaldung, neue Bewässerungsanlagen die Versalzung beschleunigt. Die Beispiele sind zahllos, wo die technologische Erweiterung der natürlichen Tragfähigkeit sehr bald zu kleineren Erträgen und damit zu einer Verminderung der gesamtwirtschaftlichen Tragfähigkeit geführt hat. In der Vergangenheit hinderte mehr der Mangel an physischer Kraft als die Vernunft die Landwirte daran, durch primitiven Raubbau ihre natürlichen Existenzgrundlagen zu verbrauchen.

Die *wirtschaftliche Tragfähigkeit* eines Raumes hängt von dem Geschick seiner Bevölkerung ab, die natürliche Ertragskraft optimal zu nutzen und haushälterisch damit umzugehen, d. h. nichts zu verschwenden, und die Abfälle wieder dem natürlichen Kreislauf zuzuführen. Am

---

[1] Seit dem Jahre 1920 gingen in den USA etwa 45 Prozent der ursprünglichen Fruchtbarkeit des Landes durch Wasser- und Winderosion, Überweidung und Übernutzung des Ackerlandes verloren; 5,4 Milliarden Tonnen Boden werden jährlich abgetragen (vgl. LOWRY 1976, S. 78).

vollkommensten ist diese Kunst in China unter dem Druck einer dichten Bevölkerung entwikkelt worden. Die wirtschaftliche Tragfähigkeit kann über die innenbedingte Tragfähigkeit hinaus gesteigert werden, wenn durch verfeinerte Technik und Organisation die Landesprodukte veredelt und gegen Rohstoffe aus anderen Naturräumen vorteilhaft eingetauscht werden. Länder wie die Bundesrepublik Deutschland, die Schweiz oder Österreich haben ihre natürliche Tragfähigkeit längst überschritten. Sie wären hoffnungslos übervölkert, wenn sie nicht durch den Export von Industrieerzeugnissen und Dienstleistungen die wirtschaftliche Tragfähigkeit gesteigert hätten. Die Übervölkerung zeichnet sich unter diesen Umständen nicht an der wirtschaftlichen Tragfähigkeit, sondern an der ökologischen Belastbarkeit ab.

1.4.4.3 Belastbarkeit

Die Belastbarkeit ist dasjenige Maß an Eingriffen in den Naturhaushalt eines Raumes, das gerade noch zulässig ist, ohne die natürliche Leistungs- und Regenerationsfähigkeit des Ökosystems schwer und nachhaltig zu schädigen. Die Belastbarkeit ist der Tragfähigkeit übergeordnet. Wenn die Grenzen der Belastbarkeit ständig überschritten werden, wird ein Raum lebensfeindlich, d. h., seine Tragfähigkeit sinkt. Zuerst verkümmern empfindlichere Lebewesen. Schließlich wird ein unwirtlich gewordener Raum auch von Menschen gemieden. Aus blühenden Siedlungen werden Wüstungen.

Produzenten sind immer auch Verbraucher, und die Produzenten von hochwertigen Industriegütern und Dienstleistungen pflegen dank ihrer relativ hohen Kaufkraft und ihres ungezügelten Anspruchsniveaus ein Vielfaches von dem zu verbrauchen, was einfache Menschen zum Leben benötigen. Der tägliche Wasserverbrauch liegt in einem Dorf des iranischen Hochlandes bei 5 Liter je Kopf, in einer mitteleuropäischen rein ländlichen Siedlung bei 100 Liter, während in einer westlichen Großstadt mindestens 500 Liter Wasser je Kopf verbraucht werden. Der Sauerstoffverbrauch eines Erwachsenen beträgt ungefähr 0,3 Tonnen im Jahr; sobald er einen Kraftwagen fährt, verbraucht er das Zehnfache. Der Landschaftsverbrauch einer motorisierten, wohlhabenden Bevölkerung erreicht infolge des steigenden Verkehrsflächen- und Parkplatzbedarfs, der Freizeit- und Erholungseinrichtungen, der Zweit- und Drittwohnungen usw. ebenfalls ein Mehrfaches genügsamer Völker. Die FAO berechnete, daß in Europa zwischen 1960 und 1965 das überbaute Areal doppelt so schnell zunahm wie die Bevölkerung. Hinzu kommt die toxische Wirkung der Abgase, Abwässer und festen Abfallstoffe auf den Naturhaushalt.

Die Tragfähigkeit kann auf Dauer nur bis zur Grenze der ökologischen Belastbarkeit gesteigert werden. Daß die „Grenzen des Wachstums" (MEADOWS 1972) enger gezogen sind, als zunächst vermutet, wird immer deutlicher. Die ökologische Belastbarkeit sinkt in dem Maße, in dem die wirtschaftliche Tragfähigkeit eines Raumes in naturwidriger Weise gesteigert wird. Jeder zusätzliche Mensch stellt eine weitere Belastung der Umwelt dar. Aber nicht nur die zusätzlichen Individuen, sondern vor allem die ständige Steigerung des Lebensstandards oder, ökologisch ausgedrückt, der steigende Verbrauch der Naturgrundlagen, die zunehmende Vergiftung der Umwelt mit Schadstoffen und die räumliche Verdichtung der Verbraucher bringt uns der Grenze der ökologischen Belastbarkeit der Erde rasch näher.

Zwischen wirtschaftlicher Tragfähigkeit und ökologischer Belastbarkeit besteht demnach ein Spannungsbogen. Je höher die wirtschaftliche Tragfähigkeit durch neue Technologien geschraubt wird, desto stärker nimmt die Umweltbelastung zu und die noch mögliche Belastbarkeit ab. In vielen städtischen Verdichtungsgebieten ist diese Grenze bereits überschritten, während ländliche Gebiete zwar „wirtschaftliche Passivräume" aber „ökologische Aktivräume" sind. Eine industrielle oder touristische Entwicklung würde zwar diese Räume wirtschaftlich tragfähiger machen, aber ökologisch funktionsunfähiger. Daraus folgt, daß im Gesamtinteresse die Tragfähigkeit des ländlichen Raumes nicht voll ausgeschöpft werden darf.

Literatur: HEIDTMANN und KRETSCHMANN 1975, ISENBERG 1970, KÖTTER 1958, PEVETZ 1966.

Diskussions- und Prüfungsfragen
1. Welche Motive veranlassen Städter, einen ländlichen Wohnort zu bevorzugen?
2. Wie wirken sich erholungsuchende Städter im ländlichen Raum soziologisch aus?
3. Welche speziellen Funktionen hat die Land- und Forstwirtschaft im ländlichen Raum?
4. In welchem Verhältnis stehen wirtschaftliche Tragfähigkeit und ökologische Belastbarkeit eines Raumes?

1.5 Ländliche Umwelt

In älteren landsoziologischen Lehrbüchern wird davon ausgegangen, daß es vor allem die andersartige Umwelt sei, die die Landleute veranlasse, sich in besonderer Weise zu verhalten. Jüngere Untersuchungsergebnisse deuten darauf hin, daß alters-, geschlechts- und berufsspezifische Verhaltensmuster stärker als die ländliche Umwelt das Verhalten bestimmen. Dennoch ist zweierlei nicht zu leugnen, daß die Umwelt die körperliche, geistige und seelische Entwicklung des Menschen beeinflußt, und daß Menschen ihr Verhalten der jeweiligen Umwelt anpassen, ja bis zu einem gewissen Grade anpassen müssen. Der Landmann, der sich in der City einer Großstadt so ungezwungen bewegen würde wie auf seinen heimischen Fluren, würde mindestens die Mißbilligung der übrigen Verkehrsteilnehmer auf sich ziehen, wenn nicht überhaupt unter die Räder kommen. Umgekehrt erfordert auch die ländliche Umgebung gewisse Verhaltensänderungen von einem Städter, falls er eine Landpartie unternimmt, zu einem Ernteeinsatz abkommandiert wird oder eine Lehrerstelle im Dorf antritt.

Ländliche Umwelt ist hier freilich nicht nur in landschaftlichem Sinne zu verstehen, wie sie in einer Definition von KONRAD MEYER (1964, S. 57) aufscheint, in der ein Raum dann als ländlich bezeichnet wird, wenn „dörfliche und landstädtische Siedlungen, Ackerfluren, Wiesen und Weiden, Wälder, Gehölze und Gewässer das vorherrschende Element sind". Untersucht man nämlich die Wirkung ländlicher Umwelt auf einen Städter, so findet man, daß sich dieser bei längerem Landaufenthalt im allgemeinen am schwersten an Stille, Einsamkeit, Schmutz, Wetterunbilden, weite Wege, Personalisierung der sozialen Beziehungen, Gerede der Leute und andersartige Umgangsformen gewöhnt. Soziologisch gehört demnach zur Umwelt mehr als die natürliche Landschaft; genauer gesagt, alles, was von außen auf ein gegebenes soziales System einwirkt, heißt Umwelt oder Milieu. Für analytische Zwecke haben LUTHER LEE BERNARD (1881–1951) und WILHELM EMIL MÜHLMANN die Umwelt folgendermaßen gegliedert:

Gliederung nach BERNARD (1926)	Gliederung nach MÜHLMANN (1952)
1. Physikalische (anorganische) Umwelt	1. Naturumwelt
2. Biologische (organische) Umwelt	
3. Soziale Umwelt	
a) physiosoziale	2. Zivilisationsumwelt
b) biosoziale	
c) psychosoziale	3. Soziale Mitwelt
4. Institutionalisierte Umwelt[1]	4. Kulturelle Vorwelt

[1] „Composite or institutionalized derivative control environments" (BERNARD).

1.5.1 Naturumwelt

Die umgebende Natur wirkt auf den Menschen als sinnlicher Eindruck und als körperlich-seelischer Einfluß (vgl. HELLPACH 1977). Wer auf dem Lande wohnt und vor allem, wer land- und forstwirtschaftlich tätig ist, ist der natürlichen Umwelt viel stärker ausgesetzt als der Durchschnittsstädter, der sich nach Möglichkeit gegen die physikalischen und biologischen Einflüsse der Natur abschirmt. Der wesentliche Unterschied besteht aber nicht darin, daß etwa das Land einen natürlichen Zustand und die Stadt etwas künstlich Gemachtes darstelle. Der ländliche Raum ist keine unberührte Wildnis, sondern gleichermaßen gestaltete Kulturlandschaft. Auch auf dem Lande setzt sich der Mensch aktiv mit seiner Umwelt auseinander: setzt Landschaften in Wert, nutzt den Boden, beutet Naturschätze aus, schützt sich vor den Unbilden der Witterung. Er ist bestrebt, die Umwelt seinen Bedürfnissen anzupassen. Nur der Mangel an Arbeitskraft und Kapital setzt dem Willen, die Naturumwelt umzugestalten, Grenzen.

Die Gestaltung geschieht allerdings in der Weise, sich die Kräfte der Natur direkt dienstbar zu machen. Fruchtbarer Boden wird bebaut und bestellt, geeignete Pflanzen und Tiere werden domestiziert und auf erwünschte Eigenschaften hin weitergezüchtet, Wasser wird auf trockene Felder geleitet, nasse Böden werden entwässert, steile Hänge terrassiert. Auswählen und Vereinigen, Hegen und Pflegen der in der Natur vorkommenden nützlichen Dinge und Vorgänge sind die wichtigsten Anpassungsmaßnahmen. Das Ergebnis ist daher ein anderes als städtische Umweltgestaltung. SOMBART (1931, S. 527) hat einmal den Unterschied auf die Formel gebracht, stadthaft siedeln heiße „Siedeln (Wohnen) gegen die Natur", und WEISS (1946) meinte, „städtisches Dasein befreie sich weitgehend von Naturgebundenheit".

1.5.2 Zivilisationsumwelt

Die ländliche Umwelt ist demnach ebenfalls in hohem Maße Zivilisationsumwelt. Aber auch hier sind qualitative Unterschiede zu beachten. Die ländliche Zivilisationsumwelt enthält mehr biosoziale, die städtische dagegen mehr physiosoziale Komponenten. Die biosoziale Umwelt des Landbewohners besteht zum großen Teil aus Haustieren, Nutzpflanzen und organischen Erzeugnissen, die des Städters ist fast ausschließlich vom Menschen bestimmt. Dennoch ist es angemessen, die Eigenart ländlicher Umwelt nicht aus der Natur selbst, sondern aus der Inwertsetzung der Natur durch Viehhaltung, Ackerbau und Forstwirtschaft abzuleiten. Auf der Eigenart land- und forstwirtschaftlicher Berufsausübung gründen die meisten weiteren Merkmale ländlicher Umwelt. Hirten, Bauern und Forstleute prägen wegen ihrer „Raumwirksamkeit" auch dann den ländlichen Raum stärker als andere Berufe, wenn sie in der Minderheit sind.

Der hohe Flächenbedarf land- und forstwirtschaftlichen Lebensunterhaltes setzt der Siedlungsgröße Grenzen und bedingt eine relativ geringe Bevölkerungsdichte. Aus der geringen Bevölkerungsdichte ergeben sich Schwierigkeiten, eine ausreichende Infrastruktur aufzubauen und zu unterhalten. Daher ist im allgemeinen das Angebot an Dienstleistungen weniger qualifiziert, moderne Annehmlichkeiten sind kostspieliger und kulturelle Veranstaltungen seltener, die Verkehrserschließung ist schlechter und die öffentliche Verkehrsbedienung lückenhafter.

Den infrastrukturellen Nachteilen relativ dünner und streuender Besiedlung stehen eine Reihe von Vorteilen ländlicher Umwelt gegenüber, die unter den Begriff der „Lebensqualität" fallen. Weniger dichte Bevölkerung bedeutet mehr Ruhe und Einsamkeit, weniger Umweltverschmutzung, reinere Luft, mehr ultraviolette Strahlung, geringere Ansteckungsgefahr und die ästhetischen Reize einer unverbauten Landschaft. Dadurch werden Reizüberflutung, nervöse Spannungen und Streß vermindert, Übel, unter denen viele Menschen in Verdichtungsgebieten leiden. Die relative Leere dünnbesiedelter Räume übt daher auf großstadtmüde, erholungsuchende Menschen einen Sog aus. In vielen Industrieländern zeichnet sich sogar ein starker

Druck der städtischen „Freizeitgesellschaft" auf die ländlichen Räume ab, der sich unter anderem im Erwerb von Baugrund, alten Bauernhäusern, Kotten und ausgelaufenen landwirtschaftlichen Betrieben äußert.

1.5.3 Soziale Mitwelt

Die Kleinheit der Siedlungen erlaubt eine relativ einfache soziale Ordnung. Erst von einer höheren Einwohnerzahl und Bevölkerungsverdichtung an bedarf es besonderer Maßregeln und Organe, um ein Gemeinwesen funktionsfähig zu erhalten. Daher treten in der ländlichen sozialen Mitwelt jene soziologischen Merkmale stärker hervor, die einfache Gesellschaften charakterisieren: (1) wenig Spezialisierung und Arbeitsteilung, (2) stark ausgeprägte Verwandtschaftsbande, (3) Autoritäts- und Statusunterschiede auf Grund des Alters, des Geschlechts und der Herkunft, (4) geringe soziale Schichtung und soziale Mobilität, (5) starke Solidarität und symbolische Ortsbezogenheit, (6) wenig Außenkontakte und Abweisung des Fremden, (7) Festhalten an traditionellen Werten und überkommenen Verhaltensmustern, (8) Verhaltensorientierung mehr an örtlichen Sitten und Bräuchen als an formalen Gesetzen, (9) unbürokratische Verwaltung, (10) strenge soziale Kontrolle der Handlungen und Äußerungen, (11) Vorwiegen primärer, informeller Gruppen und (12) Gleichförmigkeit des Lebensstils (vgl. FICHTER 1970, S. 92f.). Auch wenn es sich nur um graduelle Unterschiede handelt, kann man sagen, die soziale Mitwelt des Städters ist komplexer als die des Landbewohners. Dies bedeutet jedoch nicht, daß jene weniger kompliziert ist.

Die dünnere Besiedlung erklärt auch einige Unterschiede in der Qualität ländlicher Sozialbeziehungen, die im Abschnitt „Soziale Netzwerke" näher beschrieben werden. Sozialbeziehungen bestehen überwiegend zu Mitgliedern der eigenen lokalen, beruflichen und religiösen Gemeinschaft, zu Nachbarn mit gleichem Bildungsstand und Lebensstil, zu Personen, deren Ausdrucksweise, Dialekt, Einstellungen und Verhaltensmuster den eigenen gleichen.

Eine stärkere soziale Differenzierung der ländlichen Bevölkerung ist eine relativ junge Erscheinung, die sich im wesentlichen auf die Siedlungen im Einzugsbereich der großen Städte und Ballungsräume beschränkt. Charakteristisch für traditionelle ländliche Siedlungen ist vielmehr die berufliche, soziale und kulturelle Einheitlichkeit. Dies bedeutet allerdings nicht, daß nicht auch Landbevölkerungen sehr unterschiedlich zusammengesetzt wären. Aber die einzelnen Siedlungen weisen im Vergleich mit dem „Schmelztiegel" der Großstädte in sich eine große Gleichförmigkeit auf. Die ländliche Gesellschaft funktioniert nicht als eine integrale Einheit. Der ländliche Raum ist vielmehr übersät von zahlreichen, relativ autonomen, territorial abgegrenzten Siedlungen, zwischen denen wenig Arbeitsteilung oder verbindende Institutionen bestehen. Man nennt dies eine „segmentäre" Gesellschaft. Diese Charakterisierung trifft freilich in Industrieländern nur noch bedingt zu. Denn die Entwicklung verläuft von „unverbundener Homogenität zu integrierter Heterogenität", wie HERBERT SPENCER (1820–1903) schon bemerkt hat.

1.5.4 Kulturelle Vorwelt

Die Mittel sozialen Handelns und die Art und Weise des aktuellen Verhaltens müssen nicht von jedem Menschen in jeder Situation neu erfunden werden. Vielmehr kann er auf ein reichhaltiges soziales Erbe zurückgreifen. Mit anderen Worten, der Mensch bedient sich bei der Bewältigung seines Daseins hauptsächlich der Güter, Symbole, Technologien und Institutionen, die ihm seine kulturelle Vorwelt überliefert. Augenscheinlich ragt die kulturelle Vorwelt stärker in den ländlichen Alltag hinein als in den städtischen. Man sagt manchmal von einer abgeschiedenen ländlichen Gegend „hier steht die Zeit still" oder „hier gehen die Uhren langsamer". Selbstverständlich gibt es auch auf dem Lande Fortschritte, mitunter sogar sehr rasche. So waren die

1952 von der Forschungsgesellschaft für Agrarpolitik und Agrarsoziologie untersuchten kleinbäuerlichen Dörfer nach zwanzig Jahren kaum wiederzuerkennen (VAN DEENEN u. a. 1975).

Aber die kulturellen Neuerungen gehen doch überwiegend von der Stadt aus. Dies hat hauptsächlich drei Gründe. Erstens kommt es in der Stadt, insbesondere der Großstadt, zu einem fruchtbaren Zusammenstoß der verschiedenartigsten Kulturen und Subkulturen. Die Stadt wirkt zweitens anziehend und stimulierend auf die Kulturschaffenden. Drittens ist die Einstellung zum Fortschritt anders. Während Landbewohner dem Fortschritt gewöhnlich mit einer gewissen Zurückhaltung begegnen, begrüßt die öffentliche Meinung in der Stadt den Fortschritt. Man kann diesen Sachverhalt auch so ausdrücken: Ländliche Bevölkerungen neigen mehr dem konservativen Pol zu als dem progressiven. Sie bewahren stärker das Überkommene, halten sich lieber an das Bewährte und orientieren ihr Verhalten mehr an Traditionen, als dies bei Stadtbevölkerungen der Fall zu sein pflegt, für die eine Verhaltensorientierung an Zeit- und Modeströmungen charakteristisch ist (vgl. RIESMAN 1958).

Empirische Untersuchungen in der Bundesrepublik Deutschland ergaben an Hand des „Leitbildes männlicher Dominanz", daß die Bewohner um so mehr zum konservativen Leitbild tendieren, je kleiner die Wohngemeinde und je größer die Entfernung zur nächsten Großstadt ist. Auch die Herkunft aus einem Dorf korreliert stärker mit einem mehr konservativen Leitbild als die Herkunft aus der Stadt. Es zeigte sich nun allerdings, daß der Konservatismus enger als mit der Siedlungsweise und Herkunft mit einigen Merkmalen zusammenhängt, die die Person und Familie kennzeichnen, wie Bildung, Alter, landwirtschaftliche Erwerbstätigkeit und Schichtzugehörigkeit. Da die konservativen Kategorien auf dem Lande häufiger sind als in der Stadt, ist der Konservatismus dort verbreiteter.

Der empirisch nachgewiesene Konservatismus und Traditionalismus der Landbevölkerung hat mehrere Gründe. Er hängt sicher mit der Bodenständigkeit zusammen, mit dem Leben inmitten eines Besitztums, das die Vorfahren erworben und gestaltet haben. Aber es ist ebenfalls von Einfluß, daß ein großer Teil der Landbewohner zeitlebens am selben Ort und im Elternhaus verbleibt. Hinzu kommt die relativ große Autorität der Älteren, die über die Einhaltung der traditionellen Normen wachen. Schließlich darf man auch die Beteiligung der Großeltern an der Kindererziehung als konservative Kraft nicht unterschätzen. Wie überhaupt die ländliche Sozialisation Neuerungssucht und Kreativität eher dämpft als fördert.

Einige Autoren (z. B. REDFIELD und FOSTER) vertreten die Auffassung, bäuerliche Kultur sei unvereinbar mit industrieller. Zahlreiche Arbeiterbauern beweisen jedoch seit Generationen die mögliche Verbindung. Der „gebildete Landwirt", den es in West- und Mitteleuropa spätestens seit der Aufklärung gibt, widerlegt ebenfalls diese Auffassung. Im europäischen Bauerntum verbinden sich alte Kulturelemente mit „industrieller Zivilisation". Die Bauern nehmen seit über einem Jahrhundert notwendigerweise den aus der Industriegesellschaft stammenden technologischen und sozialen Wandel auf, um ihre kulturelle Identität zu bewahren (vgl. WILLEMS 1970).

1.5.5 Infrastruktur

Die materielle und institutionelle Komponente der kulturellen Vorwelt wird sichtbar und meßbar in der „künstlichen" Infrastruktur. Unter Infrastruktur versteht man die Gesamtheit der materiellen, personellen und institutionellen Einrichtungen und Gegebenheiten eines Raumes, die grundlegende Bedeutung für die Erreichung gesellschaftlicher Ziele haben (Übersicht 8).

Die Infrastruktur läßt sich nach Güte und Menge der Komponenten messen, nach der Erreichbarkeit und nach der jeweiligen Bedeutung der Komponenten gewichten und zu einem Infrastrukturindex zusammenfassen. Vergleicht man die Indizes verschiedener Räume miteinander, so findet man häufig, daß ländliche Räume schlechter ausgestattet sind als andere. Bei der Beurteilung der ländlichen Infrastrukturausstattung ist jedoch zu bedenken, daß (1) der Bedarf

Übersicht 8. Bestandteile der Infrastruktur

Natürliche Infrastruktur	Künstliche Infrastruktur	
	am Realkapital orientierte	am Humankapital orientierte
Klimagunst	Wasserversorgung	Bildungswesen
Bodenfruchtbarkeit	Abwasser-, Müllentsorgung	Gesundheitswesen
Wasservorkommen	Energieversorgung	öffentliche Wohlfahrt
Bodenschätze	Verkehrseinrichtungen	Justiz, Polizei
natürliche Häfen, Furten, Pässe	Werkstätten, Fabriken	Verwaltung
Wasserwege	Wohnungen, Gebäude	demokratische Organe
Naturdenkmäler	Baudenkmäler	Forschung
	Freizeiteinrichtungen	Landesverteidigung
	Markteinrichtungen	Zivilschutz
		religiöse Organe

bei ländlicher Siedlungsweise anders geartet ist als in industriellen Ballungsräumen, (2) Landbewohner in erheblichem Maße die Infrastruktureinrichtungen benachbarter Stadtregionen und zentraler Orte in Anspruch nehmen, und (3) der Maßstab der als angemessen betrachteten Ausstattung sich ständig verändert.

Aus dem zeitlichen Vergleich der Indizes ergibt sich für die ländlichen Räume im Bundesgebiet ein stetiges Ansteigen der Infrastrukturausstattung in der Nachkriegszeit (vgl. STARK 1975). Man wird diesen Befund weit über Westdeutschland hinaus verallgemeinern dürfen. Gleichzeitig hat namentlich in den kleineren Orten eine Verschlechterung der örtlichen Versorgung stattgefunden, die vor allem die nicht motorisierten Bevölkerungsteile trifft. Durch den Rückzug von Bahn, Post, Schule, Verwaltung, Gendarmerie, dem eine Konzentration im Handel, Bank- und Gesundheitswesen parallel lief, haben sich die Entfernungen zu den Dienstleistungsbetrieben vergrößert. Andererseits steht die Versorgung der Landbevölkerung mit materiellen und kulturellen Gütern dank neuer Vertriebsformen (Versandhandel) und Kommunikationsmittel (Funk, Fernsehen) dem städtischen Massenangebot wenig nach. Soweit ländliche Räume im Bereich der Nah- oder Fernerholung städtischer Bevölkerung liegen, sind sie relativ gut mit Erholungs- und Freizeiteinrichtungen ausgestattet.

Die Infrastruktur steht in gegenseitiger Wechselwirkung mit der Siedlungs- und Wirtschaftsstruktur eines Raumes. Eine gute infrastrukturelle Ausstattung setzt eine bestimmte Bevölkerungsdichte und Einwohnerzahl sowie eine bestimmte Wirtschaftskraft voraus. So gilt gegenwärtig unter mitteleuropäischen Verhältnissen, daß eine Region eine zeitgerechte Ausstattung mit künstlicher Infrastruktur erst dann tragen kann, wenn sie mit mindestens 100 Einwohnern je qkm besiedelt ist. K. MEYER hat diese Faustzahl im „Gesetz von der steigenden Mindestbevölkerungsdichte" relativiert. Das Gesetz besagt: Die Schwelle einer Mindestbevölkerungsdichte, die nicht unterschritten werden darf, um leistungsfähige öffentliche Dienste zu tragbaren Kosten anbieten und private Dienstleistungsbetriebe rentabel führen zu können, schiebt sich im Zuge der sozialökonomischen Entwicklung einer Industriegesellschaft immer höher hinauf. Sowohl die im Dienstleistungssektor besonders stark zu Buche schlagenden Lohnkosten als auch die Ansprüche an die Dienstleistungen steigen. Ein verbessertes Leistungsangebot erfordert eine kostspieligere technische Ausstattung und Fachpersonal, was wiederum nur bei einem höheren Auslastungsgrad rentabel ist.

Dem Erfordernis steigender Bevölkerungsdichte steht in Industrieländern die Wahrscheinlichkeit sinkender Bevölkerungsdichte ländlicher Räume gegenüber, die durch rückläufige Geburtenziffern und Abwanderung verursacht wird. Infolgedessen wird sich vermutlich das Gefälle zwischen städtischem und ländlichem Versorgungsniveau eher vergrößern, was dem Abwanderungstrend weiteren Auftrieb geben wird, so daß eine Entwicklungsspirale zuungunsten ländlicher Räume in Gang gesetzt wird.

Literatur: HELLPACH 1977, KRAFT 1961, MÜHLMANN 1952, SPRINGENSCHMID 1958.

Diskussions- und Prüfungsfragen
1. Vergleichen Sie die Gliederungen von BERNARD und MÜHLMANN miteinander unter besonderer Berücksichtigung der Begriffe Umwelt, Mitwelt, Vorwelt!
2. Charakterisieren Sie die sozialkulturelle Umwelt eines Bauern und eines großstädtischen kaufmännischen Angestellten!
3. Was besagt das „Gesetz von der steigenden Mindestbevölkerungsdichte"?

2 Ländliche Bevölkerung

2.1 Umfang

2.1.1 Großräumliche Verteilung

In einer Einführung in die Landsoziologie muß die Beschreibung der besonderen Merkmale und Strukturen der ländlichen Bevölkerung einen bevorzugten Platz einnehmen, weil jedes tiefergehende Verständnis ländlicher Gesellschaften von der genauen Kenntnis ihrer jeweiligen Herkunft, Zusammensetzung, körperlichen und seelisch-geistigen Beschaffenheit abhängt. Strukturdaten erklären häufig die Unterschiede zwischen Bevölkerungen besser als unterschiedliche Umweltbedingungen und Funktionen.

Wir verschaffen uns eine genauere Vorstellung von der ländlichen Bevölkerung, indem wir nach demographischen und anderen Merkmalen Kategorien bilden. Eine Kategorie ist eine Vielzahl von Personen, die ein Merkmal oder mehrere Merkmale gemeinsam haben. Sofern die erfaßten Merkmale für den sozialen Status und die zwischenmenschlichen Beziehungen bedeutsam sind, handelt es sich um *soziale Kategorien*. Die sozialen Kategorien stehen in einem bestimmten Zahlenverhältnis zueinander und zur gesamten Bevölkerung. Dieses Zahlenverhältnis nennt man die *soziale Struktur*. Ländliche Sozialforschung war in der Vergangenheit überwiegend Strukturforschung. Insbesondere GUNTHER IPSEN und HELMUT RÖHM haben gezeigt, wie aus dem Material der Massenstatistik soziologische Einsichten gewonnen werden können.

Unter ländlicher Bevölkerung (Landbevölkerung, Landvolk) versteht man im weiteren Sinne die Gesamtheit der im ländlichen Raum wohnhaften Personen. Häufig wird allerdings der Begriff auf jene Personen eingeengt, die mittelbar oder unmittelbar mit der Landbewirtschaftung zu tun haben. Aus soziologischer Sicht ist die engere Begriffsauslegung abzulehnen, weil sie willkürlich den sozialen Zusammenhang ländlicher Gruppierungen auseinanderreißt. Der Hinweis, daß die Landbewohner keine einheitliche Kategorie bilden, ist kein Gegenargument, sondern spricht eher für die weitere Fassung des Begriffs ländlicher Bevölkerung, denn die soziale Situation auf dem Lande ist ja gerade durch die zunehmende Differenzierung gekennzeichnet.

Obwohl vollständige und zuverlässige Informationen fehlen, ist nicht daran zu zweifeln, daß die Mehrheit der Weltbevölkerung ländlich ist und ihren Lebensunterhalt landwirtschaftlich gewinnt.[1] Von der gegenwärtigen Weltbevölkerung von rund 4 Milliarden Menschen leben

---

[1] Die FAO schätzt, daß im Jahre 2000 in den Entwicklungsländern immer noch 840 Millionen Menschen ihren Lebensunterhalt in der Landwirtschaft verdienen müssen.

etwa zwei Drittel in ländlichen Siedlungen, d. h. außerhalb der größeren Städte und Verdichtungsräume. Die jüngsten Volkszählungen lassen folgende großräumige Verteilung erkennen (Abb. 5). Die Angaben für Ostasien sind eher zu niedrig. ROCHLIN und HAGEMANN (1971, S. 141) schätzten die Landbevölkerung der Volksrepublik China im Jahr 1969 auf 682 Millionen.

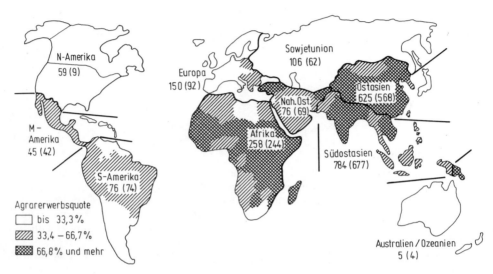

Abb. 5. Land-(Agrar-)bevölkerung in den Großräumen der Erde.

Die Masse der ländlichen Bevölkerung entfällt auf die dicht besiedelten Regionen Indiens, Südostasiens und Chinas. Aber auch in den Industrieländern ist der Anteil der Landbevölkerung, von Ausnahmen abgesehen, immer noch sehr beträchtlich. Für die europäischen Länder ergibt sich folgendes Bild (Übersicht 9):

Übersicht 9. Die Landbevölkerung in den europäischen Ländern

Land	Jahr	Gesamtbevölkerung (Mill.)	darunter Landbevölkerung Millionen	in %
Albanien	1971	2,19	1,44	66,0
Belgien	1973	9,76	1,25	12,8
Bulgarien	1974	8,68	3,64	41,9
Bundesrepublik Deutschland	1970	60,65	18,12	29,9
ČSSR	1970	14,34	6,38	44,5
Dänemark	1969	4,89	2,67	54,7
DDR	1973	16,98	4,36	25,7
Finnland	1973	4,66	1,99	42,9
Frankreich	1968	49,65	14,90	30,0
Griechenland	1971	7,75	3,10	39,8

Land	Jahr	Gesamtbevölkerung (Mill.)	darunter Landbevölkerung Millionen	in %
Großbritannien	1972	55,82	13,05	23,4
Irland	1971	2,98	1,42	47,8
Island	1972	0,21	0,03	14,3
Jugoslawien	1971	20,52	12,60	61,4
Luxemburg	1973	0,35	0,11	31,4
Malta	1967	0,31	0,02	5,7
Niederlande	1973	13,44	6,86	51,0
Norwegen	1974	4,00	2,21	55,3
Österreich	1971	7,46	3,58	48,0
Polen	1974	33,69	15,38	45,6
Rumänien	1974	21,03	12,05	57,3
Schweden	1970	8,08	1,50	18,6
Schweiz	1970	6,27	2,66	42,4
Ungarn	1974	10,48	5,28	50,3
UdSSR	1973	249,75	101,90	40,8

Quelle: United Nations: Demographic Yearbook 1975.

2.1.2 Entwicklungslinien

Die ländliche Bevölkerung wächst weltweit gesehen ständig. In den meisten westlichen Industrieländern hat sie allerdings ihren größten Umfang in der ersten Hälfte des zwanzigsten Jahrhunderts erreicht und stagniert seither oder ist leicht rückläufig.[1] In Ländern der Dritten Welt beträgt dagegen die Zunahme derzeit noch rund 2 Prozent je Jahr. Der Anteil der Landbevölkerung an der Gesamtbevölkerung ist jedoch in allen Ländern der Erde rückläufig. Die Bevölkerung der Städte nimmt viel rascher zu als die des Landes, weil die ländlichen Gebiete eine passive Wanderungsbilanz aufweisen.

Typisch für die Bevölkerungsentwicklung von Gesellschaften, die aus dem agrarischen in den industriellen Zustand überwechseln, sind folgende fünf Tendenzen, die sich am Land Württemberg (Auswanderungsland) wie an den USA (Einwanderungsland) gleichermaßen ablesen lassen (Abb. 6):
1. Rasches Wachstum der Gesamtbevölkerung, während der ganzen Periode,
2. zunächst noch langsames Wachstum der Agrarbevölkerung,[2]
3. später zunächst langsame, dann beschleunigte Abnahme der Agrarbevölkerung,
4. während der ganzen Periode Abnahme des Anteils der Agrarbevölkerung an der Gesamtbevölkerung,
5. in der Phase beschleunigter Abnahme der Agrarbevölkerung sinkt deren Anteil an der Landbevölkerung.

Die Länge der Zeitabschnitte, in denen die erwähnten Veränderungen erfolgen, ist länderweise verschieden. Sie wird bestimmt durch die Wachstumsraten der Bevölkerung und der Industrialisierung, durch die noch zur Verfügung stehenden Bodenreserven zur Neulandgewinnung und

---

[1] In Frankreich erreichte die ländliche Bevölkerung bereits im Jahre 1846 ihren höchsten Stand. In Großbritannien begann der Rückgang der ländlichen Bevölkerung um 1860, in Schweden um 1880. In der Schweiz geht die Zahl der Landbewohner seit der Jahrhundertwende, in Ungarn und Italien seit 1920 zurück, während in Dänemark, Norwegen, Belgien und den Niederlanden sowie in Ost- und Südosteuropa die ländliche Bevölkerung noch bis zum Zweiten Weltkrieg zunahm.
[2] Je höher der anfängliche Anteil der Agrarbevölkerung und je niedriger die Differenz zwischen den Wachstumsraten der nichtlandwirtschaftlichen und der gesamten Bevölkerung sind, desto länger nimmt trotz relativer Abnahme die Agrarbevölkerung absolut zu (vgl. DOVRING 1959).

60 Soziologie des Landes

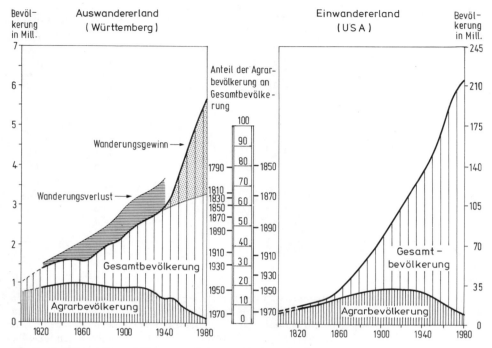

Abb. 6. Bevölkerungsentwicklung vom Agrar- zum Industrieland

durch den Umfang des Außenhandels. Wo ausreichende Flächen zur Verfügung stehen, läßt sich die steigende Nachfrage der wachsenden Bevölkerung nach Agrarprodukten durch erhöhte Arbeitsproduktivität bei Vergrößerung der je Arbeitskraft bewirtschafteten Fläche befriedigen. Da der Boden im Verhältnis zur Arbeit relativ billig ist, wird der Entwicklungspfad einer weiten land-man-ratio eingeschlagen. Bei Bodenknappheit kann hingegen das Ernährungsproblem einer wachsenden Bevölkerung nur durch erhöhte Flächenproduktivität gelöst werden, indem der Boden arbeitsintensiver bewirtschaftet wird. Grundstücks- und Pachtpreise sind im Vergleich mit den Arbeitslöhnen hoch. Dementsprechend ist die land-man-ratio eng. Dem arbeitsintensiven Entwicklungspfad folgen alle dichtbesiedelten Länder und Regionen, die sich nicht durch Einfuhren ausreichend mit Nahrungsmitteln versorgen können, die auf Grund ihrer natürlichen Verhältnisse sehr große komparative Kostenvorteile für die Erzeugung bestimmter Nahrungsmittel besitzen und/oder die sich im unmittelbaren Einzugsbereich rasch expandierender Bevölkerungsballungen befinden.

In nicht industrialisierten Gebieten geht der Bevölkerungsrückgang regelmäßig mit einer Verarmung der Bevölkerung einher. Ein Wohlstandsgewinn ist nur bei extremer Übervölkerung zu beobachten, der jedoch bald durch übermäßiges Bevölkerungswachstum wieder aufgezehrt zu werden pflegt. In industrialisierten Gebieten geht Wirtschaftswachstum Hand in Hand mit Bevölkerungszunahme. Die Wechselwirkung ist einfach: Wachstumsgebiete ziehen Menschen an, Wirtschaftsstagnation vertreibt sie. Durch den Zuzug von mehr Menschen im produktiven Alter wird die Wirtschaft noch mehr angekurbelt, während der Wegzug junger Menschen und Familien die wirtschaftsschwachen Räume weiter schwächt.

Im Gebiet der *Bundesrepublik Deutschland* blieb die Wohnbevölkerung der Landgemeinden zwischen 1871 und 1970 ziemlich konstant, ging aber anteilmäßig ständig zurück, nämlich von rund 60 Prozent (1871) auf 19 Prozent (1970) der Gesamtbevölkerung (Übersicht 10).[1]

Übersicht 10. Entwicklung der Zahl und Bevölkerung der Landgemeinden, Bundesgebiet 1871–1970

Jahr	Gemeinden unter 2000 Einwohner		Landbevölkerung in % der Gesamtbevölkerung
	Anzahl	Bevölkerung in Mill.	
1871	—	12,92	60,5
1900	26 969	12,73	44,2
1910	26 111	12,82	37,8
1925	24 680	12,37	34,6
1933	23 000	13,19	32,3
1939	21 959	12,04	29,9
1950	20 912	13,76	28,8
1961	20 997	12,49	23,1
1970	18 704	11,35	18,7

Quelle: Stat. Jahrbücher für die Bundesrepublik Deutschland.

Genaueren Einblick in Umfang und Ursachen der wechselnden Bevölkerungsbewegungen zwischen 1939 und 1970 vermittelt eine Aufgliederung nach Zeitabschnitten (Übersicht 11). Die ihr zugrunde liegende Bevölkerung der „Landregionen" enthält außer ländlichen Siedlungen auch kleinere und größere Städte, die außerhalb der Stadtregionen liegen (vgl. SCHWARZ 1972).

In jüngster Zeit zeichnen sich kleinere ländliche Entleerungsgebiete ab, die sich vermutlich im Zeichen der zu erwartenden „Bevölkerungsimplosion" ausbreiten werden. Bevölkerungs-

Übersicht 11. Bevölkerungsentwicklung in den Landregionen der Bundesrepublik Deutschland 1939–70

Zeitabschnitt	Zunahme (+) Abnahme (−) in %	Ursachen der Bevölkerungsbewegung
1939–1950	+ 36,4	Zustrom von Evakuierten, Ausgebombten, Heimatvertriebenen und Flüchtlingen
1950–1956	− 3,2	Rückkehr der Evakuierten und Ausgebombten in die wieder aufgebauten Städte; Abwanderung der Heimatvertriebenen und Flüchtlinge an Orte mit besserem Arbeitsplatzangebot
1956–1961	+ 3,0	Erste Auswirkungen der Industrialisierung ländlicher Räume
1961–1965	+ 5,6	Weitere Industrialisierung und Verkehrserschließung ländlicher Räume, Zunahme des Pendlerwesens
1965–1970	+ 11,3	Zunehmende Eigenmotorisierung und weiterer Verkehrsausbau erleichtern das Pendeln. Rückwanderung abgewanderter Landbewohner, um die Möglichkeiten billigen Wohnens und Bauens am Heimatort wahrnehmen zu können.

Quelle: Wirtschaft und Statistik, H. 11, 1972, S. 626–628.

---

[1] Der Widerspruch zu dem in Übersicht 8 angegebenen Anteil der Landbevölkerung von 29,9 Prozent erklärt sich aus einer anderen Operationalisierung des Begriffes „Landbevölkerung". Übersicht 8 weist die „Bevölkerung in Gemeinden unter 5000 Einwohnern", Übersicht 9 die „Bevölkerung in Gemeinden unter 2000 Einwohnern" aus. Dieses Beispiel mahnt zum vorsichtigen Umgang mit statistischen Angaben.

rückgänge verzeichnen vor allem industrieferne, wirtschaftsschwache ländliche Regionen. Aber auch die Erbsitten wirken sich auf die Bevölkerungsentwicklung aus. Die Bevölkerung in den südwestdeutschen Realteilungsgebieten vermehrte sich; in den Anerbengebieten dagegen stagnierte sie.

Die Entwicklung der ländlichen Bevölkerung ist das Ergebnis des Zusammenwirkens von drei vitalen Prozessen: Geburt, Tod und Wanderung. Jeder Mensch trägt dazu durch seine Entscheidungen über Eheschließung, Familienplanung, Berufswahl, Lebensführung und Ortswechsel direkt bei. Wie man sich persönlich entscheidet, ist aber in hohem Maße von sozialen Werten, Normen und Leitbildern abhängig. Insbesondere ist die Geburtenrate eine soziologische Funktion, insofern sie primär von den sozialkulturellen Rahmenbedingungen abhängt, in denen ein Volk lebt. Sie ändert sich daher langsam und läßt sich durch staatliche Eingriffe weder plötzlich heben noch senken. Die Entwicklung der Sterbeziffer ist eher als eine technische Funktion zu bezeichnen, weil sie durch technische Fortschritte auf den Gebieten der Medizin, Pharmazeutik, Hygiene, Ernährungswirtschaft und des Verkehrs- und Kommunikationswesens entscheidend beeinflußt wird. Wanderungsbewegungen können durch wirtschaftliche Entwicklungen, wirtschafts- und sozialpolitische Maßnahmen gesteuert werden, unterliegen aber auch zahlreichen sozialpsychologischen Faktoren.

Literatur: KAUFMANN, F.-X. 1975, WENZEL 1974, S. 1–96.

Diskussions- und Prüfungsfragen
1. Beschreiben und erklären Sie die Verteilung der Landbevölkerung auf der Erde!
2. Zeichnen Sie schematisch die Entwicklung einer Bevölkerung und ihres landwirtschaftlichen Anteils im Laufe der Industrialisierung und nennen Sie die Haupttendenzen!
3. Wie hat sich die Bevölkerung der Landregionen in der Bundesrepublik Deutschland seit 1939 entwickelt und wie ist die Entwicklung in den einzelnen Zeitabschnitten zu erklären?

2.2 Natürliche Bevölkerungsbewegungen

2.2.1 Fruchtbarkeit

Die Geburtenziffer, d. h. die Anzahl der Lebendgeburten je Jahr bezogen auf 1000 Einwohner, hängt vom Altersaufbau einer Bevölkerung, von der Heiratsquote und vom Heiratsalter sowie von der Bevölkerungsweise ab. Unter Bevölkerungsweise versteht man, wie die Reproduktion des Nachwuchses geregelt wird. Aus der großen Zahl möglicher Bevölkerungsweisen seien drei realtypische herausgegriffen.

(1) *Traditionelle abendländische Bevölkerungsweise*
In vorindustriellen Gesellschaften ohne Bodenreserven wird die Bevölkerung der Tragfähigkeit des Raumes angepaßt, indem ein Teil der fortpflanzungsfähigen Personen „sozial sterilisiert" wird. Die Heiratserlaubnis dient als Regulativ. Nur diejenigen dürfen eine Ehe schließen und sind berechtigt, Kinder zu zeugen, die über eine „generative Stelle" verfügen, d. h. den Hof erben, die Meisterstelle übernehmen, den Heiratskonsens des Gutsherrn erhalten. In der Ehe darf jedoch die Fortpflanzungsfähigkeit voll ausgeschöpft werden. Kirchliche Gebote, geltende Sitte und obrigkeitliche Verordnungen sorgen dafür, daß das System funktioniert.

(2) *Traditionelle orientalische Bevölkerungsweise*
In vorindustriellen Gesellschaften mit Bodenreserven und sehr hoher Kindersterblichkeit ist eine Heiratsbeschränkung sinnlos. Um den Bestand der Bevölkerung zu erhalten und die vor-

handenen Ressourcen ausschöpfen zu können, muß das gesamte Fortpflanzungspotential eingesetzt werden. Die Mädchen werden frühzeitig verheiratet. Vielweiberei (Polygynie) ist zulässig, um auch die Fruchtbarkeit jener Frauen zu nutzen, die sonst wegen Männermangels ehe- und kinderlos bleiben müßten.

(3) *Industriegesellschaftliche Bevölkerungsweise*
In modernen Industriegesellschaften steht es jeder ehemündigen Person frei zu heiraten. Es wird jedoch von den Ehepaaren Familienplanung erwartet. Anstelle der Heiratsbeschränkung und Heiratsverzögerung reguliert also die freiwillige Geburtenbeschränkung das Bevölkerungswachstum.

Das Fortpflanzungsverhalten unterliegt generativen Verhaltensmustern, familiären Umständen, individuellen Motiven, wirtschaftlichen Zwängen, religiösen Geboten und Verboten und biologischen Gesetzmäßigkeiten. Generative Verhaltensmuster sind das, was in einer Gesellschaft als „richtige" oder „wünschenswerte" Kinderzahl gilt. Es scheint einen allgemeinen Trend zu geben, die Zahl der Kinder auf zwei bis drei je Familie zu beschränken, der mit der Ausbreitung der westlichen technologischen Kultur einhergeht. Die Geburtenziffern fallen zuerst in den großen Städten; später folgen die ländlichen Gebiete. Die Geburtenhäufigkeit ist im allgemeinen in ländlichen Gebieten höher als in Großstädten und Verdichtungsgebieten (Übersicht 12). Dies ist zum Teil durch den unterschiedlich hohen Anteil landwirtschaftlicher Familien zu erklären, die aus verschiedenen Gründen häufig fruchtbarer sind.

Übersicht 12. Eheliche Fruchtbarkeit nach Gemeindegrößenklassen, Bundesrepublik Deutschland 1970

Gemeindegrößenklassen (Einwohner)	Kinder je 1000 Ehen
unter 2 000	2299
2 000– 5 000	2100
5 000– 20 000	1946
20 000–100 000	1841
100 000 und mehr	1623

Quelle: Wirtschaft und Statistik, Zahlenteil, H. 6, 1974, S. 532.

Eine 1970 in der Bundesrepublik Deutschland durchgeführte Untersuchung hat außerdem ergeben, daß die Fruchtbarkeitsunterschiede mit der Wohnweise eng zusammenhängen. Das Wohnen im Ein- und Zweifamilienhaus korreliert positiv mit höherer Kinderzahl. Kinderliebe Ehepaare bevorzugen derartige Wohnungen. Wohnungen, die kindgemäße Entfaltung ermöglichen, können wegen der hohen städtischen Bauland- und Mietpreise vom größeren Teil der bundesdeutschen Bevölkerung derzeit nur noch außerhalb der städtischen Verdichtungsräume gebaut, erworben oder gemietet werden. Auch das auf dem Lande oft noch übliche Zusammenwohnen mehrerer Generationen begünstigt die Bildung größerer Familien.

Als weiterer Bestimmungsgrund regionaler Fruchtbarkeitsunterschiede hat sich der Bildungsgrad herausgestellt. Mit zunehmendem Bildungsgrad der Ehepaare nehmen nämlich die Kinderzahlen ab und erst bei höchsten Ausbildungsabschlüssen durchschnittlich wieder etwas zu. Infolge der stärkeren Konzentration der Ehepaare mit höherem Bildungsgrad in der städtischen Bevölkerung sinkt dort die Fruchtbarkeit. Dahinter steht vor allem der Aufstiegs- und Konsumwille städtischer Mittelschichten, deren Angehörige durch mehr Bildung und mehr Konsum größere Chancen der Sebstverwirklichung gewinnen wollen. Schon die verlängerte Ausbildung zwingt dazu, Kinderwünsche aufzuschieben. Ob mit zunehmendem Bildungsgrad neue Inhalte der Ehe Sinn geben, sei dahingestellt. Dagegen ist der Gedanke, daß Eltern weniger

Kindern eine bessere Ausbildung angedeihen lassen können als vielen, ohne weiteres einleuchtend. Beschränkte Kinderzahl erhöht außerdem die Mobilität und verbessert damit die Möglichkeit, berufliche Chancen wahrzunehmen.

Parallel oder entgegengesetzt zu dem allgemeinen Verhaltenstrend wirken religiöse Überzeugungen, kirchliche Gebundenheit, Erbsitten, persönliche Einstellungen, wirtschaftliche Erwägungen und andere individuelle Motive auf die Familiengröße ein. Zu einer Zeit, als in Deutschland kinderreiche Familien normal waren, beschränkten zum Beispiel die Bauern in der Magdeburger Börde ihre Kinderzahl auf den notwendigen Hoferben, um ihren Besitz nicht durch die Abfindung weichender Erben belasten zu müssen. Allgäuer Bauern ließen sich von der Überlegung leiten, die besten, billigsten und zuverlässigsten Arbeitskräfte seien die eigenen Söhne und Töchter, und praktizierten folgerichtig noch Kinderreichtum, als sich in der übrigen Gesellschaft schon das Leitbild der kinderarmen Familie durchgesetzt hatte. Für eine französische Landarbeiterfamilie kann es wegen des Kindergeldes überlegenswert sein, vom Verhaltensmuster der kleinen Familie abzuweichen. Wenn, wie in den meisten Entwicklungsländern, eine öffentlich-rechtliche Altersversorgung fehlt, gewährleisten nur zahlreiche Kinder eine verläßliche Altersversorgung mittelloser Eltern. Wo das soziale Ansehen mit der Zahl gesunder Söhne steigt, wird ein rational handelndes Ehepaar auf die Zeugung möglichst vieler Kinder nicht verzichten wollen. Ein hinduistischer Bauer ist an vielen Söhnen interessiert, damit bei seinem Tod gesichert ist, daß ein männlicher Erbe die Verbrennungsriten ausführt.

Hinter dem Fortpflanzungsverhalten stehen also Motive, die völlig unabhängig von der Siedlungsweise sind. Hohe Fruchtbarkeit ist demnach keine „typisch ländliche" Eigenschaft. In ländlichen Räumen summieren und halten sich jedoch länger Faktoren, die höhere Kinderzahlen begünstigen wie kinderfreundliches Wohnen, Genügsamkeit, familistische Sozialorganisation, Religiosität, Traditionalismus, Immobilität, Selbstversorgung und Belastungsunempfindlichkeit. Hinzu kommt, daß im Familienbetrieb und in der Selbstversorgerwirtschaft Kinder schon früh mithelfen können, während sie in städtischen Arbeitnehmerhaushalten nach Durchsetzung des Kinderarbeitsverbotes und der allgemeinen Schulpflicht mindestens bis zum 16. Lebensjahr das Familienbudget belasten.

Aus der Entwicklung der Geburtenzahlen in westlichen Industrieländern kann geschlossen werden, daß sich das Bevölkerungsverhalten auf dem Lande dem in Städten und Großstädten üblichen annähert. Für die westdeutsche Landbevölkerung haben Bevölkerungsstatistiker im Hinblick auf die schrumpfenden jungen Jahrgänge eine „Bevölkerungsimplosion" mit einschneidenden wirtschaftlichen und sozialen Folgen vorausgesagt. Wann sich in anderen Ländern, namentlich der Dritten Welt, industriegesellschaftliche Bevölkerungsweisen als Verhaltensmuster auf dem Lande durchsetzen werden, ist hingegen völlig ungewiß. Wegen des andersgearteten kulturellen Hintergrundes sind Analogieschlüsse vom generativen Verhalten in Westeuropa und Nordamerika auf künftige Entwicklungen in lateinamerikanischen, afrikanischen und asiatischen Ländern unzulässig. Gegenwärtig ist nur so viel festzustellen, daß dank besserer Hygiene, vorbeugender Medizin und wirksamerer Krankheitsbehandlung immer mehr Menschen in den Ländern der Dritten Welt das fortpflanzungsfähige Alter erreichen, was den exponentiellen Gang des dortigen Bevölkerungswachstums erklärt.

2.2.2 Sterblichkeit

Die Sterbefälle innerhalb einer Bevölkerung hängen, abgesehen von Kriegen und Katastrophen, (1) vom Gesundheitszustand ihrer Mitglieder, (2) von ihrem Umfang und (3) von ihrer Alters- und Geschlechtsgliederung ab; auch (4) Berufsstruktur und (5) soziale Schichtung können darauf Einfluß nehmen, sofern damit unterschiedliche Todesrisiken verbunden sind. Die ländlichen Bevölkerungen sind jahrhundertelang trotz hoher Geburtenzahlen kaum gewachsen, weil die Säuglings-, Kinder- und Müttersterblichkeit sehr hoch war. Für agrarische Gesellschaften auf vorindustrieller Stufe ist ferner charakteristisch, daß die Sterblichkeit lokal großen, kurzfristigen Schwankungen infolge von Seuchen und Hungersnöten unterworfen ist. Früher, als die Menschen massenhaft bei Epidemien starben, waren allerdings die dünnbesiedelten Landstriche gegenüber den städtischen Bevölkerungsverdichtungen etwas im Vorteil. Je besser man aber ansteckende Krankheiten unter Kontrolle bekam, desto mehr sank die Sterblichkeitsdifferenz zwischen Stadt und Land. Unterschiede sind dennoch geblieben.

In Deutschland versuchte OTTO AMMON (1842–1916) als erster, die Sterblichkeit von Stadt- und Landbevölkerungen zu vergleichen. Er kam zu dem Schluß, daß im Durchschnitt Familien, die vom Land in die Stadt (Freiburg und Karlsruhe) ziehen, im Laufe von zwei Generationen aussterben. Inzwischen haben sich die Lebensbedingungen zugunsten der Stadtbevölkerung gewandelt.

Neuere Untersuchungen weisen auf geschlechtsspezifische Unterschiede hin. Landfrauen haben eine niedrigere Lebenserwartung als Frauen in der Großstadt. Dies ist – wie es im Bericht des bayerischen Landesgesundheitsrates heißt – im wesentlichen auf jahrelange Arbeitsüberlastung, mangelnden Urlaub und einseitige Ernährung der Landfrauen zurückzuführen. Eine Untersuchung in Schleswig-Holstein kam zu dem Ergebnis, daß bei den älteren Frauen auf dem Lande die Sterblichkeit 10 Prozent über dem Durchschnitt, bei den Männern dagegen um 10 Prozent unter dem Durchschnitt liegt.

Im übrigen variiert die Sterblichkeit in Stadt und Land altersspezifisch. Die Zahl der Totgeburten ist zwar auf dem Lande größer, die Frühsterblichkeit aber unterdurchschnittlich. Die Sterblichkeit der jungen Männer auf dem Lande wird durch Unfälle stärker erhöht als in der Stadt. Mit zunehmendem Alter ändert sich das Bild. Während in der Stadt relativ viele Männer vor oder kurz nach Beginn des Rentenalters an Kreislaufversagen sterben, liegt das Sterbealter nach den statistischen Aufzeichnungen bei den Männern auf dem Lande durchweg höher.

In den meisten Entwicklungsländern liegen die Verhältnisse anders. Die durchschnittliche Lebenserwartung ist zwar im Steigen begriffen, liegt aber immer noch unter 50 Jahren. Die Sterblichkeit der Frauen ist höher als die der Männer, ihre Lebenserwartung kürzer. Die niedere durchschnittliche Lebenserwartung bzw. die hohen Sterbeziffern in den ländlichen Gebieten der Entwicklungsländer kommen hauptsächlich durch die hohe Säuglings- und Kindersterblichkeit und den Tod im Kindbett zustande. Bessere Überlebenschancen setzen eine bessere medizinische Versorgung voraus.

Literatur: MACKENROTH 1953, MACKENSEN 1975.

Diskussions- und Prüfungsfragen
1. Beschreiben Sie die traditionelle abendländische, die traditionelle orientalische und die moderne industriegesellschaftliche Bevölkerungsweise!
2. Wie lassen sich regionale Fruchtbarkeitsunterschiede erklären?

2.3 Wanderungsbewegungen

Bei den Wanderungsbewegungen ist zwischen ständigem und vorübergehendem Wechsel des Wohnsitzes zu unterscheiden. Beide Arten beeinflussen die Bevölkerungsverteilung, jedoch nur die erstere auch die Bevölkerungsentwicklung. Vorübergehender Wohnsitzwechsel ist unter ländlicher Bevölkerung eine weitverbreitete Erscheinung in der Form (1) der auswärtigen Unterbringung am Ausbildungs- oder Garnisonsort, (2) der saisonalen landwirtschaftlichen Wanderarbeit, (3) der Arbeitssuche auf Baustellen, in Städten und Fabriken, (4) der saisonalen oder sporadischen Wanderungen der Wanderhirten und Almbewirtschafter und (5) der periodischen Wohnsitzverlegung der Wanderfeldbauern. Während die genannten Wanderungsströme sich innerhalb des ländlichen Raumes bewegen oder stadtwärts gerichtet sind, flutet in landschaftlich und klimatisch bevorzugte ländliche Räume ein saisonaler Strom erholungsuchender Städter. Der ständige Wohnsitzwechsel kann ebenfalls stadt- oder landwärts gerichtet sein. Die Forschung hat sich hauptsächlich mit der Stadtwanderung befaßt, obwohl die Landwanderung nicht weniger Probleme der Anpassung, der Integration und des Zusammenlebens schafft.

Wanderungsbewegungen werden hauptsächlich unter den Gesichtspunkten des Umfangs, der Richtung, der Reichweite, der Etappen, der Periodizität, der Herkunfts- und Zielorte untersucht. Aus soziologischer Sicht wirft die Abwanderung außerdem Fragen der Organisation (sporadisch – gelenkt, freiwillig – erzwungen, traditionell – bürokratisch), der Art des Verbandes (Einzel-, Familien-, Gruppen-, Massenwanderung), der Veranlassung (spontan – stimuliert – erzwungen), der Beweggründe (familiäre, wirtschaftliche, politische, soziale, kulturelle), der Auslesewirkungen (positiv – negativ), der Entscheidungs-, Entwurzelungs- und Anpassungsvorgänge, der Rückwirkungen auf das Herkunfts- und auf das Zielsystem sowie die Bewertung der Wanderungsvorgänge auf. Für den Soziologen ist es vor allem bedeutsam, ob mit dem Ort auch die Bezugsgruppe(n) und Positionen wechseln. Aus der Kombination dieser drei Variablen ergeben sich folgende sechs soziologische Wanderungstypen:

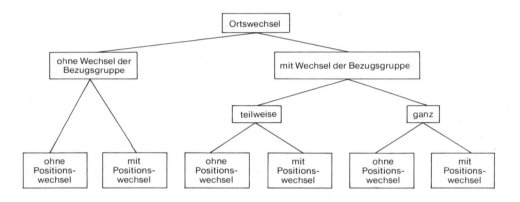

Die Wanderungsproblematik ist bei Heirats-, Berufs-, Aufstiegs- und Zwangswanderung jeweils eine andere.

Heiratswanderung findet vorwiegend innerhalb des engen Zirkels der räumlichen und sozialen Heiratskreise statt. Es handelt sich immer um Einzelwanderung aus familiären, seltener aus wirtschaftlichen oder sozialen Gründen. Die Anpassungsprobleme sind mehr psychologischer als soziologischer Art, da der Gesamtvorgang bis in Einzelheiten des Rituals durch Gesetz, Sitte und Brauch geregelt ist.

Berufswanderung bezweckt, anderswo günstigere Verdienst- und Berufsmöglichkeiten zu nutzen. Sie geschieht einzeln oder in Gruppen. Räumliche Entfernungen sind fast belanglos, wenn erst einmal der Entschluß gefaßt ist, den Heimatort zu verlassen. Dagegen bilden Sprachbarrieren sowie arbeits- und versicherungsrechtliche Grenzen ein erhebliches Hindernis. Während die berufliche Einfügung, wenngleich auf niederen Stufen, in der Regel gut gelingt, verursacht die soziale Eingliederung große Schwierigkeiten, insbesondere für Angehörige, die nicht erwerbstätig sind.

Aufstiegswanderung erfolgt üblicherweise als Einzelwanderung über die institutionalisierten Pfade des Bildungs- und Ausbildungswesens innerhalb der Grenzen des eigenen Landes. In vielen Ländern der Dritten Welt nimmt die ganze Herkunftsfamilie an der Aufstiegswanderung eines ihrer Mitglieder teil. Die Aufstiegswanderung ist meistens mit einer Abwanderung vom Land in die Stadt oder in Länder mit einem höheren Lebensstandard verbunden. Die dadurch notwendige Anpassung an eine als höher bewertete Kultur wird nicht als Belastung empfunden, sondern angestrebt.

Die *Zwangswanderung*, die die meisten sozialen und menschlichen Probleme aufwirft, steht den freiwilligen Formen der Wanderung an Umfang kaum nach. Man schätzt, daß in den ersten sechs Jahrzehnten des zwanzigsten Jahrhunderts rund 150 Millionen Menschen ihre Heimat verlassen mußten. Zwischen 1945 und 1960 bezifferte sich die Massenzwangswanderung in Europa auf 34 Millionen Menschen, in Nordafrika und Asien auf 28 Millionen.

Die Auffanggebiete der Massenzwangswanderung sind zwar häufig ländliche Räume; die endgültige Wiedereingliederung findet aber überwiegend in Stadtregionen statt. Das Herausgerissenwerden aus der kulturellen Tradition und dem sozialen Bezugssystem begünstigt den Übergang von agrarisch-ländlichen zu städtisch-industriellen Lebensformen.

Jede Wanderung zerfällt analytisch in Entschlußfassung, Transfer und Assimilation. Bei der Entschlußfassung wirken objektive Tatbestände, das normative System der institutionalisierten Rollen und Einstellungen zusammen. Schlechte Lebensbedingungen verursachen z. B. dann keine Abwanderung, wenn sie im Einklang stehen mit einem niedrigen sozialen Anspruchsniveau oder wenn sie durch Werte wie Heimattreue entschärft werden. Hinsichtlich des Transfers ist nach den soziologischen Begleitumständen zu fragen. Wanderung kann im Zuge einer beruflichen Versetzung erfolgen, aber auch im Rahmen eines Flüchtlingstrecks oder entlang von Migrationsketten, die auf Verwandtschafts- und Bekanntschaftsbeziehungen gründen. Der Forscher wird danach fragen, was sich in den einzelnen Etappen ereignet und wer jeweils den Transfer organisiert, betreut und finanziert.

Die Assimilation umfaßt die Prozesse der Anpassung, Partizipation und Akkulturation. Unter Anpassung versteht man die Art und Weise eines Migranten, seine Rollen in verschiedenen Tätigkeitsbereichen auszufüllen. Bei der Partizipation wird gefragt, wie viele und welche Rollen ein Migrant innerhalb seiner Herkunfts- und Zielgesellschaft spielt. Akkulturation bezeichnet den Prozeß der Aneignung fremder Kulturelemente und Verhaltensmuster durch den Migranten. Ländliche Migranten eignen sich im allgemeinen technische Fertigkeiten relativ rasch an, benötigen dagegen meistens viel Zeit, sich an neue Formen der Sozialbeziehungen und Interaktionen zu gewöhnen.

In den Zielgebieten und -orten kann dreierlei geschehen: (1) Zuwanderer und Einheimische können zu einem neuen „Volk" verschmelzen (Schmelztiegelmodell), (2) die Zuwanderer können von der einheimischen Bevölkerung völlig aufgesogen werden (Integrationsmodell), (3) Zuwanderer und Einheimische führen nebeneinander ihr Eigenleben (Würfelungsmodell). Letzteres tritt dann ein, wenn die Einheimischen den Zuwanderern aus sozialkulturellen oder rassischen Gründen die Integration verweigern oder diese als Konkurrenten um Arbeitsplätze, Wohnungen und begehrte Positionen anfeinden. Die Folge ist die Bildung von Kolonien oder Ghettos.

2.3.1 Stadtwanderung[1]

Aufstiegswanderung ist gewöhnlich stadtwärts gerichtet; Berufs- und Zwangswanderung endet meistens in der Stadt. Die Stadtwanderung erfolgt entweder in Etappen, wobei der Wohnsitz fortlaufend in immer größeren und entfernteren Städten gewählt wird, oder in einem Zuge. In vielen Entwicklungsländern kann man neuerdings beobachten, daß die unbedeutenden Land- und Provinzstädtchen übersprungen werden, und sich die Wanderungsströme direkt in die auf-

---

[1] Auf das Problem der „Landflucht" wird im Teil 3: 3.3.2 eingegangen.

strebenden Industrie- und Hafenstädte sowie in die Hauptstädte ergießen. Stadtwanderung aus sehr abgelegenen Räumen vollzieht sich gewöhnlich in dieser Weise. Dies bringt einen sehr extremen, desorientierenden Kulturwechsel mit sich. Desorientierung tritt besonders dann ein, wenn in dem ländlichen System, aus dem der Zuwanderer stammt, die innere Verhaltenskontrolle auf dem Schamgefühl gegenüber persönlich bekannten Bezugspersonen beruht. „Die Desorientierung nimmt oft einen derartigen Umfang an, daß der einzelne, nachdem er sich in der Stadt niedergelassen hat, die Verhaltensweisen völlig außer acht läßt, die er einst in seiner ländlichen Umgebung gelernt hat, und zwar noch bevor es ihm gelingt, die städtischen Normen zu internalisieren" (HEINTZ 1968, S. 79). Eingliederung und sozialer Aufstieg verlaufen in der Regel um so erfolgreicher, je jünger die Zuwanderer sind, je besser sie im Rahmen ihrer Erziehung auf den Wechsel vorbereitet wurden, je mehr Hilfe und sachdienliche Informationen sie erhalten und je kleiner die Zielorte sind.

In den Wanderungstheorien wird die fremdbestimmte Wanderung gewöhnlich ausgeklammert. Dagegen ist viel Scharfsinn darauf verwandt worden, die eigenbestimmte Stadtwanderung zu erklären. Die bekannteste Theorie unterstellt, daß Menschen sowohl von unbefriedigenden oder unzureichenden Lebensbedingungen vom Lande vertrieben als auch von vermeintlich oder tatsächlich besseren Lebensverhältnissen in der Stadt angezogen werden. Es sind demnach treibende (push) und ziehende (pull) Faktoren am Werk (Übersicht 13). Überwiegen die Druckwirkungen (Landvertreibung), dann kommt es leicht zu einem Arbeitskräftestau und zu Arbeitslosigkeit in den Zuwanderungsgebieten; überwiegen die Sogwirkungen (Landflucht), dann leiden die in den Abwanderungsgebieten Zurückbleibenden unter Arbeitsüberlastung und sozialer Erosion. Zu den Push- und Pull-Faktoren tritt oft als verstärkende Kraft die Nachahmung. Den Wagemutigen, die in der Fremde ihr Glück gemacht haben, folgen andere nach.

Übersicht 13. Beweggründe der Land-Stadt-Wanderung

Landseitige Beweggründe (push factors)	Stadtseitige Beweggründe (pull factors)
Bodenverknappung	Existenzaussichten
Unterbeschäftigung und Arbeitslosigkeit	Arbeitsplatzangebot
Mangel an qualifizierten Arbeitsplätzen	vielseitige Arbeitsmöglichkeiten
niedriges Einkommens- und Lohnniveau	höheres Lohnniveau, bessere Gewinnchancen
schlechte Arbeitsbedingungen	Angebot an leichterer Arbeit
fehlende Aufstiegsmöglichkeiten	bessere Aufstiegschancen
soziale Kontrolle und Abhängigkeit	Anonymität, Verhaltenspluralismus
begrenzte Möglichkeit der Familiengründung	Zuverdienstmöglichkeiten für die Frau
fehlende Ausbildungsstätten	bessere Bildungseinrichtungen
unbefriedigendes kulturelles Angebot	geistige Anregungen
Eintönigkeit und Langeweile	vielseitige Unterhaltung
schlechte Wohnverhältnisse	bessere Wohnverhältnisse
unzureichendes Angebot an Gütern und Dienstleistungen	vielseitiges Angebot an Gütern und Dienstleistungen
mangelhafte öffentliche Daseinsvorsorge	ausreichende öffentliche Daseinsvorsorge
politische Isolierung	Möglichkeit, am politischen Leben teilzunehmen
niedere soziale Geltung	höheres Sozialprestige

Häufig ist die Abwanderung auf das Zusammenwirken mehrerer Faktoren zurückzuführen. In neuerer Zeit haben die Verschlechterung der ländlichen Lebensbedingungen infolge Übervölkerung und ungünstiger Austauschverhältnisse (terms of trade) als Push-Faktoren und der Wunsch, am politischen Leben und kulturellen Aufstieg der Nation sowie am wirtschaftlichen Aufschwung teilzunehmen, vor allem in der Dritten Welt eine starke Welle der Stadtwanderung ausgelöst[1]. Die Abwanderung vom Land wird begünstigt durch die Beseitigung feudaler Fesseln, das Anerbenrecht in der Landwirtschaft, die Verkehrserschließung des flachen Landes, die Alphabetisierung der Landbevölkerung, den Einfluß der Massenmedien, den Militärdienst und die Wanderarbeit, und sie wird verstärkt durch steigende Lebensansprüche und -erwartungen. Ländlicher Haus- und Grundbesitz, verwandtschaftliche Bindungen und Verpflichtungen, Unwissenheit über die Lebens- und Arbeitsmöglichkeiten außerhalb des Heimatortes, dörfliche oder ständische Mißbilligung der Abwanderung bzw. hohe Bewertung der Hof- und Heimattreue hemmen die Abwanderung.

Die Push- und Pull-Faktorentheorie ist insofern unbefriedigend, als sie nicht erklärt, warum unter gleichen Bedingungen Personen bleiben und andere abwandern. Aus der großen Zahl von Erklärungsversuchen seien drei Ansätze erwähnt: (1) der verhaltenstheoretische (LANGENHEDER), (2) der entwicklungstheoretische (HOFFMANN-NOVOTNY) und (3) der entscheidungstheoretische (VANBERG).

Der verhaltenstheoretische Ansatz von WERNER LANGENHEDER (1968) fußt auf der Verhaltenstheorie von GEORGE C. HOMANS und auf der psychologischen Feldtheorie von KURT LEWIN. Der freiwilligen Abwanderung geht demnach eine Lockerung der sozialen Bindungen am Heimatort aus familiären (z. B. Generationenkonflikt), ökonomischen (z. B. Arbeitslosigkeit), weltanschaulichen (z. B. Glaubenstrennung) oder politischen (z. B. Parteigegnerschaft) Gründen voraus, die die Bereitschaft zur Abwanderung entstehen läßt.

Nach HANS-JOACHIM HOFFMANN-NOVOTNY (1970) wird die Massenwanderung in erster Linie durch das räumliche Entwicklungsgefälle ausgelöst. Voraussetzung ist, daß dieses Gefälle den potentiellen Migranten bewußt wird und sie glauben, durch Abwanderung in höher entwickelte Regionen ihre Lebensumstände verbessern zu können. Verbesserungen werden stets an der Herkunftssituation gemessen. Unterschichtung in der Sozial- und Beschäftigungsstruktur des höher entwickelten Zielgebietes wird in Kauf genommen. Oft bedeutet „Städter zu sein" an sich schon einen sozialen Aufstieg.

MONIKA VANBERG (1972) nimmt an, daß eine Person mit großer Wahrscheinlichkeit dann abwandert, wenn sie den vom Ortswechsel erwarteten und subjektiv als möglich erscheinenden Nutzen höher veranschlagt als die wahrscheinlichen Kosten. Die Kosten bestehen aus materiellen Verlusten (Aufgabe von Vermögenswerten, Versorgungsansprüchen, Nutzungsrechten und Einkommensquellen), Ausgaben (Umzugskosten, Wohnungsbeschaffung, Neueinrichtung), sozialen Härten (Trennung sozialer Bindungen und Beziehungen, Verlust sozialer Positionen) und kulturellen Schwierigkeiten (Erlernung neuer Verhaltensweisen, Sprachbarrieren). Zu den Kosten gehören auch die Überwindung bürokratischer Hürden am Herkunfts- und Zielort und die Mühe, die es kostet, den Wanderungsentschluß innerhalb der eigenen Bezugsgruppe durchzusetzen. Diese Kosten-Nutzen-Rechnung wird allerdings erst dann angestellt, wenn der Anspruch auf einen bestimmten Lebensstil, auf höhere Bildung, auf sozialen Aufstieg, auf die Ausübung des Glaubens usw. nicht mehr im Rahmen des Herkömmlichen am derzeitigen Wohnort zu verwirklichen ist. Kennzeichnend für diese Entscheidungssituation ist ein asymmetrischer Informationsstand. Die Situation am Herkunftsort ist ziemlich genau bekannt, während man die Verhältnisse am Zielort oft nur vom Hörensagen kennt. Wichtig für den Wanderungsentschluß sind daher die Informationen über die Hindernisse, die sich vom Herkunfts- bis zum Zielort dem Wanderungsvorhaben entgegenstellen. Bei der Beschaffung von Nachrichten über mögliche Wanderungsziele, bei der Verringerung der Wanderungskosten und bei der Erleichterung der Anpassung am Zielort spielen Freunde und Verwandte die Hauptrolle, wie KEVIN R. COX (1972) in seiner Theorie der „Ketten-Migration" dargetan hat.

---

[1] Auch für die Bundesrepublik Deutschland fand man einen sehr engen Zusammenhang (Korrelationskoeffizient 0,86) zwischen der Aufwärtsentwicklung des Sozialproduktes und der Wanderungsattraktivität einer Region (vgl. SCHWARZ 1975, S. 151).

Die Frage der Auslesewirkungen (Selektion) der Stadtwanderung hat die Forscher schon früh beschäftigt. Gesichert ist, daß vor allem die jüngeren, ledigen, in die Weiterbildung oder ins Erwerbsleben eintretenden Jahrgänge, also die 15- bis 25jährigen, abwandern. Die Wanderung erfaßt die Bildungsuchenden der Oberschicht wie die Arbeitsuchenden der Unterschicht mehr als die Angehörigen der Mittelschichten. Für Industrieländer ist ferner nachgewiesen, daß weibliche Personen häufiger abwandern als männliche. In Entwicklungsländern mit starker traditioneller Bindung der Frau an Haus und Familie ist es umgekehrt.

Dieser grobe statistische Befund ist durch soziologische Untersuchungen verfeinert worden. Nach JAN HINDERINK und MÜBECCEL KIRAY (1970) wandern in Anatolien – und wahrscheinlich nicht nur dort – folgende Kategorien hauptsächlich ab: (1) begabte, aufstiegswillige junge Leute (häufig in Begleitung von Angehörigen), die die städtischen Bildungs- und Aufstiegschancen nutzen wollen, (2) zu Wohlstand gekommene Familien, die in der Stadt ihr Vermögen verzehren oder in einem Geschäft anlegen wollen, (3) Kleinbauern, Landarbeiter und Nomaden, die durch neue Technologien und wirtschaftliche Entwicklungen ihre ländliche Existenzgrundlage verloren haben, (4) Wanderarbeiter und Soldaten, die nach jahrelanger Abwesenheit nicht mehr den Weg zurück in die Enge der Dorfgemeinschaft und die primitiven ländlichen Lebensverhältnisse finden. Als 5. Kategorie kommen die nachgeborenen Bauernkinder, die auf dem Lande keine angemessene Existenz, und (6) die Angehörigen der ländlichen Unterschicht hinzu, die keine ausreichenden Verdienstmöglichkeiten finden können.

In der Eigendeutung der vom städtischen Sog Erfaßten stellt sich das Verlassen des Dorfes als Abwanderung der tüchtigen, ideenreichen, unternehmungslustigen und energischen Landbewohner dar, denen das Land keine befriedigenden personalen Entfaltungsmöglichkeiten bieten konnte. Die Zurückgebliebenen erscheinen in diesem Lichte als negative Auslese.

Die Landbevölkerung wehrt sich gegen diese Unterstellung oft mit einer Gegenideologie. Von einem durch die Abwanderung bedingten Intelligenz- und Begabungsschwund könne nicht die Rede sein, vielmehr würden nur die Erfolglosen, die ungesicherten Existenzen, die labilen Elemente, der Bodensatz der Dorfbevölkerung die ländliche Heimat verlassen, also jene, die den Anforderungen des Landlebens nicht gewachsen sind oder sich der dörflichen Sozialkontrolle entziehen wollen.

Vermutlich haben beide Seiten recht. Schon GÜNTHER (1934, S. 11) hat auf den doppelten Strom der Abwanderung hingewiesen: „Vom Lande her bewegt sich dauernd ein Strom geistig regsamer, aufstrebender, zur Führung hinstrebender Menschen einerseits, ein Strom arbeitsunwilliger und lichtscheuer Menschen andererseits." Das würde bedeuten: Plus- und Minusvarianten wandern eher ab als die Durchschnittlichen, die Integrierten und Angepaßten, wodurch die Homogenität ländlicher Gemeinwesen gefördert, die menschliche Variationsbreite in den städtischen Zuwanderungsgebieten dagegen vergrößert würde.

Die Abwanderung vom Land hat in Ländern mit urbaner Tradition keinerlei moralischen Beigeschmack. Anders in den mitteleuropäischen Bauernländern. Wie man dort vor dem Ersten Weltkrieg die Stadtwanderung beurteilte, geht aus einem Epigramm des steirischen Bauerndichters PETER ROSEGGER (1909) hervor:

> „Vom Land zur Stadt geht's abwärts,
> von der Stadt zum Land stets aufwärts,
> zurück auf's Land heißt vorwärts!"

Die Frühformen des Industriewesens und der Verstädterung schufen allerdings vor dem Ersten Weltkrieg soziale Mißstände, denen gegenüber die dörfliche Sozialorganisation trotz ihrer Enge sehr vorteilhaft erscheinen mußte. Die ältere Soziologie sah daher in Europa wie in den USA Industrialisierung und Urbanisierung als Abweichungen von der natürlichen Lebensweise an. Dieser „ruralistische Fundamentalismus" bildete eine wesentliche Grundlage der ROUSSEAU'schen Lehre wie der Staatsphilosophie von THOMAS JEFFERSON (1743–1826).

Da aus Gründen der Ernährungssicherung und der Erhaltung des Kultur- und Siedlungsraumes öffentliches Interesse an einer „gesunden" Siedlungs- und Infrastruktur auf dem Lande besteht, wird von seiten der Landesplanung eine Politik gemäßigter Stadtwanderung bis hin zur Verdichtung der ländlichen Bevölkerung befürwortet. Vor allem gilt eine solche Politik den von der Abwanderung besonders bedrohten Grenzräumen und Höhengebieten. Die Bergflucht stellt eine spezielle Problematik dar, weil die Entvölkerung der Hochlagen zugleich eine stärkere natürliche Gefährdung der Tallagen bedeutet.

2.3.2 Landwanderung

Jedem Wanderungsstrom entspricht ein Gegenstrom. Dieser tendiert dazu, im Vergleich zum Hauptstrom relativ stark zu sein, wenn Herkunfts- und Zielort sozial und ökonomisch gleichwertig sind, und schwach zu sein, wenn der Hauptstrom durch Push-Faktoren am Herkunftsort bewirkt wird. Der Umfang des Gegenstromes tendiert ferner dazu, mit wechselnden wirtschaftlichen Bedingungen zu variieren. Die Landwanderung ist im allgemeinen in Zeiten wirtschaftlicher Blüte klein, während Wirtschaftsdepressionen hingegen groß. Während der Weltwirtschaftskrise (1929–34) haben in den USA rund 10 Millionen Städter wieder das Land aufgesucht.

In allen Industrieländern kann man seit Jahren beobachten, daß die Menschen aus den Stadtkernen an die Peripherie ziehen. Zum Teil ist dies auf die sogenannte Citybildung zurückzuführen, das heißt die Verdrängung der Wohnbevölkerung durch die Ausbreitung von Geschäfts- und Bürogebäuden in der Innenstadt, zum Teil aber auch die Folge einer erheblichen Verschlechterung des innerstädtischen Wohn- und Freizeitwertes durch den Verkehr. Vom Wohnen am Stadtrand und weiter draußen im Land verspricht man sich eine bessere Lebensqualität, in Kriegs- und Krisenzeiten überdies mehr Sicherheit. Anfang der siebziger Jahre erhielt die Stadt-Land-Wanderung durch die „Zurück-zur-Natur-Bewegung" erneut Auftrieb.

Die Stadt-Land-Wanderung findet in sechs Abstufungen statt:
1. „Urlaub auf dem Bauernhof" und Ferien in ländlicher Umgebung,
2. Verbringung der Freizeit am Wochenende und an Feiertagen in ländlichen Naherholungsräumen,
3. Erwerb eines Ferienhauses oder Wochenendgrundstückes auf dem Lande,
4. Schaffung eines zweiten Wohnsitzes auf dem Lande,
5. Verlegung des Hauptwohnsitzes in eine ländliche Gemeinde,
6. Rückwanderung von Personen, die einst in die Stadt gezogen sind.

Die Landwanderung ist oft nur eine Rückwanderung von Personen, die vom Lande stammen. Die Rückwanderung pflegt bald nach der Abwanderung einzusetzen. Je länger jemand am Bestimmungsort wohnt, desto weniger wahrscheinlich wird seine Rückkehr. Die Rückwanderer gehören fast immer der Abwanderungsgeneration an, während deren Kinder sich selten der Rückbewegung anschließen. Der Strom der Rückwanderer schwillt an, wenn die Arbeitsmarktbedingungen am Zielort schlechter werden oder die Beschäftigungslage im Herkunftsgebiet besser wird. Die Rückwanderer sind gewöhnlich älter als die Abwanderer; sie bestehen aus einer überproportionalen Zahl von Frauen und nicht verheirateten Personen. Die Arrivierten neigen mehr zur Rückkehr als die Mittelmäßigen und die in der Fremde Gescheiterten, da die letzteren den Spott der Dorfbewohner fürchten. Andererseits überwiegen unter den frühen Rückkehrern jene, die wenig erfolgreich waren. Die Gründe für die Rückkehr liegen mehr auf sozialem als auf wirtschaftlichem Gebiet. Wiederholte Ab- und Rückwanderung ist in ländlichen Gebieten mit beschränkten Arbeitsmöglichkeiten charakteristisch für die Lebensphase junger Erwachsener, die auf angemessene Arbeitspositionen warten.

„Stadtflucht" im Sinne einer bewußten Abkehr von urbanen Lebensweisen und von den Werten und Normen städtischer Gesellschaften ist keine Massenbewegung. Einzelfälle sind jedoch aus der Geschichte vielfach bezeugt. In der Eremitenbewegung erreichte die Stadtflucht aus Lebensüberdruß bereits im 4. Jahrhundert in Ägypten, Syrien und Kleinasien einen Höhepunkt. Die Spur der Stadtflucht – im Christentum meist als „Weltflucht" gedeutet – zieht sich in den abendländischen Klostergründungen in ländlicher Einsamkeit durch das ganze Mittelalter. Auch in neuerer Zeit suchen immer wieder weltanschaulich motivierte Gruppen und einzelne Menschen („drop-outs") unter Verzicht auf zivilisatorische Annehmlichkeiten das einfache Leben auf dem Lande.

Literatur: ALBRECHT, G. 1972, BEIJER 1963, HEINTZ 1968, S. 70–94, HORSTMANN 1976.

Diskussions- und Prüfungsfragen
1. Nennen Sie die verschiedenen Typen der Land-Stadt-Wanderung und ihre Problematik!
2. Was besagt die Push- und Pull-Faktorentheorie? Worin liegt ihre Schwäche?
3. Wie erklären MONIKA VANBERG und WERNER LANGENHEDER die Abwanderung?
4. Welche Selektionswirkungen hat die Abwanderung vom Land? Nehmen Sie zur These von der „negativen Auslese" der Landbevölkerung Stellung!

2.4 Konstitution

2.4.1 Körperliche Merkmale

Merkmale wie Körperbau, Größe, Haar-, Augen- und Hautfarbe, Kopfform, Gesichtsausdruck usw. sind von soziologischer Bedeutsamkeit, weil wir andere Menschen unwillkürlich zuerst nach ihrem Äußeren beurteilen und bestimmte Äußerlichkeiten, insbesondere Rassenmerkmale, mit negativen oder positiven Einstellungen und bestimmten Verhaltenserwartungen verknüpfen. Darüber hinaus neigen wir alle dazu, vom äußeren Erscheinungsbild vorschnell auf geistige, seelische und moralische Eigenschaften unserer Mitmenschen zu schließen.

In Deutschland hat sich namentlich der Anthropologe RICHARD THURNWALD (1869–1954) darum bemüht, die körperlichen Unterschiede zwischen ländlichen und städtischen Bevölkerungen festzustellen. Aus allen in- und ausländischen vergleichenden Studien ist schließlich aber nicht viel mehr als die Erkenntnis herausgekommen, daß (1) die körperliche Beschaffenheit einer Bevölkerung primär vom Erbgut und nicht von der Umwelt bestimmt wird, und daß (2) die Menschen auf dem Land eher den Typus der eingeborenen Bevölkerung verkörpern, weil sie sich aus der engeren Umgebung rekrutieren und relativ homogene Gruppen bilden, wogegen die Stadtbevölkerung heterogener zusammengesetzt ist und Zuzug auch aus weit entfernten Orten erhält. Mit diesem „Gesetz von LIVI" lassen sich alle bisher entdeckten körperlichen Stadt-Land-Unterschiede erklären. Die Umwelt wirkt sich mehr auf physiologische Vorgänge und den Gesundheitszustand als auf Körpermerkmale aus.

Bestimmte soziale Verhaltensweisen (Partnerwahl, Heiratsalter, Familienplanung) können das Erbgut beeinflussen. Nach den Erkenntnissen der Humangenetik wirken sich Ehen unter Blutsverwandten, zum Beispiel die in vielen Agrargesellschaften üblichen Vettern-Basen-Ehen, positiv auf den Erbanlagenbestand einer Bevölkerung aus, da nicht in Erscheinung tretende Erbanlagen (rezessive Gene) häufig reinerbig (homozygot) sind und daher ausgemerzt werden. Aus der genetischen „Typenkonstanz" heraus entwickelt sich in der Auseinandersetzung mit der Umwelt ein „Menschenschlag", der sich durch Ähnlichkeit der Gestalt, Gesichtszüge, Haltung, Motorik und Ausdrucksweise von anderen Bevölkerungsteilen abhebt (vgl. WURST u. a. 1961, S. 43). Mit höherem Heiratsalter der Eltern steigt die Häufigkeit von Chromosomenstörungen (z. B. Mongolismus, Achondroplasie, Marfan-Syndrom) und von monogenen Erbleiden bei Kindern. Mit höherer Ordnungsnummer der Geburten steigt die Häufigkeit angeborener Fehlbildungen und der Rhesus-Erythroblastose.

2.4.2 Gesundheitszustand[1]

Der Gesundheitszustand, d. h. das Maß körperlichen, geistig-seelischen und sozialen Wohlbefindens, ist für den einzelnen wie für jede Gruppe von Menschen von größter Bedeutung. Denn vom Gesundheitszustand eines Menschen hängt unmittelbar seine Handlungs- und Leistungsfähigkeit ab. Schon geringe Schwankungen im körperlichen oder seelischen Befinden färben auf die Art und Weise ab, wie Rollen ausgefüllt werden. Unwohlsein und Krankheit belasten das Zusammenleben. Insbesondere bei afrikanischen Völkern ist jede Erkrankung ein soziales Ereignis, das die Aufmerksamkeit der gesamten Dorföffentlichkeit beansprucht. Die Frage nach dem Gesundheitszustand einer Bevölkerung ist daher eine soziologisch zentrale Frage.

Offensichtlich war in vor- und frühindustrieller Zeit der Gesundheitszustand der Landbevölkerung besser als derjenige der Stadtbevölkerung, weil in den Städten die hygienischen Einrichtungen im Verhältnis zur Bevölkerungsverdichtung unzulänglich waren. Die Musterungsergebnisse haben bis zum Zweiten Weltkrieg diesen Befund für England, Holland, Deutschland und die Schweiz bestätigt. Der Anteil der Wehrtauglichen war unter den Rekruten vom Lande jeweils höher als unter den städtischen Wehrpflichtigen. Inzwischen haben sich in den Industrieländern die Verhältnisse umgekehrt. Rekruten aus landwirtschaftlichen Berufen wiesen bei den Musterungen zur Bundeswehr den höchsten Anteil an bedingt Tauglichen und an Untauglichen auf. In Österreich hatte schon im Jahre 1938 die Berufsgruppe Land- und Forstwirtschaft die niedrigste Tauglichkeitsziffer.

Reihenuntersuchungen in den Landkreisen Dachau, Pfaffenhofen, Kempen-Krefeld und der Stadt Krefeld, die 1960/61 durchgeführt wurden, brachten die Vorstellung vom „gesunden Landvolk" vollends ins Wanken. Sie ergaben einen schlechteren Gesundheitszustand bei der landwirtschaftlichen Bevölkerung als bei der gewerblichen, bei der industriefernen als bei der industrienahen, bei den Frauen als bei den Männern, bei den Älteren als bei den Jüngeren. Den schlechtesten Gesundheitszustand zeigten die älteren Bäuerinnen im industriefernen Raum, von denen 91 Prozent in ärztliche Behandlung überwiesen werden mußten (vgl. KÖTTER und VAN DEENEN 1963). MARIA BLOHMKE und Mitarbeiter (1977) haben bei westdeutschen Bäuerinnen relativ häufig Übergewicht, zu hohen Blutdruck und Streßsymptome festgestellt, während die befragten Landwirte unter koronaren Herzkrankheiten, chronischer Bronchitis und vegetativer Dystonie häufiger litten als gleichaltrige Bedienstete einer Stadtverwaltung.

Die gesundheitlichen Vorteile des Landlebens werden aufgewogen durch eine Reihe von gesundheitsschädlichen Umständen. Hervorzuheben sind Fehl-, Mangel- und teilweise Unterernährung, mangelhafte sanitäre Einrichtungen, Parasitenbefall[2], Kinder- und Jugendarbeit, ungenügende Schonung der Frauen während der Schwanger- und Mutterschaft, ständige Arbeitsüberlastung, gesundheitsschädliche und unfallträchtige Tätigkeiten im Umgang mit Tieren[3], Maschinen und Chemikalien. Hinzu kommt die Unterversorgung mit Ärzten, insbesondere mit Fachärzten, mit Krankenschwestern, Krankenhäusern und Apotheken, mangelhafte Rettungsdienste und zum Teil auch ein ungenügender Kranken- und Unfallversicherungsschutz. Unterentwickeltes Krankheitsbewußtsein und Armut sind ebenfalls oft der Grund für unzureichende Gesundheitspflege und mangelhafte Krankenbehandlung auf dem Lande. Infolgedessen werden Erkrankungen zu spät erkannt und oft nicht richtig auskuriert.

Es fehlt an Informationen, die zuverlässig und umfassend genug wären, um allgemeine Aussagen über die Verbreitung von Schwachsinn (Idiotie, Imbezillität, Moronismus) und Geisteskrankheiten (Wahnsinn, Epilepsie) in ländlichen Gesellschaften und deren stärkeres oder schwächeres Auftreten als in städtischen machen zu können. Die vorliegenden Befunde lassen

---

[1] Siehe auch Teil 3: 3.1.2
[2] Z. B. Spulwurmbefall; in den Tropen und Subtropen Malaria, Schistosomiasis (Bilharzie), Anchozerkose, Hakenwurm.
[3] Z. B. Ansteckungsgefahr durch Rindertuberkulose und durch Toxoplasmose bei Schafhaltung.

vermuten, daß die Unterschiede nicht allzu groß sind. Es gibt Hinweise darauf, daß Fälle von geistigen Defekten auf dem Lande, Geisteskrankheiten dagegen in städtischen Bevölkerungen häufiger auftreten.

Jüngere Untersuchungen in den USA stellen den alten Lehrsatz von der überlegenen psychischen Gesundheit des Landvolks in Frage. Eine Befragung bestätigte auch für die westdeutschen Landwirte, daß sie überdurchschnittlich häufig unter innerer Unausgewogenheit, Unruhe, Empfindlichkeit und Ängsten leiden. Vermutete Ursache ist die starke psychische Belastung durch die fortwährende soziale Kontrolle und der jahrelange psychische Streß infolge des Strukturwandels (vgl. ASG-Rundbrief 19/1, 1978, S. 12). Im übrigen sind in Industriegesellschaften überdurchschnittlich häufige Erkrankungen mehr schicht- und berufsspezifisch als ökologisch zu erklären.

2.4.3 Charakterzüge

Über Charakterzüge der Landbevölkerung und entsprechende Land-Stadt-Unterschiede liegen wenig zuverlässige Erkenntnisse vor. Um so üppiger gedeihen auf diesem Feld Vorurteile. Der „dumme Bauer" ist ein Stereotyp, das sich durch die Literatur von Jahrhunderten hindurchzieht. Auch andere Vorstellungen vom Landmann wie bauernschlau, individualistisch, wortkarg scheinen unausrottbar zu sein. Am Beispiel des angeblichen bäuerlichen Individualismus kann leicht gezeigt werden, wie unbedacht diese Charakterisierungen sind. Im Sinne von „unabhängig sein", „auf sich selbst gestellt sein" oder „für sich selbst sorgen müssen" mag man einen Bauern einen Individualisten nennen. Aber im Sinne fehlender Kooperations- und Hilfsbereitschaft oder im Sinne „einsame Entschlüsse zu fassen" oder „sein Leben nach eigenem Gutdünken zu führen" oder „sich von niemandem dreinreden zu lassen", ist der durchschnittliche Bauer wie jeder andere Landbewohner nichts weniger als ein Individualist. Er ist vielmehr der Tradition lokaler Sitten und Bräuche verpflichtet, in das soziale Netzwerk des Dorfes eingebunden und wird von Verwandten, Nachbarn und Berufskollegen ständig kontrolliert. Abweichendes Verhalten und abweichender Lebensstil führen ihn rasch ins soziale Abseits. Er richtet sich daher in seinem täglichen Verhalten viel mehr als der Städter nach den anderen: „Ek frage, wat de mehrsten dohn, un da smit ek mi dann bi". Erst im Laufe der Urbanisierung nehmen auch auf dem Lande Berufswahl, Partnerwahl und Lebensstil individualistische Züge an, wird die Selbstverwirklichung über das Wohl von Hof und Gemeinschaft gestellt, und ist es erlaubt, einen individuellen Geschmack zu entwickeln.

In Deutschland erschien die erste Abhandlung über den Charakter der Bauern im Jahre 1786. Als bemerkenswerte Eigenschaften wurden u. a. Standesdünkel, Mißtrauen, Trägheit, Tücke, Festhalten am Hergebrachten herausgestellt. Diesem Traktat eines Breslauer Philosophieprofessors namens CHRISTIAN GARVE (1742–98) folgte erst nach mehr als einhundert Jahren das vielzitierte und mehrfach aufgelegte Werk des protestantischen Pfarrers W. BORÉE (Pseudonym: ALBERT L'HOUET) „Psychologie des Bauerntums" (1905). Seine Ausführungen beruhen wie die des katholischen Pfarrers JOSEPH WEIGERT und einiger weiterer Pfarrer und Lehrer, die sich über die Psyche der Dorfbewohner geäußert haben, vornehmlich auf Beobachtungen und auf Ausdeutungen von Redensarten, Sprichwörtern, Sitten und Bräuchen. Wissenschaftlich exakte psychologische Untersuchungen sind selten angestellt worden; sie galten in erster Linie dem Landkind und betonen pädagogische Fragestellungen.

Es fällt schwer, in den vorliegenden widersprüchlichen Befunden allgemeingültige ländliche Charakterzüge zu erkennen. Solche dürfte es auch kaum geben, denn die Landbewohner leben unter ganz verschiedenen natürlichen und sozialen Bedingungen. Die soziale Umwelt eines Einödbauern am Polarkreis ist grundlegend verschieden von derjenigen eines sizilianischen Dorfbewohners, dessen Leben sich in der lebhaften mediterranen Atmosphäre verwinkelter Gassen und offener Plätze abspielt. Von ganz anderem sozialen Zuschnitt ist das Leben in einem süddeutschen Industriedorf, wieder anders in einem Kral im afrikanischen Busch oder im Zeltlager von Beduinen. Dem österreichischen Arzt FRANZ WURST und seinen Mitarbeitern (1961) kommt das Verdienst zu, erstmals den Einfluß der Siedlungsweise auf die geistige und körperliche Entwicklung von Kindern quantifiziert und begründet zu haben. Ein Hauptergebnis war die deutliche Reifeverzögerung bei Kindern aus entlegenen Berghöfen im Vergleich zur Reifebeschleunigung (Akzeleration) bei Großstadtkindern.

Besondere Charakterzüge sind dem Landvolk nach den vorliegenden Befunden nicht angeboren. WALTER L. SLOCUM (1962, S. 56) kommt daher zu dem Schluß, daß, sofern charakterliche Unterschiede zwischen ländlichen und städtischen Menschen bestehen, diese auf die Unterschiede in den Rollenerwartungen der jeweiligen Sozialsysteme zurückzuführen sind. Genügsamkeit sei eine notwendige Eigenschaft ländlicher Menschen, um Notzeiten zu überstehen. Die Erfahrung, machtlos den Launen der Natur preisgegeben zu sein, begünstige eine schicksalsergebene Einstellung (Fatalismus). Gastlichkeit wie Mißtrauen seien Eigenschaften, die sich aus den relativ seltenen Begegnungen mit fremden Menschen ableiten ließen.

Die jüngere Forschung konzentriert ihre Aufmerksamkeit auf bestimmte Bedingungen, unabhängig von Stadt-Land-Fragestellungen. Sozialanthropologen wie FRIEDRICH KEITER (1956) weisen z. B. darauf hin, daß Menschen unter harten Lebensbedingungen „widerstandstonisiert, aber seelisch retiniert" seien. Ihre Kräfte würden vom physischen Kampf ums Überleben aufgezehrt. Ihr Anspruchsniveau sei ganz an der Befriedigung menschlicher Grundbedürfnisse orientiert; für höhere geistige Interessen oder politisches Wollen reichten weder die körperlichen Kräfte noch die verkümmerten geistigen Fähigkeiten. Sofern ländliche Unterschichten dieses apathische, abgestumpfte Menschenbild zeigen, spricht man von einer „Fellachisierung". Man wird sich aber hüten müssen, dies für einen durchgehenden Charakterzug ländlicher Bevölkerungen zu halten. Die Mitglieder schwarzafrikanischer Bauerngesellschaften erwecken keineswegs einen abgestumpften Eindruck. Sie danken ihrer großen Erlebnisfähigkeit und motorischen Ausdruckskraft einen hohen Psychotonus, im Gegensatz etwa zu der „steif-monumentalen" indianischen Motorik.

2.4.4 Intelligenz

Am intensivsten hat sich die Wissenschaft bemüht, Land-Stadt-Unterschiede der Intelligenz zu messen. Intelligenz ist die Fähigkeit zu lernen. SLOCUM (1962, S. 51) wandelte diese Formel etwas ab und definierte Intelligenz als Fähigkeit, „Informationen zu verstehen und bei der Lösung von Problemen zu nutzen". Ein intelligenter Mensch zeichnet sich demnach vor einem dummen dadurch aus, daß er angeborene und erworbene geistige Kräfte zweckmäßig einzusetzen versteht.

Man muß sich diesen Sachverhalt vor Augen halten, um die Intelligenz ländlicher Menschen richtig zu beurteilen. Gerade „primitive" Stämme erbringen oft ganz erstaunliche Lern- und Anpassungsleistungen. Nur sehr intelligente Wesen können z. B. unter den extremen Bedingungen einer Trockenwüste nur mit natürlichen Hilfsmitteln ausgestattet überleben. Die üblichen Testmethoden des Intelligenzquotienten (I. Q.) messen solche Intelligenzleistungen ungenügend, da sie in westlichen Stadtkulturen entwickelt wurden. Auch der gelegentlich festgestellte Intelligenzabfall von städtischen zu ländlichen Versuchspersonen könnte das Ergebnis ungeeigneter Meßinstrumente sein.

Schulleistungen, Schulabschlüsse und Berufskarrieren sind weitere Maßstäbe, um die Intelligenz verschiedener Bevölkerungskategorien zu vergleichen. Aber auch gegenüber diesen Methoden sind große Vorbehalte angezeigt, da Unterschiede in der Qualität des Unterrichts und den Bildungs- und Aufstiegsmöglichkeiten, ferner Land-Stadt-Wanderungen, fehlende Nachschlagewerke über ländliche Führer usw. die Ergebnisse verfälschen können. Bei der Interpretation von Intelligenztests ländlicher Bevölkerungen muß außerdem berücksichtigt werden, daß die meisten Landmenschen wegen zuviel Hemmungen und zuwenig Förderung beträchtlich hinter ihrem Leistungsvermögen zurückbleiben. Es ist daher mit erheblichen ländlichen Begabungsreserven zu rechnen. Ein angeborenes Intelligenzdefizit der ländlichen Bevölkerung ist bisher nirgends einwandfrei nachgewiesen worden. Sicher ist hingegen, daß auf dem Lande die manuellen Fähigkeiten im allgemeinen besser ausgebildet werden als die intellektuellen. Diese verkümmern besonders dann, wenn die Landbewohner von führenden Positionen und dispositiven Tätigkeiten ausgeschlossen werden (vgl. SMITH 1967, S. 15ff.). Im modernen landwirtschaftlichen Familienbetrieb hingegen werden an den Betriebsleiter und seine Mitarbeiter außerordentlich hohe geistige Anforderungen gestellt. Nicht der dümmste, sondern der intelligenteste Bauernsohn ist deshalb der geeignetste Hofübernehmer.

Literatur: KEITER 1956, SLOCUM 1962, S. 17–70, WURST 1963.

Diskussions- und Prüfungsfragen
1. Was halten Sie von dem Schlagwort vom „gesunden Landvolk"?
2. Warum geben die üblichen Intelligenztests ein falsches Bild vom Intelligenzgrad ländlicher Personen?
3. Was versteht man unter „widerstandstonisiert, aber seelisch retiniert"?

2.5 Demographische Strukturen

Soziologen haben herausgefunden, daß aus demographischen Daten der statistischen Ämter wichtige Rückschlüsse auf die Verhaltensweisen und die soziale Situation einer Bevölkerung gezogen werden können. Um das Verhalten und das Funktionieren ländlicher Sozialsysteme zu verstehen, ist es deshalb nützlich, ihre demographische Struktur zu analysieren.

2.5.1 Rasse und Herkunft

Unter allen Merkmalen, die eine Bevölkerung von einer anderen unterscheiden, sind Rasse und Herkunft die augenfälligsten. Sie gelten als die wichtigsten, weil sie zu gemeinschaftsbildendem Bewußtsein und zu gemeinsamem, sozialem Handeln führen bzw. Anlaß geben, sich selbst überheblich zu gebärden und fremde Menschen herabzuwürdigen. Rasse ist ein anthropologischer Begriff, der auf angeborenen Körpermerkmalen beruht, während Herkunft auf das kulturelle Erbe von Völkern (Ethnien) oder lokalen Gruppen verweist.

Es ist vielfach festgestellt worden, daß unter der Landbevölkerung der Anteil der eingeborenen Personen besonders hoch ist. Es gibt ländliche Bevölkerungen, die seit Jahrtausenden ununterbrochen denselben Raum besiedeln, wie z. B. die Ägypter das Niltal oder die Kurden das östliche Taurus- und das Zagrosgebirge. Häufiger kamen jedoch die Landbewohner erst in geschichtlicher Zeit im Zuge von Völkerwanderungen, Vertreibungen, Umsiedlungen, Massen- und Einzelauswanderungen in ihre heutigen Siedlungsgebiete.

Neben ländlichen Gebieten, die von Menschen gleicher Herkunft besiedelt sind, gibt es solche, die ein buntes Mosaik ethnischer Herkünfte darstellen. Die Landbevölkerung Nordamerikas ist zusammengesetzt aus Engländern, Schotten, Iren, Deutschen, Skandinaviern, Holländern, Franzosen, Tschechen, Polen, Italienern und Negern, um nur die zahlenmäßig wichtigsten zu nennen. In manchen Regionen Kleinasiens und der Levante wechselt die Herkunft der Bevölkerung von Dorf zu Dorf. Alle Ansiedler haben ihre ethnischen Besonderheiten mitgebracht und bewahren sie in der Abgeschlossenheit ländlicher Siedlungsweise oft über viele Generationen hinweg. Die Neigung zu endogamer Heirat verhindert eine rasche Durchmischung auch bei räumlicher Nähe. Das Verschwinden ethnisch bedingter Unterschiede im Zuge der Assimilation und Akkulturation ist freilich nur eine Frage der Zeit – und es hat den Anschein, als ob infolge der verbesserten Kommunikations- und Verkehrsverhältnisse die Fristen immer kürzer würden.

Die ethnische Zusammensetzung der Landbevölkerung beansprucht in der Bundesrepublik Deutschland nicht dasselbe große Interesse wie z. B. in der nordamerikanischen Landsoziologie. Aber auch die deutsche Landbevölkerung hat immer wieder im Laufe der Geschichte fremdbürtige Volksgruppen (Waldenser, Hugenotten, Salzburger, Volksdeutsche aus Osteuropa usw.) aufgenommen. Der Anteil der Heimatvertriebenen und Flüchtlinge, der nach amtlichen Angaben im Jahre 1950 bei 23 Prozent der Landbevölkerung lag, ist infolge von Wanderungsbewegungen auf 17 Prozent im Jahre 1961 gesunken. In der Altersgruppe der 17- bis 28jährigen betrug er 1968 nur noch 10 Prozent. Dagegen nimmt in den Landgemeinden der Anteil der aus dem Gebiet der Bundesrepublik Zuziehenden infolge der Mobilisierung der Bevölkerung und der Ausweitung der Heirats- und Beschäftigungskreise laufend zu.

2.5.2 Altersaufbau

Der Altersaufbau einer Bevölkerung beeinflußt auf vielen Wegen die sozialen Verhältnisse, denn viele Bedürfnisse und Verhaltensweisen sind an ein bestimmtes Lebensalter gebunden. Bevölkerungen mit einem hohen Altenanteil pflegen konservativer zu sein, solche mit einem hohen Anteil jüngerer Leute sind gewöhnlich aufgeschlossener für neue Ideen. Ältere Leute sind vor allem auf Sicherheit bedacht, jüngere sind Experimenten weniger abgeneigt. Eine Überalterung bremst um so mehr den sozialen Wandel, je mehr die Alten in einer Gesellschaft normative Macht besitzen, über die Ressourcen verfügen und sich die Entscheidungen in Familien- und Gemeindeangelegenheiten vorbehalten.

Ein hoher Anteil von Kindern und alten Leuten beeinträchtigt die wirtschaftlichen Aktivitäten und damit die Lebensverhältnisse einer Bevölkerung. Eine wichtige Kennziffer ist daher das Verhältnis von „abhängigen" zu „produktiven" Personen, gewöhnlich als Zahl der unter 15jährigen und über 65jährigen auf 1000 Personen im erwerbsfähigen Alter (15 bis 64 Jahre) operationalisiert. Die Gleichsetzung der über 65jährigen mit „abhängigen" Personen ist selbstverständlich nur eine statistische Operation. Tatsächlich arbeiten die meisten Landbewohner, solange ihre Kräfte reichen. Auch die gesetzlichen Regelungen für das Pensionsalter sind länderweise sehr verschieden (Übersicht 14).

Übersicht 14. Ländliches Pensionsalter nach Ländern und Geschlecht

Länder	Altersgrenze (Jahre)	
	Männer	Frauen
Bulgarien, Griechenland, Italien, Rumänien, Ungarn, UdSSR	60	55
ČSSR	60	53–57
Frankreich	60	60
Albanien	65	55
DDR, Bundesrepublik Deutschland	65	60
Belgien, Großbritannien, Jugoslawien, Polen, Österreich	65	62
Finnland, Luxemburg, Niederlande, Spanien, Schweiz, Zypern	65	65
Dänemark	67	62
Schweden	67	67
Irland, Norwegen	70	70

Quelle: Nach International Labour Office (Hrsg.) (1971), The Social Situation of Old People in Rural Areas. In: Sociologia Ruralis (Assen) 11, S. 381.

Durchschnittsalter und Altersaufbau des Volkskörpers bestimmen wesentlich die Eigengesetzlichkeit von Gesellschaften. Die Volkszählungen ergeben hinsichtlich des Altersaufbaus große Unterschiede zwischen Industrieländern und Ländern, die am Beginn der Industrialisierung stehen, und innerhalb dieser Länder zwischen ländlicher und städtischer Bevölkerung. Die Schweizer Bevölkerung zeigt den Altersaufbau einer reifen Industriegesellschaft (Abb. 7). Die Kinderjahrgänge sind schwach besetzt. Nur 23 Prozent der Bevölkerung sind jünger als 15 Jahre, im Gegensatz zu 46 Prozent im Iran, das die typische Alterspyramide einer wachsenden Bevölkerung zu Beginn der Industrialisierung aufweist. Während in der Schweiz 65 Prozent der Bevölkerung im Erwerbsleben stehen, sind es im Iran nur 50 Prozent. 12 Prozent der Schweizer haben das 65. Lebensjahr überschritten, im Iran dagegen nur 4 Prozent. Mit einem Durchschnittsalter von 34 Jahren kann die Bevölkerung der Schweiz als „relativ alt", mit einem Mittel von 23 Jahren die iranische als „sehr jung" bezeichnet werden.

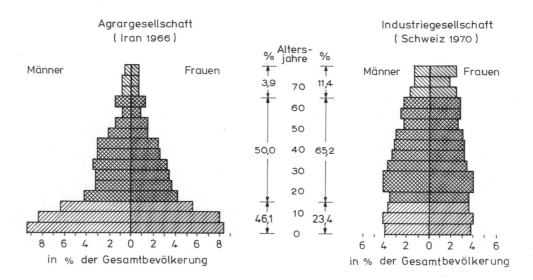

Abb. 7. Altersaufbau der Bevölkerung im Iran und in der Schweiz

In Nordamerika wie in Europa weisen in der Regel Landbevölkerungen im Vergleich mit Stadtbevölkerungen (1) einen höheren Kinderanteil, (2) einen niedrigeren Anteil an Jugendlichen und an Erwachsenen in den produktivsten Lebensabschnitten und (3) einen höheren Anteil an alten Personen auf. Die Unterschiede werden um so deutlicher, je agrarischer einerseits und je großstädtischer andererseits die Vergleichsbevölkerungen sind. Höhere Geburtenhäufigkeit, stadtwärts gerichtete Wanderung junger Leute, Rückstrom älterer Leute und höhere Lebenserwartung auf dem Lande erklären den unterschiedlichen Altersaufbau in Stadt und Land.

Je kleiner und abgelegener eine ländliche Siedlung und je karger ihre ökonomische Grundlage ist, desto ungünstiger pflegt das Verhältnis von ausgebildeten, vollerwerbsfähigen Personen zu dem wirtschaftlich inaktiven Teil der Bevölkerung zu sein, und desto drückender die Kinder- und Altenlast im familiären wie im öffentlichen Bereich. Landfamilien werden oft mit der Aufzucht, Landgemeinden mit der Beschulung von Kindern belastet, die ihre produktiven Lebensjahre später in Städten verbringen. Infolge der Abwanderung mangelt es an tatkräftigen jungen Männern und Frauen, die Führungsrollen in der Selbstverwaltung der Gemeinde, der Kirche und in den Vereinen übernehmen könnten. Der Altenüberhang verstärkt das traditionale Element in den ländlichen Siedlungen. In der Bundesrepublik Deutschland übertrifft der ländliche Altenanteil allerdings nicht den großstädtischen, wie ein Blick auf Übersicht 15 zeigt.

Übersicht 15. Altersaufbau der Wohnbevölkerung nach Gemeindegrößenklassen, Bundesrepublik Deutschland 1970 (% je Größenklasse)

Alters-gruppen (Jahre)	Gemeindegrößenklasse (Einwohner)									
	unter 2000		2000–5000		5000–20000		20000–100000		100000 u. mehr	
	m.	w.	m.	w.	m.	w.	m.	w.	m.	w.
unter 20	36,3	32,1	35,6	30,0	34,0	29,2	32,3	27,0	27,0	21,6
20–65	51,5	52,0	53,4	55,3	55,2	55,9	56,9	57,6	59,9	59,4
65 und darüber	12,2	15,9	11,0	14,7	10,8	14,9	10,8	15,4	13,1	19,0
insgesamt	100	100	100	100	100	100	100	100	100	100

Quelle: Wirtschaft und Statistik 1971, S. 552.

2.5.3 Geschlechtsverhältnis

Der Anteil männlicher und weiblicher Personen innerhalb einer Bevölkerung wirkt sich auf die sozialen Binnenbeziehungen und auch auf die sozialen Aktivitäten aus, wenn die Rollen geschlechtsspezifisch festgelegt sind. In ländlichen Gesellschaften geht die Differenzierung der Geschlechtsrollen von Ausnahmen abgesehen (z. B. auf Bali) in der Regel sehr weit, sowohl was die Arbeitsteilung anbelangt als auch bezüglich der angenommenen natürlichen Wesensunterschiede der Geschlechter und der Höherbewertung der Männlichkeit.

Im Gebiet der Bundesrepublik Deutschland bildeten weibliche Personen infolge der männlichen Kriegsverluste zwar nach vorliegenden Statistiken stets mehr als die Hälfte der Stadt- und der Landbevölkerung, aber der Frauenüberschuß war in den Berichtsjahren in den Städten stets größer als in den Landgemeinden (Übersicht 16).

Das Geschlechtsverhältnis ändert sich mit dem Lebensalter. In der Regel überwiegen Kna-

Übersicht 16. Geschlechtsverhältnis der Wohnbevölkerung in Landgemeinden und Großstädten, Bundesgebiet 1910–1970

Jahr	Auf 1000 männliche Personen entfielen ____ weibliche Personen	
	Landgemeinden	Großstädte
1910	1027	1098
1925	1037	1115
1933	1001	1114
1950	1128	1136
1961	1083	1142
1970[1]	1062	1172

Quelle: Wirtschaft und Statistik, H. 4, 1965, S. 236f.
[1] Sonderaufbereitung des Gemeindeblattes der Volkszählung 1970.

bengeburten. Infolge höherer Säuglings- und Kindersterblichkeit der Knaben stellt sich nach einigen Jahren ein Ausgleich ein. In der Altersgruppe der 15- bis 30jährigen kommt es erneut zu einem Ungleichgewicht. In Industrieländern hinterläßt die nun einsetzende Abwanderung vom Lande auf der weiblichen Seite größere Lücken als auf der männlichen. Es fehlt auf dem Lande an Arbeitsplätzen für weibliche Personen. Die vollmechanisierte Landwirtschaft und die teilmechanisierte Hauswirtschaft kommen mit immer weniger weiblichen Arbeitskräften aus. Dies veranlaßt arbeitsuchende Mädchen und Frauen, sich der Stadt zuzuwenden, wo ihnen zahlreiche interessante Beschäftigungen angeboten werden. Der Überschuß an Männern steigt mit kleiner werdender Siedlungsgröße und zunehmender agrarischer Orientierung, wie aus Westdeutschland, den USA, Schweden und anderen westlichen Ländern belegt ist.

In den Entwicklungsländern wandern bisher meistens die jungen Männer auf der Suche nach Arbeit und Verdienst oder in der Hoffnung auf sozialen Aufstieg vom Lande ab, während die Frauen dazu neigen, in den Landorten zu bleiben. Die sich daraus ergebende Verschiebung des Geschlechtsverhältnisses wird „Feminisierung des Landes" genannt. Diese Erscheinung ist auch in vielen Herkunftsorten italienischer, jugoslawischer und mexikanischer Gast- und Wanderarbeiter zu beobachten.

Eine frühe Sterblichkeit der Mütter und eine teilweise Rückwanderung der Männer bewirken, daß in den Entwicklungsländern die Männer in den höheren Altersgruppen der Landbevölkerung in der Überzahl sind. In den Industrieländern haben dagegen auch auf dem Lande die Frauen – abgesehen von den Bäuerinnen – eine höhere Lebenserwartung als die Männer, wodurch sich bei den Betagten das Geschlechtsverhältnis zugunsten der Frauen verschiebt.

2.5.4 Familienstand

Der Familienstand steht im Zusammenhang mit der sozialen Organisation einer Bevölkerung. An den Familienstand sind bestimmte Verhaltenserwartungen geknüpft. Außerdem verbinden sich mit dem Familienstand bestimmte Rang- und Wertvorstellungen. Allgemeine Land-Stadt-Unterschiede lassen sich in dieser Hinsicht nicht feststellen. Vielmehr scheinen bestehende Unterschiede hauptsächlich kulturbedingt zu sein. Der Ledigenanteil ist abhängig vom Heiratsalter und der Heiratshäufigkeit in einer Gesellschaft. In einigen Gesellschaften ist die Heiratserlaubnis an ein bestimmtes Lebensalter gebunden, in anderen abhängig von der Ableistung des Militärdienstes, dem Abschluß der Berufsausbildung, der Übernahme einer generativen Stelle oder einfach von der Erlangung der Geschlechtsreife (Übersicht 17). In islamischen Gesellschaften gibt es den Status des ledigen Mädchens im mannbaren Alter faktisch nicht, und auch die Männer schließen fast ausnahmslos eine Ehe. Im europäischen Bauerntum hingegen war es jahrhundertelang üblich, daß nachgeborene Söhne und Töchter, die nicht einheiraten konnten, als ledige Mitarbeiter auf dem Hof blieben.

Übersicht 17. Anteil der Frühehen (19 Jahre und jünger) an der Gesamtzahl der Eheschließenden in ausgewählten Ländern um 1960

Land	Frauen %	Männer %
Mexiko	48	15
Vietnam	47	32
Bulgarien	42	9
USA	38	13
Philippinen	37	12
Großbritannien	24	5
Bundesrepublik Deutschland	16	3

Quelle: Nach LÜSCHEN und KÖNIG 1965, S. 52.

Diese Hinweise zeigen die Verschiedenartigkeit der Traditionen, in denen die gegenwärtigen ländlichen Gesellschaften stehen. Noch in den fünfziger Jahren konnten in der Bundesrepublik Deutschland vier von fünf Landarbeitern nicht daran denken, eine Familie zu gründen. Bis heute liegt das Heiratsalter in der Landwirtschaft über dem Bundesdurchschnitt. Daraus resultiert eine etwas niedrigere Verheiratetenquote bei der Landbevölkerung im Vergleich zur Stadtbevölkerung. Auch in den USA sind die Männer bis zum Alter von 45 Jahren in den Städten häufiger verheiratet als auf dem Lande. In den darüberliegenden Altersgruppen ist es umgekehrt. Städtische Frauen sind dagegen in allen Altersgruppen weniger häufig verheiratet als ländliche.

Übereinstimmend ist festzustellen, daß ländliche Ehen, insbesondere bäuerliche Ehen, stabiler sind als städtische. Zur Stabilisierung tragen gemeinsamer Besitz, gemeinsame Erwerbsinteressen, vor allem aber die Kontrolle der Verwandten und Nachbarn, der Druck der öffentlichen Meinung sowie konservative Einstellungen bei. In der Bundesrepublik Deutschland sind Ehescheidungen in Landgemeinden zwar häufiger als vor dem Zweiten Weltkrieg geworden, die Scheidungsquote liegt aber immer noch weit unter dem Bundesdurchschnitt.

Auch der Anteil der Verwitweten ist unter der Landbevölkerung niedriger als unter der Stadtbevölkerung, weil die Wiederverheiratungsquote höher ist und weil verwitwete Personen, besonders Witwen, häufig abwandern.

Literatur: IPSEN 1933, PLANCK 1970, RIEMANN 1964.

Diskussions- und Prüfungsfragen
1. Definieren Sie Rasse und Herkunft!
2. Was sagt die Übersicht „Altersaufbau der Bevölkerung nach Gemeindegrößenklassen" aus? Erklären Sie die Häufigkeitsverteilungen!
3. Wie erklären Sie den Frauenmangel in ländlich-agrarischen Siedlungen?

2.6 Sozialökonomische Strukturen

2.6.1 Verbäuerlichung und Vergewerblichung

Ländliche Bevölkerung wird landläufig und auch in wissenschaftlichen Werken häufig mit „landwirtschaftlichen Berufszugehörigen" gleichgesetzt. Selbst in der vorzüglichen begriffssystematischen Arbeit von HANS-JOACHIM WENZEL (1974, S. 20) wird die ländliche Bevölkerung „auf die Personengruppen beschränkt, die unmittelbar oder mittelbar eine Beziehung zur Landbewirtschaftung aufweisen und von daher sozial (mit-)geprägt sind".

Nichtlandwirtschaftlicher Erwerb nahm jedoch zu allen Zeiten einen breiten Raum unter den produktiven Tätigkeiten ländlicher Bevölkerungen ein. Hierbei ist zwischen gewerblicher Produktion für den Eigenbedarf und für die Marktnachfrage zu unterscheiden, wobei letztere durchaus aus der ersteren hervorgehen kann. Die Vielfalt von nichtlandwirtschaftlichen Rollen, die auf dem Land auf vorindustrieller Stufe ausgeübt werden, zeigen uns zeitgenössische Bild- und Filmberichte von einfachen Ackerbauern- und Viehzüchtergesellschaften. In derartigen Gesellschaften mit vorwiegender Selbstversorgung entfällt ein großer Teil der produktiven Tätigkeiten auf die Deckung des Bedarfs an Behausung, Bekleidung, Beheizung und Bewaffnung. Die meisten Gerätschaften, die erforderlich sind, um die genannten und weitere Bedürfnisse zu befriedigen, müssen in eigener Arbeit oder mit Hilfe der Nachbarn hergestellt werden. Die berufliche Rollenstruktur ist daher in allen „reinen Agrargesellschaften" notgedrungen landwirtschaftlich-hauswirtschaftlich-handwerklich gemischt.

Aber auch in „entfalteten Agrargesellschaften" mit städtischen Zentren trug die Landbevölkerung beträchtlich zur gewerblichen Güterproduktion bei. „In Sachsen läßt sich das Aufkommen nichtbäuerlicher, d. h. gewerblich tätiger Bevölkerungsteile in den Dörfern seit etwa 1500 quellenmäßig nachweisen. Die Leineweberei in Südwestsachsen, die Garnherstellung im Raum der Sächsischen Schweiz, die Holzgewinnung und Holzverarbeitung in den erzgebirgischen und vogtländischen Waldgebieten, der Bergbau und Hüttenbetrieb im Erzgebirge bildeten die wirtschaftliche Grundlage für eine immer mehr zunehmende Schicht nichtlandwirtschaftlicher Bevölkerung in den Dörfern… Um 1550 machte der nichtbäuerliche Anteil der Dorfbevölkerung in Sachsen 18 Prozent der gesamten Landesbevölkerung aus,… 1843 betrug er sogar 52 Prozent. Im gleichen Zeitraum ging der Anteil der bäuerlichen Bevölkerung von 50 Prozent… auf 14 Prozent zurück" (BLASCHKE 1967, S. 233f.). Auch in manchen anderen ländlichen Regionen, z. B. im Ravensberger Land, in Oberfranken, in der Lausitz und in Niederschlesien war die Textilherstellung nicht minder wichtig als die Landwirtschaft.

Unter dem Einfluß einer Liberalisierung der Gewerbeordnungen setzte in der ersten Hälfte des vorigen Jahrhunderts in Deutschland eine starke „Vergewerblichung" der ländlichen Bevölkerung ein. Das Verlagswesen breitete sich aus. Das Dorfhandwerk blähte sich unter dem Druck des Bevölkerungswachstums auf. So gab es in dem fränkisch-hohenlohischen 216-Seelen-Dorf Bölgental um 1840 drei Schuhmacher, zwei Müller, zwei Gastwirte, zwei Schneider, einen Schmied, einen Weber, einen Bäcker, einen Rechenmacher, einen Wagner und einen Zimmermann. Als dann im letzten Drittel des 19. Jahrhunderts das ländliche Kleingewerbe, insbesondere die Textilherstellung, der aufkommenden industriellen Konkurrenz mehr und mehr erlag, kam es wieder zu einer „Verbäuerlichung" der Dörfer. Der vielseitige ländliche Hausfleiß verengte sich auf Acker- und Stallarbeiten. Die gewerbliche Produktion verlagerte sich in die Industriestädte, und die Arbeitskräfte folgten. Das Dorf wurde zum Bauerndorf. Industrialisierung des Landes, wachsende Pendleranteile und Schrumpfung der bäuerlichen Landwirtschaft bringen nach rund hundert Jahren die traditionelle gewerbliche Wirtschaftskomponente im ländlichen Raum wieder stärker ins Spiel.

Der historische Wechsel von Vergewerblichung und Verbäuerlichung, von Ent- und Reagrarisierung der ländlichen Erwerbsstruktur hat regional zu verschiedenen Zeiten stattgefunden. Der Vorgang als solcher ist aber an vielen Einzelsiedlungen und an ganzen Regionen nachgewiesen worden. Auch aus Entwicklungsländern ließen sich viele Untersuchungen heranziehen, die die starke gewerbliche Durchmischung der ländlichen Ökonomie belegen. Besonders eindrucksvoll tritt sie in der Kastenstruktur indischer Dörfer zutage.

Übersicht 18. Begriffe der deutschen Erwerbsstatistik

Gesamtbevölkerung						
Erwerbsbevölkerung					Nicht am Erwerbsleben beteiligte Bevölkerung[1]	
Berufszugehörige zu den Wirtschaftsbereichen						
Land- und Forstwirtschaft			Produzierendes Gewerbe	Dienstleistungen	Selbständige Berufslose	Angehörige ohne Hauptberuf
Erwerbspersonen			Angehörige ohne Hauptberuf	Weitere Untergliederung wie im Wirtschaftsbereich "Land- und Forstwirtschaft"		
Erwerbstätige		Erwerbslose				
Stellung im Beruf						
		Arbeitnehmer				
Selbständige	Mithelfende Familienangehörige	Beamte	Angestellte	Arbeiter		
		Beschäftigte und Arbeitslose[2]				

[1] Personen, die ihren Lebensunterhalt aus Pensionen, Renten usw. bestreiten.
[2] Personen, die bei den Arbeitsämtern als Stellensuchende gemeldet sind.

2.6.2 Erwerbsstruktur

Der Durchblick durch die Erwerbsstruktur ländlicher Bevölkerungen wird erleichtert, wenn man das Begriffsschema der deutschen Erwerbsstatistik zu Hilfe nimmt (Übersicht 18). Die Gesamtbevölkerung wird zunächst einmal aufgegliedert in Personen, die ihren Unterhalt aus einer Erwerbstätigkeit bestreiten (Erwerbsbevölkerung) und Personen, die nicht mehr im Erwerbsleben stehen (selbständige Berufslose). Während in vielen ursprünglichen Agrargesellschaften die Kategorie der selbständigen Berufslosen völlig unbedeutend ist, steigt ihr Anteil im Zuge der Entwicklung zum industriegesellschaftlichen Wohlfahrtsstaat auf rund ein Fünftel der Bevölkerung in Stadt und Land an (Übersicht 19).

Übersicht 19. Entwicklung der Erwerbsstruktur im Bundesgebiet, 1882–1970/71

Wirtschaftsbereich	Erhebungsjahr		Soziale Stellung	Erhebungsjahr	
	1882	1970		1882[1]	1971
Land- und Forstwirtschaft	40	4	Selbständige	26	10
Produzierendes Gewerbe	37	42	Mithelfende Familienangehörige	11	6
Dienstleistungen	19	32	Beamte	3	6
Selbständige Berufslose	4	22	Angestellte	3	31
			Arbeiter	57	47
Wohnbevölkerung insgesamt	100	100	Erwerbspersonen insgesamt	100	100

[1] Gebiet des Deutschen Reiches.
Quelle: Statistisches Bundesamt, Bevölkerung und Wirtschaft, Bd. 199; Stat. Jahrbuch der Bundesrepublik Deutschland 1974, S. 14.

In einem zweiten Schritt wird die Erwerbsbevölkerung nach der Zugehörigkeit zu den drei großen Wirtschaftsbereichen Land- und Forstwirtschaft (primärer Sektor), Produzierendes Gewerbe (sekundärer Sektor), Handel und Verkehr und sonstige Dienstleistungen (tertiärer Sektor) untergliedert. Wie der französische Nationalökonom JEAN FOURASTIE (1969) herausgearbeitet hat, geht wegen der unterschiedlichen Produktivitätszunahme und den Verschiebungen in der Bedürfnisstruktur der Anteil des primären und sekundären Sektors zugunsten des tertiären Sektors zurück. Die Statistik des Bundesgebietes bestätigt dies. Da im tertiären Sektor infolge des Einsatzes von technischen Hilfsmitteln ebenfalls Arbeitskräfte freigesetzt werden, können langfristig gar nicht mehr alle erwerbsfähigen Personen vollwertige Arbeitsplätze finden, so daß sich zunehmend offene oder versteckte Arbeitslosigkeit ausbreitet. In einer schematischen Darstellung (Abb. 8), die sich an die tatsächliche bisherige Entwicklung in Deutschland anlehnt, werden die Tendenzen deutlich. Diese bestimmen letzten Endes auch die Unterhaltsstruktur der ländlichen Bevölkerung.

In einem dritten Schritt werden die Berufszugehörigen jedes Wirtschaftsbereiches in am Erwerbsleben aktiv beteiligte Personen (Erwerbspersonen) und ihre Angehörigen ohne Hauptberuf (z. B. Kinder, Schüler, Hausfrauen) getrennt. Die Statistik klassifiziert die Erwerbspersonen in einem vierten Schritt in Erwerbstätige und Erwerbslose. Im Blick auf die ländliche Situation sind allerdings zwei andere Kategorien zweckmäßiger, nämlich die Unterteilung der selbständigen und mithelfenden Familienangehörigen in Voll- und Unterbeschäftigte und der Angestellten und Arbeiter in Beschäftigte und Arbeitslose. Der Grad der Beschäftigung hat tiefgreifende soziale Rückwirkungen, wie erstmals in der berühmten Studie über „Die Arbeitslosen von Marienthal" (JAHODA, LAZARSFELD und ZEISEL 1933), einer ländlichen Gemeinde in der Nähe von Wien, nachgewiesen wurde.

84 Soziologie des Landes

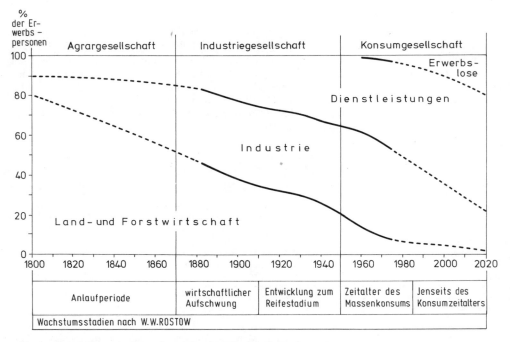

Abb. 8. Entwicklung der Erwerbsstruktur im Wirtschaftswachstum

Die ländliche Bevölkerung wird von Unterbeschäftigung und Arbeitslosigkeit besonders stark betroffen, (1) wegen des Saisoncharakters der Produktion und Verarbeitung landwirtschaftlicher Produkte sowie des Fremdenverkehrs, (2) weil in Zeiten wirtschaftlicher Flaute im allgemeinen zuerst die ländlichen Zweigwerke stillgelegt werden und (3) weil Arbeiter aus ländlichen Gebieten unter Umständen (z. B. Gastarbeiter) als erste entlassen werden. Die Beschäftigungsprobleme gehören daher zu den schwerwiegendsten Problemen der Landentwicklung (siehe Teil 3: 3.3).

In einem letzten Schritt werden die Erwerbstätigen nach ihrer Stellung im Beruf in Selbständige, mithelfende Familienangehörige, Beamte, Angestellte und Arbeiter kategorisiert. Obwohl diese Kategorien in sich nicht einheitlich sind, ist in Industriegesellschaften die Stellung im Beruf einer der Hauptfaktoren für sozialen Status und Lebensstil. Die Entwicklungslinien verlaufen eindeutig zugunsten der Angestellten und Beamten. Dagegen nimmt der Anteil der Selbständigen und der mithelfenden Familienangehörigen infolge der Auflösung landwirtschaftlicher und gewerblicher Familienbetriebe ständig ab. Er ist allerdings in vielen ländlichen Bevölkerungen immer noch beträchtlich höher als in städtischen, weil sich die Familienbetriebe in der Landwirtschaft und im ländlichen Kleingewerbe zäher halten als in der industriellen Produktion. Die nach Gemeindegrößenklassen aufbereiteten Daten der Volkszählung 1970 belegen diese Behauptung für die Bundesrepublik Deutschland statistisch (Übersicht 20).

Unter den ländlichen Arbeitnehmern zeichnen sich die Ungelernten vor den Facharbeitern und Angestellten durch einen stärkeren landwirtschaftlichen Rückhalt aus, da sie überwiegend aus dem Kleinbauerntum stammen. Das soziale Gefälle zwischen den land- und hauswirtschaftlichen Familienarbeitskräften und den nichtlandwirtschaftlichen Arbeitnehmern könnte unter Umständen zu einer Spaltung ländlicher Sozialsysteme Anlaß geben. Es gibt Anzeichen

Übersicht 20. Die Erwerbspersonen nach der Stellung im Beruf und nach Gemeindegrößenklassen, Bundesrepublik Deutschland 1970

Gemeindegrößen-klassen (Einwohner)	Von 100 Erwerbspersonen entfielen auf die Berufsstellung			
	Selbständige	Mithelfende	Angestellte Beamte	Arbeiter
unter 500	18,3	25,6	14,2	41,9
500– 1 000	15,0	17,6	19,7	47,8
1 000– 2 000	12,7	11,8	25,1	50,4
2 000– 5 000	10,9	7,5	31,5	50,1
5 000– 10 000	10,1	5,3	37,1	47,5
10 000– 20 000	9,1	4,2	39,9	46,7
20 000– 50 000	8,3	3,2	41,9	46,6
50 000–100 000	7,2	2,6	43,3	46,9
100 000 und mehr	7,4	2,2	49,1	41,3
Bundesgebiet insgesamt	9,8	6,4	38,1	45,7

Quelle: Volkszählung 1970, Sonderaufbereitung der Gemeindeblätter

dafür, daß sich neben einem fortschrittlichen, von der Entwicklung begünstigten industriell-bürokratischen und einem rückständigen, existentiell bedrohten agrarischen noch eine dritte Kategorie von sozial wenig integrierten Alten, Ausgesteuerten und Arbeitslosen bildet.

2.6.3 Beschäftigungsstruktur

Die Beschäftigungsstruktur einer Siedlung zeigt das zahlenmäßige Bild vom Arbeitsbesatz der am Ort befindlichen Arbeitsstätten. Diejenigen, die außerhalb des Ortes ihren Arbeitsplatz haben (Auspendler, Wanderarbeiter) werden nicht berücksichtigt, dagegen die von außerhalb in den Ort zur Arbeit kommenden Einpendler. Aus einem hohen Anteil der Hereinpendler an den Ortsbeschäftigten schließt man auf die vorwiegende Arbeitsstättenfunktion eines Ortes, umgekehrt deutet ein hoher Auspendleranteil auf eine vorherrschende Wohnfunktion hin. Charakteristisch für die ländliche Situation ist es, daß eine große Zahl arbeitsfähiger Personen am Wohnort keinen Arbeitsplatz findet. Im Jahre 1967 belief sich in den westdeutschen Gemeinden unter 1000 Einwohnern der Anteil der Auspendler auf 72 Prozent der männlichen und 58 Prozent der weiblichen nichtlandwirtschaftlichen Erwerbstätigen.

Die Erwerbsstruktur der am Ort Beschäftigten ist auf dem Lande häufig eine ganz andere als diejenige der am Ort Wohnenden (Abb. 9). Man spricht daher auch vom „doppelten Gesicht" der Landorte: An Werktagen bestimmt die Minderheit der Bauern und Handwerker das Ortsbild; am Wochenende und an Sonn- und Feiertagen setzen die pendelnden Fabrikarbeiter und Büroangestellten die Akzente.

Unter *Pendlern* versteht die Statistik sowohl die Arbeitskräfte, die auf dem Weg zu ihrer Arbeitsstätte die Gemeindegrenzen überschreiten (Berufspendler) als auch die grenzüberschreitenden Schüler (Ausbildungspendler) und Konsumenten (Einkaufspendler). Bei der Überschreitung der Gemeindegrenzen wird aus einem menschlichen und verkehrstechnischen auch ein kommunales Problem. Im Zusammenhang mit der Pendelei treten vor allem drei Problemkreise in den Vordergrund: (1) die technische und organisatorische Bewältigung des Verkehrs, (2) die kommunalwirtschaftlichen und -fiskalischen Probleme des Steuerausgleichs und (3) die zeitlichen, finanziellen und nervlichen Belastungen der Pendler und ihrer Familienangehörigen. Diese Probleme erfordern ganz verschiedene Lösungen, je nachdem, ob es sich um Tages-, Wochen- oder Monatspendelei handelt. Während die Möglichkeit, einen Arbeitsplatz in Tages-

86 Soziologie des Landes

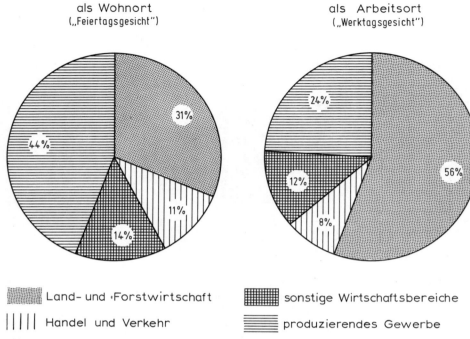

Abb. 9. Die Wirtschaftsstruktur der westdeutschen Landgemeinden

pendelentfernung (zumutbar eine halbe Stunde Wegzeit) zu erreichen, im allgemeinen der Abwanderung aus ländlichen Gebieten entgegenwirkt und meistens einen sozialökonomischen Aufschwung des Wohnortes (Einkommensverbesserung, Bau von Eigenheimen) zur Folge hat, wird der Zwang zur Wochen- und Monatspendelei auf die Dauer als so schwerwiegende Belastung des Familienlebens empfunden, daß eine Abwanderung erwogen wird.

Es ist behauptet worden, die Pendler seien weniger in das politische und soziale Leben ihres Wohnortes integriert als die örtlichen Arbeitskräfte. Der Haus- und Grundbesitz, den viele Pendler ihr eigen nennen, wirkt ihrer Desintegration entgegen. Tatsächlich bilden die Pendler neben den selbständigen Landwirten und Gewerbetreibenden ein weiteres Element des ländlichen Mittelstandes. Sie stabilisieren die ländliche Sozialstruktur durch ihr relativ hohes Arbeitseinkommen, ihren Besitz und ihre Berufszufriedenheit. Aus Dorfuntersuchungen weiß man, daß die Pendler eine neue sozialaktive Schicht der ländlichen Gesellschaft darstellen, die in der Selbstverwaltung, den Vereinen und Interessengruppen öffentliche Aufgaben wahrnimmt. Aufgrund ihres erweiterten Erfahrungshorizontes und ihrer Unabhängigkeit von der Dorfökonomie sind vor allem die Fernpendler in der Lage, gegen traditionelle Autoritäten aufzutreten und damit wesentlich zur Landverwandlung beizutragen.

Die *Doppelberuflichkeit* hat eine lange Tradition in den Kleinbauerndörfern, in denen die landwirtschaftlichen Betriebe nicht genug abwarfen, um eine Familie zu ernähren. Hier waren die meisten Bauern genötigt, durch handwerkliche Tätigkeit, Gelegenheits-, Wald- und Wanderarbeit dazu zu verdienen. Die Landgemeinden hatten immer auch viele nichtlandwirtschaftliche Positionen zu vergeben, die für sich allein nicht ausreichten, eine Existenz zu sichern, wie Gemeindediener, Mesner, Straßenwart, Feldhüter, Postbote. Die meisten Dorfbediensteten mußten ihre ökonomische Basis durch Landbewirtschaftung ergänzen. Dasselbe galt für die

Saisonarbeiter. Nur auf den größeren Höfen wurde jede Hand für Feld- und Stallarbeit gebraucht und genug erwirtschaftet, daß alle ihr Auskommen hatten. Heute haben auch diese Betriebe eine Ertragslage, die einen Zuerwerb erwünscht erscheinen läßt, und sie haben in der Regel auch Arbeitskapazitäten für einen außerbetrieblichen Erwerb frei. Aus den genannten Gründen ist die Doppelberuflichkeit in der landbewirtschaftenden Bevölkerung seit alters verbreiteter als in jeder anderen Bevölkerungskategorie. Den Arbeiterbauern und den Handwerkerbauern stehen heute zahlreiche doppelberufliche Pendler zur Seite.

Berufliche Spezialisierung ist ein durchgängiges Kennzeichen der Arbeitswelt von Industriegesellschaften. Der Anteil ungelernter Arbeiter (Hilfs- und Gelegenheitsarbeiter) ist zwar auf dem Lande höher als in der Stadt, der Facharbeiter ist aber auch dort in allen Wirtschaftsbereichen einschließlich der Landwirtschaft im Vordringen. Bedeutsam ist, daß auch die landwirtschaftlichen Betriebe immer stärker spezialisiert werden. Die Spezialisierung führt zu einer Rollendifferenzierung innerhalb der Landwirtschaft und zu höheren beruflichen Leistungen, vermindert aber die Unabhängigkeit. Die Abhängigkeiten von Lieferanten, Kunden, Kreditgebern, Lohnunternehmern, Beratern, Reparaturbetrieben usw. schaffen eine große Zahl von Außenkontakten und Beziehungen vertraglicher und informaler Art.

Trotz dieser Entwicklung sind Landwirte wie andere Landbewohner meistens beruflich sehr vielseitig. Man findet unter ihnen viele handwerkliche Universalisten. Die berufliche Vielseitigkeit hängt mit folgenden vier Umständen zusammen: (1) einer stärkeren praktischen Ausrichtung, (2) dem Mangel an einem breiten Spektrum von Dienstleistungsbetrieben, (3) dem Eigenheim und Grundbesitz, der die verschiedenartigsten Anforderungen an das praktische Können stellt, (4) der Notwendigkeit, die Kosten für die teure Inanspruchnahme von Fachleuten durch „do it yourself" zu sparen.

Literatur: BOUSTEDT 1975, II, S. 62–73 und 188–210, FOURASTIÉ 1959, TAFERTSHOFER 1975.

Diskussions- und Prüfungsfragen
1. Erklären Sie den Wechsel von Verbäuerlichung und Vergewerblichung ländlicher Bevölkerungen!
2. Interpretieren Sie die Entwicklung der ländlichen Erwerbsstruktur in Industriegesellschaften!
3. Was versteht man unter einem Pendler, und welche Probleme wirft das Pendeln auf?

3 Ländliche Gesellschaften

Soziale Kategorien, wie sie in Teil 1: 2 gebildet wurden, vermitteln zwar einen Einblick in die Zusammensetzung einer Bevölkerung; sie sagen aber wenig über die gesellschaftlichen Zusammenhänge aus. Dies wird verständlich, wenn wir uns auf die wesentlichen Unterschiede zwischen Bevölkerung und Gesellschaft besinnen. Eine Bevölkerung besteht aus Personen, eine Gesellschaft aus Sozialbeziehungen. Soziale Beziehungen entstehen durch das aufeinander bezogene Handeln von Personen. Auf jede soziale Handlung (Aktion) einer Person folgt eine Gegenhandlung (Reaktion) einer anderen Person. Aus dieser Wechselwirkung des Handelns (Interaktion) ergeben sich soziale Beziehungen. Soziales Handeln soll daher jenes menschliche Verhalten heißen, das Beziehungen zwischen Personen schafft und erhält. Die Art und Weise, wie ein Mensch handelt, hängt von seinem personalen, kulturellen und sozialen System sowie von der jeweiligen Situation ab (Abb. 10).

Die Situation beeinflußt allerdings nur als selektiv wahrgenommene und subjektiv eingeschätzte Wirklichkeit das soziale Handeln. Für jeden Handlungspartner stellt sich die Situation

88 Soziologie des Landes

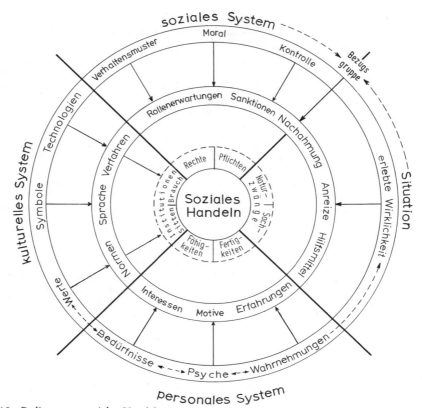

Abb. 10. Bedingungen sozialen Handelns

etwas anders dar. Denn sozial vermittelte Einstellungen und eigene Zielorientierungen lassen den Handelnden einige Elemente der Situation besonders scharf, andere hingegen weniger scharf oder gar nicht wahrnehmen.

Aus dem personalen System kommen vor allem die Beweggründe (Motive) des Handelns als Ausfluß individueller Triebe, Bedürfnisse, Neigungen und Wünsche. Alle Ansprüche und Erwartungen der handelnden Person an das soziale System kann man als „Interessen" zusammenfassen. Dieser Begriff drückt zielgerichtetes Handeln recht gut, affektgeladenes Handeln hingegen weniger treffend aus. Die subjektive Wahrnehmungsfähigkeit sowie persönliche Erfahrungen, Fähigkeiten und Fertigkeiten begrenzen das soziale Handeln einer Person. Es ist Aufgabe der Psychologie, die hier nur angedeuteten komplizierten Zusammenhänge zwischen personalem System und sozialem Handeln aufzuklären und darzustellen.

Dem kulturellen System entnimmt der Mensch hauptsächlich die Leitlinien (Werte, Normen, Grundsätze) und die Mittel (Sprache, Symbole, Technologien) für sein soziales Handeln. Das kulturelle Normensystem taucht vor allem hinsichtlich der grundlegenden Werte und Prinzipien als Moral im sozialen System auf. Die moralischen Ansprüche des sozialen Systems werden als „Rollenerwartungen" an die Mitglieder weitergegeben. Das verinnerlichte Wissen um die geltende Moral erscheint im personalen System als Gewissen. Das Gewissen regt sich, wenn die Eigeninteressen ein Handeln auslösen, das der Moral des sozialen Systems widerspricht, und wenn die auferlegten Verpflichtungen nicht eingehalten werden.

Die kulturellen Normen werden der handelnden Person durch das soziale System, insbesondere durch seine Bezugsgruppe, in Form von allgemeinen Handlungsanweisungen in bestimmten Situationen und von spezifischen Rollenerwartungen in bestimmten Positionen vermittelt. Die ländlichen Rollenerwartungen bewegen sich hauptsächlich in dem Dreieck, das Geschlechtszugehörigkeit, Alter/Familienstand und Herkunft bilden. Für lebenswichtige Bereiche der Gesellschaft gibt es normierte Handlungs- und Beziehungsmuster (Institutionen). Institutionen bilden gewissermaßen das tragende Gerüst ganzer Handlungsabläufe. Aus der Sicht des sozialen Systems gibt es übereinstimmendes (konformes) und abweichendes (deviantes) sowie erlaubtes Handeln. Letzteres unterliegt weder positiven noch negativen Sanktionen.

In ländlichen Gesellschaften haben das soziale System und die Situation ein deutliches Übergewicht über das personale System. Das dörfliche Interagieren wird von vielfältigen wechselseitigen Vor- und Rücksichten, von diffusen Ängsten und eindeutigen Abhängigkeiten, von unbewußten Schuldgefühlen und bewußten Schuldigkeiten mitgeprägt und eingezwängt (vgl. ILIEN und JEGGLE 1978, S. 22). Der Austausch von Leistungen und Gegenleistungen leitet ländliches Handeln in besonderem Maße. Mit anderen Worten, Kosten-Nutzen-Erwägungen haben ein erhebliches Gewicht im ländlichen Handlungsfeld.

Soziale Beziehungen gewinnen in sozialen Gebilden Gestalt und lassen sich als soziale Netzwerke oder als soziale Systeme nachzeichnen. Beim Netzwerkansatz stehen die Verknüpfungen, beim Systemansatz die Funktionen im Mittelpunkt der Betrachtung.

Die Gesellschaft ist das jeweils umfassendste System menschlichen Zusammenlebens. Unter ländlicher Gesellschaft ist demnach die Gesamtheit sozialer Beziehungen auf dem Lande zu verstehen. Ländliche Gesellschaften können zwar nach eigenen Regeln funktionierende (autonome) Systeme darstellen; meistens sind sie aber in umfassendere gesellschaftliche Systeme eingefügt. So kann die ländliche Gesellschaft Teil der „bürgerlichen" Gesellschaft sein, in der das Zusammenleben der Menschen rechtlich durch das „Bürgerliche Gesetzbuch" geordnet und geregelt wird. Historisch ging in Europa der bürgerlichen Gesellschaft die Feudalgesellschaft voraus. Damals übte eine privilegierte Oberschicht die Grundherrschaft, Gerichtsherrschaft und zum Teil auch die Leibherrschaft in der ländlichen Gesellschaft aus.

3.1 Gesellschaftliche Formationen

3.1.1 Etikettierung

Gesellschaften werden gewöhnlich begrifflich gekennzeichnet, indem man sie mit dem Etikett eines charakteristischen kulturellen oder sozialökonomischen Merkmals versieht oder mit dem Namen der vorherrschenden Gruppe oder Institution belegt. Ländliche Gesellschaften werden häufig mit traditional, einfach, immobil, agrarisch, vorindustriell etikettiert. Was ist damit gemeint?

Traditionale Gesellschaften sind solche, in denen sich das Zusammenleben nach überlieferten Regeln und in herkömmlichen Formen vollzieht. Ihnen wird oft die *„moderne"* Gesellschaft gegenübergestellt. Diese Bezeichnung ist jedoch weniger eindeutig. Modern deutet auf neuartig und fortschrittlich hin, sagt aber nichts darüber aus, worin der gesellschaftliche Fortschritt eigentlich besteht. Man verbindet daher „modern" meistens mit Industriegesellschaft, um klar zu machen, daß das Neuartige in der folgenreichen industriellen Produktionsweise liege. Man könnte im Grunde genauso von einer „modernen Agrargesellschaft" sprechen, denn auch der Agrarsektor steht dem Fortschritt offen.

Ausdrücke wie *„Agrargesellschaft"* und *„Industriegesellschaft"* betonen die Erfahrung, daß die Produktionsweise und das Vorherrschen eines Wirtschaftsbereiches in starkem Maße das Zusammenleben der Menschen formen. Daß das Agrarwesen und die agrarische Produktionsweise – im Sinne traditioneller Hand- und Gespannarbeit – immer seltener ländliche Gesellschaften entscheidend prägen, liegt im Zuge wirtschaftlicher Entwicklung. Dennoch gibt es in einigen Regionen der Erde immer noch Gesellschaften oder Subgesellschaften, die als Agrargesellschaften anzusprechen sind.

Auf Agrargesellschaften trifft oft auch das Merkmal *„einfach"* zu, das durchaus nicht mehr alle ländlichen Gesellschaften kennzeichnet. Man sollte einfache Gesellschaften nicht mit *primitiven* Gesellschaften gleichsetzen. Mit „primitiv" bezeichnen Ethnologen in erster Linie schriftlose Gesellschaften. Wenn Soziologen von einfachen Gesellschaften[1] sprechen, dann meinen sie Gesellschaften, die beruflich wenig differenziert sind, deren Zusammenleben auf wenigen Werten und Normen beruht, deren soziale Ordnung hauptsächlich an die Alters- und Geschlechtsunterschiede anknüpft, und deren Gefüge kaum über Familien- und Verwandtschaftsgruppierungen hinausreicht. In einfachen Gesellschaften sind die Sozialbeziehungen übersichtlich und daher relativ problemlos. Sicher waren auch in vorindustrieller Zeit nicht alle ländlichen Gesellschaften von einfacher Art. Sobald nämlich eine Bevölkerung eine bestimmte Personenzahl überschreitet, nimmt die Art und Zahl der Sozialbeziehungen zwangsläufig zu, d. h., die Gesellschaft wird *komplexer*. Insbesondere wächst dann die Zahl und Bedeutung verbindender (intermediärer) Gruppen und Organisationen sowie die Ausformung der Institutionen bis hin zu der in modernen Industriegesellschaften oft beklagten Undurchschaubarkeit der gesellschaftlichen Verhältnisse.

Auch andere Kennzeichen moderner Gesellschaften wie „mobil" und „pluralistisch" treffen auf viele gegenwärtige ländliche Gesellschaften zu. Eine *mobile* Gesellschaft unterscheidet sich von einer immobilen dadurch, daß die Sozialbeziehungen infolge von Orts-, Berufs-, Arbeitsplatz- und Positionswechsel häufig wechseln und zum großen Teil nur flüchtiger Natur sind. Gesellschaften werden als *pluralistisch* bezeichnet, wenn vielerlei Werte und Normen das Zusammenleben regeln, eine Vielzahl von Meinungen, Ansichten und Einstellungen geduldet wird, und wenn Interessenvielfalt und freies Spiel der Kräfte als gesellschaftliche Prinzipien bejaht werden. Im Gegensatz dazu wird in einer *totalitären* Gesellschaft das Zusammenleben von einer einzigen Partei, Clique oder Familie beherrscht und einem einheitlichen Wert- und Normensystem unterworfen. Abweichende Verhaltensweisen und Weltanschauungen werden unterdrückt; alle gesellschaftlichen Kräfte und Gruppierungen werden gleichgeschaltet.

Gesellschaften nehmen als soziale Erscheinungen Gestalt an. Nur mittelbar faßbar sind gesellschaftliche Formationen wie Schicht und Säule. Sichtbarer wird der Aufbau und die soziale Ordnung in den von Altersklassen, Verwandtschaftsgruppen, Ständen, Kasten, Verbänden und Klassen gestalteten Grundformen der Gesellschaft. Soziale Gebilde wie Gruppen und Assoziationen gehören zum Erlebnisbereich von jedermann. Sie bilden die unentbehrlichen Bausteine jeder Gesellschaft.

3.1.2 Geschichtete Gesellschaften

Kulturelle Wertungen sozialer Kategorien und die realen Machtverhältnisse sind die Grundlage vertikaler sozialer Unterschiede. Personen und Familien, die sich aufgrund gleicher oder ähnlicher Merkmale innerhalb einer gegebenen Gesellschaft in einer sozialen Lage befinden, die sich nach oben und unten gegen höher oder niedriger bewertete Lagen abgrenzen läßt, bilden eine soziale Schicht. Die Rangordnung der Schichten drückt man mit den Begriffen Oberschicht, Mittelschicht und Unterschicht aus. Objektive Kriterien, soziale Schichten gegeneinander abzugrenzen, sind in Feudalgesellschaften Rechte und Pflichten, in bäuerlichen Gesellschaften Umfang und Art des Grundbesitzes, der Viehhaltung und der Anspannung, in Industriegesellschaften Einkommen, Bildungsstand, Berufsposition und Wohnungsgröße.

In jeder sozialen Schicht entwickelt sich ein gleicher Lebensstil und ein schichtspezifisches Wert- und Normensystem, weil die Menschen hauptsächlich innerhalb ihrer Schicht wohnen

---

[1] Vgl. dazu Teil 1: 1.5.3

(Segregation), verkehren (convivium), heiraten (connubium) und sich ihre Meinung bilden (consensus). Die Intensivierung der sozialen Beziehungen ist nicht die Ursache, sondern eine Folge der sozialen Schichtung. Es wird erwartet, daß Menschen „ihresgleichen" als Spiel-, Gesprächs- und Ehepartner bevorzugen, daß sie sich in adäquaten Wohnquartieren absondern und eine gewisse Distanz zu anderen Schichten halten. Schichtzugehörigkeit muß demonstriert werden. Die Oberschicht zeichnet sich durch Reichtum, Luxus, Dienstpersonal, Muße und Macht aus. Demgegenüber sind die der Unterschicht zugehörigen Personen arm, abhängig, ohnmächtig, verachtet, nur in Kleingruppen oder gar nicht organisiert. Angehörige fremder Ethnien bilden häufig die Oberschicht (Eroberer, Großkapitalisten) oder die Unterschicht (Gastarbeiter).

Untersuchungen in westlichen Gesellschaften ergaben, daß die ländliche soziale Schichtung sich von der städtischen hauptsächlich in sechs Punkten unterscheidet. In ländlichen Gesellschaften:
(1) gibt es weniger soziale Schichten;
(2) liegen die Schichten näher beieinander;
(3) liegt das gesamte Schichtniveau tiefer;
(4) tendieren die Schichten zu einer Mittellage, die nach der üblichen Einteilung etwa der oberen Unterschicht entspricht;
(5) besteht ein Konsens über die Schichtzugehörigkeit jeder Person und Familie;
(6) werden die Schichtgrenzen strenger respektiert.

Ländliche Gesellschaften können ein-, zwei-, drei- und mehrschichtig aufgebaut sein. Die wissenschaftlichen Schichtmodelle stellen allerdings oft grobe Vereinfachungen oder subjektiv gefärbte Interpretationen der sozialen Wirklichkeit dar.

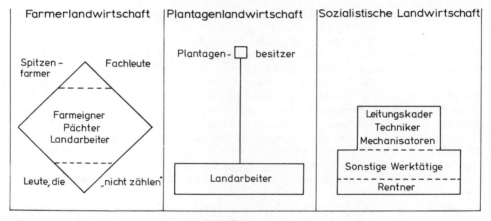

Abb. 11. Schichtungsmodelle in Agrargesellschaften

Ein-schichtige ländliche Gesellschaften: In den überseeischen Farmgebieten boten sich allen Siedlern gleiche Startchancen. Damit waren günstige Bedingungen für die Herausbildung von ein-schichtigen ländlichen Gesellschaften gegeben, zumal in Nordamerika, wo die Idee der Gleichheit zu den höchsten kulturellen Werten zählt. Dennoch hat sich auch dort im Laufe der Zeit aufgrund persönlicher Leistung, Dauer der Ansässigkeit, ethnischer und rassischer Herkunft und Religion eine mehrfache Schichtung ergeben, deren größte Extreme aber nur in die oberen und unteren Lagen der Mittelschicht reichen (Abb. 11). Im allgemeinen sind die Familien an der Spitze die Eigentümer großer, ertragreicher Farmen. Sie verkehren gleichrangig mit den Beamten und Geschäftsleuten in den Zentralorten und besetzen die wichtigeren Positionen, von wo aus sie Schulen, Kirchen und andere Organisationen kontrollieren. Im unteren Zwickel sammeln sich die Familien an, „die nicht zählen": neu Zugezogene, die noch nicht richtig Fuß gefaßt haben, Hilfsarbeiter, verarmte und heruntergekommene Familien. Dazwischen befindet sich die Mehrheit der ländlichen Familien. Sie betrachten sich selbst als die rechtschaffenen, ehrlichen, achtbaren, fleißigen Leute. Gewöhnlich sind es Personen aus dieser Schicht, die die Kirchen, Farmerorganisationen und Klubs tragen.

Auch in vielen Teilen Südostasiens und Ozeaniens bilden die Landbewohner eine relativ einheitliche Schicht, die sich aus unterer Mittelschicht und dem oberen Segment der Unterschicht zusammensetzt. In einigen Regionen, z. B. auf Haiti, sind die Betriebe sehr klein, die Landbausysteme veraltet und die Lebensverhältnisse dürftig. Dort gibt es deshalb trotz der Selbständigkeit der Landwirte faktisch nur eine Unterschicht.

Ursprünglich gab es auch in vielen Gebieten Schwarzafrikas nur eine einzige ländliche Schicht. Die gesellschaftliche Stellung des einzelnen beruhte lediglich auf Alter und Geschlecht. Erst nach Erlangung der Unabhängigkeit kam es zu einer Schichtung der Landbevölkerung in (1) die Schicht der Landwirte, die auf größeren Betrieben mit moderner Technologie für den Markt produzieren, der Großhändler und der höheren Beamten, (2) die Schicht der kleineren Landwirte, die sowohl für den eigenen Bedarf wie für den Markt produzieren, der Kleinhändler, der unteren Beamten und der ständigen Arbeiter und (3) die Schicht der Subsistenzbauern und der Gelegenheitsarbeiter, zu der die Masse der ländlichen Bevölkerung gehört.

Zweischichtige ländliche Gesellschaften: In bäuerlich-gewerblich gemischten Gebieten fern der Verdichtungsräume ist Zweischichtigkeit die Regel. Die Bevölkerung setzt sich hier gewöhnlich aus selbständigen Bauern, Handwerkern und Gewerbetreibenden, aus kleinen Angestellten und einigen unteren Beamten, aus Facharbeitern und vor allem aus ungelernten Arbeitern und Rentnern zusammen; also aus Leuten, die zur Mittel- und Unterschicht gehören.

Ein anderer zweischichtiger Gesellschaftstyp, der das traditionelle Muster in weiten Teilen der Welt darstellt, ist durch eine dünne landbesitzende Oberschicht und eine breite Unterschicht der besitzlosen, ungebildeten, arbeitenden Bevölkerung gekennzeichnet (Abb. 11). In England und in Teilen von Brasilien besteht die Oberschicht aus einem echten Landadel, der auf den Besitzungen residiert. In den Südstaaten der USA und in einigen ehemaligen tropischen Kolonialgebieten bilden „alte" Familien, die schon seit Generationen die Plantagen oder Viehwirtschaften besitzen, die Oberschicht. Meistens ziehen es aber die mittleren und großen Grundeigentümer vor, in den Städten zu wohnen und die Leitung ihrer Güter Verwaltern und anderem Hilfspersonal zu überlassen. Diese Manager bilden dann zusammen mit den notwendigen Technikern und dem Personal der öffentlichen Verwaltung eine zwar dünne, aber echte Mittelschicht, so daß auch bei vorherrschendem Absentismus eine zweischichtige Struktur entsteht. Diese Situation ist ebenfalls für viele Gebiete in Lateinamerika, im Nahen und Fernen Osten typisch.

Zweischichtige Gesellschaftssysteme beruhen nicht immer auf Tradition, sondern bilden sich neu, wo die Landwirtschaft industriemäßig betrieben wird. Dies ist z. B. der Fall in den großen fabrikähnlichen Sonderkulturbetrieben in Kalifornien, in den karibischen Zuckerrohranbaugebieten und in dem von agro-industriellen Großbetrieben geprägten Teil des iranischen Khusistans. Dieses zweischichtige Gesellschaftsmuster dürfte auch für große Teile der sozialistischen Landwirtschaft typisch sein. Denn auch dort bilden die großbetrieblichen Manager zusammen mit den Technikern und Facharbeitern die neue Mittelschicht, die sich deutlich von der Schicht der ungelernten und angelernten Arbeitskräfte und der Rentner abhebt (Abb. 11).

Dreischichtige ländliche Gesellschaften: Dreischichtig sind ländliche Gesellschaften überall dort, wo größere Lohnarbeitsbetriebe und Familienwirtschaften gemischt vorkommen. Neue dreischichtige Gesellschaften bilden sich im ländlichen Raum unter Umständen am Rande von Verdichtungsräumen und in Fremdenverkehrsgebieten aus der der Mittel- und Unterschicht angehörenden ursprünglichen Bevölkerung und Angehörigen der städtischen Oberschicht, die in reizvoller ländlicher Umgebung ihren zweiten oder dauernden Wohnsitz nehmen.

Mehrschichtige ländliche Gesellschaften: In modernen Industriegesellschaften werden gewöhnlich mehr als drei Schichten unterschieden. PAHL (1965) gibt dafür aus dem Umland von London ein Beispiel. Örtlich können sich auch aufgrund besonderer Privilegien oder Vergünstigungen neue Schichten bilden, z. B. heben sich in einem Bodenreformdorf die begünstigten Neubauern deutlich ab von denen, die leer ausgingen. Eine ähnliche Gliederung in Bevorrechtigte und Benachteiligte kann sich in der Nähe eines großen Industriewerkes ergeben, das den Werksangehörigen zahlreiche soziale Leistungen bietet, die den nicht im Werk Beschäftigten vorenthalten sind. In Gebieten mit reger Bautätigkeit schafft die unterschiedliche Möglichkeit, von den steigenden Baulandpreisen zu profitieren, ebenfalls Ungleichheiten.

3.1.3 Umschichtung der westdeutschen Landbevölkerung

Die gegenwärtige Schichtung der westdeutschen Landbevölkerung läßt sich nur aus der geschichtlichen Entwicklung heraus recht verstehen. Zu Beginn des Industriezeitalters gliederte sich die ländliche Gesellschaft in die Oberschicht der Herren, die Mittelschicht der Bauern und die Unterschicht der Dienenden. Die Besitzer ganzer oder halber Höfe (auch: Hufen, Huben, Möhnergüter), die ihrem Grundherrn mit dem Gespann fronen mußten („gespannfähige" Bauern) oder frei auf ihrem Hof saßen (Freisassen), bildeten die obere bäuerliche Schicht der „Hofbauern" oder „Pferdebauern". Aus dieser Schicht ragten einige bis in die untere Führungsschicht hinein, z. B. jene, die das Schulzenamt oder die Posthalterei besaßen. Die untere bäuerliche Schicht der „Kuhbauern" setzte sich aus Seldnern, Köblern, Gütlern, Keuschlern usw. zusammen. Angehörige dieser Schicht besaßen ein kleines landwirtschaftliches Anwesen, Anteile an den Gemeindenutzungen, manchmal auch einen handwerklichen Nebenerwerb. Sie waren zwar Gemeindegenossen, aber solche minderen Rechts. Einzelnen gelang es, durch Tüchtigkeit, Erwerbssinn und kluge Heiratspolitik in die Schicht der mittleren Bauern aufzusteigen; andere hatten Unglück im Stall, verschuldeten ihr Ackerland und sanken dann in die unterbäuerliche Schicht ab.

Die unterbäuerliche Schicht gliederte sich in (1) die Häusler, die zwar ein Wohnhaus, einen Hausgarten und vielleicht ein Krautfeld besaßen, aber kein Ackerland ihr eigen nannten und gewöhnlich auch kein Großvieh hielten; (2) die Hausgenossen, die weder Haus noch Hof besaßen, sondern als „Einlieger" oder „Herberger" bei Bauern und Häuslern gleichsam zur Miete wohnten; und (3) das „fahrende Volk" der Zigeuner, Landstreicher und Bettler. Das Gesinde war völlig in den Betriebshaushalt des Brotherrn eingefügt; im schlimmsten Falle war es nicht mehr als ein Teil des lebenden Hofinventars. Es spielte im Dorfverband keine eigenständige Rolle und bildete daher auch keine spezifische Schicht. Knechte und Mägde wie Häusler und Hausgenossen durften in Gemeindeangelegenheiten nicht mitbestimmen.

Die Schichten wurden vor allem als Verwandtschaft erlebt. Verwandtschaft war die faßbare Gestalt der komplizierten ländlichen Besitz- und Dürftigkeitsverhältnisse. Macht und Ohnmacht waren an die Verwandtschaften geknüpft. Bestrebt, ihren Besitzstand zu wahren, versperrten die oberen Verwandtschaften den unteren den sozialen Aufstieg (vgl. JEGGLE 1977, S. 201 ff.). Erst im Laufe des 19. Jahrhunderts lockerte sich die erstarrte Schichtung.

Die Bauernbefreiung löste die Bauern aus ihren feudalen Bindungen und gab sie dem freien Spiel der wirtschaftlichen Kräfte preis. Die gleichzeitig durchgesetzte Gewerbefreiheit gab vor allem der unterbäuerlichen Schicht Auftrieb. Dorfhandwerker, die vorher nicht viel mehr als Tagelöhner gewesen waren, konnten sich selbständig machen. Aber erst Massenauswanderung und Industrialisierung boten die Alternativen, die die volle Befreiung der unteren Schichten aus der Abhängigkeit von Bauern und Gutsbesitzern ermöglichten. Auf die ökonomische Befreiung folgte die geistige, die zweifellos durch das Erlebnis des Ersten Weltkrieges und die folgende politische Demokratisierung sehr gefördert wurde.

Die traditionelle Dorfhierarchie konnte sich vielerorts dennoch bis zum Zweiten Weltkrieg behaupten, zerbröckelte dann aber mehr und mehr unter dem Druck der Zeitereignisse. Die alte Ordnung wurde in ihren Grundfesten erschüttert, als die heimatvertriebenen Bauern die Fragwürdigkeit einer auf ererbtem Besitz und überlieferten Privilegien beruhenden sozialen Ordnung in den westdeutschen Dörfern leibhaftig vor Augen führten. Neben der hergebrachten Schichtung entwickelte sich eine zweite Gruppierung in Einheimische und Flüchtlinge.

Noch mehr rührte die wirtschaftliche Entwicklung an die Grundlagen der hergebrachten sozialen Schichtung. Dank der jahrelang anhaltenden Hochkonjunktur konnte das ehemalige Dorfproletariat über den Facharbeiter und Angestellten in die Mittelschicht aufsteigen. Die Tagelöhner und „Fabrikler" von ehemals verdienten in der Industrie gut und zum Teil mehr als die Kleinbauern. Sie waren durch die Sozialversicherung besser gegen die Wechselfälle des Lebens geschützt als die Bauern. Mit einer fast naiven Selbstverständlichkeit begannen sie, den erreichten sozialen Aufstieg in Form von schmucken Einfamilienhäusern, Wohnkomfort und Autos öffentlich zur Schau zu stellen.

Die Umschichtung scheint indessen noch keineswegs abgeschlossen zu sein. Da die jeweils in Existenznot geratende untere bäuerliche Schicht in die Industrie überwechselt, wird die landwirtschaftliche Schichtpyramide immer weiter von unten her abgebaut. Der durch die Existenzbedrohung erzwungene Berufswechsel leitet einen sozialen Aufstieg außerhalb der bisherigen Hierarchie ein. Dieser beginnt allerdings oft mit einem sozialen Abstieg, denn die Berufswechsler müssen meistens als ungelernte Arbeiter auf der unteren Stufe der industriellen Hierarchie anfangen. Infolge der Umschichtungen ist an Stelle des früheren hierarchischen Schichtenaufbaus in den ländlichen Siedlungen eine beruflich differenzierte „Mittelstandsgesellschaft" entstanden, deren Grobstruktur Abb. 12 am Beispiel der westdeutschen Landjugend zeigt.

Abb. 12. Sozialstruktur der 17- bis 28jährigen Bevölkerung in westdeutschen Gemeinden mit weniger als 5000 Einwohnern

Die Umschichtung in der ländlichen Gesellschaft ist begleitet von Veränderungen der Wertmaßstäbe. Dies wirft gegenwärtig vor allem in den stadtnahen Landgemeinden, in den Randzonen der Ballungsgebiete und in den Fremdenverkehrsgebieten Schichtzurechnungsprobleme auf. KARL MARTIN BOLTE und Mitarbeiter (1966, S. 228) meinen, in städtisch überwanderten Gemeinden würden im Grunde zwei Bevölkerungen mit unterschiedlichen Kriterien, an denen sich die Zuordnung von sozialer Wertschätzung orientiert, nebeneinander leben. Tatsächlich bestehen in vielen ländlichen Siedlungen zwei Schichtungsprinzipien nebeneinander: ein agrarisches, am Grundbesitz orientiertes und ein industrielles, am Beruf und Einkommen orientiertes. Vom Besitz wie vom Einkommen lassen sich Verbindungslinien zum Aufwand ziehen. Daher ist es nicht unwahrscheinlich, daß künftig der Aufwand der gemeinsame Nenner ländlicher Schichtzuordnung sein wird. Wo die traditionellen Kräfte stark sind, wird in der Übergangsphase häufig den Zugezogenen und Arrivierten überhaupt kein Status zugebilligt. Sie befinden sich außerhalb des öffentlichen Schichtbewußtseins.

3.1.4 Versäulte Gesellschaften

Soziale Schichten, Klassen, Stände und Kasten kennzeichnen im allgemeinen den hierarchischen Aufbau einer Gesellschaft in Ränge verschiedener Wertung. Laufen die sozialen Trennungslinien nicht horizontal, sondern vertikal durch eine Gesellschaft, so spricht man von einer „Versäulung". Der Begriff stammt aus den Niederlanden, wo Strukturanalysen ergaben, daß das kulturelle, politische und wirtschaftliche Leben in konfessionell voneinander getrennten „Säulen" stattfindet. Beispielsweise gibt es einen reformierten, einen calvinistischen und einen katholischen Bauernverband; desgleichen gibt es drei verschiedene landwirtschaftliche Beratungsdienste. Im benachbarten Belgien ist die Gesellschaft infolge der sprachlichen Trennung in einen wallonischen und einen flämischen Teil „versäult". Auch weltanschauliche Parteien, wie in Österreich, Rassen und Ethnien wie in den USA können zu einer Versäulung führen. Besonders kleinere Gemeinwesen neigen eher zu einer Versäulung als zu einer Schichtung, wobei auch Kombinationen beider Prinzipien und Übergangsformen vorkommen. W. C. BAILEY (1943) hat am Beispiel einer texanischen Gemeinde gezeigt, wie sich auf drei Unterschichten von Wanderarbeitern eine konfessionell versäulte Gesellschaft erhebt (Abb. 13). Ein Diagramm von W. L. WARNER (1936) veranschaulicht den Übergang von Rassenschichtung zu Rassenversäulung an Hand der sozialen Organisation im Baumwollgürtel der USA in den dreißiger Jahren.

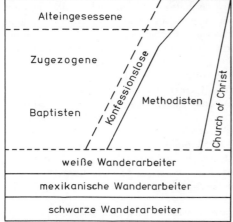

Abb. 13. Kombinierte Schichten- und Säulenstruktur

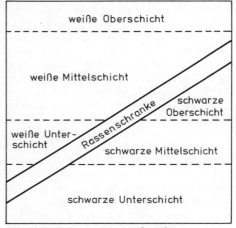

Abb. 14. Beginnende Versäulung im Baumwollgürtel der USA

Soziale Säulen sind häufig noch weniger durchlässig als soziale Schichten. In einer versäulten Gesellschaft steht jedoch dem Individuum der soziale Aufstieg innerhalb seiner Säule offen. Dennoch bedeutet Versäulung eine beträchtliche Erschwernis sozialer Mobilität und Differenzierung in einer Gesellschaft.

Literatur: BELLEBAUM 1978, S. 11–106, BOLTE, KAPPE und NEIDHARDT 1966, BRUNT 1975, PARSONS 1976, POTTER, DIAZ und FOSTER 1967.

Diskussions- und Prüfungsfragen
1. Nehmen Sie kritisch zu der Etikettierung ländlicher Gesellschaften Stellung!
2. Worin unterscheidet sich die Schichtung ländlicher und städtischer Gesellschaften?
3. Beschreiben Sie typische ein-, zwei- und dreischichtige ländliche Gesellschaften!
4. Beschreiben Sie den Vorgang der Umschichtung in den westdeutschen ländlichen Gemeinden im 19. und 20. Jahrhundert!
5. Was versteht man unter „Versäulung"? Nennen Sie Beispiele!

3.2 Grundformen der Gesellschaft

3.2.1 Abstammungsgesellschaften

In vielen agrarischen Gesellschaften bilden Sippe, Klan oder Stamm die Ordnungselemente. Alle drei Begriffe bezeichnen Abstammungsgruppen (lineages). Die Unterschiede liegen in der Straffheit und Gliederung der Organisation. Die Sippe weist den geringsten, der Stamm den höchsten Organisationsgrad auf.

Die *Sippe* ist ein Verband von Blutsverwandten mit gemeinsamem Eigentum oder gemeinsamen Nutzungsrechten an Produktionsmitteln, der unter dem Vorsitz des Sippenältesten (primus inter pares) genossenschaftlich geführt wird. Sippen haben in den sozialen Systemen Schwarzafrikas bis heute eine große Bedeutung. Soweit der Sippenverband auf reiner Männerverwandtschaft beruht, decken sich die Begriffe Sippe und Klan weitgehend.

Der *Klan* (Geschlecht, gens) ist wie die Sippe eine Abstammungsgemeinschaft, die sich auf einen oft nur vorgestellten, mythischen Ahnherrn, ausnahmsweise auch auf eine Stammutter zurückführt. Der Klan wird durch den gemeinsamen Ahnenkult zusammengehalten, vom Patriarchen repräsentiert und von den Ältesten genossenschaftlich geführt. Klane übernehmen Aufgaben, zu deren Erfüllung die Einzelfamilie zu klein ist, unter anderem den physischen Schutz, politische und Regierungsaufgaben, die Organisation religiöser Feiern, die Aufrechterhaltung und den Betrieb von wirtschaftlichen Unternehmen und Förderungseinrichtungen. Eine politische Vereinigung von in Dorfform fixierten Klans wird als „kabylischer Stamm" oder als „arch" bezeichnet; sie ist der Urtyp (Archetyp) einer einfachen, vielgliedrigen (polysegmentären) Gesellschaft. Klane tendieren dazu, in stabilen ländlichen Gesellschaften zu entstehen und unter der Einwirkung von Industrialisierung und Urbanisierung zu zerfallen. Sie haben nach Auffassung von KINGSLEY DAVIS (1967, S. 409) „in der Geschichte der Menschheit eine ungeheure Rolle gespielt, und sogar noch heute leben Millionen Menschen in Klangesellschaften und viele Menschen in Klangesellschaften mit einem Hang zu Klanbildung". So war die vorrevolutionäre chinesische Gesellschaft in Klane gruppiert, die manchmal 200000 bis 300000 Mitglieder umfaßten. In den Urkantonen bestand das Schweizervolk bis in das 18. Jahrhundert aus Geschlechterverbänden, die durch die Bande des Blutes und Herkommens zusammengehalten wurden (vgl. HAUSER 1975, S. 66).

Ein *Stamm* baut sich aus Familien auf, die Teile von örtlichen Verwandtschaftsgruppen sind. Mehrere Verwandtschaftsgruppen bilden zusammen Dorf- oder Lagergemeinschaften. Die regionale Konföderation von Dörfern und/oder Zeltlagern bildet den Stamm. Der Stamm stellt demnach eine „segmentierte Hierarchie" (SAHLINS) von immer komplexeren sozialen Systemen dar (Übersicht 21). Die Ordnung ist durchgängig patriarchalisch, ausnahmsweise auch matriarchalisch. Oberhaupt der Großfamilie ist in der Regel das älteste männliche Familienglied, der Scheich. An der Spitze des Unterstammes steht der Oberscheich. Der Stamm wird vom Hauptscheich geführt. Den Scheichs ist jeweils ein Rat der Ältesten beigeordnet. Stammesangelegenheiten werden bei den alljährlichen Zusammenkünften geregelt. Bei einigen Nomadenstämmen und bei vielen ackerbautreibenden Stämmen ist der Stamm eine Organisation, die nur im Notfall aktiviert wird; im übrigen sind die Sippen selbständig operierende wirtschaftliche und soziale Einheiten.

In Stammesgesellschaften ist die Abstammungsgruppe (1) eine wirtschaftliche Einheit, die ackerfähige Ländereien und Weidegründe besitzt, (2) eine politische Einheit, die Recht setzt und notfalls Fehden und Kriege führt, und (3) eine rituelle Gemeinschaft, die den Ahnen Opfer darbringt. Stammesherrschaft unterscheidet sich von anderen Herrschaftsformen durch das Fehlen eines zentralen politischen Willens. Da es an Rechts- und Ordnungsinstitutionen mangelt, dienen wirtschaftliche Institutionen, Verwandtschaft und Rituale dazu, den ständigen Kampf aller gegen alle zu verhindern oder mindestens in erträglichen Grenzen zu halten. Die Bildung komplizierter „klassifikatorischer" Verwandtschaftssysteme, die Heiratsregeln, die Gastfreundschaft, der Austausch von Geschenken und viele Zeremonien sind als diplomatische Arrangements zur Erhaltung des Friedens zu verstehen (vgl. SAHLINS 1968, S. 4ff.).

Stammesverfassung (Tribalismus) hat unter Kolonialherrschaft meist nur noch ein Schattendasein gespielt. Auch die nach der Befreiung von der Kolonialherrschaft entstehenden Nationalstaaten sehen im Tribalismus in erster Linie ein hinderliches Relikt, denn Stammesverfassung läßt sich schwer vereinbaren mit bürokratischem Verwaltungsapparat, Mobilisierung der Bevölkerung, Berufswechsel und Stadtwanderung. Im Zuge der Entwicklung lösen sich einzelne Personen und ganze Gruppierungen aus dem Stammesverband. Es kommt zur „Stammesentfremdung", die gekennzeichnet ist durch die Verlegung des Dauerwohnsitzes außerhalb der Rechtsprechung der Stammesherrschaft, den Abbruch der Beziehungen zu den Stammesangehörigen und die Unabhängigkeit von der materiellen und ideellen Unterstützung durch den Stamm.

Übersicht 21. Die Organisation eines Beduinenstammes (nach DEQUIN)

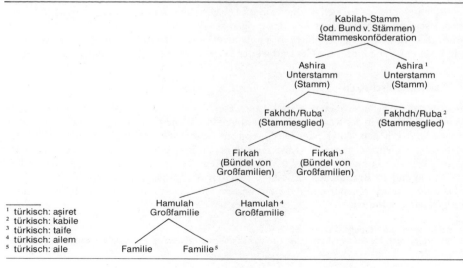

[1] türkisch: aşiret
[2] türkisch: kabile
[3] türkisch: taife
[4] türkisch: ailem
[5] türkisch: aile

3.2.2 Ständegesellschaften

Eine aus beruflichen Kategorien – und nicht wie Stammesgesellschaften aus verwandtschaftlichen Kategorien – abgeleitete Gesellschaftsgrundform ist die ständische. Unter einem Stand[1] versteht man den funktional unterscheidbaren Teil einer Gesellschaft mit eigener traditional orientierter Subkultur, einem eigenen Lebensstil und einem ausgeprägten Bewußtsein der funktionalen Bedeutung: Nährstand, Wehrstand, Lehrstand usw. Im Interesse ihrer Funktionsfähigkeit genießen Stände häufig rechtlich abgesicherte Privilegien oder versuchen, sich solche zu sichern. Das Überwechseln von einem Stand zu einem anderen unterliegt mit Ausnahme der Weihe zum geistlichen Stand negativen Sanktionen. Es kennzeichnet den Stand, daß man hineingeboren wird oder durch besondere Riten (Ritterschlag, Meisterbrief) aufgenommen wird.

Die mittel- und westeuropäischen Gesellschaften des 13. bis 17. Jahrhunderts waren ständisch organisiert. Dabei verschränkten sich die beiden Prinzipien des Geburtsstandes (gleiche Herkunft) und des Berufsstandes (gleicher Beruf). Erster Stand war der Adel, zweiter der Klerus, dritter wurden später die Bürger. Die Bauern bildeten nie einen rechtlichen Stand. Nur in der Rückschau legen manche Autoren ihnen die Bezeichnung „vierter Stand" bei. Eine ständische Verfassung bedeutet an sich keine hierarchische, sondern eine „organische" Ordnung. Faktisch bilden sich jedoch in Ständegesellschaften stets Herrschaftshierarchien aus. Das ständische Ansehen richtet sich hauptsächlich nach der als „natürlich" erachteten Reihenfolge der Über- und Unterordnung. Von bäuerlicher Seite ist dem Primat des Machtakzentes immer wieder der gesellschaftliche Wert der niederen Stände entgegengehalten worden.

In modernen demokratischen Staaten wirkt das ständische Prinzip zum Teil noch in der Einflußnahme der Berufsverbände auf Gesetzgebung und Verwaltung fort. Namentlich in der bäuerlichen Landwirtschaft ist das berufsständische Denken ungebrochen. Dies hat einmal seinen Grund darin, daß die landwirtschaftlichen Arbeitskräfte und Betriebsleiter fast vollständig aus dem eigenen Nachwuchs rekrutiert werden, womit die Kriterien gleicher Herkunft und gleichen Berufes erfüllt sind. Zum anderen darin, daß für die Landwirtschaft eine große Zahl von rechtlichen Sonderregelungen gilt (Kriterium der Privilegierung). Und drittens darin, daß es den Bauern aus bestimmten Gründen nicht möglich ist, ihre Interessen als Klasse für sich durchzusetzen. Hinzu kommt, daß die durch die Landarbeit bestimmten Lebens- und Arbeitsverhältnisse die landwirtschaftlichen Berufszugehörigen stark miteinander verbinden und von anderen Berufskategorien abheben.

Gesellschaftspolitisch hat sich der Bauernstand in Mitteleuropa weitgehend dem Mittelstand angeschlossen, der im alten Sinne die Angehörigen des dritten Standes (selbständige Gewerbetreibende, Kleinunternehmer, Beamte des gehobenen Dienstes, freiberufliche Akademiker) umfaßt, in neuerem Verständnis die Gesamtheit der Bezieher mittlerer Einkommen bezeichnet.

3.2.3 Kastengesellschaften

Noch weiter als im Ständewesen geht im Kastenwesen das Bestreben, angeborene Ungleichheit zum leitenden Prinzip in der Regelung der zwischenmenschlichen Beziehungen und der sozialen Organisation zu erheben. Von Kasten wird schon aus Altägypten, dem Peru der Inkas und Polynésien berichtet. Gegenwärtig ist das Kastenwesen beschränkt auf Südostasien, wo es die soziale Rang- und Berufsordnung von rund 400 Millionen Menschen auf dem Lande prägt. Die hinduistische Einteilung in Brahmanen (Priester), Kshatriyas (Krieger), Vaishyas (Kaufleute und Landbebauer), Sudras (Diener und Arbeiter) besteht nur als Fiktion.[2] Tatsächlich gibt es mehr als 3000 Kasten in Indien.

---

[1] Zum personalen Standesbegriff siehe Teil 1: 4.2.2!
[2] Auf Bali erhielt sich diese Einteilung relativ rein, hat aber im modernen Berufsleben kaum noch Bedeutung.

Die hervorragendsten Merkmale des Kastensystems sind:
(1) Die Trennungslinien zwischen den Kasten werden religiös begründet, z. B. mit der hinduistischen Lehre von der Seelenwanderung, und rituell verfestigt.
(2) Die Zugehörigkeit zu einer Kaste ist angeboren, dauert lebenslänglich und wird vererbt. Man kann aus einer Kaste zwar ausgestoßen werden, verliert aber nie die formale Zugehörigkeit.
(3) Das Bewußtsein der Kastenzugehörigkeit wird betont durch den Kastennamen, die Verinnerlichung der Kastennormen und die Unterwerfung unter die Kastenführung.
(4) Das einigende Band einer Kaste sind der Glaube an eine gemeinsame stammesmäßige oder rassische Abstammung, die Anhängerschaft an eine religiöse Sekte und die Ausübung des traditionellen Berufes.
(5) Der Ehepartner darf nur innerhalb der eigenen Kaste gewählt werden.
(6) Die Kontakte mit Angehörigen anderer Kasten sind eingeschränkt. Die Verbote betreffen körperliche Berührung, gemeinsames Essen und andere Geselligkeiten.
(7) Mit der Kastenstruktur steht nicht nur die Berufsstruktur, sondern auch die Besitz- und damit Machtstruktur in enger Verbindung (Übersicht 22).

Übersicht 22. Kastenstruktur in drei indischen Dörfern, 1966

Kaste	traditioneller Beruf	Einwohner		Anteil am Ackerland, %
		Personen	%	
Thakur	„Landedelmann"	72	6,1	34,2
Koeri	Bauer	234	20,0	17,1
Brahmane	Priester, Landwirt	50	4,3	12,7
Bindh	Fischer, Bauer	174	14,9	10,8
Ahir	Viehzüchter, Kuhhirte	58	4,9	5,2
Bhumihar	„Landedelmann"	10	0,8	4,8
Chamar	Abdecker, Gerber	227	19,4	4,7
Gosain	Tempeldiener, „Ministrant"	25	2,1	2,6
Lohar	Schmied	35	3,0	2,2
Nai	Bader, Friseur	56	4,8	1,9
Kahar	Hausdiener, Wasserträger	75	6,4	1,0
Dhobi	Wäscher	18	1,5	1,0
Tamboli	Betelhändler	23	2,0	0,8
Bhar	Erdarbeiter	11	0,9	0,4
Theli	Ölpresser und -händler	15	1,3	0,3
Dom	Verbrennungsghatdiener	23	2,0	0,3
Haluwai	Zuckerbäcker	28	2,4	–
Bania	Kaufmann	13	1,1	–
Jogi	Hersteller von Glasperlenketten und falschen Zöpfen	9	0,8	–
Kohar	Töpfer	8	0,7	–
Sonar	Goldschmied	4	0,3	–
Moslem	entfällt	3	0,3	–
insgesamt		1171	100	100

Quelle: Nach KANTOWSKI 1970, S. 44 und 69.

Das Kastenwesen „spaltet die Gesellschaft in isolierte und zuweilen verfeindete Einheiten, zwingt Arbeit und Kapital in fest vorgeschriebene Bahnen, vergewaltigt persönliche Mannhaftigkeit, tötet jede Initiative und wirkt als Hemmschuh für Wachstum und Fortschritt; es verhindert die Entfaltung des Nationalbewußtseins, auf dessen Kosten es Sektengefühle fördert", urteilte ZAKIR HUSAIN (1930, S. 6). Obwohl die indischen Regierungen propagiert haben, die

Kastentrennung aufzuheben und besonders die „Unberührbaren" in die Gesellschaft zu integrieren, dauert das Kastenwesen im indischen Dorf noch ungebrochen fort. Da es sich bei Kasten um die denkbar starrste Sozialordnung handelt, die im Grunde nur funktioniert, wenn alle Kasten proportional wachsen oder abnehmen und keine neuen Bedürfnisse und Anforderungen im sozialen System auftreten, zeichnen sich vor allem in den Industrie- und Verwaltungsstädten gewisse Auflockerungen ab. Einige Sozialforscher glauben indessen, daß sich die Kasten im ländlichen Indien noch lange halten werden, da sie in der hinduistischen Seelenwanderungslehre verankert sind und durch viele Kulturelemente gestützt werden, nicht zuletzt durch den Brauch, daß die Eltern die Heiraten arrangieren. Sicher trägt auch der verbreitete Analphabetismus zur Fortdauer der Kastentrennung im Dorf bei.

3.2.4 Klassengesellschaften

In der angelsächsischen Literatur wird gewöhnlich der Begriff der sozialen Schicht mit dem Begriff der sozialen Klasse gleichgesetzt. Im deutschen Sprachgebrauch werden mit „Klassen" meistens gegensätzliche soziale Lagen gekennzeichnet, z. B. sterile und produktive Klasse, herrschende und dienende Klasse, ausbeutende und ausgebeutete Klasse, besitzende und besitzlose Klasse. Aus dem Antagonismus der Klassenmerkmale folgen gegensätzliche Klasseninteressen. Die MARXsche Einteilung in Kapitalisten- und Proletarierklasse baut auf dem Eigentum an Produktionsmitteln auf, aus dem die Verfügungsgewalt über die Arbeitskraft der besitzlosen Klasse folgt. Diese „duale" Klassenstruktur gilt heute im allgemeinen als historisch überholt. Man unterstellt eine Dreiteilung[1] entsprechend den drei wirtschaftlichen Funktionen (1) des Besitzes und Einsatzes von Kapital (Kapitaleigner), (2) der Ausübung der leitenden Verantwortung (Manager) und (3) der Ausführung der Arbeit (nichtleitende Angestellte und Arbeiter).

Bewußtsein der Klassenlage, Kampf für die Klasseninteressen und organisierte Interessenvertretung sind weitere Kennzeichen, die die soziale Klasse von der sozialen Schicht unterscheiden. Die soziale Schicht wird also erst zur sozialen Klasse, wenn sich die betreffenden Personen mit ihrer jeweiligen sozialökonomischen Lage identifizieren, wenn sie erkennen, daß ihr Schicksal mit dem Schicksal aller in der gleichen Lage Befindlichen verknüpft ist, und wenn sie gewillt sind, gemeinsam ihren Besitzstand zu verteidigen und eine bessere Lage zu erkämpfen.

Wendet man diesen Klassenbegriff auf ländliche Gesellschaften an, so findet man wenige, die eine echte Klassenstruktur aufweisen. Nach marxistischer Auffassung sind zwar alle antagonistischen Gesellschaften Klassengesellschaften, namentlich Sklavenhaltergesellschaften, feudalistische und kapitalistische Gesellschaften. In den meisten agrarischen Gesellschaften mit antagonistischer Struktur fehlen den Unterschichten Klassenbewußtsein, politischer Wille und gewerkschaftliche Organisation. Da die Mitglieder der Unterschicht noch nicht zu einer Handlungseinheit zusammengefunden haben, bilden sie zwar eine „Klasse an sich", aber keine „Klasse für sich". Häufig kann gar kein gemeinsames Klassenbewußtsein entstehen, weil die ländlichen Schichten zu unterschiedlich zusammengesetzt oder religiös und ethnisch gespalten sind. In den durch Familienbetriebe geprägten Gesellschaften kann es ohnehin keine Klassen geben, weil die Positionen des Kapitaleigners, Managers und Arbeiters zusammenfallen. Aber auch die „orientalische Despotie" erstickt in den untergeordneten Schichten alle „historischen Energien" des Klassenkampfes (vgl. MARX 1853, zit. nach WITTFOGEL 1977, S. VII).

In vielen Ländern ist man der Ausbildung einer ländlichen Klassenstruktur durch Bodenreformen zuvorgekommen. Dabei ging man im großen und ganzen zwei verschiedene Wege. In

---

[1] In dieses Schema passen die Angehörigen der freien Berufe, die selbständigen Gewerbetreibenden und die Bauern sowie die Rentner nicht hinein.

den westlich beeinflußten Ländern folgte man dem Modell der bäuerlichen Landwirtschaft oder des kommerziellen Farmertums, das dem Ideal einer „klassenlosen" Gesellschaft ziemlich nahekommt. In den sozialistischen Ländern hat man auf dem Wege zur klassenlosen Gesellschaft im Zuge der Bodenreformen zunächst die oberen Klassen der Grundeigentümer (Junker und Kulaken) liquidiert und in einem zweiten Schritt die Bauern und Landarbeiter zu einer einheitlichen Klasse von Genossenschaftsbauern zusammengefaßt. In einem dritten Schritt versucht man, die in den neu entstandenen Großbetrieben sich bildenden Klassenunterschiede zwischen leitendem und ausführendem Personal zu vermindern, indem man möglichst viele ausführende Tätigkeiten in qualifizierte Rollen von Mechanisatoren und Technikern umwandelt und möglichst viele Genossen in leitenden und beratenden Gremien mitreden läßt.

3.2.5 Verbändegesellschaften

Moderne Gesellschaften werden gewöhnlich als „Industriegesellschaften" bezeichnet. Treffender würden sie als „Verbändegesellschaften" charakterisiert, denn industrialisiert sind nur einige Sektoren der Wirtschaft, während die Großorganisationen der Verbände[1] alle Bereiche der Gesellschaft durchdringen. Das anscheinend unaufhaltsame Vordringen der Großorganisationen hat MAX WEBER (1976) mit ihrer „rein technischen Überlegenheit über jede andere Form" erklärt, die auf dem zweckrationalen Aufbau sowie auf der angeblichen Neutralität, Konfliktlosigkeit und Leistungswirksamkeit bürokratischer Geschäftsabläufe beruht. VON WIESE (1964, S. 109) sah die eigentliche Entstehungsursache von Verbändegesellschaften in der Verdichtung der Bevölkerung, die nach seiner Meinung ohne Großorganisationen zu einem Chaos führen würde. Ähnlich meinte auch ROBERT K. MERTON (1968), sich modernisierende Sozialsysteme benötigten unbedingt Organisationen anstelle der vorindustriellen Gemeinschaftsgruppen. Nach ALFRED BELLEBAUM (1978) erfordert die zunehmende Differenzierung sowie die damit einhergehende Spezialisierung zahlreiche koordinierende, bewußt zielgerichtete Einrichtungen und Maßnahmen.

Von den Verbänden wird die Tätigkeit staatlicher Organe nicht nur kontrolliert und beeinflußt, sondern auch entlastet und erleichtert. Verbände erfüllen häufig öffentliche Aufgaben der Beratung, Bildung, Information, Erholung und Fürsorge. Sie stellen ihren Sachverstand öffentlichen Organen unentgeltlich zur Verfügung. Sie erleichtern die Arbeit der Regierung und Verwaltung aber auch dadurch, daß sie ihren Mitgliedern Gesetze und Verordnungen bekannt und schmackhaft machen, mäßigend auf ihre Mitglieder einwirken und sie auf bestimmte politische Entscheidungen und Maßnahmen psychisch vorbereiten.

So unentbehrlich Verbände auch sein mögen, so weckt der Gedanke an einen „Verbandsfeudalismus" doch Unbehagen. Öffentliche Leistungen, die durch einen mächtigen Verband erstritten wurden, können nicht mehr ohne weiteres gestrichen werden. Fortschritte werden verhindert, wenn sie Verbandsinteressen zuwiderlaufen. Der Verbandsegoismus kann sich zum Nachteil der Allgemeinheit oder einzelner Bevölkerungsteile auswirken. Es ist nicht auszuschließen, daß die Politik der Verbände von Cliquen bestimmt wird, die ihren Willen der Mehrheit aufzwingen. Die Beteiligung der Verbände an der politischen Willensbildung verlängert die Entscheidungsprozesse und vermehrt die Entscheidungsträger, die keiner demokratischen Kontrolle unterliegen. Verbände schaffen neue Machtkonstellationen und verändern die Informationsstruktur. Sie aktivieren im Interesse ihrer Selbsterhaltung die Begehrlichkeit ihrer Mitglieder und stellen, um ihre Daseinsberechtigung zu beweisen, immer neue Forderungen an Staat und Gesellschaft. Das Bedenklichste an der Verbändegesellschaft ist aber, daß sich schließlich nur noch diejenigen Bürger Gehör verschaffen können, die machtvoll organisiert sind. Den anderen bleibt nur die Wahl zwischen ohnmächtigem Protest oder Resignation.

---

[1] Siehe dazu auch Teil 1: 3.4 und Teil 3: 6.3

Literatur: BRONGER 1970, NELL-BREUNING 1959, SAHLINS 1968, STAVENHAGEN 1975.

Diskussions- und Prüfungsfragen
1. Beschreiben Sie den hierarchischen Aufbau einer Stammesgesellschaft an einem konkreten Beispiel!
2. Welche Merkmale sind charakteristisch für eine ständische Gesellschaft?
3. Warum hemmt das Kastensystem den sozialen und wirtschaftlichen Fortschritt?
4. Warum sind viele ländliche Gesellschaften zwar geschichtet, besitzen aber keine Klassenstruktur?

3.3 Informelle Gruppierungen

Innerhalb einer Gesellschaft existieren die Menschen nicht beziehungslos wie Flugsand. Sie leben vielmehr in räumlichen Zusammenschlüssen und sozialen Verbindungen. Dem Landwirt drängt sich hier der Vergleich mit der Textur des Ackerbodens auf, in dem er verschiedene Schichten, größere Schollen und kleinere Krümel vorfindet, die miteinander lebend verbaut sind. „Lebendverbauten Krümeln" gleichen in der menschlichen Gesellschaft die Familie, die Nachbarschaft und der Verein; Analogien zu den größeren Schollen sind die Gewerkschaften, Parteien und Nationen.

Die gestalteten sozialen Gemengeteile oder „Elemente der Sozialorganisation" nennt man „soziale Gebilde". VON WIESE, in dessen System der allgemeinen Soziologie (1933, S. 114) soziale Gebilde einen Grundbegriff darstellen, definiert sie als „eine Mehrzahl von sozialen Beziehungen, die so untereinander verbunden sind, daß man sie im täglichen Leben als Einheiten deutet". Seine Unterbegriffe – Massen, Gruppen und Körperschaften – wurden von den abstrakteren Begriffen soziale Aggregate, soziale Gruppen und soziale Assoziationen verdrängt.

3.3.1 Soziale Aggregate

Anhäufungen von Personen, die nur in einem physischen Sinne zusammengehören, ohne in wechselseitiger Kommunikation zu stehen, nennt man „soziale Aggregate", z. B. die Reisenden in einem Zugabteil, die Menschenmenge an einem Badestrand, das Publikum eines Konzerts, die Teilnehmer an einer Demonstration, der Mob eines Aufruhrs, die Bewohner eines Häuserblocks, die Autofahrer in einem Verkehrsstau. Diesen sozialen Gebilden ist gemeinsam, daß sie räumlich begrenzt und wenig strukturiert oder organisiert sind. Der einzelne hat innerhalb eines sozialen Aggregates meist weder Rang noch Namen noch eine besondere Position; seine sozialen Kontakte sind trotz räumlicher Nähe äußerst beschränkt, unverbindlich und flüchtig. Er handelt spontan und unüberlegt: Er schreit, weil andere Zuschauer im Stadion schreien; er ballt die Faust, weil andere Demonstranten die Fäuste ballen; er drängt sich zum Stand eines Straßenhändlers, weil andere Passanten dorthin drängen. Er verhält sich zwar kollektiv, aber er zeigt sonst wenig Anzeichen von sozialem Verhalten. Dazu gehören nämlich Interaktion, Kommunikation und persönliche Beziehungen. Damit ist aber genau jener Typus von Verhalten angedeutet, der soziale Gruppen kennzeichnet.

Während sich der Mensch in der Großstadt sozialen Aggregaten nicht entziehen kann, selbst wenn er es wollte, ist der Mensch auf dem Lande ganz und gar in soziale Gruppen eingebunden. Anonymität und Menge, die beiden Voraussetzungen der sozialen Aggregation, fehlen in der Kleinstadt und im Dorf, wo jeder jeden kennt. Wenn Landleute aggregieren, dann geschieht dies fast immer außerhalb ihrer normalen Umgebung, z. B. anläßlich eines Jahrmarktes, einer

Wallfahrt oder einer berufsständischen Kundgebung. Örtliche Bauernversammlungen, Menschenanhäufungen an Milchsammelstellen oder an ländlichen Bushaltestellen, ja selbst die frohgestimmte Menge beim dörflichen Feuerwehrball zeigen dagegen die Merkmale sozialer Gruppen.

3.3.2 Soziale Gruppen

Soziale Gruppen im weiteren Sinne bilden sich, sobald Menschen in gegenseitige Beziehungen zueinander treten. Diese Beziehungen können verwandtschaftlicher (Familie) oder räumlicher (Nachbarschaft) Art sein oder auf ähnlichen biologischen Merkmalen beruhen (Jugendgruppe) oder Ausdruck gemeinsamer Interessen (Genossenschaft), gleicher politischer Ziele (Ortsgruppe einer Partei) oder gleicher religiöser Überzeugung (Bruderschaft) sein. Gruppen im engeren Sinne sind (1) dauerhafte Vereinigungen mehrerer Personen (2) mit gemeinsamen Interessen und Werten, deren Wechselbeziehungen (3) ein Gefühl der Zusammengehörigkeit (Wirgefühl) erzeugen und (4) eine Abgrenzung erlauben. Jede Gruppe ist als soziale Einheit erkennbar und als solche den Mitgliedern bewußt. Die Mitglieder nehmen innerhalb der Gruppe bestimmte Positionen ein und haben ihre Rollen gemäß den Zielen und Normen der Gruppe zu spielen.

Es gibt mehrere Grundtypen von sozialen Gruppen. CHARLES H. COOLEY (1864–1929) unterschied „primäre" und „sekundäre"; andere Soziologen trennen nach dem Organisationsgrad „informelle" und „formale" Gruppen. Informelle Gruppen werden durch intime Kontakte und persönliche Beziehungen zusammengehalten. Sie zerfallen oder verändern sich sehr stark, wenn Mitglieder ausscheiden. Der Bestand formaler Gruppen hängt dagegen mehr von den Gruppenzielen und von äußeren Voraussetzungen, z. B. von der Mittelausstattung, ab. Die festen Regeln und Satzungen formaler Gruppen überdauern die Fluktuation der Mitglieder.

Primärgruppen sind ursprüngliche Vereinigungen, also solche, in die ein Mensch hineingeboren wird oder hineinzieht. Beispiele sind die Familie, die Nachbarschaft und die Dorfgemeinschaft. Primärgruppen bestehen in der Regel aus einer überschaubaren Zahl von Personen, deren Beziehungen eng, persönlich, intim und häufig sind. Das Verhalten der Mitglieder wird ständig beobachtet; ihr Handeln wird durch Billigung oder Mißbilligung unmittelbar gelenkt. Die Gruppenziele sind gewöhnlich mehr wert- als zweckrational bestimmt.

Demgegenüber sind Sekundärgruppen – in der neueren Literatur oft als Assoziationen bezeichnet – in der Regel aus einer größeren Anzahl von Mitgliedern zusammengesetzt. Die sozialen Beziehungen sind in Sekundärgruppen formeller und Interaktionen seltener als in Primärgruppen. Sekundärgruppen haben (1) einen Namen oder Titel, (2) gewählte oder ernannte Chargen, (3) eine geschriebene Satzung oder Geschäftsordnung und (4) treffen sich regelmäßig an einem bestimmten Ort zu einem bestimmten Zeitpunkt zu einem bestimmten Zweck. Die Mitgliedschaft in einer Sekundärgruppe ist die Folge eines Willensaktes (Zuwahl, Beitritt, Berufung, Aufnahme, Anstellung).

Gesellschaften, die durch das Vorherrschen von Primärgruppen gekennzeichnet sind, werden als Primärgruppengesellschaften bezeichnet und als einfach, gemeinschaftlich, konservativ, organisch, geschlossen, solidaristisch, familiär und traditionsgebunden charakterisiert. Stärker von Sekundärgruppen geprägte Gesellschaften werden dagegen als assoziativ, gesellschaftlich, mechanisch, offen, komplex und dynamisch beschrieben. Die meisten dieser Merkmale sind uns schon beim dichotomischen Stadt-Land-Modell begegnet. Wenngleich ländlich-agrarische Gesellschaften mehr dem Primärgruppentyp zuneigen und städtisch-industrielle mehr dem assoziativ-aggregativen, darf doch nicht übersehen werden, daß auch in einfachen ländlichen Gesellschaften Sekundärgruppen auftreten, und andererseits keine komplexe Gesellschaft ohne einen Grundstock von Primärgruppen existiert. Auch in hochgradig organisierten Gebilden bilden sich im Rahmen der formalen Gruppierungen informelle Gruppen.

In der sozialen Organisation einfacher Gesellschaften herrscht die Primärgruppe vor. Je komplexere Formen eine Gesellschaft annimmt, desto mehr müssen die Beziehungen zwischen den Menschen formalisiert werden. Deshalb finden wir heute auch in der ländlichen Bevölkerung eine Zunahme von Sekundärgruppen, und dementsprechend nimmt die Bedeutung der Primärgruppen ab.

3.3.3 Informelle Gruppen

Obwohl informelle Gruppen überall vorhanden sind, ist ihre Erforschung von der Soziologie, insbesondere auch von der Landsoziologie, vernachlässigt worden. Dies ist um so erstaunlicher, als sie für das Verhalten von nicht zu unterschätzender Bedeutung sind. Sie bilden die eigentlichen Bezugs- und Orientierungsgruppen. Aus der Betriebssoziologie ist bekannt, daß die tatsächlichen Arbeitsnormen in den informellen Gruppen abgestimmt werden. Häufig werden Vorentscheidungen in Gemeindeangelegenheiten oder in der Geschäftspolitik in informellen Gruppen gefällt. Wer Neuerungen einführen oder bestehende Verhältnisse beeinflussen will, kann an den Interaktionsmustern der örtlichen Kleingruppen nicht achtlos vorbeigehen. Für den Berater wie für jedermann, der sich mit ländlicher Sozialorganisation zu befassen hat, ist es deshalb unerläßlich, etwas über die Art und Funktionsweise informeller Gruppen zu wissen. Zwei Methoden werden gewöhnlich benützt, um das Vorhandensein und die Struktur informeller Gruppierungen zu entdecken: die Beobachtung und der soziometrische Test (vgl. Teil 1: 3.5).

Informelle Gruppen variieren von zwei bis dreißig Personen und mehr. Wird der obere Personenbereich erreicht, so kommt es gewöhnlich zu einer gewissen Formalisierung oder zum Auseinanderfallen in kleinere Grüppchen und Cliquen.[1] Eine informelle Gruppe erreicht eine kritische Größe, wenn nicht mehr jeder mit jedem unmittelbar interagieren kann, weil dann das integrierende Wir-Gefühl verlorengeht.

Soziale und räumliche Nähe sind die bestimmenden Faktoren bei der Entstehung und Fortdauer informeller Gruppen. Mitglieder einer informellen Gruppe gehören gewöhnlich derselben Schicht an und pflegen den gleichen Lebensstil, haben das gleiche Glaubensbekenntnis und die gleichen beruflichen oder Freizeitinteressen. Oft bestehen sie aus Gleichaltrigen (peer group) oder nur aus Männern oder Frauen. Im Orient bilden häufig Brüder, Vettern und Schwäger das Grundgerüst informeller Gruppierungen.

Der Raumbezug ist für informelle Gruppen sehr wichtig, weil andere formale Elemente fehlen. Eine Straßenecke, eine Bank vor dem Haus, die private Gaststube, der Dorfkrug usw. können die Treffpunkte sein.

Definitionsgemäß haben informelle Gruppen keine Rollen, die an eine besondere Statusposition gebunden sind. Dennoch gilt auch in informellen Gruppen die Grundregel, daß nicht alle Mitglieder dasselbe gleichzeitig und gleich gut tun können. Deshalb entstehen Erwartungsmuster, die sich mit den Gruppenbedürfnissen und den persönlichen Eigenschaften verbinden. Gewöhnlich spielt sich eine dauerhafte Rollenverteilung ein. Die erfolgreichsten Gruppen sind jene, in denen unterschiedlich veranlagte Personen in den Rollen des Anregers, Informationssuchers, Informanten, Meinungsmachers, Unterhalters und Zuhörers agieren. Angreifer, Spielverderber, Bekenner, Konkurrenten, Rechthaber, Sympathiesucher und Playboys stören hingegen das Gruppenleben.

Individuelle Fähigkeiten, individuelle Bedürfnisse und Gruppenbedürfnisse werden im allgemeinen in einer Weise miteinander verwoben, die weit davon entfernt ist, führungslos zu sein. Allerdings pflegt in der Machtstruktur einer informellen Gruppe Einfluß wichtiger zu sein als

---

[1] Cliquen sind exklusive Kleingruppen, deren Angehörige aufgrund gegenseitiger Zuneigung oder gemeinsamer Interessen enge und kooperative Beziehungen zueinander unterhalten.

Autorität. Vergleichende Untersuchungen haben ergeben, daß (1) die Führerschaft bzw. Machtverteilung in ländlichen Gruppen weniger pyramidisch, diktatorisch und absolut ist als in städtischen, und (2) informelle Gruppen, die mit der Familie um die Kontrolle von Personen konkurrieren, auf dem Lande seltener sind. Außerfamiliäre Gruppen konstituieren weniger wichtige Bezugsgruppen als vergleichbare Gruppen in der Stadt (vgl. LOOMIS und BEEGLE 1960, S. 124 f.).

Rangunterschiede sind in informellen Gruppen nicht groß, einmal wegen der üblichen Homogenität der Mitglieder und zum anderen wegen des Bestrebens, sich dem Durchschnitt anzunähern. Dennoch bildet sich eine gewisse Rangordnung aus, hauptsächlich aufgrund des Erfolgs im Aufbau persönlicher Beziehungen (Beliebtheitsskala) und persönlicher Eigenschaften. Rangordnungen können sich in festen Sitzordnungen oder in bestimmten Ritualen äußern.

Die Tatsache, daß informelle Gruppen keine geschriebenen Satzungen oder ähnliches haben, bedeutet nicht, daß keine Verhaltensnormen bestünden. Im Gegenteil, informelle Gruppen können sehr unbarmherzig in der Durchsetzung anerkannter und angenommener Verhaltensweisen sein. Als letztes Mittel steht ihnen der Ausschluß eines Mitgliedes wegen „unmöglichen" Verhaltens zur Verfügung. Im allgemeinen halten offene oder versteckte Mißbilligung, Rüge, Tadel und Klatsch Verstöße gegen die Gruppennormen in engen Grenzen.

Kommunikationsschwierigkeiten sind innerhalb informeller Gruppen minimal. Oft genügt schon ein für den Außenseiter unverständliches Wort oder eine Geste, um den Mitgliedern folgenschwere Mitteilungen zu machen. Häufig entwickeln informelle Gruppen ihr eigenes Vokabular und ein Ritual auf der Grundlage eigener Symbole.

Viele informelle Gruppen haben keine besonderen Ziele. Die Leute versammeln sich, weil es der Zufall so fügt, oder weil sie einfach gerne beieinander sind. Mag der Anlaß auch scheinbar zweckfrei sein, so wirkt dennoch jede informelle Gruppe funktional, mindestens insofern, als sie dem einzelnen Gelegenheit zur Interaktion bietet, Orientierung gibt und für Sozialisation sorgt. Die Bedeutung der informellen Gruppen im Innovations- und Diffusionsprozeß (siehe Teil 3: 1.2.2) ist bewiesen. Es sind hauptsächlich die informellen Gruppen, in denen sich Meinungen bilden, Einstellungen verfestigen, Ansichten bestärken und Gedanken und Informationen ausgetauscht werden. Aus dem Zusammensein in informellen Gruppen ergibt sich oft auch eine Zusammenarbeit in beruflichen Dingen und in der Berufsvertretung. In einer sozialen Ordnung, die immer bürokratischer wird, ist wohl eine der wichtigsten Funktionen informeller Gruppen, die Frustration zu vermindern, die sich bei Tätigkeiten in formalen Organisationen, z. B. am Fließband, einstellt. Insbesondere für Personen in niederen Positionen ist die informelle Gruppe ein Ort der Selbstwertbestätigung und des emotionalen Ausgleichs.

Literatur: FICHTER 1970 S. 57–81, LEHMANN 1976, MILLS 1976.

Diskussions- und Prüfungsfragen
1. Definieren Sie die Begriffe soziales Aggregat, soziale Gruppe und soziale Assoziation!
2. Warum sollte ein Berater möglichst viel über informelle Gruppen wissen?

3.4 Soziale Assoziationen

3.4.1 Ortsvereine

Formale Gruppen treten um so mehr in Erscheinung, je differenzierter eine Gesellschaft ist. Die soziale Differenzierung ist freilich noch keine hinreichende Vorbedingung für einen hohen Organisationsgrad. Es muß der politische Wille hinzutreten, die Bevölkerung zu organisieren, was besonders ausgeprägt in totalitären Staaten der Fall ist, oder das Bedürfnis der Bevölkerung, sich zu den verschiedensten Zwecken formal zu gruppieren. Hinsichtlich der Vereinsfreudigkeit der Bevölkerung gibt es in ländlichen Gebieten große Unterschiede, die mit der Siedlungsstruktur, den Verkehrsbedingungen und der Mentalität zusammenhängen. Noch entscheidender ist für das ländliche Vereinsleben, ob sozialaktive Persönlichkeiten vorhanden sind, die sich der Vereinsarbeit widmen. Die ehrenamtlichen Positionen in den Vereinen sind heute längst nicht mehr so begehrt wie früher, weil sie viel Zeit beanspruchen, manchen Ärger bereiten und relativ wenig Prestige einbringen.

Das Vereinswesen ist in Siedlungen mit weniger als 2000 Einwohnern wenig differenziert. Ortschaften dieser Größenordnung können unter südwestdeutschen Verhältnissen – sofern sie keine zentralörtliche Bedeutung haben – höchstens einen Sportverein, einen Kirchenchor, ein oder zwei Zweckvereine, einen Frauenkreis und wahlweise einen Gesang-, Schützen- oder Karnevalsverein tragen. Die Zahl der potentiellen Mitglieder ist in der Regel für die Gründung von Ortsgruppen der Parteien und Interessenverbände zu klein. Im Durchschnitt gibt es in Siedlungen dieser Größenordnung rund ein Dutzend formale Gruppen. Die Schwelle zwischen diesem minimalen Vereinsleben und einem reichhaltigeren Vereinsangebot liegt zwischen 2000 und 4000 Einwohnern. Zentrale Orte von dieser Größe weisen im Mittel schon dreißig verschiedene Vereinigungen auf.

In Deutschland entstanden die ersten ländlichen Vereine im 19. Jahrhundert, nachdem die Bürger das Recht auf Rede- und Versammlungsfreiheit erlangt hatten. Der Anstoß ging häufig von ortsfremden, zugezogenen oder solchen Dorfbewohnern aus, die längere Zeit in der Fremde weilten. Die frühesten Vereine waren die Krieger-, Schützen- und Veteranenvereine, die nach den napoleonischen Kriegen[1] bzw. nach dem deutsch-französischen Krieg (1870/71) gegründet wurden. Sie pflegten das Fronterlebnis, die Erinnerung an die gefallenen Kameraden und die Waffentugenden. Ihre Tradition lebt mancherorts in den Schützenvereinen fort. Der nach dem Zweiten Weltkrieg gegründete Verband der Kriegsopfer (VdK) hat auf dem Lande ebenfalls Bedeutung erlangt, agiert aber mehr als Interessenverband denn als Traditionsverein.

Um die Jahrhundertwende schossen die Gesangvereine[2] aus dem Boden, in denen die Honoratioren und die bürgerliche Schicht stark vertreten sind. In der Zwischenkriegszeit wurden hauptsächlich Turn- und Sportvereine gegründet. Da Sporttreiben der herkömmlichen bäuerlichen Muße nicht entsprach, wurden die Turn- und Sportvereine anfangs überwiegend von Fabrikarbeitern und Angestellten getragen. Die geselligen Vereine stellen wie die Frauenkreise und Jugendgruppen meist jüngere Gründungen dar.

Neben den Ortsvereinen sind in den letzten Jahren in Westdeutschland zunehmend überörtliche Vereinigungen entstanden. Insbesondere die Jugend- und Frauenarbeit sowie die Erwachsenenbildung umgreifen häufig mehrere Ortschaften. Die meist locker um einen organisatorischen Kern zusammengeschlossenen Bildungs- und Freizeitgruppen (z. B. Katholische Landjugend) wecken oder pflegen spezielle Freizeitinteressen, erlauben überörtlichen Gedankenaustausch, nehmen Rücksichten auf individuelle Wünsche und Bedürfnisse und können manches zum Verständnis der personalen Lage innerhalb der neuen, mobilen Gesellschaft beitragen.

In der Bundesrepublik Deutschland gehören rund drei Viertel der jungen Männer und ein Drittel der jungen Frauen auf dem Lande irgendeinem Verein an (vgl. PLANCK 1970). Der Organisationsgrad der mittleren Generation ist noch höher. Mehrfachmitgliedschaften sind häufig. Den stärksten Zulauf haben seitens der ländlichen Jugend die Turn- und Sportvereine. Deren Mitgliederstruktur kommt der Sozialstruktur der Ortsbevölkerung am nächsten. An zweiter Stelle in der Rangfolge des Mitgliederanteils folgen Zweckvereine wie Freiwillige Feuerwehr, Deutsches Rotes Kreuz, Deutsche Lebensrettungsgesellschaft und Technische Nothilfe. Die lebhafte und innerlich bejahte Aktivität in diesen altruistischen Vereinen ist kennzeichnend für

---

[1] Auch landwirtschaftliche Vereine und Zirkel entstanden um diese Zeit.
[2] Der erste ländliche Gesangverein wurde in Österreich schon 1833 in Markt Haslach (Mühlviertel) gegründet.

die ländliche Situation und ein Zeichen des Willens zur Selbsthilfe in den Landgemeinden. Hier werden Aufgaben noch ehrenamtlich erfüllt, die in den Städten längst professionalisiert sind. Häufig gestalten einzelne Schützen-, Karnevals-, Heimat- und Gesangvereine das gesellschaftliche Leben auf dem Lande. Sie vereinen bei Umzügen, Dorffesten, Bällen und Theateraufführungen die gesamte Einwohnerschaft. Auch viele Obst-, Gartenbau- und Züchtervereine pflegen die Geselligkeit.

Für das gesellige und kulturelle Leben der Landgemeinden sind außerdem die meist offenen Veranstaltungen der Kirchen und Volksbildungswerke von hervorragender Bedeutung. Trotz ihrer relativ stabilen Besucherschaft mangelt es ihnen etwas an organisierter Kraft. Dies gilt auch für die religiösen, weltanschaulichen und berufsständischen Jugendgruppen, die eine starke Mitgliederfluktuation aufweisen und in zunehmendem Maße als „offene Jugendarbeit" überörtlich organisiert werden. Dem Gesellungsbedürfnis der weiblichen Landbevölkerung nehmen sich hauptsächlich die Kirchen und die Landfrauenverbände an. Politisch aktive Frauenvereine amerikanischen Zuschnitts fehlen im ländlichen Deutschland.

Hauptträger des ländlichen Vereinswesens ist die eingesessene Besitzerschicht. Je höher ein Landbewohner in der örtlichen Ranghierarchie steht, desto umfassender pflegt er am Vereinsleben teilzunehmen. Die ländlichen Vereine rekrutieren ihre Mitglieder überwiegend aus der örtlichen Ober- und Mittelschicht, während die Unterschicht relativ schwach vertreten ist. Unterschichtenangehörige werden oft durch die Angst vor nicht erfüllbaren Leistungserwartungen oder durch die Furcht vor Zurückweisung vom Vereinsbeitritt abgehalten. Die Vereinsmitglieder sind mehr als die Nichtmitglieder nachbarlich und gemeindlich integriert und stärker an kommunalen Angelegenheiten interessiert. Hier bestätigt sich die Regel, wonach die Beteiligung in einem sozialen Feld die Beteiligung in anderen sozialen Feldern stimuliert (kumulative Partizipation).

Die Vereine übernehmen vielfach Aufgaben der Kooperation und der Kommunikation, die sonst in informellen Gruppen wahrgenommen werden. Sie erfreuen sich heute auf dem Lande größeren Zulaufs als in der Stadt, weil sie offenbar dem Bedürfnis der ländlichen Bevölkerung nach Selbsthilfe, geselliger Freizeitgestaltung, Selbstdarstellung, Meinungsaustausch und dorforientierter Meinungsbildung entgegenkommen. Darüber hinaus erfüllen sie noch eine Reihe von Funktionen; z. B. dienen sie den herrschenden Cliquen und Sippen als organisierte Hausmacht.

Die Vereine bilden wichtige „intermediäre" Gruppen, d. h. sie verbinden Einzelelemente (Personen, Haushalte) mit dem Ganzen der eigenen Ortschaft und mit der größeren Gesellschaft. Auf diese Weise tragen sie zur Integration des einzelnen in die Dorfgemeinschaft und des Dorfes in größere gesellschaftliche Zusammenhänge wesentlich bei. Letzteres geschieht auf dem Wege (1) der „Maßstabsvergrößerung"[1], (2) der Gründung von Ortsgruppen großer Organisationen, (3) der Vereinsausflüge und (4) des Gegenbesuches auswärtiger Vereine. Der Umstand, daß in den Vereinen Angehörige der lokalen Oberschicht, die aufgrund ihrer häufigen Außenkontakte überlokale Verhaltensmuster in die Dorfgesellschaft einbringen können, mit Angehörigen anderer Schichten interagieren, macht die Vereine zu „Schaltstellen für außerdörfliche Bezüge" (KROMKA 1975, S. 172). Aus den genannten Gründen ist die vereinsaktive Landbevölkerung trotz lokaler Orientierung besser in die „größere" Gesellschaft integriert als die übrige Bevölkerung. Ländliche Vereinsmitglieder sind in ihren politischen Vorstellungen häufig fortschrittsoffener eingestellt als Nichtmitglieder (vgl. JAUCH 1975, S. 157). Damit erweist sich die Vorstellung vom spießigen Vereinsmeier als unzulässige Verallgemeinerung. Vielmehr „verkörperten [die Vereine] und waren gleichzeitig das Einfallstor des Neuen, formierten innovatorische Impulse, gaben ihnen Gestalt, kanalisierten, dämpften sie zum Teil auch auf das traditionell verkraftbare Maß" (ILIEN, JEGGLE, SCHELWIES 1977, S. 104).

---

[1] Unter Maßstabsvergrößerung versteht man das Ausgreifen einer formalen Gruppe auf immer größere Gebietseinheiten oder Bevölkerungsteile.

Neben ihrer integrierenden Aufgabe haben die Vereine auch eine Symbolfunktion besonders in einer Zeit, in der die traditionellen Bindungskräfte immer schwächer werden. Aktivitäten und Erfolge der Vereine heben das Selbstbewußtsein der Bevölkerung, und es gibt in kleineren Ortschaften kaum jemand, der nicht aktiv oder passiv am Vereinsleben teilnehmen würde. Es kann jedoch nicht übersehen werden, daß manche Vereine trennend oder spaltend wirken, indem sie entweder nur einer bestimmten, meist der vermögenden Schicht, offenstehen oder miteinander konkurrieren, was eine örtliche Versäulung begünstigt.

Die kommunale Bedeutung der Vereine besteht darin, Kanäle für die Beeinflussung der öffentlichen Meinung, Übungsfelder für sozialaktive Personen, Plattformen für politische Karrieren und Treffpunkte der lokalen Eliten zu sein. RENÉ KÖNIG (1958, S. 93) meinte sogar, von den Vereinen aus baue sich neben der Verwaltungshierarchie noch einmal ein Machtgebilde auf. Dies beruht großenteils darauf, daß die führenden Familien eine Symbiose mit den Vereinen eingehen. In den kommunalpolitischen Auseinandersetzungen der Verwandtschaftsgruppen profilieren sich die jeweiligen Exponenten in den Vereinen. So dienen ländliche Vereine häufig den Interessen lokaler Gruppen als Vehikel oder bilden „Machtapparate" örtlicher Cliquen. Im Hinblick auf Wählerstimmen kommen die Politiker den Vereinswünschen möglichst weit entgegen. Die Inanspruchnahme öffentlicher Leistungen führt umgekehrt zu einer „Kommunalisierung" des ländlichen Vereinswesens.

Außerdem ist für das ländliche Vereinswesen charakteristisch, daß (1) Mädchen und Frauen meist nur über ihre männlichen Familienangehörigen daran aktiv teilnehmen, (2) namentlich in kleineren Ortschaften erhebliche soziale Zwänge zum Vereinsbeitritt ausgeübt werden, (3) starke traditionelle Bindungen einzelner Familien zu bestimmten Vereinen bestehen, (4) die Vereine über ihre eigentlichen Zwecke hinaus wichtige soziale Funktionen erfüllen, (5) Vereinsfeste wahre Dorffeste sind, (6) die Gastwirte einen starken Einfluß auf das Vereinsleben nehmen, (7) auswärtige Auftritte der Ortsvereine stets als eine Prestigeangelegenheit der gesamten Ortschaft erlebt werden, und (8) ländliche Vereine viel häufiger als städtische in Überlebenskrisen geraten.

Schwierigkeiten bereiten den ländlichen Vereinen hauptsächlich das relativ kleine Potential[1] an Mitgliedern und Führungskräften sowie das steigende Anspruchsniveau, das um so weniger leicht zu halten ist, je mehr die Vereine mit dem Unterhaltungs- und Bildungsprogramm der Massenmedien, namentlich des Fernsehens, konkurrieren müssen. Das Dilemma des ländlichen Vereinswesens liegt darin, daß die Vereine einerseits wichtige lokale Aufgaben zu erfüllen haben, andererseits aber zur „Maßstabsvergrößerung" gezwungen sind, um ihre formalen Ziele zu erreichen und der wachsenden Interessenvielfalt der Bevölkerung zu genügen. Ebenfalls der Zielerreichung dient der Zusammenschluß der Ortsvereine zu überlokalen Verbänden. Die Verbandsorgane vertreten einerseits die jeweiligen Interessen der Vereine in der Gesellschaft. Andererseits leistet das Verbandswesen der Fremdbestimmung ländlicher Subgesellschaften Vorschub.

3.4.2 Interessenverbände

Als Interessenverbände werden Großorganisationen bezeichnet, die Berufs-, Standes- und andere partikuläre Interessen vertreten. Sie bauen auf der freiwilligen oder zwangsweisen Mitgliedschaft privater und juristischer Personen auf. Bis zur französischen Revolution war es ein Privileg der Oberschichten, sich zu organisieren. Die unteren Klassen mußten sich das Koali-

---

[1] Paradoxerweise macht aber auch das rasche Bevölkerungswachstum ländlicher Siedlungen den Ortsvereinen den Garaus, wenn sich die Zugezogenen nicht um das Vereinsleben kümmern und damit die Bedeutungslosigkeit der Vereine aufzeigen und deren Tun der Lächerlichkeit preisgeben.

tionsrecht erst Schritt für Schritt erkämpfen. Zuletzt wurde es Landarbeitern und Gesinde zugestanden. Stand die Verbandsarbeit anfänglich im Zeichen des Klassenkampfes, so hat sich dieser längst in einen Vielfrontenkrieg aufgelöst, in dem es zwar auch noch um gesellschaftliche Ziele geht, häufiger aber einfach darum, einen möglichst großen Anteil vom Bruttosozialprodukt zu ergattern.

Als Interessenvertretungen (pressure groups) haben sich die Verbände in den westlichen Industriegesellschaften als Machtgebilde neben Staatsmacht und Parteien etabliert. Sie sind für den Bürger unentbehrlich, um seine Belange gegenüber dem Staat zu wahren und gegenüber anderen Interessengruppen durchzusetzen. Auch ländliche Interessengruppen bis hin zu den Bürgerinitiativen gegen Atommeiler können in eigener Sache wenig erreichen, wenn sie sich nicht verbandsmäßig organisieren. Das Verbandswesen durchdringt daher auch die ländliche Gesellschaft und stellt die Verbindung zur größeren Gesellschaft auf nationaler und supranationaler Ebene her.

Die wichtigsten Aufgaben eines Verbandes sind: (1) Vorteile für die von ihm vertretenen Mitglieder zu erstreiten, (2) Nachteile, die möglicherweise aus dem gleichen Bemühen anderer Interessenverbände folgen könnten, abzuwehren, (3) den Besitzstand seiner Mitglieder zu wahren und zu mehren, (4) die Autonomie des Verbandes auszubauen, und (5) dem Verband möglichst viele Privilegien und öffentliche Aufträge zu sichern.

Die Tätigkeit eines Verbandes besteht aus der internen Verbandsarbeit, der Öffentlichkeitsarbeit und der Einwirkung auf die Sozialpartner und Sozialkontrahenten.

Die interne Verbandsarbeit gliedert sich in Fürsorge und Beratung, Willensbildung und Interessenfixierung. Eine Verbandsführung kann um so energischer auftreten, je geschlossener sie die Mitglieder hinter sich weiß, und kann nur Interessen vertreten, wenn diese fixiert sind. Eine ihrer Hauptaufgaben besteht daher darin, innerhalb der eigenen Reihen die Interessenlage zu analysieren, Prioritäten festzulegen und den Willensbildungsprozeß so lange zu fördern, bis ein hohes Maß an Einverständnis der Mitglieder mit den beabsichtigten Schritten erreicht ist.

Nicht minder wichtig, wenngleich öfters vernachlässigt, ist die Öffentlichkeitsarbeit. Zur Durchsetzung ihrer Ziele sind die Verbände auf die Unterstützung durch Bundesgenossen und auf das Wohlwollen der Öffentlichkeit angewiesen. Sie sind daher bemüht, (1) die Öffentlichkeit zu überzeugen oder wenigstens glauben zu machen, im Sinne des Gemeinwohls zu handeln, (2) Verständnis für ihre Anliegen in der Öffentlichkeit zu wecken, (3) den Eindruck einer seriösen, Vertrauen einflößenden Organisation zu verbreiten und (4) das Bild einer Organisation zu vermitteln, deren Mitglieder geschlossen hinter der Führung stehen.

Das Bemühen, Einfluß auf die entscheidenden Gremien zu nehmen, ist besonders aussichtsreich, wenn es gelingt, schon im Vorfeld der Entscheidungen bei der Willensbildung in Parteien und Fraktionen, beim Entwurf von Gesetzen in den Ministerien und bei der Beratung von Gesetzesvorlagen in den vorbereitenden Ausschüssen die Auffassungen des Verbandes überzeugend zur Geltung zu bringen. Die Mittel der Interessenverbände, auf politische Entscheidungen einzuwirken, reichen von sachlicher Information und rationaler Argumentation bis zu Schwarzmalerei, Bestechung und Drohung. Zur Taktik der Verbände gehört es, Persönlichkeiten ihres Apparates, ihrer Mitgliedschaft oder ihres Vertrauens in entscheidende Positionen einzuschleusen.

Die Macht eines Interessenverbandes hängt ab von (1) der Zahl seiner organisierten Mitglieder, (2) dem Organisationsgrad (Anteil der Mitglieder an den potentiellen Mitgliedern), (3) der Interessengleichheit seiner Mitglieder, (4) der gesellschaftlichen und wirtschaftlichen Bedeutung seiner Mitglieder, (5) der Finanzkraft, (6) der Zerreißfestigkeit, (7) den privilegierten Machtchancen und (8) dem diplomatischen und taktischen Geschick seiner Führer. Die Zerreißfestigkeit eines Verbandes ist nicht nur eine Frage der Interessengleichheit der Mitglieder, sondern auch der Verbandstradition und der Verwurzelung der Verbandsideologie in der Mitgliedschaft. Die Machtchancen eines Verbandes sind um so größer, je mehr Aufgaben ihm von

Gesetzes wegen zugebilligt werden. Dies stärkt außerdem die Stabilität der Organisation und die Stellung der Funktionäre gegenüber den Mitgliedern.

In einem Verband konkurrieren unter Umständen die Eigeninteressen der Beschäftigten mit den Verbandsinteressen und den Mitgliederinteressen. Im Interesse der Beschäftigten liegen Erhaltung des Arbeitsplatzes, humane Arbeitsbedingungen, hohes Arbeitseinkommen und zusätzliche Sozialleistungen. Im Verbandsinteresse liegen Vergrößerung des Mitgliederbestandes, Vermehrung der verfügbaren Mittel und Alleinvertretung aller potentiellen Mitglieder. Die Mitglieder sind an einem möglichst günstigen Verhältnis zwischen den aufgewendeten Beiträgen und den Verbandsleistungen interessiert. Dabei schlägt nicht so sehr zu Buche, was der Verband an Vorteilen für die Gesamtheit erstreitet (Kollektivgüter), sondern was das Einzelmitglied an Sonderleistungen erhält. Die Verbandsführung muß gleichzeitig darauf achten, die Verbindung zur Basis nicht zu verlieren und die angestellten Mitarbeiter zufriedenzustellen. Von der Bereitschaft der Mitglieder, Beiträge zu zahlen, und von der Bereitschaft der Mitarbeiter, loyale Arbeit zu leisten, hängt die Funktionsfähigkeit eines Verbandes ab.

3.4.3 Politische Parteien

Politische Parteien sind wie Verbände Großorganisationen, die um Macht und Einfluß ringen. Im Unterschied zu den Verbänden sind jedoch Parteien politisch hochprivilegiert (Aufstellung der Kandidaten für Parlamentswahlen, Besetzung wichtiger Führungspositionen, politische Willensbildung, Kontrolle der Öffentlichkeit) und weniger auf Mitglieder als auf Wählerstimmen angewiesen.

Die Grenzen zwischen Verbänden und Parteien sind allerdings fließend. In westlichen Demokratien stellen sich Parteien oft in den Dienst von Verbänden. Manche Abgeordnete sind mehr Verbandsvertreter als Volksvertreter. In totalitär regierten Ländern werden umgekehrt die Wirtschaftsverbände an die Staatspartei oder an den Verwaltungsapparat gebunden („gleichgeschaltet"), und es werden ihnen hoheitliche Aufgaben übertragen. Ein gutes Beispiel dafür ist der „Reichsnährstand", in dem im Dritten Reich der gesamte Agrar- und Ernährungssektor organisiert war.

In vielen westlichen Demokratien gibt es Parteien, deren wichtigstes politisches Ziel die Förderung der Landwirtschaft im allgemeinen und der gutswirtschaftlichen oder der bäuerlichen Landwirtschaft im besonderen ist. Großagrarier- oder Bauernparteien[1] findet man vor allem in Staaten mit Verhältniswahlrecht. Dort ist es nämlich auch Splitterparteien möglich, Kandidaten ins Parlament zu bringen, falls nicht besondere Klauseln im Wahlrecht, z. B. die Fünf-Prozent-Hürde, dies verhindern. Unter den Bedingungen des Mehrheitswahlrechtes ist es jedoch für einzelne Berufs- und Bevölkerungskategorien äußerst schwierig, einen Wahlkreis zu erobern. Auch bei kombiniertem Verhältnis- und Mehrheitswahlrecht haben berufsgebundene oder landschaftsgebundene Parteien kaum Chancen, politisches Gewicht zu erlangen. Unter diesen Umständen weichen einzelne Wirtschaftssubjekte auf Interessenverbände aus, um ihren politischen Willen durchzusetzen. In Ländern mit Einheitsparteien oder Einparteienregierungen bestimmt der Wille der Führung, wie stark die ländliche Bevölkerung oder einzelne Wirtschaftsbereiche in den Volkskammern oder Räten vertreten sind.

---

[1] In der Zwischenkriegszeit schien es, als ob Bauernparteien in den europäischen Ländern entscheidend in die Politik eingreifen könnten. Sie sind aber in den meisten Staaten den totalitären faschistischen oder kommunistischen Regimen erlegen. Auch die Weltwirtschaftskrise hat zum Niedergang der „Agrardemokratien" beigetragen. „Anders sieht es in Asien und Afrika aus. Der Sieg eines bäuerlichen Kommunismus in China und anderswo in Ost- und Südostasien sowie der Anteil eines agrarischen Populismus am Verselbständigungsprozeß der jungen afrikanischen Staaten beweisen, daß dort andere Maßstäbe gelten als im Westen" (GOLLWITZER 1977, S. 69).

Vor allem in den Industriedörfern werden unterschiedliche Interessenlagen von den Parteien aufgenommen. Die grundbesitzenden Wähler werden von den konservativen Parteien angesprochen, die Besitzlosen glauben ihre Interessen besser bei sozialistischen Parteien vertreten. Die unentschiedenen Wähler schielen nach der politischen Ausrichtung der örtlichen Mehrheit oder schließen sich den örtlichen Führern an. Der enge Zusammenhang zwischen Wahlverhalten und persönlichen Beziehungen kann in ländlichen Wahlbezirken bei Landes- und Bundestagswahlen den Splitterparteien hohe Stimmenanteile bringen.

Eine auffallende Erscheinung ist das relativ starke Votum ländlicher Wähler für radikale Parteien[1] (siehe auch Teil 3: 2.2). Aus einer Untersuchung in den Niederlanden (NOOIJ 1969) geht hervor, daß vor allem zwei ländliche Kategorien zum politischen Radikalismus neigen: (1) Kleinbauern, die einerseits von der Regierung Sicherung ihrer bedrohten Existenz erwarten, andererseits aber daran zweifeln, daß eine bürgerliche Regierung ihnen diese Sicherheit gewähren wird, (2) Landwirte der höheren Einkommensgruppen, deren Unzufriedenheit vordergründig mit der Einkommensdisparität begründet wird, wahrscheinlich aber von einem tiefersitzenden Unbehagen genährt wird, das durch ihren relativen sozialen Abstieg verursacht wird. Eine andere Erklärung ist, daß Leute, die nicht zu den alteingesessenen Führungsfamilien gehören, bei radikalen Parteien eine Chance wittern, endlich auch politisch in der ländlichen Gesellschaft etwas zu werden. Grob vereinfacht kann man sagen: abstiegsbedrohte Sozialschichten neigen zum Rechts-, aufstiegswillige Sozialschichten zum Linksradikalismus.

MARTIN OPPENHEIMER (1971) erklärt die Anfälligkeit der Landbevölkerung für politischen Radikalismus aus der diffusen Rollenstruktur und der kulturellen Einheit ländlicher Sozialsysteme. Breche ein Teil der ländlichen Gesellschaftsordnung zusammen, dann breche das Ganze auseinander. Solange das Leben noch eben zu ertragen sei, reagiere die klein- und unterbäuerliche Schicht politisch konservativ, oft sogar ausgesprochen reaktionär. Werde aber dieser Punkt tatsächlich oder vermeintlich unterschritten, so werde der Revolutionsgeist von einem zum anderen Augenblick wach. Eine ideologisierte Vorstellung vom bäuerlichen Leben, die Verachtung rationaler Analysen und die Glorifizierung der Aktion im Sinne von Gewaltanwendung mache die Bauern anfällig für radikale Verführer, die totale Lösungen versprechen.

Die *Ortsgruppen der Parteien* sind als unterste Organe der staatlichen Parteien und als Bestandteil der politischen Ordnung der Gemeinden selbst ein Musterbeispiel intermediärer Gruppen. Sie sollen Staats- und Kommunalpolitik miteinander verbinden. Dennoch bilden sie in ländlichen Gemeinden ein systemfremdes Element. Die wenigsten lokalen Parteigruppen sind eigenständige Gründungen der Ortsbürger. Meist sind sie auf Betreiben von Funktionären der nach unten ausgreifenden Parteien entstanden, ohne einem echten Bedürfnis der Ortsbevölkerung zu entsprechen. Parteien mögen geeignet erscheinen, um an den Entscheidungen mitzuwirken, die auf den fernen, unzugänglichen Regierungsebenen fallen; in der Selbstverwaltung der Gemeinde hält man sie jedoch für überflüssig. Im Protokoll einer Umfrage heißt es dazu: „Abends sitzen wir alle auf den Milchkannen; da wird gesagt, was gesagt werden muß, da brauchen wir keine Parteien" (MAYNTZ 1955, S. 66). Die Einsicht in die Zusammenhänge zwischen politischen Entscheidungen auf höchster Ebene und eigenen Lebensbedingungen ist nicht immer vorhanden. Die vier wichtigen Aufgaben lokaler Parteigruppen, (1) Vermittlung zwischen Bürger und Regierung bzw. Verwaltung, (2) Koordinierung partikularer Interessen, (3) Integrierung ländlicher Sozialsysteme in das übergreifende politische System und (4) die Ermöglichung politischer Bestätigung, werden häufig verkannt.

Aus der Sicht der übergeordneten Parteidienststellen ist die wichtigste Aufgabe der Ortsgruppen die politische Aktivierung der Bürger, um die Mitgliederbasis zu verbreitern und um die Wahlbeteiligung und Wahlentscheidung der Stimmberechtigten zugunsten der Parteikandi-

---

[1] Rechtsradikale Parteien geben sich oft betont bauernfreundlich, linksradikale umwerben Kleinbauern und Landarbeiter.

daten zu beeinflussen. In einer parlamentarischen Demokratie sollen die Ortsgruppen jedoch mehr sein als Verteilerstationen von parteipolitischen Ideologien und Flugblättern. Über die untersten Parteiorgane soll der Volkswille aufgenommen und nach oben weitergeleitet werden zu jenen Partei- und Staatsgremien, in denen die politischen Entscheidungen fallen. Untersuchungen haben jedoch ergeben, daß mindestens in der Bundesrepublik Deutschland die Kontakte zwischen den Ortsgruppen und den übergeordneten Parteistäben ausgesprochen schwach sind. Beschlüsse, Anregungen und Wünsche der ländlichen Bevölkerung werden selten an höhere Parteistellen weitergereicht. Auch der Einfluß auf die Kandidatenlisten ist sehr schwach. Allem Anschein nach findet der Bevölkerungswille über die Interessenverbände leichter Zugang zum staatlichen Bereich. Was auf dem Instanzenzug der Parteihierarchien zerredet werden könnte, wird besser von den Verbandsvertretern direkt in den hohen Partei- und Regierungsstellen verhandelt.

Im Zuge der Auflösung der traditionellen Amts- und Führungseliten ist den Parteien die Aufgabe zugewachsen, politisch engagierten Personen den Zugang zu einflußreichen Positionen zu erleichtern. Diese finden in der überörtlichen Macht der Parteien Rückhalt und dazu den erforderlichen Apparat, außerdem erlangen sie wahltechnische Vorteile durch das Listenwahlrecht. Bei Kommunalwahlen tritt allerdings die Parteizugehörigkeit der Kandidaten hinter anderen Persönlichkeitsmerkmalen zurück wie ehrenamtlicher Einsatz, geachtete Herkunft, Bekanntheitsgrad, Konfessions- und Vereinszugehörigkeit. Das aktive Parteimitglied ist eher suspekt, da die Wähler befürchten, es stelle Parteiinteressen über die Lokalinteressen. Bei ländlichen Gemeinderatswahlen genießen daher im allgemeinen nicht die Parteiaktivisten den Vorzug, sondern die Parteien bemühen sich um angesehene Männer und Frauen, die sie den Wählern als ihre Kandidaten vorstellen. Erst die Bildung von Großgemeinden im Zuge der Verwaltungsreformen hat den Parteien auf breiter Front den Weg geöffnet, „über die von oben beauftragten lokalen Parteigruppen, die mit ihren Mitgliedern als Fraktion in den Gemeinderat hineinragen, parteipolitische Gesichtspunkte in der Gemeindepolitik zur Auswirkung zu bringen" (MAYNTZ 1955, S. 72). Die Wahlen haben inzwischen gezeigt, daß die ländlichen Wählergruppen weniger ihre soziale Repräsentanz als die Vertretung ihres Teilortes im Gesamtgemeinderat anstreben.

Literatur: RASCHKE 1978, SCHNEIDER 1975 und 1977, SIEWERT 1978, SILVERMAN 1972.

Diskussions- und Prüfungsfragen
1. Welche sozialen Funktionen haben die Ortsvereine?
2. Welche Auswahl an Vereinen bietet eine Ihnen bekannte ländliche Siedlung mit und ohne zentralörtliche Bedeutung?
3. Worin besteht die Tätigkeit eines Interessenverbandes?
4. Worin liegt die Problematik der Vertretung ländlicher Interessen durch politische Parteien?
5. Warum stellen die Ortsgruppen der politischen Parteien einen „Fremdkörper" im herkömmlichen ländlichen Leben dar?

3.5 Soziale Netzwerke

3.5.1 Merkmale ländlicher sozialer Netzwerke

Das Vorhandensein und das Gefüge sozialer Beziehungen kann man durch Beobachtung und durch soziometrische Tests aufdecken. Soziometrische Tests bestehen aus der Befragung der Zielpersonen über die Art und Häufigkeit ihrer sozialen Beziehungen zu anderen Personen. Es ist allerdings praktisch unmöglich, die Beziehungen einer Gruppe von Personen vollständig zu erfassen, weil diese zu zahlreich und zu weit verzweigt sind. Innerhalb eines Weilers von nur 30 Einwohnern sind schon 435 verschiedene Zweierbeziehungen möglich.[1]

Zeichnet man die Ergebnisse eines soziometrischen Tests graphisch auf, so ergibt sich das Bild eines Geflechtes von Linien, das man als Netzwerk bezeichnet. Abb. 15 zeigt ein solches „Soziogramm". Einzelne Personen oder Personengruppierungen (soziale Aktoren) bilden die Knoten in diesem Netzwerk. Die Verbindungslinien kennzeichnen die Beziehungen der Aktoren zu- und untereinander. Innerhalb eines sozialen Netzwerkes laufen bei einigen Aktoren mehr Linien zusammen als bei anderen. Bei diesen „beziehungsreichen" Aktoren ist zu vermuten, daß es sich um Führungspersonen, Entscheidungsgremien oder Ämter handelt. An manchen Stellen des sozialen Netzwerkes verdichten sich die Verbindungslinien. Solche „Knäuel" im sozialen Netzwerk sind die Haushalte und die informellen Gruppen am Arbeitsplatz sowie Stammtische, Kaffeekränzchen, Cliquen und Klüngel; im früheren deutschen Dorf waren es die Spinnstuben, Lichtkarze, Heimkarze und Vorsitze. In südlichen Ländern sieht man häufig im Schatten eines Baumes, im Kaffeehaus oder in der Teestube männliche Gesprächs- und Spielrunden, die offensichtlich ebenfalls Knäuel im sozialen Netzwerk darstellen.

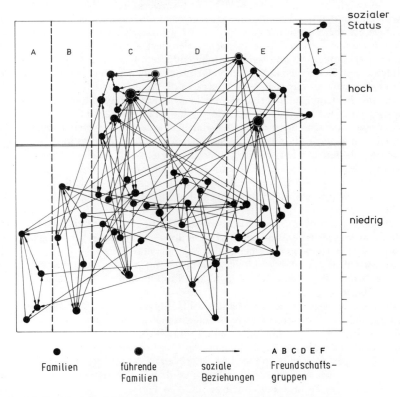

Abb. 15. Soziale Beziehungen im Dorf Atirro, Costa Rica (Quelle: LOOMIS 1975)

---

[1] Nach der Formel $x = \dfrac{y^2 - y}{2}$, wobei x die Zahl der Beziehungen und y die Zahl der Personen ist.

Das Konzept des sozialen Netzwerkes erweist sich für das Verständnis und die Beschreibung ländlicher Gesellschaften als unentbehrlich, weil wichtige soziale Prozesse außerhalb etablierter Gruppen und Organisationen stattfinden und deshalb nur im sozialen Netzwerk aufzuspüren sind. Dem Bedürfnis, sich gegen die Wechselfälle des Lebens abzusichern und Einfluß auf den Gang der Dinge zu nehmen, wird in ländlichen Gesellschaften mehr durch die Knüpfung sozialer Beziehungen als durch die Gründung von Organisationen genügt. Besondere Bedeutung erlangen die sozialen Netzwerke für die ländliche Kommunikation, insbesondere für die Verbreitung von Neuigkeiten und Neuerungen, für die soziale Kontrolle und für die gegenseitige Unterstützung und Behinderung. Untersuchungen lassen darauf schließen, daß Rollendifferenzierungen und Verhaltensweisen ebenfalls von den Verknüpfungen im sozialen Netzwerk abhängen.

Auf dem Lande sind die sozialen Netzwerke im allgemeinen eng geknüpft und fest geknotet. Eng geknüpft heißt ein soziales Netzwerk dann, wenn viele der möglichen Kontakte der Kontaktpersonen eines Aktors aktiviert sind. Je vollständiger alle Kontaktpersonen eines Aktors untereinander Beziehungen aufrechterhalten, desto mehr steht er unter Kontrolle. Ein enges soziales Netzwerk schränkt daher die Handlungsfreiheit einer Person ein, während ein weites soziales Netzwerk ihr mehr Spielraum läßt. Die Netzwerkdichte, d. h. das Verhältnis tatsächlicher Kontakte zu den möglichen Kontakten, erreicht innerhalb eines Haushaltes einen maximalen Wert, ist aber auch innerhalb dörflicher Nachbarschaften außerordentlich hoch. Feste Knoten im sozialen Netzwerk sind solche sozialen Beziehungen, die einen hohen Grad an gegenseitiger Verbindlichkeit und Verpflichtung enthalten. Besonders feste Verknüpfungen sind Eheschließungen. Sie werden in ländlichen Gesellschaften gewöhnlich mit großem Bedacht auf ihre Auswirkungen auf das soziale Netzwerk in die Wege geleitet.

Die meisten Beziehungen innerhalb ländlicher sozialer Netzwerke sind lokal, dauerhaft und ständig aktiviert. Dies hängt damit zusammen, daß sie überwiegend durch Geburt und Wohnlage vorgegeben werden und nur zum kleineren Teil wahlweise erworben werden können. Die Beziehungen zu Aktoren, die außerhalb der eigenen Siedlung leben, werden gewöhnlich nur bei besonderen Anlässen oder bei Bedarf aktiviert. Man nimmt aber Gelegenheiten wie Familienfeste, Dorffeste oder Jahrmärkte gerne zum Anlaß, ruhende Beziehungen zu beleben, um das soziale Netzwerk „intakt" zu halten. Bei Umfragen unter der westdeutschen Landjugend fiel auf, daß „Besuche machen" und „Besuche empfangen" zu den häufigsten Freizeitbeschäftigungen zählen.

Die Beziehungen sind gewöhnlich authentisch. Damit ist gemeint, daß die Interaktionen unmittelbar von Angesicht zu Angesicht und nicht über Schriftstücke, Fernsprecher usw. stattfinden, und daß die Partner einander persönlich bekannt sind. Man verkehrt auf dem Lande nicht mit dem Briefträger oder der Verkäuferin, sondern mit Müllers Fritz und Neubauers Gretel. Außer dem Namen kennt man noch eine Menge Einzelheiten aus dem Leben der Personen, zu denen man Beziehungen hat.

Ländliche Sozialbeziehungen sind häufiger diffus als spezifisch. Diffus heißen Beziehungen, die sich aus mehreren verschiedenartigen Interessen ergeben. Zum Beispiel ist die Beziehung eines Bauern zu seinem Landhändler selten rein geschäftlicher Art, sondern verknüpft mit verwandtschaftlichen, kameradschaftlichen, nachbarlichen und anderen Bindungen.

Die Beziehungen innerhalb ländlicher sozialer Netzwerke sind relativ intensiv. Mit Intensität ist der Grad gemeint, zu dem Personen bereit sind, Verpflichtungen zu erfüllen und Rechte wahrzunehmen, die in ihrer Beziehung zu anderen Personen inbegriffen sind. Ein weiteres Kennzeichen ländlicher sozialer Netzwerke ist die Häufigkeit der Kontakte zwischen den beteiligten Aktoren. Dies gilt allerdings nur bezüglich der Aktoren, die sich in räumlicher Nähe befinden. Der Umfang ländlicher sozialer Netzwerke hängt eng mit der Siedlungs- und Erwerbsstruktur zusammen. In Streusiedelgebieten und in vorwiegend agrarischen Gebieten sind in der Regel weniger Personen an den sozialen Netzwerken beteiligt als in großen, agrarisch-gewerblich gemischten Siedlungen. Mit noch viel mehr Menschen pflegen Stadtbewohner täglich in Berührung zu kommen. Allerdings sind ihre meisten Kontakte nur flüchtig.

Obwohl der lebhafte Wunsch besteht, in lebenswichtigen Positionen einen „Vetter" zu haben, ist die Reichweite ländlicher sozialer Netzwerke räumlich wie sozial sehr beschränkt. Die geringe soziale Reichweite ist die Folge der relativ homogenen Zusammensetzung der ländlichen Aktoren und ihres im allgemeinen niedrigen gesellschaftlichen Ranges. Je niedriger der soziale Rang einer Person, desto seltener interagiert sie mit Personen außerhalb ihrer eigenen Gruppe. Landleute haben weit überwiegend Beziehungen zu Personen mit dem gleichen Erfahrungshorizont, den gleichen Einstellungen und Anschauungen.

Der Begriff des sozialen Netzwerkes geht über das Beziehungsnetz, das man als „Verkehrskreis" bezeichnet, hinaus. Er umfaßt auch berufliche, geschäftliche, politische und religiöse Sozialbindungen. Informelle soziale Beziehungen werden jedoch hauptsächlich aufgrund gleicher Abstammung (Verwandtschaft), räumlicher Nähe (Nachbarschaft) oder geringer sozialer Distanz (Bekanntenkreis) angeknüpft und aufrechterhalten. Daher bestehen die ländlichen sozialen Netzwerke überwiegend aus verwandtschaftlichen und nachbarschaftlichen Beziehungen. Dahinter stehen unter agrarischen Lebensbedingungen freilich funktionale Beziehungen, die meistens an die Verteilung und Lage der Grundstücke geknüpft sind.

3.5.2 Verwandtschaft[1] und Paraverwandtschaft

Die familialen und verwandtschaftlichen Beziehungen pflegen die intimsten und intensivsten zu sein. Der Grad der Intimität dieser Art von Beziehungen hängt vom Verwandtschaftsgrad, von der räumlichen Entfernung, von den gegenseitigen Gefühlen und von Nützlichkeitserwägungen ab.

Die Abstammungslinien bilden in der Regel das Rückgrat der Verwandtschaften. Über die Heiraten werden Verbindungen zu anderen Familien und Sippen geknüpft. Die Schwagerbeziehungen können eine erwünschte Bereicherung des sozialen Netzwerkes darstellen. Gewöhnlich sind die Heiratskreise auf das eigene Dorf und die Nachbardörfer im Umkreis von fünf bis zehn Kilometern begrenzt. Daher ist das verwandtschaftliche Netzwerk kleinräumig, reicht aber meistens über die Ortsgrenzen hinaus und bildet damit lebendige Kanäle für alle Arten von Kommunikation und Kooperation mit der Außenwelt.

Die Bedeutung verwandtschaftlicher Beziehungen geht vielleicht am besten aus der Beobachtung hervor, daß eine volle soziale Integration in eine ländliche Gesellschaft nur auf dem Wege der Einheirat in eine der einheimischen Sippen gelingt, was viele Flüchtlinge, die als „Neubürger" ins Dorf kamen, erfahren haben. Es ist allerdings nicht zu übersehen, daß die Dichte und Intensität sowie die Reichweite verwandtschaftlicher Beziehungen mit zunehmender Urbanisierung zurückgehen. Dies ist ursächlich begründet in der gesellschaftlichen Entwicklung von „einfachen Abstammungsgesellschaften" zu „komplexen Leistungsgesellschaften", die mit einer Minderung der gesellschaftlichen Relevanz von Verwandtschaftsgruppen einhergeht. Diese These gilt strenggenommen nur für die weitere Verwandtschaft. Die Entwicklung hat auch in westlichen Industriegesellschaften bisher zu keiner Desintegration der engeren Verwandtschaft geführt, schon gar nicht auf dem Lande. Hielt früher das Grundeigentum die Verwandtschaft zusammen und diese umgekehrt den Besitz, so verbürgt gegenwärtig die gegenseitige Hilfe beim Hausbau und bei der Durchsetzung kommunalpolitischer Interessen den verwandtschaftlichen Zusammenhalt.

Viele soziale Aktivitäten auf dem Lande sind verwandtschaftlicher Art. Verwandte besuchen einander häufig, beschenken sich gegenseitig, verbringen ihre freie Zeit zusammen, arbeiten zusammen, helfen einander in kleinen Krisen und unterstützen sich in größeren Nöten, nehmen

---

[1] Zum institutionellen Aspekt von Verwandtschaft siehe Teil 1: 5.2

teil an Familienereignissen wie Geburten, Krankheiten und Todesfällen und feiern je nach Kultur Taufen und Beschneidungen, Firmungen, Konfirmationen und Jugendweihen, Hochzeiten und Beerdigungen miteinander. Der Besuchsverkehr innerhalb der engeren Verwandtschaft vollzieht sich auf dem Lande größtenteils wechselseitig.

Die gegenseitige Beeinflussung, Lenkung und Kontrolle innerhalb des sozialen Netzwerkes der engeren Verwandtschaft ist erfahrungsgemäß groß. Offensichtlich bildet sich hier auch ein Teil der öffentlichen Meinung. „Insbesondere", so heißt es in einem westdeutschen Forschungsbericht, „deuten die stereotypen Meinungsbekundungen der Landwirte zur Gesellschafts- und Wirtschaftspolitik auf einen globalen Zusammenhang zwischen Verwandtschaft und Gesellschaft hin" (VAN DEENEN 1971a).

Häufig werden die verwandtschaftlichen Netzwerke verstärkt oder ergänzt durch paraverwandtschaftliche oder „rituelle" Beziehungen. *Para- und rituelle Verwandtschaften* heißen persönliche, dauerhafte Verbindungen, die einen hohen Grad gegenseitiger Verpflichtung enthalten. Zu dieser Art von Verknotungen im sozialen Netzwerk gehören unter anderem Patenschaften, Pflegschaften, Blutsbruderschaften, religiöse Bruderschaften und Geheimbünde. In der westdeutschen ländlichen Gesellschaft stellen Patenschaften die häufigste Art ritueller Verwandtschaft dar. Allerdings hat die Patenschaft wie in der Stadt so auch auf dem Lande viel von ihrer früheren Bedeutung eingebüßt. Dagegen scheinen in sizilianischen, spanischen und lateinamerikanischen Gesellschaften Patenschaften immer noch eine dominierende Rolle im sozialen und politischen Leben zu spielen. In orientalischen ländlichen Gesellschaften haben wiederum über dem Koran besiegelte Bruderschaften oder Geheimbünde große soziale Bedeutung. Geheimbünde sind auch in Schwarzafrika immer noch sehr verbreitet.

3.5.3 Nachbarschaft und Bekanntenkreis

Soziale Netzwerke bezeichnet man als Nachbarschaft, wenn deren Aktoren primär wegen des gemeinsamen Wohnsitzes interagieren, und als Bekanntenkreis, wenn deren Aktoren primär wegen gemeinsamer (Freizeit-)Interessen interagieren. Am Wohnplatz wie am Arbeitsplatz entscheidet die räumliche Nähe über die Auswahl der möglichen Interaktionspartner, während zusätzliche Gemeinsamkeiten die tatsächliche Interaktionsdichte bestimmen.

Die Position „Nachbar" haftet an der Wohnung. Die Positionsinhaber können durch Geburt und Tod, Zuzug und Wegzug wechseln. Die örtliche Sitte bestimmt, welche Haushalte oder Höfe zur Nachbarschaft gehören. Unter Umständen werden Nachbarn übersprungen, wenn sie nicht zur gleichen sozialen Schicht gehören. In holsteinischen Dörfern bildeten nur die „Hufner" die Nachbarschaft; die Kätner und Tagelöhner zählten nicht. Die Position des Nachbarn wird aktiviert in den Rollen des Nothelfers (Ausleihe, Bittarbeit), des Mitarbeiters (gemeinsame Aktionen), des Sozialisationsagenten (Erziehung der Nachbarkinder, soziale Integration von Zuzüglern), des Kommunikationspartners (Klatsch, Unterhaltung), des Mitfühlenden (Anteilnahme an Familienereignissen) und des Kontrolleurs (Verhaltenskontrolle, Überwachung Gefährdeter und Bedrohter, Schutz vor Kriminellen).

Die soziale Bedeutung nachbarlicher Beziehungen hängt ab von der (1) siedlungs- und (2) klimabedingten Lebensweise, (3) kulturell und historisch bedingten sozialen Wertung, (4) Zahl und Wertigkeit sonstiger Bezugsgruppen, (5) Zahl sonstiger Positionen, (6) Schichtzugehörigkeit, (7) Berufstätigkeit, (8) wirtschaftlichen Lage und (9) öffentlichen Daseinsvorsorge. Je dichter die Besiedlung ist, je mehr Gemeinschaftseinrichtungen vorhanden sind und je intensiver der Außenraum genutzt wird, desto größer ist die Chance, mit den Nachbarn in Kontakt zu kommen. Die Bedeutung der Nachbarschaft ist für kleine Kinder, Rentner, Hausfrauen und andere Kategorien mit wenigen anderen Bezugsgruppen höher als für Personen, die in der Ausbildung oder im Berufsleben stehen; sie ist für Berufstätige in kleinen Familienbetrieben größer als für solche in großen Betrieben und Organisationen. Die Bedeutung nachbarlicher Beziehung ist ferner größer in Gesellschaften und für soziale Kategorien, die relativ wenig mobil sind und über relativ wenig Positionen verfügen. Dazu gehören einerseits agrarische Gesellschaften und andererseits sozial niedrige Schichten. Die genannten Bedingungen erklären, warum in ländlich-agrarischen Gesellschaften im allgemeinen nachbarliche Beziehungen wichtiger sind als in städtisch-industriellen Gesellschaften.

Die Nachbarschaft verliert in dem Maße an sozialer Bedeutung, wie die Bedürftigkeit nachläßt, oder andere Hilfsdienste (Gemeindeschwester, Fürsorge) und öffentliche Risikoträger (Versicherungen, Genossenschaften) Aufgaben der Nachbarn übernehmen. Die Bedeutung der Nachbarschaft geht ferner in dem Maße zurück, wie soziale Interaktionen rationalisiert und kommerzialisiert werden. Schließlich hängt die Bedeutung der Nachbarschaft auch davon ab, ob das Bedürfnis nach gegenseitiger Hilfeleistung und Kommunikation durch verwandtschaftliche oder bekanntschaftliche Beziehungen befriedigt werden kann, und ob das Streben nach privater Distanzierung über den Wunsch nach nachbarlicher Kommunikation die Oberhand gewinnt.

Die nachbarlichen Beziehungen setzen sich zusammen aus erzwungenen, spontan-selektiven und organisierten Interaktionen. Erzwungen werden nachbarliche Interaktionen durch die gemeinsame Benützung von Wegen, Höfen, Brunnen, Waschplätzen, Dreschplätzen usw. Hier kann man sich die Kontaktpersonen nicht auswählen. Darum verbinden sich erzwungene Nachbarbeziehungen mit einem hohen Maß an ritualisiertem, distanzierendem Verhalten. Bei spontanen Interaktionen, z. B. bei der Bitte, vorübergehend auf die Kinder aufzupassen, wählt man unter den Nachbarn die geeignetsten und sympathischsten aus. Organisiert heißt Nachbarschaftsverhalten dann, wenn gemeinsame Aktionen unternommen werden, z. B. eine Straße ausgebessert, eine Eingabe an die Behörden aufgesetzt oder ein gemeinsames Karnevalsfest vorbereitet wird. Die Notwendigkeit oder das Bedürfnis zu regelmäßigen nachbarlichen Aktionen führt zu einer Formalisierung und Institutionalisierung der Nachbarschaft.

Nachbarliche Beziehungen sind ursprünglich normativ, d. h., sie beruhen auf herkömmlichen Verhaltenserwartungen, die an die soziale Position des Nachbarn geknüpft sind. Die Nachbarschaftsnormen legen fest, welche Dinge gegenüber einem Nachbarn in gegebenen Situationen gesagt und getan werden müssen („rituelles Präsentieren") und welche Dinge nicht gesagt und getan werden dürfen („rituelle Distanzierung"). Im traditionellen Dorf bestanden genau definierte Rechte und Pflichten, angefangen von der Grußpflicht bis zur Beistandspflicht auf Gegenseitigkeit. Die nachbarlichen Verpflichtungen waren nach räumlicher Entfernung und sozialer Distanz abgestuft.

Ein Teil der Verhaltensregeln für nachbarliche Beziehungen ist in das Nachbarschaftsrecht eingegangen. Dieses regelt allerdings fast ausschließlich die konfliktträchtigen Seiten des Beieinanderwohnens wie die Einhaltung von Grenzabständen und die Beschränkung der Lärmbelästigung. Damit wird der leidigen Tatsache Rechnung getragen, daß räumliche Nähe nicht notwendig zu innerer Verbundenheit führt. Im Gegenteil, Grenzstreitigkeiten und Feindschaften zwischen Nachbarn sind sehr häufig. Auf dem Lande ist es nicht ungewöhnlich, daß Nachbarn aus geringem Anlaß über Generationen hinweg miteinander streiten. Gerade die räumliche Nähe schürt immer wieder den Konflikt, da sie es den verfeindeten Parteien unmöglich macht, sich zu meiden.

Bezüglich des Umgangs mit entfernteren Nachbarn bestehen im Rahmen der örtlichen Sitte gewisse Wahlmöglichkeiten, wobei ranggleiche Nachbarn (Schulkameraden, Berufskollegen, Sportfreunde, Glaubensbrüder) den Vorzug genießen. In urbanisierten Gesellschaften wird es dem einzelnen mehr oder weniger freigestellt, auch unter den näheren Nachbarn die ihm sympathischsten für den geselligen Verkehr auszuwählen. Der Begriff der emotiven Nachbarschaft rückt daher immer näher an den des Verkehrskreises oder des Bekannten- und Freundeskreises. Der empirische Nachweis, daß stärker nachbarschaftlich integrierte Personen zufriedener mit ihrem Wohnort und Beruf sind, bestätigt die emotionale Funktion der Nachbarschaft als eines

Beziehungsnetzes, in dem soziale Verträglichkeit, Hilfsbereitschaft und andere Charaktereigenschaften höher bewertet werden als der erreichte berufliche und ökonomische Status.

Noch mehr als die normative ist die emotive Nachbarschaft durch persönliche und dauerhafte Beziehungen und gegenseitige Hilfeleistungen gekennzeichnet. Sie beruht jedoch weniger auf räumlicher als vielmehr auf sozialer Nähe, das heißt auf gleicher Schichtzugehörigkeit, gleichen Interessen und Bedürfnissen. Man nennt Nachbarn dieser Art auch „Schichtnachbarn" (ATTESLANDER 1960) im Unterschied zu den rein räumlichen Wohn-, Garten- und Feldnachbarn. Die modernen Kommunikationsmittel, insbesondere Telefon und Auto, ermöglichen es, informelle Beziehungen mit entfernter Wohnenden zu pflegen und zu den Nächstwohnenden auf die eben noch erlaubte soziale Distanz zu gehen.

Die Entwicklung tendiert auch auf dem Lande zu emotiven Nachbarschaften bzw. zu Verkehrskreisen. Die nachbarliche Arbeits-, Aus- und Nothilfe verliert an Bedeutung. Wo man nach wie vor auf Zusammenarbeit angewiesen ist, bilden sich neue, weiträumigere Formen der Kooperation auf vertraglicher Grundlage und von selektiver Art. WURZBACHER sieht darin den „Übergang von der geschlossenen zur offenen Nachbarschaft". Von der alten „Notnachbarschaft" bleibt unter Umständen nur noch „distanzierte Vertrautheit" (OSWALD 1966) übrig, die aber in ungewöhnlichen Situationen jederzeit wieder aktiviert werden kann.

Literatur: BOISSEVAIN 1974, VAN DEENEN 1971b, HAMM 1973, KÄHLER 1975, MORENO 1974.

Diskussions- und Prüfungsfragen
1. Wie kann man soziale Netzwerke empirisch untersuchen?
2. Erläutern Sie den Begriff „Netzwerkdichte"!
3. Welche Funktionen haben verwandtschaftliche Netzwerke auf dem Lande?
4. Interpretieren Sie die Formel „Übergang von der geschlossenen zur offenen Nachbarschaft" (WURZBACHER) im Blick auf die jüngeren Entwicklungen in den westdeutschen Landgemeinden!

4 Ländliche Sozialsysteme

4.1 Grundzüge und Bausteine

Beim Konzept des „sozialen Systems" steht das Rollenspiel bei Interaktionen im Mittelpunkt der Betrachtung. Unter einem sozialen System versteht man jede Handlungseinheit von zwei und mehr Personen, die auf die Erreichung eines Zieles gerichtet ist, sich gemeinsamer Symbole bedient und von gegenseitigen Erwartungen gesteuert wird. Beispiele einfacher Sozialsysteme sind die Handlungseinheiten „Bauer und Berater", „Schulklasse", „Skatrunde". Komplexere soziale Systeme sind unter anderem eine Landgemeinde oder der Deutsche Bauernverband.

Ein soziales System ist durch folgende Merkmale gekennzeichnet:
1. Systeminterdependenz: Die Elemente (Rollen) eines sozialen Systems wirken aufeinander ein und hängen voneinander ab.
2. Systemqualität: Die Elemente eines sozialen Systems sind einander so zugeordnet, daß die Ziele besser erreicht werden können, als wenn die Elemente unverbunden wirken würden.
3. Systemstabilität: Einem System wohnt das Prinzip inne, seine Strukturen zu bewahren und das innere Gleichgewicht zu erhalten.
4. Systemgrenzen: Ein soziales System besitzt Grenzen, die mehr oder weniger zur Umwelt offen sind, aus der Elemente, Impulse und Funktionen übernommen und in die Elemente, Impulse und Funktionen abgegeben werden.

Aus dem Interdependenzmerkmal folgt, daß sich Veränderungen eines Elementes mittelbar oder unmittelbar auf alle anderen Elemente auswirken und zugleich den Zustand des Gesamtsystems verändern. Auch Veränderungen in der Umwelt wirken „störend" auf das System. Soziale Systeme reagieren auf innere Störungen durch diffizile Mechanismen der Integration, auf äußere Störungen durch Anpassung an oder Abkapselung von der Umwelt. Soziale Systeme erfüllen selbstverständlich nur ihren Zweck, wenn ihre Elemente funktional zusammenwirken. Die Forschung hat sich daher besonders der Fragen angenommen, wie und unter welchen Bedingungen soziale Systeme funktionieren.

Funktion ist ein Grundbegriff der Systemtheorie. Man versteht darunter weder die Aufgaben (z. B. Haushaltsführung durch Hausfrau) noch die Zwecke (z. B. Erziehung durch die Familie) noch die sozialen Positionen (z. B. Personalchef), sondern die Wirkungen der Elemente in einem sozialen System im Hinblick auf die Systemziele. Ein soziales System wird „funktional" genannt, wenn die in ihm ablaufenden Prozesse der Zielverwirklichung dienen, und „disfunktional", wenn die in ihm ablaufenden Prozesse die Zielverwirklichung beeinträchtigen.[1]

Oberstes Ziel eines sozialen Systems kann es sein, bestehende Zustände zu erhalten (statisches System) oder zu verändern (dynamisches System). Ländliche Sozialsysteme bezwecken häufiger Erhaltung als Veränderung von Zuständen. Die Zielsetzung eines sozialen Systems kann breit und diffus oder engbegrenzt und genau definiert sein. Ländliche Sozialsysteme müssen häufig mehreren oder vielen Zwecken dienen, da die organisatorische Arbeitsteilung auf dem Lande weniger weit fortgeschritten ist als in städtischen Gesellschaften. Die Freiwillige Feuerwehr hat z. B. nicht nur die Aufgabe, Brände zu löschen, sondern auch den Durst der Mannen, d. h., sie dient auch der dörflichen Geselligkeit. Die Spezialisierung ländlicher Sozialsysteme reicht allerdings vom Familienbetrieb des ganz auf sich selbst gestellten „dirt farmers" am Rande der Zivilisation bis zu den hochspezialisierten Kasten im indischen Dorf. In einfachen Gesellschaften teilen sich das familial-verwandtschaftliche und das religiöse System in alle notwendigen Funktionen der Daseinssicherung. Ihre Zielsetzung ist umfassend.

Das Systemkonzept hat sich in vielen Disziplinen als fruchtbar erwiesen. Es hat daher auch nicht an Versuchen gefehlt, es auf die Landsoziologie anzuwenden. Am konsequentesten gingen die amerikanischen Soziologen CHARLES P. LOOMIS und J. ALLAN BEEGLE (1953) diesen Weg. Sie beschrieben die kommunalen, familialen, informalen, regionalen, hierarchischen, religiösen, pädagogischen, administrativen, landwirtschaftlichen, medizinischen, staatlichen und kommunikatorischen Systeme im ländlichen Nordamerika.

Die Schlüsselbegriffe der Theorie von den sozialen Systemen – Werte, Ziele, Normen, Positionen, Rollen, Ränge, Macht, Territorium, Ausstattung, Zusammenhalt – ermöglichen es, Handlungseinheiten systematisch zu beschreiben, zu analysieren und mit anderen Handlungseinheiten zu vergleichen. Im folgenden beschäftigt uns die Frage, wie ländliche soziale Systeme mittels dieser Schlüsselbegriffe zu kennzeichnen sind.

4.1.1 Werte

Werte sind „kollektive Vorstellungen innerhalb einer Gesellschaft von dem, was gut, richtig und deshalb erstrebenswert ist" (DE JAGER und MOK 1972, S. 305). Sie bilden den Kern der Grundsätze, nach denen entschieden wird, was in einem sozialen System getan werden muß (Ziele), wie etwas getan werden soll (Normen), wie Handlungen beurteilt (Werturteile) und wie sie belohnt oder bestraft werden (Sanktionen). Vom Wert des Lebens leitet sich ab das Ziel „Erhaltung des Lebens", die Norm „Du sollst nicht töten", das Werturteil „Tötung ist ein Kapitalverbrechen" und die Sanktion „lebenslanger Freiheitsentzug für den Mörder".

---

[1] Vgl. MERTON 1967, S. 140: „Funktionen sind diejenigen beobachteten Folgen, die die Anpassung eines gegebenen Systems fördern; Dysfunktionen sind diejenigen beobachteten Folgen, die die Anpassung des Systems mindern."

Da jede Kultur und Subkultur eigene Wertvorstellungen hat, läßt sich kein allgemeingültiger Katalog von Werten aufstellen. Nicht einmal die sogenannten Grundwerte sind Allgemeingut der Menschheit. Bäuerliche Gesellschaften legen im allgemeinen großen Wert auf Ordnung, Gerechtigkeit, Frieden, Besitz. Aus der Not geborene Tugenden wie Bedürfnislosigkeit, Barmherzigkeit, Demut und Gehorsam werden ebenfalls vielen Agrargemeinschaften zugeschrieben. Andere Werte sind nur in ganz spezifischen ländlichen Gesellschaften von verhaltensbestimmender Bedeutung. Durchaus nicht alle Landwirte auf der Welt teilen mit amerikanischen Farmern die hohe Wertschätzung materiellen Erfolges. Für viele Bauern ist die Erhaltung des ererbten Hofes viel wertvoller als Gewinnmaximierung. Im deutschen Landvolk sind Fleiß und Arbeitsamkeit hohe Werte. In afrikanischen Gesellschaften wird die Muße mehr geschätzt. In anatolischen Dörfern werden der Ehre (namus) alle anderen Werte, sogar das Leben, untergeordnet. In den nordalbanischen Bergen ist die Treue (besa) seit jeher ein geheiligter Begriff.

Wer legt nun eigentlich Wertskalen fest, und warum erkennen Menschen Werte, die sie nicht gesetzt haben, als verbindlich für ihr Handeln an? Bei den Wertsetzungen handelt es sich sowohl um kollektive Schöpfungen, die sich aus den Erfahrungen des Zusammenlebens und den Notwendigkeiten des Überlebens ergeben haben, als auch um individuelle Einsichten und Offenbarungen von Religionsstiftern, Ordensgründern, Tugendlehrern, Philosophen und anderen hervorragenden Persönlichkeiten, die über Sinn, Zweck und Ordnung menschlichen Daseins nachgedacht haben. Werte werden den Mitgliedern eines sozialen Systems während ihrer Sozialisation eingeprägt (internalisiert). Später sorgen soziale Kontrollen und Sanktionen dafür, daß möglichst alle Mitglieder sich an die gültigen Wertvorstellungen halten. Die Verinnerlichung der Werte geht oft soweit, daß sie Teil der Persönlichkeitsstruktur werden und das Handeln einer Person ohne äußeres Zutun motivieren.

Neben den hohen Werten (Tugenden) werden die im täglichen Leben praktizierten Normen auch von den sogenannten niederen Werten, d. h. von Zweckmäßigkeits- und Nützlichkeitserwägungen bestimmt. Das Handeln wird außerdem gesteuert u. a. durch:

- *Einstellungen* (Attitüden): im Sozialisationsprozeß erworbene innere Ausrichtung (Disposition) der Wahrnehmung und der Bereitschaft, auf Objekte und Ereignisse zu reagieren;
- *Vorurteile:* meistens negative Werturteile, die getroffen werden, bevor die Tatsachen geprüft wurden;
- *Stereotype* (Mischung von Attitüden mit Vorurteilen): festgefügte, schematisierte, verbalisierte Vorstellungen von anderen Gruppen und ihren Mitgliedern, die nicht auf persönlichen Erfahrungen beruhen;
- *öffentliche Meinung:* Vorstellungen von der sozialen Wirklichkeit, die sich im Verlauf einer öffentlichen Diskussion durchgesetzt haben;
- *Mode:* kurzlebige, von einem großen Teil der jeweiligen Bezugsgruppe akzeptierte Verhaltensweisen.

Obwohl Ziele wie Normen von den Werten eines sozialen Systems abgeleitet sind, besteht nicht immer eine völlige Übereinstimmung von kultureller Zielsetzung und den gesellschaftlich sanktionierten Mitteln. Im Innovationsprozeß werden häufig nur die Mittel (z. B. Maschinen), aber nicht die Normen (Bedienungsanleitungen) und noch weniger die Werte (Zielsetzungen) übernommen.

4.1.2 Normen

In jedem sozialen System gibt es mehr oder weniger verbindliche Vorstellungen über das angemessene Verhalten der Mitglieder in gegebenen Positionen und Situationen. Nehmen diese Verhaltenserwartungen den Zwangscharakter von Handlungsanweisungen an, so handelt es sich um soziale Normen. Viele Normen stellen freilich nichts anderes als Übereinkünfte (Konventionen) über gleiches Verhalten dar, z. B. auf öffentlichen Straßen rechts zu fahren. Den Anforderungen des Systems an seine Mitglieder, den Pflichten, stehen die Forderungen der Mitglieder an das System und an Systemmitglieder, die Interessen, gegenüber. Gewohnheitsrechtlich, gesetzlich oder vertraglich anerkannte Interessen heißen Rechte. Rechte werden erworben, um die Eigeninteressen der Mitglieder durchzusetzen. Sie fördern das Privatwohl, wogegen die normierten Pflichten der Erreichung der Systemziele dienen, also dem sogenannten Gemeinwohl. Vom Mitglied eines Sozialsystems wird erwartet, daß es sowohl seinen Pflichten nachkommt als auch seine Rechte wahrnimmt. Im Konfliktfall haben die Normen den Vorrang vor den Interessen, da sie das Sozialsystem erhalten. In traditionalen Agrargesellschaften wird diese Regel mit aller Härte angewandt.

Soziale Normen haben innerhalb sozialer Systeme Steuerungs- und Ordnungsfunktionen. Sie geben nicht nur an, welches Verhalten jeweils zur Erreichung der Systemziele geboten und verboten ist, sondern setzen auch Maßstäbe für richtiges und falsches, gutes und schlechtes, gehöriges und ungehöriges Betragen. Es kennzeichnet ländliche Sozialsysteme, daß das Verhalten mehr von impliziten Normen (Sitten, Bräuche, soziale Gewohnheiten) als von expliziten Normen (Gesetzen, Vorschriften, Geschäftsordnungen, Satzungen, Befehlen) geregelt wird. Stehen die impliziten Normen nicht in Einklang mit den expliziten, so werden in der Regel die ersteren befolgt, weil die Sanktionen des lokalen Systems ungleich härter treffen können als gerichtliche Strafen. Ein anatolischer Bauer übernimmt eine Blutrache wegen verletzter Familienehre, weil er lieber eine langjährige Gefängnisstrafe absitzt, als im Dorf zeitlebens verachtet zu werden.

Sitten, Bräuche und soziale Gewohnheiten unterscheiden sich durch den Grad ihrer Verbindlichkeit und Sanktionierung. Die sittlichen Normen sind in der Regel Gemeingut der Gesamtgesellschaft, während Bräuche von Gegend zu Gegend, ja von Dorf zu Dorf verschieden sein können, und soziale Gewohnheiten sogar von Person zu Person wechseln. Die grundlegenden sozialen Verhaltensregeln werden als *Sitten* bezeichnet. Wegen ihrer Wichtigkeit für das soziale System werden sie im Laufe der Sozialisation nachdrücklich den jungen Mitgliedern eingeprägt (internalisiert). Ihre Einhaltung wird durch Sanktionen kontrolliert. Verbotssitten von höchster Verbindlichkeit sind die *Tabus*. Übertretungen von Tabus werden mit den schwersten Strafen belegt. In traditionalen Gesellschaften sind manche Plätze, bestimmte Menschen, einzelne Handlungen, Worte und Zeichen tabuisiert. Je aufgeklärter eine Gesellschaft ist, desto weniger Tabus kennt sie. *Bräuche* sind weitverbreitete Verhaltensregelmäßigkeiten von weniger verpflichtender Art. Ein Verstoß gegen die „guten Sitten" verletzt die Wertvorstellungen eines sozialen Systems, die Nichteinhaltung von Bräuchen ist nur eine Mißachtung des üblichen Verhaltens.

Soziale Gewohnheiten sind weder zwingend noch allgemein verbindlich. In jedem sozialen System bilden sich jedoch in kurzer Zeit Gewohnheiten aus, die sich in der Folge meistens als sehr zählebig erweisen, einmal wegen der menschlichen Trägheit, zum anderen aber, weil sie bestimmten Mitgliedern des Systems die Ausübung ihrer Rollen erleichtern. Falls die öffentliche Anerkennung von sozialen Gewohnheiten erzwungen werden kann, entsteht daraus Gewohnheitsrecht. In primitiven Gesellschaften ist das Gewohnheitsrecht das einzige geltende Recht. Viele, vielleicht die meisten Händel im Dorf drehen sich um Ansprüche, die aus sozialen Gewohnheiten abgeleitet werden.

Für die Behauptung, ländliches soziales Verhalten werde mehr als städtisches von Sitte und Brauch bestimmt, gibt es drei einleuchtende Erklärungen. Erstens besagt eine allgemeine Regel, daß informelle, primäre Kleingruppen mit impliziten Normen operieren. In ländlichen Gesellschaften überwiegen aber soziale Systeme vom Primärgruppentyp. Zweitens folgen im allgemeinen ländliche Sozialsysteme in zeitlichem Abstand den Verhaltensmustern städtischer Sozialsysteme, die in der Anpassung der Wertsysteme und der daraus abgeleiteten Verhaltensmuster an veränderte Lebensbedingungen vorangehen. Daraus ergibt sich der Anschein, als ob auf dem Lande länger und strenger an den überkommenen Sitten und Bräuchen festgehalten werde als in der Stadt.

Die dritte Erklärung leitet sich aus der Theorie von DAVID RIESMAN über die Verhaltensorientierung ab. RIESMAN (1958) unterscheidet nach den drei Hauptformen der Verhaltensorientierung:
1. Traditionsgeleitete Gesellschaften: Hier wird das Verhalten des Individuums gelenkt durch überlieferte, sehr konkrete, oft kasuistische soziale Normen, die durch ihre institutionelle Veräußerlichung in Sitte, Brauchtum, Zeremoniell usw. auf den einzelnen in lange gleichbleibenden Situationen einwirken. Richtschnur des Handelns ist die Tradition.
2. Innengeleitete Gesellschaften: Hier wird das individuelle Verhalten gelenkt durch persönliche, verinnerlichte Werthaltungen prinzipieller Art, die gegenüber wechselnden sozialen Situationen wegen ihrer Abstraktheit immer anwendbar bleiben. Richtschnur ist das „Sittengesetz in uns".
3. Außengeleitete Gesellschaften: Hier tastet das Individuum gleichsam wie mit einem Radargerät ständig seine Umgebung ab, um sein Verhalten an den Reaktionen der anderen orientieren zu können. Richtschnur des Handelns ist die öffentliche Meinung und die Mode.

Die traditionsgeleitete Verhaltensorientierung gilt als typisch ländlich; das kapitalistische Bürgertum wurde nach RIESMAN durch die innengeleitete Verhaltensorientierung geprägt, während die außengeleitete Orientierung typisch für modernes großstädtisches Leben ist. Aus dieser Theorie ergibt sich außer der Erklärung für das unterschiedliche Festhalten an Sitten und Bräuchen in Stadt und Land auch ein verschiedenartiges Lebensgefühl in traditionalen und modernen sozialen Systemen. Hier die Geborgenheit in der Wohlanständigkeit gepaart mit der Furcht vor Schande. Dort eine untergründige Angst, den Anschluß zu verpassen und eines Tages zum „alten Eisen" zu gehören. In traditionalen Sozialsystemen wächst die Sicherheit des Lebensgefühles mit zunehmendem Alter, in modernen Sozialsystemen nimmt dagegen die Unsicherheit im Laufe des Alterns zu.

4.1.3 Rollen

Soziale Normen werden zu Rollen, wenn sie in konkretes Handeln umgesetzt werden. Dies geschieht, indem von den Mitgliedern eines sozialen Systems erwartet wird, daß sie sich den herrschenden Normen entsprechend verhalten. Die Verhaltenserwartungen richten sich allerdings nicht an den Mitmenschen an sich, sondern stets an die Person als Inhaber einer bestimmten Position. Die Verhaltenserwartungen und damit die Rollen sind an Positionen geknüpft. Von einer Frau in der Position einer verheirateten anatolischen Bäuerin wird erwartet, daß sie Söhne gebärt, ihre Ehre rein hält und den ortsüblichen häuslichen und betrieblichen Pflichten nachkommt. In ihren verschiedenen Rollen kommen die Beziehungen zu anderen Positionsinhabern ebenso zum Ausdruck wie die Wertvorstellungen ihrer Subkultur.

Rollen haben eine Reihe von Merkmalen, mit deren Hilfe „Rollenstrukturen" beschrieben und miteinander verglichen werden können. Der amerikanische Soziologe ALVIN L. BERTRAND (1971) hat sich besonders eingehend mit den Kennzeichen ländlicher Rollenstrukturen beschäftigt. Seine Ergebnisse lassen sich wie folgt zusammenfassen:

In Gesellschaften vom „Gemeinschaftstyp" (TÖNNIES), wozu traditionale ländliche Gesellschaften tendieren, neigen die Rollen dazu, relativ fest fixiert, eng an den Gruppengrenzen orientiert, ständig aktiv und relativ zwingend zu sein. Sie werden übereinstimmend interpretiert und als bedeutsam für das Überleben der Gruppe betrachtet. Aus diesem Grunde werden sie „hoch abgesichert", indem sie in religiösen oder magischen Vorschriften und Vorstellungen verankert werden. Im bäuerlichen Berufsethos scheinen solche religiösen Rollenverankerungen noch durch.

Außerdem sind in Gesellschaften dieses Typs „einander nahestehende", „multi- und omnilaterale" sowie „intramurale" Rollen relativ häufig. Rollen kleinster Distanz sind solche, die von einem Aktor mit einem anderen Aktor innerhalb derselben Gruppe gespielt werden. Ein typisches Beispiel dafür sind die Mutter-Kind-Rollen. Rollen, die zu vielen anderen Personen innerhalb des Systems in Wechselbeziehung stehen, heißen multilaterale (z. B. Betriebsleiterrolle des Bauern). Rollen, die mit allen zum System gehörenden Personen korrespondieren (z. B. Ernährerrolle des Bauern), werden als omnilateral bezeichnet. Das Vorherrschen intramuraler (häuslicher) Rollen läßt sich damit erklären, daß die meisten Institutionen ihren Platz im Familien- und Verwandtschaftssystem haben. In modernen Industriegesellschaften sind hingegen die Institutionen auf zahlreiche Gruppen und Organisationen verteilt, weshalb hier extramurale (außerhäusliche) Rollen überwiegen.

In statischen Gesellschaften und in sozialen Systemen, die schon längere Zeit funktionieren, sind Rollenkonflikte selten, weil die Rollen gut aufeinander eingespielt sind und die Rollenerwartungen der vorhandenen Ausstattung entsprechen. Mitgliedern derartiger Systeme bleiben Enttäuschungen erspart, aber auch Triumphe versagt. Da die Rollen genau definiert und durch generationenlange Übung aufeinander abgestimmt sind, ist der „Rollenstreß" klein.

Literatur: BERTRAND 1971, FICHTER 1970, S. 95–121 und 224–236, OPP 1970.

Diskussions- und Prüfungsfragen
1. Welches sind die Merkmale eines sozialen Systems?
2. Was für Systemelemente leiten sich von den sozialen Werten ab?
3. Definieren Sie die Begriffe Sitte, Brauch und soziale Gewohnheit!

4.2 Gefüge ländlicher Sozialsysteme

4.2.1 Positionen

Positionen heißen die Plätze, die in einem sozialen System für das Rollenspiel vorgesehen sind und die besetzt sein müssen, damit das System funktioniert. Soziale Positionen bauen sich, wie Abb. 16 zeigt, aus Werten, Normen und Rollen auf (vgl. BERTRAND 1972). Im sozialen System

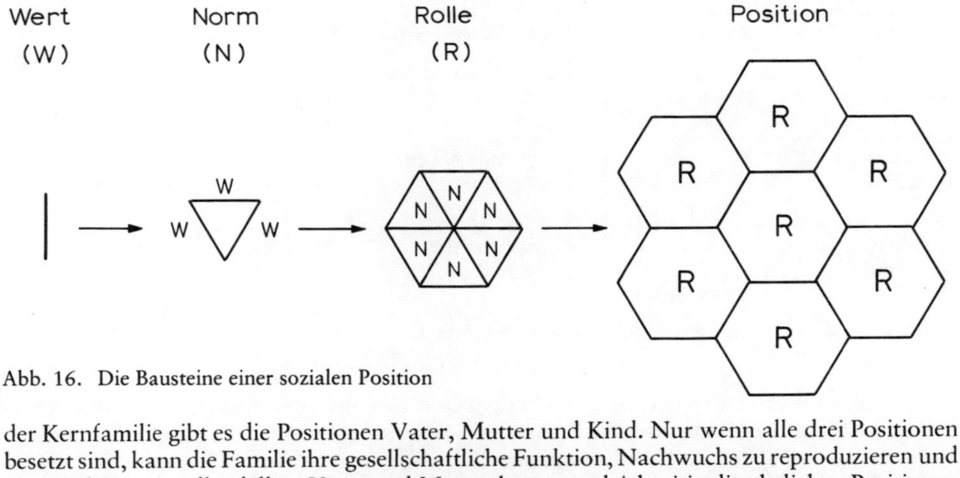

Abb. 16. Die Bausteine einer sozialen Position

der Kernfamilie gibt es die Positionen Vater, Mutter und Kind. Nur wenn alle drei Positionen besetzt sind, kann die Familie ihre gesellschaftliche Funktion, Nachwuchs zu reproduzieren und zu sozialisieren, voll erfüllen. Vater und Mutter besetzen gleichzeitig die ehelichen Positionen von Ehemann und Ehefrau. Das Beispiel zeigt, daß nicht nur jede Position mit mindestens einer zweiten korrespondiert, sondern daß Positionen gebündelt sein können. Dies ist in ländlichen

Gesellschaften in großem Umfang der Fall. Im System des bäuerlichen Familienbetriebs nimmt der Bauer die Positionen des Ehemannes, Vaters, Betriebsleiters, Haushaltsvorstandes, der Hauptarbeitskraft und des Nachbarn ein. Die Position des Arbeitgebers, des Genossenschaftsmitgliedes und weitere Positionen in der Gemeinde können hinzukommen.

In den meisten ländlichen Gesellschaften gibt es nur relativ wenige Positionen. Aber auch in der einfachsten Gesellschaft hat jede Person mindestens Positionen im Alters- und Geschlechtssystem, im Familien- und Verwandtschaftssystem und im räumlichen System inne. Die wenigen ländlichen Positionen sind aber hinsichtlich ihrer Rollen, d. h. Rechte, Pflichten und Privilegien, ziemlich genau umschrieben. In traditionsbewußten Gesellschaften liegen die Verhaltenserwartungen an die Positionsinhaber unumstößlich fest.

Eine soziale Position innerhalb eines sozialen Systems kann durch Geburt, Geschlecht, Alter, Herkunft und andere Kriterien einer bestimmten Person angeboren oder zugeschrieben sein, oder durch besondere Qualifikationen und Leistungen erworben werden. In Kastengesellschaften sind die Berufspositionen angeboren. In modernen Industriegesellschaften werden Berufspositionen grundsätzlich durch eigene Leistungen erworben. Häufig geben bei der Positionszuweisung im Beruf und öffentlichen Leben aber Rasse, Herkunft, Geschlecht, Besitz, Konfessions- und/oder Parteizugehörigkeit den Ausschlag.

Der Positionswechsel von Generation zu Generation (Intergenerationenmobilität) und während eines Lebenslaufes (Intragenerationsmobilität) gehört zum Wesen derartiger „Leistungsgesellschaften". Er kann mit sozialem Aufstieg oder Abstieg verbunden sein (vertikale Mobilität) oder innerhalb derselben Schicht erfolgen (horizontale Mobilität). Der Wechsel gesellschaftlicher Positionen wird oft als „*soziale Mobilität*" bezeichnet und damit von der Arbeitsmobilität und der räumlichen Mobilität abgehoben. Die begriffliche Untergliederung in verschiedene Mobilitätstypen (Übersicht 23) dient freilich nur analytischen Zwecken. Meistens gehen soziale, berufliche und räumliche Positionsveränderungen Hand in Hand oder bedingen einander.

Übersicht 23. Mobilitätstypen (in Anlehnung an KRECKEL, BROCK und THODE 1972)

	Räumliche Mobilität[1])	Arbeitsmobilität		Soziale Mobilität
Strukturelle Dimension	Raum	Arbeitsorganisation	Berufsleben	Gesellschaft
Gliederungseinheit	Wohnung, Gemeinde, Region	Arbeitsplatz, Betrieb	Tätigkeit, Beruf	Schicht, Stand, Klasse
Mobilität innerhalb der Einheiten	Wohnungswechsel, kleinräumliche Mobilität	Innerbetriebliche Versetzung	Karrieremobilität	Horizontale Mobilität
Mobilität zwischen den Einheiten	Pendeln, Ortswechsel, Abwanderung	Arbeitskräftefluktuation	Tätigkeits-/Berufswechsel	Vertikale Mobilität, Auf-, Abstieg

[1] Synonym: geographische, territoriale, regionale Mobilität.

Die von der Wirtschafts- und Sozialverfassung einer Gesellschaft jeweils gewährte Freizügigkeit in der Wahl des Wohnsitzes, des Berufes und Arbeitsplatzes sowie der Grad des Zuganges zu Boden, Kapital, Bildung und Informationen für jedermann stecken den Rahmen für Ausmaß und Richtung der Mobilität ab. Die größere soziale Mobilität im städtischen Bereich ist darauf zurückzuführen, daß dort die Bandbreite der zu besetzenden Positionen infolge des höheren Grades der Spezialisierung größer ist, und daß infolge des Bevölkerungswachstums und der dynamischen Wirtschaftsentwicklung immer wieder neue, darunter auch gehobene und höhere Positionen zu besetzen sind. Städter können im allgemeinen leichter sozial aufsteigen, weil sie über bessere Ausbildungsmöglichkeiten verfügen und besser mit den städtischen Verhältnissen und den gegebenen beruflichen Aufstiegsmöglichkeiten vertraut sind als ländliche Zuzügler.

Entsprechend ihrer funktionalen Bedeutung für das System wird jede Position sozial bewertet. In einem Industrieunternehmen oder in einer Verwaltungsbürokratie drückt sich die unterschiedliche Bewertung in der Höhe der Lohn- und Gehaltszahlungen aus; in Agrargesellschaften unter anderem im Grad der Ehrerbietung, die einem Positionsinhaber gezollt wird. Der Fachausdruck „Status-Position" drückt den engen Zusammenhang zwischen Status und Position aus. Gemeint ist damit die soziale Stellung eines Positionsinhabers in einem System sozialer Beziehungen. Für die Rangordnung der Positionen sind die persönlichen Merkmale der Positionsinhaber unerheblich.

Die Status-Position landwirtschaftlicher Erwerbstätiger ist mehr vom Status des Vaters abhängig als von der eigenen Ausbildung. Nur im Falle der Abwanderung aus der Landwirtschaft erhält die eigene Ausbildung größeren Einfluß auf die Statuszuweisung. Die landwirtschaftliche Herkunft ist für die Statuszuweisung außerhalb der Landwirtschaft eher nachteilig (vgl. BRÜSE 1977). Aus der Landwirtschaft Abgewanderte beginnen in der Regel in untergeordneten Arbeiterpositionen in Industrie und Baugewerbe.

4.2.2 Ränge

Wir sind wiederholt auf das Phänomen der Rangordnung gestoßen. Schichten, Stände, Kasten und Klassen werden in höhere und niedere gegliedert; auch soziale Positionen können einander über- und untergeordnet sein. Menschen werden von ihren Mitmenschen ebenfalls in eine Rangordnung gebracht, obwohl viele große Religionen und einige staatliche Verfassungen von der Gleichheit aller Menschen ausgehen. Die einfachste Erklärung dafür ist die, daß geschätzte Merkmale ungleich unter den Menschen verteilt sind, und nicht alle Menschen gleich hoch bewertete Positionen einnehmen können. Der soziale Rang[1] eines Individuums ist das Ergebnis einer Gesamteinschätzung seiner Person und seiner Status-Positionen. Der soziale Rang eines in einem Weiler wohnhaften Landwirts wird z. B. bestimmt durch (1) die Positionen, die er als Grundeigentümer, Vater, Ehemann, Betriebsleiter, Kirchenvorstand, Aufsichtsrat in der Genossenschaft usw. einnimmt, (2) die Art, wie er seine Rolle als Nachbar spielt, (3) einige persönliche Eigenschaften wie Alter, äußere Erscheinung und Moral, und (4) seine Macht (a) die Weilerangelegenheiten zu beeinflussen, und (b) durch Beziehungen außerhalb des Weilers Entscheidungen zugunsten des Weilers zu veranlassen.

Für die Gesamtbewertung eines Menschen auf der sozialen Rangskala sind – wie das Beispiel zeigt – im allgemeinen von Belang (1) die soziale Wertschätzung seiner verschiedenen Positionen, (2) sein persönliches Ansehen, das er sich durch die Art und Weise erworben hat, wie er seine Positionen bekleidet, (3) die Achtung, die er sich durch seinen Lebenswandel erworben hat, und (4) der Ruf, den er bzw. seine Familie genießt. Während Prestige und Ansehen an sozialen Maßstäben gemessen werden, werden an die Achtung ethische und an den Ruf moralische Maßstäbe angelegt. Einige Statusränge haben Schlüsselcharakter. In Feudal- und Kastengesellschaften ist es der Geburtsrang, in bäuerlichen Gesellschaften der Eigentümerstatus, in modernen Gesellschaften in der Regel der Beruf oder die Berufsstellung.

---

[1] Häufig wird der Rang einer Person als „Stellung", „Stand" oder „Status" bezeichnet. *Status* ist jedoch die soziale Wertschätzung (Prestige) einer an sich a-persönlichen Position; *Stand* ist die Gesamtheit der ererbten, seltener der erworbenen Rechte und Pflichten einer Person; und *Stellung* ist die Position innerhalb eines sozialen Systems.

In der ländlichen Rangordnung kommt zum Ausdruck, wie sich die Leute selbst und gegenseitig nach Ansehen und Macht einstufen. Die Rangordnung wird sichtbar (1) in der Art, wie die Leute miteinander verkehren und (2) wie sie sich in der Öffentlichkeit arrangieren (Sitzordnung in der Kirche oder bei profanen Versammlungen), (3) in der Wohnlage, (4) in der Bevorzugung und Meidung bestimmter Plätze und Lokale, (5) im Zutritt zu bestimmten Vereinen und Zirkeln, (6) an bestimmten Rangabzeichen (Statussymbole) und (7) in dem Grad der Ehrerbietung, die sie einander zollen. Wirtshausbesuch, im Orient Kaffee- oder Teehausbesuch, ist für Männer häufig Ausdruck und Maß sozialer Geltung und zugleich Sichtbarmachung der örtlichen Rangordnung.

Statussymbole[1] sind in traditionalen ländlichen Gesellschaften nicht nur Zeichen von Prestige, Macht und Reichtum, die mit einer Position verbunden sind, sondern weisen in Nuancen der Tracht auch auf den Familien- und Berufsstand und die Herkunft einer Person hin.

Unter den Merkmalen, nach deren Ausprägung Personen in der Rangordnung sozialer Wertschätzung eingestuft werden, befinden sich solche, die angeboren sind, wie Herkunft und Geschlecht. Sie führen ohne eigenes Zutun des Individuums zu einem „zugeschriebenen" Rang. Ein sozialer Rang kann aber auch durch eigene Anstrengungen, Verdienste, Prüfungen und Berufserfolge „erworben" werden. Hinsichtlich persönlicher Eigenschaften wird jedes Mitglied eines sozialen Systems nach zwei Kriterien beurteilt: (1) Nach dem Beitrag, den es zur Erreichung der Gruppenziele leistet (Tüchtigkeits-Rangordnung), und (2) nach dem Beitrag, den es zur gefühlsmäßigen Erhaltung und zum gemütsbetonten Zusammenhalt der Gruppe leistet (Beliebtheits-Rangordnung). Beide Skalen müssen nicht zusammenfallen. Der tüchtigste Bauer im Dorf ist selten der beliebteste.

Die Fragen, welches die rangbestimmenden Faktoren sind und wie diese bewertet werden, lassen sich nicht generell beantworten, weil in jeder Kultur und sogar in jeder Subkultur systeminterne Wertmaßstäbe angelegt werden. Einige Grundsätze scheinen jedoch in ländlichen Gesellschaften allgemeinere Geltung zu haben.

Biologisch-soziale Rangfaktoren: Nur unter sonst Gleichrangigen nimmt die stärkere Persönlichkeit, sowohl im körperlichen wie im intellektuellen Sinne, den höheren Rangplatz ein. Unter dieser Prämisse ist auch der These zuzustimmen, der dörfliche Rang hänge vor allem von persönlichen Qualifikationen des Individuums ab (PIPPING 1956). Einer Verallgemeinerung dieser These steht die Beobachtung entgegen, daß der Rang eines Dorfbewohners sehr eng an die Abstammung von einer bestimmten Sippe und der Zugehörigkeit zu einer lokalen Familie gebunden ist. Dorffremde Herkunft wird grundsätzlich negativ bewertet. Außerdem ist der Status innerhalb des Haushaltes rangbestimmend. Der Haushaltsvorstand nimmt auch in der Gesamtplazierung einen höheren Rang ein als der Altenteiler. Die Älteren rangieren jedoch im allgemeinen vor den Jüngeren. Die Verheirateten stehen über den Verwitweten und diese über den Ledigen. In orientalischen Gesellschaften wirkt die Zahl der Söhne rangerhöhend. In den meisten ländlichen Gesellschaften werden Männer ranghöher eingestuft als Frauen. In polygamen Gesellschaften erhöht sich unter Umständen mit der Zahl der Ehefrauen der Rang eines Mannes. Die genannten Rangunterschiede unterliegen jedoch in zunehmendem Maße einer Revision.

Ökonomisch-berufliche Rangfaktoren: Allgemein gilt, je größer der Grundbesitz und je umfassender und dauerhafter die Verfügungsgewalt über die Produktionsmittel, desto höher der Rang. Grundbesitz allein garantiert jedoch im modernen Industriedorf nicht mehr eine hohe Einstufung. Mit zunehmender Industrialisierung und Urbanisierung des Landes verlagern sich die Wertungskriterien zugunsten städtisch-industrieller Maßstäbe der Einkommenshöhe, die im demonstrativen Konsum (Eigenheim, Wohnungsausstattung, Automarke) und in der Frei-

---

[1] In bäuerlichen Gesellschaften sind Haus und Gefährt, Kleidung und Schmuck sowie Herdengröße bevorzugte Statussymbole.

zeitgestaltung zum Ausdruck gebracht wird. In nicht-westlichen Gesellschaften ist häufig die Führung eines gastfreien Hauses, die Freigebigkeit gegenüber Bedürftigen, die Großzügigkeit gegenüber Schuldnern, die Ausrichtung verschwenderischer Feste, die Ehelichung einer teuren Frau usw. eine rangerhöhende Demonstration der wirtschaftlichen Potenz. Unter Nomaden ist die Kopfzahl der Herden neben der Abkunft das wichtigste Rangkriterium.

Die Zahl der Beschäftigten als Ausdruck der wirtschaftlichen Macht ist ebenfalls von großem Gewicht für die Rangplazierung, insbesondere in Gesellschaften, die der Muße, die sich ein Mann leisten kann, einen hohen Prestigewert beimessen. Nicht zuletzt erhöhen auch handwerkliches Geschick und beruflicher Erfolg den sozialen Rang.

Berufliche Positionen in der Landwirtschaft rangieren im allgemeinen in allen westlichen Industrieländern tiefer als vergleichbare Berufsstellungen in der übrigen Wirtschaft. Man hat die Entstehung von beruflichen Rangordnungen damit erklärt, daß jene Berufe, die für das Funktionieren des gesellschaftlichen Systems besonders wichtig sind, sozial höher eingestuft werden. Diese Erklärung befriedigt überhaupt nicht, da die meisten Basisberufe auf unteren Rangstufen stehen. Einleuchtender ist die Erklärung, Berufspositionen, die schwer zu erreichen sind, würden höher rangieren als Positionen, die jedermann zugänglich sind. Noch maßgebender für den Rang eines Berufes und einer Berufsstellung dürfte sein, welche Rechte, Privilegien, Weisungs- und Kontrollbefugnisse damit verbunden sind. Schließlich ist auch das traditionelle Image eines Berufes rangbestimmend.

Religiös-moralische Rangfaktoren: Religiöse Weihen und Besitz übernatürlicher Kräfte gehören überall auf dem Lande zu den rangerhöhenden Faktoren. Religiöse Tugenden, Frömmigkeit, Glaubenseifer, Kenntnis der heiligen Schriften und Teilnahme an religiösen Veranstaltungen werden im allgemeinen nur innerhalb der religiösen sozialen Systeme hoch bewertet. In islamischen Gesellschaften hat eine Wallfahrt nach Mekka stark rangerhöhende Wirkung. In animistischen Gesellschaften nehmen jene, die über die Mittel der Magie verfügen, einen hohen Rang ein. In säkularisierten Gesellschaften ist dagegen Religiosität und Kirchlichkeit von relativ geringer Bedeutung für die Rangordnung; ein Übermaß (Betschwester, Kirchenspringer) kann sogar rangerniedrigend wirken. Welche Tugenden und Handlungen den Rang heben, bestimmt die örtliche Sitte. In manchen Gesellschaften muß der Jüngling eine bestimmte Tat vollbringen, im Extremfall einen Feind töten, um in den Rang der Männer aufsteigen zu können. Für den Rang einer Frau gelten in den meisten ländlichen Gesellschaften vor- und außereheliche Keuschheit und Züchtigkeit als wichtige Kriterien. Ein unmoralischer Lebenswandel – Streit-, Trunk-, Klatsch- und Geltungssucht, sexuelles Fehlverhalten, Hinterhältigkeit – erniedrigt vor allem beim weiblichen Geschlecht den sozialen Rang.

Funktional-kommunikatorische Rangfaktoren: Die Inhaber achtbarer Positionen des öffentlichen Lebens rangieren ziemlich hoch. Die Ranghöhe steht gewöhnlich in einem direkten Verhältnis zur Funktion und Machtfülle einer Position, wird aber von der persönlichen Art der Ausspielung der Positionsrollen variiert. Glauben die Menschen, daß übernatürliche Mächte ihre Geschicke endgültiger lenken als reale, dann gewinnen die religiösen Amtsträger, die die Verbindung zum Übernatürlichen herstellen, hohen Rang. Die Verehrung der Gottheit färbt auf das Ansehen ihrer irdischen Vertreter ab. Je strenger der Zugang zu den religiösen Positionen kontrolliert wird, desto höher ist deren Rang.

Amtspersonen, die aus der Gemeinde selbst stammen, werden als Erste unter Gleichen behandelt. Die Intimität des Zusammenlebens und die Selbstachtung verbieten es den Dorfbewohnern, Funktionsträgern aus ihren eigenen Reihen unterwürfig zu begegnen. „Solange jeder jeden kennt und man auch um die Herkunft des einzelnen weiß, sind die sozialen Zurechnungen oft sehr viel zähflüssiger, als man vermutet" (BOLTE u. a. 1966, S. 286 f.). Der in der Fremde in einflußreiche Positionen aufgestiegene oder reich gewordene Sohn des Dorfes wird in seinem Heimatort mit einem hohen Rang bedacht. Die Einordnung von Funktionsträgern, die nicht in das Besitzschema passen, macht in ländlich-agrarischen Gesellschaften einige Schwierigkeiten. Zugezogene Amtspersonen werden nie in die unteren Ränge, aber auch ungern in die obersten Ränge der Eingesessenen plaziert. Ihr Rang wird teilweise von historischen Bedingungen, teilweise von persönlichen Merkmalen und von ihrer außerdörflichen Wertschätzung mitbestimmt.

ALBERT ILIEN (1977, S. 45 ff.) fand in einem ursprünglich katholischen, schwäbischen Industriedorf, daß vor allem lokale und verwandtschaftliche Herkunft, Konfessionszugehörigkeit, Familienstand, Alter und Geschlecht den Rang bestimmen (Übersicht 24). Vereinstätigkeit, Besitz und Berufserfolg vermögen den Makel minderer Herkunft etwas auszugleichen. Außerörtliche Berufspositionen zählen kaum.

Übersicht 24.   Rangordnung der Erwachsenenbevölkerung[1] in „Hausen"

Rang-platz	Häufigkeits-verteilung %	Bevölkerungskategorien
1	4,6	zugezogene dörfliche Autoritätspersonen ältere, katholische, einheimische Ehepaare
2	11,2	einheimische, katholische Ehepaare
3	24,0	jüngere, einheimische, katholische Ehepaare jüngere, einheimisch/zugezogene, katholische Ehepaare einheimische Witwer
4	30,4	jüngere, einheimisch/zugezogene, katholische Ehepaare zugezogene katholische Ehepaare jüngere Ehepaare mit zugezogenem evangelischem Partner einheimische Witfrauen
5	20,4	zugezogene evangelische Ehepaare normale, ältere Ledige
6	9,4	ältere, zugezogene evangelische Ehepaare Witwen aus solchen Paaren ältere, leicht schwachsinnige oder senile Ledige schlecht Beleumundete
ohne Rang-platz[2]		Personen mit zweitem Wohnsitz im Dorf und ständiger Abwesenheit Jugendliche frisch zugezogene Akademiker Gastarbeiter

[1] Wahlberechtigte Einwohner.
[2] Nicht oder noch nicht in das dörfliche Rangsystem integriert und daher nicht klassifizierbar.
Quelle: Nach ILIEN 1977, S. 47

Wer jemand ist, wird entschieden durch das, was jemand ist, z. B. ledig oder jung. Jugendliche besitzen zwar innerhalb ihrer Altersgruppe (peer group) einen bestimmten Rangplatz; sie können aber im Dorf noch nicht endgültig eingestuft werden. Für die Dörfler sind sie vorläufig Mitglieder dieser oder jener Familie bzw. Sippe, Erben mutmaßlicher Eigenschaften und Güter, ihrer Abstammung entsprechend prädestiniert für bestimmte soziale Positionen. Unverheiratete Personen, insbesondere ledige Frauen, gelten einerseits sehr wenig – Selbstbild: „Ich bin der Garniemand" –, andererseits werden sie genau beobachtet. Im allgemeinen steht ihnen nur im kirchlichen Leben ein Betätigungsfeld offen, wo sie sich bis zu einem gewissen Grad öffentliche Geltung verschaffen können.

4.2.3 Macht

Unter Macht versteht man „jede Chance, innerhalb einer sozialen Beziehung den eigenen Willen auch gegen Widerstreben durchzusetzen" (WEBER 1925, S. 28). Diese Chance beruht auf Herrschaft, Autorität, Einfluß, Manipulation, Zwang, Terror und Gewalt.

Legitime Macht heißt *Herrschaft*. Herrschaft bedeutet zugleich Machtausübung und Repräsentation, die Mitglieder des Sozialsystems zu integrieren und die Interessen des Sozialsystems zu wahren. Der dem Gemeinwohl verpflichtete Herrscher vertritt oder verkörpert (im Absolutismus) das Sozialsystem nach innen und außen. *Autorität* bezeichnet die als rechtmäßig anerkannte Befugnis einer Person oder Gruppe, für andere zu entscheiden. Eine Autorität ist eine Person, deren Entscheidungen und Urteile von anderen fraglos hingenommen werden. *Einfluß* heißt die Einwirkung auf die Entscheidungen und das Handeln anderer, die nicht autoritärer Art ist. Einflußnahme kann auf dem Ansprechen des Gefühlslebens (Suggestion), rationaler Überzeugung, persönlicher Ausstrahlung (Charisma), Vorbildlichkeit (Idol), Altersweisheit (Seniorität) und Täuschung (Manipulation) beruhen. *Manipulation* (Propaganda, Werbung) heißt die eigennützige Beeinflussung des Willens anderer unter Ausnutzung der Kenntnis von gewissen rezeptiven Anlagen des Menschen, ohne daß sich die Manipulierten dessen bewußt sind. *Zwang* heißt die Einwirkung auf das Handeln anderer durch die Androhung von Strafen oder Schaden. Zwang wird zum *Terror*, wenn durch unberechenbare Gewaltakte Schrecken verbreitet wird. *Gewalt* heißt die unmittelbare Einwirkung auf den Körper einer anderen Person, um ein bestimmtes Handeln zu veranlassen.

In allen sozialen Systemen wird Macht ausgeübt, auch in ländlichen. Bestimmte Personen haben Positionen inne oder verfügen über Eigenschaften und Hilfsmittel, die es ihnen ermöglichen, sich an der Willensbildung und an Entscheidungsprozessen wirksamer zu beteiligen als andere. Machtausübung besteht freilich nicht nur im Fällen, sondern auch im Verhindern von Entscheidungen oder in der Ausklammerung von ganzen Lebensbereichen aus dem Entscheidungsprozeß. Verhindernde (obstruktive) Machtausübung ist aus naheliegenden Gründen schwerer festzustellen als aufbauende (konstruktive).

Personen, die für das Funktionieren von sozialen Systemen verantwortlich sind oder Macht beanspruchen, stützen sich gewöhnlich auf Autoritäten. Derartige Autoritätsinstanzen sind
(1) die Gottheit und deren irdische Vertreter,
(2) die Ahnen und die Alten,
(3) die Besitzer von (erblichen) wirtschaftlichen und politischen Machtstellungen,
(4) die charismatischen Führer,
(5) rational geordnete Institutionen (Gesetzgebung, Rechtswesen, Wissenschaft) und deren Funktionäre.

Machtausübung (siehe Teil 1: 5.3) wird in ländlichen Sozialsystemen, vor allem in vorindustriellen, häufig legitimiert durch Berufung auf Traditionen oder auf natürliche und göttliche Ordnungen. In Übergangsgesellschaften treten häufig Persönlichkeiten mit einer besonderen Ausstrahlungskraft (Charisma) auf, die als mit übermenschlichen Kräften begabt, als gottgesandt oder als vorbildhaft bei ihren Gefolgsleuten gelten (z. B. ATATÜRK, der „Vater der Türken", 1881–1938). In aufgeklärten Industriegesellschaften sind der Gesetzgeber, die obersten Gerichte, die Wissenschaftler und Experten, aber auch die sogenannten Sachzwänge häufig zitierte Autoritätsinstanzen.

Macht wird in ländlichen Sozialsystemen im allgemeinen weniger bürokratisch als vielmehr in persönlichen Sozialbeziehungen ausgeübt. In ländlichen Siedlungen bestehen Sozialbeziehungen zweifacher Art: (1) Austauschbeziehungen zwischen Kaufmann und Kunde, Berater und Klient, Nachbar und Nachbar, (2) Koordinationsbeziehungen, die dem Ausgleich partikularer Interessen dienen. Lokale Macht wird hauptsächlich durch Austauschbeziehungen errungen, aber durch Koordinationsbeziehungen ausgeübt (vgl. NIX 1969, S. 325). Eine Person kann

Soziologie des Landes

ein großes Machtpotential in ihren Austauschbeziehungen besitzen. Wenn sie aber nicht den koordinierenden Schlüsselgruppen oder Organisationen angehört, ist die Wahrscheinlichkeit gering, daß sie die örtlichen Angelegenheiten wirksam beeinflußt. Koordinierende Gruppen sind z. B. der Gemeinderat oder eine informelle Clique, die Vorentscheidungen fällt. Die Chance, den eigenen Willen auch gegen Widerstreben durchzusetzen, oder in eine machtvolle Position zu gelangen, wird durch eine zahlreiche Anhängerschaft verbessert. Je nach Art der Sozialbeziehungen nimmt die Anhängerschaft die Form von Verwandtschaft, Gefolgschaft, Jüngerschaft oder Kundschaft an.

Verwandtschaft verpflichtet die durch gemeinsame Abstammung, Verschwägerung und Adoption verbundenen Personen zu gegenseitiger Hilfe und Unterstützung: familiäre Macht.

Gefolgschaft ist die Gesamtheit der Personen, die zu einem örtlichen Führer in einem besonderen Verhältnis der freiwilligen, anerkennenden und vom Charisma des Führers mitbestimmten Unterordnung stehen: persönliche Macht.

Jüngerschaft ist die bedingungslose Nachfolge eines religiösen Führers: geistliche Macht.

Kundschaft (Patronage, Klientel) bezeichnet eine asymmetrische, personalisierte Austauschbeziehung, bei der der Patron mit den Diensten seines Klienten und der Klient mit der Hilfe und dem Schutz des Patrons rechnen kann: wirtschaftliche Macht.

Ländliche Sozialsysteme, in denen großbetriebliche Produktion vorherrscht, sind meistens „machtzentriert" organisiert, wogegen bei überwiegend familienbetrieblicher Struktur die Macht diffus verteilt zu sein pflegt. Machtdiffuse ländliche Gemeinwesen können pluralistische oder oligarchische Züge tragen. Eine pluralistische Machtstruktur liegt dann vor, wenn verschiedene kleine Gruppen wechselnder personeller Zusammensetzung die lokalpolitischen Entscheidungen herbeiführen. Demgegenüber ist eine oligarchische Machtstruktur dadurch gekennzeichnet, daß einige wenige über eine längere Zeitspanne hinweg die Geschicke des Gemeinwesens lenken.

Literatur: BERTRAND 1972, ILIEN 1977, MÜHLMANN und LLARYORA 1973, WEBER, A. 1971.

Diskussions- und Prüfungsfragen
1. Aus welchen Bausteinen setzt sich eine soziale Position zusammen?
2. Woran können Sie die Rangordnung der Einwohner eines Dorfes erkennen?
3. Nennen Sie die wichtigsten rangbestimmenden Faktoren!
4. Auf welche Autoritätsinstanzen beruft man sich in agrarischen und in industriellen Gesellschaften hauptsächlich?

4.3 Voraussetzungen der Funktionalität

Soziale Systeme funktionieren im allgemeinen nur dann, wenn sie über ein bestimmtes Territorium verfügen, mit Hilfsmitteln ausgestattet sind und einen Mindestgrad an Zusammenhalt aufweisen.

4.3.1 Raumbezug

Jedes soziale System hat eine räumliche Dimension. Raumfaktoren können für das Funktionieren sozialer Systeme sogar ausschlaggebend sein. Dies gilt in hohem Maße für alle bodenabhängigen Sozialsysteme wie Bauernhöfe und für alle entfernungsabhängigen Sozialsysteme wie Schulen. Hierbei ist nicht nur an die flächenmäßige Ausdehnung sozialer Systeme, z. B. die Wirtschaftsfläche eines Hofes oder der Einzugsbereich einer Schule zu denken, sondern auch die Standortwahl zu berücksichtigen. Auf einem steinigen, hängigen Standort kümmert ein landwirtschaftlicher Betrieb dahin, auch wenn die sonstigen Systembedingungen günstig sind. Für den Besuch einer weiterbildenden Veranstaltung durch die Landwirte ist die richtige Wahl des Versammlungsortes nicht minder wichtig wie die Wahl eines attraktiven Themas und Redners.

Der Raumbezug einer Person zu lokalen Sozialsystemen tritt in vier Formen der Ortsbezogenheit in Erscheinung:

Possessive Ortsbezogenheit: Wie jedes Tier oder Tierrudel sein Revier besitzt, so benötigt und beansprucht auch jeder Mensch und jede menschliche Gruppe zum Leben und Interagieren eine Mindestmenge an Raum. Die räumlichen Anordnungen und Anforderungen werden in der Systemtheorie als Territorium, in einem umfassenden Sinne auch als Lebensraum bezeichnet. An Bereitschaft, ein Territorium in Besitz zu nehmen, zu kontrollieren und zu verteidigen, steht der Mensch dem Tier nicht nach. Die Abwehrreaktionen pflegen um so heftiger zu sein, je stärker sich soziale Gruppen mit ihrem Territorium identifizieren und je mehr ihr Lebensraum eingeengt wird. In manchen ländlichen Gegenden müssen Burschen, die sich in ein fremdes Dorf wagen, Prügel gewärtigen. „Die Fremde beginnt jenseits der Gemeindegrenzen, und schon dem nächsten Weiler begegnet man mit Argwohn", so schildert der Dichter MAURICE ZERMATT die Verhältnisse in seiner wallisischen Heimat. Bewahrung des eigenen Territoriums vor Überfremdung findet in der „Kirchturmspolitik" einen eher negativen, in Bürgerinitiativen einen positiver zu bewertenden Ausdruck. Eine andere mögliche Reaktion ist, vor übermächtigen Eindringlingen und Einflüssen zu resignieren oder zu fliehen.

Das Territorium hat für ein lokales System (1) wirtschaftliche Bedeutung, insofern es Träger von Ressourcen ist, (2) politische Bedeutung, indem es die räumliche Zuständigkeit und Verfügungsgewalt absteckt, und (3) Handlungsbedeutung, da es bestimmte Verhaltenserwartungen impliziert. Innerhalb des eigenen Territoriums verhalten sich Menschen gewöhnlich anders als außerhalb. In den eigenen vier Wänden, im eigenen Dorf ist das Auftreten in der Regel sicherer, bestimmter und energischer; andererseits aber auch herrischer oder unterwürfiger, denn auch die soziale Über- und Unterordnung ist in erheblichem Maße raum- und ortsgebunden.

Die *institutionelle Ortsbezogenheit* betrifft vor allem die juristisch geregelte Zugehörigkeit zu einem räumlich fixierten Sozialsystem. Bis zum Ende des 19. Jahrhunderts war und in schweizer Kantonen ist bis zur Gegenwart die Erlangung des „Heimatrechtes" an mehrere Vorbedingungen geknüpft. In der Bundesrepublik Deutschland genügt für deutsche Staatsangehörige die polizeiliche Anmeldung, um die formale Ortsbürgerschaft zu erhalten.

Die *klassifikatorische Ortsbezogenheit* besteht in der formalen Zurechnung zu einem Herkunftsort. Gewöhnlich müssen einige Voraussetzungen erfüllt sein, damit sich eine Person als einem bestimmten Ort zugehörig ausgeben und folglich mit dem Ortsnamen kennzeichnen darf: Geburtsnachweis, Wohndauer, Haus- und Grundbesitz, Vereinsaktivität, Verlust des ursprünglichen Wohnsitzes (Heimatlosigkeit) usw. Große Bedeutung erlangte die klassifikatorische Ortsbezogenheit nach dem Zweiten Weltkrieg bei der amtlichen Einstufung der Neubürger als Heimatvertriebene.

Die *emotionale Ortsbezogenheit* bezieht sich auf den erlebten Raum (Heimatgefühl) und auf den benannten Raum (symbolische Ortsbezogenheit). Das *Heimatgefühl* ist auf örtlich gebundene Intimgruppen und die Erlebnisse und Empfindungen innerhalb dieser Intimgruppen gerichtet, wobei die Erinnerung an bestimmten Lokalitäten (Elternhaus, Spielplätze, Parkbänke usw.) haften bleibt. Die *symbolische Ortsbezogenheit* ist dagegen die Folge der Zugehörigkeit zu einem örtlichen Bezugssystem, das durch einen Ortsnamen symbolisiert wird. Menschen, die in Weilern oder in Neubauvierteln wohnen, haben gewöhnlich einen stärkeren symbolischen Bezug zu ihrem Ortsteil als zur Ortschaft oder zur Verwaltungsgemeinde, während die Bewohner von integrierten Dorfvierteln sich mit dem Namen der Ortschaft zu identifizieren pflegen.

Voraussetzung für die emotionale Besetzung eines Ortsnamens ist die ortsbezogene Kommunikation, d. h. nach HEINER TREINEN (1965, S. 293) die Interaktion mit Menschen in einem bestimmten Situationszusammenhang, der den Ort betrifft, z. B. die Debatte über den Ausgang eines Fußballspieles der heimischen Mannschaft gegen die Elf des Nachbarortes. Je häufiger und erregter solche und ähnliche Gespräche geführt werden, desto mehr wird das Ortssymbol emotional besetzt. Derartige Interaktionen stärken den Gruppenzusammenhang, vermitteln Wertvorstellungen und Normen, die sich auf die symbolisierte Örtlichkeit beziehen und befriedigen unmittelbar das Bedürfnis der Gesprächspartner, an einem für sie lohnenden sozialen Zusammenhang teilzunehmen.

4.3.2 Ausstattung

Die meisten Rollen können ohne Hilfsmittel oder Hilfskräfte nicht richtig ausgeübt werden. Deshalb hängt das Funktionieren sozialer Systeme letzten Endes von der zeitlichen (Sprechstunden, Arbeitszeit, Termine), der sozialen (Hilfskräfte, Assistenten), der physischen (Arbeitsgeräte, Gebäude, Anlagen) und der symbolischen (Totem, Schutzmarken, Wappen, Abzeichen, Rituale) Ausstattung ab. Die Zuteilung von Ausstattung ist einerseits ein Zeichen von Rang und Ansehen (Statussymbol); je höher die Position, desto besser, aufwendiger und eindrucksvoller pflegt die Ausstattung des Arbeitsplatzes zu sein. Andererseits verleiht die Zuteilung von Ausstattung auch Macht. So kann z. B. der Verwalter der Geschirr- und Gerätekammer auf einem Gutshof ein hohes Maß an Macht über die Landarbeiter ausüben.

In dynamischen sozialen Systemen ist die Ausstattung mit Hilfsmitteln und deren Zuteilung an die einzelnen Positionsinhaber ein ständiges Problem. Ländliche Sozialsysteme sind infolge veränderter Ansprüche und Anforderungen oft völlig unzureichend ausgestattet und deswegen wenig funktionstüchtig. Viele Bauernhöfe erreichen z. B. wegen ungenügender Boden- und Kapitalausstattung das Systemziel, nämlich den Lebensunterhalt der Besitzerfamilie zu gewährleisten, nicht mehr und müssen deshalb aufgegeben werden. Auch ländliche Vereine, Volksbildungswerke, ja ganze Landgemeinden sind oft so mangelhaft ausgestattet, daß sie ihren Zweck nicht erfüllen können. Das Ausstattungsdefizit ist auf dem Lande so allgemein verbreitet, daß mangelhafte Infrastrukturausstattung von einigen Wissenschaftlern zu den charakteristischen Merkmalen des ländlichen Raumes gezählt wird, wie in Teil 1: 1.1.7 ausgeführt wurde.

Im Zusammenhang mit der Ausstattung taucht das Problem der Ertragsverteilung auf. In der Soziologie wird es meistens unter dem Aspekt der *Belohnung* gesehen. Das Problem stellt sich in doppelter Weise. Einmal kommt es für die Funktionsfähigkeit eines sozialen Systems darauf an, wieviel von dem Ertrag in dem System selbst zur Erhaltung und Verbesserung der Ausstattung angelegt wird. Die Leistungsfähigkeit zahlreicher ländlicher Sozialsysteme wird dadurch beeinträchtigt, daß nicht genügend reinvestiert werden kann, weil entweder die Erträge laufend aufgezehrt werden oder sich andere Personen die Überschüsse aneignen. Zum anderen müssen die Erträge so auf die Mitglieder des sozialen Systems verteilt werden, daß diese ermuntert werden, ihr Verhalten in Einklang mit den Systemzielen zu bringen. Dieser Punkt war lange Zeit eine schwache Stelle in russischen Kolchosen, bis man die materielle Interessiertheit der Mitglieder wieder gebührend berücksichtigte.

Die Belohnung der Mitglieder eines sozialen Systems für ihre Leistung und Solidarität kommt jedoch nicht nur im Lohn oder in Tantiemen, sondern auch in der Ausstattung ihres Arbeitsplatzes zum Ausdruck. Die Zuteilung des besten Gespanns oder des neuesten Schleppers an einen Landarbeiter ist sowohl Ausstattung der Position als auch Belohnung der Person; sie fördert die Arbeitsproduktivität und ist zugleich ein Zeichen der Anerkennung. Mit Belohnung ist Prestige verbunden. Die Höhe der Zuwendungen zeigt an, welche Mitglieder des Systems bei der Ausübung ihrer Rollen mehr Prestige gewonnen haben als andere. Die in Industriegesellschaften verbreitete Unzufriedenheit der Landwirte rührt großenteils daher, daß sie meinen, ihre Anstrengungen würden von der Gesellschaft nicht genügend honoriert.

4.3.3 Zusammenhalt

Man hat sich in der Soziologie schon relativ früh die Frage gestellt, wie eigentlich soziale Systeme zusammengehalten werden (Kohäsionsproblem). Die bekanntesten Erklärungen stammen von FERDINAND TÖNNIES und ÉMILE DURKHEIM (1858–1917). Leider hatten beide bei der Wahl ihrer Grundbegriffe eine unglückliche Hand, da diese mehrdeutig sind und falsche Assoziationen wecken.

Nach TÖNNIES (1887) können soziale Systeme durch innere Verbundenheit (Gemeinschaften) oder äußere Ordnungen (Gesellschaften) zusammengehalten werden. Dem Idealtypus „Gemeinschaft" entsprechen die aus Neigung, Gewohnheit oder Überzeugung gewollten Verbindungen (Wesenswille), dem Idealtypus „Gesellschaft" die zweckrational gewollten (Kürwille). Gemeinschaftsinnige Verbundenheit erkennt TÖNNIES in den urtümlichen sozialen Bindungen des Blutes (Familie), des Ortes (Nachbarschaft), des Geistes (Freundschaft), aber auch in Sachverhältnissen wie gemeinsamen Einrichtungen (Dorfgemeinschaftshaus), gemeinsamem Besitz (Allmende) und gemeinsamem Tun (Deichgenossenschaft). Persönliche Beziehungen, Opferbereitschaft und Solidarität kennzeichnen in „Gemeinschaften" die Verhaltensweisen. Demgegenüber bedarf es in „Gesellschaften" künstlicher und überlegter Vorkehrungen (Planung, Verträge, Verfassungen), um die von sachlichen Beziehungen, Egoismus und Individualismus beherrschten Verhaltensweisen zweckorientiert zu lenken.

Häufig wird ländliche Lebensform mit Gemeinschaft und städtische Lebensform mit Gesellschaft gleichgesetzt. TÖNNIES wollte mit seinem Begriffspaar jedoch keinen Stadt-Land-Gegensatz konstruieren, sondern zwei Gestaltungsprinzipien herausarbeiten, deren wechselndes Vorwiegen er vor allem in zeitlicher Abfolge sah. Ursprünglich bildeten Stadt und Dorf Gemeinschaften. Auf das Zeitalter der Gemeinschaft – so seine These – folge das Zeitalter der Gesellschaft, in dem Handel, Industrie und Wissenschaft über Hauswirtschaft, Ackerbau und Kunst dominieren. Erst wenn sich die Stadt zur Großstadt entwickle, verliere sie ihre gemeinschaftsinnigen Züge und könne nicht mehr „als große Familie begriffen werden" (1922, S. 243).

DURKHEIM (1893) erklärt den Zusammenhalt sozialer Systeme mit dem Gefühl bzw. dem Bewußtsein der Zusammengehörigkeit (Solidarität). Er unterscheidet zwei Arten von Solidarität: mechanische und organische. Die mechanische Solidarität beruht auf der Gleichheit oder Ähnlichkeit der Elemente in einem sozialen System. Die Gleichartigkeit der Herkunft, des Berufes, der Kultur, des Lebensstils usw. führt zu gleichen Interessen und Erfahrungen, die verbindende Wirkung haben. Die organische Solidarität ergibt sich hingegen aus der Verschiedenheit der Elemente eines sozialen Systems. Insbesondere aus der differenzierenden Arbeitsteilung folgt das wechselseitige Aufeinanderangewiesensein und der Zwang zur Zusammenarbeit. Je weiter die Spezialisierung getrieben wird, desto größer wird die gegenseitige Abhängigkeit und desto mehr wachsen damit die Kräfte des Zusammenhaltes. Basiert der Zusammenhalt auf Gleichheit, so wird ein soziales System versuchen, jede soziale Differenzierung und jede Pluralität der Werte und Normen zu verhindern. Ein solches System ist daher konservativ und statisch. Ein System, das durch organische Solidarität zusammengehalten wird, ist hingegen an zunehmender Differenzierung interessiert; es ist daher prinzipiell progressiv-dynamisch angelegt.

Das mechanische Prinzip ist typisch für einfache, segmentierte Sozialgebilde, das organische Prinzip für komplexe, funktional differenzierte Sozialgebilde. DURKHEIM verglich die segmentäre Gesellschaft mit einem Regenwurm. Sie sei aus strukturell gleichen Verwandtschaftseinheiten zusammengesetzt, die den Ringen eines Wurmes glichen. Wenn einige dieser Einheiten entfernt würden, könnten sie sofort durch die Reproduktion gleicher Einheiten ersetzt werden. Man hat wiederum in unzulässiger Weise das Prinzip mechanischer Solidarität mit ländlicher und das Prinzip organischer Solidarität mit städtischer Gesellschaft gleichgesetzt. Das indische Jajmani- wie das pakistanische Sep-System beweisen jedoch, daß auch ländliche Sozialsysteme auf hochgradig arbeitsteiliger Abhängigkeit beruhen können (vgl. KUHNEN 1967b).

Der Zusammenhalt eines Sozialsystems setzt Integration voraus, d. h. die zweckmäßige Eingliederung und das funktionale Zusammenwirken aller Mitglieder. Faktoren der Integration sind (1) ein Grundbestand an gemeinsamen Normen und Werten (Wertekonsens), (2) gemeinsames Handeln (Funktionszusammenhang) und (3) die Beteiligung ein und derselben Person an vielen Gruppen mit verschiedenen kulturellen Verhaltensmustern (Rollenverbund). Weitere Faktoren sind unter anderem (4) äußerer Druck, Bedrohung und Gefahr, (5) planmäßige Techniken der Machtausübung, (6) Interessenverflechtung, (7) gemeinsame Sprache, Symbole und Überzeugungen, (8) anerkannte Koordinationsstellen sowie (9) handgreifliche Vorteile aus der Mitgliedschaft (vgl. FICHTER 1970, S. 244ff.). In ländlichen Sozialsystemen wirken alle genannten verbindenden Kräfte. Unter einem relativ hohen Solidarisierungsdruck stehend minimiert der Dörfler die Kritik am eigenen Dorf und sucht die wechselseitige Selbstbestätigung. „Indem man und weil man sich als ‚Dörfler' solidarisiert, wird das Dorf tendenziell zur Idylle" (ILIEN 1977, S. 60).

Je einfacher Gesellschaften sind, desto deutlicher treten Züge von Gemeinschaft und von mechanischer Solidarität hervor. In großen, komplexen, von Assoziationen geprägten Gesellschaften beruhen die zwischenmenschlichen Beziehungen mehr auf formalen Verträgen zwischen natürlichen und juristischen Personen als auf der Zugehörigkeit zu Familien. Die Werte sind relativ instabil. Die soziale Kontrolle erfolgt durch Rechtsorgane. Es gibt zahlreiche soziale Schichten und Kategorien. Die Integration in einer solchen Gesellschaft verlangt rationale Bemühungen und rationale Planung (vgl. FICHTER 1970, S. 248).

Wendet man die theoretischen Überlegungen auf die Wirklichkeit des Dorfes an, so findet man verschiedene Typen. Im *herrschaftlichen* Dorf garantiert die Macht des Grundherrn die Einhaltung der Normen und den funktionalen Zusammenhalt des Systems. Der Druck der Grundherrschaft schweißt unter Umständen die Dorfbewohner zu einer Schicksals- oder Notgemeinschaft zusammen. Im *genossenschaftlich* verfaßten Bauerndorf wirken Flurzwang, Anrechte auf Gemeindenutzungen und Allmende, die Benutzung gemeinsamer Einrichtungen (Friedhof, Kindergarten, Molkerei, Kelter, Lagerhaus usw.), das gemeinsame Interesse an der Unterhaltung des Wege- und Gewässernetzes und an der Wasser- und Energieversorgung integrierend. Der Zusammenhalt wird verstärkt durch verwandtschaftliche Bande und das Gebot der Nachbarschaftshilfe und in unsicheren Zeiten durch den gegenseitigen Beistand und Schutz.

Im *landwirtschaftlich-gewerblich* gemischten Dorf und im *Industriedorf* sind viele der ehemaligen integrierenden Gemeinsamkeiten verschwunden, einige Integrationskräfte, z. B. die kommunalen Gemeinschaftseinrichtungen, haben ihre Wirkung behalten; neue sind im Entstehen. Eine starke Bindung schafft der Haus- und Grundbesitz im Dorf. Die politische Willensbildung wie ihre Äußerungen in der gemeindlichen Selbstverwaltung stellen ein weiteres wichtiges Gebiet sozialer Integration der modernen Dorfgemeinde dar. Die Überschaubarkeit der Verhältnisse, die Einsehbarkeit der dörflichen Strukturen und das Vertrautsein mit den Umständen erleichtern das Verständnis für die kommunalen Angelegenheiten. Öffentliche Probleme werden im privaten Kreis erörtert, private Dinge kommen öffentlich zur Sprache. So vermengen sich Öffentlichkeit und Privatheit.

Schließlich erhält ein Dorf auch einen großen Zusammenhalt durch die örtlichen Organisationen, die die kulturellen, religiösen und wirtschaftlichen Bedürfnisse stillen. Die meisten Vereine wirken ausgleichend und gemeinschaftsfördernd. Die desintegrierende Wirkung des Eindringens von Verbänden und Parteien von außen wird zum Teil dadurch entschärft, daß jene in ihren dörflichen Ortsgruppen eine lokale Einfärbung erhalten (vgl. ASCHENBRENNER und KAPPE 1965).

In allen Dorftypen gehören die geselligen Veranstaltungen zu den stärksten Kräften der Einbindung des einzelnen in die Gemeinschaft. Die Dorffeste dienen – unabhängig davon, ob sie sittlich-karitativ, paramilitärisch-patriotisch oder rein kommerziell motiviert sind – der Selbstdarstellung des Gemeinwesens, der Demonstration der Geschlossenheit, dem Prestigegewinn nach außen und dem Auftritt der örtlichen Prominenz. Der Dorfbewohner, namentlich der jüngere, erfährt dabei Identität.

Nach vorliegenden Untersuchungen fühlen sich die meisten Landleute innerhalb der Dorfgemeinschaft subjektiv wohl. Als sozial am besten eingegliedert erwiesen sich die Alteingesessenen, insbesondere solche bäuerlicher Herkunft. Auch diejenigen, die als Selbständige oder mithelfende Familienangehörige in der Landwirtschaft oder im ländlichen Handwerk und Gewerbe tätig sind, sind gewöhnlich gut integriert. Personen, die in dem örtlichen sozialen System weniger gut zurechtkommen, rekrutieren sich aus Heimatvertriebenen und Flüchtlingen, eingeheirateten Frauen, Absolventen weiterführender Schulen und aus Beamten- und Angestelltenfamilien. Die nichtintegrierten Dorfbewohner gehören vier Kategorien an: (1) die „Reingeschmeckten", die keinen emotional befriedigenden Kontakt und keine soziale Anerkennung gefunden haben, (2) die Sensiblen, die sich an den Umgangsformen und Ausdrucksweisen, am Klatsch und an der kleinlichen Mißgunst stoßen, (3) die Anspruchsvollen, deren Hunger nach Abwechslung, Anregung und Unterhaltung im Dorf nicht gestillt wird, und (4) die Gastarbeiter.

Der Zustrom einer großen Zahl von Außenseitern unterminiert nach Ansicht von PETER BLAU (1978, S. 226) die Gruppensolidarität und -exklusivität. Daher leiden ländliche Wachstumsgemeinden oft unter Integrations- und Kommunikationsproblemen. Das Nebeneinander von Alteingesessenen, Heimatvertriebenen, Neuzugezogenen und Gastarbeitern zersetzt die lokalen Kräfte der Kohäsion. Dies fördert den Rückzug in die Privatheit und leistet dadurch der Desintegration Vorschub. Siedlungen dieser Art hören auf, „Verdichtungszonen sozialer Beziehungen" (SCHWEDT) zu sein, und verlieren damit die Haupteigenschaft einer Gemeinde im soziologischen Sinne.

Literatur: DURKHEIM 1977, S. 111–173, KRYSMANSKI 1967, TÖNNIES 1972, TREINEN 1965.

Diskussions- und Prüfungsfragen
1. Was heißt und wie entsteht „symbolische Ortsbezogenheit"?
2. Erläutern Sie den doppelten Aspekt der Ausstattung einer sozialen Position an Beispielen aus dem ländlichen Bereich!
3. Erklären Sie Stadt-Land-Unterschiede mit Hilfe der Begriffe „mechanische" und „organische Solidarität" (DURKHEIM)!

4.4 Deviation

In jedem sozialen System gibt es Personen, die sich anders verhalten als der Durchschnitt. Überschreitet ihr Verhalten die Toleranzgrenzen des Normensystems, so nennt man sie Abweichler (Devianten). Personen, die in Richtung auf die idealen Verhaltensmuster und auf die Systemziele hin abweichen, sind „positive" Devianten. Personen, die sich nicht „richtig" verhalten, werden als „negative" Devianten bezeichnet. Nicht selten werden Devianten von ihren Zeitgenossen als negativ eingestuft, die – wie man später erkennt – einen positiven Beitrag zur Kulturentwicklung geleistet haben. Abweichendes Verhalten kann körperlich, geistig, seelisch, wirtschaftlich, moralisch oder kulturell bedingt sein. Absolute Maßstäbe gibt es nicht. Stets bestimmt die Gesellschaft oder die Bezugsgruppe, was abweichendes Verhalten ist. Ein gutes Beispiel bietet die Trunksucht. Im europäischen Dorf wird von einem Mann ein beträchtliches Maß an Trinkfreudigkeit erwartet; aber ab einem bestimmten Alkoholkonsum wird er als „Säufer" abqualifiziert.

4.4.1 Positive Devianten

Positive Devianten verwirklichen die hohen Werte des sozialen Systems vollkommener, als es der Mehrheit möglich ist (z. B. Heilige, Wundertäter), sie tragen mehr zur Erreichung der Systemziele bei, als üblicherweise von einem Mitglied erwartet werden kann (z. B. Erfinder, Sozialreformer), oder erfüllen die Normen in außergewöhnlichen Situationen, in denen andere versagen (z. B. Helden). Auch prominente Sportler, Künstler, Gelehrte, Staatsmänner und Unternehmer sind unter die positiven Devianten einzuordnen. Einige positive Devianten, namentlich die Innovatoren, sind für den Wandel ländlicher Sozialsysteme von größter Bedeutung, wie in Teil 3: 1.2 ausgeführt wird.

4.4.2 Negative Devianten

Besondere Probleme schaffen in sozialen Systemen jene Mitglieder, die aus irgendwelchen Gründen die Normen nicht einhalten, und auch durch die Androhung und Verhängung von Sanktionen nicht zu normalem Verhalten veranlaßt werden können, weil entweder ihre Eigenschaften, ihre Kultur, ihre Situation oder ihre Ausstattung sie an konformem Verhalten hindern.

Personen, die aufgrund *körperlicher Gebrechen, neurotischer oder psychotischer Störungen* nicht imstande sind, die lokal als normal geltenden Verhaltensweisen zu erfassen oder nachzuahmen, werden in ländlichen Sozialsystemen im allgemeinen hingenommen und im Rahmen der gegebenen Möglichkeiten funktional eingegliedert. Sie sind häufig Opfer der Spottlust, des Sadismus und anderer Arten von Aggression. Aber sie gehören zur Gemeinschaft, wenngleich sie bei ihren Mitmenschen wenig Verständnis für ihre Abartigkeit finden. Bestimmte Erkrankungen (z. B. Lepra) können die vollständige Isolierung oder Aussetzung zur Folge haben. Selbst in aufgeklärten Gesellschaften kommen derartige Kollektivreaktionen vor. So wurde im Jahre 1974 in einem schwäbischen Dorf eine Frau, deren Mann wegen Typhusverdachtes ins Krankenhaus gebracht wurde, samt ihren Kindern von der Dorfgemeinschaft geächtet und mit den übelsten Schimpfworten („Typhussau, hau ab!") von ihren Mitbürgern abgewiesen. Die Abwehrreaktionen ländlicher Gemeinschaften gegen die Ansiedlung von Heimen für ortsfremde Gebrechliche und Körperbehinderte nehmen gelegentlich sogar kriminelle Züge an.

Unter den physischen Devianten nehmen *betagte und senile Personen* eine besondere Stellung ein. Greise genießen in traditionalen, insbesondere in patriarchalisch verfaßten Agrargesellschaften trotz „wunderlichen" Verhaltens die hohe Ehrerbietung, die dort allen älteren Menschen gezollt wird, und sie erfüllen bestimmte Aufgaben. In solchen ländlichen Gesellschaften jedoch, in denen das Alter einen negativen Wert darstellt, führen ältere Personen eher ein randliches Dasein, werden geduldet, aber nicht mehr geschätzt. Der altersbedingte Positions- und Rollenwechsel wird dort um so mehr zum Problem, je höher die Lebenserwartung steigt, je weniger die Lebenserfahrung der Alten bei Entscheidungen zählt, und je rascher ihr technologisches Wissen veraltet. Ältere Leute haben nicht mehr wie früher ihre „Nische" im Sozialsystem der Familie, des Hofes und der Siedlung, wo sie sich nützlich machen können. Eine Untersuchung der Agrarsozialen Gesellschaft in Dörfern des Landkreises Göttingen ergab, daß die „älteren Mitmenschen vielfach Gefangene einer sozialen Ghettosituation sind, in der sie relativ zufrieden und resignierend ihren Lebensabend verbringen" (ASG-Rundbrief 1970, S. 100).

Zur Kategorie der *ökonomischen Devianten* gehören die Deklassierten, die marginalen Existenzen, die Besitzlosen, die Vagabunden, die Zigeuner, die Bettler und andere, die von der Wohltätigkeit der Begüterten abhängen. Man weist ihnen die niedrigsten Positionen im sozialen System zu und nötigt sie zu schmutzigen und zum Teil auch zu unehrenhaften Rollen. Im übrigen möchten die besser situierten Mitglieder ländlicher Systeme nichts mit ihnen zu tun haben. In gewisser Weise wünscht man von diesen marginalen Existenzen gar kein normales Verhalten, um desto leichter zu ihnen soziale Distanz halten zu können.

Moralische Devianten sind Personen, die gegen die sittlichen Grundsätze eines sozialen Systems verstoßen. Ihre Behandlung in ländlichen Gesellschaften ist zwiespältig. Öffentliche Verabscheuung und verborgene Inanspruchnahme ihrer Dienste können Hand in Hand gehen. Dank einer doppelten Moral können dörfliche Kurtisanen ihrem Zuverdienst nachgehen. In islamischen Gesellschaften, in denen die Zurschaustellung des weiblichen Körpers verpönt ist, werden Angehörige von Randgruppen engagiert, um bei Lustbarkeiten vor den Männern zu tanzen. Gruppen mit anderer Moral, die nur ihre Selbstverwirklichung anstreben, ohne Bedürfnisse innerhalb des Systems zu befriedigen, können freilich mit weniger Toleranz rechnen. Viele religiöse und weltanschauliche Gemeinschaften mußten wegen ihres vermeintlichen oder tatsächlichen freien Lebenswandels dem Druck alteingesessener Landbevölkerung weichen oder wurden gewaltsam vertrieben. Beispielsweise haben auch die Klubs für Freikörperkultur mit Verleumdung und Feindseligkeit zu rechnen, wenn sie in ländlicher Umgebung ein FKK-Gelände eröffnen wollen.

Die *kriminellen Devianten* (Verbrecher) mißachten die Werte einer Gesellschaft und verstoßen bewußt gegen deren Normen. Kriminelles Verhalten wird in ländlichen Gesellschaften allerdings am Maßstab örtlicher Sitte be- und verurteilt und nicht nach den Paragraphen des Strafgesetzbuches. Beide Maßstäbe klaffen oft beträchtlich auseinander. Im Urteil der Bewohner eines oberägyptischen Dorfes ist ein Mord im Zuge einer Blutrache ehrenvoll, die Verführung eines Mädchens hingegen todeswürdig. Auch aus Mitteleuropa sind dafür leicht Belege beizubringen: Wilderei gilt in den Augen der alpenländischen Landbevölkerung nicht als Verbrechen; der tödliche Schuß auf eine Zigeunerin schadet dem dörflichen Ansehen des Schützen ebenfalls nicht sonderlich[1]. Aus der Diskrepanz zwischen örtlichem und staatlichem Wert- und Normensystem resultiert in einfacheren ländlichen Gesellschaften die Figur des Banditen. Ein Mann wird zum Banditen oder Haiduken, weil er etwas getan hat, was nach den Normen seiner Bezugsgruppe geboten war, gesetzlich jedoch verboten ist. Er entzieht sich den Strafverfolgungsbehörden, indem er sich in Gebirgen, Wäldern oder Sümpfen verbirgt. Dort schließt er sich mit Menschen in ähnlicher Situation zu einer Räuberbande zusammen. Solange sie ihr Heimatgebiet nicht verlassen, können Banditen lange Zeit agieren, weil sie von „ihren" Leuten gewarnt, geschützt und versorgt werden.

Die problematischsten ländlichen Devianten sind die *kulturellen Devianten*. Eine andere Sprache, ein anderer Dialekt, ein anderer Bildungsstand, eine andere Religion oder einfach andere Anschauungen erschweren die Eingliederung in ländliche Sozialsysteme um so mehr, je sichtbarer der Abstand zur lokalen Subkultur ist. Der Prototyp des kulturellen Devianten ist der Fremde.[2] Ein „Fremder" im Dorf ist jeder, der nicht dort oder in unmittelbarer Umgebung geboren und aufgewachsen ist. Aber auch das Kind des Dorfes kann durch auswärtige Ausbildung und Berufstätigkeit dem Dorf entfremdet werden. Wer fremd ins Dorf kommt, sieht sich zunächst einer Mauer der Ablehnung gegenüber. Der türkische Schriftsteller YAKUB KADRI (1939) schildert diese Situation mit den Worten: „... ein unsichtbarer Ring, eine Art Quarantänegürtel, isoliert mich immerzu von dieser kleinen Menschengruppe, der ich mich einzugliedern gedachte."

Handelt es sich um den Zuzug größerer Minderheiten, die die Gefahr der Überfremdung heraufbeschwören, wie etwa im Falle der Einweisung von Heimatvertriebenen, dann sind Konflikte fast unvermeidlich. EUGEN LEMBERG (1950) sprach geradezu von einem „Klassenkampf" zwischen Einheimischen und Vertriebenen. WURZBACHER (1954) konnte indessen zeigen, daß zwar einerseits Zugewanderte noch nach Jahrzehnten als „Fremde" angesehen werden, daß aber

---

[1] Wie ein Fall belegt, der im Jahre 1976 durch die Presse ging.
[2] Hier bleibt der Fremde außer Betracht, der sich nur vorübergehend zu Besuch, auf der Durchreise, zur Erholung oder in Geschäften im Dorf aufhält. Für seine Aufnahme in das soziale System hält die ländliche Gesellschaft den Rollenkomplex der Gastfreundschaft bereit.

andererseits rührige Persönlichkeiten unverhältnismäßig schnell akzeptiert wurden. Vom Zugezogenen, der akzeptiert werden will, wird bescheidenes Auftreten und große lokale Einsatzbereitschaft erwartet.

Die Problematik des kulturellen Devianten ergibt sich aus zweierlei. Einmal daraus, daß der „Fremde" in seiner Heimat, in seiner eigenen Kultur und Gesellschaft kein Abweichler ist, sondern im Gegenteil oft ein prominenter Erfüller der sozialen Normen; zum anderen dadurch, daß der Fremde für den sozialen Wandel ländlicher Sozialsysteme so notwendig ist wie das Salz für die Suppe. In einer hervorragenden Studie bezeichnet GOTTFRIED EISERMANN (1968) den Fremden als den „klassischen Faktor des sozialen und kulturellen Wandels, als unerläßliche Schlüsselfigur" der Entwicklung.

Literatur: EISERMANN 1968, SCHUR 1974.

Diskussions- und Prüfungsfragen
1. Was versteht man unter „positiven" und „negativen Devianten", und welche Probleme werfen sie in sozialen Systemen auf?
2. Welche Funktionen haben „kulturelle Devianten" in einem Dorf?

4.5 Soziale Prozesse

Beim Wort „Dorfgemeinschaft" denken viele an eine ländliche Idylle, d. h. an ein harmonisches, friedlich in sich ruhendes Sozialsystem. Wirklichkeitsnäher ist die Vorstellung aufeinanderprallender Interessengegensätze von Besitzenden und Besitzlosen, Einheimischen und Zugezogenen, Mächtigen und Machtlosen. Hinter der Fassade einer Gemeinschaft findet man oft zerstrittene Geschwister, rivalisierende Familien, konkurrierende Vereine und verfeindete Nachbarn. Machtkämpfe, Ränkespiele, kleine Gemeinheiten und grobe Ungerechtigkeiten gehören ebenso zum ländlichen Alltag wie Nachbarschaftshilfe und Dorfsolidarität. Kooperation und gegenseitige Hilfe schließen gelegentliche Intrigen, Einander-Schaden-Wollen und Verfeindet-Sein nicht aus. Daher ist Wachsamkeit gegen jedermann geboten. Das allseitige Mißtrauen verhindert jedoch gewöhnlich die notwendige Zusammenarbeit nicht, weil stets situationsgerechtes Verhalten gefordert und erwartet wird. Die Allgegenwart des „Dorfes" bedingt ein mißtrauisches, vorsichtiges und angepaßtes Verhalten, um ja nicht aufzufallen. Risiken werden nur eingegangen, wenn man sich vor seinen Gegnern sicher wähnt. Je nach sozialem Rang gibt es daher bemerkenswerte Verhaltensunterschiede (vgl. ILIEN und JEGGLE 1978, S. 154).

Wie in allen sozialen Systemen, so laufen auch in ländlichen ständig Austausch-, Erneuerungs-, Veränderungs- und Kontrollvorgänge ab. Man nennt diese Vorgänge soziale Prozesse und gliedert sie nach dem erzielten Ergebnis in trennende (disjunktive) und verbindende (konjunktive). Trennende Prozesse wie Konkurrenz (Wettbewerb), Kontravention (Behinderung) und Konflikt (Auseinandersetzung) stoßen die Menschen voneinander ab und verringern ihre Solidarität. Verbindende Prozesse wie Akkomodation (Anpassung), Assimilation (Angleichung), Akkulturation (Kulturaustausch) und Kooperation (Zusammenarbeit) bringen die Menschen einander näher; sie wirken integrierend und stabilisierend auf ein soziales System. In jedem sozialen System gibt es außerdem Prozesse, mit deren Hilfe die Mitglieder belehrt, überzeugt oder gezwungen werden, sich im Sinne der geltenden Werte und Normen zu verhalten. Dies geschieht auf dem Wege (1) der Verinnerlichung von Verhaltensregeln und Einstellungen durch Erziehung (Sozialisation), (2) durch gegenseitiges Überwachen und durch Überwachung mittels eigens dafür geschaffener Positionen und Institutionen (soziale Kontrolle) und (3) durch Belohnung und Bestrafung (soziale Sanktionen).

4.5.1 Kommunikation

Jeder soziale Prozeß setzt Kommunikation im weiteren Sinne (Interaktionen) und im engeren Sinne (Informationsaustausch) voraus. Kommunikation ist daher der soziale Grundprozeß. Auf ländliche Gesellschaften treffen je nach ihrem Urbanisierungsgrad und Entwicklungsstand jene Merkmale der Kommunikation zu, die Primärgruppengesellschaften kennzeichnen. Je kleiner eine Gesellschaft, je mehr sie von der Außenwelt abgeschnitten und je einfacher ihre Technologie ist, desto weniger spezialisierte Kommunikationsrollen pflegt sie zu besitzen. Dennoch unterliegt die Kommunikation häufig strengeren Regeln als in komplexen Gesellschaften. In manchen ländlichen Gesellschaften verbietet es die Sitte, daß bestimmte Positionsinhaber (z. B. Schwiegersohn und Schwiegermutter) in der Öffentlichkeit oder überhaupt miteinander kommunizieren oder daß Dritte an der Kommunikation aktiv teilnehmen. So gilt es in Ostanatolien als ungehörig, wenn sich ein Mann in Gegenwart seines Vaters am Gespräch beteiligt. In dieser Sitte wird ein verbreitetes Prinzip deutlich, daß nämlich der Kommunikationsfluß in erster Linie der Statushierarchie folgt, insbesondere der altersmäßigen. Im übrigen ist die ländliche Kommunikation weithin eine öffentliche.

In homogenen ländlichen Siedlungen gibt es dank des gleichen Erfahrungshorizontes einen großen Fundus an gemeinsamen Kenntnissen und Ausdrucksmitteln. Dies erlaubt einen hohen Grad von Ellipsis[1] in der gewöhnlichen Konversation, ohne Genauigkeit und Feinheit der Mitteilung zu opfern. Verständigungsschwierigkeiten treten kaum auf. Die Reflexion über das Dasein wird auf allgemeine Redensarten und auf das Zitieren bekannter Geschichten und Aussprüche verkürzt. Ländliche Berufe erfordern im allgemeinen auch keine Gesprächigkeit. Da muß nicht viel erklärt, muß niemand überzeugt werden. Andeutungen und kurze Anweisungen genügen. Wenngleich Wortkargheit eine persönliche und keine soziale Eigenschaft ist, so ist doch klar, daß die kindliche Sprachentwicklung im ländlichen Milieu, das in dieser Hinsicht dem städtischen Unterschichtenmilieu ähnelt, zurückbleibt (vgl. WURST u. a. 1961, S. 289).

Die Konversation ist eher konservativ als innovativ, auf geläufige Redensarten zurückgreifend, alte Geschichten wiederholend, traditionelle Einstellungen bestätigend, neue Inhalte und Ausdrucksformen vorsichtig erprobend. Die Themen der Konversation liegen im allgemeinen fest. Im Interesse eines positiven Selbstbildes und unter dem Druck der sozialen Kontrolle dürfen im Dorf gewisse Dinge nicht diskutiert werden und dürfen bestimmte Mitteilungen nicht nach außen weitergegeben werden. Jeder Beobachter der ländlichen Kommunikation kennt diese „Mauern des Schweigens". „Aber sobald man sich bemüht, aus diesem Zusammenhang der Alltagserfahrung herauszutreten und beispielsweise Fragen lokaler Planung zu klären, werden sprachliche Unzulänglichkeiten und weite Tabu-Zonen offenbar" (JEGGLE 1975, S. 68).

Weltweit gesehen verfügt die Mehrheit der Landbevölkerung nicht über die modernen technischen Hilfsmittel zu mittelbarer Kommunikation, ja nicht einmal über die Schrift, da sie des Lesens und Schreibens unkundig ist. Um so größere Bedeutung kommt daher der Sprache und dem Gedächtnis zu. Das gesprochene und gehörte Wort ist seit jeher auf dem Lande das wichtigste Kommunikationsmittel. Auch wenn neue Medien Eingang finden und sich die Informationsquellen vermehren, behält in einer Siedlung, in der jeder jeden kennt, das „arabische Telefon", d. h. die mündliche, direkte Weitergabe von Nachrichten, grundlegende Bedeutung. Alle Gelegenheiten, andere zu treffen, bei der Messe, an Markttagen, beim Kegel- oder Kartenspiel, im Kaffeehaus, sind wichtige Nachrichtenbörsen. Für den Landwirt, der bestrebt ist, den technischen Stand zu halten, werden Landmaschinenhändler, technisch versierte Berufskollegen und Berater zu bevorzugten Informationsquellen.

---

[1] Das Gespräch kreist ellipsenförmig um einen Gegenstand, d. h., es wird weitschweifig und abschweifend geführt.

Die Sprache des Landvolks ist einfach in dem Sinne, daß sie arm an abstrakten Begriffen und Wendungen ist; sie ist dagegen sehr anschaulich, farbig und in den lebenswichtigen Bereichen nuanciert im Ausdrucksvermögen. Gesten, Mienenspiel, Rituale einschließlich des Austausches von Geschenken ergänzen die sprachliche Kommunikation. Diese Kommunikationsmittel sprechen mehr das Gefühl an und heben auf die zwischenmenschlichen Einstellungen ab. Ethnologische Untersuchungen deuten darauf hin, daß die „affektive" Kommunikation im Leben primitiver Völker eine relativ große Rolle spielt, während kognitive Kommunikation bei zivilisierten Völkern vorherrscht.

Verkümmern und Verfall der Sprache ist sowohl auf den Mangel an gedanklichen Anregungen als auch auf ein Übermaß an Schwerarbeit zurückzuführen. Wie kleinbäuerliche Kommunikation der Ermüdung erliegt, beschrieb CLEMENS SEITERICH (1953, S. 157) so: „Vielfach ist die Verständigung unter den im Betrieb Arbeitenden kein Sprechen mehr, sondern eher ein müdes, mürrisches Murmeln oder gereiztes Auffahren." Bäuerliche Wortkargheit und noch mehr unterbäuerliche „Sprachlosigkeit" vermindern die Kontakt- und Lernfähigkeit und machen wehrlos gegenüber Sprachgewandten. Unterlegenheit und Verständigungsschwierigkeiten mit der Außenwelt treten um so stärker auf, je abgeschlossener Menschen innerhalb ihrer Schicht und Siedlung leben.

4.5.2 Normierende Prozesse

4.5.2.1 Sozialisation

Sozialisation heißt jener zweiseitige Vorgang der „Sozialwerdung" und „Sozialmachung", durch den einerseits ein Individuum lernt, sich seiner sozialen Umwelt anzupassen, und andererseits ein Individuum in ein soziales System funktional eingefügt wird, indem es mit den kulturellen Werten und Symbolen vertraut gemacht wird, Normen und Verhaltensmuster vermittelt bekommt und in den Kenntnissen und Fertigkeiten zur Ausübung bestimmter Rollen ausgebildet wird. Ziel der Sozialisation ist es, Menschen zu befähigen, bestimmte Positionen einzunehmen und die dazu gehörenden Rollen erwartungsgemäß auszuüben. Ergebnis gelungener Sozialisation ist das „nützliche Glied der menschlichen Gesellschaft" bzw. die „sozialkulturelle Persönlichkeit".

An der Sozialisation wirken alle Menschen mit, mit denen eine Person in direkten Kontakt kommt, außerdem alle indirekten Kontakte mit der Kultur („geheime Miterzieher"). Auch die soziale Wirklichkeit der erlebten Umwelt, zum Beispiel des Dorfes oder des Betriebes, ist in hohem Maße sozialisationsrelevant. Der Sozialisationsprozeß dauert das ganze Leben lang, ist aber im Kindes- und Jugendalter besonders eindringlich. Viele ländliche Gesellschaften legen Wert darauf, Sozialisationsstufen durch besondere Riten (Initiationsriten) und Feiern (Konfirmation, Jugendweihe) sichtbar zu machen. Manche einfachen Gesellschaften waren sogar nach Sozialisationsstufen (Altersklassen) durchorganisiert, die getrennt voneinander lebten: uneingeweihte Jugendliche, junge Krieger, ältere Krieger, jungverheiratete Männer, Männer mit Nachkommenschaft, alte Männer. Nur wer diese Sozialisationsstufen durchlaufen hatte, besaß alle Rechte, die die Gesellschaft verlieh.

Träger der Sozialisation ist zwar die gesamte Gesellschaft. Es gibt aber bestimmte Instanzen, die dafür wie geschaffen sind (Elternhaus, Spielgruppen) oder eigens dafür eingerichtet werden (Kindergärten, Schulen, Lehrstätten). Je urbanisierter eine Gesellschaft, desto mehr wird die Sozialisation formalisiert. Das traditionelle Dorf war noch eine „Erziehungsgemeinde" (DIETZ 1927) an sich, die viele Gelegenheiten bot, bei denen die Heranwachsenden im Lauschen auf die Gespräche der Älteren Kenntnis von den geltenden Werten und den „richtigen" Einstellungen erlangten, zugleich aber auch viele Vorurteile und Stereotype in sich aufnahmen. Auch die öffentliche Diskussion über Fehlverhalten von Dorfbewohnern wirkte zusammen mit dem Erzählen von abschreckenden Geschichten und vorbildlichen Legenden sehr erzieherisch.

Die Öffentlichkeit der Erziehung und die unterhaltende Art der Sozialisation verlagert sich in urbanisierten Gesellschaften immer mehr auf die Massenmedien, insbesondere das Fernsehen. Dabei kann es gerade auf dem Lande zu einem bedenklichen Bruch zwischen vorgelebten Verhaltensweisen in der sozialen Wirklichkeit und den vorgeführten Verhaltensmustern in den Massenmedien kommen. Die Sozialisation durch die Massenmedien ist wie die Sozialisation durch die Schule ein Fremdkörper, der im ursprünglichen ländlichen Sozialisationssystem nicht ohne Schwierigkeit assimiliert wird. In vielen Entwicklungsländern wird die Schule von den Regierungen bewußt eingesetzt, um die Landkinder an nicht-ländliche Disziplin zu gewöhnen und ihnen neue Werte und Verhaltensweisen zu vermitteln. Wegen dieser Zielsetzung geraten die säkularen Dorfschulen häufig in Konflikt mit den elterlichen und den religiösen Sozialisationsagenten. Die Kinder werden ihren eigenen Eltern regelrecht entfremdet. Eine Hauptfunktion der dorffremden Sozialisationsinstanzen liegt denn auch in der sogenannten antizipatorischen Sozialisation, d. h. darin, die Schüler auf den Wechsel des sozialen Systems vorzubereiten.

Auf dem Lande wie in der Stadt erfolgt die Sozialisation schichtspezifisch. Das eine ländliche Extrem ist die höhergestellte Grundbesitzer- und Beamtenfamilie, die für die Erziehung der Kinder Kindermädchen und Hauslehrer anstellt und die Heranwachsenden zur weiteren Ausbildung in eine Internatsschule schickt. Das andere Extrem findet man bei der Sozialisation von Unterschichtenkindern, namentlich von unehelichen und verwaisten Kindern. Es war noch bis vor kurzem üblich, sie zu größeren Bauern in „Dienst" zu geben, wo sie – wie FRANZ INNERHOFER (1975) aus eigener Kindheitserfahrung schildert – geistig abgestumpft, seelisch verkrüppelt und körperlich geschunden für ein Arbeitsleben auf unterster Stufe „abgerichtet" wurden. In Mitteleuropa sind das heute zwar Ausnahmen, aber andernorts gilt es sinngemäß immer noch für die Masse fellachisierter Landbewohner, die sich auf der Handarbeitsstufe für einen Herrn abmühen müssen (vgl. FREIRE 1973). Es werden ihnen nur wenige Handgriffe beigebracht und einfache Verhaltensweisen vermittelt, wie man sich den ungünstigen Positionen im Klassensystem anpaßt. Fatalismus, Hoffnungslosigkeit, Alkoholismus, Brutalität und primitive Sexualität resultieren daraus.

Zwischen diesen Extremen stehen die übrigen Familien der Arbeitnehmer und der Selbständigen. Bei den ersteren liegen die häuslichen Sozialisationsverhältnisse ähnlich wie bei städtischen Arbeitnehmern. Nur in den landwirtschaftlichen und gewerblichen Familienbetrieben erleben die Kinder ihre Eltern in ganzer Vorbildbreite. Und nur für diese Familien gilt uneingeschränkt, daß Landeltern qualitativ wie quantitativ mehr zum Aufbau der sozialkulturellen Persönlichkeit ihres Nachwuchses beitragen als Stadteltern.

Auf dem Land überwiegt ein autoritärer Erziehungsstil. Die Hauptform des frühen sozialen Lernens ist die Nachahmung. Die Jugendlichen wachsen durch das Vorbild Älterer in ihre Rollen hinein. Hinzu tritt die Suggestion, z. B.: „Du bist ein braves Mädchen" oder „Du wirst einmal ein guter Bauer ganz wie dein Vater". Die erlernten Rollen werden im Wettbewerb mit der älteren Generation („in deinem Alter habe ich schon...") und mit den Gleichaltrigen eingeübt und vervollkommnet. Im Tun und im Reden werden vor allem Erfahrungen weitergegeben. Lernen im Sinne der Aneignung von abstraktem Wissen fällt vielen Landkindern schwer, weil sie diese Sozialisationstechnik nicht gewohnt sind und in einem Milieu aufwachsen, das zwar reich an Erlebnissen, aber arm an Begriffen ist.

Viele individuelle Erbanlagen verkümmern in ländlichen Gesellschaften (partielle Sozialisation), weil (1) dafür in der wenig spezialisierten ländlichen Gesellschaft kein Bedarf besteht, (2) den Menschen die Chance fehlt, ihre Gaben zu entfalten, (3) den Menschen die Selbstverwirklichung verweigert wird, bzw. (4) die traditionelle Kultur mit ihren Glaubenssätzen, Haltungen und Werten sie unterdrückt, oder (5) weil die Umweltbedingungen so hart sind, daß alle Energien für das bloße Überleben aufgebraucht werden.

Die ländliche Sozialisation weist sowohl Zeichen der Über- wie der Untersozialisierung auf. Einerseits werden die Menschen häufig sehr stark in ihrem Denken und Verhalten auf Kosten der menschlichen Spontaneität normiert. Die Folge dieser Übersozialisierung ist eine verminderte Fähigkeit, sich veränderten Umständen anzupassen. Andererseits fehlt, hauptsächlich den ländlichen Unterschichten, infolge von frühen Sozialisationsfehlern und -mängeln die Sozialisationsfähigkeit auf einer höheren Stufe (Untersozialisierung). Sie sind ausdrucks- und aufnahmeunfähig, oder mit den Worten INNERHOFERS „zur Sprach- und Bewußtlosigkeit verurteilt". Dies hindert sie, sozial aufzusteigen.

4.5.2.2 Soziale Kontrolle

Formalisierung sozialer Kontrolle ist ein Zeichen fortgeschrittener Vergesellschaftung. Aber auch einfachere soziale Systeme entbehren nicht sozialer Positionen mit Aufsichts- und Überwachungsrollen. Im traditionellen Dorf gab es den Büttel, den Feldhüter, auf größeren Gütern den Vorarbeiter, den Aufseher usw. Für ländliche Gesellschaften ist jedoch die informelle Kontrolle bedeutsamer als die formale.

In einer ländlichen Siedlung unterliegt jede Handlung, jede Äußerung und jede Gefühlsregung der unmittelbaren Kontrolle der Mitmenschen, die den Maßstab der geltenden Verhaltensmuster anlegen. Infolge des dichten sozialen Netzwerkes bildet sich über jede Person und über jedes Ereignis eine öffentliche Meinung. Die dörfliche öffentliche Meinung ist funktional etwas ganz anderes als die durch die Massenmedien beeinflußte städtische öffentliche Meinung. Im Dorf bildet sich die öffentliche Meinung hauptsächlich im Gespräch und in der allgemeinen Indiskretion.

Die Meinungsmacher befinden sich meistens in der Rolle des Zuschauers oder des Zwischenträgers. Ihre typischen Eigenschaften sind Außerhäuslichkeit, Geschwätzigkeit, Sensationsgier, Traditionsorientierung, Ortsbezogenheit, Uniformität, Geltungssucht, Verantwortungslosigkeit und unbedachte Urteilsbildung. Für die Meinungsbildung und die Ausstreuung von Gerüchten strategisch günstige Positionen nehmen Gastwirte, Händler, Bader, Metzger, Heiratsvermittler und andere aushäusige Personen ein.

Kern der Meinungsbildung im Dorf ist das Gerede. Es erfüllt vier soziale Funktionen: (1) die mitmenschliche Anteilnahme und (2) die wechselseitige Beaufsichtigung, was (3) einen gewissen Schutz für das Individuum, aber vor allem (4) die Verhütung von für das soziale System schädlichen Handlungen bedeutet. Eine sensationell aufgemachte Form des Geredes ist das Gerücht. „Es vereinigt die Intensität des Interesses mit der Extensität der Darstellung zu einer mit viel Hingabe aufgebauschten Schilderung einer außerordentlichen Begebenheit. Die Wichtigtuerei an sich belangloser Existenzen wie die Langeweile und die Angst vor der Öde des Alltags treibt in die Übertreibung, die dann den Beigeschmack des höchst Aufregenden und Interessanten besitzt" (PFAFF 1952, S. 102).

4.5.2.3 Soziale Sanktionen

Sanktionen heißen diejenigen Maßnahmen, die in einem sozialen System ergriffen werden, um die Mitglieder zu normgemäßem Verhalten zu veranlassen. Oft genügt dazu schon die Verheißung von Vorteilen oder die Androhung von Nachteilen. Sanktionsmaßnahmen können positive (Billigung, Annahme, Anerkennung, Lob, Belohnung) oder negative Formen (Mißbilligung, Abweisung, Tadel, Verachtung, Bestrafung) annehmen. Ein soziales System mit klar definierten Verhaltenserwartungen kommt mit wenigen positiven Sanktionen aus. Nicht aufzufallen und in Ruhe gelassen zu werden, ist bereits eine zufriedenstellende soziale Bestätigung des Verhaltens. Der Katalog der negativen Sanktionen ist jedoch breiter gefächert. Auch in ländlichen Gesellschaften werden die physischen (Tötung, Vertreibung, Einsperrung, Schläge) und die wirtschaftlichen Sanktionen (Boykott, Aussperrung, Geschäftsschädigung, Lohnabzug, Bußgelder) von den feineren Sanktionen sozialpsychologischer Art übertroffen.

Die Angst vor dem Gerede ist vielleicht die wichtigste Triebfeder ländlicher Verhaltensanpassung. Dem Dörfler ist es sozusagen in Fleisch und Blut übergegangen, sich bei jeder Handlung und Entscheidung zu fragen: „Was werden die Leute dazu sagen?" Er versucht sich vor dem Ins-Gerede-kommen auf zweierlei Weise zu schützen: (1) durch Verstellung und Verheimlichung. Dort, wo er den Augen der Öffentlichkeit preisgegeben ist, tut und redet er so, wie es von ihm erwartet wird. Mißbilligte Handlungen geschehen in aller Heimlichkeit.[1] Nichts wird indessen im Dorf so übelgenommen wie Heimlichtuerei, weil sie das System der sozialen Kontrolle unterläuft. (2) Er beteiligt sich selbst aktiv am Gerede, in der Hoffnung, die Furcht vor seiner spitzen Zunge werde die anderen davon abhalten, ihn selber ins Gerede zu ziehen. Zur Rechenschaft gezogen, will man freilich „nichts gesagt haben".

Das Gerede könnte selbstverständlich nicht diese Wirkung ausüben, wenn die Leute im Dorf nicht ständig um ihren guten Ruf besorgt wären. Der gute oder schlechte Ruf ist ein wichtiger Prüfstein der sozialen Bewertung. Das Gerede entscheidet über Ruf oder Verruf (Schande), und dies oft mit grotesker Zufälligkeit und grundsätzlich nach dem äußeren Anschein. Wie zum Gerede die Haltung der Verstellung gehört, so gehört zum Ruf die Wahrung des Anscheins. Ein beliebtes Mittel, den Schein in der Dorfmeinung aufzupolieren, ist es, die Nähe und Anerkennung von allgemein geachteten Personen zu suchen. Dieser Mechanismus verschafft den Honoratioren und Notabeln des Dorfes Anhängerschaft und stärkt ihre Macht.

Der gute wie der schlechte Ruf färben vom Individuum auf seine Familie, Sippe, religiöse Gemeinschaft usw. ab und umgekehrt. Von seiten der Gruppenmitglieder wird daher auf die Einzelperson ein erheblicher Druck ausgeübt, keinen Anlaß zum Gerede zu geben. Gerede und Verruf gelten nicht innerhalb der Familie und Hausgemeinschaft. Diese erweisen sich vielmehr als eine Solidargemeinschaft, die sich gegen den Verruf eines ihrer Mitglieder wehrt.

Normierung durch Sitte und Brauch, soziale Kontrolle durch öffentliche Meinung und Gerede und die Angst, seinen guten Ruf zu verlieren, ergänzen sich zu einem Mechanismus, der das soziale System ländlicher Siedlungen stärkt, das individuell-persönliche Leben aber oft erstickt. Der Dorfmensch kann sich daraus nur befreien um den Preis der „Kollektivverlassenheit", d. h. eines Daseins ohne sozialen Rückhalt.

Selbstverständlich macht die öffentliche Meinung im Dorf nicht Halt vor dem Lehrer, dem Pfarrer, dem Berater und anderen Personen, die dort dienstlich zu tun haben. Die Macht des Geredes ist besonders gefährlich in ländlichen Siedlungen, die sich im Übergang von traditionellen zu stadtorientierten Gemeinwesen befinden. In solchen Situationen fehlt der Schutz, den sonst herkömmliche Statuspositionen bzw. formale Organisationen und fachlich-berufliche Cliquen bilden.

4.5.3 Trennende Prozesse

4.5.3.1 Wettbewerb

Der Wettbewerb ist „ein sozialer Prozeß, bei dem zwei oder mehrere Personen oder Gruppen nach dem gleichen Ziele streben" (FICHTER 1970, S. 145). Überall dort, wo nicht alle Bewerber das Ziel erreichen können, weil begehrte Positionen, Güter, Marktanteile usw. begrenzt sind, kommt es notgedrungen zu einem Wettbewerb. Wettbewerb wird in vielen Gesellschaften positiv beurteilt. Die sozialen Interaktionen, die zum Wettbewerb gehören, sind immer geregelt. Mißachtung der „Spielregeln", also Überschreiten des zulässigen Handelns, wird von einem

---

[1] Verstellen und Verheimlichen sind auch Kollektivhandlungen gegenüber Fremden. Hier reagiert die Dorfgemeinschaft wie eine Familie, d. h., sie erweckt nach außen den Eindruck eines harmonischen, intakten sozialen Gebildes.

aufmerksamen Publikum negativ sanktioniert, am strengsten beim sportlichen Wettkampf. Wettbewerb kommt in der Form des sportlichen Wettkampfes, der wirtschaftlichen Konkurrenz und der sozialen Rivalität vor.

Wettkämpfe werden selbst in den primitivsten Gesellschaften ausgetragen. Kampfspiele feiern in ländlichen Wirtshausraufereien fröhlich Urständ. Sportliche Wettkämpfe, Sängerwettstreite, Schützenfeste und ähnliche Veranstaltungen, bei denen sich die Mannschaften einzelner Orte mit den Mannschaften anderer Orte messen, haben weit über ihren Spielcharakter hinaus Bedeutung für die Identifizierung des Individuums mit seiner Gruppe, seinem Verein und seiner Ortschaft. Vereine wetteifern miteinander um die schönsten Dorffeste, Dörfer um die größte Festhalle oder den höchsten Kirchturm. Auch im zähen Handel um ein Stück Vieh steckt viel von der Lust am gegenseitigen Messen der Kräfte.

Der wirtschaftliche Wettbewerb, der im Zeichen übersättigter Märkte sehr hart geführt wird und existenzbedrohend ist, wird unter Bauern eigentlich nicht als Konkurrenzkampf geführt. Erst in jüngster Zeit dringt es ins Bewußtsein der Bauern, daß sie in einem „Verdrängungswettbewerb" miteinander stehen. Vollerwerbsbauern beginnen mancherorts, die Nebenerwerbler als „unlautere Konkurrenz" zu betrachten. Der Kampf um freies Pachtland droht besonders in guten Ackerlagen die Bauern zu entzweien. Auch ländliche Handwerker und Gewerbetreibende fürchten mehr die Konkurrenz städtischer Geschäfte und kapitalkräftiger Großunternehmen als die ortsansässigen Kollegen.

In ländlichen Gemeinwesen sind die Leute oft mehr damit beschäftigt, ihren sozialen Status zu erhalten oder ein klein wenig zu verbessern als ökonomischen Zielen nachzujagen. Vor allem, wenn die Machtstrukturen ziemlich amorph sind, rivalisieren Familien und Verwandtschaftsgruppen ständig miteinander um mehr Ansehen, mehr Einfluß und bessere Positionen. Gewöhnlich findet dies in harmlosen Formen statt. Die Rivalität kann aber auch in Gewalttätigkeiten ausarten.

4.5.3.2 Kontravention

Die Kontravention besteht darin, den Gegner am Erreichen eines Zieles zu hindern, auch wenn man selbst keine Chancen hat, dieses Ziel zu erreichen. Dieser soziale Prozeß spielt im politischen Leben eine bedeutende Rolle. In ländlichen Gemeinden kommt es häufig vor, daß die beiden Hauptparteien einander daran hindern, die besten Kandidaten in führende Stellungen zu bringen. Das kann zur Folge haben, daß schließlich relativ schwache Persönlichkeiten die leitenden kommunalen Positionen besetzen.

Da ländliche Solidarität auf dem Prinzip der Gleichheit beruht, wird die Kontravention häufig eingesetzt, um zu verhindern, daß ein Nachbar Vorteile erhält, die ihn um eine Nasenlänge vorwärts bringen könnten. Bei freiwilligen Felderzusammenlegungen und bei Flurbereinigungen kann man oft feststellen, daß Teilnehmer auf eigene handgreifliche Vorteile lieber verzichten und sich statt dessen quer legen, nur weil sie anderen keinen Vorteil gönnen. Kontravention in der Form langsamer und schlechter Arbeitsausführung und der Verleumdung der Betriebsleitung ist oft die einzige Form, in der sich Landarbeiter und Gesinde gegen ihre Herrschaft auflehnen oder sich an dieser für erlittene Unbill rächen können. Schließlich spielt die Kontravention auch eine unrühmliche Rolle bei der Auseinandersetzung zwischen religiösen oder ethnischen Gruppen auf dem Lande. Dabei werden vor allem die Mittel der Verleumdung, des Gerüchtes und der Verbreitung von Stereotypen eingesetzt.

4.5.3.3 Konflikt

Aus Wettbewerb und Kontravention können sich soziale Konflikte entwickeln. Während beim Wettbewerb die Aufmerksamkeit in erster Linie dem Ziel gilt, ist sie beim Konflikt auf den Gegner selbst gerichtet. Konflikte sind Auseinandersetzungen zwischen Personen, Gruppen und

Klassen mit dem Ziel, den Gegner zu schädigen, zu schwächen oder auszuschalten, um selbst Vorteile zu gewinnen. Sie sind in der Natur des Menschen und in der Struktur der Gesellschaft angelegt, weil die Ausdehnung und Durchsetzung von eigenen kulturellen, sozialen und ökonomischen Ansprüchen meist fremden Besitzstand beeinträchtigt. Vorurteile begünstigen den Ausbruch von Konflikten.

Ländliche Sozialsysteme sind vermutlich konfliktträchtiger als andere, da sie weniger auf Toleranz und vertraglichen Regelungen aufbauen und mehr zur Herausbildung von Wir-Gruppen neigen. Wir-Gruppen bedeuten aber nichts anderes als die „nachdrückliche Identifikation von Personen mit ihrer Eigengruppe bei gleichzeitiger und oft konfliktärer Abgrenzung gegenüber Fremdgruppen" (BURGHARDT 1972, S. 96). Der Aktionsrahmen ländlicher Wir-Gruppen ist häufig so beengt, daß sie bei der Lösung ihrer Probleme zwangsläufig aneinander geraten müssen. Bei Landbewohnern, die in unbefriedigenden materiellen und sozialen Verhältnissen leben müssen, stauen sich psychische Energien, die aggressives Verhalten gegenüber Gleichgestellten und Schwächeren fördern (Frustrationskonflikte).

Ländliche Konflikte können durch zwei entgegengesetzte Situationen ausgelöst werden. Einmal kann die „kritische soziale Nähe" gleichgestellte Personen in eine konfliktauslösende Konkurrenzsituation bringen. Diese Art von Konflikten ist typisch für Bauerndörfer. Zum anderen können Konflikte durch eine hinreichend große und zur gegenseitigen Entfremdung führende Differenzierung verursacht werden. Der typische Fall ist der Klassenkampf zwischen Grundeigentümern und Kleinpächtern oder zwischen Plantagenbesitzern und Landarbeitern. Allerdings schwelt der Konflikt zwischen den Klassen auf dem Lande meist unter der Oberfläche, da die Ohnmacht wegen ihres geringen Organisationsgrades den unteren Klassen die Führung eines offenen Kampfes verbietet. Auch die sozialen Differenzierungen in Bauern und Industriearbeiter, am Ort Beschäftigte und Pendler, Eingesessene und Zugezogene bieten Konfliktstoff.

Typische ländliche Konfliktformen sind Konkurrenzkonflikte, Generationskonflikte und Interessenkonflikte.

Aus dem Wettbewerb um geringfügige materielle Vorteile, mehr Einfluß und größeres Ansehen entwickeln sich vor allem dann *Konkurrenzkonflikte,* wenn auf bestimmte Vorkommnisse wie Ehr- und Grenzverletzungen heftige Reaktionen von der Dorföffentlichkeit erwartet werden. Eine ernsthafte Fehde steigert sich in folgenden Stufen: Abbruch der Interaktionen, Parteienbildung, Feindseligkeiten. In manchen ländlichen Gesellschaften mündet die Fehde in eine langdauernde Blutrache. Die Fehde wird damit eingeleitet, daß man sich nicht mehr grüßt, die Nachbarschaftspflichten verweigert, einander aus dem Wege geht, die Gaststuben, Vereine und Treffpunkte meidet, an denen man dem Widersacher begegnen könnte. Der Abbruch der Beziehungen beschränkt sich nicht auf die Streithähne selbst. Gehören diese verschiedenen Familien und Sippen an, so verlangt es die Loyalität der Verwandtschaft, daß alle Angehörigen der einen Partei die normalen Beziehungen zu allen Angehörigen der anderen Partei einfrieren. In dieser Phase der Eskalation kann ein Dorf in zwei feindliche Lager gespalten werden, weil jede Partei Bundesgenossen und Gefolgsleute wirbt. Sind erst einmal die Beziehungen kollektiv abgebrochen, dann läßt die Stufe der offenen Feindseligkeiten nicht lange auf sich warten. Über kurz oder lang geraten die Parteigänger der feindlichen Lager aneinander, sei es unbeabsichtigt oder aufgrund gewollter Provokation. Nun kommt es zu hinterlistigen Streichen, offenen Angriffen und Gewalttätigkeiten. Unter Umständen muß sogar die Staatsgewalt eingreifen, um den sozialen Frieden wieder notdürftig herzustellen. In Gesellschaften mit einem hochempfindlichen Ehrbegriff ist dies allerdings meist erfolglos. Wurde Blut vergossen, dann muß wieder Blut fließen. Personen, die in eine Blutrache verwickelt sind, bangen täglich um ihr Leben. Niemand wagt mehr, frei zu reden und sich ungezwungen zu benehmen. Geselligkeit und Wirtschaftsleben sind blockiert. Die derbe Fröhlichkeit in guten Tagen und das Mitleiden in schlechten Tagen gehen in einer haßerfüllten Atmosphäre unter. Eine unheimliche, dumpfe Spannung lagert auf einem solchen Dorf. Geringfügige Anlässe lassen die Leidenschaften auflodern.

Generationskonflikte im Sinne altersbedingter Verschiedenheit der Lebensstile und Lebensinteressen zwischen Jugend und Erwachsenen nehmen in ländlichen Gesellschaften eine spezifische Färbung an. Die Konfliktlinie verläuft hier eher zwischen jüngeren und älteren Erwachsenen. Der Konflikt selbst hat eine kulturelle, soziale und ökonomische Komponente. Die meisten ländlichen Gesellschaften befinden sich in einem raschen kulturellen Übergang von traditionellen zu modernen Verhaltensweisen, wobei die Angehörigen der älteren Generation mehr der Tradition verhaftet sind und die Jüngeren sich mehr an urbanen Verhaltensmustern orientieren. Hier treten demnach nicht nur biologisch verschiedenartige Altersstufen miteinander in Konflikt, sondern es kommt innerhalb der Landfamilien und Landgemeinden zu einem Kulturzusammenstoß.

Dieser Konflikt nimmt oft tragische Züge an, weil die neuen Verhaltensnormen an die Grundlagen der traditionellen Sozialordnung rühren. In traditionalen ländlichen Gesellschaften gab es eine Hierarchie des Alters, in der die Älteren die Autorität über die Jüngeren besaßen und mit deren Gehorsam und Ehrerbietung rechnen konnten. Nach den neuen Normen sind die Führungspositionen nicht mehr an Altersabschnitte, sondern an Leistungsfähigkeit geknüpft. Dies gibt der jüngeren Generation bessere Chancen.

Besonders ausgeprägt treten Generationskonflikte in den Familienbetrieben zutage. Hier ist der soziale Aufstieg der jüngeren Generation direkt verknüpft mit dem sozialen Abstieg der älteren Generation. Da Arbeitsfähigkeit und Arbeitswilligkeit mit steigender Lebenserwartung länger andauern, gibt es in vielen Familienbetrieben gegenwärtig zwei Wirtschaftsgenerationen, die sich sowohl die Erträge als auch die leitenden Tätigkeiten streitig machen. Die ältere Generation befürchtet nicht ganz zu unrecht, mit der Abgabe der Betriebsleitung und des Betriebsvermögens auch sonstige soziale Positionen zu verlieren, während die jüngere Generation ebenfalls wohlbegründete Ansprüche auf Führungspositionen im Betrieb, in den Genossenschaften und Verbänden erhebt. Wegen der Bedeutsamkeit des Generationskonfliktes in der Landwirtschaft werden seit Jahren von Wissenschaft und Praxis neue Wege partnerschaftlicher Zusammenarbeit gesucht, um zu verhindern, daß die junge Generation sich enttäuscht von der Landwirtschaft abwendet und die ältere verbittert resigniert.

Interessenkonflikte bestehen zwischen der „landbewirtschaftenden" und der „landbewohnenden" Bevölkerung. Sind die einen am Produktionswert des Standortes interessiert, so die anderen am Wohnwert. Der Wohnwert wird durch die Wirtschaftstätigkeit der Landwirte beeinträchtigt. Die wirtschaftliche Bewegungsfreiheit der Landwirte wird durch Ansprüche und Verhaltensweisen (z. B. Flurschaden) der landbewohnenden Bevölkerung eingeengt. Da nach westdeutscher Rechtsprechung nicht das Ancienitätsprinzip[1] gilt, haben die Ansprüche an gesundes, komfortables Wohnen den Vorrang vor der Ausübung landwirtschaftlicher Tätigkeit. Die Konfliktlösung besteht daher in der Auflösung oder in der Aussiedlung störender landwirtschaftlicher Betriebe, auch wenn diese sich viel länger am Ort befinden als die Neubausiedlungen.

Konflikte werden in kleinen, ländlichen Siedlungen oft viel härter ausgetragen als in städtischen, einmal weil die Gegner dichter aufeinander wohnen und sich weniger ausweichen können, zweitens weil die verwundbaren Stellen des Gegners genau bekannt sind, und drittens, weil immer ein Publikum da ist, das die Auseinandersetzung mit großer Anteilnahme verfolgt und unter Umständen den Konflikt schürt. Konflikte enden damit, daß man einen modus vivendi des Zusammenlebens findet, daß eine Partei die andere unterwirft, oder daß die unterlegene Partei wegzieht oder vertrieben wird. Andere soziale Mechanismen der Konfliktregelung sind der Einspruch einflußreicher Persönlichkeiten und die Akkomodation.

Konflikte werden im allgemeinen negativ bewertet, obwohl sie nach Auffassung moderner Konflikttheoretiker sozialen Wandel erst ermöglichen. Das traditionelle Dorf war aber gar

---

[1] Ancienitätsprinzip bedeutet: Altes Recht geht neuen Rechtsansprüchen vor.

nicht an Wandel, sondern an seinem Ruf interessiert. Daher war die Dorfgesellschaft bestrebt, nach außen hin den Anschein eines friedlichen Gemeinwesens zu erwecken und nach innen über die öffentliche Meinung einen Druck auszuüben, unter dem Spannungen nicht zu offenem Konflikt ausbrechen konnten. Erst in jüngerer Zeit weicht – wie die Dorfuntersuchungen von 1972/74 bestätigt haben – in westdeutschen Dörfern die traditionelle Konfliktscheu allmählich der Einsicht, daß geregelte und begrenzte Auseinandersetzungen mit den Kontrahenten ein Mittel aufbauender Gemeindegestaltung sein können. In diesem Zusammenhang ist zu bemerken, daß die politischen Parteien vorhandene Interessengegensätze, z. B. zwischen Bauern und Arbeitern, aufgreifen, um sich zu profilieren. Während noch in den fünfziger Jahren parteipolitische Gegensätze im Zusammenleben der Dorfbewohner eine ganz untergeordnete Bedeutung hatten, strukturiert sich das dörfliche Spannungsfeld vor allem in den Industriedörfern mehr und mehr parteipolitisch.

4.5.4 Verbindende Prozesse

4.5.4.1 Akkomodation

Die Akkomodation ist eine soziale Interaktion zwischen Personen und Gruppen mit entgegengesetzten Interessen und Anschauungen, die auf dem Wege gegenseitiger Anpassung oder Abmachungen den Ausbruch von Konflikten verhindern, eine bestehende Konfliktsituation entschärfen und ein friedliches Nebeneinanderleben (Koexistenz) gewährleisten soll. Abstufungen der Akkomodation sind bloße Duldung, Kompromiß, Schieds- und Schlichtungsverfahren, Aussöhnung und schließlich der Zwang von seiten des stärkeren Partners. Für den schwächeren Partner bedeutet Akkomodation gewöhnlich eine passive Form der Anpassung, d. h. ein Sich-Einfügen-Müssen in gegebene soziale Verhältnisse. Das Ergebnis der Akkomodation ist ein soziales System, in dem zwar jede Person und Gruppe ihre eigenen charakteristischen Züge beibehält, aber anstelle des gegenseitigen Vernichtungskampfes und des ruinösen Wettbewerbs ein Zustand politischer und wirtschaftlicher Ordnung tritt.

Unterordnung scheint die häufigste Form ländlicher Akkomodation zu sein. Das Grundmuster bietet die Familie. Fast überall auf der Welt liegen Autorität und Verantwortung für die Anweisung, Anregung und Disziplinierung der übrigen Familienmitglieder beim Vater. In seiner Abwesenheit gehen sowohl Autorität wie Verantwortung auf die Mutter über. Allein gelassen von den Eltern übernimmt das älteste Kind oder der älteste Sohn die Autorität über die jüngeren Geschwister und die Verantwortung für den Hof, danach das zweitälteste Kind usw.

Der Teilbau ist ebenfalls eine Art ländlicher Akkomodation zwischen besitzender und arbeitender Klasse. Wo Teilbau durch Pacht oder Lohnarbeit ersetzt wird, treten anstelle von Zwang und Gewalt Pacht- und Tarifverträge.

4.5.4.2 Assimilation und Akkulturation

Assimilation ist ein sozialer Prozeß, bei dem Personen oder Gruppen voneinander Denk- und Verhaltensmuster übernehmen, diese umgestalten und schließlich gemeinsame Verhaltensmuster aufweisen, die sich von den ursprünglichen unterscheiden. Die allermeisten Kulturen sind das Ergebnis von Assimilationsvorgängen. In Einwandererländern wie den USA ist heute noch zu beobachten, wie verschiedenes kulturelles Erbe verschmilzt. Auch in vielen jungen Ländern der Dritten Welt entstehen gegenwärtig auf dem Wege der Assimilation aus verschiedenen Ethnien und Nationalitäten Nationen. Ländliche Gesellschaften setzen allerdings wegen ihres segmentären Gefüges der Assimilation große Widerstände entgegen. Kasten- und standesmäßige Absonderungen lassen den Assimilationsprozeß ins Stocken geraten. Auch Unterschiede in der

148 Soziologie des Landes

Sprache, der Religion, der Bildung und des Besitzes behindern den Assimilationsvorgang. Dies erklärt, warum Minderheiten in einer fremden kulturellen Umgebung manchmal generationenlang ihre Eigenart bewahren.

Akkulturation ist ein weiterer Begriff, der in bezug auf die Anpassung an eine fremde Kultur benützt wird. Anthropologen bezeichnen es als Akkulturation, wenn Personen oder Gruppen Elemente einer fremden Kultur übernehmen und in ihre gewohnte Lebensweise einverleiben. Der Prozeß der Akkulturation ist von hervorragender Bedeutung für die Modernisierung ländlicher Gesellschaften in vielen Teilen der Erde. Man darf diesen Prozeß allerdings nicht einseitig als Übernahme westlicher Technologien sehen. Auch in unsere hochstehende heimische Landwirtschaft ist vieles aus fremden Kulturen eingeflossen, beispielsweise aus dem indianischen Kulturkreis der Anbau von Mais, Kartoffeln, Tomaten und Tabak. Prozesse der Akkulturation lösen oft in der aufnehmenden Gesellschaft eine wahre Kettenreaktion von Veränderungen aus. Neue landwirtschaftliche Technologien können so zum Anstoß für tiefgreifenden sozialen Wandel werden.

4.5.4.3 Kooperation

Mit Kooperation bezeichnet man die soziale Interaktion des gemeinsamen Handelns von zwei oder mehr Personen oder Gruppen mit der Absicht, ein gemeinsames Ziel zu erreichen. Dabei wird unterstellt, daß die Partner ungefähr gleich stark sind und keiner den anderen beherrscht. Alle dauerhaften Gruppen, die nicht auf Unterwerfung und Zwang beruhen, werden durch Kooperation zusammengehalten. Die Motive zusammenzuarbeiten sind in ländlichen Gesellschaften vielfältig. Während in städtischen Gesellschaften wegen der hochgradigen Spezialisierung zweckrationale Kooperation unumgänglich ist, beruht die ländliche Kooperation in erster Linie auf dem Unvermögen des einzelnen, seine Probleme allein zu meistern. Er muß kooperieren, weil er zu schwach ist, sich äußerer Feinde zu erwehren, Gefahren abzuwenden, die Versorgung zu sichern, Neuland zu kultivieren, Bewässerungssysteme zu bauen, Terrassen anzulegen usw. Ein zweites Motiv ist der Wunsch, andere zu verpflichten, um im Notfall ihre Hilfe beanspruchen zu können. Drittens kooperieren die Menschen, um in Anhörung und Disput das Recht zu finden und Meinungsverschiedenheiten innerhalb ihrer Gruppe beizulegen. Viertens führt die Notwendigkeit, die soziale Kontrolle auszuüben, zu verschiedenen Formen der Kooperation. Fünftens ist es ohne Kooperation kaum möglich, den Nachwuchs zu erziehen und auszubilden. Nicht zuletzt veranlassen auch wirtschaftliche Überlegungen die Menschen auf dem Lande, gemeinsame Anstrengungen zu unternehmen.

Für analytische Zwecke kann man nichtvertragliche und vertragliche Kooperation unterscheiden. Unter den Begriff der nichtvertraglichen Kooperation fallen alle Praktiken der gegenseitigen Hilfe und Unterstützung, bei denen die Art der Tätigkeit, die Methode des Vorgehens, die Zeit und die Vergütung auf Sitte und Brauch beruhen. Die nichtvertragliche Kooperation ist in der ländlichen Kultur tief verwurzelt und entspricht dem Primärgruppencharakter ländlicher Gesellschaften. Aber fortschreitende Urbanisierung und Differenzierung lassen diese Form der Kooperation zugunsten vertraglicher Formen immer mehr zurücktreten. Zahlreiche Tätigkeiten, die früher in ländlichen Gemeinden ehrenamtlich oder in Gemeinschaftsarbeit ausgeführt wurden, werden heute von Beamten, Angestellten und Arbeitern oder von Lohnunternehmern erledigt.

In marktwirtschaftlichen Systemen sind viele landwirtschaftliche Kooperationen unterschiedlichster Bindungsstärke entstanden. Im Jahre 1972 gab es beispielsweise in der Bundesrepublik Deutschland 20151 Ortsgenossenschaften, 659 anerkannte Erzeugergemeinschaften, 406 Maschinenringe und rund 40000 Maschinengemeinschaften. In Zentralverwaltungswirtschaften hat sich das Kooperationswesen als Bestandteil der herrschenden Ideologie noch weiter in der Landwirtschaft ausgebreitet als in westlichen Ländern. In Entwicklungsländern kommen neben nichtvertraglichen autochthonen Kooperationsformen fast alle vertraglichen Kooperationsformen vor, die in marktwirtschaftlichen und zentralverwaltungswirtschaftlichen Gesellschaften entwickelt worden sind.

Literatur: DIETZ 1931, FISCHER 1973, HEBERLE 1959, HOMANS 1972, LINDE 1959 a, SLOCUM 1962, S. 209–269, WYLIE 1978.

Diskussions- und Prüfungsfragen
1. Welche Wirkungen haben disjunktive und konjunktive soziale Prozesse auf ländliche Sozialsysteme?
2. Beschreiben Sie die Kommunikation in Primärgruppengesellschaften!
3. Welchen Stellenwert nimmt das Dorf in der Sozialisation ländlicher Individuen ein?
4. Worin bestehen die Sozialisationsschwächen ländlicher Gesellschaften?
5. Wie wird im Dorf die Einhaltung der örtlichen Normen erzwungen?
6. Beschreiben Sie die verschiedenen Aspekte des Generationenkonfliktes auf dem Lande!
7. Warum tritt anstelle nichtvertraglicher mehr und mehr die vertragliche Kooperation?

5 Ländliche Institutionen

5.1 Begriff, Funktion und Einteilung

Unter Institution versteht der Soziologe „die Art und Weise, wie bestimmte Dinge getan werden müssen" (KÖNIG), oder mit anderen Worten „Formen genormten Verhaltens" (DE JAGER und MOK). Die Verbindung zu bekannteren Begriffen läßt sich leicht herstellen, wenn wir sagen, die sozialen Werte bilden die Grundsätze, die Normen die Regeln und die Institutionen die Formen des sozialen Verhaltens. Auch Bräuche und Sitten sind geformtes Verhalten. Institutionen unterscheiden sich davon durch den Grad (1) der Bedeutsamkeit, (2) der Organisation und (3) der Komplexität. Nur Verhaltensweisen, die für eine Gesellschaft von „strategischer Bedeutung" (PARSONS) sind, werden institutionalisiert, indem sie formalisiert, objektiviert und organisiert werden.

Formalisierung bedeutet, daß wichtigen Handlungen und Handlungsabläufen eine feste, verbindliche Form gegeben wird. Objektivierung heißt, daß Dinge ohne Rücksicht auf den Einzelfall und die betroffenen Personen auf eine bestimmte Art und Weise getan werden müssen. Organisierung verweist darauf, daß Institutionen zu ihrer Absicherung und Realisierung eines organisatorischen Rahmens bedürfen. Der Rahmen kann eine Primärgruppe (z. B. die Familie), eine große Organisation (z. B. der DBV) oder ein sehr komplexes Gebilde (z. B. der Staat) sein. Während landläufig die Organisation oft für die Institution selbst gehalten wird, bezieht sich der soziologische Institutionsbegriff mehr auf den Inhalt als auf den Rahmen. KÖNIG (1976) macht den Unterschied mit dem Hinweis deutlich, daß man einer Organisation als Mitglied angehört, einer Institution hingegen unterworfen ist. Für das, was der Soziologe mit „Institution" meint, hält die deutsche Sprache die Nachsilbe „-wesen" bereit, z. B. Genossenschafts*wesen*. Das Genossenschaftswesen ist eine Institution wirtschaftlicher Selbsthilfe. Genossenschaftliches Verhalten wird von den Genossenschaftsmitgliedern in den Genossenschaftsorganen praktiziert. Wir sehen an diesem Beispiel, daß Personen und Gruppen die Ausführenden etablierter Verhaltensmuster sind; dagegen sind die etablierten Formen dieser Verhaltensmuster Institutionen.

Ein einfaches Schema zeigt den Ort der sozialen Institutionen im soziologischen Begriffssystem.

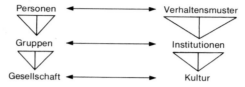

Institutionen liegen demnach auf derselben Ebene wie Gruppen, sind jedoch damit nicht gleichzusetzen und noch weniger mit Personen, wenngleich man landläufig auch sagt, eine bestimmte Person sei „zur Institution" geworden. Vielmehr setzen sich die Institutionen aus Verhaltensmustern zusammen. Eine Institution ist eine Konfiguration oder ein Komplex von Verhaltensmustern. Alle Institutionen zusammen bilden ein System, das als die „Kultur einer Gesellschaft" (FICHTER 1970, S. 160) bezeichnet werden kann.

Institutionen besitzen folgende fünf gemeinsame Merkmale: (1) sie bezwecken die Befriedigung sozialer Grundbedürfnisse, (2) sie sind inhaltlich verhältnismäßig beständig, (3) sie besitzen feste Strukturen sozialer Rollen und Positionen, (4) sie bilden eigenständige Funktionseinheiten und (5) sie sind stets werthaltig. Soziale Institutionen sind infolgedessen unentbehrlich für die Selbsterhaltung gesellschaftlicher Systeme. Denn sie (1) ordnen das Geflecht der wichtigen sozialen Beziehungen und Rollen sowie der materiellen und sozialen Austauschbeziehungen (relationaler Aspekt), (2) regeln die Zuordnung der Machtpositionen und die Verteilung der sozialen Belohnungen (regulativer Aspekt), (3) repräsentieren den Sinnzusammenhang gesellschaftlicher Systeme (kultureller Aspekt) und (4) stabilisieren menschliches Verhalten (normativer Aspekt). Indem soziale Institutionen die Wege zur Befriedigung grundlegender sozialer Bedürfnisse gesellschaftlich organisieren und kulturell festlegen, entlasten sie das Individuum bei der Suche nach geeigneten Formen der Daseinsbewältigung (Ansatz von GEHLEN) erzwingen und koordinieren sie bestimmte Verhaltensweisen (Ansatz von SUMNER), verpflichten sie das Individuum, auch in Primärgruppen im Interesse der Gesamtgesellschaft zu handeln (Ansatz von COOLEY), und bringen sie menschliches Verhalten in ein zweckhaftes System (Ansatz von MALINOWSKI).

Da nicht alle menschlichen Bedürfnisse gleich wichtig sind, lassen sich Haupt- und Nebeninstitutionen unterscheiden. Die Grundbedürfnisse der Fortpflanzung, der Daseinserhaltung und der Sinndeutung liegen den drei Hauptinstitutionen (Basisinstitutionen) der Familie, der Wirtschaft und der Religion zugrunde. Größere Gesellschaften bedürfen außerdem einer politischen Institution, die die Machtverteilung reguliert, das öffentliche Leben gestaltet und kontrolliert und die Mitglieder der Gesellschaft gegen Angriffe schützt und verteidigt. Neben diesen vier Hauptinstitutionen gibt es noch die Nebeninstitutionen der Erziehung und Bildung, des Verkehrs und der Kommunikation, der Gesundheit sowie der Freizeit und Erholung. Alle Haupt- und Nebeninstitutionen stehen in engem Zusammenhang. Beispielhaft wird der Zusammenhang zwischen Familie und Wirtschaft im Kapitel über den landwirtschaftlichen Familienbetrieb dargestellt (vgl. Teil 2: 6).

Haupt- und Nebeninstitutionen sind aus zahlreichen Unterinstitutionen zusammengesetzt. Das Bildungswesen besteht aus der Vorschulerziehung, dem Schulwesen, dem Lehrlingswesen, der Erwachsenenbildung, dem Prüfungswesen, dem Unterrichtswesen usw. Es ist nicht immer möglich, die Unterinstitutionen eindeutig einer Haupt- oder Nebeninstitution zuzuordnen. Das Theaterwesen ist für den Schauspieler eine wirtschaftliche, für den Zuschauer eine Freizeitinstitution. Das Beispiel zeigt die enge Verzahnung und den Wirkzusammenhang von Institutionen. Oft gibt es aber auch zwischen Institutionen Widersprüche. Institutionalisierte Verhaltensmuster im wirtschaftlichen Bereich (Verdienen, Profitstreben) sind nicht vereinbar mit dem religiösen Verhaltensmuster des selbstlosen Dienens. Ein Mensch, der die Verhaltenserwartungen beider Institutionen erfüllen will, gerät in einen inneren Zwiespalt. In dieser Zwangslage gibt er in der Regel jener Institution den Vorzug, die in seiner Gesellschaft von zentraler Bedeutung ist.

Im Europa des 13. Jahrhunderts war die Religion, im traditionellen China die Familie die zentrale Institution. In den kommunistisch regierten Ländern nimmt die politische Institution, in der amerikanischen Kultur die Wirtschaft den zentralen Platz ein, um den sich die übrigen Institutionen scharen. Zentrale Institutionen regeln auch Verhaltensweisen, die unter sachlichen Gesichtspunkten in den Bereich anderer Haupt- und Nebeninstitutionen gehören. In einem totalitären Staat werden die Basisinstitutionen der Familie, der Wirtschaft und der Religion der politischen Institution untergeordnet oder „gleichgeschaltet". Sogar Unterinstitutionen der Freizeit, wie der Sport, werden dort „verstaatlicht".

Die Haupt- und Nebeninstitutionen sind zwar in allen Gesellschaften anzutreffen, zeigen aber eine fast unvorstellbare Vielfalt der Ausprägung, denn die Menschen haben viel Geist und Phantasie darauf verwandt, geeignete, den jeweiligen Umweltbedingungen angepaßte Formen der Bedürfnisbefriedigung zu finden. Ein gutes Beispiel dafür, wie selbst auf engem Raum, bei gleicher Kultur und unter ähnlichen Umweltbedingungen eine Institution verschiedenartig gestaltet werden kann, bietet das föderative Bildungswesen in der Bundesrepublik Deutschland. Wenn sich die Umweltverhältnisse ändern, müssen auch die Institutionen laufend verändert werden. Wird dies versäumt, dann werden eines Tages durchgreifende Reformen unvermeidbar oder es kommt zu revolutionären Vorgängen, in denen sinnentleerte Institutionen („alte Zöpfe") beseitigt und neue Verhaltensmuster institutionalisiert werden.

Kennzeichnend für die soziale Entwicklung ist zweierlei: Erstens lösen sich die Basisinstitutionen mehr und mehr in Neben- und Unterinstitutionen auf, zweitens beherrschen immer mehr wirtschaftliche und politische Institutionen das Dasein, während der Gestaltungsbereich religiöser und familiärer Institutionen schrumpft oder den neuen zentralen Institutionen unterworfen wird. In Gesellschaften, in denen ein modernes Staatswesen fehlt oder erst im Aufbau begriffen ist, stellt die verwandtschaftlich erweiterte Familie im Grunde den gesamtgesellschaftlichen Zusammenhang dar (familistische Sozialstruktur). Eine familistische Sozialstruktur weisen jedoch nicht nur Entwicklungsländer auf, sondern auch in Industrieländern tragen ländliche Gemeinwesen häufig familistische Züge. Lokale Cliquen sind dort oft nichts anderes als machtvolle Ausweitungen einzelner Familien. J. H. KOLB und EDMUND DE S. BRUNNER (1944, S. 25) haben deshalb nicht ganz unrecht, wenn sie schreiben: „Die Familie ist das Gesetz des Landes". Sie wollen damit sagen, daß auf dem Lande die Familie – und nicht der Betrieb, das Büro, die Gewerkschaft, die Gang usw. – Ausgangspunkt des geselligen Lebens, der Rangordnung und der Rollenzuweisung ist.

Es würde dieses Buch zu sehr befrachten, wollte man alle wichtigen Institutionen in ihrer Bedeutung für die ländliche Bevölkerung und in ihrer spezifisch ländlichen Gestaltung behandeln. Es kann jedoch nicht darauf verzichtet werden, wenigstens die Hauptinstitutionen der Familie, Religion und Politik im folgenden darzustellen. Im Teil 2 wird dann die Hauptinstitution der Wirtschaft am Beispiel des „Agrarwesens", der für das Land wohl wichtigsten wirtschaftlichen Unterinstitution, ausführlicher dargestellt.

Literatur: KÖNIG 1976b, SCHELSKY 1973.

Diskussions- und Prüfungsfragen
1. Was sind soziale Institutionen, und welche Funktion haben sie in sozialen Systemen?
2. Welches sind die wichtigsten Haupt- und Nebeninstitutionen in ländlichen Gesellschaften?

5.2 Familiale Institutionen

5.2.1 Funktionen

Die Familie ist die älteste und universalste soziale Institution. In fast allen Gesellschaften nimmt sie einen zentralen Platz bei der Fortpflanzung der Art (Reproduktionsfunktion), der Weitergabe der Kultur (Sozialisationsfunktion), der physischen und emotionalen Erhaltung der Angehörigen (Fürsorgefunktion), der Fortschreibung gesellschaftlicher Machtverhältnisse (Plazierungsfunktion) sowie der Regelung der Sexualbeziehungen ein. Ursprünglich bildete die Familie auch den Rahmen für die Hauptinstitutionen der Wirtschaft, der Religion, der Politik und ihrer Nebeninstitutionen. Im Zuge der Verbürokratisierung, Urbanisierung und Industrialisierung einer Gesellschaft werden viele ursprünglich familiale Funktionen von spezialisierten Einrichtungen übernommen. Die Funktionsverlagerung wird teils als Verlust, teils als Entlastung und teils als Gewinn gewertet. Gegen die Verlusttheorie wird eingewandt, daß andere Einrichtungen hauptsächlich jene Aufgaben übernommen hätten, denen die Familie nicht gewachsen gewesen sei, z. B. die Alphabetisierung der Kinder. ROBERT M. MACIVER (1921) hat als einer der ersten die „Desfunktionalisierung" der Familie als Gewinn gedeutet: „Als die Familie Funktion nach Funktion verlor, fand sie sich selbst". Die Entlastung von Funktionen der unmittelbaren Daseinssicherung sei der Emanzipation der Frau, der Pflege des Familienlebens und der Wohn-, Eß- und Freizeitkultur zugute gekommen.

Die Entlastung der Familie bezieht sich vor allem auf Kult-, Gerichts-, Schutz-, Sicherungs-, Wirtschafts- und Sozialisationsfunktionen. Weitere Entlastungsversuche, z. B. die Aufzucht der Kinder in Heimen, sind bisher nur in Gemeinschaftssiedlungen, wie im Kibbuz, einigermaßen geglückt. Der „Schoß der Familie" ist offenbar für die „zweite Geburt der sozial-kulturellen Persönlichkeit" (KÖNIG) geeigneter als jede andere Institution. So sind der Familie als wesentliche Aufgaben die Soziabilisierung, die frühkindliche Sozialisation, die Aufzucht, die soziale Plazierung des Nachwuchses und der psychische Spannungsausgleich verblieben. Mit der Reduzierung auf diese Kernfunktionen läuft eine strukturelle Schrumpfung auf die Kernfamilie einher.

Die zahlreichen Regelungen der Partnerwahl, der Eheschließung und des Familienlebens bezwecken in erster Linie die Funktionsfähigkeit der Familie im Hinblick auf ihre Reproduktions-, Aufzucht- und Sozialisationsfunktion. Die Funktionsfähigkeit wird besonders durch Des- und Überorganisation beeinträchtigt. Eine Familie ist desorganisiert, wenn (1) wichtige Positionen nicht besetzt sind (unvollständige Familie) oder (2) wichtige Beziehungen emotional gestört sind (zerrüttete Familie). Eine Familie ist überorganisiert, wenn (1) wichtige Positionen mehrfach besetzt sind oder (2) wichtige Beziehungen emotional überbetont sind. Ursachen der Unvollständigkeit sind Kinderlosigkeit, Unehelichkeit, Verwitwung, Scheidung, Trennung, Desertion und Abwesenheit wegen Beruf, Wehrdienst, Krankheit oder Haft. Zerrüttete Familienverhältnisse sind zurückzuführen auf ungewollte (infolge geistiger, seelischer oder körperlicher Defekte) und gewollte (Attrappenfamilie) Nichtausfüllung familialer Positionen, Entfremdung der Ehegatten, Stiefmutter-/Stiefvatersituationen und auf Generationskonflikte. Überorganisation in Form der Mehrfachbesetzung von Positionen tritt vor allem in Verbandsfamilien auf, beispielsweise wenn sich Schwiegermutter und Schwiegertochter im gemeinsamen Haushalt die Hausfrauenrollen streitig machen. Übermäßige Gefühlsbindungen kommen als übertriebene Kinderorientierung der Eltern, übersteigerte mütterliche Sorge, verschleppte Lösung kindlicher Eltern- oder Geschwisterbindungen und als überspannte Beziehungen in nicht-geschiedenen Ehen vor. Von besonderer Bedeutung im ländlichen Raum ist der „überlebte Patriarchalismus", d. h. das Beharren auf Autoritätsstrukturen, die nicht mehr vom sozialen Wert- und Normensystem gestützt werden.

Schon bei TÖNNIES (1887) und in den meisten späteren landsoziologischen Büchern und Aufsätzen wird die Landfamilie als besonders funktionstüchtig (fruchtbar, erziehungsmächtig, gemeinschaftlich, produktiv, stabil) beurteilt. Ein Pauschalurteil ist jedoch nicht gerechtfertigt, denn „*die* Landfamilie gibt es nicht" (SCHELSKY 1953). Sie weist nicht nur von Kultur zu Kultur, sondern auch innerhalb einer Kultur eine große Variationsbreite je nach Schicht- und Berufszugehörigkeit, Bildungsgrad und – wie VAN DEENEN (1961) nachwies – Urbanisierungsgrad auf. Von größtem Einfluß auf Familienstrukturen und -leitbilder haben sich in der Bundesrepublik Deutschland an die Person gebundene Merkmale wie Beruf, Besitz und Bildung herausgestellt, während Merkmalen der Umwelt offenbar nur eine mittelbare Bedeutung zukommt (vgl. KNIRIM, KRÜLL, PETERS 1974). Dabei darf freilich nicht übersehen werden, daß die ländliche Mitwelt normierender als die städtische wirkt.

Die überlegene Funktionstüchtigkeit der Landfamilien wurde vor allem mit ihrer Reproduktionsleistung belegt. „Das Land produziert Kinder, die Stadt verbraucht sie." Diese These von KOLB und BRUNNER (1944, S. 27) wird man heute nur mit Vorbehalt akzeptieren können. Man kann der Behauptung der beiden amerikanischen Soziologen aber zustimmen, Kinder seien das signifikanteste Merkmal ländlicher Familien. Umwelt und familiäre Umstände sind auf dem Lande, wie an anderer Stelle ausgeführt, relativ kinderfreundlich. Wichtiger ist jedoch, daß von jüngeren Ehepaaren erwartet wird, daß sie Kinder haben wollen. Kinderlose Ehen werden als ein Unglück, in manchen ländlichen Gesellschaften sogar als ein persönlicher Makel oder als eine Strafe Gottes angesehen. In einigen deutschen Landschaften war es üblich, die Fruchtbarkeit der Liebesbeziehungen zu testen (Probenächte), ehe die Ehe formal geschlossen wurde. In kinderlos gebliebenen Bauernfamilien wird häufig ein Geschwisterkind oder ein Waisenkind adoptiert. Auch die „richtige" Kinderzahl unterliegt sozialen Normen. Während in den meisten Entwicklungsländern nach wie vor der ehelichen Fruchtbarkeit keine Schranken gesetzt werden, haben sich in den Industrieländern die Landfamilien überwiegend dem Leitbild der Zwei- und Dreikinderfamilie genähert.

Die Sozialisationsleistungen der Landfamilien werden zwiespältig beurteilt. Es überwiegen positive Wertungen (z. B. LINDE 1959a). Einige Soziologen (u. a. BERTRAND 1958) weisen jedoch auch auf Sozialisationsschwächen der Landfamilie hin, namentlich auf den Einzelhöfen und in den Unterschichten. Charakteristisch ist, daß sich die familiäre Sozialisation der Kinder nicht auf die Kernfamilie beschränkt. Die Betreuung der Kleinkinder liegt zu einem erheblichen Teil bei den Großeltern und älteren Geschwistern. Aus den sorgfältigen Untersuchungen von MARIANNE KRÜLL (1974) geht hervor, daß sich in der Bundesrepublik Deutschland Landfamilien häufiger von traditionellen Vorstellungen (Respektierung der Erwachsenen, Gehorsam der Kinder, Gottgewolltheit oder Naturbedingtheit der Geschlechtsrollen, Bevorzugung der Söhne) leiten lassen als Stadtfamilien. Sie erklärt die Stadt-Land-Unterschiede hauptsächlich aus den verschiedenen Bevölkerungsstrukturen: Landeltern sind nicht deshalb konservativer, weil sie auf dem Lande leben, sondern weil sie im Durchschnitt ein niedrigeres Bildungsniveau, ein niedrigeres Einkommen und stärkere konfessionelle Bindungen haben und einer niedrigeren sozialen Schicht angehören (ebenda, S. 247ff.). Vor allem trägt höhere Bildung zu progressiveren Einstellungen bei, weil gebildete Eltern die Folgen der Erziehung besser absehen können. Andererseits könnte die konservativere Erziehung der weniger gebildeten Eltern mit der Erfahrung zusammenhängen, daß im deutschen Wirtschafts- und Gesellschaftssystem die traditionellen Haltungen der Ein- und Unterordnung honoriert werden. Auf eine Übereinstimmung der Erziehungs- mit den Gratifikationsprinzipien können gerade die unterprivilegierten Schichten am wenigsten verzichten.

5.2.2 Strukturen

Vater, Mutter und Kind(er) bilden die kleinste familiale Einheit, die *Kernfamilie*. Dieser Begriff sollte nur in diesem Sinne, also analytisch gebraucht werden (Übersicht 25). Reale Erscheinungsformen sollte man anders bezeichnen. Für die in allen Stadtregionen und in den urbanisierten Teilen der Landbevölkerung vorherrschende moderne Mittelklasse-Familie hat sich der Ausdruck „Kleinfamilie" eingebürgert. Die für Industriegesellschaften typische Kleinfamilie besteht aus einer einzigen Kernfamilie (Einzelfamilie); sie zeigt gewisse Absonderungstendenzen (Sonderfamilie); sie wird von der Gattengemeinschaft als der einzig beständigen Konfiguration getragen (Gattenfamilie); sie ist gewöhnlich neolokal, kinderarm, mobil und konsumtiv.

Übersicht 25. Strukturbegriffe der Familiensoziologie

Merkmalsdimension	Polare Ausprägungen	
Grundstruktur	Kernfamilie (nuclear family)	erweiterte Familie (extended family)
Positionsbesetzung	vollständige Familie	unvollständige Familie
(Haus-)wirtschaftliche Integration	Sonderfamilie	integrierte Familie
Familienachse	Gattenfamilie (konjugale Familie)	Stammfamilie (konsanguine Familie)
Personenbestand:		
Familiengröße	kleine Familie	große Familie
Kinderzahl	kinderarme Familie	kinderreiche Familie
Verwandtschaftsverband	Einzelfamilie	Verbandsfamilie
Lebens- und Wirtschaftsgemeinschaft	Kleinfamilie	Großfamilie
Generationenfolge	Elternfamilie	Kindesfamilie
Familienzugehörigkeit des verheirateten Ego	Orientierungsfamilie Herkunftsfamilie Abstammungsfamilie	Fortpflanzungsfamilie Zeugungsfamilie maritale Familie
Zahl der Ehepartner	monogame Familie	polygame Familie
Soziale Distanz der Ehepartner	homogame Familie	heterogame Familie
Machtverhältnisse	egalitäre Familie	autoritäre Familie

Die Behauptung, die Kleinfamilie lebe isoliert, ist von der empirischen Sozialforschung widerlegt worden. In der Bundesrepublik Deutschland wohnen in der Stadt 80 Prozent der „Kinderfamilien" (Fortpflanzungsfamilien) im gleichen Stadtteil wie die „Elternfamilien" (Orientierungsfamilien), auf dem Lande 75 Prozent am gleichen Ort. Der Grad der Haushaltsintegration der Generationen schwankt; er scheint in erster Linie von der wirtschaftlichen Potenz abhängig zu sein. Das Zusammenleben der Generationen unter einem Dach wird sowohl von den Daseinsnotwendigkeiten (Gemeinschaftsbetrieb) als auch von den räumlichen Möglichkeiten (Hausbesitz) gefördert. Das gegenwärtige Leitbild in Stadt und Land ist die räumliche Nähe der Generationen bei getrennten Wohnbereichen (vgl. KNIRIM, KRÜLL, PETERS 1974). Die Verwirklichung dieses Leitbildes führt zur „modifizierten erweiterten Familie", die eine zeitgemäße Übergangsform zwischen Einzelfamilie und Verbandsfamilie darstellt.

Eine *Verbandsfamilie* ist aus mehreren Kernfamilien zusammengesetzt und durch jene Personen verklammert, die zwei Kernfamilien angehören. Realtypisch bezeichnet man die auf mehrere kooperierende Verwandtschaftskreise ausgedehnte Familie als Großfamilie. Es lassen sich folgende Typen von Großfamilien unterscheiden:
1. Polygame Großfamilie: Lebens- und Wirtschaftsgemeinschaft eines Mannes mit mehreren Frauen und mit den Kindern aus den verschiedenen Ehen, selten einer Frau mit mehreren Männern und ihren Kindern;
2. horizontale Großfamilie: Lebens- und Wirtschaftsgemeinschaft mehrerer Brüder mit ihren Ehefrauen und Kindern (brüderliche Großfamilie, joint family);
3. vertikale Großfamilie: Lebens- und Wirtschaftsgemeinschaft eines Paares mit Eltern/Schwiegereltern und Kindern (Stammfamilie, generational family);

4. Voll-Großfamilie oder klassische Großfamilie: Lebens- und Wirtschaftsgemeinschaft der Stammeltern mit ihren unverheirateten Kindern, ihren verheirateten Söhnen oder Töchtern und deren Frauen bzw. Männern und Kindern;
5. Familienkommunen: Lebens- und Wirtschaftsgemeinschaft mehrerer nicht miteinander blutsverwandter Kernfamilien.

Polygame Großfamilien findet man in vielen afrikanischen, asiatischen und orientalischen Gesellschaften. Die horizontale Großfamilie entsteht häufig aus einer Voll-Großfamilie nach dem Tod der Stammeltern. Die Voll-Großfamilie stellte bis in die jüngste Zeit das Familienideal vom Balkan bis nach China dar, denn ein derartiger Verband bot ein hohes Maß an Schutz und Sicherheit, stärkte die Arbeitsmacht der Familie und verlieh dem Patriarchen großes Ansehen und bedeutenden politischen Einfluß. Die vertikale Großfamilie ist typisch für das europäische Hofbauerntum. Hier sind es vor allem hauswirtschaftliche (Verbilligung der Lebenshaltung), arbeitswirtschaftliche (Arbeitshilfe der Altenteiler), soziale (Altersversorgung) und emotionale Gründe, die für ein Zusammenbleiben der Generationen sprechen. Diese Familienform ist gewöhnlich an die Institutionen der geschlossenen Hofübergabe und des Altenteils gekoppelt.[1]

Familienzyklus: Die Strukturen einer Familie verändern sich zyklisch. Der Personenbestand dehnt sich in bestimmten Phasen des Familienlebens aus und schrumpft in anderen. Damit ändern sich Zahl und Dichte der sozialen Interaktionen. Qualitative Veränderungen in den Sozialbeziehungen ergeben sich aus dem Wachsen, Reifen und Altern der Familienangehörigen. Alle diese Veränderungen wirken sich auf das Haushaltsbudget, den Lebensstandard, die Wohnbedürfnisse, die Freizeitgestaltung, die Erwerbstätigkeit der Frau und vieles andere mehr aus. Insbesondere muß die Organisation der Familienbetriebe dem Familienzyklus Rechnung tragen. In Verbandsfamilien werden die Ausschläge des Familienzyklus abgeschwächt. Dabei wechseln häufig Großfamilien mit Kleinfamilien ab, indem die verheirateten Brüder sich nach dem Tode ihres Vaters trennen und selbst versuchen, mit ihren heranwachsenden Söhnen das Ideal einer Voll-Großfamilie zu verwirklichen.

Kontraktionsgesetz: Beim Studium antiker Familienformen stießen die Forscher auf große Familienverbände, die in scharfem Kontrast zu den zeitgenössischen Kleinfamilien standen. Die Soziologen des 19. Jahrhunderts glaubten, in der Einengung des Personenbestandes und der Verwandtschaftsbindungen eine historische Gesetzmäßigkeit zu erkennen. Das „Kontraktionsgesetz" (DURKHEIM) gilt jedoch allenfalls für die besitzenden Schichten, denn die Unterschichten haben zu allen Zeiten weit überwiegend in Kleinfamilien, häufig sogar in unvollständigen[2], gelebt. Förderlich für erweiterte Familienformen sind nach KÖNIG (1976a, S. 66) politische und geographische Isolierung, Mangel an staatlichen Organisationen und wirtschaftliche Umstände wie Großviehzucht und kollektiver Landbesitz. Unter solchen Bedingungen ist die Großfamilie bezüglich der Kinderbetreuung, der Pflege der Alten und Kranken, des Schutzes der Familienangehörigen sowie der Vermögensbildung und -erhaltung der Kleinfamilie überlegen. Unter dem Anpassungsdruck an Industriesystem, großstädtische Lebensweise und bürokratische Großorganisationen fallen jedoch Familienverbände meistens auseinander, weil Spezialisierung und Statuserwerb individuelle räumliche und soziale Mobilität verlangen. HINDERINK und KIRAY (1970) konnten zeigen, wie sich anatolische Großfamilien als Hausgemeinschaften auflösen, um ihren Gliedern die Arbeit in Industrie und Baugewerbe der großen Städte zu ermöglichen. In Jugoslawien lösten sich viele Großfamilien im vorigen Jahrhundert auf, als der Arbeitskräftebedarf infolge des Übergangs vom Ochsen- zum Pferdegespann sprunghaft sank. In Afrika hat der Übergang von der Natural- zur Geldwirtschaft häufig zur

---

[1] Das Altenteil (synonym Ausgedinge, Auszug, Austrag, Ableben, Ausnahm, Leibzucht, Leibgedinge) ist eine vertraglich vereinbarte Altersversorgung im Rahmen der Hausgemeinschaft des Hofnachfolgers.
[2] In den europäischen vorindustriellen Gesellschaften setzte sich die unterbäuerliche Schicht und die dienende Klasse weitgehend aus Unehelichen zusammen (vgl. KÖNIG 1976a, S. 142).

Auflösung von Großfamilien geführt. Nach dem Theorem von R. Linton werden die Bindungen zum Großfamilienverband um so schwächer, je größer die Erwerbschancen in einem sozialen System sind. Das Verschwinden von Verbandsfamilien sagt jedoch nichts über den Verwandtschaftszusammenhalt aus.

5.2.3 Beziehungen

Die familiären Beziehungen sind relativ umfassend, unausweichlich, gefühlsbetont, intim und einzigartig. Aus dem zweigeschlechtlichen und mehrgenerativen Aufbau der Familie ergeben sich die elementaren Beziehungen (1) zwischen den Ehegatten (direkte Sexualität, bei Polygamie geteilte Sexualität), (2) den Eltern und Kindern (direkte Abstammung) und (3) den Geschwistern (geteilte Abstammung). In Verbandsfamilien treten Enkel-Beziehungen hinzu, die bei einzelfamilialer Ordnung formal zwar auch bestehen, aber nicht ständig aktiviert sind. Die Art der binnenfamiliären Beziehungen ist nicht in das Belieben des einzelnen gestellt. Soziale Normen stecken den Verhaltensspielraum ab. In manchen Gesellschaften sind bestimmte Beziehungen verboten oder ungehörig, andere vorgeschrieben.

Unter den vielen Familienbeziehungen gibt es dyadische (Zweiergruppen), die von besonderer Bedeutung, Intensität und Dauerhaftigkeit sind. In unserem Kulturkreis sind dies die Gattenbeziehungen. Diese Konfiguration ist jedoch weltweit eher die Ausnahme als die Regel. In matrilinearen Gesellschaften nimmt die Schwester-Bruder-Beziehung den zentralen Platz ein. In vielen orientalischen Gesellschaften ist die Bruder-Bruder-Beziehung das Kernstück der Verwandtschaftsgruppen. Im traditionellen China bildete die Vater-Sohn-Beziehung das Rückgrat der Familie. Umgekehrt ist bei den Unterschichten im karibischen Raum die Mutter-Tochter-Beziehung die beständigste. In der Hindufamilie bildet sich eine besondere Beziehung zwischen Schwiegertochter und Schwiegermutter aus. Bei manchen Stämmen steht die Schwiegervater-Schwiegersohn-Beziehung im Mittelpunkt. Das Funktionieren dyadischer Beziehungen ist lebenswichtig für die Familie. Dies leuchtet ohne weiteres ein, wenn man an die Bedeutung der Gattenbeziehung für die Fortpflanzung, an die Mutter-Kind-Beziehung für die Soziabilisierung oder an die Vater-Sohn-Beziehung für die Hofbewirtschaftung in der Generationenfolge denkt.

Für viele ländliche Familien darf es als typisch gelten, daß die Eltern-Kinder-Beziehungen von zweierlei Qualität sind. Der designierte Übernehmer des elterlichen Betriebes unterliegt der ständigen psychosozialen Prägung durch die Eltern. Das Bewußtsein gegenseitiger existentieller Abhängigkeit macht diese Beziehung sowohl gemeinschaftsinnig als auch spannungsgeladen. Das Verhältnis der Eltern zu den weichenden Erben ist ein völlig anderes. Sie werden unter dem Gesichtspunkt erzogen, daß sie sich außerhalb der Herkunftsfamilie eine Existenz aufbauen müssen. Sie mußten früher, mindestens in den Kleinbauern- und unterbäuerlichen Familien, noch in kindlichem Alter das Elternhaus verlassen und wurden in die Familie eines Lehr- oder Dienstherrn integriert. Die Herkunftsfamilie wurde zur Besuchsfamilie. Gegenwärtig pendeln die weichenden Erben gewöhnlich zum Ausbildungs- oder Arbeitsort. Sie bleiben also bis zu ihrer Verheiratung einerseits im elterlichen Sozialsystem, knüpfen aber andererseits außerhalb der Familie zahlreiche soziale Beziehungen an. Aus diesen verschiedenartigen Orientierungen erwächst eine latente Konfliktsituation. In den meisten ländlichen Familien sind die Eltern-Kinder-Beziehungen außerdem geschlechtsspezifisch abgestuft. Söhne genießen mehr Freiheiten, werden weniger zur täglichen Arbeitshilfe herangezogen und bekommen eine bessere Berufsausbildung. In vielen agrarischen Gesellschaften werden die Töchter außerordentlich streng überwacht, im jugendlichen Alter von 14 bis 17 Jahren verheiratet und faktisch von der Schulbildung ausgeschlossen.

Die unterschiedliche Ausprägung der Elternbeziehungen zu Söhnen und Töchtern hängt mit den Leitbildern von den *Geschlechtsrollen* zusammen. In ländlichen Familien sind gewöhnlich die Rollen ziemlich streng alters- und geschlechtsspezifisch festgelegt. Wer welche Rollen zu spielen hat, variiert allerdings von Kultur zu Kultur. Was die Rolle des Mannes in der einen Kultur ist, kann die Rolle der Frau in der anderen Kultur sein. In der Bundesrepublik Deutschland vertritt die Mehrheit der verheirateten Bevölkerung ein „gemäßigt-konservatives" Leitbild männlicher Dominanz (vgl. KRÜLL 1974). Ein beträchtlicher Anteil hat noch „extrem-konservative" Vorstellungen von den Geschlechtsrollen, darunter sind besonders viele ältere Personen und solche mit Volksschulbildung und ohne Berufsausbildung. Auch stadtferne Landwirte neigen mehr dem konservativen Pol zu.

Wenngleich der stärkere Konservatismus offensichtlich eine Bildungsfrage ist, so ist doch die ländliche Umwelt nicht ganz belanglos. Traditionelle Leitbilder werden in ländlichen Siedlungen durch die öffentliche Meinung und Kontrolle gestützt, während Städter von den in ihrem Milieu häufiger vertretenen progressiven Ansichten beeinflußt werden. Auch im Grunde konservativ denkende Städter werden daher unter Umständen „neumodischen" Leitbildern beipflichten, während umgekehrt auch progressiv eingestellte Dörfler „altmodische" Leitbilder vertreten, und zwar auch dann noch, wenn sie selbst progressives Verhalten praktizieren.

In den meisten Landfamilien wird es als „natürlich" angesehen, daß der Vater die Handlungsinitiativen ergreift, die Entscheidungen fällt, die Verfügungen trifft und um Erlaubnis gefragt werden muß (instrumentaler Führer). Der Mutter kommt hingegen im wirtschaftlichen Bereich gewöhnlich mehr eine dienende Rolle zu, während sie in Haus und Familie die Schlüsselrolle innehat (expressiver Führer). Auffallend früh werden in Landfamilien die Kinder auf ihre Geschlechtsrollen festgelegt und mit verantwortlichen Aufgaben betraut. In traditionalen Gesellschaften gibt es mitunter keine eigentliche Jugendphase.

Eine in dreigenerativen Familien auftretende Position ist die des Altenteilers. Diese Position nehmen Bauer und Bäuerin ein, wenn sie den Hof an den Nachfolger übereignet haben. Es wird von ihnen erwartet, daß sie zwar nach Kräften und nach Bedarf in Haus und Hof noch mitarbeiten, aber ihren Nachfolgern nicht in die Führungsaufgaben hineinreden. Mit der Altenteilerrolle korrespondiert die Erwartung, daß die Jungen die Versorgung in gesunden und die Pflege in kranken Tagen übernehmen. Das Zusammenleben der Generationen hat bei städtischen Nichtlandwirten mehr den Charakter des Füreinanderdaseins, während bei den Landwirten in Stadt und Land das Miteinanderarbeiten im Vordergrund steht, und bei den ländlichen Nichtlandwirten beide Aspekte gleichwertig nebeneinander stehen (vgl. KNIRIM 1975, S. 124).

5.2.4 Regelungen

Weil die Familie keine beliebige Gruppierung von Menschen ist, sondern eine Hauptinstitution der Gesellschaft, unterliegt sie zusammen mit ihren Unterinstitutionen zahlreichen Normen. Die Regelungen betreffen die Partnerwahl, die Eheschließung und Ehelösung, die Elternschaft und Kindschaft, die Verwandtschaftsbeziehungen und vieles andere mehr. Sitte und Gesetz bestimmen, wer mit wem die Ehe eingehen darf, wer mit wem verwandt ist, wer das Familienvermögen erbt, welche Rechte und Pflichten die Familienmitglieder für- und gegeneinander haben usw. Der Gesetzgeber ordnet auch Fragen des Familienschutzes, des Mutterschutzes, der Sozialversicherung, der Geburten- und der Ausbildungsförderung usw. Das Familienrecht allein vermittelt freilich ein unzureichendes Bild von der Familienwirklichkeit, denn diese wird von zahlreichen ungeschriebenen Gesetzen geprägt.

5.2.4.1 Partnerwahl

Der Partnerwahl kommt im Hinblick auf die institutionellen Aufgaben der Familie zentrale Bedeutung zu. Keine Gesellschaft überläßt daher die Paarung dem blinden Zufall, sondern reglementiert das Verfahren, die Zahl der Ehegatten, die Heiratsfähigkeit und die Heiratskreise.
1. *Wahlmodus:* In den meisten Gesellschaften wählen Eltern oder Verwandte aufgrund stän-

discher (Standesehe) oder wirtschaftlicher Überlegungen (Vernunftehe) für ihre Kinder den Ehepartner. Das Aushandeln der Mitgift oder des Brautpreises ist ein wesentlicher Bestandteil des Arrangements. Obwohl eine Ehe als „Kaufehe" klassifiziert wird, wenn die Sippe des Bräutigams an den Brautvater beträchtliche Vermögenswerte zahlen muß, ist der Brautpreis selten als Kaufpreis zu verstehen, sondern eher als eine Entschädigung der Brautfamilie für den Verlust der Tochter und als Unterpfand ihrer Wertschätzung und sozialen Sicherung in der Bräutigamsfamilie. In der Kaufehe kommt allerdings die Auffassung von der Eheschließung als einer familiären und wirtschaftlichen Transaktion deutlich zum Ausdruck. Den Individualisierungstendenzen in den modernen Industriegesellschaften entspricht die freie Übereinkunft zweier sich Liebender, einander zu heiraten (Konsensehe). Wo alt und jung eine Wohn- und Arbeitsgemeinschaft bilden, wie dies in vielen landwirtschaftlichen Familienbetrieben der Fall ist, fällt es freilich den Eltern nicht leicht, den neuen Normen folgend ihren Kindern die Partnerwahl zu überlassen. Die Belange des Hofes wie die Bedürfnisse der Altenteiler und Geschwister müssen bedacht werden. Berufstüchtigkeit, Gesundheit und Verträglichkeit der Braut und nicht selten auch die Mitgift sind ausschlaggebende Auswahlkriterien. Neuere Untersuchungen (KNIRIM, KRÜLL und PETERS 1974, S. 81) haben bestätigt, daß in der Bundesrepublik Deutschland bei der ländlichen Partnerwahl wesentlich weniger Wert auf personale Eigenschaften gelegt wird als in der Stadt. Dies sollte jedoch nicht übersehen lassen, daß auch auf dem Lande die Liebesheirat das unbestrittene Ideal darstellt, und zwar auch in Gesellschaften, in denen die Ehen normalerweise arrangiert werden.

2. *Zahl der Ehepartner:* Im christlich-abendländischen Kulturkreis darf ein Mann nur mit einer Frau gleichzeitig verheiratet sein (Monogamie). Aber es leben mehr Menschen in Kulturen, die Mehrehe (Polygamie) erlauben, als in monogamen. Im übrigen sind auch in polygamen Gesellschaften die meisten Eheleute aus wirtschaftlichen Gründen monogam (Dürftigkeitsmonogamie). Der häufigste Grund, eine weitere Frau zu ehelichen, ist die Unfähigkeit der ersten, gesunde Knaben zu gebären. Anlaß zur Mehrehe gibt ferner die Pflicht, für die Witwe und die Waisen des Bruders zu sorgen (Leviratsehe). Die Vielweiberei (Polygynie) löst auch eine Reihe von anderen sozialen Problemen. So hat bei Frauenüberschuß jede Frau die Chance der Ehe und damit die Möglichkeit, soziale Sicherheit und eine geachtete Position zu gewinnen. Schließlich sprechen in Landwirtschaft treibenden Familien unter Umständen auch arbeitswirtschaftliche Engpässe für Vielweiberei. In Gesellschaften, in denen es unmoralisch ist, eine ledige Weibsperson in den Haushalt aufzunehmen, bleibt nur der Ausweg, die benötigte Arbeitskraft zu ehelichen.

3. *Heiratsfähigkeit:* Fast alle Gesellschaften regeln, wer überhaupt heiraten darf. Eine bayerische Landes- und Polizeiverordnung aus dem Jahre 1553 untersagte allen Dienstboten die Eheschließung. In einigen europäischen Ländern wurde noch im 19. Jahrhundert besitzlosen Personen der Ehekonsens verweigert. Nicht heiratsfähig sind geweihte katholische Priester sowie Mönche und Nonnen, die das Gelübde der Keuschheit abgelegt haben. In monogamen Gesellschaften darf eine verheiratete Person nicht noch einmal heiraten, solange sie nicht geschieden ist. In manchen Gesellschaften ist den Witwen die Wiederverheiratung verboten. Minderjährige gelten bei uns als noch nicht, Entmündigte als nicht mehr heiratsfähig. Die bürgerlichen Gesetzbücher nennen noch weitere Eheverbote und Ehehindernisse.

4. *Exogamieregeln:* Unter den heiratsfähigen Personen ist jedoch nicht jede Paarbeziehung erlaubt. Mehr oder weniger strenge soziale Normen bestimmen den Personenkreis, aus dem die Ehepartner gewählt werden müssen (Endogamieregeln) oder nicht gewählt werden dürfen (Exogamieregeln). Alle Gesellschaften verbieten die Paarung innerhalb einer bestimmten Verwandtschaftsgruppe. Die ausgeschlossenen Verwandten variieren von Gesellschaft zu Gesellschaft; stets gehören jedoch die nächsten Blutsverwandten dazu (Inzesttabu). Bei manchen Völkern sind alle Angehörigen des Unterstammes oder des Stammes mit dem Inzesttabu belegt. Sozialer Zweck des universalen Inzesttabus ist es, (1) die Geschlechtskonkurrenz in der Familie

auszuschalten (WILLIAM J. GOODE), (2) eindeutige Verwandtschaftsbeziehungen und Rollenzuweisungen aufrechtzuerhalten (DIETER CLAESSENS), (3) einen größeren, chancengleichen Heiratsmarkt zu schaffen (KARLHEINZ MESSELKEN), (4) das soziale Netzwerk zu erweitern und zu festigen (TALCOTT PARSONS), (5) die kulturelle Homogenität einer Gesellschaft zu gewährleisten (WILLIAM J. GOODE). Der Zwang, aus der Herkunftsfamilie herauszutreten, beugt der zwischenfamilialen Kontaktverkümmerung vor und fördert den Erfahrungsaustausch zwischen Gruppen, die unter verschiedenen Bedingungen leben (ERNEST BORNEMANN). Die Heiratsverbote betreffen außer bestimmten Verwandtschaftsgraden oft auch Paten und Personen, die anderen Rassen, Ethnien, Kasten, Ständen oder Konfessionen angehören.

5. *Endogamieregeln:* Die Endogamieregeln schreiben die Partnerwahl innerhalb des eigenen Klans oder Stammes, der eigenen Religionsgruppe oder Kaste vor. In manchen Gesellschaften wird sogar die eheliche Verbindung mit nahen Verwandten (Vettern und Basen ersten Grades) gefordert, weil man verhindern will, daß das Familienvermögen zersplittert oder die Familientradition durch fremde Einflüsse aufgeweicht wird. Aber auch in Gesellschaften, in denen keine strengen Endogamieregeln bestehen, werden die Partner meistens innerhalb derselben Konfession und Schicht, des gleichen Berufsstandes und des eigenen Dorfes oder Stadtviertels gefunden. Die enge räumliche und soziale Begrenzung der Heiratskreise hilft, Fehlgriffe bei der Partnerwahl zu vermeiden. Ein ländliches Sprichwort sagt: „Heirate über den Mist, dann weißt du, wer sie/er ist." Die Heirat innerhalb des eigenen sozialkulturellen Kreises (Homogamie) wirkt stabilisierend auf die Ehe und beugt folgenschweren Meinungsverschiedenheiten bei der Kindererziehung und Lebensführung vor, weil Mann und Frau jenes Verhalten voneinander erwarten, das sie als ihre Geschlechtsrollen internalisiert haben. Homogamie ist aber gerade in der ländlichen Umwelt auch unter wirtschaftlichen Gesichtspunkten vorteilhaft. Raumhomogamie gewährleistet, daß der Ehepartner mit den örtlichen Produktions- und Absatzbedingungen vertraut ist. In Realteilungsgebieten wird ein junger Bauer ein Mädchen aus dem Ort schon deshalb bevorzugen, weil die Grundstücke, die sie als Mitgift und Erbteil erhält, unentbehrlich für den Aufbau seines landwirtschaftlichen Betriebes sind. Andererseits kann es unter Viehzüchtern nützlicher sein, die Heiratskreise auszudehnen, um familiäre Verbindungen zu entfernteren Züchtern zu knüpfen. Auch für ländliche Führungsfamilien ist es vorteilhaft, durch ausgreifende Partnerwahl das Netz ihres politischen Einflusses weiter zu spannen.

6. *Entwicklungstendenzen:* Die Partnerwahl unterliegt zwar noch in vielen Ländern der Erde traditionellen Verhaltensmustern, namentlich in den ländlichen Familien. In den Industrieländern zeichnen sich jedoch fünf Tendenzen ab, die vielleicht universal die künftige Richtung weisen: (1) Erweiterung des Wahlbereiches (Liberalisierung), (2) Vergrößerung der privaten Entscheidungsfreiheit (Privatisierung), (3) Aufwertung persönlicher Gesichtspunkte (Individualisierung), (4) Dominanz des Liebesmotivs (Emotionalisierung) und (5) Entwicklung eines „Poussage-Systems"[1] (Institutionalisierung) und gewerblicher Einrichtungen zur Partnerfindung (Kommerzialisierung).

5.2.4.2 Ehe

Die *Eheschließung* erfolgt nur in wenigen Gesellschaften formlos. Die Landbewohner legen in der Regel großen Wert auf religiösen Ritus, wogegen wenig Interesse an der Ziviltrauung besteht. Die Heiratszeremonien sind im örtlichen Brauchtum verankert; sie haben einen hohen Grad an Öffentlichkeit und finden gewöhnlich in Anwesenheit von besonderen Standespersonen und unter lebhafter Anteilnahme der Verwandtschaft und der Dorfbevölkerung statt. Im

---

[1] Das „Poussage-System" (NEIDHARDT) ist eine in den USA entwickelte Form individueller Partnerfindung, bei der in einem Prozeß von „trial and error" in mehreren institutionalisierten Schritten der Kreis möglicher Partner immer mehr auf jene Liebesbeziehung eingeengt wird, die schließlich zur Ehe führt.

allgemeinen wird von den Braut- oder Bräutigameltern anläßlich der Hochzeit demonstrativer Konsum erwartet, was häufig wenig bemittelte Familien verleitet, sich in Schulden zu stürzen.

Das *Heiratsalter* unterliegt offensichtlich vielen Einflüssen, zweifellos auch schicht- und berufsspezifischen. Es hängt von Zäsuren im Lebenslauf und Familienzyklus – wie Abschluß der Berufsausbildung, Hofübernahme, Todesfälle – stark ab. So heiraten in Deutschland Akademiker und Bauern durchschnittlich später als Angestellte und Arbeiter, denn noch gilt der Grundsatz, ein Mann müsse seine Berufsausbildung abgeschlossen und eine „gesicherte Existenz" haben, bevor er ans Heiraten denken könne. Dieses Leitbild hat zu einer Umkehrung der Verhältnisse geführt. Während früher ländliche Arbeitnehmer erst spät oder nie zum Heiraten kamen, heiraten sie heute früher als die Selbständigen, bei denen Frühehen (vor dem 25. Lebensjahr) relativ selten und Spätehen (nach dem 35. Lebensjahr) relativ häufig sind (vgl. KNIRIM, KRÜLL, PETERS 1974). Im mitteleuropäischen Hofbauerntum war in der Vergangenheit vor allem die Koppelung mit der Hofübergabe schuld an den Spätehen.[1] Diese Verbindung ist erst in jüngster Zeit gelöst worden, weil die Aufschiebung der Hofübergabe die Familiengründung oft unerträglich lange verzögerte. In afrikanischen und orientalischen Gesellschaften wirken oft die Schwierigkeiten, den Brautpreis aufzubringen und die Hochzeit standesgemäß auszurichten, heiratsverzögernd.

Für Frauen gelten im allgemeinen die Vorbehalte der Berufsausbildung und Existenzgrundlage nicht. Ein ziemlich durchgängiges Leitbild scheint zu sein, daß die Frau etwas jünger sein soll als der Mann, was diesem von vornherein ein autoritäres Übergewicht in der Ehe sichert, da das Alter auf dem Lande ein rangbestimmendes Merkmal ist.

Mit dem Eintritt in den Ehestand ändern sich auf dem Lande Stellung, Ansehen und Rang einer Person. Besonders die Frau wird mit ihrer Heirat „schlagartig älter" (ILIEN). Freilich ist nicht in allen Gesellschaften mit der Heirat automatisch eine Rangerhöhung der Frau verbunden. Oft muß sich diese erst als Hausfrau bewähren und Söhne gebären, ehe sie sozial anerkannt wird.

Eheschließung und Familiengründung werfen unter anderem Fragen des künftigen Wohnsitzes, der Verwandtschaftszurechnung, der Namensgebung, der Erbfolge, der Machtverhältnisse und der Geschlechtsrollen auf. Meistens gibt es dazu soziale Normen oder mindestens Leitbilder, an denen sich die Eheleute orientieren können.

1. Die *Residenzordnung* regelt, wo sich das junge Paar häuslich niederläßt: bei den Eltern des Mannes (Patrilokalität), bei den Eltern der Frau (Matrilokalität), wechselweise bei den Eltern von Mann und Frau (Patri-Matrilokalität), beim Mutterbruder (Avunculokalität) oder an einem neuen Ort (Neolokalität). In den westlichen Industriegesellschaften hat sich im allgemeinen Neolokalität durchgesetzt. Nur im europäischen Bauerntum ist – was die Hoferben anbelangt – Patrilokalität weit verbreitet. Dies hat weitreichende Folgen für die Fortsetzung bäuerlicher Familien- und Hoftradition (Perennität), die Altersversorgung und die Stellung der einheiratenden Frau. Sie tritt in einen vorgeformten Lebenskreis ein, dem sie sich anpassen muß, und ist im Gegensatz zu ihrem Ehemann genötigt, das soziale Netz ihrer Beziehungen zu den Haushaltsangehörigen und Nachbarn neu zu knüpfen.

2. Die *Abstammungsordnung* bestimmt, ob die Nachkommen nur der väterlichen (patrilateral), nur der mütterlichen (matrilateral) oder der Vater- und Mutterverwandtschaft gleichermaßen (bilateral) oder anders zugerechnet werden. Die Verwandtschaftszurechnung hat nicht nur Konsequenzen für die verwandtschaftlichen Beziehungen, sondern auch für die Endo- und Exogamieregeln, die Namengebung, die Statuszuweisung, den Güterbesitz und die Erbfolge.

---

[1] Bauern heirateten relativ spät, weil (1) im Falle der Realteilung der landwirtschaftliche Betrieb so weit aufgestockt sein mußte, daß die Brautleute mit Heiratsgut ausgestattet werden konnten und die Brauteltern im Restgut ihren Unterhalt fanden, oder weil (2) im Falle geschlossener Vererbung der Hof soweit schuldenfrei geworden sein mußte, daß die Renten daraus nach der Übereignung an den Hofnachfolger und nach der Geschwisterabfindung den Lebensabend der Altenteiler sicherten.

Man faßt diesen Komplex von Regeln zusammen als „Vaterrecht", wenn sie der Manneslinie (patrilinear) folgen, und als „Mutterrecht", wenn sie der Mutterlinie (matrilinear) folgen. Für die rechtliche Ausgestaltung sind offenbar die Wirtschaftssysteme nicht unwichtig. Hackbaugesellschaften sind häufig mutterrechtlich, Viehzüchter- und Pflugbauerngesellschaften dagegen vaterrechtlich organisiert. Auch das europäische Bauerntum bevorzugt den Mannesstamm, trägt also vaterrechtliche Züge, obwohl die Gesetzgebung „ambilinear" dem Grundsatz der Geschlechtergleichheit folgt.

Ein zentrales Problem mutterrechtlicher Gesellschaften ergibt sich dadurch, daß politische Macht und wirtschaftliche Kontrolle zwar von den Männern ausgeübt werden, aber, da an den Bodenbesitz gebunden, über die Frauen vererbt werden. Da der Mutterbruder Besitz, Geheimwissen, Macht und Vorrechte an den Schwestersohn weitergibt, wird die Position des Vaters zu einer nebensächlichen, die des Onkels zu einer sozial zentralen. Die Bruder-Schwester-Beziehungen dominieren über die Gattenbeziehungen. Die Reproduktion der Verwandtschaftsgruppe fällt ebenso wie die Nutzung und Weitergabe des Familienvermögens den Schwestern zu. Ein weiteres Problem wirft die Wohnsitzwahl auf. Soll der Mann zu seiner Frau ziehen, wo die ökonomischen Grundlagen seiner maritalen Familie liegen, oder soll er bei seiner Herkunftsfamilie bleiben, wo er wichtige soziale Aufgaben als Mutterbruder zu erfüllen hat? Einige matrilineare Gesellschaften lösen das Residenzproblem durch die „Besuchsehe" oder durch den wechselweisen Wohnsitz bei der männlichen und weiblichen Verwandtschaft.

In patrilinearen Gesellschaften vererben sich hingegen Grundeigentum, Macht und Wohnsitz gleichermaßen vom Vater auf die Söhne. Die Ehe erhält den Rang einer zentralen Institution zur Absicherung der Vaterschaft und der Legitimität der Nachkommen. Vater-Sohn- und Bruderbeziehungen sind die wichtigsten Sozialbeziehungen. Gegenüber den Gattenbeziehungen sind die Bruder-Schwester-Beziehungen bedeutungslos. „Abfall" nennen die Männer der patrilinearen Stämme in Arnhemland (Australien) ihre Schwestern. Erst als Ehefrauen gewinnen diese einen sozialen Status.

3. *Herrschaftsordnung:* Vater- und mutterrechtliche Ordnungen sagen noch nichts über die ehelichen und familiären Autoritätsstrukturen aus. Mutterrecht ist keineswegs immer verknüpft mit Mutterherrschaft (Matriarchat). Auch in mutterrechtlichen Gesellschaften herrscht gewöhnlich der Mann. Nur sind dort andere Positionen als in vaterrechtlichen Gesellschaften autoritativ: statt des Vaters (Patriarchat) der Onkel (Avunkulat). Andererseits verleiht Vaterrecht nicht jedem Manne tatsächlich Autorität. „Eine formelle Vorrangstellung des Mannes in den Familien entwickelte sich in den Gesellschaften, in denen er eindeutig zum Hauptträger wirtschaftlicher Versorgung und sozialer Sicherheit wurde" (NEIDHARDT 1970, S. 44). Die vaterrechtliche Erbfolge verfestigte die patriarchalische Familienordnung. Deshalb hat man in der französischen Revolution das Erbrecht ausdrücklich in der Absicht geändert, die väterliche Tyrannei zu brechen, das Familienleben zu lockern und die Gesellschaft zu nivellieren. Die europäische Bauernfamilie gilt zwar als patriarchalisch. Aber auch in der traditionellen Bauernfamilie gab es große Bereiche, in denen die Frau selbständig entschied und verfügte.

Der Trend läuft auf die egalitäre Familienordnung zu, in der wichtige Entscheidungen gemeinsam gefällt werden und jeder Partner eigene Verantwortungsbereiche besitzt. Die partnerschaftliche Familie ist freilich mehr ein Ideal als Wirklichkeit. In vielen Ehen und Familien finden Machtkämpfe gerade dann statt, wenn die Sitte keinem bestimmten Ehepartner die Autorität zuschreibt. Nach der Ressourcentheorie (vgl. RODMAN 1970) wird das eheliche Gleichgewicht (1) von den kulturellen Erwartungen über die Verteilung der ehelichen Macht und (2) von den relativen Ressourcen der Ehepartner im äußeren und inneren System bestimmt. Je wertvoller die Ressourcen sind, die ein Ehepartner im Vergleich zum anderen einbringt, desto größer ist seine Autorität in der Familie. Die Autorität besonders stützende Ressourcen, die aus der Teilnahme im äußeren System stammen, sind Erwerbstätigkeit, Einkommen, Berufsstellung, Ausbildung und Sozialprestige.

5.2.5 Wandlungen

Wie alle Institutionen, so wandelt sich auch die Landfamilie, da sie sich veränderten Lebensbedingungen, Wirtschaftsformen und Leitbildern anpassen muß. Industrieferne und Abgelegenheit ländlicher Siedlungen begünstigen das Fortdauern älterer Familienformen, wie VAN DEENEN (1961) für Westdeutschland und GERRIT A. KOOY (1970) für die Niederlande nachwiesen, verhindern aber den Wandel nicht. Das Bild der Landfamilie als einer in sich geschlossenen Arbeits- und Lebensgemeinschaft gehört zumindest in den Industriegesellschaften der Vergangenheit an. Wie in der Stadt, so paßt sich auch auf dem Lande das Familienleben den individuellen Bedürfnissen an, wogegen sich früher das Individuum ganz der Familiensituation unterzuordnen hatte. Kinder sind nicht mehr eine unentbehrliche Arbeitshilfe; sie bekommen daher einen anderen Stellenwert. Die Kosten und Entbehrungen der Kinderaufzucht müssen gegen Werte sozialer und emotionaler Art aufgewogen werden. Das Angebot an Konfektionskleidung, koch- und tischfertigen Nahrungsmitteln, arbeitsparenden Geräten und Kundendiensten gibt den Landfrauen mehr Zeit für außerhäusliche Erwerbstätigkeit und Öffentlichkeitsarbeit. Sie können auch ihren Familien mehr Zeit widmen. Zu den wichtigen Rollen der modernen Landfrau gehört es, die einzelnen Familienmitglieder mit dem Auto dahin und dorthin zu bringen und andere Transporte und Besorgungen zu übernehmen. Da die Bedürfnisse des Wohnens, Arbeitens, Versorgens, Erholens, Bildens und Verwaltens auf dem Lande in zunehmendem Maße an verschiedenen, auseinanderliegenden Orten befriedigt werden müssen, sind die Angehörigen der Landfamilien nur noch selten häuslich vereint. Die für die traditionelle Landfamilie charakteristische Gemeinsamkeit aller Aktivitäten hat sich in ihr Gegenteil verkehrt. Mögen sich Strukturen und Funktionen der Landfamilien auch langsamer ändern als in Stadtfamilien, so ist doch die Entwicklung in Richtung auf die relativ kinderarme, funktionsentlastete, individuell gestaltete, partnerschaftlich verfaßte Gattenfamilie unverkennbar.

Literatur: VAN DEENEN 1970, KNIRIM 1976, KNIRIM, KRÜLL und PETERS 1974, KÖNIG 1974, MITTERAUER und SIEDER 1977, NUSSBAUMER 1963, SEIBEL 1967.

Diskussions- und Prüfungsfragen
1. Von welchen Funktionen wurde die moderne Familie entlastet, welche hat sie behalten, welche kamen dazu?
2. Beurteilen Sie die Funktionsfähigkeit der Landfamilie!
3. Beschreiben Sie den Typ der „modifizierten erweiterten Familie"!
4. Worin liegen die Vorzüge und Schwächen der Großfamilie?
5. Was besagt das „Kontraktionsgesetz" von ÉMILE DURKHEIM und wie ist es im Lichte der neueren Familienforschung zu beurteilen?
6. Ist die dominante Position des Vaters „natürlich"?
7. Welche Tendenzen zeigt die Partnerwahl in Industriegesellschaften?
8. Vergleichen Sie vaterrechtliche und mutterrechtliche Gesellschaften!
9. Vergleichen Sie die moderne Landfamilie mit der traditionellen hinsichtlich der Strukturen und Funktionen und differenzieren Sie dabei die verschiedenen Landfamilien!

5.3 Religiöse Institutionen

5.3.1 Funktionen

Neben den familialen Institutionen sind die religiösen überall in ländlichen Gesellschaften von zentraler Bedeutung. Nach der Theorie von EDUARD HAHN (1909) entstanden sogar Viehhaltung und Pflugkultur ursprünglich im religiösen Bereich und sanken erst nach verhältnismäßig langer Zeit zu profanen Formen der Wirtschaft ab. „Einfache" Menschen sind nach Ansicht von CARL HEINZ RATSCHOW (1975, Sp. 2176) durch ein Handeln aus letzten Werten oder Gründen heraus gekennzeichnet, „ein-fache" Gesellschaften dadurch, daß alles politische, wirtschaftliche, kulturelle und wissenschaftliche Geschehen religiös bestimmt und gedeutet wird. Die ländliche Umgangssprache ist noch voll von frommen Wünschen und religiösen Segens- und Fluchformeln.

Die Religion pflegt auf primitiveren Stufen der Kultur, aber nicht nur dort, in einem sehr engen Zusammenhang mit Familie, Sippe, Stamm oder Volk zu stehen, sind doch diese sozialen Systeme zugleich religiöse Kultgemeinschaften. Wie die verwandtschaftlichen, so geben sich auch die räumlichen Gemeinschaften der Ortschaft und Raumschaft im gemeinsamen Kult, in gemeinsamen Gotteshäusern und Wallfahrtsstätten einen kulturellen Mittelpunkt. Das „Kirchspiel" faßt mehrere ländliche Siedlungen sozialkulturell zusammen. Vor allem in traditionsgelenkten Gesellschaften ist immer noch erkennbar, daß die Religion einstmals die Schlüsselinstitution war, die alle Verhaltensweisen und Organisationsformen umfaßte.

Die religiösen Institutionen befriedigen das Grundbedürfnis des Menschen nach Sinndeutung und Sinngebung seines Lebens, nach Überhöhung seines irdischen Daseins, nach Orientierung an letzten Werten und nach Heilsgewißheit. Sie geben Antwort auf die Fragen des Leidens, des Bösen und des Todes und bieten Hilfe, Trost und Erlösung, wo menschliche Kraft versagt. Zugleich ist Religion aber auch Ausfluß der Verbindung mit den Ahnen, der Angst vor unsichtbaren Mächten der Gegenwart und des Bangens vor einer ungewissen Zukunft. Religiös-magische Praktiken haben nach den Erkenntnissen, die der Ethnologe BRONISLAW MALINOWSKI (1884–1942) bei primitiven Ackerbauern und Fischern gewonnen hat, die latente Funktion, Ungewißheit, Angst und psychische Spannungen auf ein erträgliches Maß zu reduzieren. In der „Kompensationsthese" wird dieser Ansatz um die Projizierung ins Jenseits zur Entlastung von sozialen Nöten erweitert.

Die religiösen Institutionen regeln freilich nicht nur den Umgang des Menschen mit höheren Wesen und übernatürlichen Mächten, sondern beanspruchen auch, im Alltag moralische und ethische Maßstäbe zu setzen und das Zusammenleben zu ordnen. MAX WEBER hat den Einfluß der großen Religionen auf die Wirtschaftsethik der Völker untersucht. In seinem bekanntesten religionssoziologischen Werk „Die protestantische Ethik und der Geist des Kapitalismus" (1905) legte er die Bedeutung kalvinischer Grundeinstellung für die Ausformung kapitalistischer Wirtschaftsgesinnung dar. Er hat damit den Blick dafür geschärft, wie religiöse Vorstellungen das Wirtschaftsgebaren der Gläubigen mitbestimmen. Der Zusammenhang zwischen Religion und Wirtschaftsweise fällt besonders im Hinduismus auf. Das mit dem Glauben an die Seelenwanderung begründete Verbot, Tiere zu töten, macht z. B. die Schädlingsbekämpfung und eine rationelle Tierhaltung fast unmöglich.

Die marxistische Lehre betont vor allem die Funktion der Religion, bestehende Herrschaftsverhältnisse zu verschleiern und die Unterprivilegierten gefügig zu machen, Unterdrückung, ohne aufzumucken, zu erdulden. Während die Privilegierten von der Religion die Legitimierung ihrer Vorzugsstellung verlangen, erwarten die Unterprivilegierten von ihr Erlösung von ihren Leiden und eine „gerechte" Vergeltung guter und böser Taten.

Schließlich befriedigen die religiösen Institutionen auch die Sehnsucht des Menschen nach Geborgenheit in einer Gemeinschaft von Gläubigen (Integrationsthese). Sie sind Sammelbecken von Gefühlsbeziehungen, ohne die eine Gesellschaft nicht existieren kann. „Die Kirche muß im Dorf bleiben", drückt die Einsicht in die integrierende Kraft religiöser Institutionen aus. Im Verlangen der Dörfler nach einem eigenen Gotteshaus spielen neben praktischen und geistlichen Gesichtspunkten auch Geltungsbedürfnis und Zwistigkeiten mit den Nachbarorten eine Rolle. „Ein Dorf ohne eigene Pfarrkirche ist eben doch kein richtiges, voll zu nehmendes Dorf" (BADER 1974, S. 198), denn die Kirche ist Schauplatz feierlich-festlicher Handlungen; der Kirchhof war ursprünglich Gerichts- und Versammlungsplatz, Zufluchtsort und Begräbnisstätte und damit Mittelpunkt der Ortsbezogenheit.

Gleiche Konfession vereint meistens stärker als gleiche Berufs- oder Staatszugehörigkeit. Konfessionsverschiedenheit trennt andererseits mehr als die Zugehörigkeit zu verschiedenen Familien. Seine Herkunftsfamilie muß ein erwachsener Mensch aufgrund des universalen Inzesttabus verlassen, seine Religionsgemeinschaft nicht. Vielmehr gelten mehr oder weniger strenge konfessionelle Endogamievorschriften und gegenüber Angehörigen anderer Religionsgemeinschaften mehr oder weniger weitreichende Meidungsvorschriften. Auch in der mitteleuropäischen Landbevölkerung sind die Ehen jahrhundertelang fast ausnahmslos konfessionshomogam geschlossen und Andersgläubige verketzert worden.

Das Bekenntnis zu einer bestimmten Religionsgemeinschaft hat weitreichende gesellschaftliche Folgen. Eine konfessionell gemischte Gesellschaft neigt infolge der kirchlich-religiösen Bindungen zur Versäulung von der Basis bis zur Spitze (vgl. BRUNT 1975). Minderheiten in einem religiös anderen Milieu werden zu besonderen Anstrengungen der Selbstbehauptung veranlaßt oder aufgrund ihres „Makels" verachtet und ausgebeutet. Unterschiedliche Glaubenssätze können über die Assimilation oder Nichtassimilation moderner Technologien und Wirtschaftsweisen entscheiden. Ein bekanntes Beispiel sind die Amish-Brüder in Pennsylvanien, die ihres Glaubens wegen auf der Stufe der Hand- und Gespannarbeit inmitten der hochtechnisierten nordamerikanischen Landwirtschaft verharren.

5.3.2 Glaube und Ritus

Die Religionen stützen sich in unterschiedlichem Maße auf Feier (Ritual), Verkündigung (Prophetie), Zauber (Magie) und helfendes Tun (Diakonie). In den meisten Religionen finden sich als konstituierende Elemente Glaubenssätze (Dogmen), Gottesdienste (Liturgien), feierliche Handlungen (Zeremonien), Gnadengaben (Sakramente), sinnbildliche Gesten, Gegenstände und Zeichen (Symbole), heilige Orte, Zeiten und Worte, Legenden und Mythen, Opfer und Almosen sowie sakrale Positionen.

Es gibt zwar keine ländliche Religion, aber viele Religionen sind in ländlicher Umgebung entstanden und bedienen sich daher zahlreicher landwirtschaftlicher Symbole und Bilder. Auf die familistische und lokale Natur ländlicher Religiosität wurde schon hingewiesen. Sie ist ferner dadurch gekennzeichnet (vgl. SMITH und ZOPF 1970, S. 347ff.), daß sie Antwort gibt auf die Grundfragen des Landmanns und beinahe alle Tätigkeiten des Landlebens durchdringt. Letzteres bedeutet nicht, daß Heiliges und Profanes willkürlich vermengt würden. Kontrollierbares und Vorhersehbares wird im allgemeinen rational behandelt. Religiöse Praktiken beschränken sich auf Situationen, die von unkontrollierbaren Kräften beeinflußt werden, von denen allerdings der Landwirt mehr abhängt als die meisten anderen Berufstätigen. Der Glaube an Geistwesen und deren Macht zu helfen und zu schaden ist ein weiteres Merkmal ländlicher Religiosität. Außerdem sind Landleute besonders fest und unerschütterlich davon überzeugt, die eigene Religion sei die wahre und allein seligmachende. Diese Züge ländlicher Religiosität treten um so schärfer hervor, je weniger Außenkontakte Landbewohner haben.

Gläubigkeit, d. h. das Fürwahrhalten des nicht sinnlich Wahrnehmbaren und empirisch Beweisbaren und das Vertrauen auf Verheißungen, ist der Nährboden der Religiosität. Um die Religiosität auf dem Lande voll zu erfassen, muß man die Abstufung von Hochglaube, Volksglaube und Aberglaube in Betracht ziehen. Hochglaube heißt die autorisierte und systematisierte Lehre der großen Glaubensgemeinschaften. Der Aberglaube ist überwiegend ein Naturglauben mit Anrufungen, Beschwörungen, Besprechungen und Opfern. Der Volksglaube, dessen Hauptelemente Magie[1] und Hoffnung auf gerechte Vergeltung sind, bildet gewöhnlich

---

[1] Religion und Magie unterscheiden sich idealtypisch wie folgt: (1) religiöse Aktivität dient sozial anerkannten Zwecken, magische ist sozial indifferent oder antisozial (Hexerei), (2) Religion wird öffentlich ausgeübt, Magie heimlich, (3) Religion verfolgt auch jenseitige Ziele, Magie nur irdische, (4) Religion nähert sich höheren Mächten demütig im Gebet, Magie nötigend in der Beschwörung.

eine recht pragmatische Mischung aus Hoch- und Aberglaube. Die Hochreligionen machen dem volkstümlichen Verlangen nach sinnlichem Erleben mehr oder weniger große Zugeständnisse, indem sie die Grenzen zwischen Hochglaube und Aberglaube nicht so streng ziehen. Glaubenssätze, gleichgültig, ob sie dem Hoch- oder dem Aberglauben entstammen, liefern wichtige Motive des Handelns, denn aus Glaubenssätzen werden Verhaltensnormen abgeleitet; umgekehrt wird bestimmtes Handeln dogmatisch begründet.

„Religiös oder magisch motiviertes Handeln ist, in seinem urwüchsigen Bestande, diesseitig ausgerichtet" (WEBER 1925, S. 227), was das Landleben vielfach belegt. Wenn ein mexikanischer Bauer sein Feld bestellt hat, dann umschreitet er es, die Gebetsformel sprechend: „Ich habe das Meine getan an Pflege und Bearbeitung, wie es sich gehört. Nun tue Du das Deine. Wenn Du willst, daß etwas wächst, ist es Deine Verantwortung. Ich ziehe mich jetzt zurück". Im bäuerlichen Gottvertrauen schwingt neben der Ergebenheit in Gottes Wille aber auch die Erwartung mit, Gottesdienst (Kirchgang, Gebet, Almosengeben usw.) müsse durch Gottes Segen belohnt werden. Bleibt dieser aus, so ist es nach diesem Leistung-Gegenleistung-Denken gerechtfertigt, sich von Gott ab- und anderen Nothelfern zuzuwenden, wie dies folgende Inschrift an einem bayerischen Hof belegt: „Dieses Haus stand in Gottes Hand und ist dreimal abgebrannt; das vierte Mal ist's wieder aufgebaut und jetzt dem Heiligen Florian anvertraut!" Weniger selbstgerechte Bauern fragen bei Mißernten oder Unglück im Stall, für welche Schuld und Sünde dies die Strafe sei (Lohn–Strafe-Denken). Die Diesseitigkeit religiösen Handelns wurzelt im vorwissenschaftlichen Weltbild. Danach war die Natur kein chemisch-physikalischer Mechanismus, den zu manipulieren man lernen kann, sondern galt als ein göttliches Mysterium, das man nur durch Gebet, Opfer und Zauber zum eigenen Nutzen umstimmen konnte.

Die Religiosität einer Person oder Gruppe äußert sich im regelmäßigen Gebrauch bestimmter Symbole und in der Beachtung des Rituals. Symbole sind Gegenstände (Kreuz, Fahne usw.) oder Vorgänge (z. B. Niederknien), die sinnbildlich auf etwas anderes hinweisen oder für etwas anderes stehen. Der Glaube ist freilich tot, wenn er sich in der Symbolik erschöpft. Wenn die Symbole benützt werden, um Taten zu bewirken, dann wird die Schwelle zur Magie überschritten, indem den Gegenständen, Formeln oder Bewegungsabläufen eine übersinnliche Kraft zugeschrieben wird.

Jede Glaubensgemeinschaft schafft sich einen Ritus, d. h. eine für bestimmte Situationen streng geregelte Abfolge von Worten, Gesten und sonstigen Handlungen. Religiöse Riten finden sich nicht nur in den Gottesdiensten, sondern begleiten in vielen ländlichen Familien und Gemeinden den Tages- und Jahresablauf und geben den Höhe- und Wendepunkten im Leben des einzelnen wie im Dasein der Gruppe eine höhere Weihe. Heilige Symbole und Riten sind wesentliche Mittel, um dem Zustand mangelnder sozialer Ordnung (Anomie) entgegenzuwirken und die Solidarität in ländlichen Sozialsystemen zu stärken. Dem labilen Gleichgewicht zwischenmenschlicher Beziehungen droht Regellosigkeit oder ein Zusammenbruch bestehender Ordnung durch die lebenszyklischen Positionsveränderungen der Personen, durch Situationswechsel im Zeitablauf und durch Ausnahmesituationen infolge innerer und äußerer Einwirkungen auf das System (Wirtschaftskrisen, Verbrechen, Naturkatastrophen usw.). Dementsprechend gibt es Übergangs-, Festigungs- und Versöhnungsriten.

Die verschiedenen Riten, die mit Ereignissen verbunden sind, die das soziale Gleichgewicht innerhalb einer Verwandtschafts- oder Lokalgruppe verändern, wie Geburt und Tod, Mannbarkeit und Heirat, heißen *Übergangsriten* (rites de passage). Sie sollen das Gleichgewicht der sozialen Beziehungen wiederherstellen, indem den betroffenen Personen feierlich eine neue soziale Identität verliehen wird. Entsprechend der überwiegenden Primärgruppenstruktur ländlicher Gesellschaften wird den Übergangsriten großer Wert beigemessen. *Festigungsriten* (rites of intensification) sollen in kritischen Situationen, insbesondere wenn die Interaktionshäufigkeit wechselt, angemessene Verhaltensmuster stabilisieren. Da die Interaktionshäufigkeit in ländlichen Gemeinwesen stark beeinflußt wird vom Wechsel der Jahres- und Tageszeiten, von der Abfolge von Werk- und Feiertagen und von Naturereignissen, nehmen zeit- und naturbezogene Riten einen breiten Raum ein. Das Brauchtum anläßlich des Almabtriebs ist ein gutes Beispiel für diese Art von Riten. Das Ritual bei den Mahlzeiten zeigt ebenfalls deutlich, wie die Interaktionen der Tischgenossen in ein Gleichgewicht gebracht werden. *Versöhnungsriten* (rites piaculaires) zielen auf die Sühnung einer Missetat, die Bannung einer Gefahr und die Abwendung eines Unheils, das bzw. die den Bestand einer Gemeinschaft bedrohen. Feldprozessionen sind typische piakulare Riten. Allen diesen Riten ist gemeinsam, daß sie religiös oder pseudoreligiös begründet sind und eine gegebene Situation symbolisch verarbeiten.

Einfache Menschen auf dem Lande neigen dazu, den Ritus für den eigentlichen Gehalt des Glaubens zu halten. Als strenggläubig wird geachtet, wer das Ritual besonders gewissenhaft einhält. In vielen Dörfern wird jedoch eine lässige Praktizierung des Rituals geduldet, in anderen – namentlich in animistischen Kulturen – wird dagegen alles Unglück, das einer Person oder einer Gruppe widerfährt, auf die Vernachlässigung des Rituals zurückgeführt. Der ländliche Alltag wird freilich im allgemeinen mehr vom rituellen Umgang mit den niederen Geistern, Dämonen, Heiligen und Nothelfern bestimmt als vom Dienst an der höchsten Gottheit.

Nach weit verbreiteter Meinung ist der Bauer ein besonders religiöser Mensch. Dies ist jedoch, wie WEBER (1925, S. 269) historisch nachwies, „eine durchaus moderne Erscheinung". Offenbar hängt das Urteil über die bäuerliche Religiosität davon ab, ob man den Maßstab der Frömmigkeit, der Gläubigkeit oder der Kirchlichkeit anlegt. Religiös im formalen Sinne, religiösen Institutionen überragende Bedeutung im Zusammenleben einzuräumen, dürfte die Mehrzahl ländlicher Gesellschaften sein. Offene Religionsfeindschaft, wie sie sich beim Proletariat fand, gibt es beim Bauern nicht, wohl aber Zweifel und Gleichgültigkeit. „Der Mensch muß eine Religion haben", ist eine gängige Auffassung im ländlichen Raum. Damit ist aber nichts ausgesagt über die Frömmigkeit der Landbewohner, d. h., ob sie sich eines gottgefälligen Lebenswandels befleißigen. Im alpenländischen katholischen Bauernhaus fehlt selten der „Herrgottswinkel". Ob sich der Bauer auch an die christlichen Gebote der Nächstenliebe und Vergebung hält, ist eine andere Frage. In der Volkskunde unterscheidet man daher von der eigentlichen Frömmigkeit (ein Verhalten, das auf die letzten Werte oder Gründe des Daseins bezogen ist) die „Volksfrömmigkeit", deren Merkmale brauchmäßige Regelungen, magische Einstellungen, Formalismus, Würde, Konkretisierung und Sinnlichkeit sind (vgl. WEISS 1946, S. 305 f.). „In den Zeugnissen der Volksfrömmigkeit wird das Heilige herabgeholt in den Bereich des Menschlichen und oft Allzumenschlichen, es wird annektiert" (BAUSINGER 1967, S. 5).

Während „übertriebene" Frömmigkeit unter Umständen – wie alles Verhalten, welches das Mittelmaß des Ortsüblichen überschreitet – verdächtig ist, wird Gläubigkeit erwartet. „Ungläubiger" ist in islamischen Dörfern eines der schlimmsten Schimpfworte, aber auch in christlichen Dörfern ein schwerer Makel. Als ungläubig gilt auf dem Lande allerdings nicht nur derjenige, der eine kirchliche Lehre leugnet, sondern auch derjenige, der nicht an eine landläufige Hexengeschichte glaubt, wie der schweizer Pfarrer ALBERT BITZIUS einmal schrieb. Unglauben ist daher selten anzutreffen; viele Landleute sind jedoch abergläubisch. FRIEDRICH LUDWIG JAHN (1778–1852) bemerkte dazu (1810, S. 138): „Der gemeine Mann hat allerdings Katechismus, Gesangbuch und Bibel, die sind aber nur Feierkleider; alltäglicher Nahrungsrock bleibt immer der Aberglaube, und dessen Lehrgebäude ist reichhaltiger wie jedes andere."

Autoritätsgläubigkeit und Glaubenstradition schlagen die Brücke zur ländlichen Kirchlichkeit. Die Überschaubarkeit ländlicher Siedlungsweise stützt und erhält die kirchlichen Traditionen auf dem Lande länger als in der Stadt. Sie sind Bestandteile des ländlichen Normengefüges. Bildet die Kirchlichkeit – gewöhnlich gemessen am Gottesdienstbesuch – das herkömmliche Verhaltensmuster, dann nehmen die alteingesessenen Landfamilien am kirchlichen Leben teil (z. B. in Bayern und Baden-Württemberg); ist das Gegenteil der Fall, dann bleiben sie der Kirche fern (z. B. in Schleswig-Holstein).

5.3.3 Religiöse Führer und Helfer

Als Vertreter der religiösen Autoritätsinstanzen oder als Mittler zwischen diesen und den Menschen nehmen in einer noch nicht säkularisierten Gesellschaft jene Männer und Frauen führende Positionen ein, die über das heilige Wissen und die Heilsmittel verfügen oder mit besonderen geistlichen und wundertätigen Kräften begabt sind. Die hohe Achtung und der machtvolle Einfluß der religiösen Führer gründet auf einem Amt oder auf außeralltäglichen Kräften (Charisma). Amtliche Führer können Charisma besitzen; charismatische Führer können ein Amt bekleiden. Den amtlichen Führern obliegt es, im Auftrag der religiösen Organisation das Glaubensgut zu bewahren und zu tradieren, die Sakramente zu verwalten und die Gläubigen zu disziplinieren. Die charismatischen Führer scharen kraft ihrer persönlichen Ausstrahlung eine Gemeinde von Jüngern um sich. Die persönliche Berufung in einem Akt der Erleuchtung oder Bekehrung verleiht ihnen Autorität, die von den Landbewohnern nicht nur in geistlichen Dingen, sondern auch bei Familienproblemen und zum Schlichten von Streitfällen angerufen wird.

Die Tätigkeit, menschliches Denken, Fühlen und Handeln auf die Religion zu richten, den Kult zu handhaben und rituelle und magische Handlungen vorzunehmen, liegt gewöhnlich in der Hand von Spezialisten. Den vier Grundpfeilern vieler Religionen (Feier, Verkündigung, Zauber und Liebestätigkeit) entsprechen idealtypisch die Positionen Priester, Prophet, Zauberer und Diakon, die freilich religionsgeschichtlich und realtypisch oft ineinander übergehen.

(1) *Priester* (Pfarrer, Popen, Mollas, Schamanen usw.) sind die an den stetigen Kultbetrieb gebundenen, berufsmäßigen Funktionäre, die sich durch Ausbildung, Weihen und Standessymbole von anderen Menschen unterscheiden. In religiösen Splittergruppen oder in Völkerschaften, deren Eliten liquidiert wurden, sind die Priester oft Bauern unter Bauern, wie z. B. die griechisch-orthodoxen Popen oder die mittelamerikanischen Zeremonienmeister. Der Islam kennt strenggenommen keinen Priester. Der Vorbeter (Imam) ist im islamischen Dorf gewöhnlich ein einfacher Bauer, der sich nur durch Korankenntnisse auszeichnet. Im Hinduismus sind dagegen die religiösen Würden traditionell den Kasten mit der größten rituellen Reinheit und dem höchsten sozialen Status vorbehalten, die zugleich die begütertsten zu sein pflegen. Die römisch-katholische Kirche erkennt das geistliche Amt nur den geweihten Priestern zu, die sich bis zur Gegenwart zu einem großen Teil aus der ländlichen Bevölkerung rekrutieren. Die amtlichen Ortsgeistlichen besitzen in vielen ländlichen Siedlungen die unbestrittene Autorität in Fragen der sittlichen Werte. Wenn sie predigen und die Leute im gottgefälligen Leben unterweisen, haben sie gewöhnlich ein andächtiges und wenig kritisches Publikum. Sie werden von speziellen

(2) *Religionslehrern* unterstützt. Diese sind meistens Laien, die die heiligen Schriften lesen und die bedeutsamen Stellen rezitieren oder auslegen können. Im islamischen Dorf werden diese ehrenamtlichen Spezialisten vom Hodscha, im deutschen Pietismus vom „Stundenhälter", im ländlichen Nordamerika vom Sonntagsschullehrer verkörpert. Religionslehrer, die ein Charisma besitzen, werden leicht zur Konkurrenz für die Priester. Der begnadete Lehrer aus dem Laienstand leitet über zum Typ des Propheten.

(3) *Propheten* sind die geistesmächtigen Verkünder von Ideen und Normen. Die hervorragendsten unter ihnen gehen als Religions- und Ordensstifter und als Gründer von Sekten und Gemeinschaften in die Geschichte ein. Die Verkündigung kann sowohl in der erweckenden Predigt als auch im persönlichen Vorbild und in Wundertaten bestehen. Letzteres übt die stärkste Wirkung auf einfache und ungebildete Menschen aus. Dies verschafft der Position des

(4) *Zauberers*[1] eine machtvolle Stellung, wenngleich nicht immer den höchsten Rang in ländlichen Gesellschaften. Zauberer sind Personen, die die Geheimlehren über den Umgang mit Geistern, Dämonen und Verstorbenen kennen und/oder die magischen Kräfte des Hellsehens,

---

[1] Zauberkünstler (Magier) und Gaukler, die ihr Publikum mit Fingerfertigkeit, Tricks und Illusionen verblüffen, sind hier natürlich nicht gemeint.

der Traumdeutung, der Weissagung, des Okkultismus und der Wunderheilung besitzen. Diejenigen, die die geheimen Künste beherrschen, sich übersinnliche Kräfte dienstbar zu machen, spielen nicht nur in animistischen Religionen als Zauberer und Medizinmänner eine nicht zu unterschätzende Rolle, sondern sind auch in Hochkulturen eine verbreitete Erscheinung. So fand IBRAHIM YASA (1957) in einem anatolischen Dorf in der Nähe Ankaras nicht weniger als vier Zauberer und zwölf Gesundbeter am Werk. Doch auch im christlichen Abendland machen Geisterbeschwörer, Gesundbeter, Wahrsager, Wünschelrutengänger und Erdstrahlenbekämpfer unter der Landbevölkerung immer noch ihre Geschäfte.

(5) *Diakone* und *Diakonissen* „dienen dem Volke Gottes in der Diakonie, der Liturgie, des Wortes und der Liebestätigkeit" (Dogmatische Konstitution über die Kirche, Kap. 3, Art. 29). Mit zunehmender Institutionalisierung wird die Diakonie professionalisiert. Die Diakonie greift über die Kranken- und Armenpflege und in der Fürsorge tief in das Gesundheits- und in das Wohlfahrtswesen, in Agrargesellschaften aber auch in den Wirtschaftsbereich ein, insofern, als die religiösen „Werke" vorwiegend aus agrarischen Spenden und Stiftungen unterhalten werden.

Die untergeordneten Positionen wie das Amt des Küsters (Mesner, Sigrist usw.) oder des Kirchenpflegers sind auf dem Land oft begehrter als die ehrenamtlichen (Kirchenältester, Presbyter usw.), weil sie „kleinen Leuten" Möglichkeiten bieten, öffentliche Rollen zu spielen und etwas zu verdienen.

Den religiösen Führern steht die Gefolgschaft der Jünger, die Anhängerschaft der Gläubigen, die Kultgemeinde der Laien gegenüber. Die Laien wirken an religiösen Aktivitäten mehr oder weniger mit. Nach dem Grad ihrer Teilnahme und ihrer Bindung lassen sie sich in (1) den Kern der Frommen, (2) die gelegentlich Praktizierenden („Zwischenkirche") und (3) die am Rande stehenden Gleichgültigen (Minimalerfüller) klassifizieren. Die positiven Devianten unter den Anhängern einer Religion bilden die *„religiösen Virtuosen"* (WEBER 1925, S. 309), die sich ihre Erlösung methodisch erarbeiten durch Enthaltsamkeit (Asketen), Versenkung in die göttlichen Geheimnisse (Mystiker) oder buchstabengetreue Einhaltung der religiösen Vorschriften (Orthodoxe). Sie werden teils schon zu Lebzeiten, teils nach ihrem Tode als lokale „Heilige" vom gläubigen Landvolk hoch verehrt. Dasselbe gilt für die berühmten islamischen Scheichs, deren Grabmäler vielbesuchte Wallfahrtsorte der Landleute aus der näheren Umgebung sind. Während Mystagogen und Orthodoxe wenig zur Entwicklung ländlicher Gesellschaften beigetragen haben, ist der Beitrag der „asketischen Virtuosen" zur Landentwicklung gar nicht hoch genug einzuschätzen. Die innerweltliche Askese befähigt vor allem dann zu großen wirtschaftlichen Leistungen, wenn die Arbeit zum asketischen Mittel wird und der Wirtschaftserfolg zum sichtbaren Zeichen der göttlichen Erwähltheit. Asketische Sekten (z. B. Mennoniten) und Mönchsorden (z. B. Zisterzienser) wie die weltabgewandten „Stillen im Lande" haben zur Ausbreitung und Verbesserung der Agrikultur Großes geleistet. Der „Laienintellektualismus" (WEBER), der aus dem täglichen Lesen und Überdenken religiöser Texte entsteht, hat sich als ein wesentlicher Bestandteil des geistigen Trainings und als eine günstige Voraussetzung für eine Rationalisierung ländlicher Berufsausübung und politischer Mitsprache erwiesen. In diesem Zusammenhang darf die entwicklungsfördernde Wirkung der Missionare und Missionsschüler in der Dritten Welt nicht unerwähnt bleiben.

5.3.4 Religionsgemeinschaften

Religion vermittelt sich in der Regel in einem ausgeprägten theologisch-historisch begründeten, tradierten Glaubensbekenntnis (Konfession). Für einfachere Leute sind Äußerlichkeiten wie das „richtige Gesangbuch" oder das Schlagen des Kreuzes mit drei Fingern jene Bereiche, in denen Konfession sichtbar und erfahrbar wird. Das minimale Wissen um das Wesen fremder Konfessionen steht im Kontrast zu der Größe der konfessionellen Vorurteile (Verketzerung).

Religion wird nur in einem bestimmten institutionell-organisatorischen Rahmen als soziale Erscheinung faßbar, d. h. als Kirche, Moschee, Schrein usw. Die Erfüllung religiöser Aufgaben führt in der Regel zur Ausbildung hierarchisch abgestufter Organisationformen: (1) örtliche Gemeinden (Parochien)[1], die gottesdienstliche, administrative und diakonische Einheiten darstellen, (2) übergeordnete Verwaltungseinheiten (Diözesen, Dekanate, Landeskirchen usw.), (3) Verbände in der Art der Orden, Kongregationen und Inneren Mission und (4) die großen Religionsgemeinschaften.

Aus Opposition zu den Universalreligionen, aus Erweckungsbewegungen und aus Erneuerungsbestrebungen entstehen Sekten, Orden, Bruder- und Schwesternschaften (Kommunitäten). Sie versprechen dem einzelnen die religiöse Vervollkommnung in einer Gemeinschaft, die sich strengen Regeln und Verpflichtungen unterwirft und die soziale Kluft zwischen Priestern und Laien aufhebt. Während sich die Sekten von ihren ursprünglichen Religionsgemeinschaften abspalten, übernehmen Orden und Kommunitäten bestimmte Aufgaben innerhalb derselben. Insbesondere die Sekten werden zu Sammelbecken der Unzufriedenen, die sich von den Gütern dieser Welt ausgeschlossen fühlen, und derjenigen, die in den rationalisierten Religionsgemeinschaften ihr Verlangen nach einer Religion des Herzens oder der Tat vergeblich zu stillen suchen. So schlossen sich in der Reformationszeit viele nordwestdeutsche Bauern wegen ihrer sozial unbefriedigenden Lage dem „Schwärmertum" an. Indem innerhalb der Sektengemeinschaft die persönliche Würde durch das Gefühl des Auserwähltseins bestätigt wird, werden Minderwertigkeitskomplexe kompensiert.

Statistisch gesehen bestehen hinsichtlich der Sektenbildung zwischen Stadt und Land kaum Unterschiede, aber analytisch erkennen wir einen wesentlichen Gegensatz: „Im Dorfe, wo die Nachbarn eng beinanderhausen, hat die Wohlfahrt der Reichen etwas außergewöhnlich Aufreizendes an sich... in der Stadt... herrscht weitreichende Anonymität nicht nur der Personen, sondern auch der Güter. Aber gerade diese Unpersönlichkeit der Stadt wirkt in ihrer eigenen Art wieder sektenfördernd" (STARK 1974, S. 41).

Die Lebensweise der Sektenmitglieder steht in einem provozierenden Gegensatz zu den herrschenden Normen. Das Verhalten kann nach beiden Seiten vom Normalen abweichen. Es kann puritanisch oder lax, rückwärts gewandt oder vorwärts gerichtet, aggressiv oder defensiv sein. In kleineren ländlichen Gemeinwesen erzeugt die Sektenbildung unter Umständen so unerträgliche psychosoziale Spannungen im sozialen Netzwerk, daß Abkapselung oder Ausgliederung unvermeidlich sind. Religiöse Unduldsamkeit zwang Sekten und Glaubensgemeinschaften oft dazu, in wenig erschlossene Gebiete zu ziehen. Diesem Umstand ist es zu danken, daß sie wesentlich zur Neulandkultivierung und Besiedlung marginaler ländlicher Räume beitrugen (vgl. SCHEMPP 1969). Die gegenseitigen konfessionellen Vorurteile klingen jedoch in pluralistisch gewordenen Gesellschaften allmählich ab und damit auch die religiösen Konflikte (vgl. KÖHLE-HEZINGER 1976).

5.3.5 Säkularisierung

Weltweit ist eine zunehmende Emanzipation einzelner Lebensbereiche aus dem ganzheitlichen religiösen Weltverständnis (Säkularisierung)[2] und eine Ablösung der Daseinsgestaltung vom geistlichen Hintergrund (Verweltlichung) festzustellen, wenngleich das Pendel der Entwicklung gelegentlich auch wieder zurückschlägt wie in der Türkei seit 1949. Rituell-religiöses Handeln wird in der Regel in drei Schritten verdrängt: Zu Beginn befolgen die Dorfbewohner noch streng die religiösen Gebote und Verbote und leisten neuen Ideen unter der Führung ihrer Geistlichen

---

[1] Gemeinden fehlen im Hinduismus.
[2] Unter Säkularisierung (Säkularisation) im rechtlichen Sinne versteht man die Überführung des Vermögens, insbesondere des Grundeigentums, religiöser Organisationen in weltlich-autonome Bereiche.

leidenschaftlichen Widerstand. In der zweiten Phase glauben die Dorfbewohner immer noch fest an die Wahrheit der religiösen Glaubenssätze, handeln aber dagegen, was sie mit allerlei pragmatischen Ausflüchten begründen. In der dritten Phase machen sie sich aus dem Zuwiderhandeln keine Gewissensbisse mehr, da die Verbindlichkeit der religiösen Normen hinter anderen Verhaltenserwartungen zurücktritt. Umfunktionierung ist eine andere Form der Verweltlichung. „Viele religiöse Volksbräuche haben eine Tendenz zur Verweltlichung, und so kann etwa aus Patronats- und Kirchweihfeiern ein ganz weltliches Fest entstehen, das nur noch mit seinem Namen auf die kirchliche Herkunft deutet" (SCHWEDT 1967, S. 10).

In Deutschland wird schon seit dem vorigen Jahrhundert vor allem von evangelischer Seite über einen Rückgang der Kirchlichkeit geklagt.[1] Der zuerst in den Großstädten einsetzende Prozeß des Verfalls der traditionellen religiösen Gemeinden als Folge gesamtgesellschaftlicher Umwälzungen (Überhandnehmen konkurrierender Institutionen) erreichte nach dem Zweiten Weltkrieg auch rein ländliche Bezirke. Hier erwies sich die Entkirchlichung bei näherem Zusehen als das Abbröckeln der Gewohnheitschristen im Zuge eines Verfalls der Tradition. Dies ist zurückzuführen auf den Autoritätsschwund der Geistlichkeit, das Nachlassen der Kirchenzucht und hauptsächlich auf die steigende Mobilität in allen ihren Formen (Wanderungsbewegungen, Tourismus, Berufswechsel). In allen Fällen, in denen Kirchlichkeit mehr auf dem Herkommen als auf einem inneren Bedürfnis beruht, begünstigt Ortswechsel die Entkirchlichung. Die Herauslösung aus den örtlichen Traditionen befreit auch von den sozialen Zwängen der Religionsausübung, es sei denn, am Zielort herrschten besonders hohe Verhaltenserwartungen in dieser Hinsicht wie im ländlichen Nordamerika. Sicher erklärt die starke Zuwanderung zum großen Teil die quantitativ geringe Kirchlichkeit in den Städten. In ähnlicher Weise wirkten in den westdeutschen Dörfern die starken Wanderungsbewegungen infolge des Zweiten Weltkriegs.

Im sozialen Wandel des Landes werden auch die religiösen Institutionen in Frage gestellt, zugleich aber erwächst ihnen die Aufgabe, die Erschütterungen und Krisen im ländlichen Raum geistlich zu bewältigen und in einer Neuorientierung Wege zeitgemäßen Zusammenlebens aufzuzeigen. Diesen großen Aufgaben gerecht zu werden, fällt den ländlichen Kirchengemeinden aus drei Gründen schwer. Erstens wird die Kirche im Dorf in dem Maße, in dem die Religion an institutioneller Bedeutung einbüßt, zu einer Vereinigung, die dem Vereinsleben zuzuordnen ist und mit anderen Vereinen konkurrieren muß. Zweitens mangelt es den ländlichen religiösen Gemeinschaften meistens an Ausstattung, Mitteln und qualifizierten haupt- und ehrenamtlichen Mitarbeitern. Ihr Angebot ist daher oft unangemessen und dürftig. Drittens stoßen Neuerungen auf große Widerstände. Um diesen Schwächen entgegenzuwirken, ist der Dorfkirchenarbeit von seiten der kirchlichen Zentralen besondere Förderung zuteil geworden, in der Bundesrepublik Deutschland z. B. durch die Einsetzung von überörtlichen „Bauernpfarrern", die Gründung von „Bauernwerken", Landschwesternschaften und konfessionellen Landjugendgruppen sowie durch die Errichtung von kirchlichen Landvolkshochschulen.

War der Pfarrer in den meisten europäischen Ländern ein „entscheidender Integrationspol im Sozialgefüge der vorindustriellen Gesellschaft" (FÜRSTENBERG 1969, S. 1110), so büßt er diese Funktion zugleich mit dem herkömmlichen institutionellen Schutz seiner Autorität immer mehr ein. In dieser veränderten Lage lassen sich vier Verhaltensweisen beobachten: (1) Abwehrstellung und stärkere Bindung an konservativ-orthodox eingestellte Gruppen, z. B. an sektenhafte, pietistische Kerne des Kirchenvolks, (2) Anlehnung an kirchlich-institutionelle Leitbilder bei gemäßigter Anpassung an die Umwelterwartungen, (3) Verweltlichung der Berufsausübung durch fortschreitende Funktionalisierung in Richtung auf den besten sozialen

---

[1] In der „Evangelischen Kirchenzeitung" wurde 1859 festgestellt, „Kirchenbesuch und Abendmahlsempfang seien stets rückläufig, teilweise bereits deprimierend. Eine Zählung der Gottesdienstbesucher in Berlin hatte eine Quote von kaum mehr als 2 Prozent ergeben" (zit. nach KÖHLE-HEZINGER 1976, S. 259).

Nutzeffekt und (4) Versuch, neue Formen der Seelsorge durch eine Abstandnahme vom Amt, eine Verminderung der institutionellen Berufsaspekte zu schaffen, d. h. Ersatz institutioneller Autorität durch persönliche Kontakte (vgl. FÜRSTENBERG 1969, S. 1112).

Da die religiösen Grundbedürfnisse nicht verschwinden, auch wenn die traditionellen religiösen Institutionen an Funktionsfähigkeit verlieren, gedeihen pseudoreligiöse Vereinigungen. Mit dem Verblassen transzendenter Glaubensvorstellungen erhalten „säkulare Religionen" Auftrieb, bei denen irdische Werte wie Kunst, Humanität, Volk, Klasse ideologisch überhöht zu zentralen Glaubensinhalten werden. Nationalismus und Marxismus sind die wichtigsten Formen des Religionsersatzes, mit denen sich gegenwärtig auch die Landsoziologie befassen muß. Diese „Ismen" finden überall unter der ländlichen Bevölkerung Anklang, weil sie – statt obsolet gewordene religiöse Werte wie Schicksalsergebenheit, Bedürfnislosigkeit und Unterwerfung zu lehren – zum Kampf für eine gerechtere Verteilung der irdischen Güter aufrufen, den Armen einen höheren Lebensstandard versprechen, die Herrschaft des Proletariats oder des Volkes in Aussicht stellen und den Glauben an den wissenschaftlich-technischen Fortschritt predigen.

Literatur: GÜNTHER 1942, STARK 1974, WEBER, M. 1976, S. 245–381, WOLF 1966, S. 96–110, WÖSSNER 1972, WURZBACHER und PFLAUM 1961, S. 183–231.

Diskussions- und Prüfungsfragen
1. Welche Bedürfnisse erfüllt die Religion?
2. Was ist eine Sekte und welches sind ihre Entstehungsursachen?
3. Beschreiben Sie aufgrund eigener Erfahrungen oder Erhebungen das „Programm" in einer ländlichen Pfarrgemeinde!
4. Welche trennenden und einenden Wirkungen gehen von einer Konfession aus? Begründen Sie diese Funktionen!
5. Welches sind die Ursachen und Auswirkungen der Säkularisierung im ländlichen Raum?
6. Nennen Sie Beispiele religionsbeeinflußter Wirtschaftsweise und erklären Sie den Zusammenhang zwischen Religion und Wirtschaft an Beispielen aus dem agrarischen Bereich!

5.4 Politische Institutionen

5.4.1 Lokalpolitik[1]

Wächst eine ländliche Siedlung über den Einzelhof einer Familie oder über die Höfegruppe einer Sippe hinaus, dann bedarf die Ordnung des Zusammenlebens und die gemeinsame Daseinsvorsorge der Institutionalisierung in Form politischer Kräfte. Die soziale Ordnung aufrechtzuerhalten bedeutet in ländlichen Siedlungen vor allem dreierlei: (1) den Besitzstand der Gemeinschaft im allgemeinen und (2) den der eingesessenen Familien im besonderen sowie (3) die öffentliche Moral zu wahren. Aus (1) folgt das Bestreben, alle Personen abzuwehren oder abzuschieben, die unberechtigt an den knappen Mitteln der Gemeinschaft zehren wollen. Die Wahrung des individuellen Besitzstandes erfordert die strenge Ahndung von Grenzverletzungen, Diebstählen und Flurschaden. Die Bewahrung der öffentlichen Moral mündet in eine Art Terror gegenseitiger sozialer Kontrolle (vgl. JAKOB 1975). Dank der gegenseitigen Kontrolle sind in ländlichen Gemeinwesen aber auch großartige Selbsthilfeaktionen zur Verschönerung des Ortsbildes, zur Selbstdarstellung und zur gemeinsamen Lebenserleichterung möglich.

---

[1] Wir ziehen hier den raumbezogenen Begriff „Lokalpolitik" dem inhaltlichen Begriff „Kommunalpolitik" vor. Kommunalpolitik ist heute notgedrungen ortsübergreifend, während die in diesem Kapitel darzustellenden politischen Verhältnisse überwiegend lokal orientiert sind.

Zu den inneren Notwendigkeiten, Macht zweckmäßig zu verteilen, kommt die Überformung an sich unpolitischer Bereiche von außen. Die politischen Gewalten im äußeren System des Staates oder einer Standes- oder Stammesherrschaft greifen namentlich auf den Gebieten der Rechtspflege, des Polizei- und Militärwesens, des Bildungswesens und der Verwaltung tief in die ländlichen Gemeinwesen ein. Die Eintreibung von Steuern und Abgaben, die Aushebung von Rekruten und die Abführung von Straftätern gehören – historisch gesehen – zu den frühesten Erfahrungen der Landbewohner mit den überlokalen politischen Institutionen. Sie wurden ebenso wie polizeiliche Vorschriften als störende Eingriffe in die eigene Ordnung empfunden. Von daher ist es verständlich, wenn immer noch das äußere politische System als etwas ganz anderes als das innere politische System betrachtet wird, dessen politischer Charakter oft verkannt wird.

Die öffentliche Daseinsvorsorge besteht darin, bestimmte Hilfsmittel und Einrichtungen zur Verfügung zu stellen sowie Maßnahmen zu ergreifen, die den Bewohnern eines begrenzten Gebietes ein gewisses Maß von Lebens- und Handlungsmöglichkeiten verbürgen. Die gemeinsame Daseinsvorsorge umfaßt unter anderem die Unterhaltung der Verkehrswege, den Friedensschutz nach innen und außen, die öffentliche Hygiene, die Wasserversorgung, die Fürsorge für die Ortsarmen, den Eigentumsschutz, das Abschieben von Bettlern und Landstreichern, die Auseinandersetzung mit benachbarten Gemeinden und mit herrschaftlichen Gewalten.

In der Bundesrepublik Deutschland gibt Artikel 28 des Grundgesetzes den Gemeinden das Recht, „alle Angelegenheiten der örtlichen Gemeinschaft im Rahmen des Gesetzes in eigener Verantwortung zu regeln". Der politische Entscheidungsspielraum wird jedoch durch mehrere Umstände eingeengt: (1) Die mit Herrschaftsgewalt ausgestatteten Verwaltungsgemeinden decken sich selten mit den örtlichen Gemeinschaften ländlicher Siedlungen. (2) Der Staat hat den ländlichen Gemeinden viele Aufgaben abgenommen oder deren Erfüllung reglementiert. (3) Der Versorgungs- und Aktionsbereich der Bürger reicht gewöhnlich weit über den örtlichen Bereich bzw. über den Zuständigkeitsbereich einer Gemeinde hinaus. Die Daseinsvorsorge findet also nur noch zum Teil innerhalb der örtlichen Gemeinschaft statt. (4) Die zumeist schwache Finanz- und Verwaltungskraft ländlicher Gemeinwesen schränkt den Entscheidungsspielraum weiter ein. Kleinere Gemeinwesen können aus diesen Gründen kaum ein Problem der Daseinsvorsorge nach zeitgemäßen Standards ohne die Hilfe der höheren Instanzen öffentlicher Macht lösen.

Zu der weitgehenden kommunalen Fremdbestimmung kommt hinzu, daß sich die Bürger ländlicher Gemeinwesen zunehmend überlokal orientieren. Überlokale Orientierung wird indiziert durch (1) Zugehörigkeit zu über das Lokalsystem hinausreichenden oder in dasselbe hineinreichenden Vereinen und Verbänden, (2) Aufenthalte (Reisen, Berufstätigkeit, Ausbildung) außerhalb des lokalen Systems, (3) Informierung über Vorgänge und Zustände im äußeren System mit Hilfe von ortsübergreifenden Medien (vgl. OSWALD 1966).

Vor diesem Hintergrund zunehmender Fremdbestimmung und Außenorientierung müssen das politische Handeln und die politischen Institutionen auf lokaler „Ebene" gesehen werden. Gerade in der Beengtheit ländlicher Gemeinwesen entsteht die „charakteristische, pulsierende Instabilität" (GALPIN 1915) des lokalpolitischen Lebens.

Die Qualität der lokalen Politik in ländlichen Gemeinwesen ist gekennzeichnet durch Überschaubarkeit, Konkretheit und Betroffenheit. Je mehr Grundbedürfnisse innerhalb des örtlichen Systems befriedigt werden müssen, desto lebenswichtiger wird die Teilnahme am inneren politischen System; insbesondere an der Besetzung jener Positionen, die vermeintlich oder tatsächlich über sozialökonomische Daseinsbedingungen entscheiden, z. B. über die Führung von Trassen, die Nutzung von Gemarkungsteilen, die Vergabe von öffentlichen Arbeiten und Posten.

Die ländliche Lokalpolitik läßt sich nicht von der ökonomischen Basis der Familien ablösen. Lokalpolitik heißt mit den Worten eines schwäbischen Gemeinderates „sein Sach richten". Dies bedeutet im konkreten Fall z. B. den Versuch, Wege möglichst nahe an die eigenen Felder heranzuführen, ohne selbst dafür Land abgeben zu müssen, oder Bauland zur Ortserweiterung dort auszuweisen, wo eigene Grundstücke liegen. Hieraus ergibt sich die Frage nach den Chancen des einzelnen, innerhalb ländlicher Gemeinwesen, seinen Willen gegen die Interessen seiner Mitbürger durchzusetzen. Wir fragen also nach den Machtstrukturen, nach den Quellen und den Instrumenten lokaler Macht und nach den örtlichen Machthabern. Dabei müssen wir uns darüber im klaren sein, daß es sich auf dem Lande weniger um organisierte als um personalisierte Macht handelt. Dies bedeutet, daß wir sie bei bestimmten Personen und Familien suchen müssen.

5.4.2 Örtliche Machtstrukturen

Örtliche Machtstrukturen werden auf vier methodisch verschiedenen Wegen ermittelt:
(1) *Positionsanalyse:* Ermittlung der Amts- und Mandatsträger;
(2) *Reputationsanalyse:* Ermittlung der angesehensten Persönlichkeiten;
(3) *Entscheidungsanalyse:* Ermittlung der Personen, die bei wichtigen und für aufschlußreich gehaltenen Entscheidungen (z. B. Flurbereinigung) als treibende oder hemmende Kräfte mitgewirkt haben;
(4) *Aktivitätsanalyse:* Ermittlung der Personen, die eine wirksame Aktivität in Parteien, Vereinen, Kirchen usw. entfalten.

Eine Kombination dieser vier Forschungsansätze trägt dem Umstand Rechnung, daß örtliche Machtstrukturen verschiedene Dimensionen der Machtausübung und mehrere Typen von Führern aufweisen.

Instrumentale Führer sind diejenigen, die die Techniken und das Instrumentarium zur Bewältigung der gemeinsamen Aufgaben am besten beherrschen. Sie sind häufig identisch mit den amtlichen Führern. Ihnen werden in der Literatur oft die emotionalen oder *expressiven Führer* (Influentials) gegenübergestellt, die auf der Beliebtheitsskala obenan stehen. Die „Influentials" sind Angehörige der lokalen Eliten, deren Einwilligung oder Zustimmung gewöhnlich benötigt wird, um ein Projekt erfolgreich durchführen zu können. Unter ihnen sind die Meinungsführer (opinion leaders) besonders zahlreich vertreten. Die Forschung hat allerdings ergeben, daß die Meinungsführer unter Umständen keine prominente Stellung in der Öffentlichkeit einnehmen. Ihre Einflußnahme ist häufig negativ, indem sie Stimmung gegen etwas oder jemand machen.

Die Führer der zweiten Stufe werden oft als *„Effektoren"* oder wegen ihrer Fachkenntnisse als *fachliche Führer* bezeichnet. Ihr Einfluß beruht auf ihren Schlüsselpositionen in Gemeindeverwaltungen, Planungsstäben oder Unternehmen. Sie verändern politische Entscheidungen oft schon im Ansatz durch ihre sachkundigen Einwendungen. *Aktivisten*, auch Ausführende oder Verbindungsleute genannt, beeinflussen den Gang der örtlichen Angelegenheiten durch ihren persönlichen Einsatz in der Selbstverwaltung, in den Vereinen usw. Da die eigentlichen Führer auf ihre Mitarbeit unbedingt angewiesen sind, haben sie im allgemeinen ebenfalls ein erhebliches Mitspracherecht.

Je kleiner ein Gemeinwesen ist, desto mehr rücken diese hierarchischen Stufen örtlicher Führung zusammen. Instrumentale Führer und Influentials, Effektoren und Aktivisten sind dann oft dieselben Personen. Außerdem wächst mit abnehmender Gemeindegröße die Einflußnahme aller Bürger, denn unter der Annahme, die Machtsumme innerhalb einer Gemeinde sei relativ konstant, entfällt auf den einzelnen Bürger mehr Macht.

In freien, allgemeinen Wahlen kommt in kleineren Gemeinden häufig der *„Verfahrensführer"* zum Zuge, der als verbindlich, ausgleichend und diplomatisch charakterisiert werden kann. Er sieht seine Hauptaufgabe darin, Spannungen abzubauen, den sozialen Frieden und Zusammenhalt zu wahren und das Zusammenleben zu verbessern. Demgegenüber ist der *„Aufgabenführer"* daran interessiert, mißliche Zustände auf irgendeine technische Weise zu verbessern, Flurbereinigungen in Gang zu bringen, Gewerbebetriebe anzusiedeln usw. Indem er physische und technische Veränderungen fördert, schafft er Spannungen und zerstört herkömmliche Bindungen. Ideal ist es, wenn die Persönlichkeit an der Spitze eines ländlichen Gemeinwesens die Umgänglichkeit des Verfahrensführers mit der Tatkraft des Aufgabenführers vereint.

Kommunalwahlen decken schlagartig die verborgenen Machtstrukturen auf. Die Beobachtung des Kampfes um den Posten des Bürgermeisters und um die Mandate im Gemeinderat erlaubt es, die Akteure der Lokalpolitik, die Machtgruppen, die wirtschaftliche oder ideologische Einflußkraft und die politischen Gegensätze in einer Gemeinde zu identifizieren. Ländliche „Wahlschlachten" sind nämlich zum großen Teil institutionalisierte Konkretisierung bestehender Konflikte zwischen Personen, Familien und Gruppen innerhalb des Dorfes. In manchen Dörfern verläuft der Wahlkampf äußerlich ruhig, weil sich bereits lange vor der Wahl die Kollektivmeinungen gebildet haben, oder weil Entscheidungen nicht möglich sind, da im Dorf Strukturänderungen eingetreten sind, die noch nicht von allen anerkannt und angenommen wurden. In anderen Dörfern wird die Wahl zum willkommenen Anlaß, einen theatralischen Wettstreit zur allgemeinen Unterhaltung aufzuführen.

Die Hauptformen örtlicher Machtstrukturen sind (1) konvergierende oder einheitliche, (2) gespaltene oder zweiparteiliche, (3) mehrparteiliche und (4) amorphe. Als konvergierend oder einheitlich wird eine pyramidenförmige Führungsstruktur bezeichnet, an deren Spitze eine Person, eine Gruppe oder eine Kaste steht. Das Grundmuster derart „machtzentrierter" Gemeinwesen gleicht im wesentlichen dem einer Armee oder eines Industrieunternehmens. Die Autoritätsbeziehungen kommen in den gesellschaftlichen Strukturen direkt zum Ausdruck. Es lassen sich drei Untertypen konvergierender oder einheitlicher Machtstruktur unterscheiden: a) Bossismus, b) informelle Clique und c) organisierte pluralistische Elite.

Bossismus (Machtmonopol) liegt vor, wenn die Macht in der Hand einer Person konzentriert ist und durch Untergebene ausgeübt wird. Wo immer die kapitalistische großbetriebliche Produktion vorherrscht, ist dies die häufigste Machtstruktur. Hier besitzt die Klasse der Grundeigentümer am Gipfel der gesellschaftlichen Pyramide die uneingeschränkte Macht. Darunter befindet sich eine etwas breitere Schicht mit Kontroll- und Befehlsbefugnissen, die sich aus Verwaltern, Aufsehern und Vorarbeitern zusammensetzt. Die ziemlich machtlose Klasse der Arbeiter bildet die Basis der Pyramide.

Cliquenherrschaft wird eine Machtstruktur genannt, wenn eine kleine informelle Machtelite, z. B. ein Honoratiorenstammtisch, die Lokalpolitik bestimmt, das taktische Vorgehen koordiniert und die Führung des Gemeinwesens faktisch kontrolliert. Unter Umständen blockt eine solche Clique schon durch den Mechanismus antizipierter Reaktionen unerwünschte Beschlüsse ab.

Steht an der Spitze der Machtpyramide ein formales Gremium, z. B. ein Gemeinderat, in das die verschiedenen Interessengruppen ihre Vertreter entsenden, dann ist der Typ einer *organisierten pluralistischen Elite* gegeben. Da in kleineren Gemeinwesen die gesellschaftlichen Gruppierungen und Interessen häufig in Personalunion vertreten werden, konzentriert sich die Macht bei wenigen Spitzenleuten. Das Ergebnis ist daher ebenfalls eine konvergierende Führungsstruktur.

Der elitäre Pluralismus muß nicht in einer konvergierenden Führungsspitze enden. Die Elite kann in *zwei Parteien* gespalten (polarisiert) sein. Wenn die politischen Kräfte polarisieren oder wenn ländliche Gemeinwesen durch große Unterschiede der Berufstätigkeit, der Konfession, der Hautfarbe usw. gespalten sind, dann entstehen Doppelpyramiden der Macht. Das Modell des Zweiparteiensystems kommt der Machtverteilung in ländlichen Gemeinwesen oft sehr nahe, denn meistens gibt es zwei Machtgruppen, die miteinander konkurrieren. Die parteipolitische Anhängerschaft pflegt sich in einem solchen Fall an den schon vorhandenen Machtgruppen der herrschenden und der oppositionellen Familien zu orientieren.

Schließlich kann die örtliche Machtstruktur *amorphe* oder unorganisierte Züge annehmen. Diese Struktur scheint vor allem in eingemeindeten ländlichen Siedlungen verbreitet zu sein, die von einem städtischen Zentrum beherrscht werden. Aber auch in Bauerndörfern sind amorphe Strukturen anzutreffen. Koaliert wird unter diesen Umständen vor allem mit den Gegnern des eigenen Widersachers.

Jüngere Untersuchungen lassen darauf schließen, daß in den kleineren und stärker agrarisch strukturierten Dörfern Westdeutschlands die Macht in den Händen weniger konzentriert ist und die dörflichen Machthaber als eine freundschaftlich verbundene Clique operieren. In einem badischen Dorf fand FRANZ KROMKA (1975), daß einige Winzer sowohl die Kommunalverwaltung als auch die örtliche Genossenschaft kontrollieren. Ein exklusiver Verein dient dieser Clique als informeller, regelmäßiger Treffpunkt. Das Dorf hat sich unter diesem Machtsystem in jeder Hinsicht gut entwickelt. Innerdörfliche Spannungen bestehen fast nicht.

Die stärksten innerdörflichen Spannungen wurden von KROMKA dagegen in einem Dorf beobachtet, das eine ausgesprochen pluralistische Machtstruktur besitzt. Es ist in mindestens zwei sozialökonomisch und politisch oppositionelle Machtpyramiden gespalten. Die Führer dieser Machtblöcke sind einerseits konservativ gesonnene Bauern und andererseits sozialdemokratisch organisierte Arbeitnehmer, unter denen Heimatvertriebene und Flüchtlinge hervorragende Positionen einnehmen. Nur selten stimmen beide Hauptgruppen über die zu fällenden Entscheidungen überein. Die Entscheidungen sind daher meistens von Interessenkoalitionen abhängig.

5.4.3 Quellen örtlicher Macht

Dorfstudien legen es nahe, drei interne und drei externe Machtquellen hervorzuheben: Verwandtschaft, Besitz und Ideologie bzw. Außenbeziehungen, Informationsvorsprung und Machtapparat.

Verwandtschaft ist in ländlichen Siedlungen zunächst einmal eine Schutzgemeinschaft, darüber hinaus aber auch eine politische Gemeinschaft dank der Kumulation von materiellen Hilfsmitteln und sozialen Beziehungen, die als Kanäle für Information und Einflußnahme benutzt werden können. In dem von ILIEN (1977) untersuchten schwäbischen Dorf „Hausen" wird die ausschlaggebende Rolle von Verwandtschaft und Vereinen bei den Kommunalwahlen nicht in Frage gestellt. Verwandtschaft ist als politische Kraft allerdings nicht formal aus Abstammung und Verschwägerung zu bestimmen, sondern wird faktisch durch eine „dominante Identifikations- und Integrationsfigur" hergestellt. Bemerkenswerterweise ist die lokalpolitische Bedeutung der Verwandtschaft nicht an das traditionelle Dorf gebunden. Vielmehr machten in „Hausen" gerade diejenigen, die nicht alteingesessenen Verwandtschaften entstammten, sondern in den Kreis der Traditionsfamilien erst mühsam eingedrungen waren, aus ihren verwandtschaftlichen Beziehungen Schutz- und Trutzbünde kommunaler Einflußnahme. Verwandtschaften bedienen sich zu ihrer Machterhaltung und -entfaltung bevorzugt der örtlichen Vereine für öffentliche Auftritte und der Vereinsarbeit als Nachweis des aktiven Eintretens für gemeinsame Ziele. Die Gefolgsleute und die Wähler rekrutieren sich in erster Linie aus Verwandten und in zweiter Linie aus Vereinsbrüdern. Untersuchungen in Frankreich von LAURENT LÉVI-STRAUSS haben bestätigt, daß der politische Aufstieg in den Gemeinderat über Verwandtschaftsbeziehungen führt.

Es fragt sich, ob die Verwandtschaft ein politischer Faktor in ländlichen Gemeinwesen bleiben wird. Der französische Soziologe HENRI MENDRAS neigt dazu, diese Frage zu bejahen, erstens weil sich Verwandtschaft mit Grundeigentum verbinde, solange der Familienbetrieb vorherrsche und das Vermögen in der Familie vererbt werde, und zweitens weil die persönlichen Beziehungen nach wie vor ausschlaggebend seien. Die Machtpolitik der Familien kann sich zwei verschiedener Strategien bedienen: der Personenstrategie oder der Besitzstrategie. Im ersten Fall werden exogame Heiraten arrangiert, um die verwandtschaftliche Anhängerschaft zu vergrößern und verwandtschaftliche Bündnisse zu schließen. Im zweiten Fall wird versucht, durch endogame Heiratspolitik das Familiengut zu erhalten und möglichst zu vergrößern.

Besitz: Wirtschaftliche Macht und politische Macht gehen gewöhnlich Hand in Hand. Im traditionellen Dorf rekrutieren sich die Eliten aus den begüterten Familien. Die materielle Abhängigkeit der Armen wird in politische Gefolgschaft umgemünzt. Die auf Grundeigentum und Vermögen beruhende lokale Macht nimmt allerdings ab, wo die Pendelarbeit außerdörfliche Erwerbsalternativen eröffnet. Daß die bodenbesitzenden Familien auch in Industriedörfern immer noch einen überproportionalen Einfluß ausüben, hängt damit zusammen, daß die Lokalpolitik zu einem beträchtlichen Teil Bodenpolitik ist, und politische Entscheidungen in der Regel lokal nur durchgesetzt werden können, wenn die Grundeigentümer mitmachen.

Ideologie: Die Ideologie stützt die gegebenen Machtverhältnisse vor allem dadurch, daß sie bestimmt, wer in politische Ämter überhaupt wählbar ist. Die Ideologie liefert ferner der Politik die Symbole und Argumente und denjenigen Personen und Gruppen die Macht, die diese zu handhaben verstehen. Obwohl der Kern immer die Einheit und Identität des Gemeinwesens zu sein scheint, lassen sich mindestens vier Hauptarten politischer Ideologie unterscheiden:
1. In Dörfern, in denen die Bauern eine Gemeinschaft gebildet haben, sei es, weil sie sich gegen eine starke Feudalherrschaft verteidigen mußten, sei es, indem sie ihre Autonomie einer schwachen oder fernen Standesherrschaft abtrotzten, trifft man ein Gleichheitsstreben, das sich bei jeder Gelegenheit bestätigt, auch wenn die Gesellschaft im Grunde sehr ungleich ist.
2. Im Gegensatz dazu gibt es Dörfer, in denen die Bauern die Autorität der kleinen lokalen Feudalherrschaft akzeptierten. Hierarchische Machtstrukturen und örtliche Autorität erscheinen der Bevölkerung daher als gut und normal. Deshalb kann eine lokale Führerpersönlichkeit auf den Respekt und die Gefolgschaft der Leute rechnen.
3. Anders ist es in Dörfern, in denen die Pächter immer gegen die Großgrundeigentümer anzukämpfen hatten, jedes Jahr ihren Ernteanteil verteidigen und stets um ihre Existenz bangen mußten. Hier ist das Gleichheitsstreben keine Gewohnheit, sondern eine Forderung an die Herrschenden. Infolgedessen reagieren die Leute empfindlich auf Machtansprüche und mißtrauen den Mächtigen.
4. Und es gibt schließlich Dörfer, in denen seit alters alle Dorffamilien gleichberechtigt sind. Die Leute fühlen sich gleich und stehen ihren gewählten oder ernannten Führern freimütig gegenüber.

Außenbeziehungen: Die Macht in ländlichen Gemeinwesen wird nicht nur aus den innerörtlichen Quellen der Verwandtschaft, des Besitzes und der Ideologie gespeist, sondern auch von Faktoren außerhalb des lokalen Systems gestützt. Von außen kommen unter anderem Rechtsnormen, Zuschüsse, Protektion, Informationen und Neuerungen. Um aus diesen äußeren Quellen Macht schöpfen zu können, muß man gute Beziehungen zu den politischen Parteien, zu den Verwaltungsbehörden und staatlichen Ämtern, zu den kirchlichen und wirtschaftlichen Institutionen unterhalten. Man muß die Sprache der äußeren Macht sprechen können, und es ist vorteilhaft, auch deren Ideologie zu teilen. In dem Maße, in dem ein wachsender Anteil der Entscheidungsbefugnisse und der Mittelvergabe in die Hände von übergeordneten Verwaltungsstellen und Parlamenten gelegt wird, gewinnen jene Persönlichkeiten an lokaler Macht, die den Formalismus des Behördenverkehrs beherrschen, sich im Dschungel der Antragsverfahren auskennen, sich in einem Amt oder in einer Versammlung Gehör verschaffen können und die Verbindungen zu den entscheidenden Persönlichkeiten und Verbandsfunktionären besitzen.

Informationsvorsprung: Zugang zu Informationen, die Fähigkeit, sie situationsgerecht zu interpretieren und Vorteile aus einem Informationsvorsprung zu ziehen, wird in einer dynamischen Gesellschaft zu einer weiteren Quelle und zu einem Hauptwerkzeug der Macht. Wer als erster die Vorzüge einer technischen Neuerung erkennt, wer als erster von Planungen der Verwaltung erfährt, wer als erster von personellen Umbesetzungen hört, kann sich eine „zeitliche Differentialrente" sichern. Ein zeitlicher Vorsprung kann entscheidend sein, um restriktiven Maßnahmen zuvorzukommen, knappe Kredite in Anspruch zu nehmen, gezielte Subventionen zu erhalten usw. Was für den eigenen Betrieb gilt, trifft auch für den öffentlichen Bereich zu. Jene Dörfer haben sich daher am besten entwickelt, deren Bürgermeister sich zu informieren wußten und die Informationen in erfolgreiche Kommunalpolitik umzumünzen verstanden.

Apparat: Die Quellen der Macht lassen sich heute nur noch dann politisch richtig nutzen, wenn man auch über die technischen Hilfsmittel der Kommunikation verfügt. Vor allem um die außerörtlichen Machtquellen ausschöpfen zu können, bedarf es des eigenen Autos, des Telefons und der Schreibmaschine. Noch günstiger sind jene dran, die eine Position einnehmen, in der sie einen eingespielten Büroapparat zur Verfügung haben und institutionalisierte Kommunikationskanäle benützen können. Vor allem sind es die Parteiapparate, die es auch den nicht besitzenden und den zugezogenen Politikern im Dorf ermöglichen, am Spiel um die örtlichen Machtpositionen erfolgreich teilzunehmen.

5.4.4 Ländliche Eliten

Elite – im idealistischen Sinne die „Auslese der Besten" – bedeutet im politischen Alltag die Gesamtheit der Inhaber von Führungspositionen. Zur Elite zählen die Akteure der Macht und deren einflußreiche Hintermänner. Welche Personen die ländlichen Eliten bilden, hängt in erster Linie vom Gesellschaftssystem und von der politischen Verfassung ab. Die Ausleseprinzipien können auf Blut, Besitz, Leistung oder Gesinnung beruhen. In kommunistischen Ländern bilden faktisch die „Kader" die Eliten.

5.4.4.1 Dorfherr (Baron, Schloßherr, Aga, local squire)

Der adelige Dorfherr oder Rittergutsbesitzer war Glied einer regional weit ausgedehnten Aristokratie. Verwandtschaftsbeziehungen verbanden ihn mit der Außenwelt, sozialökonomische Beziehungen mit dem lokalen System. Die Außenbeziehungen sind geblieben, stützen aber die lokale Herrschaft kaum mehr. Die lokalen Beziehungen haben sich grundlegend durch die Liquidierung des Feudalsystems verändert. Soweit der Adel noch landsässig ist, nimmt er eher die Rolle eines Außenseiters als die eines die Lokalpolitik bestimmenden Herrn ein.

5.4.2.2 Patron

Die Patronage ist für stark geschichtete, traditionale Gesellschaften charakteristisch. Sie nimmt in der Regel die Form an, daß Inhaber von wirtschaftlichen Machtpositionen (sehr oft Händler und Aufkäufer) oder Rechtsanwälte Zweierbeziehungen zu Personen aufbauen, die ihrer Hilfe und ihres Schutzes bedürfen. Von ihren Klienten erwarten die Patrone als Gegenleistung Gefolgschaft, informelle Dienste und anderes mehr. Patron-Klient-Beziehungen sind grundsätzlich asymmetrisch, da der Klient stets der Abhängige ist und keine Chance der Gleichstellung besitzt. Nach der Anzahl und den Positionen seiner Klienten bemißt sich das Ansehen und das politische Gewicht eines Patrons. Die Patronage kennzeichnet in zahlreichen Fällen die Zuordnungsmuster in Entwicklungsgesellschaften, auch unter den Bedingungen industrieller Arbeit. Die Patronage gewinnt besondere Bedeutung, indem sie zwischen den Angehörigen des lokalen Systems und der feindseligen, verwirrenden Außenwelt vermittelt. Die individuellen Verbindungen zwischen Klienten und Patronen („Amigokratie") verhindern, daß die Dörfler kollektiv der Macht und Autorität im äußeren System widerstehen.

5.4.4.3 Honoratioren

Honoratioren (Ehrbarkeit) sind jene angesehenen Bürger, die aufgrund einer gesicherten ökonomischen Existenz in der Lage sind, Ehrenämter in einem Gemeinwesen zu übernehmen. Wichtig ist die typische Wechselwirkung zwischen sozialökonomischer Besserstellung und dem Zugang zu öffentlichen Ämtern. Ihr hoher Status wird umgekehrt durch das Prestige gefestigt, das die unentgeltliche Übernahme von öffentlichen Ämtern und die Erfüllung gemeinnütziger Aufgaben verschafft. Sie haben es aufgrund ihres öffentlichen Ansehens und Vertrauens im allgemeinen nicht nötig, in einer politischen Organisation fest verankert zu sein, um Politik machen zu können. An die Stelle des Parteibüros tritt gewöhnlich der Stammtisch als Kommunikationszentrum. Befunde aus der Bundesrepublik Deutschland legen es auch heute noch nahe, „die kommunale Machtstruktur als eine Honoratiorengesellschaft zu kennzeichnen, die vom Bürgermeister und der ihm zugeordneten Verwaltung dominiert wird" (WEHLING 1975, S. 290). Unter den Honoratioren nehmen die ins Dorf versetzten Pfarrer und Lehrer eine Außenseiterstellung ein, da sie weder Grundeigentum noch Verwandtschaft im Dorf haben und übergeordnete Instanzen vertreten. Sie stehen wie der dorffremde Verwaltungsfachmann außerhalb der dörflichen Kommunikations- und Interaktionssysteme.

5.4.4.4 Neue Eliten

Die ländlichen Eliten rekrutierten sich bis in die jüngste Zeit fast ausnahmslos aus der Schicht der adeligen und bürgerlichen Gutsbesitzer sowie aus den alteingesessenen Bauern- und Handwerkerfamilien (Substanzeliten). Erst neuerdings werden die führenden Positionen zunehmend von Angehörigen der Beamten- und Angestelltenschaft und von Facharbeitern besetzt (Leistungseliten). In einigen Ländern wird die ländliche Führungsschicht von Parteifunktionären und/oder von den Leitungskadern der sozialisierten Großbetriebe gebildet. Die neuen Eliten stützen sich auf relativ spezielle Machtquellen (Partei, Gewerkschaft, Unternehmen) und tendieren dazu, sich hauptsächlich überlokal zu orientieren. Der abnehmende lokalpolitische Einfluß der alten Elite hängt mit dem zahlenmäßigen Rückgang der selbständigen Bauern und Gewerbetreibenden ebenso zusammen wie mit dem Wandel der Arbeitsverfassung. Die meisten größeren Bauern haben nicht mehr die Muße, sich öffentlichen Angelegenheiten widmen zu können, da sie keine Lohnarbeitskräfte mehr beschäftigen.

5.4.5 Örtliche Organe und Positionen

Der organisatorische Rahmen lokaler politischer Institutionen wechselt zwar von Kultur zu Kultur, von Land zu Land und mitunter sogar von Ort zu Ort. Es zeichnen sich aber trotz großer Mannigfaltigkeit der örtlichen Ausgestaltung einige Grundformen ab, die häufig wiederkehren.

Dem genossenschaftlichen Grundmuster ländlicher Siedlungen entspricht die *Ortsversammlung*, in der jeder Haushalt vertreten ist. Die Zuständigkeiten dieses demokratischen Organs reichen von der völligen Bedeutungslosigkeit bei machtzentrierter Verfassung bis hin zur umfassenden Entscheidungsgewalt in allen kommunalen Angelegenheiten wie in der Schweizer Dorfgemeinde. Die Ortsversammlung kann einen informalen Zusammenschluß bilden oder in der Gemeindeordnung gesetzlich verankert sein. In vielen Fällen, insbesondere in größeren Gemeinden, ist die Ortsversammlung zum Recht der Bürger zusammengeschrumpft, über den Stand der Gemeindeangelegenheiten informiert zu werden und ihre Vertreter in den Gemeinderat und die leitenden Dorfbeamten zu wählen.

Die Beschlußfassung in Dorfangelegenheiten ist in der Regel einem kleineren Kreis von Ortsbürgern vorbehalten, der an der politischen Willensbildung direkt mitwirkt und die Entscheidungen mitträgt. Dieser *Ortschafts-, Gemeinde- oder Ältestenrat* kann aus sämtlichen Haushaltsvorständen, aus den Dorfältesten, aus den gewählten Vertretern der Bürgerschaft oder aus einer dem Ortsvorsteher nahestehenden Clique bestehen. Das Organ des Rates soll gewährleisten, daß die Ansprüche und Absichten einzelner auf ein für die Ortsbevölkerung erträgliches Maß zurückgeschraubt werden und daß die Basis der Sachkenntnisse und partikulären Interessen verbreitert wird. Die gewählten Räte vertreten in ländlichen Gemeinwesen gewöhnlich keine Parteien, sondern Berufs-, Verwandtschafts- und Interessengruppen oder ihre Ortsteile.

An der Spitze ländlicher Gemeinwesen steht in der Regel der *Ortsvorsteher*. Er trägt im deutschen Sprachgebiet Amtsbezeichnungen wie Bürgermeister, Schulze, Schultheiß, Amann, Obmann, Hauptmann oder Vogt. Er repräsentiert einerseits die Gemeinde und leitet den Gemeinde- oder Ältestenrat, andererseits fungiert er als verlängerter Arm der Staatsgewalt oder der Grundherrschaft. In dieser Funktion ist er an externe Weisungen und Auflagen gebunden. Er nimmt also eine Zwischenstellung zwischen dem äußeren und dem inneren politischen System ein. Ob er mehr dem äußeren oder dem inneren System angehört, regelt die Gemeindeverfassung. Nach einer Periode des in der Dorfgemeinschaft wurzelnden „Bauernschultes" herrscht gegenwärtig in der Bundesrepublik Deutschland der aus dem äußeren System stammende Verwaltungsfachmann vor.

Die Aufgaben des Bürgermeisters haben sich im Laufe der Zeit geändert; die strategische Bedeutung seiner Position ist geblieben. Seine Position ist die Grundstufe eines hierarchischen Systems der staatlichen Exekutive und zugleich die Spitze der örtlichen Macht- und Rangskala. Bei der Ausübung seines Amtes muß sich der Bürgermeister als Verwaltungsfachmann bewähren und sich gleichzeitig den Regeln der ländlichen Sozialbeziehungen und der jeweiligen Dorfideologie anpassen können. Er soll unternehmerisch (dynamisch) und darf auch ein wenig autoritär sein; aber er soll sich versöhnlich zeigen. Man nimmt es ihm übel, wenn er sich hinter die Autorität seines Amtes zurückzieht und rechnet es ihm hoch an, wenn er leutselig und vereinsfreudig ist. Nach außen hin soll er sich als „schlagkräftig" erweisen, sei es auf die alte Art, indem er Subventionen und Vergünstigungen für seine Gemeinde beschafft, sei es auf die neue Art, indem er „die Sache erledigt", Pläne entwirft und die Mittel zu deren Verwirklichung auftreibt.

Neben bzw. unter dem Ortsvorsteher amtieren je nach Umfang des Aufgabenbereiches weitere leitende, richtende, verwaltende oder Aufsicht führende Amtsträger. An erster Stelle stehen die *Gemeindepfleger* (Gemeindedirektoren, Heimburgen, Einunger usw.), die das Gemeindevermögen und den Gemeindehaushalt verwalten. Sie können den Ortsvorstehern den Rang streitig machen, wo diese auf richterliche oder repräsentative Aufgaben beschränkt sind.

Je mehr sich die Bürokratie der Verwaltung bemächtigt, desto wichtiger wird die Position des Gemeindeschreibers (Sekretär). In überwiegend analphabetischen Gesellschaften kann er sich eine Schlüsselposition verschaffen, wenn ein des Schreibens und Lesens unkundiger Ortsvorsteher seinen Kenntnissen ausgeliefert ist. Unter einfacheren Verhältnissen übernehmen häufig Dorflehrer oder Ortsgeistliche das kommunale Schreibwerk, unter komplizierteren Verhältnissen sind dazu die Kenntnisse von Verwaltungsfachleuten, Aktuaren und Notaren erforderlich.

Unter ländlich-agrarischen Verhältnissen sind die *Notare*, die die Grundbücher führen und die Marksetzungsbeamten (Untergänger), die die Vermarkung der Flurstücke und die Beachtung der Parzellengrenzen überwachen, von besonderer lokalpolitischer Bedeutung. Kaum weniger wichtig ist der *Bannwart*, oft mit dem Feld- und Waldschützen (Flur-, Waldhüter) identisch, der Flurschaden, Felddiebstähle, Waldfrevel und andere Vergehen in Wald und Flur verhindern und anzeigen soll. Wo noch gemeinsame Stoppel-, Brach- und Allmendweide üblich ist, ist auch der *Gemeindehirte* wichtig, wenngleich seine Position wenig Ansehen genießt. Weitere örtliche Positionen im Rahmen der Viehhaltung sind der Bullenhalter, der Fleischbeschauer, der Viehbeseher und der Wasenmeister (Abdecker). Für Botengänge und andere Dienstleistungen wird ein *Gemeindediener* oder *„Dorfknecht"* bestellt, wenn diese Aufgaben nicht vom *Büttel* (Waibel) wahrgenommen werden, der in erster Linie ortspolizeiliche und gerichtliche Aufträge zu erledigen hat. Für die Erledigung wichtiger Aufgaben können weitere leitende und ausführende Positionen geschaffen werden, z.B. die des „*Fronmeisters*", der für die Instandhaltung der öffentlichen Wege und Einrichtungen verantwortlich ist, oder die des *Feuerwehrkommandanten*. Eine lebenswichtige Rolle spielen schließlich auch diejenigen Dorfbediensteten, die sich im Gesundheitswesen als *Gemeindeschwestern, Hebammen* oder *Sanitäter* aufopfern.

Literatur: ATTESLANDER und HAMM 1974, BADER 1974, FRANZ 1975, JAUCH 1975, KROMKA 1975, WEHLING 1975, 1978.

Diskussions- und Prüfungsfragen
1. Welches sind die Hauptinhalte der ländlichen Lokalpolitik?
2. Bewerten Sie die Quellen der örtlichen Macht in ihrer gegenwärtigen Bedeutung!
3. Beschreiben Sie die wichtigsten Formen örtlicher Machtstrukturen!
4. Was sind Eliten und aus welchen Schichten und Klassen rekrutieren sich die ländlichen Eliten?
5. Warum besitzt der Bürgermeister (Ortsvorsteher) in ländlichen Gemeinden eine Spitzenstellung?
6. Beschreiben Sie typische Machtpositionen in ländlichen Gemeinwesen!
7. Wie kommen Entscheidungen und Beschlüsse auf lokaler Ebene zustande?

Teil 2: Soziologie der Landwirtschaft

Agrarsoziologie als Lehre von den Bedingungen, Mustern und Formen menschlichen Zusammenlebens und -wirkens im Bereich der Land- und Forstwirtschaft bezweckt, agrarsoziale Tatbestände systematisch zu beschreiben, zu erklären und zu problematisieren. Personaler Gegenstand sind alle land- und forstwirtschaftlichen Berufszugehörigen einschließlich der nebenberuflichen Landwirte. Die Lebensbedingungen dieser Bevölkerungskategorie werden hauptsächlich bestimmt durch ihr Verhältnis zum Boden (Bodenordnung), durch ihre beruflichen Beziehungen zueinander (Arbeitsordnung) und durch das übergeordnete Wirtschafts- und Gesellschaftssystem (Herrschaftsordnung). Die Gesamtheit dieser rechtlich-sozialen Ordnungen wird als *Agrarverfassung* bezeichnet. Agrarverfassung im engeren Sinne ist die Bodenrechtsordnung (land tenure). Die Merkmale der Agrarverfassung und deren Ausprägungen sind Übersicht 26 zu entnehmen. Die Merkmalsausprägungen stehen zueinander und zum Ganzen der Agrarverfassung in meßbaren Verhältnissen. Man nennt deren Gesamtheit Agrarstruktur. Agrarstruktur ist jedoch nicht gleichzusetzen mit der wirtschaftlichen, sozialen und rechtlichen Organisation des Agrarsektors, da der Begriff Organisation soziologisch neben Strukturen auch Funktionen und Zwecksetzungen enthält.

Nach dem doppelten „agrarischen Credo" (JACOBY 1971) soll der Boden dem gehören, der ihn bebaut, und der Bauer soll niemands Herr und niemands Knecht sein. Eine solche Ordnung ist zwar kaum zu verwirklichen, aber jede Agrarverfassung muß sich an diesem Wunschbild messen lassen. Die wirklichen Agrarverfassungen sind das Ergebnis des Zusammenspiels von natürlichen Bedingungen, bekannten Technologien, wirtschaftlichen Gesetzen und politischer Verfassung. Bei jeder Agrarverfassung handelt es sich um ein raumbezogenes, geschichtlich erfülltes Phänomen. WERNER CONZE (1956, S. 109) gliedert die zeitliche Dimension der Agrarverfassung in folgende vier Abschnitte:
1. die über Jäger und Althirten hinausführende Stufe des Pflanzertums,
2. das Pflugbauerntum in „reiner Agrargesellschaft",
3. das Pflugbauerntum in „entfalteter Agrargesellschaft" mit Stadtkultur und einer durch die Stadt mitbestimmten Gesamtverfassung,
4. das Pflugbauerntum (und Pflanzertum) innerhalb der industriellen Verkehrsgesellschaft in Abwehr und Wandlung.

Diese Gliederung ist nicht als eine Abfolge aufzufassen, in der eine Stufe auf der anderen aufbaut. Lediglich die vierte Stufe setzt weltweit auf eine der anderen auf. Für den Übergang ins Industriezeitalter ist die Ausgangslage selbstverständlich keineswegs belanglos. BOBEK (1959) hat die Mannigfaltigkeit der sozialökonomischen „Entfaltungsstufen" am Ende des 15. Jahrhunderts, also noch vor der Europäisierung und Kolonialisierung der Erde, kartiert. Demnach wurden damals noch große Teile der Erde von Gesellschaften in einem voragrarischen Zustand besiedelt.

Im Verlauf der neueren und neuesten Geschichte kam es zu zahlreichen herrschaftlichen Überlagerungen und kulturellen Überformungen, die auch den Agrarverfassungen ihren Stempel aufdrückten. Unter dem Einfluß gleicher Kulturelemente bildeten sich größere Agrarverfassungsregionen aus, die bei aller Verschiedenheit in den Einzelheiten doch einige gemeinsame

182 Soziologie der Landwirtschaft

Übersicht 26. Bestimmende Merkmale der Agrarverfassung

1. *Siedlungsformen:*
   a) Bewohnungsweise (permanente, semipermanente, temporäre Siedlungen)
   b) Sozialökonomische Funktion und Struktur (Wohn-, Wohn- und Arbeitsstätten-, Arbeitsstättensiedlung, Agrar-, Industrie-, Handwerker-, Bergbau-, Dienstleistungssiedlung)
   c) Sozialstruktur (Herrschafts-, Bauern-, Landarbeiter-, Arbeiterbauernsiedlung)
   d) Siedlungsgröße (Einzel-, kleine, mittelgroße, große, sehr große ländliche Siedlung)
   e) Siedlungsform (lineare, Platz-, Haufen-, Schachbrett-, Streusiedlung)

2. *Haus- und Gehöftformen:*
   Einheits-, Haufen-/Streu-, Seiten-/Kantenhof

3. *Flurformen:*
   Einödlage (Einödflur), Gemengelage (Gewannflur), Blockflur, Streifenflur

4. *Eigentums- und Besitzverhältnisse:*
   Eigenland (Individual-, Gemeinschafts-, Miteigentum), Pachtland (Hofpacht, Parzellenpacht), individuelle Nutzung von Gemeinschaftseigentum (Allmende, Ejido, Märker- und Gehöferschaft, Haubergsgenossenschaft)

5. *Erbsitte* (Erbrecht):
   Freiteilbarkeit, geschlossene Vererbung, Mischformen, ideelle Teilung

6. *Grundstücksverkehr*

7. *Betriebsgrößen:*
   gemessen an der Fläche (Latifundien, Minifundien), dem Umsatz, dem AK-Besatz, der Herdengröße, der Anspannung usw.

8. *Betriebstypen* (Einstufung nach sozialen Merkmalen):
   Feierabendstelle, Nebenerwerbsbetrieb, Aufbau-, Abbaubetrieb, Zuerwerbsbetrieb, Vollbauernbetrieb (Familienbetrieb, Gesindebetrieb), Lohnarbeiterbetrieb (bäuerlicher Lohnarbeiterbetrieb, Großbetrieb), Genossenschaftsbetrieb, Kollektivbetrieb, Kommune

9. *Betriebsformen* (Bodennutzungs- und Viehhaltungssystem):
   a) Bodennutzung: Sonderkulturwirtschaft (Wein, Tabak, Obst, Gemüse, Kaffee, Kakao, Tee, Kautschuk, Jute usw.), Hackfruchtwirtschaft, Getreidewirtschaft, Futterwirtschaft, Misch- und Übergangsformen
   b) Viehhaltung: Pferde-, Rindvieh-, Schweine-, Schaf-, Ziegen-, Geflügelhaltung bzw. Milchvieh-, Mastvieh-, Zuchtviehhaltung bzw. Stallhaltung, Weidehaltung (extensive, intensive)

10. *Landwirtschaftliche Arbeitsverfassung:*
    a) Familienarbeitsverfassung (Voll-, Teilerwerbsverfassung; Übergangsformen: Gesinde-, Heuerlings-, Betriebshilfsdienstverfassung)
    b) Fremdarbeitsverfassung (Zwangs-, freie Fremdarbeitsverfassung)
    c) Kooperative Arbeitsverfassung (gesellschaftliche, genossenschaftliche)

11. *Feldsysteme:*
    Gras-(Weide-)wirtschaft, Urwechselwirtschaft, Feldgraswirtschaft, Ein-, Zwei-, Drei- und Mehrfelderwirtschaft, Fruchtwechselwirtschaft, freie (Gartenbau-)Wirtschaft, Plantagen-(Monokultur)wirtschaft

12. *Agrartechnik:*
    Schlick-, Brand-, Hack-, Haken-, Pflugkultur, Teilmotorisierung, Vollmotorisierung, Automation

13. *Wirtschaftsformen:*
    Haushaltorientierte Individual- oder Gemeinschaftswirtschaft (Selbstversorgerbetrieb), marktorientierte Individualwirtschaft ohne oder mit genossenschaftlichen Ergänzungsbetrieben, vertikal und/oder horizontal integrierte Individualwirtschaft, planorientierte Kollektivwirtschaft

Züge aufweisen: (1) die Bauernländer in Skandinavien, Mitteleuropa und Teilen von West- und Südeuropa, (2) die ost- und südosteuropäischen Länder mit sozialistischer Landwirtschaft, (3) die westeuropäischen und überseeischen Farmgebiete, (4) die kontrastreiche Lati- und Minifundienwirtschaft in den lateinamerikanischen Ländern, (5) die von der islamischen Kultur und der osmanischen Herrschaft geprägte Agrarverfassung des Nahen und Mittleren Ostens, (6) die kleinbetriebliche Landwirtschaft in den Ländern Süd- und Südostasiens, (7) die auf Gemeineigentum beruhende und eng mit religiösen Vorstellungen verbundene Landwirtschaft im tropischen Afrika, (8) die kommunistische Landwirtschaft im Fernen Osten.

1 Bodenordnung

1.1 Soziale Bedeutung

In allen Landwirtschaft treibenden Gesellschaften werden die Beziehungen der Menschen zum nutzbaren Boden durch Sitte und/oder Gesetz[1] geregelt. Die Gesamtheit dieser Regelungen nennt man Bodenordnung. Die Bodenordnung betrifft die Aufteilung und Nutzung des Bodens (Flurordnung), die Verfügungsgewalt über den Boden (Eigentumsordnung) und die Übertragung der Verfügungsgewalt über den Boden (Grundstücksverkehrsordnung). In der jeweiligen Bodenordnung werden nicht nur die Beziehungen der Menschen zum Boden festgelegt, sondern mittelbar auch spezifische Beziehungen zwischen den Menschen hergestellt, denn das Recht, über den Boden eigennützig zu verfügen, schließt die Einwirkungen Dritter aus bzw. die Anerkennung dieses Rechtsanspruches durch Dritte ein. Andererseits richten sich an diejenigen, die über den Boden verfügen, bestimmte Verhaltenserwartungen. Von der Bodenordnung gehen daher Anreize und Hemmungen auf das Handeln der Menschen aus. Sie löst und schafft soziale Probleme. Die Bodenordnung ist mithin einer der wichtigsten Bestandteile jeder Kultur. Sie bildet die Grundlage aller sozialen Systeme in der Landwirtschaft. Es kommt der Bodenordnung somit auch eine wesentliche Organisationsfunktion zu. In den „hydraulischen Gesellschaften" wasserarmer Länder gewinnt die Wasserordnung eine ähnliche gesellschaftlich fundamentale Bedeutung, was unter Hinweis auf KARL WITTFOGEL (1977) im folgenden nicht näher ausgeführt zu werden braucht.

Kaum ein Viertel der Festlandsfläche der Erde ist landwirtschaftlich, nur etwa ein Zehntel ackerbaulich nachhaltig nutzbar. Tatsächlich ernährt nur ein Sechstel der Landoberfläche der Erde die gesamte Weltbevölkerung. Fruchtbarer Boden ist also ein kostbares Gut, das in der Natur nur beschränkt vorkommt, bei unsachgemäßer Behandlung rasch zerstört wird und nur mit großem Aufwand vom Menschen hergestellt werden kann. Aus diesen Gründen sind seit alters Ackerböden und Weidegründe Gegenstand des Kampfes der Völker und Stämme und Streitobjekte einzelner Sippen und Familien. Die Abhängigkeit der Menschen von den Erträgen des Bodens verschafft einerseits jenen, die ihn besitzen oder kontrollieren, Macht über die Besitzlosen. Verfügbarkeit über den Boden und seine Erträge verleiht andererseits das Gefühl sozialer Sicherheit und ein gewisses Maß an Unabhängigkeit. Der Kampf des Bauern um persönliche Freiheit wird deshalb oft als Kampf um Bodeneigentum geführt.

Für den Landwirt sind Umfang der Verfügungsgewalt sowie Menge und Güte der verfügbaren Nutzflächen wesentliche Faktoren der Höhe und Art seines Einkommens. Art der Verfügbarkeit und Größe des Grundbesitzes bestimmen besonders in traditionalen Agrargesellschaf-

---

[1] In der Bundesrepublik Deutschland kommt die rechtliche Sonderstellung des land- und forstwirtschaftlichen Bodens besonders im Grundstücksverkehrsgesetz, im Landwirtschaftlichen Erbrecht (Höfeordnung), im Landpachtgesetz und im Flurbereinigungsgesetz zum Ausdruck.

ten Macht, Ansehen, Rang, Klassen- oder Schichtzugehörigkeit. ALFRED JANATA (1973, S. 99) bringt dafür einen schönen Beleg aus Afghanistan: „Noch in rezenter Zeit, mancherorts bis in die Gegenwart, gilt als freier Paschtune nur jener, der ein Stück Grund sein eigen nennt. Stammesangehörige mit noch so eindeutiger genealogischer Zugehörigkeit verlieren ihren Status zugleich mit dem Verlust des letzten Stückes Ackerboden."

Über die materiellen Ertrags-, Verkaufs- und Spekulationswerte und die daraus ableitbaren sozialen Werte hinaus besitzt der Boden aber auch noch Werte emotionaler und kultureller Art. Eine rein rationale Einstellung zum Boden ist nur bei etwa einem Zehntel der westdeutschen Landwirte anzutreffen, während die überwiegende Mehrheit starke Gefühlsbindungen zum Boden hat (vgl. SCHMALTZ und MROHS 1970, S. 44). Was der Boden dem einzelnen Menschen bedeutet, ist in hohem Maße kulturbedingt.

1.2 Flurordnung

1.2.1 Landteilung

Unter Flurordnung im engeren Sinne versteht man die Besitzzuweisung und Aufteilung (land division) land- und forstwirtschaftlich nutzbarer Flächen in betriebsgerechte, bewirtschaftungsfähige Parzellen, Parzellenverbände und Parzellenkomplexe. Auf den ersten Blick scheint es sich bei der Parzellierung der landwirtschaftlichen Nutzflächen nur um ein vermessungstechnisches und, was die Sicherung der Besitztitel anbelangt, um ein rein juristisch-administratives Problem zu handeln. Jedoch, „wenn immer eine Gesellschaft sich für seßhafte Landwirtschaft und privates Eigentum entschieden hat, bekommt die Art und Weise, wie der Boden unter die landwirtschaftliche Bevölkerung aufgeteilt wird, größte Bedeutung" (SMITH 1953, S. 244) für das soziale Leben. Denn dadurch werden die räumlichen Grundmuster festgelegt, in denen sich die menschlichen Beziehungen auf dem Lande abspielen. Durch Einteilung wird der Raum zum „sozialen Raum" (DURKHEIM 1895).

Die land- und forstwirtschaftlichen Nutzflächen werden aufgeteilt in größere und kleinere Areale einheitlicher Bodennutzung, Besitz- und Eigentumsverhältnisse. Die Parzelle stellt die kleinste vermessungstechnische Einheit dar. Mehrere aneinandergrenzende Parzellen desselben Betriebes bilden ein Teilstück. Indikatoren für den Grad der Flurzersplitterung sind die Zahl der Teilstücke je Betrieb und die durchschnittliche Teilstückgröße in Hektar. Im Erscheinungsbild der Fluren wird vornehmlich das Nutzflächengefüge sichtbar. Es überlagert das System der auf Flurkarten eingezeichneten Besitzlinien und der im Kataster registrierten Eigentumsgrenzen. Nutzflächen-, Besitz- und Eigentumsgefüge sind selten deckungsgleich. Daher ist es angebracht, ihre jeweiligen Strukturelemente auch begrifflich auseinanderzuhalten (Übersicht 27). Nutzflächen bzw. Nutzlinien unterliegen oft periodisch dem kurzfristigen Wechsel des Anbaus und der Grünlandnutzung, während die Besitzflächen bzw. Besitzlinien relativ stabile Strukturelemente der Flur bilden, die unter dem Einfluß von wirtschaftlichen Erfordernissen, der Art der Landerschließung und -verteilung, der Sozialstruktur und der natürlichen Ausstattung der jeweiligen Landschaften entstanden sind. Sie verändern sich im Laufe der Zeit durch Erb- und Kaufteilungen (Flurzersplitterung), Besitzarrondierung, Flurbereinigungsverfahren (Umlegung, Zusammenlegung, Verkopplung) und Bodenreformen allmählich oder schlagartig. Der über die Gemarkung des Betriebsortes auf benachbarte Gemarkungen ausgreifende Landbesitz heißt „Ausmärkerland".

Einen Sonderfall stellen die „temporären Fluren" des Wanderfeldbaus und der Wanderviehzucht dar, bei denen sich die Besitzlinien mit der Rotation der Nutzung ändern. Bei den ambulanten Produktionssystemen verliert auch der Begriff der Gemarkung seinen Sinn, weil das Nutzland, das zur Niederlassung von Wanderfeldbauern oder zum Zeltlager von Nomaden gehört, nicht deutlich fixiert ist. Man spricht dann besser von Bann oder Bannbereich (NIEMEIER 1977, S. 63).

Übersicht 27. Begriffliche Gliederung der Flur (nach LIENAU 1967)

nach dem Kataster[1] (Eigentumsgefüge)	nach den Besitzlinien (Besitzgefüge)	nach den Nutzungslinien (Nutzflächengefüge)
Gemeindebezirk	—	—
Gemarkung(en) (Katasterbezirke)	(Wirtschafts-)Gemarkung[2]	Gemarkung
Flur(en) im Sinne von katastermäßigen Gemarkungsteilen	Flur im Sinne der parzellierten agrarischen Nutzflächen	Flur im Sinne der nicht bewaldeten agrarischen Nutzfläche
	Parzellenkomplexe (Esch)	Nutzlandkomplexe Acker-, Wiesen-, Weide-, Reb-, Garten-, Sonderkulturenland; Regen-, Bewässerungsfeldland
Gewanne	Parzellenverbände (Gewanne)	Nutzungsbezirke (Zelge, Oesch, Schlag)
Flurstücke (Grundstücke) Flurstückabschnitte	(Besitz-)Parzellen	Nutzungsparzellen (Schlag, Acker, Feld, Wiese, Koppel, Beet)

[1] Hessische Katasterbestimmungen von 1962
[2] Schließt im Unterschied zur Katastergemarkung das Ausmärkerland ein.

1.2.2 Landvermessung

Unter Landvermessung ist die Festlegung der Grenzen eines Grundstückes in der Natur und deren Registrierung im Grundstückskataster zu verstehen. Aus technischer Sicht ist von der Landvermessung zu fordern, daß sie einfach und genau, aus sozialer Sicht, daß sie bestimmt und beständig sei. Außerdem soll die Vermessungsmethode eine rasche und leichte Wiederbestimmung der Grundstücksgrenzen und eine knappe, einfache Beurkundung ermöglichen. Die eindeutige Bestimmtheit der Grenzziehung und die Dauerhaftigkeit der Grenzmarkierungen sind vielleicht die wichtigsten Voraussetzungen für die Aufrechterhaltung des sozialen Friedens in einem landwirtschaftlichen Gemeinwesen, denn die meisten ländlichen Streitfälle entzünden sich an Unklarheiten über Grundstücksgrenzen und Besitzrechte. Eine ordentliche, unanfechtbare Registrierung der Besitztitel trägt daher wesentlich zur Statussicherheit, zur Beruhigung und zur Befriedung der landwirtschaftlichen Bevölkerung bei. Nur ein geordnetes, bestimmtes und dauerhaftes System der Landvermessung ermöglicht eine einfache und genaue Registrierung der Besitztitel, eine korrekte Übergabe von Besitzrechten sowie die einwandfreie Kontrolle von Besitzansprüchen. Die trianguläre und die rektanguläre Methode der Landvermessung garantieren hinreichende Genauigkeit und Beständigkeit, wogegen andere Vermessungsmethoden Quellen betrügerischer Machenschaften, langwieriger Prozesse und erbitterter sozialer Konflikte sind.

1.2.3 Flurformen

Die Flurformen beeinflussen die Arbeitsbedingungen und bestimmen Menge und Art der Feldnachbarschaften. Sie hängen eng zusammen mit der Art der Landnahme und -teilung. Es zeichnen sich in der Flurgenese vier Regelmäßigkeiten ab: (1) Alle kollektiven Siedelvorgänge führen zu einem regelmäßigen Flurbild, individuelles Siedeln dagegen zu unregelmäßigen Blockfluren, (2) je älter eine Agrarlandschaft ist, desto komplexer ist das Formenbild der Parzellen, (3) je jünger die Flurentwicklung ist, desto regelmäßiger und durchsichtiger ist das Flurbild, (4) je mehr freier Raum vorhanden ist und je weniger Überlieferungen wirksam sind, desto häufiger werden aufgrund wirtschaftlicher Überlegungen die Nutzflächen eines landwirtschaftlichen Betriebes arrondiert. Der Besitzblock ist die Form der individuellen, der Besitzstreifen die Form der kollektiven Landnahme im freien Raum (vgl. OTREMBA 1953, S. 124ff.).

Wie die erste Inkulturnahme der Altsiedelgebiete vor sich ging, läßt sich an Beispielen jüngerer „Verdorfung" rekonstruieren (vgl. HÜTTEROTH 1968). Wahrscheinlich haben Sippen- und Familienverbände zunächst in unmittelbarer Umgebung ihrer Niederlassungen ziemlich regellos geeignete Steppenböden blockförmig bestellt oder entsprechende Rodungen angelegt. Von diesen inselartigen Siedlungen dürfte der Anbau ringförmig bzw. in Richtung des besseren Akkerlandes immer weiter hinaus in die Steppe oder in das Waldland vorgetragen worden sein, bis es die zunehmende Feldentfernung zweckmäßig erscheinen ließ, Tochtersiedlungen anzulegen. Bei dieser Art der Landnahme bleibt der innere Friede der Siedlungsgemeinschaft gewahrt, solange es noch genügend Reserveland gibt. Aggressionstriebe werden auf die harte Arbeit der Neulandkultivierung abgeleitet. Erst bei zunehmender Siedlungsdichte kommt es zu Auseinandersetzungen mit konkurrierenden Gruppen um potentielles Acker- und Weideland.

Von dieser Art des dorfgenossenschaftlichen oder herrschaftlich organisierten Landesausbaus ist die „wilde Siedlung" zu unterscheiden. Es handelt sich dabei um die willkürliche Besitzergreifung – zum Teil unter Anwendung von Gewalt und Betrug – geeigneter landwirtschaftlicher Nutzflächen durch einzelne Personen und Gruppen. Sie greift Platz, wo die Siedlungsplanung hinter den Bedürfnissen zurückbleibt. Dies war in den Transappalachen-Staaten vor 1785 der Fall, und trifft heute noch in manchen Regionen Lateinamerikas, insbesondere Brasiliens und Paraguays zu. Eine städtische Abart der wilden Siedlung bilden die über Nacht gebauten Behelfsheime ländlicher Zuwanderer an den Rändern der rasch wachsenden Großstädte mancher Entwicklungsländer.

Es entstehen bei der wilden Siedlung unregelmäßig geformte Besitzungen verschiedener Größe, deren Grenzen nicht ordnungsgemäß vermessen und registriert sind. Die Rechtsunsicherheit öffnet betrügerischen Machenschaften Tür und Tor. Der Stärkere fühlt sich ermuntert, den sozial Schwächeren und Unerfahrenen zu verdrängen und sich die besten und schönsten Geländeteile anzueignen, nachdem die schwere Rodungsarbeit getan ist. Dadurch entsteht eine Atmosphäre ständiger Beunruhigung. Die wilde Siedlung erschwert es durch ihre unregelmäßige Formgebung und die Lückenhaftigkeit der Besiedlung, nachträglich ein rationales Wege- und Gewässernetz anzulegen und andere Infrastruktursysteme zweckmäßig zu gestalten.

Bei der *systematischen Bodenverteilung* entstehen wohlgeformte, gleichmäßige Besitzungen (Abb. 17). Es ist aber keineswegs sozial belanglos, ob sie quadratisch, rechteckig oder hexagonal geformt sind. Das Schachbrettmuster, das in den USA eingeführt worden war, um einen flotten Verkauf der öffentlichen Ländereien zu ermöglichen, zeitigte einige soziale Nachteile, die erst später voll erkannt wurden. T. L. SMITH (1953, S. 246) empfahl daher, die „Townships" anstelle von Quadraten in rechteckige Streifen aufzuteilen und die Gehöfte an die Streifenenden zu bauen. Dann könnten die Farmer auf kürzere Distanzen mit ihren Nachbarn verkehren und hätten alle sozialen und ökonomischen Vorteile einer Straßensiedlung. Es ist interessant, daß SMITH zu einer Lösung kommt, die die alten Ägypter schon praktizierten, wie aus einem Papyrus aus dem dritten vorchristlichen Jahrhundert hervorgeht, und die in den mittelalterlichen Straßen-, Waldhufen- und Moorhufendörfern angewandt wurde. Eine bemerkenswerte Variante ist das hexagonale System, das der Kanadier E. DEVILLE vorgeschlagen hat, um die sozialen Nachteile des Schachbrettmusters zu beseitigen. Nach seinem Plan sollen jeweils 12 Farmen von je 160 acres ein regelmäßiges Sechseck formen, in dessen Mittelpunkt die 12 Farmstätten einen Weiler bilden. Auch diese Lösung ist nicht neu, sondern hat im mitteldeutschen Rundling einen Vorläufer.

Bisher wurde davon ausgegangen, daß der Grundbesitz eines Betriebes arrondiert ist und sich die Hofstätte inmitten oder am Rande dieses Besitztums befindet. Dies ist aber nur in den Einzelhof- und zum Teil in den Weilergebieten sowie bei Straßendörfern der Fall. Typisch für die

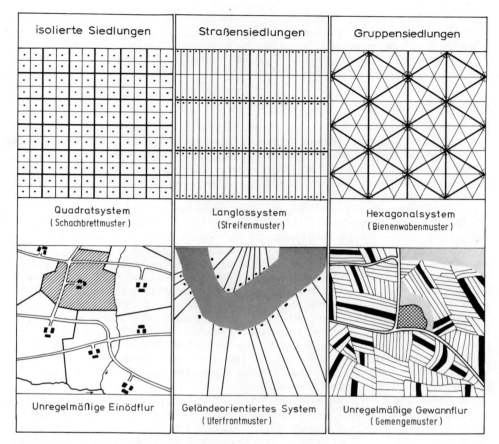

Abb. 17. Flureinteilungen und Siedlungsformen

Siedlung in Haufendörfern ist die Gewannflur, die ihren Namen daher hat, daß die Gemarkung eines Dorfes in verschiedene unregelmäßig geformte Gewanne eingeteilt ist, in denen die einzelnen Bauern Acker- und Wiesenparzellen besitzen. Die Streulage der Felder hat zur Folge, daß ein Bauer zusätzlich zu seinen Hausnachbarn noch viele verschiedene Feldnachbarn hat. Die Gewanne selbst sind ineinander verschachtelt (Gemengelage). Felder ohne Zuwegung können nur über fremde Parzellen erreicht werden. Es bedarf also der Einwilligung der betreffenden Grundstücksbesitzer oder sogenannter Trepp- und Überfahrtsrechte, die im Grundbuch als Belastung eingetragen oder Gewohnheitsrecht sind. Der Anbau der Felder ist nicht ohne Abstimmung mit den Feldnachbarn möglich. Daraus ergibt sich ein gewisser Anbauzwang (Flurzwang), denn die am Wege liegenden Parzellen müssen erst abgeerntet werden, bevor man zu den dahinter liegenden gelangen kann. Das System der Gewannflur impliziert also eine Fülle von sozialen Beziehungen, Interaktionen und Normen.

Die Gewannflur hindert den fortschrittlichen Landwirt an der Einführung neuer Arbeitsverfahren, Fruchtfolgen und Produktionstechniken und erschwert und verteuert den Einsatz großer Landmaschinen. Aus diesem Grunde wird seit Jahrzehnten die Gewannflur bereinigt, d. h. in regelmäßig geformte, meistens rechteckige Streifen aufgeteilt, an denen an beiden Schmalseiten Feldwege vorbeigeführt werden. Bei neueren Flurbereinigungsverfahren wird außerdem versucht, die vielen kleinen Parzellen jedes Landwirts zu wenigen großen Blöcken zusammenzulegen oder voll zu arrondieren. Gegenüber dem früheren Zustand verringert sich dadurch die Zahl der sozialen Kontakte auf dem Weg zu und von und bei der Außenarbeit. Es entfallen aber auch viele Streitpunkte, die das Dorfleben früher vergiftet haben.

1.2.4 Flächenwidmung

Das Wege- und Gewässernetz, die Flureinteilung und der Siedlungsgrundriß gliedern den Raum und schaffen damit räumliche Rahmenbedingungen des sozialen Handelns. Welchen Zwecken einzelne Parzellen und Geländeteile gewidmet werden, ist das Ergebnis privater oder behördlicher Entscheidungen. Der im Bundesgebiet von den Gemeinden zu erstellende Flächennutzungsplan bestimmt, wo die verschiedenen Rollen zu spielen sind, z. B. wo die Leute die Feldarbeit verrichten, wo sie bei Spiel und Sport Erholung suchen, wo Gewerbebetriebe errichtet werden dürfen. Die Flächenwidmung im Siedlungsbereich ist besonders wichtig. Sie wird im Bebauungsplan für jedermann rechtsverbindlich festgelegt. Die Lage der Wohnstätten zu den Arbeitsstätten und Versorgungseinrichtungen entscheidet unter anderem über die Wahrscheinlichkeit, daß sich Menschen unterwegs begegnen und soziale Beziehungen anknüpfen. Auch Mängel im Bebauungsplan wirken sich aus. Werden in Wohngebieten keine Spielplätze ausgewiesen, dann leidet die Sozialisation der Kinder. Fehlt es an Sportplätzen, dann suchen die Jugendlichen andere Orte auf, womit vielleicht der Keim zu ihrer späteren Abwanderung gelegt wird.

Die Beispiele sozialer Bedeutung der Flächenwidmung lassen sich beliebig vermehren. Eine Schlüsselstellung nimmt in agrarischen Siedlungen die Zuordnung von Wohnstätten, Betriebsstätten und Wirtschaftsflächen ein. Siedlungen und Fluren können einander nach zweierlei Prinzipien zugeordnet werden, nach einem betriebswirtschaftlichen und nach einem sozialökonomischen. Die Betriebs- und Wohnstätten können entweder inmitten der Felder (Einödlage) und entfernt von den anderen Hofstätten angelegt werden (Streusiedlung) oder nahe beieinander gebaut werden (geschlossene Siedlung).

Das soziale System des Einödhofes ist in sich ziemlich abgeschlossen. Dies bedeutet wenig Nachbarschafts- und Außenkontakte und somit ein relativ eintöniges, ungestörtes Leben. Fremde Arbeitskräfte und nachbarliche Hilfe sind schwerer zu bekommen. Der Anschluß an das öffentliche Straßen-, Wasserleitungs- und Stromnetz ist teuer oder praktisch unmöglich. Die Wege zu den öffentlichen Einrichtungen sind weit.

Das Bedürfnis nach Schutz, Geselligkeit und besserer Versorgung läßt die Landwirte oft auf die Vorteile der Einödlage verzichten zugunsten einer geschlossenen Siedlungsweise. Dabei müssen zwar längere Wege zu den Parzellen in Kauf genommen werden, aber die Distanzen zu den Nachbarn sind kurz, was allerdings auch wieder neue Reibungsflächen schaffen kann (überlaufendes Kleinvieh, zu starker Einblick ins gegenseitige Intimleben); Schule, Kirche, Gemeindeamt, Geschäfte usw. sind leicht erreichbar. Interaktionen mit familienfremden Menschen sind häufig. Das Gemeinschaftsleben entfaltet sich rege.

Eine Vereinigung beider Prinzipien ist die Plazierung der Hofstätten am Rande ihres geschlossenen Besitztums und die linienförmige Aufreihung derselben entlang einer Straße (Wald-, Marschhufendorf), eines Gewässers (Moor-, Flußhufendorf) oder eines Platzes (Angerdorf, Rundling). Bei linearer oder radialer Anordnung werden die betriebswirtschaftlichen Mängel des Haufendorfes vermindert. Es wird aber auch die soziale Isolierung des Einödhofes vermieden. Werden die Betriebs- und Wohnstätten um einen Platz herum gebaut, dann können die Gemeinschaftseinrichtungen zentral plaziert werden, so daß die Entfernungen der Einzelhaushalte zu den gemeinsamen Versorgungseinrichtungen und zu den Kultgebäuden ziemlich gleich groß sind. Der Dorfanger stimuliert als Fläche täglicher Begegnung das Gemeinschaftsleben und schafft ein Gefühl der Zusammengehörigkeit.

Literatur: BOBEK 1959, CONZE 1956, LIENAU 1967, RÖHM 1964a, SCHÖCK 1972, SMITH und ZOPF 1970, S. 135–157.

Diskussions- und Prüfungsfragen
1. Nehmen Sie zu den Theorien über eine zeitliche Abfolge bestimmter Stufen der Agrarverfassung Stellung!
2. Skizzieren Sie die großräumliche Verteilung,der sozialökonomischen „Entfaltungsstufen" nach HANS BOBEK!
3. Welche soziale Bedeutung hat die Bodenordnung für den einzelnen und die Gesellschaft?
4. Erläutern Sie, was man unter Eigentums-, Besitz- und Nutzflächengefüge versteht und welche soziale Bedeutung den Gefügearten jeweils zukommt!
5. Welche Anforderungen sind an die Landvermessung zu stellen? Begründen Sie Ihre Ansicht unter sozialen Gesichtspunkten!
6. Was versteht man unter Einödlage und welche Vor- und Nachteile sind damit verbunden?

1.3 Eigentumsordnung

1.3.1 Hauptformen des Grundeigentums

Die den Grund und Boden betreffende Eigentumsordnung (ungenauer: Grundbesitzverfassung) regelt die diesbezügliche Verfügungsgewalt, die Nutzungsbefugnisse und die Sozialbindungen. Für die menschlichen Beziehungen zum Boden ist die Unterscheidung von „rechtlichem Gehören" (Eigentum) und „faktischem Haben" (Besitz) von einiger Bedeutung. Grundeigentum heißt nach römischer Rechtsauffassung die unumschränkte Verfügungsgewalt einer natürlichen oder juristischen Person an einem bestimmten Grundstück.[1] Grundbesitzer ist hingegen, wer den Boden tatsächlich auf eigene Rechnung bewirtschaftet. Der Verpächter verzichtet zwar für die Pachtdauer auf einige seiner Verfügungsrechte, bleibt aber Eigentümer, während der Pächter Besitzer des ihm zur Nutzung überlassenen Bodens wird.

Die an römisch-rechtlicher Auffassung orientierte Eigentumsvorstellung ist allerdings nicht allgemeingültig. Ihr steht z. B. die sozialistische Auffassung gegenüber, nach der der Boden genau wie andere Produktionsmittel Gemeinschaftseigentum (Kollektiv-, Volkseigentum) darstellt, über das der einzelne nicht willkürlich verfügen darf. Viele afrikanische Stämme und Völker kennen ebenfalls kein veräußerliches, vererbbares Individualeigentum, sondern allenfalls ein „Nutzeigentum" an den ihnen auf dem gemeinsamen Territorium zugewiesenen Parzellen. Auch dem Hindurecht ist das individuelle Grundeigentum im Grunde fremd. Der Boden gehört den Ahnen und ist damit zwangsläufig Besitz der Großfamilie eines Hindus und seiner männlichen Nachkommen.

Das individuelle Grundeigentum wird mit der Notwendigkeit begründet, den persönlichen Freiheitsraum dinglich zu sichern. Wo immer aber das private Grundeigentum nicht einigermaßen gleichmäßig verteilt ist, schränkt das Prinzip der unumschränkten individuellen Verfügungsgewalt den Freiheitsraum anderer ein. Aufgrund dieser menschlichen Erfahrung findet auch die Überführung des Grund und Bodens in Gemeinschaftseigentum ihre Begründung in

---

[1] In der Bewässerungslandwirtschaft kann die Verfügbarkeit über Wasser gleiche oder höhere Bedeutung erlangen wie die Verfügbarkeit über Boden. Der orientalische Teilbau trägt diesem Umstand Rechnung, indem dem Wassereigner wie dem Grundeigentümer je ein Fünftel des Naturalertrages zugesprochen wird. Die folgenden Ausführungen gelten sinngemäß auch für Verfügungs- und Nutzungsrechte an knappen Wasservorkommen, ohne daß auf die örtlich sehr verschieden gestalteten wasserrechtlichen und gewohnheitsmäßigen Sozialbeziehungen eingegangen werden kann.

der Sicherung des Freiheitsraumes des Individuums. Versuche, das Gemeinschaftseigentum aus der ursprünglichen Eigentumsverfassung abzuleiten (vgl. ENGELS 1884), schlugen fehl. Die Frage, ob zuerst Gemeinschaftseigentum oder Individualeigentum bestand, konnte weder zugunsten der einen noch der anderen Auffassung beantwortet werden. Sicher dürfte hingegen sein, daß sich das Grundeigentum aus Vorbehalten und Beschränkungen der Bodennutzung heraus entwickelt hat. Sogar bei primitiven Jäger- und Sammlergesellschaften gibt es exklusive Ansprüche auf besondere Jagdgründe, Fischwasser usw., und es gibt tabuisierte Plätze wie Begräbnisstätten, heilige Haine und Grotten, die der Verfügungsgewalt Unbefugter entzogen sind.

Grundeigentum tritt in vielerlei sozial bedeutsamen Arten und Formen auf. Die wichtigsten sind folgende:

Gemeinschaftseigentum: Gemeinsames Eigentum eines Klans oder Stammes ist wahrscheinlich eine sehr frühe Form des Grundeigentums. Eigentum konnte in Stammesgesellschaften gar nicht anders als im Verband mit anderen gewahrt werden. Auf dem gemeinsamen Territorium durfte jeder so viel landwirtschaftliche Fläche nutzen, wie er brauchte und selbst bearbeiten konnte.[1] Dieses System gleicher Nutzungsrechte am gemeinsamen Bodeneigentum ist bei Hirtennomaden und Wanderfeldbauern bis heute anzutreffen. Periodische Landzuteilung auf Gemeinschaftseigentum des Dorfes bildete auch die Grundlage des russischen Mir-Systems und des japanischen Dessa. Reste von Gemeinschaftseigentum haben sich in deutschen Dörfern in der Form der Allmende bis in die jüngste Zeit erhalten. Allmenden sind Grundstücke, die der Gemeinschaft der allmendberechtigten Dorfbewohner gehören und entweder als gemeinsame Weiden, Hutungen und Wälder genutzt werden oder nach dem Alter (Prinzip der Anciennität) oder der Bedürftigkeit den Berechtigten zur privaten Nutzung auf Lebenszeit zugeteilt werden.

Von diesem System gemeinschaftlichen Bodeneigentums und individueller Nutzung ist das Gemeinschaftseigentum in gemeinsamer Nutzung zu unterscheiden. Es ist als Grundtyp sozialistischer und kommunistischer Eigentumsauffassung in weiten Teilen der Erde verbreitet. In der ergänzenden Institution der privaten Hofwirtschaft, einer Nutzfläche bis zu 50 Ar, die der Haltung von 1 bis 2 Rindern, Schweinen und Geflügel sowie der Erzeugung von Obst und Gemüse dient, ist aber auch hier das System individueller Nutzung auf gemeinschaftlichem Grundeigentum verwirklicht.

Staatseigentum: Je nach Staatsverfassung befindet sich ein mehr oder weniger großer Teil des land- und forstwirtschaftlich nutzbaren Bodens in der Verfügungsgewalt des Staates, des Volkes oder des Herrschers, der ihn an Private zur Nutzung verpachtet (Staatsdomänen), in eigener Regie nutzt (Staatswälder, Staatsgüter), verdiente Persönlichkeiten damit belohnt (Pfründen), die Staatsdiener damit für ihre Wehr- und Verwaltungstätigkeit entschädigt (Lehen), es landwirtschaftlichen Kollektiven leiht (Kolchose) oder der Förderung der Landwirtschaft widmet (Forschungs-, Lehr- und Demonstrationsgüter).

Der öffentliche Grundbesitz hat Aufgaben zu erfüllen, die das Privateigentum nicht übernehmen kann, z. B. die Unterhaltung von Wäldern im Naherholungsbereich der großen Städte, die Einrichtung von land- und forstwirtschaftlichen Versuchs- und Forschungsanstalten, Deich-, Lawinen- und Hochwasserschutz. Die öffentliche Hand benötigt ferner Boden für nichterwerbswirtschaftliche Zwecke, z. B. zum Bau von Verkehrsnetzen, zur Anlage von Naturparks. Hinzu kommen spezielle Aufgaben der Gemeinden wie die Anlage von Friedhöfen, Sport- und Erholungsstätten, die ebenfalls Liegenschaften in öffentlicher Hand unumgänglich machen. In der Vergangenheit war für viele Landgemeinden der Gemeindewald eine unentbehrliche Einnahmequelle. Es leuchtet auch ein, daß ungenutztes Land, Öd- und Unland im Besitz der öffentlichen Hand sein sollte, um es der privaten Bodenspekulation zu entziehen.

---

[1] Das war auf der Stufe des Hackbaus und der frühen Pflugkultur nicht viel. In Rwanda kann eine 5 bis 6köpfige Familie mit herkömmlichen Geräten (Hacke, Sichel) etwa 1,5 ha anbauen.

Stiftungseigentum: Stiftungsland, das im islamischen Kulturkreis unter der Bezeichnung waqf große sozialpolitische Bedeutung erlangte, hat wichtige gemeinnützige und familiäre Funktionen zu erfüllen und genießt daher besonderen Rechtsschutz (Unveräußerlichkeit, zum Teil staatliche Verwaltung). Das „gemeinnützige" Stiftungsland bildet die Rentenquelle, aus der religiöse und wohltätige Einrichtungen und Anstalten wie Moscheen, Koranschulen, Krankenhäuser, Armenspeisungen usw. unterhalten werden. In der Vergangenheit wurde in islamischen Ländern fast das gesamte Wohlfahrtswesen auf diese Weise finanziert; im Abendland verhielt es sich ähnlich, ehe diese Aufgabe dem Steuerzahler aufgebürdet wurden.

Grundeigentum kann aber auch zugunsten der Versorgung von Familienangehörigen und Nachkommen gestiftet werden. Von dieser Möglichkeit machte in Deutschland vor allem der hohe und niedere Adel durch die Bildung von „Fideikommissen" Gebrauch. „Unter einem Fideikommiß versteht man ein Vermögen (vornehmlich, aber nicht allein ein Grundvermögen), das nach dem Willen seines Stifters einer bestimmten Erbfolge (gewöhnlich dem Majorat unter den männlichen Erben) sowie Verfügungsbeschränkungen des jeweils Nutzungsberechtigten im Verkehr unter Lebenden, in der Regel dem Verbot der Teilung, Veräußerung, Belastung unterworfen ist. Das Fideikommiß dient der Erhaltung des Vermögens in der Hand einer Familie. Der Nachfolger im Besitz ist auf die Erträge verwiesen. Die übrigen Mitglieder der Familie werden mit Aussteuern, Wittümern, Apanagen u. dgl. abgefunden" (ABEL 1967, S. 179).

Privates Kleingrundeigentum: Im privaten Kleingrundeigentum wird die Idee verwirklicht, der Boden solle demjenigen zu eigen gehören, der ihn eigenhändig bebaut. Außerdem wird durch diese Eigentumsform das Ziel am besten erreicht, möglichst viele Familien an den psychischen Wohltaten und sozialen Vorteilen teilhaben zu lassen, die Bodeneigentum verschafft, und den Übeln zu wehren, die mit der Anhäufung des Bodens in der Verfügungsgewalt weniger verbunden sind. Allerdings kommt der selbstbewirtschaftende Kleineigentümer häufig nicht voll in den Genuß dieser Vorteile, weil er von den den Agrarkredit und den Markt beherrschenden Mächten abhängig ist.

Privates Großgrundeigentum: Ein Grundvermögen von weit überdurchschnittlicher Ausdehnung wird als Großgrundeigentum bezeichnet. Eine einheitliche Flächenabgrenzung gibt es naturgemäß nicht. Großgrundeigentum wird Latifundium genannt, wenn „so viel Land von Einem abgesperrt ist, daß es einem landesüblichen Durchschnittsdorf mäßig intensiver Wirtschaftsstruktur Lebensraum geben könnte" (HÄBICH 1947, S. 177). Es handelt sich dabei nach deutschen Vorstellungen um Eigentumskomplexe von mindestens 1000 bis 5000 ha, nach argentinischen von mindestens 30 000 ha. Besonders ausgedehnt war und ist zum Teil gegenwärtig noch der Latifundienbesitz in Lateinamerika, während in den meisten Ländern der Erde die Bodenreformen damit aufgeräumt haben.

Großgrundeigentum wird entweder mittels Kleinpächtern und Anteilsbauern kleinbetrieblich bewirtschaftet oder gutsmäßig zentral verwaltet. Infolge der „institutionellen Monopolsituation" (WARRINER) treten bei beiden Organisationsformen schwere soziale Mißstände auf, die schon im Römischen Reich Anlaß zu sozialer Anklage und zu Reformbestrebungen gaben. Sozial bedenklich sind vor allem die mit dem Großgrundeigentum einhergehende extrem ungleiche Vermögens- und Einkommensverteilung sowie die enormen sozialen Distanzen, die sich zwischen Bodeneigentümern und dem arbeitenden Volk der niederen Schichten herausbilden. Die Lage der letzteren ist besonders schlecht, wenn die Großgrundeigentümer den Boden nur als Rentenquelle betrachten, ihre Revenuen in den Städten verzehren und die Aufsicht über ihre Ländereien Mittelsmännern überlassen, die besessen sind vom Gedanken, sich zu bereichern und lokale Macht auszuüben. Die Kontrolle großer Ländereien ermöglicht es den Latifundisten, ihre politische Vormachtstellung auszubauen und sich gesellschaftliche Privilegien zu verschaffen. Das Interesse der Großgrundeigentümer an einer intensiveren Bewirtschaftung ihrer Ländereien ist gewöhnlich nicht sehr lebhaft, da sie auch bei geringem Arbeits- und Kapitalaufwand genug einnehmen, um ein luxuriöses Leben führen zu können. Latifundien werden vor allem deswegen zum sozialen Ärgernis, weil fruchtbare Ackerböden extensiv als Weiden genutzt oder der Jagd vorbehalten werden, während viele Landfamilien auf Zwergbetrieben darben.

1.3.2 Verteilung des Grundeigentums

Die rechtliche und tatsächliche Verfügungsgewalt über eine so lebenswichtige Sache wie den landwirtschaftlich nutzbaren Boden verschafft Unabhängigkeit, gewährt soziale Sicherheit und begründet Macht über andere Personen, die davon ausgeschlossen sind. Viele blutige Aufstände und weniger gewaltsame Sozialbewegungen auf dem Lande können auf das elementare Bedürfnis zurückgeführt werden, sich Bodenrechte anzueignen oder abzusichern. Eine „ungesunde" Verteilung des Bodens ist daher „der Kern von praktisch jedem ländlichen Problem, ob es gemeinhin als ein Problem landwirtschaftlicher Arbeit, des Pachtbesitzes und der Pächter, des niedrigen Lebensstandards, der außerordentlichen räumlichen Mobilität, der Unwissenheit und des Analphabetismus, der Armut oder als irgendein anderes der gegenwärtigen Übel diagnostiziert wird, die das Landvolk plagen" (SMITH 1953, S. 299).

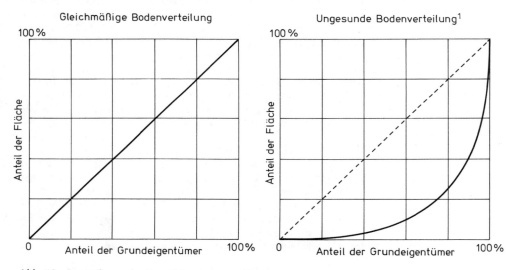

Abb. 18. Lorenzkurve der Grundeigentumsverteilung

Unter „ungesunden" Eigentums- und Besitzverhältnissen versteht man die Konzentration des nutzbaren Bodens in der Hand weniger Personen, die mehr oder weniger willkürlich darüber verfügen können. In welchem Ausmaß dies der Fall ist, zeigt die „Lorenzkurve" der Verteilung des Grundeigentums an (Abb. 18). Man erhält sie, indem man die Grundeigentümer in Richtung steigenden Grundeigentums kumuliert und die den Eigentümeranteilen jeweils entsprechenden Flächenanteile in ein Diagramm einträgt. Wenn jeder Eigentümer die gleiche Fläche besitzt, ergibt sich eine Diagonale. Je mehr die Bodenverteilung von dem Ideal der Gleichheit abweicht, um so stärker hängt die Kurve nach rechts unten durch.

---

[1] Verteilung des Grundeigentums in Deutschland 1937 ohne das Grundeigentum von Reich, Ländern, Gemeinden, Kirchen und anderen privaten und öffentlichen Rechtsgemeinschaften. Quelle: HÄBICH 1947, S. 172.

Das Extrem ist eine Agrargesellschaft, die aus wenigen Großgrundeigentümern und vielen Zwergbauern (Minifundisten), Kleinpächtern und Landarbeitern zusammengesetzt ist. Bei einer derartigen Eigentumsverteilung sind die sozialen Resultate immer und überall dieselben: (1) ein sehr niedriger Lebensstandard der landlosen Massen im Gegensatz zu dem Luxus, den sich die Begüterten leisten können, (2) große Unterschiede zwischen der besitzenden Klasse am Gipfel der sozialen Pyramide und der besitzlosen Klasse am Sockel, (3) eine sehr geringe soziale Mobilität, weil (a) Mittelschichten, über die ein sozialer Aufstieg stattfinden könnte, faktisch fehlen, (b) die Kluft zwischen Oberschicht und Unterschicht so groß ist, daß auch der minderbegabte Nachwuchs aus der Oberschicht unmöglich sozial absinken kann, (c) die Schichtzugehörigkeit durch Standes-, Kasten- oder Klassenschranken verfestigt ist, (4) niedrige durchschnittliche Intelligenz, da Anreize zu einer höheren Bildung fehlen, (5) einseitige Ausbildung der Landbevölkerung in wenigen Handfertigkeiten, (6) minimaler Spielraum für selbstbestimmte Aktivitäten, (7) eine Gesellschaft, in der Routine, Aufsicht und Gehorsam höher prämiert werden als Innovation, Fortschritt und Initiative.

Wo hingegen der landwirtschaftliche Grundbesitz breit gestreut ist, kann man im allgemeinen folgende soziale Tatbestände beobachten: (1) einen kräftigen Anreiz zu stetiger Arbeit und ein Maximum an wirtschaftlichem Handeln, (2) einen relativ hohen Lebensstandard, (3) geringe Klassenunterschiede, wenig Klassenkonflikte und Klassenkämpfe, (4) ein Hervortreten der mittleren Schichten, (5) das Fehlen von Kasten, (6) einen hohen Grad vertikaler sozialer Mobilität, (7) eine hohe Leistungsmotivation, da jedes Individuum durch eigene Anstrengungen die soziale Position erringen kann, die seinen Fähigkeiten entspricht, (8) ein allgemein hohes Intelligenzniveau, (9) eine volle Entfaltung der Persönlichkeiten.

Diese Zusammenhänge werden mit fortschreitender industriegesellschaftlicher Entwicklung schwächer, da sich die wirtschaftliche und politische Macht auf außerlandwirtschaftliches Kapitalvermögen und auf Kapitalnutzung im sekundären und tertiären Sektor verlagert. Im Agrarsektor selbst verliert der Bodenbesitz an Gewicht für die Bestimmung von sozialer Stellung und Ansehen, denn das Einkommen läßt sich durch bodenunabhängige Produktion steigern oder durch außerlandwirtschaftlichen Erwerb ergänzen. Außerdem findet im Zuge zunehmender vertikaler Integration der landwirtschaftlichen Unternehmen in das Agribusiness eine allmähliche Trennung zwischen Eigentumsrecht und faktischer Kontrolle statt. Dennoch gilt in den marktwirtschaftlichen Ländern das Eigentum als grundlegende Institution der Agrarverfassung, insbesondere weil es die Unternehmens- und Wettbewerbsfreiheit der Landwirte ermöglicht und gewährleistet.

1.3.3 Schutz und Beschränkung des Grundeigentums

Einerseits genießt das land- und forstwirtschaftliche Grundeigentum den besonderen Schutz einer Spezialgesetzgebung, sofern die Sicherstellung der Volksernährung, die notwendige Landschaftspflege und die Existenz- und Entwicklungsfähigkeit der landwirtschaftlichen Betriebe auf dem Spiele steht. Andererseits werden im Interesse des Gemeinwohls, der wirtschaftlichen Entwicklung und einer gerechten Gesellschaftsordnung sowie wegen der gebotenen Rücksicht auf andere und zur Verhütung von Mißbrauch die Bodeneigentums- und Nutzungsrechte in mannigfacher Weise gesetzlich beschränkt und öffentlich kontrolliert. Nach Auffassung des Bundesverfassungsgerichtes (Urteil vom 12. 1. 1967, 1 BvR 169/63) verbietet es die Unvermehrbarkeit des Grund und Bodens, seine Nutzung dem unübersehbaren Spiel der Kräfte und dem Belieben des einzelnen zu überlassen. Die agrarischen Sondergesetze betreffen häufig die Beseitigung des Großgrundeigentums, die Verhinderung der Bodenakkumulation, die Schaffung neuer Siedlerstellen, die Erhaltung bäuerlicher Betriebe, die Genehmigungspflicht für die Veräußerung oder Belastung des Bodens, die Vererbung landwirtschaftlichen Grundbesitzes, die Flurbereinigung, die Landeskultur, den Pächterschutz und die Bewirtschaftungspflicht.

Die *Sozialpflichtigkeit* des landwirtschaftlichen Grundeigentums findet ihren allgemeinsten Ausdruck in der Erwartung, der Landwirt möge durch „gute landwirtschaftliche Betriebsführung" die Bodenfruchtbarkeit erhalten und angemessen zur Volksernährung beitragen. Aus naheliegenden Gründen wird in Kriegs- und Mangelzeiten die Wirtschaftspflicht des landwirtschaftlichen Grundbesitzers betont. In Perioden eines Überangebots an Nahrungsmitteln wird dagegen die Sozialpflichtigkeit eher im freien Zugang zur Natur, in der Vermeidung von Umweltschäden durch landwirtschaftliche Bodennutzung, in der Landschaftspflege und in der Bereitstellung von land- und forstwirtschaftlichen Grundstücken für Zwecke der Erholung, des Verkehrs, der Versorgungswirtschaft usw. gesehen.

Nach dem Grundsatz der Sozialpflichtigkeit des Eigentums, den ADOLF BUCHENBERGER (1848–1904) mit der Formel „die rein privatrechtliche Ordnung des Grundeigentums ist durch eine sozialrechtliche zu ersetzen" (1892/93) auch in die Agrarpolitik eingeführt hat, kann der land- und forstwirtschaftliche Grundbesitz durch weitere Eingriffe dem Gemeinwohl dienstbar gemacht werden. Die Verfügungsbeschränkungen können sich beziehen auf:

(1) den Umfang des erlaubten privaten Grundeigentums. Viele Bodenreformgesetze enthalten entsprechende Bestimmungen, die die Bodenakkumulation verhindern und eine breite Streuung des Bodeneigentums garantieren sollen.
(2) den Personenkreis, der Grundeigentum besitzen darf. In der Bundesrepublik Deutschland ist es den Landwirten vorbehalten, Eigentümer von landwirtschaftlich nutzbaren Grundstücken ab einer bestimmten Fläche zu werden.
(3) die Teilbarkeit von Grundstücken. In der Bundesrepublik Deutschland wie in anderen Ländern ist die unwirtschaftliche Zerschlagung von landwirtschaftlichen Betrieben und Grundstücken nicht erlaubt bzw. genehmigungspflichtig; auch das Höferecht enthält ein Teilungsverbot.
(4) die Belastbarkeit von landwirtschaftlichen Grundstücken. Das Reichserbhofgesetz z. B. untersagt eine hypothekarische Belastung der „Erbhöfe".
(5) die Veräußerung von landwirtschaftlichen Grundstücken. Viele Bodenreform- und Siedlungsgesetze sehen eine Veräußerungssperre vor, bis der Übergabepreis bezahlt ist. Nach dem Reichserbhofgesetz war ein Erbhof grundsätzlich unveräußerlich. Stiftungen und Gemeinschaftseigentum sind in der Regel ebenfalls unveräußerlich.
(6) die Vererbung. Alle Gesellschaften regeln, wie im Erbfall mit Grundeigentum zu verfahren ist. Die nordwestdeutsche Höfeordnung hebt die Testierfreiheit des Bürgerlichen Gesetzbuches zugunsten des Anerbenrechts auf.
(7) die Nutzung. Die Bestimmungen reichen vom Anbausoll und von genauen Anbauvorschriften bis zu wasser-, naturschutz-, straßen-, wege-, baurechtlichen und anderen Nutzungsbeschränkungen.
(8) die Duldung von Grundlasten (Dienstbarkeiten) im Allgemeinwohl (Trassen von Fernleitungen, allgemeines Betretungsrecht) oder im Privatinteresse (Trepprechte, Überfahrtsrechte).
(9) die Abgabe von landwirtschaftlichen Grundstücken. So ist in der Bundesrepublik Deutschland die Gewährung der gesetzlichen Altershilfe für Landwirte an eine bestimmte Altersgrenze *und* an die Abgabe des landwirtschaftlichen Betriebes geknüpft.
(10) sonstige Bindungen durch das Nachbarrecht, Jagdrecht, Bergbaurecht, Flurbereinigungsgesetze usw.

1.3.4 Erwerb von Grundeigentum

Land- und forstwirtschaftliches Grundeigentum kann durch ein Rechtsgeschäft, durch Heirat, im Erbgang oder durch Okkupation erworben werden. In einigen Ländern ist Okkupation eine legitime Form des Grunderwerbs, wenn Öd- und Unland kultiviert wird oder wenn die langjährige, unangefochtene Nutzung eines Grundstücks nachgewiesen werden kann. Erheiraten und Ererben sind die üblichen Wege zu land- und forstwirtschaftlichem Grundeigentum. Daher bilden diese beiden Lebensereignisse die eigentlichen Pole landwirtschaftlicher Bodenordnung, wobei bei der Heirat das Prinzip des Vereinens und beim Erben das Prinzip des Teilens vorherrscht. Beides muß jedoch zusammengesehen werden, denn „wer wenig erbt, kann auch keine gute Partie machen" (ILIEN, JEGGLE, SCHELWIES 1977, S. 96).

Der volle oder weitgehende Entzug der Verfügungsgewalt des Grundeigentümers, die Enteignung, ist eine weitere Form der Eigentumsübertragung auf Dritte. In einigen Ländern (z. B. Großbritannien) kommen die Eingriffe in den Erbgang einer Enteignung nahe. Durch hohe Vermögensabgaben im Erbgang sollen die Startchancen in jeder Generation nivelliert, soll die Bildung von Bodenmonopolen unterbunden und der Grundstücksmarkt belebt werden.

Der Verkehr mit land- und forstwirtschaftlichen Grundstücken ist gewöhnlich gesetzlich geregelt und steht unter behördlicher Kontrolle, um gesellschafts- und wirtschaftspolitisch unerwünschte Entwicklungen wie Konzentration des Bodens in der Hand weniger, Abwanderung des Bodens in die Hand von abwesenden Grundeigentümern und Spekulanten oder Zersplitterung des Bodeneigentums zu verhindern. Die Bestimmungen der Grundstücksverkehrsgesetze sollen häufig einer breiten Streuung des Grundeigentums sowie der Verbesserung der Agrarstruktur dienen.

In vielen primitiven und in sozialistischen und kommunistischen Gesellschaften gilt der land- und forstwirtschaftliche Boden als unveräußerliches Gemeineigentum, das nicht gehandelt werden darf. Auch in Gesellschaften mit einer liberalen Wirtschaftsverfassung ist der Umsatz am landwirtschaftlichen Bodenmarkt gering, da emotionale Bindungen, Sozialprestige und bestimmte Wertvorstellungen (Erhaltung des Hofes) die Verkaufswilligkeit der Landwirte hemmen. In der Bundesrepublik Deutschland sind im Durchschnitt der sechziger Jahre kaum mehr als 0,1 Prozent der landwirtschaftlichen Nutzflächen durch freihändigen Verkauf und Kauf umgesetzt worden; bei den Forstflächen lag der Anteil noch niedriger (vgl. SCHMALTZ und MROHS 1970, S. 22). Dies schließt Besitzwechsel nicht aus. Dieser erfolgt aber zwischen Fremden hauptsächlich auf dem Pachtwege und innerhalb der Familien im Erbgang.

Auf dem Bodenmarkt treffen sehr verschiedene Kauf- und Verkaufsmotive aufeinander. Nichtlandwirte treten als Nachfrager auf, weil sie im Bodenerwerb eine sichere Kapitalanlage oder ein günstiges Spekulationsobjekt sehen. Landwirte wie Nichtlandwirte kaufen Boden, um an Sozialprestige zu gewinnen. Die landwirtschaftliche Bevölkerung benötigt Boden als Existenzgrundlage. Im Bestreben, den Betrieb ausgewogen zu organisieren, und in der Orientierung an der Marktproduktion gewinnt der Boden als Produktionsmittel an Wert. Gläubiger suchen im Wege der Zwangsvollstreckung Bodenpfänder zu kapitalisieren. Die Kaufzurückhaltung hat ebenfalls mehrere Gründe. Die Verkehrswerte landwirtschaftlicher Grundstücke liegen häufig über den Ertragswerten, weil Käufer wie Verkäufer damit rechnen, daß landwirtschaftliche Grundstücke im Zuge einer Geldentwertung ihren Wert behalten oder als „Bauerwartungsland" im Wert erheblich steigen. Für landsuchende Landwirte ist es daher oft rentabler, landwirtschaftliche Nutzflächen zu pachten als zu kaufen. Andererseits werden im Zuge der sozialökonomischen Entwicklung begüterte Landwirte in zunehmendem Maße zu Verwaltern des Bodenvermögens, worin HARTWIG SPITZER (1975, S. 125) einen „gewissen Ausgleich zu den geringen Einkommensmöglichkeiten in der Landwirtschaft" sieht.

Westdeutsche Landwirte verkaufen Boden meistens nur in gewissen Zwangslagen, sei es, daß sie im Zuge der Ausweisung von Bauland oder wegen öffentlicher Interessen dazu genötigt werden, sei es, daß sie wegen Geldmangels dazu gezwungen sind. Die meisten Landwirte verwenden die Verkaufserlöse im Interesse ihrer Betriebe für Landkäufe (36 Prozent), Bauvorhaben (19 Prozent), sonstige Investitionen (19 Prozent) und Maschinenkäufe (3 Prozent). Auf Schuldendienst entfallen 15 Prozent, auf Abfindungen, Mitgift und Sparen 7 Prozent (vgl. SCHMALTZ und MROHS 1970, S. 143).

1.3.5 Vererbung von Grundeigentum

Die Übertragung landwirtschaftlichen Grundeigentums im Erbgang erfolgt nach Sitte und Recht. Erbsitten erweisen sich mitunter stärker als Erbgesetze, was beweist, wie tief sie im „ethischen Empfinden und im wirtschaftlich Erforderlichen" (FROST 1931) der landwirtschaftlichen Bevölkerung wurzeln. Dies ist damit zu erklären, daß von den Formen der Vererbung landwirtschaftlichen Grundeigentums „die Größengliederung, die Wirtschaftskraft und die Anpassungsfähigkeit der landwirtschaftlichen Betriebe ebenso abhängt wie die soziale Schichtung der landwirtschaftlichen Bevölkerung" (RÖHM 1962, S. 289).

Land- und forstwirtschaftliches Grundeigentum wird entweder ungeteilt (geschlossene Vererbung) an eine einzelne Person (Einzelerbenfolge), den Anerben, vererbt oder gleichmäßig an die berufenen Erben frei geteilt (Freiteilbarkeit), und zwar real (Realteilung) oder ideell (Bruchteilseigentum, Gesamthandseigentum). Zwischen den beiden Grundformen der geschlossenen Vererbung und der Erbteilung bilden spezifische Erbformen Übergänge.

Geschlossene Vererbung ist üblich in Skandinavien, Großbritannien und Irland, in den meisten Teilen des Bundesgebietes nördlich der Linie Mönchengladbach–Lohr am Main und östlich der Linie Stockach–Hofheim sowie im Schwarzwald, Odenwald und Spessart, ferner in den Alpenländern, der Bretagne und Teilen Südfrankreichs sowie in den überseeischen Farmergebieten. Realteilung der Betriebe und häufig auch der Parzellen herrscht hingegen in West- und Südwestdeutschland, in den Beneluxländern, Frankreich, Italien sowie in den von Franzosen, Spaniern und Portugiesen kolonisierten Ländern vor. Realteilung ist gemäß den Anschauungen des Islams, des Buddhismus und in gewissem Maße des Hinduismus auch im Vorderen Orient und in Südasien weit verbreitet.

Geschlossene Vererbung (Anerbensitte, Höferecht) wirkt auf den Schichtaufbau stabilisierend, da die vertikale soziale Mobilität gehemmt wird. Bei fortwährender Teilung des Grundeigentums im Erbgang kann sich hingegen keine stabile Schichtung herausbilden; vielmehr ist die soziale Struktur infolge individuellen und familiären Auf- und Abstieges in dauernder Bewegung. Umgekehrt fördert geschlossene Vererbung die räumliche Mobilität, da die Geschwister des Hoferben gezwungen sind zu weichen, wenn sie eine eigene Existenz aufbauen wollen. Realteilung bindet dagegen alle Erben an den Boden. Infolgedessen pflegt die Bevölkerung in Realteilungsgebieten zu wachsen und in Anerbengebieten zu stagnieren.

Freie Teilbarkeit entspricht dem ökonomischen Liberalismus und dem Gleichheitsgrundsatz des Code Napoléon, aber auch einem Gerechtigkeitsideal, das am besten in der Redensart „Meine Kinder sagen alle Vater zu mir" zum Ausdruck kommt. Diese Geisteshaltung räumt den gleichen Startchancen aller Erbberechtigten den Vorrang vor der Erhaltung des Hofes ein. Der ererbte Boden reicht freilich nicht immer zu einer vollen Existenz, sondern muß durch handwerklichen Zuerwerb, durch Zuverdienst bei Wald-, Bau- und Industriearbeit ergänzt werden, oder wird durch Zupacht, Zukauf, Heirat und weitere Erbschaft allmählich zu einer vollen Bauernstelle aufgestockt. Die Folgen sind ein ständiger Auf- und Abbau der landwirtschaftlichen Betriebe im Generationswechsel, reichhaltige gewerbliche Tätigkeit, ein lebhafter Grundstücksmarkt, Förderung und Belohnung unternehmerischer Talente und weniger Abwanderung als in Gebieten geschlossener Vererbung. Weil der Existenzkampf härter ist, pflegt das Zusammenleben in Realteilungsdörfern spannungsreicher als in Anerbengebieten zu sein.

Zu den Nachteilen der Freiteilbarkeit des Bodens im Erbgang gehört, daß sie (1) einer Besitzzersplitterung Vorschub leistet, (2) jeder Generation die Mühe und die Entbehrungen des Aufbaues eines Betriebes aufbürdet, (3) eine Betriebsplanung auf lange Sicht erschwert oder verhindert, (4) das Risiko längerfristiger, größerer Investitionen erhöht, (5) die Flurzersplitterung (Parzellierung) begünstigt, (6) die Bewirtschaftung wegen der Streulage und Kleinheit der Parzellen verteuert und (7) die Bodenpreise infolge reger Nachfrage leicht in ein Mißverhältnis zu ihrer Ertragsfähigkeit geraten läßt.

Hinter der *geschlossenen Vererbung* stehen (1) der politische Wille, einmal geschaffene Siedlerstellen leistungsfähig zu erhalten, (2) die bäuerliche „Hofidee", das Erbe der Väter dem Geschlecht als Heimat und Existenzgrundlage dauernd zu bewahren, und (3) ökonomische Überlegungen im Zusammenhang mit der Rentabilität vorgenommener Kapitalinvestitionen. Die geschlossene Vererbung hat den unbestreitbaren Vorteil, daß die Produktionseinheit des landwirtschaftlichen Betriebes im Erbgang nicht zerstückelt wird. Aus technisch-ökonomischer Sicht spricht daher vieles für die geschlossene Vererbung, obwohl in einer dynamischen Wirtschaft die „Zementierung" der Betriebsgrößen als Nachteil angesehen werden muß. Unter sozialen Gesichtspunkten erscheint dagegen die geschlossene Vererbung keineswegs optimal. Es widerspricht dem Grundsatz der sozialen Gerechtigkeit, wenn ein Kind besser gestellt wird als seine Geschwister. Besser gestellt heißt in diesem Falle, daß der Hoferbe sozial höher plaziert und ökonomisch besser abgesichert wird als die weichenden Erben. Eine zu einseitige Bevorzugung des Anerben ist „geeignet, in die bäuerlichen Familiengemeinschaften Neid, Mißgunst, und Hader hineinzutragen" (ABEL 1967, S. 174). Die Geschwister des Hoferben blieben früher häufig als ledige Arbeitskräfte, „sozial sterilisiert", auf dem Hof; gegenwärtig erhalten sie in der Regel eine Berufsausbildung, die ihnen eine Familiengründung außerhalb der Landwirtschaft ermöglicht.

Im Erbgang können Söhne oder Töchter, Erstgeborene (Ältestenrecht, Majorat) oder Letztgeborene (Jüngstenrecht, Minorat) oder die Geeignetsten bevorzugt werden, ferner können Töchter halb so viel erben wie Söhne (islamisches Recht) oder alle Kinder gleichberechtigt sein (BGB). Die Erbregeln hängen eng zusammen mit den geschlechtsspezifischen landwirtschaftlichen Rollenzuweisungen. Wird der Feldbau als eine weibliche Tätigkeit betrachtet, wie dies in vielen Hackkulturen der Fall ist, dann erfolgt die Weitergabe des landwirtschaftlichen Grund und Bodens überwiegend von der Mutter auf die Töchter (matrilinear). Wo hingegen die Leitung eines landwirtschaftlichen Betriebes als eine ausgesprochen männliche Tätigkeit gilt, wie in den meisten Pflugkulturen, ist patrilineare Erbfolge üblich.

Die Erbfolgeregeln haben weitreichende soziale Konsequenzen. Die Weitergabe des Grundbesitzes in der Manneslinie stärkt die Position des Mannes und stützt die Tradition wegen der damit zusammenhängenden Patrilokalität. Wird der Grundbesitz dagegen in der Mutterlinie vererbt, dann ist der Mann weniger an Grundinvestitionen und an der Bildung von Grundvermögen interessiert. Infolgedessen konnte in mutterrechtlichen Gesellschaften beobachtet werden, daß mehr für die Ausbildung der Söhne aufgewendet wird.

Literatur: ABEL 1967, S. 157–241, GRIFFIN 1976, HÄBICH 1947, RINGER 1967, RÖHM 1962, WENZEL 1974, S. 12–96.

Diskussions- und Prüfungsfragen
1. Nehmen Sie zu der These Stellung: Die sozialen Probleme der landwirtschaftlichen Bevölkerung hängen eng mit der Verfügbarkeit über die land- und forstwirtschaftlichen Nutzflächen zusammen!
2. Beschreiben Sie die Hauptarten des Grundeigentums!
3. Was versteht man unter „ungesunder" Bodenverteilung? Zeichnen Sie eine „ungesunde" Bodenverteilung in Form einer Lorenzkurve auf!
4. Was sind die Folgen einer breiten Streuung des landwirtschaftlichen Grundeigentums?
5. Was versteht man unter der „Sozialpflichtigkeit" des Eigentums, und was folgt aus diesem Grundsatz für die Landwirte?
6. Beurteilen Sie die Hauptformen der Vererbung landwirtschaftlichen Grundeigentums!

1.4 Statuspositionen

Die Verfügungsgewalt über den Boden setzt sich aus einem Bündel verschiedener Rechte und Befugnisse zusammen. Sie können in einer Hand vereinigt oder auf verschiedene Personen und Personengruppen verteilt sein. Aus der möglichen Aufteilung ergeben sich verschiedene Statuspositionen. Je mehr und je „bessere" Rechte eine Person am Boden besitzt, desto höher steigt sie im sozialen Rang. Die Skala reicht vom unbeschränkten Recht des „Volleigentümers", über seinen Boden beliebig zu verfügen, bis hin zum Grundhörigen, dessen einziges Bodenrecht darin besteht, nicht vom Grund und Boden getrennt werden zu können, zu dem er gehört.

Zu den wichtigsten Verfügungen über landwirtschaftlichen Grund und Boden zählt seine Nutzung. Die Verfügungsarten der Nutzung werden gegliedert in (1) Verpachtung, (2) Eigenbewirtschaftung, (3) Fremdbewirtschaftung (a) mit Rechtstitel (Pachtnutzung), (b) ohne Rechtstitel (wilde Siedlung), (c) durch Personen in einseitigen persönlichen Abhängigkeitsverhältnissen (Leibeigene und ähnlich Unfreie) und (d) durch Verwalter. Als hervorstechendes Merkmal von (2) ist das Zusammenfallen von eigenem und bewirtschaftetem Land zu nennen, das ein langfristiges, von äußeren Zwängen freies Disponieren erlaubt. Infolgedessen ist in dieser Kategorie das Beharrungsvermögen im kulturellen wie im Sinne räumlicher und sozialer Mobilität besonders groß. Das Handeln eines Fremdbewirtschafters hängt von der Sicherheit seiner Nutzungsrechte ab. Je länger diese gesichert sind, um so mehr nähert er sich dem Verhalten und der Mentalität des Eigentümerlandwirts an.

Die wichtigsten Status-Positionen, die sich aus Art, Inhalt und Umfang der Bodennutzungsverfügung ergeben, faßt Übersicht 28 zusammen:

Übersicht 28. Status-Positionen nach der Bodennutzungsverfügung

I. Mit *Eigentümerbefugnissen*
   a) Verpächter
      1. Herrschaft ausübende (Grundherren)
      2. sonstige Verpächter
   b) Eigentumslandwirte
      1. Volleigentümer
      2. Teileigentümer (Zupächter)

II. Mit *Besitzerbefugnissen*
   a) Pächter
      1. Festpächter (Geld-, Naturalpächter)
      2. Teilpächter (Geldteil-, Naturalteilpächter)
   b) Sonstige Nutznießer
      1. wilde Siedler (Squatter)
      2. Nutzungsberechtigte Stammesangehörige

III. Mit *Verwalterbefugnissen*
   a) General- und Zwischenpächter
   b) Verwalter (Manager)
      1. ohne Ertragsbeteiligung
      2. mit Ertragsbeteiligung
   c) Staatliche Aufsichtsbeamte
   d) Erdherren

1.4.1 Eigentümerpositionen

(1) *Verpächter* im Sinne einer Statusposition ist ein Bodeneigentümer, der den Hauptteil seines Einkommens aus der Verpachtung landwirtschaftlicher Nutzflächen bezieht. WENZEL (1974, S. 51) untergliedert die individuellen Verpächter weiter in (1) die „landwirtschaftsverbunde-

nen" Verpächter, die (a) noch selbst wirtschaften, z. B. Altbauern und Altbäuerinnen, die noch einen Restbetrieb oder einzelne Grundstücke selbst bewirtschaften oder auf dem verpachteten Hof gelegentlich mitarbeiten, (b) ehemals landwirtschaftlich tätig waren (Altenteiler, Berufswechsler) und (c) die Produktion und Betriebsführung auf dem Pachtland beeinflussen (z. B. bei der Teilpacht) und (2) die Verpächter ohne Beziehung zur Landbewirtschaftung und zum Boden (rentenkapitalistische Verpächter).

Eine weitere die Sozialbeziehungen wägende Untergliederung ist diejenige in Herrschaft ausübende Verpächter (Grundherren) und Verpächter, die keine Herrschaftsrechte besitzen oder sich anmaßen. Verpächter sind häufig ältere Leute, Witwen, unmündige Waisen, Dienstverpflichtete und andere Personen, die aus körperlichen, beruflichen oder sozialen Gründen ihr Grundeigentum nicht selbst bewirtschaften können und die auch keine Herrschaft ausüben können, selbst wenn die Gesellschaftsordnung dieses zuließe. Es handelt sich hierbei häufig um „Mangelverpächter", die im Wege der Halbpacht die benötigten Nahrungsmittel erhalten, die sie aus den genannten Gründen nicht selbst erzeugen können. Wo die Pacht diese Versorgungsfunktion übernimmt, folgt sie nicht dem Gesetz von Angebot und Nachfrage, sondern vorwiegend den sozialen Beziehungen und Verpflichtungen innerhalb von Verwandtschaften, Patenschaften und Bruderschaften.

Inwieweit der Verpächter außer der Grundrente auch Macht gewinnt, hängt sowohl von seiner Position auf dem lokalen Grundstücksmarkt als auch von der Pachtschutzgesetzgebung und nicht zuletzt von der Gesellschaftsordnung ab. In einer feudalistischen Gesellschaft ist Macht direkt mit der Verfügungsgewalt über den Boden verknüpft. Verpächter, die den Bodenmarkt beherrschen, können den landhungrigen Landwirten ihre Bedingungen diktieren und die von ihrem örtlichen Boden- und/oder Arbeitgebermonopol Abhängigen zu Frondiensten, politischer Gefolgschaft und Abgaben zusätzlich verpflichten. Der Typ des grundherrlichen Verpächters ist besonders in Regionen verbreitet, in denen sich der landwirtschaftlich nutzbare Boden in den Händen einer kleinen Schicht von Großgrundeigentümern befindet.

Pachtbedingungen und Verpachtzweck bestimmen weitgehend die sozialen Beziehungen des Verpächters zu Boden und Pächtern. Ist der Verpächter nur an einer möglichst hohen und gleichmäßigen Rente interessiert, wird im allgemeinen nur ein Minimum an sozialen Beziehungen aufgebaut. Verpachtet er hingegen auf Anteilbasis (Teilpacht), muß er sich um den Anbau kümmern und mindestens zur Erntezeit selbst zugegen oder durch seinen Agenten vertreten sein, um die vertragsmäßige Teilung der Ernte sicherzustellen. Liegt ihm aber an der Macht über Menschen ebensoviel wie an der Verfügungsgewalt über das Land, dann gestalten sich soziale Beziehungen im persönlichen Bereich unter Umständen sehr eng. Auch wenn es dem Verpächter nur darum geht, daß sein Land in gutem Kulturzustand gehalten wird, wird er intensivere Beziehungen zu seinen Pächtern pflegen.

Häufig werden die Pachtbeziehungen verbunden und vermengt *mit* oder überlagert von anderen Sozialbeziehungen, z. B. Gläubiger-Schuldner-, Steuereinnehmer-Steuerzahler-, Patron-Gefolgsmann-, Grundherr-Leibeigener- oder Vater-Sohn-Beziehungen.

Für die Sozialbeziehungen ist es schließlich auch nicht unwichtig, ob Verpächter und Pächter am gleichen Ort wohnen. Abwesende Verpächter (absentee landlords) haben im allgemeinen wenige oder überhaupt keine direkten sozialen Beziehungen und nehmen am lokalen Sozialsystem unter Umständen nur durch die Zahlung ihrer Grundsteuer teil. Sie entziehen sich gewöhnlich ihren Schutz- und Fürsorgepflichten gegenüber den von ihnen Abhängigen („depravierter Feudalismus"). Oft sind sie den von ihnen abhängigen Pächtern persönlich gar nicht bekannt, weil sie die Pachtgeschäfte über Mittelsmänner abwickeln.

Sind Staat, Gemeinden und andere juristische Personen Eigentümer des verpachteten Landes, dann sind die sozialen Beziehungen rein sachlicher Art. Die Lage der Pächter hängt dann in hohem Maße von der Güte der Verwaltung ab. So galten im Deutschen Reich die Domänenpachtverträge als musterhaft, und die Domänen waren gewöhnlich vorbildliche Betriebe.

(2) *Eigentümerlandwirte* bewirtschaften eigenes Land mit und ohne Zupacht von fremdem Land. Der Grund für die Zupacht kann sein, daß das Eigenland zum Unterhalt der Familie nicht ausreicht, daß ein günstigeres Verhältnis von Acker- und Grünland, leichten und schweren Böden usw. angestrebt wird, daß sich das vorhandene Arbeits- und Maschinenkapital besser ausnützen läßt oder daß der Landwirt ein größeres unternehmerisches Betätigungsfeld sucht. Viele Zupächter sind wirtschaftlich sehr erfolgreich und haben durchschnittlich ein höheres Einkommen und führen einen größeren Betrieb als die Volleigentümer. Sie sind allerdings von den Verpächtern ihres Zupachtlandes abhängig und müssen zu diesen Personen Sozialbeziehungen besonderer Art pflegen.

Inwieweit der Eigentümerlandwirt seine gesetzliche Dispositions- und Entscheidungsfreiheit ausschöpfen kann, hängt einmal von der örtlichen Sitte und zum anderen davon ab, ob er schuldenfrei ist oder ob sein Grundeigentum hypothekarisch oder durch andere Eintragungen im Grundbuch belastet ist.

Der Status des Eigentümerlandwirts wird wesentlich von der Besitzgröße bestimmt. Die Kategorie der Großlandwirte (Großagrarier, Gutsbesitzer, Pflanzer, Haciendero, Coronei, Fazendeiro) umfaßt alle Großgrundeigentümer, die ihren Besitz selbst leiten und mit Hilfe einer größeren Anzahl von landwirtschaftlichen Arbeitskräften (Angestellte, Anteilbauern, Deputanten, Lohnarbeiter) bewirtschaften, zu denen häufig ein herrschaftliches oder patriarchalisches Verhältnis besteht. Die Großlandwirte sind häufig landwirtschaftliche Innovatoren. Sie gehören zur ländlichen Ober- und Führungsschicht.

Klein(eigentums)landwirte (Bauern, Farmer, Vollerwerbslandwirte) zählen im allgemeinen zur ländlichen Mittelschicht. Kennzeichnend für diese Kategorie ist, den Betrieb mit Hilfe von Familienangehörigen oder allein im Hauptberuf zu bewirtschaften, selbständig zu leiten und alle unternehmerischen Funktionen selbst wahrzunehmen.

Kleinst(eigentums)landwirte gehören in bäuerlichen Agrargesellschaften der unterbäuerlichen Schicht an; gesamtgesellschaftlich sind sie der oberen Unterschicht, allenfalls der unteren Mittelschicht zuzurechnen. In Industriegesellschaften sind die ehemals zahlreichen Kleinstlandwirte weit überwiegend als Industriearbeiter, Handwerker und Angestellte in den Mittelstand aufgestiegen und haben einen beachtlichen Lebensstandard erreicht. In Regionen mit feudalen oder kolonialen Herrschaftsstrukturen, „ungesunder" Bodenverteilung und/oder zurückgebliebener Wirtschaftsentwicklung leben die Kleinstlandwirte (Campesino, Fellachen, Chacracero) zum großen Teil in menschenunwürdigen Verhältnissen (Kümmer-, Untergrenzexistenzen), da ihre Boden- und Kapitalausstattung völlig ungenügend ist.

1.4.2 Besitzerpositionen

(1) *Pächter* sind Personen, die auf eigene Rechnung fremden Grund und Boden befristet oder unbefristet gegen Entgelt (Pachtzins) bewirtschaften. Bewirtschaften heißt, das Land zu Erwerbszwecken aktiv zu nutzen. Für die Statusrolle des Pächters ist unter anderem ausschlaggebend, ob das Pachtland das Eigenland überwiegt. Über die Vor- und Nachteile der Pacht ist viel geschrieben worden. Sie ist ein unentbehrliches betriebswirtschaftliches und agrarpolitisches Instrument, das aber in der Hand skrupelloser, übermächtiger Bodeneigentümer zur Geißel der landwirtschaftlichen Bevölkerung werden kann. In kolonialer Situation wird die Pacht oft dazu mißbraucht, die Arbeitskraft der unterworfenen Bevölkerung auszubeuten.

Positive wie negative Wertungen lassen sich gleichermaßen empirisch belegen, da das Pachtwesen „die ärgsten sozialen und wirtschaftlichen Notstände" (ABEL 1967, S. 192) wie die blühendste Landwirtschaft einbeschließt.

Gegen die Pacht werden angeführt:
(1) der Pächter pflege den Boden mangelhaft oder beute ihn aus (Raubbauargument);
(2) der Pächter werde nirgends heimisch, sondern ziehe unstet umher (Zugvogelargument);

(3) jeder Fortschritt der Landwirtschaft, auch der vom Pächter bewirkte, falle letztlich den Grundeigentümern anheim (Rentenargument);
(4) das Pachtwesen entfremde die Menschen vom Boden (Entfremdungsargument).

Für die Pacht spricht, daß
(1) sie dem kapitalarmen, landlosen Landwirt die Möglichkeit des sozialen Aufstiegs zum selbständigen Landwirt bietet, und befähigten Unternehmerpersönlichkeiten die Möglichkeit gibt, sich zu entfalten (Aufstiegsargument);
(2) sie die Wanderung des Bodens zum besseren Wirt erlaubt (Mobilitätsargument);
(3) sie es erleichtert, die Grundbesitzverteilung neuen Technologien und verändertem Arbeitskräftepotential anzupassen (Anpassungsargument);
(4) der Pächter das zur Betriebsfortführung oder Betriebsumstellung erforderliche Kapital zuführt, das der Eigentümer selbst nicht aufbringen kann (Kapitalargument).

Mit Abschluß eines mündlichen oder schriftlichen Pachtvertrages gehen alle Nutzungsrechte für die Pachtdauer auf den Pächter über, ausgenommen jene, die sich der Verpächter ausdrücklich vorbehalten hat oder die gesetzlich eingeschränkt sind. Der Eigentümer darf sich in die Bewirtschaftung nicht einmischen, solange sie ordnungsgemäß erfolgt, und darf ohne Einwilligung des Pächters die verpachteten Grundstücke nicht betreten.

Drei vertragliche Merkmale bestimmen den sozialen Status, die soziale Sicherheit und den Lebensstandard des Pächters: (1) die Art des Pachtobjektes (Hofpacht, Parzellenpacht, Viehpacht), (2) die Dauer des Pachtverhältnisses (kurz-, mittel-, langfristige Zeitpacht, Erbpacht, Vitalpacht) und (3) Art und Höhe des vereinbarten Pachtzinses (Geld-, Natural-, Arbeits-, Teilpacht).

Die Pachtdauer hat auf den sozialen Status und das Wirtschaftsverhalten den größten Einfluß. Bei einem erblichen Nutzungsrecht des Pächters auf einem Landgut (Erbpacht) nähert sich dessen Status dem eines Eigentümers. Die Zeitpacht kann von längerer und kürzerer Dauer sein. Nach dem Landpachtgesetz von 1952 gilt eine Laufzeit von mindestens 18 Jahren bei Hofpacht und von mindestens 9 Jahren bei Parzellenpacht als langfristig. Bei langfristiger Pacht wird der Pächter ähnlich wie ein Eigentümer ebenfalls nachhaltig wirtschaften, auf Jahre hinaus planen und investieren. Bei kurzfristiger Pacht wird er bevorzugt einjährige Früchte anbauen, die sich leicht vermarkten lassen (Verkaufsfrüchte) und wenig Kapitalinvestitionen erfordern, auch wird er versuchen, möglichst viel aus dem Boden herauszuwirtschaften. Kurzfristige Pacht führt daher oft zur Ausbeutung der Böden, ja zur Zerstörung ihrer Fruchtbarkeit und zu nachfolgender Bodenerosion.

Für den Soziologen ist bedeutsam, daß bei kurzfristiger Pacht nicht nur recht lose Beziehungen zum Boden entstehen, sondern auch die sozialen Beziehungen leiden und der Lebensstandard der Pächterfamilien sehr niedrig zu sein pflegt. Untersuchungen in den USA haben folgende soziale Problematik der kurzfristigen Pacht aufgedeckt: (1) schwacher, unregelmäßiger und häufig unterbrochener Schulbesuch der Pächterkinder und daraus folgend ein niedriger Bildungsstand, (2) geringes Interesse am kirchlichen Leben, (3) schwache Teilnahme an kommunalpolitischen und staatsbürgerlichen Ereignissen, (4) unterdurchschnittliche Mitgliedschaft in berufsständischen Organisationen, Fachverbänden und Genossenschaften, (5) ein geringer Grad der vertikalen Integration.

Die soziale Sicherheit der Pächter ist im allgemeinen geringer als die der Eigentumslandwirte. Aber auch innerhalb der Kategorie der Pächter bestehen in dieser Hinsicht große Unterschiede. In Indien und Pakistan gibt es den tenant-at-will, der seinen Namen davon hat, daß er aus seinem Besitz vertrieben werden kann, wenn es der Eigentümer will, im Gegensatz zum occupancy tenant, der fast die Rechte eines Eigentümers besitzt.

Als Pachtzins kann ein fester Betrag (Festpächter) oder ein Anteil am Ertrag (Teilpächter) vereinbart werden.

Ein *Festpächter* hat für die Überlassung der Nutzungsrechte einen festen Betrag in Geld

(Geldpächter) oder in Naturalien (Naturalpächter) für den Gesamtbetrieb (Hofpacht) oder je Hektar (Parzellenpacht) an den Verpächter zu entrichten oder eine bestimmte Arbeitsleistung (Arbeitspächter) zu erbringen. Der Pächter trägt das gesamte Risiko der Ernte und Vermarktung. Der Eigentümer kann dagegen mit gleichbleibenden Einkünften rechnen. Dem Pächter kommt andererseits seine unternehmerische Fähigkeit und seine Betriebsleitertüchtigkeit voll zugute. Dennoch empfiehlt sich für ihn dieses System nur, wenn das Risiko von Mißernten gering ist und die Produktpreise nicht allzu stark schwanken. Ein typischer Festpächter besitzt seinen eigenen Maschinenpark und sein eigenes Vieh. Er hat mehr unternehmerischen Spielraum als der Teilpächter und genießt einen relativ hohen Rang. Pächter dieser Art zählen oft zu den angesehensten und bedeutendsten Landwirten.

Der *Teilpächter* ist verpflichtet, einen Bruchteil seiner Wirtschaftserträge an den Verpächter in natura oder Geldwert als Pachtzins abzuliefern. Dadurch wird eine Interessen- und Risikogemeinschaft zwischen Pächter und Verpächter geschaffen in der Absicht, einen Teil des Risikos von Mißernten und Preisstürzen, die für den Pächter ruinös sein könnten, dem Verpächter aufzubürden. Dieser nimmt dafür an den Gewinnchancen teil, die bei großen Ernte- und Preisschwankungen gegeben sind.

Teilpacht findet man deshalb hauptsächlich in Gebieten und in Betriebssystemen mit hohem Risiko. Die Vereinbarungen reichen von einem Drittel bis zur Hälfte des Ertrages zugunsten des Verpächters je nach dem, ob dieser außer dem Boden auch noch Betriebseinrichtungen und -mittel zur Verfügung stellt. Wenn der Teilpächter Saatgut, Maschinen, Geräte, Düngemittel usw. beschafft, ist er in der Regel ziemlich frei in den Bestellungs-, Pflege- und Erntemethoden. Dagegen wird der Verpächter immer auf die Wahl der angebauten Früchte und auf die Art der Viehhaltung Einfluß zu nehmen versuchen. Wenn die Pacht nur über ein Jahr oder eine Vegetationsperiode läuft, muß der Teilpächter damit rechnen, vertrieben zu werden, wenn er den Wünschen des Verpächters nicht nachkommt. Im Orient pflegt ein Gläubiger das ihm verfallene, hypothekarisch belastete Land an den insolventen Schuldner zurückzuverpachten, was diesem die landwirtschaftliche Existenzgrundlage erhält, jenem aber eine laufende Grundrente gewährt und seine machtvollen Beziehungen erweitert.

(2) *Wilde Siedler* (squatters)[1] sind Landwirte, die fremdes Bodeneigentum bewirtschaften, ohne rechtmäßig um den Besitztitel nachgesucht zu haben. Sie besetzen ungenutztes Staatsland, brachliegendes Land von Großgrundeigentümern, „herrenlose" Ländereien ehemaliger Kolonialherren oder Boden auf dem Territorium wehrloser Eingeborenenstämme. Der Typ des wilden Siedlers ist besonders in einigen Ländern Mittel- und Südamerikas und in ehemaligen afrikanischen Kolonialländern verbreitet; in der frühen „Pionierzeit" war der Squatter auch in Nordamerika eine häufige Erscheinung. Nach Angaben von Karlernst Ringer (1967, S. 73) sollen in Panama (1961) über 50 Prozent, in Paraguay (1956) 46 Prozent, in Venezuela (1956) 35 Prozent aller Betriebsinhaber wilde Siedler gewesen sein. In Kolumbien (1960) wurden mehr als 10 Prozent der landwirtschaftlichen Betriebsfläche von „Colonos" genutzt. Cay Lienau (1968, S. 138) berichtet aus Malawi von einem Squatteranteil von 5 bis 6 Prozent. Die wilden Siedler leben nicht nur unsicher, sondern gewöhnlich auch unstet. Größere und längerfristige Investitionen unterbleiben, solange sie befürchten müssen, von dem rechtmäßigen Grundeigentümer jederzeit vertrieben werden zu können. Die Bodenbewirtschaftung zielt nicht auf Nachhaltigkeit. Die Bodenfruchtbarkeit wird daher gewöhnlich rasch erschöpft, was den Siedler zwingt, auf Neuland auszuweichen.

(3) *Nutznießer auf Stammesland* sind typische Positionen in jenen Teilen Schwarzafrikas, wo der Stamm noch über das anbaufähige Land verfügt. Der Häuptling wacht darüber, daß

---

[1] Andere Bezeichnungen sind: Posseiro, Intruso, Moradores (Brasilien), Tolerado (Bolivien), Ocupante (Paraguay, Uruguay, Venezuela, Costa Rica, Guatemala, Honduras), Precario (Chile), Conuquero (Venezuela), Colono, Usuario (Kolumbien).

kein Fremder Stammesland zugeteilt bekommt oder sich aneignet. In bodenreichen Gebieten kann sich jedes Stammesmitglied soviel Land nehmen, wie es glaubt, bearbeiten zu können. Bearbeitet und bebaut jemand Stammesland rechtmäßig, dann bleibt er solange Besitzer, wie er das Land nutzt. Vorübergehend abwesenden Stammesmitgliedern bleibt das Nutzungsrecht auf das von ihnen bearbeitete Stück Land in manchen Gegenden bis zu zehn Jahre lang erhalten. Viele Stämme teilen Land nicht familienweise zu, sondern jeder Person extra, so daß Mann, Frau und erwachsene Kinder je ihr eigenes Stück Land bebauen. Das Land kann weder verkauft noch beliehen oder verpachtet, nicht einmal unentgeltlich ausgeliehen werden. Nach dem Tod des Nutznießers fällt das Land an den Stamm zurück und wird meist sofort wieder an Mitglieder ausgegeben. In bodenärmeren Gegenden wird Land nach einem Prinzip vergeben, das unserer „Ackernahrung"[1] ähnelt. Manche Stämme kennen auch die regelmäßige Neuverteilung des Landes in periodischen Abständen. Anbaufähiges Land ist so gut wie nirgends, Weide- und Holzland dagegen fast überall in gemeinschaftlicher Nutzung.

1.4.3 Verwalterpositionen

(1) *General- oder Zwischenpächter* sind Personen, die Großgrundeigentümern die lästige Arbeit der Einzelverpachtung und des Eintreibens der Pachtzinsen von Kleinpächtern abnehmen. Sie verpflichten sich dem Eigentümer gegenüber, eine bestimmte Geldsumme abzuliefern, sind aber selbst daran interessiert, möglichst hohe Pachtzinsen aus den Unterpächtern herauszuholen. Aus diesem Grunde sind sie bei den unteren Schichten als Blutsauger, Unterdrücker und Parasiten verhaßt. Von den oberen Schichten, die sich ihrer bedienen, werden sie verachtet. Aber obwohl sie ein sehr niedriges Ansehen genießen, nehmen sie aufgrund ihrer Machtfülle und ihrer persönlichen Beziehungen zur herrschenden Klasse einen ziemlich hohen sozialen Rang ein.

(2) *Verwalter (Manager)* sind Personen, die für Dritte gegen ein festes Entgelt oder gegen eine meist zusätzliche Roh- oder Reinertragstantieme einen landwirtschaftlichen Betrieb leiten. In diese Kategorie gehör(t)en aufgrund ihrer Funktionen die Meier im fränkischen Fronhofsystem, die Vögte der Feudalherrschaften, die Kämmerer in der ostdeutschen Gutsherrschaft, die Pfleger von Stiftungen, die Agenten der abwesenden Grundherren im Teilbau, die Direktoren, Administratoren und Inspektoren von großen Gütern, die Verwalter kleinerer Betriebe, die Vorsitzenden und sonstigen leitenden Angestellten (Kader) von landwirtschaftlichen Produktionsgenossenschaften und bedingt auch die unteren Gutsangestellten (Aufseher, Schaffer, Baumeister, Wirtschafter, Gutssekretäre).

Der Status eines Verwalters hängt erstens von der Größe des ihm anvertrauten Betriebes ab, zweitens von den Befugnissen, die ihm übertragen werden, und drittens von der Art der Dienstaufsicht und Rechenschaftslegung. Der mayor domus, der für einen Großgrundbesitzer eine entlegene estancia verwaltet, besitzt örtlich eine außerordentliche Machtstellung gegenüber den peones; ein Kolchosvorsitzender, der zugleich Repräsentant der Partei ist, hat ebenfalls eine sehr starke Stellung und nimmt im klassenlosen Sozialsystem einen hervorragenden Rangplatz ein, während der als Betriebsleiter fungierende Kibbuznik keinen besonderen Rang besitzt, sondern während seiner Amtszeit nur das ausführt, was die Vollversammlung allwöchentlich beschließt.

(3) *Staatliche Aufsichtsbeamte.* In den meisten Ländern der Erde versucht die Regierung im Interesse der Ernährungssicherung, im Blick auf eine ausgeglichene Außenhandelsbilanz, um das Wirtschaftswachstum zu fördern, aus beschäftigungspolitischen oder aus anderen Gründen, mehr oder weniger großen Einfluß auf die landwirtschaftliche Produktion zu nehmen. Die

---

[1] Landwirtschaftlicher Besitz, der einer Normalfamilie einen angemessenen Lebensunterhalt gewährt.

Einflußnahme geschieht einerseits mit Hilfe des agrarpolitischen Instrumentariums der Markt- und Handelspolitik, der Kreditpolitik, der Agrarstruktur- und Sozialpolitik und andererseits durch direkte, persönliche Einwirkung auf die Betriebsentscheidungen (Antrags- und Genehmigungsverfahren, Auflagen, Beratung). Die Formen reichen von dem Versuch, durch Argumente zu überzeugen bis zu strikten Geboten und Verboten. Die Vermittler politischen Willens sind staatliche oder halbstaatliche Beamte oder Parteifunktionäre. Der Bogen spannt sich vom Offizialberater bis zum Staatskommissar. Von den angestellten Betriebsmanagern unterscheiden sich die staatlichen Aufsichtsbeamten dadurch, daß sie zwar Weisungsbefugnisse besitzen, die unter Umständen sehr weit gehen können, aber die eigentliche Verantwortung für Betriebsentscheidungen nicht selbst tragen.

(4) *Erdherren*. In der Vorstellung vieler afrikanischer Völker sind die Ahnen die eigentlichen Eigentümer des Bodens. Der Erdherr als ihr symbolischer Vertreter verwaltet in ihrem Namen treuhänderisch das Land und regelt die Nutzungsansprüche der Lebenden. Das Amt des Erdherrn verbindet sich oft mit der Würde eines Häuptlings und der Aufgabe des Priesters, die kultischen Handlungen während des Erntejahres zu vollziehen. Außerdem obliegt ihm die Rechtsprechung in Fragen des Bodenrechts und die Kontrolle über die Ausübung der Individualnutzungsrechte. Der Erdherr ist nach herrschender Sitte ermächtigt, renitente Tributzahler, kriminelle und politische Verbrecher vom Gemeinschaftsland zu vertreiben. Er hat jedoch keine Weisungs- und Kontrollbefugnisse, solange der Boden ortsüblich genutzt wird.

1.4.4 Sozialer Aufstieg

Da die Grundbesitzverfassung verschieden hoch bewertete Positionen enthält, ist prinzipiell ein sozialer Aufstieg möglich. Der soziale Aufstieg kann sich über mehrere Generationen hinwegziehen (Intergenerationsmobilität) oder innerhalb eines Berufslebens stattfinden (Intragenerationenmobilität).

Beim intragenerativen landwirtschaftlichen Aufstieg lassen sich zwei Arten von Stufenleitern unterscheiden, die innerbetriebliche und die außerbetriebliche. Die wichtigsten Stufen des sozialen Aufstiegs sind im Familienbetrieb: (1) gelegentliche, unbezahlte Mithilfe im elterlichen Betrieb, (2) Mitarbeit im Tagelohn oder gegen ein festes Monatsgehalt, (3) Pacht eines Teiles oder des ganzen elterlichen Betriebes, (4) Übereignung des elterlichen Betriebes. Selbstverständlich können die Stufen (2) und (3) übersprungen werden oder können weitere Zwischenstufen, z. B. Abschluß eines Verwaltervertrages, eingeschaltet werden. Abb. 19 gibt schematisch den einstufigen Aufstieg (abrupter Generationenwechsel) und einen mehrstufigen Aufstieg wieder.

Nach marxistisch-leninistischer Ideologie gibt es in einer sozialistischen Gesellschaft weder sozialen Auf- noch Abstieg. Faktisch werden aber Verbesserungen der Arbeits- und Lebensbedingungen, Vergrößerung des Verantwortungs- und Leistungsbereiches, Zunahme der Kontroll- und Entscheidungsbefugnisse durchaus als sozialer Aufstieg empfunden. Innerhalb der Kategorie der Genossenschaftsbauern findet die klasseninnere Mobilität auf zweierlei Weise statt: Einmal im Zuge einer weitergehenden Spezialisierung vom Universalbauern zum Zootechniker, vom allgemeinen Zootechniker zum Zootechniker-Mechanisator in der Schweinemast usw., zweitens durch den Übergang von Handarbeit zu Maschinenarbeit, von vorwiegend körperlicher Arbeit zu vorwiegend geistiger Arbeit. Nicht Besitz, sondern Arbeitsqualifikation und Arbeitsinhalt bestimmen die soziale Position und damit den Rang des Individuums im sozialisierten Subsystem einer landwirtschaftlichen Produktionsgenossenschaft. In den Kollektivbetrieben Osteuropas führt daher der soziale Aufstieg nicht über den Bodenerwerb, sondern über die Funktionärslaufbahn, die mehr oder weniger an die fachliche Ausbildung geknüpft ist.

Der außerbetriebliche landwirtschaftliche Aufstieg verläuft über die Stufen des Landarbei-

Bodenordnung 205

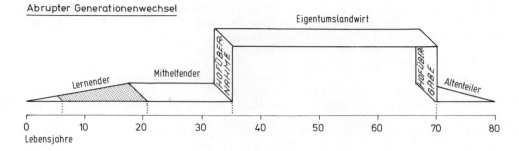

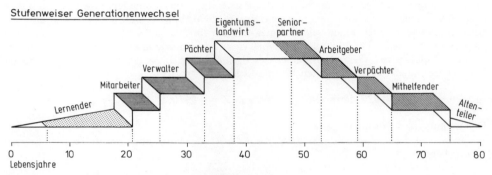

Abb. 19. Innerbetrieblicher sozialer Auf- und Abstieg

ters, Deputanten oder Pächters bis zum Eigentümer eines landwirtschaftlichen Betriebes. Er ist allerdings in vielen Gesellschaften nicht möglich, weil Klassen- oder Kastenschranken einen Übergang in eine höhere Schicht verbieten oder weil ein Pächter niemals so viel ersparen kann, daß er Bodeneigentum erwerben könnte. Dies deutet darauf hin, daß es offenbar Systeme der Bodenordnung von unterschiedlicher Durchlässigkeit gibt. Diese hängt von den gesellschaftlichen Ordnungsprinzipien ab, die auch für die Bodenordnung gelten.

1.4.5 Anforderungen an die Bodenordnung

Unter wirtschaftlichen und sozialen Aspekten sind an ein System der Bodenordnung folgende Anforderungen zu stellen:
1. Es soll zur wirksamen Nutzung der landwirtschaftlichen Ressourcen beitragen, d. h. es sollte keine Elemente enthalten, die die optimale Allokation des Bodens mit Arbeit und Kapital behindern oder verhindern.
2. Es soll eine nachhaltige Wirtschaftsweise gewährleisten, d. h. es sollte keine Elemente enthalten, die die Bewirtschafter veranlassen, Raubbau zu treiben oder unökologisch zu handeln.
3. Es soll flexibel genug sein, um die Produktion rasch der Nachfrage des Marktes oder den Sollzahlen der Wirtschaftspläne anpassen zu können.
4. Es soll allen interessierten und qualifizierten Personen gleiche Zugangschancen zur Bodenbewirtschaftung gewähren. Dieses Ideal ist in den meisten Gesellschaften kaum zu verwirklichen, weil der Zugang zum Grundeigentum kontingentiert ist durch Bedingungen, die der einzelne nicht ändern kann, z. B. das Erbrecht. Ein System freien und vollständigen Wettbe-

werbs um den Boden würde der ärmeren Schicht zum Nachteil gereichen. Deshalb hat man in Deutschland von einer weitgehenden Liberalisierung des landwirtschaftlichen Grundstücksverkehrs sehr bald wieder Abstand genommen.
5. Es soll die Persönlichkeitsentfaltung und Selbstverwirklichung des Menschen ermöglichen, die Würde seiner Person nicht verletzen und sein Bedürfnis nach sozialer Sicherheit zufriedenstellen; insbesondere soll es keine Elemente enthalten, die bestimmte Kategorien von Personen diskriminieren und in persönlicher Abhängigkeit halten.
6. Es soll die Erträge der Landwirtschaft so verteilen, daß jede Leistung der direkt und indirekt an der Produktion Beteiligten angemessen entlohnt wird.

Selbstverständlich gibt es kein System der Bodenordnung, das alle diese Forderungen in idealer Weise verwirklichen würde. Dies ist schon deshalb nicht der Fall, weil der aufgestellte Katalog mehrere Zielkonflikte enthält. Es herrscht indessen darüber Einigkeit, daß feudale Eigentumsordnungen und Latifundienbesitz heutigen Anforderungen nicht genügen. Positiv werden dagegen im allgemeinen Systeme beurteilt, in denen die Selbstbewirtschaftung des Eigentums im Mittelpunkt steht. „Der Boden soll dem gehören, der ihn bebaut" (the land to the tiller), ist eine weltweite Parole. Die Vor- und Nachteile einer Bodenordnung können letzten Endes nur auf der Grundlage des Wertsystems einer Gesellschaft beurteilt werden. Insofern bilden obige Forderungen auch keinen absoluten Wertmaßstab.

Literatur: BRANDT 1927, RIES 1964, SMITH und ZOPF 1970, S. 159–177.

Diskussions- und Prüfungsfragen
1. Nennen Sie die Statuspositionen, die sich aus der Art der Verfügungsgewalt über den Boden ergeben!
2. Wodurch wird der Status der Eigentümerlandwirte bestimmt?
3. Warum ergeben sich bei Festpacht andere Sozialbeziehungen zwischen Verpächter und Pächter als bei Teilpacht?
4. Nennen Sie die sozialökonomischen Vor- und Nachteile der Pacht!
5. Beschreiben Sie die Statusposition eines Verwalters und nennen Sie einige realtypische Beispiele!
6. Zeigen Sie die Möglichkeiten des inner- und außerbetrieblichen sozialen Aufstiegs in der Landwirtschaft auf!

2 Arbeitsordnung

2.1 Kennzeichen der Landarbeit

2.1.1 Arbeitsvoraussetzungen

Zu den wesentlichen Kennzeichen der land- und forstwirtschaftlichen Produktion gehört, daß sie (1) eine lange Tradition hat und tief in der Kultur der Völker verwurzelt ist, (2) von punktueller Massentierhaltung abgesehen flächenmäßig betrieben wird, (3) an den Boden gebunden und daher standortabhängig ist, (4) sich klimatischen und biologischen Rhythmen anpassen muß und (5) an das genetische Potential und an Naturkräfte gebunden ist. Diese Merkmale bilden wichtige Voraussetzungen der Arbeitsverhältnisse.

Infolge der alten kulturellen Tradition sind viele landwirtschaftliche Rollen relativ hoch abgesichert, d. h. in magisch-religiösen Vorstellungen verankert. Änderungen der Rollenverteilung und des Rollenverhaltens stoßen auf erhebliche sozialpsychologische Widerstände.

Flächenmäßige Produktion schafft erstens das Problem langer Wegzeiten von und zu den Arbeitsplätzen, das im Sinne einer Minimierung nur gelöst werden kann, wenn die Hofstätten in die Feldmark verlegt und größere Entfernungen zu den Nachbarn und Versorgungseinrichtungen in Kauf genommen werden; verhindert zweitens eine so weitgehende Arbeitsteilung, wie sie bei zentralisierten Arbeitsprozessen möglich ist, und bedingt drittens eine relativ dünne, über die Fläche streuende Siedlungsweise. Daraus ergeben sich Probleme der Kommunikation, der Versorgung mit privaten und öffentlichen Einrichtungen, der Verwaltung, der beruflichen Koalition sowie der aktiven Teilnahme am kulturellen und politischen Leben.

Der Standort bestimmt weitgehend, welche Arten und Sorten von Kulturpflanzen angebaut und welche Tierarten und -rassen gehalten werden können sowie den Rahmen der erzielbaren Erträge und damit die Höhe und Art der Lebenshaltung, ferner die Produktionstechnik und den Arbeitsbedarf.

Von Ausnahmen wie Unterglaskulturen abgesehen, ist die land- und forstwirtschaftliche Produktion an den jahreszeitlichen Wechsel der Witterung gebunden. An den meisten Standorten wechseln Vegetationszeiten mit Trocken- oder Kälteperioden ab. Zu den jahreszeitlichen, überwiegend regelmäßigen Veränderungen kommen jährliche unvorhersehbare Wetterschwankungen, die sich auf das Wachstum von Pflanzen und Tieren und auf die Arbeitserledigung auswirken. Die landwirtschaftliche Arbeit muß sich auf die Vielfalt der rhythmischen und zyklischen Lebensvorgänge der Bodenorganismen, Pflanzen und Tiere einstellen. Manche Produktionsprozesse wiederholen sich täglich, die meisten jährlich oder in noch längeren Abständen. Auf den meisten Böden muß im mehrjährigen Rhythmus ein Fruchtwechsel (Fruchtfolge) eingehalten werden, um die Ertragsfähigkeit zu erhalten. Diese Wechselhaftigkeit der Erzeugungsbedingungen (diskontinuierliche Produktion) hat einen saisonal schwankenden Arbeitsbedarf und einen raschen Wechsel der Tätigkeiten sowie jahreszeitliche und jährliche Schwankungen der Einnahmen zur Folge.

Die Bindung an die Biologie von Nutzpflanzen und Nutztieren bedeutet, daß eine mengenmäßige Erhöhung, eine gütemäßige Verbesserung und eine zeitliche Beschleunigung der Erzeugung nur im Rahmen der genetisch festgelegten Anlagen möglich ist. Wachstumsvorgänge können nicht automatisiert und nur begrenzt mechanisiert werden. Ihre ständige, sorgfältige Beobachtung und ihre zweckmäßige Förderung sind unerläßliche Voraussetzungen wirtschaftlichen Erfolgs. Die jahreszeitliche Abfolge der landwirtschaftlichen Erzeugung setzt einer industriemäßigen Arbeitsteilung und -zerlegung natürliche Grenzen. Für industrielle Serienproduktion fehlen von Ausnahmen abgesehen die Voraussetzungen.

2.1.2 Arbeitsbedingungen

Die Arbeit in der Landwirtschaft gilt als beschwerlich, schmutzig, abwechslungsreich, dringlich, ungemessen und unterbewertet. Was heißt das?

Die Pflanzen- und Tierproduktion ist eine organische Produktion. Dies erfordert, überwiegend in der freien Natur, oft unter harten Umweltbedingungen zu arbeiten. Die Arbeit ist und bleibt schmutzig, auch wenn inzwischen hygienische Methoden der Tierpflege und Entmistung entwickelt worden sind, und wenn mechanische Geräte das direkte Zupacken in vielen Fällen unnötig machen. Die land- und forstwirtschaftlichen Tätigkeiten bedingen häufig ermüdende und auf die Dauer gesundheitsschädliche Körperhaltungen und -beanspruchungen. Sie sind wegen des Umgangs mit Tieren und wegen der zunehmenden Mechanisierung und Chemisierung in hohem Maße unfallträchtig und gesundheitsgefährdend.

Die ausführende Arbeit hat in der Land- und Forstwirtschaft vorwiegend dienenden Charakter, insofern sie bezweckt, Lebensvorgänge zu unterstützen. Lebensvorgänge äußern sich in physiologischen Rhythmen und biologischen Zyklen. Infolgedessen wechselt die Tätigkeit in einem landwirtschaftlichen Betrieb ständig zwischen lebensrhythmisch gebundener, lebenszyklisch gebundener und ungebundener Arbeit. An den Lebensrhythmus gebundene Arbeiten (Melken, Füttern, Kochen usw.) müssen zu bestimmten Tageszeiten vorrangig und ohne Unterbrechung erledigt werden. Die Zeitspannen für die Erledigung der lebenszyklisch gebundenen Arbeiten (Bestellung, Ernte usw.) sind meistens etwas länger bemessen und stehen weniger unter dem Zeitdruck des Tagesablaufes.

Jede lebensgesetzlich bedingte Arbeit besitzt ein zeitlich begrenztes Optimum ihrer Erledigung, das wenige Minuten (Geburtshilfe, Melken), wenige Stunden (Frostschutz im Obst- und Weinbau, Spargelstechen, Bearbeitung von „Stundenböden") oder wenige Tage (Aussaat, Unkrauthacke, Ernte, Decken von Zuchttieren) dauert. Die Dringlichkeit der Erledigung steigt während der optimalen Zeitspanne rasch an und erreicht ihren Gipfel zu dem letztmöglichen Termin, zu dem die betreffende Arbeit überhaupt noch einen Sinn hat. Die optimale Zeitspanne wird nicht allein von Lebensvorgängen, sondern auch vom Wetter und zum Teil auch von der Marktlage bestimmt. So steigt die Dringlichkeit der Heubergung, wenn ein Wetterumschlag die optimale Zeitspanne unerwartet verkürzt. Bei täglich sinkenden Preisen steigt die Dringlichkeit, Frühkartoffeln zu ernten.

Die Arbeitszeit ist in der Land- und Forstwirtschaft nicht in gleichmäßige von Uhr und Kalender vorgegebene Intervalle gegliedert, sondern in tages- und jahreszeitliche Spannen. Jede Zeitspanne hat ihren von der kosmischen Ordnung und von biologischen Vorgängen bestimmten Arbeitscharakter und Arbeitszeitwert. Die Zeit, bis der Tau vom Getreide abgetrocknet ist, ist ziemlich wertlos, wenn man mit dem Mähdrescher ernten will. Derartige „wertlose" Zeit läßt sich „veredeln", indem man sie für „Füllarbeiten" nützt. Füllarbeiten sind solche, die nicht an bestimmte Termine gebunden sind. Dazu zählen (1) Planungs- und Organisationsarbeiten, (2) Ordnungsarbeiten, (3) Vorrats- und Investitionsarbeiten und (4) außerbetriebliche Tätigkeiten einschließlich der Waldarbeit.

In der Viehhaltung überwiegen laufende, täglich zu einer bestimmten Zeit zu verrichtende Arbeiten, und in der Feldwirtschaft saisongebundene Arbeiten über verschiebbare Arbeiten. Aus der Bindung an natürliche Abläufe folgt, daß feste Arbeitszeiten, namentlich in der Tierhaltung, nicht immer einzuhalten sind. Tiergeburten und Tierkrankheiten richten sich nicht nach einem Stundenplan. Es folgt ferner, daß die Arbeit ungleichmäßig anfällt. Arbeitsärmere Zeiten wechseln mit solchen höchster Arbeitslast (Abb. 20). Die Hauptarbeitszeit in der Landwirtschaft fällt gewöhnlich in die heiße Jahreszeit, in der die nichtlandwirtschaftliche Bevölkerung Urlaub macht, was besonders beim landwirtschaftlichen Nachwuchs Unlustgefühle weckt. Da für die Bewältigung der Arbeitsspitzen Reserven an Arbeitskraft vorgehalten werden müssen, ist saisonale Unterbeschäftigung in den arbeitsärmeren Zeiten eine häufige Erscheinung.

Viele Spezialmaschinen und spezielle Fertigkeiten können nur während einer kurzen Zeitspanne eingesetzt werden, was ein beträchtliches Maß an Rüst- und Umstellungszeit erfordert. Eine Spezialisierung bis in einzelne Handgriffe und Arbeitstakte hinein ist selbst in den industrialisierungsfähigen landwirtschaftlichen Produktionszweigen nur bedingt möglich. KARL PISA (1964) hat weitere Unterschiede zwischen landwirtschaftlicher Erzeugung und industriell-gewerblicher Herstellung herausgestellt (Übersicht 29), die die Arbeitsbedingungen beeinflussen.

Zu den Vorzügen landwirtschaftlicher Arbeitsbedingungen zählen hoher Erlebniswert, der sich aus dem Umgang mit lebenden Tieren und Pflanzen, der Vielzahl relativ selbständiger Tätigkeiten, freier Arbeitsgestaltung und der unmittelbaren Einsicht in den Sinn der Arbeit ergibt, ferner das Arbeiten an der frischen Luft entweder allein oder in relativ kleinen Gruppen und der häufige Wechsel der Tätigkeiten. Bei guter Arbeitsorganisation und -motivation überwiegt die Arbeitsfreude über das Arbeitsleid.

Infolge des technischen Fortschritts sinkt bei der Landarbeit die körperliche Beanspruchung und steigen die geistigen Anforderungen an Fachwissen, Erfahrung und Geschick sowie die nervlichen Belastungen durch konzentrierte Aufmerksamkeit und größere Verantwortung. Die

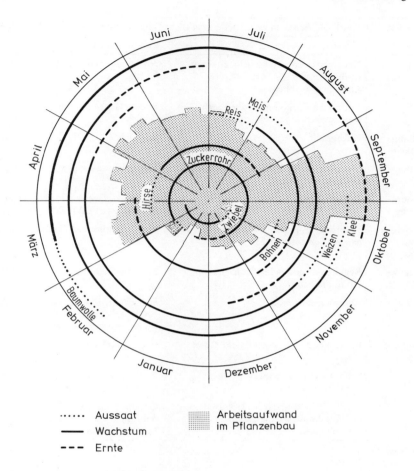

Abb. 20. Saisonalität der Feldarbeit in Ägypten

Arbeit in der modernen Landwirtschaft setzt (1) biologische Kenntnisse von Pflanzen und Tieren, (2) chemische Kenntnisse bei der Anwendung von Dünge- und Pflanzenschutzmitteln, (3) physikalische Kenntnisse bei der Handhabung und Instandhaltung von Maschinen, Geräten und Anlagen, (4) organisatorische Fähigkeiten bei der Planung und Führung eines Betriebes und (5) kaufmännische Gewandtheit beim Einkauf von Betriebsmitteln und bei der Vermarktung der Produkte voraus. Da ein Landwirt auch im weitgehend mechanisierten Betrieb kräftig zupacken muß, bedarf er (6) ausreichender Körperkräfte. Unentbehrlich ist (7) eine praktische Begabung, das heißt die Fähigkeit, Informationen zweckentsprechend anzuwenden. Weit unterschätzt wird meistens (8) das Talent, mit Menschen umzugehen. Nützt es doch dem Landwirt wenig, „wenn er die richtige Behandlung von Boden, Kulturpflanzen, Haustieren, Stallmist und anderen Dingen noch so gründlich gelernt hat, wenn ihm die Kunst der Menschenbehandlung fehlt, und er namentlich sich selbst nicht diszipliniert hat" (AEREBOE 1928, S. 553, im Original gesperrt).

Übersicht 29. Unterschiede zwischen industriell-gewerblicher und landwirtschaftlicher Produktion

Kriterien	Industrie, Gewerbe	Landwirtschaft
Standort	Nach verschiedenen Gesichtspunkten (Rohstoffe, Energie, Arbeitskräfte, Absatz) auswählbar	An Anbau- und Weideflächen gebunden
Rohstoff	Natürliche Vorkommen, aber auch Kunststoffe	Boden, Gene von Tieren und Pflanzen
Veredelungsmöglichkeit	Hochgradig	Begrenzt
Produktionsweise	Mechanisierung, Fließband, Teil- und Vollautomatisierung	Nur teilweise mechanisierbar
Produktionsausweitung	Technisch praktisch unbegrenzt	Natürliche Grenzen für Flächenertrag, Lebendgewicht, Milchleistung usw.
Ausnutzung der Maschinenkapazität	Während des ganzen Produktionsvorganges (Schichtbetrieb)	Nur in bestimmten Produktionsphasen
Produktionsanfall	Regulierbar und bei Serienfertigung kontinuierlich	Naturbedingt und stoßweise (Ernte)
Produktionsrisiko	Allgemeines (Streik)	Spezielles (Mißernte durch Schädlingsbefall, Trockenheit, Unwetter; Tierkrankheiten und -seuchen)
Lagerung und Transport	In der Regel nicht verderbliche Güter	In der Regel verderbliche Güter
Absatz	Stark ausweitbar, Markt für bisher unbekannte Güter	Nur begrenzt ausweitbar (physiologische Grenzen der Nahrungsaufnahme)
Preis	Starke Preiselastizität bei Gütern des Geltungskonsums, die sich nicht jeder leisten kann.	Geringe Preiselastizität bei den Grundnahrungsmitteln, die für alle erschwinglich sein müssen.

Quelle: Nach PISA, 1964, S. 52f.

2.1.3 Arbeitsrollen

Die landwirtschaftlichen Arbeitsrollen sind traditionell geschlechtsspezifisch festgelegt. Eine Rücksichtnahme auf die biologischen Besonderheiten von Mann und Frau ist dabei allerdings kaum zu erkennen. Vielmehr folgen die Rollenzuweisungen ganz kontroversen kulturellen Mustern. Im Hochland von Iran hat die Frau auf dem Feld nichts zu suchen, in der benachbarten Türkei trägt die Frau die Hauptlast der Hack- und Pflegearbeiten. In den meisten Hackkulturen ist die gesamte Feldarbeit, abgesehen von der Rodung, eine Domäne der Frau. Das Auspflanzen der Reissetzlinge auf das vorbereitete Schlammfeld wird in Südostasien hauptsächlich von Frauen vorgenommen ohne Rücksicht darauf, daß Bückarbeiten und Arbeiten in großer Hitze dem weiblichen Organismus abträglicher sind als dem männlichen.

Gespann- und Maschinenarbeiten sind im allgemeinen dem Manne vorbehalten, rein manuelle Arbeiten werden hingegen häufig der Frau zugewiesen, worin die inferiore Stellung der Frau in vielen Gesellschaften zum Ausdruck kommt. Die Versorgung von Großvieh und das Hüten größerer Kleinviehherden obliegt gewöhnlich ebenfalls dem Manne, während die Frau oft für die Kleinviehhaltung verantwortlich ist. Das Melken ist in manchen Gesellschaften für

Männer tabuisiert, in anderen Gesellschaften melken Männer und Frauen, und in einigen Gesellschaften ist Melker ein ausgesprochener Männerberuf.

In rational organisierten Systemen übernimmt der Mann die an entlegeneren Orten zu verrichtenden und die größere Körperkräfte beanspruchenden Tätigkeiten, während die Frau ihren Arbeitsbereich im Haus und in Hausnähe hat und jene Tätigkeiten ausübt, die große Fingerfertigkeit und sorgliche Pflege erfordern. Nach einem anderen Prinzip erzeugt der Mann die Rohstoffe, die die Frau zum Zwecke des eigenen oder fremden Verbrauchs verarbeitet und veredelt. In den Ländern südlich der Sahara bauen die Frauen die Früchte für den eigenen Bedarf an, die Männer dagegen die Verkaufsfrüchte. Nahezu universal sind die Frauen zusätzlich mit allen hauswirtschaftlichen Arbeiten, namentlich mit Kochen, Backen, Konservieren und Wäschewaschen, zum Teil auch noch mit der Herbeischaffung von Wasser und Brennstoff belastet. Deshalb dauert ihr Arbeitstag – von Farmgebieten abgesehen – in der Regel länger als ein normaler Männerarbeitstag in der Landwirtschaft (Übersicht 30). Hinzu kommen die Belastungen durch Geburten und Kinderpflege. In manchen Agrargesellschaften ist Polygamie das bevorzugte Mittel, um das harte Arbeitslos der Frauen etwas zu erleichtern.

Übersicht 30. Arbeitstag von Landfrauen

Mali[1]		Südwestdeutschland[2]	
Uhrzeit	Tätigkeiten	Uhrzeit	Tätigkeiten
4.30	Aufstehen		
4.30–6.00	Bereiten des Frühstücks aus den Überresten des Abendessens oder Kochen eines Hirsebreis Waschen und Anziehen der Kinder		
6.00–10.00	Geschirrspülen, Schälen der Hirse, Sammeln von Gemüse und Blättern für das Mittagessen, Wäschewaschen, Marktgang	6.00 6.15– 6.30 6.45– 7.15	Aufstehen Frühstück richten Aufräumen, Mahlzeit und Getränke richten
10.00–15.00	Transport des Essens auf das Feld, Bebauung eigener Felder oder Mithilfe auf dem Feld des Mannes	7.15–11.45 11.55–12.45	Rüben hacken Besorgungen in der Stadt (Aussiedlerhof)
15.00–18.00	Suchen von Holz, Sammeln von wilden Früchten	13.00–14.00	Aufräumen, Mahlzeit und Getränke richten, abwaschen
18.00–20.00	Wassertragen, Schälen von Hirse, Reinigen des Hofes, Zubereitung des Abendessens	14.00–14.30 15.30–19.15 19.15–20.00	Aufzeichnungen machen Rüben hacken Wäsche waschen und sortieren
20.00–21.00	Kämmen oder Spinnen der Baumwolle	20.00–22.00	Handarbeiten und Fernsehen
ab 21.00	Nachtruhe	ab 22.00	Nachtruhe

[1] *Quelle:* SENE 1977, S. 32
[2] *Quelle:* Unveröffentlichtes Erhebungsmaterial: Beispiel eines viehlosen Intensivbetriebes am 31. 7. 1978.

Die leitenden Rollen gelten – ausgenommen solche Agrargesellschaften, in denen Landbewirtschaftung grundsätzlich als weibliche Beschäftigung angesehen wird – im allgemeinen als männliche Tätigkeiten ungeachtet der erwiesenen Tatsache, daß Frauen ebenso gut wie Männer einen landwirtschaftlichen Betrieb leiten können.

Je strenger die Arbeitsrollen normiert sind, um so größere Widerstände und Engpässe sind bei der Einführung von Neuerungen zu erwarten. So hat sich gezeigt, daß neue Bewässerungsanlagen im östlichen Mittelmeerraum nur zu 70 Prozent ausgelastet wurden, weil die Frauen, denen nach der Tradition die Pflanzenpflege obliegt, durch mehr Hackarbeit einfach überfordert waren (BERGMANN und BERGMANN 1976).

An den Arbeitsrollen wird nicht nur aus Tradition festgehalten, das heißt, weil die Arbeitsteilung bestimmten kulturellen Mustern entspricht, sondern auch, weil damit soziale Vorteile (Ansehen, Kommunikationsmöglichkeiten) oder wirtschaftlicher Nutzen (z. B. Eiergeld) verbunden sind. Nicht zu unterschätzen ist auch das Kapital an Erfahrungen und Fertigkeiten, die sich die Rollenträger im Laufe der Zeit oft unter großen Mühen angeeignet haben und die im Falle eines Rollenwechsels wertlos würden. Die Beherrschung von Rollen vermittelt außerdem das Gefühl der Sicherheit und Überlegenheit. Die Angst, sich vom Gewohnten trennen zu müssen, hält ebenfalls vom Rollenwechsel ab.

In der sozialistischen Landwirtschaft sind Frauen grundsätzlich gleichberechtigt, aber auch gleich verpflichtet zu jeder Art von Arbeit. Der Anteil der Frauen an den ständig im Bereich der Tierproduktion Berufstätigen betrug im Jahre 1974 in der DDR annähernd 54 Prozent, im Bereich der Pflanzenproduktion 40 Prozent. Im selben Jahr waren im Durchschnitt aller sozialistischen Landwirtschaftsbetriebe der DDR allerdings erst 13,1 Prozent aller Leitungskader Frauen. Im Bundesgebiet ist der Anteil der Frauen an den landwirtschaftlichen Arbeitskräften um so größer, je kleiner die Betriebe sind. Im Durchschnitt der Betriebe mit mehr als 2 ha sind 35 Prozent der „Vollarbeitskräfte" weiblichen Geschlechts (Berichtsjahr 1972/73).

Literatur: BRAUNER 1971, PREUSCHEN 1959, RIES 1958.

Diskussions- und Prüfungsfragen
1. Was folgt aus den besonderen Arbeitsvoraussetzungen in der Landwirtschaft für die Arbeitsverfassung?
2. Beurteilen Sie die Arbeitsbedingungen in der Land- und Forstwirtschaft im Vergleich mit den Bedingungen in Fabriken und Büros!
3. Wie sieht die traditionelle Arbeitsteilung in der Landwirtschaft aus?

2.2 Formen der Arbeitsverfassung

Die drei Grundformen der landwirtschaftlichen Arbeitsverfassung sind die Familien-, die kooperative und die Fremdarbeitsverfassung. Innerhalb dieser Grundformen treten Unterformen, zwischen diesen Übergangsformen auf (Abb. 21).

2.2.1 Familienarbeitsverfassung

Bei der Familienarbeitsverfassung werden sowohl leitende wie ausführende Arbeitsrollen ganz oder vorwiegend vom Betriebsinhaber und seinen Familienangehörigen ausgeführt. Sie ist wohl „die älteste und beständigste Arbeitsverfassung der ackerbautreibenden Völker" (ABEL 1967, S. 105) und vermutlich in Vergangenheit und Gegenwart auch die verbreitetste, da sie unmittelbar auf die ursprüngliche Selbstversorgung des Familienhaushaltes zurückgeht. Ihre Beständigkeit beruht zum Teil darauf, daß sie wie keine andere zur Leistung anspornt und auf Dauer angelegt ist. Es wird ihr nachgerühmt, besonders dort geeignet zu sein, wo es auf Sorgfalt, Umsicht, Verantwortungsgefühl und unbegrenzten Arbeitseinsatz ankommt. Die Überlegenheit hinsichtlich Arbeitsqualität, Arbeitsreserven und Anpassungsfähigkeit an den Arbeitsanfall ist vor allem der Übereinstimmung von Eigen- und Betriebsinteresse zu danken (vgl. Teil 2: 6.1). Andererseits kann die Familienarbeitsverfassung „zu höchst unwirtschaftlicher Vergeudung von Arbeitskräften führen (wenn die Familienbindungen die Abwanderung überschüssiger Kräfte verhindern) oder zu kaum weniger bedenklicher Arbeitsüberlastung (wenn die Familienkräfte zur Bewältigung der Arbeit nicht ausreichen); sie kann zu Bodenverschwendung Anlaß geben oder zur Verschwendung von Kapital" (ebenda, S. 106), und sie kann zu einem Bildungsdefizit des Nachwuchses führen, weil es im Familienbetrieb keinen Bildungsaufstieg gibt.

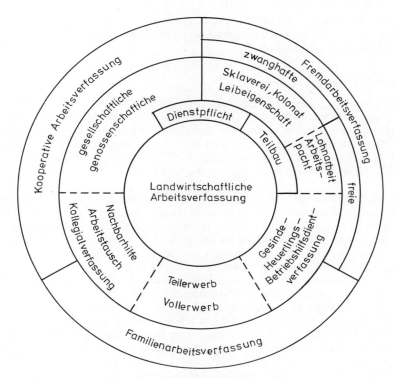

Abb. 21. Formen landwirtschaftlicher Arbeitsverfassung

Wenn die Familienarbeitskraft nicht ausreicht, können Gesindekräfte und/oder Lohnarbeitskräfte[1] oder Arbeiterpächter (Heuerlinge, Landinsten) beschäftigt werden, wird Nachbarschaftshilfe und organisierte überbetriebliche Zusammenarbeit in Anspruch genommen oder werden Arbeitsgänge an Lohnunternehmen vergeben. Überschüssige Familienarbeitskraft kann außerbetrieblich verwertet werden, wodurch sich der Familienbetrieb vom Voll- zum Teilerwerbsbetrieb wandelt.

Übergangsformen von der Familien- zur Fremdarbeitsverfassung bilden die Gesindeverfassung, die Heuerlingsverfassung[2] und die Betriebshilfsdienstverfassung. Während die beiden erstgenannten Formen nur noch von historischem Interesse sind, gewinnt die letztere zunehmend an Bedeutung. Es handelt sich hierbei um freiwillige Zusammenschlüsse von Landwirten, die eine oder mehrere Fachkräfte anstellen und in den Mitgliedsbetrieben in Notfällen (Krankheit, Unfall oder Tod des Betriebsleiters) oder bei dringender Abwesenheit des Betriebsleiters

---

[1] Im Orient beschäftigen Inhaber von kleinen Familienwirtschaften häufig Lohnarbeiter, weil dies das Sozialprestige hebt.
[2] Die bis in die fünfziger Jahre für Teile Nordwestdeutschlands typische *Heuerlingsverfassung* besteht in einer Arbeitssymbiose zwischen einem größeren landwirtschaftlichen Betrieb und Landwirten, die gegen die Überlassung einer kleinen Bauernwirtschaft und die Ausführung der Gespannarbeiten sich verpflichten, eine begrenzte Zeit unentgeltlich oder gegen ermäßigten Lohn auf dem Haupthof zu arbeiten. „Sie kam dem Bedürfnis der Bauern (in Einzelhoflage) nach ständigen und hofnahen Arbeitskräften und dem Landverlangen der weichenden Erben entgegen, die sich durch Anerbensitte und -recht vom Landerwerb abgeschnitten sahen" (ABEL 1967, S. 115).

(Kur, Urlaub, Fortbildung) oder bei Arbeitsspitzen einsetzen. Ähnliche Aufgaben übernehmen die von kirchlich-karitativen oder berufsständischen Verbänden und von Sozialversicherungskassen eingesetzten Sozialhilfsdienste.

2.2.2 Kooperative Arbeitsverfassung

Eine Arbeitsverfassung wird dann als „kooperativ" bezeichnet, wenn die Zusammenarbeit gleichberechtigter Partner (Gesellschafter, Genossen) das leitende Prinzip ist. Die Bindung muß so eng und langfristig sein, daß sie Struktur und Organisation der betroffenen Betriebe beeinflußt; die Zusammenarbeit muß sich auf periodische Leistungen beziehen („kontinuierlicher Kontrahierungszwang", vgl. VASTHOFF 1965, S. 107). Der Kooperation der selbständigen landwirtschaftlichen Unternehmer entspricht die horizontale[1] und vertikale[2] Integration der Betriebe.

Von diesen modernen Formen der Kooperation in der Erzeugung und Vermarktung landwirtschaftlicher Produkte sind jene gemeinsamen Anstrengungen zu unterscheiden, die unternommen werden, um eine Produktion überhaupt erst zu ermöglichen. Gemeinschaftsarbeit war in der Landwirtschaft stets üblich, wenn die Arbeitskraft der Einzelfamilie zur Bewältigung der gestellten Aufgaben nicht ausreichte. Dies gilt insbesondere für die Waldrodung früherer Erschließungsperioden und für die Anlage von Bewässerungssystemen. Aber auch die regelmäßige Rodungsarbeit im Wanderfeldbau sowie die Unterhaltung des Wege- und Gewässernetzes erfordern ständige Kooperation. Bei allen Kooperationsformen geht es um die gemeinschaftliche Erledigung von Teilaufgaben im Wirtschaftsablauf, die bisher einzelbetrieblich durchgeführt wurden. Sie können im Bereich der Betriebsmittelbeschaffung und Finanzierung, der Produktion selbst und der Vermarktung und Verwertung der Produkte liegen. Kooperation dient entweder wirtschaftlichen Zwecken (Kostenminimierung, Gewinnmaximierung, Risikominderung, Liquiditätsverbesserung, Vermögenserhaltung, Verbesserung der Marktstellung) oder sozialen Zielen (Arbeitsersparnis, -erleichterung, -vertretung) oder ist Ausdruck bestimmter weltanschaulich oder religiös begründeter Verhaltensmuster. Jedenfalls erwartet der kooperierende Landwirt bestimmte Vorteile, die die Nachteile eingeschränkter Eigentumsverfügung und Dispositionsfreiheit aufheben.

Die wichtigsten Ausprägungen kooperativer Arbeitsverfassung sind die nachbarliche, kollegiale, gesellschaftliche und genossenschaftliche Kooperation. Die Begriffe nachbarlich und kollegial betonen mehr die personalen Beziehungen, die Begriffe gesellschaftlich und genossenschaftlich mehr die Rechtsstellung der Kooperierenden. Sie sind daher nicht ganz trennscharf.

Die *Nachbarhilfe* war und ist ein wesentlicher Bestandteil der Arbeitsverfassung in ländlichen Gesellschaften mit überwiegendem Gemeinschaftscharakter. Zwischen spontaner Nachbarhilfe und kollegialer Arbeitsverfassung steht der *Arbeitstausch*. Bei einer Untersuchung in Ägypten gaben mehr als vier Fünftel der befragten Bauern an, im Berichtsjahr ihre Arbeitskraft mit Nachbarn getauscht zu haben (PLANCK 1969, S. 41). Eine moderne Form organisierten Arbeitstausches bilden die Maschinenringe.

Durch die Fusion von Betriebszweigen oder vollständigen Familienbetrieben geht die Familienarbeitsverfassung in die *Kollegialverfassung* über. Sie ist dadurch gekennzeichnet, daß die Betriebswirte nicht nur die leitenden, sondern auch die ausführenden Tätigkeiten kollegial ausüben, notfalls unter Hinzuziehung von Familienangehörigen oder Lohnarbeitskräften. Die Kollegialverfassung bedeutet insofern eine erste Annäherung an die industrielle Arbeitswelt, als

---

[1] Horizontale Integration heißt der organisatorische Zusammenschluß von Betrieben gleicher Produktionsstufe.
[2] Vertikale Integration heißt der organisatorische Zusammenschluß von Betrieben vor- und nachgelagerter Produktionsstufen.

persönliche und verwandtschaftliche Beziehungen versachlicht, Arbeits- und Privatleben getrennt und Arbeits- und Freizeit geregelt werden. An die Kollegialverfassung knüpft sich die Hoffnung, „das freie Unternehmertum in der Landwirtschaft auf einer breiten Basis zu erhalten sowie den Beteiligten... eine Teilnahme an der zivilisatorischen Entwicklung zu ermöglichen" (SCHMIDT-VOLKMAR 1967, S. 715).

Gesellschaftliche Arbeitsverfassung findet sich in Ergänzung anderer Arbeitsverfassungen im Rahmen „überbetrieblicher Zusammenarbeit" und „zwischen- bzw. innerbetrieblicher Zusammenarbeit".

Moderne Formen *überbetrieblicher Zusammenarbeit* (siehe auch Teil 3: 6.4.1) haben Vorläufer in gemeinsamen Einrichtungen wie Kelter, Dreschhalle und Milchsammelstelle, die allerdings oft betont genossenschaftliche Züge trugen. Neuerdings sind die gesellschaftlichen Elemente prägender. Beispiele überbetrieblicher Zusammenarbeit sind Produktionsmittelgemeinschaften (Gemeinschaftseigentum) wie Dreschmaschinen- und Maschinengemeinschaften, Getreide- und Grünfutter-Trocknungs-Gemeinschaften, Beregnungs- und Frostschutzgemeinschaften, Melkstand- und Melkstallgemeinschaften sowie Maschinenringe (Individualeigentum). Weitere Beispiele überbetrieblicher Zusammenschlüsse, die den einzelnen Landwirt von Spezialarbeiten entlasten oder seine Marktposition stärken, sind Buchführungsgemeinschaften und Erzeugergemeinschaften. Letztere agieren vor allem als „Verhandlungsgemeinschaften", seltener als „Anbietergemeinschaften".

Maschinengemeinschaften und -ringe[1] bezwecken in erster Linie, Maschinen- und Anlagenkapital einzusparen und die vorhandenen Kapazitäten besser auszulasten. Es ergeben sich zwischen den Maschineneignern und -benutzern zahlreiche soziale Beziehungen. Wächst die überbetriebliche Zusammenarbeit über den Kreis von wenigen Landwirten hinaus, werden höhere Organisationsformen erforderlich. Es bedarf eines Koordinators oder Geschäftsführers und unter Umständen fachlich ausgebildeter Maschinisten, Fahrer, Mechaniker, Buchhalter usw.

Die *zwischen- und innerbetriebliche Zusammenarbeit* ergibt sich aus gemeinsamer Nutzung von Kapital und/oder Boden. Im Blick auf die Kapitalverflechtung wird daher auch von „kapitalintensiver Kooperation" gesprochen. Teilgemeinschaften neuerer Art (Einzelproduktgemeinschaften, Betriebsgemeinschaften) entstehen entweder durch die Fusion von Betriebszweigen oder durch die gemeinsame Errichtung neuer Produktionsanlagen (Gemeinschaftsobstanlagen, Betriebszweiggemeinschaften mit Milchvieh-, Mastrinder-, Schweine- oder Geflügelhaltung). Noch enger als in den schon erwähnten Kooperationsformen sind die wirtschaftlichen und sozialen Verflechtungen in den Gemeinschaftsbetrieben (Gruppenlandwirtschaft), in denen die Zusammenarbeit alle Betriebsfunktionen umfaßt. Je höher der Integrationsgrad, um so größer sind die Anforderungen an die Kooperationsfähigkeit der Partner. Die selbständigen Landwirte halten sich erfahrungsgemäß mit der Bildung von Betriebsgemeinschaften und Gemeinschaftsbetrieben sehr zurück, da die immateriellen Nachteile (Aufgabe der individuellen Entscheidungsfreiheit) durch die materiellen Vorteile (Einkommenserhöhung) nach subjektiver Überzeugung zumeist nicht aufgewogen werden.

Die beiden wichtigsten Fusionsmotive sind, die Entwicklung von Betrieben zu sichern, die unzureichend mit Boden, Kapital oder Arbeit ausgestattet sind, und die Vorteile größerer Produktionseinheiten wahrnehmen zu können, um höhere Gewinne zu erzielen.

RÜDIGER WESCHE (1974, S. 4) nennt unter den „wichtigsten wirtschaftlichen Auswirkungen" kapitalintensiver Kooperation von landwirtschaftlichen Betrieben folgende Veränderungen der sozialen Situation: (1) Reduzierung körperlicher Belastungen, (2) Verringerung der ak-

---

[1] Die Hauptforderung an die Ringarbeit, hohe Maschinenauslastung, termingerechter Einsatz, bedarfsgerechte Maschinenanschaffung und Vervollständigung von Arbeitsketten sowie Hilfe in Notfällen (auch mit Arbeitskräften) werden in den Kleinringen (12 bis 15 Mitglieder) am besten erfüllt (Bundesamt 1972, S. 40).

tiven Mitwirkung von Familienangehörigen und (3) Vertretungsmöglichkeiten bei Krankheit, Fortbildung und Urlaub. Weitere Ergebnisse der Kooperation können im sozialen Bereich sein: (4) gesicherte Arbeitserledigung, (5) Lösung betrieblicher „Fesseln", (6) Freisetzung von Arbeitskräften, (7) Rollenspezialisierung nach Eignung und Neigung, (8) Lösung des Problems der Hofübergabe im Falle von Nachwuchslosigkeit. In der Regel erhöht sich das Einkommen der Beteiligten. In manchen Fällen wird jedoch der Verbesserung der sozialen Situation ein größerer Wert beigemessen als einer Einkommenserhöhung.

Die optimale Größe einer Kooperation mit enger Integration liegt erfahrungsgemäß bei drei bis fünf Landwirten. Je kleiner die Mitgliederzahl, desto eher ist eine gemeinsame Betriebsleitung praktikabel. Je größer die Zahl kooperierender Landwirte ist, desto stärker ist die Tendenz, daß sich eine Führungsclique bildet oder ein Einzelmitglied die Führung übernimmt. Sozialverträglichkeit, Vertragstreue, Offenheit, gemeinsame Zielvorstellungen und ähnliche sozialökonomische Ausgangslage sind wichtige Voraussetzungen erfolgreicher Kooperation. In Frankreich, wo die „Gruppenlandwirtschaft" staatlich gefördert wird, haben sich oft nahe Verwandte, z. B. Väter und Söhne oder Brüder, zusammengetan.

Soziale Probleme ergeben sich hinsichtlich der Rollenverteilung, der Entscheidungs- und Kontrollmechanismen, des eventuellen Rollenverlustes von Ehefrauen und Altenteilern, des Generationswechsels (Aufbau neuer Sozialbeziehungen), der Vergütung bei längerem Ausfall eines mitarbeitenden Mitgliedes, der Bewertung und Priorität der Vermögens- und Arbeitsleistungen. Partner aus kleinen Betrieben sind daran interessiert, daß die Arbeitsleistung an erster Stelle und möglichst hoch vergütet wird, Partner aus größeren Betrieben neigen eher dazu, eingebrachten Boden und zur Verfügung gestelltes Kapital vorrangig zu bedienen.

Die *genossenschaftliche Arbeitsverfassung* eröffnet die Möglichkeit, die Vorteile großbetrieblicher Wirtschaftsweise (Management, Spezialisierung, bessere Marktposition, Rationalisierung) mit den Vorteilen der Sorgfalt und des Eigeninteresses der Arbeitskräfte zu verbinden, ohne die Nachteile der Fremdarbeitsverfassung (Deklassierung der Arbeitskräfte, Unsicherheit der Deckung des Arbeitsbedarfs, Disziplinschwierigkeiten) und der Familienarbeitsverfassung (Problem der Ersatzkraftstellung, Nachwuchsproblem) in Kauf nehmen zu müssen. Im freien Wettbewerb hat sich die genossenschaftliche Arbeitsverfassung der Familienarbeitsverfassung dennoch als unterlegen erwiesen, weil das Problem nicht generell gelöst werden kann, Genossen zu individueller Leistungsentfaltung und Initiative zu motivieren, ohne kapitalistische Methoden (materielle Interessiertheit) oder Druckmittel anzuwenden. Auch die bei einer vielköpfigen Belegschaft unvermeidlich straffe, bürokratische Betriebsleitung zehrt einen Teil der erhofften Vorteile auf.

Die genossenschaftliche Arbeitsverfassung weist mehrere Ausprägungen auf. Die beiden wichtigsten Typen sind:

(1) Typ „Oppenheimer": Der Boden gehört der Genossenschaft, und alle Genossen sind Arbeiter bzw. alle Arbeiter sind Genossen. Dieses Prinzip ist schwer durchzuhalten, da schwierige Führungsprobleme, Kohäsionsprobleme und Leistungsprobleme zu meistern sind. Verwirklicht wurde dieser Typ am überzeugendsten in der Form des israelischen Kibbuz (vgl. Teil 2: 7.3).

(2) Typ „landwirtschaftliche Produktionsgenossenschaft": Dieser Typ hat seine besondere Gestalt (Kolchos, LPG) durch die spezifischen Gesellschafts- und Wirtschaftsordnungen in kommunistischen Ländern erfahren (vgl. Teil 2: 7.2). Angestrebt wird eine starke inner- und zwischenbetriebliche Spezialisierung der Arbeit, die zu höheren Formen der Kooperation zwingt. Aus der Rollendifferenzierung ergeben sich unvermeidlich verschieden hoch bewertete Positionen. Die soziale Differenzierung wird durch eine industriemäßige Befehlshierarchie und durch eine straffe Organisation der ausführenden Arbeit in Brigaden und Kolonnen noch akzentuiert.

2.2.3 Fremdarbeitsverfassung

Unter *Fremdarbeitsverfassung* versteht man ein Überwiegen der Arbeitnehmer unter den Arbeitskräften eines Betriebes bei gleichzeitiger Beschränkung des Betriebsinhabers auf anordnende Tätigkeiten. Das Bestreben der landwirtschaftlichen Arbeitgeber, möglichst billige Arbeitskräfte in ausreichender Zahl zu gewinnen und zu hohen Leistungen anzuhalten, hat zu den verschiedensten Regelungen der Arbeitsverfassung geführt, die man grob in (1) Zwangsarbeitsverfassung und (2) „freie" Fremdarbeitsverfassung untergliedern kann.

Bei der *Zwangsarbeitsverfassung* sind die Arbeitskräfte sowohl hinsichtlich ihrer Arbeitsverfügung und persönlichen Lebensgestaltung einem fremden Willen unterworfen als auch nach „außen" unfrei, insofern sie an die Scholle (Grundhörigkeit) oder an einen Herrn (Leibhörigkeit) gebunden sind. Sklavenarbeit, vom Altertum bis zur Neuzeit die bevorzugte Form, landwirtschaftlichen Großgrundbesitz zu bearbeiten, ist Zwangsarbeit in reinster Ausprägung. Mildere Formen der Zwangsarbeit, die die Sklaverei häufig ablösten, sind das spätrömische Kolonat, das der Leibeigenschaft in der fränkischen Fronhofverfassung und der späteren ostdeutschen Gutsverfassung als Muster diente, der Teilbau (share-cropping) und das Helotentum in Südostasien.

„Frei" heißt eine *Fremdarbeitsverfassung* dann, wenn der Arbeitnehmer nach freiem Willen mit dem Arbeitgeber einen Vertrag schließen kann. An seiner Stelle kann auch ein Arbeitsvermittler die Verhandlungen führen, wie dies bei Wanderarbeitern häufig geschieht. Der Arbeitsvermittler oder genauer der „Arbeiterverleiher" schließt mit den Betriebsleitern die Verträge ab und ist verantwortlich für die Bereitstellung der vereinbarten Zahl von Arbeitern, und deren Betreuung sowie für die Entgegennahme und Verteilung der Lohnsumme. Fehlende Alternativen sowie soziale oder materielle Bindungen an den Arbeitsort können allerdings die Handlungsfreiheit der Arbeitnehmer ganz erheblich einschränken. Landarbeiter stehen deshalb in den meisten zivilisierten Ländern unter dem Schutz internationaler Konventionen, gesetzlicher Bestimmungen und tariflicher Vereinbarungen zwischen ihren Gewerkschaften und den landwirtschaftlichen Arbeitgeberverbänden.

Die „freie" Fremdarbeitsverfassung tritt in der Landwirtschaft vor allem in drei Formen auf: (1) Arbeiterpachtverfassung (Deputatverfassung), (2) Gesindearbeitsverfassung und (3) Lohnarbeitsverfassung.

Die *Arbeiterpachtverfassung* ist in Mitteleuropa seit dem Ende des Zweiten Weltkrieges stark rückläufig, dagegen in Lateinamerika immer noch eine beliebte Form, die Landarbeitskräfte an den Großbetrieb zu binden und auf eine für den Arbeitgeber günstige Art zu entlohnen. Es kann das Pachtverhältnis überwiegen und die abhängige Arbeit auf dem Gut nur einen Teil des Pachtzinses darstellen. Es kann aber auch die Arbeitsleistung im Vordergrund stehen. Dann ist das dem Arbeitnehmer überlassene Land als Teil des Arbeitsentgeltes (Deputat) aufzufassen. Je nach der Gestaltung des Pacht-Arbeitsverhältnisses ist die Bindung zum Hauptbetrieb enger oder loser.

Die *Gesindearbeitsverfassung* bildet einen Übergangstyp zwischen Familien- und Fremdarbeitsverfassung, insofern als nach Bedarf ledige Knechte und Mägde mit oder ohne „Familienanschluß" in die Haus- und Arbeitsgemeinschaft aufgenommen werden. Sie wurzelt in der im vorindustriellen Mitteleuropa verbreiteten generativen Wertung der Arbeitsplätze. Zur ehelichen Fortpflanzung kamen fast nur die Inhaber der generativ vollwertigen Bauern-, Meister- oder Häuslerstellen. Die meisten Nachgeborenen verblieben auf den Höfen als lediges Gesinde oder im Handwerk als Junggesellen. Als die Gesindearbeitsverfassung bereits einen Anachronismus darstellte, nutzten noch viele Betriebsleiter die Vorteile lediger Arbeitskräfte. In den größeren Betrieben wurde die soziale Distanz zwischen Betriebsleiterfamilie und dem Gesinde deutlich gewahrt, z. B. durch die Verköstigung der Dienstboten in der Gesindestube.

Die *Lohnarbeitsverfassung* ist geprägt durch Lohnarbeiter, die nicht in den Betriebshaushalt aufgenommen werden und gegenüber deren Gesamtarbeitskraft die körperliche Mitarbeit der Betriebsinhaberfamilie kaum mehr ins Gewicht fällt. Die persönlichen Bindungen der Arbeitnehmer an die Arbeitgeber sind relativ schwach, und daher ist die Fluktuation der Arbeitskräfte relativ groß. „Hier haben es die Partner des landwirtschaftlichen Arbeitsverhältnisses in der Hand, Dauer, Kündigungsmöglichkeiten und Entlohnungsfragen möglichst angenähert an die tatsächlichen Bedürfnisse beider Seiten individuell zu bestimmen" (WENZEL 1974, S. 89).

Literatur: ABEL 1967, S. 105–156, Bundesamt 1972, KASSEN 1970, RIEMANN und BENDIXEN 1974.

Diskussions- und Prüfungsfragen
1. Worin besteht die relative Vorzüglichkeit der Familienarbeitsverfassung in der Landwirtschaft?
2. Wie wirkt sich die „kapitalintensive Kooperation" auf die soziale Situation der beteiligten Landwirtsfamilien aus?
3. In welchen Ausprägungen tritt die Fremdarbeitsverfassung in der Landwirtschaft auf? Worin unterscheiden sich die verschiedenen Formen?
4. Welche Vor- und Nachteile hat die Arbeiterpachtverfassung gegenüber der Lohnarbeitsverfassung für die Arbeitnehmer?

2.3 Rechtliche Arbeitsverpflichtungen

Sozialer Status, soziale Beziehungen, Lebens- und Arbeitsbedingungen der landwirtschaftlichen Arbeitskräfte leiten sich aus der Gestaltung ihrer Arbeitsbeziehungen ab. Ihre Arbeitsrollen und ihre Beziehungen zum Boden und zum Bodenbesitzer richten sich nach örtlichem Brauch oder sind Gegenstand besonderer Landarbeiterordnungen und Tarifvereinbarungen zwischen den Arbeitspartnern. Da ihr Verhältnis zum jeweiligen Betriebsinhaber auf mancherlei Weise gestaltet werden kann, lassen sich mehrere soziologisch relevante Kategorien unterscheiden, die nach der rechtlichen Grundlage des Arbeitsverhältnisses gegliedert werden können. Dem Arbeitsverhältnis kann ein Kauf-, Werk-, Pacht-, Anstellungs-, Lehrvertrag, eine Dienstverpflichtung, ein Genossenschaftsstatut oder eine familienrechtliche Verpflichtung zugrunde liegen.

2.3.1 Kaufvertrag

Jahrhundertelang war es üblich und gesetzlich erlaubt, Menschen, die in Eroberungskriegen, bei organisierten Menschenjagden oder durch Verschuldung ihre Freiheit und Menschenwürde verloren hatten, käuflich als Arbeitskräfte zu erwerben. Sie konnten wie eine Ware gehandelt, gebraucht und mißbraucht werden. Unter Feudalverhältnissen schloß der Kauf oder andersartige Erwerb eines Landgutes, Dorfes oder Dorfteils gewöhnlich auch die Dienstleistungen der ansässigen Kolonen oder Leibeigenen ein, die faktisch mitgekauft wurden. Kinder armer Leute wurden noch bis 1914 in Deutschland „verkauft".[1] Erst die 1948 von der Generalversammlung der Vereinten Nationen angenommene „Allgemeine Erklärung der Menschenrechte" setzte dem Kauf und Verkauf von Arbeitskräften de jure weltweit ein Ende. Danach darf niemand

---
[1] „Wie jedes Jahr, so kommen auch heuer am 28. März die Tiroler Hütekinder in Friedrichshafen durch den Hütekinderverein zum Verkauf" (Der Landarbeiter, 1913, Nr. 5, zit. nach UHLIG 1978). Genau genommen handelte es sich um keinen Verkauf, sondern um ein Verdingen auf Zeit von März bis Oktober.

in Sklaverei oder Knechtschaft gehalten werden, und sollen Sklaverei und Sklavenhandel in allen ihren Formen verboten sein. Dennoch schätzte man noch in den fünfziger Jahren die Zahl der Sklaven auf 1 bis 2 Millionen und die Zahl der in sklavenähnlicher Dienstbarkeit befindlichen Personen auf 10 bis 20 Millionen (vgl. LASKER 1956, S. 286).

2.3.2 Öffentlich-rechtliche Dienstverpflichtung

In der Vergangenheit sicherte in vielen Ländern der Staat mittels Dienstverpflichtungen die Bergung der Ernten. Insbesondere autoritäre Regime setzen dienstverpflichtete Hilfskräfte (Arbeitsdienste, Landdienste, Parteiformationen, Truppenteile, Schüler und Studenten, Angehörige der Verwaltung usw.) bei wenig mechanisierbaren Arbeitsvorgängen (Ablesen von Schädlingen, Obst- und Hopfenernte, Weinlese, Zuckerrohrschneiden usw.) in der Landwirtschaft ein. Man verspricht sich von diesen berufsfremden Arbeitseinsätzen als Nebenwirkung, eine nationale Stadt-Land-Solidarität zu schaffen und das gegenseitige Verständnis der einzelnen Bevölkerungsteile zu fördern. Weitere öffentlich-rechtliche Arbeitspflichten ergeben sich aus Unterstützungsverhältnissen im Zusammenhang mit der Arbeitsverwaltung, aus strafrechtlichen Vorschriften bei Zuchthaus- und Gefängnisstrafen, für Bettler, Landstreicher und Prostituierte und als Erziehungsmittel für Jugendliche sowie aus der Haager Landkriegsordnung von 1907 für Kriegsgefangene, soweit sie nicht dem Offiziersstand angehören. Insbesondere Kriegsgefangene sind zu allen Zeiten in großer Zahl in der Landwirtschaft beschäftigt worden. Eine koloniale Form der Arbeitsverpflichtung war das Kontraktarbeitersystem.

2.3.3 Werkvertrag

Im Gegensatz zum Dienstvertrag ist der Werkvertrag nicht auf die Tätigkeit als solche, sondern auf das Ergebnis der Tätigkeit gerichtet. Landarbeitskräfte, die in einem Werkvertrag stehen, werden mangels eines eigenständigen deutschen Begriffs als „Anteilbauern" oder „Anteilarbeiter", fälschlicherweise auch als „Teilpächter" bezeichnet. Sie nehmen eine Zwischenstellung zwischen Bauer, Pächter und Arbeiter ein. Kennzeichnend für die sozialökonomische Lage eines Anteilbauern ist es, daß er keine Rechte am Boden hat, außer jenen, die ihm der Grundherr ausdrücklich zubilligt (z. B. Anlage eines Gartens, freie Stoppel- und Brachweide), und seinen Lohn erst beanspruchen kann, wenn er die vereinbarte Arbeit ordnungsgemäß ausgeführt hat. Ihm obliegt, nach den Anweisungen des Grundherrn oder dessen Agenten, bestimmte Grundstücke mit bestimmten Früchten anzubauen. Gewöhnlich wird er für seine Arbeit mit einem Bruchteil der Ernte entlohnt.

Anteilbauern (englisch: share-cropper) findet man im Baumwollgürtel der USA in großer Zahl, wobei es sich überwiegend um Nachkommen ehemaliger Negersklaven mit einem niedrigen sozialen Rang und weit unterdurchschnittlichem Lebensstandard handelt. Auch in Mittel- und Südamerika, im Mittelmeerraum und im ganzen Orient war oder ist der im Werkvertrag stehende Landarbeiter eine häufige Erscheinung.

2.3.4 Pachtvertrag

Ein Pachtvertrag liegt einem Arbeitsverhältnis dann zugrunde, wenn der Kleinpächter verpflichtet ist, ein bestimmtes Arbeitsquantum auf dem Hauptbetrieb zu leisten. Dieses kann unbemessen oder auf eine bestimmte Zahl von Arbeitstagen begrenzt sein, nur den Pächter betreffen oder auch dessen Familienangehörige einschließen. Als Gegenleistung für die Arbeitshilfe überläßt der Grundeigentümer dem Arbeiterpächter ein Haus mit Stallung sowie Land zur eigenen Nutzung, leiht diesem Zugtiere und Maschinen, zahlt die Grundsteuer und trägt die Reparaturkosten. Der arbeitswirtschaftliche Verbund und die Deputatentlohnung schaffen starke soziale Bindungen. In Deutschland standen die Heuerlinge (Regierungsbezirke Münster, Detmold, Osnabrück, Oldenburg), Häuslinge (Regierungsbezirk Stade) und Gärtner (Schlesien) in einem Arbeitspachtverhältnis. Sie waren sozial etwa den Kleinbauern gleichgestellt, wozu ihre bäuerliche Abkunft wesentlich beitrug (vgl. SERAPHIM 1948). Die Arbeiterpächter[1] auf den lateinamerikanischen Latifundien sind dagegen dem Landproletariat zuzurechnen.

2.3.5 Arbeitsvertrag

Die Arbeitskräfte mit einem Arbeits- oder Anstellungsvertrag bilden eine gemischte Kategorie, die sich weiter untergliedern läßt nach der Art der Entlohnung (Natural-, Bar-, gemischte Entlohnung), nach der Lohnbemessung (Leistungs-, Prämien-, Zeitlohn), nach der Dauer der Beschäftigung (zeitweilig Beschäftigte und ständig Beschäftigte), nach der Seßhaftigkeit (Ortsansässige, Wanderarbeiter), nach der Lohnperiode (Tage-, Wochen-, Monats-, Jahreslöhner). Vor allem die Dauer und die Art der Bindung an den Betrieb(shaushalt) sowie die Lohnhöhe sind auf die soziale Lage der Lohnarbeitskräfte von Einfluß. Das Lohnniveau ergibt sich aus der Lage am Arbeitsmarkt, der Ertragslage der Landwirtschaft, der Verhandlungsposition und Aktivität der Tarifpartner und der sozialpolitisch motivierten staatlichen Einflußnahme.

2.3.5.1 Nichtständige Lohnarbeiter

Die *Saisonarbeiter* zerfallen in zwei große Gruppen mit recht unterschiedlichen Lebensverhältnissen und Sozialproblemen: die ortsansässigen und die wandernden Saisonarbeiter. Die ortsansässigen oder in der Umgebung wohnhaften Tagelöhner entstammen meist der klein- und unterbäuerlichen Schicht, führen ihren eigenen Haushalt, kehren täglich nach der Arbeit zu ihren Familien zurück und haben einen festen, wenngleich niedrigen Status in der örtlichen Gesellschaft.

Wanderarbeiter (Schnitter, Braceros usw.) sind eine weltweite Erscheinung des großflächigen Anbaus von Früchten mit hohem Ernteaufwand (früher Getreide, heute zum Teil noch Zuckerrüben, Zuckerrohr, Obst, Wein, Baumwolle, Kakao, Hopfen). Die mitteleuropäische Landwirtschaft war vor dem Zweiten Weltkrieg gebiets- und zeitweise auf eine große Zahl von Wanderarbeitern angewiesen, gegenwärtig beschäftigt sie so gut wie keine mehr. In allen tropischen und subtropischen Plantagengebieten sind dagegen in der Erntezeit ungezählte Wanderarbeiter im Einsatz. Sie stammen meist aus wirtschaftsschwachen, übervölkerten, kleinbetrieblich strukturierten Agrarregionen und tauchen in der Saison in den Zielgebieten manchmal in Begleitung ihrer Familien, öfters allein oder in Trupps auf.

Ihre örtlichen Beziehungen basieren nur auf einem kurzfristigen Arbeitsvertrag. Wenn die Kampagne vorüber ist, wünscht man sie nicht mehr zu sehen. Niemand kümmert sich um ihre persönlichen Angelegenheiten, und einige wünschen das sicher auch selbst nicht, da sie illegal arbeiten oder aus irgendeinem Grund den Wunsch haben unterzutauchen. Sofern es sich um Ausländer handelt, heften sich Betrüger an ihre Fersen, die ihre Unerfahrenheit ausnützen. Auch sonst sind sie infolge ihrer sozialen Schutzlosigkeit häufig Opfer krimineller Elemente. Da sie ständig unterwegs sind, sind sie nicht in der Lage, stabile Beziehungen außerhalb ihrer Familien aufzubauen. Sie leben zwar auf größeren Gütern unter Gemeinschaftsbedingungen, entwickeln aber keine Techniken, um ihre Probleme gemeinsam zu lösen, denn nach dem Arbeitseinsatz zerstreuen sie sich wieder in alle Winde.

An ihren wechselnden Arbeitsorten sind die Wanderarbeiter selten in das bestehende Sozialsystem integriert. Daß durch den Ortswechsel bzw. die lange Abwesenheit des Ernährers das Familienleben und die Erziehung der Kinder leiden, liegt auf der Hand. Ihr Hauptinteresse gilt

---

[1] Meistens als colono, regional auch als inquilino (Chile), huasipunguero (Ekuador), yanacono (Peru) oder concertado (Kolumbien) bezeichnet.

dem Verdienst, der den Lebensunterhalt auch während der arbeitslosen Perioden decken muß. Daher akzeptieren sie in der Regel unwürdige Arbeits- und Lebensbedingungen, so die elenden Behelfsunterkünfte am Rande der Felder oder die Unterbringung in „Schnitterkasernen", deren Unwirtlichkeit früher geradezu sprichwörtlich war. In einigen sozialkritischen Filmen (u. a. „Bitterer Reis") ist dieses triste Milieu, die erbarmungslose Härte der Arbeit und die demoralisierende Wirkung der Wanderarbeit eindrucksvoll geschildert worden. In dieses Bild passen allerdings nicht alle Wanderarbeiter, z. B. genießen die Schafscherer in Australien großes Ansehen und werden gut bezahlt.

2.3.5.2 Ständige Lohnarbeiter

Unter den ständigen landwirtschaftlichen Arbeitskräften sind aufgrund ihres sozialökonomischen Status vor allem Deputanten, Gesinde und Facharbeiter hervorzuheben. *Deputanten* (Deputatisten, Insten, Fröhner) sind vertraglich gebundene, zu bemessener Arbeitszeit verpflichtete Landarbeiter oder Gutstagelöhner, die überwiegend mit einem Deputat an Naturalien (Wohnung, Feuerung, Stall für eigene Viehhaltung, Garten- und Kartoffelland, Lebens- und Futtermittel) entlohnt werden. Die Zuweisung von etwas Land beteiligt den Deputanten einerseits an den schwankenden Bodenerträgen, verstärkt jedoch andererseits seine emotionalen Beziehungen zum Boden, sein Gefühl der Sicherheit und die Hoffnung, aus dem Verkauf von Überschüssen sein Einkommen zu erhöhen. Die Stellung einer Werkswohnung läßt hingegen das Gefühl aufkommen, unfrei zu sein. Da sich die Deputatentlohnung besonders auf die Bemessung der Alters- und Invalidenrenten ungünstig auswirkte, wurde sie auf Druck der Landarbeitergewerkschaften immer mehr von der Barentlohnung verdrängt. In Mitteleuropa ist der Deputant im Zuge der Umwandlung der landwirtschaftlichen Arbeitsverfassung ziemlich verschwunden.

Ähnliches gilt auch für das *Gesinde.* Unter den Begriff „Gesinde" fallen die meist ledigen land- und hauswirtschaftlichen Arbeitskräfte, die in den Haushalt integriert sind: Knechte, Mägde, Lehrlinge, land- und hauswirtschaftliche Gehilfen, Dienstboten, Kärrner. Kennzeichnend für ihre soziale Eingliederung ist es, daß sie wie Familienangehörige an der Arbeits-, Haus- und Tischgemeinschaft ihres Brotgebers teilnehmen und im Betrieb und Haushalt ihres Arbeitgebers ähnliche Rollen spielen wie die Familienangehörigen ihres Alters und Geschlechts. In der ländlichen Sozialstruktur nehmen sie keinen eigenen, sondern einen von ihrem Arbeitgeber abgeleiteten Rang ein. Das Gesinde, das Ende der vierziger Jahre im Bundesgebiet noch rund drei Viertel der landwirtschaftlichen Arbeitnehmer bildete, besteht gegenwärtig fast nur noch aus Auszubildenden und aus Sozialfällen.

Auch die Zahl der *Landarbeiter* ist infolge (1) fortgesetzter Abwanderung, (2) fortschreitender Motorisierung, (3) teilweiser Automation, (4) Verminderung der Lohnarbeitsbetriebe zugunsten von Familien- und Kollektivbetrieben und (5) Überproduktion von Nahrungsmitteln rückläufig. An ihre Stelle treten wenige, hochqualifizierte Facharbeiter. Diese sollen, sofern sie keine Spezialtätigkeit als Melker, Schweinemeister usw. ausüben, möglichst vielseitig sein. Es wird von ihnen erwartet, alle Landmaschinen bedienen und sich selbständig mit neuen Verfahren vertraut machen zu können, die jahreszeitlich wechselnden Tätigkeiten zu beherrschen, die vielfältigen Zusammenhänge eines landwirtschaftlichen Betriebes zu begreifen, im Betriebsablauf mitzudenken, Anweisungen sinngemäß auszuführen, verantwortungsbewußt, zügig und sorgfältig zu arbeiten. Der Weg zur fachlichen Leistung geht auch beim Landarbeiter heute über die Ausbildung. Der Höhe ihrer fachlichen Ausbildung und betrieblichen Verantwortung entsprechend fordern die Landarbeiter neuen Typs industriegleiche Löhne, ordentliche, familiengerechte und zeitgemäß ausgestattete Wohnungen, humane Arbeitsbedingungen, versachlichte Sozialbeziehungen und volle Anerkennung ihrer Leistungen. Ihr soziales Ansehen leidet in Mitteleuropa jedoch immer noch unter dem schlechten Image des Landarbeiters früherer Zeiten, mit dem sie eigentlich nur noch den Namen gemeinsam haben. In weniger entwickelten Gesellschaften verkörpern hingen landwirtschaftliche Traktoristen und Maschinisten den technischen Fortschritt und genießen auf dem Lande die Bewunderung der Jugend.

Eine andere interessante Entwicklung ist die, daß die landwirtschaftlichen Fachkräfte in zunehmendem Maße nicht mehr ständig vom Einzelbetrieb beschäftigt werden, sondern entweder von Lohnunternehmern oder von berufsständischen oder karitativen Organisationen den Betrieben und Landhaushalten auf Zeit zur Verfügung gestellt werden. Besonders von den sozialen Diensten (Betriebshelfer, Dorf- und Familienhelferinnen, Landschwestern) wird ein hohes Maß an persönlichem Einsatz, beruflichem Können und Dispositionsfähigkeit verlangt, da sie jeweils dort einspringen müssen, wo wegen Tod, Kindbett, Unfall, Krankheit oder Kur eine wichtige Position vakant geworden ist.

2.3.6 Genossenschafts- und gesellschaftsrechtliche Arbeitspflicht

Eine offenbar zunehmende Kategorie von landwirtschaftlichen Arbeitskräften bilden Mitglieder von Genossenschaften, Gesellschaften oder Körperschaften. Ihre Arbeitspflicht ergibt sich aus der Satzung oder dem Gesellschaftsvertrag. Sie zeichnen sich gegenüber den übrigen Landarbeitskräften durch ein formales Mitsprache- und Mitbestimmungsrecht in der Vollversammlung der Genossenschaft bzw. dem Kolchos aus. Ähnliche Rechte besitzen die Aktionäre landwirtschaftlicher Aktiengesellschaften (farm corporations) z. B. im Iran. Der Genossenschaftsbauer vereinigt die Rollen des entlohnten Arbeiters, des selbständigen Kleinbauern und des stimmberechtigten Genossen. Der Aufstieg zum Facharbeiter, Meister und in leitende Positionen steht ihm grundsätzlich offen. Kollektiv, Partei und Staat fördern gewöhnlich seine Aus- und Weiterbildung.

Bei den Aktionären wie bei den Genossen der landwirtschaftlichen Produktionsgenossenschaften vom Typ I in der DDR klingt der frühere Besitzstand insofern noch nach, als der Umfang ihres eingebrachten Landes bei der Ausschüttung der Dividenden bzw. der Auszahlung ihrer Ertragsansprüche berücksichtigt wird. In den sozialistischen Ländern besitzen die Genossen ähnlich wie die Deputanten auf großen Gütern eine kleine „Hofwirtschaft" (Gebäude, Garten- und Ackerland, Viehhaltung) zur persönlichen Nutzung. Ihr Bareinkommen ist jedoch nicht fixiert wie beim Lohnarbeiter, sondern ergibt sich nach Abzug aller Betriebsaufwendungen, Abgaben und Fondsrücklagen als Residualbetrag, der nach geleisteten Arbeitsnormen unter die Genossen verteilt wird, oder wie in den Kommunen gemeinsam verbraucht wird.

Die Einstellung der Genossen, Gesellschafter oder Aktionäre zur Kollektivwirtschaft wird stark von ihrer früheren Stellung beeinflußt. Sie ist um so positiver, je mehr sie im Zuge der Kollektivierung an persönlichem Gestaltungsspielraum und an Lebensstandard gewannen, und um so negativer, je mehr ihr Entscheidungs- und Verantwortungsbereich eingeschränkt wurde. Ihr neuer Rang im Kollektiv orientiert sich wie in der industriellen Arbeitswelt an ihrem Ausbildungsstand und ihrer Berufsstellung. In der sozialistischen Landwirtschaft wird der neue Typ des „universalen Werktätigen" angestrebt.

2.3.7 Familienrechtliche Arbeitspflicht

Die zahlenmäßig stärkste Kategorie von landwirtschaftlichen Arbeitskräften bilden die *mithelfenden Familienangehörigen*. Ihre Mitarbeit im Familienbetrieb gründet in erster Linie auf dem Herkommen und dem Eigeninteresse an der Nutzung der Familienressourcen und an der Erhaltung und Vermehrung des Familienvermögens. Familiäre Bindungen und soziale Kontrolle tun ein übriges. Es besteht in der Bundesrepublik Deutschland aber auch eine gesetzliche Arbeitspflicht der Kinder (§ 1617 BGB). Erst „Alter und Tod des Vaters können den Sohn davon befreien, Objekt der Ausbeutung zu sein", wie es ERICH FROMM (1936, S. 89) formuliert hat.

Die unentgeltliche Mitarbeit der Bauersfrau im Betrieb gilt im europäischen Bauerntum als selbstverständlich im Gegensatz zu den USA, wo weibliche Feld- und Stallarbeit verpönt ist. Die Arbeitspflicht der Frau im Hauswesen und Betrieb des Ehemannes folgte nach früherer Auffassung (§ 1356 BGB) aus der ehelichen Lebensgemeinschaft. Der Frau wurde hauptsächlich in den kleineren, ohne Gesinde wirtschaftenden Betrieben eine Arbeitslast aufgebürdet, die oft ihre Kräfte weit überstieg. Mehr als 4000 Arbeitsstunden je Jahr waren in kleinbäuerlichen Dörfern nicht ungewöhnlich (VON DIETZE, ROLFES, WEIPPERT 1953, S. 129f.). Gab der Mann die hauptberufliche Landwirtschaft auf, weil sie die Familie nicht zu ernähren vermochte, so lastete meistens auf der Frau die Weiterführung des Nebenerwerbsbetriebes. Während die Landarbeiterin den gesetzlichen Arbeits- und Mutterschutz genießt, können weibliche Familienangehörige nirgends einen Anspruch auf Erholungsurlaub, auf Schonung im Krankheitsfall oder bei Schwangerschaft einklagen. Es hängt von den „Umständen" ab, wieviel Ruhe sie sich gönnen können. Die Umstände haben sich in den letzten Jahren zu ihren Gunsten geändert. Motorisierung der Landwirtschaft, Technisierung des Haushalts und neue Formen der Arbeitsorganisation (überbetriebliche Zusammenarbeit, Gruppenlandwirtschaft, Aufgabe von Quälbetrieben) haben die Bäuerin von einer Fülle von Aufgaben entlastet. Die Fortschritte, die diesbezüglich in Industrieländern erzielt wurden, sollten jedoch nicht den Blick für unzumutbare Frauenarbeit trüben, die es in aller Welt noch in Bauern- und Landarbeiterfamilien gibt.

Literatur: FECHNER 1956, HARBECK und RIEMANN 1975, REHBEIN 1911, ROLLWAGE 1970.

Diskussions- und Prüfungsfragen
1. Welche Vertragsart liegt dem Arbeitsverhältnis eines Anteilbauern, eines Heuerlings, eines Wanderarbeiters, eines Deputanten, eines Lehrlings, eines Genossenschaftsbauern und einer Bäuerin zugrunde?
2. Nennen Sie Beispiele für öffentlich-rechtliche Dienstverpflichtungen in der Landwirtschaft und nehmen Sie dazu kritisch Stellung!
3. Was unterscheidet den Anteilbauern vom Lohnarbeiter?
4. Erklären Sie die schwache soziale Stellung eines Wanderarbeiters!

2.4 Agrartechnische Systeme

Es war schon ziemlich lange bekannt, daß Bodenverteilung, Eigentumsverhältnisse, Betriebsgrößen und Betriebssysteme sowie Arbeitsverfassung tiefgreifend auf die ländliche Sozialstruktur einwirken. In den vierziger Jahren (1949) entdeckte dann der amerikanische Agrarsoziologe T. LYNN SMITH (1902–76) auch einen gesicherten Zusammenhang zwischen dem Lebensniveau einer landwirtschaftlichen Bevölkerung und ihrer Agrartechnik. Es war ihm auf seinen ausgedehnten Forschungsreisen aufgefallen, daß das Lebensniveau einer Bevölkerung um so niedriger ist, je einfachere Methoden sie anwendet, um Nahrung und Fasern zu erzeugen. SMITH brachte mit der Bezeichnung „agricultural system" zum Ausdruck, daß die Agrartechnik nicht nur ein bestimmtes Arbeitsverhalten erfordert, sondern eine Komponente darstellt, die das gesamte Sozialsystem mitgestaltet. Am treffendsten ist „agricultural system" mit „agrartechnisches System" in die Fachsprache einzudeutschen.

In Anlehnung an SMITH (1953, S. 332ff.) werden folgende sechs agrartechnische Systeme unterschieden[1] und hinsichtlich ihrer sozialen Bedeutung beschrieben: (1) Schlickkultur (river bank planting), (2) Brandkultur (fire agriculture), (3) Hackkultur (hoe culture), (4) Hakenkul-

---

[1] Diese Unterscheidung darf nicht darüber hinwegtäuschen, daß in Wirklichkeit häufig Techniken verschiedener Systeme vermischt vorkommen, z. B. Brandrodung in Verbindung mit Hackbau.

tur (rudimentary plow culture), (5) (verbesserte) Pflugkultur (advanced plow culture), (6) Motorkultur (mechanized farming). Die Reihenfolge von (1) bis (6) darf nicht als technischer Fortschritt[1] schlechthin gedeutet werden, wie das häufig geschieht. In dieser Folge steigt zwar die Menge an angewandtem technischem Wissen und an eingesetzten technischen Hilfsmitteln (Instrumente), werden die Arbeitsrollen differenzierter und wird die Arbeitsweise (Tempo, Rhythmus, Interaktionen) in steigendem Maße von den Instrumenten bestimmt. Aber die wesentlichen Unterschiede der agrartechnischen Systeme bestehen in der Art und Menge an fremder Energie, deren sich der Landwirt zur Unterstützung seiner eigenen Körperkraft bedient. Wie „energiearm" die meisten Landwirte arbeiten, geht daraus hervor, daß ungefähr drei Viertel aller Bodenbebauer auch im Maschinenzeitalter Grabstock, Hacke, Spaten und/oder den gezogenen Haken benützen.

Je mehr die landwirtschaftliche Arbeitskraft mit „Energie" ausgestattet wird, um so mehr kann sie produzieren. Eine höhere Gütererzeugung ist die notwendige Voraussetzung eines höheren Lebensstandards. Es besteht jedoch kein einseitiger Kausalzusammenhang zwischen agrartechnischem System und Lebensstandard, sondern eine Wechselwirkung. Letztere ergibt sich aus der Tatsache, daß die Einführung einer energiereicheren Agrartechnik Kapital erfordert, über das der Landwirt mit dem höheren Lebensstandard eher verfügt als der mit dem niedrigeren.

2.4.1 Schlickkultur

Das einfachste und eines der ältesten landwirtschaftlichen Verfahren besteht darin, Samen oder Stecklinge in den feuchten Ufersaum (Schlick) einzubringen, den das fallende Wasser von Flüssen, Strömen, Seen und Mulden nach Hochwasser, Überschwemmungen oder Regengüssen im jahreszeitlichen Rhythmus freigibt. Dies bedeutet zwar den Schritt von der reinen Aneignungswirtschaft der Jäger-, Fischer- und Sammlerkulturen zur Landwirtschaft; die Technologie ist aber denkbar einfach, denn es bedarf keiner besonderen Geräte zur Herrichtung eines Saatbeetes, zur Pflege und Ernte der Früchte. Der Arbeitsaufwand ist gering. Die meisten Lehrbücher gehen davon aus, daß diese Agrartechnik begleitet ist von einer „sehr primitiven allgemeinen Kultur" (BERTRAND 1958, S. 192). Dabei wird übersehen, daß die ägyptische und andere frühe Hochkulturen sowie die südostasiatischen Reiskulturen aus eben dieser Agrartechnik heraus entwickelt wurden.

2.4.2 Brandkultur

In Wald- und Buschgebieten haben die ersten Landwirte die Brandkultur erfunden. Es handelt sich dabei um eine „höhere" Agrartechnik, da mehr Arbeitsgänge und Werkzeuge erforderlich sind, um das Saatbeet herzurichten, als bei der Schlickkultur. Man kann sich zwar vorstellen, daß ursprünglich nur die Flächen in Kultur genommen wurden, die zufällig durch einen Wald- oder Buschbrand zugänglich wurden. Die Regel ist jedoch ein planmäßiges Vorgehen. Es wird ein geeignetes Areal für die Rodung ausgewählt, das Unterholz wird abgeschlagen, die stärkeren Stämme werden geringelt, damit sie absterben. Das dürre Holz wird zu Beginn der Regenzeit in Brand gesteckt. Danach wird in den mürben, lockeren, unkrautfreien und nährstoffreichen Boden von Hand oder mittels Pflanzstock oder Hacke gesät und gepflanzt. Arbeitsgeräte, Behausungen und andere Bestandteile der materiellen Kultur sind einfach.

---

[1] Technischer Fortschritt heißt die Zunahme der Fähigkeit, die Natur zu verändern und zu beherrschen.

2.4.3 Hackkultur

Der Hackbau ist diejenige Agrartechnik, die in besonderer Weise unter dem Fluche steht: „Im Schweiße deines Angesichts sollst du dein Brot essen!" Denn nicht Wasser und Feuer bereiten das Saatbeet und tilgen das Unkraut, sondern der Mensch selbst verrichtet diese schwere Arbeit mit Grab- und Hackgeräten. Die Hacke ist im hauswirtschaftlichen Gartenbau und in den landwirtschaftlichen Reliktgebieten der Erde das am meisten benützte Gerät geblieben, nämlich dort, wo Kleinheit, Steilheit oder Unzugänglichkeit der Felder und wo Felsen, Steinbrocken oder Baumstümpfe im Boden den Einsatz gezogener Geräte behindern, oder wo Armut die Anschaffung von Zugtieren und Motorgeräten verhindert. Der Hackbau ist gekennzeichnet durch gartenmäßigen Anbau einer großen Zahl von Kulturpflanzen (Knollen- und Hülsenfrüchte, Hirse, Mais, Gewürz- und Heilpflanzen). Er wird meist nahe den Wohnstätten und gleich dem Gartenbau überwiegend von Frauen betrieben. Matrilineare Erb- und Abstammungsregeln sind daher in Hackbaugesellschaften häufig anzutreffen.

2.4.4 Hakenkultur

Die Agrartechnik der Hakenkultur (ungenauer einfache Pflugkultur) ist gekennzeichnet durch den von Menschen, Ochsen oder Büffeln gezogenen Haken (vgl. SCHULTZ-KLINKEN 1977). Den alten Ägyptern schien diese Erfindung eines Gottes würdig. Sie stellten im Tempel von Medinet Habu den Pharao als göttlichen „Häker" dar. Der geniale Einfall lag darin, Ackergeräte zu ziehen anstatt zu stoßen, zu treten oder zu schwingen. Vor gezogene Ackergeräte konnte man aber – wie vor den heiligen Wagen mit der Götterstatue – Ochsen spannen. Mit Hilfe tierischer Zugkraft ließ sich der Ackerbau ausweiten und auf schwerer zu bearbeitende Böden ausdehnen. Der gründlicher bearbeitete Boden brachte höhere Erträge. Höhere Erträge ermöglichten eine Verbesserung der Lebensverhältnisse. Auf den Überschüssen konnte eine nichtlandwirtschaftliche Kultur entstehen. Mit der neuen Technologie ging offensichtlich auch eine neue Rollenverteilung einher. Der Mann beanspruchte die neue Technik, die im Altertum vermutlich als ritueller Akt aufgefaßt wurde, für sich. Man hat davon die patriarchalische, vaterrechtliche Sozialstruktur ackerbautreibender Völker abgeleitet (vgl. HAHN 1909, IPSEN 1933, CONZE 1956).

2.4.5 Pflugkultur

Die Pflugkultur unterscheidet sich von der einfacheren Hakenkultur durch eine Fülle von größeren und kleineren technischen Verbesserungen, die überwiegend in Nordwesteuropa und Nordamerika erfunden wurden. Bedeutsame technische Fortschritte waren der Übergang vom Haken, der den Boden nur aufwühlt, zur geschwungenen Pflugschar, die den Boden schneidet und wendet, vom Schlepppflug zum Karrenpflug, vom gemächlichen Ochsenzug zum rascheren Pferdegespann, mit dessen Hilfe anspruchsvollere Maschinen gezogen und angetrieben werden konnten (Sämaschine, Hackmaschine, Mähmaschine, Kartoffelroder, Göpelwerk usw.).

Als Ergebnis dieser technischen Vervollkommnung kann ein Landwirt etwa 25mal mehr Fläche als bei reiner Handarbeit bebauen und man kann den Feldbau auf den größten Teil der ackerfähigen Erdoberfläche ausdehnen. Begleitet wird diese Agrartechnik von soliden, komfortablen Wohnungen, großen Scheunen und Schuppen, gepflegten Feldern und Wiesen und einem relativ hohen Lebensstandard. Der kulturelle Komplex der Bauern und Farmer auf dieser Stufe schließt den Stolz auf kräftige Arbeitstiere, glänzende Geschirre und gepflegte Geräte und Wagen ein. Die Abhängigkeit der Landbewirtschafter von Spezialisten, die Wagen, Geräte, Maschinen und Pferdegeschirre herstellen und reparieren, die Zugtiere züchten, beschlagen und pflegen, ist schon ganz beträchtlich. Die eingesetzte Energie wird aber vorwiegend noch im eigenen Betrieb (re-)produziert.

2.4.6 Motorkultur

Die Erfindung der Dampfmaschine (1769) leitete ein neues Zeitalter der Agrartechnik[1] ein, das fälschlicherweise oft als mechanisiert bezeichnet wird. Da sich der Landwirt auch auf anderen Technisierungsstufen der Mechanik bediente, ist das eigentlich neue und revolutionierende die Motorisierung. Dampfmaschinen, Verbrennungs- und Elektromotoren ersetzen auf dieser Technisierungsstufe die tierische und die menschliche Arbeitskraft. Motorkraft hat gegenüber biologischer Kraft die Vorteile der höheren Geschwindigkeit, der Unermüdbarkeit bei voller Belastung und der direkten Kraftabgabe (z. B. Zapfwelle). Der vielseitig einsetzbare gummibereifte Schlepper löst die räumliche und innerbetriebliche Bindung von Ackerbau und Großviehhaltung, die für die Haken- und Pflugkultur charakteristisch ist. Mit der Motorisierung der Arbeitsvorgänge fällt die Anwendung chemischer Mittel in der Tier- und Pflanzenproduktion und die Tier- und Pflanzenzüchtung auf wissenschaftlicher Grundlage zeitlich zusammen.

2.4.7 Soziale Auswirkungen der Motorisierung

Die sozialen Auswirkungen der Motorisierung der Landwirtschaft zeichnen sich erst in Umrissen ab. Es läßt sich aber, obwohl die Umstellung noch keineswegs abgeschlossen ist, jetzt schon feststellen, daß sich auf dieser Technisierungsstufe die Beziehungen des Menschen zum Boden, die zwischenmenschlichen Beziehungen in der Landwirtschaft und die ländlichen Institutionen tiefgreifend, vermutlich revolutionär, verändern (vgl. BERTRAND 1958, S. 400 bis 413).

Die wichtigste Wirkung der Motorisierung der Landwirtschaft und des damit ermöglichten mechanisch-technischen Fortschritts ist eine ungeheure Steigerung der Arbeitsproduktivität.[2] Da dank des technischen Fortschritts die Leistung der einzelnen Arbeitskraft steigt, können die vorhandenen Arbeitskräfte mehr Fläche intensiver bewirtschaften bzw. werden für die vorhandene Anbaufläche weniger Arbeitskräfte benötigt. Als direkte Folge des technischen Fortschritts werden also einerseits die Produktionseinheiten (Schläge, Betriebe) vergrößert und andererseits Arbeitskräfte freigesetzt, die überwiegend aus der Landwirtschaft ausscheiden und zum großen Teil vom Land abwandern.

Immer weniger Menschen haben direkt mit der Bodenbearbeitung und Nutztierhaltung zu tun. Am meisten zusammengeschrumpft sind die Fremdarbeitskräfte, denn in den meisten landwirtschaftlichen Betrieben kann die Arbeit mit Familienangehörigen und gelegentlichen Aushilfskräften bewältigt werden. In vielen Betrieben werden aber nicht einmal mehr alle Familienarbeitskräfte zur Mithilfe gebraucht. Das eröffnet den Bauernkindern den Weg zu einer beruflichen Ausbildung. Einzelne Familienglieder werden abkömmlich und können sich einer außerbetrieblichen Erwerbstätigkeit zuwenden. Mit der überwiegend nichtlandwirtschaftlichen Tätigkeit des Betriebsinhabers wird der Schritt zur Nebenerwerbslandwirtschaft vollzogen. In manchen Familienbetrieben ist schließlich nur noch die Bäuerin als ständige landwirtschaftliche Arbeitskraft übrig geblieben. Ein letzter Schritt ist die Vergabe der wichtigsten Arbeitsgänge an einen Lohnunternehmer. Diese Umbesetzungen von Positionen und Rollen ziehen Veränderungen in den Sozialbeziehungen nach sich.

Noch einschneidender sind die Rückwirkungen der Motorisierung auf Zahl, Verteilung und Zusammensetzung der landwirtschaftlichen Bevölkerung. Infolge des sinkenden Arbeitsbedarfs in der Landwirtschaft kommt es – falls nicht andere wirtschaftliche Kräfte entgegenwir-

---

[1] 1850 wurde der Dampfpflug erfunden. 1907 wurde der erste Motorpflug eingesetzt. Seit 1902 kamen eisenbereifte Traktoren auf den Markt. Nach dem Zweiten Weltkrieg trat der gummibereifte Ackerschlepper seinen weltweiten Siegeszug an.

[2] Eine Arbeitskraft erntet täglich mit der Sense 0,2 bis 0,3 ha, mit dem Gespannbinder 2 ha, mit dem Selbstfahrmähdrescher (Schnittbreite 5 m) etwa 9 ha Getreide ab, wobei beim letzten Verfahren Drusch und Körnerabfuhr eingeschlossen sind. Eine einzige Baumwollerntemaschine leistet die Arbeit von 100 Pflückern.

ken – zu einer Bevölkerungsverdünnung. Mit den freigesetzten landwirtschaftlichen Arbeitskräften wandern auch zahlreiche Gewerbebetriebe ab, deren Umsätze fallen. Man hat auch die sinkende Geburtenrate auf dem Lande mit dem sinkenden Arbeitsbedarf in den Familienbetrieben in Verbindung gebracht, obwohl hier andere Einflüsse (z. B. Urbanisierung) ebenfalls eine wichtige Rolle spielen. Die Motorisierung des Transportwesens enthebt die landwirtschaftlichen Arbeitskräfte der Notwendigkeit, unbedingt in der Nähe ihrer Produktionsstätten zu wohnen. Wie die Entwicklung auf den Ijssel-Meer-Poldern zeigt, ziehen viele Landwirte und Landarbeiter die Annehmlichkeiten zentralörtlichen Daseins der Einödsituation vor. Dort, wo die Schrumpfung der landwirtschaftlichen Bevölkerung zu einer spürbaren Entvölkerung führt, werden auch kulturelle Institutionen wie die Kirchen, Schulen und das Vereinswesen in Mitleidenschaft gezogen.

Die Landfamilie wechselt über von ihren traditionellen Strukturen zu Formen, die als typisch industriegesellschaftlich gelten. Die Tendenzen verlaufen von der mehrgenerativen Groß- zur Kleinfamilie bestehend aus Eltern und unmündigen Kindern, von der kinderreichen zur Familie mit drei und weniger Kindern, von patriarchalisch-autoritärer Familienordnung zu egalitärpartnerschaftlichen Formen, von vollständigen Familien zu häufigerem Auftreten von desorganisierten Familien. Die neuen Technologien haben die Familienbande gelockert; die Autorität hat sich von den erfahrenen Älteren zu den reaktionsschnellen, technikbegeisterten, neuerungsfreudigen Jüngeren verschoben. Der Trend zur egalitären Familienverfassung wird sichtbar in dem wachsenden Mitspracherecht der jüngeren Generationen und der Frauen in betrieblichen Entscheidungen. Durch den wachsenden Schriftverkehr sind der Frau neue Rollen (z. B. Buchführung) zugewachsen, die ihr Einblick in die betrieblichen Vorgänge verschaffen.

Der Gesundheitszustand und das Gesundheitswesen stehen in direktem Zusammenhang mit der Motorisierung. Haltungsschäden und Kreislaufkrankheiten haben zugenommen. Während die Gliedmaßen und Körperorgane entlastet werden, ist das Nervensystem größeren Belastungen ausgesetzt. Die Gefahr schwerer Unfälle ist gewachsen. Eigenmotorisierung, gestiegenes Krankheitsbewußtsein und verbesserter Versicherungsschutz haben die Inanspruchnahme ärztlicher Hilfe und klinischer Behandlung ansteigen lassen.

Die Motorisierung ist begleitet von einem auffälligen Wandel in der Art der Zusammenarbeit und der Konfliktsituation in den ländlichen Siedlungen. Es besteht in den hochmechanisierten Gebieten die Tendenz, Nachbarhilfe und zwanglose Zusammenarbeit durch formale Vertragsbeziehungen in der Art von Maschinenringen zu ersetzen. Auch die sonstigen Arbeitsbeziehungen werden zunehmend formalisiert. Wegen der zunehmenden Spezialisierung und Arbeitsteilung werden die geschäftlichen Beziehungen intensiviert. Die bisherige „mechanische Solidarität" wechselt über in „organische Solidarität" (DURKHEIM), die für urbanes Leben typisch ist (siehe Teil 1: 4.3.3).

Je mehr neue Technologien Eingang finden in ein agrarisches Gebiet, desto mehr urbane Züge nimmt die Bevölkerung an, und desto weniger intim und persönlich gestalten sich die Beziehungen. Dies hängt damit zusammen, daß die Betriebe und Haushalte voneinander unabhängiger werden und im Notfall den Kundendienst rufen und nicht den Nachbarn. Schließlich ist nicht zu verkennen, daß die Motorisierung auch die Geisteshaltung verändert. Die technischen Innovationen bringen freiere Einstellungen mit sich, verdrängen das mit dem altväterlichen Berufsleben verbundene Ritual und die traditionelle Schicksalsergebenheit und verstärken die Bereitschaft, neue landwirtschaftliche Arbeitsverfahren und neue Verhaltensweisen auch im sozialen Bereich zu übernehmen.

Die Motorisierung der Landwirtschaft verschiebt die gesamte Struktur der wirtschaftlichen Beziehungen in Richtung einer Kommerzialisierung. Der Anteil der vermarkteten Produktion an der Gesamtproduktion wird immer größer, da die für die Arbeitstiere benötigten Futterflächen für Verkaufsfrüchte frei werden. Die Zugkraft, die vordem überwiegend in den eigenen Ställen nachgezogen wurde, ist nunmehr ein Industrieprodukt, das über den Landmaschinenhändler bezogen werden muß. Dies gilt in ähnlicher Weise für Geräte, Düngemittel, Schädlingsbekämpfungsmittel, Futtermittel, Saatgut, Ferkel, Eintagsküken usw. Die meisten Betriebsmittel werden von Spezialfirmen gekauft. Im hauswirtschaftlichen Bereich ist die Tendenz nicht anders. Viele Konsumgüter werden in größeren Einkaufszentren oder über den Versandhandel bezogen.

Motorisierte Arbeitsverfahren sind nicht größenneutral. Sie erfordern eine bestimmte Anzahl von Personen zur Bedienung der Maschinen und zur Bildung von Arbeitsketten. Außerdem hat jedes Verfahren ein bestimmtes Optimum der Produktionsgröße (Bodenfläche, Tierzahl). Moderne Landmaschinen und Arbeitsverfahren tendieren dazu, ihr Optimum der Wirtschaftlichkeit bei immer größeren Produktionseinheiten zu haben. Den kleineren landwirtschaftlichen (Familien-)Betrieben wird es daher nur möglich, den technischen Fortschritt voll auszunutzen, wenn sie sich auf bestimmte Produktionszweige spezialisieren, zwischenbetrieblich die Kapazität der Maschinen gemeinsam auslasten oder ihre Flächen bzw. Tierhaltungen zu größeren Produktionseinheiten zusammenlegen. Zwischen- oder überbetriebliche Kooperation erfordert andere Verhaltensweisen als im Einzelbetrieb.

Die Auswirkungen des technisch-mechanischen Fortschritts in der Landwirtschaft auf die Sozialordnung können in drei Punkten zusammengefaßt werden: (1) die landwirtschaftliche Bevölkerung nimmt ab, (2) die ländliche Gesellschaft verliert an Homogenität und Autonomie und öffnet sich sehr stark nach außen, (3) die zwischenmenschlichen Beziehungen werden mehr und mehr versachlicht und auf vertraglicher Basis gestellt und wie die Beziehungen zum Boden flüchtiger.

Literatur: BERTRAND 1958, S. 400–413, HAHN 1909, MAKHIJANI und POOLE 1975, SMITH und ZOPF 1970, S. 213–238.

Diskussions- und Prüfungsfragen
1. Welche sozialen Auswirkungen hat der höhere Energieeinsatz in der Landwirtschaft?
2. Unter welchen Bedingungen hat sich die „Hackkultur" bis in die Gegenwart erhalten?
3. Warum hat die Einführung des gezogenen Hakens die Gesellschaftsordnung grundlegend verändert?
4. Nehmen Sie Stellung zu der These, infolge der Motorisierung der Landwirtschaft wandle sich die „mechanische Solidarität" ländlicher Gemeinwesen in „organische Solidarität".

3 Herrschaftsordnung

3.1 Grundzüge

Die Herrschaftsordnung umfaßt alle Vorkehrungen, die getroffen und legitimiert werden, um die asymmetrischen sozialen Beziehungen zwischen Herren und Dienern/Untertanen aufrechtzuerhalten und abzusichern. In Agrargesellschaften beruht die Herrschaftsordnung weitgehend auf der Fähigkeit Mächtiger, Nutzland zu okkupieren und den Zugang zu den freien Bodenflächen zu sperren, und auf den Privilegien dieser Grundeigentümer.

Die Herrschaftsordnung regelt im einzelnen,
(1) wer in einem sozialen System Befehle erteilt, Anweisungen gibt, Arbeit anordnet, über die Produktions- und Unterhaltmittel verfügt und über die Verteilung des Sozialproduktes befindet;

(2) wer die Ausführung der Befehle kontrolliert, gute Leistungen belohnt, Zuwiderhandeln bestraft und
(3) wer Befehle ausführen muß, zu gehorchen hat, sich mit dem begnügen muß, was ihm zuteilt wird.

Der Tatbestand der Herrschaft ist an das Vorhandensein von Positionen innerhalb eines sozialen Systems geknüpft, die mit Herrschaftsbefugnissen und Machtmitteln ausgestattet sind. Befehlende können Familienväter, Stammeshäuptlinge, Dorfälteste, Gutsverwalter, Vorsitzende von Genossenschaften, Parteifunktionäre, Staatsbeamte usw. sein. Die Ausübung von Herrschaft setzt einen sozialorganisatorischen Rahmen voraus. In der Landwirtschaft ist dies gewöhnlich der Betrieb oder Betriebsverbund oder der Haushalt.

Die Herrschaftsordnung in der Landwirtschaft muß aber auch makrosoziologisch im Zusammenhang mit dem übergeordneten Wirtschafts- und Gesellschaftssystem gesehen werden. Wo die Landwirtschaft als Lebensform noch vorherrscht, ist ihre Sozialorganisation weitgehend identisch mit dem allgemeinen Wirtschafts- und Gesellschaftssystem. In Industriestaaten ist dagegen das Agrarsystem „die auf das übergeordnete Wirtschafts- und Gesellschaftssystem ausgerichtete Ausprägung der institutionellen, der wirtschaftsorganisatorischen, der sozialorganisatorischen und der wirtschafts- bzw. sozialethischen Verhältnisse in der Landwirtschaft und im ländlichen Raum" (RÖHM 1964a, S. 114).

Nach dem übergeordneten Gesellschaftssystem lassen sich unter anderem feudalistische, kapitalistische und sozialistische Agrarsysteme unterscheiden. In bezug auf das übergeordnete Wirtschaftssystem kann man zwischen den beiden Polen der freien Verkehrswirtschaft und der zentralgelenkten Verwaltungswirtschaft liberalistische, bedingt liberalistische, bedingt protektionistische und protektionistische Agrarsysteme ausmachen. In wirtschafts- und sozialethischer Hinsicht bieten sich Bezeichnungen wie bäuerlich, ökonomistisch und kollektivistisch an. Weltweit konkurrieren gegenwärtig das „liberalistisch-ökonomistische", das „sozialistisch-kollektivistische" und das „protektionistisch-bäuerliche" Agrarsystem miteinander.

Benutzt man diese Bezeichnungen, dann muß man sich darüber im klaren sein, daß es sich um klassifikatorische Begriffe handelt. In der sozialen Wirklichkeit vermischen, verschränken und überlagern sich meistens mehrere Formen der sozialen Organisation. Sogar in der Sowjetunion gibt es neben dem sozialistischen Sektor der Staatsgüter (Sowchosen) und Kollektivwirtschaften (Kolchosen) den bedeutenden familistischen Sektor der privaten Hofwirtschaft.

Es erleichtert das Verständnis komplexer Agrarsysteme, wenn man die Organisation der Produktion (Produktionssystem) und die Organisation der Aneignung (Aneignungssystem) gedanklich auseinanderhält. Beide Subsysteme enthalten herrschaftliche Elemente, die aber nicht unbedingt von derselben Art sein müssen. Unter Aneignung oder Ausbeutung[1] versteht man das Recht oder die Macht, den „Mehrwert" ganz oder teilweise abzuschöpfen. Der Mehrwert ist jener Teil des Ertrages, der nach Abzug der sachlichen Produktionskosten, der Reproduktionskosten der Arbeit, der Abschreibungen und Steuern übrig bleibt.

S. H. FRANKLIN (1965), ein neuseeländischer Geograph, hat das Verhältnis von Produktions- zu Aneignungssystemen untersucht. Er beschränkt sich dabei auf drei Produktionssysteme (bäuerlich, kapitalistisch, sozialistisch), denen er drei Aneignungssysteme (feudalistisch, kapitalistisch, sozialistisch) gegenüberstellt. Wichtige Merkmale dieser sechs Systeme sind Übersicht 31 und 32 zu entnehmen. Das Gesamtsystem funktioniert nur dann, wenn Produktions- und Aneignungssystem zueinander passen. Von den neun möglichen Kombinationen sind nur fünf funktional. Das kapitalistische Produktionssystem ist nur mit dem kapitalistischen Aneignungssystem, und das sozialistische Produktionssystem nur mit dem sozialistischen Aneig-

---
[1] Ausbeutung setzt nach bundesdeutscher Rechtsprechung ein auffälliges Mißverhältnis zwischen Leistung und Gegenleistung voraus; nach marxistischer Auffassung genügt der Tatbestand, daß der Besitzer der Produktionsmittel dem Proletarier den durch dessen Arbeit geschaffenen Mehrwert vorenthält.

Übersicht 31. Merkmale bäuerlicher, kapitalistischer und sozialistischer Produktionssysteme (nach FRANKLIN 1965)

Merkmale	Produktionssystem		
	bäuerlich	kapitalistisch	sozialistisch
institutionelle Basis	Familie	Familie, Kapitalgesellschaft	Kombinat, Kollektiv
Kontrolle und Leitung	Familienoberhaupt	(Familie), Management	Kader
Verpflichtung gegenüber Arbeitskräften	total	nicht total	nicht total
Wege der Verteilung	Tausch (Markt)	Markt	Zuteilung (Markt)
Mittel der Verteilung	Naturalien, Geld	Geld	Geld
Mechanisierung	möglich	üblich	üblich
Recht auf Leitung des Betriebes	Familienoberhaupt	Betriebsinhaber, Manager	Vorstand, Vollversammlung
Recht auf Veräußerung des Betriebes	traditionell mißbilligt	erlaubt	verfassungsmäßig verboten
Regulator von Umfang und Art der Produktion	Arbeitsangebot und Bedarf der Familie	Markt	Plan (der Staatsführung)

Übersicht 32. Merkmale feudalistischer, kapitalistischer und sozialistischer Aneignungssysteme (nach FRANKLIN 1965)

Art der Aneigung des Mehrwertes[1]	Aneignungssystem		
	feudalistisch	kapitalistisch	sozialistisch
Frondienst	+	−	+
Naturalabgaben	+	−	+
Steuern	+	−	+
Grundrente	+	+	−
Zins	−	+	+
Profit	−	+	(+)

[1] ohne Methoden, die der Fiskus anwendet.
+ zutreffend, − nicht zutreffend

nungssystem logisch vereinbar. Nur das bäuerliche Produktionssystem läßt sich von jedem Aneignungssystem überlagern.

FRANKLINS vereinfachtes Schema wird der Wirklichkeit nicht voll gerecht. Im folgenden wird daher die Zahl der Ausprägungen etwas erweitert, um wenigstens die verbreiteten Agrarsysteme erfassen zu können. Diese sollen im folgenden unter sechs Fragestellungen behandelt werden:
(1) Welches sind die natürlichen Voraussetzungen und die gesellschaftlichen Bedingungen für die Verbreitung?

(2) Welches Wirtschaftsziel wird verfolgt?
(3) Wie sind die Eigentums- und Besitzverhältnisse geordnet, und
(4) welche Herrschafts- und Sozialstrukturen ergeben sich daraus?
(5) Wer macht die Arbeit, wer kontrolliert sie und wer eignet sich den Mehrwert an?
(6) Welche Lebensbedingungen resultieren daraus?

Die Vielfalt realtypischer Agrarsysteme läßt sich auf verschiedene Weise gliedern. In Übersicht 33 werden die Agrarsysteme nach dem sozialorganisatorischen Rahmen, in dem Landwirtschaft betrieben und Herrschaft ausgeübt wird, eingeteilt. Stammesverbände, Verbandsfamilien, Grundherrschaften, Kolonialherrschaften, Kapitalgesellschaften, Genossenschaften oder Kommunen und übergreifend der Staat können die Rahmenbedingungen setzen. Demnach lassen sich tribalistische, familistische, feudalistische, kolonialistische, kapitalistische, sozialistische und kommunistische Agrarsysteme unterscheiden. Als beschreibende Kriterien werden die unmittelbar Herrschaft konstituierenden Eigentums- und Besitzverhältnisse und die Arbeitsverfassung sowie die zum Teil Herrschaft begründende Hauptfunktion des Bodens und das Wirtschaftsziel herangezogen.

Übersicht 33. Merkmale ausgewählter Agrarsysteme

Agrarsysteme	Grundeigentums- u. Besitzverhältnisse	Hauptfunktion des Bodens	Wirtschaftsziel	Arbeitsverfassung
I. Tribalistische Landwirtschaft				
1. Wanderviehzucht (Hirtennomadismus)	Weiderecht von Familien auf Stammesterritorium	Verbrauchsgut	Selbstversorgung, z. T. Tierzucht	Familien-, z. T. verknüpft mit Zwangsarbeitsverfassung (Tributpflicht)
2. Wanderfeldbau (integraler Umlageackerbau)	Nutzungsrechte von Familien und Verwandtschaftslinien auf Sippen-, Stammes- oder Dorfterritorium	Verbrauchsgut	Selbstversorgung und Tauschgüterproduktion	Familienarbeitsverfassung mit strenger geschlechtsspezifischer Arbeitsteilung
3. Landwechselwirtschaft (partieller Umlageackerbau)	beginnende Individualisierung des Grundeigentums			
4. Traditionelle Bewässerungswirtschaft		Lebensgrundlage, Sitz der Ahnen und Götter		Familien- und kooperative Arbeitsverfassung
II. Familistische Landwirtschaft				
5. Bäuerliche Landwirtschaft	Individualeigentum, Parzellenpacht, Nutzungsrechte an Gemeinschaftseigentum	Lebensgrundlage, Heimat, Vermögen	Bedarfsdeckung, Erhaltung des Hofes (z. T. Marktproduktion)	Familien-, z. T. Gesinde-, Heuerlingsverfassung, Nachbarschaftshilfe
6. Farmerlandwirtschaft	Individualeigentum und Pachtland	Produktionsmittel, Kapitalanlage	Gewinnmaximierung (Marktproduktion)	Familienarbeitsverfassung, z. T. Saisonarbeiter, Nachbarschaftshilfe

Agrarsysteme	Grundeigentums- u. Besitzverhältnisse	Hauptfunktion des Bodens	Wirtschaftsziel	Arbeitsverfassung
III. Feudalistische und kolonialistische Landwirtschaft				
7. Lehensgrundherrschaft	Obereigentum des Adels, Klerus, städtischen Patriziats	Machtbasis, Rentenobjekt einer privilegierten Oberschicht	Grundrente	Zwangsarbeitsverfassung (Hörige, Leibeigene)
8. Fiskalische Grundherrschaft	Obereigentum des Staates, Steuerpächter			Familienarbeitsverfassung (Kleinbauern, -pächter)
9. Pfründengrundherrschaft	Obereigentum religiöser oder politischer Instanzen	Rentenobjekt von Staats- und Kirchendienern, gemeinnützigen und Familienstiftungen		Abgabepflichtige Bauern und Pächter
10. Haziendalandwirtschaft	von der ehemaligen Kolonialmacht privilegierte Großgrundeigentümer	politische Macht, Sozialprestige	Grundrente Marktproduktion	Lohnarbeitsverfassung (Arbeiterpächter, Lohnarbeiter)
IV. Kapitalistische Landwirtschaft				
11. Rentenkapitalistische Landw. (Teilbau)	absentistische Grundeigentümer, Stiftungen	Rentenobjekt	Grundrente	Teilbauverfassung, Kleinpächter
12. Gutswirtschaft	Staats- oder Privateigentum	Produktionsmittel	Kapitalverzinsung, Marktproduktion mit Gewinnmaximierung	Lohnarbeitsverfassung (früher Deputanten)
13. Plantagenwirtschaft	Privateigentum (oft von AG)			Lohnarbeitsverfassung (früher Sklaven)
14. Pächterlandwirtschaft	Pachtland		Gewinnmaximierung	Familien- und Lohnarbeitsverfassung
15. Vertragslandwirtschaft (vertikale Integration)	Individualeigentum		Erfüllung der Lieferverpflichtungen	Familienarbeitsverfassung, Vertragslandwirt
V. Kollektivistische Landwirtschaft				
16. Genossenschaftl. Landwirtschaft (Typ: GAEC)	Individual-, Miteigentum	Produktionsmittel	Bedarfsdeckung Marktproduktion	kooperative Arbeitsverfassung (Mitgesellschafter)
17. Sozialistische Landwirtschaft (Typ: Kolchos)	Staats-, Volks- oder Kollektiveigentum		Erfüllung des Planes, Marktproduktion	kooperative Arbeitsverfassung (Genossen, Kolchosniki)
18. Kommunistische Landwirtschaft a) Volks- (Zwangs-) Kommunen	Gemeinschaftseigentum oder -besitz			kooperative Arbeitsverfassung (Brigadier)
b) Ethisch-religiöse Kommunen		Lebensgrundlage des Kollektivs	Bedürfnisbefriedigung des Kollektivs	kooperative Arbeitsverfassung (Brüder, Schwestern)

Gemeinsam ist den Agrarsystemen nur die spezifisch landwirtschaftliche Betätigung der fortgesetzten Erzeugung pflanzlicher und tierischer Stoffe. Die Erzeugung kann der Selbstversorgung, der (Opfer-)Gabe, dem Naturaltausch, der Ablieferung und/oder der Vermarktung dienen je nach der Zielsetzung des Wirtschaftens. Dementsprechend ist auch die Hauptfunktion des Bodens nicht die gleiche. Er ist natürlich in jedem Agrarsystem Standort und Mittel der Produktion. Er kann aber darüber hinaus als Verbrauchsgut behandelt, als Heimat geschätzt, als Sitz der Ahnen und Götter verehrt, als Kapitalanlage begehrt oder als Machtmittel benutzt werden. In enger Verbindung zu den Hauptfunktionen des Bodens stehen die Eigentums- und Besitzverhältnisse, die wiederum in hohem Maße die Arbeitsverfassung bedingen.

Die Abfolge der Darstellung darf nicht mit geschichtlichem Ablauf gleichgesetzt werden. Die bäuerliche Landwirtschaft hat sich nicht notwendigerweise aus Wanderfeldbau und Wanderviehzucht entwickelt. Auf eine feudalistische Landwirtschaft folgt nicht immer eine kapitalistische, und auf eine kapitalistische nicht zwangsläufig eine sozialistische.

Literatur: FRANKLIN 1965, GALESKI 1972, STANEK 1973.

Diskussions- und Prüfungsfragen
1. Wie unterscheidet S. H. FRANKLIN bäuerliches, kapitalistisches und sozialistisches Produktionssystem?
2. Was versteht man unter einem Aneignungssystem?
3. Diskutieren Sie das Schema der Agrarsysteme (Übersicht 33)!

3.2 Tribalistische Agrarsysteme

Tribalistische Agrarsysteme treten vor allem in der ambulanten Landwirtschaft auf, weil die periodischen Wanderungen und die kriegerischen Auseinandersetzungen mit den um Weidegründe, Wasserstellen oder Rodeland rivalisierenden Gruppen zu einem engeren Zusammenschluß der Familien in einer straff geführten, kampfbereiten Sozialorganisation nötigen. Werden die Siedlungen in langen Zeitabständen verlegt und ist die äußere Bedrohung gering, reduzieren sich die sozialen Systeme in der Regel auf Sippen und Dorfgemeinschaften. Die verwandtschaftlichen oder lokalen Gruppen sind entweder politisch unabhängig oder lose und zeitlich begrenzt mit anderen Lokalgruppen verbündet.

Auf einer niedrigen Integrationsstufe sind die Verwandtschaftspositionen identisch mit politischen Positionen. Die politische Struktur ist vorwiegend von genossenschaftlicher Art, d. h. die Macht ist zwischen Familien und Sippen im wesentlichen gleich verteilt; Klassen oder hierarchisch geschichtete Stände und Kasten fehlen. Die Umgangsformen sind daher durch Selbstbewußtsein, Würde, Fremdachtung und Selbstbeherrschung geprägt (vgl. VIERKANDT 1931). Geheimgesellschaften, Altersklassen und Männerbünde schaffen zusätzliche Verbindungen. Die Machtstellung des Häuptlings, sofern es diese Position überhaupt gibt, ist begrenzt. Seine Autorität beruht hauptsächlich auf persönlichem Ansehen, vorbildlicher Lebensführung, Altersweisheit, Beredsamkeit und Verhandlungsgeschick. In Stammesgesellschaften entstehen soziale Ränge, die sich bezeichnenderweise als Ränge von verschiedenen Verwandtschaftsgruppen herausbilden. Eine dritte Integrationsstufe ist gekennzeichnet durch eine Institutionalisierung der Häuptlingswürde (Häuptlingsgesellschaft) und eine ständische oder kastenmäßige Verfestigung der beruflichen und sozialen Differenzierung.

Die Verwandtschaftsgruppe oder der Stamm delegieren Boden- und Wassernutzungsrechte an die Mitgliederfamilien. Die Nutzungsrechte sind unentgeltlich; sie schließen Kauf, Verkauf und Verpachtung aus, können aber erblich sein. Im Rahmen des Gemeinschaftseigentums an den Ressourcen findet oft eine extrem individualistische Nutzung statt. Bei vielen afrikanischen Völkern kultivieren die Angehörigen einer Großfamilie ihre kleinen Felder völlig unabhängig voneinander. Die Erträge dienen hauptsächlich der Selbstversorgung. Die geringen Überschüsse werden teils gehortet, um Naturkatastrophen überleben zu können, teils als Tribut den Repräsentanten des Gemeinwesens gegeben, teils den Göttern geopfert und für Wallfahrten verwandt, teils zur Existenzsicherung des Gemeinwesens, z. B. zur Verteidigung oder Wasserversorgung, herangezogen. Eine Güterakkumulation findet nicht statt.

3.2.1 Wanderfeldbau

Unter Wanderfeldbau versteht man eine Wirtschaftsform, bei der sowohl die Felder als auch die Siedlungen nach einer bestimmten Zeit verlegt werden. Wanderfeldbau ist zugleich eine Lebensform, die an bestimmte Stufen der Wirtschafts- und Sozialentwicklung gebunden ist. Fehlt es nämlich an einer Technologie der Düngung und des Fruchtwechsels, um die Ertragsfähigkeit des Bodens zu erhalten, dann ist der Ackerbauer gezwungen, in bestimmten Zeitabständen dem fruchtbaren Boden „nachzuwandern". Je rascher die Erträge sinken, desto früher muß ein neuer Standort aufgesucht werden. Je langsamer sich die erschöpften Böden auf natürliche Weise wieder regenerieren, desto größer ist der Flächenbedarf. So erfordert der Anbau von 1 ha Fingerhirse in Äquatorialafrika die Nährstoffzufuhr von 30 bis 100 ha Wald. Wanderfeldbau ist zwar unumgänglich bei labiler Bodenfruchtbarkeit und einfacher, naturgebundener Technologie, aber nur möglich bei großen Bodenreserven, freier Landnutzung und dünner Besiedlung. Derartige Bedingungen herrschen vor allem im tropischen Regenwald und in den Feuchtsavannen vor, weshalb der Wanderfeldbau, der früher auch in der gemäßigten Zone (nordeuropäische Waldbrandwirtschaft) verbreitet war, sich dorthin zurückgezogen hat. Schätzungsweise leben knapp 10 Prozent der Weltbevölkerung auf rund einem Viertel der Erdoberfläche vom ambulanten Ackerbau (vgl. ANDREAE 1966, S. 700). Solange genügend Bodenreserven vorhanden sind, besteht auch wenig Anlaß, von diesem System abzugehen, da es große ackerbauliche und arbeitswirtschaftliche Vorteile bietet (vgl. RUTHENBERG 1967).

Die Verlegung der Wohnplätze hat zwar auch hygienische Vorteile, verhindert aber die Bildung und Ansammlung von Sozialkapital in Form von dauerhaften Straßen, Brücken, Brunnen, Gräben, Wohnhäusern, Wirtschaftsgebäuden und Kultstätten. Die materielle Infrastruktur ist daher im System des Wanderfeldbaus nur rudimentär ausgebildet; der Raum ist verkehrsmäßig kaum erschlossen. Trampelpfade, Wildwechsel und Wasserläufe stellen die Verkehrswege dar. Die unstete Lebensweise zwingt außerdem dazu, den Besitz an Waffen, Geräten, Geschirr usw. auf das Notwendigste zu beschränken. Der große Flächenbedarf bedingt kleine, weilerartige, weit verstreute Siedlungen. Die Bevölkerungsdichte liegt meistens unter einem Einwohner je qkm. Die Bildung von Städten und Staaten, der Aufstieg zu höherer Kultur, soziale Differenzierung in verschiedene Berufe und Arbeitsteilung sind selten (historische Ausnahme: Maya-Kultur). Die erforderliche territoriale Beweglichkeit findet ihre günstigsten Bedingungen in einer sippenmäßigen Sozialorganisation. Der Wanderfeldbau ist gesellschaftlich geprägt durch Primärgruppen mit starken inneren Loyalitäts- und Solidaritätsbeziehungen und schwacher Fremdbestimmung durch großräumige Sozialgebilde oder durch zentrale Herrschaftsinstitutionen. Das Individuum ist eng umschlossen von der Gemeinschaft der Familie, Sippe und Lokalgruppe. Innerhalb der Lokalgruppe spielt sich fast das ganze Leben öffentlich ab.

Da im Wanderfeldbau der Boden als gemeinschaftliches Gut, in Afrika häufig als „Nährmutter" betrachtet wird, fehlt einer auf Grundbesitz gegründeten Herrschaft die Grundlage. Macht und Ansehen gründen vielmehr auf dem Besitz magischer Kräfte (Zauberer), erblicher Würde (Häuptling), Altersweisheit (Älteste) sowie der Verfügbarkeit über Familienarbeitskräfte. Von der Zahl kräftiger Männer hängt ab, wieviel Land gerodet, von der Zahl der Frauen, wieviel Rodeland bebaut werden kann. Wo Bestellung und Bearbeitung der Felder ausschließlich Aufgabe der Frauen ist, braucht der Hackbauer gewöhnlich mehrere Frauen, um die Ernährung der Familie sicherzustellen und Überschüsse für den notwendigen Tauschverkehr zu erzeugen. Die im Wanderfeldbau weitverbreitete Vielweiberei ist also hauptsächlich wirtschaftlich bedingt. Die Ernährerrolle verleiht der Frau eine verhältnismäßig selbständige und angesehene Stellung, die häufig durch mutterrechtliche Ordnungen verstärkt wird. Wenn dennoch ein gewisses Übergewicht der Männer besteht, so rührt dies aus der stärkeren Belastung der Frauen mit regelmäßigen Arbeiten, aus einem einseitigen Züchtigungsrecht des Mannes und aus dem Umstand her, daß Aktivitäten und Positionen im öffentlichen Leben und Kultus weitgehend den Männern vorbehalten sind.

Die wirtschaftlichen Außenbeziehungen beschränken sich im wesentlichen (1) auf den Austausch von Naturalien mit Stämmen anderer Produktionsrichtung, z. B. mit Fischern an der Küste oder mit seßhaften Reisbauern in den Tal- und Küstenniederungen; und (2) auf den Tausch von Jagd- und Sammelprodukten gegen begehrte Geräte, Waffen und Schmuckstücke. Das Marktaufkommen ist gering. Die ebenfalls zu den Wanderfeldbauern zählenden Bergstämme in Thailand zeigen einen interessanten Übergang zur Marktproduktion, indem sie Rohopium für den Weltmarkt herstellen.

Individuelles Eigentum besteht nur am Ertrag der eigenen Arbeit. Die Rode ist gemeinsames Eigentum derjenigen, die Wald oder Busch niedergebrannt haben. Hütten und Werkzeuge gehören denjenigen, die sie hergestellt oder erworben haben, die Nutzpflanzen jenen, die sie gesät oder gepflanzt haben. Wenn aber Nutzpflanzen oder Geräte verbraucht sind, wenn das gerodete Land erschöpft ist, wenn die Hütte aufgegeben wird, erlischt jeglicher Eigentumsanspruch. Größere Besitzunterschiede entstehen nicht, weil die Sitte des Abgebens des Überflüssigen und notfalls sogar des Notwendigen eine Ansammlung von Gütern verhindert. Ein erheblicher Teil der Produktion dient dazu, das komplizierte Netz sozialer Beziehungen intakt zu halten.

Jeder Stamm oder Klan besitzt kollektiv ein bestimmtes Territorium. Jede Familie hat das Recht, auf diesem gemeinsamen Territorium soviel Land zu roden, wie sie für die Selbstversorgung und für die Erzeugung der üblichen Opfergaben benötigt. Mit diesem Recht ist die Pflicht verbunden, das gemeinsame Territorium zu verteidigen und bei Bedarf auf Kosten der Nachbarstämme zu erweitern. Bevölkerungszahl und Bodenvorräte, Bedürfnisse und Bodenfruchtbarkeit wurden traditionell auf recht gewalttätige Weise in ein fließendes Gleichgewicht gebracht: Wurde ein Stamm so groß, daß er an Bodenmangel zu leiden begann, dann war er gleichzeitig auch genügend stark an Kriegern, um sich durch Dezimierung oder Verdrängung von Nachbarstämmen neue Ländereien zu beschaffen. Diese Kleinkriege haben im Verein mit Hungersnöten, Seuchen und Abwanderung ganzer Stämme die Bevölkerungsdichte über Jahrhunderte hinweg auf niedriger Stufe gehalten.

Befriedung durch die Kolonialmächte, Bildung von Nationalstaaten, Hygiene und Nahrungshilfen im Zuge humanitärer Entwicklungspolitik haben diese früheren Regulative ausgeschaltet. Bevölkerungswachstum ohne die Möglichkeit des kriegerischen Ausgreifens auf Nachbarterritorien zwingt dazu, immer mehr von dem Vorrat an fruchtbaren Böden an die Mitglieder des Stammes zu verteilen, d. h. die Brachezeiten zu verkürzen und die Anbauzeiten zu verlängern. Dadurch wird aber die Bodenfruchtbarkeit rasch abgebaut (Abb. 22). Das Problem der entstehenden relativen Übervölkerung kann nur gelöst werden durch intensivere Anbausysteme, Umsiedlung in Neulandgebiete oder Abwanderung in nichtlandwirtschaftliche Berufe. Es ist weithin noch ungeklärt, wie sich matrilineare Systeme diesen Zwängen anpassen. Am wenigsten problematisch ist die Umsiedlung, da sie an bekannte Verhaltensmuster anschließt und das weibliche Bodenverfügungsrecht nicht in Frage zu stellen braucht. Dagegen kann die mutterrechtliche Bodenordnung Schwierigkeiten bei der Kreditierung intensiverer Landbewirtschaftung bereiten. Denn es stellt sich die Frage nach der Kreditfähigkeit, wenn die

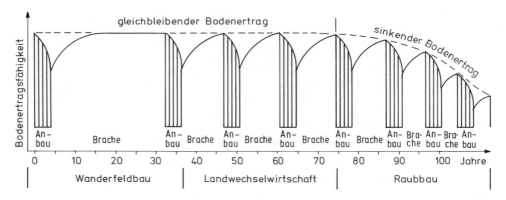

Abb. 22. Brachedauer und Bodenertragsfähigkeit

Frau rechtlich über den Boden verfügt, der Mann aber den Kredit entgegennimmt und einsetzt. Abwanderung in die männlich orientierte industrielle Arbeitswelt liefert die bisher ökonomisch unabhängigen Frauen unter Umständen einseitig an die Einkünfte des Mannes aus. Es ist daher zu erwarten, daß die Frauen stärker an der herkömmlichen Lebensweise festhalten als die Männer.

Der tropische und subtropische Wanderfeldbau ist infolge von Bevölkerungsvermehrung, Bodenverknappung und staatlicher Eindämmung der Freizügigkeit in vielen Gebieten der „Landwechselwirtschaft" gewichen, bei der nur noch die Felder turnusmäßig verlegt werden, aber die Siedlungen ortsfest bleiben. Der Übergang zu seßhafter Lebensweise wirft Fragen der Bodenkontrolle, des Privateigentums, des ständigen Zusammenlebens und der Sozialorganisation wachsender Gemeinwesen auf. Andererseits setzt dieser Übergang Energien frei, die für den Aufbau einer höheren Kultur genutzt werden können, da nun der Kräfteverschleiß durch die periodischen Wanderungsbewegungen, den Aufbau neuer Siedlungen, die Kultivierung von Neuland, und die Verteidigung oder Ausdehnung des Stammesterritoriums entfällt. Immobiliar- und Sozialvermögen kann nun gebildet werden, eine reichere berufliche Differenzierung stattfinden.

Aber auch die Herrschafts- und Machtverhältnisse ändern sich, denn das Ende des traditionellen Wanderfeldbaus bedeutet zugleich die Auflösung der tribalen Organisation. Maßnahmen, die zunächst wie harmlose technische Neuerungen aussehen, erzwingen schließlich den Übergang von einer geschlossenen zu einer offenen Gesellschaft, den Karl Popper einmal „eine der größten Revolutionen" genannt hat. Damit werden die Bauern allen möglichen Formen externer Beeinflussung und Ausbeutung ausgesetzt. Auch die mit der überkommenen Sozialverfassung und Bodenordnung verbundenen sozialen Beziehungen und Institutionen können sich zu Instrumenten der Ausbeutung durch eine sich formierende Oberschicht umbilden.

3.2.2 Wanderviehzucht

Wanderviehzucht ist diejenige Form der Viehwirtschaft, bei der im Gegensatz zur ortsfesten Herdenviehzucht die Tiere meist periodisch zu bestimmten Jahreszeiten zu Weidegebieten getrieben oder gefahren werden, die für eine stationäre Bewirtschaftung zu weit von dem sonstigen Aufenthaltsort entfernt liegen und außerdem nur saisonal oder sporadisch genutzt werden können. Die drei Hauptformen der Wanderviehzucht sind Transhumanz[1], Almwirtschaft[2] und Hirtennomadismus. Der Hirtennomadismus bildet ein ausgeprägtes Agrarsystem, das sich von den beiden anderen Formen der Wanderviehzucht dadurch unterscheidet, daß nicht besonderes Personal, sondern eine geschlossene ethnische Gruppe mit den Herden unter Mitnahme der beweglichen Habe zum Zwecke des Aufsuchens von Weidegründen wandert. Die ständige, meist saisonbedingte Weidesuche und der damit verbundene häufige Ortswechsel machen im allgemeinen Ackerbau unmöglich.

Es wird angenommen, daß der Hirtennomadismus in den Offenlandschaften der Alten Welt zwischen dem zweiten und ersten vorchristlichen Jahrtausend als eine spezielle, den ökologischen Bedingungen semiarider Gebiete angepaßte Sozialorganisation entstanden ist. Insgesamt ist etwa ein Achtel der Erdoberfläche am besten durch wandernde Herden zu nutzen. Die Randsäume der Kälte- und Trockenwüsten und die Hochgebirge des altweltlichen Trockengürtels sind als „natürliches Nomadenland" anzusehen. In der Geschichte hat es jedoch immer wieder Perioden gegeben, in denen die Nomaden über ihren ökologisch vorgezeichneten Lebensraum hinausdrangen, und Perioden, in denen expandierender Ackerbau und vordringende Technik den Lebensraum der Nomaden einschränkten. Auf die nomadische Ausdehnung im 19. Jahrhundert folgten einengende Maßnahmen der sich konstituierenden Nationalregierungen.

Die Weidegründe sind normalerweise Stammeseigentum, auf dem alle Stammesangehörigen auf genau festgelegten Plätzen freies Weiderecht besitzen. Das Vieh – im Mittel 100 bis 200 Schafe und Ziegen je Zeltgemeinschaft – gehört einzelnen Personen und Familien. Die Herden werden im Erbgang gewöhnlich real geteilt. Auch als Brautpreis, Sühne, Hirtenlohn und Geschenk wechseln Tiere ihren Besitzer. Aus Gemeinschaftseigentum an Boden und Individualeigentum an Vieh ergibt sich das Problem der Überweidung. Unklare oder komplizierte Wasserrechte sind oft Anlaß zu Streitigkeiten. Partielle, individuelle ackerbauliche Nutzung ist innerhalb des Stammesterritoriums möglich. Der Anbauer kann jedoch nur über die Ernte, aber nicht über den Boden frei verfügen. Zelt, Geräte, Waffen und sonstige Habseligkeiten sind Eigentum der Familie oder höchst persönliches Eigentum. Bei vielen Stämmen darf z. B. der Mann den Frauenschmuck nicht verpfänden.

Soziologische Merkmale sind stammesmäßige Sozialorganisation, Stammes- und Sippenendogamie, patriarchalische Ordnung, patrilinearer Familienverbund[3], einfaches, stammesbezogenes Gewohnheitsrecht, starker Unabhängigkeitsdrang und zäher Traditionalismus. Ungunst des Klimas, Wechselhaftigkeit der wirtschaftlichen Grundlagen und die Notwendigkeit, das Lager mit allen lebenswichtigen Gütern und Dienstleistungen zu versorgen, zwingen die Nomaden, sich einer strengen Arbeitsteilung im Lager und einer straffen Führung zu unterwerfen. Das labile Gleichgewicht zwischen Bevölkerung, Wasservorkommen und Weideland bedingt einen dauernden Spannungszustand, der die Aggressivität der Nomadenstämme erklärt: gilt es doch, die Rechte auf Wasserstellen und Weidegründe gegen rivalisierende Stämme zu behaupten oder gegen andere Eindringlinge zu verteidigen.

Tahir Schakir-Zade (1931), ein Turkmene, beschrieb die Rangordnung eines sozial ausdifferenzierten Nomadenstammes wie folgt: Die auf ihre Stammbäume und Heldentaten stolze Aristokratie bildet die oberste und vornehmste Schicht der Krieger. Diese beschäftigen sich we-

---

[1] Die Transhumanz ist durch folgendes gekennzeichnet: Viehherden, die seßhaften Besitzern gehören, wandern von besonderem Personal begleitet periodisch zwischen klimatisch verschiedenen Zonen (in der Regel zwischen einem im Winter schneefreien Küsten-, Tal- oder Niederungsgebiet und der Höhenzone eines Gebirges), so daß auch im Winter gewöhnlich keine Stallfütterung nötig ist; sie werden marktwirtschaftlich genutzt.
[2] Für die Almwirtschaft gelten die Merkmale der Transhumanz mit der Einschränkung, daß das Vieh im Winter eingestallt und gefüttert wird und die Rinderhaltung überwiegt. Der Bergnomadismus geht offensichtlich mehr und mehr in Almwirtschaft über.
[3] Bei hamitischen Nomaden ist auch Mutterfolge üblich.

der mit körperlicher Arbeit noch mit Handel. Sie stellen die Herrscher, beschützen die Flüchtlinge von anderen Stämmen und gewähren Karawanen und Reisenden sicheres Geleit. Den nächsten Rang nehmen die heiligen und die weisen Männer ein, die Schiedsrichterdienste leisten und besonderen Ereignissen geistliche Bedeutsamkeit und religiöse Weihe verleihen. Die breite Mittelschicht bilden die Viehzüchter und Hirten. Unter ihnen steht die zahlenmäßig kleine Kategorie der wenig angesehenen Händler und der völlig unkriegerischen Handwerker. Diese rekrutieren sich oft aus Angehörigen anderer Ethnien (z. B. Zigeuner), die dem Stamm angegliedert sind. Ganz unten rangieren Sklaven und Sklavinnen fremdrassiger Herkunft, die die Hausarbeit und eventuell die Feldarbeit verrichten.

Das Ansehen des Nomaden ist an seine Stammes- und Sippenzugehörigkeit geknüpft; es bemißt sich außerdem nach Art und Umfang der Viehhaltung. Kamelzüchter stehen höher als Schafhalter. Aus Furcht, an Prestige zu verlieren, zogen viele Beduinen, die die unrentable Kamelzucht aufgeben mußten, den Beruf eines Traktorfahrers oder Erdölarbeiters dem Schafehüten vor. Auch der Schritt vom Vollnomaden zum Ackerbauern ist mit einer sozialpsychologischen Hypothek belastet. Landarbeit gilt dem Nomaden als inferiore Tätigkeit.

Die Kopfzahl der Herden – nicht die Leistung – zeigt den Wohlstand eines Nomaden an und verschafft ihm Wertschätzung und Einfluß. Das Prestigestreben verleitet dazu, die Herden über die Futtergrundlagen hinaus zu vergrößern. Infolgedessen stellen sich an der Grasnarbe Dauerschäden ein, die katastrophale Ausmaße annehmen können, wie die Hungersnot in der Sahelzone (1971–74) bewies. Bei der Verurteilung nomadischer „Prestigewirtschaft" wird jedoch oft übersehen, daß Nomaden ihren Viehbestand ebenso sehr für die Sicherung ihrer sozialen Existenz wie für die Erhaltung ihrer physischen Existenz benötigen. Sie halten nämlich ihre Tiere auch, um ein Netzwerk sozialer Beziehungen aufbauen und festigen zu können, das ihrer sozialen Sicherheit dient. Das bekannteste Beispiel ist die Bezahlung eines Brautpreises in Vieheinheiten, wodurch Tiere gegen Frauen getauscht und durch diese in Nachkommenschaft und verwandtschaftliche Bande verwandelt werden. Tiere werden außerdem für kultische Zwecke gehalten. Der Tauschwert und bei afrikanischen Rinderhirten der Gemütswert übersteigt häufig den Gebrauchswert der Tiere, was vieles erklärt, das in der nomadischen Viehhaltung seltsam anmutet.

Schakir-Zade (1931) verdanken wir folgende Charakterisierung des Nomaden: Sein Äußeres ist oft schmutzig und vernachlässigt, sein inneres Wesen aber rein und unverdorben. Er ist gutmütig bis zur Naivität, aufrichtig, solidarisch denkend, außergewöhnlich gastfreundlich, achtet das Alter und Höherstehende; er ist lebhaft, neugierig, sorglos, lustig, geschickt im Reiten und Jagen, dienstfertig und hilfsbereit gegenüber anderen, höflich aber nicht knechtisch, sondern im höchsten Maße freiheitsliebend; er verachtet Handel und alle manuellen Tätigkeiten, was ihm den Ruf einbringt, arbeitsscheu zu sein. Arbeit ist für den Nomaden sicher kein Wert an sich; er begnügt sich gerne damit anzuordnen, was zu geschehen hat, nach den Herden zu sehen und die Familie nach außen zu vertreten und zu schützen. Nach Schakir-Zade entfallen nur 10 Prozent der Arbeit auf den Vater, etwa 20 bis 30 Prozent auf die Kinder, der Rest lastet auf der Frau, zu deren Pflichtenkreis die umfangreiche Versorgung der Familie mit Nahrung, Kleidung und Behausung, das Auf- und Abschlagen des Zeltes, die Verarbeitung von Milch, Wolle und Haaren sowie das Sammeln von Wildpflanzen gehören.

Die Frau besitzt außerhalb der Familie keine gesellschaftliche Stellung, genießt aber bei den meisten nomadischen Stämmen größere Bewegungsfreiheit und Selbständigkeit, als dies im islamischen Kulturkreis üblich ist. Die Ehen werden bevorzugt innerhalb der eigenen Sippe oder des eigenen Stammes geschlossen. Die Wahl einer Ehefrau aus einem anderen Stamm oder gar unter der seßhaften Bevölkerung ist selten. Die Notwendigkeit, gelegentlich die Herden zu teilen, um auseinanderliegende Weiden nutzen zu können, bildet die arbeitswirtschaftliche Wurzel nomadischer Vielweiberei. Da unter den extremen Bedingungen nomadischer Lebensweise eine alleinstehende Frau nicht existieren könnte, sprechen auch soziale Gründe für Vielweiberei.

Anders als dem Wanderfeldbau wohnt der Wanderviehzucht die Tendenz zu sozialökonomischer Differenzierung inne. Vom Glück begünstigt wächst mit den Herden rasch der Wohlstand. Er vergeht aber schnell wieder, wenn Seuchen, Dürre, früher Schneefall die Tierbestände vernichten. Viele verarmte Nomaden sind auf friedlichen oder gewaltsamen Zuerwerb angewiesen. Zunehmender Wohlstand wie Verarmung können schließlich zur Aufgabe nomadischer Lebensweise führen. Hierin liegt einer der Gründe für die enge Verflechtung nomadischer und seßhafter Bevölkerung. Ein weiterer Grund ist darin zu sehen, daß die Nomaden Garten- und Feldfrüchte sowie handwerkliche Erzeugnisse benötigen, die sie gegen ihre Produkte eintauschen oder sich in vergangenen Zeiten militärischer Überlegenheit oder im Falle verzweifelter Notlage gewaltsam aneigneten. Aus vielen Gebieten wird von einer Symbiose zwischen Nomaden und Bauern berichtet. In früheren Zeiten waren die Nomaden gewöhnlich die überlegenen Partner, die sich die Oasenbewohner tributpflichtig machten und die Bauern das Fürchten lehrten. Gegenwärtig bilden sie fast nirgends mehr die herrschende Schicht, sondern verdingen sich bei den Bauern als Hirten und Landarbeiter.

Die stammesmäßige Organisation der Wanderhirten stellt einen Fremdkörper in den modernen zentralistischen Nationalstaaten dar, deren Grenzen die herkömmlichen Wanderwege oft durchschneiden. Die wenig auf Produktionsleistung und Marktbelieferung ausgerichtete, kapitalextensive Viehhaltung paßt schlecht in moderne markt- oder planwirtschaftliche Wirtschaftssysteme. Schon im 19. Jahrhundert wurde im zaristischen Rußland und im Osmanischen Reich eine ausgesprochen nomadenfeindliche Bodenpolitik betrieben. Besonders in Ländern, in denen die Nomaden ethnische Minderheiten bilden, wird von seiten des Staatsvolkes auf die politische Entmachtung und wirtschaftliche Schwächung der Nomaden hingearbeitet, was in der Regel nicht kampflos verläuft. Denn im Gegensatz zu den Wanderfeldbauern neigen die Nomaden zu politischer Aktivität und zur Errichtung autonomer Fürstentümer.

Die meisten betroffenen Regierungen halten die Wanderviehzucht für einen Anachronismus, obwohl sich zugunsten des Nomadentums anführen läßt, daß es (1) die Nutzung von Grenzböden ermöglicht, (2) den Lebens- und Wirtschaftsraum auf die Sub- und Anökumene ausdehnt, (3) die Grenzen in unwegsamen Wüsten und Gebirgen sichert, (4) Nahrung und Bekleidung für Millionen von Menschen produziert, (5) zur Domestikation und Züchtung einiger Nutztierarten wesentlich beigetragen und (6) einen reichen Schatz an Volkskunst und Volksdichtung hervorgebracht hat.

Im allgemeinen überwiegen aber die negativen Urteile. Die Regierungen der betroffenen Länder sehen im Nomadismus fast durchweg ein Hemmnis für die Modernisierung ihrer Länder. Den Nomaden wird angelastet, (1) die seßhafte Bevölkerung und die Reisenden zu bedrohen, (2) durch Überweidung und Abholzung zur Verwüstung und Versteppung beizutragen, (3) ansteckende Krankheiten zu verschleppen, (4) den expandierenden Ackerbau zu behindern, (5) die internationalen Beziehungen durch Grenzverletzungen und Schmuggel zu stören, (6) einen politischen Unruheherd zu bilden und (7) sezessionistische Bewegungen zu unterstützen. Hinzu kommen die Schwierigkeiten, wandernde Bevölkerungsgruppen zu verwalten, medizinisch zu betreuen und zu unterrichten. Da die Nomaden wegen ihrer archaischen Lebensweise und ihrer ärmlichen Lebensverhältnisse öffentliches Ärgernis, namentlich bei der westlich orientierten jungen Oberschicht erregen, wird fast überall eine konsequente Politik der Nomadenansiedlung betrieben. Beispiele zeigen, daß die Wanderviehzucht in den Formen der Transhumanz und der Almwirtschaft in moderne Volkswirtschaften zu integrieren ist, allerdings unter völliger Umwandlung der traditionellen nomadischen Sozialstrukturen. In Kasachstan wurden nomadische Stammesglieder unter Beibehaltung vieler Traditionen (z. B. Heiratsregeln) in „Klan-Kolchosen" umgewandelt.

Literatur: AL-WARDI 1972, HERZOG 1963, HÜTTEROTH 1959, RUDOLPH 1967, RUTHENBERG 1976a, VIERKANDT 1959.

Diskussions- und Prüfungsfragen
1. Welches sind die natürlichen Bedingungen des Wanderfeldbaus?
2. Worauf beruhen die Herrschaftsverhältnisse im Wanderfeldbau?
3. Welche Änderungen treten beim Übergang vom Wanderfeldbau zu stationärer Landwirtschaft ein?
4. Wodurch unterscheidet sich der Hirtennomadismus von anderen Formen der Wanderviehzucht?
5. Wie sind die Eigentums- und Besitzverhältnisse beim Hirtennomadismus geregelt?
6. Wie beurteilen Sie den Hirtennomadismus als Lebens- und Wirtschaftsform?

3.3 Familistische Agrarsysteme

Die Übergänge von tribalistischen zu familistischen Agrarsystemen sind fließend. Zwischenformen bilden die bäuerlichen Großfamilien[1], das heißt Hausgenossenschaften von blutsverwandten und angeheirateten Familienangehörigen sowie fremdbürtigen Arbeitskräften, die von einem Familienrat geleitet und vom Familienoberhaupt (Patriarchen) verwaltet und vertreten werden. In orientalischen Freibauernschaften scheint die ursprüngliche Stammesorganisation noch relativ stark durch, während im europäischen Bauerntum von der ehemaligen Stammesverfassung kaum mehr etwas zu erkennen ist, und stammesmäßige Elemente im überseeischen Farmertum gänzlich fehlen.

Die familistische Landwirtschaft ist dadurch gekennzeichnet, daß die Eigentums- und Nutzungsrechte am Boden fest in der Hand von Einzelfamilien sind. Die Familie gewinnt dadurch an Autonomie gegenüber den größeren Verwandtschaftsverbänden. Der Mann als der bevorzugte Erbe bzw. Treuhänder des Familiengutes erringt im Haus wie in der Gemeinde eine beherrschende Stellung. Auf der Grundlage der männlichen Treuhänderschaft im bäuerlichen Besitz entstehen zwei verschiedene Familienordnungen: die totalitär-familistische und die autoritär-familistische. Erstere betont die Familiengemeinschaft, letztere die Person des Familienoberhauptes. Die totalitär-familistische Ordnung ist charakteristisch für die bäuerliche Großfamilie. Hier wird versucht, die Spannungen, die sich zwangsläufig aus den unterschiedlichen Bedürfnissen und Leistungen der einzelnen Kernfamilien ergeben, durch (1) eine Ballung der Verfügungsgewalt in der Position des Patriarchen, (2) die Erhebung der Bedürfnisbeschränkung zur Lebensweise und (3) die Erhebung des Fleißes zur Arbeitsweise zu lösen. Damit sind aber auch die Grundlagen zu Familiendespotismus und geistigem Immobilismus gelegt. In der bäuerlichen Kleinfamilie herrscht demgegenüber die auf Tradition oder persönlicher Überlegenheit beruhende autoritäre Ordnung vor.

Infolge verschiedener natürlicher und wirtschaftlicher Bedingungen, Glück und Unglück, Tüchtigkeit und Mittelmäßigkeit, Fleiß und Faulheit variiert die Betriebsgröße und die Einkommenslage in der familistischen Landwirtschaft in weiten Grenzen. Dennoch sind die Unterschiede im Lebensstil ziemlich gering. Begüterte wie ärmere Landwirte tragen gemeinsam die technische und geistige Kultur. Die Betriebsinhaber vereinigen sich im allgemeinen ungeachtet der Betriebsgrößen zu Interessenverbänden, die unter Führung angesehener Berufskollegen und Funktionäre für die eigenen Belange eintreten und unbillige fremde Ansprüche abwehren. Neigten früher die aufgebrachten Familienwirte zu lokal begrenzten, gewalttätigen, undisziplinierten Aktionen, so wird in den modernen Bauern- und Farmerverbänden versucht, die politische Kraft des Landvolks zu organisieren und gezielt in der politischen Willensbildung einzusetzen.

---

[1] Sie waren bei keltischen, germanischen, romanischen und vielen orientalischen Völkern verbreitet und haben sich in der südslawischen Zadruga bis ins 20. Jahrhundert erhalten.

Zu den weitreichenden Folgen stationärer Landwirtschaft gehört neben der Entstehung von privatem Grundeigentum die Bildung von Sozialkapital, sozialen Schichten und Herrschaftsverhältnissen. Es gehört zur Tragik familistischer Produktionssysteme, als Opfer fremder Herrschaftsgelüste von nichtbäuerlichen Aneignungssystemen überlagert zu werden. Die Erklärung liegt auf der Hand. In der familistischen Landwirtschaft entbehrt der Landwirt des politischen Schutzes und der sozialen Sicherheit, die ein Stammesverband gewährt. Der Geschlechtsverband (gens) oder die Dorfgemeinschaft bieten selten vollwertigen Ersatz. Auch genossenschaftliche Zusammenschlüsse haben sich vielfach als unzulängliche Schutzmaßnahmen erwiesen.

Die familistische Landwirtschaft wurde bzw. wird insbesondere von folgenden Herrschaftsformen überlagert:
- Lehensgrundherrschaft (patrimonial domain)
- Pfründengrundherrschaft (prebendal domain)
- Rentengrundherrschaft (mercantile domain)
- Verwaltungsherrschaft (administrative domain)
- Kapitalherrschaft (marketing domain).

Lehen ist die Landausstattung der primär zu militärischen, aber auch zu anderen öffentlichen Aufgaben (Verwaltung, Gerichtsbarkeit) verpflichteten Elite. Lehensgrundherrschaft heißt patrimonial, insofern sie in der Vaterlinie vererbbar, im übrigen auch erbteilbar und veräußerlich ist. Die Machtfülle eines Lehensherrn ergibt sich weniger aus dem Umfang der ihm zufließenden Naturalabgaben als aus der Menge der Gefolgsleute und Hintersassen (Machtquelle).

Im Unterschied dazu ist die Pfründengrundherrschaft nicht erblich, sondern beruht auf dem einer Person auf Zeit verliehenen Recht, aus Grundbesitz Renten-, Gebühren- oder Steuereinkünfte zu ziehen (Einkommensquelle).

Bei der Rentengrundherrschaft wird das Land als Privateigentum betrachtet, das nach Belieben veräußert, erworben und im Profitinteresse genutzt werden kann (Kapitalanlage).

Verwaltungsgrundherrschaft liegt vor, wenn der Staat oder die Staatspartei die landwirtschaftlichen Eigentumsrechte erheblich einschränkt und staatliche Organe die Bodennutzung kontrollieren. Verwaltungsherrschaft lastet vor allem in den beiden Ausprägungen der Kolonialherrschaft und der Parteiherrschaft auf den Bauern. Kolonialherrschaft ist die Kontrolle und Ausbeutung der einheimischen bäuerlichen Landwirtschaft bzw. die Enteignung und Verdrängung der eingeborenen Landbevölkerung durch eine fremdvölkische Macht aufgrund militärischer oder technisch-organisatorischer Überlegenheit. Parteiherrschaft liegt vor, wenn Parteifunktionäre die Bauern kontrollieren; sie ist in den meisten von einer Einheitspartei totalitär regierten Staaten verbreitet.

Die Kapitalherrschaft, wie sie uns vor allem in der Vertragslandwirtschaft begegnet, hat eine marktwirtschaftliche und eine technologische Seite. Die Überlegenheit industrieller und merkantiler Unternehmen über Bauern und Farmer ergibt sich aus der größeren Kapitalkraft, der besseren Marktübersicht und dem technologischen Informationsvorsprung. Im Agribusiness wird dieses Voraus bewußt eingesetzt, um mit den Landwirten Abnahme- und Lieferverträge zu schließen, die sich vorteilhaft auf die rentable und kontinuierliche Auslastung der industriellen Anlagen und sonstigen wirtschaftlichen Kapazitäten auswirken. Steigender Kapitalbedarf begünstigt die Herrschaft des Privat- oder Staatskapitals über die marktorientierte, kapitalintensive Familienlandwirtschaft.

Ungeachtet des herrschaftlichen Überbaus treten familistische Produktionssysteme hauptsächlich in den beiden Varianten der bäuerlichen und der Farmerlandwirtschaft auf.

3.3.1 Bäuerliche Landwirtschaft

„Bäuerliche Landwirtschaft" ist ein historisch gesättigter, gefühlsmäßig geladener und ideologisch verbrämter Begriff. Bei wissenschaftlicher Betrachtung müssen wir daran denken, daß

„bäuerlich" (1) eine Lebensweise, (2) eine Gesinnung, (3) eine Wirtschaftsform und (4) ein Aneignungssystem kennzeichnet, also vier Aspekte, die sich im konkreten Fall durchaus nicht immer decken.

Bäuerliche *Lebensweise* ist eine in den Rhythmus der Natur eingeordnete, vorwiegend autarke, selbstgenügsame, von übermenschlichen Mächten und Kräften sich abhängig wissende, von magischem Denken beeinflußte, der Tradition verhaftete, sich in das Unvermeidliche schickende, aber trotz Schicksalsschlägen nicht verzagende, sondern vorsorgende Art und Weise, innerhalb enger Verwandschafts- und Nachbarschaftsbeziehungen von nachhaltig betriebener Landwirtschaft zu leben.

Bäuerliche *Gesinnung* sieht in der Arbeit für den Hof und auf dem Hof Sinn und Zweck des Daseins und weiß sich verantwortlich verbunden mit Vorfahren und Nachfahren und mit dem bebauten Land, das als Heimat bewertet wird und den folgenden Generationen erhalten bleiben soll. Den Hof verkommen zu lassen, gilt als schändlich, ihn zu veräußern oder mutwillig zu verlassen, als verwerflich.

Bäuerliche *Wirtschaftsweise* basiert auf dem Bestreben, den ererbten Familienbesitz an Grund und Boden, lebendem und totem Inventar im Hinblick auf die Bedürfnisse der Familie und die Fortdauer des Geschlechtes nachhaltig zu nutzen und zu mehren. Bäuerliches Wirtschaften ist nicht am Profitstreben, sondern genealogisch motiviert. Das Wirtschaftsgebaren der Bauern wird – oft abschätzig – als semirational gekennzeichnet. Diese Charakterisierung ist nur zum Teil richtig, denn die meisten Bauern handeln gemessen an ihrem Ziel- und Wertsystem sehr rational.

Die Stärke der vorhandenen Bedürfnisse einerseits und die zu ihrer Befriedigung nötige Arbeitsmühe andererseits bestimmen die wirtschaftlichen Vorkehrungen. Anstelle kapitalistischen Gewinnstrebens tritt das Streben „nach standesgemäßem Lebensunterhalt, bei einem Arbeitsaufwand, der auch noch Zeit für Feierabende und Feiertage übrigläßt" (NIEHAUS 1948, S. 23). Sein Auskommen findet der marktabhängige Bauer nur dann, wenn es ihm gelingt, das Produkt aus Preis und Menge konstant zu halten, also wenn er auf Marktschwankungen „antikonjunkturell" reagiert.

Das bäuerliche *Aneignungssystem* besteht in der Selbstausbeutung der Familie. Die Belange des Bauernhofes gehen den Wünschen und Bedürfnissen der auf dem Hofe Lebenden vor. Der Erhaltung des Hofes werden unter Umständen persönliches Glück, Gesundheit und Leben von Frau und Kindern geopfert. Betriebsüberschüsse werden großenteils reinvestiert. Kapital wird vornehmlich durch erhöhte Anstrengungen in Form von Bodenmeliorationen, Terrassierung, Anlage von Dauerkulturen, Wege- und Brückenbau, Verbesserung des Zuchtmaterials usw. gebildet.

Die relative Vorzüglichkeit der bäuerlichen Landwirtschaft wird häufig am Maßstab bäuerlicher Eigenschaften beurteilt, die als sozial besonders erwünscht gelten. Hier ist aber Vorsicht am Platze. Positive Eigenschaften können leicht ins Negative umschlagen: Die Bodenständigkeit kann zu Schollenkleberei, die Selbständigkeit zu Eigenbrötelei, die Unabhängigkeit zu sozialer Isolierung, die Geschlechterfolge zu Traditionalismus, die Vielseitigkeit zur Verzettelung der Kräfte, die Naturverbundenheit zu einer Verhaftung im Stofflichen und einer Verachtung des Geistigen, die patriarchalische Familienordnung zur Haustyrannei, das Selbstbewußtsein zu Rechthaberei, die Besitzverbundenheit zu Eigentumshörigkeit, die familiale Produktivgemeinschaft zur Ausbeutung von Frau und Kindern werden.

Unter wirtschaftlichen Gesichtspunkten zeigt sich die bäuerliche Landwirtschaft anderen Produktionssystemen überlegen hinsichtlich der Anpassung an Bodenart und -güte, an extreme oder wechselnde Klimabedingungen sowie an die Fähigkeiten und Bedürfnisse der Landfamilien. Sie besitzt auch unbestreitbare Vorzüge bei der Erzeugung von qualitativ hochwertigen oder arbeitsaufwendigen Produkten und bei allen Tätigkeiten, die viel Sorgfalt und Umsicht erfordern. Gerühmt wird ferner die Krisenfestigkeit der Bauernwirtschaft, die der Risikoverteilung und der weitgehenden Selbstversorgung zu danken ist und die dadurch erhöht wird, daß keine Lohnkosten die Liquidität des bäuerlichen Unternehmens beeinträchtigen. Auf bestimmten volkswirtschaftlichen Entwicklungsstufen kann ein weiterer Vorteil darin bestehen, daß die bäuerliche Landwirtschaft relativ viele Menschen produktiv zu binden vermag („Wartezimmerfunktion").

Diese Vorzüge können aber nicht darüber hinwegtäuschen, daß der bäuerlichen Landwirtschaft gegenwärtig große Mängel anhaften, die vor allem struktureller Art sind. Die bäuerliche Landwirtschaft verliert ihre relative Vorzüglichkeit, wenn (1) der Markt die Lieferung großer Mengen einer bestimmten gleichbleibenden Qualität verlangt, (2) die marginalen Böden nicht mehr zur Ernährung der Bevölkerung benötigt werden, (3) aus Gründen der Kostenminimierung anstelle der Vielseitigkeit die Spezialisierung tritt, (4) aus technologischen oder wirtschaftlichen Gründen Arbeit durch Kapital ersetzt wird, (5) der Lebensstandard, d. h. die Ansprüche an Arbeitszeitverkürzung, Freizeit, Einkommen, Arbeitsbedingungen, ein bestimmtes Maß übersteigen, und (6) das Wirtschaftssystem ein hohes Maß an Faktormobilität verlangt.

Die bäuerliche Landwirtschaft erwies sich in der Vergangenheit zwar als außerordentlich anpassungsfähig an natürliche Bedingungen, aber als wenig widerstandsfähig gegenüber fremden Herrschaftsansprüchen. Freibauerngesellschaften sind geschichtlich seltene Erscheinungen. Nur unter besonderen Bedingungen war ihnen eine längere Dauer beschieden. Insbesondere in unwegsamen Gebirgen konnten Bauern in kräftiger Abwehr fremder Einflüsse ihr politisches Eigenleben bewahren. BOBEK hat sie nach dem nordafrikanischen Prototyp als „Kabyleien" bezeichnet. In den Kabyleien verschränken sich sehr starke, zum Teil uralte Sippenbindungen mit genossenschaftlichen Einrichtungen auf wirtschaftlichem Gebiet zu urwüchsigen Ordnungen, die in eigenständigen Landgemeinden, Talschaften oder Kantonen ihren politischen Ausdruck finden. Die Führung liegt gewöhnlich bei einem Rat, in dem die alten und angesehenen Bauern den Ton angeben, oder bei einem Gaufürsten oder Bezirkshauptmann, der die oberste militärische und rechtliche Instanz ist. Kriegerischer Sinn ist oft gepaart mit Fremdenfeindlichkeit und Selbstüberschätzung. Innerhalb abgeschiedener Freibauerngesellschaften entwickeln sich eigentümliche Ausdrucksformen, religiöse Vorstellungen und kultische Bräuche sowie eine starke symbolische Ortsbezogenheit und soziale Solidarität.

Wie die freibäuerlichen Gemeinwesen, so sind auch die „freien Bauern auf eigener Scholle" eher die Ausnahmen als die Regel. In der ideologisch gefärbten deutschen Bauerntumsliteratur wird dieser Tatbestand geflissentlich übersehen. Anders in der angelsächsischen. So ist nach ERIC R. WOLF (1966, S. 77) das Bauerntum (peasantry) gerade dadurch charakterisiert, daß der Bauer (peasant) ständig Bedrückern ausgesetzt ist, die auf ihn einwirken und sein Dasein beanspruchen.[1] Hierdurch unterscheide sich seine soziale Situation wesentlich von derjenigen des Stammesgenossen (tribesman) und des Farmers. Die Stammesgenossen würden ihre Produktionsmittel einschließlich der Arbeit selbst erzeugen und kontrollieren und ihre Überschüsse für kulturell gleichwertige Güter und Dienstleistungen direkt austauschen. Die bäuerlichen Außenbeziehungen seien demgegenüber durch eine asymmetrische Machtverteilung geprägt. Denn sie hätten Abgaben und Frondienste an eine privilegierte Klasse zu leisten, die damit ihren eigenen Lebensunterhalt bestreite und mit dem Rest andere Leute entlohne, die ihr Dienste leisten. Das Dauerproblem eines Bauern bestehe infolgedessen darin, die Forderungen der Außenwelt mit dem Bedarf des eigenen Haushaltes und der Ertragsfähigkeit seiner Wirtschaft auszubalancieren. Grob vereinfacht werden demnach die landwirtschaftlichen Naturalerträge wie folgt verwendet:

---

[1] GEORG BÜCHNER (1813–37) hat diesem Zustand im „Hessischen Landboten" vom Juli 1834 dichterischen Ausdruck verliehen: „Der Bauer geht hinter dem Pflug, der Vornehme aber geht hinter ihm und dem Pflug und treibt ihn mit den Ochsen am Pflug, er nimmt das Korn und läßt ihm die Stoppeln. Das Leben des Bauern ist ein langer Werktag; Fremde verzehren seine Äcker vor seinen Augen, sein Leib ist eine Schwiele, sein Schweiß ist das Salz auf dem Tische des Vornehmen" (zit. nach ZIMMERMANN 1975, S. 18).

Prioritätenfolge	Stammeslandwirtschaft	Bäuerl. Landwirtschaft	Farmerlandwirtschaft
Vorrangige Verwendung	Eigenverbrauch	Abgaben	Vermarktung
Restverwendung	Tausch(-handel)	Eigenverbrauch	Eigenverbrauch

Das mittel- und nordeuropäische Hofbauerntum paßt freilich nicht so recht in das Bild, das in der angelsächsischen Literatur von „peasantry" gezeichnet wird. Es nimmt zunehmend Züge des Farmertums an, ohne jedoch die geschichtlich gewordene Eigenart ganz abstreifen zu können. Die Ausprägungen bestimmender Merkmale in der bäuerlichen Landwirtschaft und in der Farmerlandwirtschaft sind in Übersicht 34 einander gegenübergestellt.

3.3.2 Farmerlandwirtschaft

Die Farmwirtschaft in Übersee stellt weder einen Gegensatz noch eine Alternative zur bäuerlichen Landwirtschaft dar, sondern eine Weiterentwicklung der europäischen Familienlandwirtschaft unter günstigen Bedingungen, unbehindert von den Fesseln einer jahrhundertealten, feudalistischen Agrarverfassung. Voraussetzungen sind relativ leicht kultivierbare, jungfräuliche Böden in menschenleeren Räumen und für Massenprodukte aufnahmefähige Märkte. Während jedoch die europäischen Bauernhöfe in der Hauswirtschaft wurzeln, entstanden die überseeischen Farmen auf dem Boden der Verkehrswirtschaft.

Übersicht 34. Sozialökonomische Merkmale der bäuerlichen und der Farmerlandwirtschaft

Kriterien	bäuerliche Landwirtschaft	Farmerlandwirtschaft
Standort	Alte Welt; auf allen landw. nutzbaren Böden	überseeische Neusiedelgebiete auf produktionsgünstigen Böden
Siedlungsform	meist Dorf, seltener Weiler oder Einzelhof	Einzelfarm
Flurform	historisch geworden, oft zersplittert, in Gemengelage und ohne Hofanschluß	meist geplant, voll arrondierte Einödlage mit Hofanschluß
Hausform, Gebäude	mannigfalt, dauerhaft gebaut, oft veraltet und unpraktisch	einförmig, leicht gebaut, zweckmäßig
Eigentumsverhältnisse	landw. genutztes Vermögen, im Regelfall ererbtes Eigentum der Bauernfamilie; Parzellen häufig dazu gepachtet oder verpachtet; Eigentum = Vermögen	landw. genutztes Vermögen überwiegend Eigentum des Farmers, oft aber auch nur gepachtet; Eigentum = Kapital
Betriebsgröße	*Betriebsfläche und -größe auf Arbeitskapazität der Familie abgestimmt*	
	kleinflächig, stark differenziert	großflächig, wenig differenziert
Betriebsform	überwiegend gemischte Produktion	spezialisierte Produktion
Arbeitsverfassung	*Familienarbeitsverfassung*	
	meist alle Familienmitglieder einschließlich Frauen, Jugendliche, Altenteiler; familienrechtliche Bindungen	meist nur erwachsene männliche Familienmitglieder; gesellschafts- oder arbeitsrechtliche Bindungen
Familienordnung	überwiegend patriarchalisch mit partnerschaftlichen Elementen	egalitär-partnerschaftlich

Kriterien	bäuerliche Landwirtschaft	Farmerlandwirtschaft
Familienstruktur	kinderreich, bi- oder trigenerativ, Generationentrennung selten	kinderreich, mono- oder bigenerativ, seltener trigenerativ, Generationentrennung üblich
Familienidee	Kontinuität der Geschlechterfolge (Hofdenken)	hoher Lebensstandard der Kleinfamilie (Familiendenken)
Lebensweise	patrilokal, orts- und berufsverbunden, bodenverwurzelt, selbstgenügsam	oft neolokal, ortsbeweglich, berufslabil, städtischer Lebensstandard
ursprüngliches Wirtschaftsziel	Versorgung des Haushalts mit allen notwendigen Agrarprodukten hausbezogene Produktion	Belieferung des Marktes marktbezogene Produktion
Wirtschaftsmotiv	Erhaltung des Hofes und Steigerung der Bodenfruchtbarkeit	Erwerbsstreben
Wirtschaftsgesinnung	konservativ, Hof ist Heimat und Lebensgrundlage der Familie	fortschrittlich, Farm ist Erwerbsbetrieb
Wirtschaftsgebaren	traditional, mehr gefühlsmäßig, bedächtig	innovativ, mehr rational, wendig, unternehmerisch
Wirtschaftsweise	flächenproduktiv, arbeitsintensiv, nachhaltig	arbeitsproduktiv, kapitalintensiv, häufig Raubbau
Informationsbedürfnis	wissensskeptisch bis bildungsfeindlich, oft dünkelhaft	wissensbegierig, weltoffen
soziale Schichtung	wenige, ziemlich abgeschlossene am Besitz orientierte Schichten	keine ausgeprägte Schichtung
soziale Integration	Hof eingebettet in Sozialsystem der Familie, Nachbarschaft und Dorfgemeinschaft; ständische Abgeschlossenheit	Farmerfamilie integriert in das Sozialsystem der Nachbarschaft, Community und religiösen Gemeinschaft; offenes Sozialsystem
soziale Interaktion	*Nachbarschaftshilfe in Notfällen* Autonomie angestrebt	nachbarschaftliche Maschinenleihe und Zusammenarbeit
politische Einstellung	Ressentiments gegen Obrigkeit	staatsbürgerliches Bewußtsein
soziale Bindung	traditionsgeleitet: gebunden an lokale Sitten, Bräuche und Volkstum	außengeleitet: gebunden an die sozialen Regelungen der industriellen Gesamtgesellschaft

Die nach Übersee ausgewanderten Bauern veränderten ihre Mentalität unter dem Einfluß der neuen Umwelt, des erweiterten Erfahrungshorizontes, der Freiheit der Glaubensausübung und Wirtschaftsführung, der Pioniersituation, der Chancengleichheit, der Befreiung von traditionellen Herrschaftszwängen und sozialen Kontrollen. Eine neue Sozialordnung hoher Mobilität entstand, frei von herkömmlichen Rollen- und Statuszuweisungen, auf der Grundlage jedermann offenstehender Entfaltungs- und Aufstiegsmöglichkeiten nach den demokratischen Grundsätzen der Gleichberechtigung der Geschlechter und Altersstufen. Anstelle ständischer Gliederung treten pressure groups der Farmerverbände und staatsbürgerliches Engagement des einzelnen Farmers.

Typische Eigenschaften[1] des amerikanischen Farmers, die er mit vielen Bürgern der Neuen Welt teilt, sind Bürgersinn, Pioniergeist, Hilfsbereitschaft, Kirchlichkeit, Fortschrittsgläubigkeit und Innovationsbereitschaft. Aufgrund der Landfülle in der Zeit der ersten Landnahme entwickelten sich im Farmertum ganz andere Einstellungen zum Boden als im Bauerntum. Rücksichtslose Ausbeutung der Bodenfruchtbarkeit und rascher Wechsel des Betriebsstandortes waren noch in der ersten Hälfte des 20. Jahrhunderts keine Seltenheit in den überseeischen Farmgebieten. Erst als Wind und Wasser weite Farmländereien zerstörten, gewöhnten sich die Farmer in einem bitteren Lernprozeß an schonendere Bodenbehandlung.

Die ersten Siedler konnten Acker- und Weideland billig erwerben oder bekamen es geschenkt. So wurde in den USA nach dem Homestead Act (1862) das Farmland unentgeltlich in Einheiten von 160 acres (40 ha) an Interessenten verteilt, solange der Vorrat reichte. Gleiche Startbedingungen verhinderten die Bildung von Klassen und extremer Schichtung im Farmertum. Die Schichten blieben durchlässig. Der soziale Aufstieg des Tüchtigen wurde Teil der Lebensphilosophie.

Die ländlichen Lebensformen entfalteten sich gleichzeitig und gleichwertig mit den städtischen. Der Lebensstandard der Farmer ist vergleichsweise hoch, erreicht aber nicht städtische Durchschnitte. Trotz hoher Arbeitsproduktivität ergänzen die meisten Farmer ihr Einkommen – im Mittel um 36 Prozent – durch nichtlandwirtschaftliche Tätigkeit. Die Farm ist nicht Selbstzweck, sondern hat die materiellen, sozialen und kulturellen Bedürfnisse der Familie zu befriedigen. Kann sie das nicht, dann wird sie gewechselt oder werden bessere Verdienstchancen vorgezogen. In ein Unternehmen, das keinen Gewinn verspricht, steckt der Farmer keinen Cent.

Die Farmerlandwirtschaft konzentriert sich auf die produktionsgünstigen Standorte und jene Betriebszweige, die die höchsten Erträge bringen. Sie war von Anfang an kommerzialisiert und marktorientiert. Die Selbstversorgung hat nie die gleiche Rolle wie in der bäuerlichen Landwirtschaft gespielt. Die Farmer hatten außerdem die Möglichkeit, Siedlungen, Fluren, Gebäude und Betriebe so zu gestalten, wie es neuzeitlichen Bewirtschaftungsgrundsätzen und Produktionstechniken am besten entsprach. Demgegenüber haben die Bauern unter veralteten Agrarstrukturen zu leiden, die mit großem Mitteleinsatz und persönlichen Opfern den veränderten Produktionsbedingungen angepaßt werden müssen.

Farmer arbeiten gewöhnlich sehr hart, denken aber nicht daran, die Arbeitskraft von Frauen und Kindern gleichermaßen auszubeuten. Wegen der Knappheit der Arbeitskräfte und des hohen Lohnniveaus wirtschaften Farmer im allgemeinen arbeitsextensiv und verwenden, wo immer es geht, arbeitssparende Verfahren und Handarbeit ersetzende Maschinen. Die Farmersfrauen tragen nicht – wie die Bauersfrauen – die Hauptlast der Arbeit. Da sie selten genötigt sind, in Stall und Feld mitzuarbeiten, können sie sich ausgiebig ihren Hausfrauen- und Mutterpflichten widmen, einer außerlandwirtschaftlichen Berufstätigkeit nachgehen oder Aufgaben im öffentlichen Leben wahrnehmen. In seinem Sohn sieht der Farmer einen gleichberechtigten Partner, dessen Mitarbeit er durch einen attraktiven Mitunternehmervertrag zu gewinnen und zu erhalten sucht. Wo es notwendig und vernünftig ist, arbeitet der Farmer vorbehaltlos mit seinen Nachbarn zusammen. Die Beschäftigung von Lohnarbeitskräften geht ständig zurück.

Zu den wesentlichen Merkmalen der Farmerlandwirtschaft gehört auch ihre enge Verbindung zur Wissenschaft. Diese ergibt sich einmal aus dem Umstand, daß die meisten Farmersöhne ein College besucht haben, zum anderen aus dem dichten Netz des Extension Service, einem eng mit den agrarwissenschaftlichen Instituten zusammenarbeitenden Beratungsdienst.

---

[1] Das Bild, das amerikanische Agrarsoziologen vom Farmer zu zeichnen pflegen, enthält Züge, die auch den europäischen Bauern charakterisieren: (1) Konservativ und orthodox, (2) sparsam und genügsam, (3) fatalistisch, (4) mißtrauisch gegenüber Fremden, (5) freimütiger und offener als Städter (SMITH 1953, S. 125). Seltsamerweise fehlen darin jene Eigenschaften, die aus europäischer Sicht den Farmer kennzeichnen: unternehmerisch, fortschrittlich, rational.

In der US-Landwirtschaft – wie in allen anderen Farmerländern – stiegen in den vergangenen Jahren Kapitalbesatz (1954: 11 500 Dollar, 1975: 248 000 Dollar) und Betriebsgröße (1954: 87 ha, 1977: 157 ha) ständig an. Dennoch blieb der Charakter der Familienlandwirtschaft erhalten. Rund 95 Prozent aller Farmen sind Familienbetriebe und etwa 75 Prozent der Marktproduktion stammen aus Familienfarmen.

Literatur: BACH 1967, FRANKLIN 1969, HEBERLE 1961, PRIEBE 1970, WOLF 1966, WOLLENWEBER 1956.

Diskussions- und Prüfungsfragen
1. Welche Herrschaftsformen haben im Laufe der Agrargeschichte die bäuerliche Landwirtschaft überlagert?
2. Zeichnen Sie schematisch die Prioritäten der Ertragsverteilung bei Stammes-, bäuerlicher und Farmerlandwirtschaft auf!
3. Welche soziologischen Unterschiede bestehen zwischen bäuerlicher Landwirtschaft und Farmerlandwirtschaft?
4. Warum haben die Farmer in Übersee eine andere Mentalität entwickelt als die Bauern in der Alten Welt?
5. Welche Rollen spielen Frau und Sohn in der Farmerlandwirtschaft?

3.4 Feudalistische und kolonialistische Agrarsysteme

3.4.1 Feudalismus

Feudalismus bedeutet eine Herrschaftsordnung wechselseitiger Rechte und Pflichten, die sich aus einem Obereigentum an Grund und Boden ableitet und persönliche Abhängigkeiten begründet[1]. Da die eine Seite Herrschaftsrechte besitzt, die andere dagegen über keine Machtmittel verfügt, ist im Feudalismus die Tendenz zu asymmetrischen Sozialbeziehungen schon im Keim angelegt. Wird der Feudalismus seiner gesellschaftlichen Funktionen entkleidet, so bleibt nur die tiefe Kluft zwischen einer kleinen, überwiegend erblich privilegierten Minderheit, die über Macht, Vermögen, Bildung, Ansehen und hohe Einkommen verfügt, und der Masse abhängiger, an den Boden gebundener Familien (Hörige, Leibeigene, Hintersassen). Die Überlegenheit der herrschenden Minderheit wird durch kastenartige Abschließung oder ständische Ordnungen aufrechterhalten. Die Privilegien werden religiös (Gottesgnadentum), traditional (adlige Abstammung) oder funktional (Grundherren gleich Kriegsherren, Gerichtsherren oder Steuererheber) begründet und gerechtfertigt. Ober- wie Unterschicht sind jeweils in sich gegliedert; dazwischen schiebt sich oft eine aus der Unterschicht aufsteigende Schicht von Mittelsleuten (intermediaries), die die Kontrolle und Ausbeutung der Bauern für die Oberschicht besorgen. Die Grundherrschaft eignet sich die Überschußproduktion der Bauern in Form von Geld- oder Naturalabgaben an.[2] Die Bauern bestimmen selbst ihre Technologie und ihren Arbeitseinsatz, verfügen überwiegend über die Produktionsmittel und haben im Falle der baren Rentenzahlung Markterfahrung. Nur ein kleiner Teil der Produktion gelangt jedoch in die Warenströme, die vermarktet werden. Das meiste wird von den Produzenten selbst und von denjenigen, die sich die Mehrproduktion aneignen, verbraucht. Naturalwirtschaft herrscht vor, auch wenn Geld im Umlauf ist.

---
[1] Der Begriff „Semifeudalismus" wird für Sozialsysteme verwendet, die zwar nicht auf dem Lehenswesen beruhen, aber ebenfalls durch eine erhebliche Monopolisierung der natürlichen Ressourcen geprägt werden.
[2] Eine Vorstellung von der Vielgestaltigkeit der Abgaben vermittelt die Tatsache, daß in der mährischen Bauernbefreiung (1848) 248 verschiedene Gelddienste abgelöst wurden (vgl. DINKLAGE 1975, S. 198).

Feudalverhältnisse entstanden historisch durch (1) Landhingabe als Lehen gegen Dienst (Benefizium), (2) Landleihe aufgrund einer Bitturkunde (Prekarie), (3) Landzuweisung zur Rodung gegen festen Zins und erblichen Besitz (Landsiedelleihe) und (4) Erblichwerden des Amtes des Steuereinzugs (Zamindari-System).

3.4.1.1 Lehensgrundherrschaft

Die ländliche Sozialordnung wurde in weiten Teilen Europas seit Beginn des 9. Jahrhunderts fast ein Jahrtausend lang entscheidend vom Lehenswesen geprägt, das seinen Ursprung sowohl im Schutzbedürfnis der Bauern (Selbstergebung) als auch in der Vergabe von Lehen an „Staatsdiener" und die Kirche hatte. Das fränkische Lehenswesen ging hervor aus einer Verschmelzung von privatrechtlicher Vasallität und sachenrechtlichem Benefizialwesen. Das heißt, der Mann (vassus) verpflichtete sich, seinem Herrn (dominus) Abgaben und Dienste (Fron, Scharwerk, Robot) zu leisten, wofür der Herr ihm „Schutz und Schirm" gewährte. Das beneficium war eine Art dingliche Landleihe und begründete ein zeitlich und inhaltlich beschränktes Nutzungsrecht. Der Grundherr nahm im Mittelalter ökonomische, militärische und administrative Positionen ein; er war unter anderem Führer des lokalen Aufgebots im Kriegsfall, Inhaber der niederen Gerichtsbarkeit, Kirchenpatron und Steuereinnehmer. Daraus ergab sich eine ständisch gegliederte, hierarchisch geschichtete Feudalgesellschaft (Übersicht 35).

Übersicht 35. Schichtung der deutschen Landbevölkerung vor der Bauernbefreiung

1. *Herrenschicht*
    a) Landadel
    b) Geistlichkeit

2. *Bäuerliche Schicht*
    a) Vollbauern
        – Vollhüfner, -meier
        – Halbhüfner, -meier, -mähner
        – Viertelhüfner, -meier, -mähner
    b) Kleinbauern (Kossäten, Gütler, Köbler, Seldner)[1]

3. *Unterbäuerliche Schicht*
    a) Häusler (Kätner, Kötter, Hüttner, Büdner, Brinksitzer)[1]
    b) Hausgenossen (Hausleute, Ungeerbte, Einlieger, Losleute)[1]

---

[1] Die Klammerausdrücke bezeichnen in manchen Gegenden eine andere Schichtzugehörigkeit.

Die hörigen Bauern bewirtschafteten den Boden als Untereigentümer, bei schlechteren Rechten als Nutzungsberechtigte, auf Lebenszeit (Lassiten) oder auf Zeit. Arbeitsordnung und Betriebsorganisation waren auf die bewirtschaftende Familie zugeschnitten. Die ursprüngliche Landausstattung der „Hufen", die Schwere der Lasten, der Grad der persönlichen Abhängigkeit von der Grundherrschaft, die Möglichkeit des Anbaus von Sonderkulturen, die Chancen außerlandwirtschaftlichen Zuerwerbs, die Art der Anpassung und nicht zuletzt die Erbgewohnheiten führten im Laufe der Zeit zu einer erheblichen Betriebsgrößendifferenzierung und damit zu feineren Abstufungen innerhalb der sozialen Schicht der Bauern (vgl. Teil 1: 3.1.2).

Unterhalb der bäuerlichen Schicht verbreitete sich im Zuge der Verknappung von Siedlungsland, des Bevölkerungswachstums und der Realteilung die „unterbäuerliche Schicht", die sich erstens aus Inhabern von Stellen zusammensetzte, die keine landwirtschaftliche Vollexistenz darstellten, zweitens aus den „geringen" Leuten, die zwar ein kleines Haus und etwas Gartenland, aber kein Ackerland besaßen, und drittens den Hausgenossen, die zur Miete wohnten oder als Gesinde größeren Haushalten zugehörten.

Diese dörflichen Schichten unterschieden sich weniger in ihrem Lebensstil als in ihren Rechten und Pflichten. Insbesondere das Fron- und Abgabewesen hat zu sozialökonomischen Abstufungen geführt, die in der Bauernbefreiung in der Klassifizierung in gespannfähige und nichtgespannfähige Bauern weitreichende Folgen hatten.

3.4.1.2 Pfründengrundherrschaft

Die für den mitteleuropäischen Feudalismus typischen Elemente, „ein hochausgebildeter, dem Herrscher in Treue verbundener Kriegerstand, die grundherrschaftlich-bäuerliche Wirtschaftsweise als ökonomische Grundlage und die lokale Herrenstellung dieser Schicht" (HINTZE 1941) traten in ähnlicher Weise nur in Japan und mit erheblichen Einschränkungen in Rußland auf. Von diesem „abendländischen" Feudalismus unterschied schon MAX WEBER den mediterranen und orientalischen „Pfründenfeudalismus", dem nicht das gegenseitige „Treue um Treue"-Verhältnis zugrunde liegt, sondern die Absicht, verdiente Heerführer, Minister und Beamte sowie Günstlinge auf naturalwirtschaftlicher Basis auf Lebenszeit zu belohnen und zu entlohnen. Eine Pfründe umfaßt nicht nur die Nutzungsrechte am Boden, Wegerechte, Marktrechte usw., sondern auch Rechte an den Bebauern des Bodens. Die Pfründe wurde für den Pfründer nämlich erst dann zu einer wertvollen Quelle mühelosen Einkommens, wenn das Land fachmännisch bebaut wurde. Deshalb mußten die Bebauer des Bodens als Hörige oder Leibeigene möglichst fest an die Scholle gebunden werden. Die Pfründengrundherrschaft war unter den Sassaniden (226–652) in Persien, unter der Moghulherrschaft (1526–1858) in Indien, im osmanischen Reich (1300–1923) und im traditionellen China sehr verbreitet.

3.4.1.3 Fiskalische Grundherrschaft

Die fiskalische Grundherrschaft, eine Sonderform der Pfründenherrschaft, hat im Zamindari-System vor allem die indische Agrarverfassung geprägt. Das Zamindari-System ist eine in die Moghul-Verfassung zurückreichende, von der britischen Kolonialverwaltung entwickelte Form des Steuereinzugs. Die British East India Company, der 1765 die Steuerverwaltung für Bengalen und Bihar übertragen worden war, teilte das Land in Steuerbezirke ein, die sie meistbietend verpachtete. Je höher die Pachtsumme und je kürzer die Pachtfrist war, desto schamloser pflegten die Steuerpächter (Zamindari) ihre Bezirke auszuplündern, wobei sie sich zahlreicher Mittelsmänner bedienten. Viele Bauern wurden zugrunde gerichtet und mußten ihr Land verlassen. Zu eigentlichen Grundherren wurden die Zamindari, als es ihnen 1793 gelang, die Erblichkeit des Amtes und das Obereigentum am Boden offiziell bestätigt zu bekommen. Es entstand dadurch eine parasitäre Klasse von Großgrundeigentümern, die das indische Dorf wirtschaftlich, sozial und politisch beherrschten, aber ihrerseits abhängig von der Kolonialmacht waren, die ihre Privilegien sicherte.

3.4.2 Kolonialismus

Kolonisation heißt die Landnahme und Besiedlung durch Kolonen (Erbzinsbauern) im eigenen Land (innere Kolonisation) oder in einem eroberten Gebiet (äußere Kolonisation). Im letzteren Fall versucht die Kolonialmacht in der Regel auf dem Verwaltungswege, der Kolonie den Stempel ihrer Wirtschafts- und Gesellschaftsordnung aufzudrücken. Den besonderen Umständen entsprechend erhält die Kolonie im allgemeinen eine etwas andere Rechts- und Verwaltungsordnung als das Mutterland. Die Kolonialherren können die eingeborenen Führer durch eigene Verwaltungsbeamte ersetzen, die Autorität der einheimischen Elite lockern und versachlichen oder die bodenständigen Autoritätsstrukturen korrumpieren, indem sie beispielsweise dulden, daß sich Gaufürsten und Häuptlinge Stammesland persönlich aneignen, oder indem sie Kollaboration mit Landzuweisung belohnen.

Kennzeichnend für kolonialistische Agrarsysteme der Neuzeit ist das Nebeneinander vorkapitalistischer und kapitalistischer Wirtschaftsstile (duale Ökonomie): Subsistenzlandwirtschaft neben Marktlandwirtschaft, lokal begrenzter Naturaltausch neben internationalem Geld- und Warenverkehr, dörfliche Kooperation und Solidarität neben Wettbewerbs- und Entlohnungsprinzipien. Der dualen Ökonomie entspricht in der Regel auch eine duale Technologie. Im Eingeborenensektor werden anstelle von Motoren und Maschinen noch die den schwachen Kräften angemessenen Hand- und Spanngeräte verwendet und findet anstelle von Massenproduktion handwerkliche Einzelfertigung nach dem fallweisen Bedarf statt, während im kolonialen Sektor neue Technologien benützt werden.

Ist die Kolonisierung bäuerlich (Ackerbaukolonie), so wird die eingeborene Bevölkerung im Zuge der Landnahme verdrängt oder vernichtet (typisches Beispiel: Nordamerika), ist sie dagegen feudalistisch oder kapitalistisch (Ausbeutungskolonie), dann wird die eingesessene Bauernschaft nicht ausgerottet, sondern den Eroberern zinspflichtig gemacht (typisches Beispiel: Indien) oder von diesen zur Zwangsarbeit gepreßt (typisches Beispiel: Lateinamerika).

Auch hinsichtlich der Bodenordnung herrscht vielfach ein Dualismus vor. Privates Grundeigentum nach europäischen Rechtsvorstellungen ist durch Kauf von Eingeborenenland oder durch Okkupation von herrenlosem oder scheinbar herrenlosem Land begründet worden. Die Betrogenen waren gewöhnlich die Eingeborenen, da sie die nach dem Recht der Kolonialmacht sich ergebenden Folgen dieser Transaktionen im voraus nicht übersahen und später keine Möglichkeit besaßen, ihre Rechtsauffassungen gerichtlich durchzusetzen. Wenn beispielsweise die einheimische Bevölkerung den fremden Kolonisten Land zur Kultivierung überließ, so beabsichtigte sie damit keineswegs, auch das Jagd- und Weiderecht abzutreten; die Kolonisten glaubten demgegenüber, mit dem Eigentum umfassende Nutzungsrechte zu erwerben. Am einschneidensten wirkte es sich auf die Bodenordnung aus, wenn die Kolonialmacht ohne Rücksicht auf die Nutzungsrechte der Eingeborenen alles Land als Staatsland deklarierte. Das nicht zu Staatsland erklärte oder in den Besitz fremder Kolonisten übergegangene Land wird meist in den Formen des traditionellen Gewohnheitsrechtes genutzt. So hat sich aus dem Neben- und Durcheinander autochthoner und übertragener Regelungen eine schwer überschaubare Vielfalt kolonialistischer Bodenordnungen entwickelt (vgl. RINGER 1963). DIETER NOHLEN und FRANZ NUSCHELER (1974, S. 111 f.) haben daher das Dualismuskonzept als untauglich zurückgewiesen und das Konzept der „strukturellen Heterogenität" kolonialer und eingeborener Agrarverfassung empfohlen.

3.4.2.1 Haziendasystem

Ein typisches kolonialistisches Agrarsystem ist das Hazienda-System, das die Agrarverfassung großer Teile Lateinamerikas prägt. Die beiden Wurzeln des Hazienda-Systems sind die „encomienda" und die „mercedes de tierras". Die encomienda war eine koloniale Institution, die gewissen Leuten das Recht übertrug, Indianer für die Arbeit in den Bergwerken und auf den Landgütern zwangsweise auszuheben. Mercedes de tierras waren Landschenkungen für militärische Dienste. Die Hazienda (portugiesisch Fazenda) ist ein wirtschaftlich und gesellschaftlich ziemlich abgeschlossenes, auf den Patron (haziendero) oder dessen örtlichen Vertreter (mayor domus) ausgerichtetes System ineinandergreifender Wirtschaftsweisen. Den Kern bilden große Weidebetriebe oder Plantagen von Intensivkulturen für großstädtische oder Exportmärkte. In den Außenbezirken befindet sich Pachtland, auf dem die Landarbeiter anbauen, was sie zu ihrer Ernährung benötigen. Die Sozialstruktur besteht aus der Besitzerklasse, der Klasse der Verwalter, Aufseher und Fachkräfte und der Arbeiterklasse, die weitgehend geschlossene Interaktionssysteme bilden.

F. TANNENBAUM (1963 S. 64f.) beschreibt eine Hazienda als ein wirtschaftlich und gesellschaftlich in sich geschlossenes System unter privater Leitung, das unter weitgehendem Verzicht auf die Verwendung von Bargeld die Selbstversorgung anstrebt. Die Beziehungen zwischen dem Haziendero und den Landarbeitern gehen weit über den Austausch von Arbeit gegen Lohn hinaus. Vom Haziendero wird Unterstützung bei Krankheit und in Todesfällen, Versorgung im Alter, Errichtung einer Schule, Eröffnung eines Ladens usw. erwartet. Die Hazienda ist nicht nur wirtschaftlicher Mittelpunkt, sondern auch gesellschaftliches Zentrum, wo sich die inquilinos treffen und ihre Feste feiern.

Das Hazienda-System ist makrosoziologisch charakterisiert durch: (1) Das Nebeneinander von riesigen Latifundien und zahlreichen Minifundien, (2) die Sperrung ackerfähiger Böden für den intensiveren Anbau, (3) die Unternutzung guter und bester und die Übernutzung karger Böden, (4) die schwache Entwicklung der ländlichen Siedlungs- und Infrastruktur, (5) die Aufspaltung der Landwirtschaft in Subsistenzwirtschaften, die sich außerhalb der geldwirtschaftlichen Austauschströme des Marktes befinden, und den Großgrundbesitz, dem die Viehzucht und der Anbau lukrativer Verkaufsfrüchte vorbehalten sind, und (6) die soziale Kluft zwischen der ein luxuriöses Leben führenden Klasse der Hazienderos und dem Millionenheer von „ausgesperrten" Bauern, die in Hunger und Armut lebend ständig auf der Suche nach Arbeit und Brot sind.

Da das Hazienda-System die wirtschaftliche Entwicklung lähmt, den Ausbau der ländlichen Infrastruktur behindert, die Produktivkräfte schlecht nutzt, Arbeitslosigkeit und Unterbeschäftigung begünstigt, die Bodenerosion fördert, zur geistig-sittlichen Hebung des Landvolks nicht beiträgt, gilt es als eines der am meisten reformbedürftigen Agrarsysteme. Die untere Klasse ist faktisch rechtlos; ihre Freizügigkeit ist häufig durch Verschuldung beim Grundeigentümer aufgehoben. Sie befindet sich in einer elenden, aussichtslosen Lage, wie SMITH (1967, S. 8 ff.) in einer Gegenüberstellung der sozialen Grundzüge lateinamerikanischer Latifundienwirtschaft und nordamerikanischer Familienlandwirtschaft herausgearbeitet hat (Übersicht 36).

Übersicht 36. Soziale Grundzüge der Latifundien- und der Familienlandwirtschaft (nach SMITH 1967)

Latifundienlandwirtschaft	Familienlandwirtschaft
Hoher Grad sozialer Schichtung	Niedriger Grad sozialer Schichtung
Geringe vertikale soziale Mobilität	Große vertikale soziale Mobilität
Soziale Stellung wichtiger Faktor	Soziale Stellung weniger wichtig
Niederer durchschnittlicher Bildungsstand	Hoher durchschnittlicher Bildungsstand
Beschränkte Persönlichkeitsentfaltung	Breite Persönlichkeitsentfaltung
„Befehls-Gehorsam"-Beziehungen	Egalitäre soziale Beziehungen
Überbetonung der Routine	Suche nach Verbesserung, Fortschritt usw.
Handarbeit ist erniedrigend	Handarbeit wird als ehrenhaft betrachtet
Niedriger Lebensstandard	Hoher Lebensstandard
Schlechte Lebensverhältnisse	Gute Lebensverhältnisse
Wenig Anreiz zu arbeiten und zu sparen	Viel Anreiz zu arbeiten und zu sparen

Literatur: BRUNNER 1961, FEDER 1973, KUHNEN 1965.

Diskussions- und Prüfungsfragen
1. Auf welche Weise entstand das fränkische Lehenswesen?
2. Wie unterscheidet sich der abendländische Lehensfeudalismus vom orientalischen Pfründenfeudalismus?
3. Wie wirkt sich die „Haziendawirtschaft" auf die Mentalität der Landbevölkerung aus?

3.5 Kapitalistische Agrarsysteme

Eine Landwirtschaft wird zur kapitalistischen, wenn sich die Kapitalbesitzer der landwirtschaftlichen Produktion bemächtigen. Dies kann des Profites wegen, aber auch aus anderen Gründen[1] geschehen. Da nicht immer Gewinnmaximierung und hohe Kapitalverzinsung die Ziele sind, darf kapitalistische Landwirtschaft nicht mit industrieller, fortschrittlicher, großbetrieblicher, rationeller Landbewirtschaftung gleichgesetzt werden. Die kapitalistische Landwirtschaft unterscheidet sich vielmehr von anderen Agrarsystemen vor allem dadurch, daß das Kapital[2] die unabhängige Variable darstellt, Arbeit und Boden dagegen abhängige Variablen sind. Während die feudalistische Landwirtschaft die Bindung der Arbeitskräfte an den Boden voraussetzt, erfordert die kapitalistische Landwirtschaft die Mobilität der Arbeitskräfte. Die Beziehungen zwischen Kapitalbesitzern und den eigentlichen Bebauern des Bodens können durch Werk-, Pacht- oder Arbeitsverträge geregelt werden.

Kapitalistische Landwirtschaft wird in Formen des Rentenkapitalismus[3] („raffendes Kapital") und in Formen des produktiven Kapitalismus („schaffendes Kapital") betrieben. Teilbau und Pächterlandwirtschaft sind gewöhnlich rentenkapitalistisch angelegt. Die Gutswirtschaft leitet über zu produktiven kapitalistischen Unternehmensformen, denen vor allem die Plantagen und landwirtschaftlichen Aktiengesellschaften zuzurechnen sind.

3.5.1 Rentengrundherrschaft

Rentenkapitalistische Aneignungssysteme sind häufig durch die Kommerzialisierung ursprünglich herrschaftlicher Leistungsansprüche an die bäuerliche Unterschicht entstanden. Daher werden die daraus resultierenden Abhängigkeitsverhältnisse auch als „halbfeudale" bezeichnet. Die Kommerzialisierung wird ermöglicht, indem die Produktion in handelbare Komponenten zerlegt wird, deren Besitz Anspruch auf einen bestimmten Ertragsanteil verleiht. Im iranischen Teilbau entfällt beispielsweise je ein Fünftel der Getreideernte auf die an der Produktion beteiligten Besitzer von Boden, Wasser, Saatgut, Gespann und Arbeit. Eine bereits im Alten Testament belegte rentenkapitalistische Form der Ausbeutung ländlicher Produktivkräfte ist die Anteilwirtschaft, die in einer viehwirtschaftlichen (Viehverstellung) und ackerwirtschaftlichen (Teilbau) Variante vorkommt.

Der Teilbau war und ist zum Teil noch weit verbreitet in Frankreich (métayage), Italien (mezzadria), auf der iberischen Halbinsel (colonia parciaria, aparceria), in den arabischen Län-

---

[1] Die Motive eines Kapitalisten, sein Geld in der Landwirtschaft anzulegen, können u. a. folgende sein: Er verspricht sich eine hohe Rendite des eingesetzten Kapitals oder spekuliert auf hohe Wertsteigerung des erworbenen Grundes; er will sein Geld wertbeständig anlegen, steuerliche Vorteile, die der Landwirtschaft gewährt werden, nutzen, in den Genuß von staatlichen Subventionen für die Landwirtschaft kommen, den Absatz seiner industriellen Produkte (z. B. Futtermittel) bzw. die Belieferung seiner Fabrik mit Rohwaren (z. B. Erbsen) sichern, ein Hobby (z. B. Pferdezucht) betreiben oder sich mit einem Statussymbol (Gutsbesitz) schmücken.

[2] Kapital soll hier heißen „ein zum Zweck ständiger Vermehrung eingesetzter Vermögensbestand, also Erwerbsvermögen" (HOFMANN 1969).

[3] Als „Rentenkapitalismus" bezeichnet BOBEK (1974) ein kapitalistisches Gewinnstreben, das sich auf das Abschöpfen von Ertragsanteilen richtet im Unterschied zum produktiven Kapitalismus, der Gewinne durch rationalen Einsatz von Produktionsmitteln, Steigerung der Produktion und Senkung der Kosten durch Innovationen anstrebt. Die Grenze zwischen Rentenkapitalismus und produktivem Kapitalismus verläuft dort, wo die Entnahmeneigung die Investitionsneigung übertrifft. Ein sicheres Indiz für Rentenkapitalismus ist die Entnahme der Abschreibungen für andere Zwecke. Der Auffassung BOBEKS von Kapitalismus ist vor allem von GUNTER LENG (1974) widersprochen worden, der BOBEK vorhält, er habe zu stark von den Produktionsverhältnissen abstrahiert und sich zu wenig an MARX, MAX WEBER und SOMBART orientiert. Der BOBEKsche Rentenkapitalismus sei nichts anderes als „orientalischer Feudalismus".

dern (khammasat), in den Südstaaten der USA (share cropping) und in vielen lateinamerikanischen und asiatischen Ländern. Beim Teilbau handelt es sich um „eine landwirtschaftliche Nutzungsform, bei welcher der Grundbesitzer dem Teilbauern ein bestimmtes Grundstück zur Bewirtschaftung unter seiner Leitung und Aufsicht übergibt gegen einen Bruchteil des Rohertrages" (JENNY 1913). Im Unterschied zum Pächter wirtschaftet ein Anteilbauer nicht auf eigene Rechnung, besitzt kein freies Nutzungsrecht an dem ihm zugeteilten Land, darf über die heranreifende oder eingebrachte Ernte nicht verfügen, sondern muß warten, bis ihm der Grundherr seinen Anteil zumißt. Die Teilungsquoten richten sich nach den Leistungen der Vertragspartner und der Tradition. Häufig wird der Rohertrag halbiert (Halbpart). Wenn auf den Faktor Arbeit weniger entfällt als der Anteilbauer zu seiner Selbstversorgung braucht, ist er gezwungen, Vorschüsse zu nehmen und Schulden zu machen, was ihn noch fester an Grundeigentümer, Händler und Geldverleiher bindet. Die Verschuldung der Anteilbauern ist von der rentenziehenden Klasse gewollt, um auch den Produktionsfaktor Arbeit fest in die Hand zu bekommen.

Voraussetzungen des Teilbaus sind (1) vorwiegend auf Handarbeit beruhende Produktionstechnik, (2) hoher Kapitalbedarf einerseits und große Kapitalarmut der Landbevölkerung andererseits, (3) hohes Ertrags- und Marktrisiko, (4) vorherrschender Großgrundbesitz, (5) eine reiche, an Rentenbezug interessierte Schicht abwesender Grundeigentümer, (6) schwache soziale Position der Landwirte, (7) Mangel an beruflichen Alternativen und außerlandwirtschaftlichen Erwerbsmöglichkeiten und schließlich auch (8) Mangel an alternativen Kapitalanlagen.

Der Teilbau löst das auf der Handarbeitsstufe schwierige Organisationsproblem, größeren Grundbesitz zu bewirtschaften, durch die Bildung von Pseudo-Kleinbetrieben und die Beschäftigung von Pseudo-Bauern. Die Risikobeteiligung zwingt auch den von Natur aus nachlässigen und faulen Arbeiter bei Strafe des Verhungerns zu einem Minimum an gewissenhafter Arbeitsleistung. Die Klugheit gebietet jedem Beteiligten jedoch andererseits, seinen Einsatz zu minimieren, weil jeder einseitige Mehraufwand allen Partnern anteilig zugute kommt. Darum ist der Teilbau eine den Fortschritt erschwerende und hohe Produktivität verhindernde „Minimumswirtschaft" (BOBEK)[1]. Von der dem Teilbausystem nachgerühmten Wirkung, die Klassengegensätze zwischen Besitzenden und Besitzlosen durch die Begründung einer Interessen- und Risikogemeinschaft zu überbrücken, ist in der Praxis wenig zu merken. Der Teilbau stellt sich vielmehr meist als eine „streitsüchtige Teilhaberschaft" dar, „in der jede der beiden Parteien versucht, sich auf Kosten der anderen zu bereichern, anstatt gemeinsame Erzeugungsanstrengungen zu machen" (LAVERGNE zit. nach VON BLANCKENBURG 1955, S. 455). Müßiggang, demonstrativer Konsum und Beherrschung anderer Menschen sind beliebte Ziele der rentenziehenden Klasse, während Fatalismus, Unterwürfigkeit, das Gefühl der völligen Machtlosigkeit und niederster Lebensstandard die Masse der Anteilbauern charakterisieren. Die Machtverhältnisse sind extrem asymmetrisch. Die wirtschaftliche Abhängigkeit zwingt den Anteilbauern auch in eine persönliche Hörigkeit hinein.

Die Motorisierung der Landwirtschaft, der Aufbau eines staatlichen Agrarkreditwesens, die Massenwanderung in die Städte und die Industrialisierung entziehen neuerdings dem Teilbau seine ökonomisch-technischen Grundlagen.

3.5.2 Gutsherrschaft

Die Umwandlung feudalistischer Landwirtschaft in eine kapitalistische vollzog sich zuerst in England. In Deutschland sind kapitalistische Einflüsse in der Landwirtschaft zu Beginn des 17.

---

[1] TIMMERMANN (1974, S. 269) kommt aufgrund von Berechnungen zum Ergebnis: das Optimum wird bei einem niedrigen Produktionsniveau erreicht. Im Vergleich zum Eigentumsbetrieb geht im Teilbaubetrieb der Kapital und Arbeitseinsatz zurück.

Jahrhunderts nachweisbar. Schon um das Jahr 1600 veranlaßte das Anziehen der Getreidepreise die Dominialverwaltungen in Pommern und Mecklenburg, Bauernhöfe zu größeren Akkerwerken zusammenzulegen, um höhere Renditen zu erzielen. Landbesitzende Städte und Adlige folgten diesem Beispiel. ARNDT (zit. nach 1942, S. 193) berichtete mit Empörung aus seiner Heimat Vorpommern und Rügen von „Edelleuten, welche große Dörfer ordentlich auf Spekulation kauften, Wohnungen und Gärten schleiften, große prächtige Höfe bauten und diese dann mit dem Gewinn von 20 000 und 30 000 Talern wieder verkauften".

Der historische Realtyp der kapitalistischen Gutswirtschaft war in Deutschland das „Rittergut". Es heißt so, weil mit dem Besitz dieser Landgüter ursprünglich die Kriegsdienstpflicht verbunden war. Aus den Rittergutsbesitzern, den Junkern, ergänzten sich jahrhundertelang das Offizierskorps und der höhere Staatsdienst. Erst ein Gesetz von 1867 liberalisierte in Preußen den Erwerb und die Veräußerung von Rittergütern. Damit standen die Rittergüter uneingeschränkt dem Zugriff des anlagesuchenden Kapitals offen. GUSTAV FREYTAG hat den einsetzenden Güterschacher in seinem Roman „Soll und Haben" packend dargestellt.

Charakteristisch für die Gutswirtschaft ist eine Aufteilung des Ackerlandes in Gutsland und Subsistenzland. Das Gutsland liefert die Verkaufsfrüchte und wird nach rationellen Grundsätzen bewirtschaftet. Die Kostenminimierung geht häufig zu Lasten der Arbeitsbedingungen. Das Subsistenzland dient der Versorgung der Arbeitskräfte mit Grundnahrungsmitteln. Es wird auf technisch niedriger Stufe mit hohem Arbeitsaufwand bebaut.

Zwischen Gutsherrschaft und Landarbeitern bestand eine klare Klassentrennung, die von verantwortungsbewußten, fürsorgenden Gutsbesitzern zwar überbrückt, aber nicht beseitigt werden konnte. Die Bauernbefreiung hatte zwar Leibeigenschaft und Erbuntertänigkeit aufgehoben, die Landarbeiter auf den Gütern lebten jedoch nach zeitgnössischen Berichten nicht viel freier als vordem. GEORG FRIEDRICH KNAPP (1887, S. 309) schilderte, wie sich unter dem Einfluß der sozialen Abhängigkeit die Mentalität ostdeutscher Gutsarbeiter verformte, mit den Worten: „Das scheue Wesen, die körperliche Verkommenheit, der stumpfe Ausdruck und die Rohheit der Gesichtsbildung können nur von dem übersehen werden, der nichts anderes gewöhnt ist. Für jeden Besucher aus dem Westen erscheinen sie, auch wenn sie wie in Pommern unzweifelhaft niederdeutscher Abstammung sind, als Angehörige einer anderen Rasse; ihr Abstand vom Rittergutsbesitzer, der sich wie ein geborener Herrscher bewegt, ist so groß, wie er sonst nirgends zwischen Arbeitern und Arbeitgebern beobachtet wird."

Im Gegensatz zur Plantagenwirtschaft lag die Kontrolle und Leitung der Rittergüter bei den Besitzerfamilien selbst. Familienereignisse, wie Eheschließungen, Geburten, Todesfälle, längere Reisen, waren für die Gutsarbeiter von persönlicher Bedeutung, und darum nahmen sie lebhaften Anteil an allen Vorgängen im Herrenhaus.

3.5.3 Plantagenwirtschaft

Eine Plantage ist ein landwirtschaftlicher Großbetrieb auf kommerzieller Grundlage, der in der Regel unter der Leitung von (ausländischen) Fachleuten mit hohem Einsatz von in- und ausländischem Kapital, auf relativ billigem Land in den Tropen und Subtropen hochwertige pflanzliche Produkte[1] für den (Welt)markt erzeugt. Plantagen schaffen eine Nachfrage nach unqualifizierten Arbeitern, die häufig am Ort nicht befriedigt werden kann. Infolgedessen müssen Arbeitskräfte aus anderen Regionen, Ländern oder Kontinenten herbeigeholt werden, was

---

[1] Zuckerrohr (Westindien), Bananen (Westafrika, Mittelamerika), Sisal (Ostafrika, Indonesien, Madagaskar), Tee (Ceylon, Indien, Ostafrika), Gummi (Liberien, Sri Lanka, Indonesien, Malaysia), Ölpalme (Westafrika, Kongobecken), Kaffee (Brasilien), Kokospalme (Malaysia, Sri Lanka, Indien, Indonesien, Ozeanien).

dann vordem unbekannte ethnische Probleme verursacht. HANS RUTHENBERG (1967) untergliedert weiter in Betriebe, die ihre Bodenproduktion selbst verwerten (Plantagen), und in Betriebe mit Dauerkulturen, aber ohne Verwertungsanlagen (Pflanzungen). Überwiegend handelt es sich dabei um export- oder industrieorientierte Baum- und Strauchkulturen, meist in Monokultur.

Die Klassenstruktur der Plantagenwirtschaft ist offensichtlich. Den Arbeitern steht das angestellte Management gegenüber, während sie die Kapitaleigner nie zu sehen bekommen. Die leitenden Angestellten sind privilegiert, vor allem sofern sie Ausländer sind. Sie haben einen Lebensstandard, der hoch über dem der Arbeiter liegt. Die technische Kultur wird von den Managern monopolisiert. Die Technokraten im Management sind an Politik wenig interessiert, solange sie in ihrer Tätigkeit politisch nicht behindert werden und ihre Verträge nicht gefährdet sind. Die Arbeiterschaft ist apolitisch und apathisch, solange sich ihre Behandlung in erträglichen Grenzen hält.

Im Schatten der Plantagenwirtschaft entwickelte sich, insbesondere als sie auf fremdrassiger Sklavenarbeit beruhte, eine einzigartige Gesellschaftsordnung. So zog in den Südstaaten der USA die Hautfarbe die Grenze zwischen Herren und Gemeinen. „Hier entgingen alle wirtschaftlichen Versager, waren sie nur weiß, dem sonst üblichen Schicksal der Unterwerfung und Knechtschaft" (LIPINSKY 1960, S. 63).

3.5.4 Ranchwirtschaft

Unter einer Ranch (Südamerika: Estancia) versteht man eine große extensiv betriebene Viehwirtschaft, gelegentlich auch die Großproduktion von arbeitsextensiven Kulturen auf minderwertigen Böden mit Lohnarbeitern. Es werden relativ wenig Arbeitskräfte benötigt, die zum Teil in natura entlohnt und von der Gesellschaft oder dem Besitzer in betriebseigenen Baracken untergebracht und in Kantinen verköstigt werden. Das Verhältnis des Rancheros zu seinen Cowboys ist zumeist das rauher männlicher Kameradschaft. Der Lebensstil ist undifferenziert. Die technische Kultur ist im allgemeinen relativ gleichmäßig auf Besitzer und Arbeiter verteilt. Status- und Klassenunterschiede werden nicht besonders hervorgekehrt, weil, wie A. L. STINCHCOMBE (1966) meint, „es nicht notwendig sei, eine große Arbeiterschaft zu rekrutieren und niederzuhalten". Aus diesem Grunde käme es auch nur verstreut und unorganisiert zu politischem Radikalismus in der niederen Klasse.

3.5.5 Pächterlandwirtschaft

Über die mehr oder weniger große Verbreitung der Pächterlandwirtschaft entschied in vielen Regionen, auf welche Weise die feudalistische Agrarverfassung aufgelöst wurde, und ob die Grundherren zur Selbstbewirtschaftung neigten. Wo die Bauernbefreiung die hörigen Bauern zu Eigentümern machte (West- und Mitteldeutschland) oder die Gutsherrschaft stärkte (Ostelbien), blieb wenig Raum für die Pächterlandwirtschaft neben der Eigenwirtschaft und der Administrationswirtschaft. Dagegen erlangte die Pacht im Rheinland und in den Nordseemarschen, in Flandern und Brabant, in England und Wales sowie in den romanischen Ländern schon relativ früh größere Bedeutung. In Japan ging aus der Meiji-Reform (1868) eine ausgesprochene Pächterlandwirtschaft hervor. Im Süden der USA entwickelte sich das Pachtwesen aus der Abschaffung der Sklaverei; im Getreidegürtel begünstigten steigende und fallende Bodenpreise die Ausbreitung der Pacht.

Pachtobjekte können als Familien-, Lohn- oder Kollektivbetriebe bewirtschaftet werden. Für den Familienbetrieb auf Pachtbasis ist typisch, daß kleine Parzellen auf hochwertigem Boden mit Verkaufsfrüchten angebaut werden. Verständlicherweise ist das unmittelbare Interesse des Pächters auf möglichst hohe Erträge und raschen Gewinn ausgerichtet, und zwar um so mehr, je höher der Pachtschilling, je kürzer die Pachtfrist und je unsicherer der Pächterstatus ist. Zur Tendenz des Raubbaus am Boden kommt die Gefahr der Ausbeutung der Arbeitskräfte, denn der Pächter ist mehr oder weniger gezwungen, aus eigenen und fremden Arbeitskräften das Äußerste an Leistung herauszuholen. So kann das Pachtwesen arge wirtschaftliche und soziale Mißstände verursachen, vor allem, wenn sich zwischen Grundeigentümer und Pächter Zwischenpächter schieben, die nur das eine Interesse verfolgen, möglichst hohe Pachtzinsen aus den Pächtern herauszupressen. Um diesem Übel zu begegnen, ist in allen sozial fortschrittlichen Ländern die Zwischenpacht verboten worden.

Das Pachtwesen fördert die Mobilität der landwirtschaftlichen Bevölkerung; sie schafft vor allem Chancen des sozialen Aufstiegs. Die Beweglichkeit der Pächter verhindert Engstirnigkeit und Schollenkleberei. In einer Pächterlandwirtschaft besteht aber verständlicherweise relativ wenig Interesse an langfristigen Einrichtungen und Maßnahmen, seien es Bodenmeliorationen, Dauerkulturen, Gebäudeinvestitionen, Genossenschaften, Schulen usw.

In der Pächterlandwirtschaft entsteht eine dreiteilige Klassenstruktur. Die Grundeigentümer (landlords) bilden die Oberklasse, die sich, der ausübenden Landarbeit völlig entfremdet, einem müßigen Rentnerdasein hingibt oder aber in allen möglichen Unternehmungen geschäftig ist. Ihre wirtschaftliche und politische Stellung ist sehr stark, wenn Pachtobjekte lebhaft nachgefragt werden. Die Klasse der Pächter unterscheidet sich von den Verpächtern wenig in ihrem gesetzlichen Status, entwickelt aber andere, ausgesprochen rustikale Lebensstile. Das technische Wissen ist im allgemeinen im Besitz der Pächter. Diese zeichnen sich außerdem durch großes politisches Interesse und einen hohen Organisationsgrad aus, der es ihnen ermöglicht, Streiks und Boykotts durchzuführen und revolutionäre Bewegungen hervorzubringen (Übersicht 37). Die Unruhe unter den Pächtern war in Japan und in anderen Ländern eine wichtige Triebfeder von Agrarreformen. Sofern es sich um größere Pachtobjekte handelt, breitet sich unterhalb der Pächter eine dritte Klasse von ständigen und wandernden Arbeitern aus, deren Überschußproduktion sich die Pächter via Unternehmergewinn und die Grundeigentümer via Pachtschilling aneignen. Da es sich insgesamt um ein dynamisches, relativ offenes System handelt, kann der tüchtige, sparsame Landarbeiter in selbständige Positionen aufsteigen.

Übersicht 37. Pächterstreiks in Japan, 1920–44

Jahrfünft	Streiks	Beteiligte Pächter	Teilnehmer je Streik
1920–1924	1 423	110 333	77
1925–1929	2 262	106 833	47
1930–1934	3 828	74 061	19
1935–1939	5 598	66 463	12
1940–1944	2 762	26 008	9

Quelle: Vgl. DORE 1959, S. 72.

3.5.6 Landwirtschaftliche Aktiengesellschaft

Eine typische kapitalistische Organisationsform ist die landwirtschaftliche Aktiengesellschaft (corporation farm).[1] Ihre Organisationsstruktur gleicht der vieler anderer Aktiengesellschaften. Die Aktien werden verkauft und Gewinne werden entsprechend den Nennwerten an die Anteilseigner ausgeschüttet. Auch jene Aktiengesellschaften, die sich im Familienbesitz befinden, werden weit überwiegend von angestellten Managern geführt. Die Beziehungen zwischen Ak-

---

[1] BUCHENBERGER (1892/3) ordnete sie kollektivistischer Landwirtschaft zu und hielt sie nur bei landwirtschaftlich-gewerblichen Mischunternehmen und Latifundien für sinnvoll.

tionären und Unternehmensführung sind förmlich. Der Vorstand beschließt die allgemeine Geschäftspolitik, die dann von den Direktoren ausgeführt wird. Die Belegschaft einer landwirtschaftlichen Aktiengesellschaft umschließt Angestellte, ständige Lohnarbeiter und Saisonarbeiter. Die Beziehungen zwischen Managern und Arbeitern gleichen denjenigen in bestimmten Industrien, die ebenfalls großen saisonalen Schwankungen unterliegen (Zuckerindustrie, Bauindustrie). Die Tatsache, daß sich das eingesetzte Kapital im allgemeinen in anderen Branchen der Wirtschaft besser verzinst als in der Landwirtschaft, und der Umstand, daß die Landwirtschaft nur einen relativ geringen Anteil an Fremdkapital verkraftet, setzen der Gründung von landwirtschaftlichen Kapitalgesellschaften enge Grenzen. Ihre Zahl nimmt in den USA langsam, in Europa kaum zu. Eine besondere Form der landwirtschaftlichen Aktiengesellschaften mit genossenschaftlichen Zügen wird in einigen Bodenreformdörfern im Iran erprobt.

3.5.7 Integrierte Landwirtschaft

Die in das Agribusiness integrierte landwirtschaftliche Produktion breitet sich unter technologischen Erfordernissen (z. B. gleichmäßige Belieferung von Konservenfabriken mit Rohware) und wirtschaftlichen Zwängen (z. B. Belieferung der großen Verbrauchermärkte mit standardisierter Ware) sowohl in kapitalistischen als auch in sozialistischen Ländern aus. In den USA begann diese Entwicklung mit der Integration der Masthähnchenproduktion. Die Anregung dazu ging von den Supermärkten aus, die bestimmte Mengen einheitlicher Qualität zu möglichst niedrigen Preisen suchten. Die Futtermittelhändler beschafften die Kredite für den Bau von Hühnerställen, lieferten Eintagsküken und Futtermittel und organisierten die Schlachtung, Konservierung und Vermarktung der brat- und tischfertigen Hähnchen.

In den Ostblockstaaten wird seit Ende der sechziger Jahre die Bildung von agro-industriellen Kombinaten stark gefördert. Die Beweggründe weichen etwas von den Motiven in kapitalistischen Ländern ab. Die Kombinate sollen vor allem die volkseigene Wirtschaft für die Organe der Wirtschaftsplanung und -lenkung durchsichtiger machen. In der DDR verspricht man sich davon außerdem eine weitere Gleichschaltung von Arbeitern und Bauern.

Man unterscheidet graduell die Vertragslandwirtschaft und die vertikale Integration. Unter Vertragslandwirtschaft (contract farming) versteht man die vertraglich vereinbarte Zusammenarbeit zwischen landwirtschaftlichen Betrieben und Unternehmen der der landwirtschaftlichen Produktion vor- und nachgelagerten Produktions-, Verarbeitungs- und Vermarktungsstufen, wobei die unternehmerische Selbständigkeit der Vertragspartner mindestens formal unangetastet bleibt. Die vertikale Integration (mehrstufiger Verbund) geht einen Schritt weiter, indem landwirtschaftliche Produktion und dieser vor- und nachgelagerte Betriebe in einem gemeinsamen Unternehmen (Kombinat, in der DDR seit 1974: Agrar-Industrie-Komplex) oder unter einer gemeinsamen Unternehmensführung zusammengefaßt werden.

Der „Integrator" ist selten ein Landwirt, sondern meistens ein Handels- oder Industrieunternehmen.[1] Dies bedeutet, daß der integrierte Landwirt einen erheblichen Teil seiner Entscheidungsbefugnisse einbüßt. Er trägt aber auch nicht mehr das volle Unternehmerrisiko. Je nach der Art des Integrators und den vertraglichen Abmachungen gerät der Landwirt in mehr oder weniger große Abhängigkeit. BRUNO BENVENUTI (1975), ein italienischer Agrarsoziologe, hat sogar die Frage aufgeworfen, ob die integrierten landwirtschaftlichen Betriebsleiter nicht bereits in eine „feudalistische" Abhängigkeit von ihrem technologischen und administrativen Umfeld geraten seien. Er spricht von einer „Vasallität als Ersatz für einen freien Markt und für freies Unternehmertum" und meint, wenn sich der gegenwärtige Prozeß der Unterordnung

---

[1] In der DDR hat im allgemeinen der Vertreter der Landwirtschaft den Vorsitz im „Kooperationsverbandsrat", während ein Vertreter des Endproduzenten (Verwertungs- oder Handelsbetrieb) die laufenden Geschäfte führt.

weiter entlang formaler Linien entwickeln würde, sei das Ergebnis eine vollständige Bevormundung oder Einhegung der landwirtschaftlichen Bevölkerung in gesonderte Einflußbereiche gemäß dem vorherrschenden institutionellen Integrator.

Sogar bei genossenschaftlicher Organisationsform entgleitet den praktischen Landwirten allmählich die Kontrolle, denn wenn die technischen und wirtschaftlichen Abläufe komplizierter werden, nehmen die Geschäftsführer die entscheidenden Positionen ein. Der Landwirt wird faktisch zu einem „Heimarbeiter", der die ihm gelieferten Rohstoffe, z. B. Futtermittel, veredelt oder einen Verwertungsbetrieb, z. B. eine Konservenfabrik, mit Rohwaren beliefert. Nach Ansicht des amerikanischen Ökonomen T. MILLER gleicht die Stellung des „contract farmers" derjenigen „des im Stücklohn arbeitenden und bezahlten Industriearbeiters". Seine Verdienstmöglichkeiten werden durch die Vertragsbestimmungen begrenzt, eigene Initiativen und Überlegungen durch vertragliche Bestimmungen abgelöst. Der Integrator liefert nicht nur einen Teil der Produktionsmittel, wie Saatgut und Spezialmaschinen, sondern auch das technische Wissen (Anbau-, Pflege- und Erntevorschriften).

Der tüchtige Landwirt wird bedauern, daß seine Fachkenntnisse nicht mehr besonders belohnt werden, Produktivitätssteigerungen nicht mehr in erster Linie ihm zugute kommen und ihm die Kontakte mit Marktpartnern und die Markttransparenz verloren gehen. Die Mehrheit der Bauern und Farmer zieht jedoch die „blinde Resignation in fremde Weisheit" (FRIEDRICH SCHILLER) der Notwendigkeit selbständiger Unternehmerentscheidungen vor. Der mittelmäßige Landwirt wird es daher eher als wohltuend empfinden, daß ihm das unternehmerische Marktrisiko weitgehend abgenommen wird und er sich ganz auf die technischen Verfahren konzentrieren kann. Wegen des geringen Marktrisikos ist es leichter, sich zu spezialisieren. Der integrierte Landwirt kann zwar keine Unternehmergewinne mehr erzielen, hat aber durch den gesicherten Absatz seiner Erzeugnisse zu vertraglich festgelegten Preisen ein gesichertes Einkommen, das er unter Umständen durch finanzielle Beteiligung an Verarbeitungs- und/oder Vermarktungsbetrieben erhöhen kann. Eine Untersuchung von R. L. PITZER (1959) in Ohio ergab, daß die meisten Vertragslandwirte mit ihren Vereinbarungen zufrieden waren. Zu ähnlichen Ergebnissen gelangte LOUIS PLOCH (1960) in Maine. Die Befragten schätzten Unabhängigkeit weniger hoch ein als wirtschaftliche Sicherheit.

Auch gesamtwirtschaftlich spricht manches für die Integration. Die vertikale Integration beeinflußt vorteilhaft die Entwicklung der Produktivkräfte, schränkt den Zwischenhandel ein, stimuliert die Spezialisierung, fördert die Einführung neuer Verfahren und Betriebsmittel, vermittelt die Methoden industrieller Serienerzeugung, Normierung, Arbeitsteilung und modernen Managements. Sie beschleunigt dadurch die Rationalisierung der Landwirtschaft, senkt die Erzeugungskosten und hebt die Produktivität. Sie ermöglicht es aber auch dem nichtlandwirtschaftlichen Kapital, in die landwirtschaftliche Produktion ohne Bodenerwerb einzudringen. Zunächst erlaubt die vertikale Integration dem kleineren Agrarproduzenten, am technischen Fortschritt und an der Vermarktung großer standardisierter Mengen teilzunehmen. Unter ökonomischen und technologischen Sachzwängen findet jedoch allmählich eine Selektion der leistungsfähigeren Vertragspartner statt, die mit der Ausmerzung der kleineren, weniger verkehrs- und produktionsgünstigen Betriebe endet.

3.5.8 Produktion unter genauer Aufsicht

Eine Spielart der Vertragslandwirtschaft ist die „Produktion unter genauer Aufsicht". Dieses Agrarsystem wurde in Entwicklungsländern angewendet, um die Vorzüge einzelbäuerlicher, genossenschaftlicher und großbetrieblicher Produktion miteinander zu verbinden. Es handelt sich dabei um eine Aufteilung der Rollen, die normalerweise in der Position des Betriebsleiters vereinigt sind. Die aufsichtführende staatliche Behörde, Siedlungsgesellschaft oder Privatfirma setzt den Erzeugungsrahmen fest und behält sich soviel an Leitungsbefugnissen vor, wie zur

Sicherung des ökonomischen Erfolges nötig erscheint. Innerhalb des gesetzten Rahmens wirtschaften die Bauern nach eigenem Ermessen. Da sich ihr Einkommen nach den Erträgen ihrer Felder und ihrer Tiere bemißt, bleibt der Leistungsanreiz erhalten, der von individueller Zuständigkeit auszugehen pflegt. Die Bauern können sich zu Genossenschaften zusammenschließen, die bestimmte Aufgaben kooperativ erledigen, z. B. den Einkauf der Betriebsmittel. Der Hauptvorteil besteht darin, daß sich über die aufsichtführende Stelle technische Neuerungen und Verbesserungen in den angeschlossenen Bauernwirtschaften fast ebenso einfach einführen lassen wie im Großbetrieb.

Gegenüber einer landwirtschaftlichen Produktionsgenossenschaft sozialistischer Prägung werden folgende Unterschiede herausgestellt:
(1) Die Beteiligung ist freiwillig.
(2) Die Organisationsform beschränkt sich auf spezifische Projekte.
(3) In vielen Fällen ist nur eine Verkaufsfrucht, also nur ein Bruchteil der Anbaufläche der genauen Aufsicht unterworfen.
(4) Die Bauern bleiben individuelle Eigentümer ihrer Produktionsmittel.
(5) Die Höhe des Einkommens richtet sich nach dem Ertrag der eigenen Felder und Viehherden.
(6) Die Verantwortung für die Oberleitung ruht in den Händen eines staatlich kontrollierten Stabes von Fachleuten, die nach kommerziellen Grundsätzen wirtschaften.
(7) Enge oder Weite der Aufsicht kann der Wirtschaftsgesinnung, Leistungsfähigkeit und Erfahrung der Bauern jeweils angepaßt werden. Die Vorschriften der Projektleitung können in dem Maße gelockert werden, in dem die Einzelbauern oder Genossenschaften in der Lage sind, das Projekt in eigene Hände zu nehmen.

Trotz pragmatischer Handhabung und ökonomischer Zielsetzung pflegt die Durchsetzung der genauen Aufsicht auf den Widerstand der Bauern zu stoßen. Wo bereits einzelbäuerliche Bodennutzung vorliegt, ist es gewöhnlich sehr schwierig, das System einzuführen. Die besten Chancen ergeben sich im Zuge einer Neulanderschließung oder einer Bodenreform.

Literatur: BOBEK 1961, JANZEN 1976, KÖTTER 1967a, NEWBY 1978, PLANCK 1962, RUTHENBERG 1963, WERSCHNITZKY, PROTHMANN und KLINK 1974.

Diskussions- und Prüfungsfragen
1. Erläutern Sie das Prinzip des Rentenkapitalismus am Beispiel des Teilbaus!
2. Beschreiben Sie die Klassenstruktur in einer Gutswirtschaft und in der Plantagenwirtschaft!
3. Erläutern Sie die Problematik der Zwischenpacht!
4. Wodurch zeichnet sich die kapitalistische Landwirtschaft vor anderen Agrarsystemen aus?
5. Wie verändert sich die Position des Landwirts beim Übergang von der bäuerlichen Landwirtschaft zur Vertragslandwirtschaft?

3.6 Kollektivistische Agrarsysteme

Die Kollektivierung der Landwirtschaft kann das Eigentum an den Produktionsmitteln, die Produktion selbst und/oder die Verteilung der Produkte betreffen. Von kollektiver Landwirtschaft spricht man im allgemeinen aber nur dann, wenn die Produktion gemeinschaftlich stattfindet. Kollektive Landwirtschaft tritt als Produktionssystem in genossenschaftlicher, sozialistischer und kommunistischer Ausprägung auf. Während es sich beim genossenschaftlichen Typ im Grunde um einen Nutzungsverbund selbständiger Landwirte handelt, ist beim sozialistischen Typ das Eigentum an den Produktionsmitteln vergesellschaftet, und die Produktion unterliegt staatlicher Planung. Weitere Unterscheidungsmerkmale sind Übersicht 38 zu entnehmen. Die Agrarkommunen stellen demgegenüber nicht nur Wirtschafts-, sondern auch Lebensgemeinschaften dar. In den sozialistischen und kommunistischen Varianten der kollektiven Landwirtschaft tritt das erwerbswirtschaftliche Prinzip zugunsten der gemeinsamen Bedarfsdeckung zurück. Die tragende Gesinnung ist beim Genossenschaftstyp hauptsächlich die Solidarität, beim sozialistischen Typ der Gehorsam und in den Kommunen der Gemeinsinn oder das Gemeinschaftsbewußtsein, dem freilich bei allen unfreiwilligen Zusammenschlüssen durch Gesinnungsterror nachgeholfen wird.

Übersicht 38. Merkmale genossenschaftlicher und sozialisierter Landwirtschaft

Genossenschaftliche Landwirtschaft	Sozialisierte Landwirtschaft
Freiwilliger Zusammenschluß	Staatlich erzwungener Zusammenschluß[1]
Interessenpriorität des Einzelbetriebes	Interessenpriorität der Gesellschaft
Gegenseitige Hilfeleistung	Gemeinschaftsunternehmen
Selbsthilfe	Staatliche Maßnahmen
Selbstverwaltung der Mitglieder	Politische Verwaltung
Gleichstellung der Mitglieder	Übergewicht der (Partei-)Kader
Mitglied bleibt selbständig	Mitglied wird abhängiger Kolchosbauer
Offene Mitgliedschaft	Geschlossene Mitgliedschaft
Möglichkeit des Austritts	Beschränkung des Austritts
Bei Austritt Anrecht auf adäquate Abfindung	Bei Austritt kein Anrecht auf Abfindung
Genossenschaft dient der Förderung der Einzelbetriebe	Genossenschaft dient dem Aufbau des Sozialismus
Genossenschaft ist Hilfsbetrieb der Einzelwirtschaften	Fusion der Einzelwirtschaften
Genossenschaft ist Instrument der Mitglieder	Genossenschaft ist Instrument des Staates
Privates Eigentum an Produktionsmitteln	Kollektiveigentum an Produktionsmitteln
Ertragsbeteiligung nach Einlagen	Ertragsbeteiligung nach Leistung (Arbeitsnormen)

Zum genossenschaftlichen Typ zählen u. a. die deutschen Obstgemeinschaftsanlagen, die französischen „groupements agricoles d'exploitation en commun (G.A.E.C.)", die „joint farming societies" in Indien und Pakistan und die isralischen Genossenschaftsdörfer (moshav ovdim). Formal gehören auch die landwirtschaftlichen Produktionsgenossenschaften (LPG) und Kolchose zur Kategorie genossenschaftlicher Kollektive. Sie sind jedoch Stufen und Elemente höherer Kooperationssysteme und werden deshalb gewöhnlich unter dem Begriff der sozialistischen Landwirtschaft behandelt. Weitere Bausteine sozialistischer Landwirtschaft sind die Staatsgüter (Sowchose), die volkseigenen Güter (VEG), die Kooperationsgemeinschaften und -verbände (KOV). Der sozialistische Typ wird ferner durch die mexikanischen Ejidos und die ägyptische Agrarverfassung repräsentiert. Kommunistische Züge weist die Agrarproduktion in den chinesischen Volkskommunen ebenso wie in den isrealischen Kibbuzim und in klösterlichen Gemeinschaften auf.

Bei der Kollektivierung herkömmlicher Landwirtschaft handelt es sich um drei ganz verschiedene Vorgänge: (1) die Neuordnung der Eigentumsverhältnisse, (2) die Veränderung der Arbeitsverfassung und (3) die Organisation von größeren Produktionseinheiten. Einer Kollektivierung stellen sich individualistische und familistische Grundeinstellungen in den Weg. Außerdem sind Fragen der Eigentums- und Besitzverhältnisse, der Bildung und Vererbung von

---

[1] Es gilt zwar formal ebenfalls das Prinzip der Freiwilligkeit, aber „es ist keineswegs so aufzufassen, daß die Organe der Staatsmacht als Hauptinstrument beim Aufbau des Sozialismus und die Partei der Arbeiterklasse inaktiv sein müssen" (SCHMIDT 1956, S. 102). Sie blieben in der Tat nicht inaktiv, sondern erzwangen mit allen ihnen zu Gebote stehenden Machtmitteln die ideologisch vorgezeichnete Kollektivierung.

Vermögen und der Bewertung der einzelnen Leistungen bei der Verteilung des Betriebsertrages zu klären. Der Gesetzgeber muß eine adäquate gesellschafts-, handels- und steuerrechtliche Behandlung gewährleisten, da die entsprechenden Bestimmungen des gewerblichen Sektors den landwirtschaftlichen Belangen nicht voll gerecht werden. Nach Überwindung dieser persönlichen und rechtlichen Hindernisse verspricht die Kollektivierung die bekannten Vorteile des Großbetriebes wie rentabler Einsatz großer Maschinenaggregate, Mengenvorteile beim Bezug und Absatz, geringere Erfassungskosten, Stärkung der Marktmacht, qualifiziertes Management und innerbetriebliche Arbeitsteilung sowie größere soziale Sicherheit und gegenseitige Vertretbarkeit.

3.6.1 Genossenschaftliche Landbewirtschaftung

Genossenschaftliche Zusammenschlüsse der Bauern und Farmer können als Versuch aufgefaßt werden, sich kapitalistischen Aneignungssystemen, vor allem dem Wucher, zu entziehen. Maschinenringe, genossenschaftlicher Bezug und Absatz und sonstige Einrichtungen, die der Förderung der Einzelwirtschaft (Produktionsförderungsgenossenschaft) dienen, befinden sich noch im Vorfeld kollektiver Landwirtschaft, solange die Selbständigkeit des Einzelbetriebes als sozialökonomische Einheit nicht angetastet wird.

Die genossenschaftliche Landbewirtschaftung unterscheidet sich von der sozialistischen und kommunistischen insbesondere dadurch, daß sie auf der Grundlage individuellen Eigentums betrieben wird. Ansätze genossenschaftlicher Landbewirtschaftung finden sich schon im mittelalterlichen Personenverband der Markgenossen (gemeinschaftliche Wald- und Weidenutzung, Flurzwang, Allmende, Gemeinschaftseinrichtungen), in der großrussischen Dorfgemeinschaft (Mir) und im iranischen Bonku-System. Neuerdings sieht man in der „Gruppenlandwirtschaft" ein Mittel, die kleinen Produktionseinheiten der Familienbetriebe den Erfordernissen der Technik und des Marktes anzupassen.

Wie die bisherige Geschichte lehrt, ist die umfassende Kollektivierung der Landwirtschaft nur in Formen der Zwangswirtschaft oder des Herrschaftsstaates zu verwirklichen, wobei anstelle des Gemeinsinns, des freien Zusammenwirkens und der Selbstentäußerung regelmäßig politisch-ideologische Beherrschung, Zwangszusammenschluß und Enteignung treten. Geschichtliche Beispiele sind die Fronstaaten der ägyptischen Pharaonen (2133–1928 v. Chr.) und der Inkas (1400–1532), der Jesuitenstaat in Paraguay (1610–1768), die Sowjetunion und ihre Satellitenstaaten. In den westlichen Industrieländern hat sich dagegen die genossenschaftliche Landbewirtschaftung trotz staatlicher Unterstützung und Förderung – in den dreißiger Jahren in den USA durch die Resettlement Administration, in Frankreich seit 1960 im GAEC-Programm – nicht durchsetzen können.

3.6.2 Sozialistische Landwirtschaft

Die sozialistische Landwirtschaft beruht zwar auch auf dem Genossenschaftsprinzip, führt aber über die genossenschaftliche Landwirtschaft in entscheidenden Punkten hinaus. Vertreter der sozialistischen Landwirtschaft bemängeln an den bürgerlichen Genossenschaften, daß sie kapitalistischen Bedingungen unterliegen und es historisch gesehen nicht geschafft haben, die Abhängigkeit der Kleinen von den Großen, die Ausbeutung und Rechtlosigkeit der Bauern und Landarbeiter, die Landarmut und Existenzangst des ländlichen Proletariats zu überwinden. Zweitens wird von marxistischer Seite vorgebracht, die kleineren und mittleren Landwirtschaftsbetriebe würden infolge des wissenschaftlich-technischen Fortschritts an die Grenzen ihrer Produktionsmöglichkeiten stoßen. Im Zuge dieser Entwicklung würden die Bauern in kapitalistischen Ländern mehr und mehr in die Abhängigkeit von Industrie und Handel geraten (siehe vertikale Integration) oder gezwungen, die Landwirtschaft aufzugeben, während in der sozialistischen Landwirtschaft die Bauern beim Übergang zur modernen Großraumwirtschaft Eigentümer ihres gemeinsam genutzten Bodens blieben.

Es bedarf einiger dialektischer Kunstgriffe, um diese Behauptung in Einklang mit dem Wesen sozialistischer Landwirtschaft zu bringen. Denn man versteht darunter ein Agrarsystem, in dem die Produktionsmittel vergesellschaftet sind (Sozialisierung), d. h., in das gesamtgesellschaftliche Eigentum des Volkes (Nationalisierung) oder in das genossenschaftliche Eigentum werktätiger Kollektive (Kollektivierung) überführt wurden. Gemeineigentum gibt es freilich auch in nichtsozialistischen Ländern. Der grundlegende Unterschied besteht im Veräußerungsrecht. In einer sozialistischen Gesellschaft kann Privatbesitz zwar enteignet, vergesellschaftetes Eigentum aber nicht reprivatisiert werden, denn die Veräußerung von Volkseigentum wird wie der Diebstahl von Volkseigentum als ein großes Verbrechen gegen die Gesellschaft angesehen. Sofern noch individuelles Eigentum an landwirtschaftlichen Nutzflächen formal fortbesteht, ist ihm die Verfügungsfreiheit entzogen.

Die Sozialisierung der Produktionsmittel bezweckt, eine gerechte Einkommensverteilung nach Maßgabe der gesellschaftlichen Leistungen durchzusetzen, Monopolmacht zu überwinden, die Produktion zu steigern, das vorhandene Potential besser zu nutzen und dem technischen Fortschritt den Weg zu ebnen. Sie gilt überdies als unentbehrliche Voraussetzung der Wirtschaftsplanung. Es wird angenommen und durch die Erfahrung bestätigt, daß die Sozialisierung der Produktionsmittel weitere erwünschte soziale, technische und organisatorische Veränderungen nach sich zieht. Utopisches gesellschaftspolitisches Ziel der Sozialisierung der Landwirtschaft ist die Aufhebung aller noch vorhandenen Unterschiede zwischen agrarischen und industriellen Lebensformen in einer klassenlosen Gesellschaft.

Die agrarpolitische Strategie besteht in der zentralen Planung der Wirtschaft, der Vergesellschaftung der Produktionsmittel und der Umformung der kleinbäuerlichen Familienwirtschaften in sozialistische Großbetriebe. In der Praxis erfuhren diese Maßnahmen eine länderweise sehr unterschiedliche Ausprägung. Die sozialistische Planwirtschaft reicht von der „vollzugsverbindlichen" sowjetrussischen Planwirtschaft bis zur sozialistischen Marktwirtschaft Jugoslawiens, wo der zentrale Plan nur ein Programm bedeutet, während die Koordination der Wirtschaftsprozesse vorwiegend über den Markt erfolgt.

Die sozialistische Wirtschafts- und Gesellschaftsordnung schließt feudalistische wie kapitalistische Aneignungssysteme grundsätzlich aus, aber nicht die Ausbeutung der bäuerlichen Produktivkräfte. Nach marxistisch-leninistischer Doktrin lassen sich jedoch moderne sozialistische Großindustrie und einzelbäuerliche Kleinlandwirtschaft auf die Dauer nicht vereinbaren. Das landwirtschaftliche Produktionssystem muß dem sozialistischen Aneignungssystem angepaßt werden. Auf dem Wege zu diesem Endziel kam es in allen kommunistisch regierten Ländern zu einer Aufspaltung der landwirtschaftlichen Produktion in einen staatlich-volkseigenen, einen kollektiv-genossenschaftlichen und einen privaten Sektor, der sich aus bäuerlichen Familienbetrieben und den kleinen Hofwirtschaften zusammensetzt (Übersicht 39).

Ideologisch verschwinden zwar durch die Vergesellschaftung der Produktionsmittel Klassengegensätze und Klassenherrschaft und treten an ihre Stelle die Genossenschaftsdemokratie in den Betrieben und das Bündnis von Arbeitern und Bauern in der Ausübung der politischen Macht. Die Wirklichkeit zeigt aber in der Regel das Bild einer „durch die Diktatur einer schmalen Führungsschicht getragenen monistischen Zwangsgemeinwirtschaft" (RITSCHL 1965, S. 344). Einigermaßen herrschaftsfrei sind nur die Hofwirtschaften der Genossenschaftsbauern und das Landdeputat der Gutsarbeiter, während die Bauernwirtschaften dem unerbittlichen Druck der Verwaltungsherrschaft ausgesetzt sind. Die beiden wichtigsten Regulatoren der bäuerlichen Familienwirtschaft, Arbeitskapazität und Bedürfnisse der Familie, kollidieren mit den Plänen der staatlichen Behörden, in denen der Bedarf der öffentlichen Haushalte und der Bedarf der einfachen und erweiterten Reproduktion vor dem Bedarf der privaten Haushalte rangieren. Folgerichtig wird der private Sektor nachrangig mit Betriebsmitteln beliefert. Im privaten Sek-

Übersicht 39. Anteile der Betriebsformen an der landwirtschaftlichen Nutzfläche ausgewählter kommunistischer Länder

Land	Jahr	Kollektiv- wirtschaften	Staatsgüter	Sozialistischer Sektor insges.	Private Bauern- wirtschaften
UdSSR	1977	44	52	96	4[2]
DDR	1977	91[1]	3	94	6
ČSSR	1976	62	31	93	7
Ungarn	1976	55	31	86	14[2]
Kuba	1969	—	70	70	30
Polen	1977	4[3]	27[4]	31	69
Jugoslawien	1975	1	14	15	85

[1] einschließlich KAP u. a. Kollektive
[2] einschließlich Hofwirtschaften
[3] einschließlich Bauernzirkel
[4] einschließlich sonstige staatliche Flächen

tor muß daher im allgemeinen technologisch rückständig und arbeitsaufwendig gewirtschaftet werden. Man kann fast von einer dualen Technologie sprechen. In einem fortgeschrittenen Zustand der Sozialisierung ist der private Sektor beschränkt auf marginale Standorte, arbeitsintensive Kulturen und Tierhaltungen und auf die Veredelung der Naturalentlohnung sowie auf die Verwertung von Abfällen der Kollektivbetriebe. Trotz dieser erschwerten Bedingungen sind die Produktionsleistungen des privaten Sektors dank der Hingabe und Initiative der Bauern erstaunlich hoch (Übersicht 40).

Übersicht 40. Produktions- und Marktanteil der Hofwirtschaft, UdSSR 1975, in %

Produkt	Anteil an der	
	Gesamtproduktion	Marktproduktion
Kartoffeln	59	37
Gemüse	34	13
Fleisch	31	17
Milch	31	5
Eier	39	7
Wolle	20	18

Quelle: Statistisches Jahrbuch der UdSSR 1977

Die konsequenteste Betriebsorganisation sozialisierter Landwirtschaft ist das Staatsgut bzw. das Volkseigene Gut (VEG). Die meisten kommunistischen Länder haben aber aus Furcht vor dem politischen und ökonomischen Risiko und den Folgekosten oder aus anderen Gründen dem kollektiven Sektor den Vorzug gegeben. Das System der Kollektivwirtschaft bietet dem Staat die Möglichkeit, die landwirtschaftliche Produktion unter Kontrolle zu bringen und zu lenken, ohne sich mit dem Betriebsrisiko belasten zu müssen. Mit den Mitteln gesetzlicher Ablieferungspflicht und staatlicher Preisfestsetzung kann das Arbeitseinkommen der Genossenschaftsbauern beliebig manipuliert werden. Sie geraten in eine neue Abhängigkeit, die „man vielleicht als Staatsfeudalismus bezeichnen könnte" (SCHILLER 1959, S. 137). Zwangsablieferungen zu niedrigen Preisen auf Kosten des Lebensstandards der Kolchosmitglieder dienen anstelle kräftiger Besteuerung der Landwirtschaft dazu, das Kapital aufzubringen, das auf einer bestimmten Entwicklungsstufe für den Aufbau der Industrie und eines modernen Staats- und Machtapparates benötigt wird.

Der staatliche wie der kollektive Sektor der Landwirtschaft sind voll in die zentralgelenkte Planwirtschaft integriert. Dies bedeutet, daß die einzelbetrieblichen Entscheidungen sich in den Gesamtplan einfügen müssen. Die im Gesamtplan aufgestellten Ziele werden mit Hilfe einer „Befehlsorganisation" verfolgt. Auch in der Weiterentwicklung der sozialistischen Landwirtschaft wird die Vorherrschaft der Zentrale nicht in Frage gestellt. Die Einzelbetriebe erhalten jedoch mehr Eigenverantwortlichkeit insofern, als die starren Lenkungsmethoden durch Aktivierung betrieblicher Entscheidungsträger, durch Duldung lokaler Initiativen und durch Verminderung der Planauflagen flexibler gehandhabt werden. Der Zwang als Instrument der Wirtschaftspolitik wird teilweise durch materielle Anreize ersetzt.

Im sozialisierten Sektor der Landwirtschaft herrscht der nach Flächen- und Belegschaftsumfang große Betrieb vor, denn nach marxistisch-leninistischem Dogma ist der größere Betrieb dem kleineren überlegen. Betriebsvergrößerungen gelten schon an sich als Fortschritt. Die ständige Rücksichtnahme auf politische Ziele und ideologische Leitlinien hat es allerdings in der Vergangenheit verhindert, die tatsächlichen Vorteile großbetrieblicher Agrarproduktion voll auszuschöpfen.[1] Da man vielfach die betriebswirtschaftlichen Folgerungen aus den Betriebsvergrößerungen nicht ziehen konnte oder wollte, steht der Arbeitskräftebesatz in einem groben Mißverhältnis zu den neu geschaffenen Strukturen und zur Produktionsleistung. Der Überbesatz mit unerwünschten Arbeitskräften wird zum chronischen Leiden der Kollektivbetriebe, weil auch nachlässige Mitglieder Anspruch auf einen Arbeitsplatz besitzen. Hinzu kommt ein aufgeblähter Planungs-, Lenkungs- und Kontrollapparat, der ebenfalls von der Landwirtschaft getragen werden muß. Der Gewinn, der aus den abnehmenden Stückkosten resultiert, wird weitgehend von den steigenden Verwaltungskosten aufgezehrt. Die Effizienz der sozialistischen Großbetriebe wird außerdem eingeschränkt durch Engpässe in der Versorgung mit Betriebsmitteln, eine zu starke Zentralisierung und Bürokratisierung von Planung und Lenkung, einen zu engen Handlungs- und Entscheidungsspielraum der örtlichen Betriebsleiter sowie durch die Unterschätzung ökonomischer Faktoren (Preise, Kapitalzinsen, Löhne usw.).

Bei Leistungsvergleichen schneidet die sozialistische Landwirtschaft gegenüber der kapitalistischen im allgemeinen schlecht ab. So erzeugte im Jahre 1974 ein Landwirt in der Sowjetunion 5,3 Tonnen Getreide, in den USA dagegen 51 Tonnen.

Die Leistungsfähigkeit der sozialisierten Landwirtschaft darf allerdings nicht nur an den Flächenerträgen oder an der Arbeitsproduktivität gemessen werden. Düngeraufwand oder Schlepperbesatz sind ebenfalls keine brauchbaren Maßstäbe. Es sind auch die Faktorbeiträge zum Aufbau der Infrastruktur und der übrigen Wirtschaft, zur Volksbildung und Volksgesundheit usw. zu berücksichtigen. Der Erfolg bemißt sich außerdem an der Erreichung politischer Ziele.

Als Errungenschaften sozialistischer Wirtschaftsgestaltung werden „die Arbeiter- und Bauernmacht, die Vergesellschaftung der Produktionsmittel, die krisenfreie sozialistische Planwirtschaft, die reale sozialistische Demokratie, das hohe Niveau der Bildung und Kultur, die sozialistische Moral und Ethik" (MÜLLER 1976, S. 28) hervorgehoben. Die LPG-Mitglieder gewannen nach JÖRG MÜLLER soziale Sicherheit einschließlich gesicherten, wachsenden Einkommens, eine hohe gesellschaftliche Wertschätzung, die unmittelbare Teilnahme an der Ausübung der politischen Macht und die reale Möglichkeit, an den sozialen und kulturellen Errungenschaften der sozialistischen Gesellschaft teilzuhaben und diese für die Persönlichkeitsentwicklung zu nutzen.

Die Schaffung eines neuen Menschentyps in einer herrschaftsfreien, egalitären Gesellschaft blieb ein Wunschtraum. Es erwies sich als Trugschluß, daß infolge der Beseitigung kapitalistischer Herrschaft und der Einführung sozialistischer Produktionsformen altruistische Verhaltensweisen, Solidarität und Eintracht einziehen würden. Die Selbstverwirklichung eckt ständig

---

[1] Die Arbeitsproduktivität ist in den LPG der DDR nicht höher als in westdeutschen Kleinbauernbetrieben.

an dem vorgegebenen zweckrationalen Rahmen an, den die Staatspartei setzt, was zu einer „resignierenden Haltung, die aus den konkreten Verhältnissen das Beste zu machen versucht" (HARTMANN 1971, S. 173), geführt hat.

Im Zuge der Kollektivierung der Landwirtschaft begann sich zwar aus der in sich abgestuften Bauernschaft und den Angehörigen der unterbäuerlichen Schicht eine einheitliche, genossenschaftliche organisierte Klasse zu formieren, die aber nach Betriebszugehörigkeit, Berufsstellung, Ausbildungsstand, Alter, Geschlecht, sozialer Herkunft usw. strukturiert ist. Die sozialökonomischen Strukturen werden von KURT KRAMBACH (1976, S. 3 ff.) hauptsächlich mit dem unterschiedlichen Entwicklungsstand der Produktivkräfte und der Produktionsverhältnisse erklärt. Solange die landwirtschaftlichen Produktionsgenossenschaften nicht den gleichen Entwicklungsstand der Produktivität erreicht haben, können die Genossenschaftsbauern keine gleichartigen Lebensbedingungen verlangen. Die Höhe ihrer Arbeitsvergütung hängt vom Wirtschaftsergebnis ihrer Genossenschaft und von der kollektiven Entscheidung über dessen Verwendung ab. Auch innerhalb einer LPG gibt es aufgrund des verschiedenen Qualifikations- und Leistungsniveaus, namentlich zwischen den vorwiegend geistig und vorwiegend körperlich tätigen Mitgliedern, unterschiedliche soziale Lagen und Lebensweisen. Die kompliziertere, produktivere und qualifiziertere Arbeit wird höher vergütet, weshalb auch künftig individuelle sozialökonomische Unterschiede fortbestehen werden.

Ein beispielhaft herausgegriffenes sozialistisches Dorf zeigte im Jahre 1970 folgende soziale Differenzierung der werktätigen Bevölkerung:

	%
Leitende Funktionäre	0,5
Gemeindeintelligenz (Akademiker)	2,2
Sonstige Geistesarbeiter (ohne Hochschulabschluß)	12,0
Facharbeiter (Industrie)	15,9
Angelernte Hilfsarbeiter (Nichtlandwirtschaft)	28,5
Selbständige im Kleingewerbe	1,4
Nichtlandwirte in LPG	8,2
Manuelle Landwirte in LPG	28,8
Selbständige Bauern	1,8
Mithelfende von Arbeiterbauern	0,7
Werktätige insgesamt	100

3.6.3 Kommunistische Landwirtschaft

In der kommunistischen Landwirtschaft werden nicht nur die Grenzen zwischen Einzelbetrieb und Kollektivbetrieb, sondern auch zwischen Einzelfamilien und größerer Gemeinschaft aufgehoben. Im Gegensatz zu genossenschaftlicher und sozialistischer Landwirtschaft betreffen die kollektiven Entscheidungen also nicht nur den Produktionsbereich, sondern auch den Konsum und andere Lebensbereiche. Nach der ideologischen Motivierung lassen sich (1) religiöse, (2) weltanschauliche und (3) politisch-ökonomische Kommunen unterscheiden. Zum ersten Typ gehören mönchische (Klöster, Bruderhöfe) und sektiererische (z. B. Hutterer, Mormonen, Templer) Gemeinschaftssiedlungen. Die zweite Kategorie umfaßt die zahlreichen sozialistischen Siedlungsversuche in Nordamerika (Owensche Siedlungen, Fouriers Phalangen, Ikariersiedlungen usw.), in Südamerika und in Isreal (Kibbuzim). Die dritte Kategorie bilden die unter dem politischen Zwang des Staatskommunismus entstandenen Volkskommunen.

Religiöse Agrarkommunen haben im Laufe der Agrargeschichte wesentlich zur Kultivierung und Besiedlung von unwirtlichen Gebieten beigetragen. Erinnert sei an die Kolonisationstätigkeit der Zisterzienser und der Benediktiner. Für religiöse Kommunen ist charakteristisch, daß sie erstens sehr stark auf ihren Ordensgründer oder ihr Sektenoberhaupt bezogen sind und daher oft nach dessen Tod rasch verfallen, und zweitens, daß sie sich dem übergeordneten Gesellschafts- und Wirtschaftssystem nicht unterordnen, wenn es ihren Lebensregeln und Glaubensüberzeugungen widerspricht. Sie weichen solchem Druck gewöhnlich durch die Abwanderung in ein liberales Land aus. Beispielhaft sind die Hutterer, deren ersten Bruderhöfe oder Haushaben 1533 in Mähren gegründet wurden, und die – immer wieder Verfolgungen ausgesetzt, da sie Militärdienst und die Zahlung von Kriegssteuern verweigerten – aus ihrem Ursprungsgebiet über Ungarn, Siebenbürgen, Kleinrußland nach Süddakota und Missouri und schließlich nach dem Ersten Weltkrieg nach Kanada zogen und von dort zum Teil weiter nach Südamerika. Ein drittes gewichtiges Merkmal religiöser Kommunen ist die Gütergemeinschaft. Ihre „Gemeinwirtschaft" zielt stets auf gemeinsame Bedarfsdeckung, auch wenn bestimmte Güter vermarktet werden.

Die *weltanschaulichen Agrarkommunen* basieren teils auf Utopien, die von Plato (427–347 vor Christus) bis zur Gegenwart ausgebreitet wurden, teils auf den Ideen der Frühsozialisten[1] und des wissenschaftlichen Sozialismus, teils auf den Vorstellungen der Jugendbewegung und des Zionismus. Dabei steht das Streben nach einem Leben in Brüderlichkeit, Gerechtigkeit und Gleichheit, ohne soziale Unterschiede, ohne Privateigentum und ohne Ausbeutung des Menschen durch den Menschen im Vordergrund. Im Gegensatz zu der stark jenseitigen Orientierung der religiösen Gemeinschaften wollten Utopisten und Sozialisten Modelle für ein besseres Zusammenleben der Menschen im Diesseits schaffen. Aufhebung des privaten Besitzes und Auflösung der Familie galten ihnen als wichtige Voraussetzungen für die erstrebte Harmonie. Während Mitglieder religiöser Orden und Sekten glauben, daß eine kommunistische Lebensweise nur in kleinen, überschaubaren Gruppen bei asketischer Lebensweise zu verwirklichen sei, sind die Anhänger des weltanschaulichen Kommunismus überzeugt, alle gesellschaftlichen Übel und sozialen Mißstände auf Erden durch ihr System beseitigen zu können. Die meisten Versuche dieser Art sind allerdings auf halbem Wege steckengeblieben oder innerhalb weniger Jahre gescheitert. Mehrere Generationen haben nur die israelischen Kibbuzim überdauert. Sie haben daher weltweites Aufsehen erregt und gehören zu den am besten wissenschaftlich untersuchten Lebensgemeinschaften (siehe Teil 2: 7.3).

Während sich die bisher erwähnten Agrarkommunen auf punktuelle Siedlungen und kleinere Kolonien beschränken, faßt man unter den *politisch-ökonomischen Agrarkommunen* (Volkskommunen) solche Formen zusammen, die einem größeren politischen Territorium ihren Stempel aufdrücken.

Volkschina übertrifft an räumlicher Ausdehnung und Rigorosität alle anderen kommunistischen Versuche dieser Art. Hinter der Bildung der Volkskommunen stand der politische Wille Mao Tse-Tungs, ein neues Wirtschafts- und Gesellschaftssystem für sein Herrschaftsgebiet zu schaffen. Insofern haben wir es hier mit einem „autoritären Kommunismus" (Liefmann) zu tun. In China konnte an das viel stärker als in Europa entwickelte kollektive Bewußtsein und an Traditionen einer kooperativ gestalteten Dorfgemeinschaft angeknüpft werden.

Die chinesischen Volkskommunen[2] entstanden im Jahre 1958 aus dem Zusammenschluß von jeweils etwa 30 landwirtschaftlichen Produktionsgenossenschaften, der Auflösung der Familienhaushalte und der Abschaffung des Geldlohnes. Sie unterscheiden sich in wesentlichen Punkten von den landwirtschaftlichen Produktionsgenossenschaften russischen Musters. Die Volkskommunen schließen alle Wirtschafts- und Lebensbereiche ein: Land- und Forstwirtschaft, Fischerei, Industrie, Handel, Schul- und Gesundheitswesen, Militärwesen und öffentli-

---

[1] Besonders von Robert Owen (1771–1858), Charles Fourier (1772–1837) und Etienne Cabet (1788–1856).
[2] 1962 wurden die ursprünglichen rund 26 000 Volkskommunen in 74 000 geteilt. Für 1975 wird ihre Zahl mit ungefähr 50 000 angegeben. Ihre Bevölkerung schwankt zwischen 600 und 80 000 Menschen.

che Verwaltung. Sie erfassen die Gesamtbevölkerung eines Gebietes, während in einer LPG nur Landwirte Mitglieder sind. Die Komplexität der Volkskommunen macht die traditionellen Organe der Staatsmacht überflüssig. Sie sind gleichzeitig Verwaltungseinheiten. Die Volkskommunen übertreffen im allgemeinen die LPG an Produktionsvolumen. Die Bildung von derart großen Kommunen fördert Zentralisation und Bürokratie und schwächt die direkte demokratische Selbstverwaltung. Die Arbeit in den Volkskommunen wird nach militärischen Gesichtspunkten organisiert und diszipliniert. Alle Mitglieder der Volkskommunen zwischen dem 16. und 50. Lebensjahr sind nicht nur „Arbeitssoldaten", sondern zugleich auch Angehörige der Volksmiliz und bringen einen Teil des Tages mit militärischen Übungen zu. Im Gegensatz zu den LPG werden die Grundbedürfnisse der Mitglieder nach egalitärem Muster ohne Rücksicht auf die Arbeitsleistung und umsonst befriedigt. Im Unterschied zu den LPG erstreckt sich die Kollektivierung nicht nur auf die Produktion, sondern auch auf den Konsum und weitere Bereiche des persönlichen Lebens.

Die chinesischen Bauern widersetzten sich diesen radikalen und überstürzten Kollektivierungsmaßnahmen mit passivem und mancherorts auch aktivem Widerstand. Ihre Parteiführer hatten nicht nur ihre individuellen Bedürfnisse unterschätzt, sondern außerdem einige ökonomische Gesetzmäßigkeiten nicht richtig eingeschätzt. Als zusätzliche Dürre- und Überschwemmungskatastrophen (1959–61) große Ernteausfälle verursachten, sah sich die Regierung 1961 genötigt, die ursprüngliche Konzeption zu revidieren.

Die Revision des Modells der Volkskommune von 1958 bestand vor allem darin:
(1) Fehler im Bereich der Bodenordnung zu beseitigen, insbesondere die private Hofwirtschaft wieder herzustellen,
(2) materielle Leistungsanreize zu gewähren,
(3) kleinere Wirtschaftseinheiten (Brigaden) und Arbeitseinheiten (Produktionsgruppen) zu schaffen,
(4) den freien Markt für Agrarerzeugnisse wieder herzustellen,
(5) die Arbeitszeit auf ein vertretbares Maß zu reduzieren (mindestens täglich acht Stunden Ruhe und monatlich für Männer zwei und für Frauen vier Ruhetage),
(6) die Familienhaushalte wieder zuzulassen.

Die Reprivatisierung des familialen Lebensbereiches ist das Eingeständnis pragmatischer chinesischer Politiker, daß die totale Kollektivierung einer Volkswirtschaft undurchführbar ist. Die soziologischen Wirkungen der chinesischen Kommunisierung greifen dennoch tief in das Volksleben ein. Sie bestehen hauptsächlich in der Zerschlagung der traditionellen Großfamilie, der Beseitigung des Patriarchalismus und Feudalismus, der konsequenten Eingliederung der Frauen in den Produktionsprozeß, der kollektiven Erziehung einer ganzen Generation im Geiste Maos, dem Ersatz der Familienzugehörigkeit durch Parteizugehörigkeit, der Verdrängung der Kriterien des Alters und Geschlechts durch Leistungskriterien und der Vermehrung sozialer Interaktionen zwischen familienfremden Personen. Das System der Volkskommunen trug erfolgreich zur besseren Nutzung der ländlichen Arbeitskräfte, zur vielseitigen Entfaltung der ländlichen Wirtschaft, zur höheren Bildung und Ausbildung der Landbevölkerung, zur gleichmäßigeren Verteilung der Einkommen und zum Aufbau der ländlichen Infrastruktur mit wichtigen sozialen Diensten bei und verband die ländliche Entwicklung mit den nationalen Zielen (vgl. AZIZ 1978, S. 61).

Literatur: HARTMANN 1971, REISCH und ADELHELM 1971, ROCHLIN und HAGEMANN 1971, SCHEMPP 1969, WÄDEKIN 1974 und 1978.

Diskussions- und Prüfungsfragen
1. Welche Hindernisse stellen sich der Kollektivierung einer bäuerlichen Landwirtschaft in den Weg?

2. Welche Ziele werden in einer sozialistischen Landwirtschaft gesellschaftspolitisch verfolgt?
3. Nennen Sie typische Beispiele für die genossenschaftliche, sozialistische und kommunistische Variante kollektivistischer Landwirtschaft!
4. Welche Bedingungen und Faktoren tragen zur inneren Stabilität kollektiver Landwirtschaft bei?
5. Worin bestanden die soziologischen Auswirkungen der Bildung von Volkskommunen in China?

4 Wertordnung

4.1 Wertorientierung

In keiner Gesellschaft können Menschen längere Zeit ohne gemeinsame Lebensauffassungen einigermaßen friedlich miteinander auskommen. Im großen und ganzen muß Einmütigkeit über die Werte bestehen, die man anerkennen will. Werte sind, wie wir in Teil 1: 4.1.1 gesehen haben, mehr oder weniger explizite und explizierbare kollektive Urteile darüber, was richtiges und was falsches Handeln ist, welche Einstellungen wünschenswert sind und welche nicht, wonach man streben und wovor man sich hüten soll. Sie sind „moralisches Allgemeingut der meisten Angehörigen einer Gruppe oder Gesellschaft" (BERGER und BERGER 1974, S. 210). Die Mitglieder nehmen das allgemeine Wissen über Werte in der Sozialisation auf (Internalisierung) und orientieren in der Folge daran ihr Denken und Handeln. Ziel jeder Gruppe oder Gesellschaft ist es, möglichst alle ihre Mitglieder zu einem Verhalten zu bringen, das es erlaubt, die angestrebten Werte auch tatsächlich zu verwirklichen. Wie das einzelne Mitglied zu diesem Zwecke handeln sollte, wird ihm von den Normen seiner Gruppe oder Gesellschaft nahegelegt.

Jede Kultur enthält drei Kategorien von Normen-Sätzen: solche des Urteils, der Wertung und der Moral. REINHOLD SACHS (1972, S. 17f.) macht anschaulich, wie Wertorientierung an diesen Normen im bäuerlichen Leben aussehen kann:

(1) Kognitive Normen kennzeichnen die Gültigkeit erkenntnismäßiger Urteile, wodurch bestimmte Beobachtungen oder wahrgenommene Probleme als „richtig" oder „falsch" gelten.
   Für den Bauern würde das z. B. bedeuten, daß er die Möglichkeit, industrielle Arbeitsplätze auszuwählen, nicht erkennt, weil es für einen „richtigen" Bauern gar nicht in Frage kommt, solch einen Arbeitsplatz zu übernehmen. Damit gilt für ihn als „richtig", eine Fließbandarbeit sei unannehmbar oder der tägliche Pendelweg sei unzumutbar, und es gilt für ihn als „richtig", lieber mehr Arbeitsstunden im landwirtschaftlichen Betrieb in Kauf zu nehmen.

(2) Wertschätzungs-Normen geben an, was „man" unmittelbar als „angenehm" oder als „unangenehm" empfindet.
   So mag es beispielsweise von einer überwiegend bäuerlichen Gesellschaft noch als schlechter Stil empfunden werden, wenn ein (ehemaliger) Bauer mit der Aktentasche unter dem Arm in aller Frühe auf den Bus wartet, der ihn zu seinem außerlandwirtschaftlichen Arbeitsplatz bringen soll. „Man" empfindet diese neue Arbeitssituation als unangenehm, auch wenn der Betreffende die Vorzüge seines Arbeitsplatzes betont.

(3) Moralische Normen zeigen die Konsequenzen auf, die bestimmte Handlungen nach sich ziehen, weil sie das ganze Handlungssystem beeinflussen. Der Handelnde trägt dafür die Verantwortung und entscheidet mit einer solchen Handlung zugleich über Integration oder Desintegration seiner Persönlichkeit in das Sozialsystem, dem er angehört.

Eine „moralische" Norm im herkömmlichen bäuerlichen Sozialsystem war es, stets und überall auf Sparsamkeit bedacht zu sein und selbst dann noch zu sparen, wenn man eigentlich wohlhabend genug war, um auch einmal verschwenderisch zu leben. Wer seinen Reichtum durch aufwendigen Konsum vor den Leuten hervorkehrte, war in vielen Gegenden bald als „Frevler" übel beleumundet. Alte Sagen erzählen anschaulich von den drastischen Strafen, die meistens von überirdischen Mächten über Verschwender verhängt wurden; wer Gottes Gaben verschwendete, forderte nach dem Glauben der Zeit frevlerisch das Schicksal heraus.

Die Angehörigen einer Gruppe oder Gesellschaft werden durch Motive dazu angetrieben, das zu wollen, was sie ihren Normen entsprechend tun sollen. Was unter dem Begriff Motiv zu verstehen ist, hängt in hohem Maße von der jeweiligen Motivationstheorie ab, auf die man sich bezieht. Ganz allgemein wird die Frage nach den Motiven so formuliert: Warum handeln Menschen so, wie sie handeln? Motive sind hypothetische Konstruktionen, sie lassen sich nicht direkt beobachten, sondern nur durch Rückschlüsse aus beobachtetem Verhalten erschließen. Verschiedene Lerntheorien nehmen an, daß das Individuum seine Motive im Laufe des Lebens erst erwirbt. Durch Lernen werden die angeborenen richtungslosen Antriebsenergien (z. B. Geschlechtstrieb) zu Motiven. Mit der fortschreitenden Entwicklung der Persönlichkeit wachsen die Motivsysteme mit und werden dadurch immer komplexer.

Lerntheorien zeigen, daß Individuen vor allem solche Aktivitäten lernen, welche die Spannung zwischen Trieb-Zustand und Ziel-Zustand vermindern. Erlernte Motive steuern die Antriebsenergien des Individuums so, daß der Ziel-Zustand erreicht wird:

$$\text{Trieb-Zustand} \to \text{Motiv} \to \text{Ziel-Zustand}$$

Reize, die als Verstärker auftreten, geben dem Handeln Richtung. Es gibt positive und negative Verstärker, die einen fördern das Auftreten einer Reaktion, die anderen vermindern es. Was für den einzelnen verstärkend wirkt und was nicht, darüber entscheidet die soziale Umwelt, also das System der Werte und Normen; es legt auch fest, was im Motivationsgeschehen als Ziel zu gelten hat. Da der Mensch mit seiner begrenzten Energie nur wenige Ziele zugleich anstreben kann, orientiert er sich an der Wertordnung seiner Kultur oder Subkultur. Wertordnungen wandeln sich nur langsam; entsprechend schwerfällig verändern sich die Motive des Handelns.

Auch bäuerliche Wertordnungen haben diese Tendenz. Dennoch hat das bäuerliche Wertsystem sich in ganz Europa in den letzten Jahrzehnten deutlich gewandelt, wie wir am Schluß dieses Kapitels sehen werden. Zu allen Zeiten haben Lücken geklafft zwischen

(1) der Wertordnung, nach der die Bauern tatsächlich im Alltag handelten;
(2) der Wertordnung, der sie selber zu gehorchen glaubten (Selbstbild) und
(3) den Wertordnungen, die andere (z. B. Pfarrer, Dichter, Philosophen, Politiker) für die Bauern aufstellten oder ihnen einfach andichteten (Fremdbild).

4.2 Bauerntumsideologie

Werden Vorstellungen und Sachaussagen vermengt, dann entsteht eine Ideologie. Was ist Ideologie? Diese Frage hier vollständig beantworten zu wollen, hieße, einen umfangreichen, problemgeschichtlichen Exkurs zu machen. Eine ausführliche Darstellung bringt KURT LENK (1967); soziologische Wörterbücher enthalten meist sehr gedrängte Angaben zum Ideologiebegriff. Viele Definitionen stimmen darin überein, Gedanken oder Gedankenreihen, die sich als theoretische Sachaussagen geben, der Wirklichkeit aber nicht entsprechen, als ideologisch zu bezeichnen. Man darf dabei nicht von vornherein unterstellen, der Ideologe lüge bewußt, meistens glaubt er tatsächlich selber felsenfest daran, seine eigene Wertung sei für die ganze Gesellschaft die richtige. Weil Ideologien im allgemeinen nicht hinterfragt werden, passen sie sich veränderten Wirklichkeiten nur langsam an. Ihre Kernsätze bleiben über viele Jahrzehnte unverändert, Randsätze verändern sich mit der umgebenden Gesellschaft: amerikanische Farmerverbände halten zwar am Ideal der Familienfarm fest, gingen aber vom unbedingten Individualismus des Farmers zugunsten von Genossenschaftssinn ab und gaben auch ihren früheren Rassismus auf.

Neuerdings setzt sich die Auffassung durch, Ideologien seien unabdingbar, man könne allenfalls die eine durch eine andere ersetzen. Man begründet dies mit den instrumentalen, orientierenden und integrierenden Funktionen von Ideologien. Instrumental sind Ideologien Werkzeug einer herrschenden oder Waffe einer unterdrückten Klasse. Ideologien spielen aber nicht nur im Klassenkampf eine entscheidende Rolle, sondern dienen einer Reihe von menschlichen Bedürfnissen:

(1) Menschen haben ein Bedürfnis nach gemeinsamen gedanklichen Prinzipien. Sie sind bestrebt, die Leere, die der Verlust religiöser Glaubenssätze hinterläßt, ideologisch zu füllen: Ersatzideologien.
(2) Menschen haben ein Bedürfnis, Ordnung und System in ihre Vorstellungen von der Welt hineinzubringen: Weltanschauungsideologien.
(3) Menschen flüchten sich in Krisensituationen in Schutzideologien vor der bedrängenden Wirklichkeit.
(4) Menschen haben Sehnsucht nach einer „heilen Welt". Sie gibt es in Wirklichkeit nicht, sondern nur in unseren Vorstellungen. Die Religionen bieten den Menschen Heilslehren, die Politiker Heilsideologien.
(5) Menschen wollen anderen Menschen ihren Willen aufzwingen. Dazu bedienen sie sich unter anderem der Manipulationsideologien.
(6) Menschen sind bestrebt, ihr Handeln vor sich und anderen zu rechtfertigen und es gegen fremde Kritik zu verteidigen. Sie richten dazu Gedankengebäude auf, die nicht immer objektiver Wirklichkeit entsprechen: Rechtfertigungs- und Verteidigungsideologien.
(7) Menschen wollen ihren Zeitgenossen die Augen für schädliche Zustände und verderbliche Entwicklungen öffnen, indem sie ihnen Idealbilder vorstellen: Aufklärungsideologien.
(8) Menschen sind gelegentlich genötigt, andere für entgangenen Nutzen, für politisches Stillhalten, für die Nichteinlösung von Versprechen, für vorenthaltene Vergütungen zu entschädigen. So wurden die Bauern im Dritten Reich für die Opfer, die sie der militärischen Aufrüstung zu bringen hatten, durch eine ideologische Überhöhung des Bauernstandes „belohnt": Belohnungsideologien.

Dieser funktionale Pluralismus verursacht die Mehrdeutigkeit des Ideologiebegriffes.

Die Blütezeit der Bauerntumsideologien scheint sowohl in Deutschland als auch in Nordamerika – zwei klassischen Verbreitungsgebieten – vorüber zu sein. Weltweit läßt sich dagegen ein Phänomen beobachten, das als „agrarischer Fundamentalismus" bezeichnet wird. Je mehr nämlich die landwirtschaftliche Bevölkerung im Verlauf der Industrialisierung in eine Minderheitensituation gerät, desto nachdrücklicher wird ihre grundlegende wirtschaftliche, politische und soziale Bedeutung für die Gesellschaft behauptet. Ideologien sollen jedoch nicht nur bäuerliches Selbstbewußtsein stärken, sondern auch erzieherisch wirken. So wollte GÜNTHER (1939, S. 4) Bauerntumsideologie auch als Kritik am bestehenden Bauerntum verstanden wissen. In seinem Hauptwerk „Das Bauerntum als Lebens- und Gemeinschaftsform" schreibt er idealisierte bäuerliche Lebenswerte nicht unbedingt den Bauern seiner Zeit zu, sondern will zeigen, wie „echtes Bauerntum" aussehen müßte. Er zählt folgende „ländliche Lebenswerte" auf, die übrigens auch in nordamerikanischen Farmerideologien auftauchen (1939, S. 643 f.):

„Fleiß, Vordenklichkeit, Ordentlichkeit, Besonnenheit und Gelassenheit, Selbstbeherrschung und Maßhalten, Wortkargheit, Zurückhaltung und seelische Schamhaftigkeit, ein Sinn für Wirklichkeit und Augenmaß für das Gedeihen aller Dinge der Umwelt, ein Sinn für Gemeinschaft, Ordnung, Recht und Gesetz und für menschliche Rangordnungen, das Gefühl eines Abstandes zwischen den Menschen, die gegenseitige Verbundenheit von Verstand und Gefühl, das Bedürfnis nach Selbständigkeit des Wirkens und die Verbundenheit mit einem Gotte der Welt- und Lebensordnung."

Diese Werte verkörpern laut Bauerntumsideologie in besonders hohem Maße oder gar ausschließlich bodenständige Menschen, „men whose grass roots are in the soil" (CRAMPTON 1965). Sie sind von besonderem „soziologischen" Wert, denn sie erfüllen drei, für jede freie, lebenskräftige Gesellschaft angeblich unentbehrliche Aufgaben:
(1) Sie bilden ein Bollwerk gegenüber
   a) totalitären, besonders kommunistischen Gesellschaftssystemen und
   b) gegenüber Kräften, die den Untergang der Gesellschaft von innen heraus herbeiführen wollen. In den USA gilt der Familienfarmer als stärkste Wurzel der Demokratie. Kein anderes Haus als das Farmhaus könne der Nation diese „perfekte Art des intelligenten und patriotischen Bürgers schenken". In Deutschland glaubte man, „in einer Zeit der Vermassung... seien Menschen für die Gemeinschaft unentbehrlich, die das Erlebnis der Freiheit, der natürlichen Ordnung und der Gemeinschaft von Menschen, Tieren und Pflanzen mitbringen", sie seien „ein Gegengewicht zur Gesunderhaltung gegen alle schleichenden Krankheiten des Industriezeitalters" (zit. bei ZICHE 1968, S. 124).
(2) Sie halten Verbindung zur „Welt des Gewachsenen". Ihr Unbehagen an der rationalisierten Welt drücken manche Bauerntumsideologen aus, wenn sie die Völker in eine Gleichgewichtsstörung geraten sehen, „durch die einseitige Entwicklung der Wissenschaft im Bereich der anorganischen Natur und die daraus entstandene Welt der technischen Zivilisation". Nur wenn eine genügende Verankerung der Völker in der organischen Natur durch ein hinreichend starkes Bauerntum erhalten bliebe, ließe sich die Gleichgewichtsstörung heilen. Amerikanische Bauerntumsideologen sehen den Farmer wegen seiner engen Verbindung mit der Natur als eine heroische Gestalt: „Er ist keine Treibhauspflanze, sondern ein zerzauster Baum am windgepeitschten Berghang; er scheut weder Schmutz noch Hitze, jedem Sturm blickt er furchtlos ins Gesicht" (zit. bei CRAMPTON 1965). Seine Naturverbundenheit entwickle im Bauern „besondere" Werte wie Geduld, Ausdauer, Gemessenheit, Würde, Denken und Vorsorge für Generationen. Die „gemachte" Welt könne im allgemeinen nur von Menschen der „gewachsenen" Welt gemeistert werden. In Wirklichkeit ist der Bauer kein Naturmensch. Seit Jahrtausenden geht sein Bestreben dahin, die Natur in Grenzen, wenn nicht zu beherrschen, so doch zu kontrollieren. Die bäuerliche Existenz ist das Ergebnis einer jahrtausendealten Agrarkultur, wenngleich selbstverständlich Reste von Naturabhängigkeit bleiben.
(3) Sie sind der „Blutsquell der Nation". Bauerntumsideologen glauben, „ein Volk erzeuge sich auf dem Lande und sterbe in den Städten aus" (GÜNTHER), wobei wertvolles Erbgut für immer verloren gehe. Auch die amerikanischen „grass-roots"-Ideologen behaupteten, das wichtigste Produkt der Farm seien Menschen, nicht Agrarerzeugnisse, obwohl sie weniger der deutschen Vorstellung vom menschenfressenden Moloch Großstadt anhängen. Ihnen war es mehr um Qualitätsunterschiede zu tun, weniger um den quantitativen Nachschub für die Städte. Diese Sicht setzte sich nach dem Zusammenbruch des Nationalsozialismus auch in Deutschland durch; die übersteigerte „Blut und Boden"-Ideologie DARRÉS war schon während des Dritten Reiches nicht mehr ernst genommen worden. RICHARD WALTER DARRÉ (1895–1953) hatte sich den nordisch hochgezüchteten Bauern als Blutquell der Herrenrasse vorgestellt; auf seinem Erbhof sollte er als Lehensmann des Staates sitzen und sich in Übereinstimmung mit den Grundsätzen der tierzüchterischen Auslese fortpflanzen. Die zahlenmäßige Minderheit des Bauerntums in modernen Industriestaaten schließt heute zwar biologistische „Blutsquell"-Spekulationen aus, aber manchen Agrarideologen erscheint es möglich, daß diese Minderheit zu einer Elite wird. Eliten sind immer klein. Ideologen sparen daher nicht mit hohen charakterlichen Anforderungen an die bäuerlichen Menschen. Die Vorstellung, aus der bäuerlichen Minorität könne eine gesellschaftliche Elite werden, setzt, um denkbar zu bleiben, einen möglichst geringen Annäherungsgrad zwischen Bauerntum und übriger Gesellschaft voraus; sonst könnte das Bauerntum ja nicht

von der Majorität her gesehen als Randgruppe erscheinen, was jedoch zum Wesen jeder Elite gehört. Täglicher Augenschein und agrarsoziologische Befunde bestätigen immer wieder, daß die Bauern in Wirklichkeit nicht Randgruppe sein, sondern so leben wollen wie alle anderen Menschen auch.

4.3 Bäuerliche Berufsethik

Berufsethik bezeichnet:
„(1) Die Gesamtheit der von einem Berufsverband kodifizierten Vorschriften für das berufliche Verhalten seiner Mitglieder.
(2) Die Gesamtheit der Wertvorstellungen und Erwartungen, mit denen die Angehörigen eines Berufes ihr berufliches Verhalten kontrollieren" (FUCHS u. a. 1978, S. 99).
Das Wort „Beruf" stammt aus der Bibelübersetzung MARTIN LUTHERS (1483–1546): „Ein jeglicher bleibe in dem Beruf, darin er berufen ist" (1. Korinther 7, 20). Im vorreformatorischen Verständnis galt als Beruf nur der geistliche Beruf, in den ein Mensch hineingerufen wurde. Luther dehnte den Begriff Beruf auf alle nützlichen und dauerhaften Tätigkeiten aus und wandte sich auch gegen den Versuch, durch treue Berufserfüllung vor Gott bestehen zu können („Werkgerechtigkeit"). Es kann keinen Beruf geben, der Gott näher wäre als andere, was vom bäuerlichen Beruf oft behauptet worden ist. Die Erzeugung von Nahrungsmitteln bleibt nach christlichem Verständnis ein Beruf wie jeder andere (vgl. dazu HASSELHORN 1964, S. 48–53).

Daraus folgt nicht, es dürfe kein besonderes bäuerliches Berufsethos geben. Vielmehr ist es grundsätzlich zu begrüßen, wenn Menschen ihre Berufsauffassung wahren: „Ganz allgemein fördert ein ausgeprägtes Berufsethos die Stabilität in der Gesellschaft. Es erleichtert auch die Behauptung im Arbeitsleben. Das hat der Landwirt besonders nötig, der wirtschaftlich mehr als Angehörige anderer Berufe von Unberechenbarkeiten abhängt – insbesondere vom Wetter und von Krankheiten bei Tieren und Pflanzen. Im übrigen schließt das volle Aufgehen im Beruf, die Hingabe an die Sache sicher besonders die Möglichkeit ein, über sich hinauszuwachsen oder sich selbst zu verwirklichen" (VON BLANCKENBURG 1962, S. 123).

Die bäuerliche Bevölkerung weiß die Vor- und Nachteile des Bauernberufes zwar nüchtern abzuschätzen, neigt aber in ihrem Denken – auch bei der jüngeren Generation – dazu, den eigenen Beruf zu überschätzen und fremde Berufe abschätzig zu beurteilen. Nach wie vor wird nichtkörperliche Arbeit von der landwirtschaftlichen Bevölkerung als „leicht" und ihre finanzielle Honorierung als unangemessen hoch empfunden. Als „echte" Arbeit gilt in erster Linie harte körperliche Arbeit. Diese Härte wird deshalb auch kaum als Nachteil empfunden; als Nachteile gelten vor allem die überlange Arbeitszeit und entsprechend wenig Freizeit sowie bei viehhaltenden Betrieben, daß man tagaus, tagein zur Stelle sein muß. Als Vorteile sieht der Bauer an, daß er nicht „für jemand arbeiten müsse, sondern sein eigener Herr sei". Welchen hohen Wert persönliche Freiheit und Selbständigkeit für die bäuerliche Bevölkerung bedeuten, erkennt man auch daran, daß besonders Zu- und Nebenerwerbslandwirte diese Werte ins Feld führen, wenn sie begründen wollen, warum sie ihren Bauernberuf nicht ganz aufgeben (vgl. SACHS 1972, S. 93). Das Bauersein liege eben im „Blut". G. GÖRZ (1958, S. 481) beschreibt den Bauern als einen Verhaltenstyp, der „charakterisiert ist durch das Bestreben, sich die Selbständigkeit und Unabhängigkeit der Lebensführung auch um den Preis eines gesicherten Arbeitsentgeltes zu bewahren", beim Nebenerwerbler ist der Preis eher Arbeitsüberlastung und in ihrem Gefolge eine gefährdete Gesundheit.

Beruf und Job kann man als Endpunkte einer Skala ansehen, welche die Bindung des Menschen an seine Arbeit mißt: beim Beruf ist die Bindung sehr stark, fast unauflöslich, beim Job sehr schwach und leicht aufzulösen. Die Jobauffassung wird in der industriellen Gesellschaft immer häufiger. Für den Bauern ist sein Beruf, wie empirische Untersuchungen immer wieder bestätigen (vgl. VON BLANCKENBURG 1958 und 1959, ZICHE 1970, SACHS 1972), in erster Linie Lebensinhalt und nicht bloß Lebensunterhalt. Freilich teilen außer den Bauern noch viele andere Berufe diese Auffassung, z. B. Wissenschaftler, Künstler, Pädagogen, aber auch jene Teile der Beamten-, Angestellten- und Arbeiterschaft, deren Aufgabenbereich Verantwortung und ein die Kollegenschaft übertreffendes Leistungsbewußtsein erlaubt.

Aus einstmals gültigen, heute überholten Definitionen des Bauern haben Politiker und Verbandsfunktionäre lange Zeit den Schluß gezogen, sein Berufsethos erlege ihm eine besondere Berufspflicht auf. Bekannt geworden ist die nationalsozialistische Begriffsbestimmung: „Bauer ist, wer in erblicher Verwurzelung mit Grund und Boden ein Land bestellt und diese Tätigkeit als eine Aufgabe an seinem Geschlechte betrachtet" (DARRÉ 1929, S. 107). Berufswechsel galt noch längere Zeit nach dem Zweiten Weltkrieg als „Fahnenflucht". Heute wird der Berufswechsel eines Bauern selbst von den Bauernverbänden eifrig unterstützt, wenn er zu einer gesicherten Existenz führt. Auch Wandlungen in der Wertordnung, über die wir am Schluß dieses Kapitels berichten, erleichtern dem einzelnen, seinen Beruf zu wechseln.

4.4 Bauernglaube

Ihre höchsten Werte pflegt jede Gesellschaft durch Religion (oder pseudoreligiöse Weltanschauung) zu stützen; im abendländischen Bauerntum kommt dem christlichen Glauben diese Aufgabe zu. Tatsächlich gelten die Bauern in der öffentlichen Meinung als besonders treue Christen und zuverlässige Stützen der Kirche. Viele Bauern halten sich immer noch für Gott näher als andere Menschen und begründen dies mit ihrer besonderen Naturnähe und Naturabhängigkeit. Die Wurzeln dieses Denkens reichen bis ins Heidentum, in irrige Auslegungen der christlichen Erlösungslehre (z. B. bei KARLSTADT um 1480–1541) und in Verbindungen des deutschen Idealismus mit Naturrechtslehren zurück. JOHANNES HASSELHORN (1964, S. 48f.) kritisiert aus evangelischer Sicht heftig, daß selbst führende Theologen den Bauern in Ausübung seines Berufes als einen Menschen sehen, der hineingebunden ist in eine magische Schranke von Religiosität. Diese Art von „Berufsreligion" habe mit dem reformatorischen Berufsverständnis nichts zu tun. Die Evangelische Kirche in Deutschland hat denn auch unmißverständlich erklärt: „An einen Schöpfer glauben heißt nicht, daß Gott in besonderer Weise nur im Bereich der natürlichen Schöpfung waltet und die in diesem Bereich tätigen Menschen ihm in irgendeiner Weise näher stünden als andere Berufe, die technische Produkte herstellen" (MÜLLER 1966, S. 18). In der katholischen Landvolkarbeit wird der gleiche Standpunkt vertreten.

Beide Kirchen haben schon in früheren Jahrhunderten mit den bäuerlichen Glaubensvorstellungen und der bäuerlichen Frömmigkeit nicht immer übereinstimmen können. Zwar ist völliger Unglaube bei der bäuerlichen Bevölkerung sehr selten gewesen, aber die bäuerliche Frömmigkeit war eher „herkömmliche Gemeinschaftsfrömmigkeit" (GÜNTHER 1942) als bewußtes Glaubensleben. Glaube gehörte zur Weltordnung. RIEHL schrieb: „Die Religion des Bauern ist seine Sitte, wie ihm umgekehrt auch seine Sitte Religion ist". Der bäuerliche Glaube hatte einen gesetzlichen Zug und neigte zur Strenggläubigkeit (Orthodoxie). Die äußere Form zu erfüllen (Ritualismus) galt weithin mehr als innere Erfahrung und seelische Erhebung. Kirchliche Bräuche wurden oft nur eingehalten, weil man meinte, den allmächtigen, das Wetter bestimmenden Gott günstig stimmen zu können. Bäuerliche Gebete hatten etwas Magisches an sich, weil man glaubte, die guten Werke des Menschen müßten von Gott ebenfalls mit guten Dingen beantwortet werden.

Häufig ähnelte der Bauernglaube einer „Art Schicksals- und Vorherbestimmungsglauben" (WEIGERT). Jedoch hielten die Bauern selber ihren Glauben allezeit für echt christlich, obwohl sich Dogmatik und Moral im Bauernstand bei weitem nicht mit der Kirchenlehre deckten. Schon im vorigen Jahrhundert und vermehrt zu Beginn dieses Jahrhunderts faßten einzelne

Landpfarrer ihre Erfahrungen zusammen: die Bauern seien im ganzen bis heute noch nicht bekehrt im Vollsinne des Wortes, man verhülle diese Blöße mit dem Mantel äußerer Kirchlichkeit. HASSELHORN meinte noch 1964: „Es ist darum nicht zu übersehen, daß wir die Zeit der Missionierung des Landes immer noch vor uns haben... Selbst dort, wo der alte Pietismus oder die Erweckungsbewegung des letzten Jahrhunderts ganze Dörfer wirklich missionarisch bewegten, haben sich die Voraussetzungen der orthodoxen Ordnungstheologie und die daraus folgenden Verhaltensweisen kräftig erhalten. Die Härte dieser Rechtgläubigkeit hat zwar den alten, meist heidnischen Bräuchen mit ganzem Ernst das Lebensrecht abgesprochen. Aber das einfache Verdikt des Unglaubens schafft noch lange nicht biblisch gegründeten Glauben" (S. 45).

HEINRICH TENHUMBERG (1950, S. 50) schloß schon zu Anfang der fünfziger Jahre aus Beobachtungen in westfälischen Dörfern, „daß sich im religiösen Leben des Dorfes eine neue Elitebildung vollzieht... Auffallend ist, daß diese Elitebildung in allen Schichten und Ständen des Dorfes festzustellen ist..." Zum gleichen Ergebnis kam JOACHIM ZICHE (1970) für Bayern. Die kirchliche Arbeit auf dem Lande ist schon lange keine spezielle Bauernseelsorge mehr, sondern versucht bewußt, die gesamte Bevölkerung auf dem Lande zu erfassen. Sie zielt über die allgemeine bäuerliche Religiosität hinaus, ja sie will gerade die Bauern „aus der menschenmordenden Bindung an den Boden" befreien. Eklatante Unterschiede im städtischen und ländlichen Glaubensleben, wie sie die Bauerntumsideologen behaupteten, gehören heute der Vergangenheit an.

4.5 Bäuerliches Selbstbild

Bauerntumsideologie, falsche Berufsethik und irrige religiöse Anschauungen können eine bäuerliche Bevölkerung sicherlich daran hindern, mit sich rasch ändernden sozialen Verhältnissen geistig Schritt zu halten. Wissenschaftler, Geistliche, Lehrer und Politiker haben daher altes ideologisches Gedankengut als gefährliches Hemmnis bei der Umorientierung der Landwirtschaft auf neue Gegebenheiten erkannt und die Bauernschaft gemahnt, sich an den Realitäten auszurichten. Viele dieser wohlmeinenden Mahner nahmen Ideen einzelner schreibgewandter Vertreter der Landwirtschaft, die für alle Bauern zu sprechen vorgaben, unbesehen für bare Münze. Da bis weit in die sechziger Jahre hinein Ideologen in den Bauernverbänden den Ton angaben, war es schwierig zu erkennen, welche Vorstellungen die Bauern tatsächlich von sich und ihrem Stand hatten. Sind die der landwirtschaftlichen Bevölkerung zugeschriebenen Werte und Motive wirklich die ihren? Oder sieht sie sich selbst ganz anders als ihre ideologischen Apologeten? Solche Fragen lassen sich durch empirische Untersuchungen des Selbstbildes der landwirtschaftlichen Bevölkerung beantworten.

Bekanntlich reagieren Menschen nicht auf die objektive Wirklichkeit, sondern auf Bilder (Images), die sie sich von der Wirklichkeit machen. Images zeigen, wie eine Person ihre Umwelt und sich selbst erlebt, sie schaffen eine subjektive Wirklichkeit, auf die der Mensch allerdings reagiert, als wäre sie objektiv. Images drücken sowohl durch die jeweilige Persönlichkeitsstruktur geformte, unter Umständen auch ererbte Lust- und Angstgefühle aus als auch Gruppennormen. „Images befinden sich gewissermaßen auf zwei verschiedenen Kontinua: auf einem Kontinuum zwischen Ich-Nähe und Ich-Ferne... und auf einem anderen Kontinuum zwischen subjektiver Beliebigkeit und gesellschaftlicher Institutionalisierung" (DREITZEL 1962, S. 187). Ein sehr ich-nahes und stark institutionalisiertes Image hat den kräftigsten Einfluß auf das Verhalten. Je stärker ein Image in einer Gruppe verankert ist, als desto stabiler erweist es sich. Images können sich durch Informationen über die objektive Wirklichkeit verändern. Dem Image zuwiderlaufende Informationen machen den Menschen allerdings unsicher, wogegen er sich – zumindest vorübergehend – schützen kann, indem er:

(1) widersprüchliche Informationen einfach nicht zur Kenntnis nimmt oder

(2) trotz besserem Wissen an seinen Vorstellungen festhält. Man weiß zwar, daß die Dinge „eigentlich" anders liegen, handelt aber nach den traditionellen (Leit)bildern.

Stürmt eine Überfülle von Informationen auf den Menschen ein, dann kann er sie nicht mehr im Rahmen eines Gesamtbildes einordnen und sich darum kein Sachurteil bilden. Die meisten Menschen neigen in diesem Fall zur Flucht in stereotypes Denken. Autostereotype sind Vorstellungen, die man von sich selbst und seiner Gruppe hat, mit Heterostereotypen charakterisiert man die anderen. Mit dem Stereotyp verquickt ist das Vorurteil, das in zwei Formen auftritt:

(1) Aus der Sicht des Aufgeklärten wird jedes Image, das sich gegenüber einem Informationsüberschuß abschließt, um stabil zu bleiben, zu einem Bild voller Vorurteile.

(2) Ein vorausgreifendes Vor-Urteil entsteht, wenn Informationen über bisher Unbekanntes sogleich in ein bestehendes Image eingebunden und Werturteile darüber gefällt werden, ohne erst die Sachverhalte zu prüfen.

Stereotype und Vorurteile entlasten das Bewußtsein wenigstens vorübergehend davon, in einer sich rasch wandelnden Welt ständig neue Orientierungen leisten zu müssen. Gerade das wird aber von der landwirtschaftlichen Bevölkerung in besonders starkem Maße verlangt. Daher wäre es nur folgerichtig, wenn sie mehr als andere Vorurteilen und Ideologien anhängen würde.

Das Selbstbild der landwirtschaftlichen Bevölkerung hängt eng mit ihrer Wertorientierung zusammen: Das Handeln der Bauern ist darauf gerichtet, die Werte, an denen sie sich orientieren, zu verwirklichen und eben dieses Handeln wird vom Selbstbild mitbeeinflußt. SACHS (1972, S. 67 ff.) stellt die einleuchtende These auf, solchem Verhalten liege ein Komplex aus Sicherungs-, Bindungs- und Freiheitstendenzen („S-B-F-Komplex") zugrunde.

Sicherung der Existenz im Sinne der Selbsterhaltung gehört zu den primären Bedürfnissen der Menschen. Diese Tendenz bezieht sich auch beim Bauern zunächst auf die Grundbedürfnisse nach Ernährung, Kleidung und Wohnung. Auch heute noch betonen viele Bauern – besonders Nebenerwerbsbauern –, wie wichtig ihnen die Gewißheit sei, sich notfalls aus eigener Erzeugung ernähren zu können: „Dann haben wir aber immer noch unseren Hof und haben unsere Erzeugung und können leben, wenn wir vielleicht auch schlecht leben müssen, aber wir können noch leben". Sie fühlen sich aber genauso für das Volksganze verantwortlich: von der bayerischen landwirtschaftlichen Bevölkerung wird die Ernährungssicherung bei weitem am häufigsten als Grund dafür genannt, „warum es nicht ohne Bauern geht" (ZICHE 1970).

Für den Bauern ist die Lebenssicherung eng verbunden mit der Sicherung der Produktionsfaktoren, unter denen der Boden zweifellos am höchsten geschätzt wird. Die „Hofidee" steht nicht umsonst im Mittelpunkt der Bauerntumsideologie. Hofidee heißt: der Hof gilt als höchster Wert; ihn zu erhalten, muß daher das wichtigste Bestreben des Bauern und seiner Familie sein, dafür müssen unter Umständen auch große persönliche Opfer gebracht werden. Offenbar ist die bäuerliche Bevölkerung dazu nach wie vor bereit, wenn auch nicht mehr in den extremen Formen, wie sie in klassischen Bauernromanen geschildert werden. ULRICH PLANCK (1970, S. 272) bekam 1968 von der westdeutschen bäuerlichen Jugend auf seine berühmte „Anna-Frage"[1] von 68 Prozent der männlichen und 62 Prozent der weiblichen Befragten die Antwort, der Hof müsse erhalten werden; auf die gleiche Frage hatten 1955 allerdings noch 78 Prozent geraten, den Hof zu erhalten.

---

[1] „Die 20jährige Anna steht vor einer schwierigen Entscheidung: Ihre Eltern sind bei einem Autounfall ums Leben gekommen und haben ihr die Sorge für zwei jüngere Geschwister und einen Hof von 20 ha (in der Umfrage 1955: 8 ha) hinterlassen. Soll Anna den elterlichen Hof verkaufen, ihren 14jährigen Bruder einem tüchtigen Meister in die Lehre geben und ihrer 16jährigen Schwester einen Platz als Verkäuferin vermitteln? Oder soll Anna ihre glänzende Stellung als Sekretärin und den Gedanken an eine baldige Heirat aufgeben, um ihren Geschwistern die Heimat und ihrem Bruder den väterlichen Hof zu erhalten? Was würden Sie Anna raten?"

SACHS (1972) fand, daß jüngere Landwirte in dem von ihm untersuchten Gebiet Hessens die Möglichkeit, einen anderen Beruf zu ergreifen, zwar nicht völlig ausschlossen, aber die Hemmfaktoren gegenüber dem Entschluß zur Betriebsaufgabe überwiegen, und einen Verkauf von Bodeneigentum würden sie nur unter ganz besonderen Bedingungen zulassen. „Verkaufen kann man nur einmal" und „ein Zurück gibt's dann nicht mehr" ist heute selbst beim kleinsten Nebenerwerbsbauern zum stereotypen Signal geworden, das davor warnt, die Sicherung durch Bodeneigentum aufzugeben. Das Ziel, Geld zu verdienen, bewerten die meisten Bauern als Mittel zum Zweck der Substanzsicherung, sie wollen nicht in erster Linie mehr verbrauchen. Man ist auch heute noch durchaus bereit, dem Hof zuliebe „den Bauchriemen enger zu schnallen".

Die landwirtschaftliche Bevölkerung strebt schließlich danach, ihre gesellschaftliche Anerkennung zu sichern. Der Schrumpfungsprozeß, dem die Landwirtschaft in jeder Industriegesellschaft unterworfen ist, hat die Bauern unsicher gemacht. VON BLANCKENBURG (1962, S. 124f.) hält diese Unsicherheit für ein wesentliches Kennzeichen der sozialpsychologischen Situation im westdeutschen Bauerntum und erklärt sie
(1) aus wirtschaftlichen Gründen,
(2) mit der ganz anderen Stellung der Landwirtschaft im Gefüge der modernen Gesellschaft,
(3) daraus, daß die Bauern nicht mehr Träger besonderer Werte seien z. B. biologische Höherwertigkeit, bessere Gesundheit, und
(4) damit, daß die Bauern nicht unbedingt staats- und demokratieerhaltend und ein Schutzwall gegen Totalitarismus seien.
Die bäuerliche Bevölkerung sieht sich aber teilweise immer noch als Fundament des wirtschaftlichen Wohlstandes und als staatsloyales Bollwerk zumindest gegen kommunistischen Totalitarismus. Gleichzeitig glaubt sie, große Teile der städtischen Bevölkerung versagten ihr gesellschaftliche Anerkennung. Sie fühlt sich von den Städtern mißachtet. Dieses Gefühl scheint auch bei der jungen Generation noch stark zu sein. Die jüngeren Bauern und Bäuerinnen glauben sich im Einklang mit dem Geist der Zeit, zumal sie ausgezeichnete technische und wirtschaftliche Kenntnisse vorweisen können. Trotzdem stoßen sie immer wieder auf das von der nichtlandwirtschaftlichen Bevölkerung gehegte Vorurteil, Bauern seien rückständige Menschen. Mißtrauen hegt die bäuerliche Bevölkerung auch gegenüber den Massenkommunikationsmitteln, von denen sie sich größtenteils falsch dargestellt wähnt.

Das Bestreben, die sozialökonomische Stellung des Berufsstandes in der Gesellschaft zu sichern, drückt sich aus in Forderungen und Erwartungen an die Agrarpolitik. Die bäuerliche Bevölkerung hat weithin Leitbilder, die mit den Zielen der praktischen Agrarpolitik kollidieren, weil es keine Möglichkeit gibt, sie zu verwirklichen. Das gilt insbesondere für die Agrarpreispolitik, von der man sich „gerechte" oder „kostendeckende" Preise wünscht. Nebenerwerbsbauern klagen die Agrarpolitik an, die „Kleinen" zu benachteiligen und damit das fundamentale „Prinzip der ausgleichenden Gerechtigkeit" zu verletzen, dem jede Politik zu gehorchen habe. Die Bereitschaft zur politischen Aktivität ist dennoch bei den deutschen Bauern sehr gering. ZICHE (1970) fand nur ein Zehntel der bayerischen Bauern zu radikalen Maßnahmen wie Demonstrationen, Käufer- und Lieferstreiks bereit.

Dazu ist man als Bauer an die individuelle Situation des Betriebes und an seine Arbeit zu sehr gebunden. Die Sicherungstendenzen lassen sich nicht trennen von den vielfachen Bindungen der bäuerlichen Bevölkerung an die Welt des Bauernhofes und den bäuerlichen Beruf. Ein „richtiger" Bauer gibt seinen Hof und Beruf nicht auf, er sieht das als „Verrat an seiner bisherigen Arbeit"; wo die Familie viele Generationen auf dem Hof sitzt, will keiner „derjenige sein, der den Kram in die Ecke schmeißt". Bei jüngeren Landwirten erscheint die Bindung an den Hof zwar differenziert durch Einkommensüberlegungen, aber in ihrer Bindung an den Beruf unterscheiden sie sich kaum von ihren Vätern. Man hat sich zwar für den Beruf meist nicht selber entschieden, sondern ist nach dem Willen der Eltern „hineingewachsen", aber am Ende ist man „fertiger Landwirt" und erlebt, daß man es mit „Leib und Seele" ist. Im Laufe des

Sozialisationsprozesses wächst die Verbindung zum Hof und wird zur Verbundenheit, wenn auch nicht so ausgeprägt wie früher. Der Beruf dient dann nicht mehr in erster Linie dem Geldverdienen, sondern wird darüber hinaus zur erstrebten Lebensform, wie drei Viertel der bayerischen Bauern erklärten (ZICHE 1970).

Freiheit bewertet der Bauer sehr hoch. Er versteht darunter sowohl das Leben und Schaffen in der „freien" Natur als auch das Gefühl, sein eigener Herr zu sein, sich die Arbeit selber einteilen zu können und abwechslungsreiche und schöne Arbeit zu tun. Freilich hat diese Freiheit zwei Seiten. Wie bei jedem freien Unternehmer kann sie nur aufrechterhalten werden, wenn der Bauer und seine Familie alle geistigen und körperlichen Kräfte einsetzen. Um der Freiheit willen, ihre Betriebs- und Arbeitsorganisation selbst gestalten zu können, ist die bäuerliche Familie bereit, auf Freizeit, Urlaub und private Sphäre zu verzichten. Das bäuerliche Freiheitsempfinden wertet die Freiheit von personeller Herrschaft (Vorgesetzter, Meister, Vorarbeiter) höher als die Freiheit vom Sachzwang, wie er ja nicht nur vom Fließband in der Fabrik, sondern auch vom landwirtschaftlichen Betrieb, ganz besonders von der Viehhaltung ausgeht. SACHS (1972, S. 89) stellte bei hessischen Bauern fest: „Die mit der Viehwirtschaft in landwirtschaftlichen Familienbetrieben verbundene Forderung nach ständiger Präsenz und nach regelmäßiger Verfügbarkeit der Arbeitskraft, die objektiv zur Last werden kann, wird in eine Verpflichtung umgewertet, in das Opfer, das man als ‚richtiger' Bauer mit ‚Lust und Liebe' bringt. Der somit in eine ethische Bindung verwandelte Sachzwang ist wie ein Gegenstück der ‚Freiheit', und so macht den Bauern umgekehrt das Gefühl der Freiheit ‚stark', die Last der Mehrarbeit auf sich zu nehmen". So wird das Streben nach Freiheit für den Bauern zu einem Mittel, den Hof zu erhalten und Landwirt zu bleiben oder zu werden; die Liebe zur Freiheit setzt Kräfte frei, die nicht nur die Kräfte weckt, ungewöhnliche Arbeitslast zu tragen, sondern sie mobilisiert auch Aktivitäten, die innovatorischen Charakter haben („Ich will unseren Hof völlig modernisieren") und auf diese Weise Freiheitsraum schaffen.

4.6 Wertewandel

Obwohl Bauern als „konservative Denker" gelten und dementsprechend in ihren Einstellungen, aber mehr noch bei ihrem Entscheidungshandeln eine beträchtliche Beständigkeit aufweisen und in zentralen Verhaltensbereichen nur sehr langsam zu variierten Formen des Verhaltens übergehen, können sich ihre Wertordnungen selbstverständlich wandeln. Man kann außerdem seit langem beobachten, daß die bäuerliche Bevölkerung unter dem Druck der sozialökonomischen Verhältnisse ihr Verhalten ganz offensichtlich an anderen Werten orientiert als an denen, die sie selber für „echt bäuerlich" hält, und auch an anderen als denen, die ihr von der öffentlichen Meinung üblicherweise zugeschrieben werden. So findet sich beispielsweise Bildungsfeindlichkeit, die dem Städter als typisch bäuerliche Eigenschaft gilt, bei der bäuerlichen Bevölkerung so gut wie gar nicht mehr, wenn es sie überhaupt jemals gegeben haben sollte; und obwohl Bauern nahezu verächtlich von Wirtschaftshasardeuren zu sprechen pflegen, gibt es nicht wenige unter ihnen, die sich selber betriebswirtschaftlich sehr riskant verhalten, z. B. übermäßig mechanisieren.

Der Akzent der Wirtschaftsgesinnung des Bauern hat sich vom vorindustriellen Bedarfsdeckungsprinzip zum industriellen Erwerbsprinzip, zum Kommerziellen und Marktwirtschaftlichen hin verschoben, ohne daß der Bauer schon zum „richtigen" Unternehmer geworden wäre: Einkommensmaximierung ist nicht sein Ziel, eher strebt er nach standesgemäßem Auskommen. Der Gewinn soll nicht nur der geleisteten Arbeit, sondern auch der sozialen Stellung entsprechen, wie u. a. CAY LANGBEHN (1976) für schleswig-holsteinische Bauern anhand von Buchführungsabschlüssen nachgewiesen hat. Auch bei der landwirtschaftlichen Bevölkerung wechseln die Statussymbole vom Betriebs- und Produktionsmitteleigentum zu einkommensgebundenen Konsumgütern (Auto, Fernsehapparat, Wohnungseinrichtung, modegerechte Kleidung, Besuch kultureller Veranstaltungen). An die Stelle der sozialen Bewertung nach erblicher Herkunft und nach Besitz tritt mehr und mehr diejenige nach Bildung, Leistung und Einkommen. Innerhalb der bäuerlichen Familie wird die Partnerschaft höher bewertet als das traditionelle Patriarchat. Das psychologische Korrelat dieser Wandlungen ist die Individualisierung des Bauern („jeder für sich") und eine gefühlsmäßige Distanzierung gegenüber Boden, Pflanze, Tier und Betrieb als Ganzes, die von einem „Teil seiner selbst" mehr und mehr zum ökonomischen Mittel wird, um Einkommen zu gewinnen. „Damit verliert sich die absolute Bindung an den Boden und wahrscheinlich auch ein Stück des Verantwortungsgefühls gegenüber dem Familienerbe und seiner zukünftigen Erhaltung, zumal nicht sicher ist, ob die künftige Generation es weiterführen wird" (SACHS 1965, S. 141). Allerdings vollzieht sich dieser Wandel in den verschiedenen bäuerlichen Einkommensschichten verschieden rasch. Diejenigen, die sich ausrechnen, immerhin zu den letzten Überlebenden in der Landwirtschaft zu gehören, werden dem Familienerbe anders gegenüberstehen als solche, die außerhalb der Landwirtschaft ihren Lebensunterhalt suchen müssen; doch neigen auch die Nebenerwerbsbauern im allgemeinen nicht dazu, ihren Boden zu veräußern. Der entscheidende Punkt im Wandel bäuerlicher Wertordnungen liegt wohl darin, daß die Bauern sich der Werte bewußt werden, über sie nachdenken, sie recht einschätzen und sich von ihnen lösen können, wenn das Mißverhältnis zwischen emotionalem und materiellem Wert zu groß wird.

Literatur: BERGMANN, K. 1970, DREITZEL 1962, FRAUENDORFER 1963, HAUSHOFER 1958, LUPRI 1963, MÜLLER 1962, ZICHE 1968, 1970.

Diskussions-und Prüfungsfragen
1. Erklären Sie den Zusammenhang zwischen Werten, Motiven und Verhalten!
2. Welche Werte schreibt die Bauerntumsideologie dem Bauerntum zu und was wird damit bezweckt?
3. Warum brauchen Landwirte ein Berufsethos?
4. Welche wesentlichen Unterschiede bestehen zwischen „Bauernglaube" und christlichem Glauben?
5. Was versteht man unter „Image" und wie beeinflußt es das menschliche Verhalten?
6. Warum kommt den Sicherungstendenzen im bäuerlichen Selbstbild eine zentrale Bedeutung zu?
7. Welches sind die wichtigsten Wandlungen in der bäuerlichen Wertordnung, die man in stark industrialisierten Ländern beobachten kann?

5 Der landwirtschaftliche Betrieb

5.1 Äußeres und inneres System

Der landwirtschaftliche Betrieb wird als ein mehr oder weniger offenes, zweckorientiertes System aufgefaßt, das aus sich ständig verändernden maschinellen, biologischen und sozialen Subsystemen zusammengesetzt ist (vgl. RUTHENBERG 1976b, S. 43). Die folgenden Ausführungen beschränken sich auf die sozialen Komponenten des Betriebssystems.

In seiner Eigenschaft als ein Komplex sozialer Prozesse, namentlich der Kooperation, stellt ein landwirtschaftlicher Betrieb ein Netz sozialer Beziehungen dar, die sich insgesamt zu einem sozialen System verdichten, das ein Innen und Außen hat (vgl. BURGHARDT 1978, S. 18). Jeder konkrete landwirtschaftliche Betrieb hat eine Umwelt, die Rahmenbedingungen wirtschaftlichen Handelns setzt: Er ist Teil der übrigen Landwirtschaft und der Volkswirtschaft und steht unter den Gesetzen des Staates und den Erwartungen der Gesellschaft. Agrarpolitische Ordnungen und Maßnahmen einschließlich der Regionalpolitik im ländlichen Raum greifen tief in die betrieblichen Entscheidungen ein.

Die jüngere Agrarsoziologie betrachtet daher den landwirtschaftlichen Betrieb (Subsystem I) und seine institutionalisierte Umwelt (Subsystem II) als ein Gesamtsystem wechselseitiger Beziehungen und Wirkungen.

5.1.1 Technologisch-administratives Umfeld

Das äußere System wirkt durch direkte und indirekte Interaktionen mit den Betriebsleitern auf die Festsetzung der Unternehmensziele, auf die Betriebsentscheidungen und auf die Ausführung der landwirtschaftlichen Rollen ein. Der den landwirtschaftlichen Betrieb beeinflussende Teil der Umwelt wird in der Fachliteratur als „Technological and Administrative Task Environment" (TATE) bezeichnet, was man mit „technologischem und administrativem Umfeld" oder in marxistischer Terminologie mit „Überbau" übersetzen könnte. Dieses Umfeld ist keine Einheit wie der Betrieb, sondern besteht aus einer Vielzahl von Ämtern, Behörden, Dienststellen, vor- und nachgelagerten Unternehmen usw.

Die Grenzen des Gesamtsystems „Betrieb-Umfeld" sind schwer zu bestimmen, weil (1) die einzelnen Elemente ihren Sitz an verschiedenen Orten haben können (räumliche Streuung), (2) jedes Element gleichzeitig Teil mehrerer sozialer Systeme sein kann (soziale Verflechtung), und (3) die Elemente des Umfelds Glieder in einer Kette von institutionellen Abhängigkeiten sind, die ihnen verschiedene Grade von Autonomie oder Machtausübung erlauben (institutionelle Verkettung).

In einer reifen Industriegesellschaft kann man das Umfeld eines landwirtschaftlichen Betriebes auch als eine Quasi-Organisation begreifen, deren äußerste Ausläufer die landwirtschaftlichen Betriebe sind. In der zentralgelenkten Volkswirtschaft eines autoritären Staates ist dieser Tatbestand offensichtlich. Aber auch in Staaten mit Marktwirtschaft und freiem Unternehmertum gibt es „Sachzwänge", die den Entscheidungsspielraum im Einzelunternehmen einengen. Für das Verständnis und die Beurteilung der Vorgänge und des Verhaltens im landwirtschaftlichen Betrieb ist nach Meinung von BENVENUTI (1975) die Quasi-Organisation des technologischen und administrativen Umfeldes bedeutungsvoller und aufschlußreicher als eine Analyse auf Betriebsebene, denn das Umfeld macht die internen Betriebsvorgänge erst möglich.

Das „Betrieb-Umfeld-System" besitzt zwei wichtige Eigenschaften: (1) die normative, funktionale und materielle Abhängigkeit des landwirtschaftlichen Betriebes von seinem technologisch-administrativen Umfeld ist größer als umgekehrt (Asymmetrie der Beziehungen); (2) Disfunktionalität des Gesamtsystems, fehlerhafte Planungen, falsche Ratschläge treffen in der Regel den Betrieb mehr als die Elemente seines Umfeldes, denn letzten Endes trägt der Landwirt die Verantwortung für die betrieblichen Entscheidungen und die Ausführung (Asymmetrie der Verantwortung). BENVENUTI sieht das Kernproblem der gegenwärtigen Sozialorganisation der Landwirtschaft in den westlichen Ländern darin, daß (1) die winzige Autonomie, die ein Landwirt tatsächlich besitzt, als volle Autonomie betrachtet werde, und (2) der Landwirt für die Fehler, die Organisationsmängel und die falschen Lageeinschätzungen, die sich höheren Ortes in der Integrationskette des Umfelds ereignen, bezahlen müsse. Das Wort „Beratungsgeschädigter" kennzeichnet diesen Sachverhalt.

Das „Betrieb-Umfeld-System" ist ferner durch folgende Merkmale und Tendenzen charakterisiert: (1) Je mehr sich die landwirtschaftlichen Betriebe spezialisieren, um so abhängiger werden sie von ihrem technologisch-administrativen Umfeld. (2) Formalisierung, Standardisierung und Normierung der Beziehungen zwischen landwirtschaftlichem Betrieb und seinem Umfeld wachsen. (3) Die tatsächlichen Möglichkeiten des Landwirts, die Signale und Informationen aus seinem Umfeld an Hand eigener Meinungen, Erfahrungen und Wertsetzungen zu gewichten und zu prüfen, verringern sich. Immer mehr ist er gezwungen, den Anweisungen und Ratschlägen von außen „blindlings" zu folgen, da die zunehmende Differenzierung, Formalisierung und Spezialisierung seiner technologisch-administrativen Umwelt es erschweren, ein gültiges Gesamtbild der Zusammenhänge zu gewinnen. (4) Die Verwissenschaftlichung der Landwirtschaft schreitet voran, und gerade der fortschrittliche, dynamische Landwirt fühlt sich dieser Entwicklung verpflichtet. Er konsultiert daher vor Unternehmensentscheidungen die Fachleute; ihr Rat dient ihm als Rechtfertigung seines Handelns. (5) Jedes Element des technologisch-administrativen Umfelds hat eine gewisse Eigengesetzlichkeit und Eigendynamik und verfolgt Eigeninteressen. Daraus entsteht im Umfeld eine ziemliche Turbulenz, die sich als Verwirrung, Unsicherheit oder Ratlosigkeit auf den Einzelbetrieb übertragen kann. Die Turbulenz im Umfeld behindert eine angemessene Operationalisierung bereits getroffener Entscheidungen. Der eine rät dies, der andere empfiehlt jenes, und der Erfolg des daraus folgenden zwiespältigen Handelns ist mäßig. (6) Da jeder Akteur im Umfeld nicht nur sachliche Gesichtspunkte, sondern auch Eigen-, Verbands-, Behörden- und Parteiinteressen vertritt, stehen die Betriebsentscheidungen und -vorgänge in zunehmendem Maße unter sachfremden, irrationalen Einflüssen.

5.1.2 Determinanten des inneren Systems

Unter Organisation versteht man betriebssoziologisch (1) den Rahmen für materielle, auf das Betriebsziel gerichtete Arbeitsvollzüge und Informationsprozesse, (2) den dazu erforderlichen Apparat, d. h. die benötigten technischen Hilfsmittel der Verwaltung, Kontrolle und Kommunikation, und (3) ein vorweg geregeltes, arbeitsteilig-koordiniertes Verhalten der Betriebsangehörigen (Belegschaft), um die festgelegten Ziele zu erreichen.

Der Betriebszweck wird nur erreicht, wenn bestimmte Tätigkeiten (Arbeitsrollen) ausgeführt werden. Die Rollenerwartungen sind an Positionen geknüpft, die mit bestimmten Rechten, Pflichten, Privilegien und Mitteln ausgestattet sind. Daraus ergibt sich eine horizontal und/oder vertikal gegliederte Organisationsstruktur. Je größer ein Betrieb ist, um so mehr entfaltet sich seine Organisationsstruktur. Innerhalb einer Betriebsorganisation werden die verschiedenen Arbeitsrollen in eine zweckmäßige, zielgerichtete Verbindung gebracht. Anweisungen, Kontrollen und Rückmeldungen lassen Regelkreise entstehen. Dadurch bildet sich ein formales System, innerhalb dessen sich informell soziale Felder aufbauen, weil die Belegschaftsmitglieder auch ungezwungen miteinander interagieren und kommunizieren.

Es gibt verschiedene Wege, einen landwirtschaftlichen Betrieb zu organisieren. Die Organisationsformen hängen, wie wir bereits gesehen haben, von den natürlichen Produktionsbedingungen und von den übergeordneten Gesellschafts- und Wirtschaftssystemen ab. Weitere soziologisch bedeutsame Kriterien sind Ortsbeständigkeit, Technisierungsgrad und Intensitätsstufe, Marktverflechtung, Erwerbsfunktion und Arbeitsteilung (Rollenstruktur).

5.1.2.1 Ortsbeständigkeit

Aufgrund der Ortsbeständigkeit lassen sich stationäre und ambulante Betriebssysteme unterscheiden. Zu den ersteren sind jene zu rechnen, die ihren Standort mindestens während einer Generation nicht wechseln, zu den letzteren gehören die Betriebssysteme des Wanderfeldbaus und der Wanderviehzucht. Dazwischen gibt es Übergangsformen mit ortsfestem Standort der Wohn- und Betriebsstätte, aber einem periodischen Landwechsel in den Feldschlägen (Landwechselwirtschaft) und Viehweiden (Almwirtschaft). Voraussetzungen stationärer Landwirtschaft sind (1) die Gunst sich selbst regenerierender Böden (Vulkan-, Schwemmböden), (2) die Kultivierung ertragreicher Pflanzen (Knollenfrüchte, Leguminosen, Reis, Mais) oder (3) die

Kunst, die Bodenfruchtbarkeit durch Brache, Düngung und/oder Fruchtfolge zu erhalten. In ortsfesten Betrieben bilden sich zwangsläufig andere Formen sozialer Innen- und Außenbeziehungen und sozialer Verhaltensweisen heraus als in wandernden Betrieben.

5.1.2.2 Technisierungsgrad und Intensitätsstufe

Agrartechnik und Intensität formen die Betriebsorganisation, weil dadurch Arbeitsrollen definiert und die Arrangements der Belegschaftsmitglieder (Einzelarbeit, Kolonnenarbeit, Bildung von Arbeitsketten) festgelegt werden. Darüber hinaus hängen vom Technisierungsgrad und der Art der Technisierung Arbeitsmühe und Arbeitsleistung ab, die sich wiederum auf Arbeitsfreude und Arbeitsleid auswirken. Intensivere Bodennutzung und Viehhaltung verursachen mehr Arbeit. Der Landwirt wird daher überlegen, ob der Nutzen die Mühe wirklich lohnt; es sei denn die Umstände zwingen ihn zu höherer Intensität. Soziologisch bedeutsam ist schließlich, daß die Technik des Arbeitsvollzuges und die technische Ausstattung ein wesentliches Kriterium der Arbeitsplatzbewertung und des sozialen Ranges des jeweiligen Rollenträgers darstellen.

5.1.2.3 Marktverflechtung

Der Grad der Marktverflechtung bestimmt vor allem die Außenbeziehungen des Betriebssystems, greift aber auch tief in die innere Betriebsorganisation ein. Die Abstufungen reichen vom Extrem des Subsistenzbetriebes, der nur für die Selbstversorgung produziert, bis zum Extrem des voll in das Agribusiness integrierten Betriebes.

Der marktorientierte Landwirt bestreitet seinen und den Lebensunterhalt seiner Angehörigen aus der Spanne zwischen Gestehungskosten und Verkaufserlösen. Sein Denken und Handeln gilt daher sowohl den internen Betriebsvorgängen als auch dem äußeren Marktgeschehen. Er muß kaufmännisch-unternehmerisch handeln. Seine mitmenschlichen Beziehungen sind großenteils geschäftlicher Art. Demgegenüber dient die Produktion des Subsistenzlandwirtes unmittelbar seiner Ernährung und gleichermaßen der Pflege seiner sozialen Beziehungen. In einem Subsistenzbetrieb[1] besteht das Organisationsproblem darin, die Produktion nach Art und Menge mit dem voraussichtlichen naturalen Eigenbedarf und den sozialen Verpflichtungen in Einklang zu bringen. Diese schwierige Aufgabe bewältigt der Subsistenzlandwirt, indem er gedanklich die Produktion in kleine Portionen aufgliedert und diese einem bestimmten Bedarf zuordnet. So legt der Papua je eine Yamsparzelle für seine eigene Ernährung, für die Ernährung seiner Frau und seiner Kinder, für Geschenke, die er der Verwandtschaft schuldet, für Hochzeitsgaben, für Opfergaben usw. an.

Das Denken des Subsistenzlandwirts kreist um die tägliche Bedarfsdeckung. Das Überleben setzt dauernden Wirtschaftserfolg voraus. Der geringe Ertragsspielraum verbietet es, mit riskanten Neuerungen zu experimentieren. Um das Risiko zu mindern, halten Subsistenzlandwirte an alten Verfahren fest. Dahinter steht die Erfahrung, daß die Vorfahren mit Hilfe dieser Verhaltensweisen überlebt haben, und die Überzeugung, selbst zu überleben, wenn man genauso verfährt. Das Risiko wird ebenfalls gemindert, wenn die einzelne Subsistenzwirtschaft eingebettet wird in das soziale System einer Großfamilie, eines Stammes oder eines Dorfes. Derartige Verbände dienen insofern der Absicherung, als jedes Mitglied verpflichtet ist, seine Überschüsse zu verschenken, und erwarten darf, notfalls von anderen Geschenke zu erhalten. Je mehr Haushalte an diesem Tauschring beteiligt sind, um so wirkungsvoller arbeitet ein derartiges Sicherungssystem.

---

[1] Der Begriff „Subsistenz" läßt zwei Deutungen zu: (1) tatsächlicher Eigenverbrauch und (2) hypothetisches Existenzminimum. Das biologische Existenzminimum kennzeichnet die untere Schwelle des physiologischen Lebensunterhaltes. Darüber liegt das soziale Existenzminimum, d. h. die Befriedigung von sozialen und religiösen Mindestbedürfnissen, das auch Aktivitäten wie Schenken, Feiern und Opfern einschließt.

5.1.2.4 Erwerbsfunktion

Im Größenbereich der landwirtschaftlichen Klein- und Kleinstbetriebe werden in der deutschen Agrarstatistik folgende fünf Erwerbstypen unterschieden:
1. Haupt- oder Vollerwerbsbetriebe: Betriebe, deren Organisation und Größe ausreicht, einer bäuerlichen Familie bei rationeller Bewirtschaftung ein angemessenes Einkommen zu gewährleisten.
2. Hauptberuflich geleitete Zuerwerbsbetriebe: Betriebe, deren Inhaber im Hauptberuf Landwirte sind, die aber nicht die Voraussetzungen für ein angemessenes Einkommen bieten und deren Bewirtschafter daher auf Zuerwerb angewiesen sind.
3. Landwirtschaftliche Nebenerwerbsbetriebe mit Marktleistung: Betriebe, die nur im Nebenberuf bewirtschaftet werden, aber noch eine Marktleistung von über 1000 DM im Jahr erzielen.
4. Landwirtschaftliche Kleinbetriebe mit 0,5 bis 2 ha landwirtschaftlicher Nutzfläche, die nebenberuflich bewirtschaftet werden und keine oder doch nur eine Marktleistung unter 1000 DM im Jahr erbringen (Selbstversorgerbetriebe).
5. Haushalte mit bewirtschafteten Kleinflächen bis 0,5 ha.

Im *Vollerwerbsbetrieb* sind die gesamten Bestrebungen des Betriebsleiters und seiner Angehörigen auf den Betrieb gerichtet. Betriebs- und Familienorganisation gehen ineinander über, wie dies in Teil 2: 6. näher ausgeführt wird.

In den *Teilerwerbsbetrieben,* zu denen die Typen (2), bis (4) zählen, ist die Familie keine vollständige landwirtschaftliche Produktions- und Arbeitsgemeinschaft, denn nur ein Teil der Arbeitskraft wird im Familienbetrieb eingesetzt. In den Zuerwerbsbetrieben liegt das landwirtschaftliche Reineinkommen unter dem allgemeinen Vergleichswert, obwohl der Betriebsleiter seine Arbeitskraft hauptsächlich in seinem Betrieb und weniger als 1150 Stunden jährlich außerbetrieblich einsetzt. In Kombination mit der Einkommenssituation ergeben sich drei sozialökonomische Typen von Nebenerwerbsbetrieben: (1) moderne nebenberuflich bewirtschaftete Betriebe (das landwirtschaftliche Einkommen übertrifft den allgemeinen Vergleichswert), (2) nebenberuflich bewirtschaftete Betriebe mit überdurchschnittlichem und (3) mit unterdurchschnittlichem Gesamteinkommen der Familie (vgl. WERSCHNITZKY 1975, S. 220).

In Nebenerwerbsbetrieben erbringt die eigene Landbewirtschaftung nach einer üblichen Definition höchstens die Hälfte des Gesamteinkommens des Betriebsinhabers, der hauptberuflich (mehr als 1150 Stunden im Jahr) außerbetrieblich tätig ist. Die Doppelberuflichkeit des Betriebsinhabers erfordert in der Regel, den Betrieb anders zu organisieren als einen Vollerwerbsbetrieb, d. h. extensiver zu wirtschaften, Betriebszweige aufzugeben, die sich nicht vereinbaren lassen mit der hauptberuflichen Tätigkeit (z. B. Milchviehhaltung) oder sich auf Produkte zu spezialisieren, die nur kurzfristig den vollen Arbeitseinsatz beanspruchen (z. B. Erdbeeren, Obst). Unterbleibt eine der Nebenerwerbssituation angepaßte Betriebsorganisation, was im Übergangsstadium von der Vollerwerbslandwirtschaft häufig der Fall ist, dann kommt es gewöhnlich zu einer Überlastung der Familienangehörigen, hauptsächlich der Frau, und infolge der körperlichen Überanstrengung häufig zu psychosozialen Spannungen innerhalb der Familie und wegen des Zeitmangels zu einer sozialen Desintegration des Nebenerwerblers innerhalb der Siedlungsgemeinschaft.

Die Organisation der Teilerwerbsbetriebe wird ferner vom Betriebszweck beeinflußt. Nebenberufliche Landwirte wollen nach Ansicht von ULRICH WERSCHNITZKY (1975, S. 251) vor allem „Teilarbeitszeiten einsetzen, um noch vorhandenes Produktionskapital bei geringerer Intensität zu nutzen". Gewiß hängen einige Zu- und Nebenerwerbslandwirte wirtschaftlich von den Erträgen ihres Betriebes ab und gehen einem außeragraren Erwerb nur nach, um besser die Bedürfnisse ihrer Familie (z. B. Berufsausbildung der Kinder) befriedigen, notwendige Betriebsinvestitionen finanzieren oder Schulden tilgen zu können. Aber die meisten Nebenerwerbslandwirte betrachten die Bewirtschaftung ihres Grundbesitzes als Nebentätigkeit oder als Hobby, das der Entspannung, dem Erfolgserlebnis, der Selbstversorgung mit „gesunden" Nahrungsmitteln oder der Erhaltung des Bodeneigentums als Vermögenswert dienen soll. Auch der Gedanke, für Zeiten der Arbeitslosigkeit eine zweite Existenz aufzubauen, den Kindern ein „natürliches Aufwachsen" zu ermöglichen und sentimentale Motive (Wahrung der Bodenverbundenheit) können mitspielen (Übersicht 41). Soweit es auf größere Lebensbefriedigung ankommt, unterliegt der Nebenerwerbsbetrieb nicht den ökonomischen Prinzipien und Beurteilungsmaßstäben des Vollerwerbsbetriebes.

Übersicht 41. Begründung des Nichtverkaufs von Nebenerwerbsbetrieben in Österreich[1]

Gründe	%
Boden wertsichere Anlage	37
billige Selbstversorgung	20
Vorteile ländlichen Wohnens	14
Einkommen nicht ausreichend	12
Furcht vor Arbeitslosigkeit	8
Tradition	4
abwechslungsreiche Arbeit	3
kein Käufer	2
Befragte insgesamt	100

[1] Umfrage 1974 in Oberösterreich, Salzburg und im Burgenland
Quelle: MANNERT 1977, S. 75.

Das soziale System eines Teilerwerbsbetriebes unterscheidet sich von demjenigen eines Vollerwerbsbetriebes vor allem durch seine Öffnung nach außen und seine Rollendifferenzierung im Innern. Die Arbeitsrollen können in zweifacher Weise differenziert sein. Einmal können die landwirtschaftlichen Rollen den ständig anwesenden Familienangehörigen, d. h. der Ehefrau, Mitgliedern der älteren Generation oder den heranwachsenden Kindern zugewiesen werden, während dem Manne, seltener der Frau, die außerbetriebliche Erwerbsrolle zufällt. Zum anderen kann ein regelmäßiger Rollenwechsel zwischen abhängiger außerbetrieblicher und selbständiger landwirtschaftlicher Tätigkeit stattfinden. Im letzteren Falle kann es zu beträchtlichen Rollenkonflikten zwischen den Belangen des Betriebes und den beruflichen Verpflichtungen kommen. Die Lösung der Konfliktsituation geht häufig zu Lasten einer ordentlichen Betriebsführung und eines harmonischen Familienlebens, so daß „sich die sozialen Vorteile, die ein Nebenerwerbsbetrieb gerade einer Familie beim Übergang in eine andere Berufs- und Arbeitswelt bieten kann, oft ins Gegenteil umkehren und zu ungesunden sozialen Bedingungen führen können" (WENZEL 1974, S. 83).

Der volkswirtschaftliche Wert der Nebenerwerbslandwirtschaft besteht in einem nicht unbedeutenden Beitrag zum Sozialprodukt durch die Nutzung von Flächen, von vorhandenem Gebäude- und Maschinenkapital sowie von Teilarbeitskräften. Die gesellschaftspolitische Bedeutung liegt „insbesondere in vielen Problemgebieten bei der Erhaltung der Kulturlandschaft und einer Beteiligung breiter Bevölkerungsschichten am Grundvermögen" (WERSCHNITZKY 1975, S. 251). Darüber hinaus wird durch die Nebenerwerbslandwirtschaft die Abwanderung aus den ländlichen Räumen gebremst und die soziale Struktur auf dem Land gefestigt.

Die Bedeutung der Zu- und Nebenerwerbslandwirtschaft in den kommunistischen Ländern wird gewöhnlich unterschätzt. In der Form der Hofwirtschaft ist sie jedoch eine weitverbreitete Erscheinung, die vor allem in der tierischen Produktion auch ein erhebliches wirtschaftliches Gewicht besitzt und „für viele Jahrzehnte die komplementäre Bedingung der künstlich herbeigeführten dualen Agrarstruktur durch Großbetriebe" (WEBER 1974, S. 71) darstellt.

5.1.2.5 Arbeitsteilung

Konstitutiv für die Betriebsorganisation sind Grad und Art der Arbeitsteilung. Nach dem Grad der Arbeitsteilung lassen sich werkstatt-, manufaktur- und industrieähnliche landwirtschaftliche Betriebe unterscheiden. Die landwirtschaftlichen Betriebe sind gewöhnlich vom werkstattmäßigen Organisationstyp. Die *Werkstattsituation* ist dadurch gekennzeichnet, daß es keine spezialisierten Arbeitsrollen gibt. Grundsätzlich beherrscht jedes Belegschaftsmitglied alle Arbeitsvorgänge und führt sie abwechselnd aus. Häufig werden die Rollen im Werkstattbetrieb alters- und geschlechtsspezifisch zugewiesen. Lehrling, Geselle, Gehilfe und Meister führen die jeweils mehr Können, Erfahrung und Verantwortung voraussetzenden Arbeiten aus.

Die *Manufaktur* ist eine Aneinanderreihung von Arbeitsplätzen, die der Herstellung eines Produktes oder Werkstückes dienen. Ein typisches Beispiel sind die großbetrieblichen Schnitter- oder Mähdrescherkolonnen. In der sozialistischen Landwirtschaft findet man häufig manufakturähnliche Verhältnisse in der Großviehhaltung. Die Einzelherden der Mitglieder einer Produktionsgenossenschaft werden in Großställen gemeinsam aufgestallt, aber den Viehpflegern werden nicht spezialisierte Aufgaben (Putzen, Misten, Füttern, Melken usw.) aufgetragen, sondern eine bestimmte Anzahl von Tieren zur Betreuung anvertraut.

Die weitestgehende Arbeitsteilung, bis herunter zu einzelnen Handgriffen und Arbeitstakten (Arbeitszerlegung), findet man in der *industriemäßigen* Produktion. In der Landwirtschaft sind einige hochmechanisierte Arbeitsverfahren mit spezialisierten Arbeitsrollen verbunden. Insgesamt gesehen, beschränkt sich jedoch die industriemäßige Produktion bisher auf Großbetriebe der Geflügel-, Eier-, Milch- und Schweineproduktion sowie auf bestimmte Zweige der Gemüseerzeugung. Den ersten Versuch, die gesamte Landwirtschaft industriemäßig zu organisieren, unternimmt seit Ende der sechziger Jahre die DDR. Über diesen Versuch wie überhaupt über manufaktur- oder industriemäßige Betriebsorganisation in der Landwirtschaft liegen bisher noch zu wenig gesicherte wissenschaftliche Erkenntnisse vor, um gültige Aussagen über die sozialen Implikationen machen zu können. Offensichtlich müssen individuelle Wünsche hinsichtlich der Gestaltung des Arbeitsplatzes und der Arbeitszeit sowie individuelle Bedürfnisse hinter den Erfordernissen eines reibungslosen, rentablen Produktionsablaufes zurücktreten (vgl. REISCH 1969, S. 42).

Die Arbeitsorganisation eines landwirtschaftlichen Betriebes umfaßt die Ausfüllung von spezifischen, durch Übereinkunft (Arbeitsvertrag, Statuten) oder Herkommen festgelegten *Arbeitsrollen*, die sozial höher oder niedriger bewertet werden. Im Familienbetrieb sind diese Arbeitsrollen und ihre gegenseitigen Beziehungen Teil des Familiensystems, in anderen Betriebsformen sind sie deutlich getrennt von den Positionen im Privatleben. Die Rollenstruktur prägt ganz wesentlich das soziale System eines landwirtschaftlichen Betriebes.

Das soziologisch wichtigste Kennzeichen der Rollenstruktur ist die Vereinigung oder Trennung von leitenden (dispositiven) und ausführenden (exekutiven), von verwaltenden (administrativen) und Güter schaffenden (produktiven) Tätigkeiten. Im landwirtschaftlichen Familienbetrieb sind die Funktionen des Managements und die praktische Ausführung personell vereinigt; ihre Trennung ist hingegen charakteristisch für kapitalistische Guts- und Plantagenbetriebe, für Produktionsgenossenschaften und andere sozialistische Großbetriebe.

Werden dispositive und exekutive Tätigkeiten von verschiedenen Personen erledigt, dann ist es von soziologischer Bedeutung, ob die Rollenträger ranggleiche Positionen einnehmen, wie dies der Ideologie nach in sozialistischen und kommunistischen Betrieben der Fall ist, oder ob die Inhaber dispositiver Rollen einen höheren Rang einnehmen wie regelmäßig in feudalistischen und kapitalistischen Betrieben.

Literatur: BENVENUTI 1975, VON BLANCKENBURG 1960, BURGHARDT 1978, S. 34–40, PREUSCHEN 1969, WERSCHNITZKY 1975.

Diskussions- und Prüfungsfragen
1. Welche Eigenschaften charakterisieren das technologisch-administrative Umfeld des landwirtschaftlichen Betriebes?
2. Welche sozialökonomischen Folgen hat die Intensivierung der Landwirtschaft?
3. Beschreiben Sie die soziale Lage und die Mentalität eines Subsistenzlandwirts!
4. Welche Ziele werden in der Nebenerwerbslandwirtschaft verfolgt?
5. Wie unterscheiden sich werkstatt-, manufaktur- und industrieähnliche landwirtschaftliche Betriebe?

5.2 Betriebsgröße

5.2.1 Klassifikation

Obwohl Landlosigkeit, Pachtbesitz und Grundeigentum die drei wichtigsten agrarsozialen Zustände anzeigen, kommt es für die Schichtzugehörigkeit ganz entscheidend auch auf die Größe des Betriebes an.

Die Betriebsgrößenstruktur ist das Ergebnis von historischen Prozessen, Machtverhältnissen und Verhaltensnormen. Art der Landnahme, Siedlungspolitik, Bodenreformen, Bevölkerungsdruck, Machtstreben, Grundstücksverkehrsgesetze und Erbgewohnheiten sind wichtige Einflußgrößen. Die regionalen Unterschiede der Betriebsgrößenstruktur im Bundesgebiet können weitgehend durch die unterschiedlichen Erbsitten erklärt werden. Deutlich heben sich die kleinbäuerlichen Gebiete West- und Südwestdeutschlands mit vorherrschender Realteilung ab von den Anerbengebieten in den übrigen Landesteilen, die eine mittel- bis großbäuerliche Struktur aufweisen. Daß aber auch in Gebieten, in denen landwirtschaftlicher Grundbesitz geschlossen vererbt wird, die Betriebsgrößen in der Generationenfolge nicht unverändert fortbestehen, zeigt die Hofstellenchronik eines fränkischen Dorfes (Abb. 23). Seit 1650 sind dort zahlreiche Betriebsteilungen, -aufstockungen, -abstockungen, -auflösungen, -fusionierungen und -neugründungen vorgekommen.

Die Größe eines landwirtschaftlichen Betriebes läßt sich bestimmen nach
(1) dem Umfang der drei Produktionsfaktoren
    (a) Boden (landwirtschaftliche Nutz- oder Betriebsfläche),
    (b) Arbeit (Arbeitsbesatz, -aufwand, Beschäftigtenzahl),
    (c) Kapital (Kapitalbesatz, Tierbestand, Pflanzenbestände, Gespanne, Schlepper-PS, Aussaatmenge, Wassermenge),
(2) dem wirtschaftlichen Ergebnis (Bruttoproduktion, Rohertrag, Umsatz, Betriebseinkommen, Arbeitseinkommen, Marktleistung),
(3) dem Betriebszweck (Selbstversorgung, Ackernahrung/Hufe, Marktproduktion),
(4) der Erwerbsfunktion (Voll-, Zu-, Nebenerwerbsbetrieb) oder
(5) nach der Art der Betriebsleitung (neben-, hauptberuflich, spezielles Management).

Die Agrarstatistik wählt im allgemeinen die Fläche als Indikator, die in vielen Ländern amtlich vermessen und registriert ist, aber nur bedingt regionale und keine internationalen Größenvergleiche zuläßt. Seit 1960 bietet die deutsche amtliche Statistik zusätzlich eine Größengliederung nach der Bedeutung des landwirtschaftlichen Erwerbs an, die soziologisch ergiebiger ist als die Flächenstatistik.

Eine Klassifizierung der landwirtschaftlichen Betriebe nach der Fläche wurde schon 1849 von THEODOR VON BERNHARDI (1802–87) verworfen. Sein Maßstab ist die gesellschaftliche Stellung, welche der Grundbesitz in bestimmten Abstufungen gewährt. Diese Abstufungen ergeben sich aus den Ertragsanteilen, welche benötigt werden, um eine unabhängige Stellung zu erlangen. Genügt schon die Grundrente, um dem Eigentümer und seiner Familie eine unabhängige Stellung und die Wohlhabenheit höherer Stände zu sichern, so handelt es sich um große

Landgüter. Mittlere Landgüter hingegen erfordern zur Sicherung des Wohlstandes, daß sich der Besitzer durch Übernahme der Leitung außerdem den Unternehmergewinn sichert. Kleine Landgüter oder Bauerngüter sind alle die, deren Besitzer mit eigener Hand das Feld bestellen, weil sie auch auf den Arbeitsverdienst angewiesen sind.

Eine soziologisch relevante Klassifizierung der Betriebsgrößen müßte sich vor allem an der Rollenstruktur orientieren (Übersicht 42), die in engem Zusammenhang mit der *Beschäftigtenzahl* steht. Die Gesamtzahl der Arbeitskräfte gewinnt deshalb soziologische Bedeutung, weil bei bestimmten Schwellenwerten sich das soziale System des Betriebes qualitativ verändert.

Übersicht 42. Betriebsgrößengliederung nach den Rollen der Betriebsinhaber

Rollen	Nebenerwerbsbetrieb	Kleinbauernbetrieb	Mittelbauernbetrieb	Großbauernbetrieb	Gutsbetrieb	Latifundium
Planung	+	+	+	+	+	+
Entscheidung	+	+	+	+	+	(+)
Kontrolle	+	+	+	+	(+)	
Rechnung	+	+	+	+	(+)	
Vorbereitung	+	+	+	(+)		
Nachbereitung	+	+	+	(+)		
Durchführung	(+)	+	(+)	(+)		
betriebsfremde Tätigkeit	+	(+)				

+ zutreffend

Betriebe, in denen eine Arbeitskraft nicht ständig voll ausgelastet ist, bilden gewöhnlich relativ offene Systeme, da die überschüssige Arbeitskapazität außerbetrieblich oder in einem handwerklich-gewerblichen Betriebszweig verwertet wird. Arbeitswirtschaftlich besonders problematisch ist wegen des Vertretungsproblems der Ein-Mann-Betrieb. Als sozialpsychologisches Problem tritt die Vereinsamung am Arbeitsplatz hinzu. Im Ein-Mann-Betrieb fehlt der fachliche Gesprächspartner und fehlen die Antriebskräfte zur Modernisierung, die von einem Juniorpartner auszugehen pflegen. Außerdem besteht die Gefahr der Rollenüberforderung und ungenügender sozialer Sicherung in den Wechselfällen des Lebens.

Mehr soziale Sicherheit und genügende Interaktionsmöglichkeiten bietet der echte Familienbetrieb, der mehrere Personen beschäftigt, die sich in Notfällen auch gegenseitig vertreten können. In den kleinen Familienwirtschaften (1,5 bis unter 2 Vollarbeitskräfte) können infolge starker innerbetrieblicher Inanspruchnahme und wegen Zeitmangels für lohnende Nebenbeschäftigung häufig zahlreiche Bedürfnisse nur mangelhaft befriedigt werden, während in mittleren Familienwirtschaften (2 bis 3 Vollarbeitskräfte) im allgemeinen den Ansprüchen an eine angemessene Lebenshaltung entsprochen werden kann (vgl. HESSE 1960, S. 109f.).

Eine kritische Schwelle wird überschritten, wenn zu den Familienarbeitskräften ständig fremde Arbeitskräfte hinzugezogen werden müssen, denn dies bedeutet eine quantitative wie qualitative Erweiterung des familialen Sozialsystems. Zwar trägt der durch Gesinde erweiterte Betrieb immer noch überwiegend familiale Züge, es treten aber bereits die für den größeren Betrieb charakteristischen Probleme der Fluktuation, Entlohnung und Disziplinierung auf.

Eine weitere soziologisch wichtige Schwelle liegt dort, wo leitende und ausführende Rollen personell getrennt werden müssen (Lohnarbeiterbetriebe). Ein letzter bedeutsamer Einschnitt ist erreicht, wenn die Belegschaft so groß geworden ist, daß Arbeitsgruppen, -kolonnen oder -brigaden gebildet werden müssen, die von Vorarbeitern oder Aufsehern angeleitet und kon-

Der landwirtschaftliche Betrieb 287

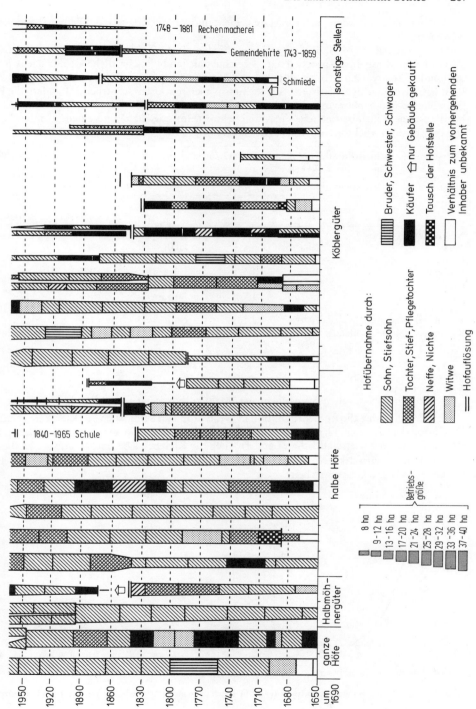

Abb. 23. Entwicklung der landwirtschaftlichen Betriebe in einem fränkischen Dorf

288 Soziologie der Landwirtschaft

trolliert werden, und wenn auch für Management und Verwaltung fremdes Personal angestellt werden muß.

ADOLF WEBER (1974, S. 67), der sich entschieden für die Zahl der Arbeitskräfte je Betrieb als Größenmaßstab ausgesprochen hat, bezeichnet als landwirtschaftliche Großbetriebe jene, die mindestens zwanzig Arbeitskräfte haben. Gemessen an der Zahl der Arbeitskräfte ist der Kleinbetrieb mit weniger als drei Arbeitskräften in allen marktwirtschaftlichen Ländern die Regel, während in den planwirtschaftlichen Ländern eine dualistische Produktionsstruktur bestehend aus einem kleinbetrieblichen privaten Sektor (Hofwirtschaft) und einem großbetrieblichen sozialisierten Sektor vorherrscht (Übersicht 43).

Übersicht 43. Durchschnittlicher Arbeitskräftebesatz in landwirtschaftlichen Betrieben in ausgewählten Ländern (nach WEBER 1974)

Marktwirtschaften			Planwirtschaften[1]		
Land	Jahr	AK je Betrieb	Land	Jahr	AK je Betrieb
Neuseeland	1960	0,4	Polen[2]	1969	58
Japan	1960	0,8	DDR	1969	91
Irland	1970	1,0	ČSSR	1969	179
Belgien	1970	1,5	Ungarn	1969	413
USA	1969	1,6	UdSSR	1969	491
Dänemark	1970	1,7	Bulgarien	1969	1174
Frankreich	1970	2,0	Rumänien	1969	1292
Vereinigtes Königreich	1970	2,1	China[3]	1969	4218
Bundesrepublik Deutschland	1970	2,2			
Argentinien	1960	2,7			
Indien	1969	3,1			

[1] Nur sozialisierter Sektor.
[2] Nur Staatsgüter.
[3] Unter der Annahme von 4000 Staatsgütern und 74 000 Volkskommunen.

Abb. 24 zeigt, daß die Agrarproduktion in Westeuropa ausschließlich aus Kleinbetrieben, in Osteuropa dagegen weit überwiegend aus Großbetrieben stammt. Während jedoch in den industrialisierten marktwirtschaftlichen Ländern auch die Kleinbetriebe hochtechnisiert sind und kapitalintensiv wirtschaften, dominieren im kleinbetrieblichen Sektor planwirtschaftlicher Länder Hand- und Gespannarbeit.

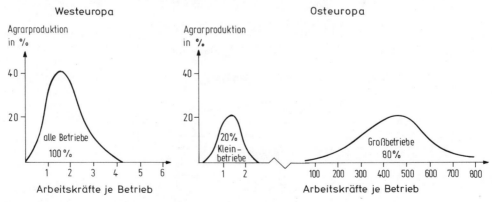

Abb. 24. Verteilung der Agrarproduktion auf die Betriebsgrößen (Arbeitsbesatz) in West- und Osteuropa

5.2.2 Hauptklassen

Für Zwecke soziologischer Analysen werden die Betriebsgrößen gewöhnlich in die drei Hauptklassen (1) Kleinbauernbetriebe, (2) Hofbauernbetriebe und (3) Großbetriebe (Gutsbetriebe) eingeteilt.

In der Gruppe der *Kleinbauernbetriebe* werfen vor allem die Zwergbetriebe (Minifundien) agrarsoziale Probleme auf. Sie bestehen in der Regel aus wenigen winzigen Feldern, die zu klein sind, um eine Familie ausreichend ernähren und moderne Landtechnik einsetzen zu können, Kleinviehhaltung und vielleicht einem Esel oder einem Rind als Arbeitstier. Die Armut beschränkt die Ausstattung auf einfache Handgeräte und die Behausung auf eine primitive Hütte.

Gewöhnlich besteht für den Minifundisten wenig Aussicht, sich mit eigener Kraft aus dem Teufelskreis von Armut, Unwissenheit, Krankheit, körperlicher Schwäche und Stumpfheit des Geistes herauszuarbeiten. Seine Lage ist besonders dort hoffnungslos, wo Minifundien als Begleiterscheinungen von Latifundien Ausdruck politischer Machtverhältnisse sind. Nicht weniger prekär ist die Lage, wo die Minifundien die Folge der durch unkontrolliertes Bevölkerungswachstum ausgelösten Besitzersplitterung sind.

Die sozialen Miß- und Notstände einer ungesunden Verteilung des Bodens (siehe Teil 2: 1.3.2) findet man in den Rückzugsgebieten indianischer Bauernkulturen, vor allem an den Gebirgshängen von Ekuador, Kolumbien und Venezuela, in einigen Bauernländern Afrikas, namentlich in Äthiopien, Ruanda und Burundi, in den Bewässerungsoasen und Küstengebirgen der Mittelmeerländer (ein ausgeprägtes Minifundiengebiet ist die türkische Schwarzmeerküste), auf dem indischen Subkontinent, in Südostasien und Japan. Auch in Teilen von Mittel- und Osteuropa (Polen) herrscht der landwirtschaftliche Kleinbetrieb zahlenmäßig vor, bildet aber als landwirtschaftlicher Nebenerwerbsbetrieb oder als Freizeitstelle in industrialisierten und industrienahen Räumen keinen sozialen Gefahrenherd mehr.

Der *Hofbauernbetrieb* und in kolonialer Abwandlung die *Farm* deckt sich begrifflich weitgehend mit dem landwirtschaftlichen Familienbetrieb, der in der Europäischen Gemeinschaft als ein Betrieb definiert wird, der „einerseits der Leistungsfähigkeit von ein bis zwei Vollarbeitskräften entspricht - wie sie eine Familie bei unterschiedlicher Zusammensetzung im Wechsel der Generationen stellen kann - und der andererseits bei rationeller Wirtschaftsweise ein im Verhältnis zu vergleichbaren Berufsgruppen angemessenes Einkommen je Arbeitskraft ermöglicht".

Die Familienbetriebe sind in vielen Ländern das Leitbild der Agrarpolitik, weil sie wirtschaftliche Leistungs- und Anpassungsfähigkeit mit erwünschter Sozialstruktur verbinden. Eine Betriebsgrößenstruktur, die auf die Familie abgestimmt ist, hat den Vorzug, wie kein anderes Betriebsgrößenmuster eine breite Streuung der landwirtschaftlichen Einkommen und Vermögen zu gewährleisten und ein beträchtliches Maß an sozialer Sicherheit zu bieten.

Landwirtschaftliche Betriebe von Familienzuschnitt prägen das Bild der europäischen Landwirtschaft, abgesehen von bestimmten Regionen im Süden und Westen und einigen kommunistischen Ländern, ferner die Farmgebiete in Nord- und Südamerika, Südafrika, Australien und Neuseeland und schließlich die weniger dicht besiedelten afrikanischen und asiatischen Bauernländer.

Weitere Ausführungen über die innere Organisation, die relative Vorzüglichkeit und die Problematik der Hofbauernbetriebe folgen in Teil 2: 6.

Landwirtschaftliche Großbetriebe (large holdings) heben sich deutlich von Betrieben anderer Größenordnung ab durch (1) eine größere Zahl von Beschäftigten, (2) das Vorhandensein von gesonderten Positionen mit leitenden, aufsichtführenden und ausführenden Tätigkeiten und (3) vertragliche Beziehungen zwischen Eigentümern, Betriebsleitern und Arbeitern. Ansonsten bilden sie in sozialer Hinsicht eine recht heterogene Kategorie wegen ihrer verschiedenen Entstehung, Sozialorganisation und Größe. Die sozialorganisatorischen Ausprägungen reichen von den Bruderhöfen der Hutteriten bis hin zu landwirtschaftlichen Aktiengesellschaften. Landwirtschaftliche Großbetriebe können demnach das Gemeinschafts- wie das Gesellschaftsprinzip im Sinne von TÖNNIES verkörpern. Dies zwingt zu einer differenzierten Beurteilung.

Großbetriebe[1] nehmen in der Bundesrepublik Deutschland nur 4 Prozent der landwirtschaftlichen Nutzflächen ein. Verbreiteter sind sie in den südlichen Provinzen Italiens und Spaniens sowie in Frankreich und England, außerdem in den romanisch kolonisierten Überseegebieten (Übersicht 44) und in den von Kapitalgesellschaften kontrollierten tropischen und subtropischen Monokulturgebieten. Großbetriebe herrschen in allen Ländern vor, in denen die Landwirtschaft sozialisiert oder kollektiviert wurde.[2]

Übersicht 44. Eigentumsstruktur in Lateinamerika um 1960

Größenklassen ha	Eigentümer		Fläche	
	Anzahl in 1000	%	Mill. ha	%
unter 20	5428	72,6	27	3,7
20– 100	1350	18,0	60	8,4
100–1000	592	7,9	166	22,0
über 1000	12	1,5	470	65,9
insgesamt	7382	100	723	100

Quelle: TANNENBAUM 1963.

Die marxistische Vorliebe für den landwirtschaftlichen Großbetrieb findet sich bereits im Manifest der kommunistischen Partei (1848), wo KARL MARX (1818–83) und FRIEDRICH ENGELS (1820–95) als Maßregel acht die „Errichtung industrieller Armeen besonders für den Akkerbau" fordern. Dahinter steht die Meinung, die Voraussetzung für eine Steigerung der Produktivität sei die Konzentration von Arbeitskräften. Tatsächlich wächst die Produktivität aber aufgrund der Anwendung wissenschaftlicher Erkenntnisse, des Einsatzes technischer Erfindungen und deren Massenproduktion im industriellen Sektor und der Verfügbarkeit über Energie. Produktionstechnische Zwänge zur großbetrieblichen Agrarproduktion bestehen nur bedingt. Biologische und chemische Technologien sowie ortsfeste Kraftquellen (Elektromotoren) sind unbegrenzt teilbar. Bewegliche Kraftquellen erfordern zwar eine Mindestgröße für ihren rentablen Einsatz, setzen aber bei zweckmäßiger Organisation (Lohnunternehmen, Maschinenringe) keine Großbetriebe voraus.

Die Vorzüge des auf großen Flächen und mit großen Tierbeständen wirtschaftenden Großbetriebes werden häufig überschätzt. Es wird zu wenig beachtet, daß die Vergrößerung der Produktionseinheiten nur bis zu einem vom Stand der Technik diktierten Umfang kostendegressive und die Arbeitsproduktivität steigernde Wirkungen hat. Werden diese Schwellen überschritten, dann können die Kosten infolge verlängerter Wegezeiten, höherer Transportkosten, größeren Seuchenrisikos, erschwerter Arbeitsüberwachung, höheren Verwaltungsaufwandes sogar wieder ansteigen. Die technische Entwicklung verlangt zwar größere Produktionseinheiten, aber nicht den Vielmann-, sondern den Wenigmannbetrieb. Eine manufakturmäßige Addition technisch vorgegebener Arbeitseinheiten bringt kaum Vorteile. Auch die oft behauptete größere Offenheit des landwirtschaftlichen Großbetriebes für den technischen Fortschritt trifft nicht allgemein zu.

---

[1] In der deutschen Agrarstatistik Betriebe mit mehr als 100 ha Betriebsfläche.
[2] 1968 gab es in der Sowjetunion 13 400 Sowchose mit durchschnittlich 6700 ha und 35 600 Kolchose mit durchschnittlich 6100 ha Anbaufläche. Im Zuge der Industrialisierung wurden in der DDR 1200 Produktionseinheiten geschaffen, die im Durchschnitt 4150 ha bewirtschaften (Stand 1975).

Mögen die Großbetriebe – ausreichende Kapitalausstattung und gute Betriebsführung unterstellt – wirtschaftlich effizienter sein als die Kleinbetriebe, so wurde der Nachweis bisher noch nicht erbracht, daß sie auch in sozialer Hinsicht leistungsfähiger seien. „Ob man die Latifundien der Römer, die Rittergüter ostdeutscher Junker, die Haziendas Lateinamerikas, die Zuckerrohrplantagen auf Kuba und Westindien, die ausgedehnten Viehfarmen im Westen oder die Plantagen im Süden der USA betrachtet, man sucht vergeblich nach einem Fall von großbetrieblicher Organisation der Landwirtschaft, der unter den Massen eine glückliche, starke, unabhängige, auf sich selbst vertrauende und gut informierte Bürgerschaft hervorgebracht hätte", stellt SMITH (1953, S. 298) fest. Gutsarbeiter pflegen in unterdurchschnittlichen Verhältnissen zu leben und wenig Chancen zu haben, soziale Institutionen zu entwickeln, die höheren Ansprüchen genügen. Es fehlt ihnen außerdem an Anreizen und Betätigungsfeldern, um ihre Persönlichkeit zur Entfaltung zu bringen. Auch Fleiß und Sparsamkeit vermögen nicht ihre soziale und wirtschaftliche Lage wesentlich zu bessern, da Aufstiegsmöglichkeiten fehlen.

Eine zweite nicht zu übersehende Wirkung großbetrieblicher Landwirtschaft ist die Spaltung der ländlichen Bevölkerung in Klassen und die Tendenz, diese Klassenstruktur zu verewigen. Eigentümer und Manager bilden den elitären Gipfel einer sozialen Pyramide, deren Basis die breite Masse der arbeitenden und darbenden Bevölkerung darstellt. Die sozialen Beziehungen werden geprägt durch Herrschaft und Unterordnung. Herr und Knecht, Inspektor und Tagelöhner, Pflanzer und Cropper, Haziendado und Peon sind Begriffspaare, die das gespannte großbetriebliche Interaktionssystem ebenso treffend charakterisieren, wie in dem Kontrast von Schloß und Kate der unterschiedliche Lebensstandard der Besitzer- und Arbeiterschicht sichtbar wird. Nach marxistischer Lehre soll die nachteilige Klassenstruktur des kapitalistischen Großbetriebes durch die landwirtschaftliche Produktionsgenossenschaft beseitigt werden.

Man hat den landwirtschaftlichen Großbetrieb gelegentlich als „die Anwendung des Fabriksystems auf die Landwirtschaft" (SMITH 1953, S. 307) bezeichnet. Dies ist aber nur bedingt richtig. Große Produktionseinheiten sind zwar eine notwendige, aber noch keine hinreichende Voraussetzung für „Agrarfabriken". Auf viele landwirtschaftliche Großbetriebe trifft nur ein Teil fabrikmäßiger Merkmale zu (vgl. BURGHARDT 1978, S. 38f.).

Ein wichtiges soziales Kriterium ist die soziale Sicherheit der Arbeitskräfte. Gemessen daran schneidet der kapitalistische landwirtschaftliche Großbetrieb schlechter ab als der unter gleichen Bedingungen wirtschaftende Familienbetrieb, denn er ist konjunkturabhängiger und krisenanfälliger als dieser.

Großbetriebliche Sozialsysteme in der Landwirtschaft haben in der Vergangenheit häufig darin versagt, ihre im Vergleich mit anderen Betriebsgrößen bessere Wirtschaftlichkeit umzusetzen in einen höheren Lebensstandard aller Belegschaftsangehörigen. Offensichtlich ist der Großbetrieb auch anfälliger für soziale Mißstände als etwa der Familienbetrieb. Damit ist aber ein grundsätzliches Verdammungsurteil nicht zu rechtfertigen. So können die Arbeiter wie im industriellen so auch im landwirtschaftlichen Großbetrieb durch Arbeiterschutzgesetze, Sozialversicherung und Tarifvereinbarungen vor Ausbeutung, Unsicherheit und Hungerlöhnen geschützt werden. Die Technisierung fordert den Facharbeiter, und dieser kann sich aufgrund seiner Spezialkenntnisse eine viel bessere Position verschaffen als der Landarbeiter alter Art, der nur Routinearbeiten auszuführen hatte und jederzeit zu ersetzen war.

5.2.3 Soziale Implikationen der Betriebsgröße

Die *Mensch-Boden-Beziehungen* werden von der Betriebsgröße in zweifacher Weise berührt. Sie tendieren mit sinkender Betriebsgröße dazu, (1) als Folge diffuser werdender Rollen enger und gefühlvoller und (2) wegen der Zusammenhänge zwischen Betriebsstandort und Betriebsgröße mühevoller zu werden. Daß der Familienlandwirt stärker an seinen einzelnen Grundstücken hängt als der Großgrundbesitzer oder der Landarbeiter, leuchtet ohne weiteres ein. Die zweite Tendenz erklärt sich aus dem Zusammenhang zwischen natürlichen Verhältnissen und der Betriebsgröße. Je bewegter das Bodenrelief, je wechselhafter die Bodengüte, je kleiner die anbaufähigen Flächen und je arbeitsaufwendiger die Bewirtschaftung ist, desto mehr gewinnt der kleinere gegenüber dem größeren Betrieb an relativer Vorzüglichkeit. Deshalb finden sich landwirtschaftliche Großbetriebe vor allem in Ebenen, weiten Talauen und leicht gewelltem Gelände. Betriebe von Familiengröße können noch mit Vorteil hügeliges oder bergiges Land nutzen, das der Großbetrieb meidet, wenn er nicht auf Viehwirtschaft oder Forstwirtschaft spezialisiert ist. Zwergbetriebe werden häufig in marginale Lagen abgedrängt und leisten dort oft Erstaunliches. Ihre Stärke liegt bei arbeitsaufwendigen Kulturen mit hohem Marktwert (Obst, Beeren, Wein, Tabak, Mohn usw.), die unter günstigen Umständen noch auf schmalen Hangterrassen, kleinen Bewässerungsfeldern, in engen Gebirgstälern und in flachgründigen Mulden verkarsteter Berge bei harter Arbeit eine Familie ernähren.

Wenngleich die kleineren Betriebe im allgemeinen mit den schlechteren Standorten vorlieb nehmen müssen, so läßt dies doch noch keine sicheren Rückschlüsse auf den Zusammenhang zwischen Betriebsgröße und *Lebensverhältnissen* der landwirtschaftlichen Berufszugehörigen zu. Der Begriff „Lebensverhältnisse" ist sehr weit zu fassen. Er umschließt die materiellen Lebensumstände (Ernährung, Bekleidung, Wohnung, technischer Komfort) ebenso wie die soziale Sicherung (Ersparnisse, Versicherungen, Geldanlagen), das kulturelle Niveau (Bildungsstand, Teilnahme am Kulturleben) und die Gesundheitspflege (Erholungs- und Kuraufenthalte, medizinische Betreuung).

Die Einkommensbilanz des größeren Betriebes mag aufgrund besserer Standortverhältnisse und der „economies of scale" günstiger sein als die des kleineren Betriebes, entscheidend ist jedoch der Modus, nach dem das *Einkommen* auf die an der Erarbeitung des Ertrages Beteiligten verteilt wird. Im Großbetrieb fließt im allgemeinen ein erheblicher Teil dem Eigentümer zu, der unter Umständen gar nicht auf dem Lande lebt. Außerdem zehrt die Gutsverwaltung einen beträchtlichen Teil der gewonnenen Mittel auf. Was schließlich an die Arbeiter ausbezahlt wird, reicht oft nur zu einer ziemlich bescheidenen Lebenshaltung. Am günstigsten gestaltet sich die Verteilung landwirtschaftlichen Einkommens in den Familienbetrieben. Im Zwergbetrieb ist hingegen die ökonomische Basis für eine angemessene Lebenshaltung zu schmal, zumal meistens noch Gläubiger vom Ertrag der kleinen Parzellen zehren.

An der Betriebsgröße orientieren sich in der landwirtschaftlichen Bevölkerung die *Heirats- und Verkehrskreise*. In den meisten traditionellen Agrargesellschaften können die sozialen Distanzen zwischen landlosen Landarbeitern und Landeigentümern, zwischen Kleingrundbesitzern und Großgrundbesitzern im Konnubium kaum überwunden werden, zumal dann nicht, wenn sie durch Standes-, Klassen- oder Kastenschranken verfestigt sind. Aber auch innerhalb der einzelnen Schichten, etwa im Hofbauerntum, wurden die Besitzgrößen als soziale Schranken beachtet. BERTHOLD AUERBACH (Schwarzwälder Dorfgeschichten 1852, S. 64) schildert dies folgendermaßen: „Im Wirtshaus war strenge Rangordnung, und niemand dachte sie zu durchbrechen. Die Großbauern hatten ihren besonderen Tisch und bekamen Flaschen und Gläser dazu, die Halbbauern saßen wieder gesondert und hatten glatte Schoppengläser, die Häusler... saßen ebenfalls für sich und hatten gerippte Gläser."

Betriebsgrößen sind wichtige Bestimmungsgründe für den sozialen *Rang* der Betriebsinhaber und ihrer Angehörigen und bilden soziale Schranken für bestimmte Arten von Interaktionen. Hier gibt es ein grobes Raster, wonach der Gutsbesitzer einen höheren Rang einnimmt als der Kleinbauer. Schichtenintern ist ein zweites feineres Raster sozialer Rangunterschiede wirksam. Für den Außenstehenden mag es unerheblich sein, ob ein Bauer 5 oder 7 ha bewirtschaftet, ob er ein- oder zweispännig fährt, einen 55 PS- oder einen 95 PS-Schlepper hält. Innerhalb lokaler Sozialsysteme sind jedoch diese feinen Unterschiede rangbestimmend.

Die Betriebsgrößenstruktur wirkt sich auch auf die *Organisation der ländlichen Gesellschaft* selbst aus. Zum einen über die schon erwähnten Zusammenhänge mit dem Lebensstandard und den Machtverhältnissen, zum anderen aber über die Bevölkerungsdichte, die sich als eine abhängige Variable der Betriebsgröße erweist. Je größer die Betriebe sind, desto dünner ist ein agrarisches Gebiet in der Regel[1] besiedelt, und zwar aus drei verschiedenartigen Ursachen.

(1) Im Großbetrieb lassen sich Rationalisierungseffekte erzielen, die zur Einsparung von Arbeitskräften führen. Der negative Zusammenhang zwischen Betriebsgröße und Arbeitskräftebesatz je Flächeneinheit ist vielfach nachgewiesen worden. (2) Großbetriebe werden häufig arbeitsextensiver bewirtschaftet, d. h. es werden wenig arbeitsaufwendige Betriebszweige bevorzugt oder es werden die marginalen Böden überhaupt nicht genutzt. (3) Mit steigender Betriebsgröße geht die Doppelberuflichkeit zurück. Doppelberuflichkeit bedeutet aber nichts anderes als Verbreiterung der ökonomischen Basis und damit die Möglichkeit, auf gegebener Fläche mehr Menschen eine Existenz zu gewähren.

Unter den Bedingungen von Raumanspruch und Entfernungsüberwindung wird der Zug zur Einödlage um so stärker, je größer die Betriebseinheiten sind. Je kleiner die Betriebe sind, desto weniger fallen die Feld-Hof-Entfernungen ins Gewicht, während das Bedürfnis nach Schutz, Nachbarschaftshilfe, öffentlichen Versorgungseinrichtungen zu Minimalkosten und die Nachfrage nach zusätzlichen Verdienstmöglichkeiten wächst. Demnach stellt die Einödlage für den Großbetrieb die beste Lösung dar, während der mittelbäuerliche Betrieb in Weilersiedlungen und der kleinbäuerliche Betrieb in größeren Gruppensiedlungen seine günstigsten Bedingungen findet. Auch bei geschlossenen kleinbäuerlichen Siedlungen gibt es natürlich eine Obergrenze der Zahl der Betriebe, jenseits derer die Nachteile der Feldentfernungen die Vorteile des größeren Siedlungsverbandes übersteigen. Bei offenen Flurgrenzen werden in einem derartigen Falle Tochtersiedlungen angelegt, ein Vorgang, der der Errichtung von Vorwerken in den Außenbezirken von Großbetrieben entspricht. Zwischenformen sind die über die Großflur verteilten Sommerdörfer, die im Zuge des Siedlungsausbaus zu Dauerwohnsitzen werden können, wie dies WOLF-DIETER HÜTTEROTH (1968) für Zentralanatolien nachgewiesen hat.

Die Suche nach der „*optimalen*" *Größe* landwirtschaftlicher Betriebe hat Generationen von Agrarpolitikern und Agrarökonomen beschäftigt. Was optimal ist, hängt nicht nur von objektiven Maßstäben, sondern auch vom politischen Zielen und vom individuellen Leistungsvermögen ab. Es wird gewöhnlich übersehen, daß es neben einem ökonomischen und sozialen auch ein individuelles Betriebsgrößenoptimum gibt, das sich aus der Betriebsleiterfähigkeit ableitet. Es ist nicht möglich, das ökonomische Optimum der Flächenausstattung eines landwirtschaftlichen Betriebes eindeutig zu bestimmen (1) wegen der Möglichkeit, die Degressions- und Skaleneffekte moderner Arbeitstechniken und Vermarktungsformen durch überbetriebliche Zusammenarbeit zu nutzen, und (2) wegen der Besonderheiten der Kostenstruktur landwirtschaftlicher Betriebe (vgl. WEINSCHENCK 1976, S. 136).

Das soziale Optimum ist dadurch gekennzeichnet, daß „die Bedürfnisbefriedigung bei möglichst geringer Arbeitsunlust erzielt wird, oder daß das Arbeitsleid, das man auf sich nimmt, eine möglichst hohe Bedürfnisbefriedigung ermöglicht" (NIEHAUS 1929, S. 127). In diesem Sinne sind jene Betriebsgrößen und -formen optimal, welche die Arbeitsunlust zu minimieren und das Eigeninteresse zu maximieren in der Lage sind.

Aber auch aus sozialer Sicht wird man BERNHARDI rechtgeben müssen, der schon 1849 zu der Erkenntnis kam, nicht eine bestimmte Betriebsgröße, sondern eine „gesunde Mischung" der landwirtschaftlichen Betriebsgrößen sei das anzustrebende Optimum. Letzten Endes, so meint KÖTTER (1960, S. 457), sei das Betriebsgrößenproblem „ein Problem der Abstimmung von soziologischer und ökonomischer Dimension". Es sei als gelöst anzusehen, wenn die landwirtschaftlichen Betriebe so beschaffen seien, daß sie den sinnvollen Einsatz des menschlichen

---

[1] Bei geringem Mechanisierungsgrad liegt die kleinste Bevölkerungsdichte in groß- und mittelbäuerlichen Einzelhofgebieten.

294   Soziologie der Landwirtschaft

Arbeitspotentials (industriegleiche Arbeitsproduktivität) gestatten und die Erwirtschaftung eines ausreichenden Einkommens (paritätischer Lebensstandard) zulassen würden. Diese Lösung muß in einer dynamischen Wirtschaft immer wieder neu mit dem jeweiligen Stand der wirtschaftlichen und technischen Entwicklung abgestimmt werden.

Literatur: BARON 1972, RICHTER 1970, RÖHM 1953, SMITH und ZOPF 1970, S. 179–212, WEBER, A. 1974.

Diskussions- und Prüfungsfragen
1. Welche Indikatoren zur Klassifizierung der landwirtschaftlichen Betriebsgrößen sind soziologisch bedeutsam?
2. Nennen Sie die soziologisch wichtigen Schwellen landwirtschaftlicher Betriebsgrößen!
3. Beschreiben Sie die soziale Lage der Minifundisten und nennen Sie die Hauptverbreitungsgebiete der Minifundien auf der Erde!
4. Wodurch sind landwirtschaftliche Großbetriebe gekennzeichnet? Nennen Sie Beispiele von „Agrarfabriken"!
5. Nehmen Sie zum Problem „optimaler" Betriebsgröße Stellung!

6 Landwirtschaftlicher Familienbetrieb

6.1 Allgemeine Betrachtung

6.1.1 Definition

Unter einem landwirtschaftlichen Familienbetrieb ist soziologisch ein landwirtschaftlicher Betrieb zu verstehen, in dem Familienpositionen mit betrieblichen Rollen und umgekehrt Positionen im Betrieb mit familiären Rollen verknüpft sind. Drei Beispiele sollen solche Verknüpfungen verdeutlichen: Der Familienvater trifft die betrieblichen Anordnungen; der Hausmutter fällt die Kleintierhaltung und die Kälberaufzucht zu; die Großmagd hat das Tischgebet zu sprechen. Im Unterschied zu den gängigen agrarpolitischen Definitionen des landwirtschaftlichen Familienbetriebes sind demnach die Zahl der beschäftigten (Familien-)Arbeitskräfte, die Höhe des erzielbaren landwirtschaftlichen Einkommens, die Eigentumsverhältnisse, die wirtschaftliche Unabhängigkeit und die rechtliche Sicherung für den Familiencharakter eines Betriebes unerheblich.

Unter die soziologische Definition fällt sowohl der Einfamilienbetrieb in Gestalt der Bauernwirtschaft und der Farmwirtschaft als auch der Mehrfamilienbetrieb in Gestalt des mehrgenerativen Bauernhofes und der südslawischen Großfamilienwirtschaft. Die bäuerlichen Gesindebetriebe sind als (erweiterte) Familienbetriebe anzusehen, sofern die Hilfskräfte in die Familie integriert sind (Familienanschluß) oder vorübergehend vakante Rollen von Familienangehörigen besetzen.[1] Die Definition schließt jedoch Mehrfamilienbetriebe ohne engere verwandtschaftliche Beziehungen von der Art der französischen Gruppenlandwirtschaft, des israelischen Kibbuz, des russischen Kolchos und selbstverständlich auch die mit Landarbeiterfamilien wirtschaftenden Guts- und Plantagenbetriebe aus.

Für den Familiencharakter eines Betriebes ist es belanglos, ob die Einkünfte aus der Landwirtschaft den Unterhalt der Familie gewährleisten (Vollerwerbsbetrieb), durch Zuverdienst ergänzt werden müssen (Zuerwerbsbetrieb) oder nur ein Nebeneinkommen bilden (Nebener-

---
[1] Noch zur Zeit von RIEHL (1854, S. 207) redete in abgeschlossenen Bauernschaften das Gesinde seine Herrschaft mit Vater und Mutter an.

werbsbetrieb). Die Betriebsgröße des Familienbetriebs reicht von den wenigen Dekar des Subsistenzlandwirts im tropischen Regenwald bis zu Tausenden von Hektar, die ein australischer Schafhalter bewirtschaftet. Dem Arbeitsbedarf der Wirtschaft steht immer der Komsumanspruch der Familie gegenüber. Die Arbeitsmacht der Familie bestimmt den Umfang und die Intensität der Wirtschaft, und diese wiederum bestimmen das erzielbare Gesamteinkommen. Die Familie kann die gesamte Produktion selbst verbrauchen. Es können vom Familienbetrieb aber auch bedeutende Marktleistungen erbracht werden. Die Arbeitsproduktivität ist sehr verschieden. Während Millionen von Bauern in aller Welt kaum ihre eigenen Familien ernähren können, schafft ein mitteleuropäischer Bauer Nahrung für ungefähr vierzig Menschen.

6.1.2 Arbeitsverfassung

Ein wesentliches Kennzeichen des landwirtschaftlichen Familienbetriebs ist die Familienarbeitsverfassung. Leitende und ausführende Tätigkeiten werden ausschließlich oder doch regelmäßig im wesentlichen von Familienmitgliedern ausgeführt. Darin liegen Stärke und Schwäche des landwirtschaftlichen Familienbetriebes begründet.

Die weitgehende personelle Vereinigung von disponierender und ausführender Arbeit vereinfacht die Betriebsorganisation. Besondere Leistungsanreize sind unnötig, denn die Familienarbeitskräfte haben ein selbstverständliches Leistungsinteresse. Die Familienmitglieder sind ebenso willige wie billige Arbeitskräfte, bereit „Überstunden" zu machen, wenn es nötig ist, und „Kurzarbeit" hinzunehmen, wenn es wenig zu tun gibt. Der Arbeitseinsatz wird nicht als Kostenfaktor gewertet, denn Arbeitsleistungen müssen nicht in Geldwert entlohnt werden. Vielmehr wird die Arbeit nach der damit verbundenen Mühe und dem zu erwartenden Nutzen beurteilt. Selbstverwirklichung, Pflichterfüllung, Prestigegewinn, Anerkennung können stärker zu Buche schlagen als rechnerischer Gewinn. Die Kalkulation von Mühe und Nutzen kann zugunsten der Muße ausschlagen. Ebenso kann Überarbeitung, d. h. Selbstausbeutung der Familienarbeitskräfte, das Ergebnis sein. „Das Maß, in dem der Bauer seine eigene Arbeitskraft ausbeutet, wird ihm auf das strengste durch die Schwere seiner Belastung mit Verbrauchsansprüchen seiner Familie vorgeschrieben" (TSCHAJANOW 1923, S. 32).

Dies alles ist möglich, weil die Beziehungen nicht arbeitsrechtlich, sondern familienrechtlich geregelt sind. Familienrechtlich sind die Familienangehörigen zu unentgeltlicher, unbegrenzter Mithilfe im Betrieb verpflichtet. Faktisch sind die mithelfenden Familienangehörigen den gesetzlichen Arbeitsschutzbestimmungen entzogen. Nur Einsicht und Organisationstalent des Betriebsleiters können sie vor gesundheitlichen Schäden bewahren. Die herkömmliche alters- und geschlechtsspezifische Arbeitsteilung diente ursprünglich einer angemessenen, ausgeglichenen Arbeitsbelastung, kann aber leicht zu unerträglichen Mißständen führen, wenn die jeweiligen Rollen nicht vernünftig der veränderten Betriebsorganisation und Produktionsweise angepaßt werden.

Im landwirtschaftlichen Familienbetrieb übernimmt gewöhnlich der Mann die Rolle des Betriebsleiters und der Hauptarbeitskraft. Ist er die einzige voll im Betrieb einsatzfähige Person, dann hängt von seiner Leistungsfähigkeit der Betriebserfolg entscheidend ab. Seine Leistungsfähigkeit kommt aber erst voll zur Geltung, wenn Familienangehörige oder Hilfsdienste ihn von unaufschiebbaren, aber weniger wertschaffenden Arbeiten entlasten und ihn in Zeiten drängender Arbeit unterstützen. Diese Aufgaben fallen in der Regel der Frau zu, die damit eine Schlüsselstellung im landwirtschaftlichen Familienbetrieb einnimmt. Sie hat sechs Arbeitsfelder zu betreuen: (1) die tägliche Sorge für das leibliche Wohl der Haushaltszugehörigen (Kochen, Kranken-, Kleinkinder- und Altenpflege), (2) die emotionale Betreuung der Familienangehörigen (Familienpflege), (3) die Entlastung der Hauptarbeitskraft von laufenden Arbeiten in der Tierhaltung, (4) die Mithilfe bei der Feldarbeit je nach Dringlichkeit und Bedarf, (5) die zeitweise Vertretung des Mannes und (6) die Erledigung von hausgebundenen Füllarbeiten (Buchführung, Instandhaltung der Kleidung usw.) und Gartenarbeit. Da die Tätigkeiten der Frau für den reibungslosen Betriebsablauf unentbehrlich sind, muß sichergestellt werden, daß sie kurzfristig und jederzeit vertreten werden kann. Ein Notbehelf sind organisierte Ersatzdienste (Landschwestern, Dorfhelferinnen, Nachbarschaftshilfe). Der landwirtschaftliche Familienbetrieb ist aber erst dann voll funktionsfähig, wenn noch eine dritte Arbeitskraft ständig da ist, die im Bedarfsfall die Aufgaben der Frau übernehmen kann. Die dritte Arbeitskraft muß keine vollwertige Kraft sein. Zur Not können auch Heranwachsende, Altenteiler und Aushilfskräfte in die Bresche springen. Mit einer derartigen Dreierbesetzung erreicht der landwirtschaftliche Familienbetrieb eine beträchtliche Krisenfestigkeit und arbeitswirtschaftliche Schlagkraft.

Im Familienbetrieb ist die Arbeitskraft die unabhängige Variable, der sich der Produktionsumfang und bis zu einem gewissen Grad auch die Produktionsrichtung unterordnen müssen, denn Familienarbeitskräfte können nicht beliebig eingestellt und entlassen werden. Es gehört daher zu den schwierigen Aufgaben des Leiters eines Familienbetriebs, den wechselnden Arbeitsbedarf in Einklang zu bringen mit dem sich im Familienzyklus ändernden Besatz an Arbeitskräften. Das Problem kann nicht ein für alle Mal gelöst werden, weil Familie und Betrieb ihren eigenen Entwicklungsgesetzen folgen und grundverschiedenen äußeren Einwirkungen unterliegen. Die Familie entwickelt sich nach humanbiologischen Gesetzen und unterliegt sozialen Normen. Der Betrieb steht unter technologischen und wirtschaftlichen Zwängen und ist von den Wachstumsbedingungen von Pflanzen und Tieren abhängig.

Der Ersatz menschlicher Arbeit durch Maschinen erscheint in einem Familienbetrieb in einem besonderen Licht, da man hier nicht einfach Lohnkosten gegen Maschinenkosten aufrechnen kann. Maschineneinsatz kann gerechtfertigt sein, wenn die eingesparte Familienarbeitskraft an anderer Stelle gewinnbringender, nützlicher oder befriedigender eingesetzt werden kann. Nicht geringer ist der Nutzen des Maschineneinsatzes zu veranschlagen, wenn dadurch Gesundheitsschäden infolge von Arbeitsüberlastung abgewendet werden und das Familienklima verbessert wird. Schließlich wird im Familienbetrieb aber auch eine Maschine nach ihrem Geltungsnutzen zu beurteilen sein. Solange die Liquidität des Familienbetriebs durch unnütze Maschinenausgaben nicht gefährdet wird, ist gegen die Anschaffung von Maschinen als Statussymbole nichts einzuwenden.

Der Bauernhof oder die Familienfarm sind keine Kapitalanlagen, sondern vorrangig Arbeitsstätten. Landwirte kaufen Grundstücke nicht in Erwartung einer günstigen Kapitalverzinsung, sondern um ihre Arbeitskraft und ihr Inventar besser nutzen zu können oder um selbständig zu werden. Das Kapital ist überwiegend Arbeitskapital, d. h., es wirft erst einen Ertrag ab, wenn der Kapitaleigner, nämlich die Familie, Arbeit leistet. Familienlandwirte sind in erster Linie am Arbeitseinkommen aus der Bewirtschaftung ihres Anwesens interessiert und erst in zweiter Linie an der Verzinsung des im Betrieb steckenden Kapitals. Sofern eigener Besitz bewirtschaftet wird, besteht ein hoher Anreiz, Ersparnisse im Betrieb produktiv anzulegen und Arbeit zu investieren, um neue Vermögenswerte in Form von Dauerkulturen, Bodenverbesserungen, Waldpflanzungen, Hochleistungsherden, Bewässerungsanlagen usw. zu schaffen.

6.1.3 Modell

Der moderne landwirtschaftliche Familienbetrieb ist ein soziales System, das aus den vier Komponenten Familie, Haushalt, Betrieb und Unternehmen zusammengesetzt ist (Abb. 25). Dies kommt auch in den landläufigen Positionsbezeichnungen zum Ausdruck. Ein moderner Landwirt ist *Familien*vater, *Haushalts*vorstand, *Betriebs*leiter und *Unternehmens*chef in einer Person.

Die einzelnen Komponenten können in der Einzahl oder in der Mehrzahl auftreten, verkümmert sein und ganz fehlen. Die Regel ist, daß eine Familie, ein Haushalt, ein Betrieb und ein Unternehmen miteinander verbunden sind. Es können aber auch mehrere Kernfamilien in das

System einbezogen sein. In diesem Fall kann ein gemeinsamer Haushalt oder können mehrere getrennte Haushalte geführt werden. Ein Familienbetrieb kann ständig oder zeitweise in mehrere Betriebe zerfallen, z. B. in einen Milchviehbetrieb im Tal und eine Jungviehaufzucht auf der Hochalm, oder aus mehreren Unternehmen bestehen, z. B. einem landwirtschaftlichen und einer Gastwirtschaft. Fehlt die Unternehmenskomponente, so haben wir es mit einem traditionellen bäuerlichen Familienbetrieb, also einem Bauernhof, zu tun. Ist auch die Betriebskomponente noch nicht richtig ausgebildet, dann handelt es sich um eine primitive Subsistenzwirtschaft.

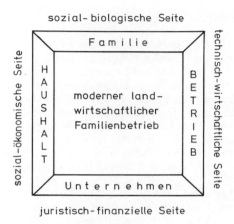

Abb. 25. Modell des landwirtschaftlichen Familienbetriebs

Zwischen den vier Komponenten des landwirtschaftlichen Familienbetriebs bestehen enge Wechselwirkungen und Abhängigkeiten. Ändert sich eine Komponente, so werden die anderen in Mitleidenschaft gezogen. Die Geburt eines Kindes belastet den Haushalt durch eine weitere Verbrauchsperson, entzieht dem Betrieb die Arbeitskraft der Mutter und löst unter Umständen bestimmte Unternehmensentscheidungen aus. Vielleicht wird in der Gewißheit, einen Nachfolger zu haben, der das Unternehmen weiterführen kann, ein Kredit für langfristige Investitionen aufgenommen. Worauf es offensichtlich ankommt, ist ein gutes Zusammenspiel aller Komponenten. Denn nur dadurch ist gewährleistet, daß das Unternehmen gedeiht, der Betrieb reibungslos läuft, der Haushalt in Ordnung ist und die Ansprüche der Familie erfüllt werden.

Über die vier Komponenten wirken verschiedenartige äußere Kräfte auf den landwirtschaftlichen Familienbetrieb ein: über die Familie generative Leitbilder der Gesellschaft, über den Haushalt steigende Lebensansprüche und bestimmte Verbrauchergewohnheiten, über den Betrieb der technische Fortschritt, über das Unternehmen die Wirtschaftslage.

Kennzeichnend für den landwirtschaftlichen Familienbetrieb ist es, daß die Akteure dieses Systems nicht nur zweckrational, sondern in hohem Maße auch wertrational, gefühlsbetont (affektuell) und traditional handeln. Als Richtschnur des Handelns stehen materielle Erfolgsaussichten oft hinter Hof- und Familientreue, Gefühlslagen und alten Gewohnheiten zurück. Die sozialen Beziehungen der Akteure sind daher informal, gefühlsbetont, intim und umfassend. Die Bindungskräfte der Familie setzen Energien frei, die wesentlich zur Überlegenheit des Familienbetriebs über andere Betriebssysteme beitragen. Anderseits lähmen innerfamiliäre Spannungen die Leistungskraft und können im Konfliktfall das gesamte System zerstören.

Literatur: BERGMANN, TH. 1969, HAUSER 1978.

Diskussions- und Prüfungsfragen
1. Definieren Sie den landwirtschaftlichen Familienbetrieb soziologisch!
2. Welche Merkmale der Arbeitsverfassung kennzeichnen den landwirtschaftlichen Familienbetrieb?
3. Welche Folgerungen ergeben sich aus dem Modell des landwirtschaftlichen Familienbetriebs als einer lebendigen Einheit der vier Komponenten Familie, Haushalt, Betrieb und Unternehmen?

6.2 Familienkomponente

Die personale Organisation des landwirtschaftlichen Familienbetriebs wird bestimmt von Größe und Zusammensetzung der Familie. Geburt und Tod, Eheschließung und Ehescheidung beeinflussen Produktivität, Rentabilität und Kontinuität des Familienbetriebs. Da mit den familiären Positionen auch wichtige Rollen im Haushalt und im Betrieb verknüpft sind, besteht die Tendenz, vakante Positionen rasch wieder zu besetzen oder das Ausscheiden von Positionsinhabern solange zu verzögern, bis Ersatz bereitsteht. Zum Beispiel muß die Tochter solange auf dem Hof bleiben, bis der Hoferbe eine Frau gefunden hat.

Der Familie fällt die Aufgabe zu, die benötigten Arbeitskräfte zu reproduzieren und die Kontinuität des Systems in der Geschlechterfolge zu sichern. Dies gelingt am besten bei einem trigenerativen Familienaufbau aus Altenteilern, Wirtschaftsgeneration und heranwachsenden Betriebsübernehmern.

Dank des technischen Fortschritts wurde die Zahl der im Familienbetrieb ständig benötigten Arbeitskräfte immer geringer und müssen auch nicht mehr so viele Arbeitsreserven für die Bewältigung der Arbeitsspitzen vorgehalten werden. Dadurch verloren die Großfamilienbetriebe an relativer Vorzüglichkeit, und die Landwirte konnten sich dem Leitbild der industriegesellschaftlichen Kleinfamilie anschließen. Der Übergang zur Form der nur aus Eltern und unmündigen Kindern bestehenden Kleinfamilie hat aber in der Landwirtschaft ein ernstes Problem geschaffen: woher nimmt man Ersatzkräfte im Falle von Kindbett, Krankheit, Unfall, Urlaub und Tod? Darum halten viele Landwirte nach wie vor an der trigenerativen Form fest.

6.2.1 Desorganisation

Ehescheidung, Trennung der Ehepartner und Desertion eines Ehepartners sind schädlich für das Gesamtsystem des landwirtschaftlichen Familienbetriebes. Deshalb werden Vorkehrungen getroffen, die Ehen zu stabilisieren. Zur Stabilisierung trägt bei, daß (1) bäuerliche Ehen gewöhnlich mehr aufgrund rationaler Erwägungen als romantischer Gefühle geschlossen werden, (2) bei der Partnerwahl alle Umstände sorgfältig geprüft werden, (3) die Ehen in hohem Maße gruppenhomogam sind, (4) innerhalb der Ehen und Familien ein Konsens über die Rollenverteilung besteht, (5) beide Partner in hohem Maße vom Betrieb wirtschaftlich abhängig sind, (6) die Ehen von Außenstehenden kontrolliert werden und (7) von seiten der Verwandtschaft ein erheblicher Druck auf das Ehepaar ausgeübt wird, zusammenzubleiben.

Bei der bäuerlichen Partnerwahl stand immer die Potenz der Frau – früher die Mitgift, heute mehr die Arbeitskraft – sehr stark im Vordergrund. Außenstehende haben an dieser Rationalisierung oft Anstoß genommen. Die enge Verbindung zwischen Betrieb und Familie macht diese Haltung jedoch verständlich. Der Betrieb ist in erster Linie eine rationale Veranstaltung; die Familie war es früher auch. Sie ist aber nach derzeitigem Verständnis eine emotionale Angelegenheit. Deshalb wird mit Recht befürchtet, die Rationalität des Betriebes könne unter den nichtrationalen Aspekten des Familienlebens leiden. Andererseits ist aus der Betriebspsychologie bekannt, daß sich das Emotionale in Form von Arbeitsfreude, Begeisterung, Sympathie,

Mitgefühl, Zusammengehörigkeitsgefühl, Hilfsbereitschaft positiv auf die Betriebsleistungen auswirkt.

Erwerbsbedingte Trennung (Wochenpendler, Wanderarbeiter) der Ehegatten ist häufig nicht zu vermeiden. Sie ist besonders in Kleinbauerngebieten die wichtigste Form der Desorganisation. Eine weitere für den landwirtschaftlichen Familienbetrieb spezifische Form der Desorganisation ist die Nachwuchslosigkeit. Man versteht darunter das Fehlen eines Betriebsleiternachfolgers, weil entweder eigene Nachkommen nicht vorhanden sind oder die vorhandenen Kinder nicht willens oder befähigt sind, den Betrieb zu übernehmen und weiterzuführen.

Damit keine den Betriebsablauf störenden oder die Betriebskontinuität gefährdenden Personalausfälle eintreten können, besteht die Neigung, wichtige Positionen doppelt zu besetzen. Aus diesem Grunde sind in der Familienlandwirtschaft Familien eher über- als desorganisiert.

6.2.2 Familienordnung

Herrschafts-, Erbfolge-, Abstammungs- und Wohnfolgeordnungen richten sich in landwirtschaftlichen Familienbetrieben nach der Tradition, den gültigen gesamtgesellschaftlichen Normen und nach wirtschaftlicher Zweckmäßigkeit. Die Positionen des Betriebsleiters und Unternehmers verleihen dem Manne ein erhebliches autoritäres Übergewicht, das durch christliche und islamische Tradition sanktioniert wird. Die Autoritätspositionen können in Mehrgenerationenfamilien auf Lebensdauer vom Hausvater besetzt werden (Stammfamilie) oder noch zu Lebzeiten an den Nachfolger der nächsten Generation übergeben werden (Ausgedingefamilie). Ersteres war die herkömmliche Autoritätsstruktur in Japan und China sowie in vielen orientalischen Gesellschaften und war weit verbreitet in Ost- und Südosteuropa; letzteres ist in West- und Mitteleuropa üblich. In den traditionellen europäischen Bauernfamilien gab es schon immer Bereiche, in denen die Frau uneingeschränkte Autorität besaß. In den westlichen Industriegesellschaften setzt sich allmählich eine egalitäre Machtverteilung in den landwirtschaftlichen Familienbetrieben durch. Wichtige Entscheidungen werden gemeinsam getroffen. Auch den Heranwachsenden wird mehr Entscheidungsfreiheit eingeräumt.

Die Wohnfolgeordnung richtet sich hauptsächlich nach der Erbfolge. Wird der landwirtschaftliche Familienbetrieb in der Manneslinie vererbt, dann zieht die Frau zur Familie des Mannes und umgekehrt. Die Gründung eines von Eltern und Schwiegereltern unabhängigen Haushalts (Neolokalität) ist in der bäuerlichen Familienlandwirtschaft relativ selten, aber in der Farmer- und Pächterlandwirtschaft nicht ungewöhnlich. Patri- und Matrilokalität begründen die Beständigkeit (Perennität) des landwirtschaftlichen Familienbetriebes als soziales System. Der einheiratende Partner steht vor großen Anpassungsproblemen. Er muß sich seine soziale Stellung innerhalb des Systems durch anerkannte Leistungen erwerben.

Das Vater-Sohn-Verhältnis ist bei Anerbensitte ambivalent. Der Sohn ist designierter Nachfolger des Vaters, der ihm eines Tages Lebenswerk und Lebensinhalt, nämlich den Hof, übergibt, wie er ihn von seinem Vater einmal übernommen hat. Dem übernehmenden Sohn vertraut er seine Altersversorgung und die Fürsorge für die übrigen Kinder an. Er weiß, daß er von dem Hoferben einmal außerordentlich abhängig sein wird. Umgekehrt kennt aber auch der Sohn seine Abhängigkeit vom Wohlwollen des Vaters, der den Zeitpunkt der Hofübergabe bestimmt, wenn nicht der Tod ihm vorzeitig die Entscheidung abnimmt, und der die Möglichkeit hat, ihn unter Umständen von der Hofnachfolge auszuschließen. Für den Sohn, der sich durch seine Berufsausbildung und seine unentgeltliche Arbeit im elterlichen Betrieb auf die Betriebsübernahme frühzeitig festlegt und sich andere Berufschancen hat entgehen lassen, bedeutet die erwartete Erbschaft die Sicherung seiner materiellen und beruflichen Existenz. Er kann aber die angestrebten Berufsrollen erst dann voll ausspielen, wenn der Vater sie ihm abtritt. Er wird daher von einem gewissen Alter an unwillkürlich zur Hofübernahme drängen (Nachwuchsdruck), während der Vater meistens zögert, den Hof abzugeben. Denn „man zieht sich nicht aus, ehe man sich zur Ruhe legt" (bäuerliche Redensart).

Der designierte Hofnachfolger (Anerbe) nimmt unter seinen Geschwistern eine Sonderstellung ein, denn er
- erbt den größeren Teil des elterlichen Vermögens, insbesondere das Grundeigentum,
- gewährleistet die Kontinuität des Betriebes und der Familie in der Geschlechterfolge,
- trägt einen wesentlichen Teil der Arbeitslast,
- hat die Altersversorgung der Eltern zu sichern und
- die weichenden Erben abzufinden.

In den Augen der Nachbarn und Berufskollegen ist er der künftige Betriebsinhaber, mit dem sie einmal genossenschaftlich zusammenarbeiten müssen, auf dessen Hilfe sie vielleicht einmal angewiesen sind oder von dem sie abhängig sein werden, mit dem nicht nur Geschäfts-, sondern vielleicht auch Heiratsverbindungen überlegenswert sind. Es gibt also eine Reihe von Motiven, besondere Beziehungen zu ihm aufzubauen. Andererseits lasten auf dem Anerben Verpflichtungen, von denen seine Geschwister frei sind. Er ist mindestens moralisch verpflichtet, beruflich in die Fußstapfen seines Vaters zu treten. Seine charakterliche und fachliche Entwicklung wird von Verwandten und Nachbarn sorgfältig beobachtet. Sein Lebensweg ist vorgezeichnet. Die Wahl seiner Ehepartnerin steht unter familiären und betrieblichen Vorzeichen. Er ist an den Ort gebunden und auch seiner vertikalen Mobilität sind enge Grenzen gesetzt.

6.2.3 Familienzyklus

Jede Familie verändert im Laufe der Zeit ihren Umfang, ihre Zusammensetzung, ihre Versorgungsansprüche und ihre Leistungsfähigkeit. Dieser Ablauf wiederholt sich von Generation zu Generation. Daher spricht man von einem Familienzyklus. Bereits SOROKIN, ZIMMERMAN und GALPIN (1930–32) haben die Beziehungen zwischen der Zusammensetzung einer Farmerfamilie und ihrer landwirtschaftlichen Tätigkeit sowie ihrer materiellen Lage dargestellt. Auf der Grundlage langjähriger Buchführung hat OSKAR HOWALD (1946) den engen Zusammenhang zwischen betriebswirtschaftlichen Daten (Umfang, Kosten, Erträgen) und Vorgängen (Einsatz der Produktionsfaktoren, Investitionen) sowie der Haushaltslage einerseits und dem Familienzyklus im bäuerlichen Familienbetrieb andererseits nachgewiesen. Er stellte seine Erkenntnisse in schematisierter Form in der „Schicksalskurve der Bauernfamilie" dar (Abb. 26). Diese Kurve bringt zum Ausdruck, daß im Zyklus einer Bauernfamilie Perioden des wirtschaftlichen Aufschwungs mit Perioden wirtschaftlicher Bedrängnis abwechseln. Bei typischem Verlauf ergeben sich zwei sozialökonomische Höhepunkte: der erste bei der Verheiratung des Hof-

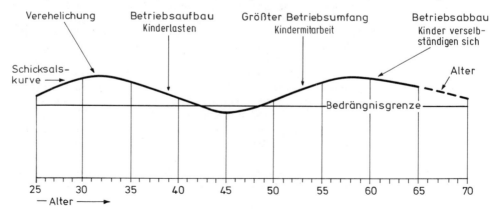

Abb. 26. Schicksalskurve der Bauernfamilie

erben und der zweite, wenn die Kinder arbeitsfähig werden. In Bedrängnis gerät die Familie durch die steigende finanzielle und arbeitsmäßige Belastung mit kleinen Kindern und pflegebedürftigen Altenteilern. Am schwersten ist die „Aufzuchtphase", denn die Zahl der Verbrauchspersonen steigt, während die Zahl der produktiven Arbeitskräfte wegen des Nachlassens der Schaffenskraft der Altenteiler und der Inanspruchnahme der Frau durch die kleinen Kinder sinkt. Die fehlende Familienarbeitskraft muß durch Fremdarbeitskräfte oder durch Maschinen ersetzt werden oder es muß arbeitsextensiver gewirtschaftet werden. Entweder steigen die aufzuwendenden Kosten oder sinken die Erträge. Relative Armut ist gepaart mit großer Arbeitsbelastung.

Durch vorausschauende Familienplanung kann der „Schicksalskurve" ein günstigerer Verlauf gegeben werden. Dies gelingt am besten über das Heiratsalter. Wie der Modelldarstellung von FRANZ BINDER (1953) zu entnehmen ist (Abb. 27), verkürzt sich die Zeitspanne, in der die mittlere Generation ohne Mithilfe der älteren und jüngeren wirtschaften muß, um so mehr, je früher der Betriebsübernehmer eine eigene Familie gründet, um bei einem Heiratsalter von 27 Jahren ganz wegzufallen. In diesem Fall hat die Enkelgeneration bereits das arbeitsfähige Alter erreicht, wenn die Großelterngeneration aus dem Arbeitsprozeß ausscheidet.

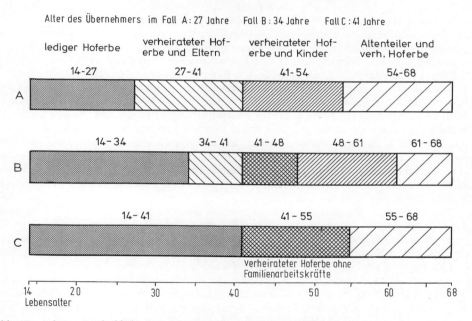

Abb. 27. Arbeitswirtschaftliche Auswirkungen der verspäteten Hofübergabe

Wird der Generationenabstand noch kürzer, dann entstehen recht problematische viergenerative Familienbetriebe, in denen sich zwei voll arbeitsfähige Wirtschaftsgenerationen namentlich die leitenden Positionen im Haushalt und Betrieb streitig machen. Drei Problemlösungen werden diskutiert und praktiziert: (1) die Bildung von mehreren Verantwortungsbereichen, d. h. getrennte Haushalte von jung und alt, und Überlassung von Betriebszweigen oder -teilen zur alleinigen Disposition des Juniorpartners, (2) die Bildung von Partnerschaften im Betrieb (PLANCK 1964) oder von formaler Mitunternehmerschaft (KROESCHELL 1963), und (3) die alternierende Betriebsübergabe (VAN DEENEN 1970). „Alternierende" Betriebsübergabe bedeutet, daß der Betrieb vom Großvater an den Enkel übergeben wird, also eine Generation übersprungen wird. Die Zwischengeneration muß einem außerbetrieblichen Erwerb nachgehen, steht aber als Arbeitskraftreserve im Notfall zur Verfügung.

6.2.4 Familienfunktionen

Die Familie hat die Funktion, den Nachwuchs an Betriebsleitern und deren Ehepartnern sowie an sonstigen Arbeitskräften selbst zu *reproduzieren*, da kaum Zugänge von außerhalb des landwirtschaftlichen Sektors erfolgen. Wo die Arbeit dank der Mechanisierung in der Landwirtschaft gut vom Betriebsleiterehepaar unter Mithilfe der Altenteiler und des Nachfolgers bewältigt werden kann, liegt die funktionale Reproduktionsleistung nahe bei der bestandserhaltenden Kinderzahl. Die *Sozialisation* ist auf die Heranbildung von fachlich tüchtigen, arbeitsamen, zuverlässigen und verträglichen Persönlichkeiten ausgerichet, die in der Lage sind, den Betrieb in hergebrachter Weise weiterzuführen und für die Eltern zu sorgen. Die Vorbedingungen familialer Sozialisation sind im landwirtschaftlichen Familienbetrieb ausgesprochen gut. Die soziale Struktur ist überschaubar. Positionen und Rollen sind unmittelbar einsichtig. Es besteht ein einheitliches, alle Lebensbereiche umfassendes Wertsystem. Die technisch-organisatorischen Abläufe sind relativ unkompliziert. Für jede Situation liegt ein bestimmtes Verhaltensmuster vor. Das Handeln aller ist sinnvoll und zweckmäßig auf die gemeinsame Daseinsvorsorge ausgerichtet. Die Sozialisation führt nicht irgendwann einmal in eine fremde Arbeitswelt, sondern immer tiefer in das soziale System des landwirtschaftlichen Familienbetriebs hinein.

In der Familienlandwirtschaft ist der soziale Rang weitgehend an den Betrieb geknüpft. Mit dem Betrieb übernimmt der Hofnachfolger das soziale Prestige und oft auch bestimmte öffentliche Positionen, die sein Vater innehatte. Die soziale *Plazierung* des Betriebsnachfolgers wirft daher keine Probleme auf. Darüber hinaus wird mit allen Mitteln versucht, die weichenden Erben auf dem Wege der Einheirat, landwirtschaftlichen Verselbständigung oder Ausbildung standesgemäß zu plazieren. Insofern erweist sich die Familienlandwirtschaft als ein die ländliche Sozialstruktur in hohem Maße stabilisierendes Element. Dies gilt streng genommen jedoch nur bei geschlossener Vererbung der Betriebe. In Freiteilbarkeitsgebieten erhalten die Kinder nach dem Vermögen der Herkunftsfamilie eine Startchance; sie müssen sich aber ihre soziale Stellung durch eigene Tüchtigkeit erringen.

Die Aufgaben, die Familienglieder *emotional und wirtschaftlich zu erhalten* (Fürsorgefunktion) und gegen die Wechselfälle des Lebens abzusichern (Sekuritätsfunktion), werden vom Gesamtsystem des landwirtschaftlichen Familienbetriebes erfüllt. Es werden sehr starke Gefühlsbeziehungen zu Hof und Heimat aufgebaut, die einen Schutzraum bilden, der Geborgenheit und Zuflucht bietet. Die Generationenfolge des landwirtschaftlichen Familienbetriebs bildet ein geschlossenes Kreislaufsystem, in dem jene, die als Kinder die Fürsorge der Älteren in Anspruch genommen haben, als Erwachsene für die Aufzucht der Kinder und für die Pflege der Alten und Kranken sorgen müssen. Dieses System reichte in der Vergangenheit in der Regel zur Altersversorgung aus, versagte aber häufig – vor allem in kleineren Betrieben –, wenn ungewöhnliche Lebensrisiken eintraten, weil es an Rücklagen fehlte. In Industriegesellschaften erweist es sich als notwendig, die landwirtschaftlichen Berufszugehörigen in die großen, vom Staat finanziell unterstützten kollektiven Sicherungssysteme einzubeziehen.

Literatur: PLANCK 1964, RIES 1954, 1964.

Diskussions- und Prüfungsfragen
1. Welche Formen der Desorganisation treten in bäuerlichen Familien relativ häufig auf?
2. Zeichnen und interpretieren Sie die „Schicksalskurve der Bauernfamilie"!
3. Was sind die vorrangigen Sozialisationsziele in Bauernfamilien?

6.3 Haushaltskomponente

Der Haushalt ist die sozialökonomische Komponente des landwirtschaftlichen Familienbetriebs. Seine Bedeutung geht im Familienbetrieb weit über das sonst übliche Maß hinaus, weil die Hausgemeinschaft das soziale Bezugsfeld darstellt, in dem der wesentlichste Teil der Sozialisation stattfindet, Entscheidungen vorbereitet und Dispositionen getroffen werden und wichtige Produktionsprozesse ablaufen. In wenig entwickelten bäuerlichen Gesellschaften ist der landwirtschaftliche Familienhaushalt überhaupt die einzige wirtschaftlich organisierte Einheit („ursprünglicher Betrieb").

Herkömmlicherweise liefert der landwirtschaftliche Betrieb dem Haushalt viele verschiedene Lebensmittel, unter Umständen auch Brennmaterial, Textilien und Transportmittel. Der spezialisierte Betrieb vermag dies nicht mehr. Hier übernimmt der angeschlossene Haushalt nur noch die Aufgabe, nichtmarktfähige Produkte (z. B. Brucheier, Fallobst) zu verwerten, während die übrigen Nahrungsmittel zugekauft werden. Die Verbindung von Hauswirtschaft und Betriebswirtschaft dient ferner dem Arbeitsausgleich. In arbeitsreichen Zeiten wird die Hausarbeit eingeschränkt, um dem Betrieb zusätzliche Arbeitsstunden zur Verfügung stellen zu können. In arbeitsarmen Zeiten nimmt der Haushalt überschüssige Arbeitskräfte auf, wo sie liegengebliebene und aufgeschobene Hausarbeiten erledigen.

6.3.1 Hausgemeinschaft

Der Arbeitsbedarf des Betriebes bestimmt letzten Endes auch die Haushaltsgröße und -zusammensetzung. Je größer ein landwirtschaftlicher Familienbetrieb ist, desto personenreicher ist der Haushalt. Die Variationsbreite ist allerdings in modernen landwirtschaftlichen Familienbetrieben nicht mehr groß. Sie betrug im Jahre 1968 in den westdeutschen Familienbetrieben zwischen 4,1 und 5,3 Personen je Haushalt. Die landwirtschaftlichen Haushalte sind nur noch ausnahmsweise durch familienfremde Arbeitskräfte erweitert. Der Anteil größerer Haushalte liegt aber immer noch weit über dem Durchschnitt (Übersicht 45).

Übersicht 45. Personenzahl landwirtschaftlicher Haushalte, Bundesrepublik Deutschland 1973.

Personen je Haushalt	Haushalte	
	insgesamt	landwirtschaftliche
1	23,7	(3,1)
2	29,4	13,7
3	19,2	17,1
4	15,9	21,7
5 und mehr	11,7	44,4
insgesamt	100	100

Quelle: Wirtschaft und Statistik H. 4, 1977, S. 240.

6.3.2 Hauswirtschaft

Die Haushaltsführung steht im allgemeinen der Frau des Betriebsinhabers als selbständiger Verantwortungsbereich zu. Sind mehrere erwachsene Frauen im Haushalt, dann entscheiden „Neigungen und Fähigkeiten, aber auch Alter und Gesundheitszustand sowie soziale Stellung der Betreffenden in der Familie bzw. Gewohnheitsrechte älterer Familienmitglieder" (VON SCHWEITZER 1968, S. 26) über die Rollenverteilung im hauswirtschaftlichen Bereich. Die Hausarbeit beansprucht im internationalen Durchschnitt ungefähr 0,2 Arbeitskräfte je Versorgungsperson. Die Ausstattung des Haushalts konkurriert mit Betriebsausgaben um die knappen

Mittel. In der Regel haben Betriebsaufwendungen und -investitionen Vorrang. Die Sanierung der Wohngebäude kommt nach der Modernisierung der Wirtschaftsgebäude. Die Technisierung des Haushalts folgt der Mechanisierung des Betriebs.

Getrennte Wohnbereiche und Haushalte der in einem landwirtschaftlichen Familienbetrieb vereinigten Kernfamilien sind aus Gründen eines reibungsärmeren Zusammenlebens und im Blick auf die Entwicklung eigener Familienstile erwünscht, aber häufig nicht möglich wegen der dadurch entstehenden höheren Lebenshaltungskosten, des Fehlens von zusätzlichem Wohnraum und der Pflegebedürftigkeit älterer Familienmitglieder. Im wohlhabenden europäischen Hofbauerntum zogen sich die Altenteiler in der Regel in ein Ausgedinghaus auf der Hofstätte oder im Dorf zurück. In der amerikanischen Farmerlandwirtschaft ist es ebenfalls üblich geworden, daß das altgewordene Farmerpaar seinen Lebensabend in ländlichen Zentralorten oder in den Rentnerkolonien Floridas oder Kaliforniens verbringt.

6.3.3 Haushaltung

Die haushälterischen Erwägungen und Verfügungen (Haushaltung) sind eng verzahnt mit den betriebswirtschaftlichen Dispositionen, da ein ständiger Leistungs- und Güteraustausch stattfindet. Im Wirtschaftsdenken des traditionellen landwirtschaftlichen Betriebsleiters hat jeder Produktionszweig seine feststehende Bestimmung, die darin besteht, gewisse Bedürfnisse des Haushalts zu befriedigen. „Der Bauer hat eine Liste der Familienbedürfnisse im Kopf, und seine kleineren und größeren Unternehmungen richten sich nach den einzelnen Posten dieser Liste. Taucht ein neues Bedürfnis auf, muß an dem Wirtschaftsprogramm geändert werden" (FÉL und HOFER 1972, S. 455). Braucht das Haus ein neues Dach, wird statt Weizen mehr Roggen angebaut, um geeignetes Stroh zum Dachdecken zu gewinnen. Ist eine Hochzeit in Sicht, so werden Schafe gehalten, denn zum Hochzeitsmahl gehört Lammbraten. Dieses Denken entstammt zwar der Subsistenzwirtschaft, es erklärt aber, warum sich Bauern bei der Umstellung ihrer Betriebsorganisation schwer tun.

Die Höhe des Einkommens wird in der bodenabhängigen Landwirtschaft von der verfügbaren Fläche, der Gunst des Standorts und der Marktsituation nach oben begrenzt. Sinken die Erzeugerpreise, so kann das gewohnte Verhältnis zwischen Einnahmen und Ausgaben nur durch Mehrerzeugung aufrechterhalten werden, aber niemals dadurch, daß weniger erzeugt wird. Denn die Festkosten sind im Familienbetrieb sehr hoch, weil die Unterhaltskosten der Arbeitskräfte fast ganz dazu rechnen. Da die Arbeitskräfte nicht entlassen werden können, liegen die Ausgaben zum größten Teil fest.

Das landwirtschaftliche Einkommen fällt überwiegend in unregelmäßigen Zeitabständen an und ist großen jährlichen Schwankungen unterworfen. Deshalb bilden außerbetriebliche Einkünfte oft eine notwendige Ergänzung. Sie erleichtern die Haushaltsführung in willkommener Weise, wenn sie regelmäßig fließen und in ihrer Höhe von vornherein bekannt sind wie z. B. Renten.

Nach Untersuchungen von GRETE KOHLHAUSER (1971) gaben die bäuerlichen Haushalte in Österreich um rund 40 Prozent weniger für Konsumzwecke aus als die städtischen. Die Gründe liegen in dem Einsparungseffekt, den größere Haushalte erzielen, in der teilweisen Eigenversorgung, in der größeren Bedürfnislosigkeit und in der Marktferne.

6.4 Betriebskomponente

Aus der Hauswirtschaft heraus entwickelt sich als eine weitere Komponente des landwirtschaftlichen Familienbetriebs der Erwerbsbetrieb, wenn Güter nicht mehr ausschließlich für den Haushaltsbedarf, sondern regelmäßig auch für fremden Bedarf erzeugt werden. Da im Betrieb die vorhandenen Produktionsfaktoren nach den Prinzipien der Wirtschaftlichkeit kombiniert und eingesetzt werden, stellt er die technisch-wirtschaftliche Seite des landwirtschaftlichen Familienbetriebes dar.

Der Betrieb wird wissenschaftlich einerseits als „Dauervollzug bestimmter Vorgänge auf der Grundlage ein für allemal getroffener Vorkehrungen" (VON GOTTL 1933, S. 57) angesehen, andererseits als „ein Leistungsgefüge, das... der kontinuierlichen Erfüllung spezifischer Wirtschaftsaufgaben... dient" (FÜRSTENBERG 1969, S. 109). Der Bauer betrachtet hingegen den Betrieb „als Selbstzweck und seine Erhaltung in der Familie als wichtigstes Ziel seiner Wirtschaftsführung" (ALBRECHT 1926, S. 59). Die Identifizierung der Bauernfamilie mit dem Betrieb wird als „Hofidee", die Überbewertung des Hofes als „Hofideologie" bezeichnet. Im überseeischen Farmertum und auch im afrikanischen, asiatischen und mediterranen Bauerntum hat man nie den wirtschaftlichen Zweck des Betriebes so weit aus dem Auge verloren, daß man bereit gewesen wäre, das Glück der Menschen dem Betrieb zu opfern.

Im Gesamtsystem „landwirtschaftlicher Familienbetrieb" dient der Betrieb wie irgendein Erwerbsbetrieb (1) dem Gelderwerb, darüber hinaus aber (2) der unmittelbaren Bedarfsdeckung des Haushalts, (3) der Verwertung der Familienarbeitskraft, (4) der Vermögensbildung und (5) der Daseinssicherung.

Im Familienbetrieb liegt die Kunst der Arbeitsanordnung darin, den optimalen Zeitpunkt jeder einzelnen Maßnahme zu erkennen und zu nutzen sowie richtig zu entscheiden, welche Arbeit jeweils vordringlich zu erledigen ist und mit welchen Tätigkeiten die verfügbare Arbeitskraft am besten verwertet wird. Der gute Betriebsleiter ist bestrebt, Arbeitsversäumnisse zu vermeiden, die eine Kettenreaktion auslösen könnten, dringliche Arbeiten frühzeitig zu erledigen, damit sie nicht unter Zeitdruck ausgeführt werden müssen, und die an physiologische Rhythmen gebundene tägliche Arbeitszeit zu verkürzen und an Hilfskräfte zu delegieren und womöglich die „lastende rhythmische Arbeit" (BRAUNER 1971) in weniger zeitgebundene oder in Füllarbeit umzuwandeln. Der Betriebsleiter, der es versteht, seinen Betrieb so zu organisieren, daß er nicht ständig unter Zeitdruck steht, kann freier disponieren, das jeweilige Zeitoptimum besser wahrnehmen und die Arbeiten sorgfältiger ausführen. Er wirtschaftet zeit- und kostengünstiger als sein Nachbar, der nicht „das Richtige zur richtigen Zeit" tut.

Autoritätsprobleme traten im traditionellen landwirtschaftlichen Familienbetrieb nicht auf, weil durch Sitte und Herkommen jedem seine Position in der Betriebshierarchie zugewiesen war. Im modernen landwirtschaftlichen Familienbetrieb ist der Gestaltungsspielraum größer. Das Festhalten an einem autoritären Führungsstil (überspannter Patriarchalismus) ist eine häufige Quelle familiärer Spannungen und Generationenkonflikte. Vielerorts glaubt man jedoch, nach außen hin den Schein autoritärer Familien- und Betriebsverfassung wahren zu müssen, obwohl intern längst ein „kooperativer Führungsstil" praktiziert wird. Im übrigen haben Wandel der Arbeitsverfassung, Motorisierung, Einführung neuer Arbeitsverfahren, Übergang zu marktorientierter Produktion und öffentlicher Prestigeverlust (Einkommensdisparität) die traditionelle Autorität des Betriebsleiters im Familienbetrieb erheblich beeinträchtigt, die Stellung der Frau und des Hoferben hingegen gestärkt. In der Regel ist in den landwirtschaftlichen Familienbetrieben anstelle einer skalaren eine funktionale Arbeitsorganisation getreten, d. h. jeder verrichtet die Arbeit, die gerade am dringlichsten ist, oder für die er am besten geeignet ist. Werden Arbeitsketten gebildet wie beim Silieren von Mais, so ergibt sich allein schon aus der Bedienung der technischen Anlagen eine gefügeartige Kooperation.

Die funktionale Organisation löst auch die betrieblichen *Koordinationsprobleme*, die ohnehin in den kleinen überschaubaren Familienbetrieben nicht schwer wiegen. *Kommunikationsschwierigkeiten* treten im landwirtschaftlichen Familienbetrieb ebenfalls selten auf. Bei der kleinen Zahl ständig eng zusammenlebender, sich derselben Ausdrucksweise bedienender Mitarbeiter gibt es so gut wie keine Informationsverluste und -verzerrungen. Normalerweise kennt der landwirtschaftliche Familienbetrieb keine *Kohäsionsprobleme.* Familienbeziehungen und

-abhängigkeiten verklammern die Mitarbeiter. Außerdem gehen von der „Hofidee" starke bindende und zentrierende Kräfte aus. Familienstreit und zerrüttete Familienverhältnisse stellen allerdings den Betriebserfolg ernsthaft in Frage. Schon alltägliche psychosoziale Spannungen und ganz normale Generationenkonflikte machen sich im Betriebsablauf störend bemerkbar. Damit wird auch das *Leistungsproblem* berührt. Der Leistungswille des einzelnen Mitarbeiters unterliegt sehr stark den Einflüssen des Familienklimas und dem Grad, in dem er sich dem Gesamtsystem solidarisch verpflichtet fühlt.

Die Notwendigkeit, die Familienarbeitskräfte produktiv zu beschäftigen, verweist den bodenarmen Familienbetrieb auf intensive Betriebszweige (Milchviehhaltung, Hackfruchtbau, Sonderkulturen). Die Vollbeschäftigung der Familienarbeitskräfte während des ganzen Jahres zwingt ferner zu einer gewissen Vielseitigkeit der Produktion, weswegen die Vorteile der Betriebsvereinfachung und Spezialisierung nicht voll wahrgenommen werden können. Außerdem können die Kapazitäten der großen Landmaschinen nicht voll ausgenutzt werden, weshalb ein Einsatz zu Minimalkosten unmöglich ist.

6.5 Unternehmenskomponente

Der moderne landwirtschaftliche Familienbetrieb ist durch eine Vielzahl von Rechtsgeschäften, Verträgen, Steuern, Versicherungen usw. mit Lieferanten, Abnehmern, Kreditgebern, Behörden, Versicherungsgesellschaften, Genossenschaften usw. verbunden. Für die Wahrnehmung dieser Außenbeziehungen bedarf es einer juristisch anerkannten Rechtsform und einer ordentlichen Führung der Finanzen. Im Begriff des Unternehmens findet diese nach außen gerichtete juristisch-finanzielle Seite des landwirtschaftlichen Familienbetriebs ihren Ausdruck.

Die Unternehmenskomponente ist soziologisch von dreifachem Interesse: (1) als Rechtsform, (2) als Wirtschaftsprozeß und (3) als Verkörperung in der Persönlichkeit des Unternehmers.

6.5.1 Rechtsform

Die Rechtsform regelt Fragen der Haftung, der Risikoübernahme, der Gewinn- und Verlustverteilung, der Vertretungsbefugnis, der Gründung und Auflösung, der Finanzierung und Kreditbasis und die Art der Besteuerung. Unter den rechtlich zulässigen Unternehmensformen kann der Landwirt unter wirtschaftlichen und steuerlichen Gesichtspunkten die seinen familiären Interessen dienlichste wählen.

In der Familienlandwirtschaft überwiegt bei weitem die Rechtsform des Einzelunternehmens. Ein Einzelunternehmen ist Vermögensbestandteil des Eigentümers ohne rechtliche Selbständigkeit. Das bedeutet, daß der Inhaber sowohl für Geschäfts- als auch für Privatschulden mit seinem gesamten Vermögen haftet. Der Gesetzgeber bietet aber auch eine Reihe von gesellschaftsrechtlichen Formen an, von denen allerdings für die Landwirtschaft in der Bundesrepublik Deutschland nur die Gesellschaft des bürgerlichen Rechts, die Gesellschaft mit beschränkter Haftung (GmbH) und bedingt die Erwerbs- und Wirtschaftsgenossenschaft in Betracht kommen.

Die Gesellschaft nach den Paragraphen 705 ff. des Bürgerlichen Gesetzbuches eignet sich besonders für die Bildung von landwirtschaftlichen Familiengesellschaften, z. B. von Vater-Sohn-Gesellschaften, und für die Fusion von landwirtschaftlichen Einzelbetrieben. Schwierigkeiten ergeben sich unter Umständen hinsichtlich der Leitung, der Kreditwürdigkeit und im Erbfall. Die Gesellschafter haften mit ihrem ganzen Vermögen; sie partizipieren an den Gewinnen und Verlusten entsprechend ihren Beteiligungen. Diese können aus eingebrachten Grundstücken, Inventar und Betriebskapital oder auch nur aus Mitarbeit bestehen. Gesellschaftsverträge bringen vorzüglich die Mitunternehmerschaft des Juniorpartners oder anderer Partner in einem landwirtschaftlichen Familienbetrieb formal zum Ausdruck. Sie haben aus steuerlichen Gründen vor allem in umsatzstarken Intensiv- und Sonderkulturbetrieben eine größere Verbreitung gefunden. Aus sozialer Sicht sind sie deshalb besonders interessant, weil sie

(1) allen Vertragspartnern ermöglichen, ihre Fähigkeiten voll einzusetzen und ihre Persönlichkeit zu entfalten,
(2) allen Vertragspartnern das wünschenswerte Maß an sozialer Sicherheit gewährleisten,
(3) die lähmenden Wirkungen patriarchalischer Familienordnung auf den Nachwuchs aufheben und dadurch das Verbleiben des Nachwuchses in der Landwirtschaft fördern,
(4) die frühzeitige und systematische Einführung des Juniorpartners in die Probleme der Unternehmensführung einleiten, und
(5) ein geeignetes Übungsfeld für überbetriebliche Zusammenarbeit schaffen.

6.5.2 Wirtschaftsprozeß

Innerhalb des rechtlichen Rahmens der Unternehmensform laufen wirtschaftliche Teilprozesse ab, die auf bestimmte Ziele gerichtet sind, hinter denen bestimmte Ideen (Nahrungs-, Hof-, Erwerbsidee) stehen. Im landwirtschaftlichen Familienbetrieb fallen Zielsetzungen des Wirtschaftens mit Lebenszielen der Familie zusammen, wobei in der Regel zwei Hauptziele miteinander konkurrieren, nämlich die Befriedigung der Bedürfnisse der Familie und ihrer Glieder und die Erhaltung des Familienbetriebes als sozialökonomisches System. Erstreckt sich die Bedürfnisbefriedigung hauptsächlich auf die Selbstversorgung mit Nahrungsmitteln, Textilien, Brennmaterial usw., dann liegt der Unternehmenserfolg – wenn man hier überhaupt von einem „Unternehmen" sprechen kann – in der Deckung des Naturalbedarfs nach Menge, Güte und Art. Wird die Produktion überwiegend vermarktet, dann treten die Produktziele hinter dem Erfolgsziel eines im Verhältnis zu den Arbeitsanstrengungen angemessenen und mit dem vergleichbarer Berufskategorien paritätischen Einkommenserwerbs zurück.

In der Regel steuern jedoch nicht Einzelziele, sondern Bündel von komplementären, indifferenten und konkurrierenden Zielen (Zielsystemen) das Planungs-, Informations- und Entscheidungsverhalten der Unternehmer. Nach VON BLANCKENBURG (1957) formen in der westdeutschen Landwirtschaft Zielsetzungen des hohen Einkommens, der angemessenen Gewinnzielung, der Risikovermeidung, der Betriebserhaltung in der Generationenfolge und das Streben nach sozialer Einordnung entscheidend das wirtschaftliche Gesamtverhalten. Diese Ziele werden ihrerseits innerhalb eines gesellschaftlich vorgegebenen Rasters durch Wertorientierungen, Motivationen und andere Persönlichkeitsmerkmale bedingt. Die landwirtschaftlichen Unternehmer lassen sich aufgrund ihrer Persönlichkeitsstruktur bestimmten „Zielsystemtypen" zuordnen, z. B. dem Typ des abwartenden, substanzsichernden und problemvollen Landwirts (vgl. HINKEN 1975, S. 218). In den ökonomischen Theorien wird im allgemeinen marktorientiertes Verhalten des Unternehmers unterstellt. Dies trifft für den landwirtschaftlichen Unternehmer und Betriebsleiter jedoch nur bedingt zu. Sein Verhalten ist, namentlich in kleineren Betrieben und abgelegeneren Gebieten, sehr stark sozialorientiert, d. h. auf das Urteil der Verwandten, Nachbarn und Berufskollegen ausgerichtet. Das Ortsübliche ist gewöhnlich das ausschlaggebende Verhaltensmuster.

Im traditionellen landwirtschaftlichen Familienbetrieb ist die Bereitstellung der Betriebsmittel überwiegend ein innerbetrieblicher Vorgang. Im modernen landwirtschaftlichen Familienbetrieb hingegen müssen die meisten Betriebsmittel von außen bezogen werden. Damit werden die Betriebsmittelbeschaffung wie der Absatz der Produkte Teile des Unternehmensprozesses. Der Familienlandwirt kann sich freilich im allgemeinen den Unternehmensprozessen (Beschaffung, Absatz, Investitionen, Finanzierung, Finanzbuchhaltung) nicht im notwendigen Maße widmen, weil es ihm dazu gewöhnlich an Zeit und Ausbildung mangelt. Der landwirtschaftliche

308   Soziologie der Landwirtschaft

Familienbetrieb ist demnach hinsichtlich der unternehmerischen Komponente sowohl seinen Marktpartnern als auch seinen großbetrieblichen Konkurrenten im Wirtschaftsgeschehen unterlegen. Deshalb bedarf er der sachverständigen Unterstützung durch Genossenschaften, Fachverbände und Berater und einer speziellen Unternehmerausbildung.

6.5.3 Unternehmerposition

Unternehmensziele und -prozesse lenken den Blick auf die Person des Unternehmers. Die Ziele gehen aus seinen Wertvorstellungen, Einstellungen und Bedürfnissen hervor und führen zu unternehmerischen Entscheidungen und Handlungen; die Unternehmensprozesse bestimmen seine Rollen.

Unternehmer im weiteren Sinne ist jeder, der die unternehmerischen Rollen spielt. Dazu gehört es, das Unternehmen nach außen zu vertreten, die Geschäftspolitik zu bestimmen, die Mittel und Verfahren zur Erreichung der Ziele zu wählen, was umfassende Informierung voraussetzt. Vom „typischen" Unternehmer wird entscheidungs- und verantwortungsfreudiges Verhalten, Durchsetzungsvermögen, Wagemut und selbstbewußtes Auftreten erwartet. Nicht alle Unternehmerpersönlichkeiten entsprechen diesen Vorstellungen. Man kann mit ERWIN REISCH den Unternehmertyp des Konservators (Wirt), des Spekulators (Spieler), des Experimentators (Erfinder) und des Modernisators (Neuerer) unterscheiden. Unternehmer im engeren Sinne ist nur der letztere. JOSEPH SCHUMPETER (1883–1950) hat dem „echten" Unternehmer in der Gestalt des Neuerers den schlichten Wirt gegenübergestellt. Der Unternehmer im Sinne SCHUMPETERS versucht in schöpferischen Akten durch neue Faktorkombinationen, Kreierung neuer Produkte und Erschließung neuer Märkte die Leistungen ständig zu steigern, während sich der Wirt damit begnügt, den erworbenen Leistungsstand zu halten. Er wird auch als „Imitator" bezeichnet, da er Wege geht, die andere, nämlich die „Innovatoren", erkundet und erprobt haben.

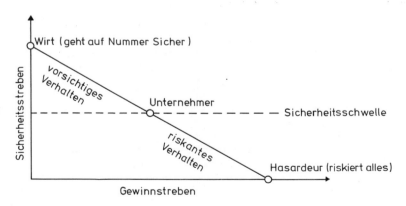

Abb. 28. Der Unternehmer zwischen Sicherheits- und Gewinnstreben

Echtes unternehmerisches Verhalten setzt dort ein, wo etwas riskiert wird, d. h. wo eine Entscheidung gefällt wird, die das Leistungsstreben mit dem Sicherheitsstreben in Konflikt bringt. Wenn die Erzielung eines maximalen Gewinns das eigentliche Ziel eines wirtschaftlichen Unternehmens ist, dann kann man statt Leistungsstreben auch Gewinnstreben einsetzen und obiges Verhaltensschema aufstellen (Abb. 28).

Die Sicherheitsschwelle liegt für einen einfachen Landwirt relativ hoch, denn er muß die Entscheidungen über den Einsatz seiner Mittel und die Entwicklung seines Unternehmens treffen bei sehr ungenauer Kenntnis
(1) der kurzfristigen Entwicklung des Angebots an und der Nachfrage nach Agrarprodukten,
(2) der längerfristigen strukturellen und institutionellen Veränderungen auf der Angebots- und Nachfrageseite und deren Auswirkungen auf die Wettbewerbsverhältnisse,
(3) der künftigen agrar- und wirtschaftspolitischen Maßnahmen der Regierung und
(4) der gesamtwirtschaftlichen Veränderungen, z. B. der Einkommensentwicklung (vgl. FLEISCHHAUER 1969, S. 196).

Die Leiter landwirtschaftlicher Familienbetriebe fragen gewöhnlich mehr nach dem möglichen Schaden als dem wahrscheinlichen Nutzen von Neuerungen. Sie scheuen das Risiko, da sie auf keinen Fall die wirtschaftliche Existenz ihrer Familie gefährden wollen. Ihre Entscheidungen werden gewöhnlich von Sicherheitsüberlegungen geprägt. Sie halten sich an das, was sich in der Vergangenheit bewährt hat, ohne zu erkennen, daß traditionales Verhalten unter veränderten Bedingungen sehr riskant sein kann. RHEINWALD (1964) hat daher gesagt, „die Bauern müßten unternehmerisch denken und handeln, nicht um Unternehmer zu werden, sondern um Bauern zu bleiben". Aber wie wird man Unternehmer?

Nach dem heutigen Stand der Forschung ist die Unternehmerpersönlichkeit das Produkt von Anlage und Umwelt, von Auslese und Training. Die traditionelle Sozialisation in Bauernfamilien ist wenig geeignet, die intellektuellen Anlagen einer echten Unternehmerpersönlichkeit, wie rasche Erfassung einer Situation, Kombinationsgabe, Vorstellungskraft und Kreativität, zu entfalten und den Nachwuchs zu hohen Leistungen zu motivieren. In den meisten Bauernländern wird – im Gegensatz zu den überseeischen Farmerländern – unternehmerische Leistung sozial nicht honoriert. In traditionsgeleiteten Gesellschaften wird Faktormobilität, eine Voraussetzung unternehmerischer Entscheidungen, sogar mißbilligt. So gelten im Hofbauerntum Hofaufgabe, Landflucht und Schuldenmachen als Verstöße gegen die guten Sitten. Erst allmählich bahnt sich hier ein Einstellungswandel an, der den Weg zu unternehmerischem Verhalten frei macht. Die Masse der Familienlandwirte dürfte dennoch auch künftig von dem Postulat unternehmerischen Denkens und Handelns überfordert sein. Hier bietet sich die Vertragslandwirtschaft als Ausweg an.

Literatur: VON BLANCKENBURG 1957, REISCH 1966, SCHULZ–BORCK 1963, VON SCHWEITZER 1968, TSCHAJANOW 1923.

Diskussions- und Prüfungsfragen
1. Warum ist die Personenzahl ein wichtiges Strukturmerkmal des landwirtschaftlichen Haushaltes?
2. Wovon hängt der Arbeitsbedarf eines landwirtschaftlichen Haushaltes ab?
3. Warum müssen im landwirtschaftlichen Familienbetrieb die Komponenten Familie und Betrieb laufend einander angepaßt werden und welche Mittel gibt es dazu?
4. Welche Bedingungen fördern die Heranbildung von Unternehmerpersönlichkeiten in der Landwirtschaft?

6.6 Beurteilung

6.6.1 Relative Vorzüglichkeit

Von den Verfechtern des agrarpolitischen Leitbildes des landwirtschaftlichen Familienbetriebes ist viel Material zusammengetragen worden, das für diese Betriebsform spricht. Die *Vorzüge* des Familienbetriebes werden vor allem gesehen:

(1) in der Krisenfestigkeit, da er nicht mit konstanten Lohnkosten belastet ist, die ohne Rücksicht auf die erzielten Erträge und Umsätze aufgebracht werden müssen, sondern im Gegenteil die Möglichkeit besteht, Ertragsausfälle durch Einschränkung des privaten Konsums auszugleichen;
(2) in der Möglichkeit, hohe Produktions- und Absatzrisiken zu günstigen Bedingungen zu übernehmen, da individuelle Lohnansprüche nicht realisiert werden müssen;
(3) in der Anpassungsfähigkeit des Arbeitseinsatzes an den täglichen Bedarf, da tarifliche Arbeitszeitbindungen fehlen, und außerbetrieblich kaum produktiv verwertbare Arbeitszeit von Heranwachsenden, Hausfrauen und Altenteilern genutzt werden kann;
(4) in der Bereitschaft der Familienarbeitskräfte, Arbeitsanstrengungen und Arbeitsdauer den wechselnden Dringlichkeiten der Arbeitserledigung anzupassen, und in der Fähigkeit, rasch umzudisponieren;
(5) in dem Anreiz zur vollen Leistungsentfaltung ohne Kostensteigerung;
(6) in der Überschaubarkeit der Produktion; da diese definitionsgemäß nicht größer sein kann, als eine Familie arbeitsmäßig selbst zu bewältigen vermag, bleibt sie in einem überschaubaren Rahmen, was deshalb von besonderer Bedeutung ist, weil man es in der Landwirtschaft mit vielen unwägbaren und unvorhersehbaren Faktoren zu tun hat;
(7) im selbstverantwortlichen Denken und Handeln aller Mitarbeiter im Bewußtsein, daß die eigene gewissenhafte Arbeit mitentscheidet über die Höhe des Familieneinkommens und damit über die Daseinssicherung;
(8) im haushälterischen Einsatz und sorgsamen Umgang mit den Betriebsmitteln, da diese Familienbesitz darstellen;
(9) in einem positiven Verhältnis zur Eigentumsbildung, aus dem sich Bodenständigkeit ergibt, die zur genauesten Kenntnis der örtlichen Verhältnisse führt; gerade diese Ortskenntnis ist aber ein nicht zu unterschätzender Vorteil gegenüber einem Lohnarbeitsbetrieb, der mit wechselnden Arbeitskräften wirtschaften muß;
(10) in einem Minimum an Verwaltung, Überwachung, Anleitung und Information der Mitarbeiter.

Aus marxistischer Sicht sind die meisten dieser Vorteile nur Scheinvorteile, die durch Entsagung, dürftige Lebenshaltung und Überarbeitung erkauft werden. „Für uns freilich bedeutet die untermenschliche Ernährung des Kleinbauern ebenso wenig einen Vorzug des Kleinbetriebs, wie sein übermenschlicher Fleiß", urteilte KARL KAUTSKY (1899, S. 112).

Die *Schwächen* des landwirtschaftlichen Familienbetriebes liegen vor allem in einigen schon erwähnten Eigenheiten: (1) in der Abhängigkeit der Betriebsorganisation von der Familienzusammensetzung und -entwicklung, (2) in der Gefährdung der Arbeitserledigung durch personale Ausfälle, (3) in der Tendenz der Selbstausbeutung der Familienarbeitskräfte (Mangel an Freizeit und Urlaub, Konsumverzicht) und (4) in dem Zwang, zwischen Bedürfnisbefriedigung und Arbeitsbeschwernis abzuwägen. Hinzu kommt, daß sich der Familienbetrieb (5) kein geschultes, spezialisiertes Management leisten kann und (6) wegen der regelmäßig wiederkehrenden Erbabfindungen an Kapitalschwäche leidet. Sie wirkt sich im Entscheidungsfalle so aus, daß Privatausgaben zugunsten des Betriebes gesenkt werden, und unter Umständen sogar an der Ausbildung der Kinder gespart wird. Deren Chancen, erfolgreich in andere Berufe überzuwechseln, werden dadurch verkürzt, wie überhaupt die Familienlandwirtschaft Berufsmobilität und sozialen Aufstieg hemmt.

Die *Zukunftsaussichten* des landwirtschaftlichen Familienbetriebes werden gegensätzlich beurteilt. Während im marxistischen Lager – und nicht nur dort – das Leitbild des Familienbetriebes als überholt gilt, sind namentlich die amerikanischen Farmer nach wie vor von der relativen Vorzüglichkeit ihres Betriebssystems überzeugt. Es kann jedoch nicht übersehen werden, daß neuere Entwicklungen den Familienbetrieb ernstlich in Frage stellen. Sie werden unter den Stichworten Kapital-, Wachstums-, Paritäts-, Nachwuchs- und Frauenproblem diskutiert.

6.6.2 Sozialökonomische Probleme

Kapitalproblem: Der zunehmende Zwang zu verstärktem Kapitaleinsatz, um mit Hilfe moderner Verfahren die Arbeitsproduktivität auf industriegleiche Höhe zu heben, sprengt nach Ansicht von PAUL MEIMBERG (1970, S. 15) den Rahmen des herkömmlichen Familienbetriebes. „Die Investitionen werden zum Schicksal des Betriebes" (HERMANN HÖCHERL) und der Familie, denn betriebliche Investitionen konkurrieren mit privaten Konsumansprüchen um das verfügbare Einkommen. Während in den westdeutschen Betrieben um 1950 noch rund die Hälfte des bereinigten Rohertrages als Familieneinkommen entnommen werden konnte, betrug der entsprechende Anteil Ende der sechziger Jahre nur ein Viertel (vgl. MEIER 1968, S. 234). Es wird in kapitalistischen Ländern mit wechselhaftem Erfolg versucht, durch genossenschaftliche Selbsthilfe und durch eine protektionistische Agrarpolitik die Verschuldung der Familienbetriebe in tragbaren Grenzen zu halten. Der Vorschlag von HANS-HEINRICH HERLEMANN (1968), den familialen Charakter der landwirtschaftlichen Betriebe durch die Bildung von Familienaktiengesellschaften zu erhalten, ist umstritten.

Wachstumsproblem: Der landwirtschaftliche Familienbetrieb besitzt herkömmlicherweise eine Faktorausstattung, die der Familienarbeitskapazität auf der Hand- und Gespannarbeitsstufe entspricht. Auf einer höheren Technisierungsstufe kommt das System „landwirtschaftlicher Familienbetrieb" in ein inneres Ungleichgewicht, das sich infolge des technischen Fortschritts laufend vergrößert, denn die einzelnen Elemente folgen unterschiedlich ablaufenden Prozessen. Es scheint auf Dauer nicht möglich zu sein, in traditioneller Weise Boden und Kapital einem gegebenen Arbeitskräftepotential anzupassen, vielmehr verlangt die weitere Rationalisierung, Arbeitskräfte und Boden den kostengünstigsten technischen Verfahren anzupassen. Nur jene landwirtschaftlichen Familienbetriebe haben gute Überlebenschancen, die ihre Produktionseinheiten ständig vergrößern, die sogenannten „entwicklungsfähigen" Betriebe. Der Vollerwerbsbetrieb ist geradezu „zum Wachstum verurteilt" (STEFFEN 1968, S. 29). Da der Boden unvermehrbar und der Markt für Agrarprodukte nur begrenzt aufnahmefähig ist, ist einzelbetriebliches Wachstum nur im Verdrängungswettbewerb mit anderen Familienbetrieben möglich (vgl. ANDREAE 1974).

Paritätsproblem: Das Paritätsproblem kann in die Frage gekleidet werden: Kann im landwirtschaftlichen Familienbetrieb das in modernen Industriegesellschaften übliche Anspruchsniveau (Lebensstandard) verwirklicht werden? Die Antwort darauf fällt für die westdeutschen Betriebe je nach Bedürfnisbereich verschieden aus. Im Bereich der sozialen Sicherung ist dank großer finanzieller Zuschüsse der öffentlichen Hand in der Bundesrepublik Deutschland in den vergangenen Jahren die Gleichstellung der landwirtschaftlichen Berufszugehörigen mit anderen Personenkreisen einigermaßen gelungen. Offensichtlich läßt sich aber ein paritätisches Einkommen nur in einem Bruchteil der landwirtschaftlichen Familienbetriebe erzielen. Die Bauern werden freilich „weniger durch sinkende Erlöse zur Aufgabe gezwungen, als vielmehr durch den Unterschied zwischen dem im eigenen Betrieb erzielten Einkommen und dem bei außerlandwirtschaftlicher Tätigkeit erzielbaren Einkommen angereizt, die Betriebe ganz oder teilweise aufzugeben" (WEINSCHENCK 1976, S. 137). Auch andere soziale Ansprüche, wie industriegleiche Arbeitszeit- und Urlaubsregelungen, stoßen an Grenzen des Machbaren. Die Kommission der Europäischen Gemeinschaft kam daher in einem Gutachten (MANSHOLT-Plan, 1969) zu dem Ergebnis, daß sich in der europäischen Landwirtschaft weder die gegenwärtigen noch die zukünftigen Ansprüche bei Beibehaltung des landwirtschaftlichen Familienbetriebes als Organisationsform erfüllen ließen. Die meisten landwirtschaftlichen Familienbetriebe stehen vor den Alternativen (1) der Auflösung, (2) der Weiterführung im Nebenerwerb, (3) der überbetrieblichen Zusammenarbeit oder (4) des Zusammenschlusses.

6.6.3 Familiale Probleme

Nachwuchsproblem: Die Kontinuität des landwirtschaftlichen Familienbetriebes beruht auf der Geschlechterfolge. Wenn keine Nachkommen vorhanden sind, die gewillt und befähigt sind, den elterlichen Betrieb zu übernehmen, läuft dieser aus[1]. Früher bestand ein starker moralischer und sozialer Zwang, den elterlichen Betrieb weiterzuführen. Ja, es wurde als ein besonderer Vorzug erachtet, Hoferbe zu sein. In Industriegesellschaften bieten sich aber zahlreiche berufliche Alternativen zur Familienlandwirtschaft an. Die Liberalisierung der Auffassungen ist so weit fortgeschritten, daß individualistischen Berufsneigungen wenig Hindernisse in den Weg gelegt werden. Die künftigen Betriebsübernehmer prüfen sehr genau, ob ihnen der landwirtschaftliche Familienbetrieb ein Leben ermöglicht, das ihren Vorstellungen von Lebensstandard, sozialem Ansehen und Selbstverwirklichung entspricht. Das Ergebnis ist häufig negativ. Der Kern der unter dem landwirtschaftlichen Nachwuchs verbreiteten Resignation liegt vielleicht nicht so sehr in der Sorge um ihre soziale Stellung als in der Furcht, infolge unbeeinflußbarer politischer Entscheidungen weitere wirtschaftliche und soziale Nachteile gewärtigen zu müssen. Auch die innige Verbindung von Betrieb und Haushalt, Beruf und Familie kann der heranwachsenden Generation zum Stein des Anstoßes werden. Sie empfinden das fortgesetzte Hineinwirken von Betriebsgeschehen und Betriebserfordernissen in das Familienleben als störend, insofern sie die industriegesellschaftliche Vorstellung von der Familie als Ort der Selbstbestimmung, Freiheit und Muße übernommen haben.

Frauenproblem: Die Zukunft des landwirtschaftlichen Familienbetriebes hängt letzten Endes entscheidend davon ab, ob sich genügend qualifizierte Mädchen bereitfinden, einen jungen Bauern oder Farmer zu ehelichen. An anderer Stelle wurde schon darauf aufmerksam gemacht, daß die Abwanderung der Mädchen vom Lande diejenige der jungen Männer bei weitem übertrifft. Die Gründe für die Abneigung der Mädchen, das Los einer Bäuerin auf sich zu nehmen, sind verschieden. Viele scheuen vor der Arbeitsbelastung durch Familie, Haushalt und Mithilfe im Betrieb zurück. Andere sehen in einer nichtlandwirtschaftlichen Ehe bessere Möglichkeiten, sich entsprechend ihrer Ausbildung und ihren persönlichen Neigungen beruflich zu betätigen. Die Position der Bäuerin hat auch in den eigenen Kreisen ein eher negatives Image.

Literatur: AID 1967, PLANCK 1972 a.

Diskussions- und Prüfungsfragen
1. Wie beurteilen Sie den landwirtschaftlichen Familienbetrieb?
2. Was versteht man unter dem „Frauenproblem" in der Landwirtschaft? Nennen Sie die wichtigsten Ursachen und mögliche Lösungen!

---
[1] Nach Erhebungen der ASG haben in der Bundesrepublik Deutschland 20 bis 30 Prozent der landwirtschaftlichen Betriebsinhaber im Alter von 55 Jahren und darüber keinen Hofnachfolger (ASG-Materialsammlung Nr. 137).

7 Landwirtschaftlicher Kollektivbetrieb

7.1 Allgemeine Betrachtung

Unter einem Kollektiv wird eine Menge von grundsätzlich gleichen Personen verstanden, die durch gemeinsame Ziele, gemeinsame Arbeit und gemeinsame Organisation dieser Arbeit miteinander verbunden sind.[1] Bildet ein Kollektiv die institutionelle Grundlage eines Betriebes, dann kann dieser als Kollektivbetrieb bezeichnet werden. Das wesentliche Merkmal ist das Vorhandensein eines Organes, in dem alle Mitglieder des Kollektivs gleichberechtigt über die Verteilung von Rechten und Pflichten innerhalb des selbstgesetzten organisatorischen Rahmens des Betriebes bestimmen. In der Regel ist dies die Mitgliederversammlung. Das Kollektiv ist die Grundform der Organisation der menschlichen Beziehungen unter sozialistischen Produktionsverhältnissen. Da die Kollektivbetriebe dort weit überwiegend durch die Diktatur einer schmalen Führungsschicht entstanden sind, werden sie häufig als Zwangsgebilde verstanden (vgl. BURGHARDT 1972, S. 133). Es finden sich aber auch außerhalb kommunistischer Staaten landwirtschaftliche Kollektivbetriebe, wenngleich nur vereinzelt. Im folgenden werden die landwirtschaftliche Produktionsgenossenschaft als Beispiel eines durch Zwang entstandenen Kollektivs und der Kibbuz als Beispiel eines freiwilligen Kollektivs behandelt.

Bei beiden Formen kommt es infolge des Aufeinanderwirkens und des Gedankenaustausches der Mitglieder zu einem Kollektivbewußtsein. Das Kollektivbewußtsein äußert sich in kollektiven Handlungen und Reaktionsweisen. Unter Umständen treten Symptome geschlossener Gesellschaften auf: Anstaltspsychosen, psychosoziale Spannungen, starke soziale Kontrolle, Intrigen. Wichtige Entscheidungen, die das Individuum betreffen, werden kollektiv gefällt, insbesondere die Daseinsvorsorge wird zentral verwaltet. Die Unterdrückung des Eigenlebens führt, namentlich bei eigenwilligen Persönlichkeiten, zu aggressiven Impulsen, die abgeleitet werden müssen, um die Gemeinschaft nicht zu gefährden. Wo die Gefahren einer allzu großen Beschneidung individueller Selbstbestimmung erkannt werden, bemüht sich das Kollektiv, in Sport, Bildung, Kunst, privater Kleinlandwirtschaft usw. Freiräume der Persönlichkeitsentfaltung und Selbstverwirklichung zu schaffen.

Wir stellen der Einzeldarstellung von landwirtschaftlicher Produktionsgenossenschaft und Kibbuz eine Gegenüberstellung der jeweiligen Ausprägung bestimmter Merkmale voran (Übersicht 46). Beim Vergleich ist zu beachten, daß die Kollektivierung im Kibbuz nicht nur den Wirtschaftsbetrieb, sondern fast alle Lebensbereiche umfaßt.

Wenngleich sich der Kollektivbetrieb in der Landwirtschaft besser bewährt hat als in anderen Wirtschaftsbereichen, ist er auch hier von bemerkenswerter Instabilität. Nur unter äußerer Bedrohung oder herrschaftlichem Zwang pflegt er von längerem Bestand zu sein, da die innerbetrieblich entwickelten Kräfte des Zusammenhalts meistens die Gründergeneration nicht überdauern. Es ist bisher noch nicht gelungen, das psychische Stimulanz der privaten Initiative durch irgendwelche kollektiven Regelungen über längere Zeit hinweg zu ersetzen. In allen landwirtschaftlichen Kollektiven ist zu beobachten, daß die Einsatzfreudigkeit und der Opferwille zugunsten der größeren Gemeinschaft im allgemeinen rasch erlahmen, während die Verfolgung individueller und familiärer Interessen dauerhafte Kräfte mobilisiert.

PAUL HONIGSHEIM (1951), der sich eingehend mit der Stabilität von Kollektiven befaßt hat, kam zu folgendem Ergebnis: Die Lebensdauer eines Kollektivs hängt weder vom Grad der Vergesellschaftung des Eigentums noch vom Grad der Abkapselung ab. Ein Kollektiv besitzt eine

---

[1] Diese Definition von MAKARENKO deckt sich nicht mit dem, was in der Soziologie üblicherweise unter einem sozialen Kollektiv verstanden wird. MERTON schließt Interaktionen zwischen den Mitgliedern eines Kollektivs aus; nach TÖNNIES fehlt dem sozialen Kollektiv der organisatorische Zusammenhalt; nach VON WIESE haben Kollektive einen überpersönlichen Charakter.

Übersicht 46. Vergleichende Betrachtung von Kolchos und Kibbuz

Kolchos	Kibbuz
Niedriger Grad der Kollektivierung.	Hoher Grad der Kollektivierung.
Gründung gemäß Parteirichtlinein.	Entstehung aus privater Initiative.
Zwangsmitgliedschaft.	Freiwillige Mitgliedschaft.
Kollektivierung Leitbild für die gesamte Landwirtschaft.	Kollektivierung „Ideal" einer Minderheit (nur 4 % der Bevölkerung Israels).
Kolchosmitglieder sind Bauern und technische Spezialisten.	Kibbuzmitglieder stammen aus vielerlei Berufen.
Kolchos orientiert sich an den staatlichen Wirtschaftsplänen und den partei-ideologischen Zielen.	Kibbuz konkurriert mit Privatwirtschaft und anderen Genossenschaftsformen.
Produktionsplan wird vom Staat bestimmt (Planerfüllung).	Produktionsplan wird vom Kibbuz bestimmt (freies Unternehmen).
Entscheidungen über Finanzen werden vom Staat gelenkt.	Finanzentscheidungen liegen bei den demokratischen Organen des Kibbuz.
Hof- und Hauswirtschaft privat.	Keine private Hof- und Hauswirtschaft.
Hoher Technisierungsgrad auf den Kolchosflächen, niederer Technisierungsgrad in der intensiven Hoflandwirtschaft.	Hoher Technisierungsgrad auf der Gesamtfläche; intensive Nutzung der bewässerten LN (38 %).
Einkommen der Kolchosmitglieder verschieden (viererlei Einkommensarten).	Egalitäre Bedürfnisbefriedigung.
Funktionäre erhalten Lohnzuschläge.	Keine besondere Vergütung für Führungsaufgaben.
Lohnarbeit wird vermieden.	Lohnarbeit soll vermieden werden.
Kolchos bietet landwirtschaftliche Beschäftigung, zum Teil auch hauswirtschaftliche und pflegerische.	Kibbuz bietet landwirtschaftliche, gewerbliche, industrielle, hauswirtschaftliche, sozialpflegerische und andere Beschäftigungen.
Berufliche Differenzierung im Zuge der Spezialisierung.	Rotierendes System der Arbeitserledigung. Arbeitsleiter untersteht der demokratischen Kontrolle des Kibbuz.
Kolchos soll Abwanderung der Arbeitskräfte aus der Landwirtschaft fördern.	Kibbuz soll (ursprünglich) landwirtschaftliche Arbeitsplätze schaffen.
Abwanderung vor allem jüngerer Kolchosmitglieder verstärkt soziales Stadt-Land-Gefälle.	Soziologisch günstige Kombination von Landwirtschaft und Industrie im Kibbuz verhindert Abwanderung und soziale Spannungen.

größere Chance zu überleben, wenn die Landwirtschaft die Hauptquelle des Lebensunterhaltes darstellt, wenn die Mitglieder von einer religiösen Idee inspiriert sind, wenn es in sich klassenhomogen ist und wenn die demokratische Mitbestimmung in der Betriebsleitung und Unternehmensführung beschränkt ist. Es scheinen auch jene Kollektive stabiler zu sein, in denen die sozialen Beziehungen mehr auf den Gemeinschafts- und weniger auf den Gesellschaftsprinzipien im Sinne von TÖNNIES beruhen. Die Stabilität wird erhöht, wenn das Kollektiv seinen Mitgliedern hilft, ihren Status deutlich zu verbessern und sie befähigt, einen befriedigenden Lebensstandard zu erreichen. Dies bedeutet, daß eine landwirtschaftliche Produktionsgenossenschaft von landlosen Bauern und Landarbeitern beständiger ist als ein Zusammenschluß selbständiger Bauern.

HONIGSHEIM fand interessanterweise die stärksten Kräfte des Zusammenhalts in Kollektiven, die ihren Mitgliedern anstelle direkter wirtschaftlicher Vorteile soziale Sicherheit und Geborgenheit boten. Die schwächsten inneren Bindungen wiesen dagegen Kollektive auf, deren Mitglieder nur durch die Erwartungen auf höhere Reinerträge, niedrigere Erzeugerkosten und ähnliche Vorteile zum Beitritt motiviert wurden. Dies wirft die Frage auf, wie man das Bedürfnis nach einem Maximum an wirtschaftlicher Rationalität mit der Dauerhaftigkeit eines landwirtschaftlichen Kollektivbetriebes vereinbaren kann. Die Grundvoraussetzungen sind die Bereitschaft aller, ein Gemeinschaftsleben zu führen, die Fähigkeit der Führer, gemeinsame Arbeit zu organisieren, und die Vertrautheit der Mitglieder mit der Landwirtschaft. Manche landwirtschaftlichen Kollektive idealistischer Gruppen sind an ihrer landwirtschaftlichen Unerfahrenheit gescheitert, anderen mißglückte der Start wegen Kapitalmangels, und einigen fehlte der Markt für ihre Erzeugnisse. Diese Auflösungsgründe spielen sicher in sozialistischen Ländern kaum eine Rolle. Die dortigen Kollektive werden aber ebenso wie alle freiwilligen landwirtschaftlichen Kollektive in ihrem Bestand von Organisationsproblemen gefährdet. Es geht dabei vor allem um drei neuralgische Punkte:

(1) Die Besetzung der leitenden Positionen. Kollektive stehen aus zwei Gründen in Gefahr, sich ein ungeeignetes Management zu geben: Erstens, weil die Mitglieder dazu tendieren, jenen Kandidaten ihre Stimme zu geben, die sie entweder persönlich gerne mögen oder von denen sie eine milde Herrschaft erwarten. Dagegen haben hervorragende Fachleute und energische Charaktere geringere Wahlchancen, wenn sie nicht gleichzeitig die Sympathie der Mitglieder genießen. Zweitens erfolgt die Wahl häufig unter sachfremden Gesichtspunkten, z. B. unter weltanschaulichen oder parteipolitischen. Namentlich in der Anfangsphase der Kollektivierung sind in der DDR die Posten der Vorsitzenden mit berufsunerfahrenen Parteifunktionären besetzt worden.

(2) Die gerechte Belohnung der Leistung. Es ist schwierig und erfordert einen hohen Verwaltungsaufwand, den Beitrag jedes Mitgliedes zum Betriebsertrag genau zu erfassen und zu bewerten. Die fähigen und fleißigen Mitglieder werden im Endeffekt immer ausgenützt von den unfähigen und faulen. Dadurch wächst die Neigung, die individuelle Leistung auf das Niveau der am wenigsten produktiven Mitglieder zu senken. Wird das Problem nicht einigermaßen zufriedenstellend gelöst, sinkt die Arbeitsmoral.

(3) Die Aufrechterhaltung der Disziplin. Höhere Produktivität und reibungslose Zusammenarbeit erfordern diszipliniertes Verhalten der Mitglieder. Die Disziplin kann in einem Kollektiv aber nur dann ohne Zwang aufrechterhalten werden, wenn starke emotionale und sogar irrationale Bindungen zwischen den Mitgliedern bestehen, die durch andere als Nützlichkeitserwägungen motiviert sein müssen. Gibt es keine nichtökonomische Idee, die die Mitglieder dazu bewegt, sich unterzuordnen, einzufügen und Opfer zu bringen, muß Zwang angewendet werden. Zwang wird aber als Einschränkung der Selbstverwaltung oder sogar als Unterdrückung empfunden. Infolgedessen schwinden Begeisterung und Eifer der Mitglieder und wachsen die Kräfte der Desintegration.

Die Kollektivbetriebe weisen einerseits alle Vorteile größerer landwirtschaftlicher Betriebe und Personengemeinschaften auf, teilen aber andererseits auch deren Schwächen, wozu zusätzlich noch einige Schwierigkeiten treten, die sich aus der grundsätzlichen Gleichberechtigung der Mitglieder, der innerbetrieblichen Solidarität und der Unmöglichkeit, Mitarbeiter beliebig einstellen und entlassen zu können, ergeben.

Literatur: HEGENBARTH 1976, HONIGSHEIM 1951, FRICKE 1976.

Diskussions- und Prüfungsfragen
1. Welche sozialpsychologischen Probleme können in einem landwirtschaftlichen Kollektivbetrieb auftreten?
2. Wovon hängt die Stabilität eines landwirtschaftlichen Kollektivs ab?
3. Wie beurteilen Sie die Zukunftsperspektiven der Kollektivwirtschaft?

7.2 Landwirtschaftliche Produktionsgenossenschaft
7.2.1 Ideologisches und planwirtschaftliches Umfeld

Die landwirtschaftliche Produktionsgenossenschaft (LPG) ist ein nach dem Muster des russischen Kolchos unter dem Druck der herrschenden Partei durch den freiwilligen oder erzwungenen Zusammenschluß von Landarbeitern und Kleinbauern entstandenes Kollektiv zum Zwecke gemeinsamer Erzeugung landwirtschaftlicher Produkte. Die natürlichen Voraussetzungen sind großbetrieblich zu bewirtschaftende Flächen und Kulturen. Die gesellschaftlichen Bedingungen sind eine starke Zentralgewalt bzw. die zum wirtschaftspolitischen Dogma geronnene Überzeugung, die Kollektivwirtschaft sei der Individualwirtschaft überlegen.

Die LPG verdankt ihre weite Verbreitung in den kommunistischen Ländern der herrschenden Auffassung, sie sei ein besonders entwicklungs- und systemkonformes Produktionssystem. Schon MARX äußerte die von KAUTSKY (1854–1938) hartnäckig vertretene Hypothese, der kleinbäuerliche Betrieb treibe „mit Naturnotwendigkeit" dem Untergang entgegen und die Bauern gehörten zur „versinkenden Mittelschicht", daher sei die Kollektivierung der Bauernwirtschaften die einzige vernünftige Zukunftsperspektive. Im übrigen glaubten führende Marxisten, die Bauern würden freiwillig und freudig ihre „Fesseln" ablegen, wenn sich ihnen die kollektivistische Alternative böte, denn die LPG biete die Vorteile des Großbetriebes und sämtliche Vorteile des zersplitterten Genossenschaftswesens verbunden mit dem hoch zu bewertenden Eigeninteresse an der Arbeitsleistung (vgl. KAUTSKY 1899, S. 116 ff.). Der Nachdruck, mit dem in den meisten kommunistischen Ländern die Kollektivierung der Landwirtschaft vorangetrieben wurde, erklärt sich jedoch mehr damit, daß diese Art, die landwirtschaftliche Produktion zu organisieren und zu erfassen, systemkonform ist in einer Volkswirtschaft, deren Leitlinien Vergesellschaftung der Produktionsmittel, großbetriebliche Produktion und zentrale Planung sind.

Beispielhaft für die realtypische Ausprägung und sozialistische Weiterentwicklung der LPG ist die DDR. Nachdem es dort ab 1950 unter starker ideeller und materieller Förderung durch Regierung und Partei zu freiwilligen Gründungen gekommen war, wurde „Ende der fünfziger Jahre jedoch immer sichtbarer, daß es eine zwingende ökonomische und politische Notwendigkeit war, auch die Bauern, die noch einzeln wirtschafteten, für die genossenschaftlich-sozialistische Landwirtschaft zu gewinnen" (SPIECKERMANN und KRIENER 1967, S. 19). Viele Mittel- und Großbauern gaben allerdings ihre Eigenständigkeit erst auf, als die wirtschaftspolitische Diskriminierung, der parteipolitische Terror und polizeiliche Maßnahmen ein unerträgliches Maß annahmen.

Ein Kernproblem der Wirtschaftslenkung im sozialistischen System der Land- und Nahrungsgüterwirtschaft ist es, den politischen Willen der Zentralgewalt in systemgerechte, schöpferische Eigeninitiativen der LPG umzuformen, ohne daß unkontrollierbare Aktivitäten und Spontaneitäten auftreten. Man erreicht dies dadurch, daß man die LPG in ein System höherer Kooperationsformen einordnet und gleichzeitig ein Informationssystem aufbaut, in dem die Kooperationsträger zu Informationsträgern werden. In einer zentralverwalteten Planwirtschaft ist die Zentrale auf laufende Information über den Stand der Produktion, die Planerfüllung und den Bedarf der einzelnen Betriebe sowie über die Leistungen der fortschrittlichsten Betriebe angewiesen, um die Planung und Verteilung der Erzeugnisse dem Produktionsstand, dem Bedarf und dem technischen Fortschritt entsprechend anpassen zu können. Wahrheitsgetreue Informationen zu erhalten, ist aber gar nicht so einfach. Da die Produktionsleistungen unter Sanktionen stehen, erliegen viele Informanten der nachgeordneten Ebene der Versuchung, „geschönte" Berichte abzuliefern, um Lob und Prämien zu ernten oder Tadel zu vermeiden (vgl. HARTMANN 1971, S. 20).

Die straffe organisatorische Einbindung der LPG in ihr technisch-administratives Umfeld geht weit über das in der Familienlandwirtschaft gewohnte Maß hinaus. Die vollständige Abhängigkeit vom äußeren System erstreckt sich zum Teil sogar auf die Maschinenarbeit. Die Maschinen-Traktoren-Stationen (MTS), in denen das technische Potential zusammengefaßt wurde, unterstanden bis 1962 dem Ministerium für Land- und Forstwirtschaft und verliehen nicht nur Landmaschinen an die LPG, sondern waren auch parteipolitisch tätig. Eine neuere Form der Ausgliederung der Landtechnik aus den genossenschaftlichen Produktionsbetrieben sind die agrochemischen Zentren, die Kreisbetriebe für Landtechnik (KfL) und die Spezialbrigaden.

Die Wesensmerkmale des Umfeldes der LPG sind im ideologischen Selbstbild der DDR „die Gleichberechtigung aller, die völlige Übereinstimmung der Interessen zwischen Stadt und Land, die weitsichtige, kluge Planung der gesellschaftlichen Notwendigkeiten zum Nutzen aller" (SPIECKERMANN und KRIENER 1967, S. 28). Faktisch sind jedoch die Beziehungen zwischen dem inneren und äußeren System ziemlich asymmetrisch, was besonders in der Vormachtstellung des staatlichen Planungs-, Lenkungs- und Kontrollapparates zutage tritt. Die städtisch orientierte Gesamtgesellschaft ist an einem möglichst hohen Faktorbeitrag der Landwirtschaft zum Wirtschaftsaufbau und an möglichst geringen Ausgaben der öffentlichen Hand für die Landwirtschaft interessiert. Die Interessenlage der Genossenschaftsbauern ist umgekehrt. Die Zielsetzung der geplanten Kooperation der LPG mit ihrem Umfeld ist die Verwirklichung eines gesamtgesellschaftlichen Optimums auch unter Verzicht auf einzelbetriebliche Rentabilität. Ohne die Möglichkeit, freie wirtschaftliche Betätigung zu haben, tragen die LPG eine hohe Eigenverantwortung für die Entwicklung der Arbeits- und Lebensbedingungen ihrer Mitglieder.

Werden die Verbindungen zwischen den LPG und dem äußeren System zu starr konstruiert, dann wird zwangsläufig das gesamte Produktionssystem schwerfällig, und es kommt unter Umständen wegen mangelnder Beweglichkeit zu hohen Verlusten. Insbesondere haben sich Pflichtablieferungen zu niedrigen Preisen, Vorschriften über Menge und Art der Produkte, erzwungene Erfüllung wirklichkeitsfremder Planauflagen, Naturallöhne für Arbeiter der Maschinen- und Traktorenstationen und die Residualentlohnung der LPG-Mitglieder abträglich ausgewirkt. Einengung der Entscheidungsbefugnisse der LPG-Organe, Unterbindung der Eigeninitiative auf dem Verwaltungswege und externe Besetzung der leitenden Positionen in den LPG haben in der Vergangenheit das fruchtbare Zusammenwirken zwischen innerem und äußerem System gestört und die harmonische Zusammenarbeit innerhalb der LPG gefährdet. Man hat diese Mängel erkannt und fordert daher seit einigen Jahren (1) die Einschränkung der administrativen Führungsmethoden, (2) mehr Demokratie in den LPG, (3) verstärkten Einsatz ökonomischer Instrumente und (4) die materielle Interessiertheit der LPG-Mitglieder am Betriebsertrag mehr zu berücksichtigen.

Gegenwärtig werden den LPG keine Vorschriften mehr über Anbau und Ablieferung gemacht. Die LPG stellen je nach ihren ökonomischen und natürlichen Bedingungen jährlich ihren Produktionsplan selbst auf. Auf Grund dieses Planes unterbreiten sie den Verwertungsbetrieben (Schlachthöfen, Zuckerfabriken, Molkereien usw.) ihr Angebot und schließen darüber Lieferverträge ab. Um die Planangebote der LPG in Einklang mit den staatlichen Versorgungsplänen zu bringen, sprechen die staatlichen Planungsorgane bestimmte Empfehlungen aus oder versuchen, durch entsprechende Preisfestsetzungen oder mit Hilfe anderer ökonomischer Hebel die Produktion der Einzelbetriebe zu steuern.

7.2.2 Innere Organisation

In der DDR wurden im kollektiven Sektor der Landwirtschaft drei Stufen der Vergesellschaftung der Produktionsmittel verwirklicht:

Typ I: Die Bauern bringen nur das Ackerland zur gemeinsamen Nutzung in die LPG ein; 0,5 ha Hoffläche und alle übrigen Produktionsmittel, namentlich die gesamte Viehhaltung, verbleiben der individuellen Nutzung.

Typ II: Die Bauern bringen außer dem Ackerland auch Zugvieh, Maschinen, Geräte und die Gebäude, die der Aufbewahrung der Produktionsmittel dienen, in die LPG ein; es verbleibt ihnen eine kleine Hofwirtschaft.

Typ III: Die Bauern bringen die gesamten land- und forstwirtschaftlichen Nutzflächen und das gesamte tote und lebende Inventar zur gemeinsamen Nutzung in die LPG ein. Das LPG-Mitglied behält Wohnhaus, Garten und Hofwirtschaft in Eigenbewirtschaftung.

Die Mitglieder der LPG blieben im Grundbuch eingetragene Eigentümer des Bodens, verlieren aber ihre individuellen Verfügungsrechte und beim Austritt aus der LPG auch ihre formalen Eigentumsrechte. Die kommunistischen Parteien Deutschlands haben zwar immer wieder betont, sich für die Erhaltung und Festigung des bäuerlichen Eigentums einzusetzen und es gegen den Zugriff des Großkapitals zu verteidigen. Dabei bleibt freilich die Frage, ob bäuerliches Individual- oder Gemeinschaftseigentum gemeint ist, offen. Man hält diese Frage im sozialistischen System für relativ unbedeutend, weil (1) das Eigentum an den Produktionsmitteln zu keinen Klassengegensätzen mehr führen könne, (2) die Grundrente bei der Verteilung des Betriebsertrages eine untergeordnete Rolle spiele, und (3) leitende und kontrollierende Positionen unabhängig von den Eigentumstiteln besetzt würden.

Das LPG-Statut, im wesentlichen eine Kopie des in der Sowjetunion 1930–35 erarbeiteten Artel-Musterstatuts, sieht eine weitreichende *genossenschaftliche Demokratie* vor. Die demokratische Mitbestimmung aller blieb aber weitgehend illusorisch, da es einerseits den einfachen Genossen an Fachkompetenz, Überblick und Interesse fehlte, und andererseits der Entscheidungs- und Gestaltungsspielraum durch staatliche Vorschriften und Planvorgaben eingeengt wurde. In der sozialen Wirklichkeit bildet die LPG ein überwiegend fremdbestimmtes Stab-Linien-System. Die Kommissionen bilden die Stäbe. Die Linie der pyramidenförmigen Über- und Unterordnung führt vom LPG-Vorsitzenden über die Leiter der Funktionsbereiche und die Brigadiers hinunter zu den ausführenden LPG-Mitgliedern. Der LPG-Vorsitzende hat sich vorrangig nach den Plandaten der zentralen Planstellen und den staatlichen Vorschriften zu richten und ist weniger den LPG-Mitgliedern als den außerbetrieblichen Dienststellen rechenschaftspflichtig. Deshalb nahmen die LPG, insbesondere vom Typ III, bezüglich ihrer inneren Ordnung und Organisation zunehmend den Charakter eines unter Einzelleitung stehenden staatlichen Großbetriebes an, während die Konturen eines mit kollektiven Entscheidungsmechanismen ausgestatteten Kollektivs verblaßten.

Das Organisationsschema (Übersicht 47) zeigt, wie die Positionen und Rollen in einer LPG verteilt sind. Die Organe der LPG sind die Vollversammlung, der Vorstand und verschiedene Ausschüsse (Kommissionen).[1] Die wichtigsten Positionen sind die des Vorsitzenden und der Leiter der Abteilungen Feldwirtschaft, Viehwirtschaft und Technik.

Das höchste Organ einer LPG ist die Vollversammlung der Mitglieder, die meistens einmal monatlich zusammentritt. Sie entscheidet alle grundsätzlichen Angelegenheiten, beschließt das Statut und die Arbeitsordnung der LPG, wählt den Vorstand, den Vorsitzenden und die Kommissionen, bestätigt die Brigadiers, befindet über die Aufnahme oder den Ausschluß von Mitgliedern. Die Mitgliederversammlung diskutiert und bestätigt den Produktions- und Finanzplan, den der Vorsitzende vorlegt. Sie allein hat das Recht, über Arbeitsnormen, die Verteilung des Roheinkommens und die Verwendung der Fonds zu bestimmen. Übergeordnete Staatsorgane können allerdings Beschlüsse der Mitgliederversammlung revidieren.

---

[1] In größeren LPG gibt es unter Umständen als viertes Organ den „Betriebsökonomischen Rat", dem der Vorsitzende der LPG, der Leiter der Verwaltung (Ökonom), der Leiter der Pflanzenproduktion (Agronom), der Leiter der Tierproduktion (Zootechniker) und der Leiter der technischen Abteilung (Mechanisator) angehören. Bei diesem aus Fachleuten bestehenden Gremium liegt dann die tatsächliche Leitung der LPG.

Landwirtschaftlicher Kollektivbetrieb

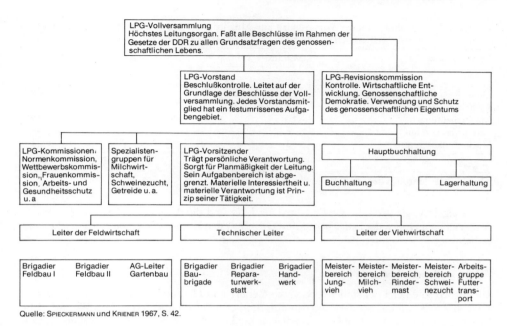

Quelle: SPIECKERMANN UND KRIENER 1967, S. 42.

Übersicht 47. Leitungsschema einer landwirtschaftlichen Produktionsgenossenschaft

Der Vorstand leitet die LPG, bereitet die Vollversammlungen vor und ist für die Durchführung der gefaßten Beschlüsse verantwortlich. Auf den wöchentlichen oder vierzehntäglichen Vorstandssitzungen werden die Produktions- und Wirtschaftsabläufe beraten und die Dispositionen getroffen. Die Mitglieder des Vorstandes – in kleinen LPG drei bis fünf, in mittleren sieben bis dreizehn, in großen dreizehn bis siebzehn Personen – werden aus dem Kreis der erfahrenen Mitglieder, Spezialisten und Wissenschaftler von der Vollversammlung vorgeschlagen und auf die Dauer von zwei Jahren gewählt.

Jede LPG setzt zur Bearbeitung besonderer Probleme (z. B. Verwendung des Hilfsfonds, Aufstellung der Fruchtfolge, Erarbeitung der Normenvorschläge, Frauenfragen) Kommissionen ein. Die Kommissionsarbeit verbreitert die Möglichkeiten der Mitbestimmung und nutzt den Sachverstand und Ideenreichtum der Mitglieder. Die Mitglieder der Kommissionen werden von den Brigaden, Abteilungen und Arbeitsbereichen vorgeschlagen und vom Vorstand bestätigt. Die Revisionskommission wird direkt von der Vollversammlung gewählt und schuldet dieser Rechenschaft, denn sie nimmt die Kontrollaufgaben wahr, die in bürgerlichen Genossenschaften und Kapitalgesellschaften dem Aufsichtsrat zufallen.

Der Vorsitzende trägt auf der Grundlage der Beschlüsse der Vollversammlung die Verantwortung für eine reibungslose Produktion und eine ersprießliche Zusammenarbeit aller Bereiche. Mindestens in der Anlaufzeit gab es das Problem des unqualifizierten LPG-Vorsitzenden. Inzwischen besitzen die Vorsitzenden wie überhaupt die meisten LPG-Mitglieder einen beachtlichen Ausbildungsstand (Übersicht 48).

Die LPG ist in Abteilungen (Funktionsbereiche) gegliedert. Die Abteilungsleiter berichten dem Vorstand regelmäßig über ihre Arbeit. Der Vorsitzende ist ihnen gegenüber weisungsberechtigt.

Übersicht 48. Qualifikation der Vorsitzenden und Mitglieder der Landwirtschaftlichen Produktionsgenossenschaften, DDR 1973/75

Qualifikation	Mitglieder 1975 in %		Leitungskader 1973	
	Männer	Frauen	Personen	%
ohne abgeschlossene Ausbildung	17	27	723	3
Facharbeiterprüfung	64	68	599	19
Meisterprüfung	10	2	3 337	10
Fachschulabschluß	6	3	14 809	46
Hochschulabschluß	3	0	7 082	22
insgesamt	100	100	26 550	100

Quelle: Stat. Jahrbuch der DDR 1976, Berlin 1976, S. 185.

Die eigentlichen produktiven Einheiten der LPG sind die Arbeitsbrigaden. Sie werden von Brigadiers angeführt, die in der herkömmlichen LPG den Leitern der Funktionsbereiche unterstehen.

7.2.3 Rollenstruktur und Status

Die Rollen in einer LPG sind weder durch Geburt und Herkunft noch durch Alter und Geschlecht vorbestimmt, sondern werden aufgrund von Leistungskriterien (Ausbildung, Fähigkeiten, politische Zuverlässigkeit) von den zuständigen Organen der LPG vergeben. Für Entscheidungen im familiären und persönlichen Bereich ist das Kollektiv nicht zuständig, übt aber eine beträchtliche Kontrolle aus und behält sich das Recht der Einmischung vor.

Durch die Kollektivierung ändert sich die soziale Stellung und der Tätigkeitsbereich des Bauern und seiner Familienangehörigen grundlegend. Der Hofbauer hört auf, der typische Repräsentant des Dorfes zu sein. Anstelle vieler miteinander rivalisierender oder cliquenhaft kooperierender Bauern treten die Leitungskader. Sie repräsentieren den Kollektivbetrieb, auf den hin sich die gesamte Sozialordnung orientiert. Positionen und Rollen in der LPG wirken auch außerhalb rangdeterminierend. Der Gleichklang von Familienordnung und Betriebsordnung wird aufgehoben. Frau und Sohn sind dem Bauern im Kollektiv völlig gleichgeordnet; sie können ihm in der skalaren Organisation der LPG sogar übergeordnet sein. Anstelle des vielseitigen, physische und geistige Rollen vereinigenden Einzelbauern tritt der spezialisierte Genossenschaftsbauer, für den ein verhältnismäßig enges Tätigkeitsfeld, ein kleiner Entscheidungs- und Verantwortungsbereich und der bloße Überblick über seinen beschränkten Arbeitsausschnitt typisch sind. Die Gefahr der Arbeitsentfremdung ist mindestens nicht auszuschließen.

Die Veränderungen des Charakters der Arbeit greifen auch tief in das soziale Milieu der Arbeit ein. Während der Einzelbauer im Rahmen seiner Familie und seines Haushaltes arbeitet, ist der Genossenschaftsbauer in ein Kollektiv familienfremder Personen eingespannt. Er ist damit dem sozialen Druck und der sozialen Kontrolle seiner Kollegen ausgesetzt und damit vor Probleme der Anpassung seines Arbeitsrhythmus, seiner Handlungsweise und seiner Äußerungen an ein fremdes soziales und technisches System gestellt. Wird der Wandel im Arbeitscharakter und in der sozialen Stellung nicht durch andere Werte ausgeglichen, so bremst allein diese Tatsache die Entwicklung der LPG beträchtlich. Die volle wirtschaftliche Abhängigkeit des Genossenschaftsbauern vom Schicksal der LPG erfordert die Mitbestimmung in allen grundsätzlichen Fragen.

Das LPG-Mitglied behält auch nach der Kollektivierung seinen dörflichen Wohnsitz bei. Die Bildung von Agrostädten wird zwar seit langem diskutiert. Die Regierung schreckte jedoch bisher vor den hohen Kosten und der Unruhe zurück, die eine Umsiedlung der ländlichen Bevölkerung verursachen würde. Konzentration, Spezialisierung und Kooperation in der Agrarproduktion unterstützen indessen den Konzentrations- und Zentralisierungsprozeß im Siedlungsnetz. Die Trennung von Wohn- und Arbeitsstätten schreitet voran und nimmt immer weiträumigere Ausmaße an. Wohnungen werden vorrangig in Landstädten und größeren Dörfern gebaut. Der freiwillige Zusammenschluß von Landgemeinden zu Gemeindeverbänden fördert die Zentralisationsbestrebungen.

Der Genossenschaftsbauer hat an beruflicher Dispositionsfreiheit und an unternehmerischem Spielraum verloren, auch wenn er eine leitende Position in der LPG einnimmt; aber er hat an Freizeit gewonnen. Die Verkürzung der Arbeitszeit kommt zu einem erheblichen Teil der Bildung zugute. Der Bildungsrückstand gegenüber der städtischen Bevölkerung konnte weitgehend aufgeholt werden.

Im System der sozialen Sicherung ist der Genossenschaftsbauer grundsätzlich dem Industriearbeiter gleichgestellt. Ein gesichertes und wachsendes Einkommen auf der Grundlage steigender Produktionsleistungen und gesicherten Absatzes der Produkte sowie eine landwirtschaftsfreundliche Preispolitik tragen zur sozialen Sicherheit bei. Die LPG werden zunehmend mit der Altersversorgung ihrer Mitglieder belastet, weil sich das Verhältnis von werktätigen zu rentenbeziehenden Mitgliedern laufend verschlechtert.

Das Einkommen eines LPG-Mitgliedes setzt sich aus (1) Entgelt für Kollektivarbeit, (2) Entnahmen und Einnahmen aus der individuellen Hofwirtschaft, (3) Grundrente und Abzahlungen für eingebrachtes Inventar, (4) Sozialleistungen und (5) zusätzlichen Betriebsleistungen zusammen. Das Arbeitsentgelt errechnet sich nach der Formel

$$\frac{\text{Arbeitsleistung mal Bewertungsfaktor}}{\text{Tagesarbeitsnorm}}$$

Garantierte Arbeitsvergütung ohne Berechnung von Arbeitseinheiten wird angestrebt. Anders als in einem Staatsgut oder in einem landwirtschaftlichen Familienbetrieb genießt in einer LPG der Grundmittelfonds Priorität (Übersicht 49), dem laut Statut 8 bis 20 Prozent der gesamten genossenschaftlichen Geldeinkünfte zuzuführen sind. Etwa 3 Prozent fließen in die Kultur-, Hilfs- und Prämienfonds. In guten Ertragsjahren wird ein Teil des Gewinns dem Rücklagen- oder Reservefonds zugeführt. Was schließlich übrig bleibt, wenn alle sonstigen Verpflichtungen erfüllt sind, wird an die Mitglieder zusätzlich zu ihrem Mindestlohn verteilt. Das Arbeitsentgelt wie die Einkünfte aus der Hofwirtschaft hängen von den Ernteschwankungen und den Erzeugerpreisen ab. Die Erfassungspreise (Ablieferungspflicht) und die Aufkaufpreise („freie Spitze") werden gesetzlich festgelegt.[1] Die Grundrente für den eingebrachten Boden bildet ein Überbleibsel ehemaliger kapitalistischer Ungleichheit. Es besteht daher die Tendenz, die Grundrentenquoten schrittweise abzubauen. In den LPG Typen I und II können bis zu 40 Prozent, im Typ III bis zu 20 Prozent der nach Bildung der Fonds verbliebenen Geld- und Naturaleinkünfte auf die Bodenanteile verteilt werden. Die Sozialleistungen umfassen hauptsächlich die unentgeltliche Ausbildung der Kinder, die kostenlose Krankenbehandlung und die Familienbeihilfen. Verbilligte Gemeinschaftsverpflegung ist eine der häufigsten zusätzlichen Betriebsleistungen.

7.2.4 Probleme

Autoritätsprobleme bestehen im allgemeinen nicht, da die Leitungskader mit einem erheblichen Maß amtlicher Autorität ausgestattet und weit überwiegend fachlich qualifiziert sind. Sie müssen ihre Autorität behaupten in der schwierigen Vermittlerrolle zwischen äußerem und innerem System, d. h. die Erfüllung der Planauflagen mit den Ansprüchen der LPG-Mitglieder und den örtlichen Produktionsbedingungen in Einklang bringen. Die Leitung einer LPG stellt an die

---

[1] 1964 wurde in der DDR das gespaltene Preissystem für pflanzliche Produkte durch einheitliche Preise ersetzt und die Ablieferungspflicht durch Lieferverträge abgelöst.

Übersicht 49. Aufteilung des Betriebsertrages nach Betriebstypen

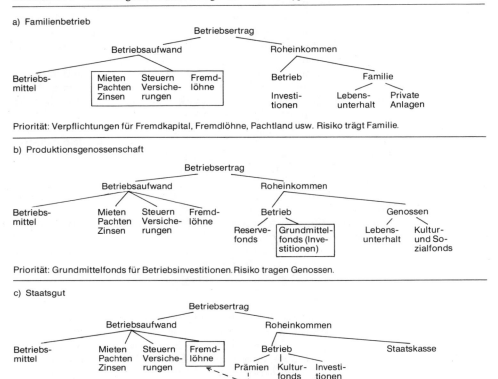

Verantwortlichen nicht nur hohe Anforderungen bezüglich des produktionstechnischen Könnens, sondern auch hinsichtlich ihres Verhandlungsgeschickes mit ihren Kooperationspartnern und ihrer Kunst der Menschenführung.

Letzteres ist besonders wichtig, um die Kohäsions- und Koordinationsprobleme zu meistern. Eine LPG wird zunächst nur durch Rechtsnormen und Zwangsmaßnahmen zusammengehalten. Für das erfolgreiche Funktionieren des Systems ist es aber wichtig, daß sich die Mitglieder mit ihrer LPG identifizieren. Dies ist um so weniger der Fall, je widerwilliger die Mitglieder beigetreten sind. Die Einstellung zur Kollektivierung ist mehr oder weniger positiv, je nach der früheren Position. Je heterogener die Zusammensetzung der Mitglieder, desto stärker sind die Kräfte der Auflösung, die überwunden werden müssen. Es hängt viel für den Zusammenhalt davon ab, ob es gelingt, die widersprechenden Interessen, Erwartungen und Ansprüche zu koordinieren.

In einem fortgeschrittenen Stadium stellt sich das Kohäsionsproblem in einer anderen Form. Es kommt nämlich zwischen den grundsätzlich gleichberechtigten Genossen einer LPG zwangsläufig zu einer sozialen Differenzierung, da die Positionen und Rollen unterschiedlich bewertet und belohnt werden. Mit den Unterschieden im Inhalt der Arbeit sind unterschiedlich hohe Arbeitseinkommen verbunden. Soziale Unterschiede im Qualifikations- und Leistungsniveau und damit zusammenhängend in der sozialen Lage und Lebensweise bestehen hauptsächlich zwischen den vorwiegend körperlich tätigen Genossenschaftsbauern und dem vorwiegend geistig tätigen Verwaltungs- und Leitungspersonal. In diesem Zusammenhang verdient die Tendenz beachtet zu werden, daß der Anteil der Produktivkräfte, die für Verwaltungsaufgaben und in der Sozialarbeit eingesetzt werden, ständig wächst. Der steigende Anteil der Sozialarbeit am gesamten Arbeitsaufwand hängt unter anderem damit zusammen, daß mit zunehmender Betriebsgröße und höherem Kooperationsgrad die Sozialprobleme wachsen. Die Lösung der sozialen Probleme wird nicht den privaten und den öffentlichen Haushalten überlassen, sondern weitgehend den LPG aufgebürdet. Auch eine Reihe von normalen Haushaltsaufgaben, wie die Verpflegung während der Arbeitszeit, die Beförderung zur Arbeitsstätte und die Betreuung der Kleinkinder werktätiger Mütter, übernimmt der Kollektivbetrieb.

Es gibt in der Literatur Hinweise darauf, daß bei wachsender Betriebsgröße die Verwaltungsaufgaben in einer LPG nicht mehr zufriedenstellend bewältigt werden können.[1] Was die Produktionsgenossenschaften „unverwaltbar" macht, wird nicht näher ausgeführt. Neben Kohäsionsproblemen dürften es vor allem Koordinierungs- und Kommunikationsprobleme sein. Die Koordinierung aller Arbeitsabläufe, um Leerlauf zu vermeiden, erfordert einen immer umfangreicheren Stab von Verwaltungskräften, zeitraubende Besprechungen und Sitzungen der Gremien und technisch immer bessere Kommunikationsmittel. Täglich, wöchentlich oder monatlich herausgegebene Nachrichtenblätter und Wandzeitungen sowie Lautsprecherdurchsagen dienen der ständigen Informierung der Mitglieder. Besonders schwierig erweist es sich, den innerbetrieblichen Informationsfluß vom Arbeitsplatz zur Betriebsleitung und zurück in Bewegung zu halten, wenn es an materieller Interessiertheit fehlt.

Damit rückt das vielleicht schwerwiegendste Problem ins Blickfeld, das Leistungsproblem. Im Kollektivbetrieb pflegt die individuelle Arbeitsleistung auf ein Mittelmaß abzusinken, da die Motivation für vermehrte Anstrengungen erheblich geringer ist als im landwirtschaftlichen Familienbetrieb. Obwohl das Normensystem der LPG formal eine Leistungsentlohnung darstellt, bietet es dennoch keine genügend hohen Leistungsanreize, weil bis zum Jahresabschluß ungewiß bleibt, wie hoch die Arbeitseinheit (AE) vergütet wird. Da der Staat es in der Hand hat, Überschüsse abzuschöpfen, erbringen verbesserte Leistungen nicht immer ein entsprechend höheres Einkommen. Außerdem dämpfen schlechte Leistungen der Genossen und fehlerhafte Betriebsführung das erzielbare Einkommen. Man hat den jahrelang vernachlässigten Leistungsansporn der materiellen Interessiertheit in den sechziger Jahren wiederentdeckt. Gestützt auf die Grundprinzipien des neuen ökonomischen Systems (NÖS) wurde seit 1963 ein „System ökonomischer Hebel" entwickelt und schrittweise eingeführt. Im übrigen versucht man, anstelle des verpönten Erwerbstriebes vor allem den Geltungstrieb anzuspornen. Die Produktion wird zu einer Wettkampfsituation erklärt, in der von den erfolgreichen Kollektiven Titel zu gewinnen und zu verteidigen sind. Auch persönliche Initiativen und überdurchschnittliche Leistungen finden ihre Belohnung in der Verleihung staatlicher Auszeichnungen, die sich vom „Aktivisten der sozialistischen Arbeit" über verschiedene Zwischenstufen bis zum „Helden der Arbeit" steigern. Zweckmäßige Neuerungen und Verbesserungen werden prämiert.

Ein weiteres Problem ist arbeitswirtschaftlicher Art. Einseitige Ausrichtung der Produktion und Spezialisierung der landwirtschaftlichen Arbeitskräfte schaffen einerseits Engpässe – Arbeitsspitzen können oft nur durch den Einsatz von dienstverpflichteten berufsfremden Personen gebrochen werden – und verstärken andererseits die ländliche Unterbeschäftigung oder die versteckte Arbeitslosigkeit. Die Leitung einer LPG steht vor dem Dilemma, einerseits keine arbeits-

---

[1] ROMIANZEWA, die Leiterin des Unions-Forschungsinstitutes für Ökonomik der Landwirtschaft, deutet mit ihrer Feststellung „Bei den gegenwärtigen Verhältnissen (1961–64) sind in der nördlichen Zone (der UdSSR) Kolchose mit mehr als 3000 ha praktisch nicht verwaltbar" auf dieses allgemeine Problem kollektiver Landwirtschaft hin.

fähigen Mitglieder entlassen und andererseits fortstrebende Arbeitskräfte nicht halten zu können. Da auch in sozialistischen Ländern eine verbreitete Abneigung gegen Landarbeit und Landleben besteht, ist die Fluktuation, namentlich in den schlechter geleiteten Betrieben, beträchtlich. Der ständige Wechsel der Arbeitskräfte erschwert die Arbeitsplanung, erlaubt aber andererseits eine gewisse Selektion der Arbeitskräfte, die der LPG an sich versagt ist. Die zahlenmäßige Verringerung des Arbeitsbesatzes ist zwar notwendig und erwünscht, da bei steigender Produktivität weniger Arbeitskräfte benötigt werden und die Verdienstchancen für den geschrumpften Kreis der zurückbleibenden Genossen wachsen. Die qualitative Verschlechterung des Mitarbeiterstammes ist aber bedenklich, da sie die Einführung moderner Technologien verlangsamt, für deren Anwendung es junger, technisch begabter und fachlich gut ausgebildeter Kräfte bedarf.

Zu den existentiellen Problemen der Kollektivbetriebe gehört die Überalterung der Mitglieder infolge der Abwanderung der jungen Kräfte aus der Landwirtschaft. Umfragen ergaben, daß die Jugendlichen hohe Erwartungen an ihre Arbeits- und Lebensbedingungen knüpfen. Auch im landwirtschaftlichen Betrieb erwarten sie körperlich leichtere, schöpferische und verantwortungsvolle Arbeit. Selbstverständlich setzen sie Gewährung eines Jahresurlaubs, regelmäßige Versorgung mit Mittagessen durch betriebseigene Küchen, geregelte Arbeits- und Freizeit voraus. Zu ihren Bedürfnissen gehört auch der Wunsch, in der Berufsausbildung erworbenes Wissen in der Handhabung moderner Technologien und in der Organisation von Produktionsprozessen anzuwenden und alle Formen und Möglichkeiten der sozialistischen Demokratie im Betrieb und im Umfeld zu nutzen. Genau wie in der bäuerlichen Landwirtschaft ist daher auch in den LPG eine regelrechte Nachwuchspflege erforderlich, um den Bedarf an qualifizierten Mitarbeitern auch künftig sicherzustellen. „Genossenschaften, die sich gut entwickelt haben und ihren Jugendlichen neben guter Berufsausbildung, interessanten Aufgaben, guten Verdienstmöglichkeiten auch vielseitige und kulturvolle Freizeitgestaltung zu bieten haben, brauchen sich um den Nachwuchs nicht zu sorgen" (SPIECKERMANN und KRIENER 1967, S. 63).

7.2.5 Weiterentwicklung

Die Kollektivwirtschaft entwickelt sich in der DDR in drei Richtungen weiter: (1) Innerhalb der LPG wird den Erfordernissen der industriemäßigen Großproduktion und dem technischen Fortschritt immer mehr Rechnung getragen (Spezialisierung), (2) zwischen den LPG und den Volkseigenen Gütern (VEG) bilden sich vielfältige Kooperationsbeziehungen heraus, die eine verstärkte Spezialisierung und Anwendung wissenschaftlicher Erkenntnisse möglich und die Arbeit der Menschen leichter und ergebnisreicher machen (horizontale Integration), (3) zwischen den LPG und der Verarbeitungsindustrie bzw. der gesamten Nahrungsgüterwirtschaft kommt es zu einer zweckrationalen Verflechtung (vertikale Integration) (Abb. 29). Man bezeichnet in der DDR diesen Verbund als horizontale und vertikale Kooperation. Die Parallelen zu den integrativen Entwicklungen in der Familienlandwirtschaft sind offensichtlich. Ein fundamentaler Unterschied soll darin bestehen, daß „die vertikale Integration die westdeutschen Bauern in zunehmende Abhängigkeit des kapitalistischen ‚Integrators' bringt und sie schließlich in eine moderne Form von Heimarbeitern verwandelt, während die vertikale Kooperation im Sozialismus zum maximalen Vorteil aller Beteiligten erfolgt" (SPIECKERMANN und KRIENER 1967, S. 75).

Die Gesamtentwicklung wird als Übergang zur industriemäßigen Agrarproduktion begriffen. Schon im Werk von MARX wird der Gedanke vorweggenommen, die Landwirtschaft müsse arbeitsteilig und industriemäßig organisiert werden. Prinzipielle Schwierigkeiten der Industrialisierung werden nicht anerkannt. Nach einer Hauptthese von ENGELS (1894/95) besteht zwischen landwirtschaftlicher und gewerblicher Produktion kein Wesensunterschied, so daß indu-

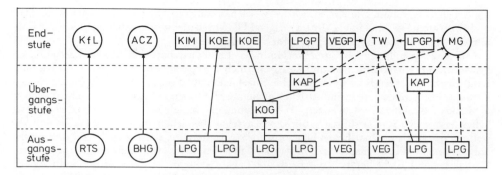

Abb. 29. Entwicklung der sozialistischen Landwirtschaftsorganisation in der DDR.
ACZ = Agrochemisches Zentrum; BHG = Bäuerliche Handelsgenossenschaft; KAP = Kooperative Abt. Pflanzenproduktion; KFL = Kreisbetrieb für Landtechnik; KIM = Kombinat industrieller Mast; KOE = Kooperative Einrichtung; KOG = Kooperationsgemeinschaft; LPG = Landw. Produktionsgenossenschaft; LPGP = LPG-Pflanzenproduktion; MG = Meliorationsgenossenschaft; RTS = Reparaturtechnische Station; TW = Trockenwerk; VEG = Volkseigenes Gut; VEGP = VEG-Pflanzenproduktion. (Quelle: ECKART 1977)

strielle Produktionstechnik und -organisation auf die Landwirtschaft übertragen werden können.

Es gehört zu den Vorteilen autoritärer Staaten, über alle Bedingungen der planmäßigen Entwicklung, nämlich über die gesellschaftliche Organisation, die Produktions- und Konsumverhältnisse und über das Bewußtsein der Massen verfügen zu können. Auf dieser „Grundeigenschaft des Sozialismus" (BARTHELMANN) war es der Staatsmacht in der DDR möglich, den gigantischen Versuch zu wagen, die gesamte landwirtschaftliche Produktion industriemäßig zu organisieren. Unter industriemäßiger Produktion wird (1) der Einsatz komplexer Maschinensysteme und deren Nutzung in Schichtarbeit, (2) die Kooperation mehrerer Betriebe bei der Erzeugung jeweils eines Produktes von der ersten Erzeugerstufe bis zur Verarbeitung und (3) die Bildung großer spezialisierter Produktionseinheiten verstanden.

Der Übergang zu industriemäßiger Produktion erfordert die umfassende Anwendung des wissenschaftlich-technischen Fortschritts, die Ausgliederung bestimmter Arbeiten und Nebenleistungen aus den eigentlichen landwirtschaftlichen Betrieben und ihre Ausführung durch selbständige Spezialbetriebe (Transportbetriebe, Lagerhaltungen, Agrochemische Zentren) und nicht zuletzt einen ständigen Bildungsvorlauf.

Die auf dem VIII. Deutschen Bauernkongreß (1964) verkündete langfristige Zielsetzung sieht vor, die bisherige Produktion in Mischbetrieben vom Typ der Landwirtschaftlichen Produktionsgenossenschaften und Volkseigenen Güter zugunsten einer organisatorischen Verbindung der Agrarproduktion mit den ihr vor- und nachgelagerten Industrien und dem Handel zu verlassen. Die kooperierenden LPG und VEG bilden „Kooperative Abteilungen Pflanzenproduktion" (KAP) und „Kooperative Einrichtungen (KOE) für Tierproduktion". Ist ein bestimmtes Entwicklungsstadium der Zusammenarbeit erreicht, dann werden aus den kooperativen Abteilungen neue selbständige Betriebseinheiten: Kooperationsgemeinschaften (KOG). Diese wurden ab 1972 durch Kooperative Einrichtungen ersetzt. Endziel ist der juristisch selbständige industriemäßige Großbetrieb: Die LPG- und VEG-Pflanzenproduktion neuer Art.

Die Produktionsmittel gehen in das Gemeinschaftseigentum der kooperativen Einrichtungen über. Für die Genossenschaftsbauern wird ein ähnliches Lohnsystem wie in den Volkseigenen Gütern eingeführt. Damit wird der ständige Konfliktstoff der gerechten Bewertung der geleisteten Arbeit ausgeräumt. Die Kreisbehörden werden ermächtigt, die Leitungskader zu berufen und abzurufen. Die Mitsprache der bisherigen LPG-Mitglieder wird dadurch gesichert, daß sie mit Sitz und Stimme im „Kooperationsrat" vertreten sind.

Mit dieser grundlegenden Umorganisation der Landwirtschaft wird gesellschaftspolitisch bezweckt, die wirtschaftlichen und gesellschaftlichen Unterschiede zwischen Industrie und Landwirtschaft vollends zu beseitigen. Im einzelnen heißt dies: (1) die landwirtschaftlichen Produktionsmethoden an die industriellen anzunähern, (2) den technischen Fortschritt auch in der Landwirtschaft voll anzuwenden, (3) Ausbildung und soziale Betreuung im landwirtschaftlichen Sektor den Standards in den übrigen Wirtschaftsbereichen anzupassen, (4) die Sonderstellung der genossenschaftlichen Eigentumsform für landwirtschaftlichen Grund und Boden aufzuheben, (5) die Arbeitsproduktivität in der Landwirtschaft auf ein industriegleiches Niveau zu steigern, und (6) die ländlichen Arbeits- und Lebensbedingungen den städtisch-industriellen anzugleichen. Außerdem wird mit der Industrialisierung der Landwirtschaft die Absicht verfolgt, (7) die neuen Maschinensysteme rationeller und umfassender einsetzen, (8) die termingerechte Erzeugung großer einheitlicher Mengen landwirtschaftlicher Güter in guter und gleichmäßiger Qualität sicherstellen und (9) den Gesamtbereich der Ernährungswirtschaft besser planen und koordinieren zu können. Durch die konsequente Industrialisierung der Arbeit und Urbanisierung der Umwelt sollen (10) traditionelle ländliche Verhaltensweisen endlich zugunsten sozialistisch-kollektivistischer Mechanismen zum Verschwinden gebracht werden: Schaffung des „neuen sozialistischen Menschen".

1966 wurden die ersten vertikalen Kooperationsverbände (KOV) durch den Verbund selbständiger Einheiten des Handels, der Landwirtschaft und der Industrie gegründet. 1973 entstanden die ersten horizontalen Kooperationsgemeinschaften. Inzwischen ist die Mehrzahl der LPG und VEG dazu übergegangen, in kooperativen Abteilungen gemeinsam zu investieren, gemeinsam ihr technisches Potential einzusetzen und gemeinsam zu produzieren. Im Jahre 1976 bewirtschafteten in der DDR bereits 270000 Genossenschaftsbauern und Arbeiter rund 85 Prozent der landwirtschaftlich genutzten Bodenfläche (4,4 Millionen ha) in rund 1200 kooperativen Abteilungen Pflanzenproduktion, 56 LPG Pflanzenproduktion und 6 VEG Pflanzenproduktion. Die Fläche der Pflanzenproduktionskooperativen beträgt durchschnittlich 4150 ha. Im gleichen Jahr versorgten 216 Agrochemische Zentren (ACZ), 105 Agrochemische Brigaden sowie 153 Kreisbetriebe für Landtechnik (KfL) die landwirtschaftlichen Primärbetriebe mit Düngemitteln und Herbiziden und führten die notwendigen Arbeiten auf den Feldern aus.

Im Zuge der zunehmenden Spezialisierung der Arbeitsbrigaden war heftig umstritten, ob diese an Verfahren oder an Endprodukten orientiert sein solle. Der Streit ist im wesentlichen zugunsten von erzeugnisorientierten Spezialbrigaden entschieden worden. Die Spezialbrigaden sind voll verantwortlich für Umfang und Qualität ihres Produktes. Sie schließen mit anderen Brigaden Abnahme- und Lieferverträge ab, die auf der Basis von innerbetrieblichen Verrechnungspreisen und zwischenbetrieblichen Vereinbarungspreisen zum Teil mit Hilfe von „Genossenschaftsgeld" abgewickelt werden. „Der Vorstand der LPG bzw. der Direktor des Volkseigenen Gutes oder andere Leitungskader üben bei der Anleitung der Spezialbrigaden vornehmlich Kontrollfunktionen aus und koordinieren die Brigadepläne und die innerbetrieblichen Vertragsbeziehungen zwischen den Spezialbrigaden" (HARTMANN 1971, S. 101). In letzter Konsequenz entwickeln sich aus den Spezialbrigaden selbständige Warenproduzenten. Rezentralisierende Maßnahmen verhindern, daß durch die horizontale Kooperation unerwünschte Machtstrukturen auf dem Lande entstehen.

Die Industrialisierung der Agrarproduktion ändert die ländliche Berufs- und Siedlungsstruktur grundlegend. Die Landarbeit wird zur qualifizierten Tätigkeit, die Spezialkenntnisse maschinentechnischer, biologischer und chemischer Art erfordert. Geschlechtsspezifische Unterschiede der Berufsfelder verschwinden. Industrieartige Tätigkeiten und Berufe nehmen zu, insbesondere die Berufe der „Mechanisatoren" (Bediener komplexer Maschinensysteme).

Außerdem erhöht sich der Anteil jener Berufsrollen, die nach Ausbildungsgrad und Tätigkeitsmerkmalen zur Intelligenz zählen. Andererseits werden vor allem auf der ausführenden Stufe landwirtschaftliche Arbeitskräfte freigesetzt[1], die aus den ländlichen Regionen abwandern oder örtlich in andere Berufe überwechseln. Bevölkerungsrückgang oder Zunahme der nichtlandwirtschaftlichen Arbeitspendler sind die Folgen.

Die Bildung von höheren Kooperationsformen überwindet das „betriebs- und ortsteilgebundene Denken". Die neuen Kooperationsformen überschreiten die Gemarkungs- und zum Teil sogar die Kreisgrenzen. Die räumliche Produktionsstruktur löst sich von der historisch gewachsenen Siedlungsstruktur. Die Landbevölkerung kann nun in Orten konzentriert wohnen, die aufgrund ihrer räumlichen Lage, ihrer geschichtlichen Bedeutung und ihrer infrastrukturellen Ausstattung günstige Voraussetzungen als Siedlungszentren aufweisen. Viele kleine Dörfer erfahren eine Funktionsentleerung, da sie nicht mehr Standort landwirtschaftlicher Betriebe sind. Die Landstädte und ländlichen Mittelpunktgemeinden werden dagegen funktional aufgewertet und sozialökonomisch stabilisiert. Ausräumung der Fluren, Vergrößerung der Feldschläge, Errichtung industrieähnlicher Wirtschaftsgebäude und Anlagen und der Bau mehrstöckiger Wohnhäuser in den zentralen Orten prägen zunehmend das Bild der Agrarlandschaft.

Die industriemäßige Agrarproduktion ist freilich nicht problemlos, was auch ihre Befürworter in der DDR zugeben. Probleme organisatorischer und ökologischer Art ergeben sich zunächst einmal aus der Vergrößerung und Spezialisierung der Beriebseinheiten, zum anderen aus den höheren Formen der Kooperation. Die Spezialisierung verursacht immer wieder Arbeitsengpässe, die man durch „sozialistische Nachbarschaftshilfe" zu überwinden versucht. Die qualitativen Anforderungen an die Leitung und Planung der Betriebe steigen, weil die Entscheidungen größere Ausmaße annehmen. Fehlentscheidungen wirken sich stärker aus. Es wird ein umfangreicher Verwaltungs- und Koordinierungsapparat erforderlich, dessen Kosten im Grunde aus den Erträgen der Produktion getragen werden müssen. Über die entstehenden Kosten und Probleme des innerbetrieblichen Transports von Materialien und Menschen über kilometerweite Entfernungen werden in der Literatur nur Andeutungen gemacht. So schreibt ROBERT BARTHELMANN (1976, S. 25), die dezentralisierte Wohnweise „erfordert die Bewegung (der Arbeitskräfte) zwischen Wohnorten und Arbeitsorten, vergleichbar mit den Arbeitspendlern der Industrie, und wirft viele Fragen auf, die nur in enger Zusammenarbeit zwischen territorialen Organen und Betrieben gelöst werden können". Es stellt sich ferner das Problem der Verköstigung am Arbeitsort.

Weitere Probleme, vor allem familiärer Art, ergeben sich aus der Verlegung der Arbeitsplätze und aus der Einführung der Schichtarbeit. Nicht mehr alle Arbeitsplätze liegen im Dorfbereich, die Arbeitszeiten sind nicht mehr gleich für alle Familienmitglieder. Mitglieder, die sich weigern, ihren Arbeitsplatz zu wechseln und eine Tätigkeit in einer Spezialbrigade oder einer zwischenbetrieblichen Einrichtung zu übernehmen, können ihren Anspruch auf einen bestimmten Arbeitsplatz verlieren. Eine vielseitige Ausbildung muß es dem ehemaligen Genossenschaftsbauern ermöglichen, zwischen verschiedenen Tätigkeiten im Jahresablauf zu wechseln, um ganzjährig der jeweiligen Qualifikation entsprechend beschäftigt werden zu können.

Mit den neuen Arbeitsbedingungen ändern sich auch die Bedürfnisse der Bevölkerung. Die Arbeitskräfte gewinnen mehr und vor allem mehr zusammenhängende Freizeit, deren sinnvolle Gestaltung neue materielle, kulturelle und soziale Bedürfnisse weckt. Die sozialen Ansprüche der Landbevölkerung nähern sich nach Inhalt und Niveau immer mehr den von der städtischen Arbeiterklasse geprägten Normen und Standards sozialistischer Lebensweise. Dies hat weitreichende Konsequenzen für die Raumplanung. Zu berücksichtigen sind nach BARTHELMANN

---

[1] Auf 100 ha landwirtschaftliche Nutzfläche entfielen 1955 26,9 Arbeitskräfte, 1973 13,7 Arbeitskräfte. Mit einer nochmaligen Halbierung des Arbeitskräftebesatzes bis spätestens 1985 wird gerechnet.

(1976, S. 25) die gewandelten Anforderungen an (1) die Gestaltung der Siedlungsstruktur, des Verkehrs, der Funktionsstandorte für Wohnen, Arbeiten und Erholen, (2) die Organisation der kommunikativen, informativen und reproduktiven Einrichtungen, insbesondere deren Abstimmung mit dem Rhythmus der Arbeits- und Freizeit und des Urlaubs der Werktätigen, und (3) die Gestaltung des politischen Lebens im Territorium.

Es wird in der Literatur zwar wenig darüber gesagt, wie sich die industriemäßige Arbeitszeitregelung und Berufsspezialisierung mit der Saisonalität und dem täglichen Rhythmus vieler landwirtschaftlicher Tätigkeiten vereinbaren läßt. Es ist aber anzunehmen, daß die Flächengebundenheit und die Lebensgesetzlichkeit der Agrarproduktion auch in der DDR der Industrialisierung Grenzen setzen. Die Grenzen liegen dort, wo
(1) die steigenden Transport- und Verwaltungskosten die Rationalisierungsgewinne der höheren Kooperationsformen übersteigen,
(2) industriemäßige Verfahren die Individualität und den Organismus der zu nutzenden Lebewesen stören oder zerstören,
(3) der Einsatz von Maschinen der biologischen Rhythmizität des Lebens nicht mehr gerecht wird,
(4) die Sozialordnung der Industriegesellschaft sich über die Naturgrundlagen hinwegsetzt,
(5) nicht mehr genügend Rücksicht auf den stets wechselnden optimalen Zeitpunkt der Arbeitsdurchführung genommen werden kann.

Diese wenigen Andeutungen zeigen genügend, daß die industriegleiche Produktion nicht nur die Vorteile, sondern auch die Schattenseiten des Industriesystems mit sich bringt. Das Experiment der DDR ist deshalb von großem allgemeinen Interesse, weil es ermöglicht, eine Reihe von Hypothesen für und gegen die Industrialisierung der Landwirtschaft zu prüfen.

Literatur: BERGMANN, TH. 1968, DUNN 1977, ECKART 1977, OELSSNER 1955, SPIECKERMANN und KRIENER 1967.

Diskussions- und Prüfungsfragen
1. Inwieweit wird die interne Organisation einer LPG durch das technisch-administrative Umfeld der Planwirtschaft bestimmt?
2. Wie sind die Eigentums- und Besitzverhältnisse in einer LPG geregelt?
3. Welche Rollen spielt der Vorsitzende in einer LPG?
4. Beschreiben Sie die Lebens- und Arbeitsverhältnisse eines LPG-Mitgliedes!
5. Welche Leitungsprobleme treten in einer LPG auf und wie werden sie gelöst?
6. Was wird in der DDR mit der Umorganisation der Landwirtschaft in höhere Kooperationsformen bezweckt?
7. Welche sozialen Probleme treten im Zuge der Industrialisierung der Landwirtschaft auf?

7.3 Kibbuz

7.3.1 Merkmale

Ein Kibbuz ist eine von jüdischen Einwanderern in Israel entwickelte Form einer landwirtschaftlichen Gemeinschaftssiedlung gleichgesinnter Personen auf freiwilliger Grundlage, die von rotierend gewählten Kommissionen verwaltet wird. Zugunsten einer vollen Güter- und Lebensgemeinschaft wird der Familienhaushalt als sozialökonomische Einheit aufgelöst. Obwohl die Kinder schon kurz nach der Geburt von den Eltern getrennt werden und in Kinderhäusern aufwachsen, kann von einer Auflösung aller familiären Beziehungen nicht die Rede sein. Dennoch fehlt im Sozialsystem des Kibbuz die Familienkomponente.

Wirtschaftlich gesehen ist der Kibbuz[1]:
(1) Ein Kombinat von einem landwirtschaftlichen Großbetrieb (durchschnittlich rund 600 ha) mit mehreren Betriebszweigen und ein oder mehreren industriellen Gewerbe- und/oder Dienstleistungsbetrieben (z. B. Touristenhotel).
(2) Die Verbindung von Produktions- und Dienstleistungsbetrieben für die Deckung des Eigenbedarfs in einem Anstaltshaushalt mit etwa 50 bis 1500 Personen.
(3) Teil eines dichten Gewebes genossenschaftlicher und freier Beziehungen zu anderen Kibbuzim und zur übrigen Wirtschaft.
(4) Ein autonomes Unternehmen, das sich in ständigem Wettbewerb mit anderen Wirtschaftssubjekten ohne besondere Förderung oder Unterstützung behaupten muß.[2]

Der Kibbuz beruht ideell (1) auf der Wertschätzung körperlicher Arbeit, namentlich der Bodenbearbeitung, (2) auf der Ablehnung der Ausbeutung des Menschen durch den Menschen oder durch das Kapital, (3) auf dem Grundsatz des Dienstes in der Gemeinschaft nach den individuellen Fähigkeiten und der Verteilung des Erworbenen nach den persönlichen Bedürfnissen, (4) auf der direkten Demokratie, (5) dem Grundsatz der Gleichheit aller Menschen und (6) der Ablehnung einer übergeordneten Beamten- oder Funktionärsschicht.

7.3.2 Organisation und Lebensverhältnisse

Der Grundbesitz ist vom israelischen Staat, genauer vom Jüdischen Nationalfond, langfristig (meist auf 49 Jahre) gepachtet. Wie über die übrigen gemeinschaftlichen Produktionsmittel und Betriebsanlagen wird auch über den Boden gemeinsam verfügt. Vorräte, Hausbesitz, Wohnungseinrichtungen, ja sogar ein Teil der persönlichen Gebrauchsgegenstände sind gemeinschaftliches Eigentum. Beim Eintritt in den Kibbuz wird das gesamte Vermögen, einschließlich Bargeld und Rechtsansprüche, an den Kibbuz abgegeben. Austretende oder ausgeschlossene Mitglieder dürfen ihre Bekleidung, ihre Bücher und bestimmte Haushaltsgegenstände mitnehmen. Ein Anspruch auf Entschädigung der zurückgelassenen Vermögenswerte besteht nicht. Im Todesfall fällt der Nachlaß der Mitglieder an den Kibbuz.

Leben und Arbeit werden von der Generalversammlung reguliert und von der öffentlichen Meinung kontrolliert. Die Sanktionen bestehen hauptsächlich aus öffentlicher Anerkennung oder Mißbilligung und im Ausschluß aus der Gemeinschaft. Die Staatsjustiz muß selten eingreifen, da Kriminalität kaum vorkommt. Alle wichtigen Entscheidungen, auch über persönliche Angelegenheiten, wie das Studium der Kinder, werden in der Generalversammlung in demokratischer Weise getroffen. Die Arbeit ist kollektiv organisiert. Der Widerspruch zwischen ideeller Gleichrangigkeit aller Mitglieder und der sich in einer arbeitsteiligen Wirtschaft ergebenden Rangordnung hoch und nieder bewerteter Rollen konnte faktisch nicht aufgehoben werden. Die Mitglieder leisten die ihnen nach Bedarf und nach ihren Fähigkeiten zugeteilten Arbeiten innerhalb vereinbarter Zeiten. Sie erhalten dafür freie Wohnung, Kost, Bekleidung, Bedarfsgegenstände, soziale Dienste und ein Taschengeld, aber kein Entgelt. Die Ausübung einer Erwerbstätigkeit außerhalb des Kibbuz bedarf des Einverständnisses der Generalversammlung. Auf solche Weise erworbene Gehälter, Löhne und Honorare fließen in die Gemeinschaftskasse.

In den Kibbuzim hat sich ein außergewöhnlich reiches kulturelles Leben entwickelt. Das intellektuelle Niveau liegt über dem hohen Durchschnitt der israelischen Bevölkerung. Die Le-

---

[1] Durchschnittsgröße 385 Einwohner.
[2] Nach Angaben des israelischen Landwirtschaftsministeriums (Februar 1978) erzeugen die 226 Kibbuzim mit einer Bevölkerung von rund 98 000 Menschen (ungefähr 3 Prozent der israelischen Gesamtbevölkerung) ein Drittel der landwirtschaftlichen und ein Zwanzigstel der industriellen Güter Israels.

bensverhältnisse entsprechen der jeweiligen Ertragslage der Kibbuzbetriebe, der Entwicklungsstufe und dem Altersaufbau der Kibbuzbevölkerung. Sie übertreffen in den älteren Kibbuzim in der Regel den Lebensstandard außerhalb.

7.3.3 Modellcharakter

Der Kibbuz ist zwar ein Mikrosystem, verdient aber dennoch makroökonomisches und -soziologisches Interesse, weil er zur Lösung einiger schwieriger Probleme moderner Industriegesellschaften neue Wege weist (vgl. DARIN-DRABKIN 1967, S. 288), nämlich
(1) zur Verwirklichung sozialer Gleichheit, wirtschaftlichen Erfolgs und der Arbeitsdisziplin ohne den Anreiz unterschiedlicher Entlohnung,
(2) zur Verminderung des wirtschaftlichen und kulturellen Abstandes zwischen Stadt und Land und zur Verhütung zu starker Abwanderung in die Städte,
(3) zur Überbrückung der Kluft zwischen körperlicher und geistiger Arbeit,
(4) zur Vorbereitung echter sozialer und wirtschaftlicher Demokratie.

Der Modellcharakter des Kibbuz bezieht sich vor allem auf die Siedlungsweise, die Entwicklung eines fortschrittlichen, gemischten, hochmechanisierten und kollektiv geleiteten landwirtschaftlichen Großbetriebes und auf die harmonische Verbindung von Landwirtschaft und Industrie. Der Aufbau ländlicher Industrien und der unausweichliche Übergang von landwirtschaftlicher zu industriell-gewerblicher Tätigkeit vollzieht sich innerhalb eines Kibbuz und im Verbund der Kibbuzim fast reibungslos und ohne große soziale Härten. Es ändern sich durch den notwendigen Berufs- und Arbeitsplatzwechsel für das betroffene Kibbuzmitglied weder die soziale Stellung noch das Ansehen, der Umgang, der Lebensstil, die Lebensverhältnisse, die Arbeitszeiten und die soziale Sicherung. Disparitätsprobleme können nicht auftreten. Die Sicherheit des Arbeitsplatzes ist immer gewährleistet. Eine Ausbeutung landwirtschaftlicher Arbeit durch industrielle Übermacht findet nicht statt.

Außerdem ist der Beitrag des Kibbuz zum Problem von Freiheit und sozialer Bindung des Individuums, zur Gleichberechtigung der Frau, zur Verinnerlichung der Familie, zur repressionsfreien Kindererziehung, zur Entkriminalisierung hervorzuheben. Man hat deshalb zu Recht den Kibbuz als das „Laboratorium der Zukunftsgesellschaft" bezeichnet. Dennoch besteht Einigkeit darüber, daß das Kibbuz-Modell nicht ohne weiteres auf andere Verhältnisse übertragbar ist. Mit dem Kibbuz ist aber bewiesen, daß neben nomadischen, bäuerlichen, proletarischen und bürgerlichen auch andere dauerhafte Lebensformen auf dem Lande möglich sind.

Literatur: DARIN-DRABKIN 1967, SHATIL 1972.

Diskussions- und Prüfungsfragen
1. Kann der israelische Kibbuz ein Modell für eine moderne Sozialorganisation der Landwirtschaft in Entwicklungsländern sein?
2. Für welche dringenden Probleme moderner Industriegesellschaften bietet das Kibbuz-Modell Lösungen an?

Teil 3: Soziologie der Landentwicklung

Der Begriff „Landentwicklung" stammt von den deutschen Siedlungsgesellschaften und umfaßt Flächennutzungsplanung für ländliche Gemeinden, ländliche Nahbereichsplanung, Dorferneuerung, Althofsanierung und Aussiedlung. Die international gebräuchlichen Begriffe rural development, développement rurale, desarollo rural bezeichnen ungefähr das gleiche unter Einschluß institutioneller Planung (institutional planning). Rural development ist lange Zeit mit steigender Produktion gleichgesetzt und am Sozialprodukt je Kopf oder am Einkommen je Kopf gemessen worden. Neuerdings versteht man darunter die weitreichenden Veränderungen der sozialen und wirtschaftlichen Strukturen, der Institutionen, Beziehungen und Prozesse im ländlichen Raum (vgl. COOMBS und AHMED 1978, S. 13).

Landentwicklung ist also jener Teil der „Landverwandlung" (ABEL), der geplant und beabsichtigt ist. Daneben gibt es auf dem Lande viele ungeplante und zum Teil gar nicht beabsichtigte Veränderungen, die durch Naturkatastrophen, Bevölkerungsbewegungen, soziale Konflikte, Industrialisierung, Kommerzialisierung, Urbanisierung, technische Innovationen und sogar durch Planungen ausgelöst werden. Diese bedeutsamen Veränderungen sind in mehreren landsoziologischen Arbeiten, unter anderem von KÖTTER (1958), JAEGGI (1965), PLANCK (1970), VAN DEENEN (1970) und GERBER (1974), behandelt worden. Bezieht man die Entwicklungsländerforschung mit ein, so kann man die Land- und Agrarsoziologie seit Ende der fünfziger Jahre fast als eine „Soziologie des sozialen Wandels" bezeichnen. Immer mehr mündet jedoch die rückwärtsgewandte Betrachtung allgemeiner Veränderungen ein in zukunftsgerichtete, projektbezogene Forschung. Im folgenden liegt deshalb das Schwergewicht der Darstellung auf beabsichtigtem sozialen Wandel im Sinne von Bemühungen um gezielte Veränderungen mittels Innovationen. Geplante Landentwicklung beruht auf brauchbaren Theorien. Wir stellen deshalb einige Theorien von Soziologen und Ökonomen über Ursachen, Ablauf und Auswirkungen sozialen Wandels der Behandlung der Triebkräfte, Strategien, Institutionen und Organisationen der Landentwicklung voran. In einem eigenen Kapitel wird zu untersuchen sein, welche ländlichen Probleme eine beschleunigte Landentwicklung notwendig machen.

1 Sozialer Wandel

1.1 Theorien des sozialen Wandels

WILLIAM F. OGBURN (1886–1959) führte mit dem Buch „Social Change" (1922) den Begriff sozialer Wandel in die Fachsprache ein. Das Wort ersetzte rasch alte, teils zu unspezifische, teils wertbelastete Begriffe, wie soziale Dynamik, Fortschritt, Entwicklung, Evolution, Umwälzung. Dieser Begriff hat im deutschen Sprachgebrauch nur einen Nachteil: es wird mit dem Wort „Wandel" die Vorstellung einer „sanften" Veränderung verbunden. Sozialer Wandel umfaßt aber auch heftige, ja gewaltsame Umbrüche.

Die Forschung befindet sich in allen Bereichen im Fluß. Es liegen derzeit mehrere theoretische

Ansätze, aber noch keine umfassenden Theorien vor. Viele Aussagen über sozialen Wandel sind in Form von „Theorien mittlerer Reichweite" oder von Modellen gemacht worden. Vertreter anwendungsorientierter Disziplinen, wie Land- und Agrarsoziologen, bemängeln vor allem, daß die vorgelegten Theorien nur die ablaufenden Änderungen interpretieren, aber keine Anleitung geben, wie man Wandel auslösen, lenken und fördern kann.

Soziologen können keine umfassende Theorie des sozialen Wandels anbieten, weil stets mehrere unabhängige Faktoren auf Sozialsysteme erhaltend oder verändernd einwirken. In den vorliegenden Theorien wird sozialer Wandel meistens monokausal mit technischem Fortschritt, wirtschaftlichem Wachstum, sozialen Konflikten, mangelhafter Integration, notwendiger Anpassung, schöpferischen Ideen und kulturellem Austausch erklärt.

Die meisten Theorien definieren sozialen Wandel als einen Prozeß, in dem sich Struktur und Funktion eines sozialen Systems ändern. Darunter fällt so Verschiedenes wie Veränderungen sozialer Beziehungen, Veränderungen von Gesellschaftstypen, Herrschaftspositionen und Wertsystemen. Dagegen werden zyklische Veränderungen in Sozialsystemen, wie der Familienzyklus und die satzungsmäßige Neuwahl des Vorstandes von Vereinen, nicht als sozialer Wandel bezeichnet.

Theorien des sozialen Wandels unterscheiden sich (1) danach, wie weit oder eng sie ihren Gegenstand definieren (analytischer Bereich), (2) danach, ob sie eine mikrosoziologische (z. B. Veränderung von Einstellungen bei Individuen) oder makrosoziologische (z. B. Veränderung gesamtgesellschaftlicher Herrschaftsverbände) Betrachtungsweise anwenden (Aggregationsniveau), (3) nach den Ursachen des Wandels (exogene und endogene Faktoren), (4) nach der Zahl der erklärenden Faktoren (Ein-Faktor-Theorien, multivariate Theorien), (5) nach Verlaufsform, Richtung und Aufeinanderfolge der in Wandlungsprozessen unterscheidbaren Stadien oder Phasen.

Man unterscheidet finale und kausale Theorien des sozialen Wandels. Finale (zielorientierte) Theorien versuchen, hinter allen historischen Veränderungen eine bestimmte Zielrichtung zu entdecken, der die Entwicklung mit Naturnotwendigkeit so lange folgt, bis das Endziel erreicht ist. Kausale (ursächliche) Theorien fragen nach den Ursachen von Richtung und Ausmaß des Wandels. Sie erklären Veränderungen als Folge endogener Wandlungskräfte oder exogener Störungen. Obwohl man üblicherweise von „Theorien des sozialen Wandels" spricht, sind die meisten davon keine Theorien im streng erfahrungswissenschaftlichen Verständnis, sondern meistens Kombinationen von Theorien, Modellen, Metatheorien und komparativen Analysen. Weil man viele davon nicht falsifizieren kann, kompliziert sich die Diskussion.

1.1.1 Finale Theorien

1.1.1.1 Evolutionstheorie von Spencer

Als erstes Beispiel für eine finale Theorie des sozialen Wandels erwähnen wir die Evolutionstheorie SPENCERS. Sie hat nur indirekt mit dem epochemachenden Werk von CHARLES DARWIN (1809–82) über „Die Abstammung des Menschen" zu tun, denn schon vor DARWIN und unabhängig von ihm hatte SPENCER seinen Evolutionismus entwickelt. SPENCER unternahm es, Naturgeschichte und menschliche Geschichte unter ein gemeinsames Entwicklungsgesetz zu stellen, das Gesetz des organischen Wachstums: „In der Entwicklung der Erde, des Lebens auf ihrer Oberfläche, der Gesellschaft, des Staates, der Industrie und des Handels, der Sprache, der Literatur, der Wissenschaft und der Kunst finden wir dieselbe Entfaltung von dem Einfachen zum Komplexen durch sukzessive Differenzierungen" – und das mache im wesentlichen den Fortschritt aus. SPENCER illustrierte das Prinzip einmal an der gradlinigen Entwicklung eines „barbarischen Stammes". Die Gesellschaft sei dort in ihrer ersten und niedersten Form eine homogene Zusammenballung von einzelnen: „Jeder Mann ist Krieger, Jäger, Fischer, Werkzeugmacher, Baumeister; jede Frau erledigt dieselben Arbeiten". Aus diesem, einem Samenkorn oder dem Ei eines Tieres vergleichbaren Gebilde entwickele sich durch Trennung in Herrscher und Beherrschte und durch Arbeitsteilung schließlich die uns bekannte, aufs höchste differenzierte Industriegesellschaft. Ausgangs- und Endpunkt der Entwicklung werden im Evolutionismus also als bekannt angesehen; ferner wird unterstellt, die Entwicklung laufe nur in einer Richtung (unilinear) ab; der soziale Wandel besteht dann in dem im Keim schon angelegten Weg vom Einfachen zum Komplexen. In manchen Modellen der Land-Stadt-Entwicklung sind evolutionistische Gedanken deutlich ausgesprochen, wie überhaupt die Evolutionstheorie gerade in der mit dem organischen Wachstum eng verbundenen Land- und Agrarsoziologie lange Zeit großen Anklang gefunden hat. In neuester Zeit gewinnen einige theoretische Ansätze SPENCERs wieder Aktualität (Neo-Evolutionismus bei PARSONS).

1.1.1.2 Geschichtstheorie von Marx

Unser zweites Beispiel ist das berühmteste und folgenreichste: die Geschichtstheorie von MARX. Er sah die ganze Geschichte als eine Folge von Klassenkämpfen zwischen den jeweiligen Besitzern der Produktionsmittel und der von ihnen ausgebeuteten Klasse, die nur ihre Arbeitskraft zu verkaufen hat. Im Gegensatz von industriellem Proletariat und kapitalistischer Bourgeoisie spitzt sich die Geschichte der Klassenkämpfe zum letzten Mal zu: auf der einen Seite Verelendung, auf der anderen Kapitalakkumulation. Erst jetzt wird sich das Proletariat seiner Geschichte bewußt und schreitet zur revolutionären Tat: „Die Zentralisation der Produktionsmittel und die Vergesellschaftung der Arbeit erreichen einen Punkt, wo sie unverträglich werden mit ihrer kapitalistischen Hülle. Sie wird gesprengt. Die Stunde des kapitalistischen Privateigentums schlägt. Die Expropriateurs werden expropriiert" (MARX 1867 zit. nach 1972, S. 276). MARX war überzeugt, daß „die kapitalistische Produktion mit der Notwendigkeit eines Naturprozesses ihre eigene Negation" erzeuge.

Vom Klassenbewußtsein und folglich auch vom revolutionären Elan der Bauern zeigte sich MARX so enttäuscht, daß er nicht mit harten Worten sparte. Anlaß dazu gab ihm das Verhalten der französischen Kleinbauern in der Revolution von 1848: statt sich mit dem städtischen Proletariat zur großen proletarischen Revolution zusammenzutun, hatten die Bauern zwar gegen das Parlament Front gemacht, den Kaiser Napoleon II. jedoch unterstützt. Damals bezeichnete MARX das Verhalten der Bauern als „unentzifferbare Hieroglyphe für das Verständnis des Zivilisierten" und nannte sie die Klasse, welche die Barbarei innerhalb der Zivilisation darstelle. Er führte ihr mangelndes Klassenbewußtsein auf ihre gegenseitige Abgeschlossenheit zurück: „Die Parzelle, der Bauer und die Familie; daneben eine andere Parzelle, ein anderer Bauer und eine andere Familie... So wird die große Masse der französischen Nation gebildet durch einfache Addition gleichnamiger Größen, wie etwa ein Sack von Kartoffeln einen Kartoffelsack bildet" (MARX 1852, zit. nach 1971, S. 177). Die Bauern seien folglich unfähig, ihre Klasseninteressen selbst durchzusetzen: „Sie können sich nicht selbst repräsentieren, sie müssen repräsentiert werden". Ihr natürlicher Verbündeter und Führer sei das städtische Proletariat. Im „Kapital" (1867) befürwortete MARX folglich die Bildung landwirtschaftlicher Großbetriebe, weil sie den Bauern als Bollwerk der alten Gesellschaft vernichte und statt dessen die Lohnarbeiter auch auf dem Lande mehre. ENGELS glaubte, die kapitalistische Großproduktion werde genau wie in der Industrie über die bäuerlichen Kleinbetriebe hinweggehen wie der Eisenbahnzug über den Schubkarren. MARX' Verachtung des Bauern hielt sich bei seinen Nachfolgern jahrzehntelang. AUGUST BEBEL (1840–1913) verlangte im Interesse des menschlichen Fortschritts, der Bauernstand müsse verschwinden. Ähnlich wie MARX hieß er den Bauern einen „mit Scheinkultur übertünchten Barbar". Von der westlichen Land- und Agrarsoziologie sind die marxistischen Theorien erst in den letzten Jahren vereinzelt aufgenommen worden, um neue wissenschaftliche Erkenntnisse zu gewinnen.

1.1.2 Kausale Theorien

Außer der Soziologie bedienen sich auch die Ökonomie, die Politikwissenschaft und die Kulturanthropologie kausaler Theorien des sozialen Wandels. Nach WOLFGANG ZAPF (1969, S. 18) sind drei Themenbereiche zu unterscheiden: (1) gesamtgesellschaftlicher Wandel, (2) Modernisierungsprozesse und (3) interkulturelle Transformation. Einige Beispiele aus den ersten beiden Bereichen mögen zeigen, wie vielerlei Formen sozialer Wandel annehmen kann und auf wie vielfältige Weise die Wissenschaft ihn zu erklären versucht hat.

Um Wandel auf der Ebene der Gesamtgesellschaft zu erklären, werden drei Betrachtungsweisen angewendet: (1) strukturell-funktionale, (2) konflikttheoretische und (3) kybernetische.

1.1.2.1 Struktur-Funktionalismus von Parsons

Die *strukturell-funktionale Betrachtungsweise* wird hauptsächlich von PARSONS vertreten. Seine Schule nimmt eine führende Stellung in der gegenwärtigen Soziologie ein. Niemand hat so knapp und klar wie RALF DAHRENDORF, einer der prominentesten Gegner des Strukturfunktionalismus, die wesentlichen Elemente des strukturell-funktionalen Gesellschaftsmodells dargestellt (1958, S. 112):
„1. Jede Gesellschaft ist ein relativ beharrendes, stabiles Gefüge von Elementen.
2. Jede Gesellschaft ist ein wohlintegriertes Gefüge von Elementen.
3. Jedes Element in einer Gesellschaft leistet einen Beitrag zu ihrem Funktionieren.
4. Jede Gesellschaft beruht auf einem Konsensus ihrer Mitglieder."
Die Gegner des Strukturfunktionalismus erkannten bald, daß eine Theorie, der ein derartiges Modell zugrunde liegt, sozialen Wandel nicht einmal beschreiben, geschweige denn erklären kann. In den letzten Jahren hat PARSONS seine Position jedoch erheblich revidiert und zuletzt sogar Grundgedanken des Evolutionismus in seine theoretischen Überlegungen aufgenommen, obwohl gerade er 1937 erklärt hat: „SPENCER ist tot." PARSONS hat, wie er selbst einmal sagte, keine Theorie der gesellschaftlichen Evolution formuliert, „nicht einmal die Skizze einer solchen Theorie". Dennoch ist ihm wohl ein neuer Versuch gelungen, die Dynamik sozialer Systeme zu erklären. Er spricht allerdings nicht von sozialem Wandel, sondern entlehnt aus der Darwinschen Evolutionstheorie den Begriff „adaptation" (Anpassung). „Natürlich soll Adaptation nicht nur ‚passive Anpassung' an die Umweltbedingungen bedeuten, sondern die Fähigkeit lebender Systeme, die Anforderungen aus ihrer Umwelt aktiv zu bewältigen. Zu dieser Fähigkeit gehört erstens das Interesse an der Kontrolle der Umwelt beziehungsweise an der Möglichkeit, sie zu ändern, wenn es die Bedürfnisse des Systems erfordern; zweitens das Vermögen, angesichts der unbeeinflußbaren Umwelteinflüsse zu überleben" (PARSONS 1964, S. 56). Die langfristige Anpassungskapazität von sozialen Systemen wird durch Erfindungen gesteigert. Nur diejenigen Systeme, die diese „Erfindungen" – PARSONS nennt sie evolutionäre Universalien – anwenden, können sich immer weiter anpassen. PARSONS meint, die Evolution von Kultur und Gesellschaft setze folgende vier evolutionäre Universalien voraus: Religion, Kommunikation durch Sprache, soziale Organisation durch Verwandtschaftsordnungen, Technologie. Ohne sie habe keine bekanntgewordene menschliche Gesellschaft existiert. Sechs weitere Universalien sind ebenfalls bedeutsam, damit sich soziale Systeme entwickeln. Die beiden ersten leiten den „Ausbruch" aus der „primitiven" Stufe der gesellschaftlichen Entwicklung ein: (1) die Ausbildung sozialer Schichten und (2) die Säkularisierung. Die Grundlage der Struktur moderner Gesellschaften bilden (3) bürokratische Großorganisationen, (4) Geld- und Marktsysteme, (5) ein allgemeingültiges universalistisches Rechtssystem und (6) demokratische Assoziation mit gewählter Führung, durch die es möglich wird, für bestimmte politische Ziele den Konsensus der Mitglieder zu gewinnen. Außerdem sind für moderne Gesellschaften Wissenschaft und Technologie genauso wichtig geworden wie die anderen Universalien. Wenngleich

PARSONS keine Theorie der gesellschaftlichen Evolution aufstellen wollte, deutete er doch selbst an, wie man aus seinen Aussagen Prognosen ableiten kann, z. B. die Prognose, daß sich die kommunistische Gesellschaftsordnung als instabil erweisen wird.

1.1.2.2 Konflikttheorie von Dahrendorf

Eine dem Strukturfunktionalismus genau entgegengesetzte Position nehmen die *Konflikttheoretiker* ein. DAHRENDORF (1958, S. 112) skizziert ihr Gesellschaftsmodell so:
„1. Jede Gesellschaft unterliegt zu jedem Zeitpunkt dem Wandel; sozialer Wandel ist allgegenwärtig.
2. Jede Gesellschaft kennt zu jedem Zeitpunkt soziale Konflikte; sozialer Konflikt ist allgegenwärtig.
3. Jedes Element in einer Gesellschaft leistet einen Beitrag zu ihrer Veränderung.
4. Jede Gesellschaft beruht auf dem Zwang (constraint) einiger ihrer Mitglieder durch andere."

Gesellschaft sieht DAHRENDORF als einen „Herrschaftsverband", ein Begriff, den MAX WEBER geprägt hat. Herrschaftsverbände weisen eine klare Trennung in Herrscher und Beherrschte auf. Darauf gründet in vier Schritten das Modell der Konflikttheorie (vgl. ebenda S. 116):
1. In jedem Herrschaftsverband bilden die Herrschenden und die Beherrschten zwei Gruppierungen mit latenten gegensätzlichen Interessen. Auf dieser Ebene existiert der Interessengegensatz zunächst nur als an bestimmte Positionen geknüpfte Erwartungen: die Herrschenden haben Interesse daran, den Status quo zu erhalten, die Beherrschten haben dagegen Interesse daran, ihn zu verändern.
2. Die Mitglieder der beiden Gruppierungen organisieren sich zu Interessengruppen (z. B. Parteien oder Gewerkschaften) mit manifesten Interessen (z. B. Programme oder Ideologien).
3. Die solchermaßen entstandenen Interessengruppen stehen in ständigem Konflikt um die Erhaltung oder Veränderung des Status quo.
4. Der Konflikt zwischen Interessengruppen führt zu veränderten Strukturen der in Frage stehenden Sozialzusammenhänge durch Veränderungen ihrer Herrschaftsverhältnisse.

1.1.2.3 Kybernetische Theorie

Die *kybernetische* Erklärung des Wandels geht von der fundamentalen Bedeutung der Kommunikation im menschlichen Leben aus. Das zentrale Thema der Kybernetik ist die Regelung und Kontrolle offener Systeme. Solche Systeme – biologische genauso wie soziale – müssen sich wandeln, wenn sie nicht untergehen wollen. Die Fähigkeit, durch Wandlungsprozesse zu überleben, wird Ultrastabilität genannt (vgl. CADWALLADER 1959). Zwei Systemtypen werden unterschieden: solche, die nur unter konstanten Bedingungen stabil sind, und solche, die „lernen" können, neue Strukturen und Verhaltensweisen zu entwickeln, um unter veränderten Bedingungen stabil zu bleiben. Alle formalen Makroorganisationen (z. B. Staaten, Industriebetriebe) sind in kybernetischer Betrachtungsweise Netzwerke von Kommunikationsbeziehungen. Kybernetisch bedeutsam sind Einrichtungen, wie Rückkopplungsmechanismen, Eingabe-, Transport-, Speicher- und Entscheidungsinstanzen, und Operationsregeln, mit deren Hilfe ein System lernen und Neuerungen einführen kann. Die Sozialwissenschaftler, die sich mit dem Wandel großer Systeme befassen, haben sich bisher nur zögernd mit der Kybernetik beschäftigt. In die Land- und Agrarsoziologie beginnt die kybernetische Betrachtungsweise auf dem Umweg über die Innovationstheorien Eingang zu finden.

1.1.3 Modernisierungs- und Wachstumstheorien

1.1.3.1 Modernisierungstheorien

Modernisierungstheorien befassen sich in der Regel nur mit Teilaspekten des sozialen Wandels: Wirtschaftswachstum (z. B. ROSTOW), Staaten- und Nationenbildung (z. B. ALMOND), soziale und psychische Mobilisierung (z. B. LERNER).

Der Begriff Modernisierung wird vor allem in der Literatur der angewandten Sozialwissenschaften – gerade auch der Land- und Agrarsoziologie – recht unterschiedlich definiert. Einige Autoren verwenden ihn gleichbedeutend mit Entwicklung. WILBUR SCHRAMM (SCHRAMM und LERNER 1967, S. 6) spricht z. B. von der „... am weitesten verbreiteten und auffälligsten Art sozialen Wandels, der heute auf der Welt zu sehen ist: Wirtschaftliche und soziale Entwicklung, die wir Modernisierung der Gesellschaft nennen". EVERETT M. ROGERS (1969, S. 14) bezeichnet mit „Modernisierung" den Vorgang, in dessen Verlauf Individuen – nicht ganze Nationen – von einer traditionellen Lebensweise zu einem komplexeren, technologisch fortschrittlicheren und sich rasch wandelnden Lebensstil überwechseln. Manche Wissenschaftler betrachten Modernisierung in erster Linie als einen Kommunikationsvorgang. DANIEL LERNER hat einmal absichtlich übertreibend, aber anschaulich beschrieben, wann Modernisierung beginnt: wenn der einfache Stammesgenosse auf einmal selbständiger Grundbesitzer werden will; wenn der Bauernsohn lesen lernen möchte, um in der Stadt arbeiten zu können; wenn die Bauersfrau mit dem Kinderkriegen aufhört; wenn die Tochter ein modernes Kleid möchte und sich die Haare onduliert. Es ist eine Eigenart aller Modernisierungsstudien im engeren Sinne, solche katalogartigen Aufzählungen von Eigenschaften traditionaler, transitionaler (im Übergang befindlicher) und moderner Gesellschaftstypen vorzunehmen. Viele Stadien- und Phasenmodelle der Modernisierung sind nach dem Parsonsschen Schema aufgebaut, der Modernisierung als die „kumulative Erhöhung der Anpassungskapazität eines Systems durch Erfindungen" definiert.

1.1.3.2 Rückstandstheorie von Ogburn

OGBURN (1957) hat in seiner Theorie vom „cultural lag" gezeigt, daß in komplexen Gesellschaften
(1) die verschiedenen analytischen Bereiche (Kultur, Politik, Wirtschaft usw.) sich in unterschiedlichem Rhythmus wandeln, die einen schneller, die anderen langsamer und
(2) sehr häufig die wirtschaftlich-technische Entwicklung oder die soziale Mobilisierung der kulturellen Entwicklung und psychischen Mobilisierung vorauseilt.

Es kommt zu einem zeitlichen Gefälle, das sich als Verfrühung oder Verspätung, insbesondere als Bewußtseinsverspätung, äußert. Es ist aber durchaus nicht so, wie OGBURN ursprünglich glaubte, daß die Verfrühung immer auf technisch-wirtschaftlichem, die Verspätung stets auf kulturellem Gebiet (daher der Name „cultural lag") eintrete. In der Weltgeschichte gab es sogar religiöse „Erfindungen" (z. B. die Gleichheit aller Menschen), denen die wirtschaftlichen, politischen und sozialen Bedingungen nachhinkten. In der Gegenwart wurden Integrationssysteme übernationaler Art entwickelt (z. B. die Europäische Gemeinschaft), denen gegenüber wirtschaftliche und politische Bedingungen sich verspäten.

Treffend hat JOAN ROBINSON (1962, S. 269) die heutige Situation der Lehrmeinungen zur wirtschaftlichen Entwicklung charakterisiert: „Wer gegenwärtig Wirtschaftstheorie studiert, steht vor einer besonders schwierigen Aufgabe, denn der Gegenstand ändert sich rascher, als man ihn erlernen kann." Theorien wirtschaftlichen Wachstums lassen sich im allgemeinen einfacher und innerhalb kürzerer Zeiträume an der Wirklichkeit überprüfen als Theorien des sozialen Wandels und der psychischen Entwicklung. Daher waren erstere häufiger und heftiger der Kritik ausgesetzt. Die Kritik setzte ein, als sich zeigte, daß die ökonomische Theorie nicht angemessen erklären konnte, was in den unterentwickelten Regionen der Erde geschieht. Da der Landbevölkerung und der Landwirtschaft in vielen dieser Gebiete die Schlüsselfunktion bei der wirtschaftlichen Entwicklung zukommt, schränkt eine ungenügende Theorie wirtschaftlicher Entwicklung auch die prognostischen Möglichkeiten der Land- und Agrarsoziologie ein.

1.1.3.3 Stufentheorie von Rostow

Die bekanntesten Theorien des wirtschaftlichen Wachstums sind Stufentheorien, welche die Entwicklung bisher weniger entwickelter Regionen, wie RICHARD BEHRENDT (1968, S. 98) sagt, lediglich im Fahrwasser der dynamischen Kernländer, nach ihrem Muster und in ihrem Tempo zu sehen vermögen. Daß die Idee der stufenweisen wirtschaftlichen Entwicklung auf eine These von MARX zurückgeht, ist vielen nicht bewußt. Im Vorwort zum „Kapital" heißt es: „Das industriell entwickeltere Land zeigt dem minder entwickelten nur das Bild der eigenen Zukunft."

Einen inzwischen klassisch zu nennenden Versuch, den Prozeß des wirtschaftlichen Wachstums in seiner Gesamtheit zu beschreiben, hat WALT W. ROSTOW (1967) unternommen. Sein Fünf-Stufen-Modell umfaßt folgende Phasen, wobei die dritte die entscheidende Phase ist:
1. die traditionale Gesellschaft,
2. die Schaffung der Voraussetzungen des take-off[1],
3. die take-off-Phase oder Aufstiegsphase oder industrielle Revolution,
4. der Weg zur wirtschaftlichen Reife und
5. das Zeitalter des Massenkonsums.

Phase 2 dauert ein Jahrhundert oder länger, die industrielle Revolution typischerweise zwei oder drei Jahrzehnte und Phase 4 an die sechzig Jahre. Die Aufstiegsphase gibt ROSTOW beispielsweise für England mit 1783–1802, für Deutschland mit 1850–73, für Japan mit 1878–1900, für Rußland mit 1890–1914, für Argentinien mit 1935, für Indien und China mit 1952 an.

Nach den Prozessen, die Gesellschaften in der zweiten Phase durchlaufen, unterscheidet ROSTOW zwei Typen:

(1) Der erste und allgemeinste Typus umfaßt die Gesellschaften, in denen sich die politische und soziale Struktur, ja sogar das kulturelle Wertsystem entscheidend ändern müssen, damit der Aufstieg möglich wird. Ausgangspunkt ist im allgemeinen eine traditionale Gesellschaft, deren Wirtschaft im wesentlichen auf der Agrikultur beruht. Gewöhnlich kommt die Idee, daß wirtschaftlicher Fortschritt möglich ist, von außen. Auch am Ende der zweiten Phase umfaßt die ländliche Bevölkerung mindestens 75 Prozent der Gesamtbevölkerung. Die Bevölkerung wächst rasch.

(2) Zum zweiten Typ gehören von Natur aus reiche Länder, deren Bevölkerung aus bereits entwickelten Kulturen eingewandert ist. Hier sind keine traditionalen, dem Wirtschaftswachstum hinderlichen Werte zu überwinden, auch gibt es kein Bevölkerungsproblem. Anstöße für den Aufstieg können politische Revolutionen, technische Innovationen, neue günstige (z. B. zusätzliche Märkte) oder verschlechterte (z. B. Blockade des Außenhandels) internationale Bedingungen sein.

Von Phase 3 an wachsen die Volkswirtschaften beider Gesellschaftstypen nach dem gleichen Schema. In Phase 2, dem Übergang von der traditionalen Gesellschaft zum erfolgreichen wirtschaftlichen Aufstieg, muß die Landwirtschaft drei Aufgaben übernehmen:

(1) Größere Mengen von Nahrungsmitteln zur Verfügung stellen, um die besonders in den Städten rasch zunehmende Bevölkerung zu ernähren,

---

[1] Take-off ist ein Ausdruck aus der Fliegersprache; er bezeichnet die Phase, in der sich ein Flugzeug vom Erdboden abhebt, wenn seine Geschwindigkeit groß genug geworden ist.

(2) als Nachfrager für Maschinen, Dünger, Baustoffe usw. auftreten und dadurch neuen Industrien, die für den wirtschaftlichen Aufstieg wichtig sind, Entwicklungsmöglichkeiten geben,
(3) einen großen Teil ihres überschüssigen Einkommens dem industriellen Sektor für neue Investitionen und dem Staat für neues Sozialkapital zur Verfügung stellen.

In vielen Ländern muß die Landwirtschaft außerdem mit ihren Produkten die Einfuhr von Kapitalgütern bezahlen, ohne die keine Voraussetzungen für den take-off geschaffen werden können. Die dritte Phase bringt den großen Aufschwung (take-off) in der Entwicklung moderner Gesellschaften, denn nun sind die alten Hindernisse im Leben der Wirtschaft überwunden, und der Weg ist frei für ein stetiges Wachstum. Die Gesellschaft betrachtet Wachstum als etwas völlig Normales und richtet ihre Gewohnheiten danach ein. Im allgemeinen sind für den take-off viel Sozialkapital, eine Woge technischer Innovationen in Industrie und Landwirtschaft und neue Eliten nötig, die in der Modernisierung ihr vordringlichstes Ziel sehen.

Kennzeichnend für die Periode des Aufstiegs ist folgender Verlauf: neue Industrien breiten sich rasch aus; die industriellen Gewinne werden großenteils in neuen Fabriken investiert; diese neuen Industrien und Fabriken benötigen immer mehr Arbeitskräfte, Dienstleistungen und industrielle Fertigwaren, die wiederum von anderen Industrien hergestellt werden; die Industriegebiete dehnen sich räumlich und bevölkerungsmäßig aus. Eine neue Unternehmerklasse wächst heran, die den wachsenden Investitionsstrom in den privaten Sektor lenkt.

Eine Wirtschaft kann nur modernisiert werden, wenn die Landwirtschaft ihre Produktivität außergewöhnlich steigert, denn die vielen neuen Arbeitskräfte außerhalb der Landwirtschaft müssen ernährt werden. Auch in der Landwirtschaft müssen deshalb neue Techniken eingeführt werden, als deren Folge viele Bauern ihren Lebensstil tiefgreifend ändern. Mit anderen Worten, es müssen einzelne Innovatoren vorhanden sein, denen die anderen Betriebsleiter nachfolgen.

ROSTOW hält zwei Bedingungen für das Entstehen innovativer Eliten für notwendig:
(1) Die neue Elite muß die üblichen Wege zur Macht und zum Prestige verlassen, die von der traditionalen Gesellschaft gehütet werden.
(2) Die Gesellschaft muß so flexibel sein, daß sie ihren aufstiegswilligen Mitgliedern materielle Vorzüge als Alternative zur Konformität gestattet.

Das ROSTOWsche Modell unterstellt, daß am Beginn des take-off Unternehmer auch aus dem landwirtschaftlichen Sektor hervorgehen, der ja auf dieser Entwicklungsstufe noch dominiert. Eine Vorbedingung für den wirtschaftlichen Aufstieg ist daher das Vorhandensein einer größeren Zahl von Landwirten, die fähig und in der Lage sind, die Chancen zu erkennen und zu nutzen, die ihnen neue Technologien (z. B. neue Transportmittel) und neue Organisationsformen (z. B. Markt- und Kreditorganisationen) bieten. Eine kleine, entschlossene Elite kann zwar zur Anregung des wirtschaftlichen Wachstums sehr viel beitragen, aber besonders in der Landwirtschaft muß ein grundlegender Wandel in der Einstellung vieler eintreten. Damit meint ROSTOW nicht unbedingt, daß sich materielle Motive in den Vordergrund schieben müssen, denn die Motive, unternehmerisches Risiko zu übernehmen, sind nur zum Teil ökonomischer Art.

Ist der take-off geglückt, dann folgt ein langer Zeitraum stetigen, wenn auch fluktuierenden Wachstums. Das Gesicht der Wirtschaft wechselt unaufhörlich: neue Industrien wachsen heran, alte verschwinden. Die Gesellschaft paßt sich den Erfordernissen der modernen Produktionsmethoden an: alte Werte und Institutionen werden durch neue verdrängt, oder die alten Einrichtungen werden so verändert, daß sie den Wachstumsprozeß eher unterstützen als aufhalten. Eine Folge davon ist, daß nun die unternehmerischen Fähigkeiten in der Wirtschaft vorhanden sind, zwar nicht alles, aber doch das zu produzieren, wofür eine Gesellschaft sich entscheidet. ROSTOW schätzt, daß eine Gesellschaft die moderne Technik in drei aufeinanderfolgenden Generationen aufnehmen kann, wenn wirtschaftliches Wachstum als Normalzustand betrachtet wird.

Im Zeitalter des Massenkonsums werden die Herstellung dauerhafter Konsumgüter und die

Bereitstellung von Dienstleistungen zu den führenden Wirtschaftszweigen. Das Realeinkommen ist so gestiegen, daß auch die Angehörigen der mittleren und der unteren Schichten über ihre Grundbedürfnisse hinaus die Früchte der reifen Wirtschaft in Form von dauerhaften Konsumgütern genießen können. Das billige Auto für jedermann war das wichtigste derartige Gut; es übte revolutionierende Wirkungen auf die Lebensweise und die Einstellungen der Massen aus.

Oberstes Ziel für die Gesellschaft ist es nun nicht mehr, die moderne Technik weiter auszudehnen, sondern mehr Mittel für soziale Wohlfahrt und Sicherheit zur Verfügung zu stellen. Der Wohlfahrtsstaat ist das sicherste Zeichen dafür, daß eine Gesellschaft sich jenseits des Stadiums der technischen Reife befindet.

Über die Entwicklung nach dem Zeitalter des Massenkonsums sagt ROSTOW nichts Genaues. Möglicherweise folgt ein Stadium des „Null-Wachstums" und eingeschränkter Lebenshaltung, weil Rohstoffverknappung und Umweltbelastung steigenden Pro-Kopf-Verbrauch einer wachsenden Erdbevölkerung nicht zulassen.

1.1.3.4 Kumulationstheorie von Myrdal

Eine gänzlich andere Theorie des wirtschaftlichen Wachstums legte GUNNAR MYRDAL (1974) vor. Er ging von folgender Situation aus:
(1) Es gibt eine kleine Gruppe von Ländern, denen es recht gut geht, und eine viel größere Gruppe von Ländern, die sehr arm sind;
(2) die Länder der ersten Gruppe erfreuen sich einer mehr oder weniger stetigen wirtschaftlichen Entwicklung, die in der zweiten Gruppe im Schnitt wesentlich langsamer und stokkender verläuft;
(3) aus diesem Grunde haben sich in den vergangenen Jahrzehnten die wirtschaftlichen Ungleichheiten zwischen entwickelten und unterentwickelten Ländern vergrößert;
(4) die Völker der unterentwickelten Länder werden sich mehr und mehr dieser Unterschiede und der Tendenz, daß letztere sich noch vertiefen, bewußt, und
(5) die Sprecher dieser Völker neigen dazu, einen Teil der Schuld an ihrer Armut dem Rest der Welt zuzuschieben, und zwar insbesondere jenen Ländern, denen es besser geht. Sie halten die Ungleichheiten für eine Folge des Wirtschaftssystems, das sie in solcher Armut beläßt, während schon reiche Nationen noch reicher werden.

Nach MYRDAL ist die „ererbte" ökonomische Theorie wegen ihrer vorgefaßten Meinungen und ihrer unrealistischen Annahmen unfähig, das Problem wirtschaftlicher Ungleichheiten zu untersuchen. Eine ihrer unrealistischen Annahmen ist das stabile Gleichgewicht. Es impliziert, jede Änderung ziehe andere Veränderungen nach sich, die den primären entgegengesetzt sind und das Gleichgewicht wiederherstellen. Die zweite unrealistische Annahme ist, daß sich eine theoretische Analyse auf die Wechselbeziehungen „ökonomischer Faktoren" beschränken und nichtökonomische Faktoren ausschließen dürfe. MYRDAL argumentiert dagegen, man könne die nichtökonomischen Faktoren nicht als gegeben und statisch hinnehmen, denn sie wirken meist in eine Richtung, die vom Gleichgewicht wegführt. MYRDAL setzt der unrealistischen Gleichgewichtstheorie die These von der „zirkulären Verursachung kumulativer Prozesse" entgegen. Damit ist folgendes gemeint:

Normalerweise tendiert ein wirtschaftliches System nicht automatisch zu einer gleichmäßigen Verteilung der Güter und des Wohlstandes, sondern bewegt sich von einem derartigen Gleichgewichtszustand weg in Richtung auf zunehmende Ungleichheit. MYRDAL erklärt den von ihm mehrfach empirisch festgestellten Sachverhalt folgendermaßen: In der Regel löst eine Veränderung gleichgerichtete Veränderungen aus, die das System in die eingeschlagene Richtung weitertreiben. Die Auswirkung der ersten Ursache verursacht die nächste Wirkung und so fort (zirkuläre Verursachung). Die Wirkungen addieren sich, da sie gleichgerichtet sind (kumulativer Prozeß). Ein Beispiel macht den Grundgedanken deutlich: Unterernährung macht anfällig gegen Krankheit; Krankheit setzt die Leistung herab; weniger Leistung ergibt weniger Verdienst; zu geringer Verdienst verhindert ausreichende Ernährung, womit der Teufelskreis von neuem beginnt. MYRDAL konnte nachweisen, daß auch in den großen Volkswirtschaften wie der US-amerikanischen und der indischen derartige kumulative Prozesse zirkulärer Verursachung auftreten, und zwar in beiden Richtungen: abwärts und aufwärts gerichtet. Die Richtung hängt von der Art des auslösenden Ereignisses ab. Die Schließung einer Fabrik kann einen Abwärtstrend (Entzugseffekt), die Eröffnung einer Fabrik einen Aufwärtstrend (Expansionseffekt) in einer ländlichen Region einleiten.

Historisch abgeleitete Entwicklungstheorien verleiten zu Fehlschlüssen in der Planung, wenn nicht genügend berücksichtigt wird, daß die Ausgangslage und die Umstände in den heutigen Entwicklungsregionen der Erde ganz andere sind als in den westeuropäischen Ländern zu Beginn der Industrialisierung. In der Mehrzahl der heutigen Entwicklungsländer besteht wenig Bereitschaft, längere Durststrecken, in denen die Subsistenzlandwirtschaft noch nicht in den Genuß der Früchte des Entwicklungsprozesses kommt, einfach hinzunehmen. Das tatsächliche oder vermeintliche sozialkulturelle Stadt-Land-Gefälle hat eine Massenwanderung in die Großstädte ausgelöst.

Literatur: DREITZEL 1972, HEIDHUES 1968, KUTSCH und WISWEDE 1978, MYRDAL 1974, ROGERS 1972, ROSTOW 1967, ZAPF 1969.

Diskussions- und Prüfungsfragen
1. Man unterscheidet bei den Theorien über sozialen Wandel zwei Arten. Charakterisieren Sie beide!
2. Auf welchem Grundgedanken beruht die Evolutionstheorie von HERBERT SPENCER?
3. Welche Rolle spielen die Bauern in der Geschichtstheorie von KARL MARX?
4. Was meint TALCOTT PARSONS mit evolutionären Universalien?
5. Was versteht man unter „cultural lag"?
6. Welches ist das entscheidende Stadium in der Theorie des wirtschaftlichen Wachstums von WALT W. ROSTOW? Warum?
7. Erläutern Sie an einem Beispiel, was GUNNAR MYRDAL unter „zirkulärer Verursachung kumulativer Prozesse" versteht?

1.2 Prozesse des sozialen Wandels

1.2.1 Soziale und psychische Mobilisierung

Unter sozialer und psychischer Mobilisierung versteht man (1) die Lockerung, Umformung oder Auflösung bisher vergleichsweise statischer, traditioneller Lebensformen und Verhaltensweisen und (2) den massenhaften Übergang zu dynamischen Formen. Wie die seelischen und gesellschaftlichen Voraussetzungen eines solchen Entwicklungsprozesses entstehen, wollen die Modelle von KARL DEUTSCH (1961), EVERETT HAGEN (1963) und DANIEL LERNER (1958) zeigen.[1]

DEUTSCH will mit seinem Modell den Regierungen von Entwicklungsländern Hinweise geben, wie und wo sie sich bemühen müssen, die Lasten erträglich zu machen, die ihnen der Prozeß der sozialen Mobilisierung aufbürdet. Da sich wichtige Variablen seines Modells auf das Land

---

[1] Daneben gibt es eine unübersehbare Fülle beschreibender und empirischer Literatur: in der jüngeren deutschen Land- und Agrarsoziologie u. a. von KÖTTER (1958), VON BLANCKENBURG (1967), FRITHJOF KUHNEN (1967a).

und die Landwirtschaft beziehen, sind seine Überlegungen auch für die Land- und Agrarsoziologie belangvoll. DEUTSCH geht von der Annahme aus, daß jede Form der sozialen Mobilisierung eine merklich größere Häufigkeit der unpersönlichen Kontaktnahme, der Berührung mit Massenmedien, des Wohnsitzwechsels und der politischen oder quasipolitischen Teilnahme mit sich bringt oder nach sich zieht.

Der Prozeß der sozialen Mobilisierung besteht aus Teilprozessen. In den meisten Fällen genügt es, folgende sieben zu fördern (in Klammern die jeweilige Operationalisierung):
(1) das Ausmaß, in dem Menschen den Erscheinungen des modernen Lebens ausgesetzt sind (Anteil der urbanisierten Bevölkerung),
(2) die Berührung mit den Massenmedien (Anteil der Zeitungsleser, Rundfunkhörer usw.),
(3) den Wohnungswechsel (Anteil der Wohnsitzwechsler),
(4) die Verstädterung (Anteil der Stadtbevölkerung),
(5) die Abwanderung aus der Landwirtschaft (Anteil der nichtlandwirtschaftlichen Erwerbstätigen),
(6) die Elementarbildung (Anteil der Alphabeten),
(7) das Pro-Kopf-Einkommen (Netto- oder Bruttosozialprodukt pro Kopf der Bevölkerung).

Alle Teilprozesse sind wechselseitig miteinander verknüpft und haben die Tendenz, einander in ihrer Wirkung zu verstärken; jeder hat eine Schwelle, jenseits derer sich seine Wirkungen wesentlich verändern. Die Schwelle für die Elementarbildung liegt beispielsweise bei 80 Prozent. DEUTSCH versucht, sein Modell zu quantifizieren. In einem hypothetischen, aber nicht unbedingt unrealistischen Beispiel für eine rasche soziale Mobilisierung eines Landes nimmt er jährliche Veränderungsraten in Prozent der Bevölkerung von 0,6 für die Abwanderung aus der Landwirtschaft und 0,5 für den Wohnsitzwechsel vom Land für Stadt an.

LERNER, der Daten aus 74 Ländern auswertete, hat in seinem Modernisierungsmodell ähnliche Variablen wie DEUTSCH benutzt. Mit Hilfe von Indexwerten unterscheidet er drei Gesellschaftstypen: traditionale, transitionale und moderne. Er will zeigen, daß das westliche Modell der Modernisierung einige universelle Komponenten und Sequenzen aufweist.

Überall hat die Modernisierung das Analphabetentum vermindert; dadurch nahm die Benutzung der Massenmedien zu; parallel dazu kam es zu einer erhöhten wirtschaftlichen (steigendes Pro-Kopf-Einkommen) und politischen Teilnahme (Ausdehnung des Wahlrechts). Bei seinen Untersuchungen über Modernisierung stößt LERNER überall auf einen signifikanten Zusammenhang zwischen den vier Variablen: Benutzung von Massenmedien, Urbanisierung, Elementarbildung und Wahlbeteiligung. Damit findet er seine Hypothese vom gemeinsamen Wachstum der kommunikatorischen, sozialökonomischen, kulturellen und politischen Sektoren bestätigt. Der Übergang zur Modernität läuft in drei Phasen ab:

1. Verstädterung: Massenhafte Wanderung von Landbewohnern in die Städte, „denn nur in den Städten hat sich jener Komplex von Fähigkeiten und Hilfsmitteln entwickelt, der die moderne industrielle Wirtschaft kennzeichnet."
2. Elementarbildung und Entwicklung der Massenmedien: Ein- und Durchführung der allgemeinen Schulpflicht, Aufbau des Pressewesens, eines Rundfunk- und Fernsehnetzes, Einrichtung von Filmateliers und Kinos usw.
3. Benutzung von Massenmedien durch jedermann.

Der eigentlich neue und fruchtbare Beitrag LERNERs zur Theorie des sozialen Wandels ist die Einführung des Begriffs der Empathie. Empathie (Einfühlung) ist die Fähigkeit, sich in andere Personen hineinzuversetzen. LERNER behauptet nun, Empathie sei in einer modernen, dynamischen Gesellschaft eine unerläßliche Eigenschaft, denn ohne diese könne sich der Mensch den ständigen Veränderungen seiner sozialen Umwelt nicht anpassen. Infolgedessen müßten alle, die in eine solche Umwelt neu eintreten, Empathie entwickeln. Gesamtgesellschaftlich bedeutet dies, daß nur Gesellschaften mit einem relativ hohen Anteil empathischer Mitglieder Modernität erreichen. Eine notwendige, wenn auch nicht hinreichende Bedingung der Modernisierung sind demnach charakterliche Veränderungen.

HAGEN (1967) gab zwei Erfordernisse für den Übergang von einer traditionalen Gesellschaft in eine Gesellschaft mit kontinuierlichem technischen Fortschritt an: (1) bei einem großen Teil der Bevölkerung die Fähigkeit, Probleme zu lösen, und die Absicht, diese Fähigkeit anzuwenden – kurz: Kreativität –, und (2) eine positive Einstellung zur manuell-technischen Arbeit und zur physischen Umwelt. Das durchschnittliche Niveau der Kreativität in einer traditionalen Gesellschaft schätzte HAGEN ziemlich niedrig ein; die geistige Elite, die allein zu Erfindungen fähig wäre, hält es gewöhnlich für entwürdigend, sich mit Werkzeugen, Maschinen und überhaupt mit körperlicher Arbeit abzugeben. HAGEN entdeckte als eine wichtige Kraft, die die traditionalen Persönlichkeitsstrukturen verändert, den „Statusentzug". Er meint, Angehörige der Elite verlören aufgrund eines „historischen Unfalles" an Respekt und Wertschätzung. Was sind die Folgen? Die Reaktion der ersten Erwachsenen-Generation werde Verbitterung und Angst sein, aber allmählich werde sich eine Gruppe schöpferischer, von den traditionalen Werten entfremdeter Personen bilden, die von brennendem Ehrgeiz getrieben würden, sich und ihrer Umgebung ihre Fähigkeiten zu beweisen. Ihr Geltungsstreben werde sie dazu treiben, sich gegen die Werte der Herrschenden zu wenden. Wenn die Herrschenden traditional handelten, lehnten die benachteiligten Gruppen die traditionellen Werte ab und verschrieben sich der Innovation. Sie würden Kreativität entfalten und nicht vor Hand- und technischer Arbeit zurückschrecken.

BEHRENDT (1968, S. 182) hat zu Recht angemerkt, daß es in zahllosen Fällen Statusverlust ohne solche kompensatorische Pioniertätigkeit gegeben habe. Nur unter bestimmten Voraussetzungen verwenden Auswanderer, Vertriebene, Flüchtlinge, deklassierte Minderheiten ihre Fähigkeiten und Energien auf die kreative Anpassung an neue Umweltverhältnisse. Bekannte Beispiele sind die Juden in der Diaspora, die Hugenotten in Mitteleuropa, die ost- und mitteldeutschen Flüchtlinge nach dem Zweiten Weltkrieg. Die Triebkräfte waren jeweils die Überwindung einer akuten Notlage und das Bestreben, verlorene soziale Positionen wieder zu erringen. Schöpferische Aktivitäten waren möglich geworden, weil Zwänge traditionaler Ordnungen und Normen in der Fremde nicht mehr wirkten.

1.2.2 Adoption von Neuerungen

Innovation gilt als Grundprozeß sozialen Wandels. Innoviert werden neue Ideen, Produkte, Techniken und Verhaltensweisen. „Neu" heißt: die Mitglieder eines sozialen Systems empfinden subjektiv als neu, was woanders längst bekannt sein kann. Der geistige Prozeß, den eine Gruppe vom ersten Gewahrwerden einer Neuerung bis zu ihrer endlichen Übernahme durchläuft, heißt Adoption. Hat erst einmal ein Mitglied eines sozialen Systems eine Neuerung übernommen, dann kann sie sich immer weiter ausbreiten. Dieser Vorgang heißt Diffusion. Innovationstheorien[1] erklären, welche Personen in einem sozialen System für die Übernahme (Adoption) neuer Kulturelemente besonders zugänglich sind und welche Personen Schlüssel- oder Steuerungsfunktionen bei der Verbreitung (Diffusion) derselben einnehmen.

Die Zeit vom ersten Gewahrwerden bis zur Übernahme einer Neuerung wird als Adoptionsperiode bezeichnet. Die Dauer der Adoptionsperiode ist die Grundlage mehrerer Maße, mit denen das Übernahmeverhalten von Personen und Gruppen quantifiziert werden kann. Am be-

---

[1] Die Adoptions- und Diffusionsforschung entstand in den zwanziger Jahren in den USA, um den Erfolg des 1914 eingerichteten landwirtschaftlichen Beratungsdienstes (Federal Extension Service) zu messen. Die Zahl der Innovationsstudien war bis 1971 auf 1500 Publikationen angewachsen (vgl. ROGERS und SHOEMAKER 1971).

kanntesten wurde die Adopterkategorisierung auf der „innovativeness scale" von ROGERS (1962). Sie berücksichtigt den relativen Zeitpunkt der Übernahme. Wenn Bauer A 1975 eine neue Mastmethode übernahm, die Mehrheit der Bauern aber erst 1977, dann ist A dieser Neuerung gegenüber aufgeschlossener als seine Berufskollegen und als Innovator zu bezeichnen. In vielen Untersuchungen fand man, daß die Übernahmetermine der Einzelpersonen ungefähr gleichmäßig um den zeitlichen Mittelwert des Übernahmezeitpunktes der gesamten beobachteten Population streuen. Es ergibt sich im Idealfall die Kurve einer „Normalverteilung". ROGERS hat diese in fünf Abschnitte eingeteilt und dementsprechend fünf Übernehmertypen früherer oder späterer Übernahme gebildet (Abb. 30).

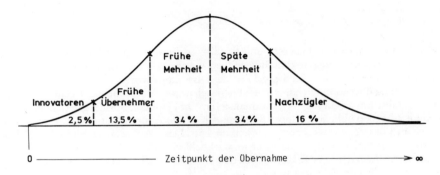

Abb. 30. Normale Häufigkeitsverteilung der Übernehmer einer Neuerung im Zeitablauf

Der Adoptionsprozeß durchläuft nach EUGENE A. WILKENING (1953) fünf Stufen:
1. Gewahrwerden (awareness): Die betrachtete Person erfährt von einer Neuerung, hat aber nur ungenaue Kenntnisse darüber.
2. Sich-Interessieren (interest): Die betrachtete Person beginnt sich für die Neuerung zu interessieren und um nähere Informationen zu bemühen.
3. Bewerten (evaluation): Die betrachtete Person erwägt, welche Vor- und Nachteile die Übernahme der Neuerung ihr bringen würde und entschließt sich, es einmal damit zu versuchen.
4. Versuchen (trial): Die betrachtete Person wendet die Neuerung versuchsweise an. Sie sucht weitergehende Informationen.
5. Übernehmen (adoption): Die betrachtete Person übernimmt die Neuerung in vollem Umfang zur fortlaufenden Anwendung.

Das Ablaufschema berücksichtigt nicht, daß eine Neuerung in jeder Phase des Übernahmeprozesses zurückgewiesen oder nach anfänglicher Adoption wieder aufgegeben werden kann. Die Kritik hat zu Abwandlungen des Schemas geführt. So geht REX R. CAMPBELL (1966, in ALBRECHT 1969a, S. 46-49) von zwei Überlegungen aus:
(1) Der Übernahmeprozeß kann nur ausgelöst werden, wenn ein Problem wahrgenommen wird.
(2) Der Mensch kann sich dafür entscheiden, eine Neuerung zu übernehmen oder abzulehnen, nachdem er einen rationalen oder einen nichtrationalen Problemlösungsprozeß durchlaufen hat. Rational heißt ein Prozeß, in dem die möglichen Alternativen und Konsequenzen erwogen werden, bevor man handelt. Nichtrational heißt ein Handeln, bei dem dies nicht der Fall ist (z. B. Impulskäufe).

Unter Berücksichtigung dieser beiden Gesichtspunkte kommt CAMPBELL zu vier Typen von Adoptionsprozessen (Übersicht 50).

Übersicht 50. Typische Adoptionsprozesse (nach CAMPBELL 1966)

Ablauf der Vorgänge	Rationale Typen		Nichtrationale Typen	
	I	II	III	IV
Wahrnehmen eines Problems	+	−	+	−
Sich interessieren	+	+	−	−
Gewahrwerden von Neuerungen	+	+	+	+
Bewerten der Neuerungen	+	+	−	−
Ablehnen oder Erproben	+	+	−	−
Ablehnen oder Übernehmen	+	+	+	+
Sich interessieren	−	−	+	+

\+ Vorgang findet statt, − Vorgang entfällt

Bei den nichtrationalen Typen III und IV fällt das Bewertungsstadium aus und das Sich-Interessieren wird hinter die Entscheidung verlegt. Warum nach einer Entscheidung noch das Stadium „Sich-Interessieren" auftritt, erklärt die Dissonanztheorie. Die Menschen, die spontan eine Neuerung übernommen haben, bemühen sich nachträglich um eine Rechtfertigung für die bereits gefällte Entscheidung. Sie „rationalisieren" ihr Handeln. Infolge dieses Bemühens geben Landwirte bei den üblichen ex-post-Befragungen in den Adoptionsstudien rationalisierte Antworten im Sinne des „klassischen" Stadienkonzepts. Das so gewonnene Bild läßt den Übernahmeprozeß rationaler erscheinen, als er in Wirklichkeit ist.

Auf der Suche nach einer Erklärung für den unterschiedlichen Verlauf des Adoptionsprozesses wurden folgende Faktoren untersucht:
(1) allgemeine verhaltensdifferenzierende Merkmale der Übernehmer (z. B. Alter, Betriebskennzeichen, sozialer Status),
(2) Informationsquellen im individuellen Übernahmeprozeß (z. B. Massenmedien, Freunde, Nachbarn, Händler, Berater),
(3) fachliche Qualifikation der Betriebsleiter,
(4) Werte, Ziele und Einstellungen.

Die Ergebnisse brachten zwar viele Erkenntnisse über die „Regeln", nach denen ein Adoptionsprozeß abläuft, förderten aber auch viele Ausnahmen von der Regel zutage. Es ließen sich nämlich nur wenige Beziehungen zwischen den untersuchten Merkmalen und dem Übernahmeverhalten nachweisen. Bezüglich freiwilliger Innovationen ergab die Forschung, daß Personen mit besserer Ausbildung, häufiger Benutzung der Massenmedien, vielen Außenkontakten, höherem Einkommen und größerem Ansehen früher als andere übernehmen. Vermutlich ist aber auch das methodische Vorgehen der Förderorganisationen von großem Einfluß auf Adoptionsprozesse, was allerdings in der bisherigen Forschung vernachlässigt wurde.

Demnach läßt sich das Übernahmeverhalten nicht aus einzelnen, von der Situation losgelösten Merkmalen der betrachteten Personen hinreichend erklären. Eine solche Betrachtung erfaßt auch nicht alle jeweils relevanten Faktoren. Erst das Fragen nach den in der jeweiligen Situation wirksamen Faktoren und ihrer Verknüpfung und dem daraus resultierenden Ablauf der Ereignisse führt zu befriedigenden Ergebnissen. Übernahmeverhalten ist also nicht als Funktion isolierter Faktoren, sondern als Funktion der gesamten Situation zu betrachten. Man nennt diese Betrachtungsweise, die in jüngster Zeit stark an Anhängern gewonnen hat, „situationsfunktionale Betrachtung".

Je weniger der Forscher selbst die Lebenssituation der Betroffenen kennt, desto wichtiger wird es für ihn festzustellen, wie diese selbst ihre Situation wahrnehmen und deuten. Zu leicht werden sonst nämlich Selbstverständlichkeiten des eigenen Lebensbereiches unbewußt auch für den fremden Lebensbereich unterstellt (Ethnozentrismus). Besonders eklatante Fehldeutungen sind in der Entwicklungshilfe vorgekommen.

1.2.3 Diffusion von Neuerungen

Diffusion wird von E. KATZ, M. L. LEVIN und H. HAMILTON (1963) definiert als „Die Ausbreitung im Zeitablauf (1) eines spezifischen Gegenstandes, einer Idee oder Verfahrensweise; (2) durch Individuen, Gruppen oder andere Übernahmeeinheiten, verbunden mit (3) spezifischen Kommunikationskanälen, (4) einer sozialen Struktur und (5) einem gegebenen Wertsystem bzw. einer Kultur".

Der Diffusionsprozeß läuft innerhalb eines sozialen Systems häufig wellenförmig ab: Nach einer Phase langsamen Anlaufs steigt die Kurve der Übernahmen je Zeiteinheit rascher werdend an, kehrt dann um, fällt rascher werdend ab und läuft – spiegelbildlich zur Anfangsphase – langsam wieder aus. Kumulativ-zeitlich aufgetragen ergeben die Prozentzahlen der Übernehmer im Idealfall eine S-förmige Kurve (Abb. 31). Manche Diffusionsprozesse verlaufen jedoch wie ungebremste Kettenreaktionen, graphisch dargestellt wie eine J-Kurve.

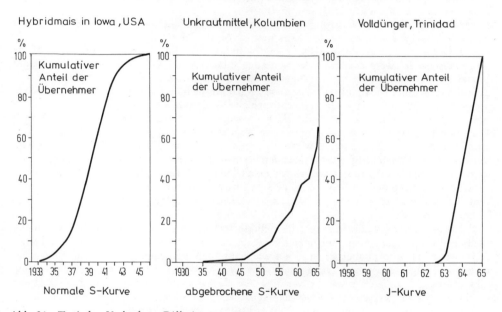

Abb. 31. Typischer Verlauf von Diffusionsprozessen

Es gibt eine ganze Reihe von Versuchen, den wellenförmigen Verlauf des Diffusionsprozesses zu erklären. Sie gehen meistens davon aus, daß Diffusion von Neuerungen nur stattfinden kann, wenn Informationen über die Neuerungen verbreitet werden. Eine Betrachtungsweise sieht den Diffusionsprozeß als Ergebnis unstrukturierter Kommunikation nach dem Prinzip der Kettenreaktion: jedes Mitglied des betrachteten sozialen Systems sei zuerst Empfänger von Informationen, übernehme dann die Neuerung und vermittle nun seinerseits Informationen an die verbliebenen potentiellen Übernehmer. Wenn etwa die Hälfte aller Mitglieder informiert sei, werde der Verbreitungsprozeß verlangsamt, weil die Informanten immer häufiger auf schon Informierte träfen und daher je Zeiteinheit immer weniger noch unwissende Mitglieder informieren könnten. Der Verlauf gleiche der Ausbreitung einer ansteckenden Krankheit.

In der Regel verläuft Kommunikation zwischen Menschen jedoch nicht rein zufällig; es informiert nicht jeder jeden; vielmehr richtet „man" sich nach Schlüsselpersonen. Realistischer

ist es daher, den Diffusionsprozeß als Ergebnis sozial strukturierter Kommunikation zu betrachten. Außerdem ist anzunehmen, daß die Handlungssituationen der Mitglieder eines sozialen Systems schon in der Ausgangslage verschieden sind. ERNA HRUSCHKA (1964, S. 117 ff.) versteht sie als „Kraftfelder", in denen treibende und hemmende Kräfte unterschiedlicher Stärke wirken. Dabei sind die subjektive Wertschätzung der erhofften (im Falle des Gelingens) und der befürchteten (im Falle des Mißlingens) Folgen einer Innovation sowie die angenommene Wahrscheinlichkeit des Gelingens oder Mißlingens entscheidend. Da sich in kleinen Sozialsystemen die Wahrnehmungsfelder der Mitglieder überdecken, ändert sich durch innovatives Handeln anderer Personen auch die Handlungssituation der übrigen. Unter diesen realistischen Annahmen gliedert HARTMUT ALBRECHT (1974) den Diffusionsprozeß in vier Phasen:
1. Störphase: Innovator als „Störenfried".
2. Kritische Phase: Diffusionsprozeß läuft an oder bricht ab.
3. Umschlagphase: Diffusionsprozeß geht in „selbst-tragenden" Prozeß über[1].
4. Auslaufphase: Welle der Diffusion läuft aus.

Der Innovator führt eine Neuerung ein, die in seiner Umgebung noch nicht genügend erprobt ist und/oder von der noch nicht sicher bekannt ist, ob sie sich für die Situation des Innovators eignet. Der Innovator geht also Risiken ein: Ökonomisch, wenn das wirtschaftliche Ergebnis schlecht ist; sozial, wenn er sich mit der Neuerung „blamiert". Nur ökonomisch und sozial „gut Situierte" können es sich leisten, das Neue einfach mal zu probieren. Auch Fremden und Randgruppen wird unter Umständen eine gewisse „Narrenfreiheit" zugebilligt. Innovatoren suchen von sich aus nach Informationen und erproben eine Neuerung wenn möglich schrittweise. Sie haben daher im Vergleich zu den später Übernehmenden eine relativ lange „Erprobungsphase". Der Innovator wird in der Regel in der Frühphase des Diffusionsprozesses eher belächelt, verspottet oder sonst auf irgendeine Weise diskriminiert als unterstützt. Der Grund dafür liegt darin, daß die übrigen Mitglieder des sozialen Systems sich verunsichert fühlen, wenn der Innovator etwas Neues ausprobiert, weil es von dem Üblichen abweicht. Die vom Innovator ausgehende sozialpsychologische Spannung läßt sich am einfachsten reduzieren, wenn man sich von ihm distanziert: „Der spinnt", „der wird schon sehen, was er davon hat", „der kann sich's ja leisten", und dergleichen.

Erfahrungsgemäß reagieren in der frühen Phase des Diffusionsprozesses nicht alle Mitglieder des betroffenen Sozialsystems ablehnend. Einige haben mit einem ähnlichen Problem zu kämpfen wie der Innovator, haben genauso gut wie er Einblick in die zugrunde liegenden Zusammenhänge, empfinden sich als „ranggleich" oder wollen, wenn es schon eine neue Entwicklung gibt, „führend" mitbeteiligt sein. Sie verfolgen das Verhalten des Innovators und die Wirkung der Neuerung mit gespannter Aufmerksamkeit. Gelingt dem Innovator und einzelnen frühen Übernehmern die Einführung, dann ändert sich für die übrigen Mitglieder des Sozialsystems ihre Handlungssituation in zweierlei Hinsicht:
1. Die betreffende Neuerung rückt von der entfernten und abstrakten Information – „da soll es jetzt so was geben" – in die konkrete Nähe des eigenen Beobachtungs- und Erfahrungsbereichs. Diese Nähe steigert – bei positiven Ergebnissen – die Attraktivität der Neuerung.
2. Zugleich wird für die übrigen Mitglieder des Sozialsystems das Risiko reduziert, denn nun ist die Realisierbarkeit unter Bedingungen nachgewiesen, die die Betroffenen relativ gut kennen. Manche werden jetzt schon die Neuerung – vielleicht zunächst versuchsweise – übernehmen. Unter diesen frühen Übernehmern sind vermutlich schon einige, mit denen sich die verbleibenden Mitglieder des Sozialsystems eher identifizieren können als mit dem Innovator. Offenheit und Interesse für das Neue breiten sich aus.

---

[1] Man nimmt an, daß sich der Diffusionsprozeß aus eigener Kraft fortsetzt, wenn 10 bis 20 Prozent der potentiellen Übernehmer die Neuerung aufgegriffen haben.

Sobald einflußreiche Personen eine Neuerung übernehmen, öffnet sich das Sozialsystem für den Diffusionsprozeß. Es wird erkennbar, daß das Neue das zukünftig Gültige sein wird. Fragt man jetzt die Leute, dann sagen sie: „Man muß mit der Zeit gehen", „man darf sich nicht abhängen lassen". Daraufhin verstärkt sich die Tendenz, sich der neuen Entwicklung anzuschließen: der Diffusionsprozeß entwickelt nun aus sich heraus die Kräfte, sich von selbst fortzusetzen, die Übernahmewelle schwillt an.

Im weiteren Verlauf des Diffusionsprozesses treten keine neuen Kräfte mehr hinzu, die den Ablauf wesentlich beeinflussen würden. Die Welle läuft aus.

Manche Diffusionsprozesse stehen unter abweichenden Konstellationen. Drei Typen kommen häufiger vor:

      (1) Einführung normwidriger Neuerungen,
      (2) Einführung durch normwidrige Innovatoren,
      (3) Einführung unter Zwang.

Normwidrig heißt: die Neuerung verstößt gegen Wertvorstellungen der Mitglieder des sozialen Systems, was z. B. für Rindfleischverzehr in den hinduistischen Ländern zuträfe. Übernimmt jemand eine solche Neuerung, dann überschreitet er den zugestandenen Bereich freier Wahl des Handelns. Das löst in aller Regel Sanktionen aus, die den Innovator dazu bringen sollen, zu normalem Verhalten zurückzukehren. Gelingt dies, dann wird der Diffusionsprozeß im Keim erstickt.

Erfahrungsgemäß sind aber nicht alle Normen gleichermaßen verbindlich und gelten nicht für alle Mitglieder eines Sozialsystems in gleicher Stärke. Setzt sich ein Innovator gegen Sanktionen durch, so wirkt sein Verhalten auf die Gruppe zurück. Einzelne Individuen, die die bisherige Norm nur formal befolgt hatten, werden der Neuerung offener gegenüberstehen, wenn der Innovator zeigen konnte, daß sie auch unter den gegebenen sozialen Bedingungen grundsätzlich zu verwirklichen ist. Auf diese Weise kann ein ganz normaler Diffusionsprozeß in Gang kommen.

Wenn sich aber eine Ablehnungsfront bildet, dann erfaßt der Diffusionsprozeß nur einen Teil des Sozialsystems. Übernehmer und Nichtübernehmer stehen sich oft lange feindlich gegenüber. Aus der Religionsgeschichte sind jahrhundertelange Spaltungen bekannt.

Wenn die „falsche" Person (normwidriger Innovator) mit der Innovation anfängt, gibt es zwei Möglichkeiten:

(1) Falsch kann heißen: „jemand mit geringem Ansehen". Die Neuerung kommt in den Geruch, eine „Arme-Leute-Neuerung" zu sein. Zum Beispiel ziehen die Bauern in einigen afrikanischen Ländern nicht recht mit, wenn sie Ochsenanspannung einführen sollen. Nur wer sich beim besten Willen keinen Traktor kaufen kann, nimmt Ochsen.

(2) Anders ist die Situation, wenn sich jemand „herausnimmt", etwas Neues einzuführen, ihm diese Rolle aber in seinem Sozialsystem nicht zusteht. Ein solcher Innovator kommt in Konflikt mit der etablierten Elite. Um die eigene Führungsposition zu wahren, werden die Eliten versuchen, den „anmaßenden" Innovator auszuschalten. Manchmal wird der Diffusionsprozeß dadurch nur verzögert. Beispiel: Ein Lehrling ergreift die Initiative, von der Euter- auf die Eimerfütterung der Saugkälber umzustellen. Diese Innovatorenrolle kommt ihm aber nicht zu und könnte die Autorität des Lehrherrn untergraben. So unterbleibt die Einführung der Neuerung, bis der Lehrling den Betrieb verlassen hat.

Einführung von Neuerungen unter Zwang erfolgt stets durch Außenstehende, indem entweder Strafen angedroht oder Vergünstigungen angeboten werden; es fehlt den Betroffenen an Einsicht in die Notwendigkeit und Vorteilhaftigkeit der Umstellung. Die berüchtigtsten Beispiele zwangsweiser Einführung von Neuerungen stammen aus den sozialistischen Ländern, aber auch in Entwicklungsländern hat man mit diesem Verfahren – zumindest regional begrenzt – „große Erfolge" erzielt, wenn man die äußerliche Änderung des Verhaltens zum Maßstab nimmt.

Obwohl Zwang manchmal aus philanthropischen Gründen ausgeübt wird (z. B. Pockenimpfung), verstößt dieses Verfahren gegen ethische Grundsätze. Außerdem ist es auch methodisch problematisch, denn wer dazu gezwungen wird, eine Neuerung zu übernehmen, verbindet sehr leicht die Neuerung mit dem Zwang-Ausübenden. Folglich wird die Neuerung selbst negativ erlebt und fallen gelassen, sobald Kontrolle und Sanktion wegfallen oder überspielt werden können.

Literatur: ALBRECHT, H. 1969a, BARNETT 1962, ROGERS 1962, WIEGELMANN 1975.

Diskussions- und Prüfungsfragen
1. Was versteht man unter „Empathie" und welche Bedeutung hat sie in der Modernisierungstheorie von DANIEL LERNER?
2. EVERETT HAGEN entdeckte im „Statusentzug" eine wesentliche Kraft, die traditionelle Persönlichkeitsstrukturen verändert. Erläutern Sie, was er mit „Statusentzug" meint!
3. Beschreiben Sie die Adopterkategorisierung von EVERETT ROGERS!
4. Was versteht man unter Diffusion, und in welche vier Phasen untergliedert HARTMUT ALBRECHT den Diffusionsprozeß? Was passiert in der „kritischen Phase"?

2 Triebkräfte der Landentwicklung

2.1 Hemmende und fördernde Kräfte

Land und Landwirtschaft lassen sich rascher und erfolgreicher entwickeln, wenn sich die Beteiligten über die Kräfte im klaren sind, die Wandel fördern oder hemmen. Sie sind dann eher in der Lage, an der richtigen Stelle steuernd einzugreifen. Die grundsätzliche Frage, ob Eingriffe von außen in soziale Systeme überhaupt zu rechtfertigen sind, wird heute allgemein in solchen Fällen bejaht, „in denen ein time lag zwischen der wirtschaftlich-technischen Entwicklung und der Dynamik des Sozialprozesses die Gesamtentwicklung gefährdet oder den Sozialprozeß stark stört" (VON BLANCKENBURG 1964). Bestimmte Bereiche, vor allem Religion und nahe mit ihr verknüpfte Werte, gelten jedoch als tabu.

In allen Theorien des sozialen Wandels wird versucht, das Gegeneinander fördernder und hemmender Kräfte zu erklären. Auf der mikrosoziologischen Ebene, mit der es die Landentwicklung vorwiegend zu tun hat, zeigt sich sozialer Wandel in Verhaltensänderungen von Personen. Man kann sie als Ergebnis des Widerstreits der beiden Kräftegruppen beschreiben und dadurch zu einem Modell der landwirtschaftlichen Modernisierung kommen, wie es beispielsweise PAUL LEAGANS (1971) aufgestellt hat. In diesem verschiedene Verhaltenstheorien in sich vereinigenden Modell wird das Verhalten der Menschen als eine Kurve dargestellt, die drei Phasen durchläuft (Übersicht 51). Das Modell geht von der Tatsache aus, daß menschliches Verhalten sich formen läßt. In Phase 2 kann deshalb statisches in dynamisches Verhalten umgelenkt werden.

In Übersicht 51 werden beispielhaft einige fördernde Kräfte genannt, die die dynamische Phase ermöglichen. Welches Gewicht fördernde und hemmende Kräfte jeweils haben, hängt unter anderem von der angestrebten Art des Wandels ab. Oft verhindern nicht so sehr die Kräfte der Beharrung, sondern der Mangel an Mitteln Innovationen. Wandel kann auch unterbleiben, weil sich die fortschrittlichen Kräfte in einem ländlichen Sozialsystem gegenseitig behindern und lähmen.

In der Liste der hemmenden und fördernden Kräfte sind zwei Triebkräfte des sozialen Wandels enthalten, die als unabhängige Variablen behandelt werden müssen: Bevölkerungsentwicklung und natürliche Ressourcen. Veränderungen natürlicher Ressourcen durch Erosion,

Übersicht 51. Verhaltensänderungen unter dem Einfluß hemmender und fördernder Kräfte

Kräfte	Statische Phase Kräfte im Gleichgewicht	Dynamische Phase Kräfte im Ungleichgewicht	Semidynamische Phase Kräfte im Gleichgewicht[1]
Hemmende Kräfte Immobilität Isolation Niederer Bildungsstand Mangel natürlicher Ressourcen Bevölkerungsentwicklung Einfache Technologie Soziale Kontrolle Fatalismus Starre Sozialordnung Risikoscheu Agrarstrukturelle Mängel Statisches Wirtschaftssystem Mangelhafte Infrastruktur Überalterung Planungsmängel Politische Schwäche Traditionalismus *Fördernde Kräfte* Innovationsfreude Hoher Bildungsstand Hoher Lebensstandard Erwerbs- und Glücksstreben Moderne Technologie Reichtum an natürlichen Ressourcen Bevölkerungsentwicklung Ausreichende Infrastruktur Säkularisierung Soziale Mobilität Verstärkte Kommunikation Anregungen von außen Politische Stärke Wirksame Planung Voluntarismus Anpassungsfähigkeit Verantwortungsbewußtsein Organisationsfähigkeit	Wandel hemmende Kräfte ↓ ↓ ↓ ↑ ↑ ↑ Wandel fördernde Kräfte	(1) hemmende Kräfte geschwächt oder entfernt Wandel hemmende Kräfte Wandel fördernde Kräfte (2) neue fördernde Kräfte eingeführt (3) vorhandene fördernde Kräfte verstärkt (4) Komplementarität der fördernden Kräfte verbessert	Wandel hemmende Kräfte ↓ ↓ ↓ ↑ ↑ ↑ Wandel fördernde Kräfte

[1] Kräftegleichgewicht auf höherer Ebene; wegen Multiplikatorwirkungen hält Wandel an.

Versalzung, Vorrücken der Wüste usw. zwingen die Betroffenen unter Umständen zu sofortigem sozialen Wandel. Ein bekanntes Beispiel aus der jüngsten Zeit sind einige Nomadenstämme der Sahelzone, die ihre Herden und Weidegründe durch Dürre verloren und daraufhin seßhaft wurden.

Zu starke und zu schwache Bevölkerungsvermehrung gemessen am Wirtschaftswachstum gehört zu den schwerwiegendsten Hemmnissen jeder Entwicklung. Für die Länder der Dritten Welt ist starkes Bevölkerungswachstum typisch. Es verändert die Bevölkerungsstruktur in

Richtung einer Verjüngung, vergrößert die örtlichen Bedürfnisse, verstärkt den Druck auf die Unterhaltsmittel und vermehrt über die Abwanderung überschüssiger Arbeitskräfte die Zahl der Außenkontakte. Die Frauen werden stärker von Kinderaufzucht und Hausarbeit beansprucht. Es wird mehr Nahrung, mehr Kleidung, mehr Wohnraum benötigt. Größere Schulen müssen gebaut und mehr Arbeitsplätze zur Verfügung gestellt werden. Wachsende Bevölkerung führt zu einer Aufsplitterung des Bodens und der Herden im Erbgang. Die landwirtschaftlichen Produktionseinheiten werden immer kleiner. In Realteilungsgebieten nimmt die Parzellierung der Flur zu. Die Nachfrage nach Land steigt. Immer mehr marginale Böden werden umgepflügt. Die Brachezeiten werden verkürzt. Die Viehhaltung wird auf den Restflächen ausgedehnt. Degenerierung der Weiden und Degradierung der Ackerböden sowie Erosion sind die unausbleiblichen Folgen. Die Erträge in Feld und Stall sinken. Das Angebot an Arbeitskräften wird größer. Da die Ausweitung produktiver Arbeitsmöglichkeiten damit nicht Schritt hält, nehmen Arbeitslosigkeit und Unterbeschäftigung zu. Außerdem wird das Lohnniveau gedrückt. In den ärmsten Ländern sinkt das Pro-Kopf-Einkommen, und immer weniger Nahrungsmittel stehen pro Person zur Verfügung. Mäßiges Bevölkerungswachstum ist demgegenüber eine fördernde Kraft, da es das Wirtschaftswachstum durch steigende Nachfrage stimuliert und gleichzeitig die notwendige Arbeitsmacht schafft.

Eine Einteilung, die besonders geeignet erscheint, um die Grundformen des Wandels im ländlich-bäuerlichen Bereich auch weniger entwickelter Länder übersichtlicher zu machen, stammt von ROGERS. Er teilt sozialen Wandel nach den Kriterien des Ursprungs neuer Ideen und des Ortes, an dem die Notwendigkeit des sozialen Wandels zuerst erkannt und die notwendige Initiative ergriffen wurde, in vier Grundformen ein (Übersicht 52).

Übersicht 52. Grundformen sozialen Wandels

Erkenntnis der Notwendigkeit sozialen Wandels	Ursprung der neuen Idee	
	Innerhalb des sozialen Systems	Außerhalb des sozialen Systems
Innerhalb des sozialen Systems	1. Immanenter Wandel	2. Selektiver Kontaktwandel
Außerhalb des sozialen Systems	3. Motivierter immanenter Wandel	4. Gelenkter Kontaktwandel

Quelle: ROGERS 1969, S. 6.

1. Immanenter Wandel entsteht, wenn eine Erfindung innerhalb eines sozialen Systems ohne oder nur mit sehr geringem Einfluß von außen gemacht und als Neuerung von Nachbar zu Nachbar verbreitet wird.
2. Selektiver Kontaktwandel findet statt, wenn Außenstehende unabsichtlich neue Ideen an Mitglieder eines sozialen Systems vermitteln. Die Mitglieder ihrerseits suchen sich spontan die Ideen aus, die sie übernehmen wollen. Niemand ermuntert die Leute ausdrücklich, Neuerungen zu übernehmen. Auf diese Weise haben sich einige große Erfindungen der Menschheit über den Erdball ausgebreitet: Eisenschmelztechnik, Kulturpflanzen, Waffen.
3. Motivierter immanenter Wandel ist das Grundprinzip von Community Development (siehe Teil 3: 4.2.2). Der Anstoß zum Wandel kommt von außen, die Lösung sollen die Bürger selbst finden.
4. Gelenkter Kontaktwandel ist die häufigste Form sozialen Wandels in Vergangenheit und Gegenwart. Er wird von Außenstehenden hervorgerufen, die von sich aus oder als Vertreter von Entwicklungsprogrammen neue Ideen einzuführen suchen, um damit bestimmte Ziele zu erreichen. Nicht nur die Erfindungen entstehen außerhalb des sozialen Systems, sondern auch die Notwendigkeit, Neuerungen einzuführen, wird von außen festgestellt. Der Innovationsprozeß kann durch Anwendung von Zwang oder durch überzeugende Beratung ver-

kürzt werden. Die gewalttätige Form war bisher die häufigere. Die Geschichte, insbesondere die Kolonialgeschichte, bietet zahlreiche Belege. Diese Methode ist für nationale Regierungen ebenso verlockend wie für Kolonialmächte, da die gewaltsame Beseitigung der hemmenden Kräfte rasche Erfolge verspricht. Die Überzeugungsmethode ist langwieriger, führt aber unter Umständen zu nachhaltigeren Ergebnissen.

Aus jahrzehntelangen Erfahrungen mit ländlicher Entwicklung haben sich allmählich einige allgemeine Erkenntnisse über das Wirken hemmender und fördernder Kräfte herausgeschält. VON BLANCKENBURG (1967, S. 403 f.) hält zwei Gesichtspunkte für wesentlich: (1) Dem menschlichen und sozialen Bereich („human factor") kommt eine viel größere Bedeutung zu als früher angenommen wurde, und (2) die Interdependenz der Kulturbereiche ist in traditionalen Agrargesellschaften sehr viel größer als in den Industriegesellschaften. Kräfte aus den verschiedensten Bereichen bremsen gleichzeitig das Tempo des Wandels. Deshalb genügt es nicht, sich nur um Veränderungen in einem Bereich, z. B. dem technischen, zu kümmern.

BEHRENDT (1968, S. 166) hat die auf den Entwicklungsprozeß einwirkenden psycho-sozialen Kräfte in anregende, motivierende und instrumentale gegliedert und es zur Aufgabe einer realistischen Entwicklungssoziologie erklärt, eine gegebene Entwicklungssituation in bezug darauf zu untersuchen.

2.1.1 Anregende Kräfte

Unter anregenden Kräften sind in erster Linie Leitbilder (images) zu verstehen. Leitbilder sind Vorstellungen über den erstrebenswerten Zustand. Sie bilden sich aufgrund sichtbarer Vorbilder oder aufgrund von Ideen und Ideologien. In Gesellschaften mit konservativer Lebenseinstellung und statischer Struktur müssen Leitbilder von außen kommen, wenn sie Neuerungen anregen sollen. Sie ermöglichen Vergleiche und lassen Ungleichheiten sichtbar werden. Das bisher als schicksalhaftes Unglück erlebte Elend erscheint nun als menschlich verursachtes Unrecht. Dagegen beginnen sich geistig führende Gruppen in den weniger entwickelten Gebieten aufzulehnen und fordern je nach konkreter Situation Entwicklungen entweder für ihr ganzes Land oder für die unterprivilegierten Schichten ihres Volkes. Entscheidend ist also nicht die nach den Maßstäben entwickelter Gebiete beurteilte Bedürftigkeit, sondern das subjektive Bedürfnisbewußtsein der Betroffenen. Je intensiver die Anregungen, desto rascher breitet sich dieses Bewußtsein aus und desto lauter wird Entwicklung gefordert. Da die Anregungen im Verlauf des Entwicklungsprozesses zuzunehmen pflegen, können Proteste und Forderungen sich sogar steigern, obwohl sich die materiellen und gesellschaftlichen Lebensumstände bereits gebessert haben.

Konkrete Anregungen begannen in die meisten heutigen Entwicklungsländer zum ersten Mal durch Kolonialisierung oder gewaltsame Öffnung für den Welthandel zu fließen. Für weitere Anregungen sorgten die westliche Nachfrage nach Exportgütern der überseeischen Länder und der Absatz von Konsumartikeln industrieller Fertigung. Damit ging vielerorts die Einführung neuer technologischer Methoden Hand in Hand, was sich auf die Arbeitsteilung, die Differenzierung der bis dahin sehr einfachen Berufsstruktur, die Marktabhängigkeit und die gesellschaftlichen Beziehungskreise der einheimischen Bevölkerung auswirkte. Gleichzeitig breiteten sich die Sprachen der führenden Handelsvölker aus. Die Nachfrage der Kolonialbehörden und westlicher Unternehmungen nach einheimischen Arbeitskräften brachte für einige Menschen höhere Entlohnung in Bargeld, größere individuelle Autonomie und zuweilen auch berufliche Ausbildung und Aufstiegschancen. In manchen Gegenden wurden ländliche Arbeitskräfte massenhaft samt ihren Angehörigen in großstädtische Gesellschaften versetzt (z. B. Bergbaugebiete von Sambia und Shaba, Stahlwerk Rourkela in Indien). Hierher gehört auch die teils erzwungene, teils freiwillige Einwanderung von Angehörigen anderer Rassen als Plantagenarbeiter, Eisenbahnbauer, Händler oder berufliche Spezialisten: Inder in Ost- und Südafrika, Levantiner in Westafrika, Chinesen in Malaysia und Indonesien, Japaner in Südamerika, weiße Kaufleute und Siedler. Besonders eindrücklich läßt sich der Einfluß von nach westlichem Muster organisierten Schulen, Universitäten und Krankenhäusern, von Missionaren und technischen Experten und der Studienaufenthalt einheimischer Intelligenz in Europa oder den USA nachweisen. Fast alle bedeutenden Führer der Entwicklungsländer sind Absolventen westlicher Schulen. Das Erlebnis des Kontrastes zwischen ihren eigenen und den entwickelten Kulturen hat bei ihnen besonders starke Entwicklungsimpulse ausgelöst.

Abstrakte Anregungen gehen vom Bild des modernen Menschen aus, wie es die entwickelten Völker seit der Renaissance gezeichnet haben: Drang zur Selbstverwirklichung der individuellen Neigungen und Fähigkeiten, systematisches Erwerbs- und Aufstiegsstreben, Glaube an den Fortschritt durch Vernunft und wissenschaftliche Erkenntnis, Arbeits- und Sparethos. Dieses Menschenbild lag auch den Lehren der Missionare, Wissenschaftler, Lehrer und Literaten zugrunde, die der einheimischen Bevölkerung die Ideen der christlichen Persönlichkeits- und Liebesethik, der liberal-demokratischen Humanität, aber auch des utopischen und marxistischen Sozialismus übermittelten. Diese Ideen finden sich heute in allen offiziellen Verlautbarungen der einheimischen Eliten. Von den Revolutionen der Franzosen und Amerikaner im 18. Jahrhundert bis zu den kommunistischen Umstürzen der neuesten Zeit ist ein Strom ideeller Anregungen auf die neuen Eliten der Entwicklungsländer ausgegangen. Sie sind häufig widersprüchlich: manche reizen die Nachahmung abendländischer Vorbilder an, andere rufen zu Widerstand gegen das gleiche Abendland und zu selbständiger geistiger Entwicklung auf (z. B. die Vorstellung der negritude). Wahrscheinlich sind die Orientierungsschwierigkeiten der Entwicklungsvölker und ihre Ressentiments gegen die entwickelten Völker zum Teil daraus zu erklären. Auf die autochthonen ländlichen Wert- und Ordnungssysteme der sich entwickelnden Völker wirken bereits anregende Kräfte nicht nur schwächend, sondern oft sogar zerstörerisch.

2.1.2 Motivierende Kräfte

Die motivierenden Kräfte sind die Energiequellen jedes Entwicklungsprozesses, denn von ihnen gehen ständig neue Impulse aus. Ohne sie wäre Entwicklung nur unter dauerndem Zwang denkbar. Menschen stimmen im allgemeinen Veränderungen erst dann zu, wenn sie mit dem Bestehenden unzufrieden sind. Damit Unzufriedenheit entstehen kann, müssen nicht nur Vergleiche mit Bessergestellten möglich sein, sondern muß auch die Starre der traditionalen Gesellschaftsordnung gelöst werden. Solange im Bewußtsein der meisten Mitglieder eines sozialen Systems die schroffe Trennung zwischen sich selbst und „den Oberen" nicht durch die Vorstellung der grundsätzlichen Gleichheit menschlicher Rechte ersetzt worden ist, können einzelne Mitglieder, die in der Außenwelt neue Eindrücke empfangen haben, diese nach ihrer Rückkehr nicht in mobilisierende Aktion umsetzen. Sie werden sich unter dem Druck der lokalen Ordnung wieder in die Tradition einfügen oder weichen.

Von den Werten und Normen einer Gesellschaft hängt es ab, wie materielles Elend empfunden wird: als gottgewollte und gehorsam erduldete Armut oder als Folge einer ungerechten Gesellschafts- und Wirtschaftsordnung. Wenn immer mehr Menschen beginnen, ein Leben in krasser Armut, mit häufiger Unterbeschäftigung oder Arbeitslosigkeit, Abhängigkeit von Grundbesitzern, Arbeit- und Kreditgebern als menschenunwürdig zu empfinden, wird die traditionale Gesellschaftsordnung allmählich unterminiert. Dasselbe gilt für die Bereiche der Weltanschauung, die sich auf die Bewertung des irdischen Daseins beziehen. In einem Prozeß der Säkularisierung wird das irdische Leben aufgewertet; die bisher vorherrschende Auffassung, das Erdenleben als Durchgangsstation für ein besseres Jenseits zu betrachten, schwindet; es wird nun zur Pflicht, das Leben zum Wohle aller jetzt lebenden Menschen zu verbessern. Das „Glück" hängt von gesellschaftlichen Instanzen ab.

Unzufriedenheit bezieht sich nicht nur auf das materielle Lebensniveau, sondern ebenso auf als ungerecht empfundene Bildungs- und Aufstiegsmöglichkeiten oder Ungleichheiten zwischen den Gesellschaftsschichten, den Geschlechtern und den Generationen. Der Protest gegen den bisher kaum bezweifelten Vorrang der traditionellen Herrscher, der Priester und der Alten nimmt zu. Die Jungen ordnen sich nicht mehr vorbehaltlos in die bestehende hierarchische Ordnung ein. Schließlich greift die Unzufriedenheit auf die Frauen über, die in vielen Gesellschaften bis dahin völlig unselbständig unter der Kontrolle ihrer Väter, Gatten oder Brüder lebten.

Der traditionelle Lebensstandard, also die Vorstellung davon, was jedem Menschen zukommt, hemmt den Wandel, da er für die einzelnen Stände, Kasten und Schichten ein für allemal fixiert ist. Erst wenn man von der Zukunft steigenden Lebensstandard erwartet, beginnt der Übergang vom Statischen zum Dynamischen. Wie hoch der Lebensstandard der auf dem Lande lebenden Menschen tatsächlich steigt, hängt nicht zuletzt von der politischen Förderung des Landes und der Landwirtschaft ab, die sich z. B. in nationalen Entwicklungsplänen ausdrückt und in der praktischen Wirtschafts- und Agrarpolitik Gestalt gewinnt. Obwohl Landentwicklung in vielen Entwicklungsländern die höchste Priorität in den Entwicklungsplänen genießt, ist das Ansehen der „Provinz" und besonders der Landwirtschaft nicht nur bei der städtischen Bevölkerung denkbar schlecht. Wachsender Erwartungshorizont heißt daher auf dem Lande meistens wachsende Hoffnungen auf Zugang zu städtischen Berufen und Wohnsitzen.

Der Abbau traditioneller Glaubens- und Schichtungsformen und die Schwächung bisher privilegierter Machtgruppen braucht nicht automatisch zu entwicklungskonformen sozialökonomischen Aktionen zu führen. Wachsender Erwartungshorizont verkehrt sich in ein entwicklungshemmendes Element, wenn er lediglich zu gesteigerten Forderungen an höhere Instanzen oder an äußere Entwicklungsträger führt, die überlieferte passive Haltung aber beibehalten wird. Gerade aus der Praxis landwirtschaftlicher Entwicklungsprojekte sind zahllose Beispiele – auch in unserem eigenen Land – für die „Hilf-mir"-Einstellung bekanntgeworden. Das traditionelle bäuerliche Sicherheitsdenken, das aus gutem Grunde Risiken scheut, läßt kaum den Willen zur Gestaltung einer besseren Zukunft aufkommen. Ohne ihn tut sich jedoch eine verhängnisvolle Kluft zwischen Erwartungen und eigenen Fähigkeiten auf. Auch der Gestaltungswille genügt noch nicht allein; er muß ergänzt werden durch konstruktives Zielbewußtsein, begleitet von der Bereitschaft und Fähigkeit, Denk- und Verhaltensweisen zu ändern und sich wirksame Orientierungs- und Organisationsmittel anzueignen.

Ein Bündel von Verhaltensorientierungen, das wir gewöhnlich Traditionalismus nennen, hindert den menschlichen Willen daran, die Zukunft besser zu gestalten und die Persönlichkeit zu entfalten. Nun ist traditionales Handeln nicht von vornherein zu verwerfen, denn es ist notwendig, um Verhaltensmuster von Generation zu Generation weiterzutragen. Die Kontinuität eines sozialen Systems ginge sonst verloren. Hinter der Auffassung, so wie es immer gemacht wurde, sei es richtig, steht die unbestreitbare Erfahrung, daß das bisherige Handeln ein Überleben ermöglicht hat. Jedes Abweichen von der Tradition vermehrt das Risiko. Die herrschende Schicht verdankt ihre Stellung und ihre Privilegien dem Konformismus der Untertanen. Deshalb haben die „Oberen" ein besonderes Interesse daran, traditionelle Ordnungen und Institutionen zu erhalten.

Traditionelles Denken verlegt das Goldene Zeitalter in die Vergangenheit. Das Morgen ist nur eine Wiederholung des Heute. Traditionelle Sozialordnungen neigen dazu, die Menschen deduktives Denken zu lehren: von absoluten Prinzipien zu Einzelheiten, von der Tradition zu gegenwärtiger Anwendung. Traditionelle Denker benutzen die Vergangenheit als das ein für allemal gegebene Modell, sie sehen den Status quo als gleichwertig mit dem Idealzustand an. Diese Denkweise verewigt die statische Natur einer Gesellschaft. Natürlich hängt die Bereitschaft, sich in die bestehenden Zustände als unveränderliches Los zu fügen, also die fatalistische Einstellung, mit dem Erziehungsstil traditionaler Gesellschaften zusammen: das Kind ist einer fraglosen elterlichen Autorität unterworfen. HAGEN (1963) basiert seine Theorie sozialen Wandels auf der Tatsache, daß diese unbestrittene elterliche Autorität bei deklassierten Erwachsenen zusammenbricht, wodurch deren Kinder eher zum Experimentieren mit Neuerungen befähigt werden.

Im traditionellen Dorf ist die patriarchalisch-autoritäre Struktur eine der stärksten Stützen des Traditionalismus. In den meisten Gesellschaften hat der älteste Mann im Haushalt, der Stammvater in der Sippe, der Ältestenrat in der Gemeinde die Verfügungsgewalt über die Ressourcen und die Befehlsgewalt über die Jüngeren. Aus körperlichen und psychischen Gründen pflegen die alten Männer mehr daran interessiert zu sein, ihren ökonomischen und sozialen Besitzstand zu wahren, als Neues zu wagen. Kräftig gestützt wird der Traditionalismus auch von der Patrilokalität. Die Männer des Dorfes, die Entscheidungsbefugnisse besitzen, wachsen fast ausnahmslos in ihrem Vaterhaus auf, gründen dort ihre Familie und setzen die Familientradition fort. Die Frauen, die von außen einheiraten, kommen in einen vorgeformten Lebenskreis, in den sie sich besonders in islamischen Gesellschaften bis zur Selbstaufgabe einordnen müssen. Sie können Verhaltensweisen aus ihrer Herkunftsfamilie und ihrem Heimatdorf nur bedingt in die neue Umgebung einbringen.

Alle Gesellschaften gründen ihren Traditionalismus letztlich auf religiöse Ideen und moralische Wertordnungen. Diese rechtfertigen die gesellschaftliche Struktur, beeinflussen sie, werden aber auch ihrerseits von Wandlungen der Gesellschaft beeinflußt. Religiöse Ideen sind weder definitiv fixiert noch eindeutig. Menschen haben erstaunliche Elastizität in ihren Versuchen gezeigt, hergebrachten Glauben mit neuen Einstellungen zu vereinbaren, so daß sie das erwünschte Neue ohne schlechtes Gewissen haben konnten, ohne das Alte, emotional für sie noch Erforderliche, allzu offensichtlich aufgeben zu müssen. Wir wissen aus unserer eigenen Geschichte, welchen unterschiedlichen Interpretationen der christliche Glaube ausgesetzt gewesen ist, wenn man ihn auf gesellschaftliche Ziele und Probleme angewendet hat: Herrschaft und Freiheit, Sklaverei und Menschenwürde, Inquisition und Toleranz hat man christlich zu begründen versucht. Neuerdings findet man ähnliche Tendenzen zur elastischen Auslegung und Anpassung an die sich wandelnden Verhältnisse bei den großen nichtchristlichen Religionen. Die Religion wird dabei allerdings meistens ihres Kerns beraubt und verflacht zum Ritual, ohne noch maßgebende Lösungen bieten zu können.

2.1.3 Instrumentale Kräfte

Instrumentale Kräfte sollen alle Verhaltensweisen heißen, mit denen Menschen die Mittel aufspüren, erlangen und einsetzen, um das durchzuführen, was sie sich an Entwicklung vorgenommen haben. Wir unterscheiden dabei Grundelemente der Entwicklungsbereitschaft, geistige und gesellschaftliche Orientierungsmittel.

Grundelemente der Entwicklungsbereitschaft sind die Verhaltensmuster einer dynamischen Lebensweise. In der Praxis setzen sich diese Verhaltensmuster nur schrittweise durch, oft in widersprüchlicher Weise mit traditionellen Mustern verbunden (z. B. magische Praktiken zusammen mit modernen Maschinen).

Das Bündel notwendiger Verhaltensmuster enthält:
(1) Mobilisierung und Ausweitung der Lebensansprüche: Die Menschen geben sich nicht mehr mit dem Überlieferten zufrieden; sie zeigen Wagemut für Neues, das noch keine Sicherheit bietet, und suchen nach neuen Lebensinhalten, die sie als begehrenswert empfinden; sie streben bewußt eine als besser und erreichbar betrachtete Zukunft an.
(2) Voluntarismus (Wille) statt Determinismus (Bestimmung): Die Menschen glauben an ihre Fähigkeit, ja ihre Pflicht, ihre Umwelt zu erforschen und zu verbessern und ihre Zukunft zu gestalten.
(3) Neue Wertordnungen und Verhaltensweisen bilden sich oft in direkter Opposition zu den

traditionalen Gesellschaftsordnungen heraus. Die Jüngeren lernen das Recht zum Widerspruch in der sachlichen Kritik, auch gegenüber Älteren. Die Handarbeit, bisher verachtetes Merkmal der untersten Schichten, kommt zu Würde. Die Menschen gewöhnen sich an zeitliche, gedankliche und technische Präzision und lernen, sachlich zwischen privatem und öffentlichem, persönlichem und beruflichem Bereich zu unterscheiden. Alle bisherigen Erfahrungen zeigen, daß bäuerliche Wertsysteme sich am längsten diesen Neuerungen versperren. Großzügiger Umgang mit der Zeit und Vermischung von privatem und öffentlichem Bereich sind sogar in höher entwickelten Ländern noch weit verbreitet. Persönlicher und beruflicher Bereich sind in der bäuerlichen Familienwirtschaft überhaupt nicht getrennt.

(4) Individuation: Das Individuum setzt sich eigene Ziele und verfolgt sie mit Mitteln, die mit den Regeln der traditionellen Zugehörigkeit zu Sippe, Stamm, Ursprungsgemeinde oder -schicht nicht vereinbar sind. Der Mensch durchbricht die engen Schranken des starren traditionellen Schichtsystems: die soziale Mobilität steigt. Auch in dieser Hinsicht pflegen traditionelle ländliche Sozialsysteme besonders stark zu hemmen. Die meisten ländlichen Gesellschaften sind relativ „geschlossene" Gesellschaften mit geringer sozialer Mobilität. Der Status des einzelnen ist an Familie und Grundbesitz gebunden. Jemand kann innerhalb seiner Schicht einen höheren Rang erwerben, aber es ist nicht erwünscht, daß er die Schichtgrenzen übersteigt. Dadurch entfällt der Anreiz, Anstrengungen zu unternehmen, die das Maß des Üblichen übersteigen.

(5) Pragmatisierung: In den praktisch-technischen Lebensbereichen werden Glaube und Tradition, geoffenbarte Religion, Magie und Mythen durch rationale Analyse empirisch oder experimentell gewonnener Daten ersetzt. Im Gegensatz zu weit verbreiteten Vorurteilen haben sich die Bauern in vielen Teilen der Welt als sehr pragmatisch denkende Menschen entpuppt.

(6) Zweckrationalität: Man wägt bewußt rechenhaft zwischen Aufwand und Ertrag ab. Unternehmen und Behörden werden nach sachlichen Kriterien, auf Grund spezifischer und zumeist schriftlich fixierter Regeln organisiert.

Geistige Orientierungsmittel umfassen alle Entwicklungsideen und -kenntnisse. Sie gliedern sich in Zielbewußtsein und Mittelbewußtsein. Bewußtsein meint hier die Bereitschaft und Fähigkeit zu einer rationalen Analyse, an der man sich orientiert, um angemessen handeln zu können. Die Menschen in Entwicklungsgebieten eignen sich dieses Bewußtsein an, wenn man sie in die Lage versetzt, sich selbst zu überzeugen, daß Ziele, die man sich setzt, nur erreicht werden können, wenn die nötigen Mittel eingesetzt werden: entwicklungskonforme Bildung für sich selbst und die nächste Generation, Arbeitsdisziplin, genossenschaftliche Zusammenarbeit, pflegliche Behandlung von Maschinen und Gebäuden, eine Prioritätsordnung der Wirtschafts- und Sozialpolitik usw. In der Zeit des Übergangs besitzt der Mensch keine unverrückbaren Maßstäbe mehr wie in der überlieferten Kultur. Er muß sowohl seine Ziele wie die für die jeweiligen Ziele optimalen Mittel weitgehend selbst finden. Er muß also lernbereit und lernfähig sein, um sich neue geistige Orientierungsmittel anzueignen. Ein solcher Lernvorgang führt zu Anpassungsfähigkeit (Adaptivität). Folgende vier Bereitschaften sind dafür erforderlich:

(1) eine im Lichte bisheriger Erfahrungen schwierige Situation rational zu ergründen und sich auf sie einzustellen;
(2) neue Verfahrensweisen des Denkens und Handelns experimentell zu erproben und bei Bewährung anzunehmen;
(3) sachlich zwischen solchen neuen Kulturelementen zu unterscheiden, die sich zur Übernahme eignen, und solchen, für die das nicht zutrifft;
(4) Werte, Erkenntnisse und Verhaltensweisen im Lichte neuer Erfordernisse oder neuer Informationen zu überprüfen.

Adaptivität und geistige Orientierungsmittel, um sich in der modernen Welt zurechtzufinden, vermittelt in Übergangsgesellschaften in erster Linie das formale Bildungswesen; im bäuerlichen Bereich kommt auch dem landwirtschaftlichen Beratungswesen eine Schlüsselfunktion zu (siehe Teil 3: 5.2). Analphabetentum ist schon lange als entwicklungshemmende Kraft bekannt. Aber auch ein besser ausgebautes Bildungssystem kann sich hemmend auf die Mobilisierung eines Landes auswirken, wenn seine Bildungsziele und Bildungsmethoden nicht den Bedürfnissen und Fähigkeiten der Menschen angemessen sind. In den ehemaligen französischen Kolonien Afrikas wird z. B. auch nach der Unabhängigkeit französische Geschichte in den Oberschulen ausführlich gelehrt; an vielen lateinamerikanischen Universitäten werden die „nützlichen" Studienrichtungen zugunsten „humanistischer" vernachlässigt, so daß zwar vielerorts ein Überschuß an Advokaten, aber ein Mangel an Ingenieuren, gerade auch an Agraringenieuren, besteht. In manchen Ländern verhindern immer noch die traditionellen Eliten, daß sich alle Bevölkerungsschichten geistige Orientierungsmittel aneignen. Dadurch bleiben in erster Linie ländliche Bevölkerungsschichten von moderner Bildung ausgeschlossen.

Gesellschaftliche Orientierungsmittel: Hierunter versteht man alle Fähigkeiten, die zum Erlernen derjenigen gesellschaftlichen Techniken beitragen, die nötig sind, sich wandelnden Situationen anzupassen. Zu ihnen gehören in erster Linie Kommunikationsfähigkeit, Verantwortungsbewußtsein und Organisationsfähigkeit.

(1) Kommunikationsfähigkeit ist zwar auch in traditionalen Gesellschaften notwendig; die meisten Mitglieder bewegen sich dort aber nur in sehr engen Kreisen. Besonders auf dem Dorf verkehren die Leute hauptsächlich mit ihren Nachbarn und Verwandten, also mit Menschen, die denselben engen Erlebnis- und Erfahrungshorizont haben. Von einem solchen Umgang mit Gleichgesinnten und Gleichgearteten sind wenig Entwicklungsimpulse zu erwarten. Entwicklung setzt die Fähigkeit voraus, Beziehungen mit zahlreichen Partnern in weiteren Bereichen aufzunehmen, Fremde zu dulden, sich anzupassen und Kompromisse zu schließen. Schon die Anwesenheit von Fremden weckt neue Erwartungen, zeigt neue Möglichkeiten des Verhaltens und gibt Anstöße, die gewohnten Verhaltens- und Denkweisen zu überprüfen. Für den sozialen Wandel des Dorfes sind besonders Dorflehrer, Gesundheitsbeamte, landwirtschaftliche Berater, Flüchtlingsbauern, Umsiedler und auswärtige Unternehmer als „Fremde" von katalysatorischer Kraft. Die Kommunikationsfähigkeit in stetig wachsenden Beziehungskreisen wird durch Massenmedien stark gefördert. In den Theorien des sozialen Wandels von DEUTSCH und LERNER und in den Innovationstheorien gilt Massenkommunikation deswegen als eine der wesentlichen, den Wandel fördernden Kräfte. Viele Regierungen von Entwicklungsländern stärken diese Kraft mit allen Mitteln, z. B. werden Transistorradios kostenlos oder zu sehr niedrigen Preisen abgegeben. Allerdings wird die stimulierende und verändernde Kraft dieser Massenmedien in einfachen agrarischen Gesellschaften weit überschätzt. Diese haben mehr eine unterhaltende als eine sozialisierende Wirkung. Jedenfalls werden sie weit übertroffen von den Neuerungsimpulsen, die von den durch Ausbildung, Militärdienst, Wander- und Gastarbeit dem Dorf „entfremdeten" Landbewohnern ausgehen (vgl. EISERMANN und ACQUAVIVA 1968).

(2) Verantwortungsbewußtsein ist die Bereitschaft und Fähigkeit, an Beratung, Entscheidung und Aktion in rasch wachsenden, zahlreicher und komplexer werdenden Sozialgebilden teilzunehmen. Um sich solidarisch in Sozialgebilde eingliedern zu können, die – wie z. B. Genossenschaften – über Sippe, Stand oder Kaste hinausreichen, braucht man Verständnis dafür, daß diese Sozialgebilde für einen selbst lebenswichtig sind. Die Dorfbewohner müssen lernen, daß es in ihrem eigenen Interesse liegt, sich für solche neuartigen Sozialgebilde verantwortlich zu fühlen.

(3) Aktive Organisationsfähigkeit ist die Fähigkeit, die Tätigkeit anderer zu organisieren; passive Organisationsfähigkeit ist die Bereitschaft, sich in eine Organisation einzufügen. Erfahrungen aus dem Bereich informeller Gruppen reichen nicht aus. Eine Kreditgenossenschaft funktioniert nach anderen Regeln als eine Großfamilie. Sich auf soziale Beziehungen

in formalen Gruppen und Assoziationen umzustellen, fällt insbesondere Menschen in Gesellschaften schwer, die familistisch oder tribalistisch geprägt sind. Gewohnte Verhaltensweisen brechen auch in den modernen Organisationsformen immer wieder durch.

2.1.4 Infrastrukturelle und wirtschaftliche Faktoren

Zwar läßt sich jede Entwicklungssituation letzten Endes mikrosoziologisch anhand psychosozialer Elemente erklären, in der Praxis der Landentwicklung sind diese Elemente aber nicht immer offensichtlich. Dafür fallen einige makrosoziologische und -ökonomische Rückstandsphänomene um so mehr ins Auge: mangelhafte Infrastruktur, veraltete Agrarverfassung, statisches Wirtschaftssystem.

Schlechte Verkehrswege hemmen die wirtschaftliche Aktivität in allen Entwicklungsländern am auffälligsten, und selbst in hochentwickelten Industriestaaten läßt die Verkehrserschließung einschließlich der öffentlichen Verkehrsbedienung auf dem Lande gewöhnlich zu wünschen übrig. Verkehrserschließung hat nicht nur ökonomische Folgen, sondern vervielfacht auch die Kontakte der Dorfbewohner mit der Außenwelt mit einer doppelten Wirkung:

Die Zunahme der Kontakte, die selbst die ärmeren und unbedeutenderen Leute im Dorf nun mit der Außenwelt haben, schwächt die Solidarität des Dorfes und die Kraft der sozialen Kontrollen, auf denen der Konservatismus gründet. Die Dorfbewohner sind fortan nicht mehr ausschließlich von ihren Nachbarn und Dorfführern abhängig. Sozialbeziehungen nach außen bedeuten aber zugleich neue Abhängigkeiten von Leuten, die nicht im Dorf wohnen und andere Vorstellungen und Maßstäbe haben.

Die Wasserversorgung unterentwickelter ländlicher Gebiete genügt selten modernen Ansprüchen. In vielen Gegenden ist ein erheblicher Teil der Arbeitskräfte, meistens der weiblichen, jeden Tag stundenlang mit Wasserholen beschäftigt. Diese Frauen stehen auch in Spitzenzeiten nur eingeschränkt für landwirtschaftliche Arbeiten zur Verfügung. Bei traditioneller Form der Trinkwasserversorgung sind die Wohnstandorte an Quellen, Brunnen oder Wasserläufe gebunden, so daß weiter entfernte fruchtbare Böden nicht genutzt werden können. Mangelhafte und unhygienische Wasserversorgung setzt auch die physische Leistungsfähigkeit stark herab, da durch verseuchtes Wasser viele Krankheiten verbreitet werden.

Unzureichende Entwicklungsdienste für die Landwirtschaft hemmen die Verbreitung von Neuerungen und hindern selbst unternehmerisch gesinnte Bauern daran, sich zu entfalten. Die jungen Leute werden durch das unzulängliche Schulwesen nicht genügend für eine dynamische Lebensweise ausgerüstet.

Infrastrukturelle Mängel lassen sich in der Regel mit Geld beheben, die Mängel der Agrarverfassung dagegen nicht. Eigentums- und Besitzverhältnisse sowie Erbgewohnheiten und Flurordnung stammen aus der Zeit vorwiegender Subsistenzwirtschaft auf der technischen Stufe der Hand- und Gespannarbeit. Die meisten landwirtschaftlichen Betriebe sind zu klein, die Felder zu stark parzelliert, die Fluren zu wenig mit befestigten Wegen erschlossen, um nach neuzeitlichen Gesichtspunkten mit modernen technischen Hilfsmitteln wirtschaften zu können. Unsicherheit der Besitztitel mindert die Neigung der Bauern, in die Melioration, Bewässerung und Zuwegung ihrer Felder zu investieren. Pächter und Anteilbauern haben keinen genügenden Anreiz, intensiver zu wirtschaften, da ihnen bei dem herrschenden System der Mehrertrag ihrer Anstrengungen nicht adäquat zufließen würde. Großgrundeigentümern genügt der Ertrag extensiv bewirtschafteter Flächen vollauf zu einem standesgemäßen Leben, so daß auch sie nicht an modernen Verfahren interessiert sind.

Bis vor kurzem schien die mächtigste Schubkraft wirtschaftlichen Wachstums gleichbedeutend mit Kapitalismus zu sein, und sogar MARX betonte, daß das vom Kapitalismus und nur von ihm geschaffene System entfalteter Technologie und rationaler Organisation eine unentbehrliche Grundlage der sozialistischen Zukunftsgesellschaft sein müsse. Deshalb hat man sich viele Gedanken darüber gemacht, welche hemmenden Kräfte in den Entwicklungsländern die Schubkraft des Kapitalismus bremsen und welche fördernden Kräfte man zusätzlich einführen müsse, um dem Kapitalismus zum Durchbruch zu verhelfen. Inzwischen weiß man, daß einige der erstmals im Kapitalismus entwickelten dynamischen Verhaltensweisen historisch bedingt und daher für Dynamik als solche nicht unbedingt notwendig sind. Andere dagegen scheinen für jede Entwicklung erforderlich zu sein. BEHRENDT vermutet, daß folgende Elemente zu den historisch bedingten gehören: innerweltliche Askese, auf die privatwirtschaftliche Unternehmung konzentriertes Erwerbsstreben, Kombination von Kapitaleigentum und Unternehmensleitung, ausschließliche Orientierung an Marktchancen und totale Kommerzialisierung der Wirtschaft. Unabdingbare Voraussetzungen sozialökonomischer Entwicklung sind dagegen: dynamische Lebensorientierung auf eine als besser und menschlich gestaltbar vorgestellte Zukunft, die Zweckrationalität in Wirtschaft, Recht und öffentlicher Verwaltung, die systematische Erarbeitung und Nutzung wissenschaftlicher Erkenntnisse für Technik und Wirtschaft, die hochgradige, rational vollzogene Arbeitsteilung sowie die Interdependenz in immer größeren Sozialgebilden. Somit wären in der Landentwicklung alle jene Kräfte fördernd zu nennen, welche die essentiellen Merkmale sozialökonomischer Dynamik in einem sozialen System ausbilden und stärken helfen, unabhängig vom jeweiligen politischen und wirtschaftlichen System.

Die den sozialen Wandel fördernden Kräfte werden entweder planmäßig von den Regierungen zusammengefaßt und in Maßnahmen der Agrarreform und Agrarförderung zur Landentwicklung eingesetzt, oder sie brechen sich – wenn sie unterdrückt und negiert werden – eines Tages in Agrarbewegungen unkontrolliert Bahn. Agrarbewegungen können als die Landentwicklung am stärksten vorantreibende Kraft betrachtet werden.

Literatur: BEHRENDT 1968, VON BLANCKENBURG 1967, EISERMANN 1968, IWU 1973, LONG 1977, RIEMANN und KIRCHHOFF 1974, ROGERS 1969.

Diskussions- und Prüfungsfragen
1. Erklären Sie anhand des Modells hemmender und fördernder Faktoren, wie Entwicklung in Gang kommt und verläuft!
2. Welche ideellen Anregungen haben die Völker der Entwicklungsländer vom Abendland empfangen?
3. Steigender Lebensstandard gilt allgemein als entwicklungsfördernde Kraft. Warum kann er auch zu einem Hemmnis der Entwicklung werden?
4. Kann es sozialökonomische Entwicklung auch ohne Traditionalismus geben? Begründen Sie Ihre Antwort!
5. Welche „idealtypischen" Grundelemente enthält eine dynamische Lebensweise?
6. Welche Bedeutung haben die Massenmedien unter den Triebkräften der Landentwicklung?
7. Welche Merkmale des Kapitalismus sind für die sozialökonomische Dynamik unabdingbar?

2.2 Agrarbewegungen

2.2.1 Begriff

Agrarbewegungen sind soziale Bewegungen, die von land- und forstwirtschaftlichen Berufszugehörigen ausgelöst und getragen werden, ungeachtet deren Statusposition, rechtlicher Bindung an den Boden und des Grades ihrer Selbstbestimmung. Soziale Bewegungen sind durch die Absicht charakterisiert, die herrschende soziale Ordnung, insbesondere Schlüsselinstitutionen wie Eigentum und Arbeitsbeziehungen, grundlegend zu verändern oder umgekehrt tiefgreifenden sozialen Wandel zu verhindern. Nicht jedes Aufbegehren gegen die Sozialordnung ist eine soziale Bewegung. MARTIN OPPENHEIMER (1971) unterscheidet acht Typen gewaltsamen Protestes, von denen je vier auf dem Lande bzw. in der Stadt vorkommen. Die ländlichen Proteste äußern sich als

Art der Bewegung	Politisches Bewußtsein	Massenbeteiligung
I. Prä- oder protopolitische Bewegungen		
1. Banditentum, Blutrache, Mafia	nein	nein
2. Bauernaufstände, Reformbewegungen	nein	ja
II. Revolutionäre Bewegungen		
3. Guerillabanden	ja	nein
4. Befreiungsarmeen	ja	ja

Als Agrarbewegungen wird man demnach nur jene Aktionen bezeichnen können, an denen sich die Massen beteiligen, also unpolitische Bauernaufstände und Reformbewegungen einerseits und als Befreiungsarmeen organisierte Guerillaverbände andererseits. Unpolitisch heißt hier, daß nicht bewußt Veränderungen im Machtgefüge des Staatswesens angestrebt werden.

Die Formen der Agrarbewegung reichen vom passiven Widerstand und (Pächter-)Streik bis zur Revolution. Revolutionär ist eine Bewegung dann, wenn der feste Wille besteht, notfalls gewaltsam die bestehenden Herrschaftsverhältnisse zu ändern, und wenn ein ideologisches Programm vorhanden ist, das die angestrebte Sozialordnung umreißt. Manche Autoren halten auch eine breite Massenbasis und den Bruch mit der Tradition für unabdingbar für eine Revolution.

Für Marxisten ist die Revolution ein Produkt unaufhaltsamer historischer Kräfte, die schließlich den Entscheidungskampf zwischen Bourgeoisie und Proletariat heraufführen. HANNAH ARENDT (1965) sieht dagegen revolutionäre Ereignisse als eine Art Restauration: die Rebellen wollen Freiheiten wiederherstellen, die der Despotismus der Regierung unterdrückt hat. ALEXIS DE TOCQUEVILLE (1805–1859) definiert Revolution als den Sturz der legal herrschenden Elite, der eine Periode intensiven sozialen, politischen und ökonomischen Wandels einleitet. RAYMOND TANTER und MANUS MIDLARSKY unterscheiden die in Übersicht 53 dargestellten Typen von Revolutionen.

Alle Revolutionen mit Massenbasis müssen zwangsläufig die bäuerliche Bevölkerung mit einschließen, denn sie bildet in allen vor- und frühindustriellen Gesellschaften die Mehrheit der Bevölkerung. So sind gerade die bekanntesten Revolutionen unseres Jahrhunderts in ausgesprochenen Agrarländern ausgebrochen: Rußland, Mexiko, China, Indochina, Kuba, Algerien. Der amerikanische Ethnologe WOLF (1969) hat geradezu von den „Bauernkriegen des zwanzigsten Jahrhunderts" gesprochen, denn diese Bewegungen begannen in den niederen sozialen Schichten der einheimischen Agrarbevölkerung oder hatten zumindest deren Unterstützung. Das hat Strategie und Taktik dieser großen Revolutionen der Gegenwart bestimmt. Auch an den Unabhängigkeitskämpfen der ehemaligen Kolonialvölker waren die Bauern entscheidend beteiligt. Obwohl sie – wie in weiten Teilen Schwarzafrikas – noch nie zuvor an politischen Bewegungen teilgenommen hatten, wuchsen sie überraschend schnell in ihre revolutionäre Rolle hinein. Schon mancher Gegner hat die Kraft solcher Bewegungen falsch eingeschätzt.

2.2.2 Ursachen

Soziale Bewegungen haben ihre Ursache in Bedürfnissen. Darum stellte JAMES DAVIES (1962, S. 400) die Bedürfnisse in den Mittelpunkt seiner Theorie der Revolution: „Revolutionen sind dann am wahrscheinlichsten, wenn eine anhaltende Periode tatsächlichen wirtschaftlichen und sozialen Wachstums von einer kurzen und schweren Rezession abgelöst wird. ... während der

Übersicht 53. Kennzeichen und Beispiele von Revolutionstypen

Typ	Beteiligung der Massen	Dauer	Gewalt-samkeit	Ziele der Rebellen	Beispiele
Revolution mit Massenbasis	stark	lang	hoch	Fundamentaler Wandel der Herrschafts- und Gesellschaftsstruktur	*erfolgreich:* Frankreich (1789) Amerika (1776) Rußland (1917) China (1949) Indochina (1954) Kuba (1959) Algerien (1962)
					erfolglos: Frankreich (1848) Deutschland (1848) Österreich (1848) Philippinen (1948) Ungarn (1956) ČSSR (1968)
Revolutionäre Machtergreifung	schwach	kurz bis mittel	niedrig bis mittel	Fundamentaler Wandel der Herrschaftsstruktur und möglicherweise begrenzte Veränderungen in der Gesellschaftsstruktur	Türkei (1919) Deutschland (1933) Ägypten (1952) Irak (1958) Äthiopien (1974)
Reform-Coup	sehr schwach	kurz, manchmal mittel	niedrig	Begrenzter Wandel in der Herrschaftsstruktur	Argentinien (1955) Jordanien (1957) Sudan (1958) Dominikanische Republik (1963)

Quelle: Nach TANTER und MIDLARSKY 1967.

Wachstumsperiode wird die Erwartung genährt, man sei auch zukünftig in der Lage, seine wachsenden Bedürfnisse zu befriedigen; und während der Rezession, wenn die Realität und diese optimistischen Erwartungen weit auseinanderklaffen, greifen Angst und Frustration um sich. Dabei ist der tatsächliche Stand der sozialen und ökonomischen Entwicklung weniger bedeutsam als die Erwartung, der vorangegangene Fortschritt, der nun aufgehalten ist, könne und müsse in der Zukunft fortdauern" (Abb. 32).

Es ist also die Bewußtseinslage in einer Gesellschaft, von der politische Stabilität und Instabilität abhängen. Die bewußte Unzufriedenheit mit den Verhältnissen führt viel eher zur Revolution als der tatsächliche Mangel an Lebensmitteln, die tatsächliche Ungleichheit und die tatsächliche Unfreiheit.

Ein revolutionäres Bewußtsein kann sich nur ausbilden, wenn zwei Bedingungen gegeben sind:
(1) Die Erwartung, daß die grundlegenden Bedürfnisse (Nahrung, Kleidung, Wohnung, Sicherheit für Leib und Leben, Familienzusammenhalt, Menschenwürde, Gerechtigkeit) immer besser befriedigt werden können.
(2) Die Befriedigung dieser Bedürfnisse muß ständig bedroht sein. Die Bedrohung darf nicht

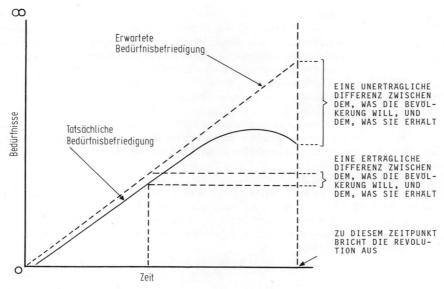

Abb. 32. Theorie der Revolution

so stark sein, daß die Menschen nur noch mit ihrem nackten Überleben beschäftigt sind, aber doch so, daß sie glauben, sie seien in der Zukunft nicht mehr in der Lage, eines oder mehrere ihrer grundlegenden Bedürfnisse zu befriedigen.

Im ländlichen Raum gibt es genügend Anlässe, die zu Unzufriedenheit mit den Verhältnissen führen können. Das Land ist keine friedliche Idylle. Interessengegensätze zwischen sozialen Schichten, Spannungen und Streit sind häufig. Reichtum und Macht sind auch auf dem Lande meistens ungleich verteilt: es gibt ein Oben und ein Unten. Manche sozialen Bewegungen (z. B. Agrarreformbewegungen) und soziotechnischen Einrichtungen (z. B. Genossenschaften) lassen sich als Versuche interpretieren, nach einer Periode wachsender sozialer Polarisation wieder zu einem Zustand annähernder sozialer Gleichheit zurückzukehren.

Das wichtigste Bedürfnis des Bauern ist es, Grund und Boden zu besitzen. Ohne Land hat er keinen Lebensunterhalt, keine Arbeit und keinen Status in der Gemeinde. Besitz- und Eigentumstitel verleihen dem Bauern das Recht, über die Früchte seiner Arbeit zu verfügen. Wer ihm diese Rechte streitig macht, mindert oder vorenthält, ist sein geborener Gegner. Agrarbewegungen sind in solchen Fällen darauf gerichtet, die Eigentums- und Nutzungsrechte am Boden gleichmäßiger zu verteilen und damit gleichzeitig soziale Unterschiede einzuebnen. Der Kampf um Land kann sich in Fällen, in denen Fremde den besten Boden an sich gebracht oder der bäuerlichen Bevölkerung eine bestimmte Agrarverfassung aufgezwungen haben, zu einem nationalen Befreiungskampf auswachsen. Bekannte Beispiele sind Kenia und Algerien. Bewegungen, die auf Landverteilung gerichtet sind, laufen meistens rasch aus, wenn die Bauern Land bekommen haben, sie unterstützen dann sogar in konservativer Manier die jeweiligen Machthaber.

Wird ein feudales System beseitigt, so sind damit noch lange nicht alle Ursachen für das Entstehen von Agrarbewegungen verschwunden. Die Unzufriedenheit der Bauern, die von einer Agrarreform begünstigt worden sind, kann sich nun gegen den Staat richten, der anstelle der feudalen Abgaben hohe Steuern verlangt. Agrarbewegungen können sich auch an Unzufriedenheiten mit der staatlichen Preisgestaltung für landwirtschaftliche Produkte und an der Besteuerung entzünden; sie können gegen ungerechte Handelsspannen und unzureichende Dienstleistungen staatlicher oder genossenschaftlicher Einrichtungen gerichtet sein. Schließlich vermag der landwirtschaftliche Strukturwandel, der jede sozialökonomische Entwicklung begleitet, die bäuerliche Bevölkerung aufzurühren. Die Wirkungen des Strukturwandels können sein: relative Verarmung oder das Gefühl davon; Anomie und Rechtsradikalismus; stillschweigende Anpassung und Annahme der Proletarisierung bei den Schichten mit bescheidenem Erwartungshorizont. Wenn die Geschwindigkeit des Wandels beschleunigt und die Umwandlung des Landes in eine kurze Zeitspanne hineingepreßt wird, kann starker Widerstand entstehen. Ein Beispiel dafür ist die Periode der Kollektivierung der Landwirtschaft in der DDR. Wenn den Bauern keine Zeit gelassen wird, sich an den neuen Status anzupassen, kann ihre Gegnerschaft viele Formen annehmen, von individueller Produktionsverweigerung und allgemeiner Passivität über Massenflucht und Abwanderung bis zu tätlichen Angriffen auf Parteifunktionäre und Verwaltungspersonal.

Agrarbewegungen können ihren Ausgang auch vom Bestreben der oberen Schichten nehmen, den Wandel ländlicher Machtstrukturen zu verhindern. Solche Bewegungen haben in Lateinamerika wiederholt starken Einfluß auf die landwirtschaftliche Entwicklung, besonders auf die Agrarreformbewegung genommen. Auch in Japan beeinflußten sie lange Zeit die Entwicklung der Landwirtschaft. Sind solche Bewegungen gut organisiert, dann haben sie auch starken Einfluß auf Staat und Verwaltung.

2.2.3 Besonderheiten

Um eine soziale Bewegung in Gang zu setzen, insbesondere ihre gewaltsame Form, die Revolution, müssen sich Unzufriedene und Enttäuschte zusammenschließen, auch wenn ihre soziale Lage nicht völlig gleich ist. Die kubanische Revolution wurde nicht allein von Plantagenarbeitern gemacht; an der russischen Revolution waren außer Arbeitern und Bauern auch Intellektuelle und Bürger beteiligt. DAVIES (1962, S. 400) erklärt das sehr anschaulich: „Wenn nur gutgekleidete, hochgebildete Individuen hohen Ranges rebellieren, die Masse der tatsächlich Unterdrückten aber in ihrer Apathie verharrt, können sie höchstens einen Staatsstreich durchführen. Wenn sich andererseits nur die tatsächlich Unterdrückten erheben und auf den geschlossenen Widerstand der Reichen, Hohen und Mächtigen stoßen, wird ihr Aufstand zerschlagen". Der Deutsche Bauernkrieg (1525) ist für letzteres ein anschauliches Beispiel. Rein agrarische oder rein industrielle Bewegungen gibt es in Wirklichkeit nie. Idealtypisch läßt sich aber die Besonderheit agrarischer Bewegungen besser erkennen. Die besondere Lage der Bauern und Landarbeiter bringt nämlich eine Reihe von Schwierigkeiten mit sich, politisch sozialen Wandel zu erreichen. Kennzeichnend für die Lage ist folgendes:
(1) Körperliche Schwäche und physische Abhängigkeit vom Wohnort,
(2) Streuung über weite Siedlungsräume und Mangel an weiträumiger Kommunikation,
(3) Fehlen von politischen oder berufsständischen Organisationen,
(4) Schwierigkeiten, aus den eigenen Reihen geeignete Führer zu gewinnen,
(5) verbreiteter Analphabetismus bzw. niedriger, lokalorientierter Bildungsstand,
(6) Kastenordnung oder andere starre Sozialordnungen,
(7) Konkurrenz zwischen allen landhungrigen Bauern und Landarbeitern,
(8) Fehlen weitreichender Ziele.
Am deutlichsten kommen die Besonderheiten agrarischer Bewegungen heraus, wenn man ihre Träger, die Bauern, mit den Trägern industriell-proletarischer Bewegungen, den Arbeitern, vergleicht:
  (1) Industriearbeiter sind häufig in Großbetrieben und in Ballungsgebieten beschäftigt und lassen sich schon aus diesem Grunde rasch vereinigen; ihr gemeinsamer Opponent ist in der Person des Unternehmers oder Managers leicht auszumachen. Bauern arbeiten dagegen jeder für sich über weite Gebiete verstreut; ihre sozialen Gegenspieler lassen sich nicht

so leicht lokalisieren, und ihr Einfluß auf den sozialen Status der Bauern ist komplex und nicht in einfache Begriffe zu fassen.
(2) Der Industriearbeiter beherrscht die moderne Technologie unter kontrollierbaren Bedingungen; der Bauer hat mit ihr in doppelter Hinsicht zu ringen: ökonomisch ist es für ihn schwierig, moderne Technologie zu kaufen und rentabel einzusetzen; technisch macht sie ihm unter ständig wechselnden natürlichen Umständen Schwierigkeiten.
(3) Der Bauer ist an seinen Boden gefesselt, ohne den er nicht erzeugen und seine Familie erhalten kann; er hängt vom natürlichen Wachstumsrhythmus ab, der sich kaum verändern läßt; der ökonomische Kreislauf dauert sehr lange, bei Feldfrüchten 1 bis 2 Jahre, bei Vieh 5 bis 10 Jahre und bei Obstanlagen sogar 10 bis 30 Jahre.
(4) Die industriellen Produktionsmittel sind nicht Eigentum des Arbeiters, sondern gehören einer entgegengesetzten Klasse, sie können deshalb die Arbeiter nicht entzweien. Im Gegenteil, Nichtbesitz einigt die Arbeiterklasse. Der Bauer dagegen besitzt seine Produktionsmittel selbst und konkurriert direkt mit seinen Genossen um einen größeren Anteil; ein modernes Beispiel ist die Konkurrenz um gutes Ackerland zwischen Haupt- und Nebenerwerbsbauern in manchen Teilen Westdeutschlands.
(5) Im Weltmaßstab gesehen sind viele Bauern sozial unterdrückt, politisch nicht organisiert und kulturell benachteiligt. Unter feudalen Verhältnissen hängen die Bildungsmöglichkeiten davon ab, ob der Grundherr etwas dafür tut, und selbst unter modernen Verhältnissen hinken die ländlichen Bildungschancen und Berufsmöglichkeiten hinter den städtischen hinterher.
(6) Die Führer der Bauern stammen oft nicht aus den eigenen Reihen, besonders in Lateinamerika und Asien, wo die Teilnahme der Bauern an der allgemeinen Bildung und an der Selbstverwaltung ungewöhnlich niedrig ist. Bäuerliche Führer müssen Charisma, Integrität und bäuerlichen Lebensstil besitzen.
(7) Auf niedriger Entwicklungsstufe erzeugt der Bauer im wesentlichen das, was er und seine Familie selber verbrauchen, und verkauft nur seine gelegentlichen Überschüsse. Sein Bargeldeinkommen ist zwar niedrig, aber er hängt dafür auch nicht völlig vom Markt und seinen Preisschwankungen ab; er vermag fallendes Markteinkommen auf verschiedene Art und Weise auszugleichen: stärkere Selbstversorgung, geringere Einkäufe industrieller und städtischer Güter, „Selbstausbeutung". Im Gegensatz zum Industriearbeiter, der sich in wirtschaftlichen Krisenzeiten nicht selber helfen kann, sichert der Boden dem Bauern zumindest die Grundnahrung.
(8) In Gesellschaften, die sich entwickeln und rasch wandeln, bilden die Bauern keine wohlabgegrenzte Klasse. Einige können wohlhabende Bauern oder sogar größere Grundbesitzer werden, während gleichzeitig ein beständiger Strom von Bauern die Landwirtschaft verläßt und Arbeitskräfte für die sich neu entwickelnden Sektoren einer wachsenden Wirtschaft stellt. Ein Teil dieser Arbeitskräfte kann zunächst noch zwischen Arbeit und Lohn in der Stadt und Wohnung und Verbrauch auf dem Lande hin und her pendeln. Bei soviel Verschiedenheit kommt ein organisierbares Klassenbewußtsein natürlich viel schwerer auf als bei Industriearbeitern, und selbst dort, wo es zustande kommt, verfliegt es rasch wieder, wenn die Bedürfnisse, z. B. im Zuge einer Agrarreform, befriedigt wurden; denn dann wendet sich jeder wieder seinem eigenen Hof zu.
(9) Während Industriearbeiter durch ihre Anonymität geschützt sind, wird es auf dem Dorf viel eher ruchbar, wenn ein Bauer oder Landarbeiter einer Organisation beitritt. Er kann daraufhin allen möglichen Schikanen bis hin zum physischen Druck von seiten der herrschenden Elite ausgesetzt sein.
(10) Die ständige Balance am Rande des Existenzminimums zusammen mit starkem sozialem und politischem Druck von seiten der herrschenden Machtelite, der die Bauern davon abhalten soll sich zu organisieren, haben sich immer wieder als unüberwindliche Hindernisse

auf dem Wege zu individueller und kollektiver Verhandlungsmacht erwiesen. Die geringe „bargaining power" ländlicher Massen ist auch eine Folge des Arbeitskräfteüberschusses auf dem Lande.

(11) Die schwierige finanzielle Lage vieler Bauern und ihr Geldmangel schaffen besondere Probleme für jedes kollektive Vorgehen.

(12) In den primitiven Formen des Großgrundbesitzes werden die Güter meistens mit Landarbeitern bewirtschaftet, die keinerlei Fachkenntnisse haben und nicht spezialisiert sind; sie lassen sich deswegen leicht auswechseln und wissen nie, wie lange sie ihren Arbeitsplatz noch behalten werden. Diese Unsicherheit ist ein weiteres Hindernis für kollektive Organisation und Aktion.

2.2.4 Typologie

In ähnlicher Weise, wie mehrere Autoren versucht haben, verschiedene Typen von Revolutionen zu unterscheiden (vgl. Übersicht 53), kann man auch Agrarbewegungen kategorisieren. Als Einteilungskriterium eigenen sich mehrere Merkmale. STINCHCOMBE (1966) stützt sich auf die Unterschiede in der ländlichen Klassenstruktur, die er in vier Punkten zusammenfaßt:

1. Das Ausmaß der Klassendifferenzierung infolge gesetzlicher Privilegien;
2. das Ausmaß der Differenzierung des Lebensstils zwischen den Klassen;
3. die unterschiedliche Verbreitung technischer Kultur in den Klassen und
4. der unterschiedliche Grad politischer Aktivität, Organisiertheit, Aufgeschlossenheit, Erziehung und Sachkunde sowie von Kommunikation zwischen den Klassen.

Außerdem zieht er die vorherrschende Betriebsverfassung mit in Betracht und kommt dadurch zu fünf Typen von Bewegungen:

1. Gutsbetrieb: Geringe politische Aktivierung und Sachkunde der Arbeiterschaft; hochgradige Politisierung der oberen Klassen.
2. Pächterbetrieb: Hochgradige politische Wirksamkeit und Organisation der unteren Klassen, häufig in revolutionäre ‚populistische' Bewegungen mündend.
3. Familienbetrieb: Im allgemeinen geeinigte und hochorganisierte politische Opposition gegen städtische Interessen, häufig korrupt und wenig diszipliniert.
4. Plantage: Politisch apathische und inkompetente niedere Klassen, die nur in Zeiten von Revolutionen von städtischen Radikalen mobilisiert werden können.
5. Ranch: Verstreuter und unorganisierter Radikalismus der unteren Klasse.

Für das lateinamerikanische Latifundiensystem gibt A. Q. OBREGÓN (1967) folgende Kategorisierung agrarischer Bewegungen:

A. vorpolitische Formen
 1. messianische Bewegungen
 2. soziales Banditenwesen
 3. rassische Bewegungen
 4. traditionelle (primitive) Bewegungen

B. eigentliche Bewegungen
 1. reformistischer Agrarismus
 2. politisches Bandenwesen
 3. revolutionärer Agrarismus

In Westafrika unterscheidet K. POST (1972) sechs Formen ländlichen Protestes, die auch gleichzeitig auftreten können:
1. Widerstand gegen koloniale Eroberung,
2. Widerstand gegen gewaltsame Versuche, die herkömmliche Subsistenzwirtschaft in die nationalen, vor allem aber die internationalen Märkte einzubinden,
3. Kampf um bessere Marktpreise und gegen Regierungsinterventionen,
4. nationalistische Bewegungen,

5. bewaffneter Kampf für die nationale Befreiung,
6. Revolten gegen die neue herrschende Klasse nach der Unabhängigkeit als Folge der Enttäuschung der Bauern über die nichteingehaltenen Versprechungen der einheimischen Politiker.[1]

2.2.5 Agrarbewegungen in typischen Agrarsystemen

Agrarbewegungen sind also revolutionäre Reaktionen auf ungestillte Bedürfnisse. Welche Formen sie jeweils annehmen und wie sie verlaufen, hängt von den Umständen ab. Diese werden in erster Linie von den gegebenen Produktions- und Aneignungssystemen bestimmt. Im folgenden sei dies an einigen Beispielen erläutert.

2.2.5.1 Latifundismus in Lateinamerika

Das vorherrschende Agrarsystem in Zentral- und Südamerika ist der Latifundismus (vgl. Teil 2: 3.4.2). Weil unter diesem System der Boden sehr ungleich verteilt ist und die bodenbesitzende Klasse auch sozial völlig von der bodenbearbeitenden Bevölkerung getrennt ist, geht es bei lateinamerikanischen Agrarbewegungen meistens um Landverteilung. Die landlosen und landarmen Bauern verlangen mehr Land und wünschen, daß ihre Dienste und Zahlungen an die Bodeneigentümer vermindert oder ganz abgeschafft werden. Die Bewegungen zielen also auf Agrarreformen. Davon erwarten die Landlosen und die Kleinbauern (Minifundisten) allerdings keine Kollektivierung des Landeigentums. Vielmehr wollen sie möglichst viel privaten Boden in die Hand bekommen. Viele trachten sogar danach, selber „patrones" zu werden und andere für sich arbeiten zu lassen.

Eine wichtige Form agrarischer Bewegungen sind Landbesetzungen, meistens auf Privatland, aber auch auf Staatsland und vor allem auf Land mit ungeklärten Eigentumsteln. In mehreren Ländern können die Besetzer nach einigen Jahren das Eigentumsrecht am okkupierten Land erwerben, wenn der rechtmäßige Eigentümer ihre Siedlungstätigkeit duldete. Häufig meldet der Eigentümer seine Ansprüche erst an, wenn die „wilden Siedler" bisher brachliegendes Land so weit urbar gemacht haben, daß es für ihn einen mühelosen Nutzen abzuwerfen verspricht. Andere wichtige Formen sind die Bildung von Bauernorganisationen und Selbsthilfe-Genossenschaften, die sich besonders gegen die Ausbeutung durch Zwischenhändler richten. Häufig nimmt der niedere Klerus an der Vorbereitung, dem Aufbau und der Führung solcher Organisationen teil und ist deswegen Repressalien von seiten der Großgrundeigentümer und Händler, aber auch der von diesen beherrschten Polizei ausgesetzt. Fehlgeschlagene oder völlig fehlende Agrarreformen sind der häufigste Grund, warum Bauern unzufrieden und enttäuscht sind und schließlich sogar zu gewaltsamen Formen des Protestes Zuflucht nehmen (ländliche Guerilla).

2.2.5.2 Pächterlandwirtschaft in Südostasien

In den Gebieten mit alter Besiedlung und Bewässerungswirtschaft herrscht oft Großgrundeigentum vor, wenn auch an viel kleineren Ländereien als in Südamerika. Die eigentlichen landwirtschaftlichen Betriebseinheiten sind jedoch winzig. Im allgemeinen wird der Boden in sehr kleinen Flächen und nur für eine Vegetationsperiode verpachtet. Rasches Bevölkerungswachstum ohne alternative Beschäftigungsmöglichkeiten führt dazu, daß die Fläche pro Betrieb im-

---

[1] Diese Form des Protestes ist auch aus anderen Teilen Afrikas bekannt geworden (vgl. G. HYDÉN für Tanzania und R. BATES für Zambia).

mer weiter schrumpft und aufsplittert. Das wiederum schwächt die Verhandlungsposition des eigentlichen Erzeugers gegenüber dem Grundbesitzer oder seinem Beauftragten. Je enger die man-land-ratio wird, desto mehr wächst die Konkurrenz zwischen den Pächtern.

In einem solchen Agrarsystem ist das Potential für politische Organisationen in den unteren Schichten aus folgenden Gründen beträchtlich:
(1) Die Gegensätze zwischen Eigentümer und Pächter sind offensichtlich.
(2) Der Eigentümer wälzt das Ernterisiko auf den Pächter ab, dessen Einkommen deswegen dauernd schwankt.
(3) Der Pächter könnte ohne weiteres ohne den Grundeigentümer erzeugen und vermarkten, da dieser außer dem Boden nichts zur Produktion beisteuert.
(4) Die Pachtverhältnisse sind unsicher.
(5) Bevölkerungswachstum und Bodenzersplitterung verschlechtern die Position großer Teile der armen landwirtschaftlichen Bevölkerung derart, daß ständiger sozialer Abstieg für dieses System charakteristisch ist.
(6) Die Konzentration der ländlichen Armen begünstigt politische Organisationen.
(7) Der räumliche Abstand zum „absentee landlord" gibt den Pächtern mehr politischen Spielraum.

In Indien gab es zahlreiche, regional begrenzte Agrarbewegungen, darunter einige kommunistische und maoistische. Einige Bewegungen litten darunter, daß sie die Schranken zwischen den Kasten nicht überwinden und deswegen keine größere Wirksamkeit entfalten konnten. Am bekanntesten wurde die Agrarbewegung in Kerala, dem südlichsten Staat Indiens, die unter Beteiligung der Kommunistischen Partei Indiens eine zumindest teilweise erfolgreiche Agrarreform für sich verbuchen konnte.

2.2.5.3 Kapitalistische Industrieländer

Der unaufhörliche Strukturwandel in der Landwirtschaft kapitalistischer Industrieländer verbreitet Unsicherheit unter den Bauern. Ständig gehen Landwirte den Weg, der von der vollen Beschäftigung auf dem Hof über einen kleinen außerlandwirtschaftlichen Zuerwerb bis zum außerlandwirtschaftlichen Hauptberuf und zur Landwirtschaft im Nebenerwerb oder einer ländlichen Heimstätte führt. Nicht einmal die heute noch wirtschaftlich gutgestellten Vollerwerbsbauern können mit Sicherheit davon ausgehen, daß sie selbst oder ihre Kinder bis an ihr Lebensende Bauern bleiben können. Doch selbst in diesem Falle ist vorauszusehen, daß die Landwirte immer unselbständiger werden, weil sie mehr und mehr von spezialisierter Technik und von den Kräften des Marktes abhängen. Diese Abhängigkeit vergrößert ihr Unbehagen und gibt Agrarbewegungen Auftrieb. Während der Nebenerwerbslandwirt sich langsam und widerstrebend an seinen Arbeitskollegen außerhalb der Landwirtschaft zu orientieren beginnt, versucht der Haupterwerbsbauer, sich zum Unternehmer emporzuschwingen. Dabei werden viele sich des erheblichen Abstandes bewußt, der Gewünschtes vom Erreichbaren trennt, sie fühlen sich relativ benachteiligt. Unzufriedenheit grassiert bei den mittleren und großen Bauern in vielen Gegenden viel stärker als bei den Kleinbauern. Amerikanische und niederländische Agrarsoziologen fanden, daß solche Unzufriedenheit zu Anomie und Radikalismus führt und sich in Agrarbewegungen Luft macht. Unter Anomie versteht man einen Zustand der Regel- oder Normlosigkeit.

Spontane agrarische Bewegungen werden allerdings in den industrialisierten Ländern immer seltener, während berufsständische Organisationen sich festigen und an Macht gewinnen. Ihre nicht ganz einfache Aufgabe ist es, bei ihren Mitgliedern das Gefühl der Einigkeit aufrechtzuerhalten, obwohl die Landwirte tatsächlich sozial differenziert sind. Das Bewußtsein, daß die Landwirtschaft ein schrumpfendes Gewerbe mit abgleitendem sozialen Status ist, ruft bei Bauern und Farmern einen „kooperativen Reflex der Einigkeit" (MENDRAS und TAVERNIER 1969) hervor, der den offenen Ausbruch von politischen Konflikten zwischen ihnen verhindert. Die landwirtschaftlichen Berufsverbände können die Gefühle der Enttäuschung, Ungerechtigkeit, Verlassenheit und Angst, die die Bauern plagen, einsetzen und trotz aller offensichtlichen Interessengegensätze ihre Mitglieder immer wieder einen. Gemeinsame Aktionen drehen sich meistens um Agrarpreise, Marktordnungen und Subventionen und nicht um Grund und Boden, wie in den meisten Entwicklungsländern. Dabei werden weniger die einzelnen Landwirte als vielmehr die Verbandsfunktionäre aktiv.

Agrarbewegungen in kapitalistischen Industrieländern tendieren keineswegs einheitlich dazu, den landwirtschaftlichen Strukturwandel aufzuhalten. Dementsprechend sind sie auch nicht politisch festgelegt, sondern verbinden sich mit linken und rechten, autoritären und demokratischen Parteien. Die jüngeren Generationen neigen eher linken, aber nicht extremen Gruppierungen zu. Einige Gruppen von Bauern, besonders in Westfrankreich, ließen allerdings auch den Wunsch nach radikalem Wandel der Gesellschaft laut werden und nahmen aktiv an den studentischen Bewegungen Anteil. In Frankreich haben die Bauern bisher auch am häufigsten gestreikt, um ihren agrarpolitischen Forderungen Nachdruck zu verleihen.

Offenbar finden politische Formationen auf dem rechten Flügel eher die Unterstützung der Bauernschaft als sozialistische Bewegungen. Jedoch wäre es eine grobe Vereinfachung, wollte man behaupten, alle Bauern seien besonders empfänglich für den Faschismus. Untersuchungen über den italienischen Faschismus, die Lappo-Bewegung in Finnland und den Nationalsozialismus in Deutschland zeigen, daß die Anhängerschaft je nach sozialer Schicht variiert. Reichere bäuerliche Schichten mit höheren Bezugsgruppen und Erwartungen verfielen der faschistischen Propaganda am ehesten. Aber auch hier darf man nicht verallgemeinern. Die italienischen Faschisten brauchten viele Jahre, um die ländlichen Gebiete zu erobern; das gleiche gilt für die Lappo-Bewegung der späten zwanziger Jahre. Die großen Bauern, die stark vom Weltmarkt abhingen, wurden als erste von der Weltwirtschaftskrise betroffen und gingen zu den finnischen Faschisten über, während die Kleinbauern, die zum großen Teil in Selbstversorgerbetrieben lebten, den Sozialdemokraten treu blieben. Auch für Deutschland trifft das landläufige Stereotyp nicht zu, die Bauern seien dem Nationalsozialismus en masse verfallen. Die NSDAP entdeckte die Bauern erst sehr spät, und das Gefühl, Hitler komme „vom Asphalt", machte viele Bauern lange Zeit mißtrauisch. Ihre bäuerliche Anhängerschaft fand die Partei nur in bestimmten sozialen Schichten. LOOMIS und BEEGLE (1946), die auch die Forschungen über faschistoide Bewegungen unter den Farmern in USA verwerteten, erklären mit folgenden Hypothesen die Verbreitung des Nationalsozialismus in der landwirtschaftlichen Bevölkerung:

1. Elemente des Nazismus breiten sich in solchen ländlichen, von einer Mittelschicht beherrschten Gebieten aus, deren Bewohner an akuter wirtschaftlicher Unsicherheit und der Angst leiden, die der Verlust sozialer Solidarität mit sich bringt.
2. Personen mit begrenzter Erfahrung und Verantwortung als aktive Mitglieder dynamischer, großräumiger, politischer oder religiös-sozialer Strukturen verfallen dem Nazismus eher als andere.
3. Während Perioden raschen Wandels erzielt der Nazismus seine größten Einbrüche bei Gruppen, deren grundlegende Wertorientierung und organisatorische Erfahrung gemeinschaftlicher, primärgruppenhafter, völkischer oder familistischer Natur sind.

2.2.5.4 Kommunistische Industrieländer

In kommunistischen Ländern gibt es so gut wie gar keine Agrarbewegungen, obwohl die Bauernschaft in den frühen und entscheidenden Abschnitten der kommunistischen Revolutionen eine bedeutende und fundamentale Rolle gespielt hat. Es gibt zwar einige Bauernparteien und bäuerliche Berufsorganisationen, aber sie können nicht von sich behaupten, die Wünsche der Bauern gegenüber den Machthabern vertreten zu haben. In der Sowjetunion existierte eine derartige Organisation nicht einmal formell. Bis in die sechziger Jahre galt die offizielle Formel vom unzerbrechlichen Bund zwischen Arbeitern und Bauern. Jede aufkeimende Organisation wurde vernichtet. Ein neuer Ansatz kam erst in den späten sechziger Jahren, zuerst in der Tschechoslowakei, später auch in der Sowjetunion; er kulminierte dort 1969 in einer All-Unions-Konferenz der Kolchosbauern. Sie entschied sich dafür, repräsentative Organisationen auf allen Ebenen einzurichten.

THEODOR BERGMANN (1977) vermutet, daß vier Faktoren dafür verantwortlich waren, warum während der Phasen des take-off und der Kollektivierung bäuerliche Organisationen nahezu völlig fehlten:
1. Die Bauern waren nach der Landverteilung durch die Agrarreform befriedigt und kümmerten sich nur noch um ihre Höfe.
2. Die Kollektivierung veränderte ihren Status radikal, gab ihnen aber keine Zeit zur Akkulturation. Die Bauern waren deshalb verwirrt und nicht in der Lage, irgendwelche gemeinsamen Wünsche zu formulieren.
3. Der starke wirtschaftliche Druck führte zwar zu schweigendem Widerstand, aber die Bauern konnten gegen den Willen der Regierung und Partei keine landesweite Bewegung organisieren.
4. Die massive Landflucht hat die Bauern wahrscheinlich ihrer aktivsten und fähigsten potentiellen Führer beraubt; auf jeden Fall hat sie die Bauern stark geschwächt, sowohl physisch wie zahlenmäßig.

Außerdem boten die Partei und ihre Unterorganisationen heranwachsenden Führernaturen die Möglichkeit, sich politisch zu betätigen und sozial aufzusteigen und beugten dadurch konterrevolutionären Bewegungen vor.

Möglicherweise schaffen die sich wandelnden wirtschaftlichen Bedingungen in den kommunistischen Ländern eine neue politische Umwelt, in der die Bauern zu ihrem eigenen und zum Nutzen der gesamten Gesellschaft neue Felder politischer Aktivität entdecken (vgl. BERGMANN 1977, S. 185).

Literatur: ALAVI 1972, GOLLWITZER 1977, HUIZER 1973, LANDSBERGER 1974, LEWIS 1974, POST 1972, PUHLE 1975, WOLF 1971.

Diskussions- und Prüfungsfragen
1. Kennzeichnen Sie die verschiedenen Revolutionstypen und belegen Sie diese mit Beispielen aus der Geschichte!
2. Wie erklärt JAMES DAVIES das Entstehen von Revolutionen? Wenden Sie diese Theorie auf den Agrarsektor an!
3. Worin liegt die Schwäche von Bauern und Landarbeitern begründet, ihren Forderungen politischen Nachdruck zu verleihen?
4. Inwieweit hängt die Form einer Agrarbewegung vom vorherrschenden Agrarsystem ab?
5. Beschreiben Sie die typischen Merkmale von Agrarbewegungen unter den Bedingungen des lateinamerikanischen Latifundismus!
6. Inwieweit neigen Bauern und Farmer zu politischen Bewegungen, und welche Formen nehmen diese an?
7. Warum gibt es in kommunistischen Ländern keine Agrarbewegungen?

3 Ländliche Sozialprobleme

Die ländlichen Sozialprobleme lassen sich zusammenfassen in (1) Versorgungsprobleme, (2) Einkommensprobleme und (3) Beschäftigungsprobleme. Diese Gliederung darf jedoch nicht darüber hinwegtäuschen, daß sie alle eng miteinander zusammenhängen.

In zahlreichen Veröffentlichungen der vergangenen Jahre sind die Sozialprobleme unterentwickelter Regionen auf den Teufelskreis von Hunger, Krankheit, Armut und Unwissenheit zurückgeführt worden. Legt man an die dortigen ländlichen Verhältnisse den Maßstab des Lebensstandards westlicher Industriegesellschaften an, so findet man in der Tat, daß die meisten Landbewohner noch weit von gleichwertigen Lebensbedingungen entfernt sind. Dies gilt, wenngleich nicht in gleicher Schärfe, auch für die Notstands- und Förderungsgebiete in Industrieländern.

3.1 Versorgungsprobleme

3.1.1 Ernährungsprobleme

Körperliches Wachstum, geistige Entwicklung, Widerstandsfähigkeit gegen Krankheiten, Leistungsfähigkeit und -bereitschaft des Menschen hängen wesentlich von seiner Ernährung ab. Das Gefühl der Sättigung garantiert freilich noch keine vollwertige Ernährung. Diese ist vielmehr erst dann gegeben, wenn die Kost (1) den Energiebedarf des Organismus reichlich deckt und (2) Wasser, Nähr- und Wirkstoffe im richtigen Verhältnis, in ausnutzbarer Form und in Mengen enthält, die zur Bildung und Erhaltung der Körpersubstanz sowie zur Aufrechterhaltung aller Lebensfunktionen ausreichen. Unzureichende Ernährung liegt vor, wenn während einer längeren Zeitspanne dem Körper weniger Energie zugeführt wird, als er verbraucht (Unterernährung), oder wenn der Körper während einer längeren Zeitspanne ungenügende Mengen der funktions- und lebenswichtigen Aminosäuren, Vitamine und Mineralstoffe aufnimmt (Mangelernährung). Der Begriff Fehlernährung bezieht sich hauptsächlich auf eine für den Organismus in der jeweiligen Lebenssituation falsche Zusammensetzung der Kost. Die gebräuchlichen Indikatoren (1) Kalorien- bzw. Jouleverbrauch je Kopf und Tag und (2) tierisches Eiweiß je Kopf und Tag vermitteln daher nur sehr grobe Einsichten in die Ernährungssituation, zumal wenn nur unspezifizierte Durchschnittswerte angegeben werden.

Die Schätzungen über den Ernährungszustand der ländlichen Bevölkerung gehen weit auseinander, weil es an zuverlässigen Erfassungsmethoden fehlt und Ernährungsstörungen oft nicht ohne weiteres sichtbar sind. JOSUE DE CASTRO hat in einem aufrüttelnden Buch (1952, dt. 1959) eine Geographie des Hungers gezeichnet, aus der hervorgeht, daß diese „Weltgeißel" die Bauernvölker und die ländlichen Regionen besonders stark heimsucht, und zwar um so stärker, je mehr sie zivilisiert werden. Nach seiner Ansicht ist in vielen Teilen der Welt der partielle oder verborgene Hunger ein viel ernsteres soziales Problem als der akute Hunger oder die Hungersnot. Andere Autoren beurteilen die ländliche Ernährungslage etwas optimistischer. Nach einer verbreiteten Ansicht wird – abgesehen von akuten Dürre- oder Überschwemmungskatastrophen – der Energiebedarf der ländlichen Bevölkerung im allgemeinen gedeckt, wenngleich von einer reichlichen Ernährung in den meisten Landfamilien nicht die Rede sein kann. Die Kost ist häufig arm an hochwertigen Nahrungsmitteln, insbesondere an tierischem Eiweiß, Obst und Gemüse, was vor allem Kleinkindern und deren Müttern schadet. Örtlich und landschaftlich treten Versorgungsmängel an bestimmten Wirkstoffen (z. B. Vitaminen, Eisen, Jod) oder an einwandfreiem Wasser auf.

Im Jahre 1977 schätzte die FAO die Gesamtzahl der Mangelernährten auf mindestens 500 Millionen Menschen; für 1985 bezifferte sie deren wahrscheinliche Zahl mit 750 Millionen.

So verschiedenartig die Formen und Folgen des Hungers sind, so vielerlei Ursachen hat er. Ist die Fehlernährung mehr eine Folge der Unwissenheit, so geht die Mangel- und Unterernährung hauptsächlich auf Armut zurück. Die Verfügbarkeit von Nahrungsmitteln, die letzten Endes die Ernährungsweise bestimmt, wird eingeschränkt durch die Natur, die Technologie, die Ökonomie, die Kultur und die Sozialordnung. Auf diesen Dimensionen sind daher auch die Möglichkeiten zur Erweiterung des Nahrungsspielraumes zu suchen.

Natürliche Verfügbarkeit: Die Ernährung der ländlichen Bevölkerung pflegt in höherem Maße von den örtlichen Produktionsbedingungen abhängig zu sein als die städtischer Bevölkerungen, deren Märkte von den verschiedensten Regionen beliefert werden. Dort, wo ländliche Familien sich aus eigener Erzeugung weitgehend selbst versorgen, bilden jene Früchte die Grundnahrung, die unter den gegebenen natürlichen Bedingungen relativ gut gedeihen: in West- und Ostafrika Cassava (Maniok), in der Sahelzone Hirse, im feuchtheißen Südostasien Reis, in Mexiko Mais, auf den leichteren Böden Kontinentaleuropas Roggen, im regnerischen Westeuropa Hafer, im niederschlagsarmen Vorderen Orient Gerste usw. Vor allem die einseitige Ernährung mit Cassava, Mais und geschältem Reis verursacht schwere Mangelkrankheiten. Über das agrarische Produktionspotential informiert umfassender J. H. LOWRY (1976).

Technologische Verfügbarkeit: Technologisch läßt sich der Spielraum der natürlichen Erzeugungsbedingungen erheblich ausweiten und lassen sich die großen Verluste nach der Ernte vermindern. So gelang es den Züchtern, den Anbau von Weizen und Mais weit nach Norden auszudehnen. Wissenschaftler haben Verfahren entwickelt, die auf der Grundlage verbesserten Zuchtmaterials die Erträge aller wichtigen Nutzpflanzen und Nutztiere vervielfachen. Bei Anwendung der bekannten ertragssteigernden Technologien in allen Anbaugebieten wären Nahrungsmittel im Überfluß verfügbar. Die ländliche Unterversorgung mit Nahrungsmitteln ist zum großen Teil die Folge davon, daß das natürliche Produktionspotential nur zu einem Bruchteil genutzt wird, weil die Landwirte, insbesondere die Subsistenzlandwirte, die ertragreicheren Technologien nicht kennen oder aus ökonomischen oder sozialkulturellen Gründen nicht anwenden können. Andererseits verbessert der technische Fortschritt keineswegs automatisch die Ernährung der Landbevölkerung. Neue Technologien haben in manchen Fällen sogar der Mangelernährung Vorschub geleistet. So breitete sich mit der Einführung kleiner, mechanischer Reismühlen in den ländlichen Bezirken Ostasiens die Vitamin B1-Mangelkrankheit Beri-Beri aus. Die Monokultur der lukrativen Baumwollsorte Akala in der türkischen Çukurova hat zwar die Einkommen der Grundbesitzer erhöht, aber unter der Landarbeiterschaft zu ernsthaften Ernährungsproblemen geführt (vgl. HINDERINK und KIRAY 1970, S. 26f.). Auf unerwünschte sozialökonomische und politische Nebenwirkungen des technischen Fortschritts ist vor allem K. GRIFFIN (1976) eingegangen.

Ökonomische Verfügbarkeit: Ein anderer wichtiger Grund für die Mangel- und Unterernährung ländlicher Bevölkerungen liegt darin, daß die Mittel fehlen, um mehr und bessere Nahrungsmittel zu erzeugen, oder daß die Kaufkraft fehlt, um die Kost durch den Zukauf hochwertiger Lebensmittel zu ergänzen. Auch die Verdrängung von ernährungsphysiologisch wertvollen Produkten durch wirtschaftlich vorteilhaftere beschwört die Gefahr von Mangelkrankheiten herauf. In weiten Teilen Afrikas hat der ertragreichere Maisanbau die ernährungsphysiologisch wertvollere Hirse verdrängt. Infolge der Vergetreidung der Steppe mangelt es im heutigen Inneranatolien, im Gegensatz zu früher, den meisten Landfamilien an tierischem Eiweiß. Die Kommerzialisierung der Landwirtschaft entzieht oft dem Landhaushalt wichtige Nahrungsmittel wie Fleisch und Milch. Not und Armut zwingen dazu, hochwertige Nahrungsmittel zu verkaufen und sich mit unverkäuflicher Ware und zugekauften minderwertigen Produkten zu ernähren. Die Berührung mit der westlichen Ökonomie trägt also durchaus nicht immer dazu bei, die ländliche Ernährungslage zu verbessern. Im Gegenteil, „fast immer geschieht es, daß wenn... Eingeborene mit dem weißen Mann in Kontakt kommen, ihre Nahrung... schlechter wird" (CASTRO 1959, S. 50). Der primitive Mensch deckt nämlich seinen Bedarf an den verschiedenartigen Nähr- und Wirkstoffen, indem er eine große Zahl einheimischer Pflanzen und Tiere verzehrt. Im Zuge der Rationalisierung der Landwirtschaft werden jedoch Nutzpflanzen und -tiere auf immer weniger Arten beschränkt, die mehr unter ökonomischen als unter ernährungsphysiologischen Gesichtspunkten ausgewählt werden.

Kulturelle Verfügbarkeit: Viele Pflanzen und Tiere von Nährwert sind für die menschliche Ernährung nicht verfügbar, weil sie nicht zu den Nahrungsmitteln zählen. Jede Kultur hat ihre eigenen Vorstellungen darüber, was genießbar ist. Schlangen und junge Hunde gelten in Ostasien als Delikatessen, während in westlichen Ländern schon der Gedanke an solche Gerichte Ekel erregt. Wir halten fremde Kost für unnatürlich und widerlich, weil die Ernährungssitten einen wesentlichen Teil unseres kulturellen Systems darstellen. MANFRED PFLANZ (1967, S. 577) nimmt an, daß sich die Ernährungssitten in Übereinstimmung mit den Bedürfnissen formen. Wenn sie aber einmal geformt sind, stabilisieren sie die Nahrungswahl unabhängig von den gespürten Bedürfnissen, weil sie zum Selbstbild und Selbstausdruck einer Gesellschaft gehören. So hat man beobachtet, daß Menschen lieber hungern, als Speisen zu sich zu nehmen, die ihnen fremd sind. Der Landmann gilt auch in dieser Beziehung, vermutlich nicht zu Unrecht, als besonders konservativ: „Was der Bauer nicht kennt, das ißt er nicht". Ländliche Ernährungsdefizite sind jedoch nicht nur die Folge verschiedener „Geschmäcker", sondern auch von magisch begründeten Meidungsregeln. Bei den Masai Ostafrikas dürfen die Hirten niemals am gleichen Tag Fleisch und Milch zu sich nehmen. Sie glauben, eine Verletzung dieser Regel würde unter ihrem Vieh ernste Krankheiten verursachen. Die Salomon-Insulaner verbieten ihren Frauen zu fischen, und einige Fischarten sind den Frauen als Nahrung verboten. Singhalesen schreiben dem Eiweiß der Milch viele Krankheiten zu und meiden daher den Milchgenuß. Die ethnographischen Schriften sind voll von weiteren Beispielen.

Soziale Verfügbarkeit: Der Nahrungsbedarf wechselt nach Lebensalter, Geschlecht, Arbeitsleistung und Lebenssituation (Schwangerschaft, Krankheit usw.). Untersuchungen haben jedoch ergeben, daß auf die unterschiedlichen individuellen Bedürfnisse nur zum Teil Rücksicht genommen wird. Vielmehr bestehen fast überall feste Eßordnungen, die den Küchenzettel und die Verteilung der Speisen unter die Haushaltszugehörigen regeln. In der Regel erhalten die Männer eine bessere Ernährung, „sei es, weil sie als erste nehmen dürfen, sei es, weil nur sie die nahrhafteren Bestandteile bekommen" (PFLANZ 1967, S. 579). Meist werden Frauen und Kinder benachteiligt. „Daher kommt es, daß der Proteinmangel in der Nahrung der Kinder sowie der schwangeren und stillenden Frauen das ernsthafteste Ernährungsproblem der heutigen Welt darstellt" (ebenda). Wie am Familientisch, so spielen Rangordnungen und Machtverhältnisse auch in größeren sozialen Systemen bei der Verteilung der verfügbaren Nahrungsmittel eine große Rolle. Manche Speisen werden bestimmten Bevölkerungskategorien vorenthalten, andere, meist minderwertige, werden ihnen zugemutet. Da die Nahrungsaufnahme überall auch eine rituelle Bedeutung hat, sind die Ernährungssitten eng verknüpft mit Jahres- und Familienfesten, Gastmählern, Fastenzeiten usw. Eng verwandt mit der sozialen Verfügbarkeit ist die politische. Damit ist die Aussperrung eines Teiles der Bevölkerung von den Nahrungsquellen, die Verhinderung der Einführung neuer Technologien sowie das Festhalten ernährungsschädlicher Eßsitten aus Motiven der Machtausübung gemeint. Einer restriktiven Ernährungspolitik entspricht in der Regel das Bestreben der Herrschenden, sich Ernährungsprivilegien zu verschaffen.

Angesichts der in vielen Teilen der Erde mangelhaften Ernährung stellt sich die Frage der Abhilfe. Änderungen der Ernährungssitten sind zwar nicht unmöglich, sie erweisen sich jedoch häufig als außerordentlich schwierig. Sogar eine so banale Sache wie das Abkochen von verseuchtem Trinkwasser kann zum Innovationsproblem werden, wie EBERHARD WELLIN (1962) mit einem Beispiel aus Peru belegt hat. Tägliche Gewohnheiten, magische Vorstellungen, religiöse Normen und eingefleischte Geschmacksrichtungen bilden hartnäckige oder sogar unüberwindliche Innovationsbarrieren. Erinnert sei an das Schweinefleischtabu bei den Juden und den Moslems und an das Rindfleischtabu bei den Hindus.

VON BLANCKENBURG (1977, S. 351) und andere zeigten, daß Nahrungsmangel in vielen

Ländern darauf beruht, „daß es in der nichtlandwirtschaftlichen Bevölkerung nicht genügend kaufkräftige Nachfrage gibt, die die Nahrungsproduktion anreizen könnte". Das Ernährungsproblem wurde in den Agrarwissenschaften dennoch fast ausschließlich unter produktionstechnischen Fragestellungen angegangen. Im Mittelpunkt der Diskussion standen lange Zeit der „Nahrungsraum" und das „Bodengesetz". Unter Nahrungsraum wird dasjenige Gebiet verstanden, das einer Bevölkerung zur Erzeugung von Nahrungsmitteln zur Verfügung steht. Die Ernährungskapazität eines Gebietes wird als die Fähigkeit definiert, bei Anwendung einer gegebenen Technik der Nahrungsproduktion eine bestimmte Menschenmenge zu ernähren. Das Gesetz vom abnehmenden Bodenertrag (Bodengesetz) besagt, daß von einer bestimmten Schwelle ab die Erträge nicht mehr überproportional oder parallel zum Aufwand steigen, sondern die Ertragszuwächse abnehmen.

Der Nahrungsraum einer Bevölkerung wird einerseits durch die Ausdehnung der landwirtschaftlichen Nutzflächen, die Fruchtbarkeit der Böden sowie die Gunst des Klimas und andererseits durch die Technologie bestimmt. Letztere trägt zur Erweiterung der Nahrungsproduktion wesentlich mehr bei als Neulandkultivierung, denn im Zuge des technischen Fortschritts läßt sich das Wirksamwerden des Gesetzes vom abnehmenden Bodenertrag immer wieder abwenden, hinausschieben oder abschwächen. FRIEDRICH AEREBOE (1865–1942), ein Meister treffender Formulierung, meinte daher (1925, zit. nach 1965, S. 364): „Das Neuland, welches zur Erweiterung des Nahrungsspielraumes der Menschen gewonnen und urbar gemacht werden muß, befindet sich in erster Linie in den Köpfen der Menschen und Völker".

Die technologische Ausweitung des Nahrungsraumes erfolgt in zwei Richtungen: (1) in der Gewinnung von mehr Ernten je Zeiteinheit und (2) von höheren Erträgen je Erntefläche, analog dazu in der Tierproduktion (1) von mehr Umtrieben je Zeiteinheit und (2) von höheren Erträgen je Tier. Aus der Erntefrequenz ergeben sich fünf deutlich unterscheidbare Intensitätsstufen der Bodennutzung, denen die Stufe der Jäger und Sammler und zum Teil auch der Nomadenwirtschaft vorangeht. Auf der Nullstufe wird nur sporadisch „geerntet", was die Launen der Natur bieten, während die übrigen Intensitätsstufen durch systematische Bodennutzung und -bearbeitung gekennzeichnet sind. Sie unterscheiden sich, allgemein ausgedrückt, durch die Zahl der Ernten je Zeiteinheit.

Erste Voraussetzung für extensive Bodennutzungssysteme ist ein großer Vorrat an Land. Verengt sich das Verhältnis von Menschenzahl zu Nutzfläche, dann muß der Boden intensiver genutzt werden. Beim Übergang zu einer höheren Intensitätsstufe sinkt in der Regel der Arbeitsertrag je Arbeitsstunde (vgl. BOSERUP 1965); d. h., die Mehrarbeit intensiver Bodennutzung lohnt weniger als die bislang aufgewendete Arbeit. Die erforderliche Mehrarbeit fällt zudem meistens in die traditionellen Arbeitstäler körperlicher Erholung. Der einzelne Landbewirtschafter wird deshalb nur dann den Boden intensiver nutzen, wenn er durch Verknappung des Nutzlandes, Sklaverei, feudale Abhängigkeit, Schuldknechtschaft, Lohndruck, Plansoll und andere Umstände dazu gezwungen wird, oder wenn ihn genügend hohe Anreize materieller und ideeller Art dazu motivieren. Wird der Zwang zum alleinigen Mittel, dann verkehren sich die schöpferischen Kräfte leicht in Gleichgültigkeit und Stumpfsinn. Andererseits verhindern nicht selten die rechtlich oder gewohnheitsmäßig festgelegten Agrarzustände oder eine konservative Agrarpolitik die notwendige Intensivierung.

Von einem mäßigen Bevölkerungswachstum gehen positive Wirkungen auf die Agrarentwicklung aus, weil in einem übervölkerten Gebiet arbeitsintensiver gewirtschaftet werden muß, arbeitsaufwendige Kulturen und Tierhaltungen bei hohen Bodenpreisen und Pachten und niedrigen Löhnen bevorzugt werden und nichtlandwirtschaftliche Erwerbstätigkeiten aufgenommen werden. Zu hoher Bevölkerungsdruck führt freilich – vor allem bei Mangel an Kapital und Unternehmertum – zu einer Verelendung, die sich auch in unzureichender Ernährung äußert.

Die zweite Richtung, den Nahrungsraum auszuweiten, besteht in der Anwendung naturwissenschaftlicher Erkenntnisse auf die Züchtung, Ernährung und Gesunderhaltung von Pflanzen und Tieren sowie auf die Bodenbearbeitung und Tierhaltung. Weitere Möglichkeiten, den Nahrungsraum zu erweitern, zeichnen sich in der Anwendung chemischer und anderer unkonventioneller Methoden der Nahrungsherstellung ab, z. B. mit Hilfe von Bakterien, Pilzen und Algen. Die verschiedenen Möglichkeiten, den Nahrungsraum zu erweitern, sind noch längst nicht alle voll ausgeschöpft worden, unter anderem, weil die Menschen dazu neigen, „eine überalterte und längst überwindbare Technik der Nahrungsproduktion für die allein mögliche und den dadurch gegebenen engen Nahrungsraum für schicksalsbedingt zu halten" (BAADE 1961, S. 309). FRITZ BAADE (1893–1974) unterschätzt allerdings die sachlichen und sozialkulturellen Zwänge, wenn er das von ihm beklagte rückständige Verhalten nur dem „Unverstand der Menschen" zuschreibt. Es gehört zu den Aufgaben des Sozialforschers, solches dem Außenstehenden unvernünftig erscheinendes Verhalten verständlich zu machen. Gerade weil Mangel- und Fehlernährung häufig die Folge von traditionellen Ernährungs- und Lebensgewohnheiten oder institutionell bedingt ist, sind die Ernährungsprobleme ohne die Ergebnisse der Sozialforschung nicht zu lösen.

3.1.2 Medizinische Unterversorgung

Mangel- und fehlerhafte Ernährung sowie ungesundes Wohnen erhöhen die Anfälligkeit gegen Krankheiten und verzögern die Genesung Erkrankter; Armut und Unwissenheit verhindern oder beeinträchtigen die Gesundheitspflege und -vorsorge. Hinzu kommen spezifische ländliche Krankheiten und Risiken, wie an anderer Stelle ausgeführt (siehe Teil 1: 2.4.2). Man kann daher nicht eindeutig sagen, die Lebensbedingungen der Landbevölkerung seien gesünder oder krankmachender als diejenigen der Stadtbewohner. Jüngere Untersuchungen weisen darauf hin, daß mindestens in Industriegesellschaften Art und Häufigkeit von Erkrankungen eher schicht-, alters- und berufsspezifisch als milieubedingt zu erklären sind. Es hat sich außerdem herausgestellt, daß der Gesundheitszustand einer Bevölkerung mehr von den jeweiligen Lebensbedingungen als von den Investitionen im Gesundheitswesen abhängt.

Als aussagekräftigster Indikator des Gesundheitszustandes einer Bevölkerung hat sich die „Lebenserwartung bei Geburt" erwiesen, die aus der Sterberate aller Altersjahrgänge errechnet wird. Die Statistik der Todesfälle aufgrund von Infektions- und Parasitenkrankheiten sagt etwas über die hygienischen Bedingungen aus. Die Krankenversorgung wird mit den Indikatoren Ärzte, Zahnärzte, Krankenschwestern, Krankenhausbetten je 1000 oder 100 000 Einwohner oder Einwohner je Arzt, je Schwester, je Krankenhausbett gemessen. Deutet schon die Angabe über die mittlere Lebenserwartung eines Neugeborenen auf ungesunde Verhältnisse hin, namentlich bei der Landbevölkerung in Entwicklungsländern und zurückgebliebenen Regionen, so bestätigt die Statistik für fast alle Länder der Erde, daß die ländliche Bevölkerung medizinisch benachteiligt ist. Dies ist nicht erst der Fall, seit sich das medikale Interesse im Zuge fortschreitender Industrialisierung und Verstädterung den städtischen Gesundheitsverhältnissen zuwendet. Vielmehr läßt sich der notorische Mangel an Ärzten und das Fehlen von Krankenhäusern für die Landbevölkerung geschichtlich weit zurückverfolgen. Während im späten Mittelalter und in der frühen Neuzeit in den deutschen Städten ein vorbildliches Spitalwesen entstand, blühten auf dem Lande Volksmedizin und Quacksalberei. CHRISTOPH WILHELM HUFELAND (1762–1836) wies 1809 in einem Aufruf an die Landgeistlichen darauf hin, daß auf dem Lande ein Arzt für 50 000 bis 100 000 Menschen zu sorgen habe. Noch in den achtziger Jahren des letzten Jahrhunderts waren in den preußischen Provinzen weder Krankenhäuser noch festangestellte Ärzte vorhanden; die Kranken wurden zu Hause versorgt, schwere Fälle mußten in die Großstädte transportiert werden.

Die medikale Unterversorgung im ländlichen Raum ist bis heute ein Faktum geblieben. Wie RUDOLF SCHENDA (1975, S. 152) meint, „nicht nur aus einer zwangsläufigen historischen Tradition heraus, sondern vor allem, weil die positiven Ansätze zu einer Reform der ländlichen

Gesundheitsstruktur beiseite gedrängt wurden durch die immer dringlicher werdenden Probleme einer medizinischen Versorgung der sich industriell und kapitalistisch entwickelnden Großstädte". Weitere Gründe der ärztlichen Versorgungsdisparität liegen im Wert- und Zielsystem der Ärzte selbst. Viele Ärzte scheuen die allzu hohen zeitlichen Anforderungen und den entsprechenden Mangel an Freizeit, sie vermissen kulturelle Anregungen und Interaktionen auf dem Lande und glauben es deshalb ihren Familien nicht zumuten zu können, eine Landpraxis zu übernehmen. Außerdem lassen sich standesgemäße Einkommenserwartungen in der Stadt besser verwirklichen als auf dem Lande. In den Ländern, in denen die Ärzte sich frei niederlassen können, wirken sich die persönlichen Wünsche und Erwartungen dahingehend aus, daß die Arztdichte dort am höchsten ist, wo die Bevölkerung am wohlhabendsten ist. Dadurch entsteht eine Verteilung, die nicht der Verteilung der Bevölkerung und ihren Bedürfnissen entspricht. In der Bundesrepublik Deutschland ist die Kassenärztliche Vereinigung um einen gewissen Ausgleich bemüht. Sie versucht, durch die Gewährung von zinslosen Krediten bei der Einrichtung und der Übernahme von Praxen sowie durch die Zusage von Einnahmegarantien Ärzte für eine Niederlassung in vordringlich zu besetzenden Orten zu interessieren.

Die Unterversorgung mit akademisch ausgebildeten Ärzten, klinischen Einrichtungen und Apotheken „saugt nun in erhöhtem Maße Ersatzkräfte auf und fördert althergebrachte, aber medizinisch-wissenschaftlich längst veraltete und überholte Ersatzhandlungen, um die Gesundheitsbedürfnisse zu befriedigen, sogenannte ‚volksmedizinische' Institutionen, Attitüden und Praktiken" (SCHENDA 1975, S. 152). In erster Linie übernimmt die Familie die Krankenpflege und versucht mit „Hausmitteln" Krankheiten zu heilen. An zweiter Stelle springen religiöse Institutionen in die Bresche. Volksmedizin und Volksglaube reichen sich im Gesundbeten und in magischen Formen der Krankenbehandlung die Hand. Interessant sind die Bemühungen zu Beginn des vorigen Jahrhunderts, die Landpfarrer in den Dienst am Krankenbett einzuspannen (Pastoral-Medizin). Das starke kirchliche Engagement im Gesundheitswesen hat zur Gründung von kirchlichen Diakonissenanstalten und von Orden geführt, die sich hauptsächlich der Krankenpflege widmen. Die ländliche Schwesternstation ist meistens ebenfalls eine kirchliche Einrichtung.

In anderen Ländern läßt das ländliche Gesundsheitswesen ebenfalls viele Wünsche offen. Nach Angaben von RODNEY M. COE entfielen 1959 in den USA auf je 100 000 Großstadtbewohner 133 Ärzte, auf je 100 000 Bewohner ländlicher und halbländlicher Siedlungen jedoch nur 75 Ärzte. Vor allem fehlte es auf dem Lande an Fach- und Krankenhausärzten. So betrug das Verhältnis ländlicher zu durchschnittlicher Ärztedichte 43 : 47 praktische Ärzte, 3 : 45 Fachärzte und 2 : 27 Krankenhausärzte je 100 000 Einwohner (zit. nach SCHENDA 1975, S. 165). Das weitmaschige Netz ärztlicher Versorgung auf dem Lande bedeutet relativ lange Wegzeiten und Beschwernisse und erklärt damit die geringe Inanspruchnahme ärztlicher Hilfe.

Ist das ländliche Gesundheitswesen in den westlichen Industrieländern schon ungenügend, so sind die Verhältnisse in den meisten ländlichen Regionen der Entwicklungsländer als katastrophal zu bezeichnen. Dies macht sich in einer sehr hohen Säuglings- und Kindersterblichkeit, in einer niedrigen mittleren Lebenserwartung und in einer geringen Leistungsfähigkeit der krankheitsgeschwächten Bevölkerung bemerkbar. Den Anstrengungen der Weltgesundheitsorganisation und der nationalen Gesundheitsdienste ist es zwar gelungen, die großen Volksseuchen unter Kontrolle zu bringen. Ganze „Armeen der Gesundheit" (Iran) sind auf dem Lande im Einsatz, in ländlichen Ambulatorien und Kliniken werden Patienten kostenlos behandelt, und in einigen Ländern wurden zentrale medizinische Zentren für die Landbevölkerung eingerichtet. Aber immer noch ist die Masse der Landbewohner in Entwicklungsländern auf die fragwürdigen Methoden der lokalen Volksmedizin angewiesen und siecht dahin. Dies ist nach dem Urteil von MYRDAL (1973, S. 356) nicht nur auf das mangelhafte Angebot an ärztlichen Diensten, sondern auch auf traditionelle Einstellungen zurückzuführen: „Obwohl die einheimische Medizin verfallen ist und nur wenig offizielle Unterstützung genießt, hat sie für die Landbevölkerung... ihre Macht nicht eingebüßt... In den Augen der Dorfbewohner sind die Qualitäten eines Praktikers der einheimischen Medizin denen eines westlich ausgebildeten Arztes überlegen. Weder isoliert der eingeborene Praktiker seine Patienten fern von der Familie im Krankenhaus, noch begegnet er ihnen mit Spott, wenn sie ihre Krankheit auf die Rache der Götter zurückführen. Er sagt niemals, er wisse nicht, was ihnen fehlt, und er verlangt keine Bezahlung, bevor Resultate sichtbar sind."

3.1.3 Bildungsprobleme

Hunger, Krankheit und Armut auf dem Lande werden zum großen Teil auf die Unwissenheit der Landbewohner zurückgeführt. Daraus wird dann gefolgert, die Verbesserung der Lebensverhältnisse sei in erster Linie ein Bildungsproblem und es komme nicht so sehr darauf an, wieviel Kapital in die Wirtschaft und Infrastruktur investiert werde. Sofern die Menschen in traditionellen Verhaltensweisen und Vorstellungen befangen sind, ist mehr Bildung zwar eine notwendige, aber noch keine hinreichende Bedingung der Entwicklung. Die Bildungsinvestitionen haben in Entwicklungsländern keineswegs immer das erwartete Wirtschaftswachstum bewirkt. Enttäuschende Erfahrungen haben in jüngster Zeit die Aufmerksamkeit der Bildungs- und Entwicklungspolitiker wieder mehr auf außerschulische Formen der Bildung gelenkt. Die Merkmale einer den Erfordernissen der Entwicklung angepaßten Pädagogik faßt BERNWARD JOERGES (1969, S. 37) in vier Punkte zusammen:

(1) Der Erziehungsprozeß wird nicht so sehr als eine Anpassung oder Vervollkommnung der individuellen Persönlichkeit, sondern als Lernprozeß einer ganzen Gemeinde verstanden.
(2) Der Lernprozeß, den die Gemeinde durchmachen soll, wird weitgehend aus dem schulisch-institutionellen Rahmen gelöst und in die „Ernstsituation" verlegt.
(3) Erzieherische Verfahren der Information und Einübung neuer Verhaltensweisen werden ergänzt durch materielle und institutionelle Veränderungen.
(4) Es werden „aktive" pädagogische Verfahren, z. B. learning by doing und group work sowie kollektive Lernsituationen bevorzugt. Kommunikationsformen, bei denen der Anteil an abstrakter Information gering ist und die situativ leicht anpaßbar sind, haben den Vorrang.

Nach PAOLO FREIRE (1973) entscheidet die Wahl des pädagogischen Verfahrens, „ob die Erziehung den Menschen befreit oder domestiziert". Er unterscheidet zwei Arten von Erziehung, die er „depositäre" und „problematisierende" nennt. Bei der depositären Erziehung, dem „Füttern mit Wissensstoff", komme es sehr darauf an, ob aus der eigenen, lebendigen Kultur geschöpft werde oder nicht. Im letzteren Falle entwerte und beseitige Bildung die kollektiven Erfahrungen der eigenen Gruppe, ja selbst ihre kulturelle Identität, und führe zu Entfremdung und Unterdrückung. Die Alternative zum „Fressen fremden Wissens" sei die Wahrnehmung der eigenen Lebenssituation als Problem und die Lösung dieses Problems in Reflexion und Aktion.

Die Landpädagogik steht stets vor der zwiespältigen Aufgabe, einen Teil der Schüler für das Landleben geistig auszurüsten, gleichzeitig aber einen anderen Teil für den Übergang in die industriell-bürokratische Arbeitswelt und ein Leben in städtischer Subkultur vorzubereiten. Bildung dient im Entwicklungsprozeß dem Erwerb von Kenntnissen und Fertigkeiten, der Entfaltung der Persönlichkeit, der Vermittlung neuer Leitbilder und Einstellungen; die Bildungspolitik kann aber auch die Entfremdung bezwecken, um Minderheiten in eine nationale Kultur einzuschmelzen, Traditionen zu brechen und eine neue Gesellschaftsordnung zu schaffen.

In modernen Industriegesellschaften ist Schulbildung ein hoher Wert an sich, ein rangbestimmendes Merkmal und die wichtigste Leiter des sozialen Aufstiegs. In ländlichen Gesellschaften haben hingegen traditionell andere Kriterien ein größeres Gewicht. Auf langen Schulbesuch wurde daher bis in jüngste Zeit kein allzu großer Wert gelegt. Für Gebildete gab es wenig angemessene Berufsstellungen. Wer höhere Bildung erwarb, mußte sich gewöhnlich in der Stadt nach einem Arbeitsplatz umsehen. Dies traf in einigen Entwicklungsländern sogar für Volksschulabsolventen zu.

Obwohl in den Industrieländern der Wert guter Allgemeinbildung und fachlicher Ausbildung für eine ländliche Erwerbstätigkeit inzwischen erkannt wird, hinkt die Landbevölkerung in ihrem Ausbildungsstand noch weit hinter der städtischen Bevölkerung hinterher. Dies ist aber weniger die Folge mangelnder Bildungsbereitschaft als eines unzureichenden Bildungsangebots, das dem städtischen aus mancherlei Gründen an Vielseitigkeit, Qualität und Erreichbarkeit nachsteht. Nur wenige Staaten, wie Schweden und Dänemark, bieten dem Landvolk gleichwertige oder bessere Bildungsmöglichkeiten.

In den meisten Ländern besteht das Problem, daß weniger Lehrer gewillt sind, auf dem Lande zu leben und zu lehren, als benötigt werden, und daß in den dünner besiedelten Gebieten Schulen und Klassen ungenügend ausgelastet sind. Die übliche Lösung ist die Konzentration des Unterrichts in Mittelpunktschulen. Abgesehen von den Belastungen und Gefahren, denen Fahrschüler ausgesetzt sind, wird bei dieser Lösung übersehen, daß Landschulen und Landlehrer nicht nur Kinder im Lesen, Schreiben und Rechnen zu unterrichten, sondern umfassendere kulturelle Aufgaben zu erfüllen haben. So gesehen ist die Schließung der oft belächelten ländlichen Zwergschulen nicht unbedingt als Fortschritt zu begrüßen. Daß auch andere Lösungen gangbar sind, beweist der Iran mit der Aufstellung einer „Armee des Wissens", die die kleinen Landschulen auch in den entlegensten Gegenden mit Lehrkräften versorgt.

Die Behinderung der Landkinder durch die ländliche Siedlungsweise ist nicht nur eine Folge der zu überwindenden Entfernung zum Schulgebäude, sondern äußert sich auch in der Schulreife. Bei einem Test in Wasserburg am Inn war fast ein Drittel der Schulneulinge noch nicht schulreif. Die schlimmsten Mängel ergaben sich auf sprachlichem Gebiet, besonders bei Kindern, die auf Einödhöfen wohnten. Die Ausdrucksfähigkeit dieser Kinder beschränkte sich auf die „Sippensprache" der Hofgemeinschaft, so daß sie von der Schulsprache anfangs überfordert waren. Das Auseinanderklaffen von Umgangs- und Schulsprache belastet in noch viel stärkerem Maße das Bildungswesen in allen Nationalitätenstaaten, wo die Schulsprache für die Minderheiten faktisch eine Fremdsprache darstellt.

Weltweit gesehen ist auf dem Land der Anteil der Analphabeten (in Prozent der Bevölkerung über 15 Jahre) höher und die kombinierte Primar- und Sekundar-Einschulungsrate in der Altersgruppe 5 bis 19 Jahre niedriger als in der Stadt. Die Landbevölkerung erhält im Schnitt eine kürzere und schlechtere Ausbildung als die Stadtbevölkerung.[1] Von Ausnahmen abgesehen gilt ebenfalls allgemein, daß Landeltern ihren Töchtern weniger Schulbildung angedeihen lassen als ihren Söhnen.

Das Stadt-Land-Bildungsgefälle geht auf mehrere Ursachen zurück: (1) das geringere Bildungsangebot im ländlichen Raum, (2) die höheren Kosten und Beschwerlichkeiten, Schulen zu besuchen, (3) den mangelnden Bildungsdruck der Eltern, (4) die weniger schulfreundliche und bildungsbezogene Atmosphäre in Landfamilien, (5) die Furcht, den Anforderungen der höheren Schulen nicht gewachsen zu sein, (6) die Angst, die Eigengruppe verlassen zu müssen, (7) die Unabkömmlichkeit der Kinder und Jugendlichen im Elternbetrieb und (8) die Schulziele der Eltern. Existenzgründung und sozialer Aufstieg sind auf dem Lande in vielen Fällen weniger an langjährigen Schulbesuch geknüpft als städtische Karrieren. Vorurteile gegenüber Gymnasialbildung und unzureichender Grundschulunterricht bilden weitere Bildungsbarrieren. Unterschiedliche Sozialstrukturen in Stadt und Land erklären ebenfalls Bildungsunterschiede. In

---

[1] Eine UNESCO-Studie in Lateinamerika ergab, daß von 1000 eingeschulten Landkindern in Guatemala nur 35, in Kolumbien nur 37 und in Uruguay nur 417 sechs Klassen absolvierten (zit. nach COOMBS und AHMED 1978, S. 18f.).

vielen Ländern sind die Bildungschancen schichtspezifisch verteilt. Angehörige der Unterschichten finden auch bei grundsätzlicher Chancengleichheit schwerer Zugang zu den weiterführenden Schulen und Ausbildungsgängen als Angehörige der Mittel- und Oberschichten infolge mangelnder Information über Schulsysteme, fehlender Bildungstradition und Fehleinschätzung der Schuleignung der Kinder. Hinzu kommt, daß Schulzugang und Schulerfolg an den höheren Schulen nicht nur über die Begabung, sondern auch über soziale Kriterien gesteuert werden.

In der Bundesrepublik Deutschland liegen die Verhältnisse wie folgt: Derjenige Teil der Landbevölkerung, der bis Ende der fünfziger Jahre seine Schulbildung abschloß, besuchte weit überwiegend acht Jahre lang die Volksschule; nur 5 Prozent gingen auf eine allgemeinbildende weiterführende Schule. Heute ist es auch für Landkinder nicht mehr ungewöhnlich, von der Grundschule auf eine Realschule oder ein Gymnasium überzuwechseln. Ende der sechziger Jahre besuchte in Schleswig-Holstein und Niedersachsen jeder vierte, in den übrigen Bundesländern jeder sechste Landjugendliche eine höhere Schule.

In einer Untersuchung über den „Schulbesuch in ländlichen Gebieten der Bundesrepublik" konnte EDMUND MROHS (1971) nachweisen, daß zwischen 1961 und 1968 das Bildungsgefälle zwischen Stadt und Land stark abgebaut wurde. Die ländlichen Räume zeigen demnach – gemessen an den Anteilen der 15jährigen Schüler in allgemeinbildenden weiterführenden Schulen – gegenüber den Verdichtungsgebieten keine generellen Rückstandsphänomene. Dennoch beginnt für rund vier von fünf Landjugendlichen das Berufsleben unmittelbar nach der Entlassung aus der Hauptschule im Alter von 16 bis 17 Jahren. Bedenklich ist in diesem Zusammenhang die steigende Zahl derjenigen, die das Abschlußprädikat der Hauptschule nicht erhalten. Um so mehr Bedeutung kommt daher auf dem Lande dem niederen und mittleren berufsbildenden Schulwesen und der praktischen Berufsausbildung zu. Der Ausbau der Erwachsenenbildung ist auf dem Lande besonders dringend, um Bildungsdefizite auszugleichen und Weiterbildung zu ermöglichen.

Übersicht 54. Ausbildungsstand 17- bis 28jähriger Personen auf dem Lande, Bundesrepublik Deutschland, 1955 und 1968

Ausbildungsstand	Männliche Befragte		Weibliche Befragte	
	1955	1968	1955	1968
ungenügend	18	17	34	37
mäßig	22	22	43	22
befriedigend	46	49	17	34
gut	14	12	6	7
insgesamt	100	100	100	100

Quelle: PLANCK 1970, S. 70.

Der Vergleich des Ausbildungsstandes der Landjugend in den Jahren 1955 und 1968 (Übersicht 54) ergibt für Westdeutschland, daß
(1) das Ausbildungsprofil der männlichen Landjugend im Berichtszeitraum gleich geblieben ist,
(2) der Ausbildungsstand der Mädchen insgesamt gesehen immer noch erheblich schlechter ist als derjenige der Männer,
(3) die weibliche Landjugend dennoch ihren Ausbildungsstand beträchtlich verbesserte. Die Kategorie „befriedigend" hat auf Kosten der Kategorie „mäßig" zugenommen, während die Kategorie „ungenügend" gleich stark besetzt blieb, woraus folgt, daß eine begonnene Berufsausbildung häufiger als früher zu einem befriedigenden Abschluß gebracht wird.

Literatur: VON BLANCKENBURG 1977, BOSERUP 1965, FREIRE 1973, LOWRY 1976, PFLANZ 1967, RÜCKRIEM 1965, WELLIN 1962.

Diskussions- und Prüfungsfragen
1. Erklären Sie den Zusammenhang zwischen Hunger, Krankheit, Armut und Unwissenheit!
2. In welcher Weise tragen Sozialordnung und Kultur zu Fehl-, Mangel- und Unterernährung bei?
3. Wovon wird der Nahrungsraum einer Bevölkerung bestimmt?
4. Welche Möglichkeiten gibt es, den Nahrungsraum auszuweiten, und wo liegen die sozialkulturellen Grenzen?
5. Warum ist die ländliche Bevölkerung medizinisch unterversorgt?
6. Wie muß eine den Erfordernissen der Landentwicklung angepaßte Pädagogik aussehen?
7. Auf welche Ursachen geht das Stadt-Land-Bildungsgefälle zurück?

3.2 Einkommensprobleme

3.2.1 Ländliche Armut

Armut liegt vor, wenn ein öffentlicher oder privater Haushalt den gesellschaftlich anerkannten Mindestbedarf nicht aus eigenen Einkünften decken kann. Für internationale Vergleiche wird das Vorhandensein von Armut dann als gegeben angenommen, wenn das Pro-Kopf-Einkommen je Jahr weniger als 300 US-Dollar beträgt.[1]

Armut ist überwiegend ein ländliches Problem, denn 80 Prozent der geschätzten 750 Millionen absolut und relativ armen Personen leben auf dem Lande, meistens von Subsistenzlandwirtschaft. Die meisten ländlichen Sozialprobleme hängen unmittelbar mit der ländlichen Armut zusammen oder ließen sich lösen, wenn die öffentlichen und privaten Haushalte vollere Kassen hätten. Die ländliche Armut tritt sowohl als allgemeine und partielle als auch als öffentliche und private Armut auf. Sie ist insofern eine allgemeine Erscheinung, als die Einkommen in ländlichen Gebieten und Agrargesellschaften durchschnittlich niedriger sind als in Verdichtungsgebieten und Industriegesellschaften. Das Kartenbild der Armut deckt sich fast vollständig mit den entwicklungsbedürftigen Agrarregionen (Abb. 33). Aber nicht alle Agrargebiete sind zugleich Notstandsgebiete, wie auch nicht alle Landfamilien arm sind. Selbst in ganz armen Agrarregionen leben einige Familien in relativem Wohlstand, der gewöhnlich das Ergebnis generationenlangen Schaffens und Raffens ist.

Arm sind vor allem die später Zugezogenen, die Landlosen, die Kinderreichen[2], die Witwen mit kleinen Kindern, die vom Unglück Verfolgten sowie die älteren und erwerbsbehinderten Leute, die nicht durch Verwandte kräftig unterstützt werden. Auch die Tagelöhner zählen zu den Ärmsten der Armen. Nach einem Bericht der ILO (Press 62–76) betrug 1975/76 der Tageslohn auf einer indischen Teeplantage 0,71 US-Dollar und in Uganda 0,54 US-Dollar, verglichen

---
[1] Die Weltbank bezeichnet als „absolut arm" Personen, deren jährliches Einkommen unter 50 US-Dollar liegt. Dies reicht nicht aus, um sich mit dem Notwendigsten an Nahrung, Kleidung, Wohnung, Bildung und Medizin zu versorgen. 85 Prozent der Armen gehören zu dieser Kategorie. Die restlichen 15 Prozent nennt die Weltbank „relativ arm". Das Einkommen der relativ Armen liegt zwar über 50 US-Dollar je Jahr, beträgt aber weniger als ein Drittel des durchschnittlichen Pro-Kopf-Einkommens des betreffenden Landes. (World Bank 1975: Rural Development: Sector Policy Paper. Washington D. C.)
[2] Die Abhängigkeit der Armut vom Kinderreichtum belegt eine Studie des Wiener Institus für empirische Sozialforschung (Armut in Österreich, 1968), wonach von den Familien mit zwei Kindern 25 Prozent, von den Familien mit drei Kindern 38 Prozent und von den Familien mit vier und mehr Kindern 49 Prozent „arm" waren. Die kinderreichen Armen Österreichs leben überwiegend auf dem Lande.

Ländliche Sozialprobleme 379

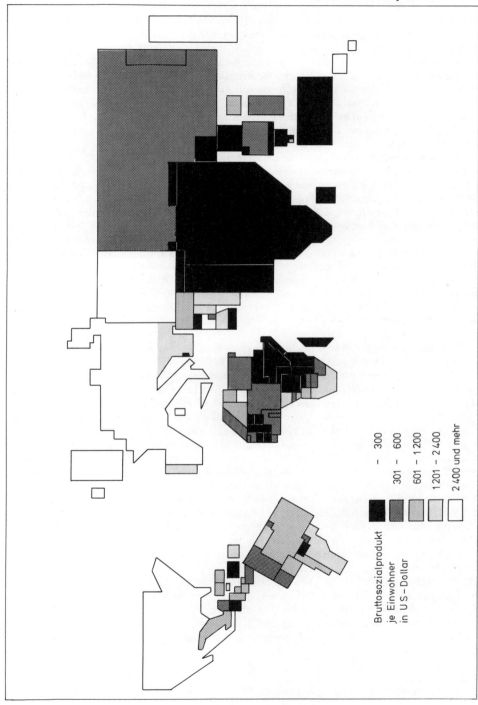

Abb. 33. Weltregionen der Armut

mit 18 US-Dollar Tagesverdienst eines Farmarbeiters in Nordamerika. Aber an wieviel Tagen im Jahr verdient ein ugandischer Landarbeiter einen halben Dollar, und wieviele Angehörige müssen davon leben?

Die Finanzkraft der Landgemeinden beruht primär auf den privaten Einkommen und Vermögen als Steuerquelle. Da das örtliche Steueraufkommen in ländlichen Gemeinden meistens nicht ausreicht, um die wichtigsten öffentlichen Aufgaben zu erfüllen, muß innerhalb der öffentlichen Kassen ein Finanzausgleich vorgenommen werden. In der Bundesrepublik Deutschland findet dieser im Rahmen des Steuerverbundes vertikal (Bund–Länder), horizontal (Länder–Länder) und kommunal (Gemeinden–Gemeinden) statt. Er bezweckt, „die Beeinträchtigungen, die sich aus dem Mißverhältnis zwischen Bevölkerung und Erwerbsgrundlagen ergeben, im öffentlichen Bereich erträglich zu gestalten" (HUNKE 1970, S. 695). Die Ausgaben der westdeutschen Landgemeinden werden gegenwärtig nur noch zu 27 Prozent aus Steuern, jedoch zu 27 Prozent aus Finanzzuweisungen, zu 17 Prozent aus Gebühren und Beiträgen, zu 14 Prozent aus Kreditaufnahmen und zu 15 Prozent aus Wirtschaftsbetrieben, Vermögensveräußerungen und sonstigen Quellen finanziert. Die Gemeindehaushalte werden außerdem dadurch entlastet, daß übergeordnete Gebietskörperschaften wichtige Aufgaben, vor allem im Erziehungs-, Gesundheits- und Verkehrswesen, der Rechtspflege und der sozialen Sicherung übernehmen. Infolge ihrer Finanzschwäche sind die meisten Landgemeinden einem fortlaufenden Verkümmerungsprozeß ausgesetzt und geraten mehr und mehr in Abhängigkeit.

Die private ländliche Armut ist sowohl eine Folge niedriger Einkommen als auch ungünstiger Relationen zwischen Einkommen und notwendigen Ausgaben. Unter Einkommen versteht man die Natural- und Geldeinkünfte, über die im Haushalt verfügt wird. Sie können aus selbständiger und abhängiger Arbeit, aus Unternehmergewinnen, Zinsen, Mieten, Pachten, Renten, Pensionen und Schenkungen stammen.

Gewöhnlich wird die ökonomische Lage einer Bevölkerung mit Hilfe des „Pro-Kopf-Einkommens" gemessen und vergleichbar gemacht. Hierbei wird die Wertschöpfung innerhalb eines Wirtschaftsgebietes während eines Wirtschaftsjahres, das Volkseinkommen (Netto-Sozialprodukt zu Faktorkosten), auf die Zahl der Einwohner umgelegt.[1] Als Durchschnittsziffer sagt das Pro-Kopf-Einkommen bei extremer Einkommensverteilung wenig über die tatsächlichen Lebensverhältnisse in einzelnen Gebiets- und Bevölkerungskategorien aus. Neuerdings wird daher bei Vergleichen als Indikator der Armut das Pro-Kopf-Einkommen der ärmsten 20 Prozent der Bevölkerung gewählt. Die großen Einkommensunterschiede legen in der Tat ein solches Vorgehen nahe. In 44 Ländern Afrikas, Asiens und Lateinamerikas beträgt das Einkommen des reichsten Fünftels der Bevölkerung zehnmal mehr als das des ärmsten. In einzelnen Ländern ist die Kluft zwischen Reich und Arm noch größer. So errechnet sich für Brasilien ein Verhältnis von 17 : 1, für Kolumbien von 31 : 1 und für Gabun von 35 : 1 (vgl. SKRIVER 1977, S. 49). Forscht man nach der Herkunft des ärmsten Fünftels der Bevölkerung eines Landes, so stößt man vor allem auf die Bewohner zurückgebliebener ländlicher Gebiete und auf die ländlichen Zuwanderer am Rande der großen Städte.

Zur Erklärung des weltweiten Phänomens der ländlichen Armut sind mehrere Theorien aufgestellt worden.

(1) *Rückstandstheorie.* Einige Theoretiker erklären die ländliche Armut einfach als ein Entwicklungsphänomen. OSCAR LEWIS (1964) z. B. vertritt die Lehre, eine Region sei arm, weil ihre natürlichen Hilfsquellen noch nicht erschlossen seien, rückständige Technologien angewandt würden, die Kapitalausstattung niedrig sei und die Institutionen veraltet seien. Der Entwicklungspolitik der vergangenen Jahrzehnte liegt vor allem diese Theorie zugrunde. Politiker

---

[1] Zur Entstehungs- und Verteilungsrechnung des Sozialprodukts siehe BODENMILLER und ISENBERG 1970.

aller Richtungen haben daraus geschlossen, daß es vor allem darauf ankomme, durch technische und Kapitalhilfe die wirtschaftliche Entwicklung und Erschließung anzukurbeln. Fehlschläge und Mißerfolge legen jedoch eine differenziertere Behandlung des Problems nahe.

(2) Die *Produktivitätstheorien* gehen zurück auf die klassische Untersuchung von ADAM SMITH (1723–90) über die „Natur und die Ursachen des National-Reichtums" (1776). Dieser wird nach SMITH bedingt „erstlich durch die Einsicht, die Geschicklichkeit und den Fleiß, welche die Nation im Ganzen bei ihrer Arbeit anwendet; und zweitens durch das Verhältnis zwischen der Anzahl der mit nützlicher Arbeit beschäftigten und der unbeschäftigten Menschen" (ebenda S. 1 f.), ferner durch die Höhe des Kapitaleinsatzes und den Grad der Arbeitsteilung. Ins Negative gewendet läßt sich damit auch die Armut zum Teil erklären. Einsicht und Geschicklichkeit sind das Ergebnis allgemeiner und fachlicher Bildung und Ausbildung, mit der es – wie oben erwähnt – in ländlichen Gebieten oft nicht zum Besten bestellt ist. Fleiß hingegen ist eine Frage der Motivation. Die Leistungsmotivierung ist überall dort gering zu veranschlagen, wo sich die Klasse der Grundeigentümer und Geldverleiher oder der Staat den Mehrwert landwirtschaftlicher Arbeit aneignet oder wo der Markt keine Anreize zu hohen Produktionsleistungen bietet. Wenn sich durch Arbeit weder Wohlstand noch Ansehen gewinnen läßt, wird Fleiß sinnlos und steigt der relative Wert der Muße. Schonung der Kräfte wird dann zum rationalen Verhalten.

Ein ungünstiges Verhältnis von produktiven zu unproduktiven – genauer ausgedrückt von erwerbenden zu zehrenden – Personen trägt in Umkehrung der zweiten SMITH'schen These ebenfalls wesentlich zur ländlichen Armut bei. Dieses Verhältnis wird hauptsächlich durch den Altersaufbau und den Gesundheitszustand einer Bevölkerung und durch soziale Normen bestimmt. Ein ungünstiger Altersaufbau kann die Folge einer hohen Geburtenrate, einer hohen Lebenserwartung und/oder von Wanderung sein. In der bäuerlichen Landwirtschaft der Industrieländer zehren vor allem die Altenlasten am Einkommen, in den Entwicklungsländern, wo 40 bis 50 Prozent der Landbevölkerung jünger als 15 Jahre alt sind, belasten vor allem die Aufzucht- und Ausbildungskosten der zahlreichen Kinder die Haushalte. Diese Aufwendungen bringen dem Lande keine Erträge, wenn die Herangewachsenen abwandern. MYRDAL (1959, S. 26) fand dies in der europäischen Geschichte bestätigt: „Die Armut in den landwirtschaftlichen Gebieten Europas während der langen Periode der Netto-Auswanderung zu den Industriezentren – und nach Amerika – findet ihre wichtigste Erklärung in der unvorteilhaften Altersstruktur, die durch die Auswanderung und zum Teil auch durch die höhere Fruchtbarkeit verursacht wurde". Übersehen wird oft, daß in vielen Gesellschaften der unproduktive Bevölkerungsteil durch diejenigen erwachsenen Mitglieder erheblich vergrößert wird, denen eine Erwerbstätigkeit aufgrund ihres Geschlechts, ihrer Standes- oder Kastenzugehörigkeit untersagt ist.

Eine bessere Ausstattung des Arbeitsplatzes mit Energie, Maschinen usw., eine zweckmäßige Arbeitsteilung und rationelle Arbeitsorganisation erhöhen die Produktivität der menschlichen Arbeitskraft. Diese Erkenntnis von ADAM SMITH wurde von den hervorragenden Agrarökonomen seiner Zeit begierig aufgegriffen, in Deutschland von ALBRECHT THAER (1752 bis 1828), der in § 23 seiner landwirtschaftlichen Gewerbelehre von 1815 schrieb: „Der Effekt der Arbeit wird erstaunlich vermehrt durch zwei mächtige Hebel: Teilung der Arbeit und Maschinen". Es erwies sich jedoch in der Folgezeit teils aus technischen, teils aus sozialen Gründen als recht schwierig, THAERs Grundsätze einer „rationellen Landwirtschaft" zu verwirklichen, weshalb die landwirtschaftliche Arbeitsproduktivität bis in die Gegenwart hinter der industriellen zurückblieb. Daher gelang es den Landwirten bislang auch nicht, die „Einkommensdisparität" aus eigener Kraft zu beseitigen.

Neben der Landwirtschaft weisen auch andere typisch ländliche Erwerbszweige wie die Forstwirtschaft und das Bauhandwerk eine relativ niedrige Produktivität auf. Man kann grob vereinfachend sagen, daß im ländlichen Raum vor allem weniger produktive und niedriger bezahlte Tätigkeiten ausgeübt werden, während sich die besser bezahlten und die produktiveren

Arbeitsplätze hauptsächlich in den Städten und industriellen Ballungsgebieten befinden. Auf dem Lande kann man auch deshalb nicht so gut wie in den Städten verdienen, weil viele produktive Tätigkeiten nur saisonal ausgeübt werden können.

(3) Eine weitere Theorie gibt mehr der unzureichenden *Bodenausstattung* und dem fehlenden Nebenerwerb der Landfamilien als der mangelhaften Kapitalausstattung ländlicher Arbeitsplätze Schuld an der ländlichen Armut. Es ist damit das Agrar- und Beschäftigungsproblem angesprochen, das in den folgenden Abschnitten behandelt wird, sowie das Betriebsgrößenproblem (siehe Teil 2: 1.3 und 5.2).

(4) Mit der Theorie der *„zirkulären Verursachung kumulativer Prozesse"* (siehe Teil 3: 1.1.3) erklärt MYRDAL (1974), der wie kein anderer Nationalökonom die Ursachen der Armut erforscht hat, warum im Gegensatz zu der Auffassung von ADAM SMITH das freie Spiel der wirtschaftlichen Kräfte nicht zu allgemeinem Wohlstand führt, sondern die Reichen reicher und die Armen ärmer macht. Wie der Wohlstand, so wird nach seiner Erkenntnis auch die Armut zirkulär verursacht, weil aus Armut mangelhafte Ernährung, aus Mangelernährung geringe Leistungsfähigkeit, aus Leistungsschwäche niedriges Einkommen und daraus wieder Armut folgt. Armut ist das Ergebnis eines kumulativen Prozesses, weil sich die negativen Faktoren gegenseitig hochschaukeln. Deutlicher wird das Prinzip in regionaler Betrachtung. Standorte und Regionen, in denen sich aus irgendeinem Grunde die wirtschaftliche Aktivität erhöht, ziehen Kapital, Intelligenz, Unternehmertum und Arbeitskräfte aus anderen Regionen an. Die Abwanderung der Produktivkräfte schwächt dagegen die Wirtschafts- und Steuerkraft der Passivräume. Versorgungs- und Dienstleistungsbetriebe müssen dort eines Tages wegen mangelnder Kundschaft und rückläufigen Umsätzen schließen. Weil die Versorgung schlechter wird und das gesellige Leben verarmt, verliert die Region weiter an Anziehungskraft, und es wandern noch mehr Menschen ab. Der Prozeß der Verelendung und Verödung schreitet voran. Es kommt zu einer „sozialen Erosion". Die Zentren wirtschaftlicher Dynamik (Aktivräume) sind meistens Städte, die Passivräume gewöhnlich ländliche Gebiete.

(5) Die *Ausbeutungstheorie* haben sich in jüngster Zeit vor allem AMILCAR HERRERA und HUGO SCOLNIK (1977) zu eigen gemacht. Sie führen aus, daß Armut und Rückständigkeit der ländlichen Gebiete die Folgen asymmetrischer Machtrelationen seien. Die herrschenden Gruppen gehörten überwiegend zum städtischen Bereich, und dies sei schuld daran, daß der wirtschaftliche Überschuß des ländlichen Bereichs vor allem den privilegierten städtischen Minderheiten zugute komme.

(6) Die *Motivationstheorie* erklärt die Armut in den Entwicklungsländern mit dem geistigen Habitus der Menschen. RUDOLF STUCKEN (1966) z. B. behauptet, es seien dort andere Wertesysteme gültig als in den Industrieländern. Oft würden Werte kontemplativ-religiöser oder sogar magischer Art das Handeln bestimmen. Typisch sei ferner eine apathische, negative Einstellung zur Arbeit. Unternehmerische Menschen fehlten, die die technischen Möglichkeiten wirtschaftlich zu nutzen verstünden und bereit wären, Kapital in Produktionsbetrieben festzulegen. Auch die Unsicherheit, über die Arbeitserfolge selbst in voller Höhe verfügen zu können, lähme den Arbeitseifer. Schließlich übe die „geistige Elite der Weißköpfe" einen konservativen Einfluß aus. Eine Überwindung der Armut setzt nach dieser Theorie einen geistigen Wandel voraus, was in erster Linie ein Bildungsproblem ist.

3.2.2 Das „Agrarproblem"

Das sogenannte Agrarproblem ergibt sich im wesentlichen aus dem notwendigen Übergang von einer Lebensform der Selbstversorgung zu einer Erwerbstätigkeit im Rahmen einer arbeitsteiligen Volkswirtschaft. Es wird in der Literatur im allgemeinen als Einkommensproblem behandelt. Manche Autoren halten das Einkommensproblem für *das* Agrarproblem schlechthin, weil im relativ niedrigen Einkommen in der Landwirtschaft die soziale Disparität ihren meßbaren

Ausdruck finde und die Anpassungsschwierigkeiten der Landwirtschaft sichtbar würden[1]. Die Einkommensschwäche sei ein Zeichen mangelhafter Integration der Landwirtschaft in die moderne Industriegesellschaft. Die Einkommenshöhe ist jedoch nicht nur ein sehr griffiger Indikator, sondern auch ein sozialökonomischer Schlüsselfaktor. Die wirtschaftliche Bedeutung der Einkommenshöhe für die Lebenshaltung liegt auf der Hand. Die soziale Bedeutung ergibt sich daraus, daß in modernen Industriegesellschaften die Einkommenshöhe ein wichtiger rangbestimmender Faktor ist und die Verdienstchancen erheblich zum Grad der Attraktivität eines Berufes beitragen. Für die ökonomischen Wirkungen ist die absolute Höhe des Einkommens entscheidend; in sozialer Hinsicht kommt es auf die Einkommensrelationen zwischen den Berufskategorien an.

Das Einkommensproblem in der Landwirtschaft zerfällt daher bei näherer Betrachtung in das Problem des Niedrigeinkommens und das des Disparitätseinkommens. Der Agrarpolitiker HEINRICH NIEHAUS pflegte die Einkommenssituation in einer Industriegesellschaft (Abb. 34) in das Bild einer landwirtschaftlichen Einkommens*pyramide* zu kleiden, die im Tal gebaut ist, wogegen sich die außerlandwirtschaftliche Einkommens*zwiebel* auf einem höheren Terrain erhebt. Das agrarpolitische Problem besteht zum einen darin, die landwirtschaftliche Einkommenspyramide durch Abbau der unteren Schichten in eine Zwiebel zu verwandeln, also die ländliche Armut zu beseitigen, zum anderen die gesamte landwirtschaftliche Einkommenspyramide bzw. -zwiebel auf das Niveau der außerlandwirtschaftlichen Einkommenszwiebel anzuheben, also die Einkommensdisparität gegenüber anderen Berufen zu vermindern.

Abb. 34. Einkommenssituation in einer Industriegesellschaft

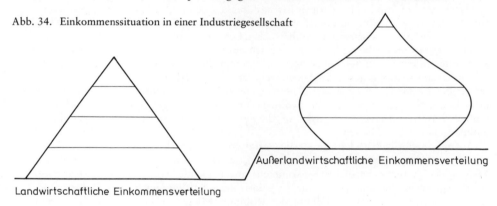

Das Problem des niedrigen Einkommens in der Landwirtschaft taucht in fünf verschiedenen Formen auf: (1) als Folge von Mißernten, Preiszusammenbrüchen und in Zeiten allgemeiner wirtschaftlicher Depression betrifft es alle Landwirte und ist zeitlich begrenzt; (2) als Folge von natürlicher Ungunst, Strukturmängeln und Anpassungsschwächen ist es auf einzelne Regionen (Problemgebiete) und auf einzelne Landwirte beschränkt und chronisch; (3) als Folge familiärer Desorganisation, eines ungünstigen Verhältnisses von Erwerbs- zu Verbrauchspersonen, persönlicher Leistungsschwäche und von Unglück im Betrieb trifft es einzelne Familien und ist entweder chronisch oder vorübergehend; (4) als Folge des Neubeginns auf einer Siedlerstelle dau-

---

[1] BACH (1967, S. 8) hält dagegen das Agrarproblem für ein komplexes und vielschichtiges, das sich nicht auf das Wirtschaftliche beschränkt. Die eigentlichen Wurzeln des modernen Agrarproblems liegen nach seiner ganzheitlichen Diagnose in der Entwicklung und in den Prinzipien des Industrialismus.

ert es ein paar Jahre, unter ungünstigen Bedingungen Generationen an[1]; (5) als Folge wirtschaftlichen Wachstums bedeutet es ein allgemeines Problem der Wirtschaftspolitik.

Daß die „ländliche Armut" nicht nur in Entwicklungsländern, sondern auch in hochindustrialisierten Ländern ein umfangreiches, nicht zu vernachlässigendes Sozialproblem darstellt, erhellt aus Angaben, wonach in den USA „ein reichliches Drittel der tatsächlichen Familienfarmen mit äußerst niedrigen Einkommen existiert" (LIPINSKY 1960, S. 16). Es ist keine leichte Aufgabe, das Problem der Landwirte mit niedrigem Einkommen zu lösen, denn diese werden durch verschiedenartige Umstände, durch Unterbeschäftigung, Kapital- und Bildungsmangel, widrige Familienverhältnisse, persönliche Eigenschaften und zum Teil auch durch die herrschende Sozialordnung am Grunde der Einkommenspyramide festgehalten. Wo diese Faktoren mit ungünstigen Produktionsbedingungen zusammentreffen, entstehen ländliche Notstandsgebiete, die auch durch großzügige Kredite und Staatszuschüsse (Subventionen) kaum saniert werden können.

Die einschneidendste Maßnahme zur Beseitigung und Verhinderung von landwirtschaftlichen Niedrigeinkommen ist es, submarginale Böden und Lagen für landwirtschaftliche Nutzung und Besiedlung zu sperren bzw. zu entsiedeln. Sinn dieser Maßnahme – in den USA als „rural zoning" und in der Bundesrepublik Deutschland als „passive Sanierung" bekannt – ist es, arme Siedler daran zu hindern, auf kargem Boden zu siedeln, und die Kommunen vor Folgekosten zu bewahren, die durch das örtliche Steueraufkommen nicht gedeckt sind. Eine weniger rigorose Maßnahme ist die Aufklärung der Landwirte über die langfristig geringen Einkommenschancen aufgrund der niedrigen Ertragsfähigkeit der Böden und der ungünstigen Lage zum Markt. Es wird nämlich immer wieder verkannt, daß kommerzielle Landwirtschaft nur unter günstigen natürlichen und wirtschaftlichen Bedingungen rentabel betrieben werden kann. Hoher Kapital- und Arbeitseinsatz erweist sich auf submarginalen Böden als Fehlinvestition. Subventionen bieten nur Scheinlösungen. Sie ermöglichen es zwar dem armen Landwirt, auf seinem Grundbesitz das gewohnte Leben weiterzuführen, verleiten ihn jedoch, an seiner unzureichenden Existenzgrundlage festzuhalten und in ein Objekt Zeit und Geld zu stecken, das sich nicht lohnt. Nur unter bestimmten siedlungs- und verteidigungspolitischen Gesichtspunkten können Subventionen gerechtfertigt sein, die den Charakter von „Ausharrungsprämien" auf submarginalem Land haben.

Auf anbauwürdigen Böden kommt der Gestaltung des Agrarkreditwesens, der Verbesserung der Agrarstruktur, der Beratung und Ausbildung der Landwirte im Hinblick auf die allmähliche Hebung des landwirtschaftlichen Einkommens entscheidende Bedeutung zu. Die stärkste Waffe im Kampf gegen die ländliche Armut ist jedoch die Schaffung neuer Arbeitsplätze und Verdienstmöglichkeiten und die Erhöhung der Mobilität. Mit gewerblich-industrieller Durchdringung und verkehrsmäßiger Erschließung des flachen Landes nehmen die Möglichkeiten zu, das niedrige landwirtschaftliche Einkommen durch außerlandwirtschaftlichen Verdienst zu ergänzen, ohne Wohnung und Betrieb aufgeben zu müssen. Besonders dann, wenn es gelingt, staatliche Hilfsmaßnahmen mit einer Aktivierung der örtlichen Kräfte in Gemeinde- und Regionalentwicklungsprogrammen zu verbinden, sind beachtliche Erfolge zu erwarten.

Die westlichen Regierungen haben in der Nachkriegszeit große Anstrengungen unternommen, die Einkommensschwäche der Landwirtschaft zu beheben. Die deutsche Bundesregierung ist durch das Landwirtschaftsgesetz von 1955 verpflichtet, dem Parlament alljährlich einen Bericht über die Einkommenslage der Landwirte und die Disparität zu vergleichbaren Berufs-

---

[1] Einer türkischen Untersuchung ist zu entnehmen, daß zur unteren Einkommensschicht jene Familien gehören, die noch nicht so lange im Dorfe wohnen. Dies erklärt sich dadurch, daß die alteingesessenen Familien die einträglicheren Ressourcen der Dorfökonomie besitzen, während die Zugezogenen mit den schlechteren Böden und den weniger einträglichen Stellen vorliebnehmen müssen.

gruppen sowie einen „Grünen Plan" von Stützungs- und Fördermaßnahmen vorzulegen. Mit den bisher eingesetzten Instrumenten der Preis- und Handelspolitik, der Finanz- und Kreditpolitik, der Struktur- und Sozialpolitik konnte allerdings trotz des Einsatzes von erheblichen öffentlichen Mitteln die Einkommensdisparität nicht beseitigt werden. Das durchschnittliche Einkommen je landwirtschaftliche Arbeitskraft stieg zwar während der Berichtszeit, blieb aber hinter dem Vergleichslohn in gewerblichen Berufen zurück (Übersicht 55).

Übersicht 55. Landwirtschaftlicher Lohn je Vollarbeitskraft in der Bundesrepublik Deutschland

Wirtschaftsjahr	Erzielter Lohn der Landwirtschaft		Abstand zum Vergleichslohn	
	DM/Ak	1954/55 = 100	DM/Ak	%
1954/55	2 019	100	1 481	36
1964/65	7 000	347	1 466	17
1974/75	17 216	853	4 920	22

Quelle: Berichte der Bundesregierung über die Lage der Landwirtschaft.

Die wirtschafts- und sozialwissenschaftlichen Erklärungen der Einkommensdisparität lassen sich in fünf Gruppen zusammenfassen: (1) Agrarstrukturmängeltheorien, (2) Rückständigkeitstheorien, (3) Wachstumstheorien, (4) Theorien von der Eigenart landwirtschaftlicher Produktion und (5) Ausbeutungstheorien.

Die erste Theorie geht davon aus, daß vor allem in den traditionellen Bauernländern die landwirtschaftliche Produktion mit der Hypothek einer unzweckmäßigen Agrarstruktur belastet sei. Flurzersplitterung und andere Strukturmängel würden die Produktionskosten erhöhen, und die Kleinheit der Betriebe verhindere es, die Kostendegression größerer Produktionseinheiten zu nutzen. An eine Beseitigung der Strukturmängel knüpft sich daher die Hoffnung, die Einkommensdisparität zu beseitigen oder mindestens auf ein erträgliches Maß zu verringern.

Die zweite Theorie erklärt die Einkommensdisparität aus dem Bildungsrückstand der Landwirte, ihrer Traditionsgebundenheit, ihrem Festhalten an alten Leitbildern von Betrieb und Produktion und ihrer fehlenden Anpassung an den Markt. Es komme darauf an, diesen „time lag" zu überwinden. Der unternehmerisch denkende und handelnde Landwirt mit fortschrittlichen Einstellungen wird nach dieser Theorie das Einkommensproblem schließlich gegenstandslos machen. Demnach ist das Einkommensproblem in erster Linie ein Bildungsproblem. Auch KAUTSKY (1919, S. 17) befaßte sich mit der Rückständigkeit der Landwirtschaft, erklärte sie aber mit dem Privateigentum am Boden und der Lohnarbeit.

Demgegenüber weisen Vertreter der dritten Theorie darauf hin, daß sich mit fortschreitendem volkswirtschaftlichem Wachstum die wirtschaftliche Bedeutung des Agrarsektors zwangsläufig vermindere. Denn erstens steige die Nachfrage nach Gütern und Dienstleistungen des sekundären und tertiären Sektors rascher als nach Nahrungsmitteln, und zweitens wachse unter dem Einfluß des technischen Fortschritts und der Hebung des technischen Könnens der Landwirte das Angebot an Agrarprodukten schneller als die Nachfrage. Die Landwirtschaft erzeuge seit rund einem Jahrhundert mehr, als sie mit Gewinn absetzen könne. Die Mehrproduktion drücke auf die Preise und damit auf die Einkommen. Das Engel'sche Gesetz, wonach bei steigendem Wohlstand ein sinkender Teil des Einkommens für Nahrungsmittel ausgegeben wird, erlaube es der Landwirtschaft nicht, die Dynamik der industriestaatlichen Entwicklung voll mitzumachen (vgl. PLATE, WOERMANN und GRUPE 1962).

Kenner der Verhältnisse in sozialistischen Ländern behaupten, eine zentral gelenkte Wirtschaft habe es mit denselben Anpassungsproblemen der Landwirtschaft zu tun wie eine Marktwirtschaft. In der DDR glaubt man indessen, im Modell der großbetrieblichen Agrarproduktion auf der Grundlage vergesellschafteten Eigentums und industrieller Betriebsorganisation die

Lösung gefunden zu haben, wie die Unterschiedlichkeit der Ertragsbedingungen von Industrie und Landwirtschaft zu überbrücken sei. Dieser Modellversuch läuft in der DDR erst seit wenigen Jahren, so daß ein Urteil über den Erfolg verfrüht wäre. Es ist allerdings fraglich, ob (1) der durch das etablierte Planungssystem begrenzte einzelbetriebliche Entscheidungsspielraum für eine an industriellen Produktionsmethoden orientierte moderne Landwirtschaft weit genug ist, (2) ob das Planungssystem operabel und flexibel genug ist, um unerwartete Schwierigkeiten, die sich aus der Naturabhängigkeit immer wieder ergeben, begegnen zu können, und (3) ob die angestrebte Arbeitsorganisation (Spezialisierung, Schichtarbeit) dem Prinzip des Arbeitsausgleichs soweit Rechnung tragen kann, daß die in dem Modell unterstellte maximale Arbeitsproduktivität voll ausgeschöpft werden kann (vgl. MERKEL 1975, S. 91).

Die Vertreter der vierten Theorie bestreiten grundsätzlich die Möglichkeit industrieller Agrarproduktion. Sie führen das Agrarproblem gerade auf die Tatsache zurück, daß für die Landwirtschaft andere Produktionsbedingungen gelten als für die gewerbliche Wirtschaft. Die landwirtschaftliche Produktion – so wird geltend gemacht – unterliege nicht nur ökonomischen Gesetzen, sondern habe ökologische Zusammenhänge zu berücksichtigen und sei an die biologischen Vorgänge im Boden, in der Pflanze und im Tier gebunden. In der Industrie wirke die Maschine selbst produktiv, während sie in der landwirtschaftlichen Erzeugung genau wie der Mensch nur biologische Prozesse unterstützen könne. Die Zeit für die Herstellung eines landwirtschaftlichen Produktes könne nicht beliebig beschleunigt werden. Keimungs-, Wachstums- und Reifezeiten seien vielmehr genetisch bedingt und witterungsabhängig. Die natürliche Fruchtbarkeit lasse sich nicht im gleichen Maße steigern wie der Ausstoß einer Fabrikanlage. Die Serien- und Massenproduktion stoße auf natürliche Schranken. Der Maschineneinsatz finde in der Landwirtschaft seine Grenzen, wo er die zu nutzenden Lebensabläufe störe oder gar zerstöre, wo er der biologischen Rhythmizität der Lebensvorgänge nicht mehr gerecht werde, und wo der stets wechselnde optimale Zeitpunkt der Arbeitsdurchführung nicht mehr genügend berücksichtigt werden könne. Die Lösung des Agrarproblems kann nach der „Andersartigkeitstheorie" nur darin liegen, „daß die Industriegesellschaft die natürliche Lebensordnung, in der die Landwirtschaft verhaftet bleiben muß, respektiert" (BRAUNER 1971, S. 50). Soweit dies in einer freien Marktwirtschaft nicht möglich ist, muß die Landwirtschaft durch Marktordnungen geschützt und durch Subventionen gestützt werden. In letzter Konsequenz wäre die Landwirtschaft als eine Art „öffentlicher Dienst" zu betrachten und wären die Landwirte für ihre wirtschaftlichen und gesellschaftlichen Leistungen wie Bedienstete zu besolden.

Die genannten Theorien können die andauernde Disparität der landwirtschaftlichen Einkommen nicht befriedigend erklären, denn wirtschaftliche Ungleichgewichte müssen sich in einer funktionierenden Marktwirtschaft über die Preise und Löhne ausgleichen. Eine fünfte Theorie erklärt die Einkommensdisparität deshalb als Ausbeutung der Landwirte durch die Industriegesellschaft, also politisch (vgl. KAHLER 1958). Die in Industriegesellschaften weit überwiegende Mehrheit der Nichtlandwirte sei an billigen Nahrungsmitteln interessiert. Hierin seien sich Unternehmer wie Gewerkschaften und Verbraucherverbände einig und würden entsprechenden Druck auf die Regierungen ausüben. Die landwirtschaftlichen Erzeugerpreise seien großenteils politische Preise, die weniger die tatsächlichen Marktverhältnisse als die Machtverhältnisse widerspiegeln würden. Der Angebotsdruck auf den Agrarmärkten sei zum Teil auf die Interessenpolitik der Exportindustrie und der Agrargüterimporteure zurückzuführen, die an der Einfuhr von Lebens- und Futtermitteln mehr als an der einheimischen Erzeugung interessiert seien. Noch mehr als in Marktwirtschaften unterliegen die Agrarpreise in zentralen Planungswirtschaften der politischen Manipulation. In der Entwicklungstheorie von ROSTOW wird offen zum Ausdruck gebracht, daß die Landwirtschaft in bestimmten Entwicklungsstadien durch Einkommens- und Konsumverzicht zum Aufbau der Industrie und Infrastruktur beitragen müsse. Niedrige und disparitätische Einkommen in der Landwirtschaft können demnach durchaus auch wirtschafts- und gesellschaftspolitisch gewollt sein.

Die Einkommensdisparität innerhalb der Landwirtschaft ist allerdings größer als der durchschnittliche Abstand zum Einkommen vergleichbarer Berufe (vgl. Übersicht 56).

Übersicht 56. Das Einkommen landwirtschaftlicher Unternehmerfamilien nach Betriebsgrößenklassen, Bundesrepublik Deutschland 1973/74 (in DM je Familie)

Betriebs-größe in ha LF	Gesamt-einkommen	davon Zwangsabgaben für				Verfügbares Einkommen
		persönliche Steuern	Vermögens-abgabe	gesetzliche Sozialver-sicherung	Altenteils-lasten	
5 – 7,5	19 818	7 154	6	998	759	10 901
7,5–10	18 925	4 050	7	1 303	878	12 687
10 –15	22 450	2 752	33	1 831	863	16 971
20 –25	29 450	1 382	97	2 224	1 120	24 627
25 –30	32 068	1 495	112	2 402	1 077	26 982
30 –50	37 109	2 016	261	2 777	1 384	30 671
50 –75	47 524	3 900	733	3 287	2 241	37 363

Quelle: THOROE 1975, S. 161.

Die Ursachen innerlandwirtschaftlicher Einkommensdisparität sind in den einzelnen Betrieben oft eng miteinander verknüpft. Nach Untersuchungen von W. ORT (1971) besitzt die Betriebsleiterfähigkeit die größte einkommensdifferenzierende Wirkung. Die Wirkungsbreite dieses Faktors ist so groß, daß er die Wirkungen anderer Einflußfaktoren auf das Einkommen innerhalb eines weiten Bereichs kompensieren kann. Die Betriebsgröße folgt an zweiter Stelle. Die klimatischen Standortbedingungen gewinnen erst in extremen Bereichen einen merklichen Einfluß auf das Einkommen. Dort schlagen allerdings schon relativ geringfügige Klimaschwankungen auf das Einkommen durch. Bodengüte und Marktlage beeinflussen vor allem im Zusammenhang mit dem technischen Fortschritt die Höhe des Einkommens. Von Bodennutzungs- und Viehhaltungssystemen sowie von Bodengüte und -relief hängt es ab, ob und wie stark sich der technische Fortschritt in eine Einkommenssteigerung ummünzen läßt. Da der technische Fortschritt die verschiedenen Ertragslagen und Betriebsgrößen in unterschiedlichem Maße begünstigt, wächst die Differentialrente nach Standort und Betriebsgröße um so mehr, je weiter die Agrarforschung fortschreitet und je mehr die Landwirte deren Erkenntnisse anwenden.

3.2.3 Wohnungsnot

Die ländliche Wohnungsnot besteht weniger als die städtische in Wohnraummangel als vielmehr infolge ländlicher Armut in unzulänglicher Bauweise und dürftiger Ausstattung der Wohnungen. Man schätzt, daß acht von zehn Landbewohnern in den weniger entwickelten Ländern, das bedeutet 1,5 von 1,9 Milliarden Menschen, und zwei von zehn Landbewohnern in den entwickelten Ländern, das sind 75 von 370 Millionen Menschen, in menschenunwürdigen und ungesunden Behausungen leben (vgl. HERRERA und SCOLNIK 1977, S. 171). Das Ausmaß ländlicher Wohnungsnot wäre noch höher zu beziffern, wenn man den „Komfort" von fließendem kaltem und warmem Wasser, elektrischem Stromanschluß, Zentralheizung, Badezimmer, 10 qm Wohnfläche je Person usw. zum Prüfstein wählen würde.

Das Statistische Bundesamt stufte 39 Prozent der ländlichen (Gemeinden unter 2000 Einwohner) gegenüber nur 10 Prozent der großstädtischen (Städte mit 500 000 Einwohnern und mehr) in die Kategorie der schlecht ausgestatteten Wohnungen ein (Übersicht 57).

Übersicht 57. Wohnungen nach Ausstattung und Gemeindegrößenklassen, Bundesrepublik Deutschland 1968

Gemeindegrößenklassen (Einwohner)	mit Bad und WC		ohne Bad		Anschluß an Wassernetz[1]
	mit	ohne	mit WC	ohne WC	
	Sammelheizung		in der Wohnung		
unter 2 000	19	33	9	39	80
2 000– 5 000	27	36	10	26	90
5 000– 20 000	33	38	11	18	94
20 000– 50 000	32	39	12	17	98
50 000–200 000	30	41	12	17	99
200 000–500 000	27	44	12	17	99
500 000 und mehr	38	38	14	10	98
Bundesgebiet	30	38	11	21	91

[1] bezogen auf Wohngebäude
Quelle: Nach THIEL 1970, S. 387f.

Häufig äußert sich die ländliche Wohnungsnot in einer überalterten Bausubstanz. Die 1968 in der Bundesrepublik Deutschland durchgeführte Gebäude- und Wohnungszählung ergab eine starke Überalterung der Wohngebäude in Landgemeinden[1]: 40 (14) Prozent wurden vor 1900, 22 (38) Prozent zwischen 1901 und 1948, und 38 (48) Prozent nach 1948 errichtet. Die in Klammern gesetzten Prozentzahlen für die westdeutschen Großstädte über 100 000 Einwohner zeigen, wie sehr der ländliche Wohnungsbau zurückhinkt.

Die Ursachen der überwiegend sanierungsbedürftigen ländlichen Wohnsituation sind in der ländlichen Armut und in der mangelhaften Infrastruktur zu suchen. Der Wille und das handwerkliche Geschick, bessere Wohnungen zu bauen, sind im allgemeinen vorhanden. „Der wahrhaft trostlose Zustand dieser ganz wesentlichen Dienstleistung in großen Teilen der Welt verpflichtet zur Besinnung darauf, daß angemessene Wohnverhältnisse für ein harmonisches Familienleben, zur Erhaltung einer guten gesundheitlichen und geistigen Verfassung, zur Erreichung einer hohen Arbeitsproduktivität usw. unerläßlich sind" (HERRERA und SCOLNIK, 1977, S. 165). Im Gegensatz zur Ernährung gibt es bei der Behausung keine physischen Grenzen für eine Lösung des Problems. Material, aus dem Wohnungen gebaut werden können, ist in jedem Teil der Welt reichlich vorhanden. Doch der Wohnungsbau hängt nicht allein von der Verfügbarkeit geeigneten Rohmaterials ab. Dieses Material muß erst gewonnen und bearbeitet werden. Höhere Ansprüche können nur befriedigt werden, wenn Ziegeleien, Zement-, Keramik-, Glas-, Armaturen- und Röhrenfabriken das Material und Einzelteile liefern, und Fachleute diese einbauen. Es genügt aber nicht, nur Wohnungen zu bauen. Für diese sind Infrastrukturdienstleistungen erforderlich – Kanalisation, Trinkwasser- und Energieversorgung, ganzjährig benutzbare Zufahrtsstraßen usw. –, die erst die entsprechenden Wohnbedingungen schaffen. Das Ziel, alle Landbewohner mit Wohnungen zu versorgen, die den Mindestanforderungen an Geräumigkeit, Isolation, Hygiene, Lage, Ästhetik und Funktionalität entsprechen, erfordert daher riesenhafte wirtschaftliche Anstrengungen, die freilich aufzubringen wären, da mit ganz erheblichen Eigenleistungen gerechnet werden kann.

---

[1] Erhebungen in Niederösterreich durch die Arbeitsgemeinschaft für interdisziplinäre angewandte Sozialforschung (1961) ergaben ein noch ungünstigeres Bild: 61 Prozent der bäuerlichen Wohnhäuser waren älter als 80 Jahre.

Literatur: COLE 1976, HERRERA und SCOLNIK 1977, KAHLER 1958, LIPINSKY 1960, MYRDAL 1973, ORT 1977.

Diskussions- und Prüfungsfragen
1. Erörtern Sie die Methoden zur Messung der Armut!
2. Welche Theorien erklären die ländliche Armut?
3. In welchen Formen taucht das Problem des Niedrigeinkommens in der Landwirtschaft auf?
4. Erklären Sie die Einkommensdisparität in der Landwirtschaft!
5. Auf welche Ursachen gehen die innerlandwirtschaftlichen Einkommensunterschiede zurück?
6. Worin bestehen die Hauptmängel ländlichen Wohnens?

3.3 Beschäftigungsprobleme

3.3.1 Unterbeschäftigung

Armut ist die Folge der ungleichen Verteilung der Güter. Insofern der Zugang zu den Gütern durch die Arbeitsleistung geregelt wird, steht hinter der Armut ein zu geringer Beschäftigungsgrad. Viele Volkswirtschaftler sehen daher in der Vollbeschäftigung den Schlüssel zur Lösung des Armutsproblems. Dagegen ist einzuwenden, daß Vollbeschäftigung zwar eine notwendige, aber keine hinreichende Bedingung des Wohlstandes für alle ist. Abgesehen vom Verteilungsproblem, kommt es darauf an, ob eine Person produktiv und ihrer Berufsqualifikation entsprechend beschäftigt ist. Nach einer Definition des Internationalen Arbeitsamtes ist eine Person nämlich auch dann unterbeschäftigt (disguised unemployment), wenn sie bei voller Arbeitszeit
(1) ihre Geschicklichkeit oder Leistungskapazität an ihrem Arbeitsplatz nicht ausnutzen kann (z. B. der Universitätsprofessor, der aus politischen Gründen seinen Lehrstuhl verloren hat und nun einfache Landarbeit verrichtet),
(2) aus ihrer Beschäftigung ein abnorm niedriges Einkommen bezieht (z. B. der Dorfkrämer, der täglich mehr als zehn Stunden in seinem Laden sitzt, aber wegen der geringen Umsätze wenig verdient), oder
(3) in einem Betrieb oder in einer Tätigkeit beschäftigt ist, dessen bzw. deren Produktivität sehr niedrig ist (z. B. der mit Kühen Ackerbau treibende Kleinbauer).

An dem Kriterium der niedrigen Arbeitsproduktivität knüpft auch der Begriff der „potentiellen Unterbeschäftigung" (CHIANG HSIEH) an. Man versteht darunter die Menge an Arbeitsstunden oder an Arbeitskräften, die aus dem Arbeitsprozeß abgezogen werden könnten, ohne die Gesamtproduktion zu vermindern, wenn man die Produktionsmethoden grundlegend ändert, z. B. durch eine Änderung der Fruchtfolge, durch den Einsatz großer Landmaschinen, durch Flurbereinigung usw.

In vielen bäuerlichen Familienbetrieben wird zwar über zu wenig Arbeitskräfte geklagt, weltweit gesehen ist aber die Unterbeschäftigung das größere Übel. In den ärmsten Ländern der Erde waren um die Mitte der siebziger Jahre rund 300 Millionen Menschen entweder arbeitslos oder übten eine so unproduktive Tätigkeit aus, daß sie sich und ihre Familien nicht über der Armutslinie von 300 US-Dollar Einkommen je Kopf und Jahr halten konnten. Ihre Zahl wird sich schätzungsweise um 1 Milliarde bis zum Jahre 2000 vermehren. In Indien wächst die Zahl der Arbeitsuchenden wöchentlich um 100000 Menschen. In Lateinamerika beträgt die offene Arbeitslosigkeit mindestens 11 Prozent der Erwerbspersonen; jede vierte Erwerbsperson ist unterbeschäftigt, in einigen Ländern sogar jede zweite.

Genaue Angaben über die Beschäftigungsverhältnisse gibt es nur in jenen Ländern und Sektoren der Wirtschaft, in denen die Arbeit organisiert und verwaltet wird. Als „arbeitslos" gilt, wer bei einem Arbeitsamt als Arbeitsuchender gemeldet ist. Dieses Kriterium versagt in den meisten Entwicklungsländern und ist in der Familien- und Kollektivlandwirtschaft überhaupt nicht anwendbar. Wenn beruflicher und familialer Bereich eine Einheit bilden, tritt ein Überschuß an Arbeitskräften nicht als Arbeitslosigkeit offen zutage, sondern drückt sich als sichtbare Unterbeschäftigung im Müßiggang oder als versteckte Unterbeschäftigung in langsamem Arbeitstempo aus. Man mißt daher die ländlichen Beschäftigungsverhältnisse mit Hilfe der Arbeitszeit, des Einkommens, der Produktivität oder des Zeitbedarfs und bezeichnet brachliegende Arbeitskraft als Unterbeschäftigung.

Direkte Meßmethoden: (1) Beim „labour-utilization approach" wird die Unterbeschäftigung als Differenz zwischen der verfügbaren Arbeitszeit und der täglich, wöchentlich oder jährlich geleisteten Arbeitszeit in Stunden oder Tagen gemessen. (2) Das Einkommenskriterium wird vor allem dann angewandt, wenn man wissen will, wievielen Menschen arbeitspolitisch geholfen werden muß. Es hat sich nämlich herausgestellt, daß sich arbeitsuchende Personen und Beschäftigte mit einem sehr niedrigen Einkommen in ähnlicher Lage befinden. (3) Für das Kriterium der Produktivität (labour-productivity approach) hat sich vor allem MYRDAL ausgesprochen, weil die Begriffe Arbeitslosigkeit und Unterbeschäftigung der Wirklichkeit nicht angemessen sind. (4) Die vierte Meßmethode, der labour-unit approach, vergleicht die benötigte Arbeitszeit (labour required) mit der verfügbaren (labour available) in bezug auf ein gegebenes Produktionsziel.

Die Ergebnisse der drei indirekten Meßmethoden hängen von den jeweiligen Annahmen über das Mindesteinkommen, die „normale" Arbeitsproduktivität und den Zeitbedarf ab, um bei gegebenem Technisierungsgrad eine bestimmte Gütermenge zu produzieren oder ein bestimmtes Einkommen zu erzielen. Man wandte daher mit Recht ein, die indirekten Methoden würden dazu führen, daß ein Arbeitskräfteüberschuß geschätzt würde, der für politische Entscheidungen unbrauchbar sei, weil ungenau, überhöht und faktisch gar nicht vom Lande abziehbar. Die direkte Arbeitszeitmessung ist zwar umständlicher, bietet aber eine brauchbarere Grundlage für Maßnahmen im Rahmen der Beschäftigungspolitik. Sie besteht aus der Kalkulation der für produktive Tätigkeiten verfügbaren Arbeitszeit (Abb. 35) und der Erhebung der tatsächlich produktiv gearbeiteten Zeit.

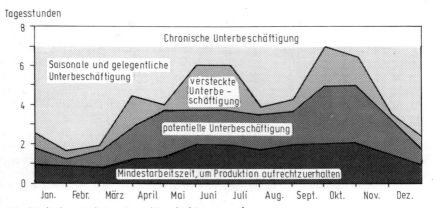

Abb. 35. Verfügbare Arbeitszeit und Beschäftigungsgrad

Je nach den örtlichen Bedingungen und persönlichen Umständen sind im allgemeinen 6 bis 9 Arbeitsstunden täglich als angemessen zu betrachten. Demnach ergeben sich folgende Beschäftigungsgrade (Arbeitsstunden je Tag): unbeschäftigt (0), unterbeschäftigt (1 bis 5), vollbeschäftigt (6 bis 9), überbeschäftigt (10 und mehr). Diese Skala ist nur ein Anhalt. Eine Bäuerin, die einen Fünfpersonenhaushalt versorgt und nebenbei noch zwei Stunden im Stall mithilft, ist nicht unter-, sondern überbeschäftigt. Die für produktive Arbeit verfügbare Zeit hängt ab von (1) den physischen Fähigkeiten und Bedürfnissen, (2) den sozialkulturellen Normen, (3) dem Haushaltsbedarf und (4) der persönlichen Motivation. Die physische Arbeitskapazität, das heißt die Zeit, die eine Person ohne Gesundheitsschädigung auf Dauer arbeiten kann, hängt wiederum vom Alter, Geschlecht, von der körperlichen Verfassung (Konstitution, Kondition, Ernährung), der Art und der Schwere der Arbeit und den Arbeitsbedingungen ab. Da ein erwachsener Mensch durchschnittlich acht Stunden Schlaf und mindestens zwei Stunden für Nahrungsaufnahme und Körperpflege benötigt, beträgt die tägliche Arbeitskapazität höchstens 14 Stunden. Diese wird allerdings selten voll ausgeschöpft. Denn der Mensch fühlt sich nicht wohl, wenn er keine Zeit hat, um seine sonstigen Bedürfnisse (Bewegung, Unterhaltung, Besinnung, religiöse Erbauung, Kreativität usw.) zu befriedigen. Außerdem fordert die jeweilige Bezugsgruppe oder die Gesellschaft einen Teil der Zeit ihrer Mitglieder für nicht erwerbsmäßige Tätigkeiten.

In jeder Gesellschaft gibt es sozialkulturelle Normen der Arbeitsregelung, die einerseits dazu dienen, die erforderlichen Arbeitsleistungen sicherzustellen, andererseits aber die Arbeitenden vor ruinöser Ausbeutung schützen und ein soziales Leben und die Pflege der Kultur ermöglichen sollen. Arbeitseinschränkend wirken Sitten und Bräuche (z. B. Karneval), religiöse Ge- und Verbote (z. B. Sonntagsheiligung), gesetzliche Bestimmungen (z. B. Ladenschlußgesetz), tarifliche Vereinbarungen (z. B. 40-Stundenwoche), internationale Konventionen (z. B. Kinderarbeitsverbot) und informelle Absprachen am Arbeitsplatz. Die Einhaltung der in Sitte, Brauchtum und Religion verankerten Arbeitsnormen wird auf dem Lande im allgemeinen streng kontrolliert und sanktioniert. Schwierig ist es dagegen, gesetzliche und tarifliche Normen durchzusetzen, insbesondere in den Familienbetrieben.

Zieht man von der Arbeitskapazität diejenigen Zeiten ab, die aufgrund sozialer Normen nicht für produktive Tätigkeiten verfügbar sind, so kommt man zum Arbeitspotential. Aber auch dieses ist noch nicht identisch mit der tatsächlich verfügbaren Zeit. Es ist nämlich noch zu berücksichtigen, daß die produktiv verfügbare Zeit eingeschränkt wird durch Hausarbeit, Schulbesuch, Berufsausbildung usw. Der Zeitbedarf des Haushalts hängt sowohl von der Zahl der Versorgungspersonen, besonders der kleinen Kinder und Pflegebedürftigen, als auch von dem Anspruchsniveau der Haushaltszugehörigen, der Ausstattung mit arbeitssparenden Geräten und Einrichtungen und anderem mehr ab. Trotz geringem Anspruchsniveau pflegen ländliche Haushalte, besonders in Entwicklungsländern, sehr arbeitsaufwendig zu sein. Schon das tägliche Heranschaffen von Wasser und Brennmaterial verschlingt viel Zeit und Kraft.

Außerdem ist zu berücksichtigen, in welchem Umfang eine Person überhaupt gewillt ist, ihr Arbeitspotential wirklich zu nutzen. Arbeitsethos und Einstellung zur Arbeit sind kulturell und individuell verschieden. In südasiatischen Dörfern mit sehr geringen Einkommensunterschieden ist es ein wichtiges Klassenmerkmal, ob man Einkommen ohne Arbeit bezieht oder dafür schuften muß. In vielen Ländern der Dritten Welt ist beobachtet worden, daß Schulbildung zur Meidung der Landarbeit führt, weil sich nach den traditionellen Vorstellungen Lesen- und Schreibenkönnen nicht mit niederer Handarbeit vereinbaren lassen. Da das Angebot an Schreibtischstellen nicht Schritt hält mit der zunehmenden Alphabetisierung, kommt es zum Problem des „jobless educated". Dabei handelt es sich also um eine Art „traditionsbestimmter" Unterbeschäftigung.

Schließlich ist noch ein Abschlag für Tage der Unpäßlichkeit und der Krankheit in der Kalkulation vorzunehmen, um unter Beachtung aller genannten Einschränkungen zum Arbeitsangebot (labour supply), das heißt zur tatsächlich verfügbaren Arbeitszeit zu kommen. Diese liegt nach einer Faustregel bei höchstens 300 Arbeitstagen oder 2400 Arbeitsstunden je Jahr. Die verfügbare Arbeitszeit kann ständig, zu bestimmten Zeiten oder ab und zu einmal über- oder unterschritten werden. Infolgedessen unterscheidet man chronische, saisonale und gelegentliche Über- bzw. Unterbeschäftigung. Chronische, saisonale und gelegentliche Unterbeschäftigung bilden die sogenannte sichtbare Unterbeschäftigung. Die Differenz zwischen der tatsächlichen Arbeitszeit und der Arbeitszeit, die bei einer Rationalisierung der Arbeit ohne zusätzlichen Kapitaleinsatz benötigt würde, ergibt die versteckte Unterbeschäftigung. Wenn wir die tatsächliche Arbeitszeit mit der Arbeitsbedarfskurve bei rationaler, mechanisierter Arbeitsweise vergleichen, finden wir heraus, wie groß die potentielle Unterbeschäftigung ist. Was darunter liegt, ist das Minimun an Arbeit, das aufgewandt werden muß, um beim derzeitigen Stand der Technik die Gesamtproduktion aufrechtzuerhalten.

Die ländliche Unterbeschäftigung wird auf viererlei Weise verursacht:
1. Der Arbeitsbedarf wechselt jahreszeitlich bedingt durch Klima und Bodennutzung (saisonale Unterbeschäftigung). Zeiten der Vegetationsruhe sind in der Regel Zeiten der Unterbeschäftigung und wenig produktiver Füllarbeit. Der kurzfristige dringende Arbeitsanfall handarbeitsaufwendiger Verkaufsfrüchte und Sonderkulturen, wie Wein, Baumwolle, Tabak und Zuckerrohr, zwingt den Betriebsleiter unter Umständen dazu, Arbeitskraftreserven zu halten, die außerhalb der Arbeitsspitzen brach liegen.
2. Schlechtes Wetter, Maschinenschaden, Warten auf Betriebsmittellieferungen, fehlende Aufträge und andere Zufälle verursachen gelegentliche Unterbeschäftigung.
3. Der allgemeine Überbesatz mit Arbeitskräften, der auch den Bedarf der Arbeitsspitzen übersteigt, ist die Ursache der chronischen Unterbeschäftigung. Er geht auf drei Wurzeln zurück: (1) auf eine arbeitswirtschaftlich ungenügende Ausstattung mit Produktionsmitteln, (2) auf Absatzschwierigkeiten, die einen Mehraufwand an Arbeit verhindern, und (3) auf die rasche Bevölkerungsvermehrung.

Letztere verursacht hauptsächlich in Entwicklungsländern Unterbeschäftigung, weil die Neulandkultivierung und die Schaffung außerlandwirtschaftlicher Arbeitsplätze dem Bevölkerungswachstum hinterherhinken. Wo es weder eine Arbeitslosenversicherung und -fürsorge noch andere moderne Systeme der staatlichen sozialen Sicherung auf dem Lande gibt, bildet der Haushalt des Kleinbauern das Auffangbecken für alle Angehörigen, die anderswo kein Unterkommen finden. Da überreichlich Arbeitskräfte vorhanden sind, werden überflüssige Arbeiten oder solche niedrigster Produktivität verrichtet und arbeitssparende Geräte nicht angeschafft; es fehlt der Anreiz, durch sinnvolle Abstimmung der einzelnen Arbeitsgänge mit weniger Arbeit auszukommen. Die ohnehin bestehende saisonale Unterbeschäftigung wird durch diese „Schwamm- oder Wartezimmerfunktion" der Kleinbauernbetriebe zur chronischen Unterbeschäftigung (vgl. RUTHENBERG 1960, S. 157).

Die Folgen des Überbesatzes mit Arbeitskräften sind neben der Unterbeschäftigung (1) Vermehrung der Zwergbetriebe und Parzellierung der Flur infolge Realteilung, (2) sinkende Arbeitslöhne und schlechtere Arbeitsbedingungen, (3) steigende Bodenpreise und Pachtzinsen und Verschlechterung der Pachtbedingungen, (4) wachsende Schuldenlast infolge sinkender Pro-Kopf-Einkommen. Übermäßiges Bevölkerungswachstum setzt einen verhängnisvollen Kreislauf in Gang, der um so schwieriger zu durchbrechen ist, je weiter die wirtschaftliche Degeneration fortgeschritten ist.
4. Die Freisetzung von Arbeitskräften durch den technischen Fortschritt, insbesondere durch den Ersatz von Arbeit durch Kapital, ist umstritten. Denn einerseits erhöht die Anwendung des technischen Fortschritts die Produktivität und beseitigt dadurch bestimmte Formen der Unterbeschäftigung. Außerdem ist nicht zu übersehen, daß im Zuge des technischen Fortschritts neue Arbeitsplätze entstehen und in manchen Zweigen der Landwirtschaft mehr Arbeit geleistet werden muß. In subtropischen Ländern wirkt sich besonders der Übergang zur Bewässerungslandwirtschaft arbeitswirtschaftlich sehr positiv aus. Indische Bauern sind nach Angaben von BERT HOSELITZ in bewässerten Gebieten durchschnittlich an 250 Tagen im Jahr beschäftigt, in unbewässerten dagegen nur an 110 Tagen. Andererseits zeigen die Berechnungen über die

potentielle Unterbeschäftigung, daß Millionen landwirtschaftlicher Arbeitskräfte technologisch eigentlich entbehrlich sind. H. STAMER (1957) hat errechnet: wenn überall dieselbe Arbeitsproduktivität wie in gut geleiteten westdeutschen Bauernbetrieben vorhanden wäre, wäre in den meisten Dörfern Mittel- und Westeuropas ungefähr die Hälfte, in den Ländern des Nahen Ostens ein Drittel und in den asiatischen Monsungebieten nur ein Zehntel des vorhandenen Arbeitsbesatzes erforderlich, um die derzeitige Produktion zu erstellen. Die Zahl der ländlichen Unterbeschäftigten wird durch die Dorfhandwerker, die dem Wettbewerb der Industriewaren erliegen, und durch die Dorfkrämer, die neuen Vertriebsformen weichen müssen, vermehrt. Die meisten durch den technischen Fortschritt freigesetzten Landarbeiter, Handwerker und Gewerbetreibenden wandern in die Städte ab und bilden dort die „industrielle Reservearmee".

Die wichtigsten beschäftigungspolitischen Maßnahmen zur Bekämpfung der ländlichen Unterbeschäftigung, die erwogen oder ergriffen werden, sind die folgenden:
(1) Unmittelbare Agrarmaßnahmen wie Intensivierung und Ausdehnung des Anbaus und der Tierhaltung, arbeitswirtschaftlich ausgeglichene Fruchtfolgen usw.,
(2) Aufbau und Ausweitung ländlicher Industrien,
(3) organisierter Einsatz brachliegender Arbeitskräfte beim Ausbau der Infrastruktur, namentlich beim Bau von Verkehrs- und Bewässerungsanlagen und Kraftwerken,
(4) Mobilisierung der zwischen den saisonalen Arbeitsspitzen unterbeschäftigten Arbeitskräfte zur Schaffung von Sachkapital innerhalb der Betriebe und Siedlungen[1],
(5) Absorbierung versteckter Arbeitslosigkeit durch zielstrebige Förderung des Dorfhandwerks, Heimgewerbes und dezentralisierter Industrien[2],
(6) Streuung der Produkte und Verbreiterung des Markt- und Exportangebotes und
(7) Bevorzugung arbeitsaufwendiger Projekte und Verfahren bei der Aufstellung von Entwicklungsplänen.

Die unter Punkt (1) genannten Maßnahmen wirken meistens am stärksten: „Denn mangelnde Entwicklung der Landwirtschaft führt angesichts des immensen Bevölkerungswachstums zur Verelendung großer Teile der Landbevölkerung, zur Unterernährung und Unterbeschäftigung in gegenseitiger Bedingtheit. Die ländliche Armut wiederum verhindert die Entwicklung eines Massenmarktes und beeinträchtigt die Profite des industriellen Sektors... Mangelnde Profitmöglichkeiten des modernen Sektors beeinflussen die Nachfrage nach Arbeitskraft negativ und verstärken somit den Druck auf den Subsistenzsektor... Eine Anhebung der Beschäftigung und Produktivität in der Landwirtschaft und darüber hinaus im ländlichen Bereich wird zu einer Bedingung der Möglichkeit von selbsttragender Entwicklung überhaupt" (TIMMERMANN 1974, S. 237f.).

Manchmal hört man die Auffassung, das Beschäftigungsproblem werde sich von selbst lösen, wenn die Masse der Bevölkerung lesen und schreiben könne, gesund, ausreichend ernährt und aktiv sei (VINER zit. nach RUTHENBERG 1960, S. 160). Inzwischen ist erwiesen, daß die Alphabetisierung das Beschäftigungsproblem eher verschärft. Es ist RUTHENBERG (ebenda) voll zuzustimmen, wenn er schreibt: „...eine an das ‚laissez faire' grenzende Wirtschaftspolitik bietet wenig Aussicht auf Erfolg. Angesichts der sich wechselseitig bedingenden Armut in unentwickelten Wirtschaftssystemen besteht auch kein Anlaß anzunehmen, daß in ihnen Kräfte der Einzelinitiative vorhanden sind, die ausreichen, um... automatisch und mit genügender Schnelligkeit Abhilfe zu schaffen".

---

[1] Die Kapitalbildung durch den Einsatz brachliegender Arbeitskraft kann allerdings meistens nicht ohne externe Zusatzfinanzierung verwirklicht werden.
[2] Die absorbtionsfähige Abwanderungsrate überschreitet auch unter günstigen Wachstumsbedingungen 1 Prozent je Jahr kaum (vgl. TIMMERMANN 1974, S. 182ff.).

In den meisten Entwicklungsländern ist „die Nutzbarmachung der vorhandenen und der zuwachsenden Arbeitskapazität ohne eine umfangreiche, kräftige und nachhaltige Schaffung von Arbeitsplätzen in der Landwirtschaft nicht denkbar" (ebenda, S. 161). Arbeitswirtschaftlich am wirkungsvollsten ist die Ertragssteigerung mit Hilfe von Bewässerung, Düngung und verbessertem Saatgut. Außerdem ergeben sich in der Landwirtschaft zahlreiche Möglichkeiten, Arbeit in produktives Kapital zu verwandeln: Bodenmelioration, Windschutzpflanzung, Terrassierung, Anlage von Dauerkulturen, Bau von Wegen und Brücken, wasserbauliche Maßnahmen, Pflanzen- und Tierzüchtung, Verbesserung der Tierbestände usw. Die Bemühungen vieler Kleinbauern summieren sich zu beachtlichen volkswirtschaftlichen Leistungen, wie die europäischen Bauernländer beweisen. Noch größere Effekte in kapitalbildender Hinsicht sind zu erreichen, wenn die brachliegenden Arbeitskräfte auf dem Lande organisatorisch zusammengefaßt werden. Auf diese Weise ist in den kommunistischen Ländern, allen voran China, die sichtbare und unsichtbare ländliche Unterbeschäftigung kräftig vermindert worden, wobei nicht übersehen werden soll, daß in bürokratisch geleiteten Kollektiven oder Kommunen auch viel Leerlauf und Bummelei vorkommt. Die durch die Erfassung und Neuorganisation der ländlichen Arbeitskräfte bewirkten Leistungen überwiegen aber mindestens bei disziplinierten Völkern wie den Bulgaren und den Chinesen Fehlplanung, Vergeudung von Arbeit und Verschwendung von Material. Über den Erfolgen kollektiven Arbeitseinsatzes darf man die Kraft privater Initiativen nicht vergessen. Das Bemühen, Privateigentum zu erhalten und zu mehren, der Wunsch, den Nachkommen den Aufstieg zu ermöglichen, sowie die angemessene Entlohnung unternehmerischer Leistungen sind kräftige Antriebe zu höherer Produktivität und Kapitalakkumulation. Es liegt nahe, diese Antriebskräfte ebenfalls in den Dienst der wirtschaftlichen Entwicklung und der Lösung des Beschäftigungsproblems zu stellen.

3.3.2 Landflucht

Die ungünstigen Lebens- und Arbeitsverhältnisse, die wir allgemein als ländliche Sozialprobleme bezeichnet haben, äußern sich nicht nur als Verelendung, sondern, wenn das Maß des subjektiv Erträglichen überschritten wird, auch in Kriminalität, Selbstmord und Landflucht. Über die ländliche Kriminalität und Selbsmordrate liegen wenig verläßliche Angaben vor. Straftaten und Selbstmorde sind auf dem Lande sicher häufiger, als die amtlichen Statistiken aussagen, denn die Dunkelziffer dürfte ganz erheblich sein. Die ländliche Sozialforschung hat sich aber in diese beiden dunklen Sozialbereiche bisher kaum vorgewagt, nicht zuletzt wegen der methodischen Schwierigkeiten der Datenerhebung. Dagegen war die Landflucht Gegenstand eingehender Forschung und Diskussion, weshalb wir uns aufgrund der besser gesicherten Materiallage und tieferen wissenschaftlichen Durchdringung des Phänomens auf sie beschränken.

Öffentliche Erörterung und wissenschaftliche Behandlung des Problems der Mobilität der agrarischen Bevölkerung waren bis in die jüngste Zeit nicht frei von Wertungen und Emotionen, was sich in den Bezeichnungen „Landflucht" und „Landvertreibung" ausdrückt. Es ist oft aneinander vorbeigeredet worden, weil man zu wenig beachtete, daß es sich um drei verschiedene Vorgänge handeln kann:

(1) Die räumliche Landflucht oder der *Ortswechsel* besteht in der Abwanderung vom Land und der Verlegung des Dauerwohnsitzes in eine Stadt;
(2) die berufliche Landflucht oder der *Berufswechsel* ist der Übergang von einer landwirtschaftlichen zu einer nichtlandwirtschaftlichen Erwerbstätigkeit;
(3) ideelle Landflucht oder *Wertewechsel* liegt vor, wenn das traditionelle Wertesystem sich ändert und anstelle bäuerlicher Einstellungen andere treten.

Nur jeder siebte Landwirt, der seinen Beruf aufgibt, wechselt auch den Wohnsitz, während die Abwanderung vom Land meistens mit einem Berufswechsel und häufig mit einem Wertewechsel verbunden ist. Die ideelle Landflucht kommt zwar auch unabhängig von Orts- und Berufswechsel vor, ist aber oft deren Vorbedingung. MICHAEL HAINISCH (1858–1940) bemerkte schon 1924 (S. 31), daß Landflucht um so stärker auftrete, je mehr ein Volk rationalistischen Erwägungen zugänglich sei.

Landflucht im Sinne von Stadtwanderung mündet ein in die allgemeine Wanderungsproblematik (siehe Teil 1: 2.3.1). Sie wird zum ländlichen Sozialproblem, weil mit jedem Abwandernden (1) das Land Human- und zum Teil auch Realkapital verliert, (2) sich unter Umständen die ländliche Versorgungssituation verschlechtert (Gesetz von der infrastrukturell notwendigen Mindestbevölkerungsdichte), (3) die Zurückbleibenden unter Umständen erheblichen körperlichen und seelischen Belastungen ausgesetzt werden und (4) sich eventuell vorhandene Entsiedlungstendenzen verstärken.

Landflucht im Sinne von Berufswechsel wirft das Nachwuchsproblem in der Landwirtschaft auf, das im Zusammenhang mit dem landwirtschaftlichen Familienbetrieb (siehe Teil 2: 6.6.3) schon angeschnitten wurde. Zum Nachwuchsproblem trägt auch die ideelle Landflucht bei. Landflucht – und hier ist dieses Wort angebracht – ist ja der Ausdruck des Strebens, einer aussichtslosen Situation zu entfliehen. Eine rein ökonomistische Berufsausbildung und eine den Berufswechsel propagierende Agrarpolitik erwecken den Eindruck, Landwirtschaft lohne sich nicht und habe keine Zukunft. Dies wirkt besonders auf den nachdenklichen Nachwuchs deprimierend und treibt gerade die intelligenten, wendigen Jungbauern als erste vom Hof. In einer für aussichtslos gehaltenen Lage wird auch ein sozialer Abstieg in Kauf genommen, wenn er Rettung verspricht.

Die Abwanderung aus der Landwirtschaft ist trotz ihres siedlungspolitischen Nebenaspektes in der deutschen Literatur vorrangig als agrarpolitisches Problem behandelt worden. Sah man früher darin vor allem ein Landarbeiterproblem, so ist es heute in erster Linie ein Betriebsleiterproblem. THEODOR VON DER GOLTZ, der Nestor der über die Landflucht wissenschaftlich arbeitenden Agrarpolitiker, stellte die These auf: „Mit dem Umfang des Großgrundbesitzes parallel und mit dem Umfang des bäuerlichen Besitzes in umgekehrter Richtung geht die Abwanderung einher". Unter anderem schlug er als Therapie vor, den Einsatz von Dreschmaschinen zu verbieten, um die Winterarbeitslosigkeit des Gesindes zu verhindern, in der er wie die meisten zeitgenössischen Gutsbesitzer um die Jahrhundertwende einen der entscheidenden Gründe der Landflucht sah.

Eine zweite Periode der Landfluchtbetrachtung ist mit den Namen AEREBOE, OPPENHEIMER und HAINISCH verbunden. Als erster erkannte HAINISCH (1924), daß der Versuch, die Landflucht zu stoppen, mit einer umfassenden Agrarreform einsetzen müsse, da die Abwanderung hauptsächlich durch die ungenügende Rentabilität der Landwirtschaft und die niedrigen Reallöhne verursacht werde. Zur Wiederherstellung der verlorengegangenen Rentabilität schlug er die Einführung von Festpreisen für Getreide und Vieh vor. Er wurde damit zum geistigen Vater der Agrarmarktordnungen. Es hat sich allerdings gezeigt, daß auch Marktordnungen die Landflucht nicht aufzuhalten vermochten. Denn wie LINDE (1939) feststellte, wechselten die ledigen Landarbeiter und Bauernkinder um der Eheschließung willen den Beruf, da ihnen die Gesindeverfassung die Familiengründung versagte.

PETER QUANTE (1893–1975) verarbeitete in seinem 1933 erschienenen Buch erneut alles vorliegende Material und stellte zunächst einmal fest, was Landflucht nicht verursacht. Unter anderem widerlegte er das „GOLTZsche Gesetz von der Abhängigkeit der Abwanderung von der Betriebsgröße". In einer glänzenden Überarbeitung seines Werkes (1958) kam QUANTE unter Berücksichtigung neuerer ökonomischer Erkenntnisse zu dem Schluß, daß die Landflucht ihre Primärursache in der im Vergleich zur Industrie sehr beschränkten Arbeitskapazität der Landwirtschaft habe. Daher komme es trotz steigender Rentabilität wegen der gleichzeitig steigenden Produktivität immer wieder zur Abwanderung.

Diese Erkenntnis leitete über zur gegenwärtig vorherrschenden wachstumsorientierten Beurteilung des Landfluchtproblems. In einer dynamischen Wirtschaft sind Umstrukturierungen unumgänglich. Mobilität der Arbeitskräfte gilt als eine Vorbedingung wirtschaftlichen Wachstums. Überspitzt formuliert: Landflucht tut not! Jedenfalls wird Berufswechsel und Betriebsaufgabe offiziell gefördert, um die Einkommenslage in der Landwirtschaft zu verbessern. Sozialpolitisch ist dabei das Problem zu lösen, die aus der Landwirtschaft Ausscheidenden sozial abzusichern und vor sozialem Abstieg zu bewahren. Agrarpolitisch erhebt sich die Frage, wer aus der Landwirtschaft ausscheiden soll und welche Betriebsgrößen und -typen aufgegeben werden sollen. Aus soziologischer Sicht ist darauf hinzuweisen, daß sich für den berufswechselnden Landwirt nicht nur seine wirtschaftliche, sondern auch seine soziale Situation grundlegend ändert. Dies macht verständlich, warum in der Landfluchtdiskussion oft ideologisch argumentiert wurde. „Die absolute und relative Abnahme des landwirtschaftlichen Berufssektors schuf allmählich bei den Betroffenen ein Krisenbewußtsein und ließ als eine Verteidigungsreaktion eine Bauerntumsideologie wieder aufleben" (TAFERTSHOFER 1975, S. 275).

Einen Sonderfall der Landflucht stellt die „Bergflucht" dar, das heißt die Abwanderung der Bauern aus den Höhenlagen der Hoch- und Mittelgebirge. Die Antriebe sind hier besonders groß, Berufswechsel mit Ortswechsel zu verbinden. MARCEL SCHWIZER (1959) hat die Nachteile der Bergbevölkerung in einem Modell (Übersicht 58) dargestellt, aus dem die Zusammenhänge zwischen mangelhafter Infrastruktur, fehlenden Arbeitsgelegenheiten, geringer Steuerkraft und Abwanderung junger Menschen deutlich hervorgehen. In der Tat treten in Berggebieten die eine Entsiedlung fördernden Faktoren, wie schwierige topographische Verhältnisse, rauhes Klima, Gefährdung durch Naturkatastrophen, unzureichende Verkehrserschließung, ungünstige landwirtschaftliche Produktionsbedingungen und rückläufige gewerbliche Entwicklung, gehäuft auf. Abgesehen von den Fremdenverkehrs-„oasen" wird daher die Lage in den Berggebieten oft als „hoffnungslos" empfunden, vor allem von der jüngeren Generation. FRITZ GERBER (1974, S. 139) indiziert dies mit der Feststellung, die Heiratschancen der Burschen und Mädchen würden gewissermaßen mit steigender Höhe über dem Meeresspiegel sinken.

So verständlich unter den gegebenen Verhältnissen die Bergflucht ist, so schwerwiegend sind ihre Folgen. „Während im Flach- und Hügelland die Abwanderung aus der Landwirtschaft… solange unbedenklich erscheint, als die verbleibenden Betriebe wirtschaftlich gesund und kapitalkräftig genug sind, das freiwerdende Land aufzunehmen und damit ihre eigene Struktur zu verbessern, ist dies im Berggebiet in Anbetracht der begrenzten Mechanisierbarkeit der Arbeit am Hang, die einer Betriebskonzentration enge technische Grenzen setzt, in viel geringerem Maße der Fall: hier führt die Aufgabe einzelner Betriebe häufig zu einem Brachfallen und Verwildern der betreffenden Flächen mit allen nachteiligen Folgen für die Landeskultur" (PEVETZ 1976, S. 220f.). Der einsetzende „Landschaftsverfall" bedeutet eine Gefahr (Erosion, Lawinen, Hochwasserkatastrophen) für den gesamten Kulturraum und sämtliche Wirtschaftsbereiche; auch der Fremdenverkehr setzt eine „gepflegte Kulturlandschaft" voraus. Die ideelle Landflucht ist im Berggebiet verheerend, weil anders als im Flachland eine rentable Land- und Forstwirtschaft kaum möglich ist. Um die Existenz der Bauernfamilien dennoch zu sichern, sind umfangreiche, im Blick auf die Erhaltung der Kulturlandschaft gerechtfertigte staatliche Subventionen im Rahmen von „Bergbauernprogrammen" notwendig.

3.3.3 Nachwuchsprobleme

Die Landflucht betrifft alle Stände und Berufe auf dem Lande mehr oder weniger. „Die Landflucht der Ärzte (ist) ein größeres Problem als die Landflucht von Angehörigen des Bauernstandes", stellt JOSEF FARNLEITNER (1968) für Österreich fest. Auf die Schwierigkeiten, Lehrer für die Dorfschulen zu gewinnen, wurde ebenfalls schon hingewiesen. Insofern ist das Nachwuchsproblem auf dem Lande ein allgemeines. Wir behandeln es im folgenden im Blick auf die Land-

Ländliche Sozialprobleme 397

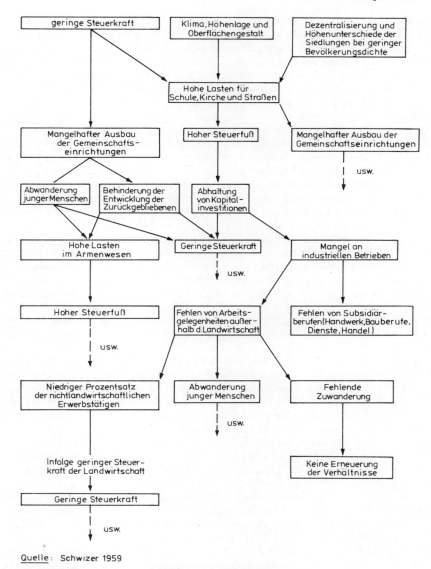

Quelle: Schwizer 1959

Übersicht 58. Sozialökonomische Nachteile der Bergbevölkerung

wirtschaft, weil davon die Gesamtbevölkerung berührt wird. In den fünfziger Jahren erschien ein Buch, dessen Titel „Wer wird die Scheunen füllen?" (PRIEBE 1954) die Öffentlichkeit aufhorchen ließ. Seither ist die Frage immer wieder gestellt worden, wer künftig bereit sein wird, freiwillig die Landarbeit zu verrichten, die zur Nahrungsversorgung der Bevölkerung nötig ist. Im Zeichen einer strukturell erforderlichen Verminderung der landwirtschaftlichen Arbeitskräfte und Betriebe ist diese Frage, mindestens quantitativ, zeitweise hinter anderen Zukunftssorgen zurückgetreten, bestand aber qualitativ fort. Das landwirtschaftliche Nachwuchsproblem stellt sich in jeder Gesellschaft, in der den jungen Menschen in ausreichendem Maße berufliche Alternativen zur landwirtschaftlichen Beschäftigung angeboten werden und in der sich der normale Lebensstandard und Lebensstil in der Landwirtschaft nicht mehr verwirklichen läßt oder das soziale Anspruchsniveau von Landwirten nicht erreicht werden kann. Es kann daher sogar der paradoxe Fall eintreten, daß Jugendarbeitslosigkeit auf dem Lande und Nachwuchsmangel in der Landwirtschaft gleichzeitig auftreten (vgl. SCHELSKY 1952).

Da die Landwirtschaft ihren Berufsnachwuchs zu mehr als 90 Prozent aus den eigenen Reihen nachzieht, ist das Nachwuchsproblem zunächst eine Frage der Reproduktionsleistung der landwirtschaftlichen Familien; zum zweiten aber eine Frage der Motivierung. Denn auch eine bestandserhaltende Zahl von Nachkommen sichert nicht die Kontinuität, wenn diese nicht bereit sind, in die freiwerdenden Stellen nachzurücken. Ohne eine regelrechte „Nachwuchspflege" (RÖHM) von seiten des Berufsstandes wird der erforderliche qualifizierte Nachwuchs künftig nicht zu gewinnen sein, auch wenn zeitweilig steigende Arbeitslosigkeit wieder mehr Jugendliche in der Landwirtschaft zurückhält. Die Sorge, die besten Nachwuchskräfte zu gewinnen, ist zwar in einer arbeitsteiligen Wettbewerbswirtschaft allen Berufen gemeinsam, wenn man von einigen Modeberufen absieht, die aus einer Vielzahl von Bewerbern die Besten auswählen können. Das Nachwuchsproblem in der Landwirtschaft hat aber noch einen besonderen Aspekt. Aus der Sicht der berufssuchenden Jugendlichen ergibt sich nämlich das Problem, daß viele angebotene Stellen generativ nicht vollwertig sind oder erst zu einem relativ späten Zeitpunkt eine Familiengründung erlauben. Das Mißverhältnis zwischen Ledigen- und Verheiratetenstellen hat sich zwar dadurch, daß die landwirtschaftlichen Betriebe weniger Hilfskräfte brauchen, erheblich verkleinert. Die generative Tragfähigkeit hat aber in der Landwirtschaft immer noch nicht den Grad erreicht, der in einer Industriegesellschaft üblich ist, daß nämlich vom Verdienst eines vollausgebildeten Berufstätigen eine Familie ihren Lebensunterhalt bestreiten kann.

Das Nachwuchsproblem in den landwirtschaftlichen Familienbetrieben wird verursacht durch die Verkleinerung der Nachkommenschaft in den Bauernfamilien, eine pessimistische Beurteilung der Zukunftsaussichten und das Fehlen von positiven Erlebnissen, die ein Gegengewicht zur Härte landwirtschaftlicher Arbeitsbedingungen und zum Verzicht auf Annehmlichkeiten in anderen Berufen bilden könnten. Ausgleichend könnten die Übertragung eigener Verantwortungsbereiche, Mitbestimmung und Ertragsbeteiligung wirken.

In den Lohnarbeitsbetrieben wandelte sich im Zuge der Industrialisierung der deutschen Wirtschaft gegen Ende des 19. Jahrhunderts die „ländliche Arbeiterfrage" von einer Frage des Stellenmangels zu einer Frage des Arbeitermangels. Schuld daran war die massenhafte Abwanderung der Landarbeiter in attraktivere Berufe. Die Landwirtschaft erwies sich hinsichtlich der Verdiensthöhe, der Aufstiegschancen, der Wohn- und Arbeitsbedingungen einschließlich der Arbeitszeitregelung den industriell-bürokratischen Berufen als unterlegen. Insbesondere stand die erwachsene ledige Arbeitskraft nicht „in Einklang mit dem Wirtschafts- und Sozialstil der industriellen Gesellschaft" (KÖTTER 1960, S. 460). Als weitere Nachteile wurden das geringe Sozialprestige der Landarbeit und die persönlichen Bindungen an den Arbeitgeber empfunden. Soweit Lohnarbeitskräfte auch künftig in der Landwirtschaft gebraucht werden, muß bei der Beseitigung der aufgeführten Mängel der Hebel angesetzt werden: industriegleiche Löhne und Arbeitsbedingungen, volle Einbeziehung in die gesetzliche Sozialversicherung, Möglichkeiten, eine Familie zu gründen und ein Eigenheim zu bauen, sozialer Aufstieg zum Facharbeiter oder Verwalter.

Auch in den Kollektivbetrieben der kommunistischen Länder ist die Ergänzung des überalterten Arbeitskräftebestandes durch qualifizierten Nachwuchs ein Problem. Die Lösung wird in einer Verbesserung der Arbeitsbedingungen und der sozialen Sicherheit, in einer Verringerung der gesetzlichen Arbeitszeit sowie in der Angleichung ländlicher Lebensbedingungen an städtische gesehen. Aufgrund soziologischer Untersuchungen wird es für notwendig erachtet,

(1) alle Möglichkeiten zu erschließen, um die in den modernen Technologien ausgebildeten Jugendlichen in den Betrieben auch dementsprechend einzusetzen, (2) ihnen eigenverantwortliche Aufgaben zu übertragen und (3) sie an der Leitung und Planung in Kommissionen, Kooperations- und Brigaderäten usw. teilnehmen zu lassen (vgl. TITTEL 1976, S. 16). Grundsätzlich werden den jungen Genossenschaftsbauern die gleichen Bildungs- und Entfaltungsmöglichkeiten innerhalb der sozialistischen Gesellschaft geboten wie anderen Jugendlichen und es werden ihnen in der Landwirtschaft sichere berufliche Perspektiven garantiert.

In einigen Entwicklungsländern, namentlich afrikanischen, hat die Alphabetisierung eine massenhafte Stadtwanderung der „gebildeten" Jugendlichen ausgelöst. VON BLANCKENBURG (1967, S. 420) sieht die Ursache dieser Fehlentwicklung vor allem in den einseitig literarisch-städtisch orientierten Landschulen und empfiehlt als Korrektiv eine Schulbildung, die die Kinder „auf das Leben in einer Agrargesellschaft vorbereitet" und „durch eine entsprechende Unterrichtsgestaltung und durch ein auf die ländlichen Verhältnisse zugeschnittenes Lehrmaterial dazu beiträgt, daß die Kinder an einer Tätigkeit im Dorf interessiert bleiben". Er räumt einer umgestalteten Landschule allerdings nur dann Erfolgschancen ein, „wenn den Schulabsolventen auch die Möglichkeit geboten wird, bald in ihren Dörfern eine moderne Betriebsbewirtschaftung zu praktizieren, und wenn sie spüren, daß in naher Zukunft das Dasein im Dorf attraktiver sein wird". Ob in afrikanischen, asiatischen oder lateinamerikanischen Dörfern so starke Bindungskräfte erzeugt werden können, daß der Auszug der Jugend aufgehalten wird, ist fraglich. Die neue Stadtkultur ist für die aufstrebenden Landjugendlichen „geradezu die Repräsentanz und Essenz der Moderne, des Fortschritts, des Aufstiegs, des verheißenen und erhofften besseren Lebens" (BEHRENDT und PALLMANN 1967, S. 44).

Literatur: KUHNEN 1968, LÖHR 1971, PEVETZ 1976, QUANTE 1958, TIMMERMANN 1974.

Diskussions- und Prüfungsfragen
1. Was versteht man unter Arbeitslosigkeit sowie unter offener, versteckter und potentieller Unterbeschäftigung?
2. Welche sozialkulturellen Normen schränken die Arbeitskapazität ein?
3. Welches sind die Formen und Ursachen der „Landflucht"?
4. Worin besteht das Bergbauernproblem?
5. Wie läßt sich das Nachwuchsproblem in der Landwirtschaft lösen?

4 Landentwicklungspolitik

Den ländlichen Raum ohne Maßnahmen im Agrarsektor zu entwickeln, ist wegen der grundlegenden Bedeutung der Land- und Forstwirtschaft kaum möglich. Wo nur mangelhafte Strukturen einer Verbesserung der ländlichen Lebensverhältnisse im Wege stehen, genügen Struktureingriffe. Häufig sind jedoch Maßnahmen notwendig, die die Institution der Agrarverfassung selbst betreffen. „Es gibt keine ideale Agrarverfassung, sondern nur Formen, die unter einem gegebenen Datenkranz zweckmäßig sind, mit Änderung dieser Daten aber wieder neu an die veränderten wirtschaftlichen und gesellschaftlichen Verhältnisse angepaßt werden müssen" (KUHNEN 1967a, S. 331). Die Landwirte passen zwar ihre Betriebe laufend den Veränderungen innerhalb ihrer Familie oder ihres Kollektivs sowie den Daten an, die im äußeren System durch Wirtschaft und Gesellschaft gesetzt werden. Von zwei Seiten her sind aber ihren Bemühungen Grenzen gesetzt. Erstens gibt es Maßnahmen, die die Kraft oder die Zuständigkeit eines einzelnen Bauern übersteigen, z. B. die Regulierung eines Flusses, der Überschwemmungen verursacht. Zweitens muß sich der einzelne Betriebsleiter an den Rahmen halten, den Sitte und Gesetz ihm vorgeben. Z. B. darf er in Westdeutschland innerhalb einer Ortschaft keine Massentierhaltung aufbauen und in Indien Kühe nicht vertreiben, die seine Felder verwüsten. Es bedarf des politischen Willens, institutionelle Hindernisse aus dem Wege zu räumen und der politischen Macht, die Kräfte zusammenzufassen. Mit anderen Worten: Landentwicklung erfordert Landentwicklungspolitik.

Unter Landentwicklungspolitik sollen alle Maßnahmen und Bestrebungen verstanden werden, die bezwecken, die ländlichen Produktivkräfte wirkungsvoller zu nutzen und die Lebens- und Arbeitsbedingungen auf dem Lande zu verbessern.

4.1 Agrarreformen

4.1.1 Begriffsklärung

Mängel der Agrarstruktur und Agrarverfassung behindern nicht nur die soziale und wirtschaftliche Entwicklung der Landwirtschaft, sondern des gesamten ländlichen Raumes, ja des ganzen Staatswesens. Sie zu beseitigen, ist der Zweck von Agrarreformen. In der Fachsprache bezeichnet der Terminus „agrarian reform"[1] eine integrale Verbesserung der ländlich-landwirtschaftlichen Verhältnisse, wogegen sich der Terminus „land reform" hauptsächlich auf die Aufteilung des Großgrundeigentums und insofern nur auf eine Teilmaßnahme bezieht. Im deutschen Sprachraum spricht man von „Agrarstrukturverbesserung" dann, wenn nur die Strukturen verändert werden sollen, womit allerdings häufig auch technologische Neuerungen verbunden sind.

Der Begriff der „*Agrarstrukturverbesserung*" faßt einzelbetriebliche Maßnahmen (Siedlung, Aussiedlung, Althofsanierung, Grundstückszusammenlegung, Aufstockung, Investitionsbeihilfe, Zinsverbilligung), allgemeine Maßnahmen (Flurbereinigung, Wirtschaftswegebau, Meliorationen, Wasserwirtschaft, Aufforstung) und indirekte Maßnahmen zur Mobilisierung von Boden und Arbeit zusammen. Die technische Ausführung dieser Maßnahmen obliegt den Kultur-, Flurbereinigungs- und Landwirtschaftsämtern in Zusammenarbeit mit anderen Fachverwaltungen. Es können hier, wie in allen Organisationen, interne Funktionsschwächen infolge ungenügender Personal- und Sachausstattung oder mangelhafter Abgrenzung und Koordinierung der Zuständigkeiten auftreten. Die eigentliche Problematik liegt jedoch nicht im technischen und organisatorischen Bereich, sondern im politischen, also in der Setzung der Ziele und der Wahl der Mittel der Strukturverbesserung. Die einzelbetrieblichen und privatwirtschaftlichen Ziele stimmen häufig nicht überein mit den volkswirtschaftlichen. Ein Kleinbauer hätte z. B. im Vollzug einer Flurbereinigung gerne wieder mehrere Grundstücke, weil er jedem seiner Kinder Grund vererben möchte. Die Flurbereinigungsbehörde ist hingegen angewiesen, großzügig den parzellierten Besitz zusammenzulegen. Ein gesellschaftspolitisches Problem ist die Frage, ob es gerechtfertigt ist, erhebliche öffentliche Mittel für Maßnahmen auszugeben, die letzten Endes einzelnen, z. B. einem Aussiedler, nutzen. Agrarstrukturverbesserung wird konfus, wenn sie nicht orientiert ist an agrarpolitischen Leitbildern. Diese sind aber in pluralistischen Gesellschaften keineswegs unumstritten.

---

[1] Unter „Agrarreform" werden international umfassende Maßnahmen zur Verbesserung der Agrarstruktur, einschließlich der Änderung der Grundbesitzverhältnisse, verstanden, d. h. „Reformen, die im Rahmen breit angelegter Programme darauf abstellen, denjenigen Land zu geben, die den Boden bearbeiten, die Stellung von Pächtern, Teilbauern und unselbständigen Landarbeitern zu verbessern oder die bäuerlichen Bewirtschaftungs- oder Betriebseinheiten zu vergrößern und Splitterbesitz zusammenzulegen. Der Begriff ‚Agrarreform' umfaßt ferner die Errichtung oder Verstärkung wesentlicher staatlicher oder sonstiger Organe oder Dienststellen im Zusammenhang mit dem landwirtschaftlichen Kredit-, Versorgungs-, Absatz-, Ausbildungs-, Beratungs- und Forschungswesen" (Internationales Arbeitsamt 1964).

Institutionelle Agrarreformen nennt man vielleicht etwas zu pauschal „Bodenreformen" oder „Landreformen". OTTO SCHILLER (1902–70) hat, um den weiten Begriff „Bodenreformen" zu präzisieren, eine Unterteilung in „Bodenbesitzreformen" und „Bodenbewirtschaftungsreformen" vorgeschlagen. Diese Unterbegriffe sind nützlich, weil es sich tatsächlich um in Zielsetzung, Instrumentarium und Auswirkungen recht unterschiedliche Maßnahmen handelt. Bodenbesitzreformen sollen die Grundeigentums- und -besitzverhältnisse ändern. Die Neuordnung der Eigentums- und Besitzverhältnisse verbürgt allerdings nur dann vollen wirtschaftlichen Erfolg, wenn sie von Reformen der Bodenbewirtschaftung flankiert wird. Unter Bodenbewirtschaftungsreformen werden alle Bestrebungen zusammengefaßt, die der Hebung des Produktionsniveaus und der Veränderung der Nutzungsrichtung dienen. Eine Bodenbewirtschaftungsreform ist also nahezu identisch mit dem technologischen Aspekt einer Agrarreform. Sie setzt meistens eine Verbesserung der Agrarstruktur (z. B. die langfristige Sicherung der Pacht) voraus.

Analytisch können vier Arten von Agrarreformen unterschieden werden. (1) Eine Reform kann strukturell sein, das heißt die Verhältnisse ändern, ohne die grundlegenden Institutionen anzutasten, z. B. das Verhältnis von Pachtland zu Eigenland, von Ortslandwirten zu Aussiedlern und von landwirtschaftlichen zu forstwirtschaftlichen Nutzflächen. (2) Eine Reform kann institutionell sein und Boden-, Arbeits- und Herrschaftsordnung betreffen. Die Ergebnisse schließen gewöhnlich die Neuverteilung von Boden und landwirtschaftlichem Einkommen ein, aber auch die Reorganisation des Agrarkredits, der Agrarmärkte, des Versuchs- und Forschungswesens, der Beratung und des Ausbildungswesens. (3) Eine Reform kann technologischer Art sein und sich hauptsächlich mit den Produktionsverfahren, der Betriebsorganisation und der Produktivität der Produktionsfaktoren befassen. (4) Eine Reform kann expansiv sein. In diesem Falle weitet sie lediglich den Anbau auf neue Ländereien aus – sowohl durch Neulandkultivierung als auch durch Siedlungsprojekte –, ohne die bestehenden Institutionen und Techniken der Landwirtschaft zu verändern. In historischen Agrarreformen können diese vier Arten in beliebiger Weise miteinander kombiniert sein.

4.1.2 Agrarreformprogramme[1]

In allen Ländern *Asiens* sind nach dem Zweiten Weltkrieg Agrarreformprogramme unterschiedlicher Reichweite und Wirksamkeit in Angriff genommen worden. In der Regel umfassen diese Programme die Neuverteilung von Grund und Boden, die Festsetzung von Höchstgrenzen für das Individualeigentum, bäuerliche Eigentumsbildung, Pächterschutz, Herabsetzung des Pachtzinses, Abschaffung feudaler Lasten, Ausschaltung der Zwischenhändler, Schaffung eines funktionsfähigen Agrarkreditwesens und Förderung der Genossenschaften. In den dichtbesiedelten Agrarlandschaften *Süd- und Südostasiens* liegt der Schwerpunkt der Maßnahmen bei der Übereignung des Bodens an die ihn bewirtschaftenden Kleinpächter. Im *Nahen und Mittleren Osten* stehen ebenfalls die Bildung von bäuerlichem Eigentum, Pächterschutz und außerdem die Ausdehnung des Bewässerungslandes, die Urbarmachung von Steppen und Sümpfen und die Wiederaufforstung im Mittelpunkt der Agrarreformprogramme. Die Bemühungen der Länder *West- und Nordeuropas* sind vor allem auf die Festigung der landwirtschaftlichen Familienbetriebe durch Flurbereinigung, Aufstockung, Marktordnungen und Infrastrukturverbesserungen, regional auch auf Bodenerschließung und Neulandgewinnung gerichtet. Von größerer Tragweite waren die Agrarreformprogramme der Länder *Osteuropas*. Der private Grundbesitz wurde in länderweise wechselndem Umfang enteignet. Die Landbewirtschaftung wurde mehr oder weniger kollektiviert und verstaatlicht. In den meisten Ländern *Lateinameri-*

---

[1] Vgl. Internationales Arbeitsamt 1964.

kas gilt die Agrarreform als wesentliche Voraussetzung für jeden wirtschaftlichen und sozialen Fortschritt. Entsprechend der Notwendigkeit, die krassen Ungerechtigkeiten der Agrarverfassung zu beseitigen, umfassen die Reformprogramme die Aufteilung von brachliegendem Latifundienland und Siedlungsprogramme für besitzlose Landfamilien auf Neuland, ferner Maßnahmen zur Einschränkung der „wilden" Rodungssiedlung und die Abschaffung der Teil- und der Arbeitspacht. In den *afrikanischen Ländern* südlich der Sahara sind die wichtigsten Probleme der Agrarreformen der Übergang von der Stammes- und Gemeinschaftsverfassung zu Formen des individuellen Grundbesitzes, die Förderung seßhafter Landbewirtschaftung und andere Verbesserungen der Bodennutzung sowie der genossenschaftliche Absatz.

4.1.3 Kräfte

Triebkräfte: Die treibenden Kräfte von Agrarreformen sind verschiedener Art: Ideen, Mächte, Entwicklungen. In der Ideengeschichte der Agrarreformen findet man den Liberalismus (Deutschland), den Kapitalismus (England), den Sozialismus (Ägypten) und den Kommunismus (China). Manchmal hat sogar die Idee, alte Institutionen (z. B. die Ejidos in Mexiko) wieder herzustellen, mitgewirkt. Agrarreformerische Ideen können entweder von inländischen Sozialreformern entwickelt werden oder von außen über die Grenzen dringen. Externe Ideen können selbstverständlich nur dann wirken, wenn im Inland ein Nährboden der Unzufriedenheit oder Unruhe oder wenn ein Reformwille vorhanden ist.

Letzteres ist in fast allen Entwicklungsländern der Fall, weil deren Regierungen vor der Notwendigkeit stehen, Nahrung für die rasch wachsende Bevölkerung zu schaffen, Arbeitsplätze bereitzustellen und agrarpolitische Konsequenzen aus der Verknappung der landwirtschaftlichen Nutzflächen zu ziehen. Hinzu kommt der Druck der unteren Schichten, die Armut und Rückständigkeit nicht mehr als gottgegeben hinnehmen wollen, auf die Regierenden. Unter Umständen drängen ausländische Mächte auf Agrarreformen (z. B. die Amerikaner in Japan). Schließlich erzwingen aber auch technische Fortschritte, neue naturwissenschaftliche Erkenntnisse und wirtschaftliche Entwicklungen Agrarreformen. So drängt die Motorisierung der Landwirtschaft zu größeren Produktionseinheiten, die Kommerzialisierung zu einer Individualisierung der Agrarverfassung. Die traditionalen, auf Verwandtschaftsbeziehungen, Stammesordnung und feudalem Großgrundeigentum beruhenden Agrarverfassungen sind mit moderner Agrarwirtschaft unvereinbar.

Hemmende Kräfte: Den treibenden Kräften steht eine Reihe hemmender Kräfte gegenüber. An erster Stelle ist die Opposition der herrschenden Klasse zu nennen. Da Agrarreformen in der Regel Macht, Einfluß, Vermögen und Einkommen der herrschenden Klasse verringern, sind die Privilegierten meistens entschiedene Gegner von Bodenbesitzreformen. Gelingt es ihnen nicht, Reformvorhaben schon im Ansatz zu hintertreiben[1], so verstehen sie es meistens, die Gesetze zu verwässern und deren Durchführung zu boykottieren. Es gibt sogar Beispiele dafür, daß die Großgrundeigentümer Bodenbesitzreformen in ihr Gegenteil verkehrten und gestärkt aus den Reformen hervorgingen.

Fehlt es den herrschenden Klassen am Willen, so mangelt es den breiten Massen an der Kraft zu Reformen. Die Mehrzahl der Fellachen oder Campesinos ist nicht politisch organisiert, ohne Führungskräfte und außerdem fatalistisch und apathisch, sei es aus generationenlanger Gewohnheit, böser Erfahrung, körperlicher Schwäche oder geistiger Trägheit. Dies bedeutet, daß in Entwicklungsländern Bodenreformen „von oben" angeregt und durchgeführt werden müs-

---

[1] So sind in Brasilien zwischen 1951 und 1964 im Kongreß mehr als 200 Gesetzesvorlagen eingebracht worden, ohne daß es gelang, den Widerstand der an der Erhaltung der bestehenden Agrarverfassung interessierten Gruppen zu überwinden.

sen. Die Zentralgewalten sind aber oft noch zu schwach, um Bodenreformmaßnahmen gegen den Widerstand der nationalen und lokalen Führungskräfte durchsetzen zu können. Es fehlt an organisierter und organisierbarer Macht. Noch erschwerender wirkt sich der Mangel an persönlich nicht betroffenen, sich aber dennoch leidenschaftlich für den sozialen und wirtschaftlichen Fortschritt auf dem Lande einsetzenden Menschen aus. In Mitteleuropa hatte das Eintreten des gebildeten Mittelstandes entscheidend zum Durchbruch der Reformideen beigetragen. Die verantwortlichen Politiker haben zum Teil auch psychologische Hemmungen, rigorose strukturelle und institutionelle Eingriffe vorzunehmen, weil sie Versorgungsschwierigkeiten und ein Ansteigen der Unterbeschäftigung und Arbeitslosigkeit befürchten. Unter Umständen glauben sie, auf ausländische Grundeigentümer und mächtige Kapitalgesellschaften Rücksicht nehmen zu müssen, um die Exportmärkte nicht zu verlieren. Schließlich fehlen in vielen reformbedürftigen Ländern Kataster- und Kartenunterlagen überhaupt oder sind in einem sehr mangelhaften Zustand. Ebenfalls mangelt es an den für die Planung erforderlichen Statistiken über die Grundeigentumsverteilung, die Betriebsgrößenstruktur, die Beschäftigungsverhältnisse, die Einkommensverteilung usw.

Kräfteverhältnis: An einer Bodenbesitzreform sind in der Regel drei Parteien beteiligt. Erstens die Begünstigten, die durch die Reform Land, mehr Sicherheit, einen besseren Status, höheres Einkommen usw. gewinnen. Sie sind am Zustandekommen der Reform interessiert, können aber, wenn es sich um Kleinbauern, Pächter und Landarbeiter handelt, selbst wenig tun. Zweitens die Opponenten, zu denen alle zählen, die durch die Reformmaßnahmen Verluste erleiden. Sie wollen die Reformen verhindern und werden gewöhnlich sehr aktiv. Die potentiellen Verlierer und Gewinner treten jedoch im allgemeinen nicht in direkten Kontakt miteinander. Zwischen ihnen stehen die Reformer. Diese sind in der Regel Exponenten der Regierung oder einer führenden politischen Partei und Technokraten in den Planungsstäben und Ministerien. Unter Umständen wird der Reformwille auch von der öffentlichen Meinung getragen, die die Interessen des aufsteigenden Mittelstandes oder des industriellen Unternehmertums vertritt. Wer auch immer hinter den Reformern steht, so ist doch klar, daß diese kein unparteiisches Schiedsgericht bilden, sondern selber Partei sind und aus der Agrarreform Nutzen für ihre eigene Machtstellung ziehen wollen. Dies wird nicht immer voll sichtbar, weil die Reformgruppe sich den Anschein gibt, nur das Allgemeinwohl oder den Fortschritt im Auge zu haben.

Die Auseinandersetzungen finden hauptsächlich zwischen den potentiellen Verlierern und der Reformgruppe statt, weil nur diese beiden Parteien über Machtmittel verfügen. Die Reformgruppe hat den Vorteil, notfalls legitim Gewalt gebrauchen zu können. Normalerweise kann jedoch keine der drei Parteien ganz ausgeschaltet werden. Dies bedeutet, daß es für das Überleben der Reformgruppe wichtig ist, einen tragbaren Kompromiß zu finden. Die Reformer werden versuchen, mit jeder der kontrahierenden Parteien oder mit Fraktionen derselben zu koalieren, um ihre Ziele zu erreichen.

Um die Erregung der potentiellen Verlierer zu besänftigen, kann diesen eine Entschädigung in der einen oder anderen Form in Aussicht gestellt werden. Dadurch können einige Grundeigentümer für die Reform gewonnen und andere als Opponenten neutralisiert werden. Die Zahlung von Entschädigungen wirkt andererseits mäßigend auf die Ansprüche der potentiellen Gewinner. Appelle an das Nationalgefühl und den Gemeinsinn sind ein anderer Weg, den Boden für die Durchführung von Reformen zu ebnen. Die potentiellen Verlierer können davon überzeugt werden, daß die Alternativen zu dem vorgeschlagenen Programm viel schlechter wären und es deshalb der gesunde Menschenverstand gebiete, der Vorlage zuzustimmen. Die Reformer können auch an den Sinn für Würde und Großmut und an die nationale Loyalität der Grundeigentümer appellieren, jede Zurückweisung des Programmes als staatsfeindlich hinstellen und die Opponenten als Feudalisten, Kollaborateure des Imperialismus und Reaktionäre brandmarken.

Noch wichtiger kann die propagandistische Einwirkung auf die potentiellen Gewinner sein, vor allem dann, wenn das Programm hinter den Erwartungen und Wünschen der Nutznießer der Bodenreform zurückbleibt. Hier stehen zwei Taktiken im Vordergrund. Zum einen werden Hoffnungen auf die spätere Zukunft aufgebaut und vage Versprechungen gemacht. Zum anderen wird von der unzureichenden Landzuteilung abgelenkt, indem Werte wie Freiheit, Menschenwürde und Gleichheit in den Mittelpunkt der öffentlichen Aufmerksamkeit gerückt werden und an das Gemeinwohl erinnert wird.

In jedem Fall wird die Reformgruppe die Opponenten wie die Nutznießer in kleinere Interessengruppen zu spalten versuchen. Dabei kommt ihr zustatten, daß sich diese aus Individuen zusammensetzen, von denen jedes mehr mit seinen eigenen Interessen beschäftigt ist als mit den gemeinsamen Problemen. Die Bauern werden sich in erster Linie mit dem befassen, was sie individuell erhalten, und erst in zweiter Linie mit dem, was der Bauernstand als Ganzes erreicht. Analog verhält es sich mit den Grundeigentümern. Als letztes Mittel steht der Reformgruppe die Androhung oder sogar die Anwendung von Gewalt zur Verfügung, um die Opponenten gefügig zu machen.

Die Partei der potentiellen Verlierer wird, wenn es sich um Großgrundeigentümer handelt, nicht zögern, ihre politischen und wirtschaftlichen Machtmittel den Reformbestrebungen entgegenzusetzen. Sie führt direkte, gleichzeitig versteckte Angriffe gegen alle Kräfte, die echte Reformen durchsetzen wollen. Befinden sich Presse und Rundfunk unter dem Einfluß der Großgrundeigentümer – was z. B. in Lateinamerika häufig der Fall ist –, dann werden die Massenmedien ebenso bereitwillig alle Schritte der Bodenreformbehörden öffentlich kritisieren wie die Machenschaften der „Gegenreform" verheimlichen und die berechtigten Anliegen der Bauern totschweigen. Wichtiger als die Einschüchterung der Reformer ist die Einflußnahme auf die Gesetzgebung selbst und die Durchführungsbestimmungen. Beliebt ist der Versuch, den Bereich der Bodenreform einzuengen oder auf marginale Gebiete abzudrängen. Dies kann geschehen durch die Festlegung (1) von Prioritäten, in welchen Gebieten und Kategorien mit der Bodenreform begonnen werden soll, (2) von Ausnahmebestimmungen für bestimmte Boden- und Betriebskategorien, (3) von die Durchführung erschwerenden Bedingungen und Erfordernissen, (4) von hohen Entschädigungsansprüchen, (5) einer unzureichenden Ausstattung der Bodenreformbehörden oder (6) durch die Überlastung dieser Behörden mit anderen Aufgaben. Es gibt natürlich noch eine Reihe von anderen Mitteln, der Bodenreform hinhaltenden Widerstand zu leisten. Als 1972 in der Türkei endlich ein Bodenreformgesetz verabschiedet worden war, gelang es den Opponenten, eine Sonderbehörde einzusetzen, die erst einmal die Grundeigentumsverhältnisse katastermäßig aufnehmen sollte. Damit war die Bodenreform selbst zunächst einmal auf unbestimmte Zeit verschoben. Eine geradezu zynische Methode, Zeit zu gewinnen und eine Agrarreform zu sabotieren, besteht darin, die weiteren Schritte von den Ergebnissen einer „Versuchsreform" abhängig zu machen. Das äußerste Mittel der „Gegenreformgruppe" ist der Regierungswechsel oder der Staatsstreich.

4.1.4 Ziele und Leitbilder

Die Liste der möglichen Ziele von Agrarreformen ist so lang, wie der Katalog agrarpolitischer und sozialpolitischer Ziele überhaupt, ja sie geht sogar in manchen Punkten darüber hinaus und in den machtpolitischen Bereich hinein. Einige dieser Ziele sind miteinander vereinbar, andere schließen sich aus. Vor der Durchführung einer Agrarreform ist daher zu prüfen, ob das Zielbündel Konflikte enthält oder nicht. Agrarreformen sind in der Vergangenheit nicht nur an der Unzulänglichkeit der Mittel, sondern gelegentlich auch an der Unvereinbarkeit der Ziele gescheitert. Im Kern geht es darum, die wirtschaftliche Leistungsfähigkeit der Landwirtschaft zu steigern, die Lebensverhältnisse auf dem Lande zu verbessern, die ländliche Arbeitskraft besser zu nutzen und durch sozialen Ausgleich die politischen Verhältnisse zu stabilisieren.

Die Zielsetzung ist immer ein politischer Akt. Herkunft und Absichten der Reformgruppe bestimmen im wesentlichen die Ziele. Ist die Reformgruppe Teil der traditionellen Elite, dann werden wahrscheinlich die ökonomischen Ziele weniger betont als die politische Stabilität im Rahmen einer modifizierten sozio-politischen Ordnung. Gehören die Reformer einer sich entwickelnden Mittelschicht an, dann werden sie versuchen, im Rahmen einer neuen sozio-politischen Ordnung Stabilität herzustellen und zugleich das Wirtschaftswachstum zu fördern. Ungeachtet ihrer Herkunft wird die Reformgruppe einige Bedingungen anerkennen, die mit der optimalen wirtschaftlichen Entwicklung in Einklang stehen. ELIAS H. TUMA nennt diese Bedingungen den „Bereich wirtschaftlicher Leistungsfähigkeit" und definiert sie durch die optimale Verteilung von Land, Betriebsgrößen, Einkommen und leistungsfähigen technologischen Bedingungen. Dieser Bereich stimmt mit den nationalen und regionalen Wirtschaftsplänen überein; er kann von Nationalökonomen mit wissenschaftlichen Methoden bestimmt werden.

Die Reformgruppe verfolgt jedoch im Grunde weniger wirtschaftliche Ziele als das Ziel politischer und sozialer Stabilität. Aus ihrer Sicht bedeutet politische und soziale Stabilität die Chance, an der Macht zu bleiben, und zwar mit wenig oder keinem Gebrauch von Gewalt. Deshalb muß die Reformgruppe in ihrem Programm den „Bereich sozio-politischer Stabilität" ansteuern. Die oberen Grenzen dieses Bereiches werden durch die tragbaren Kosten markiert. Die untere Grenze liegt dort, wo sich die beiden Kontrahenten gerade noch zufriedengeben, d. h., wo die Nutznießer genug Vorteile erhalten und die Verlierer nur so viele Nachteile erleiden, daß sie das Reformvorhaben gerade noch akzeptieren.

Der wirtschaftliche Aspekt einer Agrarreform kann zwar kurzfristig zurückgestellt, aber nicht auf Dauer vernachlässigt werden. Die Kunst der Agrarreformer besteht vielmehr darin, den Bereich wirtschaftlicher Leistungsfähigkeit mit dem Bereich sozio-politischer Stabilität zur Deckung zu bringen. Der Bereich wirtschaftlicher Leistungsfähigkeit beruht auf objektiven Daten, der Bereich sozio-politischer Stabilität auf subjektiver Einschätzung. Der letztere kann daher besser manipuliert werden als der erstere. Es gibt mehrere Lösungen des Problems. Einige stellen allerdings nur Scheinlösungen dar.

Die häufigste Lösung besteht darin, den Bereich wirtschaftlicher Leistungsfähigkeit für die Gegenwart zu ignorieren und wirtschaftliche Ziele zu langfristigen Zielen zu erklären. Dies gibt den Entscheidungsgremien kurzfristig genügend Spielraum, um den Bereich sozio-politischer Stabilität anzusteuern, ohne offen den Rat der Wirtschaftsfachleute zu kompromittieren. Lange läßt sich dieser Kurs jedoch nicht durchhalten. Eine konstruktivere Variante ist es, die Schwierigkeit, die sozio-politischen mit den wirtschaftlichen Zielen zu vereinbaren, offen anzuerkennen und das Schwergewicht der Reform von der Betriebsproduktivität auf das Familieneinkommen zu verlagern. Das bedeutet faktisch, das Bodenreformland in relativ kleinen Einheiten aufzusiedeln. Dadurch wird entweder die Zahl der Verlierer vermindert oder die Zahl der Gewinner vermehrt. Man nimmt dabei bewußt in Kauf, daß unwirtschaftliche Betriebsgrößen entstehen. Das Gesamteinkommen der Familien soll durch außerbetrieblichen Erwerb so hoch steigen, daß die Neubauern politisch ruhig bleiben, obwohl sie von der Landzuteilung enttäuscht werden. Auf lange Sicht mag sich diese Lösung als der stabilste und konstruktivste Weg zur wirtschaftlichen Entwicklung und politischen Stabilität erweisen. Die Schwierigkeit liegt indessen in dem Mangel an nichtlandwirtschaftlichen Arbeitsplätzen, wenn die Volkswirtschaft noch auf einer niedrigen Entwicklungsstufe steht.

Eine weitere Variante ist es, Teilziele zu setzen, die für die verschiedenen Kategorien von Betroffenen annehmbar sind und in einer bestimmten Zeit erreicht werden können. Politisch bedeutet dies, die Opposition in schwächere Gruppen aufzuspalten und mit diesen gesondert zu verhandeln. Untergruppen, die zu einer gegebenen Zeit geschont werden, können dadurch zum Stillhalten veranlaßt oder als Koalitionspartner gewonnen werden. In ähnlicher Weise werden auch die Nutznießer einer Agrarreform in verschiedene Kategorien aufgeteilt – bei der preußischen Bauernbefreiung in gespannfähige und nicht gespannfähige Bauern –, die verschieden behandelt werden. Dadurch wird durchführbar, was en bloc undurchführbar wäre.

Bei keiner anderen agrarpolitischen Maßnahme spielen die *Leitbilder* eine so große Rolle wie bei institutionellen Agrarreformen. Für die Entwicklungsländer stellt sich heute die Frage, ob sie die allgemein anerkannten Hauptziele ihrer Agrarreformen, nämlich soziale Gerechtigkeit und Steigerung der landwirtschaftlichen Produktion, besser nach dem westlichen Vorbild des landwirtschaftlichen Familienbetriebes oder nach dem östlichen des Kollektivbetriebes erreichen können. Je geringer bei den verantwortlichen Politikern die agrarischen Kenntnisse sind, desto stärker unterliegen ihre Entscheidungen ideologischen Einflüssen.

In zahlreichen Entwicklungsländern besteht bei Agrarreformen die Neigung, kollektivistischen Lösungen den Vorzug zu geben. Die politischen und psychologischen Motive dafür sind: (1) der Glaube an die apriorische Überlegenheit des Großbetriebes auch in der Landwirtschaft, (2) die Annahme, Mechanisierung und Traktorisierung seien die einzigen Mittel zur Leistungssteigerung in der Landwirtschaft, (3) die erfolgversprechende Möglichkeit unmittelbarer staatlicher Einflußnahme und Kontrolle und (4) die Überzeugung von der „moralischen" Überlegenheit der Kooperation über die Individualwirtschaft, deren Egozentrik für die eigentliche Ursache der Rückständigkeit des Agrarsektors gehalten wird. Der Großbetrieb ist dem Kleinbetrieb jedoch nicht unter allen Umständen überlegen. Für FOLKE DOVRING (1963, S. 221 f.) gibt es kaum einen Zweifel, „daß die kleine Familienwirtschaft in dicht bevölkerten Agrarländern... dem großbetrieblichen Lohnarbeitssystem im allgemeinen vorzuziehen ist".

4.1.5 Maßnahmen

Die verschiedenartigen agrarreformerischen Maßnahmen lassen sich einteilen in solche, die (1) die Neuverteilung des Bodens, (2) die Neuverteilung der landwirtschaftlichen Einkommen und (3) die Steigerung der Produktion, der Beschäftigung und des Einkommens in der Landwirtschaft betreffen. Die Maßnahmen der Kategorien (1) und (2) fallen in den Bereich von Bodenbesitzreformen und setzen eine Reihe von politischen Entscheidungen voraus:

1. Wie soll das Bodenreformland beschafft werden? Durch Landschenkung wie in der Bhoodan- und Gramdan-Bewegung in Indien, durch freiwillige Andienung des Landes unter dem Druck progressiver Grund- und Erbschaftssteuern oder der Androhung der Enteignung oder durch Enteignung?
2. Welche Ländereien sollen enteignet werden? Alles brachliegende oder alles nicht vom Eigentümer selbstbewirtschaftete Land oder nur Grundeigentum über einer bestimmten Höchstgrenze? Oder sollen nur Liegenschaften der toten Hand herangezogen werden? Welche Boden- und Betriebskategorien sollen von der Bodenreform verschont werden? Sollen Ausnahmebestimmungen für mittleres und kleineres Grundeigentum, für mechanisierte Betriebe, für Spezialkulturen, für Bauerwartungsland gelten?
3. Sollen die bisherigen Grundeigentümer überhaupt, und wenn ja, wie sollen sie entschädigt werden? Soll der Marktwert, der Pachtwert, der Steuerwert oder der Ertragswert zugrundegelegt werden? Soll die Entschädigung in einer einmaligen Zahlung oder in Raten erfolgen? Soll sie in Geld, Schuldverschreibungen (Obligationen) oder Aktien geleistet werden?
4. Wer soll das Bodenreformland bekommen? Soll der enteignete Boden in das Eigentum von einzelnen Privatpersonen (individualisiert), von Genossenschaften (kollektiviert) oder des Staates (nationalisiert) überführt werden?
5. Wie ist die Auswahl unter den Aspiranten auf Bodenreformland zu treffen: aufgrund bisheriger Bodennutzungsrechte, der Qualifikation, politischer Zuverlässigkeit, der Bedürftigkeit, der Familienverhältnisse oder anderer Kriterien? Sollen alle Anwärter gleich behandelt oder soll eine Präferenzskala aufgestellt werden?
6. Wie sollen die Bodenreformbetriebe organisiert werden? Zur Auswahl stehen zwerg-, klein-, mittel- und großbäuerlicher oder großbetrieblicher Zuschnitt und verschiedene Abstufungen genossenschaftlicher und gesellschaftsrechtlicher Integration.

7. Welchen Status sollen die Bodenreformbegünstigten erhalten? Sollen sie sofort oder nach Abzahlung von Kaufraten Eigentumslandwirte, langfristige Pächter oder Mitglieder eines Kollektivs werden?
8. Aus welchen Quellen soll die Bodenreform finanziert werden? An einheimischen Quellen stehen zur Verfügung (1) die ehemaligen Grundeigentümer, (2) die Neubauern, (3) die nicht unter die Bodenreform gefallenen Sektoren der Landwirtschaft, (4) die nichtlandwirtschaftlichen Wirtschaftsbereiche, (5) der Fiskus, und an fremden Quellen (6) die bilaterale Entwicklungshilfe, (7) die Entwicklungsbanken und (8) der internationale Kapitalmarkt. Die Frage ist, in welcher Höhe und zu welchen Bedingungen die genannten Quellen angezapft werden können.
9. Wie können die Rechte an Bodenreformland abgesichert und wie kann verhindert werden, daß die Bodenreformbetriebe künftig im Erbgang zersplittert oder im Wege des freihändigen Verkaufs oder der Zwangsversteigerung an Dritte veräußert werden?
10. Wie soll der Zugang zu anderen wichtigen Hilfsmitteln (Wasser, Vieh, Maschinen) und Einrichtungen (Märkte, Kreditinstitute, Beratung) organisiert werden?
11. Wie kann das Pachtwesen verbessert werden? Hierbei sind vor allem Entscheidungen über die Mindestpachtdauer, den Kündigungsschutz, die Höhe, Zahlungsform und Änderung des Pachtzinses und die Formvorschriften für die Pachtverträge zu treffen. Ferner sind Bestimmungen über die Zulässigkeit von Nebenleistungen der Pächter, über die Entschädigung für Meliorationen und über die Einschränkung der Unterverpachtung zu erlassen.
12. Im Zuge einer Bodenreform dürfen die Landarbeiter nicht vergessen werden. Die Frage ist, wie ihnen Koalitionsrecht, Mindestlöhne, humane Arbeitsbedingungen und soziale Sicherheit gesichert werden können.

4.1.6 Ablauf

Jede Agrarreform nimmt zwar ihren eigenen geschichtlichen Verlauf. Die meisten Agrarreformen zeigen aber einen typischen Ablauf in mehreren Phasen. Der allgemeinen Durchführung der Agrarreform gehen häufig einige mehr oder weniger mißglückte Anläufe voraus. Auch wenn sie wenig Erfolg haben, sind sie nicht nutzlos, denn sie machen die Probleme bewußt und stimmen die Öffentlichkeit auf die kommenden Reformen ein. Wenn die Zeit dafür reif geworden ist, folgt auf diese Vorphase die eigentliche Agrarreform. Sie beginnt in der Regel mit einer gemäßigten Enteignung des Großgrundeigentums und der Verteilung des Bodenreformlandes an landarme oder landlose Bauern, Pächter und Landarbeiter. Stufenweise wird die Enteignung auf weitere Boden- und Eigentümerkategorien ausgedehnt, gewöhnlich indem die Höchstgrenze zulässigen landwirtschaftlichen Grundeigentums herabgesetzt wird. Eine Bodenbesitzreform kann sich über Jahrzehnte hinziehen.

Zu einem späteren Zeitpunkt wendet sich das Interesse der Reformer von der Umverteilung des Bodens ab und den wirtschaftlichen Aspekten der Agrarreform zu. Dies bedeutet, daß die Agrarreform die Züge einer Bodenbewirtschaftungsreform annimmt, die allmählich in eine allgemeine agrarische Förderpolitik übergeht. Korrekturen an der Agrarverfassung, die sich späterhin noch als notwendig erweisen, werden im Rahmen der Agrarstrukturverbesserung vorgenommen. Unterbleibt die Bodenbewirtschaftungsreform, dann besteht die Gefahr, daß die Errungenschaften der Bodenbesitzreform in kurzer Zeit wieder verlorengehen. Genauer gesagt, die Neubauern verschulden aufs neue und verlieren ihr Land an ihre Gläubiger, die zum Teil identisch sind mit ihren ehemaligen Grundherren, zum Teil aber auch der aufstrebenden Schicht angehören, die die Reform vorangetrieben hat.

Auf die Aufteilungs- und Aufsiedlungsphase folgt gewöhnlich eine Phase der Reintegration. Die Technokraten und Ökonomen in den zuständigen Ministerien und Behörden gewinnen die Oberhand über die Ideologen und Sozialpolitiker und setzen durch, daß die Bodenumverteilung abgeschlossen und die wirtschaftliche Reintegration eingeleitet wird. Diese scheint nach einer Bodenbesitzreform in einem doppelten Sinne wünschenswert, ja notwendig zu sein: als volkswirtschaftliche und als privatwirtschaftliche. Eine Bodenbesitzreform schneidet einerseits die Fäden der Markt- und Handelsbeziehungen ab, die über die ehemaligen Grundeigentümer und deren Mittelsmänner liefen. Die Waren-, Geld- und Dienstleistungsströme müssen wieder in Fluß gebracht werden. Sehr oft wird Bodenreformgenossenschaften diese Aufgabe der volkswirtschaftlichen Reintegration zugewiesen. Andererseits schafft eine Bodenbesitzreform in der Regel eine Vielzahl kleiner Bauernwirtschaften, deren Verwaltung, Beratung und Modernisierung sehr aufwendig sind. Es besteht also aus administrativen, technologischen und ökonomischen Gründen ein großes agrarpolitisches Interesse daran, das aufgesplitterte landwirtschaftliche Produktionspotential wieder zu größeren, leistungsfähigeren Einheiten zusammenzufassen.

Die Reintegration kann auf mindestens drei Wegen erfolgen. Beim *traditionellen Weg* greifen die Bauern spontan auf alte lokale Gemeinschaftsformen zurück, im Iran z. B. auf das Bonku-System (vgl. EHLERS 1973). Häufiger ist der von den Behörden vorgeschriebene *genossenschaftliche Weg*. Fast alle jüngeren Agrarreformen sehen die Zwangsmitgliedschaft der Neubauern in Bodenreformgenossenschaften vor, die die Aufgaben der ehemaligen Grundherren übernehmen, die Kräfte der Selbsthilfe und der Zusammenarbeit organisieren und Kredite und andere Hilfsmittel für eine steigende Produktion beschaffen sollen. Sie werden meistens ganz bewußt als Instrumente der staatlichen Agrarpolitik ausgebaut und planwirtschaftlich eingesetzt. Der genossenschaftliche Weg weist vier Varianten auf: (1) Die Genossenschaften fördern die Einzelwirtschaften der Neubauern, (2) die Neubauern bilden Produktionsgenossenschaften (LPG), (3) die Neubauern gründen Aktiengesellschaften (LAG) mit genossenschaftlichen Zügen, (4) es werden genossenschaftsähnliche Organisationen zur Produktion unter genauer Aufsicht errichtet. Der dritte Weg wird als *„wachstumsorientierter Weg"* bezeichnet, um die rein ökonomische Zielsetzung zum Ausdruck zu bringen. Die aus der Bodenreform hervorgegangenen bäuerlichen Einzel- und Kollektivbetriebe werden zugunsten von sehr großen agro-industriellen Kombinaten und spezialisierten Großbetrieben liquidiert. Auf diese Weise entsteht auf dem Bodenreformland unter Mißachtung der anfänglich propagierten sozialen Ziele eine rein industriell-kapitalistische Landwirtschaft. Mit steigendem Integrationsgrad nehmen die individuelle Verfügungsgewalt der Neubauern über das Bodenreformland und ihre betrieblichen Entscheidungsbefugnisse ab. Es besteht daher die Gefahr, daß in der Reintegrationsphase die sozialen Errungenschaften einer vorangegangenen Bodenbesitzreform wieder verloren gehen.

4.1.7 Auswirkungen

Wegen der häufig widersprüchlichen Zielsetzung und unzulänglichen Durchführung erfüllen Agrarreformen selten alle Erwartungen, die in sie gesetzt wurden. Besonders die Wirkungsmöglichkeiten von Bodenbesitzreformen werden oft überschätzt. „Mit der Änderung des Bodenrechts muß (zwar) jede soziale Reform beginnen" (DAMASCHKE 1926), aber Bodenreformen sind kein Allheilmittel:

(1) Sie können nicht die ökologischen Bedingungen verändern, die der Produktivität, dem Umfang und der Richtung der landwirtschaftlichen Produktion natürliche Grenzen setzen. Auf kargen Böden ist auch nach einer Bodenreform kein hohes Einkommen zu erwirtschaften.
(2) Sie können nicht das Bevölkerungsproblem lösen. In übervölkerten Regionen ist ein durchgreifender Erfolg einer Bodenreform nur möglich bei gleichzeitiger Industrialisierung. Solange nicht genügend außerlandwirtschaftliche Arbeitsplätze geschaffen werden, drückt der Bevölkerungsüberschuß auf den Boden und zehrt die Errungenschaften der Bodenreform wieder auf.
(3) Sie können nicht die Nachfrage der Verbraucher nach Agrarerzeugnissen anregen, also

keine Märkte schaffen. Bodenreformen stören oder zerstören hingegen oft die traditionellen Marktbeziehungen.
(4) Sie können nicht das Problem der ländlichen Armut generell beseitigen, denn immer wird nur ein Teil der Landfamilien von einer Bodenreform begünstigt.
(5) Sie können nicht die ländliche Unterbeschäftigung generell beseitigen. Nur für Unterbeschäftigung als Ergebnis einer ungesunden Verteilung des Bodens schafft eine Bodenbesitzreform Abhilfe.

Mobilisierungseffekt: Einer der wichtigsten gesellschaftspolitischen Beiträge, den eine Bodenbesitzreform leisten kann, ist das Aufbrechen erstarrter Herrschaftsstrukturen und die Mobilisierung der Bevölkerung. Demokratie entwickelt sich zwar keineswegs automatisch nach einer Bodenreform. Eine Umverteilung des Bodens schafft aber meistens gute geistige und strukturelle Voraussetzungen für eine Demokratisierung und für die Entwicklung der ländlichen Gemeinwesen. Die ländliche Gesellschaft gerät in Bewegung, was sich in Umschichtungen, sozialer Differenzierung und zum Teil auch in starker Abwanderung bemerkbar macht.

Produktionseffekt: Obwohl die meisten Agrarreformen eine Steigerung der landwirtschaftlichen Produktion bezwecken, lassen sie diese anfänglich häufig sinken. Dazu tragen vor allem das Fehlen einer ausreichenden technischen und betriebswirtschaftlichen Beratung der Neubauern, Kreditmangel sowie die Besitzunsicherheit bei, solange die neuen Eigentumstitel noch nicht bestätigt sind. Die größeren Grundeigentümer schränken oft ihre Investitionen ein, weil sie sich verunsichert fühlen. Nach Überwindung des ersten Schocks gehen sie aber meistens zu einer sehr intensiven Bewirtschaftung ihres Restbesitzes über. Auf längere Sicht können die privatwirtschaftlichen Anreize auch die Neubauern veranlassen, ihre Produktion zu steigern. Dies ist um so eher zu erwarten, je zweckmäßiger die Maßnahmen sind, die im Rahmen einer Bodenbewirtschaftungsreform ergriffen werden. Pachtreformen und die Umwandlung der Pächter in Eigentumslandwirte haben im allgemeinen positive Auswirkungen auf die Produktionshöhe, weil sich die Organisation der Betriebe nicht grundlegend ändert, aber die Leistungs- und Investitionsanreize sich verstärken. Die Produktion richtet sich nach einer Agrarreform mehr nach den Bedürfnissen der Kleinbauernfamilien, das heißt, sie tendiert zu stärkerer Viehhaltung, gemischtem Anbau, mehrjährigen Kulturen und Anbau von Verzehrsfrüchten; unter Umständen werden aber auch mehr Marktfrüchte angebaut.

Einkommenseffekt: Bodenbesitzreformen bewirken im besten Fall eine Umverteilung der Einkommen, aber keine Steigerung. Die größeren Chancen der Bauern, ihr Einkommen nachhaltig zu verbessern, liegen in einer Bodenbewirtschaftungsreform. Kurzfristig steht jedoch der Distributionseffekt im Vordergrund. Die Einkommensverhältnisse verbessern sich, wenn die Zahl der Nutznießer am Bodenertrag durch die Ausschaltung der Zwischenpächter und Mittelsmänner verringert wird. Auch Begrenzungen des Pachtzinses nach oben und das Verbot von Nebenleistungen erhöhen das Einkommen der Pächter unmittelbar, falls sie durchgesetzt werden können. Der distributive Einkommenseffekt einer Überführung von Pachtland in Eigentum ist dagegen relativ geringfügig. Für einen Teil der Landfamilien kann sich das Einkommen infolge einer Agrarreform verringern. Es ist hierbei weniger an die ehemaligen Grundeigentümer zu denken, die auf ihre Grundrenten verzichten müssen, als an die Landarbeiter, die durch den Übergang zur Familien- oder Kollektivarbeitsverfassung brotlos werden.

Kapitalbildungseffekt: Eine Agrarreform ändert Ort und Methode der Kapitalbildung. Mit der Aufteilung von Großgrundeigentum an viele kleine Landwirte geht die Aufgabe, volkswirtschaftliches Kapital zu akkumulieren, auf den Staat über. Ein entsprechendes Steuer- oder Marktsystem muß dafür sorgen, daß die Landwirtschaft ihren Beitrag zum Aufbau von Industriewirtschaft und Staat leistet. Die Begünstigten einer Agrarreform neigen nämlich dazu, das landwirtschaftliche Mehreinkommen zu konsumieren (Mehrverbrauch an Nahrungsmitteln, Kleidung, Wohnungseinrichtung), zur besseren Ausbildung ihrer Kinder und zur Eheschließung zu verwenden. Die Sparrate ist gering, die Investitionsrate gewöhnlich auch. Allerdings gehen von dem Mehrverbrauch der Neubauern beachtliche Impulse auf die Wirtschaft aus. Einige Autoren (z. B. TIMMERMANN) nehmen an, daß die Konsumneigung der Rentenbezieher vor der Agrarreform noch größer war als die Konsumneigung der Neubauern und daher nach der Bodenreform ein größerer Teil der Bodenrente investiert werde.

Beschäftigungseffekt: Auf die ländlichen Beschäftigungsverhältnisse wirken sich Agrarreformen, mindestens zunächst, eher negativ aus, wenn nicht gleichzeitig mit der Bodenumverteilung die Landbewirtschaftung intensiviert wird, neue Betriebszweige eingeführt und die Anbauflächen durch Bewässerung und Neulandkultivierung vergrößert werden. Arbeitslos werden in erster Linie die Landarbeiter. Das Kolchossystem beugt dem vor, indem es die Unterbeschäftigung auf alle verteilt, die dann freilich alle auch einen relativ niedrigen Lebensstandard in Kauf nehmen müssen. Die Freisetzung von Arbeitskräften kann beabsichtigt sein (Beispiel: Sowjetrußland). In erster Linie wird die unterbäuerliche, von der Bodenreform nicht begünstigte Schicht zur Abwanderung veranlaßt. Eine zu rigorose Agrarreform kann aber auch die tragende Schicht der mittleren und größeren Bauern, die Landhändler und die landwirtschaftlichen Manager vom Lande vertreiben. Andererseits kann die Landzuteilung die Begünstigten zu fest an den Boden binden. Insbesondere halten gesicherte Grundbesitzrechte, die Zwangsmitgliedschaft in Genossenschaften, Kapitalinvestitionen, niedrige Technologien und Familienbande mehr Menschen auf dem Lande fest, als dort normalerweise bleiben würden.

Entwicklungseffekt: Verschiedene Nationalökonomen haben versucht, den Einfluß von Agrarreformen auf die wirtschaftliche Entwicklung rechnerisch zu ermitteln. Die Ergebnisse sind nicht eindeutig, da es sich um außerordentlich komplexe Beziehungen handelt. Daß von einer Agrarreform Wirkungen auf die gesamte Volkswirtschaft ausgehen, ist unbestritten. Welchen Beitrag jedoch eine Agrarreform zum Wirtschaftswachstum tatsächlich leistet, hängt von so vielen Faktoren und Umständen ab, daß beim derzeitigen Stand der Forschung keine generellen Aussagen möglich sind. Soviel ist jedoch sicher, daß eine Agrarreform nur dann entwicklungspolitisch erfolgreich ist, wenn die Reformmaßnahmen auf das jeweilige Entwicklungsstadium abgestimmt sind. Agrarreformen tragen vielleicht mehr durch die Schaffung eines „neuen Klimas der Hoffnungen" (RAUP) als durch die Beseitigung von Hindernissen zur wirtschaftlichen Entwicklung bei.

4.1.8 Erfolgskontrolle

Agrarreformen können von verschiedenen Standpunkten aus beurteilt werden:
1. Aus betriebswirtschaftlicher Sicht im Hinblick auf den Nutzen, den die begünstigten Landwirte von den Reformmaßnahmen haben. Erfolgskriterium ist die Steigerung der bäuerlichen Einkommen.
2. Aus volkswirtschaftlicher Sicht im Hinblick auf den Nutzen, den Reformmaßnahmen der Volkswirtschaft im ganzen und einzelnen Sektoren bringen. Erfolgskriterium ist die Maximierung des Bruttosozialprodukts.
3. Aus fiskalischer Sicht im Hinblick auf die mit der Agrarreform verbundene Belastung der öffentlichen Kassen. Erfolgskriterium ist die Minimierung der öffentlichen Ausgaben.
4. Aus sozialer Sicht im Hinblick auf die Befriedigung der sozialen Gruppen, die von der Agrarreform ausgeht. Erfolgskriterium ist die Reduzierung sozialer Konflikte.

Im Einzelfall muß man selbstverständlich den Erfolg an der Erreichung der jeweils gesetzten Ziele messen und dabei kurz- und langfristige Ergebnisse auseinanderhalten. Aber auch dann, wenn man differenzierte Maßstäbe anlegt, sind die bei Agrarreformen erzielten Ergebnisse im allgemeinen enttäuschend. Ausnahmen sind u. a. Japan, Taiwan, Ägypten. R. LINCKLAEN ARRIENS (1964, S. 61f.) nennt dafür folgende Gründe:
1. Die wirklichen und grundlegenden Hindernisse in der Agrarstruktur wurden nicht genügend in Rechnung gestellt.

2. Die wirtschaftlichen Hoffnungen in institutionelle Maßnahmen waren zu hoch angesetzt. Man schenkte den organisatorischen Voraussetzungen einer leistungsfähigen Landwirtschaft zu wenig Aufmerksamkeit, den gesetzlichen Regelungen der Eigentums- und Besitzrechte dagegen zuviel.
3. Man wollte in kurzer Zeit zu viel erreichen.
4. Man blieb in der Umverteilung des Bodeneigentums stecken; es kam zu keiner umfassenden Agrarreform.
5. Die Beharrlichkeit alter und tiefverwurzelter Traditionen, Gewohnheiten und Institutionen wurde unterschätzt.
6. Die Vorbereitung, Untersuchung und Prüfung der am besten geeigneten Typen und Größen landwirtschaftlicher Betriebe war unzureichend.
7. Die Reformer ließen sich zu sehr von politischen Motiven und zu wenig von ökonomischen Erwägungen leiten.
8. In Fällen, in denen viele Menschen von zu wenig Land leben müssen, hat man unmögliche Lösungen angestrebt.
9. Die gruppeneigene Aktivität wurde unzureichend in Anspruch genommen.
10. Von den Genossenschaften wurde zu viel erhofft.
11. Die Kapitalversorgung, besonders in der Anlaufzeit, war unzureichend.

Diesem ausführlichen Fehlerkatalog ist (12) die unkritische Übernahme von ausländischen Erfolgsrezepten hinzuzufügen. Man kann zwar aus den Fehlern historischer Agrarreformen vieles lernen; man kann aber erfolgreiche Agrarreformen nicht kopieren, weil sich die Zeitumstände wandeln, die Zielsetzungen verschieden sind und die Ausgangslage jeweils eine andere ist. Jeder Agrarreform hat daher eine sorgfältige und umfassende Analyse der gegebenen Ausgangslage voranzugehen, um (1) die Hindernisse der Agrarentwicklung zu entdecken, (2) geeignete Ansatzpunkte für Reformen zu finden, (3) die vorhandenen Alternativen zu erkennen und (4) die realen Möglichkeiten geplanter Reformen richtig einzuschätzen.

Literatur: FRAUENDORFER 1959, KUHNEN 1967a, PLANCK 1975, RAUP 1963, TUMA 1965, WARRINER 1969.

Diskussions- und Prüfungsfragen
1. Erläutern Sie die Unterschiede zwischen „Bodenbesitzreformen" und „Bodenbewirtschaftungsreformen" anhand des Instrumentariums und der Auswirkungen!
2. Untersuchen Sie die Triebkräfte bestimmter historischer Agrarreformen!
3. Beschreiben Sie die Aktivitäten und Taktiken der an einer Agrarreform beteiligten Parteien!
4. Worin besteht der hauptsächliche Zielkonflikt bei einer Bodenreform, und welche Möglichkeiten gibt es, um ihn zu verkleinern?
5. Nehmen Sie kritisch zu dem kleinbäuerlichen und zu dem großbetrieblichen Leitbild von Agrarreformen Stellung!
6. Welche politischen Entscheidungen sind bei einer Bodenbesitzreform zu fällen?
7. Beschreiben und begründen Sie den typischen Ablauf einer Agrarreform!
8. Was versteht man unter der „Reintegrationsphase", und durch welche konkreten Vorgänge ist sie gekennzeichnet?
9. Beurteilen Sie den Erfolg einer bestimmten historischen Agrarreform!

4.2 Entwicklungsstrategien

4.2.1 Bilanz der Förderungspolitik und Entwicklungshilfe

Agrarreformen sind zwar oft unabdingbare Voraussetzungen positiver Landentwicklung, können aber – wie wir gesehen haben – die ländlichen Sozialprobleme nur ansatzweise lösen. Dasselbe gilt für den technischen Fortschritt. Obwohl dieser die Flächen- und Arbeitsproduktivität in der Landwirtschaft erhöht und die Produktion steigert, gibt es viele Beispiele dafür, daß sich infolge technischer Neuerungen die Lage, mindestens einzelner Kategorien der Landbevölkerung, sogar verschlechtert hat. Die Bilanz der Förder- und Hilfsmaßnahmen der letzten drei Dekaden ist enttäuschend, darf aber nicht entmutigen. Die Landbevölkerung wächst in den meisten entwicklungsbedürftigen Regionen unvermindert. Die Industrialisierungsmöglichkeiten bleiben beschränkt. Die ländliche Unterbeschäftigung nimmt zu. Daraus folgt:
(1) Die Zahl der Armen wird sich vergrößern,
(2) die Ernährung wird mangelhaft bleiben,
(3) die sozialen Spannungen werden zunehmen,
(4) vor allem jüngere Personen und Familien werden vermehrt abwandern,
(5) die ländlichen Siedlungen werden verstärkt unter sozialer Erosion leiden,
(6) das ländliche Proletariat wird sich zu einem großen Teil in städtische Arbeitslose und Slumbewohner verwandeln.

Daß einer derartigen Entwicklung nicht tatenlos zugesehen werden darf, liegt aus humanitären und politischen Gründen auf der Hand. Das Oberziel der Landentwicklungspolitik ist in vielen Industrie- und Entwicklungsländern, gleichwertige Lebensbedingungen in Stadt und Land zu schaffen. Wirtschaftswachstum allein fördert jedoch nicht die Wohlfahrt aller ohne eine Sozialpolitik gerechter Einkommensverteilung und des intersektoralen, interregionalen, ja sogar des internationalen Einkommensausgleichs. Es könnte zu politischem Radikalismus führen, wenn der in Gang gekommene Entwicklungsprozeß durch die nachlassende Bereitschaft der reicheren Regionen und Länder, technische und finanzielle Hilfe zu leisten, abgestoppt würde. Freilich kann nicht oft genug betont werden, daß eine grundlegende und nachhaltige Besserung der Lage in den zurückgebliebenen Gebieten vor allem Selbsthilfe voraussetzt. Der wichtigste Teil der Landentwicklungspolitik besteht daher darin, den Willen zur Selbsthilfe bei den Betroffenen zu wecken und zu stärken und – was gewöhnlich vernachlässigt wird – alle bürokratischen Hürden, institutionellen Hindernisse und obrigkeitlichen Bevormundungen abzubauen, die die Selbsthilfe erlahmen lassen und Eigeninitiativen im Keim ersticken.

Aus der Einsicht heraus, daß die ländlichen Sozialprobleme nur zu lösen sind, wenn sich Fremd- mit Selbsthilfe verbindet, und aus der Erfahrung, daß das Land sich nur dann entwickelt, wenn landwirtschaftliche und andere Fördermaßnahmen ineinandergreifen, sind in den vergangenen Jahren mehrere „Förderungsstrategien" entwickelt, erprobt und durch bessere abgelöst worden. Historisch gesehen lag der Schwerpunkt der Förderungsstrategien nacheinander bei Community Development, Animation Rurale, Agricultural Development, Rural Development, Integrated Rural Development und bei der Strategie der Grunddienste. Ob damit die Periode des Experimentierens schon abgeschlossen ist, bleibt abzuwarten. Man wird aber keine besseren Vorgehensweisen finden, wenn man nicht aus den Fehlschlägen und Mißerfolgen der „abgelegten" Strategien lernt. Deshalb schließt der folgende Überblick auch die früheren (in einigen Ländern nach wie vor praktizierten) Verfahren ein.

4.2.2 Community Development

Die Community-Development-Programme der fünfziger Jahre stehen am Anfang der Strategien umfassender ländlicher Entwicklung. Erste Ansätze gehen auf die britische Kolonialherrschaft der zwanziger und dreißiger Jahre zurück. „Der Ausdruck Community Development hat sich international eingebürgert als Umschreibung eines Prozesses, in dem die Eigenbemühungen der Bevölkerung mit denen von Regierungsbehörden verbunden werden, um die wirtschaftliche, soziale und kulturelle Lage der Gemeinden zu verbessern, sie in das Leben der Nation zu integrieren und in den Stand zu setzen, voll zum nationalen Fortschritt beizutragen" (UN 1959, S. 2). Der Begriff Community Development läßt sich kaum in die deutsche Sprache übersetzen, da die deutschen Begriffe Agrarstrukturverbesserung, Dorfsanierung, Regionalentwicklung genauso wie die vorgeschlagenen Übersetzungen „Dorfentwicklung", „Gemeinschaftsausbau" oder „Gemeinwesenausbau" nur Teilaspekte dieses vielseitigen Begriffs decken.

Das Konzept des Community Development hat aus verschiedenen Wurzeln praktische Erfahrungen und theoretische Elemente, normative Vorstellungen und Wunschbilder aufgenommen: aus den Bildungsprogrammen in den ehemals britischen Kolonien, aus ländlichen Reformbewegungen in Entwicklungsländern, besonders Indien, aus der amerikanischen Tradition der kommunalen Selbsthilfe und aus den Elementar-Erziehungsprogrammen der UNESCO. Sozialethische und idealistische Komponenten – Dienst an der Gemeinde, Erhaltung der „heilen Welt" in den traditionalen Gemeinwesen, freie demokratische Beteiligung aller Gemeindemitglieder, Beteiligung aller am Nutzen der Entwicklung – scheinen bei der Strategie des Community Development stärker durch als bei den meisten anderen Ansätzen.

Aufgrund der Wechselbeziehungen zwischen wirtschaftlicher Entwicklung und gesellschaftlicher Modernisierung soll Community Development vornehmlich zwei Arten von Aufgaben erfüllen:

(1) Änderung der Grundeinstellung der Menschen zum sozialen Wandel; Weckung der Eigeninitiative der Landbewohner; Erziehung zur Selbstverwaltung; Anhebung des Bildungsniveaus; geistig-seelische Entfaltung des Landvolks. Das alles sind Vorbedingungen, um der zweiten Aufgabe gerecht zu werden:
(2) Verbesserung der materiellen Lage der Bevölkerung, insbesondere Steigerung der Agrarproduktion, bessere Versorgung mit öffentlichen Dienstleistungen wie Schulen und Trinkwasser, Aufbau von Genossenschaften und landwirtschaftlicher Beratung.

Dabei sollen folgende Sachverhalte bedacht werden:
(1) Die wichtigste Ressource der Entwicklung ist der Mensch. Alle Menschen haben die Fähigkeit, sich produktiv an veränderte Umweltbedingungen anzupassen, wenn man ihnen nur das Recht und die Möglichkeit dazu gibt und wenn man sie von ihren Bedürfnissen her anspricht.
(2) Die gesellschaftliche Entwicklung ist das Produkt der Entwicklung einzelner Grundeinheiten der Gesellschaft. Neben der Familie ist die Gemeinde für das Leben fast aller Menschen von überragender Bedeutung. Gemeindeentwicklung bedeutet daher, daß man den Zielen ländlicher Entwicklung unmittelbar näherkommt.
(3) Jede Gemeinde ist ein zusammenhängendes Gebilde, dessen Teile wechselseitig aufeinander bezogen sind. Förderung muß daher immer auf die Gemeinde in ihrer Gesamtheit und in allen ihren wichtigen Lebensbereichen gerichtet sein.

ALBRECHT (1969b, S. 21) hat für Community Development folgende Verfahrensweise empfohlen:
(1) Die Gemeinde müsse in allen drei Phasen des Entwicklungsprozesses – Analyse der Situation, Auswahl von Vorhaben, Durchführung von Vorhaben – beteiligt werden. Die Dorfbewohner sollen von ihren selbst empfundenen Bedürfnissen zur Wahrnehmung der vorliegenden Probleme geführt und zu eigener, freiwilliger Aktivität angeleitet werden.
(2) Die an die Gemeinden herangetragenen Förderungsaktivitäten müßten integriert werden. Man solle nicht zusammenhanglos einzelne Aufgaben wie landwirtschaftliche Probleme, Gesundheitsfragen, Bildungswesen oder Straßenbau anpacken, sondern man solle eine geeignete Kombination von Förderungsaktivitäten in allen wichtigen Bereichen anstreben. Ebenso sollen nicht einzelne Gruppen in der Gemeinde angesprochen und gefördert wer-

den. Vielmehr solle eine Förderung aller Gruppen, insbesondere der sozial schwachen, erreicht werden.
(3) Die öffentliche Verwaltung müsse auf der lokalen Ebene Einrichtungen schaffen, die in der vorgeschlagenen Weise die Gemeindeentwicklung fördern können.

Community Development braucht einen gut ausgebauten organisatorischen Apparat. Nach dem Vorbild des Musterprojekts in Etawah, Uttar Pradesh/Nordindien steht an der Basis der Organisation ein Vielzweck-Dorfhelfer – im internationalen Sprachgebrauch „village level worker" genannt. Er arbeitet – meistens hauptamtlich – in vier bis sechs Dörfern gleichzeitig. Seine Tätigkeit erstreckt sich auf alle Einsatzbereiche von Community Development, wie Durchführung pflanzenbaulicher Demonstrationen, Anlage von Komposthaufen, Impfungen, Malariakontrolle, Straßenbau und Dränage. Der Dorfhelfer kann gleichzeitig und in zweckmäßiger Kombination in den Zuständigkeitsbereichen mehrerer Fachministerien tätig sein, betreut aber nur sehr kleine Gebiete. Daher kann sein Kontakt mit der Dorfbevölkerung viel enger sein als bei spezialisierten Fachberatern. Allerdings müssen diese den Dorfhelfer regelmäßig unterstützen. Dem „village level worker" steht ein Ausschuß zur Seite, in dem die Dorfbewohner vertreten sind und ihre Wünsche vorbringen können. Nach oben setzt sich die Hierarchie des Apparates über „area development officers", die für bis zu 100 Dörfer zuständig sind, „district development officers", „development commissioners" in den einzelnen Teilstaaten bis zum Community Development-Ministerium in der Hauptstadt fort. Wie erfolgreich Community Development arbeitet, hängt ganz entscheidend vom Dorfhelfer ab. Der durchschnittliche Dorfhelfer war von seiner all-round-Aufgabe überfordert. An dieser „Schwachstelle" scheiterten letzten Endes die großen Hoffnungen, die man in dieses Konzept gesetzt hatte. Besser bewährt hat sich das ägyptische Konzept, das eine Zusammenfassung von Spezialisten in ländlichen „combined centres" und eine enge personelle Verklammerung dieser Entwicklungszentren mit den entscheidenden Dorfparlamenten vorsieht.

Die Förderungsstrategie des Community Development war vielleicht ihrer Zeit voraus. Jedenfalls blieb ihr der Durchbruch versagt. ALBRECHT (1969b, S. 32 f.) fand angesichts der Erfahrungen in Indien, daß der Community Development-Ansatz unter normalen Entwicklungsländerbedingungen wenig Erfolg verspricht, weil
(1) die Vielzweckorientierung die Dorfhelfer überlastet;
(2) die Arbeit der Dorfhelfer in besonderem Maß von der fachlichen Qualität und der Bereitschaft ihrer Vorgesetzten abhängt, sie in ihrer praktischen Arbeit zu unterstützen;
(3) der niedrige gesellschaftliche, wirtschaftliche und organisatorische Status der Dorfhelfer die Ausführung zugewiesener Aufgaben erschwert;
(4) die Ausbildung der Dorfhelfer für ihre Aufgaben langwieriger, aufwendiger und stärker persönlichkeitsabhängig ist als eine mehr fachspezifische Ausbildung.

Der Community Development-Ansatz ist also praktisch nur zu verwirklichen, wenn die Organisation über gute Führungskräfte verfügt, die ausgesprochen aufgabenorientiert, zu partnerschaftlicher Zusammenarbeit mit Untergebenen bereit sind und die Organisation gegen situationswidrige Auflagen der Planerfüllung (z. B. eine fest vorgeschriebene Zahl von Demonstrationen) abschirmen. Da solche Kräfte in den meisten Entwicklungsländern allenfalls nach einer sozialen Revolution in größerer Zahl verfügbar wären, kann eine Förderungsstrategie wie das Community Development nur sehr langsam weiter ausgebaut werden.

Die Kritik setzte also nicht an der Theorie und den Zielen des Community Development an, sondern an der Praxis. Unbefriedigende Erfahrungen in Indien gaben Anlaß, nach wirksameren Organisationsformen zu suchen. Besonders bekannt geworden ist der Versuch der Akademie für ländliche Entwicklung in Comilla/Bangladesh (gegründet 1959). Dort arbeitet man nicht mit angestellten Dorfhelfern, sondern mit Leuten aus den Dörfern, die von der Bevölkerung gewählt worden sind. Diese örtlichen Führungskräfte werden von den Fachleuten der Akademie an Ort und Stelle angeleitet. In kleinen Versuchsprojekten wird zunächst eine praktikable

Methode für das jeweilige Problem gesucht, dann geht man in eine breit angelegte Demonstrations- und Trainingsphase. Die Erfolge dieser Strategie sind erstaunlich, allerdings arbeitet die Akademie bisher nur in einem begrenzten Gebiet und relativ unabhängig von anderen Regierungsdiensten.

4.2.3 Animation Rurale

Von französischen Förderungsorganisationen wurde eine außerordentlich durchdachte und konsequente Strategie entwickelt, die als „Animation Rurale" bekannt geworden ist. Sie wurde bisher vor allem in ehemals französischen Gebieten Afrikas (Marokko, Senegal, Madagaskar, Mali, Niger, Algerien) eingesetzt.

„Animation" ist im Französischen genauso ein Allerweltswort wie Community Development im Englischen; bekannt geworden ist jedoch nur eine bestimmte Form der Animation, nämlich die des IRAM (Institut de Recherches et d'Application des Méthodes de Développement, Paris). IRAM sieht die nachkoloniale Entwicklungsgesellschaft so: sie sei in ein „ländliches Anonymat" und ein außenorientiertes, vom kolonialen Bewußtsein geprägtes Funktionärstum gespalten. Unter der Führung politischer Einheitsparteien, die einen starken ideologischen Druck auf die traditionale Gesellschaft ausüben, sollten die ländlichen Massen revolutioniert werden. Die einzige Ideologie, die zu Erfolgen führe, sei diejenige, die aus dem Dialog zwischen ländlicher Gemeinde und öffentlicher Gewalt erwachse. Dieser Dialog wird durch die Animation in Gang gesetzt. Ihre Organisation muß das Kunststück fertigbringen, durch Anstöße von außen einen Prozeß der Selbstentdeckung und der Selbstmobilisierung der Gemeinden einzuleiten (vgl. JOERGES 1967, S. 295 f.).

Wie in Comilla, bedient man sich auch hier Angehöriger der zu „animierenden" Gemeinden, Animateurs Ruraux, die von ihren Leuten für diesen Posten ausgewählt worden sind. Die Animateurs sind also keine Funktionäre, sondern Bindeglieder zwischen den Behörden und der örtlichen Gemeinde: sie bringen die Ziele des staatlichen Apparates und der ländlichen Bevölkerung in Einklang. Ihrer Gemeinde gegenüber treten sie als Interpreten der öffentlichen Autorität auf, den Behörden gegenüber als Wortführer eines neuen zivilen Selbstbewußtseins.

Die Animation Rurale vollzieht sich in drei Phasen:
1. Vorbereitung ausgewählter Bauern auf ihre Rolle als Animateurs Ruraux in den ländlichen Gemeinden,
2. Mobilisierung der Gemeinden durch die Animateurs,
3. endgültige Eingliederung der ländlichen Gemeinden in das nationale politische und wirtschaftliche System.

Entscheidende Einzelschritte sind: der Aufbau von Zentren der Animation, von denen die Arbeit ausgeht; Auswahl der Programmregionen; Rekrutierung der zukünftigen Animateurs; Ausarbeitung eines Programms und einer Pädagogik für Kurse „ersten Grades" und deren Durchführung; fortlaufende Betreuung, Kontrolle und Weiterbildung der Animateurs in den Dörfern; Durchführung von Kursen „zweiten Grades", deren Ziel es ist, die Dörfer mit dem im Rahmen der durchgeführten Entwicklungsprojekte notwendigen technischen und organisatorischen Wissen zu versorgen; weitgehende Umstrukturierung der ländlichen Bevölkerung unter funktionalen Gesichtspunkten der Zusammenfassung mehrerer Dörfer zu entwicklungsfähigen Einheiten.

Über den Erfolg der Animation gibt es widersprüchliche Aussagen, da noch immer zu wenig wissenschaftliche Untersuchungen vorliegen. Außerdem ist es sehr schwer, die mehr oder weniger günstigen politischen und administrativen Voraussetzungen in den Ländern, die diese Förderungsstrategie einsetzen, gerecht einzuschätzen. Auf jeden Fall ist die Animation billiger und flexibler als andere Methoden der lokalen Entwicklungsförderung. Wie jede Förderungsstrategie kann auch diese nur Erfolge haben, wenn die Zusammenarbeit mit den vorhandenen Verwaltungs- und Beratungsstellen funktioniert. Mehr als andere Strategien ist die Animation Rurale auf politischen Rückhalt angewiesen, da sonst kein Dialog zwischen ländlicher Bevölkerung und staatlicher Gewalt möglich wird.

4.2.4 Agricultural Development

Mitte der sechziger Jahre wurden viele Projekte angelegt, die einer agrarsektoralen, nur auf ökonomische Aspekte beschränkten Entwicklungsstrategie folgten. Sie ist im internationalen Sprachgebrauch als „Agricultural Development" bekannt geworden. Alleiniges Ziel war es, die landwirtschaftliche Produktion und Produktivität zu fördern und die Vermarktung der Agrarerzeugnisse zu sichern. Verfechter dieser Strategie argumentierten – was ja durchaus plausibel klingt –, daß Länder, in denen Ernährungsprobleme bestehen, zuerst mehr Nahrungsmittel erzeugen müssen. Dazu müsse man die modernsten Technologien verwenden, denn sie würden am schnellsten mehr Nahrungsmittel hervorbringen. Tatsächlich erzeugten entsprechend ausgerüstete Projekte binnen weniger Jahre ein Vielfaches von dem, was dort früher geerntet wurde. Allerdings zeigten sich als Folge der Mechanisierung im Agrarsektor negative Beschäftigungseffekte, die man ähnlich wie natürliche Hindernisse steigender Produktion (z. B. Wassermangel) zu überwinden trachtete. Die Interdependenzen zwischen wirtschaftlichen Entwicklungen und sozialem Wandel wurden gar nicht oder nur unvollständig bedacht. Die meisten Entwicklungsplaner hingen der Meinung an, Entwicklung sei ein universell gleichförmiger Prozeß, der überall nach dem Muster der historischen Erfahrungen in der westlichen Welt ablaufe, da die Natur des Menschen auf der ganzen Welt gleichartig sei. Der Einfachheit halber wurde der „homo oeconomicus" den Annahmen zugrunde gelegt. Man vertraute darauf, daß wirtschaftliche Anreize in Entwicklungsländern ähnliche Wirkungen hervorrufen würden wie in der westlichen Welt, wo sich dadurch schließlich ein auch sozial selbsttragender Wachstumsprozeß ergeben hatte.

Im Zuge der Agrarentwicklung konkurrieren vor allem fünf Strategien miteinander: (1) die privatkapitalistische, (2) die staatskapitalistische, (3) die kollektivwirtschaftliche, (4) die Strategie der Förderung einer bäuerlichen Landwirtschaft und (5) die Strategie einer bäuerlichen Integration, also einer Mischung von einzelbäuerlicher Produktion mit einem ausgeprägten kollektiven Überbau. Wägt man die Vor- und Nachteile sowie die Durchführungsschwierigkeiten dieser fünf Strategien gegeneinander ab, so bleibt nach einer Fülle bisher vorliegender Erfahrungen die integrierte Kleinbauernförderung für die meisten Entwicklungsländer das relativ beste Konzept, obwohl es auch keine universale Patentlösung darstellt (vgl. PEVETZ 1977).

Da Agricultural Development auf rasche Erfolge aus war, lenkte man die knappen Mittel bewußt auf wirtschaftliche Eliten und auf Regionen mit günstigen Voraussetzungen. Breitenwirkung wurde von Ausstrahlungseffekten erwartet, wie sie aus der Diffusion von Neuerungen in westlichen Industrieländern bekannt waren. Ohne zusätzliche Förderungskosten hoffte man durch das Vorbild der entwickelteren Regionen die weniger neuerungswilligen Menschen zur Nachahmung zu veranlassen („spill overs"). In der Praxis blieb die Ausstrahlungswirkung der „Muster- und Modellfarmen", der „master- and progressive farmers" äußerst gering. Außerdem gingen die Entwicklungsstrategen davon aus, daß die Mechanisierung und Produktionssteigerung in der Landwirtschaft auf vor- und nachgelagerte Sektoren einen Anreiz zur Entwicklung („linkage effect") ausüben werde. So würden die zwangsläufig anfallenden Reparaturen an Landmaschinen und Traktoren ganz von selbst ein Landmaschinenwerk entstehen lassen, wie man das aus der jüngsten europäisch-amerikanischen Wirtschaftsgeschichte gewöhnt war. Mit dem Beginn der „Grünen Revolution" schien in den sechziger Jahren alles lösbar, wenn nur moderne Technologie (Bewässerung, Düngung, Pflanzenschutz) und Wissenschaft (neue Züchtungen usw.) richtig genutzt würden. Anfang der siebziger Jahre kam die Ernüchterung: offenbar liegen Produktionserhöhung durch Anwendung moderner Inputs und verbesserter Produktionsverfahren, die Beteiligung der „Nichtproduzenten" und Armen am Produktionsprozeß und die Schaffung von breit gestreuten Einkommen auf verschiedenen Ebenen.

4.2.5 Rural Development

In der zweiten Hälfte der sechziger Jahre begann eine neue, bis heute anhaltende Phase der ländlichen Entwicklungspolitik. Ihr liegt eine unimodale Strategie zugrunde, die die bisherige „bimodale" Strategie ablöste. Übersicht 59 zeigt die Unterschiede zwischen den beiden Entwicklungsstrategien.

Übersicht 59. Unterschiede zwischen bimodaler und unimodaler Entwicklungsstrategie

Entwicklungsziel	Teilstrategien zur Erreichung des jeweiligen Entwicklungsziels bei	
	bimodaler Grundkonzeption	unimodaler Grundkonzeption
Hohen Beitrag zu umfassendem wirtschaftlichem Wachstum und Strukturveränderungen leisten	– schnelle Adoption von technischen Neuerungen zur Ertragssteigerung – Aufbau weiterer großer Betriebseinheiten – Einsatz kapitalintensiver Technologie – Deckung des hohen Devisenbedarfs	– Anpassung des technischen Fortschritts an Gegebenheiten – Minderung des Devisenbedarfs – Verkleinerung des Kapital-Arbeit-Verhältnisses – Entwicklung lokaler verarbeitender Industrien
Steigerung von Produktion und Produktivität	– Anwendung des neuesten arbeitssparenden Fortschritts	– Ertragssteigerung – Anpassung der Mechanisierung an den biologischen Fortschritt – Geringhaltung der Anforderungen an die knappen Ressourcen
Breite, umfassende Verbesserung der Wohlfahrt auf dem Lande	– keine konkrete Aussage	– Umverteilung des Bodeneigentums – Verbesserung von Bildung und Ausbildung – Verbesserung des Gesundheitswesens usw.
Soziale „Modernisierung" durch eine Veränderung der Verhaltensweisen der ländlichen Bevölkerung	– wegen Beibehaltung der existierenden Machtstrukturen nicht möglich	– Verbesserung der sozialen Verhältnisse – Einbeziehung der breiten Masse der Bevölkerung in den Entwicklungsprozeß – Familienplanung unter aktiver Teilnahme der Familien

Quelle: JOHNSTON, zit. in WULF 1977.

Bei der bimodalen Strategie werden die Mittel überwiegend im kleinen Sektor großer, kapitalintensiver Betriebe eingesetzt; der daneben existierende große Sektor der traditionellen Subsistenzlandwirtschaft wird vernachlässigt. Die unimodale Strategie kennt diese Unterteilung nicht. Sie will die gesamte ländliche Bevölkerung am wirtschaftlichen Fortschritt beteiligen und bezieht soziale und politische Aspekte mit ein. Nach einer Definition der Weltbank ist Rural Development eine spezielle Hilfe für die Armen. Die Entwicklung der ländlichen Bevölkerung wird nicht mehr als nur produktionsorientierte, landwirtschaftliche Entwicklung gesehen, sondern der gesamte ländliche Lebensraum wird mit einbezogen – daher auch der Name „Rural Development" zum Unterschied von „Agricultural Development".

Diese Förderungsstrategie versuchte man in Form großer regionaler und multisektoraler Verbundprojekte in die Praxis umzusetzen. Bisher hat aber auch diese Strategie nicht die entscheidende Wende für die ländlichen Massen gebracht, denn die im Rahmen der Verbundprojekte angebotenen Hilfen werden im allgemeinen nur von den wenigen aktiven und fortschrittlichen Personen voll genutzt. Zudem sind Verbundprojekte zwangsläufig regional begrenzt, und selbst der Ausstrahlungseffekt großer Projekte hält sich in sehr engen Grenzen. Es kommt letzten Endes darauf an, ob die Menschen in einem Projektgebiet so handeln können, wie sie aufgrund besserer Einsicht vielleicht möchten. Meistens ist der individuelle Handlungsspielraum in Entwicklungsgebieten noch mehr durch soziale, ökonomische und psychische Zwänge begrenzt, als dies in Industriegesellschaften der Fall ist. Daher können sich in der Regel die meisten Kleinbauern und Landarbeiter der von den Projekten angebotenen Hilfen nicht bedienen. Im Grunde bleibt auch Rural Development eine ökonomische Entwicklungsstrategie.

4.2.6 Integrated Rural Development

Ernüchtert durch das Ausbleiben durchschlagender Erfolge rief man Anfang der siebziger Jahre erneut, und diesmal besonders laut, nach neuen Förderungsstrategien. Die Antwort ist ein Ansatz, der im internationalen Sprachgebrauch als „Integrated Rural Development" bezeichnet wird. Er bringt gegenüber den Kernsätzen der alten Theorien eine wesentlich weiter vorangetriebene Integration der seit langem bekannten, aber meist vernachlässigten soziologischen Gesichtspunkte. MANFRED LEUPOLT, einer der „Väter" des neuen Ansatzes, drückt die eigentliche Veränderung gegenüber früheren Ansätzen mit dem Satz aus: „Sozialer Fortschritt als eine Voraussetzung für Produktionssteigerungen". Bisher hatte man sozialen Fortschritt eher als Folge von Produktionssteigerungen angesehen. Nun erkannte man, „daß die langfristig wirkenden Interdependenzen zwischen natürlichen, technologischen, ökonomischen, sozialen und institutionellen Faktoren stärker sind als kurzfristig erreichbare, isolierte Produktionserfolge" (1976, S. 5f.). Integral heißt diese Art der Landentwicklung, weil Elemente der „technokratischen" und Elemente der „radikalen" Strategie miteinander kombiniert werden.

Die technokratische Strategie, der die meisten heute entwickelten Länder folgten, bleibt in technischer und wirtschaftlicher Hinsicht zwar weiterhin wertvoll, sie hat aber bei der Aufgabe versagt, die erzielten Gewinne zu verteilen: kein „trickle down-Effekt". Sie ist nach außen orientiert, d. h., sie sucht nach Märkten, auf denen sie dank günstiger örtlicher Bedingungen und vermittels wirksamerer Technologie konkurrieren kann.

Inwieweit dadurch allmählich negative Folgen das Übergewicht bekommen, hängt vom Gleichgewicht zwischen Bevölkerung, Technologie und produktiver Beschäftigung innerhalb und außerhalb der Landwirtschaft ab. Offenbar überwiegen in den heutigen Entwicklungsländern eher die negativen Aspekte.

Die radikale Strategie lehnt moderne Technologie ab, wenn sie nicht in die bestehenden sozialen Strukturen hineinpaßt. Ihre Kernelemente sind: Mobilisierung der Bevölkerung aufgrund einer gemeinsamen Ideologie; Einsatz örtlicher Ressourcen; Kapitalakkumulation durch Einsatz vorhandener Arbeitskräfte. Im Prinzip ist das eine nach innen orientierte Strategie, die wegen der geringen Bedeutung von Technologie und Warenaustausch keine stärkere Verbindung mit der Außenwelt braucht. Institutioneller Wandel und Kollektivierung sind jedoch unumgänglich. Außer China ist bisher kein Entwicklungsland willens gewesen, dieser Strategie zu folgen, denn Fortschritt und technologische Entwicklung gehen nur langsam voran, bringen aber Vorteile für die Mehrheit der armen Bevölkerung. Allerdings dürften kleinere Staaten nicht über genügend Ressourcen und know-how im eigenen Lande verfügen, um sich eine solche Politik der geschlossenen Grenzen leisten zu können.

Die meisten Entwicklungsländer können deshalb keiner Strategie folgen, die auf reiner Selbstgenügsamkeit beruht. Für sie dürfte eher eine reformistische Strategie in Frage kommen, bei der die Bevölkerung stärker als bisher mobilisiert und Selbstgenügsamkeit mit moderner Technologie kombiniert sowie entsprechender institutioneller, administrativer und politischer Wandel eingeleitet wird. Zu dieser Art von Strategie gehört integrale Landentwicklung. Sie unterscheidet sich also von landwirtschaftlicher und allgemeiner ländlicher Entwicklung in zwei wesentlichen Punkten: (1) sie legt mehr Gewicht auf die Entwicklung des menschlichen Potentials und (2) sie sucht einen gleichmäßigeren Zugang zu den Ressourcen und eine gerechtere Verteilung der Einkommen zu erreichen.

Integrale Landentwicklung ist demzufolge ein gebündeltes Programm einander stützender landwirtschaftlicher und nichtlandwirtschaftlicher Maßnahmen mit dem erklärten Ziel, den gesamten ländlichen Raum zu entwickeln, wobei die gesamte ländliche Bevölkerung schrittweise von einer wachsenden ländlichen Wirtschaft absorbiert werden soll.

Die ausdrücklichen Hinweise auf gleichmäßigeren Zugang zu den Ressourcen, gerechtere Verteilung der Einkommen und Einbeziehung der ländlichen Armen lassen schon ahnen, daß dieses strategische Konzept in vielen Entwicklungsländern früher oder später mit den gesellschaftlichen und politischen Gegebenheiten in Konflikt geraten wird. Ein Land, das seiner Entwicklungspolitik die Grundgedanken der integralen Landentwicklung zugrundelegt, muß folgende Schwerpunkte als politisch vertretbar akzeptieren (nach LEUPOLT 1976, S. 9):

1. Überprüfung der makro-ökonomischen Verhältnisse und Beseitigung widersprüchlicher Zielsetzungen im ökonomischen und sozialen Bereich unter Berücksichtigung der künstlichen Infrastruktur und der Zusammenhänge der Informations-, Güter- und Dienstleistungsströme.
2. Erweiterung der ökonomischen Basis in ländlichen Gebieten durch:
   – gleichgerichtete Maßnahmen, um eine produktivere Nutzung der natürlichen Ressourcen und der Arbeitskräfte zu erreichen;
   – verbesserten Zugang der weniger privilegierten Gruppen zu Produktionsmitteln und Dienstleistungen, Erhöhung der Einkommen und Schaffung von Arbeitsplätzen.
3. Integration der sozialen Gruppen und Verbesserung der kreativen und physischen Leistungsfähigkeit durch:
   – Schulbildung, Beratung, Training,
   – verbesserte Kommunikation und Erwachsenenbildung,
   – Förderung der ländlichen Führerschaft und Organisationen,
   – Förderungsprogramme für Frauen und Jugendliche,
   – Geburtenkontrolle und Gesundheitswesen,
   – hauswirtschaftliche Aufklärung im Hinblick auf Ernährung und Ausgaben.
4. Verbesserung der Lebensbedingungen im Hinblick auf Wohnung, Wasserversorgung, Verkehr usw. durch Stimulierung von Selbsthilfeprogrammen und Bereitstellung der dafür benötigten Mittel.

Jede Regierung muß wissen, daß sie die ländliche Armut nur dann wirksam bekämpfen kann, wenn neben dem ökonomischen Wachstum soziale Veränderungen vor sich gehen und neue Verhaltensweisen und Wertsysteme entstehen. Sehr oft handelt es sich dabei um Veränderungen, die das bestehende Gesellschaftssystem auf längere Sicht in Frage stellen können. Nur fortschrittlich gesinnte Regierungen werden sich eine derartige Entwicklungspolitik leisten wollen; denn es wird sich bald zeigen, ob ein Gesellschaftssystem ausreichend beweglich ist, um die notwendigen Veränderungen in einem evolutionären Prozeß ablaufen zu lassen, oder ob sich schon soviel Spannungen angestaut haben, daß integrale Landentwicklung eine Revolution auslöst. Integrale Landentwicklung ist also mehr als ein politisches Programm und weniger als ein technischer Ansatz zu verstehen.

Viele technische Ansätze, derer man sich bei integraler Landentwicklung bedient, hat man auch schon früher verfolgt: „package"-Programme, um die landwirtschaftliche Erzeugung zu erhöhen (z. B. Beratung kombiniert mit Düngung und Saatgutwechsel), Entwicklung ländlicher Industrien, Beteiligung der Massen und gleichmäßige Einkommensverteilung waren wichtige Maßnahmen im Rahmen nationaler Entwicklungsstrategien. Was die integrale Landentwicklung davon unterscheidet, ist, daß man alle diese Ansätze verfolgt und sich ihrer Wechselwirkungen bewußt ist. Ländliche Entwicklungspolitik im Sinne integraler Landentwicklung erstreckt sich im wesentlichen über folgende vier Bereiche:

(1) Landwirtschaftliche Produktionspolitik einschließlich der Erschließung des natürlichen Produktionspotentials und der Verbesserung der Vermarktung und Versorgung mit Produktionsmitteln,
(2) Bevölkerungspolitik einschließlich einer stärkeren Berücksichtigung der Rolle der Frau,
(3) Beschäftigungspolitik einschließlich der Beeinflussung des Distributionsprozesses,
(4) Bildungspolitik im Sinne einer Demokratisierung und Entwicklungsmotivierung ländlicher Bevölkerung.

Ist die grundsätzliche Entscheidung für integrale Landentwicklung gefallen, dann müssen folgende drei entwicklungspolitischen Grundlagen gelegt werden, um das Konzept überhaupt anwenden zu können:

(1) Zugang zu den Produktionsmitteln und Beschäftigung

Die Menschen müssen Zugang zu den Produktionsmitteln haben, damit sie ihr schöpferisches Potential einsetzen können. Das erfordert meistens Agrarreformen und staatliche Hilfen für kleine, arbeitsintensive, nichtlandwirtschaftliche ländliche Industrien, außerdem begleitende Maßnahmen wie Ausbildung, Vermarktung, Infrastrukturverbesserung. Eine solche Förderungsstrategie kann allerdings kaum erfolgreich sein, wenn gleichzeitig eine Strategie städtisch-industrieller Expansion betrieben wird. Darum muß zuvor eine politische Entscheidung gefällt werden, die der Landentwicklung Vorrang einräumt.

(2) Bevölkerungspolitik und die Rolle der Frauen

Wachsende Bevölkerungen brauchen mehr Nahrungsmittel. In der Landwirtschaft ist die Erzeugung zunächst durch das verfügbare Land begrenzt, sie kann nur durch verbesserte Technologie erhöht werden. Meistens wächst die Bevölkerung aber schneller, als sich bessere Technologien verbreiten.

Außerdem ist der technische Fortschritt in den ohnehin etwas produktiveren Gegenden größer als in den rückständigen, während sich die Bevölkerung überall vermehrt. Dadurch vergrößern sich die Unterschiede in der wirtschaftlichen Entwicklung und im Lebensniveau zwischen den geographischen Gebieten eines Landes, was interne Wanderungen auslöst: Entsiedelung rückständiger Gebiete und Verdichtung in den fortschrittlichen. Starkes Bevölkerungswachstum durchkreuzt also die Entwicklungsabsichten.

Eine langfristig angelegte Förderungsstrategie wie die integrale Landentwicklung muß daher eine restriktive Bevölkerungspolitik einbeziehen. Propagierte Geburtenbeschränkung zeitigt jedoch erst dann Ergebnisse, wenn sich der ländliche Lebensstil ändert. Der Wert von Kindern als Arbeitskraft und Alterssicherung muß vermindert werden, und die Rollen der Frauen müssen sich ändern. Ihnen müssen mehr Bildung und mehr Tätigkeiten außerhalb der Landwirtschaft angeboten werden.

(3) Dezentralisierte Verwaltung und Regionalplanung

Integrale Landentwicklung stützt sich auf die lokalen Ressourcen und orientiert sich an den sozialökonomischen Bedingungen einer Region. Deshalb läßt sich integrale Landentwicklung nur im Rahmen regionaler Entwicklungsvorhaben verwirklichen, obwohl über ihre Ziele auf nationaler Ebene politisch entschieden werden muß. Dort sind auch die grundsätzlichen Ent-

scheidungen über eine dezentralisierte Verwaltung zu fällen, ohne die integrale Landentwicklung aus folgenden Gründen nicht auskommt:
(a) Nur auf der Basis kleinerer regionaler Einheiten ist es möglich, operationale Programme zu entwickeln, die auf den lokalen Ressourcen aufbauen und die bestehenden Abhängigkeiten zwischen Produktions-, Sozial- und Verwaltungsstruktur berücksichtigen.
(b) In der Regel ist die technische und administrative Kapazität für die Verwirklichung solcher Vorhaben unter lokaler Kontrolle und muß auch dort koordiniert werden. Auch der zeitliche Ablauf von Einzelprojekten kann nur am Ort entschieden werden.
(c) Die economies of scale und der vielseitig Ansatz integrierter Entwicklungsvorhaben erfordern eine gewisse Größe der geographischen Ausdehnung und der Bevölkerung. Das damit vorhandene politische und ökonomische Gewicht macht es wahrscheinlicher, daß sektorale Entwicklungsprogramme einzelner Ministerien regionalen Erfordernissen angepaßt werden und daß sich notwendige Regierungsentscheidungen, die für den Erfolg regionaler Vorhaben erforderlich sind, aber auf unterer Ebene nicht getroffen werden können, überhaupt durchsetzen lassen.
(d) Die Mobilisierung und Motivierung der Bevölkerung zur Teilnahme am Entscheidungsprozeß und zur Organisation ergänzender Selbsthilfeaktionen kann in einer Region leichter als auf nationaler Ebene erreicht werden. Erst die aktive Einbeziehung der Bevölkerung verbindet die technische Hilfe mit der bestehenden Sozialstruktur.
(e) Abgesehen von den genannten Grundsätzen sprechen dezentralisierte Verwaltung und Planung für die Region als Einheit integraler Landentwicklung.

Um denjenigen ihre Arbeit zu erleichtern, die auf der unteren Ebene Verantwortung tragen sollen, muß ein fundierter Regionalplan vorhanden sein, aus dem sie ihre Aufgaben und Kompetenzen ableiten können. Die örtliche Integration von Dienstleistungen ist die kritische Nahtstelle zwischen Regierungspolitik und Lokalgruppen. Rivalitäten zwischen Ministerien der Zentralregierung und zu schwache lokale Verwaltungen behindern die notwendige Integration. Um das zu vermeiden, werden in vielen Fällen Projektleitungen eingerichtet, die in ihrem Bereich die Unzulänglichkeiten der lokalen Organisationen mit Hilfe ausländischer Fachleute oder einheimischer „Koordinatoren" überspielen. Der Erfolg integraler Landentwicklung hängt letzten Endes von der Mitwirkung der betroffenen Gruppen ab. Deshalb widmet sich diese Förderungsstrategie ganz besonders dem „institution building", also dem Aufbau lokaler Organisationen, der Auswahl geeigneter Führer, der Zusammensetzung der Mitglieder und ähnlichem.

Integrale Landentwicklung ist demnach eine Förderungsstrategie, die nicht durch einen Verwaltungsakt oder eine Projektleitung in einer entlegenen Gegend des Landes eingerichtet werden kann. Sie kann nur auf der Grundlage eines sozio-politischen Konzepts und einer kontrollierten Dezentralisation der Verwaltung und Regionalplanung verwirklicht werden. Deshalb sollte auch die ausländische Hilfe in Zukunft stärker auf den Ausbau der lokalen Planungs- und Verwaltungskapazitäten ausgerichtet sein.

4.2.7 Strategie der Grunddienste

Die am meisten Erfolg versprechende und zugleich billigste Entwicklungsstrategie ist die in einer Entschließung der UN-Vollversammlung am 21. Dezember 1976 geforderte Methode der Grunddienste. Diese stützt sich hauptsächlich auf die Mitarbeit der Dorfbevölkerung. Die örtliche Gemeinschaft bestimmt entsprechend der Dringlichkeit ihrer Bedürfnisse die Aufgabenbereiche der Grunddienste. Auf diese Weise wird das Verantwortungsbewußtsein der Dörfler für ihre Grunddienste geweckt. Die örtlichen Traditionen werden auch dadurch geachtet, daß man häufig aus örtlicher Erfahrung entwickelte Techniken und an Ort und Stelle vorhandenes Material verwendet.

Wie bei Animation Rurale wählen die Dorfbewohner aus ihrer Mitte „Gemeinschaftshelfer" ihres Vertrauens für die verschiedensten Aufgaben: Berater für Landwirtschaft, Ernährung und Kinderpflege, Lehrer für die Vermittlung der Elementarbildung, Hebammen, Krankenpfleger, Sanitäter usw. Da die Gemeinschaftshelfer aus dem Dorf selbst stammen und Dienste leisten, die ihre Mitbürger dringend benötigen, können sie mit deren tatkräftiger Unterstützung rechnen. Ihre Wahl bedeutet soziale Anerkennung. Umgekehrt wie beim Städter, der als Entwicklungshelfer ins Dorf geschickt wird, wird der Einsatz als Gemeinschaftshelfer als sozialer Aufstieg innerhalb der Dorfgemeinschaft empfunden.

Auf sich allein gestellt könnten die Gemeinschaftshelfer selbstverständlich wenig ausrichten. Sie müssen deshalb in das System der staatlichen Dienste des Gesundheits-, Bildungs- und Beratungswesens eingegliedert werden. Die staatlichen Behörden haben vor allem die Aufgaben, die Gemeinschaftshelfer in Kursen von wenigen Tagen oder Wochen für ihre Tätigkeit auszubilden, sie laufend zu informieren, logistisch zu unterstützen (z. B. mit Impfstoffen zu versorgen) und deren Einsatz mehr betreuend als kontrollierend zu überwachen. In vielen Grunddienst-Programmen sind wöchentliche oder vierzehntägliche Besuche von Hilfskräften (Animatoren, Monitoren) in den Dörfern vorgesehen. Diese staatlichen Hebammen, Hygieniker, Krankenpfleger und Berater treten nicht direkt mit den Bedürftigen in Kontakt, sondern bilden das Bindeglied zwischen Gemeinschaftshelfern und den Ämtern bzw. „Stützungsdiensten" (Beratungsdienste, Krankenstationen usw.). Die Hauptaufgaben auf gesamtstaatlicher Ebene bestehen vor allem in der langfristigen Planung der Grunddienste und deren Eingliederung in die nationalen und regionalen Entwicklungspläne, in der Anstellung und Ausbildung der Hilfskräfte, in der Bereitstellung der benötigten finanziellen und technischen Mittel, in der Koordinierung aller staatlichen und örtlichen Dienste sowie in der ständigen Bewertung der erzielten Ergebnisse, um eine bestmögliche Wirksamkeit zu erzielen.

In vielen Ländern fehlen die finanziellen Mittel, um die teuren staatlichen Dienste in absehbarer Zeit allen Schichten der Bevölkerung zugänglich zu machen. Die Erfahrung hat jedoch gelehrt, daß die Einwohner der Dörfer selbst die Mittel aufbringen können, die notwendig sind, um ihre Grundbedürfnisse auf einem einfachen technischen Niveau zu decken. Die Grunddienste werden daher wie folgt finanziert: Die örtlichen Gemeinschaften tragen weitgehend die Kosten der Dienste, deren Nutzen sie unmittelbar sehen. Die Regierung kommt dagegen für die Kosten der Ausbildung, Leitung und Beaufsichtigung der Gemeinschaftshelfer und der Hilfskräfte sowie für den Großteil der von außerhalb herbeizuschaffenden Ausrüstung auf. Die örtlichen Kosten verringern sich oft dadurch, daß die Gemeinschaftshelfer nur halbtags oder zeitweise beschäftigt sind.

Man kann einwenden, die Grunddienste seien nur ein Notbehelf. Das mag richtig sein. Aber ein geringfügiger Fortschritt ist besser als der derzeitige Zustand. Zudem sind die erzielbaren Fortschritte gar nicht so klein, denn auf einem niedrigen technologischen Niveau kann man mit einfachen Mitteln und Geräten (z. B. Impfungen, handgetriebene Mühlen, Windfegen, Töpferscheiben) oft große Wirkungen erzielen.

Literatur: Aziz 1978, Bergmann, H. 1974, Von Blanckenburg 1967, Joerges 1969, Ruthenberg 1972, Smith, T. L. 1972, Unicef 1977, Wulf 1977.

Diskussions- und Prüfungsfragen
1. Beschreiben Sie die Förderungsstrategie des Community Development und nennen Sie dabei die besonderen Stärken und Schwächen dieses Ansatzes!
2. Warum hat Community Development in der Vergangenheit nicht die erwarteten Erfolge gebracht?
3. Nach welchen Prinzipien arbeitet die Förderungsstrategie der Animation Rurale?

4. Welche Annahmen über das Verhalten der Menschen macht die Förderungsstrategie des „Agricultural Development"?
5. In welchen wesentlichen Punkten unterscheiden sich die beiden Förderungsstrategien „Rural Development" und „Integrated Rural Development"?
6. Welche politischen Grundsätze muß ein Land bejahen, das sich der Förderungsstrategie des „Integrated Rural Development" bedienen will?
7. Warum ist integrale Landentwicklung ohne eine gut ausgebaute lokale Verwaltung nicht möglich?

5 Landwirtschaftliches Bildungs- und Beratungwesen

Als klassische Mittel, Land und Landwirtschaft zu entwickeln, gelten Bildung und Beratung. Bildung war in den entwickelten Industrieländern und ist heute in den Entwicklungsländern die Grundlage für die Aktivierung der Landbevölkerung. Kein entwicklungspolitisches Programm versäumt es, Investitionen in die Bildung vorzusehen – in einigen Entwicklungsländern sogar in einer bis dahin in der Welt noch nie erreichten Höhe, gemessen am Sozialprodukt dieser Länder. Erst wenn die meisten Bauern lesen, schreiben und rechnen können, vermag die landwirtschaftliche Beratung durchschlagende Erfolge zu erzielen. Auf jeden Fall steht die Beratung in allen Ländern unter den verschiedenen Mitteln zur Förderung der Landwirtschaft in der ersten Reihe, wie es RHEINWALD, der erste Inhaber eines deutschen Lehrstuhls für Beratungswesen, in seiner Beratungslehre (1956, S. III) ausdrückte.

Da wir nicht das gesamte landwirtschaftliche Bildungs- und Beratungswesen der Welt darstellen können, sei beispielhaft dasjenige der Bundesrepublik Deutschland beschrieben und ergänzend auf die Verhältnisse in anderen Ländern verwiesen.

5.1 Fachbildung

5.1.1 Organisatorische Gliederung

Die landwirtschaftliche Fachbildung umschließt einen doppelten Vorgang: Zum einen die Übertragung der in der Vergangenheit erprobten landwirtschaftlichen Technologien von einer Generation auf die nächste und zum anderen die Verbreitung neuer Erkenntnisse und Techniken unter den Mitgliedern der gegenwärtigen Wirtschaftsgeneration. Gleichzeitig mit der Vermittlung beruflicher Fertigkeiten und fachlichen Wissens stellt sich die Aufgabe, den allgemeinen Wissens- und Erfahrungshorizont der landwirtschaftlichen Bevölkerung zu erweitern, ihre geistigen Fähigkeiten zu pflegen und sie geistig zu aktivieren.

Begriffe wie Ausbildung, Fortbildung, Weiterbildung und Beratung zerlegen den Bildungsvorgang in einzelne Tätigkeitsfelder. Ausbildung bezeichnet die Vermittlung einer Grundausstattung von Wissen und Können. Fortbildung ist die systematische Vertiefung und Erweiterung der fachlichen Kenntnisse. Weiterbildung umfaßt sporadische und selektive Aneignung von Informationen. Beratung ist die auf die Lösung akuter Probleme zielende Weisung.

Fachbildung ist in der Regel ein asymmetrischer Kommunikationsvorgang zwischen dem Auszubildenden und den ihm an Wissen überlegenen Familienangehörigen, Nachbarn, Lehrmeistern, Lehrern, Beratern, Vortragenden usw.; er findet vor allem im Eltern- und Lehrbetrieb, in Schulen und Lehranstalten, bei Fachversammlungen, Ausstellungen und Studienreisen statt.

Die Berufssituation in der Landwirtschaft eines Industrielandes wird durch einen vierfachen Zwang geprägt, der in einem realitätsbezogenen Erziehungs- und Ausbildungswesen unbedingt berücksichtigt werden muß, nämlich den Zwang (1) zur Leistung, (2) zur Entscheidung, (3) zur

Mobilität und (4) zur Kooperation. Der Leistungsdruck im Berufsleben erfordert eine *leistungsbetonte,* die rasche Zunahme des Wissensstoffes eine *permanente,* die Wahrscheinlichkeit des Berufs- und Arbeitsplatzwechsels eine *flexible,* die Berufsausübung in einer arbeitsteiligen, wertpluralistischen Gesellschaft eine *gesellschaftsbezogene* Ausbildung.

Daß sich Bildungsinvestitionen volkswirtschaftlich lohnen, ist heute unbestritten. Es gibt allerdings noch keine Berechnungen darüber, welche Organisationsformen oder Bildungssysteme unter gegebenen Verhältnissen die rentabelsten sind. Fachschulbesuch ist in der Regel eines von vielen Merkmalen, die erfolgreiche Landwirte von mittelmäßigen unterscheiden. Fachschulbesuch ist aber keine notwendige Bedingung für den Wirtschaftserfolg, denn fortschrittliche Landwirte können sich auf vielerlei Weise das erforderliche fachliche Rüstzeug aneignen. Auf was es offenbar ankommt, ist geistige Aufgeschlossenheit und ein Milieu mit einem hohen Sättigungsgrad an sachdienlichen Informationen.

Für den Auszubildenden gelten die Grundsätze der Bildungsökonomik, mit dem geringsten Aufwand an Sach- und Personalmitteln sowie an Zeit die jeweils erhobenen Forderungen zu erfüllen. Langfristige Bildungsinvestitionen müssen so angelegt sein, daß sie allgemein, also ohne Rücksicht auf spätere Spezialisierung, für das Berufsleben vorbereiten. Alle übrigen Bildungsinvestitionen sollten nur für eine überschaubare Zeitspanne von fünf bis zehn Jahren erfolgen. Daraus ergibt sich für das landwirtschaftliche Ausbildungswesen das Baukastenprinzip: nach einer breiten Grundausbildung wählt jeder aus Spezialkursen aus, was er gerade in seinem Beruf oder Betrieb braucht. Das Denken in kompletten, sich über Jahre hinziehenden Ausbildungszügen ist von der Entwicklung überholt. Die Zukunft gehört den berufsbegleitenden Aufbaukursen.

Hier stehen sich zwei Organisationsmodelle gegenüber, die man als „à la carte-Modell" und als „Menü-Modell" bezeichnen könnte. Im ersten Modell ist es dem Belieben des Landwirts anheimgestellt, wie er sich für seinen Beruf ausbildet: er wählt „à la carte", was seinen Bedürfnissen und Verhältnissen am besten entspricht. Im zweiten Modell stellt die Agrarverwaltung das „Menü" der Ausbildungsabfolge zusammen. In den meisten Ländern ist die Fachausbildung den selbständigen Landwirten ganz oder großenteils freigestellt, während Landwirte, die eine gehobene Position in abhängiger Stellung anstreben, vorgeschriebene Ausbildungsgänge durchlaufen müssen.

Das landwirtschaftliche Ausbildungswesen kann nach verschiedenen Prinzipien gestaltet werden: uniform (Ostblockländer) oder vielfältig (England), föderativ (Bundesrepublik Deutschland), kantonal (Schweiz) oder zentralistisch (Frankreich). Es kann auf die Förderung der wenigen Begabten oder der vielen weniger Begabten zugeschnitten sein. Tatsächlich gibt es mindestens ebenso viele landwirtschaftliche Bildungssysteme wie Länder. Die Vielgestaltigkeit der Organisationsformen hängt zusammen mit der von Land zu Land abweichenden Verwaltungs- und Infrastruktur, mit der Mentalität der Bevölkerung, mit dem verschiedenartigen kulturellen Hintergrund, mit wirtschaftlichen Bedürfnissen und anderen Gegebenheiten. Aus dem Organisationsgrad kann jedoch nicht unmittelbar auf die Güte des Bildungssystems geschlossen werden. Die Dichte der Landwirtschaftsschulen oder des Beraternetzes läßt ebensowenig wie die Auflagenhöhe der Fachpresse oder ein anderer Indikator sichere Schlüsse auf den Wirkungsgrad des landwirtschaftlichen Bildungswesens zu. Entscheidend ist letzten Endes, in welchem Maße das Bildungsangebot von den Landwirten wahrgenommen wird, und wie jene die Bildungsinhalte praktisch verwerten.

5.1.2 Betriebliche Berufsausbildung

Handfertigkeiten und Fachwissen sind die beiden Seiten der Fachbildung. Sie werden im Ausbildungsgang häufig organisatorisch voneinander getrennt. Die „praktische" Ausbildung findet vorwiegend in Betrieben, die „theoretische" Unterweisung in Schulen statt. Die übliche Unterscheidung in praktische und theoretische Ausbildung ist nicht ganz korrekt. Der „Praktiker" unterscheidet sich vom „Theoretiker" dadurch, daß er Fachwissen im gegebenen Fall anwenden kann. Er hat dem Theoretiker „kasuistisches" Wissen voraus, während dieser ihm wahrscheinlich an „universellem" Wissen überlegen ist. Der angehende Landwirt braucht beides. Die große Bedeutung des kasuistischen Wissens für den Betriebserfolg ist einer der Gründe, warum in der Landwirtschaft der Nachwuchs vorwiegend aus den eigenen Reihen stammt. Die Weitergabe kasuistischen Wissens läßt sich kaum organisieren; sie ist nach wie vor eine Domäne der Familie.

Die betriebliche Berufsausbildung gliedert sich in die Erlernung der einzelnen Agrartechniken einschließlich der sachgemäßen Bedienung der Maschinen und in die Einführung in die Betriebsleiteraufgaben der Betriebsplanung, Betriebsorganisation und Menschenführung. Der erste Teil ist Inhalt der Berufslehre, der zweite der Gehilfenfortbildung. Die Lehre wird mit der Gehilfen- oder Facharbeiterprüfung abgeschlossen, die Gehilfenfortbildung mit der Meisterprüfung. Dies trifft freilich nur zu, wenn auch die betriebliche Berufsausbildung in der Landwirtschaft organisiert ist, wie das z. B. in allen deutschsprachigen Ländern der Fall ist. In den meisten anderen Ländern bildet sie jedoch einen „freien Erziehungsraum", in dem sich Eltern, Landjugendorganisationen, Landjugendberatungsdienste und „Arbeitsschulen" um die praktische Förderung des Nachwuchses bemühen.

Nach den herrschenden Vorstellungen sollte jeder, der in der Landwirtschaft in ausführender Position tätig ist, die Gehilfen- oder Facharbeiterprüfung, und jeder, der in leitender Position tätig ist, die Meisterprüfung abgelegt haben. Zwar hat schon 1920 AEREBOE den Befähigungsnachweis für landwirtschaftliche Betriebsleiter gefordert. Aber bis in die jüngste Zeit bedurfte die Führung eines landwirtschaftlichen Betriebes keiner staatlichen Genehmigung.[1] Erst das einzelbetriebliche Förderungsprogramm aus der Mitte der siebziger Jahre knüpft an die Vergabe staatlicher Mittel auch Auflagen bezüglich des Ausbildungsstandes. Es wird aber noch einige Zeit vergehen, bis in der Landwirtschaft ähnliche Maßstäbe angelegt werden wie im Handwerk.

5.1.3 Schulische Berufsausbildung

Das vielfältige Bild schulischer Ausbildungsstätten ist vom Internationalen landwirtschaftlichen Studienzentrum in Zürich auf ein fünfstufiges Schema vereinfacht worden:
1. Unterstufe: Oberklassen der Elementarschule
2. Mittelstufe:
    a) niedere landwirtschaftliche Fachschulen
    b) mittlere landwirtschaftliche Fachschulen
    c) höhere landwirtschaftliche Fachschulen
3. Oberstufe: Landwirtschaftliche Hochschulen und Fakultäten/Fachbereiche.

Die ländliche *Hauptschule* stellt die Unterstufe dar. Sie vermittelt zwar noch keinen landwirtschaftlichen Fachunterricht, legt aber unentbehrliche Grundlagen für die späteren Lernprozesse. Dabei ist nicht nur an Lesen, Schreiben und Rechnen zu denken. Zu lernen, Probleme durch geistige Anstrengungen zu lösen, Informationen aufzunehmen und sinnvoll auf bestimmte Situationen anzuwenden und sich in eine größere Gemeinschaft einzufügen, ist nicht minder wichtig. In der Hauptschule fremden Wertsystemen ausgesetzt zu werden, öffnet den Blick nach außen, stellt traditionelle Vorstellungen in Frage und fördert die Bereitschaft für Innovationen.

---

[1] Anders als in der Bundesrepublik Deutschland wird z. B. in Polen ein Ausbildungsnachweis von Bauern und Bäuerinnen verlangt.

Zu den *niederen Fachschulen* rechnen alle der Schulpflicht unterliegenden berufsbildenden Veranstaltungen und Einrichtungen. In der Bundesrepublik Deutschland sind dies vor allem die „berufsbegleitenden" Berufsschulen. Ihr Unterricht läuft neben der Ausbildung im Betrieb her und beschränkt sich in der Regel auf einen Tag oder zwei Tage in der Woche. Die Berufsschule soll dem Schüler ein zusammenhängendes Bild des landwirtschaftlichen Berufes vermitteln, ihm die Arbeitsgänge im Jahresablauf auf naturwissenschaftlicher Grundlage erläutern, ihn auf den theoretischen Teil der Gehilfenprüfung vorbereiten und einfachere Arbeitsvorhaben der Schüler betreuen. Die Berufsschulen bilden so das Fundament der landwirtschaftlichen Fachbildung.

Der Prototyp der mittleren Fachschule ist die *Landwirtschaftsschule*. Der Besuch ist freiwillig und steht allen offen, die mindestens 17 Jahre alt sind, die landwirtschaftliche Berufsschule besucht haben und eine mehrjährige landwirtschaftliche Praxis nachweisen können. Die Landwirtschaftsschulen haben wie alle mittleren und höheren Fachschulen „berufsaufbauenden" Charakter. Ihr Ziel ist in erster Linie die Heranbildung von Betriebsleitern. Infolgedessen liegt der Unterrichtsschwerpunkt bei der Produktions-, Betriebs- und Marktlehre.

Die Mädchenabteilungen der Landwirtschaftsschulen vermitteln eine Berufsausbildung für die Bäuerin, die gleichzeitig auf verwandte Frauenberufe vorbereitet und die familienpflegerischen Fähigkeiten fördert.

Die *Höheren landwirtschaftlichen Fachschulen* (Höhere Landbauschulen, Fachhochschulen, Ingenieurschulen) bilden Agrartechniker, Ingenieure für Landbau, Fachberater, Lehrer sowie Leiter für größere landwirtschaftliche Betriebe aus. Die Höheren Fachschulen der ländlichen Hauswirtschaft (früher Landfrauenschulen) gleichen in ihren Anforderungen, Ausbildungszielen und Abschlüssen den Höheren landwirtschaftlichen Fachschulen. Hier wie dort sind Berufslehre und Gehilfenprüfung Voraussetzung.

Auf der Mittelstufe des landwirtschaftlichen Ausbildungswesens sind auch die *Spezialfachschulen* für Wein-, Gemüse-, Obst- und Gartenbau, Forst- und Holzwirtschaft und die Ausbildungsstätten mit Lehrgängen unter vier Monaten für Tierzucht, Viehhaltung, Milchwirtschaft, Fischerei, Imkerei, Buchführung, Waldarbeit, Reiten und Fahren, Genossenschaftswesen und anderes mehr angesiedelt. Außerdem gibt es auf dieser Stufe in der Bundesrepublik Deutschland noch eine Lehranstalt für tropische und subtropische Landwirtschaft, eine Landhandelsfachschule und eine Ingenieurschule für Wasserwirtschaft und Kulturtechnik. Eine besonders wichtige Einrichtung bilden die Landmaschinenschulen.

Gegenüber der Typenvielfalt in der Mittelstufe umfaßt die Oberstufe des landwirtschaftlichen Schulwesens nur eine Schulgattung, nämlich die landwirtschaftlichen Hochschulen und die landwirtschaftlichen Fachbereiche (Fakultäten) der Universitäten. Sie bilden Diplomagraringenieure (früher Diplomlandwirte), Diplomagrarbiologen und Diplomagrarökonomen aus. Die Zulassung zum Studium setzt das Reifezeugnis an einem Gymnasium oder das Fachabitur voraus. Eine landwirtschaftliche Praxis vor oder während des Studiums wird verlangt. In der Regel erfolgt aufbauend auf einem viersemestrigen Grundstudium der propädeutischen Fächer und einführenden Vorlesungen in den Landbauwissenschaften eine ebenfalls viersemestrige Vertiefung in den Fachrichtungen Pflanzenproduktion, Tierproduktion, Agrartechnik, Milchwirtschaft sowie Wirtschafts- und Sozialwissenschaften des Landbaues. Die Spezialisierung geht an den bundesdeutschen agrarwissenschaftlichen Fakultäten nicht so weit wie in der DDR und bleibt auch hinter der starken Auffächerung des Studiums an der niederländischen Landwirtschaftlichen Hochschule in Wageningen weit zurück.

In das aufgezeigte Stufenschema paßt eine wichtige Schulgattung nicht hinein, die *ländlichen Heimvolkshochschulen* (Bauern(hoch)schulen). Sie wollen keine Fach-, sondern „Lebensschulen" sein. Ihr wichtigstes didaktisches Mittel ist das Gemeinschaftserlebnis und die persönliche Begegnung. Infolgedessen legen sie großen Wert auf das Zusammenleben von Schülern und Lehrern, die Aussprache über politische, wirtschaftliche, berufsständische und soziale Probleme, die Behandlung lebenskundlicher Fragen, das gemeinsame Musizieren, Spielen und Tanzen und auf Arbeitsgemeinschaften. Es gibt für die ländlichen Heimvolkshochschulen keine einheitlichen Lehr- und Stoffpläne. Vielmehr wird jede Schule von der Persönlichkeit des Schulleiters und seiner Mitarbeiter geprägt. Es lassen sich entsprechend den Kräften, die hinter diesen Schulen stehen, unter Einbeziehung ausländischer Schulen, drei Grundrichtungen unterscheiden: völkisch-weltanschauliche, landwirtschaftlich-berufsständische und kirchlich-religiöse Heimvolkshochschulen.

5.1.4 Weiterbildung

Die Weiterbildung der landwirtschaftlichen Bevölkerung steht wie überhaupt die Erwachsenenbildung in einem Spannungsfeld extremer Positionen. Die „Volksbildner" der alten Schule halten an der Vorstellung fest, die Weiterbildung müsse jedem Erwachsenen freigestellt bleiben, habe seinen individuellen Bildungszielen zu dienen und müsse ganz auf die Entfaltung der Einzelpersönlichkeit ausgerichtet sein. Demgegenüber wollen Staat und Wirtschaft die Erwachsenenbildung in den Dienst der Berufsfortbildung stellen. In diesem Sinne sei Erwachsenenbildung eine nationale Existenzbedingung. Mit dieser Argumentation begründet die Ministerialbürokratie der Kultusverwaltungen ihre Bestrebungen, die Erwachsenenbildung in der Bundesrepublik Deutschland als „dritten Bildungsweg" zu institutionalisieren.

Die Organisation der ländlichen Erwachsenenbildung stößt auf einige Schwierigkeiten, die sich aus der ländlichen Siedlungsweise, der geringen Bevölkerungsdichte, dem niedrigen allgemeinen Bildungsniveau, der beschränkten geistigen Aufnahmefähigkeit, der sozialen Kontrolle, dem Mangel an geeigneten Dozenten und Versammlungsräumen ergeben.

In der organisierten ländlichen Erwachsenenbildung walten zwei Grundmodelle in mannigfacher Überschneidung und Vermischung. Die ältere Tradition der Erwachsenenbildung nahm ihren Ausgang von der von dem dänischen Bischof N.F.S. GRUNDTVIG (1782–1872) ausgelösten Erweckungsbewegung. Sie hat namentlich in der Form der Volkshochschulen beispielhaft im gesamten skandinavischen Raum und weit darüber hinaus gewirkt. Ihre wichtigsten Organisationsformen sind in Dänemark die ländlichen Heimvolkshochschulen, die Weiterbildungsschulen und die Abendschulen, die von privaten Vereinigungen und Stiftungen mit großzügiger staatlicher Unterstützung unterhalten werden.

Das zweite Modell geht zurück auf den Farmer SEAMAN A. KNAPP und die Demonstrationsbetriebe, die er Ende der 1880er Jahre in Louisiana errichtete. Aus dieser Saat ging der Agricultural Extension Service hervor. Er gründet fachlich ganz in den Landwirtschaftlichen Hochschulen, die große, gutausgestattete Abteilungen für die Publizierung und Verbreitung wissenschaftlicher Erkenntnisse haben. Das Programm des Agricultural Extension Service ist wahrscheinlich das größte und bestorganisierte Erwachsenenbildungsprogramm der Welt. Es ist daher kein Wunder, daß diesem Modell in wachsendem Maße in anderen Ländern nachgeeifert wird.

Der ländlichen Erwachsenenbildung in der Bundesrepublik Deutschland haben beide Modelle Pate gestanden. Bewährte Formen der Bildungsarbeit sind hier ländliche Seminare, Dorfbildungswochen, Wochenendlehrgänge, Lehrfahrten, Hof- und Gruppenabende. An überörtlichen Bildungsprogrammen sind vor allem die vom Landjugendberatungsdienst betreuten Arbeitsvorhaben und Wettbewerbe, die Begabtenförderung, der internationale Praktikantenaustausch, die Arbeitskreise und Studiengemeinschaften zu erwähnen.

Mit der Weiterbildung des landwirtschaftlichen Nachwuchses befassen sich in der Bundesrepublik Deutschland unter anderen folgende Organisationen:
1. Berufsständische Landjugendverbände
   a) Bund der Deutschen Landjugend
   b) Arbeitsgemeinschaft Deutscher Junggärtner

2. Konfessionelle Landjugendverbände
   a) Katholische Landjugendbewegung
   b) Evangelische Jugend auf dem Lande
3. Ländliche Heimvolkshochschulen und Landjugendakademien
4. Fachorganisationen
   a) Bundesverband landwirtschaftlicher Fachschulabsolventen
   b) Landjugendberatungsdienst.

Der *Bund der Deutschen Landjugend* ist eine überkonfessionelle und überparteiliche Nachwuchsorganisation der Bauernverbände. Die Arbeit erfolgt in Gruppen, die sich örtlich, im Landkreis und in überregionalen Arbeitskreisen regelmäßig treffen. Es bestehen ungefähr 3000 Gruppen mit rund 100 000 Mitgliedern.

Die *Arbeitsgemeinschaft Deutscher Junggärtner* ist ein parteipolitisch neutraler, überkonfessioneller, freiwilliger Zusammenschluß von rund 4000 jungen Gärtnern und Gärtnerinnen.

Die *Katholische Landjugendbewegung* ist kirchenorganisatorisch aufgebaut (Diözesen, Pfarrsprengel). An der Arbeit der örtlichen Aktionskreise nehmen schätzungsweise 250 000 Jugendliche teil. Davon gehört etwa die Hälfte zum festen Mitgliederstamm. Vielerorts sind die Jugendgruppen identisch mit der „Pfarrjugend" eines Dorfes.

Die *Evangelische Jugend auf dem Lande* verfügt nur in Bayern über eine feste Mitgliederorganisation. Im übrigen Bundesgebiet verfolgt sie ihre Ziele in offenen Arbeitskreisen.

Zentren der ländlichen Erwachsenenbildung sind die 51 *ländlichen Heimvolkshochschulen* und die drei *Landjugendakademien,* die jeweils einer der drei großen Landjugendorganisationen nahestehen.

Die Vereine „*Ehemaliger*" (Landwirtschaftsschüler und -schülerinnen) halten den Kontakt mit ihrer Fachschule aufrecht und bemühen sich in Vortragsveranstaltungen und Lehrfahrten um eigene fachliche Weiterbildung und um die Verbesserung der landwirtschaftlichen Berufsbildung. Ihr Bundesverband umfaßt ca. 400 Schulvereinigungen mit 256 000 Mitgliedern.

Der *Landjugendberatungsdienst* ist eine besondere Sparte der Offizialberatung. Er hat sehr viel Anregungen aus der Arbeit der amerikanischen 4-H-Clubs[1] übernommen. In enger Zusammenarbeit mit anderen Organisationen betreut er die Durchführung von fachlichen Vorführungen, Berufswettkämpfen und Arbeitsvorhaben.

An der fachlichen und allgemeinen Erwachsenenbildung im landwirtschaftlichen Bereich sind unter anderem die Gliederungen des Deutschen Bauern-, Landfrauen- und Raiffeisenverbandes, der Verein zur Förderung der Land- und Forstarbeiter, die zahlreichen fachtechnischen Verbände und Vereine und nicht zuletzt die Beamten der staatlichen Agrarverwaltung und der Landwirtschaftskammern beteiligt. Ausführlichere Erwähnung verdient die Deutsche Landwirtschaftsgesellschaft (DLG).

Die *Deutsche Landwirtschaftsgesellschaft* dient nach den Worten ihres Gründers, des schwäbischen Ingenieurs MAX EYTH (1836–1906), „ausschließlich der technischen Entwicklung der Landwirtschaft" und „arbeitet ausschließlich mit eigenen Mitteln und Kräften". Getreu diesen Richtlinien sammelt, prüft und vermittelt die DLG seit 1885 praktische Erfahrungen und wissenschaftliche Erkenntnisse auf sämtlichen Gebieten der Landwirtschaft. Ihrer Initiative sind unter anderem Saatenanerkennung, Sortenversuche, Dauerwarenprüfungen, Gütezeichen für Qualitätsprodukte, Eignungsprüfung landwirtschaftlicher Maschinen und Geräte, Aufstellung des Deutschen Rinderleistungsbuches und Ordnung des Ausbildungswesens zu verdanken. Die von der DLG seit 1887 regelmäßig veranstalteten großen Wanderausstellungen vermitteln ein Bild vom Leistungsstand der deutschen Landwirtschaft und der mit ihr verbundenen Industrien und Gewerbe. Der DLG-Verlag publiziert für Wissenschaft und Praxis.

---

[1] Die vier H stehen für **h**and, **h**ead, **h**eart und **h**ome.

Die Mitglieder der DLG (am 31. 12. 1978: 11 450) setzen sich aus der „Elite der deutschen Landwirtschaft" zusammen: praktische Landwirte, Agrarwissenschaftler, Landwirtschaftsbeamte, Landwirtschaftslehrer und Vertreter der der Landwirtschaft nahestehenden Industrien.

Seit dem Jahre 1950 veranstalten die Landvolksabteilung der DLG und die Deutsche Landjugend-Akademie Fredeburg federführend für den Deutschen Bauernverband alle zwei Jahre einen *Landpädagogischen Kongreß* (Bildungsforum der Landwirtschaft). Dieser ist Treffpunkt aller am ländlichen Erziehungs- und Bildungswesen Beteiligten und Interessierten.

Das landwirtschaftliche *Fernstudium* ist in der Bundesrepublik Deutschland im Vergleich mit dem Ausland relativ schwach entwickelt. Dünnbesiedelte Länder wie Australien, Neuseeland, Kanada und Schweden sowie die Staaten des Ostblocks haben damit besonders für die ländlichen Gebiete bedeutende neue Bildungsmöglichkeiten erschlossen. In einigen Ländern bildet der Fernunterricht einen eigenständigen Bildungsweg, der staatlich anerkannt und unterstützt wird. Zur Vereinfachung und Kostensenkung wird das landwirtschaftliche Fernstudium oft privaten Instituten angeschlossen oder von Hochschulen und höheren Fachschulen betreut. Die Fernlehr-Institute in der Bundesrepublik Deutschland sehen ihre Aufgabe darin, auf die Gehilfen- und Meisterprüfung vorzubereiten, die berufsständische Allgemeinbildung zu erweitern und in Sonderlehrgängen eine Spezialausbildung zu geben. Sie wenden sich an diejenigen, die wegen zu großer Entfernung oder wegen Berufstätigkeit die regulären Schulen nicht besuchen können. Insbesondere könnte der Fernunterricht dazu beitragen, die in der Landwirtschaft Berufstätigen wieder an selbständige geistige Arbeit heranzuführen, Lücken in der Allgemeinbildung zu schließen und Schwierigkeiten im schriftlichen Ausdrucksvermögen zu überwinden.

5.1.5 Das landwirtschaftliche Bildungswesen im Ausland

Ein Blick auf ausländische landwirtschaftliche Bildungssysteme zeigt, daß die untere und mittlere Fachschulstufe um so schwächer entwickelt ist, je näher die Landwirtschaft eines Landes dem „Selbstversorgertyp" oder dem „Unternehmertyp" steht (vgl. RÖHM 1964b). Überwiegt die Selbstversorgerwirtschaft, dann fehlen landwirtschaftliche Berufs- und Fachschulen fast ganz. Das Ausbildungswesen konzentriert sich auf die Heranbildung der erforderlichen Verwaltungs- und Führungskräfte. In Ländern, in denen größere, unternehmerisch geführte Betriebe das Bild der Landwirtschaft prägen, ist es gewöhnlich zur Gründung von höheren landwirtschaftlichen Lehranstalten gekommen, die den Nachwuchs an Betriebsleitern und Technikern für die Großbetriebe ausbilden, aber für die Kleinlandwirtschaft keine Bedeutung haben. In den sozialistischen Ländern war die Kollektivierung der Landwirtschaft von intensiven Bemühungen um den Ausbau der fachtechnischen landwirtschaftlichen Aus- und Fortbildung begleitet.[1]

In vielen Entwicklungsgebieten müßte erst einmal der Unterbau der Elementarschulen vervollständigt werden, um ein unteres und mittleres landwirtschaftliches Fachschulwesen aufbauen zu können. Die vorhandenen Dorfschulen öffnen häufig den Kindern den Weg nach draußen, der für viele in den Großstadtslums endet. Um die Kinder nicht dem Land zu entfremden, fordert VON BLANCKENBURG (1967, S. 420) die „Arbeitsschule", die neben den Elementarkenntnissen auch fachliche Handfertigkeiten vermittelt und die Jugend mit neuen Methoden der Landbewirtschaftung und Ernährung vertraut macht. Aus diesen Arbeitsschulen könnten sich im Laufe der Zeit die dringend nötigen landwirtschaftlichen Berufsschulen entwickeln.

---

[1] In der DDR hatten 1975 79 Prozent der in der Landwirtschaft Berufstätigen eine abgeschlossene landwirtschaftliche Ausbildung, davon 66 Prozent den Facharbeiter-, 7 Prozent den Meister- und 6 Prozent den Hoch- und Fachschulabschluß (St. Jb. d. DDR 1975, S. 185).

Die Landwirtschaftsschulen, das Kernstück des deutschen landwirtschaftlichen Bildungswesens, sind „in Gebieten mit vorherrschender traditioneller Landwirtschaft ein vergleichsweise kostspieliges Instrument zur Förderung der Bauern. Erst wenn ein stärkerer sozialer Wandel und die Modernisierung der Landwirtschaft in größerer Breite in Gang gekommen sind, lohnt es, sie vermehrt einzurichten" (Von Blanckenburg 1967, S. 423).

Andere, nicht vom Fachschulwesen getragene Ausbildungssysteme, können ebenfalls sehr effektiv sein. In den USA wird der technische Fortschritt in der Landwirtschaft hauptsächlich vom Agricultural Extension Service in Verbindung mit den Landwirtschaftlichen Hochschulen und Forschungsanstalten gefördert. Die Spitzenstellung der dänischen Landwirtschaft im europäischen Raum ist auf das generationenlange Wirken der ländlichen Heimvolkshochschulen zurückzuführen. Dies ist um so bemerkenswerter, als es sich hierbei um eine Schulgattung handelt, die sich durch große organisatorische Freiheit und geringe fachtechnische Orientierung auszeichnet.

Thünens These, die Verbesserung der landwirtschaftlichen Erziehung und Ausbildung sei die Grundlage des wirtschaftlichen und sozialen Aufstiegs der deutschen Landwirtschaft, dürfte grundsätzlich auch für die heutigen Entwicklungsländer gelten. Allerdings ist nicht gewiß, ob sich landwirtschaftliche Fachbildung dort ebenso wie in Deutschland auswirken wird. „Bildung erscheint hier oft als der einzige Weg, aus dem unattraktiven Dasein in der traditionellen Landwirtschaft herauszukommen" (Von Blanckenburg 1967, S. 417). Eine FAO-Studie in der Antalya-Region (Türkei) bestätigt diese Vermutung: „Landwirtschaftliche Ausbildung an den technischen Schulen wird weniger als ein Mittel betrachtet, landwirtschaftliche Fertigkeiten zu erwerben, sondern als ein Fluchtweg. Wenige treten in diese Schulen mit der Absicht ein, Landwirtschaft als Beruf zu ergreifen. Die meisten sehen darin nur die Gelegenheit, eine Sekundärausbildung zu erhalten und damit die Chance einer Anstellung" (zit. nach Planck 1972b, S. 283).

Für Länder mit einem beträchtlichen Anteil analphabetischer landwirtschaftlicher Betriebsleiter liegt der Ansatz, den technischen Fortschritt in der Landwirtschaft zu fördern, sicher mehr im Beratungs- als im Schulwesen. Dementsprechend handeln die Verantwortlichen bildungsökonomisch richtig, wenn sie dem Ausbau der Oberstufe des landwirtschaftlichen Schulwesens den Vorrang vor der Mittelstufe geben. Der Effekt dieser Bildungspolitik wird allerdings dadurch erheblich beeinträchtigt, daß die Ausbildung zu „akademisch" ist, d. h. zu wenig praxis- und berufsbezogen, und die Absolventen der landwirtschaftlichen Hochschulen wenig Neigung zeigen, sich der Förderung der praktischen Landwirtschaft dort anzunehmen, wo sie tatsächlich betrieben wird, nämlich auf dem Lande.

Literatur: Bach 1971, Boesch 1965, Coombs und Ahmed 1978, Hudde und Schmiel 1965, Röhm 1964b.

Diskussions- und Prüfungsfragen
1. Die Berufssituation in der Landwirtschaft eines Industrielandes wird durch Zwänge geprägt, die in einem realitätsbezogenen Erziehungs- und Ausbildungswesen berücksichtigt werden müssen. Welche Zwänge sind das und wie wirken sie sich aus?
2. In welchen Stufen vollzieht sich die schulische Berufsausbildung in der Landwirtschaft?
3. Vor welchen spezifischen Aufgaben steht die ländliche Erwachsenenbildung?
4. Ob sich die landwirtschaftliche Fachausbildung in den Entwicklungsländern genauso auswirken wird wie in Deutschland ist ungewiß. Warum?

5.2 Beratung

Je größer die Zahl der Wahlmöglichkeiten, je ungewisser die zukünftigen Entwicklungen und je geringer die Kenntnis der Entscheidungsprämissen, um so ratbedürftiger sind die Landwirte. Dies ist vor allem in einer Epoche raschen sozialen Wandels, wirtschaftlichen Wachstums und großer technischer Fortschritte der Fall. Landwirtschaftliche Beratung ist daher von den Landwirten selbst (Beratungsringe), von berufsständischen Verbänden und Genossenschaften (Bauernanwälte, Rechts- und sozialökonomische Beratung, Warenberatung), von privaten Unternehmen (Steuerberatung, Industrieberatung, Kreditberatung) und von Behörden (Offizialberatung) in großer Vielfalt organisiert worden.

Beratung ist aber ein zweischneidiges Schwert. Sie kann ebenso als Instrument der Entscheidungsmanipulation wie als Mittel der Entscheidungshilfe eingesetzt werden. Während im ersten Fall der Landwirt beeinflußt wird, im Interesse der Trägerorganisation bestimmte Waren zu bevorzugen oder bestimmte agrarpolitische Maßnahmen zu akzeptieren, will ihn die „selbstlose" Beratung zu individuell angemessenen Entscheidungen und Problemlösungen führen.

Nur auf diese Variante der Beratung paßt die Definition von O.F. BOLLNOW: „Beratung ist selbstloses Dienen für Entscheidungen, die von anderen aus eigener Verantwortung zu fällen sind; die Beratung entwickelt aus besserer Sachkenntnis die erforderliche Einsicht in die Situation und spricht in der abschließenden Beurteilung eine Empfehlung aus" (zit. nach VOGEL 1968, S. 197). Ähnlich hat auch RHEINWALD (1956) Beratung als „Unterstützung der im landwirtschaftlichen Betrieb selbstverantwortlich tätigen Menschen" aufgefaßt.

In späteren Jahren hat H. ALBRECHT mehr die Problemlösungsfunktion betont. Beratung im Sinne von Problemlösung setzt eine Situationsanalyse des Einzelfalles voraus. Es liegt auf der Hand, daß man bei Beschränkung auf eine intensive Einzelberatung keine Breitenwirkung erzielen kann. Sofern jedoch Beratung der Innovation dient, kann gezielte Einzelberatung der Meinungsführer den erstrebten Prozeß in Gang setzen. In den USA steht dagegen die Vermittlungsfunktion im Vordergrund. So sieht der Agricultural Extension Service seine Hauptaufgabe darin, die Erkenntnisse der wissenschaftlichen Forschung und fortschrittlichen Praxis den Farmern zu vermitteln.

5.2.1 Berater

Der Berater gerät in einen Rollenkonflikt, wenn er nicht von den Ratsuchenden selbst angestellt ist (Steuerberater, Ringberater). Er soll seine Klienten im Sinne privatwirtschaftlicher Vorteile beraten. Vom Verbandsberater wird aber erwartet, daß er auch die Interessen des Verbandes im Auge behält; der Industrieberater soll die Erzeugnisse seiner Firma empfehlen, der Offizialberater das Wohl der Allgemeinheit beachten. Schließlich vertritt der Berater auch Eigeninteressen, da vom Erfolg seiner Tätigkeit seine berufliche Existenz und Karriere abhängen. Die Konflikte, die sich aus der Stellung des Beraters zwischen Klienten und Organisationshierarchie ergeben, sind mehrfach von Soziologen untersucht worden. Dabei stellte sich heraus, daß jene Berater die erfolgreicheren sind, die sich zuerst um ihre Klienten kümmern und erst in zweiter Linie um ihre Vorgesetzten.

Neben Fragen der Funktion, Auftragskompetenz, Zielorientierung und des Rollenkonfliktes treten Probleme der Quantität, der Qualität und der Finanzierung auf. Unter dem quantitativen Problem versteht man das Mißverhältnis zwischen der Zahl der Berater und der Zahl der Betriebe, das verschärft wird durch beratungsfremde Tätigkeiten (Verwaltungsarbeit, Schulunterricht) und die Bevorzugung der zeitaufwendigen Einzelberatung.

Das qualitative Problem der Beratung besteht darin, daß der Berater „der Praxis um eine Nasenlänge voraus sein sollte" (RHEINWALD). Das heißt, er muß gegenüber seinem Klienten einen Informationsvorsprung, einen klareren Blick für Zusammenhänge, eine besondere Gabe, Probleme zu identifizieren und zu analysieren, und einen größeren Überblick über alternative Lösungsmöglichkeiten besitzen. Ein „Bildungsgefälle" ist jedoch nicht vonnöten. Unter Umständen behindert es sogar den für den Beratungserfolg erforderlichen persönlichen Kontakt. Dennoch besteht zwischen Beratern und ihren Klienten in der Regel ein Bildungsgefälle, da die Berater weit überwiegend Absolventen von Fachhochschulen und Universitäten sind, während die meisten Landwirte allenfalls Berufs- und Fachschulen besucht haben. Je geringer der Entwicklungsstand eines Landes und seiner Landwirtschaft ist, desto größer pflegt das Bildungsgefälle zwischen Beratern und Klienten zu sein und um so schwieriger wird deren Verständigung. Umgekehrt verhält es sich mit dem Erfahrungsgefälle an landwirtschaftlicher Praxis. Die Feststellung von GISBERT VOGEL (1968), die Vorbildung der deutschen Berater in bezug auf Beratungsinhalte sei entsprechend den verschiedenen Ausbildungsgängen unterschiedlich, in bezug auf Beratung als Berufstätigkeit einheitlich unbefriedigend, kann verallgemeinert werden. Insbesondere fehlt es an soziologischer und sozialpsychologischer Ausbildung der Berater.

Viele Berater sind zu stark auf einzelne landwirtschaftliche Betriebe oder einzelne Aspekte der Produktion oder Vermarktung fixiert. Der Berater muß schon im Ansatz die soziale Mitwelt seiner Klienten berücksichtigen, wenn er Erfolg haben will. Denn Verhalten und Verhaltensänderung der Landwirte sind großenteils von der sozialen Bezugsgruppe bestimmt und von deren Normen und Werten. Der Berater tut auch gut daran, sich in die Prestigekonstellation eines Dorfes einzufühlen. Er erspart sich viele Enttäuschungen und Mißerfolge, wenn er zuerst die „Schlüsselpersonen" von der Güte eines Projektes überzeugen kann. Für jeden Berater stellt sich die Frage, ob er sich allen Klienten seines Bezirkes gleichermaßen widmen soll, seine Anstrengungen auf jene konzentrieren soll, die wegen ihrer rückständigen Wirtschaftsweise des Rates am meisten bedürfen, oder ob er hauptsächlich mit der Spitzengruppe der überdurchschnittlich ausgebildeten, innovationsfreudigen Landwirte zusammenarbeiten soll, die von sich aus am meisten Gebrauch von Beratungsdiensten machen.

5.2.2. Beratungsorganisation

Die landwirtschaftliche Beratung bezieht sich schwerpunktmäßig auf produktionstechnische, neuerdings vermehrt auch auf betriebswirtschaftliche, sozialökonomische, (sozial-)rechtliche und steuerliche Ratschläge. Ein weiterer Bereich ist die hauswirtschaftliche Beratung, ein besonderer Zweig die Landjugendberatung.

Das Finanzierungsproblem der Beratung hat mehrere Aspekte. Wer die Berater bezahlt, möchte auf die Beratungsinhalte Einfluß nehmen und nachweisbare Erfolge sehen. Die Kostenträger, ob private oder öffentliche, sind selbstverständlich daran interessiert, die Ausgaben möglichst niedrig zu halten. Sie neigen daher dazu, an den variablen Kosten, nämlich den Reise- und Sachkosten, zu sparen. Mit festen Kosten allein läßt sich aber keine Beratung durchführen. Die Schlagkraft einer Beratungsorganisation hängt wesentlich davon ab, daß sie über ausreichende Mittel zur Informationsbeschaffung, zur Kommunikation mit ihren Klienten und zur Erarbeitung von Demonstrationsmaterial verfügt.

Wenngleich es mehr auf die Person des Beraters und die angewandten Methoden ankommt, ist die Art der Organisation nicht gleichgültig. „Immerhin kann die Arbeit eines guten Beraters durch eine zweckmäßige Organisationsform erheblich erleichtert und gefördert werden... Nur eine zweckmäßige Organisationsform der Beratung kann gewährleisten, daß auch die mittelmäßigen Kräfte noch befriedigende Arbeit leisten, und es verhindern, daß die unterdurchschnittlichen Schaden anrichten" (RHEINWALD 1956, S. 170). Die Güte der Organisationsform hat RHEINWALD daran gemessen, ob sie die Eigeninitiative der Klienten und deren Beteiligung an öffentlichen Aufgaben fördert oder hemmt.

Die Beratung kann eine eigene Organisation bilden. Sie ist jedoch in der Bundesrepublik

Deutschland und in Österreich eng verknüpft mit den Landwirtschaftsschulen. Diese Organisationsform hat sich insofern bewährt, als die zwischen Amt, Schule und Betrieb bestehenden Beziehungen für die Beratung nutzbar gemacht werden und die Landwirtschaftslehrer die unterrichtsfreie Zeit im Sommer nutzbringend als Berater verwenden können. In den USA ist das Beratungswesen den landwirtschaftlichen Fakultäten und Hochschulen angegliedert, wodurch eine enge Verbindung von Forschung und Praxis gewährleistet ist.

In den meisten europäischen und außereuropäischen Ländern ist der Staat Träger der landwirtschaftlichen Beratung. In einigen Ländern gehört die Beratung zu den Aufgaben der Landwirtschaftskammern (Österreich, Bundesländer Hessen, Niedersachsen, Nordrhein-Westfalen, Schleswig-Holstein). In Irland sind die gewählten Kreisräte für die Auswahl und Anstellung der Berater zuständig, während Leitung und Beaufsichtigung bei der staatlichen Landwirtschaftsverwaltung liegen. In Schweden stellen die Provinzial-Landwirtschafts-Gesellschaften die Berater an und leiten und planen die Beratungsarbeit. In Dänemark tragen die Bezirksbauernvereine die Beratungsorganisation, in Polen die Landwirtschaftlichen Zirkel. In den USA arbeiten Bund, Staat, Kreis, Berufs- und Fachverbände und die Farmer selbst in der Beratungsorganisation zusammen. Die Landwirtschaftsverwaltung hat hingegen keinen Einfluß.

Als unzweckmäßig gilt sowohl starker oder alleiniger Einfluß des Staates wegen Interessenkonflikten, Bürokratisierung, Verquickung der Beratung mit anderen staatlichen Förderungsmaßnahmen und Verwaltungsaufgaben, als auch alleiniger Einfluß der Klienten oder einiger örtlich führender Persönlichkeiten (persönliche Abhängigkeit des Beraters). Eine besonders glückliche Lösung des Organisationsproblems stellen die niedersächsischen Beratungsringe dar. Den Landwirten ist auf der überschaubaren Ebene des Kreises voller Einfluß auf die Beraterauswahl und die Programmplanung eingeräumt. Die organisatorische Spitze in der Landwirtschaftskammer sorgt dafür, daß „örtliche Machenschaften oder einzelne Quertreiber nicht zu einem Mißbrauch dieses bäuerlichen Einflusses führen, daß die Berater größere materielle Sicherung haben, daß überregionale Probleme genügend Beachtung finden und daß die Berater eine ausreichende Fortbildung genießen können. Gleichzeitig werden über die Kammer die staatlichen Zuschüsse in einer Weise eingeschleust, die jede staatliche Einflußnahme auf Wahl und Behandlung des Beratungsinhalts ausschließt" (RHEINWALD 1956, S. 174f.).

Je größer die Betriebe sind und je ertragreicher die Landwirtschaft ist, desto dichter kann das Beraternetz sein, das wirtschaftlich tragbar ist. Bei individueller Einzelberatung kann ein Berater nur 50 bis höchstens 70 Betriebe betreuen. Auf einen Berater auf Kreisebene entfielen 1970 in der Bundesrepublik Deutschland hingegen 264 Betriebe über 5 ha LN (ohne Beratungshilfskräfte und Spezialberater auf Landesebene). Das bedeutet, daß man sich wie in den meisten Ländern mit der unergiebigen Massenberatung begnügen mußte.

Beratungsmethodik, -organisation, -psychologie und -didaktik haben die Beratungslehre zu einer eigenständigen Disziplin werden lassen, die Ergebnisse der Soziologie, Sozialpsychologie, Psychologie und Kommunikationswissenschaft auf die spezifischen Probleme der Individual- und Gruppenberatung anwendet.

Literatur: RHEINWALD und PREUSCHEN 1956, VOGEL 1968.

Diskussions- und Prüfungsfragen
1. „Beratung ist selbstloses Dienen für Entscheidungen, die von anderen aus eigener Verantwortung zu fällen sind" Nehmen Sie zu dieser These von O. F. BOLLNOW Stellung!
2. Wovon hängt der Wirkungsgrad der landwirtschaftlichen Beratung ab?

5.3 Fachpresse und Landfunk

Massenmedien gehören heute auf der ganzen Welt zu den wichtigsten Verbreitungsmitteln für landwirtschaftliche Neuerungen. In Ländern mit einem hohen Anteil von Analphabeten unter der bäuerlichen Bevölkerung hat der Rundfunk, in allen anderen das gedruckte Wort die größere Bedeutung. In Deutschland erschienen die ersten landwirtschaftlichen Fachzeitschriften in der ersten Hälfte des 19. Jahrhunderts (Georgine ab 1824, Landwirtschaftliche Zeitung des Haupt-Vereins für den Regierungsbezirk Münster ab 1844). Daraus hat sich eine vielfältige Agrarpresse entwickelt, neben der Rundfunk („Landfunk") und Fernsehen („Unser Land" im Regionalprogramm des Bayerischen Rundfunks) als fachliche Informationsquellen nur untergeordnete Bedeutung haben.

Die landwirtschaftliche Fachpresse umfaßt alle periodisch erscheinenden Publikationen, die über landwirtschaftliche Probleme im weitesten Sinne informieren. Dazu gehören: (1) die Fach- und Berufszeitschriften, (2) die wissenschaftliche Agrarpresse, (3) die landwirtschaftlichen Firmen- und Kundenzeitschriften und (4) die landwirtschaftlichen Kalender und Jahrbücher.

Am häufigsten werden landwirtschaftliche Informationen in Zeitschriften veröffentlicht. Die Zeitschriften sind in die Untergruppen Publikums- und Freizeitschriften sowie Fach- und Berufszeitschriften unterteilbar. Publikumszeitschriften wenden sich an das breite Publikum, Fachzeitschriften an einen begrenzten Interessentenkreis. Die Fachzeitschrift ist eine „periodische Veröffentlichung mit vorwiegend beruflich oder fachlich interessierendem Inhalt und nicht lokal, sondern fachlich begrenztem Verbreitungskreis. Sie unterrichtet laufend über ein bestimmtes Gebiet der Wissenschaft oder der praktischen Betätigung einen hierfür interessierten Leserkreis" (KIESLICH 1961, S. 31). Sie setzt voraus, daß der Leser auf dem betreffenden Gebiet kein Laie mehr ist. Im landwirtschaftlichen Bereich werden Fachzeitschriften außer vom Betriebsleiter auch oft von Familienangehörigen mitgelesen. Deshalb zeigen manche landwirtschaftlichen Fachzeitschriften mit einem Unterhaltungsteil Züge einer Publikumszeitschrift (z. B. Landwirtschaftliche Wochenblätter).

Fach- und Berufszeitschriften lassen sich weiter untergliedern in (a) „reine" Fachzeitschriften, die den Leser fachlich und beruflich informieren und belehren (z. B. Deutsche Landtechnische Zeitschrift), (b) „gemischte" Fachzeitschriften, die über die fachliche Information hinaus auch noch soziale und berufsständische Interessen vertreten (z. B. Bayerisches Landwirtschaftliches Wochenblatt) und (c) berufsständische und Verbandspresse, die nur berufsständische bzw. verbandsmäßige Informationen bringt (z. B. Deutsche Bauernkorrespondenz). Der überwiegende Teil der Agrarpresse besteht aus „gemischten" Fachzeitschriften.

In der Bundesrepublik Deutschland werden über 500 periodisch erscheinende Druckschriften zu den im weitesten Sinne landwirtschaftlichen Publikationen gezählt; nur ein Drittel davon wendet sich unmittelbar an die Landwirtschaft, der Rest an Menschen, die ebenfalls irgendwie mit der Natur verbunden sind: Kleingärtner, Jäger, Fischer, Reiter, Hundefreunde, Kleintierzüchter usw. Rund 80 Millionen Exemplare landwirtschaftlicher Zeitschriften im engeren Sinne werden jedes Jahr an die bäuerliche Leserschaft geliefert, dazu kommen kostenlos verteilte Firmen- und Kundenzeitschriften mit hoher Auflage. Jeder landwirtschaftliche Betrieb wird Woche für Woche von mindestens einer landwirtschaftlichen Fachzeitschrift erreicht. Damit stellt die Fachpresse eines der wichtigsten Mittel für die Weiterbildung und fachliche Information der Landwirte dar.

Die bundesdeutschen Rundfunkanstalten räumen dem „Landfunk" unterschiedlich lange Sendezeiten ein; weitaus die längste Sendezeit hat der Bayerische Rundfunk mit 45 Minuten an jedem Werktag. Die Stärke des Hörfunks liegt in der Möglichkeit, mit seinen täglichen Sendungen aktueller zu sein als die wöchentlich oder in längeren Abständen erscheinenden Fachzeitschriften, und mit dem gesprochenen Wort, insbesondere bei Live-Sendungen, die Aufmerksamkeit des Empfängers stärker zu fesseln. Noch höhere Aufmerksamkeit erzielen landwirtschaftliche Fernsehsendungen. Jedoch sendet in der Bundesrepublik Deutschland nur der Bayerische Rundfunk einmal in der Woche ein entsprechendes Programm aus.

In mehreren Entwicklungsländern sind Versuche mit landwirtschaftlichen Fernsehsendungen für die größtenteils analphabetische Bauernbevölkerung gemacht worden. Obwohl die pädagogischen Erfolge gut waren, eignet sich das Fernsehen nur in Ausnahmefällen als Massenberatungsmittel, da Sender und Empfänger eine teuere und empfindliche technische Apparatur benötigen. Wesentlich breiter läßt sich der Hörfunk in solchen Ländern zur Weiterbildung der Bauern einsetzen. Billige Transistorradios arbeiten unabhängig vom elektrischen Netz noch in den entlegensten Gegenden. Allerdings hat sich gezeigt, daß die Lernerfolge nur dann zufriedenstellen, wenn die Hörer in „Radioschulen" unter Anleitung von Beratern die Sendungen aufarbeiten. Mehrere Modelle von „Radioschulen" werden praktiziert. Die landwirtschaftlichen Fachberater können auf dem in „Radioschulen" erworbenen Wissen aufbauen und die Gruppen mit zusätzlichem Beratungsmaterial (z. B. Pflanzanweisungen in Bildform) unterstützen. In den meisten Entwicklungsländern gibt es für die Elite der landwirtschaftlichen Betriebsleiter Fachzeitschriften und Fachbücher in den einheimischen Sprachen. Einfache Beratungsschriften mit gezeichneten Bildern und wenig Text sind in manchen Gegenden auch unter den Subsistenzbauern schon weit verbreitet.

Literatur: HEINTZ 1967, JOHN 1977.

Diskussions- und Prüfungsfragen
1. Vergleichen Sie die Wirkungen von Fachzeitschriften und Landfunk und ziehen Sie daraus Folgerungen für den Medieneinsatz in Entwicklungssituationen!

6 Organisationen der Landentwicklung[1]

Für die Landentwicklung sind Organisationen ebenso wichtig wie Ideen, Strategien, Pläne, Beschlüsse und Maßnahmen. Die Fähigkeit, Entwicklungsprojekte und Förderungseinrichtungen zweckmäßig zu organisieren, entscheidet oft über Erfolg und Mißerfolg. Ja, man kann vielleicht sogar sagen, je mehr ein gesellschaftlicher Bereich sich entfaltet, desto mehr beruhen weitere Fortschritte auf funktionaler Organisation. In Teil 1: 3.2.5 haben wir festgestellt, daß hochentwickelte Industriegesellschaften „Verbändegesellschaften" sind. Auch eine moderne Landwirtschaft ist nur dann leistungsfähig, wenn sie zweckmäßig durchorganisiert ist.

6.1 Umfang und Gliederung

Nehmen wir z. B. einen niedersächsischen Schweinehalter. Als Betriebsinhaber muß er Mitglied der Landwirtschaftskammer Hannover und der Landwirtschaftlichen Berufsgenossenschaft sein. Selbstverständlich ist er auch Mitglied seiner berufsständischen Vertretung, des Niedersächsischen Landvolkverbandes. Als Schweinezüchter gehört er dem Zuchtverband für das deutsche veredelte Landschwein an. Über den regionalen Zuchtverband ist er gleichzeitig Mitglied der Arbeitsgemeinschaft Deutscher Schweinezüchter, die wiederum kooperatives Mitglied der Arbeitsgemeinschaft Deutscher Tierzüchter ist. Außerdem ist er damit auch Mitglied der Züchtungszentrale für das deutsche Hybridschwein, die gemeinsam von den Schweinezucht-

---

[1] Im folgenden beschränken wir uns auf einige agrarisch wichtige Organisationen.

verbänden und den Erzeugerringen für Ferkel getragen wird. Als Ferkelerzeuger ist er einem Erzeugerring für Ferkel beigetreten. Dieser Erzeugerring ist der Arbeitsgemeinschaft der Erzeugerringe in Niedersachsen angeschlossen. Da die Mitgliedschaft im Erzeugerring die Teilnahme am Hygieneprogramm des Schweinegesundheitsdienstes voraussetzt, ist er auch dort Mitglied. Über die Prüfringe ist dieser Schweinehalter auch noch in einer Leistungsprüfungsorganisation. Er gehört ferner einer Erzeugergemeinschaft für Ferkelvermarktung an. Über diese örtliche Vereinigung mit Berufskollegen hat er die Mitgliedschaft in der Landesarbeitsgemeinschaft der Erzeugergemeinschaften im Bundesverband der Erzeugergemeinschaften erworben. Künftig wollen sich die Erzeugerringe auch noch einer Arbeitsgemeinschaft für Schweineproduzenten anschließen, um weitere Möglichkeiten der Organisation auszuschöpfen. Da unser Schweinehalter sich zur Elite der deutschen Landwirte zählt, hat er es nicht versäumt, der Deutschen Landwirtschafts-Gesellschaft beizutreten. Es versteht sich von selbst, daß er im Verein der „Ehemaligen" seiner Landwirtschaftsschule aktiv tätig und damit auch im Landes- und im Bundesverband der „Ehemaligen" Mitglied ist. Ohne die günstigen Kredite und Futtermittel, die er als Mitglied einer Genossenschaft erhält, könnte er kaum so erfolgreich wirtschaften. Natürlich ist er auch Mitglied im örtlichen Schützenverein und... Aber das hat nichts mehr mit seinem Beruf als Schweinezüchter zu tun.

Die Aufzählung dürfte genügen, um die Frage nach Ursache und Nutzen eines hohen Organisationsgrades zu rechtfertigen. Wir wollen zeigen, welche allgemeinen Antworten die Organisations- und Verbandssoziologie darauf zu geben hat.

Das landwirtschaftliche Organisationswesen zeigt von Land zu Land ein anderes Bild. Übersicht 60 vermittelt am Beispiel der Bundesrepublik Deutschland nur eine der vielen Möglichkeiten des Aufbaus und der Verzahnung wichtiger Behörden und freier Vereinigungen der Land- und Forstwirtschaft. Wir werden im folgenden versuchen, von diesem realtypischen Erscheinungsbild zu einigen allgemeineren Aussagen zu kommen.

6.2 Agrarverwaltung

6.2.1 Aufgabenstellung

Zu den Aufgaben einer Staatsverwaltung im Agrarbereich gehören unter anderem:
(1) die Verwaltung des staatlichen land- und forstwirtschaftlichen Besitzes und der staatlichen Versuchs-, Forschungs- und Lehranstalten,
(2) die Sicherung der Volksernährung,
(3) die Hebung der Lebensverhältnisse der in der Land- und Forstwirtschaft tätigen Menschen und ihrer Angehörigen, insbesondere deren soziale Sicherung,
(4) die Förderung der Tier- und Pflanzenzucht und die Verbesserung der Agrarstruktur,
(5) die Markt-, Boden- und Arbeitsordnung,
(6) die veterinär- und gesundheitspolizeiliche Überwachung der Landwirtschaft und Ernährungsindustrie,
(7) die Landeskultur, die öffentliche Wasserwirtschaft und der Umweltschutz,
(8) das landwirtschaftliche Ausbildungs- und Beratungswesen und
(9) die Lenkung und Überwachung des Agraraußenhandels.

Die Kompetenz für diese Aufgaben kann in einem Ministerium für Ernährung, Landwirtschaft und Forsten zusammengefaßt oder auf mehrere Fachministerien (Landwirtschaftsministerium, Agrarreformministerium, Genossenschaftsministerium, Dorfministerium) aufgeteilt sein.

Die Abhängigkeit der Agrarproduzenten von der Agrarverwaltung ist groß und steigt weiter an. Die meisten Agrarprodukte unterliegen Marktordnungen. Betriebsmittel und Kredite werden staatlich subventioniert. In zunehmendem Maße hängt auch die soziale Sicherheit, nament-

Übersicht 60. Behörden und Organisationen der Land- und Forstwirtschaft in der Bundesrepublik Deutschland

Agrarverwaltung			Freie Vereinigungen	
Legislative	Exekutive	Verwaltungskörperschaften	Zentralausschuß der deutschen Landwirtschaft	Sonstige Verbände

Bundesebene

Bundestag (Agrarausschuß) Bundesrat (Agrarausschuß)	Bundesminister f. Ernährung, Landw. und Forsten 13 Bundesforschungsanstalten Bundesoberbehörden	Arbeitsgemeinschaft der gemeinnützigen Siedlungsträger	Verband der landwirtschaftlichen Berufsgenossenschaften	Verband der Landwirtschaftskammern	Deutscher Bauernverband und seine kooperativen Mitglieder	Deutscher Raiffeisenverband	Deutsche Landwirtschafts-Gesellschaft	Gewerkschaft Gartenbau, Land- und Forstwirtschaft Dachverbände der Agrar- und Ernährungswirtschaft

Landesebene

Landtage (Landwirtschaftsausschüsse)	8 Länderministerien und 3 Senatoren für Ernährung, Landw. und Forsten Landesanstalten	14 Siedlungsgesellschaften	19 landw. Berufsgenossenschaften	8 Kammern und 2 kammerähnliche Organisationen	15 Landesverbände	11 Verbandsbezirke	Landtechnik Agrarbanken Beratungsstellen Wissenschaftliche Gesellschaften

Regierungsbezirksebene

	6 Tiergesundheitsämter[1] 44 Tierzuchtämter[1] 18 Pflanzenschutzämter[1] 45 Lehr- und Versuchsanstalten[1] 91 Fach- und Technikerschulen[1]	113 Außenstellen 40 Institute	99 Zentraleinrichtungen	43 Ländliche Heimvolkshochschulen 13 DEULA Lehranstalten

Kreis- und Gemeindeebene

Kreistage Gemeinderäte	245 Landkreisverwaltungen 10 406 Kommunalverwaltungen 131 Landwirtschaftsämter 743 Staatliche Forstämter 67 Körperschaftliche und kommunale Forstämter 209 Landwirtschaftsschulen[1] 130 Hauswirtschaftsschulen[1]	335 Beratungsstellen und -ringe 56 Kreisstellen	305 Kreisverbände	rund 10 000 Ortsgenossenschaften	Vereine Stadt u. Land

[1] einschließlich Kammereinrichtungen

Quellen: Behr's Verlag (Hrsg.): '78 Behörden und Organisationen der Land-, Forst- und Ernährungswirtschaft, Hamburg 1978. – Stat. Jahrbuch 1978 für die Bundesrepublik Deutschland, Stuttgart 1978, S. 52ff. – Stat. Jahrbuch über Ernährung, Landwirtschaft und Forsten 1978, Münster-Hiltrup 1978, S. 57.

lich die Altersversorgung der Landwirtsfamilien, von der Bewilligung öffentlicher Mittel ab. Zahlreiche gesetzliche Bestimmungen betreffen das Bauen, die Tierhaltung, die Verwendung von Chemikalien, den Grundstücksverkehr, den Umweltschutz und engen somit die Handlungsfreiheit der Landwirte ein.

Es ist ein interessantes sozialpsychologisches Phänomen, daß die große fiskalische Unterstützung und steuerliche Begünstigung der westdeutschen Landwirtschaft (1975: 12,6 Mrd. DM) kaum in das Bewußtsein der Landwirte gedrungen ist. Zweifellos haben die ständigen Forderungen einer „wachsamen Verbandsbürokratie" an den Staat, partielle Agrarprobleme zu lösen, bei den Landwirten den Eindruck erweckt, es werde für sie zu wenig getan. Hinzu kommt, daß sich der Anpassungsdruck in den vergangenen Jahren verstärkt hat. Wahrscheinlich ist jedoch das verbreitete Gefühl der Benachteiligung und des Unbehagens die Folge des gesellschaftlichen Rang- und Prestigeverlustes einzelner Landwirte wie des gesamten Berufsstandes, der durch finanzielle Zuwendungen nicht aufgewogen werden kann.

6.2.2 Behörden und Ämter

Die Agrarverwaltung kann zentralistisch (z. B. Reichsnährstand) oder föderalistisch wie in der Bundesrepublik Deutschland organisiert sein. Aber auch bei föderativem Aufbau kann auf eine gewisse Zentralisierung im Interesse einheitlicher Regelungen und außenpolitischer Vertretung nicht verzichtet werden. Den Länderministerien verbleiben in der Bundesrepublik Deutschland hauptsächlich die Durchführung der Bundesgesetze sowie regionsspezifische Verwaltungs- und Förderungsaufgaben. Auf der Ebene der Regierungsbezirke und Kreise werden die Aufgaben der Agrarverwaltung von Sonderbehörden (Landwirtschafts-, Forst-, Kultur-, Wasserwirtschaftsämter usw.) und auf der Gemeindeebene von Organen der Kommunalverwaltung erfüllt. Bestimmte Aufgaben können auch an Selbstverwaltungseinrichtungen (Landwirtschaftskammern, Berufsgenossenschaften) delegiert werden.

Die Agrarverwaltung bedient sich zur Erfüllung ihrer Aufgaben einiger zentraler Stabsdienststellen und räumlich verteilter Ämter.

Das Bonner *Ministerium für Ernährung, Landwirtschaft und Forsten* (BML) wird durch wissenschaftliche Beiräte und Fachausschüsse sowie durch 13 Bundesforschungsanstalten beraten. Es sind ihm u. a. direkt unterstellt das Kuratorium für Technik und Bauwesen in der Landwirtschaft (KTBL), der Auswertungs- und Informationsdienst für Ernährung, Landwirtschaft und Forsten (AID) und die Deutsche Siedlungs- und Landesrentenbank.

Das *Kuratorium für Technik und Bauwesen in der Landwirtschaft* (KTBL) unterstützt die Entwicklung der Landtechnik und des landwirtschaftlichen Bauwesens, publiziert neue Erkenntnisse und macht sie über die 13 DEULA-Lehranstalten für Agrartechnik der breiten Praxis zugänglich.

Der *Auswertungs- und Informationsdienst für Ernährung, Landwirtschaft und Forsten* (AID) bereitet die Erkenntnisse der Wissenschaft für Beratung, Praxis und Presse in Form von Broschüren, Merkblättern, Diapositiven, Lehrfilmen und Informationsdiensten auf. Außerdem betreut er ausländische Gäste, die zum Studium der Landwirtschaft in die Bundesrepublik kommen, und deutsche Gruppen, die zu diesem Zweck ins Ausland reisen. In Österreich werden die zentralen publizistischen und dokumentarischen Aufgaben vom Agrarwirtschaftlichen Institut in Wien wahrgenommen.

Die verschiedenen öffentlichen Dienststellen, die sich auf der unteren Ebene mit der Landwirtschaft befassen, können räumlich und organisatorisch getrennt sein, wie in den USA, was dort zur Verwirrung und Enttäuschung der Farmer beigetragen hat. Sie können aber auch weitgehend in einem Amt zusammengefaßt werden. So sind den bundesdeutschen Landwirtschaftsämtern Aufgaben der Verwaltung, der Schulung, der Beratung und der Fachplanung übertragen. Die für den Beamten beschwerliche Aufgabenhäufung erleichtert dem Landwirt den Zugang zur Verwaltung, da er schon während des Schulbesuches persönliche Beziehungen zu einzelnen Beamten knüpft.

6.2.3 Forstverwaltung

Die Forstverwaltung ist in der Bundesrepublik Deutschland in den Spitzenbehörden der Agrarverwaltung zusammengefaßt mit Landwirtschaft, Ernährung und Fischerei. In manchen Ländern bestehen eigene Forstministerien. Die unteren Instanzen sind hingegen stets gesonderte Ämter. In der Bundesrepublik Deutschland gibt es rund 1000 staatliche, körperschaftliche, komunale und private Forstämter.

Die Forstämter haben die Aufgabe, die Wälder zu bewirtschaften und vor Zivilisationsschäden zu bewahren, absolute Waldstandorte wieder aufzuforsten und Schutzwälder anzulegen. Zivilisationsschäden entstehen durch freie Begehung der Wälder, Jagd, Raubnutzung und Waldbrand. Sie werfen einige soziologische Probleme auf. In den meisten Ländern hat jedermann freien Zutritt zu den Wäldern. Im Hinblick auf die wohltätige Wirkung des Waldes auf den Menschen ist dieses Recht in der Bundesrepublik Deutschland sogar gesetzlich verankert. Der einsame Wanderer stiftet keinen Schaden. Anders verhält es sich mit dem Massentourismus, der bevorzugt Waldränder aufsucht und dort seine Spuren hinterläßt. Auch Reiter schädigen Waldwege und -lichtungen. Deshalb müssen in vielbesuchten Naherholungsgebieten Vorkehrungen getroffen werden, um die verschiedenen Bedürfnisse zu befriedigen und die Schäden in Wald und Flur so gering wie möglich zu halten.

Die Jagd ist überwiegend privilegierten Schichten vorbehalten. In Industriegesellschaften ist der Besitz eines Reviers oft ein Prestigeobjekt oder ein Symbol gehobenen Status. Dies hat zu Auswüchsen im Jagdwesen geführt; in der Bundesrepublik Deutschland unter anderem zu einem übermäßigen, den Wald schädigenden Rotwildbesatz. Noch schädlicher für die Waldverjüngung ist weltweit die Raubnutzung der Wälder durch unterprivilegierte Schichten in Form der Waldweide, des Sammelns von Waldstreu, der unentgeltlichen Entnahme von Brenn- und Nutzholz. All dies geschieht unter dem Zwang der wirtschaftlichen Not, unter der die Walddörfler in vielen Teilen der Erde leiden. Ist der Armut anders nicht abzuhelfen, so müssen – wie FRANZ HESKE (1953) dies für die Türkei gefordert hat – die waldnahen und im Wald liegenden Dörfer umgesiedelt werden, um eine nachhaltige Forstpolitik treiben zu können.

6.2.4 Verwaltungskörperschaften

Die staatliche Agrarverwaltung delegiert aus Gründen der Zweckmäßigkeit einige ihrer Aufgaben an Gebietskörperschaften und an Selbstverwaltungskörperschaften. In der Bundesrepublik Deutschland erledigen die Landratsämter und die Gemeindeämter einige Angelegenheiten, die in die Kompetenz des Landwirtschaftsministers fallen. Den Gemeinden obliegt es z. B., eine Grundstückskartei zu führen und den Grundstücksverkehr zu überwachen. Sie führen auch die regelmäßigen Viehzählungen durch.

Typische Selbstverwaltungskörperschaften sind die Landwirtschaftskammern und die Berufsgenossenschaften. Auch die gemeinnützigen Siedlungsgesellschaften und einige Kreditinstitute gehören zu den Organisationen, die in staatlichem Auftrag handeln. Der Vorteil dieser Konstruktion liegt in einer flexibleren Arbeitsweise und in der Mitsprache der Berufsvertreter.

Landwirtschaftskammern sind Selbstverwaltungsorgane öffentlichen Rechts, die zuerst in Preußen (1894) gebildet wurden. Sie gingen während des Dritten Reiches im Reichsnährstand auf und wurden nach 1945 in den nördlichen und mittleren Bundesländern und in Österreich wieder ins Leben gerufen. In Baden-Württemberg und Bayern teilen sich Landwirtschaftsministerium und Bauernverband in die Kammeraufgaben. Oberstes Organ einer Landwirtschaftskammer ist die Hauptversammlung, die sich aus praktischen Landwirten, Arbeitnehmervertretern und zugewählten Mitgliedern zusammensetzt. Die Hauptversammlung wählt aus ihren Reihen den Kammerpräsidenten und seine Stellvertreter und überwacht die Durchführung der Kammeraufgaben. Im Vordergrund der Arbeit der Landwirtschaftskammern stehen die Förderung aller Zweige der landwirtschaftlichen Produktion sowie die gutachterliche Unterstützung von Gesetzgeber, Verwaltung und Gerichten. Nach dem Zweiten Weltkrieg sind die Kammern auch auf dem Gebiet der landwirtschaftlichen Vorplanung von Flurbereinigungsverfahren führend tätig geworden. Ihrem Förderauftrag kommen die Kammern hauptsächlich durch die Berufsaus- und -fortbildung des landwirtschaftlichen Nachwuchses und die Beratung der landwirtschaftlichen Betriebsleiter sowie durch eigene Forschung nach. Die sachliche Arbeit wird von beamteten und angestellten Fachkräften in den Abteilungen für Recht, Volks- und Betriebswirtschaft, Markt, Ausbildung und Beratung, Landbau einschließlich Sonderkulturen, Tierzucht und Bauwesen geleistet. In den meisten Kammern bestehen außerdem Pressereferate; auch sind den Kammern in der Regel Forschungs- und Versuchsanstalten, Pflanzenschutz-, Tierzucht- und Tiergesundheitsämter angeschlossen. Die Tätigkeit der Kammern wird aus Gebühren, Staatszuschüssen und der „Kammerumlage" bei den landwirtschaftlichen Betrieben ihres Bezirkes finanziert.

In der Bundesrepublik Deutschland sind die *landwirtschaftlichen Berufsgenossenschaften* Träger der gesetzlichen Unfallversicherung. Sie bilden mit den landwirtschaftlichen Alterskassen, den landwirtschaftlichen Familienausgleichskassen und den landwirtschaftlichen Krankenkassen eine Verwaltungsgemeinschaft. Damit sind sämtliche gesetzlichen Sozialversicherungen für die in der Landwirtschaft Berufstätigen und deren Angehörige organisatorisch zusammengefaßt.

Wie die Landwirtschaftskammern, so sind auch die landwirtschaftlichen Berufsgenossenschaften regional gegliedert und in einem Bundesverband zusammengeschlossen. In anderen Ländern sind die Einrichtungen der landwirtschaftlichen Sozialversicherung mehr oder weniger stark aufgesplittert. In einigen Ländern, wie in Belgien, fehlen agrarspezifische Verwaltungseinrichtungen auf dem Versicherungssektor.

Literatur: ABEL 1967, S. 71–104 und 299–331, BUNDESMINISTERIUM FÜR ERNÄHRUNG, LANDWIRTSCHAFT UND FORSTEN 1969, ETZIONI 1973.

Diskussions- und Prüfungsfragen
1. Wie kann man das ständige Vordringen von Organisationen im Agrarbereich erklären?
2. Aus welchen Gründen greift die Agrarverwaltung in den westlichen Demokratien fördernd in den Wirtschaftsbereich Land- und Forstwirtschaft ein?
3. Welches sind die Aufgaben einer Landwirtschaftskammer in der Bundesrepublik Deutschland?

6.3 Wirtschaftspolitische Verbände

6.3.1 Allgemeine Merkmale

Wirtschaftspolitische Verbände sind notwendig, weil Wirtschaftssubjekte (z. B. Bauern) zwar ständig von politischen Entscheidungen, gesetzlichen Bestimmungen und ministeriellen Verordnungen bei ihrer Tätigkeit berührt werden, aber als einzelne wenig Chancen haben, auf Regierung, Gesetzgeber und Verwaltungsbeamte Einfluß zu nehmen. Sie begegnen dem Staat gewöhnlich auf der Ebene der Ämter als Ratsuchende, Antragsteller und Beschwerdeführer. Mit den entscheidenden Persönlichkeiten, den Abgeordneten, Ministern und hohen Ministerialbeamten, haben sie selten persönlichen Kontakt. Das Kommunikationsproblem ist um so schwerwiegender, als die Möglichkeit der direkten Einwirkung auf die politischen Instanzen immer geringer, die staatliche Einwirkung auf den individuellen Lebens- und Tätigkeitsbereich aber immer größer wird. Die Landwirte müssen daher wie andere Berufsgruppen Wege suchen, um ihren politischen Willen dennoch durchzusetzen. Viele außerparlamentarische Versuche haben gewalttätige Formen angenommen, besonders in Ländern, in denen es die bestehende Sozialordnung dem Landvolk unmöglich macht, auf legalem Wege seine Ansprüche geltend zu machen.[1] Aus Protestbewegungen sind häufig Organisationen entstanden, die man als Interessenverbände oder „pressure groups" bezeichnet.

In der Führung von Verbänden walten zwei verschiedene Prinzipien: das Honoratioren- und das Funktionärsprinzip. Im Honoratiorenverband widmen sich Mitglieder im Vorstand und in den Ausschüssen ehrenamtlich der Verbandsarbeit. Sie haben kein existenzielles, sondern ein sachliches Interesse am Fortbestehen des Verbandes. Der Opferwille der Mitglieder, die Initia-

---
[1] Siehe dazu Teil 3: 2.2

tive seiner Leiter, die Elastizität in der Verfolgung der Verbandsziele und die geringen Personal- und Sachkosten machen die Stärke eines Honoratiorenverbandes aus. Seine Schwäche liegt im technischen Apparat. In einem Funktionärsverband bilden die hauptamtlich angestellten Fachleute das Organisationsgerüst. Sie neigen dazu, ihre eigenen Interessen mit denen des Verbandes zu identifizieren. Unter ihrer Leitung gerät der Verband unter Umständen in Gefahr, zum Selbstzweck zu werden, dem sich die Mitgliederinteressen letzten Endes unterzuordnen haben. Die Spitzen der Funktionärsverbände ergänzen sich selbst durch Zuwahl (Kooptation), die nur formal von der Mitgliederversammlung bestätigt wird. Im Gegensatz zum Honoratiorenverband zeichnet sich der Funktionärsverband durch einheitliche Willensbildung und einen hohen Wirkungsgrad aus. Die meisten Verbände vereinen Elemente beider Organisationsprinzipien, wobei im Laufe der Zeit die Macht der Funktionäre auf Kosten der Honoratoren zuzunehmen pflegt.

Die Fixierung der Interessen ist bei einem Einheitsverband – wie dem Deutschen Bauernverband – ein schwieriges Unterfangen. Denn innerhalb der Mitgliedschaft weichen die Interessen in den verschiedenen Regionen, Betriebsgrößen und Produktionsrichtungen voneinander ab. Hinzu kommt, daß sich infolge der Dynamik des Wirtschaftsablaufes die Interessenlage ständig verschiebt. Außerdem liegen kurzfristige Interessen mit mittel- und langfristigen Zielen im Widerstreit. Und schließlich sind Verbands-, Mitglieder- und Funktionärsinteressen miteinander zu verbinden. Eine wichtige Voraussetzung der Wirkung nach außen ist es, daß die Mitglieder von der Richtigkeit der Verbandspolitik überzeugt sind. Diesem Zweck dient die intensive Meinungspflege in den eigenen Reihen. Wichtigstes Mittel interner Meinungspflege ist die Verbandspresse. Die Verbände wenden sich aber auch durch Anzeigenkampagnen, Plakate und Kundgebungen an die Öffentlichkeit. Sie versuchen darüber hinaus, durch aufsehenerregende Veranstaltungen (z. B. Bauerntage, Grüne Wochen) und durch die Herausgabe von Pressediensten zu erreichen, daß möglichst oft und möglichst positiv über sie berichtet wird. „Die meisten Verbände bedienen sich zur Durchsetzung ihrer Interessen einer auf das allgemeine Wert- und Überzeugungssystem abgestimmten Verbandsideologie. Diese erleichtert nicht nur die Öffentlichkeitsarbeit, sondern kann auch zur inneren Geschlossenheit und zur verbandsinternen Willensbildung erheblich beitragen" (SCHNEIDER 1965, S. 87).

Die meisten Wirtschaftsverbände verzichten mit Rücksicht auf ihr Image auf Demonstrationen, Streiks, Boykotts und andere grobe Druckmittel und verlassen sich lieber auf die Überzeugungskraft ihrer Materialsammlungen und Prognosen und auf die Pflege ihrer Beziehungen zu den Entscheidungsträgern.

6.3.2 Landwirtschaftliche Berufsvertretungen

Der politische Einfluß der Landwirte ist in der Bundesrepublik Deutschland wie in vielen anderen Ländern größer, als ihrem Bevölkerungsanteil, ihrem Steueraufkommen und ihrem Beitrag zum Bruttosozialprodukt entspricht. Dies wird zurückgeführt auf: (1) die Gunst der Wahlkreiseinteilung, (2) die Unterstützung durch die Öffentlichkeit, (3) die „Grüne Front" und (4) die Stärke der Interessenvertretung.

Die Abgrenzung der Wahlkreise hinkt der Bevölkerungsentwicklung in der Regel ziemlich lange hinterher. Bei Direktwahlen haben daher Entleerungsgebiete ein größeres Stimmengewicht als Wachstumsgebiete. Da in Agrargebieten im allgemeinen die Bevölkerungsentwicklung zahlenmäßig hinter derjenigen in städtisch-industriellen Gebieten zurückbleibt, erlangen sie Wahlvorteile. Hinzu kommt, daß in ländlichen Wahlkreisen Kandidaten aus der führenden Schicht der Landwirte teils aus Tradition, teils wegen ihres wirtschaftlichen Einflusses und ihres sozialen Ansehens bessere Wahlchancen haben als Nichtlandwirte.

Die Öffentlichkeit unterstützt namentlich in den USA sehr stark eine landwirtschaftsfreundliche Politik. Dort glauben nämlich viele Leute, eine Wirtschaftsdepression nehme ihren Ausgang von der Landwirtschaft und es sei daher weise, die Prosperität der Landwirtschaft mit staatlichen Mitteln aufrechtzuerhalten. In anderen Ländern ist die öffentliche Meinung zugunsten der Landwirtschaft mehr ideologisch gefärbt oder beruht auf der Einsicht, daß die Bedeutung der heimischen Landwirtschaft für die nationale Souveränität fundamental ist. Die konservativen Forderungen landwirtschaftlicher Interessenvertreter stehen oft in Einklang mit dem herrschenden Wert- und Überzeugungssystem. In der Bundesrepublik Deutschland ist ein gewichtiger Teil der Öffentlichkeit jedoch eher negativ zur Landwirtschaft eingestellt. Dabei wirken Ressentiments aus der Zeit der Lebensmittelrationierung und der Zwangsevakuierung ebenso nach wie eine jahrelange Vernachlässigung der Öffentlichkeitsarbeit durch die Verbände.

Unter „Grüner Front" versteht man die Eintracht aller landwirtschaftlichen und der Landwirtschaft nahestehenden Abgeordneten quer durch die Parteien hindurch, wenn Gesetze behandelt werden, die die Belange der Landwirtschaft berühren. Ihr Verhalten erklärt sich teils aus ihrer inneren Übereinstimmung in Fragen der Landwirtschaftsförderung, teils aus der sozialen Kontrolle durch die landwirtschaftliche Öffentlichkeit, der sie unterliegen.

Die Stärke der landwirtschaftlichen Interessenvertretung beruht einerseits auf der wirtschaftlichen und gesellschaftspolitischen Bedeutung des Berufsstandes und andererseits – und dies kennzeichnet besonders die Situation in der Bundesrepublik Deutschland – auf der Geschlossenheit und dem hohen Organisationsgrad des landwirtschaftlichen Verbandswesens. Die Geschlossenheit ist nicht zuletzt die Folge einer engen personellen (Ämterhäufung, Mehrfachmitgliedschaften) und organisatorischen (kooperative Mitgliedschaft, gemeinsame Gremien) Verknüpfung der Verbände.

6.3.2.1 Zentralausschuß der Deutschen Landwirtschaft

Die „Spitzenverbände"[1] schlossen sich 1949 im Zentralausschuß der Deutschen Landwirtschaft zusammen, um grundsätzliche Belange, die die beteiligten Verbände gemeinsam betreffen, wahrzunehmen. Vorsitzender des Zentralausschusses ist der Präsident des Deutschen Bauernverbandes. Nach der einvernehmlichen Abgrenzung der Aufgaben durch den Zentralausschuß obliegt
– den Bauernverbänden die wirtschaftspolitische Vertretung der Landwirtschaft,
– den Landwirtschaftskammern die Ausbildung und Beratung der Landwirte sowie die Forschung,
– den Raiffeisen-Genossenschaften die gegenseitige Wirtschaftshilfe und
– der Deutschen Landwirtschaftsgesellschaft die Förderung des technischen Fortschritts in der Landwirtschaft.

6.3.2.2 DBV – Deutscher Bauernverband

Der Deutsche Bauernverband entstand 1948 aus dem freiwilligen Zusammenschluß der 15 Landesverbände, die nach Kriegsende in den westdeutschen Ländern gegründet wurden. Ihm sind der Bund der Deutschen Landjugend, der Deutsche Landfrauenverband, der Gesamtverband der land- und forstwirtschaftlichen Arbeitgeberverbände und einige Fachverbände angeschlossen. Über die Landesverbände, Kreis- und Ortsvereine gehören dem DBV über eine Million selbständige Landwirte an. Die Einzelmitglieder rekrutieren sich in einigen Landesverbänden aus den Inhabern landwirtschaftlicher Betriebe (Betriebsprinzip), in anderen auch aus deren Familienangehörigen und sonstigen der Landwirtschaft verbundenen Personen (Landvolkprinzip).

---

[1] Deutscher Bauernverband, Verband der Landwirtschaftskammern, Deutscher Genossenschafts-Raiffeisenverband, Deutsche Landwirtschaftsgesellschaft.

Der satzungsgemäße Auftrag des DBV ist „die Vertretung und Förderung der Landwirtschaft und der verwandten Berufszweige sowie deren Angehörigen im Dienst der deutschen Gesamtwirtschaft und des deutschen Volkes". Die Tätigkeit der Bauernverbände bewegt sich in einem Feld, das durch die Eckpunkte Politik, Wirtschaft, Bildung und Geselligkeit bestimmt ist. Schwerpunkt der Tätigkeit der Landesverbände und des Bundesverbandes ist die Agrarpolitik, das heißt die Einflußnahme auf die Entscheidungen von Parlamenten, Regierungs- und Verwaltungsstellen. Vor der Öffentlichkeit nehmen die Verbände in Form von Entschließungen Stellung zu wirtschafts- und gesellschaftspolitischen Fragen. Vielbeachtete Willenskundgebungen sind die Großveranstaltungen des Deutschen Bauerntages in Verbindung mit dem Deutschen Landfrauentag und dem Deutschen Landjugendtag.

Eine erwerbswirtschaftliche Betätigung ist den westdeutschen Bauernverbänden satzungsmäßig untersagt. In anderen Ländern bieten hingegen die landwirtschaftlichen Berufsverbände ihren Mitgliedern häufig auch wirtschaftliche Vorteile, wie verbilligten Bezug von Heizöl und Düngemitteln, günstige Versicherungsbedingungen, oder unterstützen sie Genossenschaften, Versicherungsgesellschaften und Beratungsinstitute. Die wirtschaftliche Tätigkeit bereichert nicht nur die Verbandskasse, sondern stärkt indirekt auch die politische Macht, denn ein Merkmal einer erfolgreichen „pressure group" ist eine große und beständige Mitgliedschaft. Die meisten Mitglieder rechnen sehr genau den Nutzen gegen die Kosten der Beitragszahlung auf. Wirtschaftliche Vorteile bei direkten Geschäften sind aber viel augenfälliger als indirekte Vergünstigungen, die der politischen Tätigkeit des Verbandes zu danken sind.

Im Unterbau des Verbandslebens spielt die wirtschaftliche, rechtliche und steuerliche Beratung der Mitglieder und die berufliche Förderung die Hauptrolle, insbesondere in den süddeutschen Ländern, in denen sich Bauernverband und Landwirtschaftsministerium in die Kammeraufgaben teilen. Schon Freiherr von Schorlemer-Alst, der Gründer der ersten westfälischen Bauernvereine (1862), setzte das Ziel der „geistigen und sittlichen Ertüchtigung des Bauernstandes als Grundlage seiner kulturellen und wirtschaftlichen Hebung". Einige Verbände führen regelmäßig in den Kreis- und Ortsvereinen Bildungsveranstaltungen durch. Andere finanzieren direkt oder indirekt die Arbeit der Erwachsenenbildung auf dem Lande, hauptsächlich indem sie die Arbeit der Landjugendverbände unterstützen. Einige Verbände bieten weitere Dienstleistungen an, wie Betriebshelferdienste, Buchführung und Betriebskalkulation.

Für viele Landwirte steht bei Verbandsversammlungen das gesellige Beisammensein mit Berufskollegen im Vordergrund. Manche Verbände, wie der amerikanische Farmerverband Grange, kommen diesem Bedürfnis bewußt entgegen durch den Bau von Klubhäusern, die Ritualisierung des Verbandslebens und das gemeinsame Feiern besonderer Ereignisse und Festtage. In Westdeutschland überlassen dagegen die Bauernverbände die Pflege der Geselligkeit mehr oder weniger den ländlichen Vereinen. In den Landfrauenvereinen und Landjugendgruppen hat dagegen die gesellige Komponente größere Bedeutung.

Alle landwirtschaftlichen Berufsverbände stehen vor dem Problem, bei abnehmender Zahl der selbständigen Landwirte ihr politisches Gewicht zu erhalten. Dies läßt sich durch einen höheren Organisationsgrad und größere Finanzkraft erreichen. In der Bundesrepublik Deutschland sind aber diese beiden Wege wenig erfolgversprechend. Bei einem Organisationsgrad von annähernd 90 Prozent der hauptberuflichen Landwirte ist das Mitgliederpotential fast völlig ausgeschöpft. Einer Erhöhung der Mitgliederbeiträge sind ebenfalls enge Grenzen gesetzt. Verbandsexterne Geldquellen anzuzapfen, würde die Unabhängigkeit einschränken. Die eigentliche Kraftquelle bildet daher die Geschlossenheit des Berufsstandes. Die Interessenunterschiede sind vielleicht in der Landwirtschaft weniger ausgeprägt als in der Industrie, jedoch besteht eines der Hauptprobleme der Bauernverbände darin, zu jeder anstehenden Frage eine gemeinsame Antwort zu finden, gleichzeitig aber allen Interessengruppen innerhalb der Landwirtschaft gerecht zu werden, um spalterischen Tendenzen vorzubeugen. Interessengegensätze werden zum Teil durch eine traditionsreiche, den Gemeinschaftsgeist betonende Verbandsideologie überspielt. HERBERT SCHNEIDER (1975) bescheinigte den Verbänden der Landwirtschaft eine größere Zerreißfestigkeit als anderen Wirtschaftsverbänden. Dennoch hat sich Anfang der siebziger Jahre ein eigener „Verband der Landwirte im Nebenberuf" gebildet, dessen politische Macht jedoch vorerst unbedeutend ist.

6.3.2.3 DLV – Deutscher Landfrauenverband

Die Landfrauen werden berufsständisch durch den Deutschen Landfrauenverband in enger Fühlungnahme mit dem Deutschen Bauernverband vertreten. Er ist in 16 Landes-, 328 Kreisverbände und rund 12 000 Ortsvereine gegliedert. Das Verbandsziel der fachlichen und kulturellen Förderung der Landfrauen wird in erster Linie durch die Veranstaltungen von ländlich-hauswirtschaftlichen Vorträgen, Fachkursen, Lehrfahrten und Ausstellungen angestrebt. Der Schwerpunkt der Arbeit liegt in den lokalen Landfrauenvereinen.

6.3.2.4 GGLF – Gewerkschaft Gartenbau, Land- und Forstwirtschaft

Obwohl sich die sozial denkenden Agrarwissenschaftler des 19. Jahrhunderts eingehend mit der Lage der Landarbeiter befaßten, kam es in Deutschland erst im Jahre 1909 zur Gründung eines Landarbeiterverbandes. Der Anstoß kam von außen, und die Organisation übernahm die Generalkommission der Gewerkschaften. Hier zeigte sich bereits – wie in vielen anderen Ländern – die Organisationsschwäche der Landarbeiterschaft. Sie hat mehrere Gründe:

(1) Die Landarbeiter haben einen unterschiedlichen sozialen Status: neben ständigen Landarbeitern gibt es Saisonarbeiter, die entweder eine bescheidene selbständige Existenz als Kleinbauern und Handwerker besitzen oder als Gelegenheitsarbeiter in den verschiedensten Wirtschaftszweigen ihren Verdienst suchen.
(2) Die Landarbeiter sind räumlich sehr zerstreut. Die Kommunikation ist äußerst mangelhaft. Ein Teil gehört zur Kategorie ausländischer oder vom Arbeitsort entfernt wohnhafter Wanderarbeiter.
(3) Die Fluktuation unter den Landarbeitern ist groß.
(4) Das Einkommen der Landarbeiter ist häufig so niedrig, daß sie Mühe haben, eine schlagkräftige Organisation zu finanzieren.
(5) Die landwirtschaftlichen Arbeitgeber haben in der Regel politisch und ökonomisch eine übermächtige Stellung, von der aus sie einer Koalition der Landarbeiter erfolgreich entgegenwirken können.
(6) In vielen Ländern ist oder wird den Landarbeitern das Koalitionsrecht und/oder das Streikrecht noch vorenthalten oder gibt es keinen Kündigungsschutz für Landarbeiter, die der Gewerkschaft beitreten.
(7) Viele Landarbeiter glauben, ihre Interessen in direkten Verhandlungen mit ihrem Arbeitgeber einfacher regeln zu können als über eine Organisation; andere zweifeln daran, daß es überhaupt einen Weg gibt, ihre Lage zu verbessern.
(8) Auch der im allgemeinen niedrige Bildungsstand und die Unwissenheit der Landarbeiter ist dem Aufbau einer Organisation abträglich.
(9) Die Abwanderung der aufstrebenden Berufskollegen und der Zufluß unterbezahlter Ausländer lassen ein Bewußtsein für die eigene Klassenlage bei Landarbeitern nur schwer aufkommen.
(10) „Kluge" Landarbeiter halten sich der Gewerkschaft fern, um dem Ungemach zu entgehen, das sie als Mitglieder an ihrem Arbeitsplatz zu gewärtigen hätten.
(11) Schließlich ist auch die Interessenlage der Landarbeiter nicht immer ganz eindeutig. Bei Naturalentlohnung und im Teilbau verbinden die gemeinsame Sorge um die Ernte Arbeitnehmer und Arbeitgeber.

In der Bundesrepublik Deutschland wollte man beim Wiederaufbau der Gewerkschaften aus den Erfahrungen früherer Zerrissenheit – Spaltung in wirtschaftsfriedliche (gelbe) und wirtschaftskämpferische (rote) Richtungen – lernend eine Einheitsgewerkschaft errichten. Nach heftigen Geburtswehen entstand 1949 aus der Vereinigung regionaler Verbände die „Gewerkschaft Gartenbau, Land- und Forstwirtschaft". Sie hat trotz relativ kleiner und von 108 825 (1949) auf 40 519 (1977) abnehmender Mitgliederzahl durch zähe Verbandsarbeit beachtliche Erfolge erzielt. Dabei kam ihr die allgemeine Entwicklung vom ungelernten Hofarbeiter zum qualifizierten Facharbeiter zugute. Es gelang ihr, in wichtigen Bereichen die Rechtsgleichheit und in einzelnen Bereichen sogar ein positives Ausnahmerecht für die Arbeitnehmer der Land- und Forstwirtschaft durchzusetzen. Eine deutliche Benachteiligung gegenüber dem Industriearbeiter besteht nach wie vor hinsichtlich der Arbeits- und Urlaubsdauer und bei einzelnen Arbeitsschutzbestimmungen, während eine völlige sozialrechtliche und ausbildungsmäßige Gleichstellung erreicht wurde.

Nach diesen Errungenschaften bezweckt die GGLF heute „die wirtschaftlichen, beruflichen, sozialen und geistigen Interessen ihrer Mitglieder unter Ausschluß aller parteipolitischen und religiösen Fragen zu fördern und zu wahren" (§ 4, Absatz 2 der Satzung vom 10. 9. 1974).

Literatur: HÖHNE 1961, SCHLOTTER 1971, WILSON 1978.

Diskussions- und Prüfungsfragen
1. Verbände können nach dem Honoratioren- oder nach dem Funktionärsprinzip geführt werden. Welches sind die Stärken und Schwächen beider Prinzipien?
2. Wovon hängt die politische Macht eines Interessenverbandes ab? Beurteilen Sie mit Hilfe dieser Kriterien die Stärke des Deutschen Bauernverbandes!
3. Die Organisationsschwäche der Landarbeiterschaft ist ein weltweites Phänomen. Begründen Sie dies!

6.4 Erwerbswirtschaftliche Organisationen

6.4.1 Zusammenarbeit und Verbund auf der Produktionsstufe

Gute wirtschaftliche und soziale Gründe sprechen für „höhere" Organisationsformen in der landwirtschaftlichen Produktion. Vor allem kann die Ungunst einer überkommenen Agrarstruktur überspielt werden, wenn sich die Leiter von Klein- und Mittelbetrieben zu wirtschaftlich sinnvoller Zusammenarbeit bereitfinden. Das gemeinsame Handeln ist von unterschiedlicher Intensität, je nach dem Umfang, in dem individuelle Entscheidungsbefugnisse in kollektive umgewandelt werden. ARMIN SCHMIDT-VOLKMAR (1967) unterscheidet mittels betrieblicher und soziologischer Merkmale vier Stufen oder Grade der Organisation:

(1) Zusammenarbeit ohne Abgabe individueller Entscheidungsbefugnisse, z. B. die Bildung einer Arbeitskette zum Silieren von Grünfutter. Die sich bildende Gruppe ist informell, vorübergehend und ohne ausgeprägte (Herrschafts-)Strukturen.
(2) Zusammenarbeit unter Abgabe individueller Entscheidungsbefugnisse an eine Gemeinschaft auf dem Gebiet der Beschaffung und des Einsatzes von Produktionsmitteln, z. B. die gemeinsame Anschaffung eines Schleppers. Dieser Grad der Organisation – SCHMIDT-VOLKMAR bezeichnet ihn etwas unglücklich als „Kooperation" – setzt eine „schwach kohärente Gruppe" voraus, in der es Führungspositionen gibt, die das Handeln und die Willensbildung der Beteiligten aufeinander abstimmen. Beispiele sind die Dresch- und Maschinengenossenschaft, der Maschinenring, die coopération d'utilisation du matériel agricole (C.U.M.A., Frankreich) und die Banque du Travail (Frankreich).

(3) Zusammenarbeit unter Abgabe individueller Entscheidungsbefugnisse über Betriebszweige an eine Gemeinschaft („Teilintegration"). In Westdeutschland wird dieser Organisationsgrad von den Betriebszweiggemeinschaften verkörpert, in Frankreich von der groupement agricole d'exploitation en commun partiel (G.A.E.C. partiel). Der Zusammenhang („Gruppenkohärenz") kann so stark werden, daß die Ungleichheit der Mitglieder zu einer Rangordnung innerhalb der Gruppe führt.

(4) Zusammenarbeit unter Abgabe aller individuellen betrieblichen Entscheidungsbefugnisse an eine Gemeinschaft („Vollintegration"). Diesen Organisationsgrad erreicht die „Gruppenlandwirtschaft", in Frankreich die groupement agricole d'exploitation en commun total (G.A.E.C. total). Die Wert- und Zielsysteme der Beteiligten müssen sich weitgehend angleichen. Es werden Normen in Form von Statuten, Geschäftsordnungen, Dienstplänen usw. gesetzt, und es bilden sich bestimmte Positionen und Ränge heraus.

Im Unterschied zu den erwähnten Formen der Zusammenarbeit spricht man von einem wirtschaftlichen Verbund, wenn verschiedene Stufen der Produktion organisatorisch zusammengefaßt werden. Auch hierbei gibt es graduelle Abstufungen. Wir haben in Teil 2: 3.5 bereits die „Vertragslandwirtschaft", die „vertikale Integration" und die „Plantage" kennengelernt. Bei einigen Produkten, wie Milch, Zuckerrüben, Konservengemüse und Kartoffeln, besteht schon seit langem ein vertraglicher Verbund zwischen den Erzeugern und den verarbeitenden Unternehmen. Neuerdings hat sich auch in der Tierproduktion, namentlich in der Kälber-, Geflügel- und Schweinemast sowie in der Eierproduktion, die Vertragslandwirtschaft verbreitet. Schon 1966/67 waren in der Bundesrepublik Deutschland rund 200 000 Betriebsinhaber mit einem Teil ihrer Produktion vertraglich mit vor- und nachgelagerten Produktions- und Handelsstufen verbunden. In den Niederlanden erstreckt sich die landwirtschaftliche Produktion auf Kontraktbasis auf 40 Prozent der Legehennen, auf 50 Prozent der Mastschweine, auf 70 Prozent der Mastkälber und auf 95 Prozent des Schlachtgeflügels. Die relativ schwache Stellung der Landwirte innerhalb vertikaler Wirtschaftsorganisationen wird verbessert, wenn sie sich horizontal zu Erzeugergemeinschaften (Bundesrepublik Deutschland), Integrationsringen (Niederlande) oder Bezugs- und Absatzgenossenschaften zusammenschließen.

6.4.2 Landwirtschaftliches Genossenschaftswesen

6.4.2.1 Prinzipien und Zwecke

Das landwirtschaftliche Genossenschaftswesen ist die Anwendung des Organisationsprinzips der solidarischen Selbsthilfe auf die Lösung von Problemen, die sich aus der Eingliederung der Landwirtschaft in eine arbeitsteilige Geldwirtschaft und aus der Einführung des technischen Fortschritts in die Landwirtschaft zwangsläufig ergeben. Der Bürgermeister FRIEDRICH WILHELM RAIFFEISEN (1818–88) hat das Verdienst, dieses Prinzip in zeitgemäßer Form wiederbelebt und zu einem tragfähigen Unterbau wirtschaftlicher Entwicklung des Dorfes ausgebaut zu haben. WILHELM HAAS (1839–1913) war der große Organisator, der die ländlichen Genossenschaften verwaltungstechnisch wie geschäftlich weiterentwickelte. So sind aus den karitativen Anfängen von Wohltätigkeitsvereinen (1846/47) im Laufe der Zeit mächtige Wirtschaftsorganisationen entstanden, die in der ganzen Welt Nachahmung gefunden haben.

Das ländliche Genossenschaftswesen wird in manchen Ländern in einem Ministerium und in anderen Ländern in einem Spitzenverband zusammengefaßt, der zusammen mit den genossenschaftlichen Zentralinstituten den Oberbau bildet. In der Bundesrepublik Deutschland faßt der 1948 gegründete Deutsche Raiffeisenverband 8916 ländliche Waren- und Dienstleistungsgenossenschaften zusammen; davon sind 8851 Primär- und 65 Zentralgenossenschaften. Die ländlichen und gewerblichen Genossenschaften sind seit 1972 im Dachverband des Deutschen Genossenschafts- und Raiffeisenverbandes vereinigt, der (nach dem Stand vom 1. 1. 1978) 15

Regionalverbände, 6 Fachprüfungsverbände, 37 genossenschaftliche Bundeszentralen und Spezialinstitute, 93 Zentralgeschäftsanstalten, 4814 Volksbanken und Raiffeisenbanken, 7277 ländliche Warengenossenschaften. 1574 ländliche Dienstleistungsgenossenschaften und 907 gewerbliche Waren- und Dienstleistungsgenossenschaften umfaßt und über 10 Millionen Mitglieder (einschließlich Doppelmitgliedschaften) vertritt. Mit über 4 Millionen Mitgliedern ist der Deutsche Raiffeisenverband der personenstärkste ländliche Verband. Organe des Raiffeisenverbandes sind der geschäftsführende Vorstand, das Präsidium, der Verwaltungsrat und der Genossenschaftstag, dem die Landesverbände und genossenschaftlichen Zentralinstitute angehören.

Angesichts der vielfältigen Genossenschaftsformen ist es schwierig zu definieren, was eine Genossenschaft ist. Das einzig sichere Kriterium der Abgrenzung zu anderen Wirtschaftsorganisationen ist die formale Eintragung in das amtliche Genossenschaftsregister. SCHILLER (1967, S. 381) hat folgende vier Grundsätze herausgestellt:
1. Der Zweck des genossenschaftlichen Zusammenschlusses ist es, die wirtschaftlichen Interessen einer Gruppe von Individuen durch gegenseitige Hilfeleistung und einen gemeinsamen Geschäftsbetrieb zu fördern.
2. Die Mitgliedschaft ist offen und freiwillig.
3. Alle Mitglieder haben gleichen Einfluß auf die Willensbildung, unabhängig von ihrer Beteiligung am Kapital der Genossenschaften: ein Mann, eine Stimme.
4. Die Arbeit der Genossenschaften steht unter den Prinzipien der Selbsthilfe, der Selbstverwaltung und der Selbstverantwortung.

In Wirklichkeit lassen aber viele Organisationen, die sich selbst als Genossenschaften bezeichnen, das eine oder andere genossenschaftstypische Merkmal vermissen. In sozialistischen Ländern dient der genossenschaftliche Zusammenschluß nicht dem wirtschaftlichen Interesse einer Gruppe von Individuen, sondern dem Aufbau der Gesellschaft. Die Freiwilligkeit des Beitritts wird auch in nicht-sozialistischen Ländern oft durch die Verpflichtung zur Mitgliedschaft ersetzt. So müssen in vielen Entwicklungsländern die Begünstigten einer Bodenreform in eine Genossenschaft eintreten. Der gleiche Einfluß aller auf die Willensbildung steht häufig nur in den Statuten, während in Wirklichkeit Vorstand und/oder Geschäftsführer selbstherrlich die Geschäftspolitik bestimmen. Die „klassischen" Prinzipien der Selbsthilfe, Selbstverwaltung und Selbstverantwortung treten überall dort in den Hintergrund, wo der Staat auf die Gründung und die Leitung von Genossenschaften Einfluß nimmt.

Es ist heftig darüber gestritten worden, welche Gebilde noch als „echte" Genossenschaften zu bezeichnen sind und welche diesen Namen nicht mehr verdienen. Der Streit ist oft ideologisch geführt worden, denn hinter dem Begriff „Genossenschaft" stehen Vorstellungen von Herrschaftsfreiheit, Wirtschaftsdemokratie und sozialem Fortschritt. Es ist aber genauso müßig, über das Wesen einer echten Genossenschaft zu streiten, wie über die Frage, was ein echtes Auto sei. Hier wie dort kommt es darauf an, ob das System seinen Zweck erfüllt oder nicht.

Der Zweck einer Genossenschaft ist in erster Linie wirtschaftlicher Art, obwohl schon RAIFFEISEN sie nicht als „reine Erwerbsanstalten", sondern als Mittel für die „geistlich-sittliche Hebung der Bevölkerung" betrachtete.

Nach der Anzahl der Geschäftsbereiche kann man Einzweck-, Mehrzweck- und Universalgenossenschaften unterscheiden. Die Problematik der Mehr- oder Vielzweckgenossenschaften ergibt sich daraus, daß jeder Geschäftsbereich sein eigenes wirtschaftliches und soziales Größenoptimum hat. Z. B. erfordert das Warengeschäft einen größeren Mitgliederkreis als das Kreditgeschäft. Außerdem hat jeder Geschäftsbereich seinen spezifischen Interessentenkreis. Zwischen den in einer Mehrzweckgenossenschaft vereinigten Interessenten – Kreditnehmern und Sparern, Erzeugern und Verbrauchern, Landwirten und Gewerbetreibenden, usw. – kann es leicht zu Konflikten in Fragen der Geschäftspolitik kommen. Um diesen Schwierigkeiten aus dem Wege zu gehen, ohne auf die Vorzüge einer engen Verknüpfung mehrerer Tätigkeitsbereiche verzichten zu müssen, hat man in einigen Ländern Südostasiens das „link-up scheme" entwickelt. Es handelt sich dabei um den Zusammenschluß selbständig bleibender Einzweckgenossenschaften zu einer Art Arbeitsgemeinschaft.

Ebenso wie in Europa hat auch in anderen Kontinenten die Kreditnot der Kleinbauern oftmals den ersten Anstoß zur Gründung von Genossenschaften gegeben. In vielen Fällen veranlaßten Absatzprobleme den Zusammenschluß von kleinen Agrarproduzenten. Bald erkannten die Landwirte, daß auch der gemeinsame Bezug von Produktionsmitteln vorteilhaft ist. Weitere Anwendungsbereiche des Genossenschaftsgedankens ergaben sich in der Be- und Verarbeitung landwirtschaftlicher Produkte, in der gemeinsamen Maschinenhaltung, bei der Versorgung mit Wasser und Elektrizität, bei der Jungviehaufzucht, Bewässerung und Landpacht. Alle diese Genossenschaften sind Hilfseinrichtungen für die Betriebe der Genossen. O. SCHILLER hat sie als „Dienstleistungsgenossenschaften" bezeichnet und ihnen die Genossenschaften mit Teilfunktionen (Produktionsförderungsgenossenschaften) und mit Vollfunktionen (Produktionsgenossenschaften) in Feldbau und Viehhaltung gegenübergestellt. Produktionsförderungsgenossenschaften unterscheiden sich von den Produktionsgenossenschaften vor allem dadurch, daß die selbständigen Mitgliederbetriebe fortbestehen. Kennzeichen der Produktionsgenossenschaften (in der Literatur auch Produktivgenossenschaften genannt) ist dagegen der Gemeinschaftsbetrieb, in den die Mitglieder in der Regel außer Boden und Inventar auch ihre volle Arbeitskraft einbringen. Umgreifen die Beschlüsse der Mitgliederversammlung und die genossenschaftliche Kontrolle auch die familiären und persönlichen Bereiche, so wandelt sich die Genossenschaft zur Kommune, also zu einer totalen kollektiven Lebensgemeinschaft.

6.4.2.2 Genossenschaftsorganisation und Genossenrollen

Es läßt sich eine Reihenfolge zunehmenden Organisationsgrades bilden, in der die individuelle Entscheidungsfreiheit immer mehr zugunsten kollektiver Entscheidungen eingeschränkt wird. Auf dieser Skala (Abb. 36) lassen sich alte und moderne Kooperationsformen ohne genossenschaftlichen Status ebenso einordnen wie echte und Scheingenossenschaften und Kommunen. Mit zunehmendem Organisationsgrad wachsen die sozialen Probleme. Die unvermeidlichen Spannungen zwischen persönlichen und organisatorischen Bedürfnissen nehmen sprunghaft zu. Eine vielleicht noch bedeutsamere Spannungsquelle hochgradiger Organisation ist die Rivalität von Fachautorität und Verwaltungsautorität.

Während Dienstleistungsgenossenschaften in großer Zahl und häufig spontan gegründet wurden, gibt es, wie SCHILLER (1967, S. 390) bei seinen weltweiten Untersuchungen feststellte, für die freiwillige Umwandlung eines traditionellen Bauerndorfes in einen genossenschaftlichen Gemeinschaftsbetrieb keinen Nachweis. Bei den bekannten Beispielen freiwilliger genossenschaftlicher Agrarproduktion handelt es sich entweder um neugegründete Gemeinschaftssiedlungen auf religiöser oder ideologischer Grundlage, um kurzlebige kollektivwirtschaftliche Versuche oder um die Anknüpfung an autochthone Gemeinschaftsformen. Offenbar bedeutet der Übergang von Dienstleistungs- zu Produktionsgenossenschaften einen qualitativen Sprung, der starker innerer Antriebe oder harten äußeren Zwanges bedarf. Dies ist sozialpsychologisch und organisationssoziologisch folgendermaßen erklärbar:

Ein Bauer, der in eine Produktionsgenossenschaft eintritt, gibt seine individuelle Dispositionsfreiheit auf und verliert die Verfügungsgewalt über die Produktionsmittel und den Betriebsertrag. Damit entfallen starke Anreize und Leistungsantriebe. Um die günstigste Kombination von privatem Eigentum und individueller Motivation einerseits und kollektiver Aufgabenbewältigung andererseits zu finden, wurde mit den verschiedensten Zwischenformen experimentiert.

Die Motivationsstruktur ist nicht das einzige, was sich in einer landwirtschaftlichen Produktionsgenossenschaft ändert. Schwerwiegender sind die Veränderungen der Positionen und Rol-

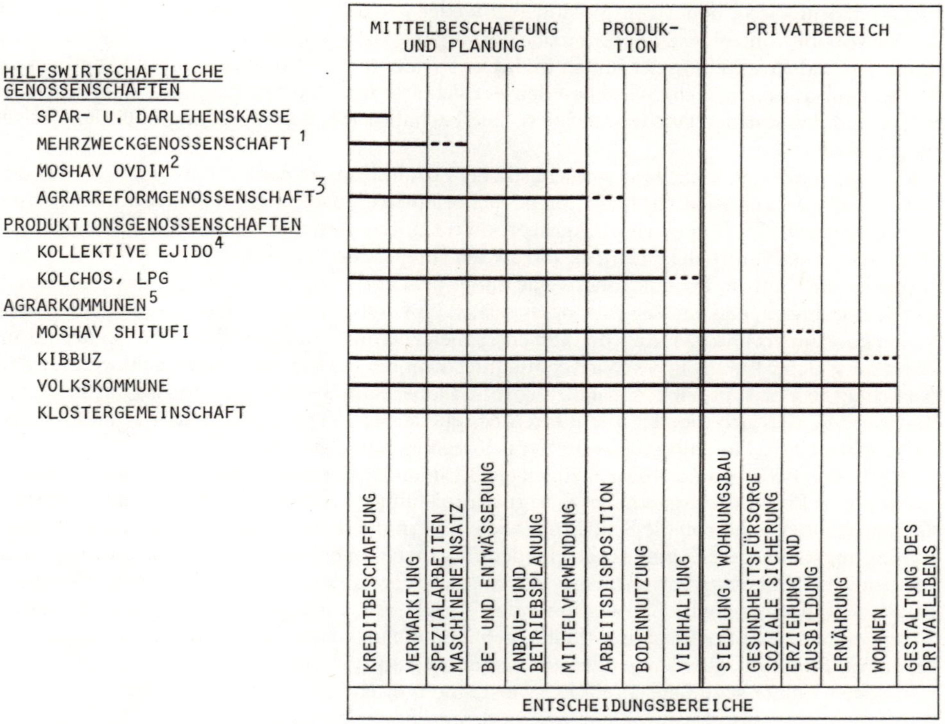

Organisationen der Landentwicklung 449

	MITTELBESCHAFFUNG UND PLANUNG					PRODUKTION			PRIVATBEREICH					
HILFSWIRTSCHAFTLICHE GENOSSENSCHAFTEN														
SPAR- U. DARLEHENSKASSE	━													
MEHRZWECKGENOSSENSCHAFT [1]	━━━╌╌													
MOSHAV OVDIM [2]	━━━━━━━╌╌													
AGRARREFORMGENOSSENSCHAFT [3]	━━━━━━━━╌╌													
PRODUKTIONSGENOSSENSCHAFTEN														
KOLLEKTIVE EJIDO [4]	━━━━━━━━╌╌													
KOLCHOS, LPG	━━━━━━━━━━╌╌													
AGRARKOMMUNEN [5]														
MOSHAV SHITUFI	━━━━━━━━━━━━━━━━━╌╌													
KIBBUZ	━━━━━━━━━━━━━━━━━━━╌╌													
VOLKSKOMMUNE	━━━━━━━━━━━━━━━━━━━━━													
KLOSTERGEMEINSCHAFT	━━━━━━━━━━━━━━━━━━━━━													
	KREDITBESCHAFFUNG	VERMARKTUNG	SPEZIALARBEITEN MASCHINENEINSATZ	BE- UND ENTWÄSSERUNG	ANBAU- UND BETRIEBSPLANUNG	MITTELVERWENDUNG	ARBEITSDISPOSITION	BODENNUTZUNG	VIEHHALTUNG	SIEDLUNG, WOHNUNGSBAU	GESUNDHEITSFÜRSORGE SOZIALE SICHERUNG	ERZIEHUNG UND AUSBILDUNG	ERNÄHRUNG	WOHNEN	GESTALTUNG DES PRIVATLEBENS
	ENTSCHEIDUNGSBEREICHE														

[1] TYP RAIFFEISEN. [2] ISRAELISCHE, GENOSSENSCHAFTLICH ORGANISIERTE KLEINBAUERNSIEDLUNG. [3] TYP ÄGYPTEN. [4] MEXIKANISCHE FORM LANDWIRTSCHAFTLICHER KOOPERATION. [5] WIRTSCHAFTS- UND LEBENSGEMEINSCHAFTEN.

Abb. 36. Stufen kollektiver Entscheidungsbefugnisse

len. Der freie Wettbewerb verschiedener Genossenschaftstypen in Israel läßt erkennen, daß nur relativ wenig Menschen die Sozialordnung einer Vollgenossenschaft ertragen. Die soziologischen Unterschiede werden deutlich, wenn wir die Rollen des Mitglieds einer Kreditgenossenschaft mit den Rollen des Mitglieds einer Produktionsgenossenschaft vergleichen. Im ersten Falle handelt es sich um latente Rollen, die nur gelegentlich aktiviert werden, wenn das Mitglied einen Kredit aufnimmt oder zurückzahlt oder die Mitgliederversammlung besucht. Im zweiten Falle prägen die Genossenrollen den gesamten Berufs- und Arbeitsbereich des Mitglieds. Seine soziale Position ändert sich nicht nur gegenüber seiner früheren Stellung als selbständiger Landwirt, sondern auch gegenüber den anderen Genossen. Die Gleichrangigkeit aller Genossen ist eine Illusion, die nur in sehr kleinen landwirtschaftlichen Produktionsgenossenschaften längere Zeit aufrechterhalten werden kann. Übersteigt eine Produktionsgenossenschaft fünf bis sechs Mitglieder, dann kommt es gewöhnlich zu einer Art Arbeitsteilung, wonach „die einen die Verantwortung und die anderen die Säcke tragen".

Eine örtliche Dienstleistungsgenossenschaft ist eine „Hilfsorganisation", in der die Vorteile einer Organisation mit der Nutzung von Fachwissen verbunden werden. Die Fachleute, in diesem Falle die Landwirte, werden durch die Organisation mit Hilfsmitteln (Saatgut, Maschinen usw.) versorgt, die sie benötigen. Sie sind aber weder von der Organisation angestellt noch werden sie von ihr kontrolliert. Die Kontrolle der Organisation gilt allenfalls der sachgemäßen Behandlung und Anwendung der Hilfsmittel. Die Fachleute sind Mitglieder und Eigentümer der Hilfsorganisation zugleich. Sie stellen den Aufsichtsrat und den Vorstand, der den Geschäftsführer und das sonstige Personal dirigiert. Die Fachautorität steht eindeutig über der Verwaltungsautorität.

Demgegenüber ist eine landwirtschaftliche Produktionsgenossenschaft eine „nicht-fachorientierte" Organisation. Sie heißt „nicht-fachorientiert", weil sie nicht bezweckt, Fachwissen neu zu schaffen. Ihr Zweck ist es, Agrarprodukte zu schaffen und einen hohen Reinertrag zu erwirtschaften. Natürlich braucht sie dazu Fachleute, die den Produktionsprozeß beherrschen. Je größer die Zahl der Produktionszweige und je größer das Unternehmen ist, desto notwendiger ist es indessen, daß ein Verwaltungsspezialist eingesetzt wird, der die verschiedenen Tätigkeiten koordiniert und zwischen den verschiedenen Fachinteressen im Sinne des Organisationszieles ausgleicht. Ein größeres Wirtschaftsunternehmen, in dem allein die Fachinteressen den Ausschlag geben, ist in seiner Existenz bedroht. Daher muß die Organisationsstruktur so geändert werden, daß sich die fachorientierten Mitglieder der Verwaltungsautorität unterordnen. Es entsteht eine „Linienorganisation" von Vorgesetzten und Untergebenen.

Außer den Befehls- und Kontrollzügen einer Linienorganisation gibt es noch andere Mechanismen, eine Produktionsgenossenschaft funktionsfähig zu erhalten. Z. B. werden in religiösen Gemeinschaftssiedlungen die Brüder oder Schwestern durch moralischen Zwang zur Pflichterfüllung angehalten. Auch gibt es verschiedene Formen von Belohnungen und Bestrafungen, die von seiten der Genossen gewährt bzw. verhängt werden können. Um das Fachwissen hervorragender Mitglieder nicht bloß in ausführenden Tätigkeiten, sondern auch als Entscheidungshilfe zu nutzen, werden oft Ausschüsse (Stäbe) gebildet, die im wesentlichen eine vorschlagende und beratende Funktion, aber keine oder nur begrenzte Anordnungsbefugnis haben. Das Organisationsschema einer sozialistischen LPG weist eine typische Stab-Linien-Struktur auf.

Ähnliche Organisationsprobleme wie in den größeren landwirtschaftlichen Produktionsgenossenschaften treten auch bei Hilfsgenossenschaften auf, wenn ihr Geschäftsbereich eine bestimmte Größe überschreitet. Die kleinen, auf ein Kirchspiel begrenzten Raiffeisen-Genossenschaften sind längst zu großen Unternehmungen zusammengewachsen, die der einzelne Genosse nicht mehr überschauen kann. Er spielt in diesen Großgenossenschaften nicht mehr die Rolle des Fachmanns, sondern muß Verwaltungsspezialisten, Diplomkaufleute, Bankfachleute usw. anstellen, die das Unternehmen fachmännisch leiten. In vielen Ländern, in die der Genossenschaftsgedanke später „importiert" worden ist, hat man das Genossenschaftswesen von Anfang an in Form von Großorganisationen aufgezogen.

6.4.2.3 Problematik

Das Dilemma des modernen Genossenschaftswesens liegt darin, daß zwar einerseits an den Genossenschaftsidealen festgehalten wird, aber andererseits ihrer Verwirklichung die organisatorischen Voraussetzungen entzogen werden. Die großen Zentralgenossenschaften müssen ihre Geschäftspolitik mehr und mehr der anderer großer Unternehmen angleichen, das heißt, unrentable Geschäftszweige stillegen, Kleinproduzenten ausschließen, geringe Bezugsmengen mit höheren Kosten belasten usw. Es werden nur den umsatz- und gewinnstärksten Erzeugern entsprechende Preiskonzessionen gemacht, und ihnen wird auch auf irgendeine Art und Weise ein größerer Einfluß auf die Entscheidungsprozesse eingeräumt.

Auch die innere Struktur einer Zentralgenossenschaft kann sich der Logik des Organisationswesens folgend nicht wesentlich von derjenigen einer Landhandelsaktiengesellschaft unterscheiden. Zur Zwangsläufigkeit der Entwicklung gehört ebenfalls, daß die fachlich gebildeten Verwaltungsspezialisten, die Großgenossenschaften leiten, die Organisationsziele ändern oder mindestens die Prioritäten anders setzen. Derartige Genossenschaften erreichen zwar ein hohes Maß an wirtschaftlicher Leistungsfähigkeit. Die emanzipatorischen und erzieherischen Absichten, die mit der Gründung von Genossenschaften verbunden werden, müssen aber darunter leiden.

Vor allem in Entwicklungsländern ist klar zu entscheiden, ob die wirtschaftlichen oder die gesellschaftlichen Aufgaben wichtiger sind. Die dort in der Regel zentralistisch und hierarchisch aufgebauten und stark bürokratisierten Genossenschaftssysteme sind ungeeignet, bei den „einfachen" Genossen den Sinn für Selbsthilfe, Selbstverantwortung und Selbstverwaltung zu entwickeln. Sie verfehlen die Aufgabe, „Medium der Erwachsenenbildung" (SCHILLER) zu sein. Sie befreien den kleinen Agrarproduzenten nicht aus drückender Abhängigkeit, sondern schaffen anstelle oder neben persönlicher Abhängigkeit neue Formen bürokratischer Abhängigkeit. Sie sind ein gänzlich untaugliches Mittel, neue Formen ländlichen Gemeinschaftslebens zu bilden, solange sie einen Fremdkörper im Dorf darstellen. Umfragen in Entwicklungsländern haben gezeigt, daß die Bauern die Genossenschaften genau als das sehen, was sie in der Tat sind: staatliche Ämter zur Kredit- oder Saatgutverteilung oder zum Aufkauf von Landesprodukten.

Die in Entwicklungsländern oft enttäuschenden Ergebnisse im Genossenschaftswesen werden häufig damit erklärt, daß den Bauern „das rechte Verständnis für den Sinn der genossenschaftlichen Selbsthilfe und für die Vorteile des genossenschaftlichen Zusammenschlusses" fehle. Hinzu komme „der Mangel an örtlichen Führungskräften und an qualifizierten Fachkräften" (SCHILLER). Man tut aber den Bauern unrecht, wenn man ihnen die Genossenschaftsfähigkeit abstreitet, denn es gibt zahlreiche Belege für ihr solidarisches Handeln und für genossenschaftsähnliche autochthone Organisationen. Es fehlt in erster Linie an organisationssoziologischen Grundeinsichten bei denjenigen, die Genossenschaften von oben verordnen und organisieren. Eine Dezentralisierung und „Entoffizialisierung" des Genossenschaftswesens wäre der zuverlässigste Weg zu den sozialen und kulturellen Zielen.

Man stößt mit solchen Forderungen freilich auf das unlösbare Problem des optimalen Umfangs von Genossenschaften. Als funktionsfähige soziale Gebilde sollten sie möglichst klein sein, denn nur bei kleiner Mitgliederzahl ist der Gruppenzusammenhalt und die Verwirklichung wichtiger Genossenschaftsprinzipien gewährleistet. Die wirtschaftliche Zielsetzung erfordert hingegen eine Unternehmensgröße, die im allgemeinen erheblich über dem sozialen Optimum liegt. Soziales und wirtschaftliches Größenoptimum lassen sich in der Regel weder einander annähern noch zur Deckung bringen.

6.4.3 Agrarkreditwesen

Kreditaufnahme und Kreditgewährung schaffen soziale Beziehungen zwischen Schuldnern und Gläubigern und unter Umständen drückende Abhängigkeiten. Neben den verwandtschaftlichen sind die schuldrechtlichen vielleicht die wichtigsten Beziehungen innerhalb agrarischer Gesellschaften. Im Gegensatz zu den verwandtschaftlichen handelt es sich bei den schuldrechtlichen immer um asymmetrische Beziehungen. Der Kreditgeber gewinnt Kontrolle über den Schuldner. Der Schuldner verliert seine Unabhängigkeit. Ein zweiter großer Unterschied zwischen beiden Beziehungssystemen besteht in der Bekanntheit des einen und in der Verschwiegenheit des anderen. Es ist zwar auch nicht gerade leicht, die verwandtschaftlichen Beziehungen in einem Dorf aufzudecken, aber immerhin möglich. Es ist dagegen unmöglich, alle schuldrechtlichen Fäden zu entwirren, die sich durch eine ländliche Gesellschaft ziehen. Auf die entsprechenden Fragen des Forschers pflegen Kreditgeber wie Kreditnehmer nur zurückhaltende Auskünfte zu geben oder ganz zu verstummen. Die einen wollen ihre Kunden nicht bloßstellen, die anderen sich nicht die Gunst ihrer Kreditquelle verscherzen.

Die Einstellung der Landwirte zum Kredit ist ambivalent. Der hohe Wert bäuerlicher Unabhängigkeit steht der Kreditnahme entgegen. In manchen bäuerlichen Kreisen gilt „Schuldenmachen" nach wie vor als moralische Schwäche. Wie Untersuchungen von JOSEF HARIS (1965) ergaben, ist den meisten süddeutschen Bauern die Einsicht noch fremd, daß das Arbeiten mit Fremdkapital zum normalen und zweckmäßigen Verhalten unternehmerischen Wirtschaftens gehört. Auf der anderen Seite findet man bei orientalischen und lateinamerikanischen Landwirten keine Hemmungen, ihren Kreditrahmen voll auszuschöpfen. Die Selbstverständlichkeit, mit Schulden zu leben, kommt dort in der Redensart zum Ausdruck: Der Bauer wird mit Schulden geboren und stirbt mit Schulden. Ebenso wie die konservativ-zurückhaltende Einstellung zum Agrarkredit, die den Fortschritt in der Landwirtschaft verlangsamt, beeinträchtigt eine hohe und ständige Verschuldung die landwirtschaftliche Entwicklung.

6.4.3.1 Kreditbedarf

Der Kreditbedarf der Landwirte hat ökonomische und soziale Ursachen. In traditionalen Gesellschaften scheinen die sozialen Ursachen zu überwiegen, in fortschrittlicheren die ökonomischen. Der ökonomisch bedingte Kreditbedarf der Landwirte weist zwei Besonderheiten auf:

(1) Kreditbedarf und Rückzahlungsfähigkeit sind an die Jahreszeiten, d. h. an den Wachstumsrhythmus von Tier und Pflanze gebunden. Die geringe Umlaufgeschwindigkeit des in der Landwirtschaft eingesetzten Erwerbskapitals bedeutet erhöhtes Risiko, gesteigerte Zinsempfindlichkeit und verminderte Ergiebigkeitschancen.

(2) Mit dem Betrieb konkurriert der Haushalt um die verfügbaren Mittel. Die Haushaltsausgaben fallen mehr oder weniger gleichmäßig und fortlaufend an, während die landwirtschaftlichen Einnahmen in erheblichem Maße saison- und witterungsbedingt schwanken. Der über wenig Reserven verfügende Landhaushalt benötigt daher Konsumkredite. Mit ihrer Hilfe lassen sich die Diskrepanzen zwischen Ausgaben und Einnahmen ausgleichen oder die zeitlich und häufig auch mengenmäßig abweichende Einkommensverwendung der Einkommensentstehung anpassen. Typisch ist daher für die marginale Landwirtschaft der saisonale Bedarf an kurzfristigen Kleinkrediten für den täglichen Verbrauch.

Der soziale Kreditbedarf ist mit den sozialen Normen verbunden, die einen bestimmten Aufwand ohne Rücksicht auf die Ertragslage des Betriebs erfordern. Hält eine Familie die von der Dorfgesellschaft festgesetzten und überwachten Aufwandsnormen nicht ein, so hat sie empfindliche soziale Sanktionen zu gewärtigen. Andererseits verschafft es ihr Befriedigung und Genugtuung, die Aufwandsnormen einzuhalten oder gar zu übertrumpfen. Deshalb stehen die Dorfbewohner bei gegebenem Anlaß unter äußeren und inneren Zwängen, die Lücke zwischen eigenen und benötigten Mitteln durch die Aufnahme von Krediten zu schließen. Eine Hochzeit, eine Beerdigung oder ein Gastmahl in der von Sitte und Brauch vorgeschriebenen Weise ausrichten zu müssen, ist daher in ärmeren, aber traditionsbewußten Agrargesellschaften oft ein Anlaß, sich zu verschulden.

In der bäuerlichen Landwirtschaft bedeutet jeder Generationswechsel einen Aderlaß, der um so empfindlicher ist, je mehr Geschwister „auszuzahlen" sind. Mancher Hofbauer arbeitet sein Lebtag, um die Schulden, die er bei der Hofübernahme machen mußte, abzutragen. Sehr oft gehen die Abfindungssummen der Landwirtschaft verloren. Mit den aus der Landwirtschaft abwandernden Menschen fließen beträchtliche Mittel ab, die für deren Aufzucht, Ausbildung und Ausstattung aufgewandt wurden. Da der Personalbestand der Landwirtschaft schrumpft, steht diesem Abfluß kein Zufluß gegenüber. Man hat daher gelegentlich die öffentlichen Subventionen für die Landwirtschaft als Ausgleich für diese Abgabe von „Humankapital" gerechtfertigt.

Aufgrund des Verwendungszweckes wird in Wissenschaft und Praxis zwischen „konsumtiven" und „produktiven" Krediten unterschieden. Sinnvoller ist es, „ruinöse", „stationäre" und „dynamische" Kredite zu unterscheiden. *Ruinöse* Kredite sind solche, die einem ahnungslosen oder gutgläubigen Landwirt gegeben oder aufgedrängt werden in der Absicht, sich seinen Besitz anzueignen. Die Geschichte des Bauernlegens und der Güterschlächterei ist gleichzeitig die Geschichte des ruinösen Agrarkredits. Ruinös kann ein Kredit selbstverständlich auch dann werden, wenn der Kreditnehmer nicht zu wirtschaften versteht oder vom Unglück verfolgt wird. *Stationär* ist ein Kredit dann, wenn sich nach dessen Rückzahlung die wirtschaftliche Lage des Kreditnehmers nicht verändert hat. Zu den stationären Krediten zählen in der Regel alle Kredite zu Wucherzinsen, alle Kredite, die zur Schuldentilgung aufgenommen werden, und die meisten Konsumkredite. *Dynamische* Kredite tragen dazu bei, die wirtschaftliche Lage des Kreditnehmers zu verbessern.

6.4.3.2 Kreditgeber

Eine weitere soziologisch wichtige Unterscheidung ist diejenige in „nicht-institutionelle" und „institutionelle" Kredite. Nicht-institutionelle Kredite schaffen persönliche, institutionelle bürokratische Abhängigkeiten. Nicht-institutionelle Kredite werden auf dem „unorganisierten Geldmarkt", institutionelle Kredite bei staatlichen, halbstaatlichen, genossenschaftlichen und privaten Banken und Agenturen aufgenommen. Nicht-institutionelle Kredite umfassen in Entwicklungsländern in der Regel weit über 70 Prozent des ländlichen Kreditvolumens. Sie sind für das soziale Beziehungsnetz viel bedeutsamer als die institutionellen Kredite. Wie das soziale Netzwerk vom Kreditgeschehen mitgestaltet wird, ist bisher kaum erforscht worden. ULLRICH KIERMAYR (1971) hat bei den Pathanen (Pakistan) unter anderem festgestellt, daß nicht jeder beliebige Kreditbedarf aus jeder verfügbaren Kreditquelle gedeckt werden kann. Vielmehr schreiben die sozialen Normen genau vor, an welchen Kreditgeber sich der Bedürftige aus gegebenem Anlaß jeweils zu wenden hat.

Die nicht-institutionellen (Agrar-)Kreditgeber sind die folgenden:

Geld- und Viehverleiher geben Darlehen zu hohen Zinssätzen oder verleihen Vieh gegen hohe Ertragsanteile. Die Verzinsung ihres ausgeliehenen Kapitals ist wesentlicher Bestandteil ihres Einkommens. Sie kommen dem Kreditsuchenden entgegen, indem sie die Kreditkonditionen in formaler und sachlicher Hinsicht genau auf seine Bedürfnisse und Fähigkeiten abstimmen und diskriminierende Nebenwirkungen der Kreditaufnahme zu vermeiden trachten. Es liegt in ihrem Geschäftsinteresse, die „Kuh immer melken" zu können, Klienten also in Schuldabhängigkeit zu halten. Ihre Flexibilität und Verschwiegenheit macht sie trotz Wucherzinsen für die kleinen Bauern und Pächter in Entwicklungsländern zu bevorzugten Kreditgebern.

Absatzmittler (middlemen, acopiadores) gewähren im Rahmen ihres werbenden Kundendienstes Kredite an Landwirte. Der Landwirt verpflichtet sich durch die Kreditnahme, seine Produkte mit ihrer Hilfe zu vermarkten. Der Nutzen liegt für den Absatzmittler hauptsächlich in der Kommissionsgebühr. Die Kredite dienen oft der Vorfinanzierung der Ernte. Sie werden durch die Kommissionszusage gesichert und aus den Verkaufserlösen getilgt.

Arbeitsvermittler nehmen in ärmeren Agrargebieten als Organisatoren der Wanderarbeit eine Schlüsselstellung ein. Sie geben, teils aus Mitleid, teils aus Berechnung, Vorschüsse an potentielle Saison- und Wanderarbeiter in der Zuversicht, sich während der Kampagne an den Vermittlungsgebühren oder am Verdienst der vermittelten Arbeiter schadlos halten zu können.

Landhändler, die den Landwirten ihre Erzeugnisse abnehmen, sind ebenfalls wichtige Geber kurzfristiger Kredite. Ihre Praxis in vielen Entwicklungsländern ist die, notleidenden Landwirten in den Wochen vor der Ernte Brotgetreide, Mais oder Reis auf Kredit zu verkaufen, um sich die Ware nach der Ernte in natura zum Tagespreis zurückzahlen zu lassen. Bei diesem Geschäft kann auf Zinsen verzichtet werden, denn das Auseinanderklaffen der Händlerpreise vor und der Erzeugerpreise nach der Ernte sichert eine hohe Gewinnspanne.

Städtische Kaufleute und mehr noch *Dorfkrämer* können vielleicht als Kreditoren wider Willen bezeichnet werden. Ihre Warenkredite sind Dienst am Kunden, denn sie sind in erster Linie an der Steigerung ihres Umsatzes und an der Erhaltung ihres Kundenstammes interessiert.

Insbesondere der Dorfkrämer kann sich dem Ansinnen seiner Kunden „anzuschreiben" kaum entziehen.

Grundeigentümer, die ihr Land in Teilpacht ausgeben, übernehmen häufig für die Teilpächter die Vorfinanzierung von Betriebsmitteln oder leihen ihnen ihre Kreditfähigkeit. Ihr Vorteil liegt darin, daß sie an der ertragssteigernden Wirkung der Kredite gemäß ihrem Ertragsanteil partizipieren. Grundeigentümer, die ihr Land von Anteilbauern bebauen lassen, geben diesen bei Bedarf Naturalvorschüsse auf die Ernte. Diese dienen nicht allein dazu, die Arbeitskräfte physisch zu erhalten, sondern fesseln sie an ihren Grundherrn oder Patron. Bestehen nach Sitte und Brauch zwischen dem Grundeigentümer und den Bebauern seines Landes patriarchalische Beziehungen, dann gehört es zu den sozialen Pflichten des Eigentümers, den von ihm Abhängigen in Kreditnot zu helfen.

Landbewirtschafter und *Zwischenpächter* gewähren Kredite gegen die Übertragung von Bodennutzungsrechten. Den kreditmittelnden Nutzen ziehen sie aus der Eigenbewirtschaftung oder aus der Verpachtung des ihnen während der Laufzeit des Kredites übertragenen Landes.

Verarbeiter landwirtschaftlicher Produkte versuchen mittels Beschaffung und Vorfinanzierung von Betriebsmitteln Quantität und Qualität der von ihnen benötigten Rohware zu beeinflussen. Diese Art von Krediten wird durch Abzüge vom Auszahlungspreis für die gelieferte Rohware verzinst und getilgt; sie gehört zu den produktivsten Krediten.

Die *Hersteller* von Betriebsmitteln, z. B. eine Futtermittelfabrik, sind an der laufenden Abnahme ihrer Produkte interessiert. Daher schließen sie mit Landwirten Verträge ab, die unter Umständen auch Abmachungen über die Kreditierung von Stallbauten, Jungtieren usw. enthalten. Die Rückzahlung der Darlehen kann in Form einer Lieferverpflichtung von ausgemästeten Tieren zu einem bestimmten Preis vereinbart werden. Diese Art von Krediten führt leicht zum Ruin des Landwirts, wenn er das Erzeugerrisiko allein zu tragen oder die Tragweite einzelner Vertragsbestimmungen übersehen hat. Berüchtigt sind die sogenannten Viehverstellungsverträge.

Freunde und *Verwandte* werden vornehmlich bei dringendem Geldbedarf anläßlich von Hochzeiten, Krankheiten, Todesfällen und Gerichtsprozessen um ein Darlehen angegangen. Sie bilden ein personelles System der sozialen Sicherheit, das vor allem bei unvorhergesehenen Ereignissen Schutz bietet. Obwohl gewöhnlich keine Zinsen genommen werden, ist diese Kreditart nicht beliebt, denn sie verändert bestehende soziale Beziehungen zugunsten des Kreditgebers und schafft soziale Verpflichtungen zu Lasten des Kreditnehmers.

Die meisten landwirtschaftlichen Kreditnehmer befinden sich gegenüber den Kreditgebern in einer relativ schwachen Position. Dies hängt mit ihrer Kreditfähigkeit und Kreditwürdigkeit zusammen. Unter Kreditfähigkeit versteht man das Vermögen eines Schuldners, ein Darlehen dinglich abzusichern; unter Kreditwürdigkeit die Gewähr, die Persönlichkeit und Lebensumstände des Schuldners für die Rückzahlung eines Darlehens bieten. Als Sicherheit kann der Landwirt dem Gläubiger die Eigentums- oder Nutzungsrechte an seinem Grund und Boden einräumen (Immobiliarkredit), Feldfrüchte, Vieh, Maschinen und Geräte verpfänden (Mobiliarkredit), mit seiner eigenen Person bürgen (Personalkredit) oder Bürgen stellen (Bürgschaftskredit).

Das Wort „Kreditnot" faßt die prekäre Lage zusammen, die sich aus dringlichem Bedarf, mangelhafter Kreditfähigkeit und eingeschränkter Kreditwürdigkeit ergibt. Die Kreditnot weiter ländlicher Kreise wird seit alters von Wucherern und Händlern skrupellos ausgenutzt. Weder das christliche noch das islamische Zinsverbot hat daran etwas ändern können. Das Zinsverbot hat die Kreditgeschäfte in die Verborgenheit gedrängt, in der unlautere Praktiken um so besser gediehen. Wo die religiösen Vorschriften von den Gläubigen tatsächlich eingehalten wurden, betreiben Andersgläubige (z. B. Hindu, Juden) das Geschäft. Das Spannungsverhältnis zu ethnisch-religiösen Minderheiten hat sich durch die Überlagerung mit Gläubiger-Schuldner-Beziehungen vielerorts gefährlich verschärft.

6.4.3.3 Kreditorganisationen

Der Wunsch, die Kreditnot zu beheben, hat zu den ersten Ansätzen einer Organisierung des ländlichen Kreditwesens geführt. Besonders interessante Lösungen sind die tribalen Spar- und Kreditvereinigungen und die genossenschaftlichen Spar- und Darlehenskassen.

Tribale Spar- und Kreditvereinigungen entstanden in verschiedenen Teilen Afrikas, aber auch außerhalb (z. B. in Taiwan). Am bekanntesten sind die *Esusuklubs*. Die Mitglieder eines solchen Klubs verpflichten sich, in regelmäßigen Zeitabständen einen Geldbetrag einzuzahlen. Auf diese Weise kommt eine Summe zusammen, die einem der Mitglieder ausgehändigt wird. Ist die gleiche Summe wieder gespart, dann bekommt das nächste Mitglied seinen Anteil. Wenn alle Mitglieder ihre Anteile erhalten haben, gilt eine „Runde" als abgeschlossen.

Ein Esusuklub wird oft von einer Person gegründet, die bei Verwandten oder Freunden für die Idee wirbt und Anklang findet. Meistens wird der Initiator der Leiter der Vereinigung. Er ist bei kleinen traditionellen Klubs zugleich Sekretär und Schatzmeister. Modernere Vereinigungen, von deren Mitgliedern einige lesen und schreiben können, wählen neben dem Leiter einen Sekretär und einen Schatzmeister.

In welcher Reihenfolge die Mitglieder ihre Anteile erhalten, wird vom Esusuleiter entschieden. Im Idealfall kommt das Mitglied zum Zug, das gerade am dringendsten Geld braucht. Korrupte Leiter zahlen aber auch danach aus, wer ihnen zuvor das größte Geschenk gemacht hat. Um das zu vermeiden, legen manche Klubs die Reihenfolge durch Los fest.

In der Regel zahlen alle Esusumitglieder gleichhohe Beiträge. Sie können aber auch mehr als einen Anteil einzahlen und dürfen dementsprechend mehr als einmal in der Runde „ziehen". Sehr arme Mitglieder tun sich zu zweit oder zu dritt zu einem Anteil zusammen und teilen den gezogenen Betrag unter sich auf. Neue Mitglieder werden nur am Ende einer Auszahlungsrunde zugelassen.

Die Mitgliedschaft der Esusu ist entweder für jedermann offen oder auf bestimmte Personengruppen beschränkt, z. B. auf die Mitglieder einer Großfamilie, die Bewohner eines Dorfes oder die Angehörigen eines Berufszweiges. Klubs mit beschränkter Mitgliedschaft bleiben meistens klein, die Mitglieder kennen sich persönlich und zahlen ihre Beiträge auf den Vollversammlungen direkt an den Leiter. Bei offener Mitgliedschaft werden die Klubs oft so groß, daß Untergruppen gebildet werden müssen, die jeweils von einem Mitglied geführt werden, dem der Esusuleiter vertraut.

Die Esusuklubs bieten ihren Mitgliedern beachtliche Vorteile:
(1) Sie schaffen die Möglichkeit, Kredite aufzunehmen und Ersparnisse aufzubewahren. Letzteres ist besonders wichtig, wenn es nur die unproduktive Alternative des Hortens gibt.
(2) Sie geben üblicherweise zinslose Darlehen; jedenfalls bieten sie viel günstigere Bedingungen als Geldverleiher. Mitglieder können ihr Recht auf Auszahlung auch an einen außenstehenden Kreditgeber abtreten und damit einen Kreditbetrag absichern.
(3) Dadurch, daß der Klub Sparen ermöglicht, gelingt es vielen Mitgliedern, das Geld für relativ teure Anschaffungen zusammenzubringen, was sie ohne den Beitragszwang des Esusuklubs vielleicht nicht schaffen würden.
(4) Die Mitgliedschaft bei der Esusu wirkt ähnlich wie eine Sozialversicherung. Unvorhersehbarer finanzieller Bedarf, wie Arzt- und Krankenhauskosten, kann relativ leicht und schnell gedeckt werden. Das notleidende Mitglied kann Kredite aus der Kasse erhalten, bei der nächsten Auszahlung vorgezogen werden oder sein Recht auf Auszahlung jederzeit diskontieren lassen.
(5) Die Mitgliederversammlungen dienen gleichzeitig dem geselligen Beisammensein. Der Leiter, ein gewählter Gastgeber aus der Reihe der Mitglieder oder das Mitglied, das gerade seine Auszahlung erhält, stellt Essen und Trinken zur Verfügung. Manche Mitglieder schätzen diesen Teil des Klublebens besonders.

Die *genossenschaftlichen Spar- und Darlehenskassen* entstanden in der zweiten Hälfte des vorigen Jahrhunderts aus dem Bedürfnis deutscher Kleinbauern, sich aus der drückenden Abhängigkeit vom Geld- und Warenwucher zu befreien und die Versorgung mit Betriebskapital im Wege der Selbsthilfe zu organisieren. Die von RAIFFEISEN aufgestellten Grundsätze waren unter anderem:
(1) Der Geschäftsbereich muß überschaubar sein (Lokalitätsprinzip).
(2) Die Verwaltung wird ehrenamtlich übernommen, möglichst von Angehörigen der ortsansässigen gebildeten Schicht, die sich durch Können, Zuverlässigkeit, soziale Aktivität und öffentliches Vertrauen auszeichnet (Selbstverwaltungsprinzip).
(3) Gewinne werden nicht verteilt, sondern als unteilbares Vereinsvermögen angesammelt und im Falle der Auflösung des Vereins wohltätigen Zwecken zugeführt (Gemeinnützigkeitsprinzip).
(4) Das Kapital wird aus kleinen Geschäftsanteilen gebildet, vorwiegend aber aus Spareinlagen und deren Verzinsung (Prinzip der Eigenfinanzierung).
(5) Die Leihtätigkeit wird vorwiegend auf kleine Landwirte beschränkt (Prinzip der Förderung der Kleinlandwirtschaft).
(6) Die Vereinsmitglieder haften unbeschränkt (Prinzip der Solidarität).
Dank der Vorzüge des RAIFFEISENschen Kreditsystems – persönlicher Kontakt zwischen Kreditnehmer und Geschäftsführer, genaue Kenntnis der Lebensumstände und Familienverhältnisse des Kreditnehmers, gemeinsame Verantwortung von Kreditgeber und -nehmer, Verzicht auf dingliche Sicherung und Gewinnstreben, geringe Verwaltungskosten, gegenseitiges Vertrauen – breiteten sich die Spar- und Darlehenskassen rasch aus. Entsprechend den sich verändernden Bedürfnissen und Umständen wurden die ursprünglichen Grundsätze abgewandelt. So erwies es sich als notwendig, Geldbedarf und Geldangebot der Ortsvereine durch zentrale Kassen auszugleichen. Als ein wirksames Mittel, die Leistungsfähigkeit der Spar- und Darlehenskassen zu erhöhen und die Kreditlage der Landwirte zu verbessern, erwies sich die Ausdehnung des Geschäftsbereiches auf den Bezug landwirtschaftlicher Produktionsmittel und den Absatz landwirtschaftlicher Produkte.

Eine weitere Einrichtung, die sich Landwirte geschaffen haben, um Kredite zu schöpfen, sind die *Landschaften*. Es handelt sich dabei um Banken mit solidarischer Haftung der Kreditnehmer, die ihre Kredite durch erstrangige Hypotheken absichern und sich die Mittel durch die Ausgabe von Pfandbriefen beschaffen.

Während die ländlichen Spar- und Darlehenskassen gegründet wurden, um den ländlichen Kreditnehmern zu helfen, sind die deutschen *Sparkassen* zum Nutzen städtischer Sparer entstanden (erste Gründung 1778 in Hamburg). Inzwischen hat diese Trennung an Bedeutung verloren. Städtische und Kreissparkassen erfassen heute in großem Umfang auch die Ersparnisse der Landbevölkerung und befriedigen zu einem erheblichen Teil die Kreditbedürfnisse der Landwirte.

Private Banken scheuen im allgemeinen das Agrarkreditgeschäft mit kleineren Landwirten wegen der hohen Kosten, des großen Risikos und der niedrigen Rendite.

Aufgaben wie die Vermittlung von Auslandskrediten, die Um- und Entschuldung der Landwirtschaft und die Einschleusung staatlicher Mittel in die Landwirtschaft werden am besten von einer landwirtschaftlichen Zentralbank erfüllt. In der Bundesrepublik Deutschland wurde zu diesem Zweck 1949 in Frankfurt am Main die *Landwirtschaftliche Rentenbank* errichtet.

Die Übertragung des in der Bundesrepublik Deutschland bewährten Systems des genossenschaftlichen Agrarkredits hat in Entwicklungsländern selten die daran geknüpften Erwartungen erfüllt. Die zentralistisch aufgebauten und bürokratisch arbeitenden Organisationen haben weder die Bauern aus permanenter Verschuldung und persönlicher Abhängigkeit zu befreien noch ihre Kreditbedürfnisse zu befriedigen vermocht. Meist verfehlten sie schon im Ansatz die Besonderheiten des landwirtschaftlichen Kapitalbedarfs und der ländlichen Sozialstruktur.

Bei der Gewährung von staatlichen und genossenschaftlichen Agrarkrediten wird häufig übersehen, daß produktive Investitionen stets mit anderen Zweckbestimmungen konkurrieren. Für den Kreditnehmer können die Anschaffung von Gebrauchsgütern, die Befriedigung von Gläubigern, die Bezahlung des Brautpreises und die Führung eines Gerichtsprozesses höhere Priorität als landwirtschaftliche Investitionen haben. Der wirtschaftliche Erfolg von Agrarkrediten hängt daher entscheidend davon ab, ob die Zweckbestimmung des Kreditgebers mit der Bedürfnisstruktur des Kreditnehmers übereinstimmt. Eine hungernde Bauernfamilie ißt das ihr auf Kredit gegebene Saatgut auf, denn die Aussicht auf einen noch so hohen Ernteertrag macht nicht satt. Auch in weniger dramatischen Situationen hat der Zufluß staatlicher Agrarkredite oft nur das Volumen des Schuldenkreislaufes der Bauern erhöht, diesen aber nicht unterbrochen. In einer Situation, die durch großen Mangel gekennzeichnet ist, kurbelt eine Kreditspritze zunächst einmal die Nachfrage nach Konsumgütern an und nicht die Produktion. Sie hat eine inflationäre Wirkung.

Um dennoch die gewünschte produktionssteigernde Wirkung zu erzielen, wird die Methode des „überwachten Naturalkredites" angewandt. Dabei werden den Landwirten Saatgut, Dünge- und Pflanzenschutzmitteln usw. auf Kredit gegeben, und es wird kontrolliert, ob diese Betriebsmittel zweckentsprechend eingesetzt werden. Obwohl dieses System die sozialen Beziehungen durch zusätzliche Kontrollen belastet, hilft es doch auf längere Sicht gesehen, persönliche Abhängigkeiten auf dem nicht-institutionellen Kreditsektor abzubauen, weil es die wirtschaftliche Lage der Landwirte allmählich verbessert.

Literatur: BERGMANN, TH. 1967, CHUKWU 1976, GEIERSBERGER 1974, KESSLER 1976, KIERMAYR 1971, MÜLLER, J. O. 1971, REISCH und ADELHELM 1971, SCHILLER 1970.

Diskussions- und Prüfungsfragen
1. ARMIN SCHMIDT-VOLKMAR unterscheidet vier Stufen der Organisation in der landwirtschaftlichen Produktion. Durch welche Merkmalsausprägungen soziologischer Art heben sich diese Stufen voneinander ab?
2. Im landwirtschaftlichen Genossenschaftswesen gibt es Spannungen zwischen Fachautorität und Verwaltungsautorität. Erklären Sie soziologisch, wie es dazu kommt!
3. Warum sind die Ergebnisse, die mit dem Genossenschaftswesen RAIFFEISENscher Prägung in den Entwicklungsländern gemacht wurden, oft so enttäuschend?
4. Schildern Sie anhand von Beispielen die Unterschiede zwischen „ruinösen", „stationären" und „dynamischen" Krediten!
5. Welche nicht-institutionellen Kreditgeber gibt es in ländlichen Gebieten, und wie arbeiten sie?
6. Nach welchen Grundsätzen und Methoden arbeiten traditionelle Spar- und Darlehenskassen vom Typ des Esusuklubs?
7. Was ist ein „überwachter Naturalkredit", und wann wird er vergeben?

6.5 Internationale Organisationen

Die zunehmende kontinentale und globale Verflechtung der Landwirtschaft erforderte nach dem Zweiten Weltkrieg zahlreiche neue internationale Organisationen, von denen hier nur wenige (in alphabetischer Reihenfolge) erwähnt werden können.

CEA – Confédération Européenne de l'Agriculture (Brugg, Schweiz)
Der Verband der Europäischen Landwirtschaft wurde 1948 gegründet und repräsentiert rund 30 Millionen Landwirte in 22 Ländern. Er behandelt alljährlich auf einer internationalen Ta-

gung, zu der die nationalen Bauernverbände ihre Vertreter entsenden, Fragen der europäischen Landwirtschaft. Die Ergebnisse der Beratungen werden als Stellungnahme zusammengefaßt der Öffentlichkeit vorgelegt. Das konservative Element überwiegt in der CEA. Zu ihren Zielen gehört die Erhaltung der selbständigen Familienbetriebe, die Stärkung der landwirtschaftlichen Genossenschaften und der Schutz des bäuerlichen Eigentums.

COPA – Comité des Organisations Professionnelles de l'Agriculture de la Communauté Économique Européenne (Brüssel)
Der Ausschuß der landwirtschaftlichen berufsständischen Organisationen der Europäischen Gemeinschaft wurde 1957 gegründet, um innerhalb des Wirtschaftsausschusses der Europäischen Wirtschaftsgemeinschaft (EWG) ein Gegengewicht gegen die Gewerkschaften zu bilden und um berufsständischen Einfluß auf supranationaler Ebene ausüben zu können.

FAO – Food and Agriculture Organization (Rom)
Die Ernährungs- und Landwirtschaftsorganisation der Vereinten Nationen wurde 1945 gegründet und ist mit rund 6300 Mitarbeitern gegenwärtig die größte Sonderorganisation der Vereinten Nationen. Die FAO übernahm die Aufgaben des Internationalen Institutes der Landwirtschaft (gegründet 1907 in Rom), nämlich das Sammeln, Auswerten und Veröffentlichen von Daten über Produktion, Bedarf und Handel von Agrarprodukten. In den sechziger Jahren traten Tätigkeiten im Bereich der technischen Entwicklungshilfe hinzu. Seit Anfang der siebziger Jahre bildet die FAO ein Forum der Welternährungspolitik.

IBRD – International Bank for Reconstruction and Development (Washington)
Die Internationale Bank für Wiederaufbau und Entwicklung (Weltbank), 1945 gegründet, vergibt langfristige Darlehen zum Wiederaufbau kriegszerstörter Gebiete und zur wirtschaftlichen Entwicklung ihrer Mitgliedsländer zu marktüblichen Zinsen. Sie finanziert zahlreiche landwirtschaftliche Großprojekte in der Dritten Welt. Da ihre Bedingungen für eine Reihe von armen Ländern untragbar sind, wurde 1960 die Internationale Gesellschaft für Entwicklung (IDA – International Development Association, Washington) als Tochter der Weltbank geschaffen, die aus Mitteln der Mitgliedsstaaten Kredite mit einer Laufzeit von 50 Jahren bei 10 tilgungsfreien Jahren zinslos gewährt. Dieses Kreditsystem wird kontinental ergänzt durch die Interamerikanische Bank, die Asiatische und die Afrikanische Entwicklungsbank und die Europäische Investitionsbank (Luxemburg).

IFAP – International Federation of Agricultural Producers (Washington, Paris)
Der internationale Verband landwirtschaftlicher Erzeuger ist ein weltweiter Zusammenschluß von Bauern- und Farmervereinigungen. Er beschäftigt sich hauptsächlich mit Fragen der Weltagrarmärkte. Die deutschen Erzeuger werden durch den Deutschen Bauernverband vertreten.

ILF – International Landworkers Federation (Utrecht)
Die organisierte Zusammenarbeit der freien Gewerkschaften von Landarbeitern und verwandten Berufen begann offiziell im Jahre 1920 mit einer Konferenz in Amsterdam, an der Verbandsvertreter aus Belgien, Dänemark, Deutschland, England, Schottland, Italien, Schweden, Österreich und den Niederlanden teilnahmen.

ILO – International Labour Organization (Genf)
Die Internationale Arbeitsorganisation bemüht sich seit 1920, die Arbeitsbedingungen, den Arbeitsschutz und die soziale Sicherheit der Arbeitskräfte weltweit zu verbessern. Unter den Konventionen der ILO betreffen auch einige die Landarbeit. Darüber hinaus wird in der jährlichen Generalversammlung eine Analyse der Arbeitsmarktlage in den einzelnen Regionen der Erde

vorgelegt und erörtert. Außerdem stellt die ILO Untersuchungen über Beschäftigungsprobleme an und erarbeitet Lösungsvorschläge. Ein Schwerpunkt dieser Tätigkeit bildet das Problem der ländlichen Unterbeschäftigung.

OECD – Organization for Economic Cooperation and Development (Paris)
Die 1960 gegründete Organisation für wirtschaftliche Zusammenarbeit und Entwicklung ist eine der wichtigsten internationalen Institutionen der Entwicklungspolitik. Über ihren Förderungsauftrag hinaus ist sie zu einem bedeutenden Diskussionsforum der Prinzipien und Bedingungen der Entwicklungshilfe geworden. Besonders wertvoll sind die von ihr erarbeiteten Ländervergleiche der Agrarpolitik, der Leistungen in der Entwicklungshilfe usw.

UNDP – United Nations Development Programme (New York)
Das Welt-Entwicklungs-Programm ist eine Körperschaft der Vereinten Nationen, die für die Technische Hilfe in Entwicklungsländern zuständig ist. Gegründet 1965, wickelt sie Programme ab, darunter zahlreiche landwirtschaftliche, und finanziert Vorhaben, die Voraussetzung für neue Kapitalinvestitionen schaffen oder deren Wirksamkeit erhöhen. Die Durchführung der einzelnen Maßnahmen überträgt das UNDP meist den Sonderorganisationen.

WFP – World Food Programme (Rom)
Das Welternährungsprogramm wurde 1963 von den Vereinten Nationen zusammen mit der FAO geschaffen. Es bezweckt, Nahrungsmittel in entwicklungspolitisch sinnvoller Weise in Projekten einzusetzen. In der Regel werden die Leistungen der Mitgliedstaaten zu zwei Dritteln in Form landwirtschaftlicher Überschüsse und zu einem Drittel in Form von Dienstleistungen und Maßnahmen zur Verbesserung der Infrastruktur erbracht. Eine besondere Rolle spielen Speisungsprogramme für Bevölkerungsgruppen, die durch Unter- oder Fehlernährung gefährdet sind. Auch im Rahmen des Kinderhilfswerkes der Vereinten Nationen (UNICEF) werden Nahrungsmittel in Notstandsgebiete geliefert.

WHO – World Health Organization (Genf)
Die Arbeit der Weltgesundheitsorganisation kommt in großem Umfang der ländlichen Bevölkerung in aller Welt zugute. Die großen Programme zur Seuchenbekämpfung haben manche fruchtbaren Gebiete erst der gefahrlosen Dauerbesiedlung und der landwirtschaftlichen Nutzung erschlossen.

7 Ländliche Sozialforschung

Wie einleitend erwähnt, ist die ländliche Sozialforschung die wichtigste Erkenntnisquelle der Land- und Agrarsoziologie. Die ländliche Sozialforschung steuert zugleich den wichtigsten Beitrag bei, den Land- und Agrarsoziologen zur Landentwicklung leisten können. Man sollte sie nicht erst dann rufen, wenn Entwicklungsvorhaben scheitern, sondern ihre Dienste schon in der Phase der Projektvorbereitung in Anspruch nehmen, und zwar zur Klärung der sozialökonomischen und institutionellen Ausgangslage und zur Erforschung wahrscheinlicher Reaktionen der Betroffenen auf beabsichtigte Maßnahmen. Man kann in Deutschland diesbezüglich an eine große Tradition anknüpfen. Von Anfang an gaben hier nämlich Agrar-, Sozial- und Siedlungspolitik der ländlichen Sozialforschung die Themen vor. So wurde die ländliche Sozialforschung überwiegend eingesetzt, um aktuelle Probleme lösen zu helfen.

Aus jahrzehntelanger Erfahrung ist bekannt, was die ländliche Sozialforschung zur Landentwicklung beitragen kann und was sie nicht zu leisten vermag. Es läßt sich so zusammenfassen:

(1) Sie kann zwar kein System von Normen entwickeln, nach denen die Landbewohner handeln sollen, aber das Normensystem bewußt machen, nach dem sie handeln, und dessen innere Widersprüche aufklären.
(2) Sie kann zwar sozialen Wandel nicht direkt bewirken, aber den Verantwortlichen und der Öffentlichkeit die großen sozialen Umwälzungen und Probleme zur Kenntnis bringen, welche die Landentwicklung begleiten.
(3) Sie kann zwar Maßnahmen zur Verbesserung der ländlichen Lebensverhältnisse nicht durchsetzen, aber Ansatzpunkte und Hindernisse für politische Absichten aufzeigen.
(4) Sie kann zwar den Verantwortlichen Entscheidungen nicht abnehmen, aber mit ihren Erkenntnissen Entscheidungshilfen bieten.

Obwohl sich die ländliche Sozialforschung im großen und ganzen der Methoden, Techniken und Verfahren der empirischen Sozialforschung bedient, treten in ihrem Bereich Sonderprobleme auf, die es darzustellen lohnt, weil deren Lösung zur methodologischen Entwicklung problemorientierter Sozialforschung beiträgt. Außerdem mag es für alle diejenigen nützlich sein, sich über Besonderheiten ländlicher Sozialforschung zu informieren, die selbst auf diesem Gebiet tätig werden wollen. Am Beispiel Deutschlands soll schließlich gezeigt werden, mit welchen Problemen und Fragestellungen sich Land- und Agrarsoziologen in der Vergangenheit hauptsächlich beschäftigt haben und wo gegenwärtig die größten Forschungslücken klaffen.

7.1 Methodologie

7.1.1 Geschichte

Die ländliche Sozialforschung reicht in einigen europäischen Ländern weit zurück. Die älteste empirische Erforschung ländlicher Zustände ist der „Down-Survey", der von Sir WILLIAM PETTY (1623–87) im Jahre 1641 als Grundlage einer Siedlungsaktion auf irischem Boden erstellt wurde. Weniger bekannt ist, daß der Leipziger Magister FRIEDRICH FRIESE (1668–1721) seine Schüler bereits mit standardisierten Fragebogen zu Bauern schickte. Bei einer Untersuchung über die Lage britischer Landarbeiter verwandte DAVID DAVIES 1787 ebenfalls eine Art von Fragebogen. Einen frühen Höhepunkt erreichte die Sozialforschung in den berühmten sozialpolitischen Enqueten des britischen Parlaments. Nachhaltig beeinflußte auch der französische Bergingenieur FRÉDÉRIC LE PLAY (1806–82) die ländliche Sozialforschung in aller Welt.

Im Unterschied zur LE PLAY-Schule, die das soziale Leben im Familienbudget einfangen und in Geldwerten ausdrücken wollte, und im Gegensatz zu den beliebten statistischen Surveys und Enqueten entwickelte sich in Polen und in den USA eine dritte Richtung, die wenig Wert auf Quantifizierung legte. Das erste und in seiner Größe kaum zu überbietende Werk dieser Art ist die fünfbändige Untersuchung über den „Polnischen Bauern in Europa und Amerika" (1918–20), in dem WILLIAM I. THOMAS (1863–1947) und FLORIAN W. ZNANIECKI (1882 bis 1958) anhand von rund 15 000 Briefen und anderen biographischen Dokumenten die Veränderungen im Leben polnischer Bauernfamilien unter dem Einfluß der Auswanderung dargestellt haben. Das vielleicht eindrucksvollste Beispiel einer bäuerlichen Familienbiographie ist OSCAR LEWIS (1965) mit dem Selbstporträt der mexikanischen Familie des Pedro Martinez geglückt.

In der deutschen ländlichen Sozialforschung ist die biographische Methode kaum angewandt worden. Dagegen wurden die methodischen Anregungen LE PLAYS von GOTTLIEB SCHNAPPER-ARNDT (1846–1904) in einer viel beachteten sozialstatistischen Untersuchung über „Kleinbauerntum, Hausindustrie und Volksleben in fünf Dörfern auf dem Hohen Taunus" (1883) aufgegriffen. RICHARD EHRENBERG (1857–1921) bemühte sich im „Archiv für exakte Wirtschaftsforschung", die induktiven Methoden LE PLAYS zu verfeinern. Die meisten deutschen Sozialforscher des ausgehenden 19. Jahrhunderts orientierten sich methodisch dagegen hauptsächlich an den englischen Enqueten. Im „Enquete-Ausschuß" und im „Sering-Institut" wurde diese Methode in der Nachkriegszeit gewissermaßen institutionalisiert. Methodisch richtungweisend wurden ab Ende der zwanziger Jahre die Strukturanalysen von IPSEN, „weil hier aus dem Material der Massenstatistik über die darin greifbaren Proportionen und Relationen tragende soziologische Einsichten gewonnen werden" (LINDE 1959b, S. 240). Beherrscht wurde die ländliche Sozialforschung jener Zeit von den großangelegten Inventuren der zünftigen Volkskunde (Materialsammlung zum Atlas der deutschen Volkskunde, 1929–35) und der heimatkundlichen Aktion des „Dorf- und Hausbuches" (1938ff.). Letztere wie auch die 1940 angeordnete „Bestandsaufnahme des deutschen Landvolks" erlagen freilich den kriegsnotwendigen Einschränkungen.

Nach dem Zweiten Weltkrieg fand in der Bundesrepublik Deutschland wie in anderen Ländern eine „Amerikanisierung" der ländlichen Sozialforschung statt, insofern man zu den in den USA von PAUL F. LAZARSFELD (1901–76) und anderen Soziologen entwickelten Techniken der repräsentativen Stichprobe, der standardisierten Befragung der Zielpersonen, der mathematisierten Datenanalyse usw. überging. Die Vorzüge der Stichprobenumfrage – ein höheres Maß an Generalisierbarkeit, Objektivierung, Zuverlässigkeit und Analysierbarkeit und insbesondere die Möglichkeit, Hypothesen „einwandfrei" zu überprüfen – ließen andere Methoden in den Hintergrund treten. Vor allem die stark vernachlässigte teilnehmende Beobachtung ist jedoch nach wie vor eine unentbehrliche Methode der ländlichen Sozialforschung.

7.1.2 Aufgabenstellung

Die ländliche wie jede andere Sozialforschung wird sowohl als Grundlagen- als auch als Bedarfsforschung betrieben. Zweck der Grundlagenforschung ist es, neue wissenschaftliche Erkenntnisse zu gewinnen, indem einzelne Hypothesen (Wenn-Dann- oder Je-Desto-Beziehungen) geprüft werden, die sich dann zu einem „Hypothesennetz" (Theorie) zusammenfügen lassen. Daraus lassen sich dann deduktiv Sätze von praktischem Nutzwert ableiten, die zu weiterer Grundlagenforschung anregen. Die Theorienbildung stand in der ländlichen Sozialforschung ziemlich im Hintergrund. Eine Ausnahme bilden die vergleichenden Dorfuntersuchungen unter der Leitung von VON WIESE und IPSEN. Weit überwiegend war die ländliche Sozialforschung jedoch Bedarfsforschung für technologische, organisatorische und prognostische Zwecke (siehe Teil 3: 7.3).

Der Bedarfsforschung liegen, soweit sie nicht Eigenforschung oder freie Forschung (Vorratsforschung) eines Institutes ist, bestimmte Wünsche eines Auftraggebers zugrunde (Auftragsforschung). Der Auftraggeber kann Legitimations- oder Entscheidungsforschung verlangen: Legitimationsforschung, (a) um bereits getroffene Entscheidungen oder Handlungsabsichten zu legitimieren oder (b) um vorgefaßte Meinungen zu stützen, Kritik abzublocken und die eigenen Argumente durch wissenschaftliche Bestätigung zu erhärten; Entscheidungsforschung, (a) um genauere sachliche Informationen über die Situation, in der Entscheidungen zu fällen sind, zu gewinnen (Entscheidungshilfe) oder (b) um die Zweckmäßigkeit und Wirksamkeit der getroffenen Maßnahmen zu kontrollieren (Erfolgskontrolle, Evaluation).

Technologische Bedarfsforschung: Wird ein Sozialforscher herangezogen, um ein technologisches Problem zu lösen, so muß er die Frage beantworten: Welches sind die geeigneten Mittel, um ein vorgegebenes Ziel zu erreichen? Konkret kann eine solche Frage z. B. lauten: „Wie läßt sich die ländliche Unterbeschäftigung beseitigen?" Der Sozialforscher kleidet zunächst die Antwort aufgrund seines theoretischen Vorwissens in die Form einer Hypothese. Zum Beispiel stellt er die Behauptung auf: „Wenn man intensive Bodennutzungssysteme einführt und/oder alternative Arbeitsplätze schafft, dann nimmt die ländliche Unterbeschäftigung ab." In der sozialen Wirklichkeit sucht der Forscher nun nach Situationen, an denen er seine Hypothese empirisch überprüfen kann. Wenn er sie nirgends findet, dann kann er sie vielleicht experimentell schaffen.

Organisatorische Bedarfsforschung: Hier stellt der Auftraggeber die Frage: Warum funktioniert eine Organisation nicht in der erwarteten Weise? Oder: Wie muß eine Behörde, ein Betrieb, ein Geschäft, ein Verband, ein Haushalt usw. organisiert sein, um die erwarteten Leistungen mit dem kleinsten Aufwand zu erbringen? Konkret könnte eine solche Frage lauten: „Wie muß das Genossenschaftswesen im Iran organisiert sein, um seine Aufgabe, Kredite zu vergeben, mit dem geringsten Aufwand an Verwaltungskosten zu erfüllen?" Im Gegensatz zur technologischen Sozialforschung werden bei der organisatorischen nicht die Mittel, mit denen bestimmte Ziele erreicht werden, sondern die zweckmäßigsten Ordnungsprinzipien und funktionalen Abläufe gesucht.

Übersicht 61. Arten und Zwecke ländlicher Sozialforschung

Art der Forschung	Zweck der Forschung
Explorative Forschung	Entdeckung von sozialen Phänomenen, Auffindung von Problemen, Formulierung von Hypothesen
Deskriptive Forschung	Beschreibung sozialökonomischer und demographischer Strukturen sowie sozialer Zustände (Situationsanalyse) und Entwicklungen
Analytische Forschung	Überprüfung von Hypothesen, Erklärung von Zusammenhängen zwischen Variablen
Diagnostische Forschung	Erklärung von Einzelfällen auf der Grundlage bereits bewährter Hypothesen, Entwicklung einer Therapie
Instrumentale Forschung	Entwicklung und Validierung von Forschungsinstrumenten
Aktionsforschung	Verbindung von Forschung mit Aktion, die zur unmittelbaren Lösung von sozialen Problemen bei Entwicklungsprojekten beiträgt, aber auch auf allgemeine sozialwissenschaftliche Erkenntnisse abzielt.
Evaluierende Forschung	
– Leistungskontrolle	Art- und mengenmäßige Erfassung aller auf Grund des Projektzieles aus dem Instrumenteneinsatz direkt resultierenden (manifesten) Funktionen, z. B. Absolventenzahl und unmittelbarer Bildungseffekt einer Schule
– Wirkungskontrolle	Art- und mengenmäßige Erfassung aller mittelbaren Funktionen des Instrumenteneinsatzes, z. B. Erhöhung des Anspruchsniveaus durch Schulbesuch
– Erfolgskontrolle	Erstellung eines Kosten-Nutzen-Vergleichs für bestimmte Instrumenteneinsätze auf Grund der Inbeziehungsetzung aller positiven manifesten Funktionen zu allen negativen manifesten Funktionen, wobei Positivität oder Negativität am Kriterium des Projektzieles beurteilt wird. Z. B. Personal- und Sachmittelaufwand einer Schule in Beziehung zum (gesamtgesellschaftlichen) Nutzen der Qualität und Quantität der Absolventen.
– Bewährungskontrolle	Erstellung eines Kosten-Nutzen-Vergleichs für bestimmte Instrumenteneinsätze auf Grund der Beziehung aller positiven manifesten sowie latenten Funktionen auf alle negativen, wobei deren Positivität oder Negativität am Kriterium des Projektzieles gemessen wird. Z. B. Relativität zwischen der Gesamtheit der Nutzeffekte eines bildungspolitischen Instrumenteneinsatzes und der Gesamtheit der durch diesen Einsatz entstehenden Kosten und Nachteile.

Prognostische Bedarfsforschung: Bei der Prognose stellt sich die Frage: Welche Konsequenzen ergeben sich aus bestimmten Situationen für die Zukunft? In drei Schritten leitet der Sozialforscher aus bekannten Gesetzmäßigkeiten und der Situation (Randbedingungen) die wahrscheinliche Entwicklung ab:
1. Er macht eine Bestandsaufnahme der Situation. Dabei sucht er Antwort auf die Frage: Wie sehen die für die Voraussage theoretisch bedeutsamen Bedingungen in der konkreten Situation aus?
2. Aufgrund dieser Bestandsaufnahme prognostiziert er mit Hilfe von Hypothesen, die z. B. aus der Diffusionstheorie stammen: „Wenn wir annehmen, daß..., dann wird in einem bestimmten Raum zu einer bestimmten Zeit dieses oder jenes Ereignis eintreten."
3. Der Sozialforscher vergleicht seine Prognose mit der tatsächlich eingetretenen Entwicklung. Entspricht jene nicht der Voraussage, so ist entweder die angewandte Theorie falsch und muß abgeändert werden, oder die Situation wurde nicht richtig eingeschätzt, oder die Prognose hat die Entwicklung beeinflußt („Eigendynamik gesellschaftlicher Voraussagen").

Übersicht 61 faßt die Arten und Zwecke ländlicher Sozialforschung zusammen.

Die meisten ethnographischen, volks- und landeskundlichen sowie agrar- und landsoziologischen Arbeiten zählen zur explorativen und deskriptiven Forschung. Erst in jüngerer Zeit mehren sich auch in der ländlichen Sozialforschung analytische Arbeiten. Diagnostische Studien findet man hauptsächlich im Bereich projektbezogener ländlicher Sozialforschung. Instrumentale Forschung fehlt fast ganz, obwohl dafür ein großer Bedarf wäre, wenn unsere These stimmt, daß die in westlich-urbanen Kulturen entwickelten Instrumente nur bedingt im ländlichen Raum brauchbar sind. Aktions- und evaluierende Forschung gewinnen im Zusammenhang mit der Durchführung und Bewertung von Entwicklungsprojekten zunehmende Bedeutung. Jede agrarpolitische Maßnahme sollte nach Möglichkeit begleitend evaluiert werden.

7.1.3 Formen ländlicher Sozialforschung

7.1.3.1 Inventuren

Inventuren sind flächendeckende landes- und volkskundliche Bestandsaufnahmen. Sie werden in der Regel von den Regierungen – in einzelnen deutschen Ländern schon seit dem 17. Jahrhundert – in Auftrag gegeben als
(1) lexikalische Beschreibungen der Wohnplätze, Gemeinden und Kreise,
(2) Gemeindestatistiken, in denen die wichtigsten Ergebnisse der periodischen Volks-, Berufs- und Betriebszählungen tabellarisch veröffentlicht werden.

Neben den amtlichen Orts- und Kreisbeschreibungen verdienen die Inventarisierungen von Ethnologen und Volkskundlern wegen ihres soziologischen Gehaltes große Beachtung. Mehrere Länder (z. B. Türkei, Iran) im Übergang zu Industriegesellschaften haben in jüngster Zeit umfassende Dorfinventuren durchgeführt.

7.1.3.2 Enqueten

Bei der Enquete-Methode wird zu einzelnen, enger umgrenzten Fragen das verfügbare Wissen zusammengetragen; man stützt sich dabei auf die amtliche Statistik, die man durch spezielle Zählungen und amtliche Auskünfte, z. B. von Bezirksregierungen und Gemeinden, ergänzt. Im deutschen Sprachraum hat ALEXANDER VON LENGERKE (1802–53) diese Methode schon 1848 zum Studium der ländlichen Arbeiterfrage benutzt. Im Verein für Socialpolitik trat sie in den beiden letzten Jahrzehnten des 19. Jahrhunderts einen wahren Siegeszug an. 1926 wurde vom Reichstag eigens ein Enquete-Ausschuß eingesetzt, dessen in zwanzig Bänden niedergelegte Agrarberichte MAX SERING in dem großen Werk über „Die deutsche Landwirtschaft unter volks- und weltwirtschaftlichen Gesichtspunkten" (1932) zusammenfaßte.

7.1.3.3 Repräsentativerhebungen

In der ländlichen Sozialforschung der Bundesrepublik Deutschland wurde erstmals 1955 eine bundesweite Repräsentativerhebung durchgeführt (WOLLENWEBER und PLANCK 1956). In der Folgezeit ist das Stichprobenverfahren, wenn immer es die Forschungsmittel erlaubten, angewandt worden. Der Vorteil des Verfahrens liegt unter anderem darin, von einer relativ kleinen Auswahl (sample) auf eine große Menge schließen zu können. Drei Arten von Auswahlverfahren unterschiedlicher Zweckmäßigkeit und Güte stehen zur Verfügung, um aus einer Grundgesamtheit eine Stichprobe zu ziehen: (1) die Stichprobe aufs Geratewohl, (2) die Auswahl nach Gutdünken (bewußte Auswahl) und (3) die Wahrscheinlichkeitsauswahl oder Zufallsauswahl. Bei wissenschaftlichen Untersuchungen ist das dritte Verfahren unbedingt vorzuziehen (vgl. BÖLTKEN 1976); es ist aber in der ländlichen Forschungspraxis nicht immer durchführbar.

Die nach den Regeln der Wahrscheinlichkeitsauswahl gezogene Stichprobe bildet die Struktur der jeweiligen Grundgesamtheit innerhalb eines Fehlerbereiches exakt ab. Eine derartige Stichprobe gilt daher als „repräsentativ". Der durch die Beschränkung auf eine Teilmenge entstehende Auswahlfehler ist berechenbar. Vorkenntnisse über die Verteilung von Merkmalen in der Grundgesamtheit sind nicht erforderlich. Dagegen muß die Grundgesamtheit abgrenzbar und faßbar sein; und hier setzen meist die Schwierigkeiten ein. Wo zuverlässige Haushalts- oder Einwohnerlisten und Gemeindeverzeichnisse vorliegen, kann der Sozialforscher problemlos seine Stichproben ziehen, sobald er dazu die amtliche Erlaubnis erlangt hat. Aber in weiten Gebieten der Erde existieren solche Listen und Verzeichnisse nicht. In solchen Fällen müssen ländliche Sozialforscher Betriebe, Haushalte, Einwohner usw. selbst auflisten.

Die Verfahren der Klumpenauswahl und der geschichteten Auswahl haben sich gerade in der ländlichen Sozialforschung bewährt, um trotz mangel- und lückenhafter Unterlagen brauchbare Stichproben zu gewinnen. Die Klumpenauswahl empfiehlt sich auch deshalb, weil es technisch fast unmöglich ist, eine Stichprobe aus einer über ein größeres Gebiet streuenden Bevölkerung zu ziehen. Bei den Repräsentativerhebungen für die ländliche Bevölkerung der Bundesrepublik Deutschland haben die Forscher meistens in einem ersten Schritt 100 bis 200 Dörfer (Klumpen) ausgewählt, aus deren Einwohnerkarteien sie dann in einem zweiten Schritt die Befragungspersonen ermittelten. Zur Klumpenauswahl benötigt man Siedlungskarten oder -verzeichnisse. Neuerdings gibt es für viele ländliche Gebiete auch Luftbilder, die als Hilfsmittel benutzt werden können.

7.1.3.4 Einzelfallstudien (Monographien)

Die Einzelfallstudie ist nach wie vor die beste Methode, um tief in ländliche Sozialprobleme einzudringen und komplexe Zusammenhänge zu erkennen. Sie ist als Erkundungsstudie (pilot study) vor Repräsentativerhebungen unentbehrlich, wenn über den Forschungsgegenstand nur wenige oder gar keine Kenntnisse vorliegen. Dies trifft in der ländlichen Sozialforschung immer wieder zu.

Auf die erste soziologische Dorfmonographie (SCHNAPPER-ARNDT 1883) folgten im Deutschen Reich bis 1945 etwa neunzig und in der Bundesrepublik Deutschland bis 1972 etwa sechzig soziologisch mehr oder weniger gehaltvolle Dorfmonographien. Weltweit berühmt geworden sind die Einzelfallstudien von ROBERT REDFIELD (1930) und OSCAR LEWIS (1960) im Dorf Tepoztlán, die ebenfalls in Mexiko entstandene Dorfmonographie Tzintzuntzán von GEORGE M. FOSTER (1967) sowie die Monographie über Tamesis/Kolumbien von EUGENE HAVENS (1966). LEWIS leitete seine Thesen von einer Subkultur der Armut und ROGERS seine Thesen von der „subculture of peasantry" zum Teil aus den Erkenntnissen dieser und ähnlicher Einzelfallstudien induktiv ab.

Der Erkenntniswert der Einzelfallstudien wird immer wieder bezweifelt, weil die Auswahl der Fälle oft nach subjektiven Gesichtspunkten und nicht rein zufällig erfolgt. Tatsächlich büßen Einzelfallstudien an Aussagekraft ein, wenn sich ein Forscher nicht um wirklich typische Fälle bemüht.

In diesem Zusammenhang muß das Problem der Verallgemeinerung von Forschungsergebnissen erwähnt werden. Bei einer flächendeckenden und eine Zielgruppe ganz erfassenden Untersuchung (Vollerhebung) kennzeichnen die Ergebnisse die jeweilige Gesamtheit. Vollerhebungen sind aber oft aus Zeit-, Geld- und Personalmangel undurchführbar, so daß mit Teilerhebungen vorlieb genommen werden muß. Teilerhebungen, die auf einer repräsentativen Zufallsauswahl beruhen, liefern ebenfalls verallgemeinerbare Ergebnisse. Unter Umständen gehen aber bei diesem Verfahren seltene Typen und Erscheinungen dem Forscher verloren. Dieser Gefahr entgeht man durch die Auswahl „typischer" Extremfälle. Der Typus repräsentiert allerdings nicht die Grundgesamtheit, sondern eine bestimmte Merkmalskombination oder einen bestimmten Sachverhalt.

Die Bildung von Typen, d. h. die Ordnung von Sachverhalten nach bestimmten Gesichtspunkten, und deren eingehende Untersuchung gehört auch in der ländlichen Sozialforschung zu den wichtigsten nicht-quantifizierbaren Erkenntnisquellen. Soll beispielsweise erforscht werden, wie sich die verschiedenen Erbsitten auf Heiratsalter und Bevölkerungsentwicklung auswirken, dann sucht der Forscher typische Siedlungen mit möglichst reiner Ausprägung der Merkmale „geschlossene Höfevererbung" und „reale Teilung des Grundbesitzes" aus und vergleicht in diesen Heiratsalter und Bevölkerungsentwicklung. Dieses Beispiel leitet über zu einer weiteren, in der ländlichen Sozialforschung häufig vertretenen Untersuchungsform, der Polygraphie.

7.1.3.5 Polygraphien

Die Befragung einer einzelnen Person, Familie oder Gruppe und die Untersuchung einer einzigen Siedlung, Genossenschaft usw. sind oft nicht zielführend, weil Vergleichsmaßstäbe fehlen und die Außenbeziehungen der personalen und sozialen Systeme nicht genügend faßbar sind. Um die Erkenntnisbasis zu verbreitern, die Beliebigkeit von Einzelobjekten zu relativieren, soziale Netzwerke zu erfassen, überlokale Verflechtungen zu berücksichtigen und gezielte Vergleiche anstellen zu können, empfiehlt sich unter Umständen anstelle der Monographie die Polygraphie, d. h. die Untersuchung mehrerer Objekte, die sich gleichen oder in bestimmten Merkmalen unterscheiden. Die polygraphische Methode hat vor allem in der Form der Regionalstudie große Bedeutung in der ländlichen Sozialforschung erlangt.

Im deutschen Sprachraum ging bereits SCHNAPPER-ARNDT bei seinen Dorfuntersuchungen im Hohen Taunus polygraphisch vor. In vorbildlicher Weise nutzte dann MARIA BIDLINGMAIER in ihrer Dissertation über „Die Bäuerin in zwei Gemeinden Württembergs" (1918) die Möglichkeiten des polygraphischen Vergleichs. Auch VON WIESE und IPSEN bedienten sich des Dorfvergleichs, indem sie die Umwelt, genauer die Siedlungsform und die Agrarverfassung, als unabhängige Variable betrachteten. Andere Forscher benützten als forschungsleitende Variable die Erbgewohnheiten, den Fremdenverkehr, die wirtschaftlichen Verhältnisse, die Stadtentfernung, die Gemeindeverfassung, den Industrialisierungsgrad oder den Grad kommunaler Aktivität.

Literatur: ALBRECHT, H. 1968, ATTESLANDER 1971, KÖNIG 1973f., Bd. 1, SCHNAPPER-ARNDT 1975.

Diskussions- und Prüfungsfragen
1. Beschreiben Sie die methodologische Entwicklung in der ländlichen Sozialforschung! Was betrachten Sie daran als Fortschritte?

2. Erklären Sie die Unterschiede zwischen Grundlagen- und Bedarfsforschung sowie zwischen Legitimations- und Entscheidungsforschung!
3. Welche Vorzüge und Nachteile haben Einzelfallstudien im Vergleich zu Repräsentativerhebungen?

7.2 Ablauf von Forschungsvorhaben

Projekte der ländlichen Sozialforschung laufen wie entsprechende Vorhaben in nicht-ländlicher Umgebung in vier Phasen ab:
1. Vorbereitung,
2. Erhebung der Daten,
3. Auswertung (Aufbereitung, Analyse, Interpretation) der Daten und
4. Darstellung der Ergebnisse.

Die 1., 3. und 4. Phase betreffen hauptsächlich Schreibtischarbeit und bieten nur die üblichen Schwierigkeiten. Dagegen wirft die 2. Phase, die Feldarbeit, eine Reihe von Sonderproblemen auf, da einige Techniken fast gar nicht, andere nur bedingt und wiederum andere besser als in anderen Sozialbereichen anwendbar sind.

7.2.1 Vorbereitung

Während der Vorbereitungsphase sind drei Arten von Arbeiten zu erledigen: Vorarbeiten, Aufstellen des Forschungsplanes und Entwicklung der Forschungsinstrumente.

Die Vorarbeiten umfassen Vorstudien, Literatur- und Quellenstudium, Sammlung „naiver" Beobachtungen, begriffliche Vorstrukturierung des Gegenstandsbereiches, Formulierung der Forschungsfragen und ihre Übersetzung in überprüfbare Hypothesen und falls erforderlich, das Einholen einer Untersuchungsgenehmigung.

Spezifische Probleme ländlicher Sozialforschung ergeben sich bei den Vorstudien und beim Einholen von Untersuchungsgenehmigungen.

Vorstudien: Zwischen Sozialforschern und ländlicher Bevölkerung kann zwar auch in industrialisierten Ländern eine kulturelle Kluft bestehen, unübersehbar tut sie sich aber bei der Erforschung ländlicher Gesellschaften in Entwicklungsländern auf, wenn der fremde abendländische oder der europäisierte einheimische Forscher auf noch weithin traditionale ländliche Gesellschaften trifft. Folgende Umstände zwingen ihn, seine abendländisch geprägten Forschungsmethoden so stark zu verändern, daß manche Autoren (vgl. PAUSEWANG 1973, S. 195 f.) sogar von „non-industrial social science" oder „counter science" sprechen:
1. Urbane Forschungstechniken
Die Techniken der empirischen Sozialforschung sind im und für den urbanisierten europäisch-amerikanischen Kulturraum entwickelt worden und setzen die dort gebräuchlichen Wertungen, Begriffe, Denk- und Verhaltensweisen voraus. Da im ländlichen Bereich, vor allem in Entwicklungsländern, ganz andere Verhaltensmuster und Wertordnungen gelten, können die vorgefertigten Lösungen für Forschungsprobleme nicht ohne weiteres übertragen werden.
2. Fehlen adäquater Rollenmuster im ländlichen Repertoire
Kennzeichnend für das Land ist es, daß das Rollenverhalten in bestimmten Situationen besonders detailliert vorgeschrieben ist und streng darauf geachtet wird, daß alle dem üblichen Muster folgen. Für die Situation des Forschungsinterviews steht nur dem Interviewer, nicht aber dem Bauern, der interviewt wird, ein situationsgerechtes Rollenmuster zur Verfügung. Um die Situation zu meistern, wird deshalb der Bauer irgendein ihm geläufiges Rollenmuster wählen, das ihm angemessen erscheint. Er kann z. B. die Rolle des Gastgebers (Gespräch), des Schülers (Prüfung), des Untergebenen (Befehlsempfang) oder des Angeklagten (Verhör) wählen. Für den

Ablauf des Interviews und das Verhalten des Interviewers hat das erhebliche Konsequenzen. Wird die Gastgeberrolle gewählt, dann wird vom Interviewer erwartet, sich wie ein Gast zu verhalten: in orientalischen Ländern muß er z. B. das Begrüßungs- und Teezeremoniell über sich ergehen lassen und belanglose Konversation treiben, ehe er auf den eigentlichen Zweck seines Besuches zu sprechen kommen kann. Er kann Verwandte und Freunde, die zu seiner Begrüßung gekommen sind, nicht „neutralisieren", indem er sie einfach wegschickt. Er würde das Gastrecht verletzen durch Fragen, die als ungehörig gelten.

3. Mangel an Vorverständnis und schriftlichen Quellen

Das ländliche Forschungsfeld ist dem Wissenschaftler oft nicht genügend vertraut. Vor allem pflegt ihm das kulturelle Erbe an Vorwissen zu fehlen, das er sich bezüglich seiner eigenen Kultur erworben hat und das im europäisch-amerikanischen Kulturkreis in vielen schriftlichen Quellen niedergelegt ist. Dieses Handicap wird solange fortbestehen, wie sich die Autoren von Entwicklungsländerstudien über ihr methodisches Vorgehen ausschweigen oder entscheidende Einzelheiten nicht veröffentlichen.

4. Heterogenität der Regionen

Schon der ländliche Raum industrialisierter Länder zeigt eine große Vielfalt regional begrenzter Charakteristika (z. B. Dialekte, Bräuche); die ländliche Vielfalt in Entwicklungsländern ist fast unübersehbar. In den meisten schwarzafrikanischen Staaten leben Dutzende von Volksstämmen mit unterschiedlichen Sprachen und Dialekten, unterschiedlichen Agrarsystemen und Religionen; in Hinterindien und Ozeanien heben sich eingewanderte Landbewohner (z. B. Chinesen) scharf von der Urbevölkerung ab, und Indien wird zu Recht als ein Subkontinent bezeichnet, weil dort besonders mannigfaltige Unterschiede von Region zu Region zu beobachten sind. Forschungsergebnisse, die in begrenzten Regionen gewonnen wurden, lassen sich daher selten verallgemeinern.

Der Sozialforscher vermag also nur dann eine geeignete Forschungsstrategie zu entwickeln, wenn er sich in ausgedehnten Vorstudien so eingehend wie möglich mit dem kulturellen Kontext seiner Zielgruppe vertraut gemacht hat. Unter Umständen muß er eine Sprache lernen, die in der ausgewählten Region verstanden wird.

Forschungsgenehmigung: Viele Regierungen, nicht nur in der Dritten Welt, verlangen von Forschern, ganz besonders von ausländischen, daß sie um Genehmigung zur Forschung nachsuchen. Forschungsvorhaben aus dem Bereich der Sozialforschung, und hier ganz besonders der ländlichen, wird oft die Genehmigung versagt. Der Grund liegt darin, daß ländliche Sozialforschung selten „reine" Wissenschaft ist, sondern meistens auf Problemanalysen und -lösungen abzielt. Letztere bestehen in den Entwicklungsländern vor allem darin, die Lebensbedingungen auf dem Lande zu verbessern, die menschliche Würde zu erhöhen sowie Unterdrückung und Diskriminierung zu beseitigen. Damit verpflichtet sich der Forscher mehr den Menschen, die er untersucht, als seiner Forschungsinstitution oder seinen Auftraggebern, denen in industrialisierten Ländern gewöhnlich seine Loyalität gilt. Sozialforscher, die sich mit den ländlichen Unterschichten befassen, laufen überall dort Gefahr, mit der politischen Macht zusammenzustoßen, wo die politischen Führer totalitäre Ideologien vertreten oder korrupt und in partikulare Interessen verstrickt sind. In allen Ländern, in denen die politischen Autoritäten das Wohl ihrer Völker vernachlässigen, wird Sozialforschung in den Augen der Machthaber zu einer subversiven Tätigkeit. Sozialforscher geraten unter solchen Umständen leicht in Konflikt mit den Behörden, werden deportiert oder gar wegen (Sozial-)Spionage ins Gefängnis geworfen.

Die Aufstellung des *Forschungsplanes* – die Wahl der Untersuchungsanordnung, der Erhebungs- und Auswertungstechniken, die Abgrenzung des Forschungsprojektes nach Untersuchungsraum, -zeit, -problem und -einheit, die Festlegung der Kriterien und Verfahren zur Auswahl der Zielgebiete, -gruppen und -personen, die Aufstellung eines Arbeits-, Zeit- und Finanzierungsplanes usw. – wirft in der ländlichen Sozialforschung keine Sonderprobleme auf.

Bei der Entwicklung der *Forschungsinstrumente* – Operationalisierung zentraler Begriffe, Suche geeigneter Indikatoren, Konstruktion von Skalen, Indizes und Fragebogen, Tests der Instrumente auf Zuverlässigkeit, Gültigkeit und Anwendbarkeit auf die Zielgruppe usw. – übersteigt der Testvorgang in der ländlichen Sozialforschung den sonst üblichen Schwierigkeitsgrad. Je fremder die zu untersuchenden Kulturen und Subkulturen dem Forscher sind, desto schwieriger ist es für ihn festzustellen, ob seine Instrumente tatsächlich das messen, was sie messen sollen (construct validity), und ob seine Meßergebnisse mit den zu messenden Sachverhalten übereinstimmen (empirische Gültigkeit). Landleute antworten bei Interviews oft gar nicht im Sinne der gestellten Fragen. Deshalb sind an der Gültigkeit vieler Untersuchungsergebnisse ernstliche Zweifel angebracht.

7.2.2 Datenerhebung

In dieser Phase treten in der ländlichen Sozialforschung die größten Schwierigkeiten und einige Sonderprobleme auf. Deshalb gilt es besonders sorgfältig zu prüfen, ob die Methode der Zählung, Beobachtung, Befragung oder eine andere die besseren Ergebnisse bringt.

7.2.2.1 Zählung

Auf der Methode der Zählung beruht die Sozialstatistik. Darunter verstehen wir zahlenmäßige Massenerhebungen sozialer Tatbestände wie Geschlecht, Alter, Religionszugehörigkeit, Beruf usw. Die Sozialstatistik ist auch für die ländliche Sozialforschung unentbehrlich. Sie ist das wichtigste Instrument, um die Struktur einer Bevölkerung zu durchleuchten und um genauere Vorstellungen von Umfang und Verbreitung sozial bedeutsamer Tatbestände zu gewinnen. Darüber hinaus liefert sie die Unterlagen für repräsentative Stichproben und die Auswahl von typischen Fällen.

Bei Zählungen tauchen im ländlichen Raum Kosten-, Transport-, Mitarbeiter- und Verständigungsprobleme auf. Zuverlässige Zählungen durchzuführen, ist vor allem aus folgenden Gründen schwierig:
(1) Wegen geringer Bevölkerungsdichte und vorherrschender Streusiedlung sind die Kosten von Vollerhebungen relativ hoch.
(2) Manche Siedlungen und Bevölkerungsteile (z. B. Nomaden) sind jahreszeitlich (Regenzeit, Winter) überhaupt nicht zu erreichen.
(3) Es finden sich nicht immer genügend zuverlässige Zähler.
(4) Die Auskunftsbereitschaft der Landleute ist in traditionalen Gesellschaften gering, weil sie den Sinn eines Zensus nicht verstehen oder Nachteile befürchten (Steuerfurcht). Bauern in aller Welt neigen dazu, weniger Tiere anzugeben, als sie tatsächlich besitzen. Dasselbe gilt für Ackerflächen, Baumbestände, Erträge und Einkommen. In einigen afrikanischen Gesellschaften sind kaum Auskünfte über Eigentum an Vieh erhältlich, da die Eigentümer ihre Tiere bei Verwandten, Freunden und Schuldnern „verstecken", um einerseits das Futter- und Krankheitsrisiko zu verteilen und andererseits dem Neid und der Habsucht von Feinden weniger Anhaltspunkte zu bieten.
(5) Manche Fragen werden bewußt falsch beantwortet, um Gesetzesübertretungen zu verschleiern (Gesetzesfurcht). Ein Beispiel: Wenn das gesetzliche Heiratsalter 15 Jahre beträgt, wird auch das Lebensalter der vor diesem Alter verheirateten Frauen mit mindestens 15 Jahren angegeben. Andererseits wird das Alter junger Männer oft zu niedrig angegeben, um sie noch für einige Zeit vom Militärdienst zu verschonen. Bewußt falsche Angaben sind auch auf Fragen nach der Verschuldung eines Bauern zu erwarten. Entweder verschweigt er Schulden, weil er Angst hat, keine weiteren Kredite zu erhalten, oder er macht überhöhte Angaben, weil er hofft, dadurch seine schlechte Lage zu bekräftigen oder seine Kreditwürdigkeit zu demonstrieren (vgl. CHUKWU 1976).

(6) Manche Fragen werden unabsichtlich falsch beantwortet, weil die Dorfbewohner die richtige Antwort gar nicht kennen, z. B. Fragen nach dem Lebensalter älterer Personen, nach dem Einkommen (der größte Teil ist Naturaleinkommen), nach Todesursachen. Bauern wissen oft nicht, wie groß ihre Betriebsflächen sind, da diese nicht vermessen sind oder Maßeinheiten geläufig sind, die auf Arbeitsbedarf (z. B. Morgen, Tagwerk, Joch), Aussaatmenge usw. beruhen.

(7) Manche Fragen werden nicht beantwortet, weil ihr Gegenstand tabuisiert ist wie in orthodoxen mohammedanischen Dörfern Fragen nach weiblichen Familienangehörigen und in Schwarzafrika Fragen nach Zauberei. In Äthiopien glauben die Landleute, das Menschenzählen bringe Unglück.

(8) Manche Tatbestände schwanken saisonal besonders stark, z. B. Beschäftigungsverhältnisse.

(9) Spezielle Probleme werfen Zählungen bei wandernden Bevölkerungskategorien auf.
 - Es ist schwierig, Nomaden beim Übergang zu Halbnomadismus und Seßhaftigkeit zu kategorisieren.
 - Wanderungen über Verwaltungsgrenzen werfen Probleme der räumlichen Zurechnung und der statistischen Erfassung auf.
 - Manche Regierungen sind bestrebt, nomadische Minderheiten möglichst klein in der Statistik erscheinen zu lassen.
 - Umgekehrt geben manche Nomadenstämme aus Prestigegründen die Zahl ihrer Mitglieder zu hoch an.
 - Andere Nomadenstämme versuchen, sich der statistischen Erfassung zu entziehen, um der Besteuerung oder dem Militärdienst zu entgehen.

7.2.2.2 Beobachtung

In der ländlichen Sozialforschung nimmt die Beobachtung einen hervorragenden Platz ein. Vieles, was ein Forscher gerne wissen möchte, kann nicht erfragt werden, weil es für einfache Menschen zu abstrakt ist, sie über bestimmte wissenswerte Dinge noch nie nachgedacht haben oder weil in ihrer Sprache die erforderlichen Begriffe fehlen. Wenn sich die Untersuchungspersonen nicht ausdrücken können oder der Forscher sie nicht verstehen kann, dann müssen ihre Wertvorstellungen, Einstellungen, Meinungen usw. aus ihrem Verhalten erschlossen werden. Dazu eignet sich besonders gut die „teilnehmende Beobachtung". Sie ermöglicht es dem Forscher, die inneren und äußeren Verhaltensmuster einer kleinen Gruppe zu erleben und zu erfahren.

Kennzeichnend für diese Technik ist es, daß der Forscher in dem zu beobachtenden sozialen System Rollen übernimmt, die es ihm erlauben, „verdeckt" oder „offen" an den Gruppenaktivitäten teilzunehmen. Was muß er dabei beachten?

1. Der Sozialwissenschaftler kommt gewöhnlich als „Fremder" ins Dorf (vgl. SIMMEL 1968, S. 509–512). In den ersten Wochen seines Aufenthaltes muß er sich möglichst oft möglichst vielen Dorfbewohnern zeigen, bis er zu einer alltäglichen Erscheinung geworden ist. Während dieser „diplomatischen Phase" muß der Forscher verhindern, einer bestimmten Schicht oder Partei des ihm unbekannten Systems zugeordnet zu werden. Er ist zunächst einmal darauf angewiesen, Beziehungen zu möglichst vielen Mitgliedern des Dorfes aufzubauen. Sein Beobachtungs- und Kommunikationsradius ist relativ weit, weil sein Verhalten noch nicht auf eine bestimmte Position festgelegt ist.

2. Je länger der Beobachter im Dorf weilt, desto weniger paßt zu ihm die Rolle des Fremden, die gerade den Vorteil hat, relativ unvoreingenommen beobachten zu können und alltägliche Verhaltensweisen distanziert zu erleben. Nach einiger Zeit wird der Forscher unweigerlich in die Streitigkeiten und Rivalitäten innerhalb des Dorfes hineingezogen: er wird genötigt, für die eine oder andere Seite Partei zu ergreifen, eine politische Kandidatur zu

unterstützen, als Zeuge in einem Rechtsstreit aufzutreten, als Anwalt in einer Auseinandersetzung zu fungieren usw. Dadurch verliert er mehr und mehr den Status eines neutralen Beobachters. DETLEF KANTOWSKY (1969, S. 430) behauptet zu Recht, „daß die teilnehmende Beobachtung überhaupt nur dann als Methode der empirischen Sozialforschung anwendbar ist, wenn der Forscher trotz seiner Teilnahme Distanz zu den Beobachtungsobjekten des sozialen Systems zu halten vermag... Der Feldforscher, ‚who goes native', hört auf, Soziologe oder Anthropologe zu sein".
3. Ein ernstes Handicap der Beobachtung ist die dem Menschen eigentümliche selektive Wahrnehmung. Man registriert im Dorf unwillkürlich besonders jene Sachverhalte, die man aus der Lektüre oder aus Erzählungen schon kennt oder die als besonders fremdartig ins Auge fallen. Erst allmählich wird man „offener für die Aufnahme neuer Beobachtungen zusätzlich zu denen, die bestätigen und widerlegen, was andere an anderer Stelle schon erhoben und beschrieben haben" (KANTOWSKY 1970, S. 15).
4. In den meisten ländlichen Gebieten der Erde sind Sozialforscher nahezu gezwungen, in den Häusern der Wohlhabenden zu verkehren, da es zu deren Aufgaben gehört, Gäste des Dorfes zu bewirten. Obwohl die Normen des Dorfes und die Erwartungen der Dorfbewohner den Forscher der Oberschicht zuordnen, verlangt seine Forschungstätigkeit häufige Kontakte mit den unteren Schichten, die die Mehrheit der Dorfbewohner ausmachen.
5. Auch in der marginalen Rolle des Fremden kann der teilnehmende Beobachter nicht verhindern, sein Untersuchungsfeld zu beeinflussen, weil Beobachter und Beobachtete eine Handlungseinheit bilden. Mehr als bei anderen Techniken der empirischen Sozialforschung werden daher die Daten teilnehmender Beobachtung durch die Anwesenheit des Forschers verzerrt. Dieser sollte deshalb die Subjektivität seiner Beobachtungen transparent machen.
6. Je fremder und „verschlossener" das zu untersuchende Sozialsystem ist, desto wichtiger ist es, einen „beobachtenden Teilnehmer", z. B. den Dorflehrer, zur Mitarbeit zu gewinnen.

7.2.2.3 Befragung

Die Befragung gilt weithin als der „Königsweg" der empirischen Sozialforschung. Es ist aber zu prüfen, wieweit dieser Weg auch in der ländlichen Sozialforschung gangbar ist. Hier treten nämlich – besonders ausgeprägt bei Untersuchungen in fremden Kulturen – drei Schwierigkeiten auf: die Bedeutungsäquivalenz, die Begriffsäquivalenz und die Äquivalenz der kulturellen Variabilität (vgl. LUPRI 1969).

(1) Bedeutungsäquivalenz
Eine Befragung kann nur dann gültige Ergebnisse zeitigen, wenn der Befragte die Fragen genauso versteht, wie der Forscher sie meint. Die Bedeutung von Wörtern und Sätzen ist jedoch keineswegs die gleiche in Stadt und Land. Es ergeben sich ferner Unterschiede von Stamm zu Stamm und von Region zu Region. Die Fragen des Forschers müssen sinngemäß in die Sprache der Befragten übersetzt werden. Wie bei allen Übersetzungen können sich auch hier systematische Fehler einschleichen, unter denen Objektivität und Vergleichbarkeit leiden. Wenn Forschungsfragen in fremde Sprachen, womöglich solche schriftloser Kulturen, übersetzt werden müssen, hat der Forscher nur durch nochmalige Rückübersetzung eine begrenzte Kontrolle über die Richtigkeit der Übersetzung. Jedoch kann schon eine leichte Veränderung der Betonung eines Wortes durch den einheimischen Interviewer – vom Forscher unbemerkt – einer Frage einen anderen Sinn geben.

Um die Bedeutungsäquivalenz zu sichern, hat man auch vorgeschlagen, anstelle von verbalen Fragen andere Stimuli (Bilder, Graphiken, Gegenstände) zu verwenden. Aber auch damit ist keine vollkommene Gleichheit der Bedeutung zu erreichen, denn auch visuelle Stimuli unterliegen kulturellen Einflüssen und werfen daher Äquivalenzprobleme auf. Der sicherste Weg, die

Äquivalenz der Bedeutung einigermaßen zu gewährleisten, ist die Befragung durch den Forscher selbst. Der geübte Forscher merkt eher, ob eine Frage anders als gemeint verstanden wird, und wird sich um sinngemäße Antworten bemühen. Muß er durch einen Dolmetscher sprechen, dann sind ihm allerdings Grenzen gesetzt, die in der Tüchtigkeit des Übersetzers begründet liegen. Muß der Forscher ein größeres Sample mit einem Interviewerteam befragen, dann müssen Mißverständnisse bei den Pretests erkannt und ausgeräumt werden. Pretests sind in der ländlichen Sozialforschung unabdingbar und müssen besonders sorgfältig durchgeführt werden.

(2) Begriffsäquivalenz
Die Begriffe, die bei einer Befragung verwendet werden, sollten alle Befragten gleichsinnig verstehen. Ein Beispiel: Unter einer Genossenschaft verstehen wir in der Bundesrepublik Deutschland den freiwilligen Zusammenschluß sozial schwacher Wirtschaftssubjekte zur Selbsthilfe. In diesem Sinne sind auch die „Harasseh" in der iranischen Provinz Fars echte Genossenschaften. Fragt man jedoch die Bauern in dieser Provinz, was sie unter einer Genossenschaft verstehen, so antworten die meisten: eine Kreditanstalt. Für sie ist Genossenschaft kein sozialökonomisches Gebilde, sondern der Vorgang der Kreditvergabe und Schuldentilgung, verkörpert in der mehr oder weniger sympathischen Person des Inspektors. Besondere Vorsicht ist bei Maßen und Gewichten geboten. Oft bezeichnen die gleichen Begriffe verschiedene Mengen oder verschiedene Begriffe gleiche oder ähnliche Mengen.

In der ländlichen Sozialforschung tritt als weitere Schwierigkeit auf, daß die meisten Landbewohner nicht gewohnt sind, begrifflich zu denken. Bauern denken gegen- und zuständlich. Zum Teil sind sie auch noch in magischen und mystischen Denkvorstellungen verhaftet. Demgegenüber versagt die moderne wissenschaftliche Denkweise. Aufgabe der Sozialforschung kann es aber gerade sein, in diese Gedanken- und Gefühlswelt einzudringen, weil hier Barrieren der Entwicklung zu vermuten sind.

(3) Äquivalenz der kulturellen Variabilität
Zu den Eigenheiten des ländlichen Raumes gehört es, daß einerseits innerhalb einer Siedlung ein weitgehend einheitlicher kultureller Konsens besteht, daß aber von Dorf zu Dorf erhebliche Unterschiede auftreten. Man findet bei international vergleichenden Studien oft, daß die Abweichungen innerhalb eines Landes größer sind als die Abweichungen zwischen den Ländern. Deshalb kann es für viele Zwecke vorteilhafter sein, z. B. deutsche Mittelgebirgsdörfer mit deutschen Flachlanddörfern und Norditalien mit Süditalien zu vergleichen als „Durchschnittsdeutschland" mit „Durchschnittsitalien".

Befragungen stoßen in ländlichen Gebieten auf eine weitere Schwierigkeit: Das Interviewtwerden gehört auf dem Lande nicht zu den normalen und alltäglichen Situationen. HENRIK KREUTZ (1972) meint daher, der Hauptfehler schleiche sich durch die unrealistische Situation der Befragung ein. Außerdem dient Sprache innerhalb einer Dorfbevölkerung eher dazu, eine äußere Koordination der Handlungen verschiedener Personen zu ermöglichen, als Meinungen, Einstellungen und Verhaltensweisen zu reflektieren. Ein Interview ist daher eine ganz und gar ungewöhnliche Situation. Der ländliche Befragte wird sich also an Dialekt, Kleidung und Gehaben des Interviewers sowie an den mutmaßlichen Absichten des hinter dem Interviewer vermuteten Auftraggebers zu orientieren versuchen. Mißdeutungen der Situation entstehen nicht nur in Entwicklungsländern aus der Erwartung der Dorfbewohner, die Befragung bereite eine für sie positive Aktion vor, z. B. den Bau eines Brunnens oder die Gewährung von Agrarkrediten, oder sie gereiche ihnen zum Schaden (Steuerfahndung). Dadurch ändert sich die Motivierung der Befragten, sie werden z. B. keine Antworten geben, die ihre Kreditwürdigkeit in Frage stellen könnten.

Menschen in ländlichen Gebieten sind nicht gewohnt, Fragen kurz und genau zu beantworten. Oft verbieten ihnen kulturelle Verhaltensmuster Antworten zu geben, die ihren Gast, den

Forscher, ihrer Meinung nach kränken oder beleidigen könnten. Soziale Normen schließen Antworten aus, die ein schlechtes Licht auf die eigene Lokalgruppe und Familie werfen. In manchen ländlichen Regionen gehört es zu den Regeln der Höflichkeit, einem höhergestellten Menschen nicht zu widersprechen. Der als „höher" empfundene Forscher (und meistens auch seine Interviewer) erhält in solchen Fällen kaum Nein-Antworten. ROGERS berichtet von einem kolumbianischen Bauern, der auf die Frage, ob seine Eltern noch lebten, antwortete: „Si Señor, ... aber sie sind beide tot." Es gehört viel Erfahrung, Takt und Einfühlungsvermögen dazu, Leute zu befragen, zu deren normalen Verhaltensmustern – sei es aus Höflichkeit oder Mißtrauen – Umschweife, Heuchelei oder Verheimlichung gehören. Man muß ferner wissen, daß quantitative Angaben oft nur qualitative Bedeutung haben; z. B. bedeutet die Angabe „tausend Schafe" nicht 1000 Stück, sondern einfach „viele Schafe".

Die wichtigsten Regeln für das Interview im ländlichen Milieu lassen sich in zehn Punkten zusammenfassen:
1. Man muß zuerst versuchen, geeignete Interviewer zu finden.
2. Das offene Gespräch ist zu bevorzugen.
3. Obwohl das schriftliche Interview umfangreicher sein kann, hat es für Umfragen auf dem Lande, mit Ausnahme sehr hoch entwickelter, urbanisierter Gebiete, kaum eine Bedeutung.
4. Wenn ein standardisierter Fragebogen unvermeidbar ist, muß ein einleitendes Gespräch geführt werden.
5. Wenn man einen standardisierten Fragebogen verwendet, sollte man geschlossene Fragen und Dichotomien möglichst vermeiden. Interviews an Hand eines Gesprächsleitfadens sind häufig standardisierten vorzuziehen.
6. Man muß alltägliche Vokabeln verwenden und sollte nur nach konkreten, örtlich bekannten Dingen und Personen fragen.
7. Projektive Tests, vielgliedrige Alternativ- und Ordnungsfragen und ähnliche „raffinierte" Techniken überfordern ländliche Befragungspersonen in der Regel.
8. Es scheint so, als ob beim Interview mit Landbewohnern Stadt-Land-Konflikte und Ressentiments abgebaut würden. Oft nimmt das Gespräch geradezu einen psychotherapeutischen Verlauf (klinisches Interview).
9. Die Unterhaltung muß behutsam geführt werden. Dabei muß man daran denken, daß bei einem klinischen Interview verborgene Tatbestände entdeckt werden können.
10. Der Interviewer sollte erkennen, wann er die Unterhaltung abbrechen muß, um das Interview zu beenden.

Man muß sich bei der Auswertung der Antworten darüber im klaren sein, daß sich die Befragten so darstellen, wie sie gesehen werden wollen (Selbstbild). Auch grundehrliche Landleute geben im Gespräch nur einen kleinen, meist recht oberflächlichen Ausschnitt ihres sozialen Systems preis.

7.2.2.4 Sonstige Methoden

Es bestehen keine grundsätzlichen Bedenken, die sonstigen Erhebungsmethoden auch im ländlichen Milieu zu benutzen. Als gut geeignet hat sich die Gruppendiskussion erwiesen, da sie natürlichen Gesellungsformen auf dem Lande nahekommt. Häufig geraten Befragungen von Einzelpersonen unfreiwillig zu Gruppendiskussionen, wenn der Forscher hinzukommende Familienangehörige, Verwandte, Nachbarn oder Freunde des Interviewten nicht davon abhalten kann, dem Interview beizuwohnen und sich in die Befragung einzumischen. Die Dokumentenanalyse ist zwar anwendbar, aber subjektive Zeugnisse in schriftlicher Form (Tagebücher, Briefe, Verträge, Rechnungsbelege) finden sich bei einer weithin analphabetischen oder „schreibfaulen" Landbevölkerung selten. Soziometrische Methoden sind öfter verwendet worden, um die sozialen Beziehungen zwischen den Bewohnern eines Dorfes zu erforschen (vgl. Abb. 15). Auch von der Methode der sozialgeographischen Kartierung wird man gerade in der ländlichen Sozialforschung Nutzen haben. Man kann damit räumliche Verbreitungen und Variationen von sozialen Merkmalen ebenso sichtbar machen wie funktionale Verflechtungen im Raum. Experimentelle Methoden und die Simulation sozialer Vorgänge sind auch in der ländlichen Sozialforschung anwendbar. Der Erforscher ländlicher Verhältnisse hat allerdings selten die Möglichkeit, Experimente selbst anzustellen. Es werden ihm aber durch beabsichtigte und unbeabsichtigte Landentwicklung unablässig experimentelle Situationen zugespielt. Zahlreiche Entwicklungsmaßnahmen können als Experimente aufgefaßt werden, an denen durch Vor- und Nachuntersuchungen die Reaktionen auf Reize (der Bau einer Brücke beeinflußt Außenkontakte, die Gründung einer Genossenschaft das Wirtschaftsverhalten, die Abschaffung der Dorfverwaltung die Ortsbezogenheit usw.) überprüft werden können, ohne daß der Forscher diese Reize (Stimuli) selber einführen müßte.

Wenn auch grundsätzlich alle Instrumente der Sozialforschung im ländlichen Raum eingesetzt werden können, muß man doch davor warnen, sie unbesehen auf ländliche Verhältnisse zu übertragen.

7.2.3 Datenaufbereitung und -auswertung

In der Phase der Fehlerkontrolle der erhobenen Daten, der Bildung von Indizes und neuen Variablen, der Kodierung, der Übertragung auf Zählblätter oder andere Datenträger, der Tabellierung und der Auswertung (Häufigkeitsverteilungen, Klassifikationen, Prüfung der Existenz von Zusammenhängen) zeigt die ländliche Sozialforschung keine Besonderheiten.

7.2.4 Darstellung und Veröffentlichung der Ergebnisse

Besonderheiten der ländlichen Sozialforschung treten hingegen bei der Präsentation und Interpretation der Untersuchungsergebnisse und bei der Veröffentlichung des Forschungsberichtes auf.

Weil über viele ländliche Gesellschaften wenig bekannt ist, kann der Forscher seine Untersuchungsergebnisse oft nicht im Licht reichlicher Vorkenntnisse deuten. Vielmehr ist er gezwungen, nahezu den gesamten soziokulturellen Kontext seiner Untersuchungspersonen im Ergebnisbericht darzustellen, um seine Resultate verständlich zu machen. Deshalb werden solche Darstellungen meistens verhältnismäßig umfangreich.

Ein weiteres Problem sind die kulturgebundenen Begriffe und Denkmodelle, auf denen die Interpretation der Daten aufgebaut werden muß, um sie einer weltweiten Forschergemeinde verständlich zu machen. Obwohl manche Autoren sich damit behelfen, spezielle Begriffe in der Originalsprache zu belassen (z. B. das Kisuaheliwort ujamaa), kommen sie nicht daran vorbei, diese in international verständlicher Weise zu umschreiben. Dabei kann es durchaus sein, daß die Weltsprachen dafür keinen treffenden Ausdruck haben.

Bei der Veröffentlichung ihrer Ergebnisse stoßen ländliche Sozialforscher – vor allem in der Dritten Welt – häufiger als andere Wissenschaftler auf das Mißtrauen von Behörden und Politikern. Kritische Berichte, in denen Mißstände aufgedeckt werden, verschwinden oft für immer in den Schubladen von Agrarministerien, Agrarreformbehörden oder Genossenschaften. Manche Länder erlauben ausländischen Forschern nicht, ihr Datenmaterial mit nach Hause zu nehmen; sie sichern sich auf diese Weise sowohl den Ertrag der Forschung als auch die Kontrolle über seine Verwendung. Ländliche Sozialforscher sehen sich mitunter genötigt, einen Teil ihrer Ergebnisse der Öffentlichkeit vorzuenthalten, weil eine Publikation ihren Informanten schaden könnte oder sie selbst Gefahr laufen würden, nicht mehr in ihr Untersuchungsdorf oder in ihr Gastland zurückkehren zu dürfen.

Literatur: KANTOWSKY 1969, MAI 1976, PAUSEWANG 1969, SCHÖNHERR und BADAL SEN GUPTA 1975, WARREN 1955, YANG 1955.

Diskussions- und Prüfungsfragen
1. Welche spezifischen Aufgaben hat der ländliche Sozialforscher schon bei den Vorarbeiten für ein Forschungsvorhaben zu lösen?
2. Beschreiben Sie die Probleme, die in ländlichen Räumen beim Ziehen von Stichproben auftreten!
3. Welche Schwierigkeiten stehen exakten Zählungen bei ländlichen Bevölkerungen entgegen?
4. Warum soll der Sozialforscher unbedingt Distanz zu den Objekten seiner Forschung halten, wenn er die Methode der teilnehmenden Beobachtung anwendet?
5. Welche Bedeutung haben Bedeutungsäquivalenz, Begriffsäquivalenz und Äquivalenz der kulturellen Variabilität bei Befragungen im ländlichen Raum?
6. Es wird behauptet, der Hauptfehler bei Befragungen im ländlichen Raum schleiche sich durch die unübliche Situation des Interviews ein. Erklären Sie diese Behauptung!

7.3 Thematik

7.3.1 Forschungsschwerpunkte der deutschen ländlichen Sozialforschung

(1) Den Auftakt zu den großen sozialreformerisch motivierten Enqueten des 19. Jahrhunderts bildete in Deutschland VON LENGERKES Untersuchung über die *ländliche Arbeiterfrage* (1849). Nach der Reichsgründung fand zum gleichen Thema eine zweite große Umfrage statt, deren Auswertung dem Agrarökonomen VON DER GOLTZ übertragen wurde. Der 1872 gegründete Verein für Socialpolitik, eine Vereinigung sozialpolitisch engagierter Wissenschaftler, wiederholte in den Jahren 1891–92 die Arbeiterenquete.[1] Unter den fünf Bearbeitern des umfangreichen Materials befand sich auch der junge MAX WEBER. Er setzte 1899 im Auftrag des Evangelisch-Sozialen Kongresses die Landarbeiterforschung fort. Im ersten Jahrzehnt des 20. Jahrhunderts untersuchte HERMANN VON WENCKSTERN die Existenzbedingungen deutscher Landarbeiter (1902–06, 1909, 1911).

(2) Im Westen und Süden des Reiches galt die agrarsoziale Forschung mehr den *bäuerlichen Zuständen*. Die Ergebnisse der großen Enqueten füllen drei Bände des Vereins für Socialpolitik (1883). Darunter ragt besonders die Berichterstattung des badischen Agrarpolitikers BUCHENBERGER hervor. Es folgten zahlreiche Dissertationen über die sozialen und ökonomischen Verhältnisse in einzelnen Gemeinden oder Landkreisen. Nach dem Zweiten Weltkrieg nahmen die in der Forschungsgesellschaft für Agrarpolitik und Agrarsoziologie zusammengeschlossenen Institutsleiter das Thema in dem bundesweiten Forschungsvorhaben „Lebensverhältnisse in kleinbäuerlichen Dörfern" (1952–53) wieder auf. 1972–74 wurde diese Untersuchung wiederholt.

(3) Die Fragestellung, was hat sich in der Zwischenzeit verändert und welchen Einfluß haben politische Maßnahmen gehabt, ist typisch für die ländliche Sozialforschung der Nachkriegszeit, die überwiegend unter dem Zeichen des *sozialen Wandels* stand. Als wichtige Triebkräfte des sozialen Wandels wurden technischer Fortschritt, Industrialisierung und Urbanisierung erkannt. Dem Einfluß städtischer Zentren und Industrien auf das Dorfleben und das Verhalten

---

[1] Der Verein für Socialpolitik behandelte in den achtziger und neunziger Jahren folgende agrarsoziologisch bedeutsamen Themen:
Grundeigentumsverteilung, bäuerliches Erbrecht und Erbrechtsformen, Erhaltung bäuerlichen Grundbesitzes, innere Kolonisation, Wucher auf dem Lande und ländlicher Personalkredit, Reform der Landgemeindeordnung.

der Landwirte ist eine Reihe von Untersuchungen gewidmet worden, von denen wenigstens die „Darmstadt-Studie" (KÖTTER, GRÜNEISEN, TEIWES, 1952) sowie die Untersuchungen von WURZBACHER und PFLAUM (1954) und von VAN DEENEN (1961) erwähnt seien.
(4) Ein viertes Thema, das die Agrarsoziologen über Jahrzehnte beschäftigte, ist die *Herkunft, Verteilung und Vererbung landwirtschaftlichen Grundeigentums.* Als erster setzte sich AUGUST VON MIASKOWSKI (1838–99) in einem mehrbändigen Werk mit dem Erbrecht und der Grundeigentumsverteilung im Deutschen Reich (1882–84) auseinander. Auf der Grundlage von 17000 Berichten von Richtern und Landräten verfaßte SERING das fünfbändige Werk „Die Vererbung des ländlichen Grundbesitzes im Königreich Preußen" (1899–1908). Nach dem Ersten Weltkrieg weitete er zusammen mit CONSTANTIN VON DIETZE diese Erhebungen unter der Fragestellung „Wie hat die Umgestaltung der wirtschaftlichen Verhältnisse nach dem Kriege auf die Familienverfassung, die Bevölkerungsbewegung und die Vererbungsgewohnheiten eingewirkt?" auf das gesamte deutsche Reichsgebiet und auf benachbarte Länder aus. Nach dem Zweiten Weltkrieg befaßte sich vor allem RÖHM mit den Erbgewohnheiten und den sich daraus ergebenden Strukturproblemen.
(5) Ein fünftes Thema der Agrarsoziologie ist die *Abwanderung.* Es klang zum ersten Mal in einer Arbeit von FRIEDRICH LIST (1789–1846) über „Die Ackerverfassung, die Zwergwirtschaft und die Auswanderung" (1842) an, um dann erst wieder 1910 von SERING in einer Abhandlung über „Die Verteilung des Grundbesitzes und die Abwanderung vom Lande" aufgegriffen zu werden. Dann wurde es vor allem in Österreich weiter bearbeitet, wo der Rückgang der bäuerlichen Siedlung in den Alpen die verantwortlichen Politiker aufschreckte. Aus der Feder des ersten Bundespräsidenten der Republik Österreich, MICHAEL HAINISCH, stammt das grundlegende Werk „Die Landflucht, ihr Wesen und ihre Bekämpfung im Rahmen einer Agrarreform" (1924). Es folgte 1933 von dem Statistiker QUANTE das Buch „Die Flucht aus der Landwirtschaft". Umfangreiche Enqueten zur Landfluchtfrage wurden noch kurz vor dem Ausbruch des Zweiten Weltkriegs eingeleitet, deren Ergebnisse – allerdings nur teilweise – von K. MEYER, K. THIEDE und U. FROESE unter dem Titel „Die ländliche Arbeitsverfassung im Westen und Süden des Reiches" (1941) veröffentlicht wurden.
(6) Vor allem zwischen den beiden Weltkriegen hoffte man durch eine aktive *Siedlungspolitik* sowohl die Landarbeiterfrage als auch das Kleinbauernproblem lösen zu können. SERING, der schon 1893 mit einer Abhandlung über „Die innere Kolonisation im östlichen Deutschland" hervorgetreten war, schuf (1921) mit dem Institut für Agrar- und Siedlungswesen den dafür geeigneten Forschungsapparat. Den Agrarsoziologen fiel vor allem die Aufgabe zu, die Siedlungspolitik evaluierend zu begleiten. Schon 1901–11 waren in dem Institut für exakte Wirtschaftsforschung von EHRENBERG sorgfältige Erhebungen in Betrieben angesiedelter Landarbeiter angestellt worden. Unter seinem Nachfolger HANS-JÜRGEN SERAPHIM wurde die Siedlungsforschung, die sich auf eine Reihe hervorragender siedlungsgeographischer Arbeiten stützen konnte, in dem Forschungsvorhaben „Auswirkungen der Siedlung" (1931–34) unter Mitarbeit von HELLMUT WOLLENWEBER und HANS WEIGMANN fortgesetzt. Einblick in die nationalsozialistische Siedlungsforschung vermittelt das Buch „Landvolk im Werden" (1941) von K. MEYER und Mitarbeitern. In den fünfziger Jahren lebte die innere Kolonisation in Form der Flüchtlingssiedlung und der Aussiedlung von Ortsbetrieben in die Feldmark wieder auf. Auch diese jüngste Phase ländlich-bäuerlicher Siedlung war Gegenstand agrarsoziologischer Forschung. Die wichtigsten Arbeiten stammen aus dem von SERAPHIM geleiteten Institut für Siedlung und Wohnungswesen in Münster und aus der von HERMANN PRIEBE aufgebauten Forschungsstelle für bäuerliche Familienwirtschaft (nachmals: Institut für ländliche Strukturforschung). Weitere Beiträge lieferten die Agrarsoziale Gesellschaft, eine Forschungsgruppe unter Leitung von TH. BERGMANN (1972) sowie der Volkskundler GUSTAV SCHÖCK (1972).
(7) Die ländliche Sozialforschung hat sich wiederholt eingehend mit den Rückwirkungen der Handelspolitik auf das soziale Gefüge und den Lebensstandard in der Landwirtschaft befaßt.

In diesem Zusammenhang ist das Problem des zweckmäßigen Verhältnisses von *Landwirtschaft zu Industrie* wie zwischen *Stadt- und Landbevölkerung* behandelt worden.

(8) Im Rahmen der ländlichen Sozialforschung nahmen strukturbeschreibende und -analysierende Arbeiten einen breiten Raum ein. Zur Weiterentwicklung der *Strukturforschung* trugen LUDWIG NEUNDÖRFER und HELMUT RÖHM methodologisch Wesentliches bei. Typisch für die Fragestellung und Arbeitsweise im Dritten Reich sind die 1941 erschienenen Sammelbände „Landvolk im Werden" und „Die ländliche Arbeitsverfassung im Westen und Süden des Reiches". In der Strukturforschung der Nachkriegszeit nehmen vor allem die Gemeinschaftsprojekte der Forschungsgesellschaft für Agrarpolitik und Agrarsoziologie „Agrar- und Wirtschaftsstruktur in verschiedenen Gebieten der Bundesrepublik" (1958–59), „Untersuchungen in Entwicklungsgebieten" (1960–64) und „Erwerbs- und Unterhaltsstruktur in der westdeutschen Landwirtschaft" (1966) einen hervorragenden Platz ein. Die Ergebnisse der ländlichen Strukturforschung fanden ihren Niederschlag in großen Kartenwerken wie dem „Atlas der deutschen Agrarlandschaften" (OTREMBA 1962–71) und dem „Atlas der sozialökonomischen Regionen Europas" (NEUNDÖRFER 1969 ff.) sowie in dem Buch „Die westdeutsche Landwirtschaft" (RÖHM 1964 a).

(9) Die Entwicklung in den fünfziger und sechziger Jahren stellte sowohl die *soziale Sicherung* der in der Land- und Forstwirtschaft Beschäftigten als auch die Existenz der landwirtschaftlichen Betriebe in ihren überkommenen Formen ernstlich in Frage. Dies zwang zum einen dazu, sich mit den Systemen sozialer Sicherung gründlich zu befassen, um der Agrarsozialpolitik fundierte Unterlagen für den Aufbau zeitgemäßer Sicherungssysteme liefern zu können. Wichtige Entscheidungshilfen erarbeiteten sowohl die Forschungsgesellschaft für Agrarpolitik und Agrarsoziologie als auch die Agrarsoziale Gesellschaft. Zum anderen mußte das soziale und ökonomische System des landwirtschaftlichen *Familienbetriebes* erforscht werden. Zunächst galt es, brauchbare Klassifikationen zu entwickeln, worum sich RÖHM besonders verdient machte. Der Erforschung der Lage des Kleinbauerntums und der Nebenerwerbslandwirtschaft nahm sich besonders KUHNEN an. Als kritische Punkte stellten sich die Hofübergabe, die Autorität und die Partnerschaft, das Frauenproblem und die Nachwuchsfrage heraus.

(10) Damit rückte die *Bauernfamilie,* die *Landfrau* und die *Landjugend* ins Blickfeld einer Forschung, der sich vor allem PLANCK und VAN DEENEN widmeten. In diesem Zusammenhang war eine Auseinandersetzung mit dem Mythos von Bauerntum und bäuerlicher Landwirtschaft geradezu unvermeidlich. Das undankbare Geschäft der *Entideologisierung* des Bauerntums besorgten in erster Linie KÖTTER und ZICHE.

(11) Neu ist ferner – und dies ist eine Erscheinung, die sich nach dem Zweiten Weltkrieg in den meisten westlichen Industrieländern beobachten läßt – die starke Hinwendung der Agrarsoziologen zu den Agrargesellschaften in anderen Ländern und ihren *Entwicklungsproblemen.* Fast alle europäischen und amerikanischen Agrarsoziologen haben einen beträchtlichen Teil ihrer Arbeitskraft für Forschung, Beratung und Lehre in fernen Ländern eingesetzt. Dies bewirkt eine außerordentlich wertvolle fachliche Blickerweiterung und fördert außerdem durch die damit verbundenen persönlichen Kontakte und Einsichten das Zusammenwachsen innerhalb der Disziplin.

Über Stand und Tendenzen der ländlichen Sozialforschung in Österreich legte PEVETZ (1974 a) eine umfangreiche Studie vor. Demnach verlief die Entwicklung ähnlich wie in der Bundesrepublik Deutschland. Besonders eingehend wurden die Bergbauernfrage, das Abwanderungsproblem und der ländliche Arbeitsmarkt behandelt. Es macht sich jedoch insgesamt ein Mangel an systematischer Forschung und an umfassenden, repräsentativen Untersuchungen bemerkbar, der eine Folge der institutionellen Schwäche der Land- und Agrarsoziologie sowie des Fehlens leistungsfähiger Forschungsgesellschaften in Österreich ist.

In der Schweiz reichen die Wurzeln der Dorfforschung weit zurück in die Vergangenheit. Historische und volkskundliche Betrachtungen dominieren jedoch. Erst mit den Arbeiten von

ERNST WINKLER (1941), RUDOLF BRAUN (1960, 1965), JAKOB NUSSBAUMER (1963) und URS JAEGGI (1965) setzte die ländliche Sozialforschung im engeren Sinne ein. Auf der anderen Seite ist die Schweiz hinsichtlich einer soziologisch getönten landwirtschaftlichen Betriebslehre im deutschen Sprachraum seit langem führend (vgl. HAUSER 1974).

7.3.2 Forschungslücken

Nach rund hundert Jahren ländlicher Sozialforschung in Deutschland stellt sich die Frage nach dem Ertrag für die Soziologie und nach den Forschungslücken. Für Deutschland wie für Österreich und die Schweiz trifft die von PEVETZ (1974a) aufgestellte Behauptung zu, „es sei zwar insgesamt verhältnismäßig viel ländliche Sozialforschung im weitesten Sinne, jedoch nur äußerst wenig ländliche Soziologie betrieben worden". Tatsächlich sind die meisten vorliegenden Forschungsarbeiten mehr erkundender und beschreibender als erklärender Art. Sie dienten in erster Linie der praktischen Agrar-, Sozial- und Siedlungspolitik und weniger der Überprüfung soziologischer Hypothesen und der Theoriebildung. Bedeutende Ansätze in dieser Richtung hat es zwar gegeben – erinnert sei an TÖNNIES (Gemeinschaft und Gesellschaft 1887), WEBER (Wirtschaft und Gesellschaft 1922), VON WIESE (Das Dorf als soziales Gebilde 1928) – sie wurden aber nicht bis hin zu einer in sich geschlossenen Land- und Agrarsoziologie verfolgt.

Man ist z. B. bis heute nicht wesentlich über die Feststellungen hinausgekommen, die JOHANN FRIEDRICH DIETZ (1927) und DIEDRICH RODIEK (1933) über ländliche Sozialisation getroffen haben. Die Mechanismen der Enkulturation und Urbanisierung sind in ihren Einzelheiten wenig erforscht. Die Vorgänge der Adoption und Diffusion von fremden oder neuen Kulturgütern im ländlichen Raum, die in der amerikanischen Agrarsoziologie ein beliebtes Feld empirischer Forschung darstellen, sind hierzulande nur sporadisch untersucht worden. Die vorliegenden Arbeiten sagen auch wenig darüber aus, welchen Weg Innovationen nehmen, wie auf dem Lande soziale Kontrolle ausgeübt wird, welche Sanktionen verhängt werden, wie Konflikte ausgetragen werden, wie Kooperation stattfindet, wie sich Meinungs- und Willensbildung vollziehen und wie Entscheidungsprozesse ablaufen.

Das Gesundheitswesen und andere Dienstleistungen für die Landbevölkerung bedürfen angesichts des fortwährenden Strukturwandels dringend laufender Untersuchungen, ebenso die Fragen, die sich aus der Eingemeindung und Verschmelzung ländlicher Kleingemeinden ergeben. Viel zu wenig ist über die Herrschafts- und Machtstrukturen in ländlichen Gemeinden bekannt. Über die sozialen Ansprüche, die Bedarfsstruktur und das Konsumverhalten der Landbevölkerung gibt es nur Vermutungen. Wer sich über sozialpsychologische Dispositionen der Bauern informieren möchte, findet wenig neuere Literatur. Das einschlägige Schrifttum brach mit GÜNTHERS „Bauernglaube" (1942) ziemlich abrupt ab. Dies ist um so bedauerlicher, als der Wandel der Wert- und Glaubensvorstellungen, der Einstellungen und Verhaltensmuster fast mit Händen zu greifen ist, und die Soziologie und Sozialpsychologie heute über Forschungsinstrumente verfügen, mit deren Hilfe ein viel objektiveres Bild gewonnen werden könnte, als es die früheren Autoren zu zeichnen vermochten.

Nach weit verbreiteter Auffassung ist es indessen gegenwärtig vordringlicher, die Tausende von Untersuchungen, die in den vergangenen hundert Jahren in aller Welt durchgeführt worden sind, zu sichten und das darin enthaltene soziologische Material systematisch aufzuarbeiten, als Forschungslücken zu schließen. Eine internationale Arbeitsgruppe (BENVENUTI, GALJART und NEWBY 1975) urteilte, es wäre nützlicher, wenn die Agrarsoziologen weniger Zeit im Feld und mehr in der Zurückgezogenheit ihres Elfenbeinturmes verbringen würden, denn der Gedanke, das Sammeln von mehr und mehr Fakten müsse schließlich induktiv zu einem bedeutsamen theoretischen Fortschritt führen, habe sich als Trugschluß herausgestellt. Aber was die Öffentlichkeit von der ländlichen Sozialforschung erwartet, sind keine Theorien, sondern Problemlösungen, Sozialtechnologien, Evaluierung von politischen Maßnahmen und Entwicklungsprognosen. Nur wenn die Forscher diesem Verlangen nachkommen, werden ihnen Mittel für Forschung bewilligt. „Daraus ergibt sich das Dilemma der ländlichen Soziologie: eine Fülle von Fakten, aber wenig Kenntnisse über das, was sie bedeuten" (REDCLIFF 1975). Einseitige Problemorientierung und breite Anwendungsbezogenheit sind Stärke und Schwäche der Land- und Agrarsoziologie zugleich.

Literatur: BENVENUTI, GALJART und NEWBY 1975, PEVETZ 1974 a, PLANCK 1974 b, SCHWARZ und KESSLER 1975.

Diskussions- und Prüfungsfragen
1. Erklären Sie aus den Zeitverhältnissen und den geschichtlichen Entwicklungen die jeweiligen Schwerpunkte der ländlichen Sozialforschung in Deutschland!
2. Nehmen Sie in bezug auf die ländliche Sozialforschung Stellung zur Frage der problemorientierten und der theorieorientierten empirischen Sozialforschung!
3. Wo liegen die künftigen Aufgaben der ländlichen Sozialforschung?

Anhang

I. Biographien

der für die Entwicklung der Land- und Agrarsoziologie bedeutsamen deutschsprachigen Persönlichkeiten.

ARNDT, ERNST MORITZ, geb. 1769 auf Rügen als Sohn eines Gutspächters, gest. 1860 in Bonn; politischer Schriftsteller, Privatsekretär des Freiherrn vom Stein, Professor für Geschichte in Greifswald (1805–06) und Bonn (1818–20); Schriften: Versuch einer Geschichte der Leibeigenschaft in Pommern und Rügen (1803), Agrarpolitische Schriften (1810–17).

BARTELS, ADOLF, geb. 1862 in Wesselburen, gest. 1945 in Weimar; Schriftsteller, Kulturhistoriker; Schriften: Die Dithmarscher (1898), Der Bauer in der deutschen Vergangenheit (1924).

DIETZE, CONSTANTIN VON, geb. 1891 in Gottesgnaden (Kr. Calbe/S.), gest. 1973 in Freiburg/Br.; Nationalökonom, Agrarpolitiker, Mitarbeiter von Max Sering, Mitbegründer und Vorstandsmitglied der Forschungsgesellschaft für Agrarpolitik und Agrarsoziologie, Professor für Volkswirtschaftslehre in Rostock (1925–27), Jena (1927–33), Berlin (1933–37), Freiburg/Br. (1937–59); Schriften: Die ostdeutschen Landarbeiterverhältnisse seit der Revolution (1922), Die wirtschaftliche und soziale Bedeutung der Zeitpacht in der deutschen Landwirtschaft (1924/25), Die Vererbung des ländlichen Grundbesitzes (1930), Die Reform des ländlichen Erbrechts (1932), Artikel „Landarbeiter" (1932), Wege und Aufgaben wissenschaftlicher Agrarsoziologie (1948), Hauptaufgaben der ländlichen Sozialwissenschaften in Deutschland (1951), Erfahrungen und Aufgaben in der Erforschung ländlicher Sozialprobleme (1952), Agrarwirtschaft und Agrarverfassung (1953), Bauernbetrieb und Produktionsgenossenschaft in sozialer Sicht (1961), Gedanken und Bekenntnisse eines Agrarpolitikers (1962), Sozialethische Würdigung des Bauerntums (1966/67).

GOLTZ, THEODOR VON DER, geb. 1836 in Coblenz, gest. 1905 in Bonn; Agrarökonom, Professor für Landwirtschaft in Königsberg (1869–85), Jena (1885–95) und Bonn (1896–1905); Schriften: Die ländliche Arbeiterfrage und ihre Lösung (1872), Die soziale Bedeutung des Gesindewesens (1873), Die Lage der ländlichen Arbeiter im Deutschen Reich (1875), Die ländliche Arbeiterklasse und der preußische Staat (1893), Agrarwesen und Agrarpolitik (1907).

GÜNTHER, HANS FRIEDRICH KARL, geb. 1891 in Freiburg/Br., gest. 1968 ebenda; Rassenforscher, Sozialanthropologe, Professor für Rassenkunde und Agrarsoziologie in Weimar (1930–34), Berlin (1934–39) und Freiburg/Br. (1939–45); Schriften: Die Verstädterung (1934), Das Bauerntum als Lebens- und Gemeinschaftsform (1939), Bauernglaube (1942).

HAHN, EDUARD, geb. 1856 in Lübeck, gest. 1924 in Berlin; Kultur- und Wirtschaftshistoriker, Professor an der Landwirtschaftlichen Hochschule und an der Universität Berlin; Schriften: Die Haustiere und ihre Beziehungen zur Wirtschaft des Menschen (1896), Die Entstehung der Pflugkultur (1909), Von der Hacke zum Pflug (1914).

HOWALD, OSKAR, geb. 1897 in Zürich, gest. 1972 in Brugg; Agrarökonom, Professor für landwirtschaftliche Betriebslehre, Landarbeitstechnik sowie Agrarpolitik an der ETH Zürich (1936–67), (Vize-)Direktor des Schweizer Bauernverbandes (1929–49); Schriften: Gegenwarts- und Zukunftsprobleme auf dem Gebiet der Sozialpolitik (1943), Einführung in die Agrarpolitik (1946), Die sozialen Probleme der bäuerlichen Wirtschaft und ihre Bedeutung für die westliche Zivilisation (1951).

KNAPP, GEORG FRIEDRICH, geb. 1842 in Gießen, gest. 1926 in Darmstadt; Statistiker, Historiker, Nationalökonom, Professor in Leipzig (1869–73) und Straßburg (1874–1919); Schriften: Die Bauernbefreiung und der Ursprung der Landarbeiter in den älteren Teilen Preußens (1887), Die Landarbeiter in Knechtschaft und Freiheit (1891), Die ländliche Arbeiterfrage (1893).

MEITZEN, AUGUST, geb. 1822 in Breslau, gest. 1910 in Berlin; Nationalökonom, Statistiker mit starken agrarhistorischen Interessen, Begründer der historischen Siedlungskunde, Bürgermeister (1853–56), Kommissar für gutsherrlich-bäuerlichen Auseinandersetzungen (1856–65), Statistisches Amt Berlin (1867–82), Professor in Berlin (1875 ff.); Schriften: Der Boden und die landwirtschaftlichen Verhältnisse des preußischen Staates (1868–73), Siedlung und Agrarwesen der West- und Ostgermanen, der Kelten, Römer, Finnen und Slawen (1895).

MEYER, KONRAD, geb. 1901 in Salzderhelden, gest. 1973 ebenda; Agrarwissenschaftler, Professor für Pflanzenbau und -zucht in Jena (1934) und Berlin (1935–45), Professor für Landbau und Landesplanung in Hannover (1956–65); Schriften: Gefüge und Ordnung der deutschen Landwirtschaft (1939), Landvolk im Werden (1941), Die ländliche Arbeitsverfassung im Westen und Süden des Reiches (1941), Ordnung im ländlichen Raum (1964).

MIELKE, ROBERT, geb. 1863 in Berlin, gest. 1935 in Freiburg/Br.; Siedlungsgeograph und Volkskundler, Professor an der TH Berlin; Schriften: Das deutsche Dorf (1907), Siedlungskunde des deutschen Volkes und ihre Beziehung zu Menschen und Landschaft (1927), Der deutsche Bauer und sein Dorf in Vergangenheit und Gegenwart (1934).

MÖSER, JUSTUS, geb. 1720 in Osnabrück, gest. 1794 ebenda, Schriftsteller, Geschichtsschreiber, Staatsmann, Leiter der Verwaltung des Fürstbistums Osnabrück (1763–83), gilt als Stammvater des Konservatismus, Bahnbrecher historischen Denkens und Begründer einer deutschen Volkskunde; Schriften: Patriotische Phantasien (1774–86).

NEUNDÖRFER, LUDWIG, geb. 1901 in Mainz, gest. 1975 in Frankfurt/M.; Landesplaner, Soziologe, Professor für Soziologie am Pädagogischen Institut Jugenheim, Direktor des Soziographischen Instituts an der Universität Frankfurt/M. (1943 ff.), Professor in Frankfurt (1960–67); entwickelte die Soziographie als Erkenntnis- und Darstellungsmittel empirischer Sozialforschung; Schriften: Bestandsaufnahme des deutschen Landvolks (1940), Landfamilie und Kultur (1956), Das Dorf als Lebensraum der Ausgesteuerten (1959), Atlas der sozialökonomischen Regionen Europas (1969 ff.).

NIEHAUS, HEINRICH, geb. 1898 in Hörsten (Kr. Bersenbrück), gest. 1977 in Bonn; Nationalökonom, Agrarpolitiker, Mitarbeiter von Max Sering, Professor in Posen (1938–43) und Bonn (1946–66), Mitbegründer und Vorstandsmitglied der Forschungsgesellschaft für Agrarpolitik und Agrarsoziologie; Schriften: Der Bauer in der Wirtschafts- und Gesellschaftsordnung (1948), Historische Aspekte in der Entwicklung der ländlichen Sozialwissenschaften in Deutschland (1951), Probleme der Bauernwirtschaft im internationalen Urteil (1952), Leitbilder der Wirtschafts- und Agrarpolitik in der modernen Gesellschaft (1957), Die Stellung des Bauern in der modernen technischen Welt (1958), Glanz und Elend wissenschaftlicher Agrarpolitik (1961), Das Verhältnis von Mensch und Boden in entwickelten und unterentwickelten Ländern (1966), Den Agrarpolitikern ins Gedächtnis (1975).

OPPENHEIMER, FRANZ, geb. 1864 in Berlin, gest. 1943 in Los Angeles; Arzt, Journalist, Volkswirt, Soziologe, Professor für Soziologie und ökonomische Theorie in Berlin (1917–19) und in Frankfurt/M. (1919–28); suchte den dritten Weg zwischen liberalem Kapitalismus und marxistischem Kommunismus; Schriften: Die Siedlungsgenossenschaft (1896), Großgrundeigentum und soziale Frage (1898), Wege zur Gemeinschaft (1924), System der Soziologie (1922/35), Weder so – noch so: Der dritte Weg (1933).

RIEHL, WILHELM HEINRICH, geb. 1823 in Biebrich am Rhein, gest. 1897 in München; Schüler von E. M. Arndt, Kulturhistoriker, Volkskundler, Schriftsteller; Professor der Staatswissenschaften bzw. Kulturgeschichte und Statistik in München (1854–92), Direktor des Bayerischen Nationalmuseums und Generalkonservator der Kunstdenkmäler und Altertümer Bayerns, suchte das in Familien, Ständen und Landschaften sich ausdrückende Volkstum zu veranschaulichen und damit zur Überwindung der sozialen Auflösungs- und Krisenerscheinungen seiner Zeit beizutragen; Schriften: Die Naturgeschichte des Volkes als Grundlage einer deutschen Sozialpolitik (1851–55), Die deutsche Arbeit (1861).

RIES, LUDWIG WILHELM, geb. 1891 auf Mainau/Bodensee, gest. 1974 in Gießen; Agrarwissenschaftler, Leiter der Preußischen Versuchs- und Forschungsanstalt für Landarbeit Potsdam (1927–45), Professor für landwirtschaftliche Betriebs- und Arbeitslehre in Michelstadt (1946–61) und Gießen (ab 1961); Schriften: Leistung und Lohn in der Landwirtschaft (1924); Erziehung zu Arbeitswillen und Arbeitsfreude in der Landarbeit (1926), Die Arbeit in der Landwirtschaft (1942), Der Bauer und sein Gehilfe, sein Lehrling und sein Sohn (1954), Die Bäuerin (1957), Versöhnliche Formen der Hofübergabe (1964).

RUMPF, MAX, geb. 1878 in Berne (Oldenburg), gest. 1953 in Haar bei München; Volkstumssoziologe, Herausgeber des „Volksspiegels", Professor an der Handelshochschule Mannheim (1911 ff.) und an der Wirtschaftshochschule Nürnberg (1927 ff.); Schriften: Deutsche Volkssoziologie im Rahmen einer sozialen Lebenslehre (1931), Deutsches Bauernleben (1936), Bauerndorf am Großstadtrand (1940).

SERING, MAX, geb. 1857 in Barby/Elbe, gest. 1939 in Berlin; Schüler von G. F. Knapp, Nationalökonom und Agrarpolitiker, Professor in Bonn (1885–89) und Berlin (1889–1925), umfangreiche Tätigkeit in agrarpolitischen Behörden und Organisationen, Leiter des Deutschen Forschungsinstitutes für Agrar- und Siedlungswesen (1921–34), „intensive Bemühung um die Kenntnis der Tatsachen, Tendenz, die Dinge als gewordene zu sehen, Bedürfnis, das wirtschaftliche Geschehen in die historisch-politischen Entwicklungslinien einzuordnen, Zusammenschau von wirtschaftlichen und sozialen Problemen, ...religiös fundierte ethische Grundhaltung,... internationale Weite der Sicht... und politische Gestaltungskraft" (G. SAVELSBERG) kennzeichnen das Lebenswerk von S.; Schriften: Die innere Kolonisation im östlichen Deutschland (1893), Die bäuerliche Erbfolge im rechtsrheinischen Bayern (1896), Die Agrarfrage und der Sozialismus (1899), Die Vererbung des ländlichen Grundbesitzes im Königreich Preußen (1897–1910), Verteilung des Grundbesitzes und die Abwanderung vom Lande (1910), Die Politik der Grundbesitzverteilung in den großen Reichen (1912), Das ländliche Siedlungswesen (1930), Die Vererbung des ländlichen Grundbesitzes in der Nachkriegszeit (1930), Deutsche Agrarpolitik auf geschichtlicher und landeskundlicher Grundlage (1934), Die agrarischen Grundlagen der Sozialverfassung (1937), Agrarverfassung der deutschen Auslandssiedlungen in Osteuropa (1939).

SOHNREY, HEINRICH, geb. 1859 in Jühnde bei Göttingen, gest. 1948 in Neuhaus bei Holzminden; Lehrer, Schriftsteller, Geschäftsführer des Deutschen Vereins für ländliche Wohlfahrts- und Heimatpflege (1895 ff.), Herausgeber der Zeitschriften „Das Land" und „Archiv für innere Kolonisation"; Schriften: Der Zug vom Lande und die soziale Revolution (1894), Wegweiser für ländliche Wohlfahrts- und Heimatpflege (1900).

STEIN, LORENZ VON, geb. 1815 in Eckernförde, gest. 1890 in Weidlingau bei Wien; Jurist, Nationalökonom und Soziologe, Professor der Rechte in Kiel (1846–51) und der politischen Ökonomie in Wien (1855–85); Schriften: Die drei Fragen des Grundbesitzes und seiner Zukunft (1881), Bauerngut und Hufenrecht (1882).

TÖNNIES, FERDINAND, geb. 1855 als Sohn eines Marschbauern in Riep bei Eiderstedt, gest. 1936 in Kiel; Soziologe, Professor für wirtschaftliche Staatswissenschaft in Kiel (1909–16, 1920–23), Mitbegründer und Präsident der Deutschen Gesellschaft für Soziologie (1909–33), befaßte sich hauptsächlich mit den sozialen Verbindungen („Wesenheiten"); Schriften: Gemeinschaft und Gesellschaft (1887).

WEBER, MAX, geb. 1864 in Erfurt als Sohn eines (späteren) nationalliberalen Abgeordneten, gest. 1920 in München; Schüler von A. Meitzen, Jurist, Historiker, Nationalökonom und Soziologe, Professor für Handels- und deutsches Recht in Berlin (1893), für Staatswissenschaft in Freiburg/Br. (1894–97), in Heidelberg (1897–1903), in Wien (1918) und in München (1919–20), seit 1904 Herausgeber des Archivs für Sozialwissenschaften und Sozialpolitik, Mitbegründer der Deutschen Gesellschaft für Soziologie; Schriften: Die Verhältnisse der Landarbeiter im ostelbischen Deutschland (1892). Die ländliche Arbeitsverfassung

(1893), Agrarstatistische und sozialpolitische Betrachtungen zur Fideikommißfrage in Preußen (1904), Wirtschaft und Gesellschaft (1922), Gesammelte Aufsätze zur Sozial- und Wirtschaftsgeschichte (1924).

WEIGERT, JOSEPH, geb. 1870 in Kelheim, gest. 1946 in Großenpinning (Niederbayern); Theologe, katholischer Pfarrer in Mockersdorf und Sarching/Oberpfalz (1901–39); Schriften: Das Dorf entlang (1914), Religiöse Volkskunde (1924), Heimat und Volkstumspflege (1925), Untergang der Dorfkultur (1930).

WEIPPERT, GEORG HEINRICH, geb. 1899 in München, gest. 1965 in Erlangen; Nationalökonom, Soziologe, Professor für Volkswirtschaftslehre in Königsberg (1938–45), Göttingen (1945–47) und Erlangen (1947–65); Schriften: Die Krise des Bauerntums (1948), Die gegenwärtige Lage des Landvolks (1949), Zur Soziologie des Landvolks (1951), Kleinbäuerliche Lebensverhältnisse in soziologischer Sicht (1954), Grundfragen der ländlichen Soziologie (1956), Das Dorf in der industriellen Entwicklung der Gegenwart (1957).

WIESE (und Kaiserswaldau), LEOPOLD VON, geb. 1876 in Glatz, gest. 1969 in Köln; Nationalökonom und Soziologe, Professor für Volkswirtschaftslehre und Gewerbeökonomie an der Akademie Posen (1906–08), an der TH Hannover (1908–11), Verwaltungsakademie Düsseldorf (1912–14), Handelshochschule Köln (1914–19), Professor für Wirtschaftliche Staatswissenschaften und Soziologie an der Universität Köln (1919 ff.), Mitbegründer der Deutschen Gesellschaft für Soziologie; Herausgeber der Kölner Vierteljahreshefte für Soziologie; Schriften: Das Dorf als soziales Gebilde (1928), Artikel „Ländliche Siedlungen" (1931).

WOLLENWEBER, HELLMUT, geb. 1903 in Bonn, gest. 1976 ebenda; Nationalökonom, Agrarsoziologe und Thünen-Forscher, Professor für Volkswirtschaftslehre in Berlin (1937–42) und Graz (1943–45), Professor für Agrarstatistik, Agrarsoziologie und Agrargeschichte in Bonn (1950–64); Schriften: Auswirkungen der Siedlung (1931/32), Artikel „Bauer" (1956), Die Aufgaben der ländlichen Erwachsenenbildung (1958), Der unbezahlbare ländliche Mitarbeiterstamm in der sozialwissenschaftlichen Tradition (1963).

II. Institute und Organisationen,

die im deutschen Sprachraum im Bereich der Agrar- und Landsoziologie und der ländlichen Sozialforschung schwerpunktmäßig tätig sind.

Bundesrepublik Deutschland
Berlin: Institut für Sozialökonomik der Agrarentwicklung, Technische Universität.
Bochum: Institut für Entwicklungsforschung und Entwicklungspolitik, Universität.
Bonn: Dokumentationsstelle für Agrarpolitik, landw. Marktwesen und ländliche Soziologie.
Bonn: Forschungsstelle der Forschungsgesellschaft für Agrarpolitik und Agrarsoziologie.
Bonn: Institut für Agrarpolitik, Marktforschung und Wirtschaftssoziologie, Universität.
Frankfurt/M.: Soziographisches Institut, Universität.
Frankfurt/M.: Institut für ländliche Strukturforschung, Universität.
Gießen: Institut für Agrarsoziologie, Universität.
Gießen: Institut für Wirtschaftslehre des Haushalts und der Verbrauchsforschung, Universität.
Göttingen: Agrarsoziale Gesellschaft.
Göttingen: Institut für ausländische Landwirtschaft, Universität.
Heidelberg: Forschungsstelle für internationale Agrarentwicklung.
Heidelberg: Institut für international vergleichende Agrarpolitik und Agrarsoziologie, Universität.
Hohenheim: Institut für Agrarpolitik und Landwirtschaftliche Marktlehre (mit Forschungsstelle für Genossenschaftswesen), Universität.
Hohenheim: Institut für Agrarsoziologie, Landwirtschaftliche Beratung und Angewandte Psychologie, Universität.
Tübingen: Ludwig-Uhland-Institut für empirische Kulturwissenschaft, Universität.
Weihenstephan: Institut für Wirtschafts- und Sozialwissenschaften, Abteilung für ländliche Soziologie, Technische Universität München.

Österreich
Graz: Institut für Soziologie, Universität.
Linz: Institut für Agrarpolitik, Johannes Kepler Universität.
Wien: Agrarwirtschaftliches Institut des Bundesministeriums für Land- und Forstwirtschaft.
Wien: Lehrkanzel für Landwirtschaftliche Betriebslehre und Marktlehre, Hochschule für Bodenkultur.
Wien: Österreichisches Institut für Raumplanung.

Schweiz
Zürich: Professur für Geschichte und Soziologie der Land- und Forstwirtschaft, Eidgenössische Technische Hochschule.
Zürich: Institut für Orts-, Regional- und Landesplanung, Eidgenössische Technische Hochschule.
Zürich: Geographisches Institut, Universität.

Deutsche Demokratische Republik
Berlin: Institut für Gesellschaftswissenschaften beim Zentralkomitee der SED.

III. Schrifttum

1. Schrifttum zur Landsoziologie ausgewählter Länder
Argentinien
TAYLOR, C. C.: Rural Life in Argentina. Baton Rouge, Louisiana 1948.

Asien
FUKUTAKE, T.: Asian Rural Society: China, India, Japan, Tokyo 1967, 207 S.

Äthiopien
COHEN, J. M. and WEINTRAUB, D.: Land and Peasants in Imperial Ethiopia. Assen, X, 115 S.

Bolivien
McEWEN, W. J.: Changing Rural Society: A Study of Communities in Bolivia. New York 1975, 478 S.

Brasilien
SMITH, T. L.: Brazil, People and Institutions. Baton Rouge, Louisiana 1954, 1972^4, XX, 778 S.
FORMAN, S.: The Brazilian Peasantry. New York 1975.

Bundesrepublik Deutschland
BLANCKENBURG, P. v.: Einführung in die Agrarsoziologie. Stuttgart 1962, 1968^2, 170 S.
PLANCK, U.: Die Landgemeinde. Graz 1978^2, 92 S.

England
JONES, G. E.: Rural Life: Patterns and Processes. London 1973, 129 S.

Europa
FRANKLIN, S. H.: The European Peasantry, the Final Phase. London 1969, 249 S.

Frankreich
MENDRAS, H.: Sociologie de le campagne française. Paris 1959, 1971^3, 128 S.
RAMBAUD, P.: Sociologie rurale. Paris 1976, 325 S.

Griechenland
SANDERS, I. T.: Rainbow in the Rock. The People of Rural Greece. Cambridge, Mass. 1962.

Guatemala
WHETTEN, N. L.: Guatemala: The Land and the People. New Haven, Connecticut, 1961, XVI, 399 S.

Indien
DESAI, A. R.: Rural Sociology in India. Bombay 1953, 1969^4, XVIII, 968 S.
CHITAMBAU, J. B.: Introductory Rural Sociology. New York 1973, 366 S.

Iran
LAMBTON, A. K. S.: Landlord and Peasant in Persia. London 1969, 459 S.
KHOSROVI, K.: Sociologie de la campagne iranienne. Tehran 2. Aufl. 1976, 209 S. (in persisch).

Irland
ARENSBERG, C. M.: The Irish Countryman. Gloucester, Mass. 1959.

Italien
BARBERIS, C.: Sociologia rurale. Bologna 1965.
STROPPA, C.: Sociologia rurale. Mailand 1969.

Japan
FUKUTAKE, T.: Japanese Rural Society. New York 1967, XIV, 230 S.

Jugoslawien
KOSTIC, C.: Sociologija sela (Ländliche Soziologie). Belgrad 1969, 255 S.

Kambodscha
DELVERT, J.: Le paysan cambodgien. Paris 1961, 740 S.

Kolumbien
SMITH, T. L.: Columbia: Social Structure and the Process of Development. Gainesville 1967, 389 S.

Marokko
HOFFMANN, B. G.: The structure of traditional Moroccan rural society. Paris 1967, 223 S.
NOIN, D.: La population rurale au Maroc, Paris 1970, 2 Bände.

Mexiko
WHETTEN, N. L.: Rural Life in Mexico. Chicago 1948.

Mittelmeerländer
PITT-RIVERS, J. (Hrsg.): Mediterranean Countrymen. Essays in the Social Anthropology of the Mediterranean. Paris 1963, 236 S.

Niederlande
HOFSTEE, E. W.: Rural Life and Rural Welfare in the Netherlands. 's-Gravenhage 1957, 364 S.

Nordirland
MOGEY, J. M.: Rural Life in Northern Ireland. New York 1947, XIV, 240 S.

Ostafrika
MORGAN, W. T. W. (Hrsg.): East Africa: Its People and Resources. London 1971, 312 S.

Paraguay
REH, E.: Paraguayan Rural Life. Washington, D. C. 1946.

Peru
PIEL, J.: Le Pérou rural. Paris 1975.

Philippinen
RIVERA, G. F. and R. T. MCMILLAN: The Rural Philippines. Manila 1952.

Polen
GALESKI, B.: Basic Concepts of Rural Sociology. Manchester 1972, 209 S.
TUROWSKI, J. and L. M. SZWENGRUB (Hrsg.): Rural Social Change in Poland. Warschau 1976, 336 S.

Polynesien
PANOFF, M.: La terre et l'organisation sociale en Polynésie. Paris 1970.

Schweden
PETRINI, F.: Landsbygds Sociologi. Stockholm 1961, 128 S.

Senegal
PÉLISSIER, P.: Les paysans du Sénégal. St. Yriex 1966, 939 S.

Spanien
VIDART, D. D.: Sociologia rural. Barcelona 1950, 1960², 2 Bände, XI, 724 und VIII, 656 S.

Südostasien
Agriculture et societes en Asie du Sudest. Études rurales (Paris), Numero special Volume XIV, no. 53–56, 1974, 576 S.

Syrien
WEULERSSE, J.: Paysans de Syrie et du Proche-Orient. Paris 1946.

Tansania
JAMES, R. W.: Land Tenure and Policy in Tanzania. Nairobi 1971, 375 S.

Thailand
POTTER, J. M.: Thai Peasant Social Structure. Chicago 1976, 244 S.

Tripolitanien
AHMAD, N. A.: Die ländlichen Lebensformen und die Agrarentwicklung in Tripolitanien. Heidelberg 1969, 304 S.

Türkei
ARI, O. (Hrsg.): Readings in Rural Sociology. Istanbul 1977, 175 S.
PLANCK, U.: Die ländliche Türkei. Frankfurt/M. 1972, 309 S.

UdSSR
COX, T. M.: Rural Sociology in the Soviet Union. London 1978, VI, 106 S.
LAUWE, J. CH. DE: Les paysans soviétiques. Paris 1961.

Vereinigte Staaten von Amerika
SMITH, T. L. and P. E. ZOPF: Principles of Inductive Rural Sociology. Philadelphia 1970, 558 S.
BREEDEN, R. L. (Hrsg.): Life in Rural America. Washington D. C. 1974, 208 S.
LOOMIS, CH. P. and J. A. BEEGLE: A Strategy for Rural Change. New York 1975, 525 S.
SANDERS, I. T.: Rural Society. Englewood Cliffs, N. J. 1977, 170 S.
FORD, TH., R. (Hrsg.): Rural USA, Persistence and Change. Ames, Iowa 1978 VIII, 255 S.

2. Land- und agrarsoziologische Zeitschriften

Global
Fatis, Internationaler Informationsdienst für Entwicklung und Fortschritte der Landwirtschaft. Hrsg. OECD, Paris. Hiltrup: Landwirtschaftsverlag, seit 1954 vierteljährlich (deutsche, englische, französische, spanische Ausgaben; früher Fatis Revue, später OECD Agrarrevue).

Journal of Rural Cooperation. Hrsg. International Research Centre on Rural Cooperative Communities. Tel Aviv, seit 1973 zweimal jährlich.

The Journal of Peasant Studies. London: Frank Cass & Co. Ltd., seit 1973 viermal jährlich.

Land Reform, Land Settlement and Co-operatives. Hrsg. Rural Institutions and Services Division, FAO, Rom; seit 1964 zweimonatlich (englische, französische, spanische Ausgabe).

Peasant Studies. Universität von Pittsburgh, seit 1972 viermal jährlich.

Afrika
Eastern Africa Journal of Rural Development, herausgegeben vom Department of Rural Economy and Extension, Nairobi University, Kenia, seit 1968 zweimal jährlich.

Rural Africana, herausgegeben vom African Studies Center, Michigan State University, East Lansing, Michigan, erscheint seit 1967 viermal jährlich.

Bulletin of Rural Economics and Sociology, Ibadan, seit 1966.

Amerika
Desarrollo Rural en las Américas. Bogota.

Rural Sociology. Official Journal of the Rural Sociological Society. Madison/Wisconsin, seit 1936 viermal jährlich.

Asien
Rural India. Bombay, seit 1938 zwölfmal jährlich.

Europa
Sociologia Ruralis, Zeitschrift der Europäischen Gesellschaft für ländliche Soziologie, Assen/Niederlande: Royal Van Gorcum Ltd., seit 1960 drei- bis viermal jährlich (deutsche, englische, französische Beiträge).

Belgien
Les cahiers ruraux, Hrsg. Centre d'études rurales. Brüssel.

Bundesrepublik Deutschland
Rundbrief der Agrarsozialen Gesellschaft, Göttingen, seit 1951 monatlich.

Zeitschrift für Agrargeschichte und Agrarsoziologie. Frankfurt/M.: DLG-Verlag, seit 1953 zweimal jährlich.

Zeitschrift für ausländische Landwirtschaft: Sozialökonomik, Betriebswirtschaft, Landbautechnik. Frankfurt/M.: DLG-Verlag, seit 1962 viermal jährlich.

Frankreich
Études rurales, revue trimestrielle d'histoire, géographie, sociologie et économie des campagnes, Hrsg. École des Hautes Études en Sciences Sociales. Paris–Den Haag: Mouton & Co, seit 1961 dreimal jährlich.

Bulletin d'information, Hrsg. Institut National de le Recherche Agronomique, Département d'Économie et de Sociologie rurales. Paris, seit 1967 einmal jährlich (1967–71 unter dem Titel „Recherches d'Économie et Sociologie Rurales", 1972–73 „Annales d'Économie et de Sociologie Rurales").

England
Rural Life, a quarterly Review by The Institute of Rural Life at Home and Overseas. New Barnet, Herts., seit 1956 viermal jährlich.

Irland
Irish Journal of Agricultural Economics and Rural Sociology. Dublin, seit 1967 ein- bis zweimal jährlich.

Italien
Quaderni di sociologia rurale. Societa Italiana di Sociologia Rurale, Rom, 1961–63 dreimal jährlich.

Società rurale, Hrsg. Società italiana di sociologia rurale. Bologna: Edagricole, 1964–68 dreimal jährlich.

La Ricerca Sociale, Quadrimestrale di sociologia urbana, rurale e cooperazione. Bologna: Istituto di Sociologia, seit 1971 dreimal jährlich.

Jugoslawien
Sociologija Sela. Hrsg. Institut Za Ekonomiku Poljoprivrede I Sociologiju Sela. Zagreb, seit 1964 viermal jährlich (mit englischer Zusammenfassung).

Österreich
Agrarische Rundschau, Wien: Österreichische Gesellschaft für Land- und Forstwirtschaft, seit 1949 sechsmal jährlich.

Polen
Roczniki Socjologii Wsi. Hrsg. vom Institut für Philosophie und Soziologie der Polnischen Akademie der Wissenschaften, Warschau, seit 1936 jährlich einmal (unterbrochen von 1940–62).

Wiés Wspolezesna („Das moderne Dorf"), Organ der polnischen Bauernpartei (ZSL), Warschau, erscheint seit 1957 monatlich.

Portugal
Temas Económico-Sociales Agrários, Hrsg. Section Informação Agro-Social de la Junta de Colonização Interna, Ministerio da Económia, Lissabon.

Schweiz
Agrarpolitische Revue, Schweizerische Zeitschrift für Agrarpolitik im Industriestaat. Zürich–Aarau, von 1943–70 monatlich.

Spanien
Revista de estudios agro-sociales. Hrsg. Instituto de estudios agrosociales. Madrid, seit 1951.

Tschechoslowakei
Sociologie zemědělství. Hrsg. Československá Akademie Zemědělská. Prag, seit 1964 zweimal jährlich in der Zeitschrift Sborník ÚVTI.

3. Land- und agrarsoziologische Schriftenreihen (deutschsprachig)
Schriftenreihe für ländliche Sozialfragen, Veröffentlichungen der Agrarsozialen Gesellschaft, Göttingen. Verlag M. & H. Schaper Hannover; seit 1951.
Schriftenreihe der Forschungsgesellschaft für Agrarpolitik und Agrarsoziologie e. V., Bonn; seit 1952.
Schriftenreihe des Agrarwirtschaftlichen Instituts des Bundesministeriums für Land- und Forstwirtschaft, Wien; seit 1962.
Schriftenreihe für Agrarsoziologie und Agrarrecht, Veröffentlichungen des Österreichischen Instituts für Agrarsoziologie und Agrarrecht; seit 1968.
Materialsammlung der Agrarsozialen Gesellschaft e. V., Göttingen; seit 1953.

4. Land- und agrarsoziologisch bedeutsame Bibliographien
a) Umfassende Bibliographien
FRAUENDORFER, SIGMUND VON (Hrsg.): Bibliographie Internationale d'Agriculture, 1938–46 als dreisprachige Vierteljahresschrift des Internationalen Landwirtschaftlichen Instituts in Rom.
FRAUENDORFER, SIGMUND VON: Internationale Bibliographie des agrarwissenschaftlichen Schrifttums: 1932–38 in Berichte über Landwirtschaft, Berlin: Parey Verlag.
Schrifttum der Agrarwirtschaft (1948–60 Schrifttum der Bodenkultur), hrsg. von der Hochschule für Bodenkultur (Wien).
World Agricultural Economics and Rural Sociology Abstracts, Oxford/U. K. seit 1958 viermal, seit 1973 zwölfmal jährlich (Zentralblatt der agrarwirtschaftlichen und agrarsoziologischen Weltliteratur).

b) Spezialbibliographien
Agrarrecht
WINKLER, W.: Bibliographie des deutschen Agrarrechts, Bd. 1: 1945–65, Bd. 2: 1966–75. Köln 1968, 1978.

Agrarreformen, Agrarstrukturverbesserung
HOFMANN, CHRISTIAN: Titelauswahl über Landreform in Afrika, Asien und Lateinamerika, in: Zeitschrift für ausländische Landwirtschaft (Frankfurt/M.), Jg. 3, H. 2, 1964, S. 176–188 und H. 3, S. 269–289.
MOLDOVEANU, CONSTANTIN: Die großen Agrarreformen seit dem Weltkriege, bibliographischer Beitrag, Bukarest 1939, 127 S.
PEVETZ, WERNER: Die Agrarreform in den Entwicklungsländern, in: Das Schrifttum der Agrarwirtschaft (Wien), Jg. 7, H. 2/3, 1967, S. 22–25, 49–62.
SCHWACKHÖFER, WOLFGANG: Ordnung des ländlichen Raumes, Agrarstrukturverbesserung, regionale Agrarpolitik, in: Schrifttum der Agrarwirtschaft (Wien), Jg. 10, H. 3, 1970, S. 49–62.

Ausländische Landwirtschaft
HOFMANN, CHRISTIAN: Titelauswahl über Fragen der Agrarverfassung in Entwicklungsländern, in: Zeitschrift für ausländische Landwirtschaft (Frankfurt/M.), Jg. 3, H. 3, 1964, S. 269–289.
WEST, H. W. and O. H. M. SAWYER: Land Administration: A Bibliography for Developing Countries. Cambridge: University, Department of Land Economy, X, 292 S. (englische Titel 1960–73).

Bauernromane
FRAUENDORFER, SIGMUND VON: Landsoziologie und Bauerndichtung, in: Schrifttum der Agrarwirtschaft (Wien), Jg. 7, H. 1, 1967, S. 1–11.
ZIMMERMANN, PETER: Der Bauernroman. Stuttgart 1975.

Beratung
ALBRECHT, HARTMUT: Wissenschaftliche Grundlegung für die landwirtschaftliche Beratung. – Der Beitrag von HANS RHEINWALD, in: Schrifttum der Agrarwirtschaft (Wien), Jg. 8, H. 4, 1968, S. 73–79.
JONES, GWYN E.: The Adoption and Diffusion of Agricultural Practices. In: World Agricultural Economics and Rural Sociology Abstracts, Vol. 9, No. 3, 1967, S. 1–34.
THOMAS, ULRICH: Bibliographie der landwirtschaftlichen Beratung. Rom 1964.

Betriebsleitung
MUGGEN, G.: Human Factors and Farm Management: A Review of the Literature. In: World Agricultural Economics and Rural Sociology Abstracts, Vol. 11, No. 2, 1969, S. 1–10.

Brauchtum
WEBER-KELLERMANN, INGEBORG u. a.: Brauch und seine Rolle innerhalb sozialer Gruppen. Eine Bibliographie deutschsprachiger Titel 1945–70. Marburg, 1973 V, 213 S., 3587 Titel.

Dorfforschung
PLANCK, ULRICH: Dorfforschung im Deutschen Reich und in der Bundesrepublik Deutschland, in: Zeitschrift für Agrargeschichte und Agrarsoziologie (Frankfurt/M.), Jg. 22, H. 2, 1974, S. 146–178.
LAMBERT, CLAIRE M. (Hrsg.): Village Studies, Data Analysis and Bibliography, 2 Bde. London 1978, 329, 319 S.

Integration, Kooperation
DORNIK, OTTO: Schrifttum über vertikale Integration in der Landwirtschaft, in: Schrifttum der Agrarwirtschaft (Wien), Jg. 4, H. 2, 1964, S. 33–38.
PEVETZ, WERNER: Höhere Formen überbetrieblicher Zusammenarbeit im landwirtschaftlichen Produktionsbereich, in: Schrifttum der Agrarwirtschaft, Jg. 7, H. 5, 6, S. 97–104, 121–129.

Landfamilie, Landfrau, Landjugend
PLANCK, ULRICH: Research in the German Federal Republic on Rural Families, in: La Ricerca Sociale (Bologna), 74e/75a, n. 9–10, 1976, S. 45–66.
Women in Rural Societies. Annotated Bibliography 1975, Commonwealth Bureau of Agricultural Economics (Hrsg.).
ZICHE, JOACHIM: Rural Youth. A Review of Research Literature. In: World Agricultural Economics and Rural Sociology Abstracts, Vol. 18, No. 7, 1976, S. 415–428.
MOODY, ELIZE: Women and development. Africa Institute, Pretoria 1979, 28 S.

Landentwicklung, Tourismus
BRODE, JOHN: The process of modernization. An annotated bibliography on the sociocultural aspects of development. Cambridge: Mass.: Harvard University Press, 389 S. (über 4000 Titel).
Land and Population in Agricultural Development. Annotated Bibliography 1975. Commonwealth Bureau of Agricultural Economics (Hrsg.).
Tourism and Recreation in Rural Areas. Annotated Bibliography 1975. Commonwealth Bureau of Agricultural Economics (Hrsg.).

Minoritäten
Minorities in Rural Areas. Annotated Bibliography 1975. Commonwealth Bureau of Agricultural Economics (Hrsg.).

Nebenberufliche Landwirtschaft
FRAUENDORFER, SIGMUND VON: Nebenberufliche Landbewirtschaftung, in: Schrifttum der Agrarwirtschaft (Wien), Jg. 6, H. 1, 1966, S. 1–32.
FRAUENDORFER, SIGMUND VON: Part-time Farming: A Review of World Literature. In: World Agricultural Economics and Rural Sociology Abstracts, Vol. 8, No. 1, 1966, S. V–XXXVIII.
KUHNEN, FRITHJOF: Bibliographie über „Nebenberufliche Landwirtschaft", in: Zeitschrift für ausländische Landwirtschaft (Frankfurt/M.), Jg. 2, H. 2, 1963, S. 119–127.

Unterbeschäftigung
KUHNEN, FRITHJOF: Bibliographie über „Ländliche Unterbeschäftigung", in: Zeitschrift für ausländische Landwirtschaft (Frankfurt/M.), Jg. 1, H. 1, 1962, S. 105–116; Jg. 3, H. 4, 1964, S. 387–390; Jg. 11, H. 1, 1972, S. 74–83.

Landwirtschaftliches Bildungswesen
HUDDE, WILHELM und HEINRICH EHRHARDT: Bibliographie des deutschen landwirtschaftlichen Bildungswesens. Hiltrup: Landwirtschaftsverlag (Landwirtschaft – Angewandte Wissenschaft Nr. 97).
STYLER, W. E.: A Bibliographical Guide to Adult Education in Rural Areas, 1918–1972. Hull: University of Hull, 50 S.

5. Deutschsprachige Autoren von Bauernromanen und Dorfgeschichten
ANDRES, STEFAN (1906–70, Schriftsteller): Die unsichtbare Mauer (1934), Moselländische Novellen (1937)
ANZENGRUBER, LUDWIG (1839–89, Schauspieler, Redakteur): Der Schandfleck (1876), Der Sternsteinhof (1884) u. a.
AUERBACH, BERTHOLD (eig. MOSES BARUCH, 1812–82, Redakteur, Schriftsteller): Schwarzwälder Dorfgeschichten (1843–53), Barfüßele (1856) u. a.
BAUER, JOSEF MARTIN (1901–70, Redakteur, Schriftsteller): Achtsiedel (1930), Die Notthaften (1931)
BERENS-TOTENOHL, JOSEFA (1891–1969, Lehrerin, Malerin, Schriftstellerin): Der Femhof (1934) u. a.
BESTE, KONRAD (1890–1958, Schriftsteller, Landwirt): Das heidnische Dorf (1932) u. a.
BILLINGER, RICHARD (1890–1965, Schriftsteller): Die Asche des Fegefeuers (1931), Das Schutzengelhaus (1934)
BRENTANO, CLEMENS (1778–1842, Dichter): Geschichte vom braven Kasperl und dem schönen Annerl (1838)
BRÜCKNER, CHRISTINE (geb. 1921, Schriftstellerin): Jauche und Levkojen (1978)
BURGER, HANNES (geb. 1937, Redakteur): Feichtenreut (1973)
BUSSE, HERMANN ERIS (1891–1947, Priester, Lehrer): Bauernadel (1933) u. a.
CHRIST, LENA (verh. BENEDIX, 1881–1920, Schriftstellerin): Mathias Bichler (1914), Madam Bäuerin (1920) u. a.
DÖRFLER, PETER (1878–1955, Lehrer): Apollonia-Trilogie (1930–32), Allgäu-Trilogie (1934–36)
DROSTE-HÜLSHOFF, ANNETTE VON (eig. ANNA ELISABETH V. D. ZU H., 1797–1848): Die Judenbuche (1842)
EBNER-ESCHENBACH, MARIE FREIFRAU VON (1830–1916, Dichterin): Dorf- und Schloßgeschichten (1883), Das Gemeindekind (1887)
ERATH, VINZENZ (1906–76, Schriftsteller): Größer als des Menschen Herz (1951) u. a.
FALLADA, HANS (eig. RUDOLF DITZEN, 1893–1947, Schriftsteller): Bauern, Bonzen, Bomben (1931)
FEDERER, HEINRICH (1866–1928, Pfarrer, Schriftsteller): Berge und Menschen (1911), Pilatus (1912)
FRENSSEN, GUSTAV (1863–1945, Pfarrer, Schriftsteller): Jörn Uhl (1901, Aufl. bis 1960: 530000) u. a.
FREYTAG, GUSTAV (1816–95, Dozent, Redakteur, Schriftsteller): Die verlorene Handschrift (1864), Soll und Haben (1855)
GANGHOFER, LUDWIG (1855–1920, Journalist, Schriftsteller): Der Dorfapostel (1900), Der hohe Schein (1904, Aufl. bis 1960: 354000) u. a.
GRAF, OSKAR MARIA (1894–1967, Arbeiter, Schriftsteller): Die Chronik von Flechting (1925) u. a.

GOTTHELF, JEREMIAS (eig. ALBERT BITZIUS, 1797–1854, Pfarrer): Der Bauernspiegel (1837), Wie Uli der Knecht glücklich wird (1841), Anne Bäbi Jowäger (1844), Uli der Pächter (1847), Die Käserei in der Vehfreude (1849) u. a.
GRIESE, FRIEDRICH (1890–1975, Lehrer, Landwirt): Winter (1927), Der ewige Acker (1930), Das letzte Gesicht (1934) u. a.
HAID, HANS (geb. 1938, Institutsleiter): Abseits von Oberlangdorf (1975)
HANSJAKOB, HEINRICH (1837–1916, Pfarrer, Politiker): Der Vogt auf Mühlstein (1895), Waldleute (1897), Erzbauern (1898)
HEBEL, JOHANN PETER (1760–1826, Schriftsteller): Anna (1847), Die Kuh (1849)
HEISELER, BERNT VON (1907–69, Schriftsteller): Die gute Welt (1938)
IMMERMANN, KARL LEBERECHT (1796–1840, Landgerichtsrat): Der Oberhof (1838/39)
KELLER, GOTTFRIED (1819–90, Staatsschreiber, Schriftsteller): Romeo und Julia auf dem Dorfe (1856)
KELLER, PAUL (1873–1932, Lehrer): Die Heimat (1903, Aufl. bis 1960: 580 000) u. a.
LINKE, JOHANNES (1900–45, Volksschullehrer): Ein Jahr rollt über's Gebirge (1934) u. a.
LÖNS, HERMANN (1866–1914, Journalist, Schriftsteller): Der Wehrwolf (1910, Aufl. bis 1960: 855 000), Dahinten in der Heide (1910), u. a.
LUDWIG, OTTO (1813–65, Musiker, Schriftsteller): Die Heiterethei (1857)
MECHOW, KARL BENNO VON (1897–1960, Gutsbesitzer): Das ländliche Jahr (1929), Vorsommer (1933)
MEYR, MELCHIOR (1810–71): Erzählungen aus dem Ries (1856)
MOESCHLIN, FELIX (1882–1969, Schriftsteller, Journalist): Der Amerika-Johann (1912) u. a.
MÜHLBERGER, JOSEF (geb. 1903, Redakteur): Licht über den Bergen (1956)
MÜLLER-PARTENKIRCHEN (eig. FRITZ MÜLLER, 1875–1942, Kaufmann, Lehrer, Schriftsteller): Das verkaufte Dorf (1928)
OBERKOFLER, JOSEPH GEORG (1889–1962, Redakteur): Der Bannwald (1939), Die Flachsbraut (1942).
PERKONIG, JOSEF FRIEDRICH (1890–1959, Lehrer, Professor): Bergsegen (1928)
POLENZ, WILHELM VON (1861–1903, Gutsbesitzer): Der Büttnerbauer (1895, Aufl. bis 1960: 68 000) u. a.
PONTEN, JOSEF (1883–1940, Journalist, Schriftsteller): Im Wolgaland (1933)
REHMANN, RUTH (geb. 1922, Schriftstellerin): Die Leute im Tal (1968)
RENFRANZ, HANS PETER (geb. 1941, Fernsehredakteur): Das Dorf (1978)
RENKER, GUSTAV (1889–1967, Kapellmeister, Redakteur): Der sterbende Hof (1927) u. a.
REUTER, FRITZ (1810–74, Lehrer, Schriftsteller): Ut mine Stromtid (1862–64)
ROSEGGER, PETER (1843–1918, Handwerker, Redakteur): Jakob der Letzte (1888, Aufl. bis 1960: 194 000), Erdsegen (1900, Aufl. bis 1960: 151 000) u. a.
SANDER, ULRICH (geb. 1892, Landwirt, Lehrer): Kompost (1934) u. a.
SCHARRER, ADAM (1889–1948, Schlosser, Redakteur): Maulwürfe (1933), Dorfgeschichten – einmal anders (1948) u. a.
SEGHERS, ANNA (eig. NETTY RADVANYI geb. REILING, geb. 1900, Schriftstellerin): Der Kopflohn (1933)
SEIDEL, INA (1885–1974): Der Brömeshof (1927)
STEHR, HERMANN (1864–1940, Volksschullehrer): Der Heiligenhof (1918) u. a.
STIFTER, ADALBERT (1805–68, Maler, Lehrer, Schriftsteller): Das Heidedorf (1840) u. a.
STORM, THEODOR (1817–88, Jurist): Draußen im Heidedorf (1871) u. a.
STRAUSS, EMIL (1866–1960, Schriftsteller, Siedler): Der Engelwirt (1900), Das Riesenspielzeug (1935)
STRAUSS und TORNEY, LULU VON (1873–1956, Schriftstellerin): Judas/Der Judashof (1911)
STRITTMATTER, ERWIN (geb. 1912, Bäcker, Arbeiter, Schriftsteller): Ochsenkutscher (1950), Tinko (1954), Ole Bienkopp (1963) u. a.
STROHMEIER, FRED (geb. 1941, Journalist): Zerschlagene Fesseln (1977)
SUDERMANN, HERMANN (1857–1928, Lehrer, Schriftsteller): Frau Sorge (1887, Aufl. bis 1960: 494 000)
THOMA, LUDWIG (1867–1921, Rechtsanwalt, Journalist): Andreas Vöst (1906, Aufl. bis 1960: 70 000), Der Wittiber (1911), Der Ruepp (1921) u. a.
VOIGT-DIEDERICHS, HELENE (1875–1961): Dreiviertel Stund vor Tag (1905) u. a.
WAGGERL, KARL HEINRICH (1897–1973, Schriftsteller): Brot (1930, Aufl. bis 1963: 101 000), Das Jahr des Herrn (1933, Aufl. bis 1963: 136 000.) u. a.
WIECHERT, ERNST (1887–1950, Lehrer, Schriftsteller): Die Magd des Jürgen Doskocil (1932), Das einfache Leben (1939), Die Jerominkinder (1945–47)
ZSCHOKKE, HEINRICH (1771–1848, Schriftsteller): Das Goldmacherdorf (1817)

6. Bauernepik der Weltliteratur

ACHEBE, CHINUA (geb. 1930, Nigerianer): Okonkwo oder Das Alte stürzt (dt. 1959)
BALZAC, HONORÉ DE (1799–1850, Franzose): Die Bauern (1844, dt. 1923)
BAYKURT, FAKIR (geb. 1929, Türke): Die Rache der Schlangen (1959, dt. 1964)
BJÖRNSON, BJÖRNSTJERNE (1832–1910, Norweger): Arne (1858, dt. 1860), Das Fischermädchen (1868, dt. 1874)
BOJER, JOHAN (1872–1959, Norweger): Die Auswanderer (1924, dt. 1927)
BUCK, PEARL S.(1892–1973, Amerikanerin): Die gute Erde (1931, dt. 1933), u. a.
BUNIN, IWAN ALEXEJEWITSCH (1870–1953, Russe): Das Dorf (1910, dt. 1936)
CABALLERO, FERNAN (eig. CECILIA DE ARROM, 1796–1877, Deutsch-Spanierin): Spanische Dorfgeschichten (dt. 1877)
CATHER, WILLA SIBERT (1876–1947, Dichterin Nebraskas): Neue Erde (1913, dt. 1946), Einer von uns (1922, dt. 1928)
DELEDDA, GRAZIA (1871–1936, Sardin): Schilfrohr im Wind (1913, dt. 1930)
DUUN, OLAV (1876–1939, Norweger): Die Juwikinger (1918–23, dt. 1927–29)
ELIOT, GEORGE (eig. MARY ANN EVANS, 1819–80, Engländerin): Die Mühle am Floß (1860, dt. 1861) u. a.
FAULKNER, WILLIAM (1897–1962, Amerikaner): Das Dorf (1940, dt. 1957)
GIONO, JEAN (1895–1970, Provenzale): Ernte (1930, dt. 1931)
GOGOL, NIKOLAI WASSILJEWITSCH (1809–52, Ukrainer): Abende auf dem Vorwerk bei Dikanka (1831/32, dt. 1910)
GULBRANSSEN, TRYGVE (1894–1962, Norweger): Und ewig singen die Wälder (1933, dt. 1935), Das Erbe von Björndal (1935, dt. 1936)
GUNNARSSON, GUNNAR (1889–1975, Isländer): Die Leute auf Borg (1912–14, dt. 1927)
HAMSUN, KNUT (eig. KNUT PEDERSEN, 1859–1952, Norweger): Segen der Erde (1917, dt. 1918, deutsche Aufl. mehr als 330000)
HARDY, THOMAS (1840–1928, Engländer): Tess von d'Urberbilles (1891, dt. Eine reine Frau 1925)
KIVI, ALEKSIS (eig. A. STENVALL, 1834–72, Finne): Die sieben Brüder (1870, dt. 1921), u. a.
LAGERLÖF, SELMA (1858–1940, Schwedin): Eine Herrenhofsage (1899, dt. 1900), Jerusalem (1901/02, dt. 1902/03) u. a.
LAXNESS, HALLDOR KILJAN (eig. GUDJONSSON, geb. 1902, Isländer): Salka Valka (1932, dt. 1951), Der Freisasse (1934–35, dt. 1936)
LINNANKOSKI, JOHANNES (eig. VIHTORI PELTONEN, 1869–1913, Finne): Das Lied von der glutroten Blume (1905, dt. 1909)
MISTRAL, FRÉDÉRIC (1830–1914, Provenzale): Miréio (1859, dt. 1880)
MOBERG, VILHELM (1898–1973, Schwede): Bauern ziehen übers Meer (1949, dt. 1954)
NĚMCOVÁ, BOŽENA (1820–62, Deutsch-Tschechin): Großmutter (1855, dt. 1885)
NORRIS, FRANK (eig. BENJAMIN FRANKLIN NORRIS, 1870–1902, Amerikaner): Epos vom Weizen (1901 ff., dt. Der Oktopus/Die goldene Fracht 1907/1939; Die Getreidebörse/Kampf um Millionen 1912/1935)
PÉREZ GALDÓS, BENITO (1843–1920, Spanier): Doña Perfecta (1876, dt. 1886)
RAMUZ, CHARLES FERDINAND (1878–1947, frz. Waadtländer): Hans Lukas der Verfolgte (1909, dt. 1932), Das große Grauen in den Bergen (1926, dt. 1927) u. a.
REYMONT, WLADISLAW STANISLAW (eig. W. ST. REJMENT, 1867–1925, Pole): Die Bauern (1904–09, dt. 1912)
RÖLVAAG, OLE EDVART (1876–1937, Norweger): Die Wegbereiter (1927, dt. 1948) u. a.
SAND, GEORGE (eig. AURORE DUPIN, 1804–76, Französin): Dorfgeschichten (1846, dt. 1850), Die kleine Fadette (1849, dt. 1850)
SCHOLOCHOW, MICHAIL ALEXANDROWITSCH (geb. 1905, Russe), Neuland unter dem Pflug/Ernte am Don (1932/33 und 1959/60, dt. 1934, vollständig 1960)
SILLANPÄÄ, FRANS EEMIL (1888–1964, Finne): Silja die Magd (1931, dt. 1932), Eines Mannes Weg (1932, dt. 1933) u. a.
SILONE, IGNAZIO (eig. SECONDO TRANQUILLI, geb. 1900, Italiener): Fontamara (1930, dt. 1933), Der Samen unterm Schnee (1945, dt. 1942), Eine Handvoll Brombeeren (dt. 1952)
STEINBECK, JOHN (1902–1968, Amerikaner): Früchte des Zorns (1939, dt. 1940)
STREUVELS, STIJN (eig. FRANK LATEUR, 1871–1969, Flame): Knecht Jan (1902, dt. 1929), Der Flachsacker (1907, dt. 1918) u. a.

STRINDBERG, AUGUST (1849–1912, Schwede): Leute von Hemsö/Die Inselbauern (1887, dt. 1890/1909)
SYNGE, JOHN MILLINGTON (1871–1909, Ire): Der Held des Westerlands (1907, dt. 1912/60), Die Leute von Aran (1907, dt. 1962)
TIMMERMANS, FELIX (1886–1947, Flame): Pallieter (1916, dt. 1921), Bauernpsalm (1935, dt. 1936)
TRAVEN, B. (eig. HERMANN FEIGE, 1882–1969, Wahlmexikaner): Die weiße Rose (dt. 1929), Die Baumwollpflücker (1931)
TSCHECHOW, ANTON PAWLOWITSCH (1860–1904, Russe): Die Bauern (1897, dt. 1902) u. a.
TURGENJEW, IWAN SERGEJEWITSCH (1818–83, Russe): Aufzeichnungen eines Jägers (1852, dt. 1854) u. a.
VERGA, GIOVANNI (1840–1922, Sizilianer): Sizilianische Dorfgeschichten (1880, dt. 1895), Die Malavoglia (1881, dt. 1940)
WEBB, MARY (1881–1927, Engländerin): Die Geschichte von der Liebe der Prudence Sarn (1924, dt. 1930) u. a.
ZOLA, ÉMILE (1840–1902, Franzose): Mutter Erde (1887, dt. 1888)

IV. Verzeichnis der zitierten und weiterführenden Literatur

AR	Agrarische Rundschau, Wien
Aw	Agrarwirtschaft, Hannover
BüL	Berichte über Landwirtschaft, Hamburg
Diss.	Dissertation
FAA	Forschungsgesellschaft für Agrarpolitik und Agrarsoziologie, Bonn
FSARL	Forschungs- und Sitzungsberichte der Akademie für Raumforschung und Landesplanung, Hannover
GeWiSoLa	Gesellschaft für Wirtschafts- und Sozialwissenschaften des Landbaus, München
HdSW	Handwörterbuch der Sozialwissenschaften, Stuttgart
HdRR	Handwörterbuch der Raumforschung und Raumordnung, Hannover
KZfSS	Kölner Zeitschrift für Soziologie und Sozialpsychologie, Opladen
IzsF	Informationen zur soziologischen Forschung in der Deutschen Demokratischen Republik, Berlin
LAW	Landwirtschaft – Angewandte Wissenschaft, Münster-Hiltrup
MüdöL	Monatsberichte über die österreichische Landwirtschaft, Wien
RS	Rural Sociology, Lawrence/Kansas
SchlS	Schriftenreihe für ländliche Sozialfragen, Hannover
SG	Studium Generale, Berlin
SR	Sociologia Ruralis, Assen/Niederlande
SW	Soziale Welt, Göttingen/Dortmund
WiSta	Wirtschaft und Statistik, Stuttgart
ZAA	Zeitschrift für Agrargeschichte und Agrarsoziologie, Frankfurt/M.
ZauL	Zeitschrift für ausländische Landwirtschaft, Frankfurt/M.

ABEL, W., 1955: Stadt-Land-Beziehungen. BüL, Sh. 162, 9–22.
– 1967[3]: Agrarpolitik. Göttingen (zuerst 1951).
AEREBOE, F., 1920: Allgemeine Landwirtschaftliche Betriebslehre. Berlin
– 1925: Das Ernährungsproblem der Völker und die Produktionssteigerung der Landwirtschaft. Zit. nach HANAU u. a. (Hrsg.): Friedrich Aereboe. Hamburg 1965, 354–365.
– 1928: Agrarpolitik. Berlin
AID (Hrsg.), 1967: Landwirtschaftliche Familienbetriebe: Analysen und Möglichkeiten. Hiltrup.
ALAVI, H., 1972: Theorie der Bauernrevolution. Offenbach.

ALBRECHT, G., 1926: Das deutsche Bauerntum im Zeitalter des Kapitalismus. Grundriß der Sozialökonomik IX. Abt. I. Teil. Tübingen, 35–69.
ALBRECHT, G., 1972: Soziologie der geographischen Mobilität. Stuttgart.
ALBRECHT, H., 1968: Sozialwissenschaftliche Aktionsforschung in Entwicklungsprogrammen. Bedeutung und Bedingungen. ZauL 7, 4–21.
– 1969a: Innovationsprozesse in der Landwirtschaft. Saarbrücken.
– 1969b: Community Development. Kritik des Förderansatzes auf der Basis der Erfahrungen in Indien. ZauL 8, 20–38.
– 1974: Die Verbreitung von Neuerungen: Der Diffusionsprozeß. Förderungsdienst (Wien) 22, Sh. 2, 33–40.
AL-WARDI, A., 1972: Soziologie des Nomadentums. Studie über die irakische Gesellschaft. Neuwied.
AMMON, O., 1895: Die Gesellschaftsordnung und ihre natürlichen Grundlagen. Jena.
ANDREAE, B., 1966: Die Überwindung der Waldbrandwirtschaft in den feuchten Tropen durch produktivere Wirtschaftsformen. BüL 44, 684–704.
– 1974: Welcher Hof wird überleben? Hamburg.
ARENDT, H., 1965: Über die Revolution. München (Original: On Revolution. New York, 1963).
ARNDT, E. M. 1803: Versuch einer Geschichte der Leibeigenschaft in Pommern und Rügen. Berlin. Zit. nach Agrarpolitische Schriften. Goslar 1942.
ARRIENS, R. L. 1964: Agrarreformen in Entwicklungsländern. ZauL 3, 60–63.
ASCHENBRENNER, K. und KAPPE, D., 1965: Großstadt und Dorf als Typen der Gemeinde. Opladen.
ATTESLANDER, P., 1960: Der Begriff der Nachbarschaft in der neueren Gemeindesoziologie. Schweizer Zeitschrift für Volkswirtschaft und Statistik 96, 443–458.
– 1971[2]: Methoden der empirischen Sozialforschung. Berlin (zuerst 1969).
ATTESLANDER, P. und HAMM, B. (Hrsg.) 1974: Materialien zur Siedlungssoziologie. Köln.
AUERBACH, B., 1852: Schwarzwälder Dorfgeschichten.
AZIZ, S., 1978: Rural Development – Learning from China. London.
BAADE, F., 1961: „Ernährungswirtschaft". In: HdSW 3, 308–317.
BACH, H., 1967: Bäuerliche Landwirtschaft im Industriezeitalter. Berlin.
– 1971: Der Bildungsstand auf dem Agrarsektor in Österreich. Schriftenreihe für Agrarsoziologie und Agrarrecht (Linz) 8.
BADER, K. S., 1974: Dorfgenossenschaft und Dorfgemeinde. Wien.
BAILEY, W. C., 1943: The Status System of a Texas Panhandle Community. Texas Journal of Science 5, 326–331.
BARNETT, H. G., 1962: Wer nimmt Neuerungen an und wer lehnt sie ab? In: HEINTZ 1962, S. 73–109.
BARON, P., 1972: Die Relativität des Urteils deutscher Agrarökonomen zum Betriebsgrößenoptimum und ihre Gründe. LAW 157.
BARTHELMANN, R., 1976: Die Einheit von betrieblicher und territorialer, ökonomischer und sozialer Planung in ländlichen Territorien der DDR. IzsF 12, Sh. 1, 23–29.
BATES, R., 1976: Rural Responses to Industrialization. A Study of Village Zambia. New Haven.
BAUSINGER, H., 1978: Dorf und Stadt – ein traditioneller Gegensatz. In: Wehling 1978, S. 18–30.
– 1967: Frömmigkeit im Bild. In: SCHARF, M. u. a.: Volksfrömmigkeit. Stuttgart, S. 5–8.
BEHRENDT, R. F., 1968[2]: Soziale Strategie für Entwicklungsländer. Frankfurt/M. (zuerst 1965).
BEHRENDT, R. F. und PALLMANN, M., 1967: Die soziale Ausgangssituation in den Entwicklungsländern. In: BLANCKENBURG und CREMER 1967, S. 33–58.
BEIJER, G., 1963: Rural Migrants in Urban Setting. The Hague.
BELLEBAUM, A., 1978[2]: Soziologie der modernen Gesellschaft. Hamburg (zuerst 1977).
BENVENUTI, B., 1975: General Systems Theory and Entrepreneureal Autonomy in Farming: Towards a New Feudalism or Towards Democratic Planning? SR 15, 46–64.
BENVENUTI, B., GALJART, B. und NEWBY, H., 1975: The Current Status of Rural Sociology. SR 15, 3–21.
BERGER, P. L. und BERGER, B., 1974: Individuum & Co. Soziologie beginnt beim Nachbarn. Stuttgart. (Original: Sociology – A Biographical Approach. New York 1972).
BERGMANN, E. und BERGMANN, H., 1976: Women's Place and Workload in Greek Irrigation Projects. Saarbrücken.
BERGMANN, H., 1974: Wirkungsmöglichkeiten und Grenzen der Animation Rurale. SR 14, 261–280.
BERGMANN, K., 1970: Agrarromantik und Großstadtfeindlichkeit. Meisenheim am Glan.

BERGMANN, TH., 1967: Funktionen und Wirkungsgrenzen von Produktionsgenossenschaften in Entwicklungsländern. Frankfurt/M.
- 1968: Der Kolchosbauer, sozialökonomische Merkmale und Problematik. SR 8, 22–47.
- 1969: Der bäuerliche Familienbetrieb. ZAA 17, 215–230.
- 1972: Wirkung und Leistung von Aussiedlungsbetrieben. Münster–Hiltrup.
- 1977: Agrarian Movements and Their Context. SR 17, 167–190.

BERNARD, L. L., 1926: Introduction to Social Psychology. New York.

BERNHARDI, TH. VON, 1849: Versuch einer Kritik der Gründe, die für großes und kleines Grundeigentum angeführt werden. St. Petersburg.

BERNSDORF, W. (Hrsg.), 1969²: Wörterbuch der Soziologie. Stuttgart (zuerst 1955).

BERTRAND, A. L., 1958 (Hrsg.): Rural Sociology. New York.
- 1971: Eine Strukturanalyse unterschiedlicher Muster sozialer Beziehungen. ZAA 19, 78–89.
- 1972: Social Organization. A general systems and role theory perspective. Philadelphia.

BIDLINGMAIER, M., 1918: Die Bäuerin in zwei Gemeinden Württembergs. Berlin.

BINDER, F., 1953: Die Besonderheiten der Hofübergabe und die Nachwuchslage in den Landwirtschaftsbetrieben des Landkreises Memmingen. Diss. Hohenheim.

BLANCKENBURG, P. VON, 1955: Der Teilbau. BüL 33, 435–462.
- 1957: Die Persönlichkeit des landwirtschaftlichen Betriebsleiters in der ökonomischen Theorie und der sozialen Wirklichkeit. Bül 35, 308–336.
- 1958: Berufszufriedenheit und Unbehagen in der Landwirtschaft. SW 9, 29–45.
- 1959: Die Berufsbejahung in der Landwirtschaft. BüL 37, 21–40.
- 1960: Bäuerliche Wirtschaftsführung im Kraftfeld der sozialen Umwelt. SchlS 26.
- 1962: Einführung in die Agrarsoziologie. Stuttgart.
- 1964: Notwendigkeit und Berechtigung bewußter Sozialgestaltung in den Anfangsstadien wirtschaftlicher Entwicklung. In: Landwirtschaft und ländliche Gesellschaft in Geschichte und Gegenwart. Festschrift für WILHELM ABEL. Hannover.
- 1967: Die Aktivierung der bäuerlichen Landwirtschaft. In: BLANCKENBURG und CREMER 1967, S. 400–446.
- 1977: Soll und Haben in der Welternährung. ZauL 16, 342–359.

BLANCKENBURG, P. VON und CREMER, H.-D. (Hrsg.), 1967: Handbuch der Landwirtschaft und Ernährung in den Entwicklungsländern, Bd. 1. Die Landwirtschaft in der wirtschaftlichen Entwicklung. Ernährungsverhältnisse. Stuttgart.

BLASCHKE, K., 1967: Vom Dorf zur Landgemeinde. Struktur- und Begriffswandel zwischen Agrar- und Industriegesellschaft. In: HAUSHOFER und BOELCKE 1967, S. 230–241.

BLAU, P. M. (Hrsg.), 1978: Theorien sozialer Strukturen, Opladen.

BLOHMKE, M. u. a., 1977: Versuch zur Erfassung des Gesundheitszustandes in der bäuerlichen Bevölkerung anhand von Symptomen ausgewählter Krankheiten. Öffentl. Gesundheitswesen (Stuttgart) 39, 617–623.

BOBEK, H., 1928: Innsbruck, eine Gebirgsstadt, ihr Lebensraum und ihre Erscheinung. Forschungen zur deutschen Landes- und Volkskunde 25. Stuttgart.
- 1948: Soziale Raumbildungen am Beispiel des Vorderen Orients. In: Dt. Geogr.-Tag München 1948. Landshut.
- 1959: Die Hauptstufen der Gesellschafts- und Wirtschaftsentfaltung in geographischer Sicht. Die Erde (Berlin) 90, 259–298.
- 1961: Zur Problematik eines unterentwickelten Landes alter Kultur: Iran. Orient (Hamburg) 2, 64–68, 115–124.
- 1974: Zum Konzept des Rentenkapitalismus. Tijdschrift voor economische en sociale geographie 45, 73–78.

BODENMILLER, A. und ISENBERG, G., 1970: „Sozialprodukt". In: HdRR 3, 2984–2992.

BODENSTEDT, A., 1975: Zukünftige Forschungsaufgaben im Bereich der Sozialwissenschaften. In: ALBRECHT, H. und SCHMITT, G. (Hrsg.): Forschung und Ausbildung im Bereich der Wirtschafts- und Sozialwissenschaften des Landbaues. GeWiSoLa 12, 137–148.

BODZENTA, E., 1962: Industriedorf im Wohlstand. Mainz.

BÖLTKEN, F., 1976: Auswahlverfahren. Stuttgart.

BOESCH, E. E. u. a., 1965: Das Problem der Alphabetisierung in Entwicklungsländern. Stuttgart.

BOESLER, M., 1964: Die Wohlfahrtswirkungen der Landwirtschaft erbracht für die Gesamtgesellschaft. Agrarjahr (Würzburg), 54–58.
BOISSEVAIN, J., 1978: Friends of Friends. Networks, Manipulators and Coalitions. Oxford (zuerst 1974).
BOLTE, K. M., KAPPE D. und NEIDHARDT, F., 1966: Soziale Schichtung. Struktur und Wandel der Gesellschaft. Opladen.
BOSERUP, E., 1965: The Conditions of Agricultural Growth. London.
BOUSTEDT, O., 1975: Grundriß der empirischen Regionalforschung. 3 Bände, Hannover.
BRANDT, K., 1927: Untersuchungen über Entwicklung, Wesen und Formen der landwirtschaftlichen Pacht. Landwirtschaftliche Jahrbücher (Berlin) 66, 535–633.
BRAUN, R., 1960: Industrialisierung und Volksleben. Erlenbach–Zürich.
– 1965: Sozialer und kultureller Wandel in einem ländlichen Industriegebiet im 19. und 20. Jahrhundert. Erlenbach–Zürich.
BRAUNER, H., 1971: Die landwirtschaftlichen Arbeitsgesetze – Grenzen der Mechanisierung im Agrarbereich. Schriftenreihe für Agrarsoziologie und Agrarrecht (Linz) 10.
BRONGER, D., 1970: Der sozialgeographische Einfluß des Kastenwesens auf Siedlung und Agrarstruktur im südlichen Indien. Erdkunde (Bonn) 24, 89–106 und 194–207.
BRÜSE, R., 1977: Soziale Mobilität und Statuszuweisung in der landwirtschaftlichen Bevölkerung. Aw 26, 319–331.
BRUNNER, O., 1961: „Feudalismus (II), Soziologische Aspekte". In: HdSW 3, 509–512.
BRUNT, L., 1975: Bauern, Arbeiter und Städter. ZAA 23, 221–230.
BUCHENBERGER, A., 1892/3: Agrarwesen und Agrarpolitik. Leipzig.
BUNDESAMT FÜR ERNÄHRUNG UND FORSTWIRTSCHAFT, 1972: Überbetriebliche Zusammenarbeit in der Landwirtschaft. Ergebnisse aus Untersuchungen – Synopse. LAW 164
BUNDESMINISTERIUM FÜR ERNÄHRUNG, LANDWIRTSCHAFT UND FORSTEN (Hrsg.), 1969: 50 Jahre Reichsernährungsministerium – Bundesernährungsministerium. Bonn.
BURGHARDT, A., 1972: Einführung in die Allgemeine Soziologie. München.
– 1978 Betriebs- und Arbeitssoziologie. Wien.
CADWALLADER, M. L., 1959: Die kybernetische Analyse des Wandels. In: ZAPF 1969, S. 141–146.
CAMPBELL, R. R., 1966: A Suggested Paradigm of the Individual Adoption Process. RS 31, 458–466.
CASTRO, J. DE, 1959: Weltgeißel Hunger. Göttingen (Original: Geopolitica da Fomé, 1952).
CHRISTALLER, W., 1933: Die zentralen Orte in Süddeutschland. Jena.
CHUKWU, S. C., 1976: Moderne Kreditsicherung im Rahmen afrikanischer Gesellschaftsordnungen. Göttingen.
COLE, J., 1976: The Poor of the Earth. London.
CONSTANDSE, A. K. und HOFSTEE, E., 1964: Rural Sociology in Action. Rom: FAO, Agricultural Development Paper 79.
CONZE, W., 1956: „Agrarverfassung". In: HdSW 1, 105–113.
COOMBS, PH. H. und AHMED, M., 1978[2]: Attacking Rural Poverty: How Nonformal Education Can Help. Baltimore (zuerst 1974).
COPP, J. H. (Hrsg.), 1964: Our Changing Rural Society: Perspectives and Trends. Ames/Iowa.
COX, K. R., 1972: Man, Location and Behavior. New York.
CRAMPTON, J. A., 1965: The National Farmers Union. Lincoln/Nebraska.
DAHRENDORF, R., 1958: Zu einer Theorie des sozialen Konflikts. In: ZAPF 1969, S. 108–123.
DAMASCHKE, A., 1926[2]: Marxismus und Bodenreform. Jena (zuerst 1922).
DARIN-DRABKIN, H., 1967: Der Kibbuz. Stuttgart.
DARRÉ, R. W., 1929: Das Bauerntum als Lebensquell der Nordischen Rasse. München.
DAVIES, J. C., 1962: Eine Theorie der Revolution. In: ZAPF 1969, S. 399–417.
DAVIS, K., 1967[2]: Human Society. New York (zuerst 1949).
DEENEN, B. VAN, 1961: Die ländliche Familie unter dem Einfluß von Industrienähe und Industrieferne. Berlin.
– 1970: Bäuerliche Familien im sozialen Wandel. FAA 210.
– 1971a: Wandel im Verhalten, in den Einstellungen und Meinungen westdeutscher Landwirte zu Beruf, Familie und Gesellschaft. FAA 211.
– 1971b: Materialien zu sozialen Verflechtungen der Landfrauen und Landfamilien. FAA 216.
DEENEN, B. VAN u. a., 1975: Lebensverhältnisse in kleinbäuerlichen Dörfern, 1952 und 1972. FAA 230.

DEENEN, B. VAN, MROHS, E. und KREKELER, H. J., 1965: Die Gemeinden der Bundesrepublik Deutschland nach der sozialökonomischen Struktur und Funktion. Bonn.
DEQUIN, H., o. J.: Die Landwirtschaft Saudisch-Arabiens und ihre Entwicklungsmöglichkeiten. ZauL Sh. 1.
DEUTSCH, K. W., 1961: Soziale Mobilisierung und politische Entwicklung. In: ZAPF 1969, S. 329–350.
DIETZ, J. F., 1931²: Das Dorf als Erziehungsgemeinde. Weimar (zuerst 1927).
DIETZE, C. VON, ROLFES, M. und WEIPPERT, G., 1953: Lebensverhältnisse in kleinbäuerlichen Dörfern. BüL, Sh. 157.
DINKLAGE, K., 1975: Bäuerliche Führungsschichten Österreich-Ungarns im 19. und 20. Jahrhundert und ihre Leistungen. In: FRANZ 1975, S. 195–223.
DORE, R. P., 1959: Land Reform in Japan. London.
DOVRING, F., 1959: The Share of Agriculture in a Growing Population. Monthly Bulletin of Economics and Statistics (Rom) 8, 1–11.
– 1963: Zur Bodenreform in unterentwickelten Ländern. Aw 12, 221–228.
DREITZEL, H. P., 1962: Selbstbild und Gesellschaftsbild. Europäisches Archiv für Soziologie, Paris, III, 181–228.
– 1972² (Hrsg.): Sozialer Wandel. Neuwied (zuerst 1967).
DRESCHER, L., 1937: Agrarökonomik und Agrarsoziologie. Jena.
DUNN, S. P., 1972: Kulturwandel im sowjetischen Dorf. Berlin.
DURKHEIM, E., 1977: Über die Teilung der sozialen Arbeit. Frankfurt/M. (Original: De la division du travail social. Paris 1893).
– 1961: Die Regeln der soziologischen Methode.Neuwied (Original: Les règles de la méthode sociologique. Paris 1895).
ECKART, K., 1977: Landwirtschaftliche Kooperation in der DDR. Wiesbaden.
EHLERS, E., 1973: Bunvar Shami – Siah Mansoor. Methoden und Probleme der Landreform in Khusistan/Südiran. ZauL 12, 183–200.
EISERMANN, G., 1968: Die Bedeutung des Fremden für die Entwicklungsländer. In: EISERMANN, G. (Hrsg.): Soziologie der Entwicklungsländer. Stuttgart 1968, S. 131–153.
EISERMANN, G. und ACQUAVIVA, S. S., 1968: Massenmedien und sozialer Wandel. KZfSS 20, 749–779.
ENGELS, F., 1884: Der Ursprung der Familie, des Privateigenthums und des Staates. Stuttgart.
– 1894/5: Die Bauernfrage in Frankreich und Deutschland. Neue Zeit I, 292 ff.
ENNEN, E., 1963: Zur Typologie des Stadt-Land-Verhältnisses im Mittelalter. SG 16, 445–456.
ETZIONI, A., 1973⁴: Soziologie der Organisationen. München (Original: Modern Organizations, Englewood Cliffs, N. J. 1964).
FARNLEITNER, J., 1968: Soziologische Analyse der Landwirtschaft. In: Leitbilder der österreichischen Agrarpolitik (Wien) 1968, 38–51.
FECHNER, E., 1956: „Arbeitspflicht und Arbeitszwang". In: HdSW 1, 337–342.
FEDER, E., 1973: Agrarstruktur und Unterentwicklung in Lateinamerika. Frankfurt/M.
FEHRE, H., 1961: Die Gemeindetypen nach der Erwerbsstruktur der Wohnbevölkerung. Raumforschung und Raumordnung (Köln) 19, 138–147.
FÉL, E. und HOFER, T., 1972: Bäuerliche Denkweise in Wirtschaft und Haushalt. Göttingen.
FICHTER, J. H., 1970³: Grundbegriffe der Soziologie. Wien (Original: Sociology. Chicago 1957).
FISCHER, J. L., 1973: Communication in Primitive Systems. In: I. DE SOLA POOL u. a. (Hrsg.): Handbook of Communication. Chicago 1973, 313–336.
FLEISCHHAUER, E., 1969: Zum Leitbild des bäuerlichen Familienbetriebes. In: SCHMITT, G. (Hrsg.): Möglichkeiten und Grenzen der Agrarpolitik in der EWG. GeWiSoLa 6, 193–226.
FOSTER, G. M., 1967: Tzintzuntzán: Mexican Peasants in a Changing World. Boston/Mass.
FOURASTIE, J., 1969³: Die große Hoffnung des XX. Jahrhunderts. Köln-Deutz (Original: Le grand espoir du XXe siècle, Paris 1949).
FRANKLIN, S. H., 1965: Systems of Production – Systems of Appropriation. Pacific Viewpoint (Wellington) 6, 145–166.
– 1969: The European Peasantry: The Final Phase. London.
FRANZ, G., 1974: (Hrsg.): Stadt-Land-Beziehungen und Zentralität. FSARL 88.
– 1975 (Hrsg.): Bauernschaft und Bauernstand 1500–1970. Limburg/Lahn.
FRAUENDORFER, S. VON, 1959: „Bodenreform". In: HdSW 2, 336–355.

- 1963²: Ideengeschichte der Agrarwirtschaft und Agrarpolitik im Deutschen Sprachgebiet, Bd. 1. München (zuerst 1957).
FREIRE, P., 1973³: Pädagogik der Unterdrückten. Stuttgart (Original: Paidagogia do oprimido, 1970).
FRICKE, F. W., 1976: Die landwirtschaftliche Produktivgenossenschaft. Köln.
FROMM, E., 1936: Theoretische Entwürfe über Autorität und Familie, sozialpsychologischer Teil. In: HORKHEIMER, M. (Hrsg.): Studien über Autorität und Familie. Paris 1936, S. 77–135.
FROST, J., 1931: Anerbensitte und Realteilung. BüL 16, 203–230.
FUCHS, W. u. a., 1978²: Lexikon zur Soziologie. Opladen (zuerst 1973).
FÜRSTENBERG, F., 1969a: Religionssoziologie. In: KÖNIG 1969, S. 1102–1122.
- 1969b: Betriebssoziologie. In: BERNSDORF 1969², S. 109–114.
GALESKI, B., 1972: Basic Concepts of Rural Sociology. Manchester.
GALPIN, CH. J., 1915: The Social Anatomy of an Agricultural Community. Madison/Wisconsin Agr. Exp. Stat. Bulletin 34.
- 1918: Rural Life. New York.
GARVE, CH., 1786: Über den Charakter der Bauern und ihr Verhältnis gegen die Gutsherrn und gegen die Regierung. Breslau.
GEIERSBERGER, E., 1974: Die dritte Bauernbefreiung durch den Maschinenring. München.
GERBER, F., 1974: Wandel im ländlichen Leben. Diss. No. 5057, Bern.
GILLETTE, J. M., 1913: Constructive Rural Sociology. New York.
GLEICHMANN, P. R., 1976: Wandel der Wohnverhältnisse, Verhäuslichung der Vitalfunktionen, Verstädterung und siedlungsräumliche Gestaltungsmacht. Ztschr. f. Soziologie (Stuttgart) 5, 319–329.
GÖRZ, G., 1958: Selbständigkeit und bäuerliches Verhalten. SG 11, 481–490.
GOLLWITZER, H., 1977: Europäische Bauerndemokratien im 20. Jahrhundert. In: GOLLWITZER, H. (Hrsg.): Europäische Bauernparteien im 20. Jahrhundert. Stuttgart 1977, S. 1–82.
GOTTL-OTTLILIENFELD, F. VON, 1933: Wesen und Grundbegriffe der Wirtschaft. Leipzig.
GRADMANN, R., 1916: Schwäbische Städte. Ztschr. d. Gesell. f. Erdkunde zu Berlin, 443 ff.
GRIFFIN, K., 1976: Land Concentration and Rural Poverty. London.
GRÜNEISEN, K.-G., 1952: Landbevölkerung im Kraftfeld der Stadt. Darmstadt.
GRÜNER, M., 1977: Zur Kritik der traditionellen Agrarsoziologie in der Bundesrepublik Deutschland. Saarbrücken.
GÜNTHER, H. F. K., 1934: Die Verstädterung. Leipzig.
- 1939: Das Bauerntum als Lebens- und Gemeinschaftsform. Berlin.
- 1942: Bauernglaube. Leipzig.
HÄBICH, TH., 1947³: Deutsche Latifundien. Stuttgart (zuerst 1929).
HAGEN, E. E., 1967³: On the Theory of Social Change. Homewood/Ill. (zuerst 1962).
- 1963: Traditionalismus, Statusverlust, Innovation. In: ZAPF 1969, S. 351–361.
HAHN, E., 1909: Die Entstehung der Pflugkultur. Heidelberg.
HAINISCH, M., 1924: Die Landflucht. Jena.
HAMM, B., 1973: Betrifft Nachbarschaft. Verständigung über Inhalt und Gebrauch eines vieldeutigen Begriffs. Düsseldorf.
HARBECK, H. und RIEMANN, F., 1975: Arbeitnehmer in der Landwirtschaft. Göttingen: ASG Materialsammlung 126.
HARIS, J., 1965: Einstellung der landwirtschaftlichen Betriebsleiter zu Krediteinsatz und Kreditverwendung. Diss. Hohenheim.
HARTMANN, TH. T., 1971: Die Kooperation in der sozialistischen Landwirtschaft der DDR. Berlin.
HASSELHORN, J., 1964: Hat die Landwirtschaft keine Zukunft? Kirche im Volk (Stuttgart) 28.
HAUSER, A., 1974: Dorfforschung in der Schweiz. ZAA 22, 179–183.
- 1975: Zur soziologischen Struktur eidgenössischen Bauerntums im Spätmittelalter. In: FRANZ 1975, S. 65–88.
- 1978: Der Familienbetrieb in der schweizerischen Landwirtschaft. ZAA 26, 195–221.
HAUSHOFER, H., 1958: Ideengeschichte der Agrarwirtschaft und Agrarpolitik im Deutschen Sprachgebiet, Bd. II. München.
HAUSHOFER, H. und BOELCKE, W. A. (Hrsg.), 1967: Wege und Forschungen der Agrargeschichte. Frankfurt/M.
HAVENS, A. E., 1966: Tamesis, Estructura y Cambio de una Communidad Antioqueña. Bogotá.

HEBERLE, R., 1959: Das normative Element in der Nachbarschaft. KZfSS 11, 181–197.
- 1961: „Farmer". In: HdSW 3, 478–482.
HEGENBARTH, S., 1976: Landwirtschaftliche Zirkel und landwirtschaftliche Produktionsgenossenschaften in Polen. Berlin.
HEIDHUES, TH., 1968: Zur Theorie der landwirtschaftlichen Entwicklung. In: SCHLOTTER, H. G. (Hrsg.): Die Landwirtschaft in der volks- und weltwirtschaftlichen Entwicklung. GeWiSoLa 5, 9–39.
HEIDTMANN, W. und KRETSCHMANN, R., 1975: Raumfunktionen und Siedlungsstrukturen im ländlichen Raum. Göttingen: Materialsammlung der ASG 124.
HEINTZ, P. (Hrsg.), 1962: Soziologie der Entwicklungsländer. Köln.
- 1967: Education, Mass Communication, and Social Mobilization in Rural Areas in Latin America. Soziologie (Zürich) 2, 85–110.
- 1968[2]: Einführung in die soziologische Theorie. Stuttgart (zuerst 1962).
HELLPACH, W., 1977[8]: Geopsyche. Stuttgart (zuerst 1911).
HERLEMANN, H.-H., 1968: Die Zukunft des bäuerlichen Familienbetriebes in Deutschland. Mitteilungen der DLG 83, 348–351.
HERRERA, A. und SCOLNIK, H. D. u. a. 1977: Grenzen des Elends. Frankfurt/M.
HERZOG, R., 1963: Seßhaftwerdung von Nomaden: Geschichte, gegenwärtiger Stand eines wirtschaftlichen und sozialen Prozesses und Möglichkeiten der sinnvollen technischen Unterstützung. Opladen.
HESKE, F., 1953: Die Erschließung der Steppe: Gedanken zu einem Nationalplan der Walderhaltung, Dürrebekämpfung und Innenkolonisation der Türkei. Istanbul.
HESSE, P., 1949: Gemeindekartei von Württemberg 1939. Stuttgart.
- 1960: Zur Frage der Abgrenzung von bäuerlichen Familienwirtschaften in den Ländern der EWG mit Hilfe von Intensitätsziffern. FSARL 16, 99–122.
HESSE, W., 1973: Funktionen der empirischen Sozialforschung für die Agrarpolitik. MüdöL 20, 453–459.
HINDERINK, J. und KIRAY, M., 1970: Social Stratification as an Obstacle to Development. New York.
HINKEN, J., 1975: Theorie und Praxis unternehmerischer Zielsetzung. Aw 24, 212–220.
HINTZE, O., 1941: Wesen und Verbreitung des Feudalismus. In: Gesammelte Abhandlungen I. Staat und Verfassung. Leipzig (zuerst 1929).
HOFFMANN-NOVOTNY, H.-J., 1970: Migration. Ein Beitrag zur soziologischen Erklärung. Stuttgart.
HOFMANN, W., 1969: Grundelemente der Wirtschaftsgesellschaft. Reinbek.
HÖHNE, K., 1961: Landarbeiterverbände in Deutschland. Diss. Göttingen.
HOMANS, G. C., 1972[2]: Elementarformen sozialen Verhaltens. Opladen (Original: Social Behavior. Its Elementary Forms, New York 1961).
HONIGSHEIM, P., 1951: Rural Collectivities. In: LOOMIS und BEEGLE 1951[2], S. 825–850.
HORSTMANN, K., 1976[2]: Zur Soziologie der Wanderungen. In: KÖNIG 1973f., Bd. 5, S. 104–186.
HOWALD, O., 1946: Einführung in die Agrarpolitik. Bern.
HRUSCHKA, E., 1964: Zur Psychologie der Beratung. Baywa Futterberater (München) 4.
HSIEH, CH., 1952: Underemployment in Asia. International Labour Review, Genf, 65, 703–725.
HUDDE, W. und SCHMIEL, M. (Hrsg.), 1965: Handbuch des landwirtschaftlichen Bildungswesens. München.
HUIZER, G., 1973: Peasant Rebellion in Latin America: The Origins, Forms of Expression, and Potential of Latin American Peasant Unrest. Harmondsworth.
HUNKE, H., 1970: „Finanzausgleich". In: HdRR 1, Sp. 688–698.
HÜTTEROTH, W.-D., 1959: Bergnomaden und Yaylabauern im mittleren kurdischen Taurus. Marburger Geographische Schriften 11.
- 1968: Ländliche Siedlungen im südlichen Inneranatolien in den letzten vierhundert Jahren. Göttinger Geographische Abhandlungen 46.
HUSAIN, Z., 1930: Die Agrarverfassung Britisch-Indiens. BüL Sh. 25.
HYDÉN, G., 1969: Political Development in Rural Tanzania. Nairobi.
ILIEN, A., 1977: Prestige in dörflicher Lebenswelt. Tübingen.
ILIEN, A. und JEGGLE, U., 1978: Leben auf dem Dorf. Opladen.
ILIEN, A., JEGGLE, U. und SCHELWIES, W., 1977: Verwandtschaft und Vereine: Zum Verhältnis zweier Organisationsformen des dörflichen Lebens. In: HAMPP, I. und ASSION, P. (Hrsg.): Forschungen und Berichte zur Volkskunde in Baden-Württemberg 1974–1977. Stuttgart 1977, S. 95–104.
INNERHOFER, F., 1975[4]: Schöne Tage. Salzburg. (zuerst 1974).

INTERNATIONALES ARBEITSAMT, 1964: Agrarreform, mit besonderer Berücksichtigung ihrer Auswirkungen auf Beschäftigungs- und Sozialfragen. Genf.
IPSEN, G., 1929: Das Dorf als Beispiel einer echten Gruppe. Archiv für angewandte Soziologie (Berlin). 1, 22–41.
- 1933: Das Landvolk. Ein soziologischer Versuch. Hamburg.
- 1956: Bemerkungen zum industriell-agraren Gemenge. SchlS 18, 44–53.
ISBARY, G., 1965: Zentrale Orte und Versorgungsnahbereiche. Bad Godesberg. Mitteilungen aus dem Institut für Raumforschung 56.
ISENBERG, G., 1970: „Tragfähigkeit". In: HdRR III, Sp. 3381–3406 (zuerst 1966).
IWU, E., 1973: Die Bedeutung ursprünglicher sozio-ökonomischer Organisationsformen in Afrika für die Industrialisierung. Marburg: Institut für Genossenschaftswesen in Entwicklungsländern, Reihe B, Bd. 8.
JACOBY, E. H., 1971: Man and Land: The Fundamental Issue of Development. Rom.
JAEGGI, U., 1965: Berggemeinden im Wandel. Bern.
JAGER, H. DE und MOK, A. L., 1972: Grundlegung der Soziologie. Köln (Original: Grondbeginselen der sociologie, Leiden 1964).
JAHN, F. L., 1810: Deutsches Volksthum. Lübeck.
JAHODA, M., LAZARSFELD, P. F. und ZEISEL, H., 1933: Die Arbeitslosen von Marienthal. Nachdruck: Allensbach 1960.
JAKOB, A., 1975: Das Ende der Dorfpolitik. Bürger im Staat (Stuttgart) 25, 26–31.
JANATA, A., 1973: Völkerkundliche Aspekte zur Vermeidung von Beratungsfehlern und zur Überwindung von Kommunikationsschwierigkeiten in einem Projekt der Technischen Hilfe am Beispiel Paktia – Afghanistan. Wien.
JANZEN, J., 1976: Landwirtschaftliche Aktiengesellschaften im Iran. Saarbrücken.
JAUCH, D., 1975: Auswirkungen der Verwaltungsreform in ländlichen Gemeinden. Stuttgart.
JEGGLE, U., 1975: Urbanisierung ländlicher Entscheidungsstrukturen. In: KAUFMANN, G. 1975, S. 65–79.
- 1977: Kiebingen – Eine Heimatgeschichte. Tübingen.
JENNY, E., 1913: Der Teilbau. München.
JOERGES, B., 1967: Animation Rurale in Afrika. ZauL 6, 293–309.
- 1969: Community Development in Entwicklungsländern. Stuttgart.
JOHN, A., 1977: Die Landwirtschaftspresse in der Bundesrepublik Deutschland. Bonn: Schriftenreihe des DBV H. 1.
KADRI, Y., 1939: Der Fremdling. Leipzig (Original: Yaban. Istanbul 1932).
KAHLER, W., 1958: Das Agrarproblem in den Industrieländern. Göttingen.
KÄHLER, H. D., 1975: Das Konzept des sozialen Netzwerks. Eine Einführung in die Literatur. Zeitschrift für Soziologie (Stuttgart) 4, 283–290.
KANTOWSKY, D., 1969: Möglichkeiten und Grenzen der teilnehmenden Beobachtung als Methode der empirischen Sozialforschung. SW 20, 428–434.
- 1970: Dorfentwicklung und Dorfdemokratie in Indien. Bielefeld.
KASSEN, W., 1970: Die Krise der bäuerlichen Arbeitswirtschaft – Möglichkeiten des Betriebshilfsdienstes. Hiltrup.
KATZ, E., LEVIN, M. L. und HAMILTON, H., 1963: Traditions of Research on the Diffusion of Innovation. American Sociological Review 28, 237–252.
KAUFMANN, F.-X. (Hrsg.), 1975: Bevölkerungsbewegung zwischen Quantität und Qualität. Beiträge zum Problem einer Bevölkerungspolitik in industriellen Gesellschaften. Stuttgart.
KAUFMANN, G. (Hrsg.), 1975: Stadt-Land-Beziehungen. Göttingen.
KAUTSKY, K., 1899: Die Agrarfrage. Stuttgart.
- 1919: Sozialisierung der Landwirtschaft. Berlin.
KEITER, F., 1956: „Sozialanthropologie". In: ZIEGENFUSS, W. (Hrsg.): Handbuch der Soziologie. Stuttgart 1956, S. 247–289.
KERBLAY, B., 1973: „Agrarsoziologie". In: KERNIG, C. D. (Hrsg.): Marxismus im Systemvergleich, Soziologie 1, Frankfurt/M. 1973, Sp. 2–20.
KESSLER, J., 1976: Überbetriebliche Zusammenarbeit im Produktionsbereich der schweizerischen Landwirtschaft. Zürich: Diss. ETH.
KIERMAYR, U., 1971: Kredit im Entwicklungsprozeß traditioneller Landwirtschaft in Westpakistan. Saarbrücken.

KIESLICH, G., 1961: Die deutsche Zeitschrift 1960/61. In: Die deutsche Presse, hrsg. vom Institut für Publizistik der TU Berlin.
KNAPP, G. F., 1887: Die Bauernbefreiung und der Ursprung der Landarbeiter in den älteren Teilen Preußens. Leipzig.
KNIRIM, CH., 1975: Leitbilder für die Generationen-Beziehungen in Stadt- und Landfamilien der Bundesrepublik Deutschland. FAA 225.
- 1976: Familienfunktionen in Abhängigkeit von familialen Strukturen in Stadt und Land. BüL 54, 549–562.
KNIRIM, CH., KRÜLL, M. und PETERS, R., 1974: Familienstrukturen in Stadt und Land. FAA 222.
KÖHLE-HEZINGER, CH., 1976: Evangelisch–Katholisch: Untersuchungen zu konfessionellem Vorurteil und Konflikt im 19. und 20. Jahrhundert, vornehmlich am Beispiel Württembergs. Tübingen.
KÖNIG, R., 1958: Grundformen der Gesellschaft: Die Gemeinde. Hamburg.
- 1969 (Hrsg.): Handbuch der empirischen Sozialforschung, 2. Band. Stuttgart.
- 1973f. (Hrsg.): Handbuch der empirischen Sozialforschung, 12 Bände. Stuttgart.
- 1974: Die Familie der Gegenwart. München.
- 1976a: Soziologie der Familie. In: KÖNIG 1973f., Band 7, S. 1–217.
- 1976[16]b (Hrsg.): Soziologie, Frankfurt/M. (zuerst 1958).
KÖTTER, H., 1952: Struktur und Funktion von Landgemeinden im Einflußbereich einer deutschen Mittelstadt. Darmstadt.
- 1958: Landbevölkerung im sozialen Wandel. Düsseldorf.
- 1960: Die Betriebsgröße in der Landwirtschaft als Funktion der gesamtwirtschaftlichen und gesamtgesellschaftlichen Entwicklung. BüL 38, 454–466.
- 1962: Über das Verhältnis von Agrarökonomik und Agrarsoziologie. BüL 42, 233–243.
- 1967 a: Soziologische und gesellschaftspolitische Problematik neuer Unternehmensformen in der Landwirtschaft. Archiv der DLG (Frankfurt/M.) Band 39. 132–148.
- 1967 b: The Situation of Rural Sociology in Europe. SR 7, 254–294.
- 1969[2] a: „Agrarsoziologie". In: EISERMANN, G. (Hrsg.): Die Lehre von der Gesellschaft. Stuttgart 1969, S. 414–444.
- 1969 b: „Landsoziologie". In: KÖNIG, 1969, II, S. 604–621.
- 1971: Der Einfluß von Ideologien auf die Agrarpolitik. In: SCHLOTTER 1971, S. 43–54.
KÖTTER, H. und DEENEN, B. VAN, 1963: Gesundheitszustand in der landwirtschaftlichen Bevölkerung. Schriftenreihe aus dem Gebiet des öffentlichen Gesundheitswesens (Stuttgart) 16.
KÖTTER, H. und KREKELER, H.-J., 1977: Zur Soziologie der Stadt-Land-Beziehungen. In: KÖNIG 1973f., Bd. 10, 1–41.
KOHLHAUSER, G., 1971: Konsumvergleich zwischen städtischen und bäuerlichen Haushalten. MüdöL 44, 163–174.
KOLB, J. H. und BRUNNER, E. DE S., 1944[3]: A Study of Rural Society. Boston (zuerst 1935).
KOOY, G. A., 1970: Rural Nuclear Family Life in Contemporary Western Society. In: HILL, R. und KÖNIG, R. (Hrsg.): Families in East and West. Socialization Process and Kinship Ties. Paris 1970, S. 270–317.
KRAFT, J., 1961: Die erforderliche Grundausrüstung ländlicher Räume. Köln–Opladen.
KRAMBACH, K., 1976: Zum Einfluß der Veränderungen im Inhalt der Arbeit und der beruflichen Qualifikation auf die soziale Mobilität der Genossenschaftsbauern in der Deutschen Demokratischen Republik. IzsF 12, Sh. 2, 1–9.
KRECKEL, R., BROCK, D. und THODE, H., 1972: Vertikale Mobilität und Immobilität in der Bundesrepublik Deutschland. Mitteilungen aus dem Institut für Raumordnung (Bad Godesberg) 75.
KREUTZ, H., 1972: Soziologie der empirischen Sozialforschung. Stuttgart.
KROESCHELL, K., 1963: Landwirtschaftsrecht. Köln.
KROMKA, F., 1975: Soziokulturelle Integration und Machtverhältnisse in ehemals kleinbäuerlichen Dörfern. FAA 235.
KRÜLL, M., 1974: Geschlechtsrollenleitbilder in Stadt- und Landfamilien. FAA 224.
KRYSMANSKI, R., 1967: Bodenbezogenes Verhalten in der Industriegesellschaft. Münster (Westfalen).
KUHNEN, F., 1965: Die Entwicklung der Bodenordnung in Indien. ZAA 4, 317–340.
- 1967 a: Agrarreformen. In: Blanckenburg und Cremer 1967, S. 327–360.
- 1967 b: Das traditionelle Sep-System in westpakistanischen Dörfern und der Übergang zu modernen Arbeitsbeziehungen. ZauL 6, 138–148.

- 1968: Ländliche Beschäftigungsprobleme im tropischen Afrika. ZauL 7, 154–180.
KUTSCH, TH. und WISWEDE, G., 1978: Sozialer Wandel. Zur Erklärungskraft neuerer Entwicklungs- und Modernisierungstheorien. Darmstadt.
LANDSBERGER, H. A. (Hrsg.), 1974: Rural Protest: Peasant Movements and Social Change. London.
LANGBEHN, C. und HEITZHAUSEN, G., 1976: Analyse des Entscheidungsverhaltens von Landwirten. In: LANGBEHN, C. und STAMER, H. (Hrsg.): Agrarwirtschaft und wirtschaftliche Instabilität. GeWiSoLa 13, S. 425–443.
LANGENHEDER, W., 1968: Ansatz zu einer allgemeinen Verhaltenstheorie in den Sozialwissenschaften. Köln.
LASKER, B., 1956: „Sklaverei". In: HdSW 9, 280–288.
LAUTENSACH-LÖFFLER, E., 1965: Ramstein und Sembach. Zum Wandel der Lebensverhältnisse in zwei pfälzischen Flugplatzgemeinden. Mitteilungen der Pollichia (Bad Dürkheim) 12.
LEAGANS, J. P., 1971: Extension, Education and Modernization. In: LEAGANS, J. P. und LOOMIS, CH. P., (Hrsg.): Behavioral Change in Agriculture. Ithaca 1971, S. 101–147.
LEHMANN, A., 1976: Das Leben in einem Arbeiterdorf. Stuttgart.
LEMBERG, E., 1950: Die Entstehung eines neuen Volkes aus Binnendeutschen und Ostvertriebenen. Marburg.
LENG, G., 1974: „Rentenkapitalismus" oder „Feudalismus"? Kritische Untersuchungen über einen (sozial-)geographischen Begriff. Geographische Zeitschrift (Wiesbaden) 62, 119–137.
LENK, K., 1967: Ideologie. Neuwied.
LERNER, D., 1958: Die Modernisierung des Lebensstils: eine Theorie. In: ZAPF 1969, S. 362–381.
LEUPOLT, M., 1976: Zum Konzept der integrierten ländlichen Entwicklung. ZauL 15, 5–21.
LEWIN, K., 1963: Feldtheorie in den Sozialwissenschaften. Bern (Original: Field Theory in Social Science. New York 1951).
LEWIS, O., 1960: Tepoztlán – Village in Mexico. New York.
- 1964: The Culture of Poverty. In: TE PASKE, J. J. und FISHER, S. N. (Hrsg.): Explosive Forces in Latin America. Columbus, Ohio.
- 1965: Pedro Martinez: Selbstporträt eines Mexikaners. Wien (Original: New York 1961).
LEWIS, J. W. (Hrsg.), 1974: Peasant Rebellion and Communist Revolution in Asia. Stanford/California.
L'HOUET, A., 1935[3]: Psychologie des Bauerntums. Tübingen (zuerst 1905).
LIENAU, C., 1967: Die Flur und Flurformen. Gießen.
- 1968: Malawi. In: Geogr. Taschenbuch 1966–69. Wiesbaden.
- 1972: Die Siedlungen des ländlichen Raumes. Gießen.
LINDAUER, D., 1970: Beiträge zur Erfassung der Verstädterung in ländlichen Räumen. Stuttgart.
LINDE, H., 1939: Die ländliche Soziologie in Deutschland. Archiv für Bevölkerungswissenschaft und Bevölkerungspolitik (Leipzig) 9, 413–419.
- 1953: Grundfragen der Gemeindetypisierung. FSARL 3, 58–121.
- 1959 a: Persönlichkeitsbildung in der Landfamilie. SW 10, 297–309.
- 1959 b: „Ipsen, Gunther". In: BERNSDORF, W. (Hrsg.): Internationales Soziologen-Lexikon. Stuttgart 1959, S. 239f.
LIPINSKY, E. E., 1960: Das Problem des niedrigen Einkommens in der Landwirtschaft der Vereinigten Staaten von Nordamerika. BüL Sh. 174.
LÖHR, L., 1971: Bergbauernwirtschaft im Alpenraum. Ein Beitrag zum Problem der Hang- und Berggebiete. Graz.
LONG, N., 1977: An Introduction to the Sociology of Rural Development. London.
LOOMIS, CH. P. und BEEGLE, J. A., 1946: The Spread of German Nazism in Rural Areas. American Sociological Review 11, 724–734.
- 1955[3]: Rural Social Systems. New York (zuerst 1950).
- 1960[2]: Rural Sociology: The Strategy of Change. New York (zuerst 1957).
- 1975: A Strategy for Rural Change. Cambridge/Mass.
LOWRY, J. H., 1976[2]: World Population and Food Supply. London (zuerst 1970).
LUPRI, E., 1963: Soziale Werte und sozialer Wandel in der ländlichen Gesellschaft. SR 3, 166–187.
- 1969: Theoretical and Methodological Problems in Cross-National Research. SR 1969, 99-113.
LÜSCHEN, G. und KÖNIG, R., 1965: Jugend in der Familie. München.
MACIVER, R. M., 1921: The Elements of Social Science. London.

MACKENROTH, G., 1953: Bevölkerungslehre. Berlin.
MACKENSEN, R., 1970²: „Verstädterung". In: HdRR III, Sp. 3590–3600 (zuerst 1966).
– 1975: Bestimmungsgründe für die Bevölkerungsentwicklung in unserer Zeit. SchlS 73, 13–37.
MAI, D., 1976: Methoden sozialökonomischer Feldforschung: Eine Einführung. Saarbrücken.
MAKHIJANI, A. und POOLE, A., 1975: Energy and Agriculture in the Third World. Cambridge, Mass.
MANNERT, J., 1977: Nebenerwerbslandwirtschaft. Förderungsdienst (Wien) 25, 70–77.
MARX, K., 1867: Produktion und Kapital. In: DREITZEL 1972, S. 274–277.
MARX, K. und ENGELS, F., 1971: Ausgewählte Werke. Moskau.
MAYNTZ, R., 1955: Lokale Parteigruppen in der kleinen Gemeinde. Zeitschrift für Politik (Köln) 2, 59–74.
MEADOWS, D. u. a., 1972: Die Grenzen des Wachstums. Stuttgart (Original: The Limits of Growth. New York 1972).
MEIER, J., 1968: Arbeitsbedarf und Arbeitsaufwand in der Landwirtschaft der Bundesrepublik Deutschland seit 1949. BüL 46, 232–262.
MEIMBERG, P., 1970: Die Konzentration in der Landwirtschaft: Konsequenzen für die Strukturpolitik. Wiesbaden.
MENDRAS, H. und TAVERNIER, Y. (Hrsg.), 1969: Terre, paysans et politique. Paris.
MERKEL, K., 1975: Die Landwirtschaft in der DDR im Spannungsfeld wirtschaftlicher und gesellschaftlicher Ziele. In: Die DDR nach 25 Jahren, Berlin 1975, S. 81–102.
MERTON, R. K., 1968³: Social Theory and Social Structure. New York (zuerst 1949).
– 1967: Funktionale Analyse. In: HARTMANN, H. (Hrsg.): Moderne amerikanische Soziologie. Stuttgart 1967, S. 119–150.
MEYER, K., 1964: Ordnung im ländlichen Raum. Stuttgart.
– 1970²: „Ländlicher Raum". In: HdRR II: 1802–1815 (zuerst 1966).
MILLS, TH. M., 1976⁵: Soziologie der Gruppe. München (zuerst 1969) (Original: The Sociology of Small Groups. Englewood Cliffs, New Jersey).
MITTERAUER, M. und SIEDER, R., 1977: Vom Patriarchat zur Partnerschaft. Zum Strukturwandel der Familie. München.
MORENO, J. L., 1974³: Die Grundlagen der Soziometrie. Opladen (Original: Who Shall Survive? Beacon, N. Y. 1934).
MROHS, E., 1971: Der Schulbesuch in ländlichen Gebieten der Bundesrepublik. BüL 49, 594–607.
MÜHLMANN, W. E., 1952: Das Problem der Umwelt beim Menschen. Ztschr. f. Morphologie und Anthropologie (Stuttgart), 44, 153–181.
MÜHLMANN, W. E. und LLARYORA, R. J., 1973: Strummula Siciliana. Ehre, Rang und soziale Schichtung in einer sizilianischen Agro-Stadt. Meisenheim am Glan.
MÜLLER, E. (Hrsg.), 1966: Die Neuordnung der Landwirtschaft in der Bundesrepublik Deutschland als gesellschaftliche Aufgabe. Hamburg.
MÜLLER, JÖRG, 1976: Erschließung der natürlichen und menschlichen Ressourcen und die Gestaltung der Arbeits- und Lebensbedingungen der Genossenschaftsbäuerinnen und -bauern in der DDR. IzsF 12, Sh. 3, 25–34.
MÜLLER, JOSEF, 1962: Wird das Dorf zur Stadt? Die neue gesellschaftliche und geistige Situation des Landvolks. Darmstadt.
MÜLLER, J. O., 1971: Utopie und Wirklichkeit der Genossenschaftsidee und des Gruppenkonzeptes von Raiffeisen. ZauL 10, 135–161.
MYRDAL, G., 1974²: Ökonomische Theorie und unterentwickelte Regionen. Stuttgart (zuerst 1959).
– 1973: Asiatisches Drama. Eine Untersuchung über die Armut der Nationen. Frankfurt/M. (Original: Asian Drama. New York 1968).
NEIDHARDT, F., 1970²: Die Familie in Deutschland. Opladen (zuerst 1966).
NELL-BREUNING, O. v., 1959: „Ständischer Gesellschaftsaufbau". In: HdSW 10, 6–11.
NEWBY, H., 1978: The Rural Sociology of Advanced Capitalist Societies. In: NEWBY, H. (Hrsg.): International Perspectives in Rural Sociology. Chichester 1978, S. 3–30.
NIEHAUS, H., 1929: Die landwirtschaftlichen Betriebsgrößen und ihre Mischung in ihrer betriebs- und volkswirtschaftlichen Bedeutung, dargelegt an den Verhältnissen im Fürstentum Osnabrück. BüL, Sh. 13, 1–145.
– 1948: Der Bauer in der Wirtschafts- und Gesellschaftsordnung. Versuch einer agrarpolitischen Orientierung. Agrarwissenschaft und Agrarpolitik 12, Köln und Opladen.

NIEMEIER, G., 1977⁴: Siedlungsgeographie. Braunschweig (zuerst 1967).
NIX , H. L., 1969: Die Konzepte „Gemeinde" und „kommunale Macht". In: ATTESLANDER und HAMM 1974, S. 324–335.
NOHLEN, D. und NUSCHELER, F., 1974: Handbuch der Dritten Welt, Bd. I: Theorien und Indikatoren von Unterentwicklung und Entwicklung. Hamburg.
NOOIJ, A. T. J., 1969: Political Radicalism Among Dutch Farmers. SR 9, 43–61.
NUSSBAUMER, J., 1963: Die Lebensverhältnisse der Bauernfamilien im Homburgertal. Diss. ETH Zürich.
OBREGÓN, A. QU., 1967: Contemporary Peasant Movements. In: LIPSET, S. M. und SOLARI, A. (Hrsg.): Elites in Latin America. New York 1967, 301–340.
OELSSNER, F., 1955²: Die Bauernfrage im Marxismus-Leninismus. Leipzig.
OGBURN, W. F., 1950: Social Change with Respect to Culture and Original Nature. New York (zuerst 1922).
– 1957: Die Theorie des „Cultural Lag". In: DREITZEL 1972², S. 328–338.
OPP, K.-D., 1970: Soziales Handeln, Rollen und soziale Systeme. Stuttgart.
OPPENHEIMER, M., 1971: Stadt-Guerilla. Frankfurt/M.
ORT, W., 1971: Die Ursachen der Einkommensunterschiede in landwirtschaftlichen Betrieben und ihre Quantifizierung. Berlin.
– 1977: Die soziale Lage der deutschen Landwirtschaft. Das Problem der Disparität und die Möglichkeiten einer sinnvollen Einkommenspolitik. Der Bürger im Staat (Stuttgart) 27, 259–264.
OSWALD, H., 1966: Die überschätzte Stadt. Ein Beitrag der Gemeindesoziologie zum Städtebau. Olten.
OTREMBA, E., 1953: Allgemeine Agrar- und Siedlungsgeographie. Stuttgart.
PAHL, R. E., 1965: Urbs in Rure. London.
– 1966: The Rural-Urban Continuum. SR 6, 299–329; 7, 21–29.
PARSONS, T., 1964: Revolutionäre Universalien der Gesellschaft. In: ZAPF 1969, S. 55–74.
– 1976²: Das System moderner Gesellschaften. München (zuerst 1972).
PAUSEWANG, S., 1969: Empirische Sozialforschung in einem Entwicklungsland: Von den Erfahrungen eines Soziologen in Äthiopien. In: KÖNIG, R. (Hrsg.): Aspekte der Entwicklungssoziologie. KZfSS, Sh. 13, 606–625.
– 1973: Methods and Concepts of Social Research in a Rural Developing Society. München.
PEVETZ, W., 1966: Die Beziehungen zwischen Fremdenverkehr, Landwirtschaft und Bauerntum. Wien.
– 1972: Für eine differenzierte Agrarpolitik. AR H. 1, 11–15.
– 1974 a: Stand und Entwicklungstendenzen der ländlichen Sozialforschung in Österreich, 1960–1972. Wien.
– 1974 b: Möglichkeiten einer quantifizierenden Bewertung der Wohlfahrtsfunktionen der Land- und Forstwirtschaft. MüdöL 21, 465–481.
– 1975: Für eine soziologische Abgrenzung des „Ländlichen Raumes". AR H. 6, 5–8.
– 1976: Entsiedlungsprobleme im ländlichen Raum Europas und Österreichs. MüdöL 23, 211–225.
– 1977: Strategien der Agrarentwicklung AR H. 3, 4/5 und 7.
PFAFF, K., 1952: Versuch zu einer Soziologie des Dorfes der Gegenwart. Marburg.
PFEFFER, K.-H., 1939: Die deutsche Schule der Soziologie. Leipzig.
PFLANZ, M., 1967: Ernährungssitten und Ernährungsberatung. In: BLANCKENBURG und CREMER, 1967, S. 576–594.
PIPPING, K., 1956: Soziale Veränderungen in den finnischen Schären. In: KÖNIG, R. (Hrsg.): Soziologie der Gemeinde. KZfSS, Sh. 1, 26–50.
PISA, K., 1964: Besser leben ohne Bauern? Wien.
PITZER, R. L. u. a., 1959: A Sociological Investigation of Contract Farming. Rural Sociological Society Meeting, August 27, 1959.
PLANCK, U., 1962: Der Teilbau im Iran. ZauL 1, 47–81.
– 1964: Der bäuerliche Familienbetrieb zwischen Patriarchat und Partnerschaft. Stuttgart.
– 1967 a: Community Development in Ägypten. ZauL 6, 49–72.
– 1967 b: Hofstellenchronik von Bölgental 1650–1966. In: HAUSHOFER und BOELCKE 1967, S. 242–267.
– 1969: Rural Employment Problems in the U. A. R. Genf.
– 1970: Landjugend im sozialen Wandel. München.
– 1972 a: Die sozialen Ansprüche der Landwirte und deren Konsequenzen für die Betriebsverfassung. FSARL 83, 99–118.

- 1972 b: Die ländliche Türkei. Frankfurt/M.
- 1974 a: Dorfforschung im Deutschen Reich und in der Bundesrepublik Deutschland. ZAA 22, 146–178.
- 1974 b: Stand und Problemstellung der landsoziologischen Forschung in der Bundesrepublik Deutschland. AR H. 6/7, 5–11.
- 1975: Die Reintegrationsphase der iranischen Agrarreform. Erdkunde (Bonn) 29, 1–9.
- 1978: Die Landgemeinde. Schriftenreihe für Agrarsoziologie und Agrarrecht (Linz) 22, 7–92.

PLATE, R., WOERMANN, E. und GRUPE, D., 1962: Landwirtschaft im Strukturwandel der Volkswirtschaft. Aw, Sh. 14.

PLOCH, L. A., 1960: Social and Family Characteristics of Main Contract Broiler Growers. Maine AES Bulletin 596.

POST, K., 1972: „Peasantization" and Rural Political Movements in Western Africa. Archives Européennes de Sociologie (Paris) 13, 223–254.

POTTER, J. M., DIAZ, M. N. und FOSTER, G. M. (Hrsg.), 1967: Peasant Society. A Reader. Boston.

PREUSCHEN, G. (Hrsg.), 1959: Der bäuerliche Familienbetrieb, seine Arbeitswirtschaft und seine Zukunftsmöglichkeiten. Stuttgart.
- 1969: Landwirtschaft im Nebenerwerb. Hamburg.

PRIEBE, H., 1954: Wer wird die Scheunen füllen? Düsseldorf.
- 1970: Die Landwirtschaft in der Welt von morgen. Düsseldorf.

PUHLE, H.-J., 1975: Politische Agrarbewegungen in kapitalistischen Industriegesellschaften, Deutschland, USA und Frankreich im 20. Jahrhundert. Göttingen.

QUANTE, P., 1958²: Die Abwanderung aus der Landwirtschaft. Kiel (zuerst 1933).

RASCHKE, P., 1978: Vereine und Verbände. Zur Organisation von Interessen in der Bundesrepublik Deutschland. München.

RATSCHOW, C. H., 1975²: „Religion". In: Evangelisches Staatslexikon. Stuttgart, Sp. 2176–2182.

RAUP, PH. M., 1963: Der Beitrag der Bodenreformen zur landwirtschaftlichen Entwicklung. ZauL 2, 1–24.

REDCLIFF, M. R., 1975: Interactive Research and Structural Change in Rural Sociology. SR 15, 22–33.

REDFIELD, R., 1930: Tepoztlán: A Mexican Village. Chicago.
- 1956: Peasant Society and Culture. Chicago.

REHBEIN, F., 1911: Das Leben eines Landarbeiters. Nachdruck: Darmstadt 1973.

REISCH, E., 1966: Der Landwirt als Unternehmer. Archiv der DLG (Frankfurt/M.) 38, 117–128.
- 1969: Betriebswirtschaftliche Entwicklungen für rationelle Produktion und befriedigendes Einkommen in der Landwirtschaft. Schriftenreihe f. Agrarsoziologie und Agrarrecht (Linz) 6, 38–58.

REISCH, E. und ADELHELM, R., 1971: Kooperative Unternehmensformen in der Landwirtschaft. Frankfurt/M.: DLG Arbeiten 131.

RHEINWALD, H., 1964: Entscheidungen im landwirtschaftlichen Betrieb. Hiltrup.

RHEINWALD, H. und PREUSCHEN, G., 1956: Landwirtschaftliche Beratung. Bonn.

RICHTER, L, 1970: Betriebsgröße und Betriebsentwicklung in der Landwirtschaft. BüL 48, 450–468.

RIEGEL, K.-G., 1976: Politische Soziologie unterindustrialisierter Gesellschaften: Entwicklungsländer. Wiesbaden.

RIEHL, W. H., 1854: Die Familie (zit. nach Stuttgart 1939).

RIEMANN, F., 1964: Die Änderung der Wirtschafts- und Sozialstruktur des ländlichen Raumes. Archiv für Kommunalwissenschaften (Köln) 3, 214–236.

RIEMANN, F. und BENDIXEN, E. O. (Hrsg.), 1974: Landwirte kooperieren – Hinweise und Beispiele aus der Praxis für die Praxis. Göttingen: kleine ASG reihe 9.

RIEMANN, F. und KIRCHHOFF, W., 1974: Aspekte landwirtschaftlicher Entwicklung. Göttingen: kleine ASG reihe 10.

RIES, L. W., 1954: Der Bauer und sein Gehilfe, sein Lehrling und sein Sohn. Stuttgart.
- 1958³: Die Arbeit in der Landwirtschaft. Stuttgart (zuerst 1948).
- 1964: Versöhnliche Formen der Hofübergabe. Hiltrup.

RIESMAN, D., 1958: Die einsame Masse. Hamburg (Original: The Lonely Crowd. New Haven 1950).

RINGER, K., 1963: Agrarverfassungen im tropischen Afrika. Freiburg/Br.
- 1967: Agrarverfassungen. In: BLANCKENBURG und CREMER 1967, S. 59–95.

RITSCHL, H., 1965: „Gemeinwirtschaft". In: HdSW 4, 331–346.

ROBINSON, J., 1962: Anmerkungen zur Theorie der wirtschaftlichen Entwicklung. In: ZAPF 1969, S. 269–285.

Rochlin, R. P. und Hagemann, E., 1971: Die Kollektivierung der Landwirtschaft in der Sowjetunion und der Volksrepublik China – eine vergleichende Studie. Berlin.
Rodiek, D., 1933: Der bäuerliche Lebenskreis und seine Schule. Berlin.
Rodman, H., 1970: Eheliche Macht und der Austausch von Ressourcen im kulturellen Kontext. In: KZfSS, Sh. 14, 121–143.
Rogers, E. M., 1962: Diffusion of Innovations. New York.
– 1969: Modernization Among Peasants. New York.
– 1972²: Social Change in Rural Societies. New York (zuerst 1960).
Rogers, E. M. und Shoemaker, F., 1971: Communication of Innovations. New York.
Röhm, H., 1953: Zur Frage einer sozialen Klassifikation der westdeutschen Landwirtschaft. ZAA 1, 60–86.
– 1962: Geschlossene Vererbung und Realteilung in der Bundesrepublik Deutschland. Verhandlungen des Deutschen Geographentages 1961. Wiesbaden 1962, 288–304.
– 1964 a: Die westdeutsche Landwirtschaft, Agrarstruktur, Agrarwirtschaft und landwirtschaftliche Anpassung. München.
– 1964 b: Das landwirtschaftliche Bildungswesen im europäischen Ausland. Arbeiten der DLG 90, 19–36.
Rollwage, J., 1970: Landwirtschaftliche Arbeitskräfte in den EWG-Ländern. BüL 48, 689–721.
Rostow, W. W., 1967²: Stadien wirtschaftlichen Wachstums. Göttingen (zuerst 1960).
Rückriem, G. M., 1965: Die Situation der Volksschule auf dem Lande. Soziologische Studien und pädagogische Überlegungen. München.
Rudolph, W., 1967: Grundzüge sozialer Organisation bei den westiranischen Kurden. Sociologus (Berlin) 17, 19–39.
Ruthenberg, H., 1960: Ländliche Arbeitslosigkeit in Entwicklungsländern. Aw 9, 157–165.
– 1963: Produktion unter genauer Aufsicht. Schmollers Jahrbuch (Berlin) 83, 697–713.
– 1967: Organisationsformen der Bodennutzung und Viehhaltung in den Tropen und Subtropen. In: Blanckenburg und Cremer 1967: S. 122–208.
– 1972: Landwirtschaftliche Entwicklungspolitik. Frankfurt/M.
– 1976²a: Farming Systems in the Tropics. Oxford (zuerst 1971).
– 1976 b: Farm Systems and Farming Systems. ZauL 15, 42–55.
Sachs, R., 1965: Wandlungen des Ziel- und Wertsystems. SR 5, 133–148.
– 1972: Wirtschafts- und Sozialverhalten von Landwirten. SchlS 65.
Sahlins, M., 1968: Tribesmen. Englewood Cliffs/New Jersey.
Schakir-Zade, T., 1931: Grundzüge der Nomadenwirtschaft. Diss. Heidelberg.
Schelsky, H., 1952: Arbeitslosigkeit und Berufsnot der Jugend. Köln, 2 Bände.
– 1953: Die Gestalt der Landfamilie im gegenwärtigen Wandel. SchlS 9, 40–58.
– 1973² (Hrsg.): Zur Theorie der Institution. Düsseldorf (zuerst 1970).
Schempp, H., 1969: Gemeinschaftssiedlungen auf religiöser und weltanschaulicher Grundlage. Tübingen.
Schenda, R., 1975: Stadtmedizin – Landmedizin. In: Kaufmann, G. 1975, S. 147–169.
Schiller, O., 1959: Das Wesen des sowjetischen Agrarsystems und seine Bedeutung für Osteuropa und Asien. Offene Welt (Opladen) 60, 133–143.
– 1967: Die Kooperation in der Landwirtschaft. In: Blanckenburg und Cremer 1967, S. 378–399.
– 1970: Kooperation und Integration im landwirtschaftlichen Produktionsbereich. Frankfurt/M.
Schlotter, H. G. (Hrsg.), 1971: Die Willensbildung in der Agrarpolitik. GeWiSoLa 8.
Schmaltz, J. und Mrohs, E., 1970: Soziologische, ökonomische und agrarpolitische Aspekte der Behandlung landwirtschaftlicher Grundstücksverkäufe. LAW 146.
Schmidt-Volkmar, A., 1967: Intensität und Formen der Zusammenarbeit im landwirtschaftlichen Produktionsbereich und ihre Bedeutung für das Leitbild vom landwirtschaftlichen Betrieb, dargestellt am Beispiel Frankreichs. BüL 45, S. 701–720.
Schmidt, W., 1956: Die Grundrente und ihre Wirkungsweise in der Landwirtschaft der Deutschen Demokratischen Republik. Berlin.
Schnapper-Arndt, G., 1883: Fünf Dorfgemeinden auf dem Hohen Taunus. Leipzig (Nachdruck: Hoher Taunus. Allensbach 1975³).
Schneider, H., 1975⁴: Die Interessenverbände. München (zuerst 1965).
– 1977: Lokalpolitik in einer Landgemeinde. Politik und Zeitgeschichte. Beilage zur Wochenzeitung das Parlament, B 3, 21–39.

SCHNEPPE, F., 1970²: „Gemeindetypisierung". In: HdRR II, Sp. 947–958 (zuerst 1966).
SCHÖCK, G., 1972: Die Aussiedlung landwirtschaftlicher Betriebe. Tübingen.
SCHÖNHERR, S. und BADAL SEN GUPTA, 1975: Probleme und Erfahrungen empirischer Forschung in Entwicklungsländern unter besonderer Berücksichtigung standardisierter Erhebungstechniken. In: WURZBACHER, G. (Hrsg.): Störfaktoren der Entwicklungspolitik. Stuttgart 1975, 229–241.
SCHRAMM, W. und LERNER, D. (Hrsg.), 1967: Communication and Change in the Developing Countries. Honolulu.
SCHRÖDER, K. H. und SCHWARZ, G., 1969: Die ländlichen Siedlungsformen in Mitteleuropa. Grundzüge und Probleme ihrer Entwicklung. Bad Godesberg: Forschungen zur deutschen Landeskunde 175.
SCHULZ-BORCK, H., 1963: Der Privathaushalt des landwirtschaftlichen Unternehmers in betriebswirtschaftlicher Betrachtung. Berlin.
SCHULTZ-KLINKEN, K.-R., 1977: Haken, Pflug und Ackerbau. Stuttgart-Hohenheim.
SCHUR, E. M., 1974: Abweichendes Verhalten und soziale Kontrolle. Etikettierung und gesellschaftliche Reaktionen. Frankfurt/M. (Original: Labeling Deviant Behavior, New York 1971).
SCHWARZ, E. und KESSLER, J., 1975: Stand und Problemstellung der agrarsoziologischen Forschung in der Schweiz. AR H. 6, 8–10.
SCHWARZ, K., 1972: Die Bevölkerungsentwicklung in Stadt und Land. WiSta 626–628.
– 1975: Methoden der Bevölkerungsvorausschätzung unter Berücksichtigung regionaler Gesichtspunkte. Hannover.
SCHWEDT, H., 1967: Religiöser Volksbrauch. In: SCHARF, M. u. a.: Volksfrömmigkeit. Stuttgart, S. 9–22.
SCHWEITZER, R. VON, 1968: Die Frau und ihre Aufgabe in einer modernen Landwirtschaft. Hannover.
SCHWIZER, M., 1959: Die Berglandwirtschaft im Obertoggenburg. Diss. ETH Zürich.
SEIBEL, H. D., 1967: Struktureller und funktionaler Wandel der Familie in Afrika. Sonderbeilage zur Zeitschrift „Afrika heute" (Bonn) 5/67.
SEITERICH, C., 1953: Lebensverhältnisse eines südbadischen Winzerdorfes. FAA 5.
SENE, M., 1977: Ein Projekt zur Erleichterung der Frauenarbeit in Mali. Neue Entwicklungspolitik 3, Nr. 2, 30–40.
SERAPHIM, H.-J., 1948: Das Heuerlingswesen in Nordwestdeutschland. Münster (Westfalen).
SHANIN, T. (Hrsg.), 1971: Peasants and Peasant Societies. Harmondsworth/England.
SHATIL, J., 1972: Criteria of the Socio-Economic Efficiency of the Kibbutz. Archiv für öffentliche und freigemeinnützige Unternehmen 9 (1968–72), 41–59 und 119–138.
SIEBEL, W., 1974: Einführung in die systematische Soziologie. München.
SIEWERT, H.-J., 1978: Der Verein. Zur lokalpolitischen und sozialen Funktion der Vereine in der Gemeinde. In: WEHLING 1978, S. 65–84.
SILVERMAN, D., 1972: Theorie der Organisationen. Graz (Original: The Theory of Organizations, London 1970).
SIMMEL, G., 1968⁵: Soziologie. Berlin (zuerst 1908).
SKRIVER, A., 1977: Das Konzept der Hilfe ist falsch. Wuppertal.
SLOCUM, W. L., 1962: Agricultural Sociology. New York.
SMITH, A., 1776: An Inquiry Into the Nature and Causes of the Wealth of Nations. London (zit. nach der Übersetzung von A. Dörrien, Wien 1814).
SMITH, T. L., 1953³: The Sociology of Rural Life. New York.
– 1967: Colombia: Social Structure and the Process of Development. Gainesville/Florida.
– 1972: The Sociology of Agricultural Development. Leiden.
SMITH, T. L. und ZOPF, P. E., 1970: Principles of Inductive Rural Sociology. Philadelphia.
SOMBART, W., 1902: Der moderne Kapitalismus. Leipzig.
– 1931: Städtische Siedlung, Stadt. In: VIERKANDT 1931, S. 527–533.
SOROKIN, P. A. und ZIMMERMAN, C. C., 1929: Principles of Rural-Urban Sociology. New York.
SOROKIN, P. A., ZIMMERMAN, C. C. und GALPIN, CH. J., 1930–32: A Systematic Source Book in Rural Sociology. Minneapolis.
SPENCER, H., 1876–82: The Principles of Sociology. 2 Bde. (zit. nach der deutschen Ausgabe von B. VETTER, Stuttgart 1877, 1887).
SPENGLER, O., 1922²: Der Untergang des Abendlandes. München.
SPIECKERMANN, H. und KRIENER, A., 1967: Bauer auf neue Art: Die moderne sozialistische Landwirtschaft in der DDR. Berlin.

Spitzer, H., 1975: Regionale Landwirtschaft. Hamburg.
Springenschmid, K., 1958: Die Bauernwelt. Grundlagen bäuerlichen Wesens. Worms.
Stamer, H., 1957: Die Arbeitsproduktivität in der Weltagrarwirtschaft. Aw 6, 278–281.
Stanek, I., 1973: Landwirtschaft in Ost und West. Ein Vergleich ausgewählter Agrarsysteme. Stuttgart.
Stark, J., 1975: Infrastrukturelle Entwicklungen und ihre Bestimmungsgründe. FAA 234.
Stark, W., 1974: Grundriß der Religionssoziologie. Freiburg/Br.
Stavenhagen, R.: 1975: Social Classes in Agrarian Societies. Garden City, New York.
Steffen, G., 1968: Betriebs- und Unternehmensformen in der EWG. In: Agrarpolitik der EWG, Heinrich Niehaus zum 70. Geburtstag. München 1968, S. 23–39.
Stinchcombe, A. L., 1966^2: Agricultural Enterprise and Rural Class Relations. In: Bendix, R. und Lipset, S. M. (Hrsg.): Class, Status and Power. New York, 1966^2, S. 182–190 (zuerst 1961/62).
Struff, R., 1975: Abgrenzung des ländlichen Raumes. ZAA 23, 86–96.
Stucken, R., 1966: Der „Circulus vitiosus" der Armut in Entwicklungsländern. In: Besters, H. und Boesch, E. E. (Hrsg.): Entwicklungspolitik. Stuttgart 1966, S. 54–70.
Tafertshofer, A., 1975: Die Erforschung der landwirtschaftlichen Berufsmobilität: Sackgassen und Lösungswege. SR 15, 273–290.
Tannenbaum, F., 1963: Lateinamerika. Stuttgart.
Tanter, R. und Midlarsky, M., 1967: Revolutionen: eine quantitative Analyse. In: Zapf 1969, S. 418–440.
Teiwes, G., 1952: Die wirtschaftliche und soziale Stellung der landwirtschaftlichen Nebenerwerbsbetriebe im Einflußbereich von Darmstadt. Darmstadt.
Tenhumberg, H., 1950: Lebenskrise und Erneuerungsarbeit im Landvolk. Augsburg.
– 1952: Grundzüge im soziologischen Bild des westdeutschen Dorfes. SchlS 7, 20–50.
Thaer, A., 1815: Landwirtschaftliche Gewerbs-Lehre. Neudruck: Hannover 1967.
Thiel, H., 1970: Gebäude und Wohnungen nach Art, Alter und Ausstattung. WiSta 8, 381–388.
Thomas, W. I. und Znaniecki, F., 1918–20: The Polish Peasant in Europe and America. (Dover Publications 1958).
Thoroe, C., 1975: Zur Einkommenslage der Landwirtschaft in der Bundesrepublik Deutschland. Aw 24, 157–163.
Thurnwald, R., 1904: Stadt und Land im Lebensprozeß der Rasse. Archiv für Rassen- und Gesellschaftsbiologie (Berlin) 1, 550–574, 718–735, 840–884.
Thünen, J. H. Von, 1826: Der isolierte Staat in Beziehung auf Landwirtschaft und Nationalökonomie. Hamburg. Neue Ausgabe Darmstadt 1966.
Timmermann, W., 1974: Strukturelle Unterbeschäftigung als Entwicklungsproblem der Dritten Welt. Meisenheim: (= Schriften zur wirtschaftswissenschaftlichen Forschung 74).
Tittel, G., 1976: Zur sozialen Stellung und beruflichen Perspektive der Jugend in der Landwirtschaft der DDR. IzsF 12, Sh. 3, 9–18.
Tocqueville, A. De, 1978: Der alte Staat und die Revolution. München (Original: L'ancien régime et la révolution. Paris 1856).
Tönnies, F., 1972^8: Gemeinschaft und Gesellschaft. Darmstadt (zuerst 1887, zit. nach der Ausgabe von 1922).
Treinen, H., 1965: Symbolische Ortsbezogenheit. KZfSS 17, 73–97 und 254–297.
Tschajanow, A., 1923: Die Lehre von der bäuerlichen Wirtschaft. Berlin.
Tuma, E. H., 1965: Twenty-Six Centuries of Agrarian Reform. Berkeley.
UdSSR 1976: Narodnoe chosjaistvo SSSR w 1975 g. Statistitscheskij jeschegodnik. Moskau.
Uhlig, O., 1978: Die Schwabenkinder aus Tirol und Vorarlberg. Stuttgart.
Unicef, 1977: Zur „Strategie der Grunddienste". Neue Entwicklungspolitik (Wien) 3, Nr. 2, 5–12.
United Nations, 1959: Public Administration Aspects of Community Development Programmes. New York, St/TAO/M/14.
Vanberg, M., 1972: Entwicklung eines Modells der Wanderungsentscheidung. In: Kottwitz, G. und Vanberg, M.: Ein Modell der Wanderungsentscheidung. TU Berlin 1971/72, 35–98.
Vasthoff, J., 1965: Begriff, Wesen und Systematik der Kooperation in der Landwirtschaft. Aw 14, 107–114.
Vierkandt, A., 1931: Die genossenschaftliche Gesellschaftsform der Naturvölker. In: Vierkandt 1931, S. 191–201.

- 1959² (Hrsg.): Handwörterbuch der Soziologie. Stuttgart (zuerst 1931).
VOGEL, G., 1968: Aufgaben und Probleme der öffentlichen landwirtschaftlichen Beratung. BüL 46, 197–210.
WÄDEKIN, K.-E., 1974/78: Sozialistische Agrarpolitik in Osteuropa. Berlin.
WARNER, W. L., 1936: American Caste and Class. American Journal of Sociology (Chicago) 42, 234–237.
WARREN, R. L., 1955: Studying Your Community. New York.
WARRINER, D., 1969: Land Reform in Principle and Practice. Oxford.
WEBER, A., 1971: Spannungsfelder zwischen Autorität und Freiheit. ZAA 19, 65–77.
- 1974: Der landwirtschaftliche Großbetrieb mit vielen Arbeitskräften in historischer und international vergleichender Sicht. BüL 52, 57–80.
WEBER, M., 1905: Die protestantische Ethik und der Geist des Kapitalismus. Archiv für Sozialwissenschaft und Sozialpolitik 20, 1–54; 21, 1–110.
- 1976⁵: Wirtschaft und Gesellschaft. 2 Bde., Tübingen (zuerst 1922, zit. nach der Ausgabe von 1925).
WEHLING, H.-G. (Hrsg.), 1975: Kommunalpolitik. Hamburg.
- 1978 (Hrsg.): Dorfpolitik. Opladen.
WEIGERT, J., 1923⁵: Das Dorf entlang. Freiburg/Br.
WEINSCHENCK, G., 1976: „Agrarpolitik, II. Strukturpolitik". In: Handwörterbuch der Wirtschaftswissenschaft. Stuttgart, S. 128–147.
WEISS, R., 1946: Volkskunde der Schweiz. Erlenbach–Zürich.
WELLIN, E., 1962: Wasserkochen in einer peruanischen Stadt. In: HEINTZ 1962, S. 137–162.
WENZEL, H.-J., 1974: Die ländliche Bevölkerung. Gießen.
WERSCHNITZKY, U., 1975: Nebenberufliche Landwirtschaft. BüL 53, 215–253.
WERSCHNITZKY, U., PROTHMANN, G. und KLINK, W., 1974: Vertragslandwirtschaft – Entwicklung, Formen und Probleme. BüL 52, 393–413.
WESCHE, R., 1974: Grundsätze für die Planung landwirtschaftlicher Kooperation. In: RIEMANN und BENDIXEN, 1974, S. 4–14.
WIEGELMANN, G., 1975: Diffusionsmodelle zur Ausbreitung städtischer Kulturformen. In: KAUFMANN, G. 1975, 255–263.
WIESE, L. VON (Hrsg.), 1928: Das Dorf als soziales Gebilde. München.
- 1933²: System der allgemeinen Soziologie. München (zuerst 1924/28).
- 1964: „Organisation". In: HdSW 8, 108–111.
WILKENING, E. A., 1953: Adoption of Improved Farm Practices as Related to Family Factors. Univ. of Wisconsin Research Bulletin 183.
WILLEMS, E., 1970: Peasantry and City: Cultural Persistence and Change in Historical Perspective, a European Case. American Anthropology (Menesha/Wisconsin) 72, 528–544.
WILSON, G., 1978: Farmer's Organization in Advanced Societies. In: NEWBY 1978, S. 31–53.
WINKLER, E., 1941: Das Schweizer Dorf.
WITTFOGEL, K. A., 1977: Die orientalische Despotie. Frankfurt/M. (Original: Oriental Despotism, New Haven 1957).
WOLF, E., 1966: Peasants. Englewood Cliffs/New Jersey.
- 1971²: Peasant Wars of the 20th Century. New York (zuerst 1969).
WOLLENWEBER, H., 1956: „Bauer". In: HdSW 1, 650–658.
WOLLENWEBER, H. und PLANCK, U. (Hrsg.), 1956: Die Lebenslage der westdeutschen Landjugend. München.
WÖSSNER, J. (Hrsg.), 1972: Religion im Umbruch. Stuttgart.
- 1976⁷: Soziologie. Wien (zuerst 1970, zitiert nach 1971²).
WULF, R., 1977: Integrated Rural Development: Entwicklung und Aussichten des Konzepts. ZauL 16, 234–251.
WURST, F. (Hrsg.), 1963: Das Landkind heute und morgen. Wien.
WURST, F., WASSERTHEURER, H. und KIMESWENGER, K., 1961: Entwicklung und Umwelt des Landkindes: eine medizinische, psychologische und soziologische Studie aus Kärnten. Wien.
WURZBACHER, G. und PFLAUM, R., 1961²: Das Dorf im Spannungsfeld industrieller Entwicklung. Stuttgart (zuerst 1954).
WYLIE, L., 1978²: Dorf in der Vaucluse. Der Alltag einer französischen Gemeinde. Frankfurt/M. (Original: Village in the Vaucluse, Cambridge/Mass. 1957).

YALAN, E., MAOS, J. und KAM, L., 1963: Land Planning of the Agricultural Cooperative Village. Haifa.
YANG, H. P., 1955: Fact-Finding with Rural People: A Study of Social Survey. Rom: FAO, Agricultural Paper Nr. 52.
YASA, I., 1957: Hasanoğlan: Socio-economic Structure of a Turkish Village. Ankara.
ZAPF, W. (Hrsg.), 1969: Theorien des sozialen Wandels. Köln.
ZENDER, M. (Hrsg.), 1977: Atlas der deutschen Volkskunde. N. F. Marburg.
ZICHE, J., 1968: Kritik der deutschen Bauerntumsideologie. SR 8, 105–141.
– 1970: Das gesellschaftliche Selbstbild der landwirtschaftlichen Bevölkerung in Bayern. Bayerisches Landw. Jahrbuch (München) Sh. 2.
ZIMMERMANN, P., 1975: Der Bauernroman: Antifeudalismus, Konservatismus, Faschismus. Stuttgart.

V. Namenregister

Abel, W. 15, 42, 191, 197, 200, 212f., 218, 331, 440, 492, 494
Achebe, Ch. 491
Acquaviva, S. S. 356, 496
Adelhelm, R. 267, 457, 504
Adorno, Th. W. 28
Aereboe, F. 209, 372, 395, 425, 492
Ahmad, N. A. 485
Ahmed, M. 331, 376, 430, 495
Ahrendt, H. 359
Alavi, H. 368, 493
Albrecht, G. 72, 305, 493
Albrecht, H. 343, 346, 348, 413f., 431, 465, 488, 493f.
Almond, G. A. 336
Al-Wardi, A. 239, 493
Ammon, O. 65, 493
Andreae, B. 234, 311, 493
Andres, S. 489
Anzengruber, L. 489
Arendt, H. 359, 493
Arensberg, C. M. 484
Ari, O. 485
Arndt, E. M. 15, 19, 254, 479f., 493
Arriens, R. L. 410, 493
Aschenbrenner, K. 134, 493
Assion, P. 498
Atatürk, Kemal 129
Atteslander, P. 118, 180, 465, 493, 503
Auerbach, B. 292, 489, 493
Aziz, S. 266, 422, 493

Baade, F. 373, 493
Bach, H. 41, 247, 383, 430, 493
Bader, K. S. 163, 180, 493
Bailey, W. C. 95, 493
Balzac, H. de 491
Barberis, C. 484
Barnett, H. G. 348, 493
Baron, P. 294, 493
Bartels, A. 15, 479
Barthelmann, R. 325, 327, 493
Bates, R. 365, 493
Bauer, J. M. 489
Bausinger, H. 48f., 166, 493
Baykurt, F. 491
Bebel, A. 333
Becker, H. 41
Beegle, J. A. 105, 119, 367, 485, 498, 501
Behrendt, R. F. 337, 342, 351, 358, 399, 493
Beijer, G. 72, 493
Bellebaum, A. 96, 101, 493
Bendix, R. 507
Bendixen, E. O. 218, 504, 508

Benvenuti, B. 257, 279, 284, 477f., 493
Berens-Totenohl, J. 489
Berger, B. 268, 493
Berger, P. L. 268, 493
Bergmann, E. 211, 493
Bergmann, Hellmuth 211, 493
Bergmann, Herbert 422, 493
Bergmann, K. 278, 493
Bergmann, Th. 297, 328, 368, 457, 475, 494
Bernard, L. L. 52, 57, 493
Bernhardi, Th. v. 285, 293, 493
Bernsdorf, W. 494, 497, 501
Bertrand, A. L. 122f., 130, 153, 224, 226, 228, 494
Beste, K. 489
Besters, H. 507
Bidlingmaier, M. 465, 494
Billinger, R. 489
Binder, F. 301, 494
Bitzius, A. s. Gotthelf
Björnson, B. 491
Blanckenburg, P. v. 5, 253, 272f., 276, 284, 307, 309, 340, 348, 351, 358, 371, 378, 399, 422, 429f., 483, 493f., 500, 503ff.
Blaschke, K. 82, 494
Blau, P. 135, 494
Blohmke, M. 73, 494
Bobek, H. 41, 43, 181, 189, 243, 252f., 259, 494
Bodenmiller, A. 380, 494
Bodenstedt, A. 40, 46, 494
Bodzenta, E. 30, 494
Boelcke, W. A. 494, 497, 503
Boesch, E. E. 430, 494, 507
Boesler, M. 46, 495
Boissevain, J. 118, 495
Bojer, J. 491
Bollnow, O. F. 431, 433
Bolte, K. M. 95f., 127, 495
Böltken, F. 464, 494
Borée, W. s. L'Houet
Bornemann, E. 159
Boserup, E. 372, 378, 495
Boustedt, O. 26, 87, 495
Brandt, K. 206, 495
Braun, R. 477, 495
Brauner, H. 212, 305, 386, 495
Breeden, R. L. 485
Brentano, C. 489
Brock, D. 124, 500
Brode, J. 488
Bronger, D. 102, 495
Brückner, Ch. 489
Brunner, E. de S. 151, 153, 500
Brunner, O. 251, 495
Brunt, L. 96, 164, 495

Brüse, R. 125, 495
Buchenberger, A. 194, 256, 474, 495
Büchner, G. 243
Buck, P. 491
Bunin, I. A. 491
Burger, H. 489
Burghardt, A. 145, 278, 284, 291, 313, 495
Busse, H. E. 489

Caballero, F. 491
Cabet, E. 266
Cadwallader, M. L. 335, 495
Campbell, R. R. 343f., 495
Castro, J. de 369f., 495
Cather, W. S. 491
Chitambau, J. B. 483
Christ, L. 489
Christaller, W. 40, 43, 495
Chukwu, S. C. 457, 468, 495
Claessens, D. 159
Coe, R. M. 374
Cohen, J. M. 483
Cole, J. 389, 495
Constandse, A. K. 21, 495
Conze, W. 181, 189, 225, 495
Cooley, Ch. H. 103, 150
Coombs, Ph. H. 331, 376, 430, 495
Copp, J. H. 17, 40, 495
Cox, K. R. 69, 495
Cox, T. M. 485
Crampton, J. A. 271, 495
Cremer, H.-D. 493f., 500, 503ff.

Dahrendorf, R. 334f., 495
Damaschke, A. 408, 495
Darin-Drabkin, H. 330, 495
Darré, R. W. 271, 273, 495
Darwin, Ch. 332, 334
Davies, D. 460
Davies, J. C. 359, 362, 368, 495
Davis, K. 96, 495
Deenen, B. van 36, 55, 73, 116, 118, 153, 162, 301, 331, 475f., 495f., 500
Deledda, G. 491
Delvert, J. 484
Dequin, H. 97, 496
Desai, A. R. 483
Deutsch, K. W. 340f., 356, 496
Deville, E. 186
Diaz, M. N. 96, 504
Dietz, J. F. 140, 149, 477, 496
Dietze, C. v. 15, 223, 475, 479, 496
Dinklage, K. 247, 496
Dore, R. P. 256, 496
Dornik, O. 488

Namenregister 511

Dörfler, P. 489
Dörrien, A. 506
Dovring, F. 59, 406, 496
Dreitzel, H. P. 274, 278, 340, 496, 502f.
Drescher, L. 19, 21, 496
Droste-Hülshoff, A. v. 489
Dunn, S. P. 328, 496
Durkheim, E. 41, 133, 135, 155, 162, 184, 227, 496
Duun, O. 491

Ebner-Eschenbach, M. Frfr. v. 489
Eckart, K. 325, 328, 496
Ehlers, E. 408, 496
Ehrenberg, R. 460, 475
Ehrhardt, H. 489
Eisermann, G. 138, 356, 358, 496, 500
Eliot, G. 491
Engel, E. 385
Engels, F. 190, 290, 324, 333, 496, 502
Ennen, E. 41, 496
Erath, V. 489
Etzioni, A. 440, 496
Eyth, M. 428

Fallada, H. 489
Farnleitner, J. 396, 496
Faulkner, W. 491
Fechner, E. 223, 496
Feder, E. 251, 496
Federer, H. 489
Fehre, H. 26, 36, 496
Fél, E. 304, 496
Fichter, J. H. 54, 105, 123, 134, 143, 150, 496
Finke, H. 26
Fischer, J. L. 149, 496
Fisher, S. N. 501
Fleischhauer, E. 309, 496
Ford, Th. R. 485
Forman, S. 483
Fourastié, J. 83, 87, 496
Fourier, Ch. 266
Franklin, S. H. 229f., 233, 247, 483, 496
Franz, G. 45, 180, 496f.
Frauendorfer, S. v. 19, 278, 411, 487ff., 496f.
Freire, P. 141, 375, 378, 497
Frenssen, G. 489
Freytag, G. 254, 489
Fricke, F. W. 315, 497
Friese, F. 460
Froese, U. 475
Fromm, E. 222, 497
Frost, J. 196, 497
Fuchs, W. 272, 497

Fürstenberg, F. 170f., 305, 497
Fukutake, T. 483f.

Galeski, B. 233, 484, 497
Galjart, B. 477f., 493
Galpin, Ch. J. 11, 20, 43, 172, 300, 497, 506
Ganghofer, L. 489
Garve, Ch. 74, 497
Gehlen, A. 150
Geiersberger, E. 457, 497
Gerber, F. 331, 396, 497
Gillette, J. M. 21, 497
Giono, J. 491
Gleichmann, P. R. 38, 497
Gogol, N. W. 491
Gollwitzer, H. 14, 110, 368, 497
Goltz, Th. v. d. 15, 395, 474, 479
Görz, G. 272, 497
Gottl-Ottlilienfeld, F. v. 305, 497
Goode, W. J. 159
Gotthelf, J. 166, 490
Gradmann, R. 43, 497
Graf, O. M. 489
Griese, F. 490
Griffin, K. 197, 370, 497
Grundtvig, N. F. S. 427
Grüneisen, K.-G. 28, 475, 497
Grüner, M. 12, 21, 40f., 497
Grupe, D. 385, 504
Gulbranssen, T. 491
Gunnarsson, G. 491
Günther, H. F. K. 15, 19, 38, 70, 171, 270f., 273, 477, 479, 497

Haas, W. 446
Häbich, Th. 191f., 197, 497
Hagemann, E. 58, 267, 505
Hagen, E. 340, 342, 348, 354, 497
Hahn, E. 15, 162, 225, 228, 479, 497
Haid, H. 490
Hainisch, M. 395, 475, 497
Hamilton, H. 345, 499
Hamm, B. 118, 180, 493, 497, 503
Hampp, I. 498
Hamsun, K. 491
Hanau, A. 492
Hansjakob, H. 490
Harbeck, H. 223, 497
Hardy, Th. 491
Haris, J. 452, 497
Hartmann, H. 502
Hartmann, Th. T. 265, 267, 316, 326, 497
Hasselhorn, J. 272ff., 497
Hauser, A. 96, 297, 477, 497
Haushofer, H. 278, 494, 497, 503

Havens, A. E. 464, 497
Hebel, J. P. 490
Heberle, R. 149, 247, 498
Hegenbarth, S. 315, 498
Heidhues, Th. 340, 498
Heidtmann, W. 52, 498
Heintz, P. 68, 72, 433, 493, 498, 508
Heiseler, B. v. 490
Heitzhausen, G. 501
Hellpach, W. 53, 57, 498
Herlemann, H.-H. 311, 498
Herrera, A. 382, 387ff., 498
Herzog, R. 239, 498
Heske, F. 439, 498
Hesse, P. 26, 37, 286, 498
Hesse, W. 17, 498
Hill, R. 500
Hinderink, J. 70, 155, 370, 498
Hinken, J. 307, 498
Hintze, O. 249, 498
Höcherl, H. 311
Hofer, T. 304, 496
Hoffmann, B. G. 484
Hoffmann-Novotny, H.-J. 69, 498
Hofmann, Ch. 487f.
Hofmann, W. 252, 498
Hofstee, E. W. 20f., 484, 495
Höhne, K. 445, 498
Homans, G. C. 69, 149, 498
Honigsheim, P. 313ff., 498
Horkheimer, M. 497
Horstmann, K. 26, 72, 498
Hoselitz, B. F. 392
Howald, O. 15, 300, 479, 498
Hruschka, E. 346, 498
Hsieh, Ch. 389, 498
Hudde, W. 430, 489, 498
Hufeland, Ch. W. 373
Huizer, G. 368, 498
Hunke, H. 380, 498
Husain, Z. 99, 498
Hütteroth, W.-D. 186, 239, 293, 498
Hydén, G. 365, 498

Ilien, A. 89, 107, 128, 130, 134, 138, 160, 171, 175, 195, 498f.
Immermann, K. L. 490
Innerhofer, F. 141f., 498
Ipsen, G. 19, 35, 41, 57, 81, 225, 461, 465, 499
Isbary, G. 45, 499
Isenberg, G. 52, 380, 494, 499
Iwu, E. 358, 499

Jacoby, E. H. 181, 499
Jaeggi, U. 331, 477, 499
Jager, H. de 119, 149, 499
Jahn, F. L. 166, 499

Jahoda, M. 83, 499
Jakob, A. s. Ilien
James, R. W. 485
Janata, A. 184, 499
Janzen, J. 259, 499
Jauch, D. 107, 180, 499
Jefferson, Th. 70
Jeggle, U. 32, 89, 93, 107, 138 f., 195, 498 f.
Jenny, E. 253, 499
Joerges, B. 375, 415, 422, 499
John, A. 435, 499
Johnston, B. F. 417
Jones, G. E. 483, 488

Kadri, Y. 137, 499
Kähler, H. D. 118, 499
Kahler, W. 386, 389, 499
Kam, L. 509
Kantowsky, D. 99, 470, 474, 499
Kappe, D. 96, 134, 493, 495
Karlstadt, A. 273
Kassen, W. 218, 499
Katz, E. 345, 499
Kaufmann, F.-X. 62, 499
Kaufmann, G. 499, 505, 508
Kautsky, K. 310, 316, 385, 499
Keiter, F. 75 f., 499
Keller, G. 490
Keller, P. 490
Kerblay, B. 21, 499
Kernig, C. D. 499
Kessler, J. 457, 478, 499, 506
Khosrovi, K. 484
Kiermayr, U. 453, 457, 499
Kieslich, G. 434, 500
Kimeswenger, K. 508
Kıray, M. 70, 155, 370, 498
Kirchhoff, W. 358, 504
Kivi, A. 491
Klink, W. 259, 508
Knapp, G. F. 15, 254, 480 f., 500
Knapp, S. A. 427
Knirim, Ch. 153 f., 157 f., 160, 162, 500
Köhle-Hezinger, Ch. 169 f., 500
Kohlhauser, G. 304, 500
Kolb, J. H. 151, 153, 500
König, R. 80, 108, 149, 151 f., 155, 162, 465, 497 f., 500 f., 503
Kooy, G. A. 162, 500
Kostic, C. 484
Kötter, H. 11, 21, 45 f., 52, 73, 259, 293, 331, 340, 398, 475 f., 500
Kottwitz, G. 507
Kraft, J. 57, 500
Krambach, K. 265, 500
Kreckel, R. 127, 500

Krekeler, H.-J. 45, 496, 500
Kretschmann, R. 52, 498
Kreutz, H. 471, 500
Kriener, A. 316 f., 319, 324, 328, 506
Kroeschell, K. 301, 500
Kromka, F. 107, 175, 180, 500
Krüll, M. 153 f., 157 f., 160, 162, 500
Krysmanski, R. 135, 500
Kuhnen, F. 133, 251, 340, 399, 411, 476, 489, 500 f.
Kutsch, Th. 340, 501

Lagerlöf, S. 491
Lambert, C. M. 488
Lambton, A. K. S. 484
Landsberger, H. A. 368, 501
Langbehn, C. 277, 501
Langenheder, W. 69, 72, 501
Lasker, B. 219, 501
Lautensach-Löffler, E. 48, 501
Lauwe, J. Ch. de 485
Lavergne, L. de 253
Laxness, H. K. 491
Lazarsfeld, P. F. 83, 461, 499
Leagans, J. P. 348, 501
Lehmann, A. 105, 501
Lemberg, E. 137, 501
Leng, G. 252, 501
Lengerke, A. v. 463, 474
Lenk, K. 269, 501
Le Play, F. 460
Lerner, D. 336, 340 f., 348, 356, 501, 506
Leupolt, M. 418 f., 501
Levin, M. L. 345, 499
Lévi-Strauss, L. 175
Lewin, K. 69, 501
Lewis, J. W. 368, 501
Lewis, O. 380, 460, 464, 501
L'Houet, A. 74, 501
Liefmann, R. 266
Lienau, C. 36, 185, 189, 202, 501
Lindauer, D. 26, 501
Linde, H. 15, 26, 35 f., 149, 153, 395, 461, 501
Linke, J. 490
Linnankoski, J. 491
Linton, R. 156
Lipinsky, E. E. 255, 384, 389, 501
Lipset, S. M. 503, 507
List, F. 475
Livi, L. 72
Llaryora, R. J. 130, 502
Löhr, L. 399, 501
Long, N. 358, 501
Löns, H. 490
Loomis, Ch. P. 105, 113, 119, 367, 485, 498, 501

Lowry, J. H. 50, 370, 378, 501
Ludwig, O. 490
Lupri, E. 15, 278, 470, 501
Lüschen, G. 80, 501
Luther, M. 272

MacIver, R. M. 152, 501
Mackenroth, G. 65, 502
Mackensen, R. 45, 65, 502
Mai, D. 474, 502
Makarenko, A. S. 313
Makhijani, A. 228, 502
Malinowski, B. 150, 163
Mannert, J. 283, 502
Mansholt, S. 311
Mao Zedong (Mao Tse-tung) 41, 266
Maos, J. 509
Marx, K. 18, 41, 100, 252, 290, 316, 324, 333, 337, 340, 357, 502
Mayntz, R. 15, 111 f., 171, 475, 502, 508
McEwen, W. J. 483
McMillan, R. T. 484
Meadows, D. 51, 502
Mechow, K. B. v. 490
Meier, J. 311, 502
Meimberg, P. 311, 502
Meitzen, A. 15, 480 f.
Mendras, H. 175, 366, 483, 502
Merkel, K. 386, 502
Merton, R. K. 101, 119, 313, 502
Messelken, K. 159
Meyer, K. 15, 28, 36, 52, 56, 475, 480, 502
Meyr, M. 490
Miaskowski, A. v. 475
Midlarsky, M. 359 f., 507
Mielke, R. 15, 480
Miller, T. 258
Mills, Th. M. 105, 502
Mirabeau, M. de 41
Mistral, F. 491
Mitterauer, M. 162, 502
Moberg, V. 491
Moeschlin, F. 490
Mogey, J. M. 4E4
Mok, A. L. 119, 149, 499
Moldoveanu, C. 487
Moody, E. 488
Moreno, J. L. 118, 502
Morgan, W. T. W. 484
Möser, J. 15, 19, 480
Mrohs, E. 184, 195, 377, 496, 502, 504
Muggen, G. 488
Mühlberger, J. 490
Mühlmann, W. E. 52, 57, 130, 502
Müller, E. 273, 502

Müller, Jörg 264, 502
Müller, Josef 278, 502
Müller, J. O. 457, 502
Müller-Partenkirchenn F. 490
Myrdal, G. 339f., 374, 381f., 389f., 502

Neidhardt, F. 96, 159, 161, 495, 502
Nell-Breuning, O. v. 102, 502
Němcová, B. 491
Neundörfer, L. 15, 476, 480
Newby, H. 259, 477f., 493, 502
Niehaus, H. 15, 242, 293, 383, 480, 502, 507
Niemeier, G. 30, 36, 184, 503
Nix, H. L. 129, 503
Nohlen, D. 250, 503
Noin, D. 484
Nooij, A. T. J. 111, 503
Norris, F. 491
Nuscheler, F. 250, 503
Nußbaumer, J. 162, 477, 503

Oberkofler, J. G. 490
Obregón, A. Q. 364, 503
Oelßner, F. 328, 503
Ogburn, W. F. 42, 331, 336, 503
Opp, K.-D. 123, 503
Oppenheimer, F. 15, 216, 395, 480
Oppenheimer, M. 111, 359, 503
Ort, W. 387, 389, 503
Oswald, H. 118, 172, 503
Otremba, E. 186, 476, 503
Owen, R. 266

Pahl, R. E. 39, 41, 45, 93, 503
Pallmann, M. 399, 493
Panoff, M. 484
Parsons, T. 96, 149, 159, 333ff., 340, 503
Pausewang, S. 466, 474, 503
Pélissier, P. 484
Pérez Galdós, B. 491
Perkonig, J. F. 490
Peters, R. 153f., 158, 160, 162, 500
Petrini, F. 484
Petty, W. 460
Pevetz, W. 28, 32f., 49, 52, 396, 399, 416, 476ff., 487f., 503
Pfaff, K. 142, 503
Pfeffer, K. H. 18, 503
Pflanz, M. 371, 378, 503
Pflaum, R. s. Mayntz
Piel, J. 484
Pipping, K. G. 126, 503
Pisa, K. 208, 210, 503
Pitt-Rivers, J. 484

Pitzer, R. L. 258, 503
Planck, U. 81, 94, 106, 214, 259, 275, 301f., 312, 331, 377, 411, 430, 464, 476, 478, 483, 485, 488, 503f., 508
Plate, R. 385, 504
Plato 266
Ploch, L. A. 258, 504
Polenz, W. v. 490
Ponten, J. 490
Pool, I. de Sola 496
Poole, A. 228, 502
Popper, K. 236
Post, K. 364, 368, 504
Potter, J. M. 96, 485, 504
Preuschen, G. 212, 284, 433, 504
Priebe, H. 247, 397, 475, 504
Prothmann, G. 259, 508
Puhle, H.-J. 368, 504

Quante, P. 395, 399, 475, 504
Quesnay, F. 19, 41

Raiffeisen, F. W. 446f., 456f.
Rambaud, P. 483
Ramuz, Ch. F. 491
Raschke, P. 112, 504
Ratschow, C. H. 163, 504
Raup, Ph. M. 410f., 504
Redcliff, M. R. 478, 504
Redfield, R. 41, 55, 464, 504
Reh, E. 484
Rehbein, F. 223, 504
Rehmann, R. 490
Reisch, E. 267, 284, 308f., 457, 504
Renfranz, H. P. 490
Renker, G. 490
Reuter, F. 490
Reymont, W. St. 491
Rheinwald, H. 16, 309, 423, 431ff., 488, 504
Richter, L. 294, 504
Riegel, K.-G. 41, 504
Riehl, W. H. 15, 18f., 41, 273, 294, 480, 504
Riemann, F. 81, 218, 223, 358, 497, 504, 508
Ries, L. W. 15, 206, 212, 302, 481, 504
Riesman, D. 55, 58, 122, 504
Ringer, K. 197, 202, 250, 504
Ritschl, H. 262, 504
Rivera, G. F. 484
Robinson, J. 336, 504
Rochlin, R. P. 58, 267, 505
Rodiek, D. 477, 505
Rodman, H. 161, 505
Rogers, E. M. 336, 340, 342f., 348, 350, 358, 464, 472, 505
Röhm, H. 57, 189, 196f., 229, 294, 398, 429f., 475f., 505

Rolfes, M. 223, 496
Rollwage, J. 223, 505
Rölvaag, O. E. 491
Romianzewa, A. 323
Rosegger, P. 70, 490
Rostow, W. W. 84, 336ff., 505
Rousseau, J.-J. 41, 70
Rudolph, W. 239, 505
Rückriem, G. M. 378, 505
Rumpf, M. 15, 19, 481
Ruthenberg, H. 234, 239, 255, 259, 278, 392f., 422, 505

Sachs, R. 268, 272f., 275ff., 505
Sahlins, M. 97, 102, 505
Sand, G. 491
Sander, U. 490
Sanders, I. T. 483, 485
Savelsberg, G. 481
Sawyer, O. H. M. 488
Schakir-Zade, T. 237f., 505
Scharf, M. 493, 506
Scharrer, A. 490
Schelsky, H. 151, 153, 398, 505
Schelwies, W. 107, 195, 498
Schempp, H. 169, 267, 505
Schenda, R. 373f., 505
Schiller, F. 258
Schiller, O. 263, 401, 447f., 451, 457, 505
Schlotter, H. G. 445, 498, 500, 505
Schmaltz, J. 184, 195, 505
Schmidt, W. 260, 505
Schmidt-Volkmar, A. 215, 445, 457, 505
Schmiel, M. 430, 498
Schmitt, G. 494, 496
Schnapper-Arndt, G. 460, 464f., 505
Schneider, H. 112, 441, 444, 505
Schneppe, F. 36, 506
Schöck, G. 31, 189, 475, 506
Scholochow, M. A. 491
Schönherr, S. 474, 506
Schorlemer-Alst, Frh. v. 443
Schramm, W. 336, 506
Schröder, K. H. 36, 506
Schulz-Borck, H. 309, 506
Schultz-Klinken, K.-R. 225, 506
Schumpeter, J. A. 308
Schur, E. M. 138, 506
Schwackhöfer, W. 487
Schwarz, E. 478, 506
Schwarz, G. 36, 506
Schwarz, K. 61, 69, 506
Schwedt, H. 135, 170, 506
Schweitzer, R. v. 303, 309, 506
Schwind, M. 26
Schwizer, M. 396f., 506

Scolnik, H. D. 382, 387 ff., 498
Seedorf, W. 19
Seghers, A. 490
Seibel, H. D. 162, 506
Seidel, I. 490
Seiterich, C. 140, 506
Sene, M. 211, 506
Sen Gupta, B. 474, 506
Seraphim, H.-J. 220, 475, 506
Sering, M. 15, 463, 475, 479 ff.
Shanin, T. 506
Shatil, J. 330, 506
Shoemaker, F. 342, 505
Siebel, W. 14, 506
Sieder, R. 162, 502
Siewert, H.-J. 112, 506
Sillanpää, F. E. 491
Silone, I. 491
Silverman, D. 112, 506
Simmel, G. 469, 506
Skriver, A. 380, 506
Slocum, W. L. 75 f., 149, 506
Smith, A. 381 f., 506
Smith, T. L. 76, 164, 184, 186, 189, 192, 206, 223, 228, 246, 251, 291, 294, 422, 483 ff., 506
Sohnrey, H. 15, 18, 481
Solari, A. 503
Sombart, W. 43, 53, 252, 506
Sorokin, P. A. 41, 300, 506
Spencer, H. 54, 332 ff., 340, 506
Spengler, O. 41, 506
Spieckermann, H. 316 f., 319, 324, 328, 506
Spitzer, H. 17, 195, 507
Springenschmid, K. 57, 507
Stamer, H. 393, 501, 507
Stanek, I. 233, 507
Stark, J. 56, 507
Stark, W. 169, 171, 507
Stavenhagen, R. 102, 507
Steffen, G. 311, 507
Stehr, H. 490
Stein, L. v. 15, 481
Steinbeck, J. 491
Stifter, A. 490 507
Stinchcombe, A. L. 255, 364
Storm, Th. 490
Strauß, E. 490
Strauß und Torney, L. v. 490
Streuvels, S. 491
Strindberg, A. 492
Strittmatter, E. 492
Strohmeier, F. 490
Stroppa, C. 484
Struff, R. 28, 507
Stucken, R. 382, 507
Styler, W. E. 489
Sudermann, H. 490
Sumner, W. G. 150

Synge, J. M. 492
Szwengrub, L. M. 484

Tafertshofer, A. 87, 396, 507
Tannenbaum, F. 250, 290, 507
Tanter, R. 359 f., 507
Tavernier, Y. 366, 502
Taylor, C. C. 483
Teiwes, G. 475, 507
Tenhumberg, H. 31, 274, 507
TePaske, J. J. 501
Thaer, A. 381, 507
Thiede, K. 475
Thiel, H. 388, 507
Thode, H. 124, 500
Thoma, L. 490
Thomas, U. 488
Thomas, W. I. 460, 507
Thoroe, C. 387, 507
Thünen, J. H. v. 43, 430, 482, 507
Thurnwald, R. 72, 507
Timmermann, W. 253, 393, 399, 410, 507
Timmermans, F. 492
Tittel, G. 399, 507
Tocqueville, A. de 359, 507
Tönnies, F. 15, 41, 122, 133, 135, 152, 290, 313 f., 477, 481, 507
Traven, B. 492
Treinen, H. 132, 135, 507
Tschajanow, A. 295, 309, 507
Tschechow, A. 492
Tuma, E. H. 405, 411, 507
Turgenjew, I. S. 492
Turowski, J. 484

Uhlig, O. 218, 507

Vanberg, M. 69, 72, 507
Vasthoff, J. 214, 507
Verga, G. 492
Vetter, B. 506
Vidart, D. D. 485
Vierkandt, A. 233, 239, 506 ff.
Viner, J. 393
Vogel, G. 431 ff., 508
Voigt-Diederichs, H. 490

Wädekin, K.-E. 267, 508
Waggerl, K. H. 490
Warner, W. L. 95, 508
Warren, R. L. 474, 508
Warriner, D. 191, 411, 508
Wassertheurer, H. 508
Webb, M. 492
Weber, A. 130, 283, 288, 294, 508
Weber, M. 13, 15, 41, 101, 129, 163, 165 f., 168, 171, 249, 252, 335, 474, 477, 481, 508

Weber-Kellermann, I. 488
Wehling, H.-G. 178, 180, 493, 506, 508
Weigert, J. 15, 74, 273, 482, 508
Weigmann, H. 475
Weinschenck, G. 293, 311, 508
Weintraub, D. 483
Weippert, G. 15, 223, 482, 496
Weiß, R. 19, 53, 166, 508
Wellin, E. 371, 378, 508
Wenckstern, H. v. 474
Wenzel, H.-J. 62, 81, 197 f., 218, 508
Werschnitzky, U. 259, 282 ff., 508
Wesche, R. 215, 508
West, H. W. 488
Weulersse, J. 485
Whetten, N. L. 483 f.
Wiechert, E. 490
Wiegelmann, G. 348, 508
Wiese, L. v. 11, 15, 19, 101 f., 313, 461, 465, 477, 482, 508
Wilkening, E. A. 343, 508
Willems, E. 55, 508
Wilson, G. 445, 508
Winkler, E. 477, 508
Winkler, W. 487
Wiswede, G. 340, 501
Wittfogel, K. A. 100, 183, 508
Woermann, E. 385, 504
Wolf, E. R. 171, 243, 247, 359, 368, 508
Wollenweber, H. 15, 247, 464, 475, 482, 508
Wössner, J. 14, 171, 508
Wulf, R. 417, 422, 508
Wurst, F. 72, 75 f., 139, 508
Wurzbacher, G. 15, 118, 137, 171, 475, 506, 508
Wylie, L. 149, 508

Yalan, E. 31, 509
Yang, H. P. 474, 509
Yasa, I. 168, 509

Zapf, W. 334, 340, 495 ff., 501, 503 f., 507, 509
Zeisel, H. 83, 499
Zender, M. 19, 509
Zermatt, M. 131
Ziche, J. 271, 273 ff., 476, 488, 509
Ziegenfuß, W. 499
Zimmerman, C. C. 41, 300, 506
Zimmermann, P. 243, 488, 509
Znaniecki, F. W. 460, 507
Zola, É. 492
Zopf, P. E. jr. 164, 189, 206, 228, 294, 485, 506
Zschokke, H. 490

VI. Sachregister

Abstammungsgesellschaft **96 f.**
Abstammungsordnung **160 f.**
Abwanderung s. Wanderungsbewegung
Adoption 15, **342 ff.**, 477
Afrika 21, 38, 58, 64, 67, 73, 75, 92, 96, 110, 116, 120, 155, 160, 183, 189, 202, 204, 234, 254, 289, 305, 359, 364 f., 370, 380, 399, 402, 415, 455, 467 ff., **483 ff.**
Aggregat, soziales **102 f.**
Agrarbewegung **358 ff.**
– Begriff **358 f.**
– Besonderheiten **362 ff.**
– Typologie **365 f.**
– Ursachen **359 ff.**
Agrar(erwerbs)quote 26
Agrargesellschaft 12, 41, 50, 62 ff., 72, 81, 83, **89 f.**, 96, 117, 121, 125, 136, 168, 181, 183 f., 193, 211, 378
Agrarkommune 232, 260, **265 ff.**
Agrarkreditwesen 235, **451 ff.**
Agrarproblem **382 ff.**
Agrarreform **100 f.**, 256, **400 ff.**, 487
– Ablauf **407 f.**
– Auswirkungen **408 ff.**
– Begriff **400 f.**
– Erfolgskontrolle **410 f.**
– Kräfte **402 f.**
– Leitbilder 406
– Maßnahmen **406 f.**
– Programme **401 f.**
– Ziele **404 f.**
Agrarromantik 14, 19
Agrarsoziologie **11 ff.**, 181–330
Agrarstruktur **181**, 385, 445
Agrarstrukturverbesserung **400**, 487
Agrarsystem **229 ff.**, **365 ff.**
– familistisch 231, **240 ff.**
– feudalistisch 232, **247 ff.**
– kapitalistisch 232, **252 ff.**
– kolonialistisch 232, **249 ff.**
– kollektivistisch 232, **259 ff.**
– tribalistisch 231, **233 ff.**
Agrartechnik 182, **223 ff.**
Agrarverfassung **181 f.**, 357, 399 f., 402, 488
Agrarverwaltung **436 ff.**
Agrarwissenschaften 16
Agricultural Development **416 f.**
AID 312, **438**, 492
Akkomodation 147
Akkulturation 67, **148**
Aktiengesellschaft, landw. **256 f.**

Almwirtschaft 237
Altenteil(er) 155, **157**
Altersaufbau 77, **381**
Amt **438**
Aneignungssystem **229 f.**, 242
Animation Rurale **415 f.**
Anteilbauer 191, **219**, 253
Apparat 176
Arbeiterpachtverfassung 217
Arbeitsbedingung **207 ff.**, 327
Arbeitslosigkeit 83 f., **389 f.**
Arbeitsordnung **206 ff.**
Arbeitspflicht **218**
– familienrechtliche **222 f.**
– gesellschaftsrechtliche **222**
– genossenschaftsrechtliche **222**
Arbeitsplatzdichte 25
Arbeitsproduktivität 59, 226, 290, 295, **381 f.**, 390
Arbeitsrolle 81, 206, **210 ff.**, 225, **283 f.**, 294, 308
Arbeitsteilung 43, **284**, 295, 381
Arbeitsverfassung 182, **212 ff.**, 231 f., 244, **295 f.**
– genossenschaftliche 216
– gesellschaftliche **215 f.**
– kooperative **214 ff.**
Arbeitsvertrag **220 ff.**
Arbeitsvoraussetzung **206 f.**
Armut, ländliche 136, **378 ff.**, 417, 419
ASG 10, 20, 74, 136, 312, **475 f.**, 482, **486 f.**, 498, 504
Asien 64, 67, 92, 110, 155, 253, 305, 380, 399, 401, 483, 485
Assimilation 67, **147**
Assoziation, soziale 103, **105 ff.**
Aufsichtsbeamter **203 f.**
Aufstieg, sozialer **93 f.**, 96, 124, 204 f., **375 f.**
Ausbeutung(stheorie) 229, **382**, 386
Außenbeziehung 176, 235, 281, 306, **465**
Ausstattung 132, 381 f., **387 f.**
Autorität(sproblem) **129**, 167, 233, 249, 299, 305, 321 f.

Bandit 137
Bäurin s. Frau
Bauer 74, 86, 93, 111, 114, 120, 144, 160, **165 ff.**, 176, 178, 242 f., 245, 247 f., **258 f.**, 268, 272 f., 304 f., 333, **361 ff.**, 366 f., 451, **468 f.**, 471
Bauernepik **491 f.**
Bauernglaube 165, **273 f.**
Bauernpartei 110
Bauernroman **488 ff.**

Bauerntum 80, 155, **160 f.**, 223, 243, **270 ff.**
Bauerntumsideologie 14, 19, **269 ff.**, 396, 476
Bauweise **31 f.**
Bedarfsforschung **461 f.**
Befragung 461, **470 ff.**
Behinderte **136**
Behörde **438 f.**
Bekanntenkreis **116 ff.**
Belastbarkeit 51
Belohnung 132, 323
Beobachtung 461, **469 f.**
Berater **431 f.**, 435
Beratungsorganisation **432 f.**
Beratung(swesen) 423, **431 ff.**, 488
Bergbauernfrage **476**
Bergflucht 71, 396
Berufsausbildung, landw.
– betriebliche **424 f.**
– schulische **425 ff.**
Berufsethik **272 f.**
Berufsgenossenschaft **440**
Berufsvertretung, landw. **441**
Beschäftigungseffekt **410**
Beschäftigung(sproblem) 84, **389 ff.**
Beschäftigungsstruktur **85 ff.**, 286
Besitz 126, 176, 189
Besitzerposition **200 ff.**
Besitzverhältnis 182, **192 f.**, **231 f.**
Betagte **136**
Betrachtungsweise 13
Betrieb, landw. **278 ff.**, 488
Betriebsform 182, 244, **263**
Betriebsgröße 182, 228, 264, **285 ff.**, 387
Betriebshilfsdienst **213**, 222
Betriebskomponente **304 ff.**
Betriebstyp **182**
Bevölkerung, ländliche **57 ff.**, 226
– Konstitution **72 ff.**
– Struktur **76 ff.**
– Umfang **57 ff.**
– Verteilung **57 ff.**
Bevölkerungsaustausch **37 ff.**
Bevölkerungsbewegung **62 ff.**
Bevölkerungsdichte **24 f.**, 56, 235, 293
Bevölkerungsentwicklung **59 ff.**, **348 ff.**, 441
Bevölkerungsweise **62 f.**
Beziehung
– Mensch-Boden 189, 291
– soziale 49, 54, 87, 90, **102 f.**, **112 ff.**, 129, 145, 199, 201, 297, 451, 454, 457

Bibliographie 487ff.
Bildung(sproblem) 63, 153, 375ff., 382, 399
Bildungswesen, landw. 423ff., 489
– im Ausland 429f.
Biographie 479ff.
Bodenordnung 183ff.
– Anforderungen 205f.
– Bedeutung 183f., 231f.
Bodenreform s. Agrarreform
Brandkultur 224
Brauch(tum) 121, 488
Bund der Deutschen Landjugend 428
Bundesrepublik Deutschland 10, 12, 14, 27f., 32ff., 46, 48ff., 51, 55f., 58, 61, 63, 76f., 79ff., 83ff., 106, 112, 131, 146, 148, 151, 153f., 157f., 162, 170, 172, 175, 178f., 183, 188, 194f., 212, 222, 288, 290, 303, 306, 311f., 374, 377, 380, 383, 385, 387f., 400, 423ff., 433f., 436ff., 456, 461, 464, 471, 476, 482f., 485

CEA 457f.
Charakter 74
China 41, 50, 58, 96, 110, 151, 155f., 183, 249, 266f., 288, 299, 337, 359f., 394, 418
Clique(nherrschaft) 101, 104, 174f.
Community Development 412ff.
COPA 458
Cultural lag 42, 336

Datenaufbereitung 473
Datenauswertung 473
Datenerhebung 468ff.
DBV 436, 442ff.
DDR 10, 20, 58, 77, 212, 222, 257, 263f., 284, 288, 290, 315ff., 320, 324ff., 362, 385f., 426, 429, 483
Deputant 221
Desorganisation 152, 298f.
Desorientierung 69
Deutscher Raiffeisenverband 436
Deutschland 19f., 41, 64f., 72f., 74, 82f., 106f., 160, 170, 191f., 206, 218f., 253f., 270f., 337, 360, 367, 381, 430, 434, 444, 459f., 462, 464, 474, 477
Deviation 135ff.
Dichotomiemodell 40f.
Dienstverpflichtung 219

Differenzierung, soziale 54, 57, 105, 133, 239, 265, 322f., 332
Diffusion 15, 105, 342, 345ff.
DLG 10, 20, 428f., 442
DLV 444
Dokumentenanalyse 472f.
Doppelberuflichkeit 86f., 282, 293
Dorf 30, 35, 82, 102, 111, 117, 121, 128, 131, 134f., 138ff., 147, 163, 169f., 174ff., 188, 274, 327, 354, 356, 469
Dorfforschung 464, 476, 488
Dorfgemeinschaft 135, 138, 266
Dorfgeschichten 489f.
Dorfhandwerk 82
Dorfhelfer 414
Dorfherr 177
Dritte Welt 5, 14, 17, 59, 64, 66, 69, 147, 168, 349, 391, 467, 473

Ehe 81, 159ff., 298
Eigentümerposition 198ff., 454
Eigentumsordnung 182, 189f., 231f., 235, 237, 240, 244, 318, 329, 406
Einfluß 38, 109, 129, 167, 280, 433
Einkommen(sproblem) 292, 304, 321, 378ff., 390, 409
Einödlage 30, 188, 293, 376
Einstellung 72, 75, 88, 120, 222, 227, 245, 268, 374, 382, 451f.
Einzelfallstudie 464f.
Elite 174, 177f., 271, 338, 342, 347, 352, 429
Empathie 341f.
Endogamie 99, 159, 164
Enquete 463
Entwicklungsland 11, 39, 42, 64f., 67, 70, 80, 82, 141, 148, 151, 153, 186, 339f., 347, 351ff., 357, 367, 373ff., 381f., 383, 387, 390ff., 394, 399, 402, 406, 416, 418f., 423, 429f., 435, 447, 451, 453, 456, 466f., 471, 488
Entwicklungsproblem 476
Entwicklungsstrategie 412ff.
Erbsitte s. Vererbung
Erdherr 204
Erholungsfunktion 48
Erholungsraum 48
Erkenntnisquelle 18
Ernährungsproblem 60, 369ff., 416
Erwerbsfunktion 282f.
Erwerbsstruktur 36, 83ff.

Esusuklub 455
Etikettierung 89f.
Europa (siehe auch Mitteleuropa) 20, 44, 51, 58, 64, 67, 70, 78, 89, 98, 110, 135, 151, 155, 196, 223, 225, 244, 248, 257, 269, 288f., 299, 311, 351, 370, 381, 393f., 401, 448, 460, 467, 476, 483, 485
Evangelische Jugend auf dem Lande 428
Evolutionstheorie 332f.
Exogamieregel 158
Experiment 473

FAA 20, 55, 474, 476, 479f., 482, 487, 492, 495, 500, 507
Fachbildung 423ff.
Fachpresse 434
Familie 113, 147, 152ff., 172, 227, 488
Familienarbeitsverfassung 212ff., 295
Familienbetrieb, landw. 34, 64, 84, 124, 141, 204, 247, 262, 284, 286, 289, 292, 294ff., 322, 364, 398, 476
– Definition 294f.
– Modell 296f.
– Probleme 311ff.
– Schwächen 310
– Vorzüge 310
Familienbeziehung 156f.
Familienfunktion 152f., 302
Familienkomponente 298ff.
Familienordnung 240, 244, 299f.
Familienregelung 157ff.
Familienstand 80f.
Familienstruktur 153ff., 245
Familienzyklus 155, 300f.
FAO 10, 51, 57, 369, 430, 458, 485, 495
Farmer 120, 246, 269, 271
Farmerlandwirtschaft 91, 231, 244ff., 304
Fehde 145
Fernstudium 429
Feudalismus 247ff.
Fideikomiß 191
Flächenwidmung 188
Flurform 182, 185ff., 244
Flurordnung 184ff.
Formation, gesellschaftliche 89ff.
Forschungslücke 477
Forschungsgenehmigung 467
Forschungsschwerpunkt 474ff.
Forstverwaltung 438f.
Frau 65, 73, 77ff., 94, 108, 122, 126ff., 160ff., 210ff., 223,

225 ff., 235, 238, 246, 282 f., 295, 303, 320, 353 f., 371, 377, 420, 444, 488
Frauenproblem 312, 476
Fremdarbeitsverfassung 217 ff.
Fremdbestimmung 108, 172, 318
Fremde(r) 137 f., 356, 469 f.
Fruchtbarkeit 62 ff.
Führer
- politische 173 f., 467
- religiöse 167 f.
Funktionsfähigkeit 49 ff.
Funktionszuweisung 49 f.

Gebilde, soziales 89, 356
GGLF 444 f.
Gemeinde, ländliche s. Landgemeinde
Gemeindetypisierung 26, 35 f.
Gemeinschaft 133
Gemein(schafts)eigentum 189 f., 195, 215, 235, 237, 262, 329
Gemeinschaftshelfer 422
Gemengemodell 41
Generationenkonflikt 146
Genossenschaftswesen 408, 442, 446 ff., 471
- Problematik 450 f.
- Prinzipien, Zwecke 446 ff.
Genosse(nschaftsbauer) 101, 204, 222, 263 f., 317, 320 f., 448 f.
Gerede 52, 142 f.
Geschichtstheorie 333 f.
Geschlechtsrolle 156 f.
Geschlechtsverhältnis 79 f.
Gesellschaft 89, 133
- außengeleitete 122
- bäuerliche 120, 125
- einfache 54, 90, 96, 103 f., 119, 124, 140, 263
- geschichtete 90 ff.
- innengeleitete 122
- komplexe 90, 134
- ländliche 81, 87 ff., 292 f., 375 f.
- moderne 89
- segmentäre 54, 133
- traditionsgeleitete 89, 122, 163, 309, 342, 352, 468
- versäulte 95 f.
Gesinde(verfassung) 93, 144, 213, 217, 221, 286, 395
Gesundheitszustand 73 f., 227, 373
Gesundheitswesen 373 ff., 477
Gewann(flur) 185, 187
Gewissen 88
Gewohnheit, soziale 29, 121
Glaube 164 f., 273 f., 354

Großbetrieb 261, 288 ff., 333
Großgrundeigentum
s. Latifundismus
Grunddienste 421 f.
Grundeigentum 189 ff.
Grundeigentumsbeschränkung 193
Grundeigentumsschutz 193
Grundeigentumsverteilung 192
Grunderwerb 194 f.
Grundherrschaft, fiskalische 232, 249
Gruppe
- informelle 104 f.
- intermediäre 107, 111
- soziale 103 ff.
Gruppendiskussion 472
Gutsherrschaft 253 f.
Gutswirtschaft 232, 364

Hackkultur 210, 225
Hakenkultur 225
Handeln, soziales 50, 54, 87 ff., 120, 149, 169 f., 188, 268 f., 275, 297, 353, 382
Haushalt 33 f., 303 f., 391 f., 452
Hausgemeinschaft 303
Haushaltung 304
Hauswirtschaft 303 f.
Haziendasystem 232, 250 f.
Heiratsalter 72, 80 f., 160, 301
Helfer, religiöse 167 f.
Herkunft 76 f., 126
Herrschaft(sordnung) 40, 45 f., 129, 161, 163, 228 ff., 335, 359, 409
Heuerling(sverfassung) 213, 219 f.
Hinterlandmodell 42 ff.
Hirtennomadismus 237 ff., 469
Hoferbe 197, 299 f., 312
Hofidee (-ideologie) 275, 305 f.
Hofwirtschaft 190, 222, 262 f., 283
Honoratioren 106, 178, 440 f.

IBRD 378, 458
IDA 458
Ideologie 176
IFAP 458
ILF 458
ILO 78, 378, 389, 400 f., 458 f., 499
Image 274 f., 351
Indien 24, 28, 38, 58, 64, 82, 98 ff., 119, 133, 201, 249 f., 254, 260, 289, 337, 340, 366, 378, 389, 392, 413 f., 467, 483
Indikator 23 ff., 285, 383
Individualeigentum 189 ff., 215, 237, 261

Industrialisierung 38, 47, 70, 82, 93, 96, 126, 270, 474
Industriegesellschaft 12, 17, 28, 40 ff., 46 f., 53 ff., 63, 71, 74, 77, 84, 89 f., 93, 101, 115, 123 f., 129, 132, 158 ff., 162, 229, 279, 373, 375, 383
Infrastruktur 26, 53, 55 f., 234, 357, 388
Innovation 55, 105, 120, 211, 308 f., 342 ff., 371, 431
Institut, agrarsoziologisches 482 f.
Institution(en) 89, 149 ff.
- familiale 152 ff.
- politische 171 ff.
- religiöse 162 ff.
Integrated Rural Development 418 ff.
Integration 86, 107, 115, 134, 245, 383, 418 f.
- horizontale 214, 324 ff.
- vertikale 193, 214, 232, 257 f., 324 ff., 446, 488
Intelligenz 75 f.
Intensitätsstufe 281, 372
Interaktion 13, 35, 87 ff., 114, 117, 165, 245
Interesse(nkonflikt) 88, 100, 109 ff., 121, 433, 441, 447
Interessenverband 108 ff., 440 ff.
Inventur 463

Kapitalismus 357 f.
Kapitalbildungseffekt 409 f.
Kapitalherrschaft 241
Kapitalproblem 311
Kaste(ngesellschaft) 98 ff., 124 f.
Kategorie, soziale 57
Katholische Landjugendbewegung 428
Kauf(vertrag) 195, 219
Kernfamilie 123, 153 f.
Kibbuz 152, 216, 265 f., 313 f., 328 ff.
Klan 96, 235
Klasse(ngesellschaft) 100 f., 174, 250 f., 253 ff., 270, 291, 333, 363 f., 402
Kleinbauer(nbetrieb) 55, 86, 92 f., 191, 200, 253, 288 f., 333, 392, 394
Kleingrundeigentum 191
Kohäsion(sproblem) 133, 305, 315, 322 f.
Kolchos 132, 216, 239, 260, 290, 314, 410
Kollektivbetrieb, landw. 263, 313 ff., 398 f., 406
Kollektivierung 259 ff., 265, 267, 316, 368, 429

Kolonialismus 241, 249f., 351
Kommunalpolitik
  s. Lokalpolitik
Kommunalwahlen 112, 174
Kommunikation 105, 114, 132, 139f., 305, 323, 335, 345f., 356
Konflikt 31, 144ff., 185, 283, 431
Konflikttheorie 335
Konservatismus 55
Konstitution, körperliche 72ff.
Kontinuummodell 42
Kontraktionsgesetz 155
Kontravention 144
Kontrolle, soziale 31f., 74, 114, 120, 139, 142, 171
Kooperation 148f., 214ff., 227, 445f., 477, 488
Koordinationsproblem 305, 322f.
Kräfte 348ff., 402ff.
– anregende 351f.
– fördernde 348ff., 402
– hemmende 348ff., 402f.
– infrastrukturelle 357
– instrumentale 354ff.
– motivierende 352f.
– wirtschaftliche 357f.
Kreditbedarf 452, 468
Kreditgeber 453f.
Kreditorganisation 455ff.
Kriminelle 137
KTBL 438
Kulturaustausch 37ff., 54f.
Kumulationstheorie 339f., 382
Kybernetik 335

Landarbeit 206ff.
Landarbeiter 81, 144, 204, 221f., 254, 362, 364, 444f.
Landentwicklung 331–478, 488
Landentwicklungspolitik 399ff.
Landflucht 68, 368, 394ff., 475
Landfrau s. Frau
Landfunk 434f.
Landgemeinde 12, 23f., 32f., 37, 46, 48, 61, 77, 79, 85f., 94f., 107, 132, 144, 172, 243, 380, 388, 413ff., 439
Landjugendakademie 428
Landjugendberatungsdienst 428, 432
Landpädagogischer Kongreß 429
Landregion 61
Landsoziologie 11ff., 23–180
Land-Stadt-Modelle 40ff.
Landteilung 184f.
Landvermessung 185
Landwanderung 71f.
Landwechselwirtschaft 231, 236, 280

Landwirtschaft
– bäuerliche 101, 231, 241ff., 452
– feudalistische 232, 247ff., 252
– genossenschaftliche 260f.
– integrierte 257f.
– kapitalistische 232, 252ff., 264, 366f.
– kollektivistische 232, 259ff.
– kolonialistische 232, 249ff.
– kommunistische 232, 265ff.
– sozialistische 91f., 222, 232, 260ff.
Landwirtschaftskammer 436, 439f., 442
Lateinamerika 21, 38, 58, 64, 92, 116, 183, 186, 191, 202, 217, 219f., 250, 253f., 265, 289ff., 362, 364f., 376, 380, 389, 399, 401f., 404, 452, 485
Latifundismus 191f., 251, 365
Lebensverhältnisse 77, 225, 292, 329f., 369, 375, 394, 460, 474
Lehensgrundherrschaft 232, 241, 248f.
Leistungsproblem 306, 315, 323
Lohnarbeit 221ff.
Lohnarbeitsverfassung 217f., 286, 398
Lokalpolitik 111, 130, 171ff.
LPG 10, 216, 259f., 264f., 267, 316ff., 448ff.
– Organisation 317ff.
– Probleme 321ff.
– Rollenstruktur 320f.
– Umfeld 316f.
– Weiterentwicklung 324ff.

Macht 90, 108ff., 129f., 132, 172, 403, 443f.
Machtquellen 175ff., 183, 192, 199, 241
Machtstruktur 99, 101, 104f., 173ff., 233, 371, 382
Magie 164
Manipulation 129
Marktverflechtung 281
Meinung, öffentliche 116, 120, 122, 142
Merkmale
– bäuerliche 242, 244f., 270
– Farmer 244f., 246
– institutionelle 150
– Kollektivbetrieb 314
– körperliche 72ff.
– nomadische 238
– räumliche 23
– soziale Netzwerke 112ff.

– soziale Systeme 118f.
– Umfeld 279f.
Methodologie 460f.
Mittelamerika
  s. Lateinamerika
Mitteleuropa 19, 34, 45, 51, 55f., 70, 98, 137, 141, 160, 164, 183, 217, 220f., 249, 295, 299, 342, 403
Mitwelt, soziale 54, 432
Mobilisierung 340ff.
Mobilität
– berufliche 124
– räumliche 65ff., 124, 170, 394
– soziale 124f., 193, 196, 349, 355
Mode 120, 122
Modernisierungstheorie 336ff.
Motivation(stheorie) 265, 323, 381f., 391, 398, 421, 448
Motiv 64, 88, 195, 215, 245, 252, 257, 269, 283, 300
Motorisierung 226ff., 253
Motorkultur 226

Nachbarschaft 34, 116ff., 187, 214
Nachwuchsproblem 312, 324, 395ff., 425, 476
Naher Osten s. Orient, Vorderer
Nahrungsraum 372
Naturumwelt 53
Nebenerwerbsbetrieb 282f., 476, 489
Netzwerk, soziales 89, 112ff., 453
Neuerung s. Innovation
Niederlande 16, 20, 24, 38, 47, 59, 73, 77, 95, 111, 162, 426, 446, 484
Nomadismus s. Hirtennomadismus
Nordamerika 20, 31, 35, 45, 58, 64, 76, 78, 119, 151, 164, 167, 170, 202, 225, 250, 265, 269f., 289, 304, 380f., 467, 485
Norm 88f., 105, 117, 120ff., 146, 160, 167, 268f., 347, 391, 452, 460, 472
Nutznießer 202f.

OECD 459, 485
Österreich 20, 24, 35, 51, 59, 73, 77, 95, 106, 283, 304, 360, 378, 388, 396, 433, 438f., 476f., 483, 485, 487
Orden 169f., 265f.
Organisation(en) 101, 280, 317f., 329, 432, 437, 455, 462

Sachregister 519

- agrarsoziologische 482
- erwerbswirtschaftliche 445
- genossenschaftliche 448 ff.
- internationale 457 ff.
- der Landentwicklung 435 ff.
Organisationsproblem 315, 450
Organisationsfähigkeit 356 ff.
Orient, Vorderer 21, 34, 58, 80, 92, 104, 116, 126, 155 f., 160, 183, 196, 202, 213, 299, 370, 393, 401, 452, 467
Ortsaufriß 31
Ortsbeständigkeit 280 f.
Ortsbezogenheit 29, 131 f.
Ortschaft 35
Ortschaftsrat 178
Ortsgrundriß 31, 188
Ortsteil 34
Ortsverein 105 ff., 175
Ortsversammlung 178
Ortsvorsteher 179

Pacht(nutzung) 201 f., 407
Pächter 176, 200 f., 205, 256
Pächterlandwirtschaft 232, 255 f., 364 ff.
Pachtvertrag 219
Parabelmodell 41
Paraverwandtschaft 116
Paritätsproblem 311
Partei, politische 110 ff., 174
Partnerwahl 157 ff., 238, 298 f.
Parzelle 184 f.
Patron(age) 130, 177
Pendler 47, 85 f.
Pflicht 121
Pflugkultur 161 f., 225
Pfründengrundherrschaft 232, 241, 249
Plantage(nwirtschaft) 91, 232, 254 f., 364
Polygraphie 465
Position, soziale 121, 122 ff., 127, 132, 136, 146, 152, 167 f., 172, 177 ff., 248, 258, 294, 298, 315, 318 f., 449
Prestige 125, 238, 302
Priester 167, 170 f.
Produktion
- gewerbliche 46, 210
- industrielle 47, 210
- industriemäßige 207, 284, 324 ff.
- landwirtschaftliche 46, 49, 210, 386, 409
- unter genauer Aufsicht 258
Produktionsgenossenschaft, landw. s. LPG
Produktionssystem 229 f.
Produktivitätstheorie 381
Prozesse
- normierende 140 ff.

- soziale 114, 138 ff.
- sozialen Wandels 340 ff.
- trennende 143 ff.
- verbindende 147 ff.

Radikalismus 111, 412
Ranchwirtschaft 255, 364
Rang(-ordnung) 90, 105, 115, 125 ff., 237 f., 292, 302, 329, 371
Rangfaktor 126 ff.
Rasse 76
Raum, ländlicher 23 ff.
- Abgrenzung 23 ff.
- Funktionen 46 ff.
Raumbezug 104, 130 ff.
Raumreserve 48
Raumschaft 35
Recht 121
Rechtsform 306 f.
Rechtsstatus
- Gemeinden 24
- Arbeitskräfte 218 ff.
Religionsgemeinschaft 168 f.
Rentengrundherrschaft 241, 252 f.
Rentenkapitalismus 232, 252
Repräsentativerhebung 464
Residenzordnung 160, 299
Residualmodell 40
Ritus 117, 140, 165 f.
Rolle (s. auch Arbeitsrolle) 122 f., 449 f.
Rollenkonflikt 431
Rollenstruktur 104, 286, 320 f.
Rückstandstheorie 42, 336 f., 380 f., 385
Ruf 143, 147
Rural Development 417 f.
Ruralisierung 39
Rurban Sociology 11, 37

Säkularisierung 169 ff., 349, 352
Sanktion, soziale 120 f., 142 f., 329, 477
Schicht(ung), soziale 70, 86, 90 ff., 107, 141, 155, 200, 245, 247 f., 292, 377, 439
Schlickkultur 224
Schriftenreihe 487
Schrifttum 483 ff.
Schutzfunktion 48
Schweiz 19 f., 24, 51, 59, 73, 77 f., 96, 131, 178, 424, 476 ff., 483, 487
Sekte 168 f., 265 f.
Selbstbild, bäuerliches 274 f., 472
Selektion 70, 258
Sicherheit, soziale 183, 201, 206, 238, 264, 286, 291, 302, 307, 314, 321, 436, 454, 476

Siedler, wilder 202, 365
Siedlung, wilde 186
Siedlungsart 19
Siedlungsform 11, 31 f., 182, 244
Siedlungsgefüge 33 ff.
Siedlungsgröße 24, 30 f.
Siedlungslage 29 f.
Siedlungspolitik 475
Siedlungstyp 35 f.
Siedlungsweise 29, 188, 327, 330
Sippe 96, 107, 233
Sitte 121
Situation 87 f., 344, 471
Sklaverei 218
Solidarität 133, 227
Sowjetunion s. UdSSR
Sozialforschung, ländliche 19, 57, 394, 459 ff.
- Ablauf 466 ff.
- Aufgabenstellung 461 f.
- Darstellung 473
- Formen 463 ff.
- Geschichte 460 f.
- Thematik 474 ff.
- Zweck 462
Sozialisation 39, 55, 120, 140 ff., 153, 268, 302, 309
Sozialpflichtigkeit 194
Sozialprobleme 369 ff.
Sozialsysteme, ländliche 118 ff.
Soziometrie 112 f., 473
Spar- und Darlehenskasse 455 f.
Spezialisierung 87, 133, 323, 326 f.
Sprache 139 f., 376, 470
Staatseigentum 190, 250
Staatsgut 190, 263, 322
Stadtflucht 71 f.
Stadt-Land-Problem 37 ff., 476
Stadtwanderung 67 ff., 395
Stamm 96 f., 190, 202 f., 233 f., 235, 237
Ständegesellschaft 98
Standortfunktion 46 ff.
Standort
- dezentralisierte Industrie 47
- ländliches Kleingewerbe 46
- landwirtschaftliche Produktion 46
- Zivilschutz und Landesverteidigung 48
Statistik 18, 24, 26, 57, 82 f., 85, 285, 290, 461, 463, 468
Statusentzug 342
Statusposition 125, 198 ff., 285 f.
Statussymbol 34, 47, 126, 132, 277, 439
Sterblichkeit 62, 64 f.
Stereotyp 74, 120, 275

Stiftungseigentum 191
Struktur
- demographische 76 ff.
- soziale 57
- sozialökonomische 81 ff.
Strukturforschung 476
Strukturfunktionalismus 13, 334 f.
Strukturschwäche 26
Stufentheorie 84, 337 ff., 386
Subsistenz(land)wirtschaft 281, 417, 429
Südamerika s. Lateinamerika
Südostasien 21, 38, 58, 92, 98, 110, 183, 196, 210, 217, 224, 254, 289, 365, 370, 393, 401, 448, 467, 485
System
- agrartechnisches 223 ff.
- äußeres 278 ff.
- inneres 278 ff.
- kulturelles 88, 371, 467
- personales 88
- soziales 84, 88 f.

Tabu 121, 158, 371
Technisierungsgrad 25, 281
Teilbau 147, 219, 232, 252 f.
Teilerwerbsbetrieb 282 f.
Terror 129
Traditionalismus 55, 353 f.
Tragfähigkeit 25, 43, 50 f., 62
Transhumanz 237

Übervölkerung 50 f., 60, 235
UdSSR 10, 24, 47, 50, 58 f., 77, 261 ff., 288, 290, 318, 323, 359 f., 367 f., 410, 485, 507
Umfeld, technisch-administratives 257, 279 f., 316 f.
Umlandmodell 42, 45, 48
Umschichtung 93 ff.
Umwelt, ländliche 52 ff., 72, 119
UNDP 459
UNESCO 10, 20, 376, 413
UNICEF 422, 459, 507
Universalien, evolutionäre 334 f.
Unterbeschäftigung 84, 323 f., 389 ff., 412, 461 f., 489
Unternehmenskomponente 306 ff.

Unternehmerposition 277, 308 f.
Unterversorgung, medizinische 373 ff.
Urbanisierung 39, 70, 74, 96, 115, 126, 141, 148, 152, 474
USA 10, 16, 19, 21, 24, 47, 50, 59 f., 70 f., 74, 80 f., 92, 95, 147, 159, 186, 201, 223, 246 f., 253, 255, 257, 261, 264, 271, 288, 291, 340, 342, 351, 360, 367, 374, 383, 427, 430 f., 433, 438, 441, 443, 460 f., 485

Verbände(gesellschaft) 101, 440 f.
Verbandsfamilie 154 f.
Verbäuerlichung 81 f.
Verdörflichung 39
Verein s. Ortsverein
Vererbung 62, 182, 196 ff., 299, 465, 475
Vergewerblichung 81 f.
Verhaltenserwartung 71, 80, 88, 131, 183
Verhaltensmuster 63 f., 149 f., 165, 307, 354 f., 466 f., 469, 472
Verhaltensorientierung 52, 54 f., 122, 169, 353
Verländlichung 39
Verpächter 198 f.
Versäulung, soziale 95 f., 108, 164
Versorgungsprobleme 369 ff.
Verstädterung 38, 341
Vertragslandwirtschaft 232, 241, 257, 446
Verwalterposition 203 f.
Verwaltungsherrschaft 241, 262
Verwaltungskörperschaft 439 f.
Verwandtschaft 93, 96 f., 115 f., 130, 158 ff., 175 f., 454
Volkskommune 232, 260, 266 f.
Volkskunde 14, 18, 166, 461
Vollerwerbsbetrieb 282 f.
Vorurteil 74, 120, 275
Vorwelt, kulturelle 54 f.

Wachstumstheorie 385

Wachstumsproblem 311
Wandel, sozialer 138, 146 f., 170, 331 ff., 460, 474 f.
Wanderungsbewegung 56, 62, 65 ff., 76 f., 196, 381 f., 394 ff., 475 f.
Wanderarbeiter 220, 453
Wanderfeldbau 184, 231, 234 ff., 280
Wanderviehzucht 184, 231, 236 ff., 280
Weilersiedlung 30, 186
Weiterbildung 427 ff.
Werkvertrag 219
Wert 119 f.
Wertewandel 277 f., 394
Werteordnung 268 ff., 355
Wertorientierung 268 f.
Westdeutschland s. Bundesrepublik Deutschland
Wettbewerb 143
WFP 459
WHO 459
Wirtschaftsformen 182
Wirtschaftsprozeß 307 f.
Wirtschaftswachstum 17, 84
Wirtschaftsziel 231 f., 242, 245, 277, 307
Wissenschaftssystem 14
Wohlfahrtsfunktion 48
Wohnfunktion 47
Wohnort 47
Wohnungsnot 387 ff.
Wohnweise 32, 63

Zählung 468
Zamindari-System 249
Zeitschrift, agrarsoziologische 485
Zentralausschuß der deutschen Landwirtschaft 442
Zentrale Orte-Modell 42 f.
Ziel 119, 417
Zivilisationsumwelt 53 f.
Zusammenarbeit s. Kooperation
Zusammenhalt 115, 133 ff., 313 ff.
Zwang 129, 347 f., 372
Zwangsarbeitsverfassung 217
Zwischenpächter 203, 256